AVALIAÇÃO DE EMPRESAS
2ª EDIÇÃO

CB055867

ASWATH DAMODARAN
AVALIAÇÃO DE EMPRESAS
2ª EDIÇÃO

Tradução
Marcelo Arantes Alvim
Sonia Midori Yamamoto

Revisão técnica
Mara Luquet

Pearson

abdr
Respeite o direito autoral

© 2007 Pearson Education do Brasil
© 2006 Aswath Damodaran

Tradução autorizada a partir da edição original em inglês, *Damodaran on valuation: security analysis for investment and corporate finance, 2nd edition*, publicada pela John Wiley & Sons, Inc.

Todos os direitos reservados. Nenhuma parte desta publicação poderá ser reproduzida ou transmitida de qualquer modo ou por qualquer outro meio, eletrônico ou mecânico, incluindo fotocópia, gravação ou qualquer outro tipo de sistema de armazenamento e transmissão de informação, sem prévia autorização, por escrito, da Pearson Education do Brasil.

Gerente editorial: Roger Trimer
Editora sênior: Sabrina Cairo
Editora de desenvolvimento: Josie Rogero
Editora de texto: Tatiana Vieira Allegro
Preparação: Maria Alice Costa
Revisão: Juliana L. Campoi e Paula B. P. Mendes
Capa: Alexandre Mieda
Editoração Eletrônica: Globaltec - artes gráficas Ltda.
Impresso no Brasil por Docuprint DCPT 224011

Dados Internacionais de Catalogação na Publicação (CIP)
(Câmara Brasileira do Livro, SP, Brasil)

Damodaran, Aswath
    Avaliação de empresas / Aswath Damodaran ; tradução Sonia Midori Yamamoto e Marcelo Arantes Alvim ; revisão técnica Mara Luquet. — 2. ed. — São Paulo : Pearson Prentice Hall , 2007.

Título original : Damodaran on valuation
Bibliografia
ISBN 978-85-7605-105-3

    1. Administração financeira 2. Empresas – Avaliação 3. Empresas – Contabilidade 4. Valor (Economia) – Administração I. Título.

07-180   CDD-658.151

Índice para catálogo sistemático:
1. Avaliação de empresas: Administração financeira 658.151
2. Empresas : Avaliação : Administração financeira 658.151

Direitos exclusivos cedidos à
Pearson Education do Brasil Ltda.,
uma empresa do grupo Pearson Education
Avenida Francisco Matarazzo, 1400
Torre Milano – 7o andar
CEP: 05033-070 -São Paulo-SP-Brasil
Telefone 19 3743-2155
pearsonuniversidades@pearson.com

Distribuição
Grupo A Educação
www.grupoa.com.br
Fone: 0800 703 3444

A todos com quem, ao longo do tempo, debati
questões sobre avaliação e que apontaram
os erros (ou ao menos as limitações)
de meus conceitos.

Sumário

Prefácio XI

Capítulo 1

Introdução à avaliação 1

- A filosofia por trás da avaliação 1
- Por dentro do processo de avaliação 1
- Abordagens à avaliação 6
- O papel da avaliação 13
- Conclusão 15

Parte I – Avaliação pelo fluxo de caixa descontado 17

Capítulo 2

Estimando taxas de desconto 19

- O que é risco? 19
- Custo do patrimônio líquido 20
- Do custo do patrimônio líquido para o custo de capital 41
- Conclusão 50

Capítulo 3

Como medir fluxos de caixa 54

- Classificação dos fluxos de caixa 54
- Lucros 55
- Efeito fiscal 62
- Necessidades de reinvestimento 68
- De fluxos de caixa da empresa para fluxos de caixa do patrimônio líquido 74
- Conclusão 77

Capítulo 4

Como prever fluxos de caixa 79

- Estrutura de avaliação de fluxo de caixa descontado 79
- Duração do período de crescimento extraordinário 79
- Previsões detalhadas de fluxo de caixa 81
- Valor terminal 97
- Abordagens de estimativa 104
- Conclusão 105

Capítulo 5

Modelos de fluxo de caixa descontado para o patrimônio líquido 107

- Modelos de desconto de dividendos 107
- Modelos de desconto FCFE (dividendo potencial) 119
- Avaliação de modelo FCFE *versus* de desconto de dividendos 128
- Avaliação por ação *versus* agregada 131
- Conclusão 131

Capítulo 6

Modelos de avaliação da empresa 133

- Abordagem de custo de capital 133
- Abordagem de valor presente ajustado 146
- Modelos de retornos em excesso 149
- Estrutura de capital e valor da empresa 153
- Conclusão 159

Parte II – Avaliação relativa 161

Capítulo 7

Avaliação relativa: primeiros pricípios 163

- O que é avaliação relativa? 163
- Onipresença da avaliação relativa 164
- Motivos da popularidade e armadilhas potenciais 164
- Valores e múltiplos padronizados 165
- Quatro passos básicos no uso de múltiplos 166
- Reconciliação entre avaliação relativa e de fluxo de caixa descontado 176
- Conclusão 176

Capítulo 8

Múltiplos de patrimônio líquido 177

- Definições de múltiplos de patrimônio líquido 177
- Análise de múltiplo de patrimônio líquido 184
- Aplicações dos múltiplos de patrimônio líquido 192
- Conclusão 205

Capítulo 9

Múltiplos de valor da empresa 207

- Definição de múltiplos de valor da empresa 207
- Características distributivas dos múltiplos de valor 211
- Análise dos múltiplos de valor 213
- Aplicações de múltiplos de valor 220
- Conclusão 228

Parte III – Questões mal resolvidas na avaliação de empresas 229

Capítulo 10

Caixas, investimentos em participações societárias e outros ativos 231

- Caixa e investimentos quase-caixa 231
- Investimentos financeiros 245
- Investimentos em participações societárias em outras empresas 248

- Outros ativos não operacionais... 254
- Conclusão 255

Capítulo 11

Opções de compra de ações e compensações a funcionários 259

- Compensação baseada em ações 259
- Opções de funcionários 260
- Ações restritas 278
- Conclusão 281

Capítulo 12

O valor dos intangíveis 283

- A importância dos ativos intangíveis 283
- Ativos intangíveis independentes e geradores de fluxo de caixa 284
- Ativos intangíveis geradores de fluxo de caixa para toda a empresa 285
- Ativos intangíveis com potencial para fluxos de caixa futuros 293
- Conclusão 307
- Apêndice 12.1 307

Capítulo 13

Valor do controle 317

- Avaliação do valor esperado do controle 317
- Manifestações do valor de controle 331
- Conclusão 340

Capítulo 14

Valor da liquidez 344

- Mensuração da baixa liquidez 344
- Custo da baixa liquidez: teoria 350
- Custo da baixa liquidez: evidência empírica 352
- Como tratar a baixa liquidez na avaliação 357
- Conseqüências da baixa liquidez 366
- Conclusão 368

Capítulo 15

Valor da sinergia 372

- O que é sinergia? 372
- Avaliação da sinergia 373
- Sinergias dúbias 385
- Evidência sobre sinergia — valor criado e agregado 386
- Erros comuns na avaliação de sinergia 392
- Conclusão 393

Capítulo 16

Valor da transparência 395

- Um experimento 395
- Definição de complexidade 396

- Fontes de complexidade 396
- Motivos da complexidade 400
- Mensuração da complexidade 401
- Conseqüências da complexidade 405
- Como tratar a complexidade 407
- Curas da complexidade 410
- Conclusão 411
- Apêndice 16.1 412
- Apêndice 16.2 414

Capítulo 17

Custo de dificuldades financeiras 417

- Possibilidades e conseqüências das dificuldades financeiras 417
- Avaliação pelo fluxo de caixa descontado 418
- Avaliação relativa 431
- Do valor da empresa ao valor do patrimônio líquido em empresas com dificuldades financeiras ... 434
- Conclusão 441

Capítulo 18

Considerações finais 443

- Opções de modelos de avaliação 443
- Qual abordagem usar? 444
- Escolha do modelo certo de fluxo de caixa descontado 446
- Escolha do modelo certo de avaliação relativa 449
- Quando usar os modelos de precificação de opções? 451
- Dez passos para melhores avaliações 452
- Conclusão 452

Índice 453

Prefácio

*Não há nada tão perigoso quanto a busca
por uma política racional de investimentos
em um mundo irracional.*
—John Maynard Keynes

Lord Keynes não estava sozinho na crença de que a busca do real valor com base em fundamentos financeiros é infrutífera nos mercados em que os preços geralmente parecem ter pouco a ver com o valor. Sempre houve investidores em mercados financeiros argumentando que os preços de mercado são determinados pelas percepções (e equívocos) de compradores e vendedores, e não por algo tão prosaico quanto os fluxos de caixa ou os lucros. Concordo com eles sobre a importância das percepções dos investidores, mas discordo, sim, do conceito de que isso é tudo o que importa. O preceito fundamental deste livro é que é possível estimar o valor dos fundamentos financeiros, embora com erro, para a maioria dos ativos, e que o preço de mercado não pode desviar-se desse valor no longo prazo.* Desde a euforia dos bulbos de tulipa na Holanda no início do século XVII e a South Sea Bubble na Inglaterra nos idos de 1800 aos mercados acionários da atualidade, os mercados têm demonstrado a capacidade de se corrigirem, freqüentemente, em detrimento daqueles que acreditavam que o dia do acerto de contas jamais chegaria.

Este livro está dividido em três partes. As duas primeiras, que se estendem pelos nove capítulos iniciais, fornecem uma versão comprimida tanto do modelo de fluxo de caixa descontado quanto da avaliação relativa e devem ser território familiar para qualquer um que já tenha realizado avaliações de empresas ou lido sobre elas. A terceira parte, que compreende os últimos nove capítulos, é dedicada à análise do que chamo 'questões mal resolvidas' na avaliação, que são pouco abordadas tanto em livros quanto em discussões sobre o tema. Nessa parte, trato de tópicos como liquidez, controle, sinergia, transparência e crise, que afetam as avaliações de forma significativa, mas não são tratados de forma fragmentada nem assumem a forma de prêmios ou descontos arbitrários. O leitor observará que essa seção possui mais referências do que trabalhos anteriores na área e é mais densa, em parte porque há mais debate sobre qual é a evidência e o que deve ser feito em avaliações. Não reivindico ter resposta para qual deve ser o valor do controle em uma empresa, mas o capítulo sobre controle deve dar ao leitor um roteiro que o ajudará a obter a resposta por si mesmo.

Procurei estruturar este livro de acordo com quatro princípios básicos. Primeiro, tentei ser tão abrangente quanto possível na cobertura da gama de modelos que estão disponíveis a um analista de avaliação de empresas, ao mesmo tempo apresentando os elementos comuns a esses modelos e fornecendo uma estrutura que pode ser usada na escolha do melhor modelo para qualquer cenário de avaliação. Segundo, os modelos são apresentados com exemplos do mundo real, com todos os seus nós, a fim de capturar parte dos problemas inerentes à aplicação desses modelos. Há o risco evidente de algumas dessas avaliações parecerem irremediavelmente erradas em retrospecto, porém esse custo é compensado pelos benefícios. Terceiro, fiel à minha crença de que os modelos de avaliação são universais e não específicos de mercado, exemplos de mercados fora dos Estados Unidos entremeiam todo o livro. Finalmente, procurei fazer o livro o mais modular possível, permitindo ao leitor selecionar seções para ler, sem significativa perda de continuidade.

Aswath Damodaran
Nova York, Nova York
Junho de 2006.

---

* Mas, por outro lado, como diria Keynes, "No longo prazo, estaremos todos mortos".

NOTA DA EDIÇÃO BRASILEIRA

Uma das dificuldades dos leitores interessados em ciências sociais em geral e, em particular, no campo de finanças refere-se à terminologia empregada na linguagem técnica. A falta de padronização para alguns termos acaba por confundir e até afastar aquele leitor que tem contato pela primeira vez com o assunto. Com o intuito de contribuir para a minimização do problema, resolvemos inserir, nesta edição brasileira, uma tabela (como vemos a seguir) com a descrição em inglês e português dos principais termos utilizados no presente livro. A tabela também serve de guia para ajudar o leitor na compreensão das siglas utilizadas no livro todo. Na maioria dos casos, optamos por manter no livro as siglas em inglês, pois são mais utilizadas nesta área do que as siglas em português. Sem a intenção de ser exaustiva, esta tabela poderá ajudar o leitor menos experiente no entendimento da matéria discutida em cada capítulo.

Sigla	Termo em inglês	Termo em português
ADRs	American depositary receipts	Recibos de depósito americano
APM	Arbitrage pricing model	Modelo de precificação por arbitragem
APV	Adjusted present value	Valor presente ajustado
BV	Book value	Valor contábil
BV/MV	Book value/market value	Valor contábil/valor de mercado
CAPM	Capital asset pricing model	Modelo de precificação de ativo de capital
CF	Cash flow	Fluxo de caixa
CFROI	Cash flow return on investment	Retorno de fluxo de caixa sobre investimento
D	Debt	Dívida
DA	Depreciation and amortization	Depreciação e amortização
DCF	Discounted cash flow	Fluxo de caixa descontado
DDM	Dividend discount model	Modelo de desconto de dividendo
D/E	Debt-to-equity	Dívida/patrimônio líquido
DPS	Dividends per share	Dividendos por ação (DPA)
E	Equity	Patrimônio líquido
Ebit	Earnings before interest and taxes	Lucros antes de juros e impostos
Ebitda	Earnings before interest, taxes, depreciation, and amortization	Lucros antes de juros, impostos, depreciação e amortização
EPS	Earnings per share	Lucros por ação (LPA)
EV	Enterprise value	Valor das operações da empresa
EVA	Economic value added	Valor econômico agregado
EV/Ebitda	Enterprise value-to-Ebitda	Valor da empresa/Ebitda
FCF	Free cash flow	Fluxo de caixa livre
FCFE	Free cash flow to equity	Fluxo de caixa livre para patrimônio líquido
FCFF	Free cash flow to the firm	Fluxo de caixa livre para a empresa
IPO	Initial public offering	Oferta pública inicial
LBO	Leveraged buyouts	Compras alavancadas
MVA	Market value added	Valor de mercado agregado
NI	Net income	Lucro líquido (LL)
NOL	Net operating loss	Prejuízo operacional líquido
NPV	Net present value	Valor presente líquido (VPL)
OLS	Ordinary least squares	Mínimos quadrados
P/BV	Price/book value	Preço/valor contábil
P/E	Price-earnings	Preço/lucro (P/L)
PEG	Price-earnings/growth	Preço/lucro/crescimento (P/L/C)
P/FCFE	Price to free cash flow to equity	Preço/fluxo de caixa livre para patrimônio líquido
PS	Price-sales	Preço/vendas (P/V)
PV	Present value	Valor presente (VP)
QMDM	Quantitative marketability discount model	Modelo quantitativo de desconto pelas condições de mercado
REIT	Real estate investment trust	Empresa de investimentos estrangeiros

Sigla	Termo em inglês	Termo em português
ROC	Return on capital	Retorno sobre capital
ROE	Return on equity	Retorno sobre patrimônio líquido
SEC	Securities and exchange commission	Comissão de valores imobiliários (é o órgão equivalente no Brasil)
SG&A	Selling, general and administrative	Despesas de vendas, gerais e administrativas
VS	Enterprise value-to-sales	Valor das operações da empresa/vendas
WACC	Weighted average cost of capital	Média ponderada do custo de capital
WC	Working capital	Capital de giro (CG)

AGRADECIMENTOS DA EDIÇÃO BRASILEIRA

Gostaríamos de agradecer o apoio dos professores Manuel Nunes e Paulo Zanotto, que nos incentivaram a publicar a edição brasileira deste livro.

Capítulo 1

Introdução à avaliação

Conhecer o valor de um ativo e o que determina esse valor são pré-requisitos para uma decisão inteligente — na escolha de uma carteira de investimentos, na definição do preço justo a se pagar ou a receber em uma aquisição e na opção por investimentos, financiamentos e dividendos ao se administrar uma empresa. Este livro parte do pressuposto de que podemos fazer estimativas razoáveis sobre o valor da maioria dos ativos e que os mesmos princípios fundamentais determinam os valores de todos os tipos de ativo, tanto reais quanto financeiros. Alguns ativos são mais fáceis de avaliar do que outros, os detalhes da avaliação variam de ativo para ativo e a incerteza associada às estimativas de valor difere conforme o caso, mas os princípios essenciais permanecem os mesmos. Neste capítulo, são apresentadas algumas percepções gerais sobre o processo de avaliação e esboça-se o papel da avaliação na gestão de carteiras, na análise de aquisições e em finanças corporativas. Também são examinadas as três abordagens básicas que podem ser utilizadas na avaliação de um ativo.

A FILOSOFIA POR TRÁS DA AVALIAÇÃO

O princípio fundamental de um investimento sólido é que o investidor não pague por um ativo mais do que ele vale. Essa premissa pode parecer lógica e óbvia, mas é eventualmente esquecida e redescoberta a cada geração e em todo mercado. Os cínicos argumentarão que o valor está nos olhos de quem vê, e que qualquer preço pode ser justificado se houver outros investidores dispostos a pagá-lo. Isso é evidentemente um absurdo. Quando se trata de uma pintura ou escultura, percepções podem ser cruciais, mas não compramos nem devemos comprar a maioria dos ativos por razões estéticas ou emocionais; nós os compramos em função dos fluxos de caixa que esperamos receber em troca. Assim, o valor percebido deve ser sustentado pela realidade, o que implica que o preço a pagar por qualquer ativo reflita os fluxos de caixa a serem gerados. Os modelos de avaliação descritos neste livro tentam correlacionar o valor ao nível, à incerteza e à expectativa de aumento nesses fluxos de caixa.

Há muitos aspectos da avaliação que são passíveis de controvérsia, incluindo as estimativas de valor real e do tempo que levará para que os preços ajustem-se a esse valor. Mas há um ponto em que não cabe a discórdia: o preço dos ativos não pode ser justificado apenas pelo argumento de que haverá outros investidores dispostos a pagar um preço maior no futuro. Seria como uma dispendiosa dança das cadeiras, na qual, antes de jogar, cada investidor teria de responder à pergunta: "Onde estarei quando a música cessar?". O problema de investir com a expectativa de que, no momento de vender o ativo, surgirá um idiota maior é que você pode acabar sendo o mais idiota de todos.

POR DENTRO DO PROCESSO DE AVALIAÇÃO

Há dois extremos nas visões sobre o processo de avaliação. De um lado, há aqueles que acreditam que a avaliação, quando bem feita, é uma ciência exata, com pouca margem para a opinião de analistas ou para o erro humano. De outro, estão aqueles que consideram a avaliação uma forma de arte, em que analistas perspicazes podem manipular os números de modo a gerar o resultado desejado. A verdade está de fato no meio-termo, e usamos este capítulo para considerar três componentes do processo de avaliação que não recebem a merecida atenção — o viés que os analistas trazem ao processo, a incerteza com que têm de lidar e a complexidade que a tecnologia moderna e o fácil acesso à informação introduziram à avaliação.

Valor primeiro, avaliação depois: viés na avaliação

É raro iniciar a avaliação de uma empresa a partir do zero. Com freqüência, nossas opiniões sobre determinada empresa são formadas antes de começarmos a inserir números nos modelos que utilizamos, e, não é de surpreender, as nossas conclusões tendem a refletir esse viés. A partir da análise das fontes de viés na avaliação, passaremos a considerar como o viés manifesta-se na maioria dos processos. Finalizaremos com uma discussão sobre a melhor forma de minimizar ou, pelo menos, lidar com o viés nas avaliações.

Fontes de viés O viés na avaliação tem início com *a escolha da empresa a ser avaliada*. Essas escolhas raramente são aleatórias, e a forma como as fazemos pode começar a estabelecer as bases do viés. Pode ser que tenhamos lido uma notícia no jornal (boa ou má) sobre a empresa ou ouvido de um especialista que ela estava subestimada ou o contrário. Assim, já começamos com uma percepção sobre a empresa que estamos prestes a avaliar. Reforçamos o viés quando *coletamos as informações* necessárias à avaliação da empresa. O relatório anual e outras demonstrações financeiras incluem não apenas os números contábeis, mas também as discussões gerenciais em torno do desempenho, que freqüentemente manipulam os números da melhor forma possível. Para muitas empresas de maior porte, é fácil acessar *o que outros analistas que monitoram as ações pensam sobre essas empresas*. Zacks, IBES e First Call, para citar três serviços dentre vários, fornecem resumos sobre quantos analistas apostam em tendência de alta ou baixa das ações, e em geral podemos acessar as suas avaliações completas. Finalmente, temos a *própria estimativa do mercado sobre o valor da empresa* — o preço de mercado — agregando ao mix. Avaliações que se desviam muito desse número perturbam os analistas, já que podem refletir grandes erros de avaliação (em vez de equívocos de mercado).

Em muitas avaliações, há *fatores institucionais* que reforçam esse já substancial viés. Por exemplo, os analistas de empresas tendem a emitir mais recomendações de compra do que de venda; ou seja, é mais provável que considerem as empresas subavaliadas em vez de superavaliadas.[1] Isso pode ser atribuído em parte às dificuldades dos analistas em obter acesso às informações das empresas sobre as quais emitiram recomendações de venda e, em parte, à pressão que sofrem dos gestores de carteiras, que podem, alguns deles, possuir grandes posições em ações, e dos braços de banco de investimento das suas próprias empresas, que mantêm outros relacionamentos lucrativos com as empresas em questão.

A *estrutura de recompensa e punição* associada à análise subestimada ou superestimada das empresas também contribui para o viés. Os analistas cuja remuneração depende da estimativa a menor ou a maior serão parciais nas suas conclusões. Isso pode explicar por que as avaliações de aquisição são geralmente tendenciosas para cima. A análise da transação, geralmente feita pelo executivo do banco de investimento da empresa adquirente, que também vem a ser o responsável por levar a negociação a ser bem-sucedida, pode chegar a uma de duas conclusões. Uma delas é descobrir que a transação está seriamente superestimada e recomendar a sua rejeição, caso em que o analista recebe a eterna gratidão dos acionistas da empresa adquirente e nada mais. A outra é identificar que a negociação faz sentido (independentemente do preço) e colher uma generosa recompensa financeira pelo fechamento da transação.

Manifestações de viés Há três maneiras em que as nossas percepções sobre uma empresa (e a nossa visão parcial) podem manifestar-se no valor. A primeira delas está nos inputs que usamos na avaliação. Ao avaliar empresas, constantemente encontramos bifurcações pelo caminho, momento em que temos de levantar hipóteses para seguir adiante. Essas hipóteses podem ser otimistas ou pessimistas. Para uma empresa com altas margens operacionais, pode-se pressupor que a concorrência forçará as margens a cair para as médias do setor muito rapidamente (pessimista), ou que a empresa conseguirá manter essas margens por um período prolongado (otimista). O caminho que escolhermos refletirá o nosso viés prévio. Não seria nenhuma surpresa, portanto, que o valor final a que chegamos reflita as opções otimistas ou pessimistas que fizemos pelo caminho.

A segunda está no que chamamos de *remendo pós-avaliação*, em que os analistas revisam as hipóteses após a avaliação, na tentativa de chegar a um valor mais próximo do que aquele que esperavam inicialmente. Assim, um analista que avalia uma empresa a $ 15 por ação, quando o preço de mercado é $ 25, poderá rever as suas taxas de crescimento para cima e o seu risco para baixo, de modo a obter um valor superior, se acreditar que a empresa foi subestimada de início.

A terceira é deixar o valor como está, mas atribuir a diferença entre o valor que estimamos e aquele que achamos correto a um *fator qualitativo*, como sinergia ou questões estratégicas. Trata-se de um artifício comum na avaliação de aquisições, em que os analistas são geralmente chamados para justificar o injustificável. De fato, o uso de prêmios e descontos, quando aumentamos ou reduzimos o valor estimado, abre uma janela sobre o viés no processo. O uso de prêmios — controle e sinergia são bons exemplos — é comum nas avaliações de aquisição, nas quais o viés ocorre para elevar o valor (de modo a justificar os preços de aquisição). O uso de descontos — baixa liquidez e os minoritários, por exemplo — é mais típico em avaliações de empresas de capital fechado em processos judiciais que envolvem impostos ou separação, no qual o objetivo normalmente é associar o valor mais baixo possível a uma empresa.

O que fazer sobre o viés A extinção do viés não pode ser regulamentada ou legislada. Os analistas são humanos e trazem à baila as suas percepções distorcidas. Entretanto, há várias formas de mitigar os seus efeitos sobre a avaliação:

1. *Reduzir as pressões institucionais*. Conforme já observamos, uma parcela significativa do viés pode ser atribuída a fatores institucionais. Analistas de empresas na década de 1990, por exemplo, além de negociar com todas as fontes típicas de viés, tinham de lidar com a demanda de seus empregadores para que incorporassem o negócio de banco de investimento. As instituições em busca de uma avaliação honesta de venda deveriam proteger os analistas que emitissem recomendação de venda não só de empresas enfurecidas, mas também da sua própria equipe de vendas e gestores de carteira.
2. *Desvincular avaliações de recompensa/punição*. Qualquer processo em que a recompensa ou a punição estiver condicionada ao resultado da avaliação acarretará análises distorcidas. Em outras palavras, se o objetivo é ter avaliações de aquisição sem viés, a análise da transação deve ser desvinculada da sua negociação.
3. *Não se comprometer*. Os decisores devem evitar tomar posições públicas veementes sobre o valor de uma empresa antes do final da avaliação. Um adquirente que define o preço antes da avaliação da empresa-alvo coloca os analistas na insustentável posição de serem convocados a justificar esse preço. Em muitos mais casos do que

se supõe, a decisão de subestimar ou superestimar uma empresa precede a avaliação em si, acarretando análises seriamente distorcidas.

4. *Ter consciência*. O melhor antídoto contra o viés é a conscientização. Um analista consciente do viés com que contamina o processo de avaliação pode ou ativamente tentar combater esse viés ao fazer escolhas ou abrir o processo a pontos de vista mais objetivos sobre o futuro de uma empresa.
5. *Ser honesto*. Na estatística bayesiana, os analistas são solicitados a revelar as suas prioridades (vieses) antes de apresentar os resultados de uma análise. Assim, um ambientalista terá de revelar que está convicto de que há um buraco na camada de ozônio, antes de apresentar evidência empírica sobre esse efeito. O revisor do estudo poderá, portanto, considerar essa percepção ao analisar as conclusões. As avaliações seriam muito mais úteis se os analistas revelassem abertamente as suas premissas.

Embora não possamos eliminar o viés das avaliações, podemos tentar minimizar o seu impacto, desenvolvendo processos que estejam mais protegidos de notórias influências externas e revelando as nossas premissas com os valores estimados.

É apenas uma estimativa: imprecisão e incerteza na avaliação

Bem cedo, aprendemos que, se fizermos as coisas certas, teremos as respostas corretas. Em outras palavras, a precisão da resposta é utilizada como medida de qualidade do processo que a gerou. Embora isso possa ser apropriado à matemática ou à física, trata-se de uma parca medida de qualidade em termos de avaliação. Ao isolar um subconjunto muito pequeno de ativos, sempre haverá incerteza associada às avaliações, e mesmo as melhores avaliações apresentam substancial margem de erro. Nesta seção, são examinadas as fontes de incerteza e as suas conseqüências para a avaliação.

Fontes de incerteza A incerteza faz parte do processo de avaliação, tanto no momento em que avaliamos um negócio quanto na forma como esse valor evolui ao longo do tempo, à medida que obtemos novas informações que exercem impacto na avaliação. Essa informação pode ser específica da empresa em avaliação, ser mais genérica sobre o segmento de atuação ou, ainda, conter informações gerais de mercado (sobre taxas de juros e a economia).

Ao avaliar um ativo, seja qual for o momento, fazemos previsões para o futuro. Como não possuímos bola de cristal, temos de operar as nossas melhores estimativas, considerando-se as informações disponíveis no momento da avaliação. Nossas estimativas de valor podem estar erradas por uma série de motivos, que podem ser classificados em três grupos.

1. *Incerteza na estimativa*. Mesmo que as nossas fontes de informação sejam impecáveis, temos de converter dados brutos em inputs e usá-los em modelos. Qualquer erro ou má avaliação feita em um desses estágios do processo causará um erro de estimativa.
2. *Incerteza específica da empresa*. O caminho que vislumbramos para uma empresa pode provar-se irrecuperavelmente errado. O desempenho da empresa pode ser muito melhor ou muito pior do que esperamos, e os lucros e os fluxos de caixa resultantes serão muito diferentes das nossas estimativas.
3. *Incerteza macroeconômica*. Mesmo que uma empresa evolua exatamente de acordo com a nossa expectativa, o ambiente macroeconômico pode mudar de maneira imprevisível. As taxas de juros podem subir ou cair, e a economia pode ir muito melhor ou pior do que esperamos. Essas mudanças macroeconômicas afetarão o valor.

A contribuição de cada tipo de incerteza para a incerteza geral associada à avaliação pode variar de uma empresa para a outra. Ao avaliar uma empresa madura de produtos sazonais ou commodities, talvez a incerteza macroeconômica seja o principal fator a desviar os números reais das expectativas. A avaliação de uma empresa jovem de tecnologia pode expor os analistas a muito mais incertezas de estimativa ou específicas. Note que a única fonte de incerteza que pode ser explicitamente creditada aos analistas é a de estimativa.

Mesmo que estejamos confiantes em relação às nossas estimativas de valor de um ativo em determinado momento, esse valor muda ao longo do tempo em decorrência de novas informações advindas tanto da empresa quanto do mercado. Devido ao fluxo constante de informações nos mercados financeiros, a avaliação de uma empresa fica rapidamente obsoleta e tem de ser atualizada para refletir as informações atuais. Assim, as empresas de tecnologia que tiveram altas avaliações no final de 1999, com base no pressuposto de que o alto crescimento da década de 1990 continuaria no futuro, teriam sido avaliadas por muito menos no início de 2001, à medida que diminuíam as perspectivas de crescimento futuro. Com o benefício da análise retrospectiva, as avaliações dessas empresas (e as recomendações dos analistas) feitas em 1999 podem ser criticadas, mas podem muito bem ter sido razoáveis mediante a informação disponível naquela época.

Reações à incerteza Os analistas que avaliam as empresas confrontam a incerteza a todo momento em uma avaliação e reagem a ela tanto de forma saudável quanto adversa. Dentre as reações saudáveis estão:

- *Modelos de avaliação melhores*. Desenvolver modelos de avaliação melhores, que utilizem mais das informações disponíveis no momento da avaliação, é uma das formas de atacar o problema da incerteza. Deve-se observar, entretanto, que até mesmo os modelos mais bem construídos podem reduzir a incerteza na estimativa, mas não reduzir ou eliminar as incertezas bastante reais associadas ao futuro.
- *Amplitude de avaliação*. Alguns analistas reconhecem que o valor que obtêm para um negócio é uma estimativa e tentam quantificar a sua amplitude. Alguns deles utilizam simulações e outros extraem a melhor hipótese e a pior hipótese. O resultado obtido, portanto, produz tanto as suas estimativas de valor quanto o seu grau de incerteza.
- *Inferências probabilísticas*. Alguns analistas expressam as suas avaliações em termos de probabilidade para refletir a incerteza que sentem. Dessa forma, um analista que estima um valor de $ 30 para uma ação que está sendo negociada a $ 25 vai declarar que há 60% ou 70% de probabilidade de que a ação esteja sendo subestimada em vez de declarar isso de forma categórica. Também neste caso, as probabilidades que acompanham as inferências fornecem uma perspectiva sobre a incerteza que o analista percebe na avaliação.

Em geral, as reações saudáveis à incerteza são francas quanto à sua existência e fornecem informações sobre a sua magnitude aos usuários da avaliação. Esses usuários podem então decidir quanta precaução devem ter ao agir com base na avaliação.

Infelizmente, nem todos os analistas lidam com a incerteza de forma a levar às melhores decisões. As reações adversas incluem:

- *Repassar a responsabilidade*. Alguns analistas tentam repassar a responsabilidade pelas estimativas utilizando os números de outrem nas avaliações. Por exemplo, é comum usarem a taxa de crescimento estimada por outros e avaliarem uma empresa conforme a estimativa de crescimento de terceiros. Se a avaliação resultar correta, ficam com o crédito; caso dê errado, podem culpar outros analistas por os terem enganado.
- *Abandonar os fundamentos*. Um número significativo de analistas abre mão especialmente dos modelos de avaliação complexos, incapaz de confrontar a incerteza e lidar com ela. Com mais freqüência do que se imagina, eles recorrem a formas mais simplistas de avaliar empresas (múltiplos e comparáveis, por exemplo) que não demandem premissas explícitas sobre o futuro. Poucos decidem que a avaliação em si é inútil e limitam-se a ler gráficos e medir a percepção do mercado.

É natural sentir-se inseguro ao avaliar o valor de uma empresa. Estamos, afinal de contas, tentando fazer a nossa melhor previsão sobre um futuro incerto. A insegurança aumentará ao passarmos da avaliação de empresas estabilizadas para empresas em crescimento, de empresas maduras para jovens e de mercados desenvolvidos para mercados emergentes.

O que fazer sobre a incerteza A vantagem de classificar a incerteza quanto à estimativa em si, a empresa propriamente dita e o cenário macroeconômico é que, ao fazê-lo, abre-se uma janela para o que podemos administrar, o que podemos controlar e o que devemos deixar passar na avaliação. Aperfeiçoar modelos e ter acesso a informações superiores reduzirão a incerteza na estimativa, mas pouco farão para reduzir a exposição ao risco específico da empresa e ao risco macroeconômico. Até o melhor dos modelos estará sujeito a essas incertezas.

Em geral, os analistas devem se concentrar em fazer a melhor estimativa a partir de informações específicas sobre a empresa — Por quanto tempo a empresa conseguirá manter o alto crescimento? Quão rápido os lucros aumentarão durante o período? Que tipo de retorno em excesso a empresa obterá? — e evitar incorporar as suas percepções sobre variáveis macroeconômicas. Para entender por quê, imagine que você considera que as taxas de juros hoje estão demasiado baixas e que subirão cerca de 1,5% até o próximo ano. Se carregar o aumento esperado em taxa de juros para as suas avaliações pelo fluxo de caixa descontado, todas produzirão valores baixos às empresas que estiver analisando. Os usuários dessas avaliações estarão diante de um dilema, pois não saberão quanto de cada avaliação pode ser atribuída às suas inferências macroeconômicas e quanto às suas percepções sobre a empresa.

Em resumo, os analistas devem se concentrar no desenvolvimento dos melhores modelos possíveis, com o máximo de informação que possam acessar legalmente, tentando fazer as suas melhores estimativas a partir de elementos pertinentes à empresa e encarando com a maior naturalidade possível as variáveis macroeconômicas. À medida que surgem novas informações, as avaliações devem ser atualizadas, de modo a refleti-las. Não há lugar para orgulho neste processo. As avaliações podem mudar drasticamente ao longo do tempo, e assim deve ser, se a informação justificar tal mudança.

Retorno da avaliação Mesmo ao final da avaliação mais cuidadosa e detalhada, haverá incerteza quanto aos números finais, impregnados que estão por premissas feitas sobre o futuro da empresa e da economia em que opera. É irreal esperar ou exigir certeza absoluta em avaliações, já que os inputs são apenas estimativas. Isso também significa que os analistas têm de assumir razoáveis margens de erro ao fazer recomendações com base nas avaliações.

A conclusão é de que uma avaliação não pode ser julgada pela sua precisão. Algumas empresas podem ser avaliadas com mais precisão do que outras, simplesmente porque há menos incerteza sobre o futuro. Podemos avaliar uma empresa madura com relativamente poucas premissas e ficar razoavelmente confiantes em relação ao valor estimado. A avaliação de uma empresa de tecnologia exigirá muito mais premissas, assim como a de outra em um mercado emergente. Um cientista que analise as avaliações dessas empresas (e os erros de estimativa inerentes) pode muito bem considerar a avaliação da empresa madura como a melhor, já que é mais precisa, e a da empresa de tecnologia e de mercado emergente como inferiores, porque há mais incerteza associada aos valores estimados. A ironia é que o retorno da avaliação será maior quanto mais incerteza houver em relação aos números. Afinal, não é o nível de precisão de uma avaliação que determina a sua validade, mas sim o nível de precisão do valor em relação às estimativas de outros investidores que tentam avaliar a mesma empresa. Qualquer um pode avaliar um bônus de cupom zero livre de inadimplência (em inglês, *zero cupom default-free bond*) com absoluta precisão. A avaliação de uma jovem empresa de tecnologia ou uma empresa em um mercado emergente exige um conjunto de habilidades de previsão, tolerância à ambigüidade e disposição para incorrer em erros que a maioria dos analistas não possui. Como a maioria deles tende a desistir diante de tanta incerteza, aqueles que perseveram e fazem as suas melhores estimativas (por mais tendentes ao erro que possam ser) terão uma vantagem competitiva.

Não queremos deixar a impressão de que estamos completamente desamparados diante da incerteza. Adiante neste livro, são analisadas simulações, árvores de decisão e análises de sensibilidade como ferramentas de auxílio para lidar com a incerteza, sem contudo eliminá-la.

Modelos maiores são melhores? A complexidade da avaliação

Nas duas últimas décadas, os modelos de avaliação tornaram-se cada vez mais complexos em decorrência de dois desenvolvimentos. Por um lado, computadores e calculadoras ficaram muito mais potentes e acessíveis. Com a tecnologia sendo nossa aliada, atividades que teriam nos tomado dias na era pré-computador podem agora ser realizadas em minutos. Por outro lado, as informações são mais abundantes, além de mais fáceis de acessar e utilizar. Podemos fazer download de dados históricos detalhados sobre centenas de empresas e usá-los como bem entendermos. A complexidade, entretanto, tem seu preço. Nesta seção, são analisadas as suas vantagens e desvantagens e como os analistas podem decidir quanto incorporar aos modelos.

Mais detalhe ou menos detalhe Uma questão fundamental que todos enfrentamos ao fazer avaliações é a que nível de detalhamento decomporemos a avaliação. Há aqueles que acreditam que mais detalhe é sempre melhor do que menos e que as avaliações resultantes são mais precisas. Nós discordamos. A dualidade em acrescentar detalhes é simples. Por um lado, mais detalhe dá aos analistas a oportunidade de usar informações específicas para fazer melhores previsões sobre cada um dos itens. Por outro, mais detalhe cria a necessidade de mais inputs, com o potencial de erro inerente a cada um deles, e gera modelos mais complicados. Portanto, decompor o capital de giro em seus componentes individuais — contas a receber, estoque, contas a pagar, crédito ao fornecedor etc. — proporciona ao analista o discernimento para levantar diferentes hipóteses sobre cada item, mas esse discernimento terá valor apenas se o analista tiver a capacidade de diferenciar os itens.

Custo de complexidade Uma questão paralela e correlata sobre o nível de detalhamento de uma avaliação é aquela que se refere ao seu grau de complexidade. Conforme os modelos tornam-se mais complexos e demandam mais informação, há custos evidentes a se pagar.

- *Sobrecarga de informações*. Mais informações não necessariamente levam a melhores avaliações. De fato, os analistas podem se sentir subjugados diante de vasta quantidade de informações conflitantes, e isso pode levar a más escolhas em termos de inputs. Esse problema se intensifica pelo fato de os analistas geralmente trabalharem sob pressão de tempo ao avaliar empresas. Os modelos que exigem dezenas de inputs para se avaliar uma única empresa normalmente obtêm pouca clemência dos usuários. O bom resultado de um modelo é proporcional à qualidade dos inputs; caso entre lixo, sairá lixo.
- *Síndrome da caixa-preta*. Os modelos tornam-se tão complicados que os analistas que os utilizam não entendem mais o seu funcionamento interno. Eles alimentam dados na caixa-preta do modelo e ela devolve um valor. Na verdade, o seu refrão passa a ser "O modelo avaliou a empresa em $ 30 por ação", em vez de "Nós avaliamos a empresa em $ 30 por ação". Particularmente preocupantes são os modelos com partes que são proprietárias e que não podem ser acessadas (ou modificadas) pelos analistas. Esse geralmente é o caso dos modelos de avaliação comercial, em que os fornecedores têm de manter uma parte do modelo fora de alcance para tornar os seus serviços indispensáveis.
- *Premissas de grande* versus *pequeno porte*. Modelos complexos freqüentemente geram resultado volumoso e detalhado, e torna-se difícil separar as grandes premissas das pequenas. Em outras palavras, a premissa de que as margens operacionais antes dos impostos permanecerão em 20% (uma premissa de grande porte que dobra o valor da empresa) tem de competir com a premissa de que as contas a receber cairão de 5% da receita para 4% nos dez anos seguintes (uma premissa de pequeno porte que gera quase nenhum impacto sobre o valor).

O princípio da parcimônia Na física, o princípio da parcimônia dita a regra de que devemos tentar a explicação mais simples possível a um fenômeno antes de prosseguir a outras mais complexas. Seríamos bem-sucedidos se adotássemos um princípio semelhante na avaliação. Ao avaliar um ativo, queremos usar o modelo mais simples possível. Em outras palavras, se podemos avaliar um ativo com três inputs, não devemos utilizar cinco. Se podemos avaliar uma empresa com previsão de fluxo de caixa de três anos, fazer a projeção para dez anos é procurar problema.

O problema com os modelos multiuso destinados à avaliação de todas as empresas é que são desenvolvidos para avaliar as mais complicadas e não as menos. Assim, somos obrigados a inserir dados e projetar valores para empresas mais simples que realmente não necessitamos estimar. Nesse processo, podemos deturpar valores de ativos que seriam fáceis de avaliar. Considere, por exemplo, o caixa e os títulos negociáveis que as empresas detêm como parte dos seus ativos. A forma mais simples de avaliar esse caixa é tomá-lo ao valor de face. Os analistas que tentam desenvolver modelos de fluxo de caixa descontado ou de avaliação relativa para avaliar o caixa geralmente calculam o valor errado, seja utilizando a taxa de desconto errada para a receita de caixa, seja aplicando o múltiplo errado para os lucros-caixa.[2]

ABORDAGENS À AVALIAÇÃO

Os analistas utilizam amplo espectro de modelos, variando do simples ao mais sofisticado. Geralmente, esses modelos partem de premissas bem diferentes sobre os fundamentos que determinam o valor, mas compartilham algumas características comuns e podem ser classificados em termos gerais. Há várias vantagens para essa classificação: torna mais fácil compreender como os modelos individuais enquadram-se no cenário maior, por que produzem resultados diferentes e quando apresentam erros fundamentais em lógica.

Em termos gerais, há três abordagens à avaliação. A primeira, a avaliação pelo fluxo de caixa descontado, relaciona o valor de um ativo ao valor presente dos fluxos de caixa futuros previstos desse ativo. A segunda, a avaliação relativa, estima o valor de um ativo analisando a precificação de ativos comparáveis em relação a uma variável comum, como ganhos, fluxos de caixa, valor contábil ou vendas. A terceira, a avaliação por direitos contingentes, utiliza modelos de precificação de opções para medir o valor de ativos que compartilham características de opção. Embora possam gerar diferentes estimativas de valor, um dos objetivos deste livro é explicar as razões dessas diferenças e ajudar na escolha do modelo certo para uma tarefa específica.

Avaliação pelo fluxo de caixa descontado

Na avaliação pelo fluxo de caixa descontado (em inglês, *discounted cash flow* — DCF), o valor de um ativo é o valor presente dos fluxos de caixa previstos desse ativo, descontado a uma taxa que reflita o grau de risco desses fluxos de caixa. Essa abordagem é a mais comum nas salas de aula e apresenta-se com as melhores referências teóricas. Nesta seção, são analisados os fundamentos da abordagem e alguns dos detalhes preliminares sobre como estimar os seus inputs.

A base da abordagem Compramos a maioria dos ativos porque esperamos que gerem fluxos de caixa no futuro. Na avaliação DCF, começamos com uma proposição simples. O valor de um ativo não é o que alguém percebe como sendo o seu valor, mas sim uma função dos fluxos de caixa previstos para aquele ativo. Simplificando, os ativos com fluxos de caixa altos e previsíveis devem ter valores mais altos do que ativos com fluxos de caixa baixos e voláteis. Na avaliação DCF, estimamos o valor de um ativo como o valor presente dos seus fluxos de caixa.

$$\text{Valor do ativo} = \frac{E(CF_1)}{(1+r)} + \frac{E(CF_2)}{(1+r)^2} + \frac{E(CF_3)}{(1+r)^3} \cdots + \frac{E(CF_n)}{(1+r)^n}$$

onde $E(CF_t)$ = Fluxo de caixa previsto no período t
r = Taxa de desconto que reflete o risco dos fluxos de caixa estimados
n = Vida do ativo

Os fluxos de caixa variam de ativo para ativo — dividendos para ações, cupons (juros) e valor de face para obrigações e fluxos de caixa após impostos para um negócio. A taxa de desconto será uma função do grau de risco dos fluxos de caixa estimados, com taxas mais altas para ativos de risco mais elevado e mais baixas para as mais seguras.

Utilizar modelos DCF é, de alguma forma, um ato de fé. Acreditamos que cada ativo possui um valor intrínseco e tentamos estimar esse valor analisando os fundamentos do ativo. O que é um valor intrínseco? Pode ser considerado o valor que seria atrelado a um ativo por um sábio analista, com acesso a todas as informações disponíveis no momento e a um modelo perfeito de avaliação. Não existe um analista assim, é claro, mas todos nós aspiramos chegar o mais próximo possível desse modelo de perfeição. O problema reside no fato de que nenhum de nós jamais saberá qual é o valor intrínseco de um ativo e, portanto, não temos como saber se as nossas avaliações DCF estão próximas do alvo.

Classificação dos modelos de fluxo de caixa descontado Há três maneiras de classificar os modelos DCF. Na primeira, diferenciamos a avaliação de um negócio segundo a premissa da continuidade operacional (em inglês, *going concern*), em contraposição a um conjunto de ativos. Na segunda, estabelecemos uma distinção entre avaliar o patrimônio líquido de um negócio e avaliar o negócio em si. Na terceira, definimos duas formas diferentes e equivalentes de fazer a avaliação DCF, em complemento à abordagem de fluxo de caixa previsto — um valor baseado nos retornos em excesso e no valor presente ajustado (em inglês, *adjusted present value* — APV).

Continuidade operacional *versus* avaliação de ativo   O valor de um ativo na estrutura DCF é o valor presente dos fluxos de caixa previstos desse ativo. Estendendo-se essa proposição à avaliação de um negócio, pode-se argumentar que o valor de um negócio é a soma dos valores dos ativos individuais da empresa. Embora isso possa estar tecnicamente correto, há uma diferença fundamental entre avaliar um conjunto de ativos e um negócio. Um negócio ou uma empresa é uma entidade em progressão, com ativos que já possui e ativos nos quais espera investir no futuro. Podemos observar melhor isso quando analisamos o balanço financeiro (em oposição a um balanço contábil) de uma empresa em progressão na Figura 1.1. Observe que os investimentos já feitos são classificados como ativos instalados, mas os ativos previstos para o futuro são ativos para o crescimento.

Um balanço financeiro fornece uma boa estrutura para estabelecer a diferença entre avaliar um negócio como uma continuidade operacional e avaliá-lo como um conjunto de ativos. Na avaliação da continuidade operacional, temos de fazer as nossas melhores previsões não só sobre os investimentos existentes, mas também sobre investimentos futuros previstos e a sua lucratividade. Embora isso possa soar precipitado, uma grande porção do valor de mercado de empresas em crescimento advém dos seus ativos para o crescimento. Na avaliação baseada em ativos, concentramo-nos principalmente nos ativos instalados e estimamos o valor de cada ativo em separado. A soma dos valores dos ativos produz o valor do negócio. Para empresas com oportunidades lucrativas de crescimento, as avaliações baseadas em ativos renderão valores inferiores do que as de continuidade operacional.

Um caso especial de avaliação baseada em ativos é a avaliação de liquidação, na qual avaliamos os ativos baseados na premissa de que têm de ser vendidos de imediato. Em teoria, isso deveria ser igual ao valor obtido das avaliações DCF de ativos individuais, mas a urgência associada aos ativos de liquidação podem rapidamente resultar em um desconto no valor. A dimensão do desconto dependerá do número de compradores potenciais para os ativos, as características dos ativos e o estado da economia.

Avaliação patrimonial *versus* avaliação empresarial   Há duas formas de abordar a avaliação DCF. A primeira é avaliar o negócio todo, tanto com os ativos instalados quanto os ativos para crescimento; isso geralmente é chamado de avaliação empresarial (veja a Figura 1.2). Os fluxos de caixa anteriores aos pagamentos de dívida e posteriores às necessidades de reinvestimento são chamados de *fluxos de caixa livre para a empresa*, e a taxa de desconto que reflete o custo composto de financiamento de todas as fontes de capital é chamado de *custo de capital*.

A segunda forma é apenas avaliar o risco patrimonial no negócio, e isso se chama avaliação patrimonial (veja a Figura 1.3). Os fluxos de caixa posteriores aos pagamentos de dívida e às necessidades de reinvestimento são chamados de *fluxos de caixa livres para patrimônio líquido*, e a taxa de desconto que reflete apenas o custo de financiamento pelo patrimônio é o *custo do patrimônio líquido*.

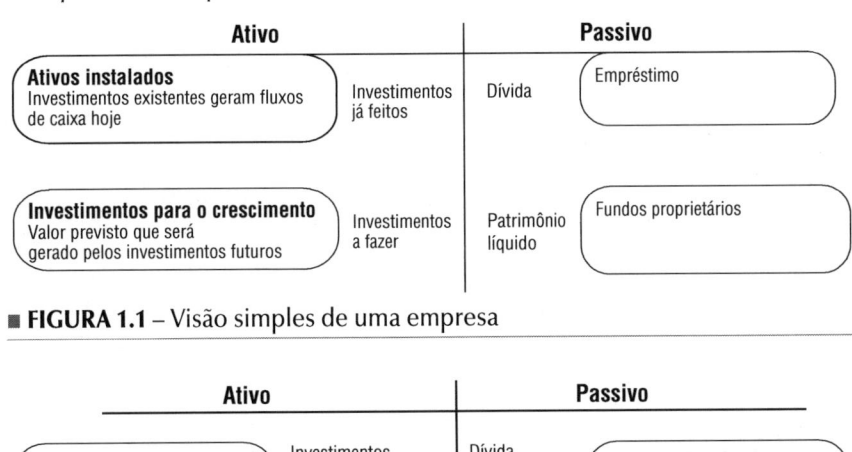

■ **FIGURA 1.1** – Visão simples de uma empresa

■ **FIGURA 1.2** – Avaliação empresarial

FIGURA 1.3 – Avaliação patrimonial

Diagrama:
- **Ativo**: Investimentos instalados; Investimentos para o crescimento
- **Passivo**: Dívida; Patrimônio líquido
- Os fluxos de caixa considerados são fluxos de caixa de ativos, após pagamentos de dívida e após reinvestimentos necessários para crescimento futuro
- A taxa de desconto reflete apenas o custo de aumentar o financiamento pelo patrimônio
- O valor presente é apenas o valor dos direitos sobre o patrimônio da empresa

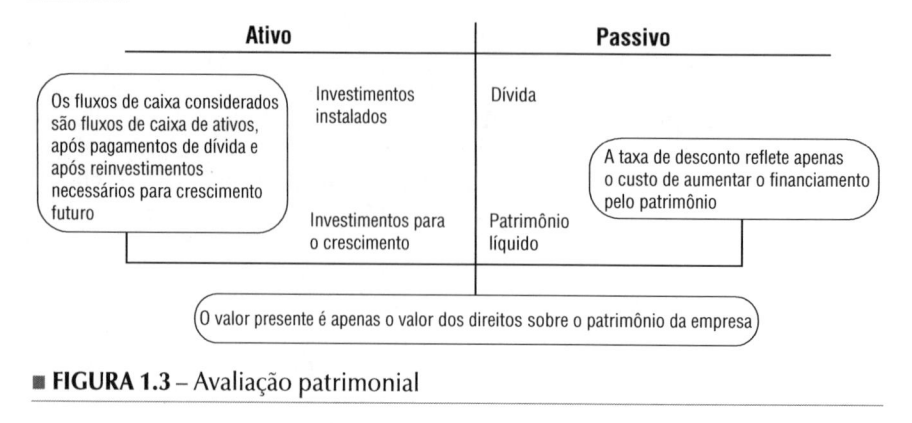

Observe também que sempre podemos passar do primeiro (valor empresarial) para o último (valor patrimonial), obtendo o valor líquido de todos os direitos não patrimoniais do valor empresarial. Feito corretamente, o valor do patrimônio deve ser o mesmo, seja ele avaliado diretamente (descontando-se os fluxos de caixa para o patrimônio ao custo do patrimônio líquido) ou indiretamente (avaliando-se a empresa e subtraindo-se o valor de todos os direitos não patrimoniais). Voltaremos a discutir esta proposição mais detalhadamente no Capítulo 6.

Variações sobre modelos de fluxo de caixa descontado O modelo que apresentamos nesta seção, onde fluxos de caixa previstos são descontados a uma taxa de desconto ajustada pelo risco, é a abordagem DCF de uso mais comum, mas há duas variações amplamente utilizadas. Na primeira, separamos os fluxos de caixa em fluxos de caixa de retorno em excesso e fluxos de caixa de retorno normal. Obter o exigido retorno ajustado pelo risco (custo de capital ou do patrimônio líquido) é considerado um fluxo de caixa de retorno normal, mas qualquer fluxo de caixa superior ou inferior a esse número é classificado como retorno em excesso; este, portanto, pode ser tanto positivo quanto negativo. Com a estrutura da *avaliação de retorno em excesso*, o valor de um negócio pode ser escrito como a soma de dois componentes:

Valor do negócio = Capital investido na empresa hoje + Valor presente dos fluxos de caixa de retorno em excesso, tanto de projetos existentes quanto futuros

Se partirmos da premissa de que a medida contábil de capital investido (valor contábil do capital) é uma boa medida de capital investido em ativos hoje, essa abordagem implica que as empresas com previsão de fluxos de caixa de retorno em excesso positivo negociarão a valores de mercado mais elevados do que os seus valores contábeis, e que o contrário será verdadeiro para as empresas com previsão de fluxos de caixa de retorno em excesso negativo.

Na segunda variação, chamada de abordagem do valor presente ajustado (em inglês, *adjusted present value* — APV), separamos os efeitos sobre o valor de financiamento da dívida do valor dos ativos de um negócio. Em geral, a vantagem da utilização da dívida para financiar as operações de uma empresa é criar benefícios tributários (pois os gastos com juros são dedutíveis de imposto) e a desvantagem é aumentar o risco de inadimplência (e os custos de inadimplência previstos). Na abordagem APV, o valor de uma empresa pode ser escrito como:

Valor do negócio = Valor do negócio com 100% de financiamento pelo patrimônio + Valor presente de benefícios tributários previstos – Custos de inadimplência previstos

Em contraposição à abordagem convencional, em que os efeitos do financiamento da dívida são capturados na taxa de desconto, a abordagem APV tenta estimar o valor previsto em dólar dos benefícios e custos da dívida separadamente do valor dos ativos operacionais.

Embora os proponentes de cada abordagem gostem de reivindicar que a sua é a melhor e mais precisa, demonstraremos adiante que as três produzem as mesmas estimativas de valor, se partirmos de premissas consistentes.

Inputs para os modelos de fluxo de caixa descontado Há três inputs exigidos para avaliar qualquer ativo nesse modelo — o *fluxo de caixa previsto*, o *timing* do fluxo de caixa e a *taxa de desconto* adequada ao grau de risco desses fluxos de caixa. Detalharemos a taxa de desconto e a estimativa de fluxo de caixa nos próximos capítulos, mas apresentamos os fundamentos nesta seção.

Taxas de desconto Na avaliação, começamos com a noção fundamental de que a taxa de desconto aplicada sobre o fluxo de caixa deve refletir o seu grau de risco, onde fluxos de caixa de risco mais elevado obtêm taxas de desconto maiores. Há duas maneiras de analisar o risco. A primeira é puramente em termos da probabilidade de uma entidade não pagar no vencimento um compromisso de pagamento, como juros ou principal da dívida, e isso se chama *risco de inadimplência*. Ao analisar a dívida, o *custo da dívida* é a taxa que reflete esse risco de inadimplência. Como as despesas com juros são dedutíveis de imposto, o custo da dívida após impostos será menor para essas empresas.

A segunda maneira de se analisar o risco é em termos da *variação dos retornos reais em relação aos retornos previstos*. Os retornos reais sobre um investimento de alto risco podem ser muito diferentes dos retornos previstos; quanto maior a variação, maior o risco. Ao examinar o patrimônio líquido, tendemos a utilizar medidas de risco baseadas na variação do retorno. No Capítulo 2, são detalhados os diferentes modelos que tentam operar isso, mas há alguns pontos básicos em comum entre eles. O primeiro deles é que o risco de um investimento deve ser percebido aos olhos do investidor marginal nesse investimento (o investidor com maior probabilidade de efetivar a transação), e supõe-se que esse investidor marginal seja bem diversificado em múltiplos investimentos. Assim, o risco de um investimento que deve determinar as taxas de desconto é o risco não diversificável ou de mercado desse investimento. O segundo ponto é que o retorno previsto sobre qualquer investimento pode ser obtido a começar pelo retorno previsto sobre um investimento livre de risco, acrescentado de um prêmio para refletir o montante de risco de mercado nesse investimento. Esse retorno previsto produz o custo do patrimônio líquido.

O custo de capital pode ser obtido por meio da média do custo do patrimônio líquido, estimado conforme descrito anteriormente, e do custo de empréstimo após os impostos, baseado no risco de inadimplência, com peso proporcional ao uso de cada um. Argumentamos que os pesos utilizados, na avaliação de um negócio em progressão, devem basear-se nos valores de mercado da dívida e do patrimônio líquido. Embora alguns analistas utilizem os pesos de valor contábil, isso viola um princípio básico da avaliação, segundo o qual, a um valor justo,[3] é indiferente se um ativo está sendo comprado ou vendido.

Fluxos de caixa previstos No sentido mais estrito, o único fluxo de caixa que um investidor patrimonial recebe de uma empresa publicamente negociada é o dividendo; os modelos que utilizam dividendos como fluxo de caixa são chamados *modelos de desconto de dividendo* (em inglês, *dividend discount models* – DDM). Uma definição mais ampla de fluxos de caixa para o patrimônio seriam os fluxos de caixa excedentes depois de atendidos os direitos de fluxo de caixa dos investidores não patrimoniais da empresa (juros e os principais pagamentos aos detentores da dívida e de dividendos preferenciais) e depois de o suficiente desses fluxos de caixa ter sido reinvestido na empresa, para sustentar o crescimento projetado nos fluxos de caixa. Este é o fluxo de caixa livre para patrimônio líquido (em inglês, *free cash flow to equity* — FCFE), e os modelos que os utilizam são chamados *modelos de desconto FCFE*.

O fluxo de caixa para a empresa é o fluxo de caixa acumulado para todos os detentores de direitos na empresa. Uma forma de obtê-lo é somar os fluxos de caixa livres para o patrimônio aos fluxos de caixa aos credores (dívida) e acionistas preferenciais. Um modo muito mais simples de chegar ao mesmo número é estimar os fluxos de caixa antes da dívida e do pagamento de dividendos preferenciais, subtraindo-se do lucro operacional após impostos as necessidades de investimento líquido para sustentar o crescimento. Esse fluxo de caixa é chamado fluxo de caixa livre para a empresa (em inglês, *free cash flow to the firm* — FCFF), e os modelos que os utilizam são os *modelos FCFF*.

Crescimento esperado Quando se estima o crescimento previsto nos fluxos de caixa para o futuro, os analistas se confrontam com a incerteza de maneira mais direta. Há três formas genéricas de estimar o crescimento. Uma delas é analisar o passado da empresa e utilizar a taxa de crescimento histórico divulgada por ela. O perigo disso é que o crescimento passado pode fornecer poucos indícios de crescimento futuro. A segunda é obter estimativas de crescimento de fontes mais informadas. Para alguns analistas, isso se traduz em utilizar as estimativas fornecidas pela administração de uma empresa, enquanto para outros isso toma a forma de uso de estimativas consensuais de crescimento, feitas por outros que monitoram a empresa. O viés associado a ambas as fontes deve levantar questões sobre as avaliações resultantes.

Neste livro, promovemos uma terceira forma, em que a taxa de crescimento previsto está ligada a duas variáveis determinadas pela empresa sob avaliação — quanto dos lucros será reinvestido na empresa e com que eficácia esses lucros serão reinvestidos. No modelo de avaliação patrimonial, essa taxa de crescimento previsto é produto da razão de retenção — ou seja, a proporção do lucro líquido não paga aos acionistas, e o retorno sobre patrimônio líquido dos projetos empreendidos com esse dinheiro. No modelo de avaliação empresarial, a taxa de crescimento previsto é produto da taxa de reinvestimento, que é a proporção do lucro operacional após os impostos aplicada em novos investimentos líquidos e o retorno sobre capital obtido desses investimentos. As vantagens de utilizar essas taxas de crescimento fundamentais são duas. A primeira é que as avaliações resultantes serão internamente consistentes e as empresas com suposto alto crescimento são solicitadas a pagar pelo crescimento com mais reinvestimento. A segunda é que ela apresenta a base para a análise sobre como as empresas podem tornar-se mais valiosas aos seus investidores.

Avaliação pelo fluxo de caixa descontado: prós e contras Para os crédulos, a avaliação DCF é a única maneira de abordar a avaliação, mas os benefícios podem ser mais sutis do que querem admitir. No lado positivo, a avaliação DCF, feita corretamente, exige que os analistas compreendam os negócios que estão avaliando e façam perguntas incisivas sobre a sustentabilidade dos fluxos de caixa e do risco. A avaliação por fluxo de caixa descontado é customizada para aqueles que compram segundo a máxima de Warren Buffett de que aquilo que compramos não são ações, mas negócios subjacentes. Além disso, a avaliação DCF é inerentemente 'do contra', pois força os analistas a buscar os fundamentos que alavancam o valor em oposição às percepções do mercado. Conseqüentemente, se o preço das ações aumenta de forma desproporcional em relação aos ganhos e fluxos de caixa subjacentes, os modelos DCF provavelmente identificarão que as ações estão superestimadas e, se cai de forma desproporcional, tais modelos descobrem ações subestimadas.

Há, contudo, limitações na avaliação DCF. Nas mãos de analistas negligentes, as avaliações DCF podem ser manipuladas de forma a gerar estimativa de valor sem nenhuma relação com o valor intrínseco. Também precisamos substancialmente de mais informações para avaliar uma empresa com modelos DCF, já que temos de estimar fluxos de caixa, taxas de crescimento e taxas de desconto. Finalmente, esses modelos podem muito bem avaliar todas as ações de um setor, ou até um mercado, como superestimadas, se as percepções de mercado tiverem tomado a frente dos fundamentos. Para gestores de carteira e analistas de ações, que são demandados a descobrir ações para compra mesmo nos mercados mais superavaliados, isso cria um dilema. Podem ficar com as suas avaliações DCF e concluir que tudo está superestimado, o que pode colocá-los fora do mercado, ou podem descobrir uma abordagem alternativa que seja mais sensível aos humores do mercado. Não será surpresa se muitos optarem pelo segundo caso.

Avaliação relativa

Embora o foco nas salas de aula e nos debates acadêmicos permaneça na avaliação DCF, a realidade é que a maioria dos ativos é avaliada sobre bases relativas. Na avaliação relativa, avaliamos um ativo analisando como o mercado precifica ativos similares. Assim, ao determinar o que pagar por uma casa, consideramos a que preço casas semelhantes na vizinhança são vendidas em vez de fazer uma avaliação intrínseca. Estendendo essa analogia às ações, os investidores geralmente decidem se uma ação é barata ou cara mediante a comparação do seu preço ao de ações similares (comumente no mesmo setor). Nesta seção, consideramos a base para a avaliação relativa, as formas em que ela pode ser utilizada e suas vantagens e desvantagens.

A base da abordagem Na avaliação relativa, o valor de um ativo deriva da precificação de ativos comparáveis, padronizados por uma variável comum. Fazem parte dessa descrição os dois principais componentes da avaliação relativa. O primeiro deles é a noção de *ativos comparáveis ou similares*. Sob a perspectiva de uma avaliação, isso implicaria ativos com fluxos de caixa, risco e potencial de crescimento similares. Na prática, geralmente assume o significado de outras empresas que estão no mesmo ramo que a empresa objeto de avaliação. O segundo é o *preço padronizado*. Afinal, o preço por ação de uma empresa é de certa forma arbitrário, já que se trata de uma função do número de ações em circulação; uma divisão acionária que dobrasse o número de unidades reduziria o preço pela metade. Dividindo-se o preço ou valor de mercado por alguma medida que esteja relacionada a esse valor produzirá um preço padronizado. Ao avaliar ações, isso se traduz essencialmente no uso de múltiplos, quando dividimos o valor de mercado por ganhos, valor contábil ou receitas para chegar a uma estimativa do valor padronizado. Podemos, então, comparar esses números entre várias empresas.

As aplicações mais simples e diretas das avaliações relativas são com ativos reais, quando é fácil encontrar ativos similares ou até idênticos. O preço a se cobrar por um cartão de beisebol de Mickey Mantle ou um Ford Mustang 1965 é relativamente fácil de se estimar, considerando-se que há outros cartões de Mickey Mantle e Ford Mustangs 1965 no mercado e que se pode saber por quanto foram comprados ou vendidos. Com relação a patrimônio, a avaliação relativa torna-se mais complicada devido a duas realidades. A primeira é a ausência de ativos semelhantes, forçando-nos a estender a definição de comparável, de modo a incluir empresas que são diferentes daquela objeto da avaliação. Afinal, que empresa no mundo é remotamente similar à Microsoft ou à General Electric? A outra realidade é que diferentes formas de padronizar preços (múltiplos diferentes) podem produzir diferentes valores para a mesma empresa.

Quando discorremos anteriormente sobre avaliação DCF, argumentamos que se tratava de uma busca (ainda que inglória) por valor intrínseco. Na avaliação relativa, desistimos de estimá-lo e essencialmente depositamos a nossa fé em mercados que possuam esse valor correto, pelo menos na média.

Variações na avaliação relativa Na avaliação relativa, o valor de um ativo é baseado na similaridade com que os ativos são precificados. Na prática, há três variações nesse tipo de avaliação, em que as principais diferenças estão em como definir empresas comparáveis e controlar essas diferenças entre as empresas:

1. *Comparação direta*. Nesta abordagem, os analistas tentam encontrar uma ou duas empresas quase idênticas à empresa objeto da avaliação e estimam o valor com base na similaridade com que essas empresas são precificadas. A principal parte dessa análise é identificar essas empresas similares e obter o seu valor de mercado.
2. *Média do grupo de pares*. Os analistas comparam a forma de precificação da sua empresa (mediante um múltiplo) com a do grupo de pares (mediante uma média desse múltiplo). Assim, uma ação será considerada barata, se negociada a 12 vezes os lucros e a média da razão preço/lucro para o setor for 15. Essa abordagem traz implícita a premissa de que, embora as empresas possam variar muito em um setor, a média para o setor é representativa de uma empresa típica.
3. *Média do grupo de pares ajustada para as diferenças*. Reconhecendo-se que pode haver amplas diferenças entre a empresa objeto de avaliação e outras no grupo de empresas comparáveis, às vezes os analistas tentam controlar as diferenças entre elas. Em muitos casos, o controle é subjetivo: uma empresa com crescimento previsto superior

ao do segmento negociará a um múltiplo de lucros mais elevado do que a média do segmento, mas a intensidade da alta não é especificada. Em poucos casos, os analistas tentam explicitamente controlar as diferenças entre empresas, seja ajustando o múltiplo utilizado, seja aplicando técnicas estatísticas. Como exemplo do primeiro caso, considere as razões P/L/C, que significa preço/lucro/crescimento (em inglês, *price-earnings/growth* — PEG). Essas razões são calculadas dividindo-se as razões P/L pelas taxas de crescimento previsto, assim controlando-se (pelo menos, em teoria) as diferenças em crescimento e permitindo aos analistas comparar empresas com diferentes taxas de crescimento. Para o controle estatístico, podem-se usar regressões de múltiplos, em que é possível regredir o múltiplo utilizado em relação aos fundamentos que acreditamos ser os causadores da variação desse múltiplo entre empresas. As regressões resultantes podem ser utilizadas para estimar o valor individual das empresas. De fato, argumentaremos adiante que as técnicas estatísticas são suficientemente poderosas para nos permitir expandir a amostragem de empresas comparáveis, de modo a abranger todo o mercado.

Aplicabilidade dos múltiplos e suas limitações Os múltiplos seduzem por serem simples e fáceis de se correlacionar. Podem ser usados para obter rapidamente estimativas de valor para empresas e ativos e são particularmente úteis quando um grande número de empresas comparáveis está sendo negociado em mercados financeiros, e o mercado está, na média, precificando-as corretamente. De fato, a avaliação relativa é feita sob medida para analistas e gestores de carteiras que não só têm de identificar ações subvalorizadas em qualquer mercado, por mais supervalorizado que seja, mas também são julgados em bases relativas. Um analista que escolha ações com base nas suas razões P/L em relação aos setores em que operam sempre encontra ações subestimadas em qualquer mercado; se setores inteiros estão supervalorizados e as ações dele declinam, ainda assim ele parecerá bem em bases relativas, já que as suas ações declinarão menos do que as comparáveis (partindo-se da premissa de que a avaliação esteja correta).

Por outro lado, os múltiplos também se prestam facilmente ao mau uso e à manipulação, principalmente quando são utilizadas empresas comparáveis. Considerando-se que não há duas empresas exatamente idênticas em termos de risco e crescimento, a definição de empresas comparáveis é subjetiva. Conseqüentemente, um analista parcial pode escolher um grupo de empresas comparáveis para confirmar o seu viés sobre o valor de uma empresa. Embora esse potencial de viés também exista em avaliações DCF, o analista nesse tipo de avaliação é obrigado a ser muito mais explícito quanto às premissas que determinam o valor final. No caso dos múltiplos, essas premissas nem sempre são declaradas.

Outro problema do uso de múltiplos com base em empresas comparáveis é que incorporam erros (de super ou subvalorização) que o mercado possa estar cometendo ao avaliá-las. Se, por exemplo, concluímos que uma empresa encontra-se subestimada porque negocia a 15 vezes os seus lucros, enquanto as empresas comparáveis o fazem a 25, ainda assim podemos ter prejuízo no investimento, se todo o setor estiver superestimado. Na avaliação relativa, tudo o que podemos alegar é que uma ação parece barata ou cara em relação ao grupo ao qual a comparamos; não fazemos um julgamento absoluto de valor. Em última instância, as conclusões da avaliação relativa dependem da eficácia com que escolhemos as empresas comparáveis e com que o mercado fez o trabalho de precificá-las.

Avaliação por direitos contingentes

Na avaliação DCF ou na relativa, há pouco que possa ser considerado novo ou revolucionário. Recentemente, entretanto, os analistas têm cada vez mais utilizado os modelos de precificação de opções, desenvolvidos para avaliar opções listadas, ativos, negócios e interesses dos acionistas. Em geral, essas aplicações são classificadas de forma imprecisa como opções reais, mas, conforme veremos adiante, devem ser usadas com precaução.

A base da abordagem Uma opção ou direito contingente é um ativo que dá retorno somente sob certas contingências — se o valor do ativo objeto exceder a um valor preestabelecido para uma opção de compra (*call*) ou ficar abaixo dele para uma opção de venda (*put*). Nas últimas décadas, muito trabalho tem sido dedicado para o desenvolvimento de modelos que avaliem opções, e esses modelos de precificação de opções podem ser utilizados para avaliar quaisquer ativos com características de opções.

A Figura 1.4 ilustra o retorno das opções de compra e venda como funções do valor do ativo objeto. Uma opção pode ser avaliada como uma função das seguintes variáveis: o valor corrente ou a variância do valor do ativo objeto, o preço de exercício e o prazo de vencimento da opção e a taxa de juros livre de risco. Isso foi originalmente estabelecido por Black & Scholes[4] e tem sido ampliado e refinado em inúmeras variâncias. Embora o modelo de precificação de opções Black-Scholes ignorasse os dividendos e partisse da premissa de opções sem exercício antecipado, ele pode ser modificado de modo a permitir ambos os casos. Uma variante discreta no tempo, o modelo de precificação de opções binomial, também foi desenvolvida para precificar opções.

Um ativo pode ser avaliado como uma opção de compra se o seu retorno for uma função do valor de um investimento subjacente; se esse valor exceder a um nível preestabelecido, o ativo valerá a diferença; se não, não valerá nada. Poderá ser avaliado como uma opção de venda se ganhar valor à medida que o valor do investimento subjacente cair

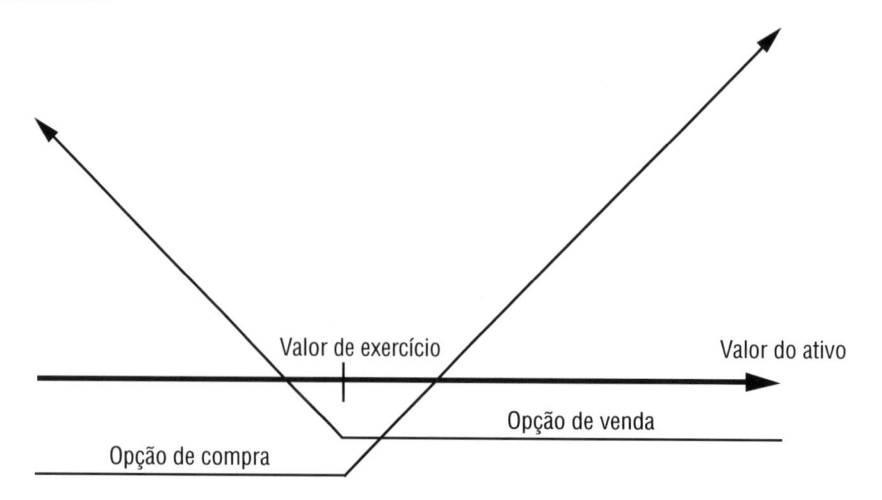

FIGURA 1.4 – Retorno sobre opções como função do valor do ativo objeto

abaixo do nível preestabelecido. Há muitos ativos que em geral não são considerados como opções, mas ainda assim compartilham características de opções. Uma patente pode ser analisada como uma opção de compra sobre um produto, com o investimento necessário para manter o projeto ativo sendo considerado como preço de exercício, e a vida útil da patente se tornando a vida útil da opção. Uma reserva de petróleo ou mina de ouro subdesenvolvida provê ao seu proprietário uma opção de compra para desenvolver a reserva ou mina, se os preços do petróleo ou do ouro subirem.

A essência do argumento pelas opções reais é que os modelos DCF atenuam o valor dos ativos com características de opções. Isso ocorre porque esses modelos avaliam ativos com base em um conjunto de fluxos de caixa previstos e não consideram integralmente a possibilidade de que as empresas aprendem com desenvolvimentos em tempo real e respondem a esse aprendizado. Como exemplo, uma companhia petrolífera pode observar o preço do petróleo a cada ano e ajustar o desenvolvimento de novas reservas e a produção das reservas existentes de acordo com isso, em vez de se ater a um cronograma fixo de produção. Por conseqüência, deveria haver um prêmio de opção acrescentado ao valor DCF das reservas. É o prêmio no valor que torna as opções reais tão sedutoras e tão potencialmente perigosas.

Aplicabilidade e limitações O uso de modelos de precificação de opções na avaliação tem as suas vantagens. Em primeiro lugar, há alguns ativos que não podem ser avaliados com modelos convencionais, porque o seu valor deriva quase integralmente das suas características de opções. Por exemplo, uma empresa de biotecnologia, detentora de uma única patente promissora para um medicamento inovador contra o câncer, em seu processo de aprovação no Food and Drug Administration (FDA), não consegue facilmente avaliar mediante modelos DCF ou relativos. Pode, contudo, ser avaliada como uma opção. O mesmo se aplica ao patrimônio de uma empresa que perde dinheiro, com uma dívida substancial; a maioria dos investidores que compra essa ação o faz pelas mesmas razões por que compra opções 'fora-do-dinheiro' (em inglês, *out-of-the-money*, ou OTM, quando o preço da ação subjacente é inferior ao preço de exercício da opção). Em segundo lugar, os modelos de precificação de opções realmente geram estimativas mais realistas de valor para ativos quando há significativo benefício obtido de aprendizado e flexibilidade. Os modelos de fluxo de caixa descontado atenuarão os valores das empresas de recursos naturais, nas quais o preço observado do recurso natural for um fator fundamental de tomada de decisão. Em terceiro, os modelos de precificação de opções intensificam um aspecto muito importante do risco. Embora seja quase sempre considerado de forma negativa na avaliação DCF e na relativa (com risco maior reduzindo o valor), o valor das opções aumenta conforme cresce a volatilidade. Para alguns ativos, pelo menos, o risco pode ser um aliado e ser explorado para gerar valor adicional.

Não queremos com isso sugerir que o uso de modelos de opções reais é um bem irrestrito. Utilizar argumentos de opções reais para justificar o pagamento de prêmios sobre avaliações DCF, quando esses argumentos não se sustentam, pode resultar em pagamento excedente. Embora não discordemos do conceito de que as empresas podem aprender por meio da observação do que ocorre ao longo do tempo, esse aprendizado só terá valor caso tenha algum grau de exclusividade. Argumentamos adiante que, em geral, é inadequado vincular um prêmio de opção ao valor se o aprendizado não é exclusivo e os concorrentes conseguem adaptar o seu comportamento também. Há também limitações no uso de modelos de precificação de opção para avaliar opções de longo prazo sobre ativos não negociados. As premissas sobre a variância constante e os rendimentos de dividendos, que não são seriamente contestadas para opções de curto prazo, são muito mais difíceis de defender quando as opções têm vida longa. Quando o ativo objeto não é negociado, os inputs para o valor do ativo objeto e a variância nesse valor não podem ser extraídos dos mercados financeiros e têm de ser estimados. Assim, os valores finais obtidos das aplicações de modelos de precificação de opções apresentam margem de erro de estimativa muito maior do que os valores obtidos em aplicações mais padronizadas (para avaliar opções negociadas de curto prazo).

O PAPEL DA AVALIAÇÃO

A avaliação é útil em uma ampla gama de atividades. Contudo, o papel que desempenha difere de acordo com a arena. Nesta seção, é apresentada a relevância da avaliação na gestão de carteiras, na análise de aquisições, nas finanças corporativas e para fins legais e tributários.

Avaliação na gestão de carteiras

O papel desempenhado pela avaliação na gestão de carteiras é determinado em grande parte pela filosofia de investimento do investidor. A avaliação desempenha um papel mínimo na gestão de carteiras para um investidor passivo e um papel mais significativo para um investidor ativo. Mesmo entre os investidores ativos, a natureza e o papel da avaliação diferem conforme o tipo do investimento ativo. Os investidores de momento (em inglês, *market timers*) utilizam muito menos a avaliação do que os investidores que selecionam ações, e o foco recai sobre a avaliação de mercado em vez da avaliação da empresa em si. Entre os selecionadores de ações, a avaliação desempenha papel central na gestão de carteiras para analistas fundamentalistas e papel periférico para analistas técnicos.

Nas subseções seguintes, são descritos, em termos gerais, diferentes filosofias de investimento e os papéis desempenhados pela avaliação em cada uma delas.

Analistas fundamentalistas
O tema que sustenta a análise fundamental é de que o valor real da empresa pode se relacionar às suas características financeiras — perspectivas de crescimento, perfil de risco e fluxos de caixa. Qualquer desvio nesse valor real é sinal de que uma ação está estimada a menor ou a maior. Trata-se de uma estratégia de investimento de longo prazo, e as premissas subjacentes são de que:

- a relação entre valor e fatores financeiros de base podem ser medidos;
- a relação é estável ao longo do tempo;
- os desvios na relação são corrigidos em um prazo razoável.

Os analistas fundamentalistas abrangem tanto os investidores de valor quanto os de crescimento. A principal diferença entre os dois está em onde recai o foco da avaliação. Retomando a nossa divisão de ativos na Figura 1.1, os investidores de valor estão interessados principalmente em ativos instalados e na sua aquisição a um valor inferior ao real. Os investidores de crescimento estão muito mais concentrados na avaliação dos ativos para o crescimento e na sua compra com desconto. Embora a avaliação seja a questão central na análise fundamental, alguns analistas utilizam os modelos DCF para avaliar empresas, enquanto outros utilizam múltiplos e empresas comparáveis. Como os investidores detêm grande número de ações subestimadas em suas carteiras, a esperança deles é que, na média, essas carteiras tenham um resultado melhor do que o mercado.

Investidores ativistas
Os investidores ativistas tomam posições em empresas com reputação de má gestão e então utilizam o patrimônio que detêm para forçar uma mudança na forma como as empresas são administradas. O seu foco não é tanto no que a empresa vale hoje, mas sim em qual seria o seu valor se fosse bem administrada. Investidores como Carl Icahn, Michael Price e Kirk Kerkorian vangloriam-se da capacidade de não só identificar empresas mal administradas, mas também de criar pressão suficiente para forçar uma mudança na forma de administração.

Como as habilidades de avaliação podem ajudar nessa busca? Para começar, esses investidores têm de garantir que há valor adicional a ser gerado pela mudança na administração. Em outras palavras, têm de separar quanto do fraco desempenho do preço das ações de uma empresa está relacionado à má gestão e quanto é decorrente de fatores externos; o primeiro caso é passível de correção, mas o segundo não. Então, precisam considerar os efeitos da guinada administrativa sobre o valor; isto exigirá a compreensão de como o valor se alterará em função das mudanças nas políticas de investimentos, financiamento e dividendos da empresa. Conseqüentemente, devem não só conhecer o negócio em que a empresa opera, mas também compreender a inter-relação entre as decisões financeiras e o valor corporativos. Os investidores ativistas geralmente concentram-se em poucos negócios que conhecem bem e tentam adquirir empresas subvalorizadas. Freqüentemente, exercem influência sobre a gestão dessas empresas e podem mudar a política financeira e a de investimentos.

Grafistas
Os grafistas crêem que os preços são impulsionados tanto pela psicologia do investidor quanto por quaisquer variáveis financeiras subjacentes. A informação disponível sobre indicadores transacionais — oscilação de preços, volume de transações e vendas a termo — fornece boa indicação acerca da psicologia do investidor e as oscilações futuras de preço. As premissas aqui são de que os preços oscilam conforme padrões previsíveis, de que não há tantos investidores marginais tirando vantagem desses padrões a ponto de eliminá-los e de que o investidor médio no mercado é impelido mais pela emoção do que pela análise racional. Embora a avaliação não desempenhe papel muito ativo no grafismo, há formas por meio das quais um grafista pode incorporá-la na análise. Por exemplo, a avaliação pode ser utilizada para determinar linhas de sustentação e resistência[5] sobre gráficos de preço.

Negociadores da informação
Os preços oscilam de acordo com as informações sobre a empresa. Os negociadores da informação tentam negociar antecipando-se a uma nova informação ou pouco após a sua revelação ao mercado. A

premissa de base é que esses negociadores podem se antecipar à divulgação de informações e medir a reação do mercado melhor do que o investidor médio no mercado. Para um negociador de informações, o foco está na relação entre a informação e as mudanças de valor, em vez de no valor em si. Assim, esse negociador pode comprar uma empresa superavaliada, caso acredite que a próxima informação a ser divulgada causará elevação de preço, por conter notícia melhor do que a esperada. Se houver uma relação entre o grau em que uma empresa está sub ou superavaliada e como o preço da sua ação reage a novas informações, então a avaliação poderá desempenhar um papel em investimentos para um negociador de informações.

Investidores de momento (em inglês, *market timers*) Esses investidores notam, com alguma legitimidade, que o retorno de momento nos mercados é muito maior do que aqueles de ações selecionadas. Eles argumentam que é mais fácil prever as movimentações de mercado do que selecionar ações, e que essas previsões podem estar baseadas em fatores observáveis. Enquanto a avaliação de ações individuais pode não ser de utilidade direta para um investidor de momento, as estratégias de *market timing* podem utilizar a avaliação em uma de no mínimo duas maneiras:

1. O mercado geral em si pode ser avaliado e comparado ao nível corrente.
2. Os modelos de avaliação podem ser utilizados para avaliar um grande número de ações, e os resultados do corte transversal podem ser utilizados para determinar se o mercado está super ou subavaliado. Por exemplo, se o número de ações superestimadas, utilizando-se o modelo de avaliação, aumentar em relação ao número das que foram subestimadas, poderá haver razão para crer que o mercado está supervalorizado.

Investidores passivos (em inglês, *efficient marketers*) Os investidores passivos crêem que o preço de mercado, em algum momento, representa a melhor estimativa do real valor da empresa e que qualquer tentativa para explorar eficiências percebidas de mercado custará mais do que o resultado em termos de lucros excedentes. Eles pressupõem que os mercados agregam informações de forma rápida e precisa, que os investidores marginais prontamente exploram quaisquer ineficiências e que essas ineficiências no mercado são causadas por atritos, tais como custos de transações, e não podem ser exploradas. Para esses investidores, que crêem no mercado eficiente, a avaliação é um exercício útil para determinar por que uma ação se vende pelo preço que se vende. Como a premissa básica é a de que o preço de mercado é a melhor estimativa do real valor da empresa, o objetivo passa a ser determinar quais premissas sobre crescimento e risco estão implícitas nesse preço de mercado, em vez de identificar empresas sub ou superestimadas.

Avaliação nas análises de aquisição

A avaliação deveria desempenhar papel central na análise de aquisições. A empresa ou o indivíduo proponente tem de decidir sobre um valor justo para a empresa objeto antes de fazer uma oferta, e a empresa objeto tem que determinar um valor razoável para si antes de decidir se aceita ou rejeita a oferta.

Há fatores especiais a se considerar em avaliações de aquisição. Primeiro, há a sinergia, o aumento no valor que muitos gestores prevêem que ocorra após fusões, pois a empresa resultante é capaz de realizar coisas que as empresas não poderiam individualmente. Os efeitos da sinergia sobre o valor combinado das duas empresas (empresa-alvo mais proponente) têm de ser considerados antes de se tomar a decisão quanto à oferta. Segundo, o valor do controle, que mede os efeitos sobre o valor da mudança na administração e da reestruturação da empresa objeto, terá de ser levado em conta na decisão de um preço justo. Esta é uma questão preocupante em aquisições hostis.

Como observamos anteriormente, há um problema significativo com o viés nas avaliações de aquisições. As empresas-alvo podem ser excessivamente otimistas ao estimar o valor, principalmente quando a aquisição é hostil, e tentam convencer os acionistas de que o preço oferecido é baixo demais. Da mesma forma, se a empresa proponente decidiu, por razões estratégicas, fazer uma aquisição, pode haver forte pressão sobre o analista para que chegue a uma estimativa de valor que sustente o preço da aquisição.

Avaliação em finanças corporativas

Há um papel para a avaliação em cada estágio do ciclo de vida de uma empresa. Para pequenos negócios privados em fase de expansão, a avaliação desempenha papel fundamental na abordagem a investidores de capital de risco e *private equity* para se obter mais capital. A parte da empresa que um capitalista de risco demandará em troca da injeção de capital dependerá do valor que estimar para a empresa. À medida que as empresas crescem e decidem se tornar públicas, as avaliações determinam os preços a que serão ofertadas ao mercado. Uma vez estabelecidas, as decisões sobre onde investir, quanto tomar emprestado e quanto retornar aos proprietários serão afetadas pela avaliação. Se o objetivo das finanças corporativas for maximizar o valor da empresa,[6] as inter-relações entre decisões financeiras, estratégias corporativas e valor da empresa têm de ser delineadas.

Como uma observação final, o aumento de valor tem se tornado o mantra dos consultores de administração e CEOs que querem manter felizes os acionistas, e fazer isso corretamente requer uma compreensão dos alavancadores de valor. De fato, muitas empresas de consultoria têm de criar os seus próprios indicadores de valor — valor econômico agregado (em inglês, *economic value added* — EVA) e retorno de fluxo de caixa sobre investimento (em inglês, *cash flow return on investment* — CFROI), por exemplo — que eles argumentam facilitar o aumento de valor.

Avaliação para fins legais e tributários

Por mais mundano que possa parecer, a maioria das avaliações, especialmente as de empresas privadas, é realizada por razões legais ou tributárias. Uma sociedade tem de ser avaliada sempre que um novo sócio é admitido ou um antigo se retira, e negócios em conjunto têm de ser avaliados quando os proprietários decidem se separar. As empresas têm de ser avaliadas para fins de impostos sobre bens imóveis quando morre o proprietário, e em processos de divórcio quando casais rompem. Embora os princípios da avaliação possam não diferir quando da avaliação de um negócio por procedimentos legais, o objetivo freqüentemente passa a ser o de apresentar uma avaliação que o tribunal aceite e não necessariamente a 'correta'. Afinal, precedentes legais e a linguagem da lei geralmente prevalecem sobre o bom senso no tribunal.

CONCLUSÃO

A avaliação desempenha um papel fundamental em muitas áreas financeiras — finanças corporativas, fusões e aquisições e gestão de carteiras. Os modelos apresentados aqui fornecem uma gama de ferramentas que os analistas em cada uma dessas áreas considerarão úteis, mas a observação de precaução que permeou este capítulo deve ser repetida. A avaliação não é um exercício objetivo, e qualquer prejulgamento ou viés que um analista traga ao processo afetará o valor.

Notas

1. Há aproximadamente cinco vezes mais recomendações de compra emitidas por analistas de Wall Street do que as de venda.
2. A receita proveniente de caixa é isenta de risco e deve ser descontada a uma taxa livre de risco. Em vez disso, os analistas utilizam taxas de desconto ajustadas pelo risco (custos de patrimônio líquido ou capital) para descontar a receita de caixa, resultando assim em um desconto no valor de face. Quando os analistas usam os múltiplos, em geral utilizam a média da razão P/L do grupo de pares da empresa como o múltiplo para a receita de caixa.
3. Quando se utilizam pesos de valor contábil, os custos de capital tendem a ser bem inferiores para muitas empresas norte-americanas, já que o patrimônio contábil é inferior ao patrimônio de mercado. Por conseqüência, eleva-se o valor dessas empresas. Embora isso possa tornar o preço pedido atraente aos vendedores dessas empresas, muito poucos compradores estariam dispostos a pagá-lo, uma vez que isso exigiria que a dívida que utilizam em seu financiamento fosse baseada no valor contábil, comumente demandando o triplo ou quádruplo de endividamento em dólar na empresa.
4. F. Black e M. Scholes, "The valuation of option contracts and a test of market efficiency", *Journal of Finance*, 27, 1972, p. 399–417.
5. Em um gráfico, a linha de sustentação geralmente refere-se a um limite inferior, abaixo do qual é improvável que os preços caiam, e a linha de resistência refere-se ao limite superior, acima do qual os preços dificilmente se aventurarão. Enquanto esses níveis são geralmente estimados mediante preços passados, a gama de valores obtida de um modelo de avaliação pode ser utilizada para determinar esses níveis (por exemplo, o valor máximo se tornará o nível de resistência e o valor mínimo, a linha de sustentação).
6. A maior parte da teoria das finanças corporativas foi elaborada com base nesta premissa.

Parte I
Avaliação pelo fluxo de caixa descontado

Na avaliação pelo fluxo de caixa descontado, partimos da premissa de que o valor de um ativo é o valor presente dos fluxos de caixa previstos sobre o ativo. Como isso está no cerne de todas as abordagens de avaliação, os próximos cinco capítulos tratarão da análise das questões relativas à estimativa e dos desafios de aplicação de modelos pelo fluxo de caixa descontado.

No Capítulo 2, começamos examinando a melhor forma de estimar o custo do patrimônio líquido, o custo da dívida e o custo geral de capital de uma empresa. Nesse processo, abordamos rapidamente os diferentes modelos de risco e retorno em finanças e as suas premissas subjacentes, bem como as melhores práticas para a estimativa de parâmetros para esses modelos.

No Capítulo 3, concentramos a nossa atenção na estimativa de fluxos de caixa. Iniciamos considerando os invariáveis ajustes que devem ser feitos nos lucros contábeis declarados de uma empresa, para atualizá-los e normalizá-los a fim de torná-los consistentes. Passamos então a analisar a alíquota de imposto de renda que deve ser utilizada ao se estimarem os fluxos de caixa e quais itens devem ou não ser considerados na estimativa de reinvestimento.

No Capítulo 4, examinamos diferentes formas de se estimar o crescimento. Após identificar as limitações de estimativas de crescimento históricas e gerenciais (ou de analistas), associamos o crescimento previsto de uma empresa à sua política de reinvestimento — quanto ela reinveste e com que eficácia. Também consideramos a melhor forma de estimar o valor final ao término da fase de estimativa.

No Capítulo 5, analisamos os modelos de avaliação patrimonial, a começar pelo modelo de desconto de dividendos, e comparamos os seus resultados ao fluxo de caixa livre para o modelo patrimonial.

No Capítulo 6, apresentamos uma gama de modelos de avaliação de empresas ou negócios, começando pela abordagem de custo de capital, mas também incluindo os modelos de valor presente ajustado e de retorno em excesso. Embora demonstremos que os modelos produzem resultados equivalentes, analisamos as vantagens e desvantagens de cada um.

Capítulo 2

Estimando taxas de desconto

Nas avaliações pelo fluxo de caixa descontado, as taxas de desconto devem refletir o grau de risco dos fluxos de caixa. Em especial, o custo da dívida deve incorporar um prêmio por inadimplência ou um *spread* para o risco de inadimplência na dívida, e o custo do patrimônio líquido deve incluir um prêmio pelo risco do patrimônio líquido. Mas como medir o risco de inadimplência e de patrimônio líquido e, mais importante ainda, como calcular os prêmios por inadimplência e pelo patrimônio líquido?

Neste capítulo, apresentamos as bases para a análise de risco nas avaliações. Mostramos modelos alternativos para medir o risco e converter os indicadores de risco em taxas de corte aceitáveis. Começamos por discorrer sobre o risco do patrimônio líquido e examinar a diferença entre risco diversificável e não diversificável e por que somente o segundo interessa a um investidor diversificado. Também analisamos como diferentes modelos financeiros de risco e retorno tentam medir esse risco não diversificável. Na segunda parte deste capítulo, refletimos sobre o risco de inadimplência e como ele é medido pelas agências de *rating*. Além disso, discutimos os determinantes do *spread* por inadimplência e por que ele pode mudar com o tempo. Finalmente, trazemos a discussão a cabo combinando o custo do patrimônio líquido com o custo da dívida para estimar o custo de capital.

O QUE É RISCO?

Para a maioria de nós, o risco refere-se à probabilidade de, nos jogos do acaso na vida, obtermos resultados que não nos agradarão. Por exemplo, o risco de dirigir um carro em alta velocidade é ser multado ou, pior ainda, causar um acidente. O dicionário Webster define risco como "exposição a perda ou dano". Portanto, quase sempre o risco é percebido em termos negativos.

No contexto da avaliação, a definição de risco é diferente e também mais ampla. O risco, do nosso ponto de vista, refere-se à probabilidade de obtermos um retorno de investimento que seja diferente do previsto. Assim, o risco inclui não só os maus resultados (aqueles inferiores ao previsto), mas também os bons resultados (aqueles superiores ao previsto). De fato, podemos nos referir ao primeiro como *downside risk* e ao segundo como *upside risk*; porém, consideramos ambos ao medir o risco. Na verdade, o espírito da nossa definição de risco financeiro é muito bem capturado pelo símbolo chinês para risco, o qual reproduzimos a seguir:

危機

O primeiro símbolo é o do 'perigo' e o segundo, da 'oportunidade', tornando o risco um misto de perigo e oportunidade. Fica claramente ilustrada a escolha que cada investidor e negócio têm de fazer — entre as maiores recompensas que advêm da oportunidade e o maior risco que surge em decorrência do perigo.

Este capítulo pode ser considerado, em grande parte, uma tentativa de encontrar o modelo que melhor mensure o perigo em qualquer investimento para depois convertê-lo na oportunidade necessária para compensar esse perigo. Em termos financeiros, chamamos o perigo de 'risco' e a oportunidade, 'retorno previsto'. Argumentamos que o risco de um investimento deve ser percebido com os olhos daqueles que investirão na empresa. Como as empresas de capital aberto possuem milhares de investidores, geralmente com diferentes perspectivas, iremos mais longe. Afirmaremos que o risco deve ser medido a partir da perspectiva não apenas de qualquer investidor na ação, mas do *investidor marginal*, definido como aquele com mais chance de negociar a ação a qualquer momento.

CUSTO DO PATRIMÔNIO LÍQUIDO

O custo do patrimônio líquido é um ingrediente fundamental em todo modelo de fluxo de caixa descontado. É difícil de ser estimado por tratar-se de custo implícito, que pode variar amplamente entre vários investidores na mesma empresa. Nesta seção, começamos examinando a base intuitiva para o custo do patrimônio líquido e depois analisamos diferentes formas de estimá-lo.

Base intuitiva

Como observamos no Capítulo 1, o custo do patrimônio líquido é aquele no qual os investidores no patrimônio líquido de um negócio esperam incorrer em seu investimento. Isso gera dois problemas. O primeiro é que, ao contrário da taxa de juros sobre a dívida, esse custo é implícito e não pode ser diretamente observado. O segundo é que essa taxa prevista não precisa ser a mesma para todos os investidores patrimoniais na mesma empresa. Diferentes investidores podem muito bem perceber diferentes graus de risco no mesmo investimento e demandar diferentes taxas de retorno, conforme sua aversão ao risco. O desafio da avaliação é, portanto, duplo. A primeira tarefa é transformar o custo implícito em explícito, lendo o pensamento dos investidores patrimoniais em um investimento. A segunda tarefa, e a mais intimidante, é obter uma taxa de retorno que esses diversos investidores aceitem como o custo do patrimônio líquido correto na avaliação da empresa.

Abordagens à estimativa

Há três maneiras de estimar o custo do patrimônio líquido de um negócio. Na primeira, obtemos modelos que medem o risco de um investimento e convertemos esse indicador de risco em um retorno previsto, que, por sua vez, se torna o custo do patrimônio líquido desse investimento. A segunda abordagem analisa as diferenças nos retornos reais de várias ações por longos períodos e identifica as características das empresas que melhor explicam as diferenças nos retornos. Então, utilizamos essa relação para prever os retornos patrimoniais esperados para cada uma das empresas. A última abordagem utiliza preços de mercado de ativos de risco para sustentar a taxa de retorno que os investidores estão dispostos a aceitar nesses investimentos.

Modelos de risco e retorno Quando a história da moderna teoria do investimento for escrita, registraremos que uma parcela significativa dela foi dedicada ao desenvolvimento de modelos que tentaram medir o risco de investimentos e convertê-lo em retornos previstos. Nesta subseção, consideramos os passos dados para obter esses modelos e os concorrentes.

Passos no desenvolvimento de modelos de risco e retorno Para demonstrar como o risco é considerado nas finanças modernas, apresentamos a análise de risco em três passos. Primeiro, definimos o risco em termos da distribuição dos retornos reais em torno de um retorno previsto. Segundo, fazemos a diferenciação entre o risco que é específico de um ou alguns investimentos e o risco que afeta um conjunto muito mais amplo de investimentos. Argumentamos que, em um mercado em que o investidor marginal é bem diversificado, apenas o último risco, denominado *risco de mercado*, será recompensado. Terceiro, examinamos modelos alternativos para medir esse risco de mercado e os retornos previstos associados a ele.

Passo 1: Mensuração de risco Investidores que compram ativos esperam obter retornos pelo horizonte de tempo em que possuírem o ativo. Os retornos reais por esse período de posse podem ser muito diferentes dos previstos, e é essa diferença entre o real e o previsto que dá margem ao risco. Por exemplo, suponhamos que você seja um investidor com horizonte de tempo de um ano, que compre uma obrigação de curto prazo do governo de um ano (ou qualquer outra obrigação livre de inadimplência de um ano) com retorno previsto de 5%. Ao final do período de um ano, o retorno real desse investimento será de 5%, que é igual ao previsto. Esse é um investimento livre de risco. Em contraposição, considere um investidor que compra ações no Google. Esse investidor, após fazer sua pesquisa, pode concluir que é possível obter um retorno de 30% pelo período de um ano. O retorno real por esse período, quase com certeza, não será igual a 30%; será muito maior ou menor. Note que os retornos reais, nesse caso, são diferentes dos previstos. O *spread* dos retornos reais em torno do retorno previsto é medido pela *variância* ou *desvio padrão* da distribuição; quanto maior o desvio entre os retornos reais e os esperados, maior a variância.

Devemos observar que os retornos previstos e as variâncias que vemos na prática são quase sempre estimados utilizando-se os retornos passados, em vez dos retornos futuros esperados. A premissa da qual partimos ao fazer isso é que os retornos passados são bons indicadores de distribuições futuras de retorno. Quando essa premissa é violada, como é o caso em que as características dos ativos mudam significativamente com o passar do tempo, as estimativas históricas podem não ser bons indicadores de risco.

Passo 2: Risco diversificável e não diversificável Embora haja muitas razões para a diferença entre retornos reais e previstos, podemos agrupá-las em duas categorias: específicas da empresa e gerais do mercado. Os riscos provenientes de atividades específicas de empresas afetam um ou alguns investimentos, ao passo que o risco proveniente de razões gerais do mercado afeta muitos ou todos os investimentos. Essa distinção é essencial à forma como avaliamos o risco financeiro.

Na categoria específica de empresa, devemos considerar uma ampla gama de riscos, a começar pelo risco de a empresa calcular mal a demanda por um produto pelos seus clientes; chamamos isso *risco do projeto*. O risco também pode surgir dos concorrentes resultando maior ou menor que o esperado; a isso denominamos *risco concorrencial*. De fato, estenderemos os nossos indicadores de risco de modo a incluir aqueles que podem afetar todo um ramo de negócios, mas são circunscritos a ele; chamamos isso *risco setorial*. O denominador comum entre esses três riscos — de projeto, concorrencial e setorial — é que eles afetam apenas um pequeno subconjunto de empresas. Há outro risco que é muito mais invasivo e afeta muitos investimentos, senão todos. Por exemplo, quando as taxas de juros sobem, todos os investimentos são afetados, mesmo que em intensidades diferentes. Da mesma forma, quando a economia enfraquece, todas as empresas sentem os efeitos, embora as cíclicas (automóveis, aço e construção civil) possam sentir mais. Classificamos estes como *riscos de mercado*.

Finalmente, há riscos que recaem sobre uma zona cinzenta, dependendo de quantos ativos eles afetam. Por exemplo, quando o dólar se fortalece perante outras moedas, causa um impacto significativo sobre os lucros e os valores de empresas com operações internacionais. Se a maioria das empresas no mercado possuir uma grande parcela de operações internacionais, isso pode ser muito bem classificado como risco de mercado. Se apenas algumas a possuírem, estaria mais próximo de um risco específico de empresa. A Figura 2.1 resume o desdobramento ou o espectro de riscos específicos de empresa e riscos de mercado.

Como investidor, você pode investir toda a sua carteira em um ativo. Se fizer isso, estará exposto tanto aos riscos específicos de empresa quanto aos de mercado. Se, contudo, expandir a carteira para incluir outros ativos ou ações, estará diversificando e, dessa forma, poderá reduzir a exposição ao risco específico de empresa por dois motivos. O primeiro é que cada investimento de uma carteira diversificada é uma porcentagem muito menor dessa carteira do que seria o caso se não houvesse diversificação. Assim, qualquer atividade que aumente ou diminua o valor somente desse investimento ou de um pequeno grupo deles exercerá apenas um pequeno impacto sobre a carteira como um todo. O segundo motivo é que os efeitos das ações específicas de empresa sobre os preços de ativos individuais de uma carteira podem ser positivos ou negativos, conforme o ativo, por qualquer período; algumas empresas divulgarão boas notícias, enquanto outras, más. Portanto, em carteiras muito grandes, esse risco terá média zero (pelo menos ao longo do tempo) e terá pouco impacto sobre o valor geral da carteira. Em contraste, os efeitos das oscilações de mercado provavelmente terão o mesmo direcionamento para a maioria ou a totalidade dos investimentos de uma carteira, embora alguns ativos possam ser mais afetados que outros. Por exemplo, mantidas as demais premissas, um aumento nas taxas de juros reduzirá o valor da maioria dos ativos de uma carteira. Ser mais diversificado não elimina esse risco.

Passo 3: Suponha que o investidor marginal seja bem diversificado O argumento de que a diversificação reduz a exposição de um investidor ao risco é claro tanto do ponto de vista intuitivo quanto do estatístico, mas os modelos de risco e retorno em finanças vão mais além. Os modelos analisam o risco com os olhos do investidor com mais chance de negociar o investimento a qualquer momento (isto é, o investidor marginal). Argumentam que esse investidor, que estabelece preços para os investimentos, está bem diversificado; assim, o único risco com que se importa é aquele adicionado a uma carteira diversificada ou o risco de mercado. Essa premissa é realista? Levando-se em conta o fato de que os investidores marginais têm de deter muitas ações e negociá-las, é muito provável que estejamos falando de um investidor institucional — fundo mútuo ou de pensão — para muitas empresas de grande ou médio portes, de capital aberto.[1] Os investidores institucionais tendem a se diversificar, embora o grau de diversificação possa variar de um para outro.

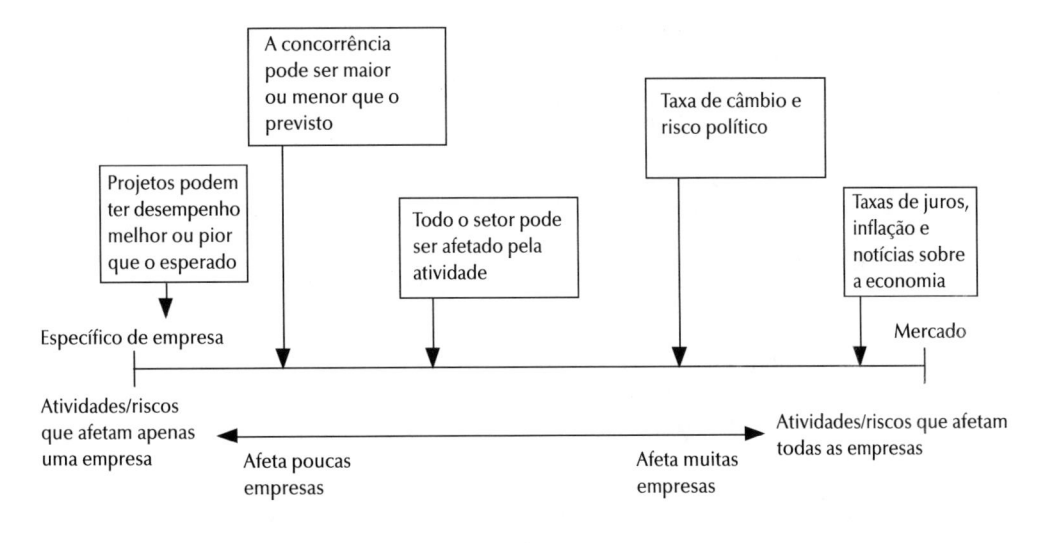

■ **FIGURA 2.1** – Desdobramento do risco

O argumento de que o investidor marginal é bem diversificado torna-se tênue quando analisamos empresas menores, menos negociadas, bem como algumas empresas de capital fechado, e pode ruir por completo quando analisamos pequenos negócios privados. Adiante, neste capítulo, consideramos a melhor forma de modificar modelos convencionais de risco e retorno, para estimar custos de patrimônio líquido para essas empresas.

No longo prazo, argumentaríamos que esses investidores diversificados tenderiam a tirar do mercado os não diversificados. Afinal, o risco de um investimento sempre será percebido como maior para um investidor não diversificado do que para aquele diversificado, já que o segundo não sustenta qualquer risco específico de empresa, ao contrário do primeiro. Se ambos possuem as mesmas expectativas sobre lucros e fluxos de caixa futuros em relação a um ativo, o investidor diversificado estará disposto a pagar um preço maior por esse ativo em razão da sua percepção de menor risco. Conseqüentemente, o ativo, ao longo do tempo, terminará em posse dos investidores diversificados.

Modelos de mensuração de risco de mercado Embora a maioria dos modelos de risco e retorno em finanças concorde sobre os três passos do processo de análise de risco (ou seja, que esse risco advém da distribuição de retornos reais em torno dos previstos e que o risco deve ser medido a partir da perspectiva de um investidor marginal que esteja bem diversificado), há divergência quando se trata de medir o risco não diversificado ou de mercado. Nesta seção, discutimos sobre os diferentes modelos para mensuração do risco de mercado e as razões por trás das diferenças. Iniciamos com o que ainda é o modelo-padrão para mensuração de risco em finanças — o modelo de precificação de ativo de capital (em inglês, *capital asset pricing model* —CAPM) — e passamos a apresentar as alternativas a esse modelo, desenvolvidas nas três últimas décadas.

Para compreender a base do CAPM, consideremos novamente por que a maioria dos investidores pára de diversificar, apesar dos benefícios da diversificação. Primeiro, como o ganho marginal de diversificar diminui a cada investimento adicional, ele deve ser colocado na balança contra o custo dessa adição. Mesmo com custos baixos de transação, chegará a um ponto em que os custos excederão os benefícios. Segundo, a maioria dos investidores ativos acredita que pode selecionar ações subvalorizadas (ou seja, ações com melhor desempenho que o restante do mercado). O CAPM fundamenta-se em duas premissas básicas: não há custos de transação e os investidores não têm acesso a informações privadas (que lhes permita identificar ações estimadas a maior ou a menor). Em outras palavras, desconsidera as duas razões por que os investidores param de diversificar. Ao fazer isso, garante que os investidores continuem diversificando até que detenham cada ativo negociado — a carteira de mercado, na linguagem CAPM —, diferindo somente em termos de quanto investem nessa carteira de mercado e quanto em um ativo livre de risco. Segue-se então que o risco de qualquer ativo torna-se o risco que é adicionado a essa carteira de mercado. Intuitivamente, se um ativo oscila independentemente da carteira de mercado, não agregará muito risco a ela. Em outras palavras, todo o risco desse ativo é específico de empresa e pode ser diversificado. Em contraste, se um ativo tende a acompanhar as oscilações de mercado, para cima ou para baixo, agregará risco à carteira de mercado. Esse ativo tem mais risco de mercado e menos risco específico de empresa. Estatisticamente, podemos medir o risco que um ativo agrega à carteira de mercado pela sua covariância com essa carteira. A covariância é um valor percentual, e é difícil avaliar o risco relativo de um investimento por esse valor. Em outras palavras, saber que a covariância do Google com a carteira de mercado é de 55% não nos dá nenhum indício se o Google é mais arriscado ou mais seguro que o ativo médio. Assim padronizamos o indicador de risco dividindo a covariância de cada ativo com a carteira de mercado pela variância da carteira de mercado. Isso produz o *beta* do ativo:

$$\text{Beta de um ativo } i = \frac{\text{Covariância do ativo } i \text{ com a carteira de mercado}}{\text{Variância da carteira de mercado}} = \frac{\text{Cov}_{im}}{\sigma_m^2}$$

Como a covariância da carteira de mercado consigo mesma é a sua variância, o beta da carteira de mercado, e, por extensão, o ativo médio nele, é 1. Os ativos com risco superior à média terão betas maiores que 1 e os mais seguros terão betas menores que 1. O ativo livre de risco terá um beta de 0. O retorno previsto de qualquer ativo pode ser escrito como uma função da taxa livre de risco, do beta desse ativo e do prêmio pelo risco de investir no ativo de risco médio:

Retorno esperado sobre ativo i = Taxa livre de risco
+ Beta do ativo$_i$ (Prêmio pelo risco do ativo de risco médio)

Em resumo, no CAPM, todo o risco de mercado é capturado no beta, medido em relação a uma carteira de mercado, o que pelo menos em teoria deveria incluir todos os ativos negociados no mercado mantidos em proporção ao seu valor de mercado.

O CAPM é um modelo notável na medida em que captura a exposição de um ativo a todo o risco de mercado em um número — o beta do ativo —, mas o faz ao custo de partir de premissas restritivas sobre custos de transações e informações privadas. O modelo de precificação por arbitragem (em inglês, *arbitrage pricing model* —APM) flexibiliza essas premissas e exige apenas que os ativos com a mesma exposição ao risco de mercado sejam negociados ao mesmo preço. Permite fontes múltiplas de risco de mercado e que os ativos tenham diferentes exposições (beta) em relação a cada fonte de risco de mercado. Estima o número de fontes de exposição ao risco de mercado e os betas de cada empresa para cada uma dessas fontes, utilizando uma técnica estatística chamada análise fatorial.[2] O resultado líquido é que o retorno previsto sobre um ativo pode ser escrito como uma função dessas múltiplas exposições ao risco:

$$E(R) = R_f + \beta_1[E(R_1) - R_f] + \beta_2[E(R_2) - R_f] + \ldots + \beta_n[E(R_n) - R_f]$$

onde R_f = Retorno esperado sobre uma carteira beta-zero (ou carteira livre de risco)
$E(R_j) - R_f$ = Prêmio pelo risco esperado para fator j

Os termos entre parênteses podem ser considerados como prêmios pelo risco para cada fator no modelo. Em resumo, o APM é uma versão mais generalista do CAPM, com fatores não especificados de risco de mercado substituindo a carteira de mercado e os betas relativos a esses fatores substituindo o beta de mercado.

A falha do APM em identificar de forma específica os fatores no modelo pode ser uma força estatística, mas é uma falha intuitiva. A solução parece simples: substituir os fatores estatísticos não identificados por fatores econômicos específicos de forma que o modelo resultante tenha uma base econômica, embora ainda detenha muito da força do modelo de precificação por arbitragem. Isso é precisamente o que os modelos multifatoriais tentam fazer. Após a identificação do número de fatores no APM, o comportamento deles ao longo do tempo pode ser extraído dos dados. O comportamento dos fatores não identificados pode então ser comparado ao das variáveis macroeconômicas pelo mesmo período, para constatar se alguma das variáveis se correlaciona, ao longo do tempo, aos fatores identificados. Por exemplo, Chen, Roll e Ross (1986)[3] sugerem que as seguintes variáveis macroeconômicas estão altamente relacionadas aos fatores que resultam da análise fatorial: produção industrial, mudanças no prêmio por inadimplência, mudança na estrutura a termo da taxa de juros, inflação não prevista e alterações na taxa de retorno real. Essas variáveis podem então ser utilizadas para se chegar a um modelo de retornos previstos, com betas específicos de empresas calculados em relação a cada variável.

$$E(R) = R_f + \beta_{GNP}[E(R_{GNP}) - R_f] + \beta_I[E(R_I) - R_f] + \ldots + \beta_\partial[E(R_\partial) - R_f]$$

onde β_{GNP} = Beta relativo a mudanças na produção industrial
$E(R_{GNP})$ = Retorno esperado de uma carteira com beta de 1 no fator de produção industrial e 0 em todos os outros fatores
β_I = Beta relativo a mudanças na inflação
$E(R_I)$ = Retorno esperado de uma carteira com beta de 1 no fator de inflação e 0 em todos os outros fatores

Os custos de transição do APM para um modelo macroeconômico multifatorial podem ser remetidos diretamente aos erros passíveis de serem cometidos na identificação de fatores. Os fatores econômicos no modelo podem mudar com o tempo, assim como o prêmio pelo risco associado a cada fator. Por exemplo, as oscilações no preço do petróleo eram um fator econômico significativo a direcionar os retornos previstos na década de 1970, mas nem tanto assim nos anos 80 e 90. Usar um fator errado ou não considerar um fator importante em um modelo multifatorial pode levar a estimativas inferiores de retorno esperado.

Os três modelos de risco e retorno adotam algumas premissas em comum. Todos pressupõem que somente o risco de mercado é recompensado e derivam o retorno previsto como uma função dos indicadores desse risco. O CAPM parte de pressupostos mais restritivos sobre como os mercados operam, mas chega a um modelo que demanda o mínimo de inputs, com somente um fator direcionando o risco e exigindo estimativa. O APM faz menos premissas, porém produz um modelo mais complicado, pelo menos em termos dos parâmetros que demandam estimativa. Em geral, o CAPM tem a vantagem de ser um modelo mais simples para estimar e utilizar; no entanto, perde em desempenho se comparado com o mais sofisticado APM, quando um investimento é suscetível a fatores econômicos não bem representados no índice de mercado. Por exemplo, as ações de companhias petrolíferas, que derivam a maior parte do seu risco das oscilações do preço do petróleo, tendem a apresentar baixos betas de CAPM e baixos retornos previstos. Utilizar um APM, em que um dos fatores pode monitorar as oscilações de preço do petróleo e outras commodities, produzirá uma estimativa melhor de risco e retorno previsto mais alto para essas empresas.[4]

Qual desses modelos funciona melhor? O beta é uma boa *proxy* para o risco e está relacionado aos retornos esperados? Essas questões foram amplamente debatidas nas duas últimas décadas. Os primeiros testes do CAPM sugeriram que betas e retornos tinham uma correlação positiva, apesar de outros indicadores de risco (tal como a variância) continuarem a explicar as diferenças nos retornos reais. Essa discrepância foi atribuída a limitações nas técnicas de teste. Embora os testes iniciais do APM indicassem que poderiam ser mais promissores em termos de explicar as diferenças em retornos, uma distinção deve ser traçada entre o uso desses modelos para explicar diferenças em retornos passados e o seu uso para prever os retornos futuros. Os concorrentes do CAPM claramente têm desempenho muito melhor ao explicar retornos passados, porque não se restringem a um fator, como o CAPM. Essa extensão a múltiplos fatores acaba se tornando um problema ao se tentar projetar retornos futuros, porque os betas e prêmios de cada um desses fatores têm de ser estimados. Como os prêmios fatoriais e os betas também são voláteis, o erro de estimativa pode eliminar os benefícios que poderiam advir da transição do CAPM para modelos mais complexos.

Em última instância, a sobrevivência do modelo de precificação de ativo de capital (CAPM) como modelo-padrão para o risco nas aplicações no mundo real é uma evidência tanto do seu apelo intuitivo quanto do insucesso de modelos mais complexos em produzir melhoria significativa para estimar retornos esperados. O nosso argumento é de que o uso criterioso do CAPM, sem excesso de confiança nos dados históricos, ainda é a forma mais eficaz de lidar com o risco nas avaliações.

Estimando parâmetros para modelos de risco e retorno O *custo do patrimônio líquido* é a taxa de retorno que os investidores exigem para investir no patrimônio líquido de uma empresa. Todos os modelos de risco e retorno descritos na seção anterior necessitam de uma taxa livre de risco (no CAPM) ou prêmios (nos modelos APM e multifatorial). Começamos analisando esses inputs em comum, antes de voltar nossa atenção à estimativa de betas.

Taxa livre de risco A maioria dos modelos de risco e retorno em finanças tem como ponto de partida um ativo que é definido como livre de risco e utiliza o retorno esperado para esse ativo como taxa livre de risco. Os retornos esperados sobre investimentos arriscados são então medidos em relação à taxa livre de risco, com o risco criando um prêmio pelo risco previsto, que é adicionado à taxa livre de risco.

Determinando uma taxa livre de risco Definimos um ativo livre de risco como aquele em que o investidor conhece o retorno esperado com certeza. Conseqüentemente, para um investimento ser livre de risco (isto é, produzir um retorno real igual ao previsto), duas condições devem ser atendidas:

1. Não pode haver *nenhum risco de inadimplência*, o que geralmente implica que o título deve ser de emissão governamental. Note, contudo, que nem todos os governos estão livres desse risco, e a presença de risco de inadimplência do governo ou de soberania pode dificultar muito a estimativa de taxas livres de risco em algumas moedas.
2. Não pode haver *nenhuma incerteza sobre as taxas de reinvestimento*, o que implica que não há nenhum fluxo de caixa intermediário. Para ilustrar esse ponto, suponhamos que você esteja tentando estimar o retorno sobre um período de cinco anos e queira uma taxa livre de risco. Uma taxa de seis meses de uma obrigação de curto prazo do governo, embora livre de inadimplência, não será livre de risco, porque há o risco de reinvestimento de não saber como estará o título em seis meses. Nem mesmo uma obrigação de longo prazo do governo de cinco anos é livre de risco, já que os cupons sobre a obrigação serão reinvestidos a taxas que não podem ser previstas hoje. A taxa livre de risco para um horizonte de tempo de cinco anos tem de ser o retorno esperado sobre uma obrigação do governo livre de risco com horizonte de cinco anos e taxa zero de cupom.

O ponto de vista purista das taxas livres de risco exigiria então diferentes taxas livres de risco para fluxos de caixa em cada período e diferentes retornos previstos. Como uma conciliação prática, porém, é válido notar que o efeito do valor presente de utilizar taxas livres de risco que variam de um ano para outro tende a ser pequeno para a maioria das bem comportadas estruturas a termo.[5] Nesses casos, poderíamos usar uma estratégia de duração combinada, em que a duração do título livre de inadimplência usado como ativo livre de risco é combinada com a duração dos fluxos de caixa na análise. A conseqüência lógica para as avaliações, em que os fluxos de caixa estendem-se por um longo período (ou infinitamente), é que as taxas livres de risco utilizadas devem ser quase invariavelmente de longo prazo. Na maioria das moedas, geralmente há uma taxa de obrigações do governo de dez anos que serve como um indicador razoável da taxa livre de risco.[6]

Fluxos de caixa e taxas livres de risco: o princípio da consistência A taxa livre de risco utilizada para obter retornos previstos deve ser medida de forma consistente com a mensuração dos fluxos de caixa. Se estes forem nominais, a taxa livre de risco deve estar na mesma moeda em que os fluxos de caixa foram estimados. Isso também implica que não é onde um ativo ou empresa está domiciliada que determina a escolha de uma taxa livre de risco, mas a moeda em que os fluxos de caixa do projeto ou empresa são estimados. Assim, podemos avaliar uma empresa mexicana em dólares, utilizando uma taxa de desconto em dólar, ou em pesos, usando uma taxa de desconto em pesos. No primeiro caso, usaríamos a taxa de obrigações de longo prazo do governo norte-americano como a taxa livre de risco, porém, no segundo caso, necessitaríamos de uma taxa livre de risco em pesos.

Sob condições de inflação alta e instável, a avaliação é, em geral, feita em termos reais. Efetivamente, isso significa que os fluxos de caixa são estimados por meio de taxas de crescimento real, sem considerar o crescimento proveniente dos preços inflacionados. Para fins de consistência, as taxas de desconto utilizadas nesses casos devem ser taxas de desconto real. Para obter uma taxa de retorno previsto real, necessitamos partir de uma taxa livre de risco real. Embora as obrigações de curto e longo prazo do governo ofereçam retornos livres de risco em termos nominais, não são livres de risco em termos reais, já que a expectativa de inflação pode ser volátil. A abordagem-padrão de subtrair uma taxa de inflação prevista da taxa de juros nominal para obter uma taxa livre de risco real fornece, na melhor das hipóteses, uma estimativa da taxa livre de risco real. Até recentemente, havia poucos títulos livres de inadimplência negociados que podiam ser utilizados para estimar as taxas livres de risco reais, mas o advento de obrigações do governo indexadas pela inflação preencheu esse vazio. Esse tipo de título não oferece um retorno nominal garantido aos compradores; em vez disso, provê um retorno real garantido. No início de 2005, por exemplo, a taxa de obrigações de longo prazo do governo norte-americano de dez anos indexada pela inflação era de apenas 2,1%, muito inferior à taxa de obrigações do governo de dez anos nominal de 4,3%.

Taxas livres de risco quando não há entidade livre de inadimplência Nossa discussão, até aqui, foi estabelecida com base na premissa de que governos não ficam inadimplentes, ao menos na tomada de empréstimo em moeda local. Há muitas economias emergentes de mercado, onde essa premissa pode não ser vista como razoável. Os governos nesses mercados são considerados passíveis de inadimplência, mesmo quando tomam empréstimo em moeda local. Quando essa percepção vem acompanhada pelo fato de que muitos governos não emitem obrigações de longo prazo denominadas em moeda local, há cenários em que obter uma taxa livre de risco nessa moeda, especialmente de longo prazo, torna-se difícil. Nesses casos, há entendimentos que produzem estimativas razoáveis da taxa livre de risco.

- Pode-se analisar as maiores e mais seguras empresas nesses mercados e utilizar como base a taxa que pagam sobre empréstimos de longo prazo em moeda local. Considerando-se que essas empresas, independentemente de porte e estabilidade, ainda possuem risco de inadimplência, deve-se usar uma taxa que seja marginalmente mais baixa[7] do que a taxa de empréstimo corporativo.
- Se houver contratos a termo de dólar denominados na moeda, pode-se usar a taxa de paridade e a taxa de juros da obrigação de longo prazo do governo (ou taxa livre de risco em qualquer outra moeda de base) para obter uma estimativa da taxa de empréstimo local.[8]
- Pode-se ajustar a taxa de empréstimo governamental em moeda local pelo *spread* por inadimplência estimado da obrigação, para obter uma taxa de moeda local livre de risco. O *spread* por inadimplência de obrigação de longo prazo do governo pode ser estimado por intermédio dos *rating*s de moeda local[9] disponíveis para muitos países. Por exemplo, suponhamos que a taxa de obrigações de longo prazo do governo brasileiro, em reais brasileiros nominais (BR), seja de 12% e que o *rating* da moeda local atribuído ao governo brasileiro seja BBB. Se o *spread* por inadimplência para títulos de classificação BBB fosse de 2%, a taxa real brasileira livre de risco seria de 10%.

Taxa BR livre de risco = Taxa de obrigações do governo brasileiro – *Spread* por inadimplência
= 12% – 2% = 10%

Os desafios associados à estimativa de taxa livre de risco em moeda local são, em geral, tão intimidadores em alguns mercados emergentes que muitos analistas preferem avaliar as empresas em dólares norte-americanos (na América Latina) ou em euros (na Europa Oriental).

Prêmio pelo risco O prêmio pelo risco é claramente um input significativo em todos os modelos de precificação de ativos. Nesta subseção, começamos por examinar os determinantes fundamentais de prêmio pelo risco e depois analisamos as abordagens práticas à estimativa desses prêmios.

O que o prêmio pelo risco deve medir? O prêmio pelo risco no modelo de precificação de ativo de capital mede o retorno extra que seria exigido pelos investidores para transferir dinheiro de um investimento sem risco para outro de risco médio. Deve ser uma função de duas variáveis:

1. *Aversão a risco dos investidores.* À medida que os investidores se tornam mais avessos ao risco, devem exigir um prêmio maior para trocar um ativo sem riscos. Embora parte dessa aversão possa ser inata, parte dela também é uma função da prosperidade econômica (quando a economia vai bem, os investidores tendem a estar mais dispostos a correr riscos) e de experiências recentes no mercado (prêmios pelo risco tendem a crescer após grandes quedas no mercado).
2. *Grau de risco no investimento de médio risco.* Conforme aumenta o grau de risco percebido do investimento de risco médio, o mesmo deve acontecer com o prêmio. A chave, portanto, é que a percepção dos investidores quanto a um investimento de médio risco pode mudar com o tempo, acarretando alteração associada no prêmio pelo risco.

Como provavelmente cada investidor em determinado mercado terá uma percepção diferente do prêmio aceitável, este será uma média ponderada desses prêmios individuais, em que os pesos se basearão nos recursos que o investidor traz para o mercado. No modelo de precificação por arbitragem e nos modelos multifatoriais, os prêmios pelo risco utilizados por fatores individuais são médias similares, baseadas em recursos, dos prêmios que os investidores individuais demandariam por cada fator separadamente.

Estimando prêmios pelo risco Há três formas de estimar o prêmio pelo risco no modelo de precificação de ativo de capital: grandes investidores podem ser pesquisados quanto às suas expectativas para o futuro, os prêmios reais ganhos em um período no passado podem ser obtidos de dados históricos, e o prêmio implícito pode ser extraído de dados correntes de mercado. O prêmio pode ser estimado apenas a partir de dados históricos no modelo de precificação por arbitragem e nos modelos multifatoriais.

Prêmios de pesquisa Como o prêmio é uma média ponderada dos prêmios exigidos por investidores individuais, uma abordagem à sua estimativa é realizar uma pesquisa sobre as expectativas dos investidores quanto ao futuro. É obviamente impraticável pesquisar todos os investidores; por isso, a maioria das pesquisas concentra-se nos gestores de carteiras que carregam o maior peso no processo. A Morningstar realiza pesquisas regulares com investidores individuais sobre os retornos que esperam do investimento em ações. A Merrill Lynch faz o mesmo com gestores de carteira e divulga os resultados no seu site Web. Embora realmente tenhamos números que resultem dessas pesquisas, pouquíssimos profissionais utilizam esses prêmios de pesquisa. Há três razões para essa relutância:

1. Não há restrições quanto à razoabilidade; por exemplo, os pesquisados podem fornecer retornos previstos que sejam inferiores à taxa livre de risco.
2. Os prêmios de pesquisa são extremamente voláteis; eles podem mudar drasticamente, principalmente em função de recentes oscilações de mercado.
3. Os prêmios de pesquisa tendem a ser de curto prazo; mesmo as pesquisas mais longas não passam de um ano.

Prêmios históricos A abordagem mais comum à estimativa de prêmio pelo risco utilizada nos modelos de precificação de ativo financeiro baseia-se nos dados históricos. No APM e nos modelos multifatoriais, os dados brutos que servem de base para os prêmios são os dados históricos de preços de ativos por intervalos muito longos de tempo. No CAPM, o prêmio é calculado para ser a diferença entre os retornos médios sobre ações e os retornos médios sobre títulos livres de risco por um período extenso da história.

Questões de estimativa Embora os usuários de modelos de risco e retorno possam ter desenvolvido o consenso de que o prêmio histórico é, de fato, a melhor estimativa do prêmio pelo risco esperado, há diferenças espantosamente grandes nos prêmios reais que observamos em uso na prática. Por exemplo, os prêmios pelo risco estimados nos mercados norte-americanos por diferentes bancos de investimentos, consultorias e corporações variam de 4% no extremo mais baixo e 12% no mais alto. Tendo-se em conta que quase todos acessam o mesmo banco de dados de retornos históricos, fornecido pela Ibbotson Associates,[10] resumindo dados desde 1926, essas diferenças podem parecer surpreendentes. Há, entretanto, três razões para a divergência em prêmios pelo risco.

1. *Período utilizado.* Embora muitos utilizem dados que retrocedam a 1926, há muitos outros utilizando dados relativos a intervalos de tempo mais curtos, como 50, 20 ou até dez anos, para obter prêmios pelo risco históricos. O racional apresentado por aqueles que usam períodos mais curtos é que a aversão ao risco do investidor médio tende a mudar com o tempo e que a utilização de um período mais curto e mais recente fornece uma estimativa mais atualizada. Isso deve ser contrabalançado com o custo associado ao uso de períodos mais curtos, que é o maior erro na estimativa de prêmio pelo risco. De fato, considerando-se o desvio padrão anual no preço das ações[11] em torno de 20%, o erro-padrão[12] associado à estimativa de prêmio pelo risco pode ser calculado para diferentes períodos, como na Tabela 2.1.
Note que, para a obtenção de erros-padrão razoáveis, necessitamos de retornos históricos por períodos muito longos. Contrariamente, é provável que os erros-padrão a partir de estimativas de dez e 20 anos sejam tão grandes ou maiores que os prêmios pelo risco reais estimados. Esse custo do uso de períodos mais curtos parece, do nosso ponto de vista, superar as vantagens associadas à obtenção de um prêmio mais atualizado.
2. *Escolha de título livre de risco.* O banco de dados Ibbotson divulga retornos de obrigações de curto e longo prazo do governo, e o prêmio pelo risco para ações pode ser estimado em relação a ambos. Levando-se em conta que a curva de rendimento nos Estados Unidos tem sido ascendente nas últimas oito décadas, o prêmio pelo risco é maior quando estimado em relação a títulos governamentais de curto prazo (tal como as obrigações de curto prazo do governo). A taxa livre de risco escolhida para calcular o prêmio tem de ser consistente com a taxa livre de risco utilizada para calcular os retornos previstos. Na maior parte, em finanças corporativas e avaliação de empresas, a taxa livre de risco será uma taxa livre de risco de obrigações de longo prazo do governo e não uma taxa de obrigações de curto prazo do governo. Assim, o prêmio pelo risco utilizado deve ser o prêmio obtido pelas ações em obrigações de longo prazo.
3. *Médias aritméticas e geométricas.* O impasse final quando se trata de estimar prêmios históricos relaciona-se a como se calculam os retornos médios de ações e as obrigações de curto e longo prazo do governo. O retorno de média aritmética estima a média simples da série de retornos anuais, enquanto a média geométrica analisa o retorno composto.[13] A sabedoria convencional argumenta a favor do uso da média aritmética. De fato, se os retornos anuais não têm correlação com o tempo e o nosso objetivo era estimar o prêmio pelo risco para o próximo ano, a média aritmética é a melhor estimativa sem viés do prêmio. Na realidade, porém, há fortes argumentos pelo uso das médias geométricas. Primeiro, os estudos empíricos parecem indicar que os retornos sobre ações estão negativamente correlacionados com o tempo.[14] Conseqüentemente, é provável que o retorno de média aritmética superdimensione o prêmio. Segundo, embora os modelos de precificação de ativos possam ser modelos de período único, o uso desses modelos para obter retornos previstos por longos intervalos (como cinco ou dez anos) sugere que o período único pode passar bem mais de um ano. Nesse contexto, o caso dos prêmios de média geométrica parece muito mais forte.

TABELA 2.1: Erros-padrão em estimativas de prêmio pelo risco

Período estimado	Erro-padrão da estimativa de prêmio pelo risco
5 anos	$\dfrac{20}{\sqrt{5}} = 8{,}94\%$
10 anos	$\dfrac{20}{\sqrt{10}} = 6{,}32\%$
25 anos	$\dfrac{20}{\sqrt{25}} = 4{,}00\%$
50 anos	$\dfrac{20}{\sqrt{50}} = 2{,}83\%$

Em resumo, as estimativas de prêmio pelo risco variam de acordo com os usuários em virtude das diferenças nos períodos utilizados, da escolha das obrigações de curto ou longo prazo do governo, como taxa livre de risco, e do uso de médias aritméticas em oposição às geométricas. O efeito dessas escolhas está resumido na Tabela 2.2, que usa retornos de 1928 a 2004.[15]

Observe que os prêmios podem variar de 3,47% a 8,60%, dependendo das escolhas feitas. Na realidade, essas diferenças são exacerbadas pelo fato de que muitos prêmios pelo risco em uso atualmente foram estimados mediante dados históricos de três, quatro ou até dez anos atrás. Se seguirmos as proposições de escolher um prêmio médio geométrico de longo prazo em vez das obrigações de longo prazo do governo, o prêmio pelo risco histórico que faz mais sentido é 4,84%.

Prêmios históricos em outros mercados Embora dados históricos sobre retornos de ações sejam de fácil disponibilidade e acesso nos Estados Unidos, é muito mais difícil obtê-los para mercados estrangeiros. A análise mais detalhada estimava os retornos que você teria ganho em 17 mercados de ações entre 1900 e 2001 e comparava esses retornos com aqueles que teria ganho investindo em obrigações.[16] A Figura 2.2 apresenta os prêmios pelo risco (isto é, retornos adicionais) obtidos no investimento em ações acima das obrigações de curto e longo prazo do governo por esse período, em cada um dos 17 mercados.

Embora os retornos das ações fossem mais altos do que os lucros de investimentos em obrigações de curto ou longo prazo do governo em cada país examinado, há grandes diferenças de um país a outro. Se você tivesse investido em ações na Espanha, por exemplo, teria ganho apenas 3% acima das obrigações de curto prazo do governo e 2% acima das obrigações de longo prazo do governo em uma base anual. Na França, em contraste, os números correspondentes teriam sido 7,1% e 4,6%. Analisando-se períodos de 40 ou 50 anos, portanto, é totalmente possível que os retornos das ações possam retardar os retornos das obrigações de curto ou longo prazo do governo, ao menos em alguns mercados de ações. Em outras palavras, a noção de que as ações sempre saem ganhando no longo prazo não só é perigosa, como também não faz sentido. Se invariavelmente batessem os investimentos livres de risco no longo prazo, as ações deveriam ser livres de risco para um investidor com longo horizonte de tempo.

Prêmios pelo risco-país Em muitos mercados emergentes, há poucos dados históricos, e os que existem são voláteis demais para produzir uma estimativa significativa do prêmio pelo risco. Para estimar o prêmio pelo risco desses países, vamos começar pela proposição básica em que o prêmio pelo risco em qualquer mercado de ações pode ser escrito:

Prêmio pelo risco de ações = Prêmio básico para mercado de ações maduro
+ Prêmio pelo país

TABELA 2.2: Prêmios pelo risco histórico nos Estados Unidos, 1928-2004

	Ações — Obrigações de curto prazo do governo		Ações — Obrigações de longo prazo do governo	
	Aritmético	Geométrico	Aritmético	Geométrico
1928–2004	7,92%	6,53%	6,02%	4,84%
1964–2004	5,82%	4,34%	4,59%	3,47%
1994–2004	8,60%	5,82%	6,85%	4,51%

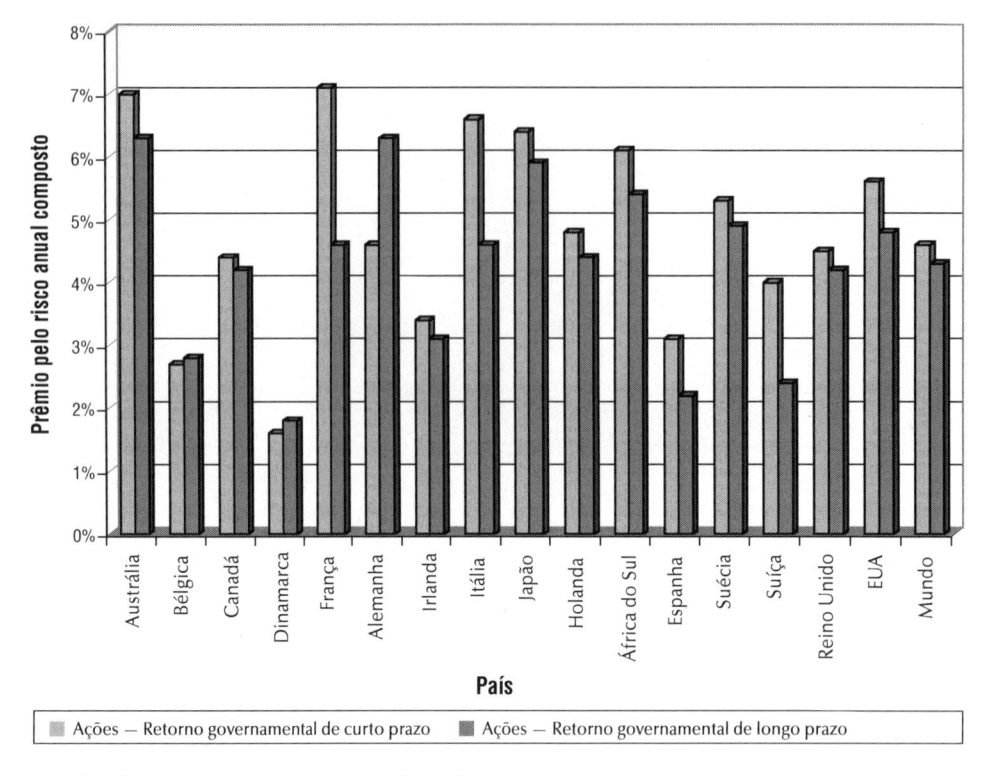

■ **FIGURA 2.2** – Prêmios pelo risco de ações por país

Dados de Dimson et al. (2002). As diferenças em retornos anuais compostos entre ações e obrigações de longo e curto prazo do governo são relatadas para cada país.

O prêmio pelo país poderia refletir um risco extra em determinado mercado. Isso resume nossa estimativa a duas questões:
1. Qual deveria ser o prêmio básico para um mercado de ações maduro?
2. Como estimar o prêmio pelo risco adicional para cada país?

Para responder à primeira pergunta, argumentaremos que o mercado de ações nos Estados Unidos é maduro e que há dados históricos suficientes nesse país para se fazer uma estimativa razoável do prêmio pelo risco. Na verdade, retomando nossa discussão sobre prêmios históricos no mercado norte-americano, utilizamos o prêmio médio geométrico de 4,84% obtido pelas ações sobre as obrigações de longo prazo do governo, entre 1928 e 2004. Escolhemos o intervalo longo de tempo para reduzir o erro-padrão, a obrigação de longo prazo do governo por ser consistente com a nossa opção por uma taxa livre de risco e as médias geométricas para refletir o nosso desejo por um prêmio pelo risco que se possa usar para retornos previstos de prazos mais longos. Podemos utilizar três abordagens para estimar o prêmio pelo risco-país:

1. Spreads *por inadimplência de obrigações de governos*. Dentre vários indicadores de risco-país, um dos mais simples e de mais fácil acesso é o *rating* designado à dívida de um país por uma agência de *ratings*. Standard & Poor's (S&P), Moody's Investors Service e Fitch, todos esses classificam países. Os *ratings* medem o risco de inadimplência (em vez do risco de ações), mas são afetados por muitos dos fatores que direcionam o risco de ações — a estabilidade da moeda de um país, o seu orçamento e balanços comerciais e a sua estabilidade política, por exemplo.[17] A outra vantagem dos *ratings* é que eles vêm com *spreads* por inadimplência sobre obrigações de longo prazo do governo norte-americano. Por exemplo, o Brasil foi classificado como B1 no início de 2005 pela Moody's, e o C-Bond brasileiro de dez anos, que é um título denominado em dólar, foi precificado a render 7,75%, ou 3,5% a mais que a taxa de juros (4,25%) de uma obrigação de longo prazo do governo de dez anos, na mesma época.[18] Analistas que usam *spreads* por inadimplência como indicadores do risco-país tipicamente os adicionam tanto ao custo do patrimônio líquido quanto ao da dívida de toda empresa negociada nesse país. Se presumirmos que o prêmio pelo risco de ações total para os Estados Unidos e outros mercados de ações maduros seja 4,84% (que foi o prêmio histórico até o final de 2004), o prêmio pelo risco do Brasil seria de 8,34%.
2. *Desvios padrão relativos.* Alguns analistas acreditam que os prêmios pelo risco de ações dos mercados devem refletir as diferenças em risco de ações, conforme medidas pela volatilidade das ações nesses mercados. Um indicador convencional de risco de ações é o desvio padrão no preço das ações; desvios mais altos são geralmente associa-

dos a maior risco. Se pesarmos o desvio padrão de um mercado em relação a outro, obteremos um indicador de risco relativo.

$$\text{Desvio padrão relativo}_{\text{País X}} = \frac{\text{Desvio padrão}_{\text{País X}}}{\text{Desvio padrão}_{\text{EUA}}}$$

Esse desvio padrão relativo, quando multiplicado pelo prêmio utilizado para ações dos Estados Unidos, deve gerar um indicador do prêmio pelo risco total para qualquer mercado.

$$\text{Prêmio pelo risco de ações}_{\text{País X}} = \text{Prêmio pelo risco}_{\text{EUA}} \times \text{Desvio padrão relativo}_{\text{País X}}$$

Vamos supor, por enquanto, que estejamos usando um prêmio de mercado maduro para os Estados Unidos de 4,84% e que o desvio padrão anual das ações norte-americanas seja 20%. O desvio padrão anualizado[19] no índice de ações brasileiro era de 36%, produzindo um prêmio pelo risco total para o Brasil de:

$$\text{Prêmio pelo risco de ações}_{\text{Brasil}} = 4,84\% \times \frac{36\%}{20\%} = 8,71\%$$

O prêmio pelo risco-país pode ser isolado da seguinte forma:

$$\text{Prêmio pelo risco-país}_{\text{Brasil}} = 8,71\% - 4,84\% = 3,87\%$$

Embora essa abordagem tenha apelo intuitivo, há problemas em comparar desvios padrão calculados em mercados com estruturas de mercado e liquidez muito divergentes. Há mercados emergentes de alto risco que apresentam baixos desvios padrão para os seus mercados de ações, porque os mercados são de baixa liquidez. Essa abordagem subestimará os prêmios pelo risco de ações nesses mercados.

3. Spreads *que refletem o risco de inadimplência mais desvios padrão relativos.* Os *spreads* por inadimplência de país, que acompanham os *ratings* do país, fornecem um importante primeiro passo, mas ainda assim apenas medem o prêmio para o risco de inadimplência. De forma intuitiva, nossa expectativa é de que o prêmio pelo risco-país de ações seja maior que o *spread* pelo risco-país de inadimplência. Para tratar da questão de quão maior, analisamos a volatilidade do mercado de ações de um país em relação à volatilidade da obrigação do governo usada para estimar o *spread*. Isso rende a seguinte estimativa para o prêmio pelo risco-país de ações:

$$\text{Prêmio pelo risco-país} = Spread \text{ por inadimplência de país} \times \left(\frac{\sigma_{\text{Ações}}}{\sigma_{\text{Obrigação do governo}}} \right)$$

A título de ilustração, consideremos o caso do Brasil. Como já observamos, as obrigações denominadas em dólar emitidas pelo governo brasileiro são negociadas com um *spread* por inadimplência de 3,5% sobre a taxa de obrigações de longo prazo do governo dos Estados Unidos. O desvio padrão anualizado no índice de ações do Brasil era 36%, enquanto o desvio padrão anualizado no C-Bond (denominado em dólar) brasileiro era 27%.[20] O resultante prêmio pelo risco-país de ações adicional para o Brasil é:

$$\text{Prêmio pelo risco-país do Brasil} = 3,5\% \left(\frac{36\%}{27\%} \right) = 4,67\%$$

Note que esse prêmio pelo risco-país aumentará, se o *rating* do país cair ou se a volatilidade relativa do mercado de ações aumentar. É também um acréscimo ao prêmio pelo risco de ações para um mercado maduro. Assim, o prêmio pelo risco de ações total do Brasil, com a abordagem e um prêmio de 4,84% para os Estados Unidos, seria de 9,51%. Por que os prêmios pelo risco de ações possuem alguma relação com os *spreads* de obrigações de governos? A explicação simples é de que um investidor, que pode obter 7,75% sobre uma obrigação de longo prazo em dólar do governo brasileiro, não se contentará com um retorno previsto de 7,5% (em dólares) sobre uma ação brasileira. Tanto essa abordagem quanto a anterior utilizam o desvio padrão das ações de um mercado para fazer uma análise sobre o prêmio pelo risco-país, mas o medem em relação a bases diferentes. Essa abordagem utiliza as obrigações de governo como base, enquanto a anterior utiliza o desvio padrão no mercado norte-americano. Essa abordagem pressupõe que os investidores estejam mais propensos a escolher entre obrigações do governo brasileiro e ações brasileiras, ao passo que a anterior pressupõe que a escolha seja entre mercados de ações.

As três abordagens para estimar os prêmios pelo risco-país, em geral, produzirão estimativas diferentes, com as abordagens de *spread* por inadimplência de obrigações e de desvio padrão relativo de ações rendendo prêmios pelo risco-país inferiores à abordagem mista que utiliza tanto o *spread* por inadimplência de obrigações de governo quanto os desvios padrão de ações e de obrigações. No caso do Brasil, por exemplo, os prêmios pelo risco-país variam de 3,5% com a abordagem de *spread* por inadimplência a 4,67% pela abordagem de obrigações do governo. Acreditamos que os maiores prêmios pelo risco-país que emergem da última abordagem sejam os mais realistas para o futuro imediato, porém os prêmios pelo risco-país podem declinar ao longo do tempo. Assim como as empresas, também os países podem tornar-se mais maduros e menos arriscados com o tempo.

Prêmios de ações implícitos Há uma alternativa para estimar prêmios pelo risco que não exige dados históricos ou correções ao risco-país, mas que pressupõe que o mercado de ações como um todo esteja corretamente precificado. Consideremos, por exemplo, um modelo muito simples de avaliação de ações.

$$\text{Valor} = \frac{\text{Dividendos esperados para o próximo período}}{\text{Retorno sobre ações exigido} - \text{Taxa de crescimento esperado em dividendos}}$$

Trata-se essencialmente do valor presente dos dividendos crescendo a uma taxa constante. Três das quatro variáveis desse modelo podem ser facilmente obtidas — o nível corrente do mercado (isto é, valor), os dividendos previstos para o próximo período e a taxa de crescimento esperado em lucros e dividendos no longo prazo. A única variável desconhecida é o retorno sobre ações exigido; ao solucioná-lo, teremos um retorno previsto implícito sobre as ações. Subtraindo-se a taxa livre de risco, obteremos um prêmio pelo risco de ações implícito.

Para ilustrar, vamos supor que o nível corrente do índice S&P 500 seja 900, o rendimento previsto de dividendos sobre o índice para o próximo período seja 3% e a taxa de crescimento esperado em lucros e dividendos no longo prazo, 6%. A resolução do retorno sobre ações exigido produz o seguinte:

$$900 = \frac{900(0,03)}{r - 0,06}$$

Solucionando r, temos:

$$r - 0,06 = 0,03$$
$$r = 0,09 = 9\%$$

Se a taxa livre de risco corrente for 6%, isso resultará em um prêmio pelo risco de ações de 3%.

Essa abordagem pode ser generalizada de modo a permitir alto crescimento por um período e estendida de modo a cobrir modelos baseados em fluxo de caixa, em vez de dividendos. Para exemplificar isso, consideremos o índice S&P 500 em 1º de janeiro de 2006. O índice era 1.248,29 e o rendimento do dividendo sobre o índice em 2005 era aproximadamente 3,34%.[21] Além disso, a estimativa de consenso[22] para o crescimento em lucros das empresas no índice era de aproximadamente 8% para os próximos cinco anos, e a taxa da obrigação de longo prazo do governo de dez anos em 1º de janeiro de 2006 era 4,39%. Como uma taxa de crescimento de 8% não pode ser sustentada por tempo indeterminado, empregamos um modelo de avaliação de dois estágios, em que permitimos que dividendos e recompras crescessem a 8% por cinco anos e, então, reduzimos a taxa de crescimento da taxa da obrigação de longo prazo do governo de 4,39% após o período de cinco anos.[23] A Tabela 2.3 resume os fluxos de caixa previstos para os próximos cinco anos de alto crescimento e o primeiro ano de crescimento estável a partir daí.

Se aceitarmos que essas estimativas de fluxos de caixa são razoáveis e que o índice está corretamente precificado, então:

$$\text{Nível do índice} = 1.248,29$$
$$= \frac{44,96}{(1+r)} + \frac{48,56}{(1+r)^2} + \frac{52,44}{(1+r)^3} + \frac{56,64}{(1+r)^4} + \frac{61,17}{(1+r)^5} + \frac{61,17(1,0439)}{(r - 0,0439)(1+r)^5}$$

Observe que o último termo da equação é o valor final do índice, baseado na taxa de crescimento estável de 4,39%, descontado de volta ao presente. Solucionando-se o *r* nessa equação, teremos o retorno sobre ações exigido de 8,47%. Subtraindo-se a taxa da obrigação de longo prazo do governo de 4,39%, teremos um prêmio de ações implícito de 4,08%.

A vantagem dessa abordagem é que ela é direcionada pelo mercado e é corrente, não exigindo quaisquer dados históricos. Assim, pode ser utilizada para estimar prêmios de ações implícitos em qualquer mercado. Está, contudo, limitada à exatidão do modelo utilizado para a avaliação e à disponibilidade e confiabilidade dos inputs a esse modelo. Por exemplo, o prêmio pelo risco de ações do mercado brasileiro em junho de 2005 foi estimado a partir dos seguintes inputs. O índice (Ibovespa) era 26.196 e o rendimento de dividendos corrente sobre o índice era de 6,19%. Os lucros das empresas no índice tinham uma previsão de crescimento de 8% (em dólares norte-americanos) para os próximos cinco anos e 4,08% a partir daí. Esses inputs geram um retorno sobre ações exigido de 11,66%, que, em comparação com a taxa da obrigação de longo prazo do governo de 4,08% nesse dia, resulta em um prêmio de ações implícito de 7,58%. Para efeito de simplicidade, usamos as taxas de crescimento previsto em dólar nominal[24] e taxas de obrigações de longo prazo do governo, mas essa análise poderia ter sido feita integralmente na moeda local.

TABELA 2.3: Fluxos de caixa previstos pelo S&P 500

Ano	Fluxo de caixa sobre índice
1	44,96[a]
2	48,56
3	52,44
4	56,64
5	61,17
6	61,17(1,0439)

[a]Fluxo de caixa no primeiro ano = 3,34% de 1.248,29 (1,08)

Os prêmios de ações implícitos mudam muito mais com o tempo do que os prêmios pelo risco histórico. De fato, o contraste entre esses prêmios e os históricos é mais bem ilustrado por meio do gráfico dos prêmios no S&P 500 retroativo a 1960 na Figura 2.3. Em termos de inputs, utilizamos taxas de crescimento históricos suavizadas de lucros e dividendos como as nossas taxas de crescimento projetado e um modelo de desconto de dividendos em dois estágios. Analisando-se esses números, chegamos a duas conclusões.

1. O prêmio de ações implícito raramente é tão alto quanto o prêmio pelo risco histórico. Mesmo em 1978, quando o prêmio de ações implícito atingiu o seu pico, a estimativa de 6,50% está bem abaixo do que muitos profissionais utilizam como o prêmio pelo risco nos seus modelos de risco e retorno. De fato, a média do prêmio pelo risco de ações implícito tem ficado em cerca de 4% nos últimos 40 anos.
2. O prêmio de ações implícito realmente aumentou na década de 1970, acompanhando o aumento da inflação. Isso traz implicações interessantes para a estimativa de prêmio pelo risco. Em vez de pressupor que o prêmio pelo risco seja uma constante e não afetado pelo índice de inflação e as taxas de juros, que é o que fazemos com prêmios pelo risco histórico, pode ser mais realista aumentar o prêmio pelo risco conforme a previsão de inflação e o aumento nas taxas de juros.

Quando solicitados a avaliar empresas sem a perspectiva do mercado como um todo, os analistas deveriam usar o prêmio pelo risco de ações implícito corrente. O uso de qualquer outro prêmio traz uma perspectiva dos mercados para a avaliação de cada ação. Em janeiro de 2006, por exemplo, um analista que utilizasse um prêmio pelo risco de 5% na avaliação de uma empresa teria efetivamente pressuposto que o mercado estava superavaliado em aproximadamente 20%. (O prêmio pelo risco implícito em janeiro de 2006 era 4,08%; chegar a um prêmio de 5% teria demandado que o índice S&P 500 fosse 20% mais baixo.)

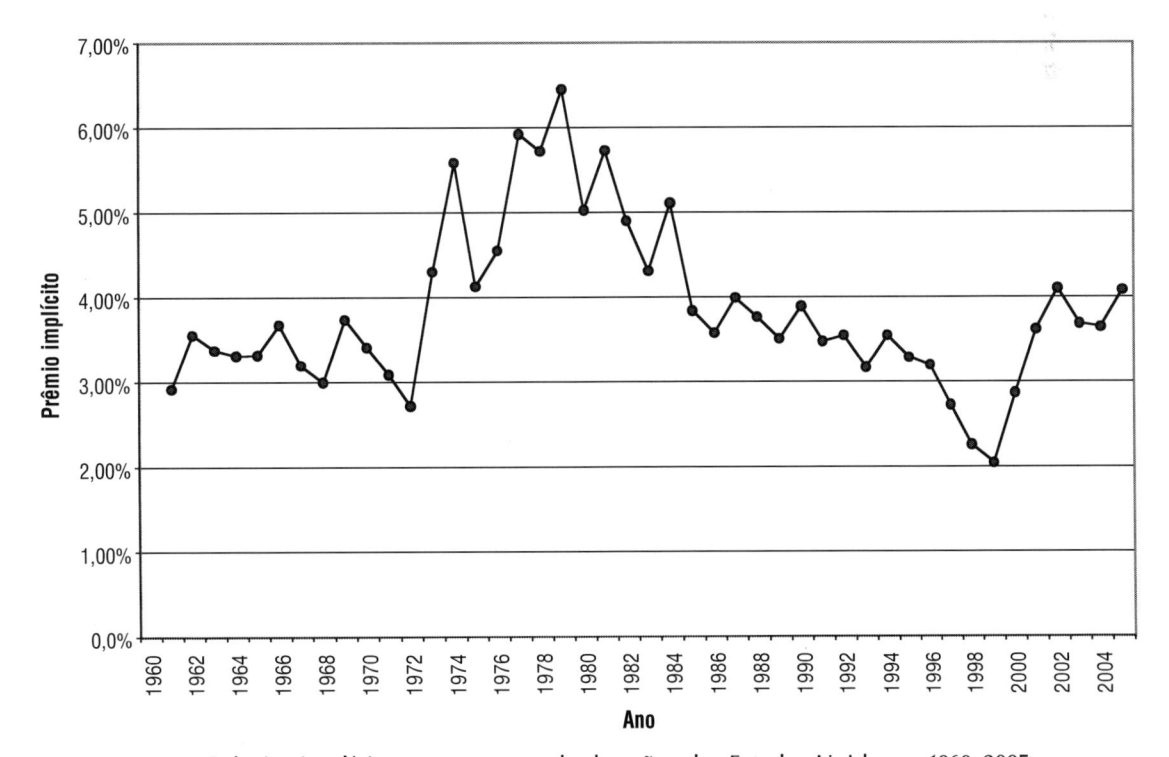

FIGURA 2.3 – Prêmios implícitos para o mercado de ações dos Estados Unidos — 1960–2005

Beta O conjunto final de inputs de que necessitamos para colocar os modelos de risco e retorno em prática são os parâmetros de risco para ativos e empresas individuais. No CAPM, o beta do ativo deve ser estimado em relação à carteira de mercado. No modelo APM e multifatorial, os betas do ativo devem ser mensurados em relação a cada fator. Há três abordagens disponíveis para estimar esses parâmetros; uma é utilizar dados históricos sobre preços de mercado para ativos individuais, a segunda é estimar os betas a partir dos fundamentos e a terceira, usar dados contábeis. Descrevemos todas essas abordagens nesta subseção.

Betas históricos de mercado Essa é a abordagem convencional para estimar betas utilizados pela maioria dos serviços e analistas. Para empresas com capital aberto há algum tempo, é relativamente direto calcular retornos que um investidor teria obtido sobre suas ações em intervalos semanais ou mensais nesse período. Esses retornos podem ser então relacionados a retornos sobre um substituto razoável para a carteira de mercado de modo a se obter um beta no modelo de precificação de ativo de capital, ou a fatores macroeconômicos múltiplos para se obter betas nos modelos multifatoriais, ou submetidos a uma análise fatorial para produzir betas ao modelo de precificação por arbitragem. O procedimento-padrão para estimar o beta do CAPM é fazer a regressão[25] dos retornos de ações (R_j) em relação aos retornos de mercado (R_m):

$$R_j = a + b R_m$$

onde a = Intercepto da reta de regressão
  b = Inclinação da reta de regressão = Covariância (R_j, R_m)/σ^2_m

A *inclinação* da regressão corresponde ao beta da ação e mede o seu grau de risco. Essa inclinação, como qualquer estimativa estatística, vem com um erro-padrão, que revela o nível de ruído da estimativa e pode ser usado para se chegar a intervalos de confiança para o 'verdadeiro' valor de beta.

Há três decisões que o analista deve tomar ao realizar a regressão descrita. A primeira refere-se à *duração do período da estimativa*. A compensação é simples: um período mais longo de estimativa fornece mais dados, mas a empresa em si pode ter mudado quanto às suas características de risco com o passar do tempo. A segunda questão referente à estimativa relaciona-se com o *intervalo de retorno*. Os retornos sobre ações estão disponíveis em bases anuais, mensais, semanais, diárias e até *intraday*. O uso de retornos diários ou *intraday* aumentará o número de observações na regressão; no entanto, vai expor o processo a um viés significativo nas estimativas de beta relacionadas a períodos sem negociação.[26] Por exemplo, os betas estimados para empresas de pequeno porte, com maior probabilidade de passar por períodos sem negociação, apresentam tendência de baixa quando se utilizam retornos diários. O uso de retornos semanais ou mensais pode reduzir significativamente o viés de períodos sem negociação.[27] A terceira questão está relacionada à escolha do *índice de mercado* a ser empregado na regressão. Na maioria dos casos, os analistas se vêem diante de um leque atordoante de opções de índice quando se trata de estimar betas; há mais de 20 amplos índices de ações, que variam do Dow 30 (Dow Jones Industrial Average) ao Wilshire 5000, somente nos Estados Unidos. Uma prática comum é aplicar o índice mais apropriado ao investidor que está analisando a ação. Assim, se a análise se destina a um investidor norte-americano, emprega-se o índice S&P 500. Geralmente, isso não é adequado. Por esse raciocínio, um investidor que só possui duas ações deve utilizar um índice composto apenas dessas ações para estimar betas. O índice certo a usar nas análises deve ser determinado pelas posições acionárias do investidor marginal na empresa objeto da análise. Se o investidor marginal tem posições somente em ações domésticas, pode-se fazer uma regressão contra o índice local. Se o investidor marginal for um investidor global, um indicador mais relevante de risco pode surgir por intermédio do índice global.

Embora o processo de estimar parâmetros de risco seja diferente para o APM, muitas das questões levantadas relativas aos determinantes de risco no CAPM continuam a ser relevantes para o APM.

EXEMPLO 2.1: Estimativa dos parâmetros de risco CAPM para a Disney

Neste exemplo, estimamos o beta de regressão para a Disney, utilizando retornos mensais sobre as ações, de janeiro de 1999 a dezembro de 2003, e os retornos sobre o índice S&P 500 como aproximação para o mercado.[28] A Figura 2.4 apresenta o gráfico dos retornos mensais da Disney em relação aos retornos do índice S&P 500, de janeiro de 1999 a dezembro de 2003.

A regressão dos retornos da Disney em relação aos da S&P 500 está resumido aqui:

$$R_{Disney} = 0{,}05\% + 1{,}01\, (R_{S\&P\,500}) \qquad R^2 = 29\%$$
$$[0{,}22\%]\quad [0{,}20]$$

Com base nessa regressão, o beta para a Disney é 1,01, mas o erro-padrão de 0,20 sugere que o verdadeiro beta para a Disney pode variar de 0,81 a 1,21 (subtraindo-se e somando-se um erro-padrão para uma estimativa de beta de 1,01) com 67% de confiabilidade e de 0,61 a 1,41 (subtraindo-se ou somando-se dois erros-padrão para uma estimativa de beta de 1,01) com 95% de confiabilidade. Embora essas variações possam parecer grandes, não são incomuns para a maioria das empresas norte-americanas. Isso sugere que devemos considerar com precaução as estimativas de beta a partir de regressões.

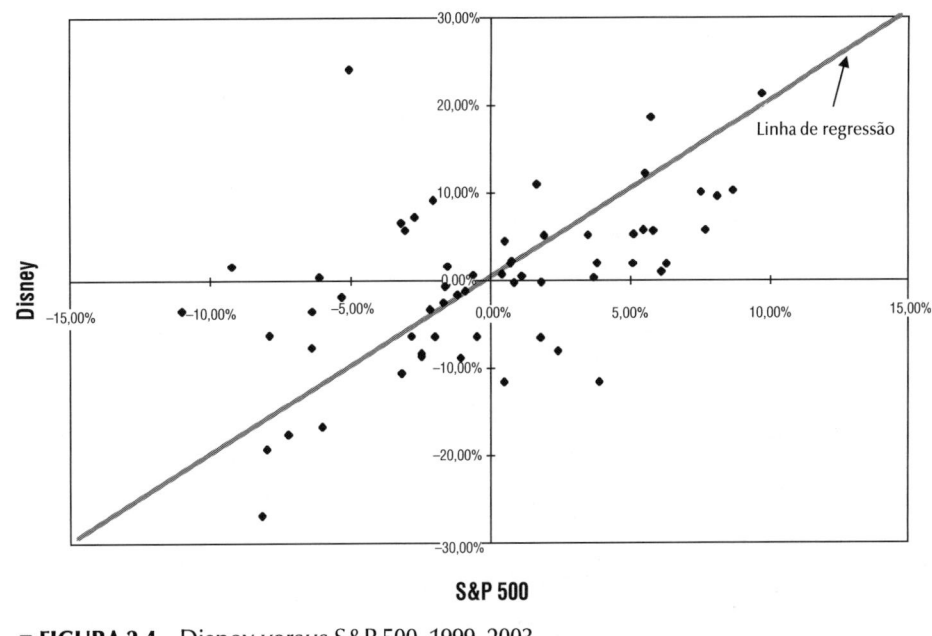

■ **FIGURA 2.4** – Disney *versus* S&P 500, 1999–2003

Em sua maioria, os analistas que usam betas os obtêm de um serviço de estimativa; Barra, Value Line, Standard & Poor´s, Morningstar e Bloomberg são alguns dos mais utilizados. Todos esses serviços começam com betas de regressão e fazem o que consideram mudanças necessárias para melhorar as estimativas futuras. Em geral, os betas divulgados por diferentes serviços para a mesma empresa podem diferir muito porque usam diferentes períodos (alguns utilizam dois anos e outros, cinco); diferentes intervalos de retorno (diário, semanal ou mensal); diferentes índices de mercado; e diferentes ajustes pós-regressão.[29] Embora essas diferenças de beta possam ser preocupantes, as estimativas entregues por esses serviços vêm com erros-padrão, e é muito provável que todos os betas divulgados para uma empresa recaiam na gama de erros-padrão das regressões.

Betas fundamentais O beta de uma empresa pode ser estimado a partir de uma regressão, mas é determinado por decisões fundamentais que a empresa tomou sobre o ramo de negócio em que está, o nível de alavancagem operacional a usar no negócio e até que ponto usar a alavancagem financeira. Nesta seção, examinamos uma forma alternativa de estimar betas, em que confiamos menos nos betas históricos e mais nas bases intuitivas dos betas.

Determinantes dos betas O beta de uma empresa é determinado por três variáveis: (1) o tipo de negócio ou negócios em que a empresa está, (2) o grau de alavancagem operacional da empresa e (3) a alavancagem financeira da empresa. Embora grande parte da discussão nesta seção seja expressa em termos dos betas CAPM, a mesma análise pode ser aplicada também aos betas estimados no APM e no modelo multifatorial.

Tipo de negócio Como os betas medem o risco de uma empresa em relação ao mercado, quanto mais sensível um negócio for às condições gerais da economia, mais elevado será o beta. Assim, pode-se esperar que as empresas cíclicas tenham betas mais altos do que as não cíclicas. Mantidas as demais premissas, então, as empresas no ramo da construção civil e da indústria automobilística, dois setores muito sensíveis às condições econômicas, terão betas mais altos do que as de alimentos e tabaco, que são relativamente imunes aos ciclos de negócios. Com base nesse ponto, também argumentaremos que o grau de escolha envolvido na compra de um produto afetará o beta da indústria que o fabrica. Dessa forma, os betas de cadeias de supermercados devem ser inferiores aos de lojas de varejo, já que os consumidores podem adiar a compra dos produtos desse último em períodos econômicos ruins.

Grau de alavancagem operacional O grau de alavancagem operacional é uma função da estrutura de custos de uma empresa e é em geral definido em termos da relação entre custos fixos e custos totais. Uma empresa com alta alavancagem operacional (isto é, custos fixos altos em relação aos custos totais) também terá variabilidade mais alta nos lucros operacionais do que uma empresa que tem um produto similar com baixa alavancagem operacional.[30] Essa variância mais elevada nos lucros operacionais levará a um beta mais elevado para a empresa com alavancagem operacional mais alta. De fato, isso pode fornecer um argumento sobre por que as empresas pequenas deveriam ter betas mais altos que as grandes no mesmo negócio. Não só é muito mais provável que elas ofereçam produtos de nicho (de livre escolha), mas também é provável que tenham alavancagem operacional mais alta (já que possuem menos economia de escala).

Grau de alavancagem financeira Mantidas as demais premissas, um aumento em alavancagem financeira elevará o beta de ações de uma empresa. Intuitivamente, seria de esperar que os pagamentos de juros fixos sobre a dívida aumentem os lucros por ação em tempos bons e os reduzam em tempos ruins.[31] A alavancagem mais alta aumenta a variância nos lucros por ação e torna o investimento em ações mais arriscado. Se todo o risco de mercado da empresa for sustentado pelos acionistas (isto é, o beta da dívida for zero),[32] e a dívida criar um benefício tributário à empresa, então:

$$\beta_L = \beta_u [1 + (1 - t)D/E]$$

onde β = Beta alavancado para ações da empresa
 β_u = Beta não alavancado da empresa (isto é, o beta da empresa sem nenhuma dívida)
 t = Taxa marginal para a empresa
 D/E = Razão dívida/patrimônio líquido (em inglês, *debt-to-equity*) (em termos de valor de mercado)

Intuitivamente, esperamos que, conforme aumenta a alavancagem — medida pela razão D/E —, os investidores de ações suportem níveis crescentes de risco de mercado na empresa, levando a betas mais altos. O fator imposto de renda na equação captura o benefício criado pela dedutibilidade de imposto de renda no pagamento de juros.

O beta não alavancado é determinado pelos tipos de negócio em que a empresa opera e a sua alavancagem operacional. Esse beta não alavancado também é freqüentemente chamado *beta do ativo*, porque o seu valor é estabelecido pelos ativos (ou negócios) possuídos pela empresa. Assim, o beta de ações de uma empresa é definido tanto pelo grau de risco do negócio em que opera quanto pelo nível de risco de alavancagem financeira assumida. Como a alavancagem financeira multiplica o risco subjacente ao negócio, é razoável que as empresas com alto risco de negócio relutem em assumir alavancagem financeira. Também é razoável que as empresas que operam em setores relativamente estáveis estejam muito mais dispostas a assumir alavancagem financeira.

Decompor o risco em componentes de negócio e alavancagem financeira também fornece alguma percepção sobre por que as empresas têm betas altos, considerando-se que podem chegar a isso de duas formas: operando em negócios arriscados ou usando alavancagem financeira muito alta em setores relativamente estáveis.

Bottom-up betas Decompor os betas em componentes de negócio, alavancagem operacional e alavancagem financeira gera uma forma alternativa de estimar betas, que dispensa o uso de retornos históricos sobre um ativo. Para desenvolver essa abordagem alternativa, necessitamos introduzir uma característica adicional que os betas possuem e é inestimável. O beta de dois ativos juntos é uma média ponderada dos betas de ativo individuais, com os pesos baseados no valor de mercado. Conseqüentemente, o beta de uma empresa é uma média ponderada dos betas de todos os vários negócios em que opera. Assim, o *bottom-up beta* de uma empresa pode ser estimado como segue:

1. Identificar o negócio ou negócios que compõem a empresa, cujo beta estamos tentando estimar. A maioria das empresas fornece uma decomposição das suas receitas e lucros operacionais por negócio, em seus relatórios anuais e arquivos financeiros.
2. Estimar a média dos betas não alavancados de outras empresas de capital aberto que estejam primária ou unicamente em cada um desses negócios. Ao fazer essa estimativa, devemos considerar as seguintes questões:
   - *Empresas comparáveis*. Na maioria dos negócios, há pelo menos algumas empresas comparáveis e, em alguns casos, pode haver centenas. Começamos com uma definição restrita de empresas comparáveis e a ampliamos, caso o número de empresas comparáveis seja pequeno demais.
   - *Estimativa de beta*. Ao completarmos a lista de empresas comparáveis, necessitamos estimar os betas de cada uma dessas empresas. Idealmente, o beta de cada empresa será estimado em relação a um índice em comum. Se isso for impraticável, podem-se utilizar betas estimados em relação a índices diferentes.
   - *Sem alavancagem primeiro ou por último*. Podemos calcular um beta não alavancado para cada empresa na lista de comparáveis, usando a razão dívida/patrimônio líquido (D/E) e a alíquota de imposto de renda para essa empresa ou podemos calcular o beta médio, a razão dívida/patrimônio líquido média e a alíquota de imposto de renda média para o setor e desalavancar pelas médias. Dados os erros-padrão de uma regressão para betas individuais, sugerimos a segunda abordagem.
   - *Abordagem de média*. O beta médio entre as empresas comparáveis pode ser uma média simples ou ponderada, com os pesos baseados na capitalização de mercado. Estatisticamente, a economia em erros-padrão é maior quando se utiliza o processo de média simples.
   - *Ajuste para caixa*. Os investimentos em caixa e títulos negociáveis possuem betas próximos de zero. Conseqüentemente, o beta não alavancado que obtemos para um negócio ao analisarmos empresas comparáveis pode ser afetado pelas posições em caixa dessas empresas.

$$\text{Beta não alavancado corrigido para caixa} = \frac{\text{Beta não alavancado}}{(1 - \text{Caixa}/\text{Valor da empresa})}$$

3. Para calcular o beta não alavancado, obtenha a média ponderada dos betas não alavancados dos negócios em que a empresa opera, usando como pesos a proporção do valor da empresa derivado de cada negócio. Esses valores de negócio deverão ser estimados, já que as divisões de uma empresa geralmente não possuem valores de mercado disponíveis.[33] Se esses valores não podem ser estimados, podemos usar o lucro ou receita operacional como pesos. Essa média ponderada é chamada de *bottom-up beta* não alavancado.[34]
4. Calcule a razão dívida/patrimônio líquido corrente da empresa, utilizando valores de mercado, se disponível. Se não, utilize a razão-alvo de estrutura de capital (dívida/patrimônio) especificada pela gerência da empresa ou a razão de endividamento típica da indústria.
5. Estime o beta alavancado da empresa (e de cada um dos seus negócios) usando o beta não alavancado do passo 3 e a alavancagem do passo 4.

É claro que esse processo depende da condição de identificar os betas não alavancados dos negócios individualmente.

Há três vantagens associadas ao uso dos *bottom-up betas*, e elas são significativas:

1. Podemos estimar os betas de empresas sem nenhum histórico de preços, já que tudo de que precisamos é uma identificação dos negócios em que operam. Em outras palavras, podemos estimar *bottom-up betas* para ofertas públicas iniciais, negócios privados e divisões de empresas.
2. Como o beta do negócio é obtido pela média de uma grande quantidade de betas de regressão, será mais exato do que qualquer estimativa de beta de regressão de uma empresa individual. O erro-padrão da estimativa de beta médio será uma função do número de empresas comparáveis utilizada no passo 2 e pode ser aproximada:

$$\sigma_{\text{Beta médio}} = \frac{\text{Desvio padrão médio}_{\text{Beta estimado}}}{\sqrt{\text{Número de empresas}}}$$

Assim, o erro-padrão da média dos betas de 100 empresas, cada qual com erro-padrão de 0,25, será apenas 0,025:

$$\text{Erro-padrão de beta} = \frac{0,25}{\sqrt{100}} = 0,025$$

3. O *bottom-up beta* pode refletir mudanças recentes e até futuras ao mix de negócios e alavancagem financeira de uma empresa, já que podemos mudar a carteira de negócios e o peso de cada negócio ao fazer a estimativa. Podemos também ajustar a razão dívida/patrimônio líquido ao longo do tempo, de modo a refletir as mudanças previstas na política financeira.

EXEMPLO 2.2: *Bottom-up beta* da Disney – início de 2004

A Disney é uma empresa de entretenimento com várias holdings. Além dos parques temáticos, possui investimentos significativos em comunicações e cinema. Para estimar o beta da Disney em 2004, dividimos o negócio em quatro principais componentes:

1. *Entretenimento produzido em estúdio*, que é a produção e aquisição de filmes para distribuição nos mercados de cinema, televisão e home video, bem como programas de televisão para os mercados de redes e licenciamento. A Disney produz filmes sob cinco selos — Walt Disney Pictures, Touchstone Pictures, Hollywood Pictures, Miramax e Dimension.
2. *Redes de mídia*, que incluem as redes de televisão e rádio ABC e refletem a aquisição feita em 1995. Além disso, a Disney possui uma extensa exposição no mercado de TV a cabo por meio da Disney Channel, A&E e ESPN, entre outros.
3. *Parques temáticos*, que incluem a Disney World (em Orlando, Flórida) e a Disneyland (em Anaheim, Califórnia), bem como a posse de direitos autorais na Tokyo Disneyland e Disneyland Paris. Os hotéis e vilas de cada parque temático são considerados partes integrantes dos parques, uma vez que a sua receita provém quase exclusivamente dos visitantes desses parques.
4. *Produtos de consumo*, uma sacola de negócios incluindo as lojas Disney, receita de licenciamentos, software, produtos interativos e publicações.

Essa decomposição reflete as demonstrações da Disney em seu relatório anual. Na realidade, incorporados a esses quatro negócios estão vários outros menores em que a Disney atua, como:

- *Linhas de cruzeiro*. A Disney opera dois navios — Disney Magic e Disney Wonder — que partem da Flórida e visitam portos caribenhos.
- *Operações de Internet*. A Disney fez grandes investimentos na rede Go e outras operações on-line. Embora muito desse investimento tenha sido amortizado até 2002, ainda representa uma fonte potencial de receitas futuras.
- *Franquias esportivas*. A Disney é proprietária do Mighty Ducks of Anaheim, uma franquia da Liga Nacional de Hóquei; em 2002, vendeu a sua participação no Anaheim Angels, um time da Liga Principal de Beisebol.

Na falta de informações detalhadas sobre as operações desses negócios, assumiremos que representam uma parcela pequena demais das receitas gerais da Disney para fazer uma diferença significativa no cálculo do risco. Para os quatro negócios sobre os quais temos informações detalhadas, estimamos o beta não alavancado, analisando empresas comparáveis em cada ramo. A tabela a seguir resume os comparáveis usados e o beta não alavancado para cada negócio:

Negócios	Empresas comparáveis	Número de empresas	Beta de alavancagem médio	D/E mediano (%)	Beta não alavancado	Caixa/Valor da empresa (%)	Beta não alavancado corrigido para caixa
Redes de mídia	Empresas de transmissão de rádio e TV	24	1,22	20,45	1,0768	0,75	1,0850
Parques e resorts	Parques temáticos e empresas de entretenimento	9	1,58	120,76	0,8853	2,77	0,9105
Entretenimento produzido em estúdio	Produtoras de cinema	11	1,16	27,96	0,9824	14,08	1,1435
Produtos de consumo	Lojas de brinquedos e roupas; software de entretenimento	77	1,06	9,18	0,9981	12,08	1,1353

Para obter o beta da Disney, temos de estimar o peso de cada negócio em relação à Disney como uma empresa. O valor de cada divisão foi estimado aplicando-se o múltiplo de receita típico a que as empresas comparáveis negociam à receita divulgada pela Disney nesse segmento em 2003.[35] O beta não alavancado da Disney como empresa é uma média ponderada de valor dos betas de cada área diferente de negócios. A próxima tabela resume esse cálculo.

Negócio	Receitas em 2003 ($ milhões)	Valor da empresa/Vendas	Valor estimado ($ milhões)	Proporção valor da empresa (%)	Beta não alavancado
Redes de mídia	10.941	3,41	37.278,62	49,25	1,0850
Parques e resorts	6.412	2,37	15.208,37	20,09	0,9105
Entretenimento de estúdio	7.364	2,63	19.390,14	25,62	1,1435
Produtos de consumo	2.344	1,63	3.814,38	5,04	1,1353
Disney	27.061	—	75.691,51	100,00	1,0674

O beta de ações pode então ser calculado por meio da alavancagem financeira da Disney como empresa. Combinando-se uma alíquota marginal de imposto de renda,[36] de 37,3%, o valor de mercado de ações de $ 55.101 milhões e um valor de mercado estimado da dívida de $ 14.668 milhões,[37] chegamos ao beta da Disney no início de 2004:

$$\text{Beta de ações da Disney} = 1,0674 \left[1 + (1 - 0,373)\left(\frac{14.668}{55.101}\right) \right] = 1,2456$$

Isso contrasta com o beta de 1,01 que obtivemos a partir da regressão e é, no nosso ponto de vista, um reflexo muito mais verdadeiro do risco na Disney.

Betas contábeis Uma terceira abordagem é estimar os parâmetros de risco de mercado a partir dos lucros contábeis em vez dos preços negociados. Assim, mudanças nos lucros de uma divisão ou empresa, em bases trimestrais ou anuais, podem ser regredidas em relação a mudanças nos lucros do mercado, nos mesmos períodos, para se chegar a uma estimativa de beta de mercado para uso no CAPM. Embora tenha algum apelo intuitivo, a abordagem apresenta três armadilhas em potencial. Primeiro, lucros contábeis tendem a ser suavizados em relação ao valor intrínseco da empresa, resultando em betas com viés para baixo, especialmente para empresas de alto risco, ou com viés para cima, para empresas mais seguras. Em outras palavras, é provável que os betas estejam mais próximos de 1 para empresas que utilizem dados contábeis. Segundo, os lucros contábeis podem ser influenciados por fatores não operacionais, tais como mudanças nos métodos de depreciação ou de estoques, e por alocações de despesas corporativas no nível divisional. Finalmente, os lucros contábeis são medidos no máximo uma vez a cada trimestre e, em geral, apenas uma vez ao ano, resultando em regressões com poucas observações e não muita força.

Estimando o custo do patrimônio líquido Tendo estimado a taxa livre de risco, os prêmios pelo risco e os betas, podemos agora estimar o retorno esperado de um investimento em ações de qualquer empresa. No CAPM, esse retorno pode ser formulado como:

$$\text{Retorno esperado} = \text{Taxa livre de risco} + \text{Beta} \times \text{Prêmio pelo risco esperado}$$

onde a taxa livre de risco seria a taxa sobre as obrigações de longo prazo do governo, o beta seria o beta histórico, fundamental ou contábil, descrito anteriormente, e o prêmio pelo risco seria o histórico ou implícito. No APM e no modelo multifatorial, o retorno esperado seria formulado como:

$$\text{Retorno esperado} = \text{Taxa livre de risco} + \sum_{j=1}^{j=n} \beta_j \times \text{Prêmio pelo risco}_j$$

onde a taxa livre de risco é a taxa de obrigações de longo prazo do governo; β_j é o beta relativo ao fator *j*, estimado pelos dados históricos ou fundamentais; e o prêmio pelo risco é aquele relativo ao fator *j*, estimado por meio dos históricos. Nesta subseção, apresentamos algumas considerações finais sobre a estimativa de custo do patrimônio líquido.

Pequenas empresas Como o retorno esperado é obtido de um modelo de risco e retorno, alguns analistas tentam ajustá-lo às limitações empíricas do modelo. Por exemplo, estudos do CAPM indicam que ele tende a subestimar os retornos esperados para pequenas empresas. Por conseqüência, é prática comum acrescentar o que é chamado prêmio para pequena empresa ao obter os seus custos de patrimônio líquido. Esse prêmio para pequena empresa é geralmente estimado a partir de dados históricos de modo a ser a diferença entre os retornos anuais médios sobre mercado de ações para pequenas empresas e o restante do mercado — cerca de 3% a 3,5%, quando analisamos o período de 1926 a 2004. Essa prática pode ser perigosa por três razões. A primeira é que o prêmio para pequena empresa tem sido volátil e desapareceu por um longo período na década de 1980. A segunda é que a definição de uma ação *small cap* varia no tempo e o prêmio histórico para *small cap* é, em grande parte, atribuível às menores ações (dentre as *small cap*). A terceira é que o uso de um constante ajuste de prêmio para pequenas ações remove qualquer incentivo que o analista possa ter para examinar com mais atenção as características do produto e a alavancagem operacional de cada empresa do mercado de pequenas empresas.

Empresas de capital fechado Implícita no uso do beta como indicador de risco está a premissa de que o investidor marginal em ações é bem diversificado. Embora seja uma premissa defensável ao se analisarem empresas de capital aberto, torna-se muito mais difícil de sustentá-la no caso de empresas privadas. O proprietário de uma empresa privada* geralmente possui a maior parte da sua riqueza investida no negócio. Por conseguinte, ele se preocupa com o risco total do negócio em vez de apenas com o risco de mercado. Assim, para um negócio privado, o custo do patrimônio líquido estimado utilizando-se um beta de mercado subestimará o risco. Há três soluções para esse problema:

1. Assumir que o negócio seja administrado com objetivo de venda em futuro próximo para uma grande empresa de capital aberto. Nesse caso, é razoável utilizar o beta de mercado e o custo do patrimônio líquido correspondente.
2. Acrescentar um prêmio ao custo do patrimônio líquido, para refletir o aumento de risco gerado pela incapacidade do proprietário em diversificar. Isso pode ajudar a explicar os altos retornos que alguns investidores em *venture capital* demandam dos seus investimentos em ações de negócios incipientes.
3. Ajustar o beta para que reflita o risco total em vez do risco de mercado. Esse ajuste é relativamente simples, já que o R-quadrado da regressão mede a proporção do risco que corresponde ao risco de mercado. Dividindo-se o beta de mercado pela raiz quadrada do R-quadrado (assim, obtendo-se o coeficiente de correlação), tem-se o beta total. Para uma empresa privada com um *bottom-up beta* de mercado de 0,82 e um R-quadrado médio *bottom-up* de cerca de 16%, o beta total pode ser calculado como segue:

$$\text{Beta total} = \frac{\text{Beta de mercado}}{\sqrt{\text{R-quadrado}}} = \frac{0{,}82}{\sqrt{0{,}16}} = 2{,}05$$

O uso desse beta total produz uma estimativa muito mais alta e mais realista do custo do patrimônio líquido.

$$\text{Custo do patrimônio líquido} = 4\% + 2{,}05(4{,}84\%) = 13{,}92\%$$

---

* Sem negociação de ações na bolsa de valores (N. T.).

Dessa forma, negócios privados terão em geral custos de patrimônio líquido mais elevados do que os seus pares de capital aberto com investidores diversificados. Embora muitos deles acabem por capitular e vender para concorrentes de capital aberto ou abrir o capital, algumas empresas optam por permanecer privadas e prosperar. Para isso, têm de diversificar por conta própria (como fazem muitos negócios familiares na Ásia e na América Latina) ou aceitar o valor inferior como um preço a pagar pela manutenção do controle total.

EXEMPLO 2.3: *Bottom-up beta* e beta total para Kristin Kandy

A Kristin Kandy é uma pequena indústria de balas de capital fechado. Para estimar o seu beta, analisamos indústrias alimentícias de capital aberto com capitalização de mercado inferior a $ 250 milhões. O beta de regressão médio entre essas ações era 0,98, a razão dívida/patrimônio líquido média para essas empresas era 43% (30% dívida e 70% patrimônio líquido) e utilizamos uma alíquota marginal média de imposto de renda de 40%, para estimar um beta não alavancado de 0,78:

$$\text{Beta não alavancado para indústrias alimentícias} = \frac{0,98}{\left[1+(1-0,4)\times\left(\frac{30}{70}\right)\right]} = 0,78$$

O R-quadrado médio entre todas as regressões de indústrias alimentícias era 11,12%. O beta total não alavancado para a Kristin Kandy pode ser calculado da seguinte forma:

$$\text{Beta total não alavancado} = \frac{0,78}{\sqrt{0,1112}} = 2,34$$

Aproximadamente, um terço do risco dessas empresas é risco de mercado, e estamos escalonando o beta para que reflita os dois terços que correspondem ao risco específico da empresa.

Ao calcular o beta alavancado, assumimos que a Kristin Kandy financiaria as suas operações por meio da mesma combinação de dívida e patrimônio que as empresas de capital aberto no setor — 30% dívida e 70% patrimônio. O beta alavancado e o beta total são calculados aqui (utilizando-se uma alíquota marginal de imposto de renda de 40%), com os custos do patrimônio líquido resultantes de cada (com uma taxa livre de risco de 4,50% e um prêmio pelo risco de 4%).

$$\text{Beta alavancado} = 0,78\left[1+(1-0,40)\left(\frac{30}{70}\right)\right] = 0,98; \text{ Custo do patrimônio líquido} = 4,50\% + 0,98(4\%) = 8,42\%$$

$$\text{Beta alavancado total} = 2,34\left[1+(1-0,40)\left(\frac{30}{70}\right)\right] = 2,94; \text{ Custo do patrimônio líquido} = 4,50\% + 2,94(4\%) = 16,26\%$$

Qual desses custos de patrimônio líquido devemos utilizar para avaliar a Kristin Kandy? A resposta dependerá de quem é o comprador em potencial da empresa. Se for um indivíduo privado, que planeja investir a sua riqueza no negócio, deve ser o beta total. Se for uma empresa de capital aberto (ou uma oferta pública inicial), usaríamos o beta de mercado. Como o último renderá um custo do patrimônio líquido inferior e um valor superior, não será surpresa se o melhor proponente potencial para um negócio de capital fechado for uma empresa de capital aberto.

Empresas expostas ao risco-país Na seção sobre prêmios pelo risco, consideramos três formas de estimar os prêmios pelo risco-país. Para empresas com substancial exposição ao risco-país, seja porque estão incorporadas a mercados emergentes, seja porque possuem comprometimentos operacionais nesses mercados, torna-se crítico que ajustemos o custo do patrimônio líquido à exposição adicional ao risco. Em geral, há três maneiras de tentar incorporar a exposição ao risco-país ao custo do patrimônio líquido.

A primeira, mais utilizada e menos eficaz maneira de lidar com o risco-país é acrescentar o prêmio pelo risco-país ao custo do patrimônio líquido para todas as empresas em um mercado emergente. Assim, o custo do patrimônio líquido de uma empresa em um país de alto risco pode ser formulado como:

Custo do patrimônio líquido = Taxa livre de risco + Prêmio pelo risco-país
+ Beta × Prêmio pelo risco de ações em mercado maduro

A desvantagem dessa abordagem é que pinta todas as empresas em um país com o mesmo pincel e pressupõe que todas estejam expostas ao risco-país na mesma proporção.

A segunda abordagem é um pouco mais razoável, na medida em que escalona o risco-país ao beta, calculando-se o custo do patrimônio líquido como:

Custo do patrimônio líquido = Taxa livre de risco
+ Beta × (Prêmio pelo risco de ações em mercado maduro + Prêmio pelo risco-país)

Capítulo 2 • Estimando taxas de desconto

Na medida em que o beta, que mede a exposição a todos os outros riscos, também mede a exposição ao risco-país, essa abordagem funciona razoavelmente bem. Entretanto, se a exposição ao risco-país for diferente de outras exposições a risco macroeconômico, a abordagem fracassará.

A terceira e mais genérica abordagem trata o risco-país como um componente de risco à parte e estima a exposição ao risco desse componente separadamente do beta. Se definirmos a exposição ao risco-país de uma empresa como λ, o custo do patrimônio líquido pode ser formulado como:

Custo do patrimônio líquido = Taxa livre de risco
+ Beta × Prêmio pelo risco de ações em mercado maduro + λ × Prêmio pelo risco-país

Essa abordagem possui duas vantagens significativas. Primeira, aceita a realidade de que há diferenças expressivas na exposição ao risco-país entre empresas; aquelas voltadas à exportação em um mercado emergente podem ser menos suscetíveis ao risco-país do que as voltadas ao mercado doméstico. Segunda, permite não só incorporar o risco-país aos custos de patrimônio líquido de empresas em mercados desenvolvidos, mas também considera as exposições ao risco em vários países. A terceira abordagem requer uma estimativa de λ, e há três formas de se obter esse valor. A primeira é baseá-lo na proporção das receitas de uma empresa em determinado mercado, escalonada às receitas de uma empresa média nesse mercado. Assim, uma empresa que obtenha 35% das suas receitas no Brasil, onde a empresa média obtém 70% da receita no mercado local, teria um lambda (λ) de 0,5. A segunda é incorporar ao lambda outros aspectos da exposição ao risco de uma empresa, incluindo a localização das suas instalações e os produtos de gestão de risco utilizados. A terceira é estimar o lambda de forma muito semelhante a como estimamos o beta pelos retornos regressivos sobre as ações de uma empresa em relação a uma obrigação governamental (ou algum outro instrumento negociado pelo mercado, que seja principalmente impactado pelo risco-país).[38]

EXEMPLO 2.4: Custo do patrimônio líquido para uma empresa em mercado emergente: Embraer — início de 2005

A Embraer é uma empresa aeroespacial brasileira que concorre com a Boeing e com a Airbus no mercado de aviões comerciais. Para estimar o seu custo do patrimônio líquido, começamos por estimar o *bottom-up beta* do segmento aeroespacial. Utilizando as empresas aeroespaciais de capital aberto listadas globalmente como a nossa amostra de empresas comparáveis, estimamos um beta não alavancado de 0,95. Com a razão dívida/patrimônio líquido da Embraer de 18,95% e a alíquota marginal de imposto de renda de 34% para o Brasil, estimamos um beta alavancado de 1,07 para a empresa:

$$\text{Beta alavancado} = 0,95[1+(1-0,34)(0,1895)] = 1,07$$

Para estimar o custo do patrimônio líquido em dólar de uma empresa, utilizamos uma taxa livre de risco de 4,25%, o prêmio pelo risco histórico de 4,84% nos Estados Unidos pelo período de 1926 a 2004 e o prêmio pelo risco-país de 4,67% estimado para o Brasil (conforme anteriormente citado neste capítulo). Os custos de patrimônio líquido resultante das três abordagens descritas na subseção anterior são:

Abordagem de exposição equivalente: 4,25% + 4,67% + 1,07(4,84%) = 14,10%
Abordagem escalonada de beta: 4,25% + 1,07(4,84% + 4,67%) = 14,43%
Abordagem de lambda: 4,25% + 1,07(4,84%) + 0,27(4,67%) = 10,69%

Estimamos lambda de duas formas. Na primeira, dividimos a proporção das receitas da Embraer provenientes do Brasil (cerca de 3%) pelas receitas da empresa brasileira média no Brasil (70%) para estimar um lambda de 0,04. Então, regredimos os retornos de ações da Embraer de 2002 a 2004 em relação aos retornos do C-Bond do governo brasileiro (uma obrigação de longo prazo emitida em dólar norte-americano) para estimar um lambda de 0,27.[39] Este parece mais razoável que o primeiro, e acreditamos que o custo do patrimônio líquido de 10,69% resultante da estimativa de lambda seja o mais razoável para essa empresa.

Se queremos calcular o custo do patrimônio líquido em termos de reais nominais brasileiros (BR), o ajuste é mais complicado e requer estimativas de previsão de taxas de inflação no Brasil e nos Estados Unidos. Se assumirmos que a inflação prevista em BR seja de 8% e em dólares norte-americanos seja de 2%, o custo do patrimônio líquido em termos de BR será:

$$\text{Custo do patrimônio líquido em termos de BR} = (1+\text{Custo do patrimônio líquido em \$})\frac{(1+\text{Taxa de inflação}_{\text{Brasil}})}{(1+\text{Taxa de inflação}_{\text{Estados Unidos}})} - 1$$

$$= (1,1069)\frac{(1,08)}{(1,02)} - 1 = 0,1720 \text{ ou } 17,20\%$$

Se estivéssemos avaliando a Embraer em reais nominais, usaríamos esse custo do patrimônio líquido.

Regressão ou modelos *proxy* Todos os modelos descritos até agora começam definindo o risco de mercado em termos amplos para depois desenvolver os modelos capazes de medir melhor esse risco. Todos eles, contudo, extraem os indicadores de risco de mercado (betas) analisando dados históricos. Há uma segunda classe de modelos de risco e retorno que começa com os retornos e tenta explicar as diferenças em retornos entre as ações, ao longo do tempo, utilizando características como o valor de mercado de uma empresa ou os múltiplos de preço.[40] Os proponentes desse modelo argumentam que, se alguns investimentos obtêm retornos consistentemente mais altos que outros, eles devem ser de maior risco. Conseqüentemente, podemos analisar as características que esses investimentos de alto retorno têm em comum e considerá-las indicadores indiretos ou *proxies* para o risco de mercado.

Fama e French, em um estudo influente sobre o modelo de precificação de ativo de capital,[41] observaram que os retornos reais entre 1963 e 1990 estiveram altamente correlacionados ao índice BV/MV[42] e porte.** Investimentos de alto retorno, nesse período, tenderam a ser investimentos em empresas com baixa capitalização de mercado e altos índices BV/MV. Fama e French sugerem que esses indicadores sejam utilizados como *proxies* para o risco e divulgaram a seguinte regressão para retornos mensais sobre ações no New York Stock Exchange (Nyse):

$$R_t = 1,77\% - 0,11 \ln(MV) + 0,35 \ln\left(\frac{BV}{MV}\right)$$

onde MV = Valor de mercado da ação
BV = Valor contábil da ação

Os valores para o valor de mercado da ação e índice BV/MV de empresas individuais, quando conectados a essa regressão, devem render retornos mensais previstos. Por exemplo, o retorno mensal previsto para uma ação com capitalização de mercado de $ 100 milhões e um BV/MV de 0,5 seria:

$$R_t = 1,77\% - 0,11 \ln(100) + 0,35 \ln(0,5) = 1,02\%$$

Modelos de retorno de taxa implícita Para ações negociadas publicamente, há uma terceira maneira de estimar o custo do patrimônio líquido. Se assumirmos que o preço de mercado esteja correto e que seja possível estimar os fluxos de caixa para os acionistas (ou pelo menos os dividendos previstos) sobre a ação, podemos solucionar a taxa interna de retorno que tornaria o valor presente dos fluxos de caixa igual ao preço da ação. Essa taxa interna de retorno é o custo do patrimônio líquido implícito. Por exemplo, na versão mais simples do modelo de desconto de dividendos, o valor de uma ação pode ser formulada como segue:

$$\text{Valor da ação} = \frac{\text{Dividendos esperados por ação}_1 \text{ no próximo ano}}{(\text{Custo do patrimônio líquido} - \text{Taxa de crescimento esperado})}$$

Se assumirmos que o preço corrente das ações seja o valor correto e isolarmos o custo do patrimônio líquido, teremos:

$$\text{Custo do patrimônio líquido} = \frac{\text{Dividendos esperados por ação}_1}{\text{Preço corrente da ação}} + \text{Taxa de crescimento esperado}$$

Assim, o custo do patrimônio líquido é a soma do rendimento de dividendos e a taxa de crescimento previsto de longo prazo em dividendos (ou ganhos). Para uma ação com rendimento de dividendos de 3% e uma taxa de crescimento previsto de 4%, o custo do patrimônio líquido é 7%. O cálculo ficará mais complicado, embora a intuição não mude, à medida que passamos de dividendos para fluxos de caixa para os acionistas e de modelos de crescimento estável para modelos de crescimento alto.

A limitação desta abordagem deve ser óbvia a partir do exemplo apresentado anteriormente. Se utilizarmos o custo do patrimônio líquido implícito para avaliar uma ação, sempre identificaremos que a ação está corretamente avaliada. Para que essa abordagem tenha utilidade prática em avaliações, temos de considerar variações criativas. Uma é calcular o custo do patrimônio líquido implícito para cada empresa em um segmento e estimar uma média entre as empresas; esse custo do patrimônio líquido médio poderá ser utilizado para avaliar cada empresa do segmento. Outra é calcular o custo do patrimônio líquido implícito para a mesma empresa por muitos anos e usar a média ao longo do tempo como o custo do patrimônio líquido atual.

** BV e MV significam, respectivamente, *book value* e *market value* (N. T.).

DO CUSTO DO PATRIMÔNIO LÍQUIDO PARA O CUSTO DE CAPITAL

Embora o patrimônio líquido seja sem dúvida um ingrediente importante e indispensável do mix de financiamento para cada negócio, é apenas um dos ingredientes. A maioria dos negócios financia parte ou muito das suas operações pela dívida ou algum híbrido de patrimônio líquido e dívida. Os custos dessas fontes de financiamento são geralmente muito diferentes do custo do patrimônio líquido, e o custo de capital para uma empresa refletirá os seus custos também, proporcionalmente ao seu uso no mix de financiamento. Intuitivamente, o custo de capital é a média ponderada dos custos dos diferentes componentes do financiamento — incluindo dívida, patrimônio líquido e títulos híbridos — utilizados por uma empresa para capitalizar as suas demandas financeiras.

Abordagens de estimativa

Como no caso do custo do patrimônio líquido, há várias formas de estimar os custos de capital. Nesta subseção, analisamos três: a abordagem do custo do patrimônio líquido não alavancado, a abordagem da taxa de retorno implícita e a abordagem do custo médio ponderado.

Custo do patrimônio líquido não alavancado

Anteriormente neste capítulo, consideramos a relação entre betas de patrimônio líquido e alavancagem e introduzimos o conceito de beta não alavancado (isto é, o beta que uma empresa teria, se fosse totalmente financiado por capital de acionistas). O custo do patrimônio líquido resultante do uso de um beta não alavancado é chamado custo do patrimônio líquido não alavancado:

Custo do patrimônio líquido não alavancado = Taxa livre de risco + Beta não alavancado × Prêmio pelo risco

Há analistas que utilizam o custo do patrimônio líquido não alavancado como o custo de capital de uma empresa. A sua justificativa baseia-se no argumento, sustentado por Modigliani e Miller em sua tese pioneira sobre estrutura de capital,[43] de que o valor de uma empresa deve ser independente da sua estrutura de capital. Se aceitarmos essa proposição, segue-se que o custo de capital de uma empresa não deve mudar conforme muda o seu endividamento. O custo do patrimônio líquido (e de capital) a 0% de dívida deve ser o custo de capital em qualquer outra razão de endividamento.

Embora o uso de beta não alavancado para obter o custo do patrimônio líquido tenha as suas conveniências, certamente possui bagagem. Em particular, o custo de capital pode muito bem sofrer modificação conforme muda o endividamento na presença de impostos e risco de inadimplência, e a adoção do custo do patrimônio líquido não alavancado como o custo de capital produzirá uma estimativa incorreta de valor.

Custos de capital implícitos

Na subseção sobre custo do patrimônio líquido, calculamos o custo do patrimônio líquido implícito para empresas individuais, tomando como certos o preço de mercado e os fluxos de caixa previstos para os acionistas (ou dividendos) e resolvendo a taxa interna de retorno. Podemos utilizar uma abordagem semelhante para estimar o custo de capital para empresas individuais, substituindo o valor da empresa pelo valor do patrimônio líquido e os fluxos de caixa da empresa pelos fluxos de caixa para os acionistas. A taxa interna de retorno (em que o valor presente dos fluxos de caixa equaciona o valor da empresa) será o custo de capital implícito.

Como no caso do custo do patrimônio líquido implícito, essa abordagem não é particularmente útil para uma empresa individual. O uso do custo de capital implícito para avaliar a empresa proverá a conclusão, nada surpreendente, de que a empresa está corretamente avaliada. Entretanto, podemos calcular o custo de capital implícito médio entre um grande número de empresas de um setor e usar essa média setorial como o custo de capital para avaliar empresas individuais. Estamos partindo da premissa de que o custo de capital não varia muito entre empresas que atuam no mesmo segmento e isso pode ser um problema potencial nos setores em que houver grandes diferenças em risco operacional e financeiro entre as empresas.

Abordagem do custo médio ponderado

A abordagem mais utilizada para estimar o custo de capital envolve estimar os custos dos componentes da estrutura de capital que estão fora do patrimônio líquido, incluindo dívida e ações preferenciais em adição ao custo do patrimônio líquido, e tirar a média ponderada dos custos. Nesta subseção, consideramos primeiro os custos desses outros componentes e depois o mecanismo de pesos para estimativa de custo de capital.

Custos de financiamento fora do patrimônio líquido

Para estimar o custo do financiamento levantado por uma empresa, devemos estimar os custos de todos os componentes que não fazem parte do patrimônio líquido. Nesta subseção, analisamos primeiro o custo da dívida e depois estendemos a análise para considerar os híbridos, como ações preferenciais e obrigações conversíveis.

Custos da dívida O *custo da dívida* mede o custo corrente da empresa em tomar empréstimo para financiar os seus ativos. Em termos gerais, deveria ser uma função do risco de inadimplência que os credores percebem na empresa. À medida que aumenta a percepção do risco de inadimplência, os credores cobrarão *spreads* por inadimplência mais altos (acima da taxa livre de risco) para dar crédito à empresa. Nesta subseção, iniciamos com uma discussão genérica sobre risco de inadimplência para então analisarmos a melhor forma de medir esse risco e os *spreads* resultantes.

O que é risco de inadimplência? Em contraste com os modelos gerais de risco e retorno para patrimônio líquido, que avaliam os efeitos do risco de mercado sobre os retornos esperados, os modelos de risco de inadimplência medem as conseqüências do risco de inadimplência específico da empresa sobre os retornos prometidos. O risco de inadimplência de uma empresa é uma função de duas variáveis. A primeira é a capacidade de a empresa gerar fluxos de caixa a partir das operações e a extensão das suas obrigações financeiras — incluindo pagamento de juros e do principal.[44] As empresas que geram altos fluxos de caixa em relação às suas obrigações financeiras devem ter um risco de inadimplência inferior àquelas que geram fluxos de caixa baixos em relação às suas obrigações financeiras. Mantidas as demais premissas, as empresas com significativo volume de investimentos, que geram fluxos de caixa relativamente altos, terão risco de inadimplência inferior ao daquelas que não geram. A segunda é a volatilidade desses fluxos de caixa. Quanto mais estáveis forem os fluxos de caixa, menor será o risco de inadimplência. As empresas que operam em negócios previsíveis e estáveis terão um risco de inadimplência inferior ao de empresas semelhantes que operem em negócios cíclicos ou voláteis. A maioria dos modelos de risco de inadimplência usa as razões financeiras para medir a cobertura de fluxo de caixa (isto é, a magnitude dos fluxos de caixa em relação às obrigações) e controlar os efeitos setoriais para avaliar a variabilidade dos fluxos de caixa.

Medindo o risco de inadimplência O indicador mais utilizado para o risco de inadimplência de uma empresa é o seu *rating* de dívidas, que, em geral, é atribuído por uma agência independente de *ratings*. As duas mais conhecidas são Standard & Poor's e Moody's. Milhares de empresas são classificadas por essas agências, cujas visões carregam um peso significativo nos mercados financeiros. O processo de *rating* de uma obrigação geralmente começa quando a empresa emissora solicita o *rating* de dívidas a uma agência especializada. As agências de *ratings* coletam informações tanto de fontes públicas, como demonstrações financeiras, quanto da própria empresa e toma a decisão sobre o *rating*. Se a empresa discordar do *rating*, tem a oportunidade de apresentar informações adicionais.

Os *ratings* atribuídos por essas agências são classificados por letras. Um *rating* AAA da Standard & Poor's ou Aaa da Moody's representa o mais alto *rating* concedido a empresas consideradas de mais baixo risco de inadimplência. À medida que aumenta o risco de inadimplência, os *ratings* baixam em direção ao D para empresas inadimplentes (Standard & Poor's). Um *rating* BBB, ou acima dele, pela Standard & Poor's é categorizado como um grau de investimento, refletindo a percepção da agência de que há relativamente pouco risco de inadimplência ao se investir em obrigações emitidas por essas empresas.

Estimando o risco de inadimplência e o spread *por inadimplência de uma empresa* O cenário mais simples para estimar o custo da dívida ocorre quando uma empresa possui obrigações de longo prazo em circulação que são intensamente negociadas. O preço de mercado da obrigação, em conjunto com o seu cupom e maturidade, pode servir para calcular um rendimento que podemos usar como o custo da dívida. Essa abordagem funciona para empresas que possuem dezenas de obrigações em circulação, que são líquidas e transacionadas com freqüência.

Muitas empresas possuem obrigações em circulação que não são negociadas com regularidade. Como essas empresas são geralmente classificadas, podemos estimar os seus custos da dívida por meio dos seus *ratings* e *spreads* por inadimplência correspondentes. Assim, a Disney com um *rating* BBB+ tinha um custo da dívida de 1,25% superior à taxa de obrigações de longo prazo do governo em 2004, já que esse era o *spread* tipicamente pago pelas empresas classificadas como BBB+ (intercalados por *spreads* BBB e A) na época.

Algumas empresas optam por não ter uma classificação. Muitas pequenas empresas e a maioria das privadas estão nessa categoria. Embora as agências de *ratings* tenham surgido em muitos mercados emergentes, ainda há mercados onde as empresas não são classificadas com base no risco de inadimplência. Quando não há *rating* disponível para estimar o custo da dívida, existem duas alternativas:

1. *Histórico recente de tomada de empréstimo.* Muitas empresas que não têm classificação ainda tomam empréstimo de bancos e outras instituições financeiras. Ao analisar os seus empréstimos mais recentes, podemos ter uma noção dos *spreads* por inadimplência sendo cobrados e utilizá-los para obter um custo da dívida.
2. *Estimar um* rating *e um* spread *por inadimplência sintéticos.* Uma alternativa é desempenhar o papel de uma agência de *ratings* e atribuir um *rating* a uma empresa, com base nas suas razões financeiras; esse *rating* é chamado *rating* sintético. Para fazer essa avaliação, começamos com empresas classificadas e examinamos as caraterísticas financeiras compartilhadas por elas em cada classe de *rating*. Considere uma versão muito simples, na qual a razão do lucro operacional para as despesas com juros (isto é, a razão de cobertura de juros) é calculada para cada empresa classificada.[45] Na Tabela 2.4, listamos a gama de razões de cobertura de juros para pequenas indústrias em cada classe de *rating* da S&P.[46] Também divulgamos os *spreads* por inadimplência típicos para obrigações em cada classe de *rating* em 2004.[47]

TABELA 2.4: Razão da cobertura de juros e *ratings*

Razão da cobertura de juros	Rating	Spread por inadimplência típico
> 12,50	AAA	0,35%
9,50–12,50	AA	0,50
7,50–9,50	A+	0,70
6,00–7,50	A	0,85
4,50–6,00	A–	1,00
4,00–4,50	BBB	1,50
3,50–4,00	BB+	2,00
3,00–3,50	BB	2,50
2,50–3,00	B+	3,25
2,00–2,50	B	4,00
1,50–2,00	B–	6,00
1,25–1,50	CCC	8,00
0,80–1,25	CC	10,00
0,50–0,80	C	12,00
< 0,50	D	20,00

Fonte: Compustat e Bondsonline.com.

Agora, consideremos uma empresa privada com $ 10 milhões em lucros antes de juros e impostos e $ 3 milhões em despesas com juros; a sua razão de cobertura de juros é 3,33. Com base nessa razão, avaliamos um assim chamado *rating* sintético de BB para a empresa e atribuímos um *spread* por inadimplência de 2,50% à taxa livre de risco para obter um custo da dívida antes de impostos.

Ao basear o *rating* sintético apenas na razão de cobertura de juros, corremos o risco de perder informações disponíveis em outras razões financeiras utilizadas pelas agências de *ratings*. A abordagem anteriormente descrita pode ser ampliada de modo a incorporar outras razões. O primeiro passo seria desenvolver um *score* baseado em razões de múltiplos. Por exemplo, o Altman Z-Score, utilizado como *proxy* para o risco de inadimplência, é uma função das cinco razões financeiras que são ponderadas para gerar um Z-Score. As razões usadas e os seus pesos relativos geralmente têm como base o histórico de empresas inadimplentes. O segundo passo é correlacionar o nível do *score* a um *rating* de dívida, como fizemos na Tabela 2.4 com as razões de cobertura de juros. Ao fazer essa extensão, porém, observe que a complexidade tem um custo. Embora o crédito ou Z-Scores possam, de fato, gerar melhores estimativas de *ratings* sintéticos do que aquelas baseadas somente em razões de cobertura de juros, mudanças nos *ratings* provenientes desses *scores* são muito mais difíceis de explicar do que aquelas baseadas nas razões de cobertura de juros. É por isso que preferimos os *ratings* falhos que obtemos das razões de cobertura de juros.

Estimando a vantagem fiscal Os juros são dedutíveis de imposto e a economia resultante reduz o custo da tomada de empréstimo para empresas. Ao avaliar essa vantagem fiscal, devemos ter em mente que as despesas com juros devem ser contrabalançadas com o dólar marginal do lucro, e a vantagem fiscal deve, portanto, ser calculada utilizando-se a alíquota marginal de imposto de renda.

Custo da dívida após impostos = Custo da dívida antes dos impostos (1 − Alíquota marginal de IR)

Estimar a alíquota marginal de imposto de renda, que é a alíquota de imposto de renda sobre o lucro marginal (ou o último dólar do lucro), pode ser problemático, porque as empresas raramente o divulgam nas suas demonstrações financeiras. A maioria das empresas divulga uma alíquota efetiva sobre o lucro passível de impostos nos seus relatórios anuais e arquivos na Securities and Exchange Commission (SEC).*** Essa taxa é calculada dividindo-se os impostos pagos pelo lucro líquido passível de imposto indicado na demonstração financeira. A alíquota efetiva de imposto de renda pode ser diferente da alíquota marginal por vários motivos:

- Se for uma pequena empresa e a alíquota do imposto de renda é mais alta para classes de lucros mais altas, a alíquota do imposto de renda média de todo o lucro será inferior à do último dólar do lucro. Para empresas grandes, em que a maior parte do lucro está na classe de impostos mais elevada, isso não chega a ser um problema.
- Empresas de capital aberto, ao menos nos Estados Unidos, geralmente mantêm dois conjuntos de livros, um para fins fiscais e outro para fins de relatório. Em geral, usam diferentes regras contábeis para cada um e divulgam lucro menor às autoridades fiscais e lucro maior nos relatórios anuais. Como o pagamento dos juros baseia-se nos livros fiscais, a alíquota efetiva de imposto de renda será comumente inferior à alíquota marginal de imposto de renda.

*** Órgão equivalente à Comissão de Valores Mobiliários no Brasil (N. T.).

■ Atividades que deferem ou postergam o pagamento de impostos podem também causar desvios entre as alíquotas de imposto de renda marginal e efetiva. No período em que os impostos forem deferidos, a alíquota efetiva de imposto de renda retardará a marginal. No período em que os impostos deferidos forem pagos, a alíquota efetiva poderá ser muito mais alta que a marginal.

A melhor fonte de alíquota marginal de imposto de renda é o código tributário do país em que a empresa obtém o seu lucro operacional. Se houver impostos estaduais e locais, devem ser incorporados à alíquota marginal também. Para empresas em vários endereços fiscais, a alíquota marginal de imposto de renda utilizada deve ser a média das diferentes alíquotas marginais, ponderada pelo lucro operacional por endereço.

Para obter as vantagens fiscais de tomar empréstimo, as empresas devem ser lucrativas. Em outras palavras, não há vantagem fiscal proveniente de despesas com juros para uma empresa com prejuízo operacional. É verdade que as empresas podem carregar prejuízos para a frente e podem contrabalançá-los com lucros em períodos futuros. A avaliação mais prudente dos efeitos fiscais da dívida, portanto, não proverá nenhuma vantagem fiscal nos anos de prejuízos operacionais e começará a fazer o ajuste para benefícios fiscais somente nos anos futuros, quando se espera que a empresa tenha lucros operacionais.

Custo da dívida após impostos = Custo da dívida antes dos impostos, se lucro operacional < 0
Custo da dívida antes dos impostos $(1 - t)$, se lucro operacional > 0

EXEMPLO 2.5: Estimando custos da dívida: alguns exemplos

Anteriormente, neste capítulo, estimamos o custo do patrimônio líquido para a Disney no início de 2004 e para a Embraer e a Kristin Kandy em 2005. Nesta seção, analisamos a melhor forma de estimar o custo da dívida para cada uma dessas empresas:

- No início de 2004, a Disney possuía obrigações negociáveis e foi classificada pela S&P e a Moody´s. O *rating* de dívida da S&P foi BBB+, e o *spread* por inadimplência para obrigações BBB+ era 1,25%. O acréscimo desse *spread* por inadimplência à preponderante taxa de obrigação de longo prazo do governo de 4% gerava um custo da dívida antes dos impostos de 5,25%. O uso da alíquota marginal de imposto de renda de 37,3% resulta em um custo da dívida após impostos de 3,29%.

Custo da dívida após impostos para Disney = (Taxa livre de risco + *Spread* por inadimplência)(1 − Alíquota do imposto)
= (4% + 1,25%)(1 − 0,373) = 3,29%

- Para a Kristin Kandy, utilizamos a Tabela 2.4 para estimar um *rating* sintético. A empresa tinha lucro operacional de $ 500 mil e despesas com juros de $ 85 mil, resultando em uma razão de cobertura de juros de 5,88. O *rating* sintético que estimamos para a empresa é A- e o *spread* por inadimplência para obrigações A- é 1%. O acréscimo desse *spread* à taxa livre de risco de 4,50% à época da análise gera um custo da dívida antes dos impostos de 5,50%. O uso de uma alíquota marginal de imposto de renda de 40% para a empresa resulta em um custo da dívida após impostos de 3,30%.

Custo da dívida após impostos para Kristin Kandy = (4,50% + 1,00%)(1 − 0,40) = 3,30%

- Para a Embraer, adotamos uma abordagem similar. Utilizando o lucro operacional de 1,74 bilhões de reais e despesas com juros de 476 milhões de reais em 2004, calculamos uma razão de cobertura de juros de 3,66. O *rating* sintético resultante (da Tabela 2.4) é BB+ e o *spread* por inadimplência é 2%. A única questão pendente é se devemos acrescentar todo ou apenas parte do *spread* por inadimplência de país de 3,50% para o Brasil, que estimamos anteriormente neste capítulo. Como no caso do custo do patrimônio líquido, assumiremos que o lambda de 0,27 mede a exposição ao risco de dívida também. O custo da dívida em termos de dólares norte-americanos para a Embraer é calculado aqui, assumindo a alíquota marginal de imposto de renda de 34% que se aplica ao Brasil:

Custo da dívida antes dos impostos = Taxa livre de risco + *Spread* por inadimplência da empresa
+ λ × *Spread* por inadimplência de país
= 4,25% + 2,00% + 0,27 × 3,50% = 7,20%
Custo da dívida após impostos = Custo da dívida antes dos impostos (1 − Alíquota marginal de imposto)
= 7,2%(1 − 0,34) = 4,75%

Como no caso do custo do patrimônio líquido, isso pode ser convertido em um custo da dívida após impostos nominal em BR, usando a taxa de inflação prevista de 8% para o Brasil e 2% para os Estados Unidos.

$$\text{Custo da dívida após impostos em BR} = (1{,}0475)\left(\frac{1{,}08}{1{,}02}\right) - 1 = 0{,}1091 \text{ ou } 10{,}91\%$$

Custo de ações preferenciais Ações preferenciais compartilham algumas das características da dívida — o dividendo preferencial é pré-especificado no momento da emissão e pago antes do dividendo comum — e algumas das características de patrimônio líquido — o pagamento de dividendo preferencial — não são dedutíveis de imposto. Se a ação preferencial for considerada perpétua, seu custo pode ser formulado assim:

$$k_{ps} = \frac{\text{Dividendo preferencial por ação}}{\text{Preço de mercado por ação preferencial}}$$

Essa abordagem pressupõe que o dividendo seja constante em termos de dólar para sempre e que a ação preferencial não possui nenhuma característica especial (conversibilidade, direito a voto etc.). Se tais características especiais existem, terão de ser avaliadas separadamente para se obter boa estimativa do custo de ação preferencial. Em termos de risco, a ação preferencial é mais segura que o patrimônio líquido comum, mas mais arriscada que a dívida. Conseqüentemente, deveria, antes dos impostos, comandar um custo superior à dívida e inferior ao patrimônio líquido.

Custo de outros títulos híbridos Em termos gerais, os *títulos híbridos* compartilham algumas das características de dívida e outras de patrimônio líquido. Um bom exemplo é uma obrigação conversível, que pode ser considerada a combinação de uma obrigação (título de dívida) e uma opção de conversão (ações). Em vez de tentar calcular o custo desses títulos híbridos individualmente, eles podem ser decompostos em seus componentes de dívida e de patrimônio líquido e tratados separadamente. Em geral, não é difícil decompor um título híbrido que seja negociado publicamente (e que possua um preço de mercado) em seus componentes de dívida e de patrimônio líquido. No caso de obrigações conversíveis negociadas, isso pode ser realizado de duas maneiras:

1. Um modelo de precificação de opções pode ser utilizado para avaliar a opção de conversão, e o valor remanescente da obrigação pode ser atribuído à dívida.
2. A obrigação conversível pode ser avaliada como se fosse uma obrigação, utilizando-se a taxa pela qual a empresa pode tomar empréstimo no mercado, com o seu risco de inadimplência (custo da dívida antes dos impostos) como a taxa de juros da obrigação. A diferença entre o preço da obrigação conversível e o valor da obrigação pode ser percebida como o valor da opção de conversão.

Se o título conversível não for negociado, devemos avaliar tanto a obrigação quanto as opções de conversão em separado.

EXEMPLO 2.6: Decompondo uma obrigação conversível em seus componentes de dívida e patrimônio líquido: Disney

Em março de 2004, a Disney possuía obrigações conversíveis negociáveis com 19 anos restantes para a maturidade e uma taxa cupom de 2,125%, negociada a $ 1.064 por obrigação. Detentores dessa obrigação têm o direito de convertê-la em 33,9444 cotas de ações a qualquer momento sobre a vida útil remanescente da obrigação.[48] Para decompor a obrigação conversível em seus componentes de uma obrigação e opção de conversão, avaliaremos a obrigação usando o custo da dívida antes dos impostos da Disney de 5,25%:[49]

Componente de uma obrigação = Valor de cupom de 2,125% a vencer em 19 anos, com uma taxa de juros de mercado de 5,25%
= Valor presente de $ 21,25 em cupons a cada ano por 19 anos[50] + Valor presente de $ 1.000 ao final do ano 19

$$= 21,25 \left[\frac{1-(1,0525)^{-19}}{0,0525} \right] + \frac{1.000}{(1,0525)^{19}} = \$ 629,91$$

O componente de uma obrigação de $ 630 é tratado como uma dívida, enquanto a opção de conversão de $ 434 é tratada como patrimônio líquido (1064 – 630).

Pesos para calcular custo de capital Como temos custos para cada componente de financiamento, tudo de que precisamos é atribuir pesos a cada componente para obter um custo de capital. Nesta subseção, consideramos as opções de peso, o argumento para uso de pesos de valor de mercado e se os pesos podem mudar com o tempo.

Opções de pesos Ao calcular pesos para dívida, ações ordinárias e ação preferencial, temos duas escolhas. Podemos tirar do balanço patrimonial as estimativas contábeis do valor de cada fonte de financiamento e calcular os pesos de valor contábil. Alternativamente, podemos usar ou estimar os valores de mercado de cada componente e calcular os pesos com base no valor de mercado relativo. *Como regra, os pesos usados no cálculo do custo de capital devem se basear nos valores de mercado.* Isso porque o custo de capital é um indicador de futuro esperado e captura o custo de levantamento de novos fundos para se adquirir a empresa hoje. Como nova dívida e patrimônio líquido devem ser levantados no mercado aos preços vigentes, o peso de valor de mercado é mais relevante.

Há analistas que continuam a utilizar os pesos de valor contábil e justificá-los com três argumentos, nenhum dos quais convincente.

1. *O valor contábil é mais confiável do que o valor de mercado, pois não é tão volátil.* Embora seja verdadeiro que o valor contábil não muda tanto quanto o valor de mercado, isso é mais um sinal de fraqueza do que de força, já que o real valor da empresa muda com o passar do tempo, à medida que novas informações surgem sobre a empresa e a macroeconomia. Argumentamos que o valor de mercado, com a sua volatilidade, é um reflexo muito melhor do real valor do que o valor contábil.[51]
2. *Utilizar valor contábil em vez de valor de mercado é uma abordagem mais conservadora para estimar razões de endividamento.* O valor contábil de patrimônio líquido na maioria das empresas em mercados desenvolvidos está bem abaixo do valor atribuído pelo mercado, enquanto o valor contábil de dívida está geralmente próximo ao valor de mercado de dívida. Como o custo do patrimônio líquido é muito mais elevado que o custo da dívida, o custo de capital calculado por meio das razões do valor contábil será inferior ao calculado pelas razões de valor de mercado, tornando-os estimativas menos conservadoras, e não mais.[52]
3. *Como os retornos contábeis são calculados com base no valor contábil, a consistência requer o uso de valor contábil no cálculo do custo de capital.* Embora possa parecer consistente o uso de valores contábeis para o cálculo tanto de retorno contábil quanto de custo de capital, isso não faz sentido do ponto de vista econômico. Os fundos investidos nessa empresa podem ser investidos em outro lugar, a taxas de mercado, e os custos devem, portanto, ser computados a taxas de mercado e utilizando os pesos de valor de mercado.

O que deve ser considerado na dívida? Freqüentemente, os analistas se vêem diante da difícil questão sobre o que incluir na dívida, considerando-se que a dívida pode ser de curto ou longo prazos, com garantia ou sem garantia e de taxa flutuante ou fixa. Além disso, temos de decidir sobre outros passivos que desejamos incluir no componente da dívida. Apesar da tentação freqüente de ser conservador e incluir todos os passivos potenciais como dívida, isso pode provar ser contraproducente, visto que aumentar a dívida geralmente reduzirá o custo de capital (e aumentará o valor da empresa). Em geral, recomendamos incluir os seguintes itens na dívida:

Todos os passivos onerosos A maioria das empresas de capital aberto possui diversas fontes de dívida — obrigações de curto e longo prazos e dívida bancária com diferentes prazos e taxas de juros. Embora alguns analistas criem categorias separadas para cada tipo de dívida e atribuam um custo diferente a cada categoria, essa abordagem é tão entendiante quanto perigosa. Utilizando-a, podemos concluir que a dívida de curto prazo é mais barata que a de longo prazo e que a dívida garantida é mais barata que a sem garantia, muito embora nenhuma dessas conclusões se justifique. A solução é simples. Junte todas as dívidas — de curto e longo prazos, dívida bancária e obrigações — e atribua-lhes o custo da dívida de longo prazo. Em outras palavras, adicione o *spread* por inadimplência à taxa livre de risco de longo prazo e utilize essa taxa como o custo da dívida antes dos impostos. Certamente as empresas protestarão, argumentando que o seu custo da dívida efetivo pode ser reduzido por intermédio da dívida de curto prazo. Isso é tecnicamente verdadeiro, em grande parte porque as taxas de curto prazo tendem a ser mais baixas que as de longo prazo com curvas de rendimento ascendentes, mas falha em calcular o custo da dívida e de capital. Se esta for a taxa de corte que os nossos investimentos devem superar, queremos que a taxa reflita o custo de tomada de empréstimo de longo e não de curto prazo. Afinal, uma empresa que financie projetos de longo prazo com dívida de curto prazo terá de voltar ao mercado para rolar essa dívida.

Todos os compromissos com leasing A característica essencial da dívida é originar uma obrigação dedutível de imposto que as empresas devem honrar, seja em bons ou maus tempos, e a falha em cumprir essa obrigação pode resultar em falência ou perda de controle do patrimônio líquido sobre a empresa. Se adotarmos essa definição de dívida, torna-se bem claro que aquilo que vemos declarado no balanço patrimonial como dívida pode não refletir os reais empréstimos da empresa. Em particular, uma empresa que adota leasing para os seus ativos e os categoriza como leasings operacionais possui substancialmente mais do que relatado nas demonstrações financeiras.[53] Afinal, uma empresa que assume um leasing compromete-se a fazer o pagamento em períodos futuros e arrisca-se a perder os ativos, se deixar de honrar o compromisso. Para fins de análise financeira, devemos tratar todos os pagamentos de leasing como gastos financeiros e converter compromissos futuros de leasing em dívida, descontando-os de volta ao presente, utilizando como taxa de desconto o custo corrente antes dos impostos do crédito para a empresa. O valor presente resultante pode ser considerado como o valor de dívida de leasings operacionais e ser adicionado ao valor de dívida convencional para se chegar a um número total de dívida. Para completar o ajuste, o lucro operacional da empresa também terá de ser revisto:

Lucro operacional ajustado = Lucro operacional declarado
+ Gasto com leasing operacional para o ano corrente
− Depreciação no ativo de leasing

Na verdade, esse processo pode ser utilizado para converter qualquer conjunto de compromissos financeiros em dívida.

O que não consideramos como dívida? Contas a pagar, crédito de fornecedores e outros passivos que não carregam juros são mais bem tratados como parte do capital de giro não monetário e afetarão os fluxos de caixa. O planos de fundos de pensão e as obrigações de cuidados com a saúde, bem como os passivos contingentes sem dúvida atuam como um obstáculo ao valor de patrimônio líquido, mas é melhor não considerá-los como dívida para efeito de cálculo de custo de capital. Serão examinados adiante como dívida em potencial, quando passamos do valor de ativos operacionais para o valor de patrimônio líquido.

Estimando pesos de valor de mercado Em um cenário onde todo o financiamento foi levantado em mercados financeiros e os títulos foram continuamente negociados, deveria ser fácil obter os valores de mercado de dívida e patrimônio líquido. Na prática, há alguns componentes financeiros sem nenhum valor de mercado disponível, até para grandes empresas de capital aberto, e nenhum dos componentes financeiros é negociado em empresas de capital fechado.

Valor de mercado do patrimônio líquido O valor de mercado do patrimônio líquido é, em geral, o número de ações em circulação vezes o preço corrente da ação. Como mede o custo de levantamento de fundos no presente, não é uma boa prática utilizar a média dos preços de ações ao longo do tempo ou alguma outra versão normalizada do preço.

- *Múltiplas classes de ações*. Se houver mais de uma classe de ações em circulação, os valores de mercado de todos esses títulos devem ser agregados e tratados como patrimônio líquido. Mesmo que algumas classes não sejam negociadas, os valores de mercado devem ser estimados para ações não negociadas e adicionados ao valor de patrimônio líquido agregado.
- *Opções de ações*. Se houver outros reclamos de patrimônio líquido na empresa — *warrants* e opções de conversão em outros títulos — estes devem ser avaliados e adicionados ao valor do patrimônio líquido na empresa. Na década passada, o uso de opções como compensação gerencial criou complicações, já que o valor dessas opções tem de ser estimado.

Como estimamos o valor de patrimônio líquido para negócios privados? Temos duas escolhas. Uma é estimar o valor de mercado de patrimônio líquido analisando os múltiplos de receita e o lucro líquido em que as empresas de capital aberto negociam. A outra é pular o processo de estimativa e usar a razão de endividamento de mercado de empresas de capital aberto como o índice de endividamento para empresas privadas no mesmo ramo de negócio. Essa é a premissa que adotamos para a Kristin Kandy, em que usamos a média setorial da razão dívida/patrimônio líquido para a indústria alimentícia como a razão dívida/patrimônio líquido para a Kristin Kandy.

Valor de mercado da dívida O valor de mercado da dívida é geralmente mais difícil de obter diretamente, porque poucas empresas possuem toda a sua dívida sob a forma de obrigações em circulação negociadas no mercado. Muitas empresas possuem dívidas não negociáveis em mercados, como a dívida bancária, que está especificada em termos de valor contábil, mas não em termos de valor de mercado. Para contornar o problema, os analistas partem da premissa simplificada de que o valor contábil da dívida é igual ao seu valor de mercado. Embora não seja uma premissa ruim para empresas maduras em mercados desenvolvidos, pode ser um erro quando as taxas de juros e os *spreads* por inadimplência são voláteis.

Uma forma simples de converter a dívida de valor contábil em dívida de valor de mercado é tratar toda a dívida contábil como uma obrigação com cupom (título de dívida), com um conjunto de cupons igual às despesas com juros de toda a dívida e o conjunto de maturidade igual à média ponderada de valor de face da maturidade da dívida, e depois avaliar essa obrigação com cupom ao custo corrente de dívida da empresa. Assim, o valor de mercado de $ 1 bilhão em dívida, com despesas com juros de $ 60 milhões e maturidade de seis anos, quando o custo corrente de dívida é 7,5%, pode ser estimado desta forma:

$$\text{Valor de mercado estimado da dívida} = 60\left[\frac{1-\frac{1}{(1{,}075)^6}}{0{,}075}\right] + \frac{1.000}{(1{,}075)^6} = \$\,930 \text{ milhões}$$

Trata-se de uma aproximação, e um cálculo mais acurado demandaria avaliar cada emissão de dívida separadamente por meio desse processo. Por fim, devemos acrescentar o valor presente de compromissos de leasing operacional a esse valor de mercado da dívida para chegar a um valor agregado da dívida no cálculo do custo de capital.

EXEMPLO 2.7: Endividamento a valor de mercado e valor contábil: Disney

A Disney possui uma série de emissões de dívida em seus livros, com taxas de cupom e maturidades variadas. A tabela seguinte resume a dívida em circulação da Disney, no início de 2004:

Dívida	Valor de face ($ milhões)	Juros declarados (%)	Maturidade	Maturidade ponderada (baseada no valor de face)
Papel de médio prazo	8.114	6,10	15	9,2908
Notas conversíveis sênior	1.323	2,13	10	1,0099
Outras dívidas em dólar	597	4,80	15	0,6836
Dívida de colocação privada	343	7,00	4	0,1047
Dívida de médio prazo em euros	1.519	3,30	2	0,2319
Ações preferenciais[54]	485	7,40	1	0,0370
Dívida com a capital cities	191	9,30	9	0,1312
Outros	528	3,00	1	0,0403
Total	13.100	5,60		11,5295

Para converter o valor contábil da dívida em valor de mercado, utilizamos o custo da dívida antes dos impostos de 5,25% para a Disney como a taxa de desconto, $ 13.100 milhões como o valor contábil da dívida e as despesas com juros do ano corrente de $ 666 milhões como o cupom:

$$\text{MV estimado da dívida da Disney} = 666 \left[\frac{1 - \frac{1}{(1,0525)^{11,53}}}{0,0525} \right] + \frac{13.100}{(1,0525)^{11,53}} = \$ 12.915 \text{ milhões}$$

A esse montante, adicionamos o valor presente dos compromissos de leasing operacional da Disney. Esse valor presente é calculado descontando-se o compromisso de leasing a cada ano, ao custo da dívida antes dos impostos para a Disney (5,25%):[55]

Ano	Compromisso ($ milhões)	Valor presente ($ milhões)
1	271,00	257,48
2	242,00	218,46
3	221,00	189,55
4	208,00	169,50
5	275,00	212,92
6-9	258,25	704,93
Valor da dívida dos leasings		1.752,85

Acrescentar o valor da dívida de leasings operacionais ao valor de mercado da dívida de $ 12.915 milhões gera um valor de mercado total para a dívida de $ 14.668 milhões na Disney. Usado em conjunto com o valor de mercado do patrimônio líquido de $ 55.101 milhões, chegamos a uma razão dívida/patrimônio líquido de 21,02%. A título de contraste, consideramos as razões de endividamento que teríamos obtido se tivéssemos usado o valor contábil de $ 13.100 milhões para a dívida e $ 24.219 milhões para o patrimônio líquido. A razão dívida/patrimônio resultante teria sido 35,10%.

Os pesos financeiros podem mudar com o tempo? O uso de valores de mercado correntes para obter pesos resultará em um custo de capital para o ano corrente. Mas, podem os pesos atribuídos a dívida e patrimônio líquido, e o custo de capital resultante, mudarem de um ano para outro? Com certeza, e principalmente nos seguintes cenários.

Empresas jovens Empresas jovens em geral são na maioria totalmente financiadas por patrimônio líquido porque não possuem fluxos de caixa (ou lucros) para sustentar a dívida. À medida que crescem, lucros e fluxos de caixa crescentes geralmente dão condições para mais tomada de empréstimo. Ao analisar as empresas no início do ciclo de vida, devemos aceitar o fato de que a sua razão de endividamento provavelmente aumentará com o passar do tempo, aproximando-se da média setorial.

Razão de endividamento desejado e mudança no mix de financiamento Às vezes, as empresas maduras decidem mudar as suas estratégias financeiras, direcionando-se para metas de razão de endividamento que são muito mais altas ou baixas do que os níveis correntes. Ao analisar essas empresas, devemos considerar as mudanças previstas à medida que a empresa desloca-se da razão de endividamento corrente para a desejada.

Como regra, devemos considerar o custo de capital como um número específico ao ano e alterar os inputs a cada ano. Não só os pesos associados a dívida e patrimônio líquido mudam ao longo do tempo, mas também as estimativas de beta e o custo da dívida. De fato, uma das vantagens de utilizar *bottom-up betas* é que o beta pode, a cada ano, ser estimado como uma função da razão dívida/patrimônio líquido previsto para aquele ano.

EXEMPLO 2.8: Estimando o custo de capital: Disney, Kristin Kandy e Embraer

Finalizando a análise deste capítulo, usamos os custos do patrimônio líquido e da dívida já calculados para cada uma dessas empresas, para calcular os custos de capital.

Disney: Ao fazer essas estimativas, começamos com os betas não alavancados que obtivemos para as divisões no Exemplo 2.2 e o custo da dívida da Disney no Exemplo 2.5. Também presumimos que todas as divisões sejam financiadas pelo mesmo composto de dívida e de patrimônio líquido que a empresa-mãe. A tabela seguinte fornece as estimativas dos custos de capital para as divisões:

Negócio	Beta alavancado*	Custo do patrimônio líquido	Custo da dívida após impostos	E/(D + E)	D/(D + E)	Custo de capital
Redes de mídia	1,2661	10,10%	3,29%	78,98%	21,02%	8,67%
Parques e resorts	1,0625	9,12	3,29	78,98	21,02	7,90
Entretenimento de estúdio	1,3344	10,43	3,29	78,98	21,02	8,93
Produtos de consumo	1,3248	10,39	3,29	78,98	21,02	8,89
Disney	1,2456	10,00	3,29	78,98	21,02	8,59

* Beta alavancado = Beta não alavancado [1 + (1 – 0,373) (21,02/78,98)].

O custo de capital para a Disney como empresa é 8,59%, mas os custos de capital variam entre as divisões com um mínimo de 7,90% para parques e resorts a um máximo de 8,93% para entretenimento produzido em estúdio.

Kristin Kandy: Ao estimar o custo do patrimônio líquido da Kristin Kandy, presumimos que a empresa seria financiada pela mesma razão dívida/patrimônio líquido que a indústria alimentícia (30% dívida, 70% patrimônio líquido). A título de consistência, utilizamos a razão dívida/patrimônio líquido para calcular o custo de capital para a empresa. Também apresentamos duas estimativas do custo de capital — uma usando o beta de mercado e outra, o beta total:

	Beta	Custo do patrimônio líquido	Custo da dívida após impostos	D/(D + E)	Custo de capital
Beta de mercado	0,98	8,42%	3,30%	30%	6,88%
Beta total	2,94	16,26	3,30	30	12,37

O custo de capital estimado pelo beta total é uma estimativa mais realista quando se avalia a empresa que está à venda em uma transação privada.

Embraer: Para estimar o custo de capital em termos de dólar norte-americano nominal e reais nominais para a Embraer, utilizamos os custos do patrimônio líquido (do Exemplo 2.4) e os custos de dívida após impostos (do Exemplo 2.5). Os pesos de dívida e do patrimônio líquido são calculados utilizando-se o valor de mercado estimado de dívida e patrimônio líquido no início de 2005, como demonstra a seguinte tabela:

	Custo do patrimônio líquido	E/(D + E)	Custo da dívida após impostos	D/(D + E)	Custo de capital
Dólares	10,69%	84,07%	4,75%	15,93%	9,74%
Reais nominais	17,20	84,07	10,91	15,93	16,20

Muitos analistas na Europa e na América Latina preferem subtrair o caixa da dívida bruta para obter um número líquido de dívida. Embora não haja nenhum problema conceitual nessa abordagem, deve-se atentar para a consistência. Examinemos o cálculo do custo de capital para a Embraer. Primeiro, para calcular o seu beta alavancado, usaríamos a sua razão dívida/patrimônio líquido. A dívida líquida é calculada subtraindo-se o caixa da Embraer de 2.320 milhões de reais da sua dívida bruta de 1.953 milhões de reais, gerando uma razão dívida/patrimônio líquido de –3,32%.

Beta alavancado para Embraer = Beta não alavancado $[1 + (1 -$ Alíquota de Imposto de Renda$)(D/E$ líquido$)]$
$= 0,95[1 + (1 - 0,34)(-0,0332)] = 0,93$

Custo do patrimônio líquido da Embraer $= 4,25\% + 0,93(4\%) + 0,27(4,67\%) = 10,01\%$

O custo do patrimônio líquido é muito inferior utilizando-se a razão dívida/patrimônio líquido, mas isso será compensado (pelo menos parcialmente) quando utilizarmos a razão líquida dívida/capital de –3,43% para calcular o custo de capital.

$$\text{Custo de capital da Embraer} = \text{Custo do patrimônio líquido}\left(\frac{\text{Dívida líquida}}{\text{Dívida líquida} + \text{Patrimônio líquido}}\right)$$

$$+ \text{Custo da dívida após impostos}\left(\frac{\text{Dívida líquida}}{\text{Dívida líquida} + \text{Patrimônio líquido}}\right)$$

$$= 10,01\%(1,0343) + 4,75\%(-0,0343) = 10,19\%$$

Note que o custo de capital utilizando o endividamento líquido é diferente daquele calculado por meio do endividamento bruto. A razão está na premissa implícita que adotamos, quando diminuimos o caixa contra a dívida. Presumimos que tanto a dívida quanto o caixa são livres de risco e que o benefício fiscal é precisamente contrabalançado pelo imposto pago sobre os juros obtidos sobre o caixa.

Geralmente, não é uma boa idéia pegar a dívida líquida, se a dívida for de alto risco ou se os juros obtidos sobre o caixa forem substancialmente inferiores aos juros pagos sobre a dívida. Com uma razão dívida/patrimônio líquido, há mais uma complicação potencial, acentuada no cálculo da Embraer. Qualquer empresa que tenha um saldo em caixa que excede a sua dívida terá uma dívida líquida negativa e o uso dessa razão líquida dívida/patrimônio líquido negativa produzirá um beta não alavancado que excede o beta alavancado. Embora possa ser preocupante para alguns, isso faz sentido porque o beta não alavancado reflete o beta do negócio em que a empresa opera. As empresas com vastos saldos em caixa que excedem os seus empréstimos podem ter betas alavancados inferiores aos betas não alavancados dos negócios em que opera.

CONCLUSÃO

Este capítulo explica o processo de estimar taxas de desconto pela decomposição dos componentes financeiros de dívida e patrimônio líquido, e apresenta a melhor forma de estimar os custos de cada um:

- O custo do patrimônio líquido é difícil de estimar, em parte porque é um custo implícito e em parte porque varia entre os investidores de patrimônio líquido. Para empresas de capital aberto, é estimado a partir da perspectiva do investidor marginal no patrimônio líquido, o qual presumimos que esteja bem diversificado. Essa premissa nos permite considerar apenas o risco que não pode ser diversificado, como o risco do patrimônio líquido, e medi-lo com um beta (no modelo de precificação de ativo de capital) ou betas (nos modelos de precificação por arbitragem e multifatoriais). Também apresentamos três maneiras de estimar o custo do patrimônio líquido: inserindo os parâmetros de um modelo de risco e retorno, analisando as diferenças de retorno entre as ações por longos intervalos de tempo e extraindo um custo do patrimônio líquido implícito a partir dos preços de ações.
- O custo da dívida é a taxa em que uma empresa pode tomar dinheiro emprestado no presente e dependerá do risco de inadimplência incorporado na empresa. Esse risco de inadimplência pode ser medido por um *rating* de dívida (se houver) ou pela análise das razões financeiras. Além disso, a vantagem fiscal que advém das despesas com juros dedutíveis de imposto reduzirá o custo de crédito após impostos.

O custo de capital é uma média ponderada dos custos dos diferentes componentes do financiamento, com os pesos baseados nos valores de mercado de cada componente.

Notas

1. É verdade que fundadores/CEOs às vezes detêm quantidades significativas de ações em grandes empresas de capital aberto: Larry Ellison, da Oracle, e Bill Gates, da Microsoft, são bons exemplos. Entretanto, esses *insiders* quase nunca podem ser investidores marginais porque estão restritos na negociação, seja devido a regras internas, seja pelo desejo de manter o controle sobre as suas empresas.

2. Para perceber a base intuitiva da análise fatorial, note que o risco de mercado afeta a totalidade ou a maioria dos investimentos ao mesmo tempo. Na análise fatorial, passamos um pente fino pelos dados históricos, buscando os padrões comuns de oscilação de preço. Ao identificarmos cada um, chamamos ele de fator. O resultado da análise fatorial inclui o número de padrões comuns (fatores) que estavam ocultos nos dados e a exposição de cada ativo (beta) em relação aos fatores.

3. N. F. Chen, R. R. Roll e S. A. Ross, "Economic forces and the stock market", *Journal of Business*, 59, 1986, p. 383–403.

4. F. Weston e T. E. Copeland, *Managerial finance*. Fort Worth: Dryden Press, 1992. Weston e Copeland usaram ambas as abordagens para estimar o custo do patrimônio líquido para companhias petrolíferas em 1989 e obtiveram 14,4% com o CAPM e 19,1% com o APM.

5. Como bem comportadas estruturas a termo, incluiríamos uma curva normal de rendimento ascendente, em que as taxas de longo prazo são no máximo 2% a 3% mais altas que as de curto prazo.

6. Alguns governos emitem títulos com maturidade de 30 anos ou mais. Não há razão para não usá-los como taxas livres de risco. Entretanto, pode haver problemas em estimar *spreads* por inadimplência e prêmios pelo risco do patrimônio líquido, já que tendem a estar mais disponíveis para maturidades de dez anos.

7. Reduzir a taxa de empréstimo corporativo a 1% (que é o típico *spread* por inadimplência para títulos corporativos de alta classificação nos Estados Unidos) para obter uma taxa livre de risco produz estimativas razoáveis.

8. Por exemplo, se a taxa à vista do baht tailandês for 38,10 por dólar, a taxa a termo de dez anos for 61,36 bahts por dólar e a taxa do governo atual norte-americana de 10 anos for 5%, a taxa livre de risco de dez anos da Tailândia (em bahts nominais) pode ser estimada como segue:

$$61{,}36 = (38{,}1)\left(\frac{1+\text{Taxa de juros}_{\text{tailandesa}}}{1+0{,}05}\right)^{10}$$

Solucionar a taxa de juros tailandesa gera uma taxa livre de risco de dez anos de 10,12%.

9. As agências de *ratings* em geral atribuem *ratings* diferentes para empréstimos em moeda local e em dólar, com *ratings* mais altos para o primeiro e mais baixos para o segundo.

10. Veja *Stocks, bonds, bills and inflation*, uma edição anual que divulga os retornos anuais sobre ações e obrigações de curto e longo prazo do governo, bem como taxas de inflação de 1926 até a atualidade (www.ibbotson.com).

11. Quanto a dados históricos sobre retornos de ações e obrigações de curto e longo prazo do governo, pesquise "dados atualizados" ("updated data") em www.stern.nyu.edu/~adamodar.

12. Essas estimativas de erro-padrão estão provavelmente subestimadas porque se baseiam na premissa de que os retornos anuais não estão correlacionados com o tempo. Há evidência empírica suficiente de que os retornos estão de fato correlacionados com o tempo, o que tornaria esse erro-padrão estimado muito maior.

13. O retorno composto é calculado tomando-se o valor do investimento no início do período (Valor_0) e o valor no final (Valor_N) e depois calculando-se o seguinte:

$$\text{Média geométrica} = \left(\frac{\text{Valor}_N}{\text{Valor}_0}\right)^{1/N} - 1$$

14. Em outras palavras, é mais provável que anos bons sejam seguidos por anos ruins e vice-versa. A evidência sobre a correlação serial negativa em retornos de ações ao longo do tempo é extensa e pode ser encontrada em Fama e French (E. F. Fama e K. R. French, "Permanent and temporary components of stock prices", *Journal of Political Economy*, 96, 1988, p. 246–273). Enquanto descobrem que as correlações de um ano são baixas, as correlações seriais de cinco anos são fortemente negativas para as classes de todos os tamanhos.

15. Os dados brutos sobre taxas de obrigações de curto e longo prazo do governo e retornos de ações foram obtidos dos arquivos de dados do Federal Reserve, mantidos pela instituição em St. Louis.

16. E. Dimson, P. March e M. Staunton, *Triumph of the optimists*. Princeton: Princeton University Press, 2002.

17. O processo pelo qual se obtêm os *ratings* de país está explicado no site Web da S&P, em www.ratings.standardandpoors.com/criteria/index.htm.

18. Rendimentos a partir de 1º de janeiro de 2005. Embora seja uma taxa de mercado e reflita expectativas, *spreads* de títulos de governos são extremamente voláteis e podem mudar de forma significativa de um dia para outro. Para combater essa volatilidade, o *spread* por inadimplência pode ser normalizado pela média do *spread* ao longo do tempo e pelo uso da média do *spread* por inadimplência para todos os países com o mesmo *rating* do Brasil no início de 2005.

19. Os desvios padrão tanto dos Estados Unidos quanto do Brasil foram calculados por meio de retornos semanais por dois anos, do início de 2003 ao final de 2004. Embora se possa utilizar desvios padrão diários para a mesma análise, estes tendem a incorporar muito mais ruído.

20. O desvio padrão nos retornos de C-Bond também foi calculado por meio de retornos semanais por dois anos. Como esses retornos são em dólares e os retornos sobre o índice de ações do Brasil são em reais, há uma inconsistência. Na verdade, estimamos o desvio padrão sobre o índice de ações do Brasil em dólares, mas fez pouca diferença para o cálculo geral, já que o desvio padrão em dólar estava próximo de 36%.

21. Recompras de ações durante o ano foram acrescentadas aos dividendos, para se obter um rendimento consolidado.

22. Utilizamos a média das estimativas dos analistas para empresas individuais (*bottom-up*). Alternativamente, poderíamos ter usado a estimativa *top-down* para os ganhos do índice S&P 500.

23. A taxa da obrigação de longo prazo do governo é a soma da inflação prevista e a taxa real prevista. Se presumirmos que o crescimento real seja igual à taxa real, a taxa de crescimento estável de longo prazo deverá ser igual à taxa da obrigação de longo prazo do governo.

24. O input mais difícil de estimar para mercados emergentes é uma taxa de crescimento previsto de longo prazo. Para as ações brasileiras, foi utilizada a média da estimativa de consenso do crescimento em lucros para a maioria das empresas brasileiras que listaram American depositary receipts (ADRs). Por conseqüência, essa estimativa pode ter sofrido um viés.

25. A regressão é tipicamente uma regressão por mínimos quadrados (em inglês, *ordinary least squares* — OLS).

26. O viés de período sem negociação surge porque os retornos nos períodos sem negociação são zero (mesmo que o mercado tenha oscilado para cima ou para baixo de forma significativa nesses períodos). O uso desses retornos de períodos sem negociação reduzirá a correlação entre os retornos de ações e os retornos de mercado e o beta da ação.

27. O viés também pode ser reduzido pelas técnicas estatísticas sugeridas por Dimson e Scholes-Williams (E. Dimson, "Risk measurement when shares are subject to infrequent trading", *Journal of Financial Economics*, 7, 1997, p. 197–226; M. Scholes e J. T. Williams, "Estimating betas from nonsynchronous data", *Journal of Financial Economics*, 5, 1977, p. 309–327).

28. Os retornos tanto sobre ações quanto sobre o índice de mercado incluem dividendos. Para a Disney, os dividendos são mostrados apenas em meses ex-dividendos. Para o índice, usamos os dividendos totais pagos durante o mês sobre as ações no índice.

29. Muitos serviços ajustam os betas de regressão em relação a 1 para refletir a tendência de longo prazo dos betas de todas as empresas e direcioná-los à média do mercado. Outros fazem o ajuste às características das empresas; mix de negócios, razões de endividamento, rendimentos de dividendos e capitalização de mercado são considerados.

30. Para entender por quê, vamos comparar duas empresas com receita de $ 100 milhões e lucro operacional de $ 10 milhões, mas pressupor que os custos da primeira sejam todos fixos, ao passo que apenas metade dos custos da segunda o é. Se a receita aumentar para ambas em $ 10 milhões, a primeira divulgará a duplicação dos lucros operacionais (de $ 10 para $ 20 milhões) enquanto a segunda, um aumento de 55% em seu lucro operacional (já que os custos aumentarão em $ 4,5 milhões, ou seja, 45% do incremento da receita).

31. As despesas com juros sempre reduzem o lucro líquido, mas o fato de que a empresa usa dívida em vez de patrimônio líquido implica que o número de ações também será inferior. Assim, o benefício da dívida aparece nos lucros por ação.

32. Para ignorar os efeitos tributários, calcule o beta alavancado como $\beta_L = \beta_u [1+ D/E]$. Se a dívida tiver risco de mercado (isto é, o seu beta for maior que zero), a fórmula original pode ser modificada de modo a incluí-lo. Se o beta da dívida for β_D, o beta de ações pode ser escrito como $\beta_L = \beta_u [1+(1-t)D/E] - \beta_D(1-t)D/E$.

33. A exceção ocorre quando se tem *stock tracking* para cada divisão negociada separadamente em mercados financeiros. [N. do T.: *stock tracking* são ações lançadas por uma empresa que pagam dividendos de acordo com o desempenho de um setor específico da empresa e não da empresa como um todo.]

34. Quando se trata de caixa, temos uma escolha. Podemos deixá-lo de fora e calcular um beta não alavancado apenas para os negócios operantes ou considerar o caixa como ativo, estimar o seu peso na empresa e atribuir a ele um beta de zero.

35. Primeiro, estimamos o valor empresarial para cada empresa, acrescentando o valor de mercado de ações ao valor contábil da dívida e subtraindo o caixa. Dividimos o valor empresarial agregado pelas receitas de todas as empresas comparáveis, para obter os múltiplos. Não utilizamos as médias dos múltiplos de receita de cada empresa, porque alguns dados extremos (*outliers*) distorceram os resultados. Embora a Disney tenha cerca de $ 1,2 bilhão em caixa, isso representa aproximadamente 1,71% do valor da empresa e terá um impacto desprezível sobre o beta. Nós o ignoramos no cálculo do beta para o patrimônio líquido da Disney.

36. A Disney divulgou essa alíquota marginal de imposto de renda em seu relatório anual.

37. Os detalhes desse cálculo serão explorados adiante neste capítulo.

38. Para uma discussão mais completa sobre esse processo de estimativa, consulte a tese intitulada "Estimating company risk exposure to country risk" no site Web www.damodaran.com, em "Research/Papers".

39. A regressão gerou o seguinte resultado: $\text{Retorno}_{\text{Embraer}} = 0{,}0195 + 0{,}2681\ \text{Retorno}_{\text{C-Bond}}$.

40. Obtém-se um múltiplo de preço dividindo-se o preço de mercado pelos seus lucros ou seu valor contábil. Estudos indicam que as ações com baixos múltiplos preço/lucro ou baixos múltiplos BV/MV rendem retornos mais altos do que outras ações.

41. E. F. Fama e K. R. French, "The cross-section of expected return", *Journal of Finance*, 47, 1992, p. 427–466.

42. BV/MV é a razão do valor contábil do patrimônio líquido pelo valor de mercado do patrimônio líquido.

43. F. Modigliani e M. Miller, "The cost of capital, corporation finance and the theory of investment", *American Economic Review*, 48, 1958, p. 261–297.

44. Obrigação financeira refere-se a qualquer pagamento que a empresa tenha se obrigado legalmente a fazer, tais como pagamentos de juros e do principal. Não inclui fluxos de caixa discricionários, como pagamentos de dividendos ou novos gastos de capital, que podem ser deferidos ou postergados sem conseqüências legais, embora possa haver conseqüências econômicas.

45. Se a empresa possui leasings operacionais, a razão de cobertura de juros deve ser modificada.

$$\text{Razão da cobertura de juros} = \frac{\text{Lucro operacional} + \text{Custo do leasing}}{\text{Despesas com juros} + \text{Custo do leasing}}$$

O custo do leasing deve ser o do ano corrente.

46. Essa tabela foi atualizada no início de 2004, listando-se todas as empresas classificadas, com capitalização de mercado inferior a $ 2 bilhões e suas razões de cobertura de juros, e depois escolhendo aquelas com base nos seus *ratings* de dívida. As variações foram ajustadas de modo a eliminar dados extremos e prevenir variações sobrepostas.
47. Esses *spreads* por inadimplência foram obtidos no site Web www.bondsonline.com. Podem-se encontrar *spreads* por inadimplência para indústrias e empresas de serviços financeiros; esses *spreads* são para indústrias.
48. A essa razão de conversão, o preço que os investidores pagariam pelas cotas da Disney seria $ 29,46, muito superior ao preço da ação de $ 20,46 prevalecente à época da análise.
49. Essa taxa baseia-se na taxa de obrigação de longo prazo do governo de dez anos. Se a taxa de obrigação de longo prazo do governo de 20 anos fosse substancialmente diferente, teríamos recalculado um custo da dívida antes dos impostos acrescentando o *spread* por inadimplência para a taxa de 20 anos.
50. Os cupons são considerados anuais. Com cupons semi-anuais, divide-se o cupom por 2 e aplica-se uma taxa semi-anual, para calcular o valor presente.
51. Há os que argumentam que os preços das ações são muito mais voláteis que o valor real subjacente. Mesmo que esse argumento seja justificável (e não há evidência conclusiva a respeito), é provável que a diferença entre o valor de mercado e o valor real seja muito menor que a diferença entre o valor contábil e o valor real.
52. Para ilustrar essa questão, suponhamos que a razão da dívida de valor de mercado seja 10%, enquanto a razão da dívida de valor contábil é 30%, para uma empresa com custo do patrimônio líquido de 15% e um custo da dívida após impostos de 5%. O custo de capital pode ser calculado da seguinte forma:

Com razão da dívida de valor de mercado: 15%(0,9) + 5%(0,1) = 14%
Com razão da dívida de valor contábil: 15%(0,7) + 5%(0,3) = 12%

53. Em um leasing operacional, o arrendador (ou proprietário) transfere ao arrendatário apenas o direito de uso da propriedade. Ao final do período de leasing, o arrendatário devolve a propriedade ao arrendador. Como o leasing não assume o risco de propriedade, o gasto com o leasing é tratado como despesa operacional na demonstração de resultados e o leasing não afeta o balanço. Em um leasing financeiro, o arrendatário assume alguns dos riscos de propriedade e goza de alguns dos benefícios. Conseqüentemente, o leasing, quando assinado, é reconhecido no balanço tanto como um ativo como um passivo (para os pagamentos de leasing). A cada ano, as empresas contabilizam a depreciação sobre os ativos como despesa e também deduzem o componente de juros das prestações de leasing. Em geral, os leasings financeiros reconhecem gastos mais rapidamente do que os leasings operacionais.
54. Ações preferenciais não devem ser tratadas como dívida. Nesse caso, porém, o montante de ações preferenciais é tão pequeno que o incluímos como parte da dívida da Disney.
55. A Disney declara compromissos totais de $ 1.033 milhões além do ano 6. Usando o compromisso médio do ano 1 ao 5 como indicador, presumimos que esse compromisso total tomaria a forma de uma anuidade de $ 258,25 milhões ao ano, por quatro anos.

Capítulo 3
Como medir fluxos de caixa

Os fluxos de caixa são fundamentais às avaliações de fluxo de caixa descontado. Para estimá-los, geralmente, começamos pela mensuração dos lucros. Os fluxos de caixa livres para a empresa, por exemplo, baseiam-se nos lucros operacionais após impostos. Em contraste, as estimativas de fluxo de caixa livre para patrimônio líquido iniciam-se com o lucro líquido. Embora se obtenham e utilizem indicadores de lucro operacional e líquido a partir de demonstrações contábeis, os lucros contábeis de muitas empresas apresentam pouca ou nenhuma semelhança com seus verdadeiros lucros. Analisaremos como os lucros de uma empresa, ao menos conforme foram medidos pelos contadores, devem ser ajustados para a obtenção de um indicador de lucro que seja mais adequado à avaliação. Examinamos, especialmente, o tratamento de despesas de leasing operacional, que argumentamos serem despesas financeiras reais, e gastos de pesquisa e desenvolvimento (P&D), os quais consideramos como gastos de capital.

Para passar de lucros a fluxos de caixa, necessitamos estimar como muitas empresas reinvestem para gerar crescimento futuro. Como as definições contábeis de capital de giro e gastos de capital são, em geral, restritas demais para fins de cálculo de fluxos de caixa, adotaremos definições mais amplas de ambos os itens.

CLASSIFICAÇÃO DOS FLUXOS DE CAIXA

Há três maneiras de classificar fluxos de caixa. Uma é estabelecer uma distinção entre fluxos de caixa de patrimônio líquido e fluxos de caixa da empresa. Os primeiros representam os fluxos de caixa apenas para os investidores acionistas no negócio e estão, portanto, após todos os fluxos de caixa associados à dívida (pagamento de juros, pagamento do principal, novas emissões de dívida). Os dividendos representam um indicador facilmente observável desses fluxos de caixa, mas uma definição mais ampla de fluxos de caixa para patrimônio líquido pode ser calculada como segue:

Fluxo de caixa livre para patrimônio líquido = Lucro líquido − (Gastos de capital − Depreciação)
− Alteração em capital de giro não monetário
+ (Nova dívida levantada − Repagamento de dívida)

Os fluxos de caixa da empresa são aqueles gerados por todos os detentores de direitos na empresa e constituem fluxos de caixa antes da dívida.

Fluxo de caixa livre para a empresa = Lucro operacional(1 − Alíquota) − Gastos de capital
− Depreciação) − Alteração em capital de giro não monetário

Note que ambos os fluxos de caixa são após cobertura de impostos e após necessidades de reinvestimento, e, portanto, são livres (para retirada pela empresa).

A segunda maneira de classificar fluxos de caixa relaciona-se a fluxos de caixa reais e nominais. Os nominais incorporam a previsão de inflação e, conseqüentemente, devem ser em moeda específica — dólares, euros, pesos ou iene, por exemplo. A taxa de inflação variará conforme a moeda, o que leva a diferentes estimativas de fluxos de caixa. Os fluxos de caixa reais não possuem um componente de previsão inflacionária e, assim, refletem alterações no número de unidades vendidas e real poder de precificação.

A terceira maneira é diferenciar entre fluxos de caixa antes de impostos e após impostos. Os fluxos de caixa da empresa e para patrimônio líquido que definimos anteriormente são após impostos corporativos, mas antes de impostos de investidores: os acionistas devem pagar impostos sobre dividendos* e ganhos de capital, e os credores, sobre juros recebidos. Esses fluxos de caixa poderiam ter sido definidos antes dos impostos corporativos, e, nesse caso, a taxa de desconto utilizada deveria ter sido uma taxa de desconto antes dos impostos corporativos também.

Todas as mensurações de fluxo de caixa começam com lucros contábeis. Neste capítulo, iniciamos com uma discussão sobre as limitações do lucros contábeis e alguns ajustes necessários para torná-los utilizáveis. Seguimos abordando o efeito dos impostos, com foco nas alíquotas que devemos utilizar para chegar ao lucro após impostos. As necessidades de reinvestimento da empresa são então examinadas, com um detalhamento do que deve ser considerado em termos de gastos de capital e capital de giro. Encerraremos com uma análise dos diferentes indicadores de fluxo de caixa para patrimônio líquido.

---

* No Brasil, os dividendos não são tributados (N. R.T.).

LUCROS

A demonstração de resultados de uma empresa fornece indicadores de lucro tanto operacional quanto de patrimônio líquido sob a forma de lucros antes de juros e impostos (em inglês, *earnings before interest and taxes* — Ebit) e lucro líquido. Ao avaliar empresas, há três importantes considerações no uso desses lucros. Uma é obter uma estimativa o mais atualizada possível, analisando-se quantas empresas mudam em curtos períodos. A segunda é corrigir os lucros quanto ao erro de classificação contábil. A terceira é que as lucros declarados dessas empresas podem ter pouca similaridade com os reais, em virtude das limitações nas regras contábeis e das próprias atividades das empresas.

A importância de lucros atualizados

As empresas divulgam os seus lucros em demonstrações financeiras e relatórios anuais aos acionistas. Os relatórios anuais são divulgados apenas ao final do ano fiscal, mas, freqüentemente, são exigidos na avaliação de empresas no decorrer do ano todo. Portanto, o último relatório anual disponível para uma empresa objeto de avaliação pode conter informações com defasagem de vários meses. No caso de empresas que mudam rapidamente ao longo do tempo, é imprudente basear estimativas de valor em informações desatualizadas. Em vez disso, deve-se utilizar dados mais recentes. Como as empresas nos Estados Unidos devem apresentar relatórios trimestrais (10-Qs) à Securities and Exchange Commission (SEC) e torná-los públicos, uma estimativa mais recente de itens fundamentais nas demonstrações financeiras pode ser obtida pela agregação dos números aos quatro últimos trimestres. As estimativas de receitas e lucros resultantes desse exercício são chamadas *trailing 12-month* (rastreado 12 meses) e podem divergir muito dos valores para as mesmas variáveis no último relatório anual.

Há um preço a se pagar pela atualização. Infelizmente, nem todos os itens do relatório anual são divulgados nos relatórios trimestrais. Temos de escolher entre usar os números do último relatório anual (o que leva a inputs inconsistentes) ou estimar os seus valores ao final do último trimestre (o que leva a erro de estimativa). Por exemplo, as empresas não revelam detalhes sobre as opções em circulação (emitidas para gerentes e funcionários) nos relatórios trimestrais, ao passo que as declaram nos anuais. Como necessitamos avaliá-las, podemos utilizar as opções em circulação do último relatório anual ou presumir que, no presente, elas acompanharam as alterações em outras variáveis. (Por exemplo, se as receitas duplicaram, as opções devem duplicar também.)

No caso de empresas mais jovens, é fundamental nos atermos aos números mais atualizados que pudermos encontrar, mesmo que sejam estimativas. Essas empresas geralmente crescem a uma taxa exponencial, e a utilização de números do último ano fiscal acarretará uma subvalorização. Mesmo para empresas que não mudam substancialmente de um trimestre a outro, informações atualizadas podem nos dar a oportunidade de captar essas mudanças. Há vários mercados financeiros em que as empresas ainda apresentam demonstrações financeiras apenas uma vez ao ano, assim nos privando da alternativa de utilizar atualizações trimestrais. Ao avaliar empresas nesses mercados, os analistas devem recorrer a fontes extra-oficiais para atualizar as suas avaliações.

EXEMPLO 3.1: Atualização de lucros para a Google: setembro de 2005

Após o anúncio, em setembro de 2004, de sua oferta pública inicial (em inglês, *initial public offering* — IPO), a Google divulgou um relatório anual para 2004. Nos dois primeiros trimestres de 2005, a Google declarou um grande aumento em receitas e lucros operacionais. Para calcular os valores rastreados de 12 meses, utilizamos os números do 10-K** mais recente e do resultado trimestral mais recente (final de junho de 2005) na seguinte tabela:

	Semestre encerrado junho 2005 ($ milhões)	Semestre encerrado junho 2004 ($ milhões)	Anual dezembro 2004 ($ milhões)	Rastreado 12 meses ($ milhões)
Receita	63.521	16.338	45.372	92.555
Ebit	–140.604	–8.315	–31.421	–163.710
P&D	11.567	3.849	11.620	19.338
Lucro Líquido	–136.274	–8.128	–29.300	–157.446

Rastreado 12 meses = Anual dezembro 2004 + Semestral junho 2005 – Semestral junho 2004 (os dados semestrais de 2004 constarão no 10-Q de 2005).

As receitas rastreadas de 12 meses são mais que o dobro das receitas declaradas no 10-K mais recente, e tanto o prejuízo operacional quanto o prejuízo líquido operacional da empresa aumentaram mais de cinco vezes. A Google, em meados de 2005, era muito diferente da Google no início de 2005.

** Um relatório similar ao relatório anual, exceto por conter informações mais detalhadas sobre a empresa. Também é obrigatório pela CVM norte-americana (N. T.).

Correção de erro de classificação dos lucros

Em uma demonstração contábil convencional, as despesas incorridas por uma empresa podem ser classificadas em três grupos — despesas operacionais (como mão-de-obra e materiais), que devem gerar benefícios apenas no período corrente; gastos de capital (como terreno, instalações e equipamento), que devem gerar benefícios por múltiplos períodos; e despesas financeiras (tais como juros), que se relacionam ao uso de financiamento fora do patrimônio líquido. O lucro operacional de uma empresa, se medido corretamente, deve ser igual às suas receitas menos as despesas operacionais. Nem as despesas financeiras nem as de capital devem ser inclusas nas despesas operacionais no ano da sua ocorrência, embora os gastos de capital possam ser depreciados ou amortizados no período em que a empresa obtém benefícios das despesas. O lucro líquido de uma empresa deve ser as suas receitas menos as despesas operacionais e as financeiras. Nenhum gasto de capital deve ser deduzido para se chegar ao lucro líquido.

Os indicadores contábeis dos lucros podem levar à má interpretação, porque as despesas operacionais, os gastos de capital e as despesas financeiras, às vezes, são mal classificados. Nesta seção, analisamos os dois erros mais comuns de classificação e como corrigi-los. O primeiro é a inclusão de gastos de capital, como P&D, nas despesas operacionais, o que compromete a estimativa tanto do lucro operacional quanto do lucro líquido. O segundo ajuste refere-se às despesas financeiras, tais como despesas de leasings operacionais, que são tratadas como despesas operacionais. Isso afeta a mensuração do lucro operacional, mas não do lucro líquido.

Outro fator a considerar são os efeitos do fenômeno dos assim chamados lucros administrados. Muitas vezes, as empresas de tecnologia usam técnicas contábeis para divulgar lucros que superam as estimativas dos analistas, acarretando indicadores ilusórios de lucros.

Gastos de capital tratados como despesas operacionais Embora, em teoria, o lucro não seja afetado pelos gastos de capital do período corrente, a realidade é que há uma série de gastos de capital que são tratados como operacionais. Por exemplo, uma desvantagem significativa das demonstrações contábeis é a forma como tratam os gastos de pesquisa e desenvolvimento. Sob o argumento de que os produtos de pesquisa são incertos e difíceis demais de quantificar, os padrões contábeis geralmente requerem que todos os gastos de P&D sejam lançados no período da sua ocorrência. Isso acarreta várias conseqüências, mas uma das mais profundas é que o valor dos ativos resultantes da pesquisa não aparece no balanço patrimonial como parte dos ativos totais da empresa. Isso, por sua vez, cria efeitos em cadeia para a mensuração das razões de capital e lucratividade. Analisamos como capitalizar gastos de P&D na primeira parte desta seção e estendemos o argumento para outros gastos de capital na segunda parte.

Capitalização dos gastos de P&D Os gastos de pesquisa, apesar da incerteza sobre os seus benefícios futuros, devem ser capitalizados. Para capitalizar e atribuir valor aos ativos de pesquisa, presume-se quanto tempo, em média, levará para pesquisa e desenvolvimento se converterem em produtos comerciais. Isso se chama *vida amortizável* dos ativos. Esse tempo de vida variará conforme a empresa e refletirá as dificuldades associadas à comercialização do produto da pesquisa. Como exemplo, os gastos de pesquisa e desenvolvimento de uma indústria farmacêutica devem ter vidas amortizáveis relativamente longas, já que o processo de aprovação de novas drogas é demorado. Ao contrário, os gastos de P&D de uma empresa de software, cujos produtos tendem a ser muito mais rapidamente gerados pela pesquisa, devem ser amortizados em um período mais curto.

Após estimar a vida amortizável dos gastos de pesquisa e desenvolvimento, o próximo passo é coletar dados sobre gastos de P&D nos últimos anos, até chegar à vida amortizável do ativo de pesquisa. Assim, se esse ativo tiver uma vida amortizável de cinco anos, os gastos de P&D em cada um dos cinco anos anteriores ao corrente devem ser obtidos. Para simplificar, pode-se pressupor que a amortização é uniforme ao longo do tempo, o que leva à seguinte estimativa do valor residual do ativo de pesquisa no presente.

$$\text{Valor do ativo de pesquisa} = \sum_{t=-(n-1)}^{t=0} \text{P\&D}_t \frac{(n+t)}{n}$$

Assim, no caso do ativo de pesquisa com vida de cinco anos, acumulamos um quinto dos gastos de P&D de quatro anos atrás, dois quintos dos gastos de P&D de três anos atrás, três quintos de dois anos atrás, quatro quintos do último ano e todo o gasto de P&D do ano corrente, para chegar ao valor do ativo de pesquisa. Isso aumenta o valor dos ativos da empresa e, por extensão, o valor contábil de patrimônio líquido.

Valor contábil de patrimônio líquido ajustado = Valor contábil de patrimônio líquido + Valor do ativo de pesquisa

Finalmente, o lucro operacional é ajustado para refletir a capitalização dos gastos de P&D. Primeiro, os gastos de P&D que foram subtraídos para se obter o lucro operacional são adicionados de volta ao lucro operacional, refletindo a sua reclassificação como gastos de capital. Em seguida, a amortização do ativo de pesquisa é tratada da mesma forma que a depreciação é deduzida para se chegar ao lucro operacional ajustado.

Lucro operacional ajustado = Lucro operacional + Gastos de P&D
− Amortização do ativo de pesquisa

Em geral, o lucro operacional ajustado aumentará para as empresas com despesas crescentes de P&D ao longo do tempo. O lucro líquido também será afetado por esse ajuste:

Lucro líquido ajustado = Lucro líquido + gastos de P&D
− Amortização do ativo de pesquisa

Embora seja comum considerarmos apenas a parcela após impostos desse montante, fato de P&D ser totalmente dedutível de imposto elimina a necessidade desse ajuste.[1]

EXEMPLO 3.2: Capitalização de gastos de P&D: Cisco em 2005

A Cisco, como empresa líder em tecnologia e software, faz investimentos consideráveis em pesquisa e desenvolvimento a cada ano. No ano fiscal mais recente, encerrado em julho de 2005, o gasto de P&D foi de $ 3.320 milhões. Presumimos uma vida amortizável de cinco anos para as suas atividades de pesquisa, algumas das quais básicas e outras mais direcionadas a aplicações comerciais. O segundo passo da análise é coletar as despesas em pesquisa e desenvolvimento nos anos anteriores, sendo o número de anos de dados históricos uma função da vida amortizável. A tabela ao lado fornece essa informação sobre a empresa.

Ano	Gastos de P&D ($ milhões)
Corrente (2005)	3.320
−1 (2004)	3.192
−2 (2003)	3.135
−3 (2002)	3.448
−4 (2001)	3.922
−5 (2000)	2.704

A parcela das despesas em anos anteriores que já foram amortizadas e a amortização do ano corrente de cada uma dessas despesas foram consideradas. Para simplificar a estimativa, essas despesas estão amortizadas linearmente ao longo do tempo; com uma vida de cinco anos, 20% são amortizadas anualmente. Isso nos permite amortizar o valor do ativo de pesquisa criado em cada uma dessas empresas e a amortização dos gastos de P&D no ano corrente. O procedimento está ilustrado na seguinte tabela:

Ano	Gastos de P&D ($ milhões)	Parcela não amortizada (%)	Parcela não amortizada ($ milhões)	Amortização ano corrente ($ milhões)
Corrente	3.322,00	100	3.320,00	
−1	3.192,00	80	2.553,60	638,40
−2	3.135,00	60	1.881,00	627,00
−3	3.448,00	40	1.379,20	689,60
−4	3.922,00	20	784,40	784,40
−5	2.704,00	0	0,00	540,80
Valor do ativo de pesquisa			9.918,20	
Despesa de amortização no ano corrente				3.280,20

Observe que nenhuma despesa do ano corrente foi amortizada, porque se pressupõe que isso ocorra ao final do ano, ao contrário de todas as despesas de cinco anos atrás. A soma dos valores em dólar de P&D não amortizado de anos anteriores é de $ 9,92 bilhões. Isso pode ser considerado como o valor do ativo de pesquisa da Cisco e também seria adicionado ao valor contábil de patrimônio líquido para o cálculo de indicadores do retorno sobre patrimônio líquido e capital. A soma da amortização no ano corrente para todas as despesas do ano anterior é de $ 3,28 bilhões.

O passo final do processo é o ajuste do lucro operacional para que reflita a capitalização dos gastos de pesquisa e desenvolvimento. O ajuste é feito adicionando-se os gastos de P&D de volta ao lucro operacional (para demonstrar a sua reclassificação como despesa de capital) e subtrair a amortização do ativo de pesquisa, estimado no passo anterior. Para a Cisco, com um lucro operacional declarado de $ 7.416 milhões na sua demonstração de resultados para o ano fiscal mais recente, os lucros operacionais ajustados seriam:

Lucros operacionais ajustados = Lucros operacionais + Gasto de P&D no ano corrente
− Amortização do ativo de pesquisa
= 7.416 + 3.320 − 3.280 = $ 7.456 milhões

O lucro líquido declarado de $ 5.741 milhões pode ser ajustado da mesma forma.

Lucro líquido ajustado = Lucro líquido + Gasto de P&D no ano corrente − Amortização do ativo de pesquisa
= 5.741 + 3.320 − 3.280 = $ 5.781 milhões

Tanto o valor contábil de patrimônio líquido quanto o de capital são aumentados pelo valor do ativo de pesquisa. Como os indicadores de retorno sobre capital e patrimônio líquido baseiam-se nos valores do ano anterior, calculamos o valor do ativo de pesquisa ao final do ano fiscal anterior, usando a mesma abordagem utilizada para o ano corrente, e obtemos um valor de $ 9.878 milhões.[2]

Valor do ativo de pesquisa$_{2004}$ = $ 9.878 milhões
Valor contábil de patrimônio líquido ajustado$_{2004}$ = Valor contábil de patrimônio líquido$_{2004}$
+ Valor do ativo de pesquisa = 25.826 millhões
+ 9.878 millhões = $ 35.704 milhões

O valor contábil de capital é idêntico, já que a empresa não possui dívida em circulação. Os retornos sobre patrimônio líquido e capital são declarados tanto com números não ajustados quanto com os ajustados:

	Não ajustado	Ajustado para P&D
Retorno sobre patrimônio líquido	$\frac{5.741}{25.826} = 22,30\%$	$\frac{5.781}{35.704} = 16,19\%$
Retorno sobre capital antes dos impostos	$\frac{7.416}{25.826} = 28,72\%$	$\frac{7.456}{35.704} = 20,88\%$

Embora as razões de lucratividade da Cisco mantenham-se impressionantes mesmo após o ajuste, há um declínio significativo a partir dos números não ajustados. É provável que isso ocorra para a maioria das empresas com altos retornos sobre patrimônio líquido e capital, bem como gastos substanciais de P&D.[3]

Capitalização de outras despesas operacionais Embora os gastos de P&D sejam o exemplo mais notável de gastos de capital tratados como operacionais, há outras despesas operacionais que poderiam ser justificadamente tratadas como gastos de capital. As empresas de produtos de consumo, como Gillette e Coca-Cola, poderiam argumentar que uma parcela das despesas de propaganda deveria ser tratada como gasto de capital, já que se destinam a aumentar o valor da marca. Para uma consultoria como a KPMG, o custo de recrutamento e treinamento de pessoal poderia ser considerado gasto de capital, já que os consultores que se desenvolvem podem vir a ser o coração dos ativos da empresa e gerar benefícios por muitos anos. Para diversas novas empresas de tecnologia, incluindo varejistas de comércio eletrônico como a Amazon.com, o maior item de despesa operacional são as despesas de vendas, gerais e administrativas (em inglês, *selling, general and administrative* — SG&A). Essas empresas poderiam argumentar que uma parcela dessas despesas deveria ser tratada como gasto de capital, uma vez que se destinam a aumentar o *brand awareness* e atraem novos clientes, supostamente de longo prazo. A America Online (AOL), por exemplo, usou esse argumento para justificar a capitalização de despesas associadas a CDs de uso livre que encartava em revistas nos Estados Unidos.

Embora esse argumento tenha algum mérito, é preciso cautela em usá-lo para justificar a capitalização dessas despesas. Para que uma despesa operacional seja capitalizada, deve haver sólida evidência de que os benefícios da despesa acumulam-se por múltiplos períodos. Um cliente atraído a comprar da Amazon, com base em um anúncio ou promoção, continua fiel no longo prazo? Alguns analistas advogam que é exatamente esse o caso e atribuem significativo valor agregado a cada novo cliente.[4] Seria lógico, nessas circunstâncias, capitalizar essas despesas por meio de um procedimento similar ao utilizado para capitalizar gastos de P&D.

- Determine o período de fluxo dos benefícios da despesa operacional (como o SG&A).
- Estime o valor do ativo (assim como o ativo de pesquisa) gerado por essas despesas. Se forem de SG&A, deve ser o ativo SG&A.
- Ajuste o lucro operacional da despesa e a amortização do ativo gerado.

Ajustes para despesas financeiras O segundo ajuste destina-se a despesas financeiras que os contadores tratam como despesas operacionais. O principal exemplo são as despesas de leasing operacional, que são tratadas como operacionais, em contraposição aos leasings de capital, que são apresentados como dívida.

Conversão de leasings operacionais em dívida No Capítulo 2, foi apresentada a abordagem básica para a conversão dos leasings operacionais em dívida. Descontamos futuros compromissos de leasing operacional de volta ao custo da dívida antes dos impostos. Em seguida, o valor presente dos compromissos de leasing operacional é adicionado à dívida convencional da empresa, de modo a chegar à dívida total.

Dívida ajustada = Dívida + Valor presente dos compromissos de leasing

Após a reclassificação dos leasings operacionais como dívida, os lucros operacionais podem ser ajustados em duas etapas. Primeiro, a despesa de leasing operacional é adicionada de volta ao lucro operacional, já que é uma despesa financeira. Depois, a depreciação sobre o ativo de leasing é subtraída para resultar no lucro operacional ajustado.

Lucro operacional ajustado = Lucro operacional + Despesas operacionais de leasing
− Depreciação sobre o ativo de leasing

Se partirmos da premissa de que a depreciação sobre o ativo de leasing aproxima a principal parcela da dívida repaga, o lucro operacional ajustado pode ser aproximado adicionando-se de volta a despesa atribuída a juros ao valor da dívida da despesa operacional de leasing.

Lucro operacional ajustado = Lucro operacional
+ (Valor presente de compromissos de leasing)
× (Taxa de juros da dívida antes dos impostos)

EXEMPLO 3.3: Ajuste do lucro operacional aos leasings operacionais: meta em 2005

Como rede de varejo, a Target faz leasings de um grande número de lojas e os trata como operacionais. No ano fiscal mais recente, a Target possuía despesas de leasing operacional de $ 240 milhões. A tabela ao lado apresenta os compromissos de leasing operacional da empresa nos próximos cinco anos e o montante de compromissos além desse ponto no tempo.

A Target possui um custo de dívida antes dos impostos de 5,50%. Para calcular o valor presente dos compromissos, deve-se analisar o compromisso de montante no ano 6. Com base na média do compromisso anual de leasing nos primeiros cinco anos ($ 128,80 milhões), chegamos à anuidade de 18 anos:[5]

Ano	Compromisso ($ milhões)
1	146
2	142
3	137
4	117
5	102
6 e além	2.405

$$\text{Vida aproximada da anuidade (para o montante do ano 6)} = \frac{\$ 2.405}{\$ 128,80} = 18,67 \text{ anos}$$

Os valores presentes dos compromissos estão estimados na tabela seguinte, pelo custo de dívida antes dos impostos da Target:

Ano	Compromisso ($ milhões)	Valor presente ($ milhões)
1	146,00	138,39
2	142,00	127,58
3	137,00	116,67
4	117,00	94,44
5	102,00	78,04
6–23	133,61	1.149,69
Valor da dívida de leasings		1.704,82

O valor presente dos leasings operacionais é tratado como equivalente de dívida e adicionado ao valor convencional da dívida da empresa. A Target apresenta uma dívida convencional onerosa de $ 9.538 bilhões no seu balanço. A dívida acumulada é:

Dívida ajustada = Dívida onerosa + Valor presente do compromisso de leasing
= $ 9.538 milhões + $ 1.705 milhões = $ 11.243 milhões

Para ajustar o lucro operacional da Target, primeiro utilizamos o ajuste pleno. Para calcular a depreciação do ativo de leasing, presumimos uma depreciação linha-reta pela vida do leasing[6] (23 anos) sobre o valor do ativo de leasing, que é igual ao valor de dívida dos compromissos de leasing.

$$\text{Depreciação linha-reta} = \frac{\text{Valor do ativo de leasing}}{\text{Vida do leasing}} = \frac{\$ 1.705}{23} = \$ 74 \text{ milhões}$$

O lucro operacional declarado de $ 3.601 milhões da Target está ajustado para leasings operacionais:

Lucro operacional ajustado = Lucro operacional + Despesa operacional de leasing no ano corrente
− Depreciação de ativo de leasing = $ 3.601 + $ 240 − $ 74 = $ 3.767 milhões

O ajuste aproximado também é estimado, adicionando-se a despesa atribuída a juros pelo custo de dívida antes dos impostos.

Lucro operacional ajustado = Lucro operacional + Valor de dívida de leasings × Custo de dívida antes dos impostos
= $ 3.601 + $ 1.705 × 0,055 = $ 3.695 milhões

Lucros contábeis e lucros reais

As empresas têm-se tornado especialmente aptas em atender e superar as estimativas dos analistas a cada trimestre. Embora a superação das estimativas de lucros possa ser considerada uma realização positiva, algumas empresas adotam técnicas contábeis questionáveis para atingir esse objetivo. Ao avaliar essas empresas, devemos corrigir o lucro operacional em face dessas manipulações contábeis para obter o valor correto.

O fenômeno dos lucros administrados Na década de 1990, empresas como Microsoft e Intel estabeleceram um padrão para empresas de tecnologia. De fato, a Microsoft superou as estimativas de lucros dos analistas em 39 de 40 trimestres na década, e a Intel registrou um recorde quase tão expressivo. Outras empresas de tecnologia seguiram os seus passos na tentativa de entregar lucros mais altos do que as previsões, mesmo que por alguns centavos. Há evidência em abundância da disseminação desse fenômeno. Por inusitados 18 trimestres em seqüência, de 1996 a 2000, mais empresas excederam as estimativas consensuais de lucros do que falharam em atingi-las.[7] Outro sinal de gerenciamento de lucros é que vem crescendo na última década a diferença entre os lucros divulgados pelas empresas à Receita Federal e aqueles declarados aos investidores no mercado de ações.

Considerando-se que essas estimativas de analistas são expectativas, o que isso nos diz? Uma possibilidade é que os analistas constantemente subestimam os lucros e nunca aprendem com os seus erros. Embora seja uma possibilidade, parece extremamente improvável que isso tenha se sustentado por uma década inteira. Outra possibilidade é que as empresas de tecnologia têm muito mais tato em medir e declarar os lucros e utilizam essa habilidade para superar as estimativas. Em especial, o tratamento de gastos de pesquisa como operacionais dá a essas empresas uma vantagem quando se trata de gerenciar lucros.

Gerenciar os lucros realmente eleva o preço das ações de uma empresa? Talvez seja possível superar os analistas trimestre após trimestre, mas os mercados são tão ingênuos assim? Não são, e o advento das assim chamadas estimativas de lucros de boato é uma reação à constante divulgação de lucros acima das expectativas. O que são lucros de boato? Trata-se de estimativas de lucros implícitos que empresas como Intel e Microsoft devem exceder para surpreender o mercado, e essas estimativas têm, em geral, alguns centavos a mais que as dos analistas. Por exemplo, em 10 de abril de 1997, a Intel divulgou lucros de $ 2,10 por ação, mais elevada que a estimativa de $ 2,06 dos analistas, mas viu o preço das ações cair 5 pontos, porque a estimativa de lucros de boato era de $ 2,15. Em outras palavras, os mercados haviam incorporado às expectativas o montante pelo qual a Intel historicamente superava as estimativas de lucro.

Por que as empresas gerenciam os lucros? Em geral, as empresas gerenciam os lucros porque acreditam que serão recompensadas pelos mercados, ao divulgar lucros mais estáveis e constantemente acima das estimativas dos analistas. Para comprovar isso, apontam para o sucesso da Microsoft e da Intel e a brutal punição, principalmente contra as empresas de tecnologia, compartilhada por negócios que não atendem às expectativas.

Muitos gerentes financeiros também parecem crer que os investidores aceitam os números dos lucros ao valor de face e trabalham para chegar ao lucro líquido que reflitam essa crença. Isso pode explicar por que qualquer tentativa do Financial Accounting Standards Board (Fasb) em alterar a forma de mensuração dos lucros é combatida com tanto vigor, mesmo quando as alterações fazem sentido. Por exemplo, as tentativas do Fasb em avaliar as opções concedidas por essas empresas aos seus gerentes a um valor justo e cobrá-las mediante os lucros ou mudar a forma de contabilização das fusões foram consistentemente contestadas pelas empresas de tecnologia.

Gerenciar os lucros também pode servir aos melhores interesses dos gerentes das empresas. Eles sabem que a chance de serem demitidos aumenta quando os lucros caem significativamente em relação a períodos anteriores. Além disso, há empresas em que a compensação gerencial ainda se dá pelas metas de lucratividade, e atingir essas metas pode resultar em vantajosos bônus.

Técnicas de gerenciamento de lucros Como as empresas gerenciam os lucros? Um aspecto do bom gerenciamento dos lucros é cuidar e alimentar as expectativas dos analistas, uma prática que a Microsoft aperfeiçoou na década de 1990. Os executivos da empresa monitoravam as estimativas de lucro dos analistas e introduziam expectativas mais baixas, quando acreditavam que as estimativas eram altas demais.[8] Há várias outras técnicas em uso, e examinamos algumas das mais comuns nesta subseção. Nem todas elas são prejudiciais à empresa, e algumas podem até ser consideradas um gerenciamento prudente.

- *Planejamento futuro.* As empresas podem planejar investimentos e vendas de ativos para manter os lucros em alta estável.
- *Reconhecimento de receita.* As empresas possuem alguma margem de manobra quando se trata de reconhecer receitas. Por exemplo, em 1995, a Microsoft adotou uma abordagem extremamente conservadora à contabilização da receita proveniente das vendas do Windows 95 e optou por não demonstrar os grandes blocos de receita que tinham o direito (mas não a obrigação) de mostrar.[9] De fato, a empresa havia acumulado $ 1,1 bilhão em receitas não reconhecidas ao final de 1996, que poderia tomar emprestado para suplementar os lucros em trimestres mais fracos.
- *Receitas contábeis antecipadas.* Como fenômeno oposto, às vezes as empresas embarcam produtos nos últimos dias de um trimestre fraco a distribuidores ou varejistas e registram as receitas. Examinemos o caso da MicroStrategy, empresa de tecnologia que abriu o capital em 1998. Nos dois últimos trimestres de 1999, a empresa declarou um aumento de receita de 20% e 27%, respectivamente, mas muito desse crescimento se devia a grandes negociações

anunciadas apenas alguns dias antes do término de cada trimestre. Como uma variação mais elaborada dessa estratégia, duas empresas de tecnologia, ambas necessitadas de incrementar as receitas, podem realizar uma transação de troca de receitas.[10]

- *Capitalização de despesas operacionais.* Como no caso do reconhecimento de receita, as empresas têm escolha no que se refere à classificação das despesas como operacionais ou gastos de capital, principalmente em itens como software de P&D. A prática da AOL de capitalizar e baixar o custo dos CDs e disquetes que distribuía em revistas, por exemplo, permitiu que declarasse lucros positivos por um grande período no final da década de 1990.
- *Baixas contábeis.* Um grande gasto com reestruturação pode resultar em redução de lucro no período corrente, mas gera dois benefícios. Como os lucros operacionais são declarados antes e após os gastos com reestruturação, a empresa pode separar a despesa das operações. Também facilita a superação dos lucros em trimestres futuros. Para constatar como a reestruturação pode impulsionar os lucros, examinemos o caso da IBM. Ao baixar antigas fábricas e equipamentos no ano do seu fechamento, a IBM pôde reduzir as despesas de depreciação em 5% da receita em 1996, de uma média de 7% em 1990–1994. A diferença na receita de 1996 foi de $ 1,64 bilhão, ou 18% dos $ 9,02 bilhões em lucro antes dos impostos naquele ano. As empresas de tecnologia foram particularmente hábeis em baixar grande parte dos custos de aquisição como 'P&D em processo', para registrar aumento de lucro nos trimestres subseqüentes. Deng e Lev (1999) estudaram 389 empresas que deram baixa contábil em P&D em processo entre 1990 e 1996;[11] essas baixas contábeis totalizaram, em média, 72% do preço de compra dessas aquisições e aumentaram os lucros da empresa adquirente em 22% no quarto trimestre após a aquisição.
- *Uso de reservas.* É permitido às empresas acumular reservas para débitos duvidosos, devolução de produtos e outros prejuízos potenciais. Algumas empresas são conservadoras nas suas estimativas nos anos bons e usam as reservas excedentes que acumularam nesse período para estabilizar os lucros em outros anos.
- *Lucro de investimentos.* Empresas com substanciais saldos em títulos negociáveis ou investimentos em outras empresas geralmente têm esses investimentos registrados nos seus livros a valores bem abaixo dos de mercado. Por isso, a liquidação desses investimentos pode resultar em grandes ganhos de capital, capazes de impulsionar o lucro no período. Empresas de tecnologia, como a Intel, têm usado esse caminho para superar as estimativas de lucro.

Ajustes ao lucro Na medida em que as empresas gerenciam lucros, temos de ser cautelosos no uso dos lucros do ano corrente como base para projeções. Nesta subseção, analisamos uma série de ajustes que podem ser necessários para os lucros declarados, antes de usar o número como base para projeções. Começamos considerando as diferenças quase sempre sutis entre itens ocasionais, recorrentes e incomuns. Seguimos examinando a melhor forma de lidar com o entulho deixado pela contabilização da aquisição.

Itens extraordinários, recorrentes e incomuns A regra para estimar tanto o lucro operacional quanto o líquido é simples. O lucro operacional que é usado como base para projeções deve refletir as operações contínuas e não incluir nenhum item ocasional ou extraordinário. Colocar essa definição em prática é geralmente um desafio, porque há quatro tipos de itens extraordinários:

1. *Despesas ocasionais ou lucro que é de fato ocasional.* Um grande gasto com reestruturação que tenha ocorrido apenas uma vez em dez anos seria um bom exemplo. Essas despesas podem ser retiradas da análise e o lucro operacional e líquido calculado sem elas; o mesmo pode ser feito com o lucro ocasional.
2. *Despesas e lucro que não ocorrem anualmente, mas parecem ocorrer periodicamente.* Consideremos, por exemplo, uma empresa que realizou gastos com reestruturação a cada três anos, nos últimos 12 anos. Embora não seja conclusivo, isso sugeriria que as despesas extraordinárias são, na verdade, despesas ordinárias que foram agrupadas pela empresa e tomadas uma vez a cada três anos. Ignorar essa despesa pode ser imprudente, porque o lucro operacional previsto nos anos futuros seria superestimado. O que faria sentido seria tomar a despesa e distribuí-la em bases anuais. Assim, se a despesa de reestruturação para cada três anos chegou a $ 1,5 bilhão, em média, o lucro operacional seria reduzido em $ 0,5 bilhão para refletir a carga anual devido a essa despesa.
3. *Despesas e lucro que ocorrem anualmente, mas com considerável volatilidade.* A melhor forma de lidar com esses itens é normalizá-los pela média das despesas ao longo do tempo e a redução do lucro no ano presente por esse montante.
4. *Itens que ocorrem anualmente, mas alteram sinais — positivo em alguns anos e negativo em outros.* Consideremos, por exemplo, o efeito das conversões de moeda estrangeira sobre o lucro. Para uma empresa nos Estados Unidos, o efeito pode ser negativo nos anos em que o dólar torna-se mais forte e positivo nos anos em que o dólar torna-se mais fraco. A atitude mais prudente a tomar em relação a essas despesas é ignorá-las. Isso porque os ganhos ou perdas provenientes de oscilações na taxa de câmbio são passíveis de reversão ao longo do tempo, e torná-las parte do lucro permanente pode levar a estimativas equivocadas de valor.

Fazer a diferenciação entre esses itens exige que tenhamos acesso ao histórico financeiro de uma empresa. Para empresas jovens, esse dado pode não estar disponível, dificultando que se trace uma linha entre despesas a serem ignoradas, despesas a serem normalizadas e despesas a serem consideradas integralmente.

Ajuste para aquisições e desinvestimentos A contabilização de uma aquisição pode causar estrago nos lucros declarados durante anos após uma aquisição. O subproduto mais comum das aquisições, se utilizada a contabilização da compra, é a amortização do *goodwill*. Essa amortização pode reduzir o lucro líquido declarado em períodos subseqüentes, embora o lucro operacional deva permanecer intacto. Devemos considerar a amortização como despesa operacional? Achamos que não, já que é um débito não monetário e, com freqüência, não dedutível de imposto de renda. O caminho mais seguro a seguir em relação à amortização de *goodwill* é analisar os lucros antes da amortização.

Como já observamos neste capítulo, as empresas de tecnologia usaram uma tática inusitada para que o *goodwill* fosse criado quando um prêmio é pago sobre o valor contábil fora de seus balanços. Com o argumento de que o principal do valor de mercado pago a empresas de tecnologia vem do valor da pesquisa feita pela empresa ao longo do tempo, elas baixaram o que chamaram 'P&D em processo' em nome da consistência. Afinal, o P&D que realizam internamente é lançado como despesa. Assim como com a amortização de *goodwill*, a baixa do P&D em processo gera um débito não monetário e não dedutível de imposto, e devemos examinar os lucros antes da baixa.

Quando as empresas liquidam ativos, podem gerar lucro sob a forma de ganhos de capital. Liquidações (desinvestimentos) pouco freqüentes podem ser tratadas como itens pontuais e ignoradas, mas algumas empresas liquidam ativos com regularidade. Para elas, é melhor ignorar o lucro associado ao desinvestimento, porém considerar os fluxos de caixa associados a ele, líquido de impostos sobre ganhos de capital, ao estimar gastos líquidos de capital. Por exemplo, uma empresa com $ 500 milhões em gastos de capital, $ 300 milhões em depreciação e $ 120 milhões em desinvestimentos em bases anuais teria um gasto líquido de capital de $ 80 milhões.

$$\text{Gastos líquidos de capital} = \text{Gastos de capital} - \text{Depreciação} - \text{Lucro na liquidação de ativos}$$
$$= \$\,500 - \$\,300 - \$\,120 = \$\,80 \text{ milhões}$$

EFEITO FISCAL

Para calcular o lucro operacional após impostos, multiplicamos os lucros antes de juros e impostos por uma alíquota estimada de imposto de renda. Esse procedimento simples pode ser complicado por três questões que freqüentemente surgem em avaliações. A primeira é a enorme diferença observada entre alíquotas efetivas e marginais para essas empresas e a escolha que enfrentamos entre as duas na avaliação. A segunda questão geralmente surge com empresas mais jovens e é causada pelas grandes perdas que normalmente declaram, acarretando prejuízos operacionais líquidos que são carregados adiante e podem poupar impostos em anos futuros. A terceira refere-se à capitalização de pesquisa e desenvolvimento e outras despesas. O fato de que essas despesas podem ser lançadas imediatamente leva a benefícios fiscais muitos maiores para a empresa.

Alíquota efetiva *versus* marginal

Somos confrontados com a escolha entre diversas alíquotas de imposto de renda. A mais amplamente declarada em demonstrações financeiras é a *alíquota efetiva*, calculada a partir do lucro declarado nas demonstrações financeiras.

$$\text{Alíquota efetiva} = \frac{\text{Impostos devidos}}{\text{Lucro tributável}}$$

Em geral, o lucro tributável ocorre antes dos itens extraordinários e a amortização de *goodwill*.

A segunda escolha sobre alíquotas é a *alíquota marginal*, aquela que a empresa enfrenta sobre o seu último (ou próximo) dólar de lucro. Essa taxa depende do código tributário e reflete o que as empresas devem pagar sobre o lucro marginal. Nos Estados Unidos, por exemplo, a alíquota corporativa federal sobre o lucro marginal é de 35%; com o acréscimo de impostos estaduais e locais, a maioria das empresas enfrenta uma alíquota corporativa marginal próxima a 40%.

Embora as alíquotas marginais para a maioria das empresas nos Estados Unidos devam ser razoavelmente similares, há ampla diferença nas alíquotas efetivas entre as empresas. A Figura 3.1 apresenta uma distribuição das alíquotas efetivas de empresas nos Estados Unidos, em janeiro de 2005. Note que a alíquota efetiva média é de aproximadamente 32% e que algumas empresas declaram alíquotas efetivas que excedem a 100%. Outras até divulgam alíquotas negativas.[12]

Razões para diferenças entre alíquotas marginais e efetivas Considerando-se que a maior parte do lucro tributável de empresas de capital aberto está nos mais elevados níveis de alíquota marginal, por que a alíquota efetiva de uma empresa seria diferente da alíquota marginal? Há no mínimo quatro razões:

1. Muitas empresas, pelo menos nos Estados Unidos, seguem diferentes padrões contábeis para fins de impostos e demonstrações. Por exemplo, geralmente se utiliza a depreciação linha-reta para fins de demonstrações e a depreciação acelerada para fins fiscais. Como conseqüência, o lucro declarado é significativamente mais alto que o lucro tributável sobre o qual os impostos se baseiam.[13]
2. Às vezes, as empresas usam créditos tributários para reduzir os impostos a pagar. Esses créditos, por sua vez, podem reduzir a alíquota efetiva em relação à marginal.
3. Por fim, as empresas podem, ocasionalmente, diferir os impostos sobre lucro para períodos futuros. Quando isso ocorre, os impostos pagos no período corrente têm uma taxa inferior à alíquota marginal. Posteriormente, entretanto, quando os impostos diferidos forem pagos, a alíquota efetiva será mais alta que a marginal.
4. A estrutura das alíquotas é composta de modo que as primeiras faixas de lucro sejam taxadas a tarifas menores que as faixas subseqüentes. Como resultado, a alíquota efetiva baseada nos impostos totais devidos pela empresa será inferior à alíquota marginal.

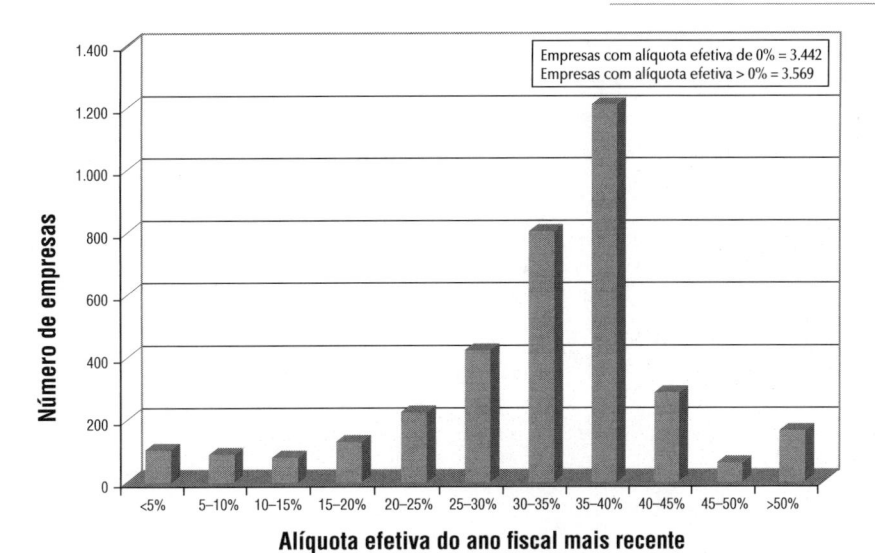

FIGURA 3.1 – Alíquotas efetivas: empresas norte-americanas em janeiro de 2005

Fonte: Value Line.

As alíquotas marginais variam conforme o país, embora haja muito menos divergência do que em épocas passadas.[14]

Alíquotas marginais para multinacionais Quando uma empresa possui operações globais, seu lucro está sujeito a diferentes taxas em diferentes localidades. Quando isso ocorre, qual é a alíquota marginal da empresa? Há três maneiras de lidar com alíquotas diferentes.

1. A primeira é utilizar uma média ponderada das alíquotas marginais, com os pesos baseados no lucro obtido pela empresa em cada país. O problema dessa abordagem é que os pesos mudam ao longo do tempo, se o lucro cresce a taxas diferentes em países diferentes.
2. A segunda é utilizar a alíquota marginal do país em que a empresa está incorporada, com a premissa implícita de que o lucro gerado em outros países deverá ser eventualmente repatriado ao país de origem, quando a empresa terá de pagar a alíquota marginal. Isso pressupõe que o país de origem possua alíquota marginal mais alta que todos os outros.
3. A terceira e mais segura abordagem é manter o lucro de cada país em separado e aplicar uma alíquota diferente para cada fluxo de lucro.

Efeitos da alíquota sobre o valor Ao avaliar uma empresa, devemos utilizar a alíquota efetiva ou a marginal? Se a mesma alíquota deve ser aplicada aos lucros a cada período, a escolha mais segura é a alíquota marginal, pois nenhuma das razões para alíquotas efetivas mais baixas pode ser sustentada para sempre. À medida que novos gastos de capital afunilam-se, a diferença entre lucro declarado e fiscal se estreitará; os créditos tributários raramente são perpétuos; e, mais cedo ou mais tarde, as empresas têm de pagar os impostos diferidos. Não há razão, entretanto, para que as alíquotas de imposto de renda usadas para calcular os fluxos de caixa após impostos não possam variar com o tempo. Assim, ao avaliar uma empresa com uma alíquota de imposto efetiva de 24% no período atual e uma alíquota marginal de imposto de 35%, podemos calcular os primeiros fluxos de caixa usando a alíquota efetiva de 24% e então aumentar para 35% ao longo do tempo. É fundamental que a alíquota usada em perpetuidade para calcular o valor terminal seja a marginal.

Ao avaliar patrimônio líquido, geralmente começamos com lucro líquido ou lucros por ação, que são lucros após impostos. Embora aparentemente possamos evitar a estimativa de alíquotas ao usar lucros após impostos, as aparências enganam. Os lucros após impostos correntes de uma empresa refletem os impostos pagos neste ano. À medida que o planejamento ou diferimento dos impostos tornou esse pagamento muito baixo (alíquotas efetivas baixas) ou muito alto (alíquotas efetivas altas), corremos o risco de pressupor que a empresa possa continuar a fazer isso, se não ajustarmos o lucro líquido para mudanças nas alíquotas em anos futuros.

EXEMPLO 3.4: Efeito das premissas de alíquotas de imposto de renda sobre o valor

A Convoy Inc. é uma empresa de telecomunicações que gerou $ 150 milhões em lucro operacional antes dos impostos e reinvestiu $ 30 milhões no ano financeiro mais recente. Como resultado do adiamento de impostos, a empresa possui uma alíquota efetiva de 20%, embora a alíquota marginal seja de 40%. Espera-se que tanto o lucro operacional quanto o reinvestimento cresçam 10% ao ano por cinco anos e 5% após. O custo de capital é de 9%, com expectativa de permanecer inalterado ao longo do tempo. Estimaremos o valor da Convoy por meio de três premissas sobre alíquotas — a alíquota efetiva permanente, a alíquota marginal permanente e uma abordagem que combine ambas.

ABORDAGEM 1: Alíquota efetiva permanente

Primeiro estimamos o valor da Convoy a partir da premissa de que a alíquota permaneça a 20% para sempre.

	Alíquota						
	20%	20%	20%	20%	20%	20%	20%
	Ano corrente ($ milhões)	1 ($ milhões)	2 ($ milhões)	3 ($ milhões)	4 ($ milhões)	5 ($ milhões)	Ano final ($ milhões)
Ebit***	150,00	165,00	181,50	199,65	219,62	241,58	253,66
Ebit$(1-t)$	120,00	132,00	145,20	159,72	175,69	193,26	202,92
– Reinvestimento	30,00	33,00	36,30	39,93	43,92	48,32	50,73
FCFF****	90,00	99,00	108,90	119,79	131,77	144,95	152,19
Valor final						3.804,83	
Valor presente		90,83	91,66	92,50	93,35	2.567,08	
Valor da empresa	2.935,42						

O valor baseia-se na premissa implícita de que os impostos diferidos nunca serão pagos pela empresa, que poderá continuar a diferir taxas de forma perpétua.

ABORDAGEM 2: Alíquota marginal permanente

A seguir, estimamos o valor da Convoy pressupondo que a alíquota seja a alíquota marginal de 40% para sempre.

	Alíquota						
	20%	40%	40%	40%	40%	40%	40%
	Ano corrente ($ milhões)	1 ($ milhões)	2 ($ milhões)	3 ($ milhões)	4 ($ milhões)	5 ($ milhões)	Ano final ($ milhões)
Ebit	150,00	165,00	181,50	199,65	219,62	241,58	253,66
Ebit$(1-t)$	120,00	99,00	108,90	119,79	131,77	144,95	152,19
– Reinvestimento	30,00	33,00	36,30	39,93	43,92	48,32	50,73
FCFF	90,00	66,00	72,60	79,86	87,85	96,63	101,46
Valor final						2.536,55	
Valor presente		60,55	61,11	61,67	62,23	1.711,39	
Valor da empresa	1.956,94						

Este valor baseia-se na premissa implícita de que a empresa não possa diferir impostos a partir deste ponto. De fato, uma interpretação ainda mais conservadora sugeriria que devemos reduzir esse valor pelo montante dos impostos diferidos acumulados no passado. Assim, se a empresa possui $ 200 milhões em impostos diferidos de anos anteriores e espera pagá-los nos próximos quatro anos em parcelas anuais iguais de $ 50 milhões, primeiro calcularíamos o valor presente desses pagamentos de impostos.

Valor presente dos pagamentos de impostos diferidos = $ 50 milhões (Valor presente de anuidade, 9%, 4 anos)
= $ 161,99 milhões

Valor da empresa após impostos diferidos = $ 1.956,94 – $ 161,99 milhões = $ 1.794,96 milhões

O valor da empresa seria então $ 1.794,96 milhões.

ABORDAGEM 3: Alíquotas mistas

Na última abordagem, pressupomos que a alíquota efetiva permanecerá em 20% por cinco anos e usamos a alíquota marginal para calcular o valor final:

	Alíquota						
	20%	20%	20%	20%	20%	20%	40%
	Ano corrente ($ milhões)	1 ($ milhões)	2 ($ milhões)	3 ($ milhões)	4 ($ milhões)	5 ($ milhões)	Ano final ($ milhões)
Ebit	150,00	165,00	181,50	199,65	219,62	241,58	253,66
Ebit$(1-t)$	120,00	132,00	145,20	159,72	175,69	193,26	152,19
– Reinvestimento	30,00	33,00	36,30	39,93	43,92	48,32	50,73
FCFF	90,00	99,00	108,90	119,79	131,77	144,95	101,46
Valor final						2.536,55	
Valor presente		90,83	91,66	92,50	93,35	1.742,79	
Valor da empresa	2.111,12						

*** Do inglês *earnings before interest and taxes* (lucros antes de juros e impostos) (N. T.).
**** Do inglês *free cash flow to the firm* (fluxo de caixa livre para a empresa) (N. T.).

Note, entretanto, que o uso da alíquota efetiva nos primeiros cinco anos aumentará o passivo do imposto diferido da empresa. Pressupondo-se que a empresa tenha terminado o ano corrente com um passivo acumulado de imposto diferido de $ 200 milhões, podemos calculá-lo para o final do quinto ano:

$$\text{Passivo previsto de imposto diferido} = \$ 200 + (\$ 165 + \$ 181{,}5 + \$ 199{,}65 + \$ 219{,}62 + \$ 241{,}58)$$
$$\times (0{,}40 - 0{,}20) = \$ 401{,}47 \text{ milhões}$$

Presumimos que a empresa pagará esse passivo de imposto diferido após o ano 5, mas deverá distribuir os pagamentos por dez anos, levando a um valor presente de $ 167,45 milhões.

$$\text{Valor presente dos pagamentos de impostos diferidos} = \frac{\left(\dfrac{\$ 401{,}47}{10}\right)(\text{Valor presente de anuidade, 9\%, dez anos})}{1{,}09^5}$$

$$= \$ 167{,}45 \text{ milhões}$$

Observe que os pagamentos não se iniciam antes do sexto ano e, a partir daí, são descontados em cinco anos adicionais. O valor da empresa pode então ser estimado.

$$\text{Valor da empresa} = \$ 2.111{,}12 - \$ 167{,}45 = \$ 1.943{,}67 \text{ milhões}$$

Efeito dos prejuízos operacionais líquidos

Para empresas com grandes prejuízos operacionais líquidos a compensar ou prejuízos operacionais contínuos, há potencial para significativas economias fiscais nos primeiros anos em que geram lucros positivos. Há duas maneiras de capturar esse efeito.

Uma é mudar as alíquotas de imposto de renda no decorrer do tempo. Nos primeiros anos, essas empresas terão alíquota zero, uma vez que os prejuízos a compensar contrabalançam o lucro. À medida que os prejuízos operacionais líquidos a compensar diminuem, as alíquotas se elevarão em direção à alíquota marginal. Conforme mudam as alíquotas utilizadas para estimar o lucro operacional após impostos, as taxas usadas para calcular o custo de dívida após impostos no cálculo do custo de capital também terão de mudar. Assim, para uma empresa com prejuízos operacionais líquidos a compensar, a alíquota utilizada tanto para o cálculo do lucro operacional após impostos quanto o custo de capital será zero nos anos em que os prejuízos encobrem os lucros.

Outra abordagem é geralmente utilizada ao se avaliarem empresas que já apresentam lucros positivos, mas possuem um grande prejuízo operacional líquido a compensar. Com freqüência, os analistas avaliam a empresa, ignorando as economias fiscais geradas pelos prejuízos operacionais líquidos, e então acrescentam a esse montante as economias fiscais previstas decorrentes dos prejuízos operacionais líquidos. É comum que as economias fiscais previstas sejam estimadas, multiplicando-se a alíquota pelo prejuízo operacional líquido. A limitação disso é a premissa de que as economias fiscais são tão garantidas quanto instantâneas. À medida que as empresas devem gerar lucros para criar essas economias e houver incerteza quanto aos lucros, essa abordagem superestimará o valor das economias fiscais.

Há dois últimos pontos que necessitam ser tratados sobre prejuízos operacionais. Como um adquirente potencial pode requisitar as economias fiscais dos prejuízos operacionais líquidos antes que a empresa gere esses prejuízos, pode haver potencial para sinergia fiscal que examinaremos no Capítulo 15, sobre sinergia. Outro ponto é que, em alguns países, há significativas limitações à extensão para a frente ou para trás em que os prejuízos operacionais podem ser aplicados. Se este for o caso, o valor desses prejuízos operacionais líquidos pode ser abreviado.

EXEMPLO 3.5: O efeito do prejuízo operacional líquido sobre o valor: Sirius Satellite Radio

Neste exemplo, consideramos o efeito tanto dos prejuízos operacionais a compensar quanto dos prejuízos previstos em períodos futuros sobre a alíquota da Sirius, a pioneira em sistema de rádio via satélite. A Sirius declarou receitas de $ 187 milhões e um prejuízo operacional de $ 790 milhões em 2005 e possuía um prejuízo operacional líquido acumulado de $ 824 milhões ao final do período. Embora a situação pareça desoladora para a empresa, presumiremos que as receitas crescerão significativamente na próxima década e que a margem operacional antes dos impostos convergirá à média setorial de 20% para empresas de mídia maduras. A tabela seguinte resume as nossas projeções de receitas e lucro operacional da Sirius nos próximos dez anos.

Ano	Receitas ($ milhões)	Lucro ou prejuízo operacional ($ milhões)	Prejuízo operacional líquido ao final do ano ($ milhões)	Lucro tributável ($ milhões)	Impostos ($ milhões)	Alíquota (%)
Corrente	187	–790	824	0	0	0,00
1	562	–1.125	1.948	0	0	0,00
2	1.125	–1.012	2.960	0	0	0,00
3	2.025	–708	3.669	0	0	0,00
4	3.239	–243	3.912	0	0	0,00
5	4.535	284	3.628	0	0	0,00
6	5.669	744	2.884	0	0	0,00
7	6.803	1.127	1.757	0	0	0,00
8	7.823	1.430	327	0	0	0,00
9	8.605	1.647	0	1.320	462	28,05
10	9.035	1.768	0	1.768	619	35,00

Note que a Sirius continua a perder dinheiro nos próximos quatro anos e aumenta os seus prejuízos operacionais líquidos. Nos anos 5 a 8, o seu lucro operacional é positivo, mas a empresa ainda não paga nenhum imposto em razão de seus prejuízos operacionais líquidos de anos anteriores. No ano 9, é capaz de reduzir o seu lucro tributável pelo saldo de prejuízo operacional líquido ($ 327 milhões), mas começa a pagar impostos pela primeira vez (a uma taxa de 28,05%). Presumimos uma alíquota de 35% como a alíquota marginal do ano 10 em diante. Os benefícios dos prejuízos operacionais líquidos são, dessa forma, incorporados aos fluxos de caixa e ao valor da empresa.

Benefícios fiscais dos gastos de P&D

Neste capítulo, argumentamos que os gastos de P&D devem ser capitalizados. Ao fazer isso, porém, há um benefício fiscal que podemos perder. É permitido às empresas deduzir todo o seu gasto de P&D para fins fiscais. Em contraposição, podem deduzir apenas a depreciação sobre os gastos de capital. Para capturar o benefício fiscal adicional, portanto, devem-se adicionar as economias fiscais resultantes da diferença entre todo o gasto de P&D e o montante amortizado do ativo de pesquisa ao lucro operacional após impostos da empresa.

Benefício fiscal adicional$_{\text{Gastos de P\&D}}$ = (Gasto de P&D do ano corrente
− Amortização do ativo de pesquisa) × Alíquota

Um ajuste similiar necessitará ser feito para qualquer outra despesa operacional que optemos por capitalizar. Neste capítulo, já observamos o ajuste ao lucro operacional antes dos impostos a partir da capitalização de P&D.

Lucros operacionais ajustados = Lucros operacionais + Gasto de P&D do ano corrente
− Amortização do ativo de pesquisa

Para estimar o lucro operacional após impostos, devemos multiplicar esse valor por (1 − Alíquota) e acrescentar o benefício fiscal adicional da fórmula dada anteriormente.

Lucros operacionais após impostos ajustados = (Lucros operacionais + Gasto de P&D do ano corrente
− Amortização do ativo de pesquisa) × (1 − Alíquota)
+ (Gasto de P&D do ano corrente
− Amortização do ativo de pesquisa) × Alíquota
= Lucros operacionais(1 − Alíquota)
+ Gasto de P&D do ano corrente
− Amortização do ativo de pesquisa

Em outras palavras, o benefício fiscal resultante do gasto de P&D permite acrescentar a diferença entre o gasto de P&D e a amortização diretamente ao lucro operacional após impostos.

EXEMPLO 3.6: Benefício fiscal do gasto: Cisco em 2005

Anteriormente, neste capítulo, capitalizamos os gastos de P&D da Cisco e estimamos o valor do ativo de pesquisa e do lucro operacional ajustado. Revendo o Exemplo 3.2, verificamos os seguintes ajustes:

Gasto de P&D do ano corrente = $ 3.320 milhões

Amortização do ativo de pesquisa deste ano = $ 3.280 milhões

Para estimar o benefício fiscal do gasto da Cisco, primeiro assumimos que a alíquota seja 36,80% e observamos que a Cisco pode deduzir a totalidade dos $ 3.322 milhões para fins fiscais.

Dedução fiscal do gasto de P&D = P&D × Alíquota = 3.320 × 0,368 = $ 1.222 milhões

Se ao menos a amortização fosse passível de dedução de impostos, o benefício fiscal teria sido:

Dedução fiscal da amortização de P&D = $ 3.280 milhões × 0,368 = $ 1.207 milhões

Ao contabilizar como despesa do período em vez de capitalizar, a Cisco pôde gerar um benefício fiscal maior ($ 1.222 milhões *versus* $ 1.207 milhões). O benefício fiscal diferencial pode ser formulado como:

Benefício fiscal diferencial = $ 1.222 – $ 1.207 = $ 15 milhões

Assim, a Cisco obtém um benefício fiscal de $ 15 milhões mais alto, porque pode contabilizar como despesa do período em vez de capitalizar P&D. Para completar a análise, calculamos o lucro operacional após impostos ajustado da Cisco. Observe que, no Exemplo 3.2, estimamos o lucro operacional antes dos impostos ajustado.

Lucros operacionais ajustados = Lucros operacionais + Gasto de P&D do ano corrente
– Amortização do ativo de pesquisa = 7.416 + 3.320 – 3.280 = $ 7.456 milhões

O lucro operacional após impostos ajustado pode ser formulado como:

Lucros operacionais após impostos ajustados = Lucros operacionais após impostos + Gasto de P&D do ano corrente
– Amortização do ativo de pesquisa = 7.416(1 – 0,368) + 3.320 – 3.280
= $ 4.727 milhões

Livros fiscais e livros contábeis

Não é segredo que muitas empresas nos Estados Unidos mantêm dois conjuntos de livros — um para fins de demonstrações financeiras para investidores (lucro declarado) e outro para fins fiscais (lucro fiscal) — e que essa prática é não só legal, mas também amplamente aceita. Embora os detalhes variem de uma empresa para outra, o lucro declarado aos acionistas geralmente é muito mais alto que aquele declarado para fins fiscais. Ao avaliar empresas, geralmente temos acesso apenas ao primeiro e não ao segundo, e isso pode afetar as nossas estimativas de muitas maneiras.

- Dividir os impostos pagos, que são calculados no lucro fiscal, pelo lucro declarado, que é geralmente muito mais alto, resultará em uma alíquota inferior à taxa real. Se usarmos essa alíquota como a alíquota prevista, podemos supervalorizar a empresa. Esse é outro motivo para mudar para alíquotas marginais em períodos futuros.
- Se basearmos as projeções no lucro declarado, superestimaremos o lucro futuro previsto. O efeito sobre fluxos de caixa pode ser obscurecido. Para entender por quê, consideremos uma diferença muito comum entre lucro declarado e lucro fiscal: a depreciação linha-reta é usada para calcular o primeiro, e a depreciação acelerada, para o segundo. Como adicionamos a depreciação de volta ao lucro após impostos para obter os fluxos de caixa, a queda em depreciação compensará o aumento nos lucros. O problema, porém, é que subestimamos os benefícios fiscais da depreciação.
- Algumas empresas capitalizam as despesas para fins de demonstrações financeiras (e as deprecia em períodos subseqüentes), mas as contabilizam como despesas de período para fins fiscais. Aqui, também, o uso de lucro e gastos de capital provenientes de livros contábeis acarretará que se subestimem os benefícios fiscais dos gastos contabilizados como despesas de período.

Assim, os problemas criados pelas empresas com padrões diferentes para finalidades fiscais e contábeis serão muito maiores se focarmos nos lucros declarados (como é o caso quando utilizamos os múltiplos de lucros) do que quando utilizamos fluxos de caixa. Se tivermos escolha, porém, devemos basear as nossas avaliações nos livros fiscais em vez dos livros contábeis.

Como lidar com subsídios e créditos fiscais

Às vezes, as empresas obtêm subsídios fiscais do governo para investir em áreas ou tipos de negócio específicos. Esses subsídios podem tomar a forma de alíquotas de imposto de renda reduzidas ou créditos fiscais. De qualquer forma, devem incrementar o valor da empresa. A questão, evidentemente, é qual a melhor forma de incorporar os efeitos aos fluxos de caixa. Talvez a abordagem mais simples seja primeiro avaliar a empresa, ignorando os subsídios fiscais, e depois acrescentar o valor incremental resultante deles.

Por exemplo, suponhamos que estejamos avaliando uma indústria farmacêutica com operações em Porto Rico, o que habilita a empresa a um incentivo fiscal sob a forma de alíquota reduzida sobre o lucro gerado por essas operações. Podemos avaliar a empresa pela alíquota marginal normal e depois acrescentar o valor presente das economias fiscais resultantes das operações porto-riquenhas. Há três vantagens para essa abordagem:

1. Permite isolar o subsídio fiscal e considerá-lo apenas para o período da sua incidência. Quando os efeitos desses incentivos fiscais são consolidados com outros fluxos de caixa, há o risco de serem considerados como perpétuos.

2. A taxa de desconto utilizada para calcular os incentivos fiscais pode ser diferente daquela utilizada para outros fluxos de caixa da empresa. Assim, se o incentivo fiscal for um crédito fiscal garantido pelo governo, podemos usar uma taxa de desconto muito inferior para calcular o valor presente dos fluxos de caixa.
3. Com base no ditado de que praticamente não há almoços grátis, pode-se argumentar que os governos oferecem incentivos fiscais a determinados investimentos, apenas porque as empresas estão expostas a maiores custos ou riscos desses investimentos. Ao isolar o valor dos incentivos fiscais, as empresas podem considerar se a compensação está a seu favor. Por exemplo, suponhamos que um fabricante de açúcar receba do governo uma proposta de crédito fiscal por estar nesse negócio. Em contrapartida, o governo impõe controle de preço ao açúcar. A empresa pode comparar o valor gerado pelo crédito fiscal com o valor perdido em função do controle de preços e decidir se vale a pena lutar para preservar o seu crédito fiscal.

NECESSIDADES DE REINVESTIMENTO

O fluxo de caixa da empresa é calculado após o reinvestimento. Dois componentes fazem parte da estimativa de reinvestimento. O primeiro é o *gasto líquido de capital*, que é a diferença entre os gastos de capital e a depreciação. O outro é o *investimento em capital de giro*.

Gastos líquidos de capital

Ao estimar gastos líquidos de capital, geralmente deduzimos a depreciação dos gastos de capital. A justificativa é que os fluxos de caixa positivos resultantes da depreciação pagam pelo menos por uma parcela dos gastos de capital, e é apenas o excedente que representa um escoamento nos fluxos de caixa. Embora as informações sobre gastos de capital e depreciação sejam em geral acessíveis na maioria das demonstrações financeiras, a previsão desses gastos pode ser difícil por três motivos. O primeiro é que as empresas freqüentemente incorrem em gasto de capital em blocos — um grande investimento em um ano pode ser seguido por pequenos investimentos em anos subseqüentes. O segundo é que a definição contábil de gasto de capital não incorpora esses gastos de capital que são tratados como despesas operacionais, tais como gastos de P&D. O terceiro é que as aquisições não são classificadas pelos contadores como gastos de capital. Para empresas que crescem principalmente pelas aquisições, isso resultará em gastos líquidos de capital subestimados.

Gastos de capital irregulares e a necessidade de aplainamento Raramente, as empresas apresentam fluxos regulares de gastos de capital. Elas podem passar longos períodos com gastos de capital muito altos (como no caso de lançamento de um produto ou a construção de uma nova fábrica) seguidos por intervalos de gastos de capital relativamente leves. Conseqüentemente, ao estimar os gastos de capital para uso na previsão futura de fluxos de caixa, devemos normalizá-los. Há pelo menos duas formas para isso.

A técnica de normalização mais simples é obter a média dos gastos de capital de alguns anos. Por exemplo, podemos estimar a média dos gastos de capital nos últimos quatro ou cinco anos para uma indústria e utilizar esse número em vez dos gastos de capital do ano mais recente. Ao fazer isso, podemos capturar o fato de que a empresa pode investir em uma nova planta a cada quatro anos. Se, em vez disso, usássemos os gastos de capital do ano mais recente, ou teríamos superestimado os gastos de capital (se a empresa construísse uma nova fábrica naquele ano) ou as subestimado (se a fábrica tivesse sido construída em um ano anterior). Há duas questões de mensuração a enfrentar. Uma se relaciona ao número de anos históricos a usar. A resposta variará de acordo com a empresa e dependerá da pouca freqüência com que a empresa faz grandes investimentos. A outra é que a obtenção da média dos gastos de capital ao longo do tempo exige também uma depreciação média. Como a depreciação se distribui ao longo do tempo, a necessidade de normalização deve ser muito menor. Além disso, os benefícios fiscais recebidos pela empresa refletem a efetiva depreciação no ano mais recente, em vez da depreciação média ao longo do tempo. A menos que a depreciação seja tão volátil quanto os gastos de capital, faz mais sentido deixar a depreciação intacta.

Para empresas com histórico limitado ou que alteraram o seu mix de negócios ao longo do tempo, extrair a média com base no tempo ou não é uma opção ou produzirá números não indicativos das verdadeiras necessidades de gastos de capital. Nesses casos, as médias setoriais para gastos de capital constituem uma alternativa. Como o porte das empresas pode variar de acordo com o segmento, as médias são em geral calculadas considerando-se os gastos de capital como um percentual de um input de base — receitas e ativos totais são escolhas comuns. Preferimos analisar os gastos de capital como um percentual da depreciação e obter a média dessa estatística para o segmento. De fato, se houver quantidade suficiente de empresas na amostragem, podemos analisar a média de um subconjunto de empresas que estão no mesmo estágio do ciclo de vida da empresa objeto da análise.

EXEMPLO 3.7: Estimativa de gastos líquidos de capital normalizados: Titan Cement

A Titan Cement é uma empresa grega de cimento. Como a maioria das indústrias, os seus gastos de capital têm sido voláteis ao longo do tempo. A tabela seguinte resume os gastos de capital e a depreciação da Titan anualmente, de 2000 a 2004, e calcula os gastos líquidos de capital como percentual do lucro operacional após impostos.

	2000	2001	2002	2003	2004	Total
Gastos de capital (€ milhões)	50,54	81,00	113,30	102,30	109,50	456,64
Depreciação (€ milhões)	39,26	40,87	80,94	73,70	60,30	295,07
Gastos líquidos de capital (€ milhões)	11,28	40,13	32,36	28,60	49,20	161,57
Ebit(1 – t) (€ milhões)	121,32	138,92	149,51	154,42	172,76	736,92
Gastos líquidos de capital como % de Ebit(1 – t)	9,30%	28,89%	21,64%	18,52%	28,48%	21,92%

Podemos normalizar os gastos líquidos de capital de duas formas. Uma é tirar proveito da média do gasto líquido de capital em um período de cinco anos, que resultaria em gastos líquidos de capital de 32,31 milhões de euros (161,57/5). O problema é que isso não reflete o lucro operacional crescente na empresa e o seu maior porte. Uma forma melhor de normalizar gastos de capital é usar os gastos líquidos de capital como percentual de lucro operacional após impostos no período:

Gasto líquido de capital como % de Ebit(1 – t): 2000–2004 = 21,92%
Ebit(1 – t) em 2004 = € 172,76 milhões
Gasto líquido de capital normalizado em 2004 = € 172,76 milhões × 0,2192 = € 37,87 milhões

Essa abordagem pode ser usada para prever gastos líquidos de capital em períodos futuros também.

Gastos de capital tratados como despesas operacionais Neste capítulo, já abordamos a capitalização de despesas como P&D e treinamento de pessoal, em que os benefícios acumulam-se por múltiplos períodos, e examinamos os efeitos sobre os lucros. Deve haver também, claramente, um impacto sobre as nossas estimativas de gastos de capital, depreciação e, conseqüentemente, gastos líquidos de capital.

- Se decidirmos reclassificar algumas despesas operacionais como gastos de capital, devemos tratar o valor do período corrente para esse item como gasto de capital. Por exemplo, se decidirmos capitalizar os gastos de P&D, o montante gasto em P&D no período corrente deve ser acrescentado aos gastos de capital.

Gastos de capital ajustados = Gastos de capital
+ Gastos de P&D no período corrente

- Como capitalizar uma despesa operacional gera um ativo, a amortização desse ativo deve ser acrescentada à depreciação para o período corrente. Dessa forma, capitalizar P&D cria um ativo de pesquisa, que gera uma amortização no período corrente.

Depreciação e amortização ajustadas = Depreciação e amortização
+ Amortização do ativo de pesquisa

- Se adicionarmos a despesa do período corrente aos gastos de capital e a amortização do ativo à depreciação, os gastos líquidos de capital da empresa aumentarão pela diferença entre as duas:

Gasto de capital ajustado = Gastos líquidos de capital
+ Gastos de P&D no perído corrente
– Amortização do ativo de pesquisa

Observe que o ajuste que fazemos ao gasto líquido de capital espelha o ajuste ao lucro operacional. Como os gastos líquidos de capital são subtraídos do lucro operacional após impostos, estamos, de certa forma, anulando o impacto da capitalização de P&D sobre os fluxos de caixa. Por que, então, gastamos tempo e recursos com isso? Embora acreditemos que a estimativa de fluxos de caixa seja importante, é igualmente importante que identifiquemos precisamente quanto as empresas estão lucrando e reinvestindo.

EXEMPLO 3.8: Efeito da capitalização de P&D: Cisco

No Exemplo 3.2, capitalizamos os gastos de P&D da Cisco e criamos um ativo de pesquisa. No Exemplo 3.6, consideramos o benefício fiscal adicional gerado pelo fato de que a Cisco pode contabilizar como despesas do período o montante integral. Neste exemplo, completamos a análise examinando o impacto da capitalização sobre os gastos líquidos de capital.

Revendo novamente os números, a Cisco tinha um gasto de P&D de $ 3.320 milhões no ano fiscal encerrado em julho de 2005. A capitalização dos gastos de P&D, por meio de uma vida amortizável de cinco anos, gera um valor para o ativo de pesquisa de $ 9.918 milhões e uma amortização para o ano corrente de $ 3.280 milhões. Além disso, note que a Cisco declarou gastos de capital convencionais de $ 863 milhões e depreciação e amortização totalizando $ 1.009 milhões. Os ajustes aos gastos de capital, depreciação e amortização e gastos líquidos de capital são:

Gastos de capital ajustados = Gastos de capital + Gastos de P&D no período corrente
= $ 863 milhões + $ 3.320 milhões = $ 4.183 milhões

Depreciação e amortização ajustadas = Depreciação e amortização + Amortização do ativo de pesquisa
= $ 1.009 milhões + $ 3.280 milhões = $ 4.289 milhões

Gasto líquido de capital ajustado = Gastos líquidos de capital + Gastos de P&D no período corrente
– Amortização do ativo de pesquisa
= ($ 863 milhões – $ 1.009 milhões) + $ 3.320 milhões
– $ 3.280 milhões = –$ 106 milhões

O aumento em gasto líquido de capital de $ 40 milhões é exatamente igual ao aumento em lucro operacional após impostos. Capitalizar P&D não acarreta, assim, nenhum efeito sobre o fluxo de caixa livre da empresa. Então por que se preocupar? Embora o fluxo de caixa final não mude, a capitalização de P&D muda as estimativas de lucros e reinvestimento. Portanto, isso nos ajuda a entender melhor qual o nível de lucratividade de uma empresa e o de seu reinvestimento para crescimento futuro.

Aquisições Aos estimar gastos de capital, não devemos distinguir entre investimentos internos (que são geralmente classificados como gastos de capital em demonstrações de fluxo de caixa) e investimentos externos (que são as aquisições). Portanto, os gastos de capital de uma empresa devem incluir as aquisições. Como as empresas raramente fazem aquisições em bases anuais, e cada aquisição tem um preço diferente, a questão sobre a normalização dos gastos de capital aplica-se ainda mais fortemente a esse item. As projeções de gasto de capital para uma empresa que faz uma aquisição no valor de $ 100 milhões, aproximadamente uma vez a cada cinco anos, devem incluir cerca de $ 20 milhões, ajustados pela inflação, a cada ano.

Devemos distinguir entre aquisições financiadas com caixa *versus* aquelas financiadas com ações? Acreditamos que não. Embora possa não haver nenhum caixa dispendido no segundo caso, a empresa estará aumentando o número de ações em circulação. De fato, uma forma de analisar as aquisições financiadas com ações é que a empresa pulou um passo no processo de financiamento. Ela poderia ter emitido a ação ao público e usado o caixa para fazer aquisições. Outra forma de refletir sobre essa questão é que uma empresa que usa ações para financiar aquisições ano após ano, e há expectativa de que continue a fazer isso, aumentará o número de ações em circulação. Isso, por sua vez, diluirá o valor por ação para os acionistas existentes.

Incorporar aquisições aos gastos líquidos de capital e ao valor pode ser difícil, principalmente para empresas que fazem grandes aquisições com pouca freqüência. Prever se haverá aquisições, quanto custarão e qual o resultado em termos de maior crescimento pode ser quase impossível. Se optarmos por não considerar as aquisições na avaliação de uma empresa, temos de manter a consistência interna. A parcela do crescimento que é devida às aquisições não deve ser levada em conta na avaliação. Um erro comum em avaliação de empresas que divulgaram impressionantes números históricos de crescimento, com base em uma estratégia de aquisição, é extrapolar a partir desse crescimento e ignorar as aquisições ao mesmo tempo. Isso acarretará uma supervalorização da empresa, já que computamos os benefícios das aquisições, mas não pagamos por elas. Observe, porém, que, ao ignorar as aquisições, estamos pressupondo que todas elas ocorram a um valor justo — não há nenhum valor criado ou destruído no processo de aquisição. Como nem todas as aquisições têm preço justo e nem todo valor resultante de sinergia e controle acaba com os acionistas da empresa-alvo, ignorar os custos e benefícios das aquisições resultará em subvalorização de uma empresa como a Cisco, que estabeleceu uma reputação por gerar valor a partir de aquisições. Entretanto, ignorar as aquisições pode superestimar as empresas que rotineiramente pagam a mais pelas aquisições.

EXEMPLO 3.9: O efeito das aquisições: Cisco em 2005

Desde o início, a estratégia de crescimento da Cisco foi centrada na aquisição de empresas pequenas com tecnologias promissoras e no uso da sua estrutura de marketing e do seu conhecimento de mercado para converter essas tecnologias em produtos de sucesso comercial. Já que pretendemos analisar o crescimento resultante das aquisições em receitas e lucros, devemos considerar o custo de fazer essas aquisições nos gastos de capital. A tabela a seguir resume as aquisições realizadas durante o ano fiscal mais recente (encerrado em julho de 2005) e os preços pagos.

Empresa	Caixa/Ações emitidas	Valor da aquisição ($ milhões)
Actona Technologies	Caixa	90
Airespace, Inc.	23 milhões de ações	447
dynamicsoft, Inc.	Caixa	69
FineGround Networks, Inc.	Caixa	72
Jahi Networks	Caixa	14
NetSift Inc.	Caixa	25
NetSolve, Incorporated	Caixa	146
Parc Technologies	Caixa	14
P-Cube	Caixa	213
Perfigo, Inc.	Caixa	73
Procket Networks	Caixa	92
Protego Networks	Caixa	64
Sipure Technology	Caixa	19
Topspin Communications	Caixa	253
Total das aquisições		1.591

Apenas uma das aquisições (Airespace) foi realizada com ações, e estimamos o valor da transação pelo número de ações emitidas para a aquisição e o preço da ação na época. O custo total das aquisições ($ 1.591 milhões) deve ser considerado parte dos gastos líquidos de capital para o ano fiscal encerrado em julho de 2005 (em $ milhões):

Gastos de capital	$ 863
– Depreciação	1.009
= (Gastos líquidos de capital)	–146
+ Gastos de P&D	3.320
– Amortização de P&D	3.280
+ Aquisições	1.591
= Gastos líquidos de capital ajustados	1.485

Investimento em capital de giro

O segundo componente do reinvestimento é o caixa a ser reservado para necessidades de capital de giro. Aumentos em capital de giro comprometem mais caixa e, portanto, drenam os fluxos de caixa. Em contrapartida, reduções no capital de giro liberam caixa e aumentam os fluxos de caixa.

Definição de capital de giro O capital de giro é geralmente definido como a diferença entre os ativos correntes e os passivos correntes. Entretanto, modificaremos essa definição ao medir o capital de giro para fins de avaliação.

- Retiraremos caixa e investimentos em títulos negociáveis dos ativos correntes. Isso porque o caixa é geralmente investido pelas empresas em obrigações de curto prazo do governo, títulos governamentais de curto prazo ou *commercial paper*. Embora o retorno sobre esses investimentos possa ser inferior ao que a empresa obteria sobre os seus investimentos reais, eles representam um retorno razoável para investimentos livres de risco. Diferentemente de estoques, contas a receber e outros ativos correntes, o caixa obtém um retorno razoável e não deve ser incluído em mensurações de capital de giro. Há exceções à regra? Ao se avaliar uma empresa que precisa manter um grande saldo de caixa para operações diárias ou uma empresa que opera em um sistema bancário precário, o caixa pode não ser investido ou pode obter uma taxa de retorno abaixo de mercado. Nesses casos, o caixa pode ser considerado como parte do capital de giro, nem tanto porque é necessário às operações, mas porque é um ativo esgotável (rende menos que uma taxa justa).
- Também retiraremos toda a dívida a juros — a de curto prazo e a parcela da de longo prazo com vencimento no período corrente — dos passivos correntes. Essa dívida será considerada ao se calcular o custo de capital, e seria inadequado computá-la duas vezes.

Essas alterações aumentarão ou reduzirão as necessidades de capital de giro? A resposta depende da empresa.

■ **FIGURA 3.2** – Capital de giro não monetário como percentual das receitas

O capital de giro não monetário varia muito entre empresas em diferentes setores e freqüentemente entre empresas do mesmo setor. A Figura 3.2, na página anterior, mostra a distribuição do capital de giro não monetário como percentual das receitas de empresas norte-americanas em janeiro de 2005. Note o número de empresas com capital de giro não monetário negativo. Retomaremos essa questão posteriormente nesta seção, quando analisarmos as implicações para os fluxos de caixa.

EXEMPLO 3.10: Capital de giro *versus* capital de giro não monetário: Target

Como uma grande rede de varejo, a Target possui investimentos consideráveis em estoques, contas a receber e outros itens de capital de giro. A tabela seguinte contrapõe o capital de giro ao capital de giro não monetário da empresa, em 2003 e 2004.

	2004 ($ milhões)	2003 ($ milhões)
Caixa	2.245	708
Contas a receber	5.069	4.621
Estoques	5.384	4.531
Outros ativos correntes	1.224	1.000
Ativos correntes de operações descontinuadas	0	2.092
Total de ativos correntes	13.922	12.952
Contas a pagar	5.779	4.956
Passivos provisionados	1.633	1.288
Impostos de renda a pagar	304	382
Parcela corrente de dívida de longo prazo	504	863
Passivos correntes de operações descontinuadas	0	825
Total de passivos correntes	8.220	8.314
Capital de giro	5.702	4.638
Ativos correntes não monetário	11.677	10.152
Passivos correntes não-dívida	7.716	6.626
Capital de giro não monetário	3.961	3.526

Para passar de ativos correntes a ativos correntes não monetários, removemos dois itens — o caixa, porque não é um ativo consumível, e os ativos correntes de operações descontinuadas, porque são um item não recorrente. Para passivos correntes não-dívida, eliminamos a parcela corrente da dívida de longo prazo e os passivos das operações descontinuadas.

Estimativa de alterações previstas no capital de giro não monetário Embora possamos estimar a alteração de capital de giro não monetário de forma muito simples para qualquer ano, por meio das demonstrações financeiras, essa estimativa deve ser usada com cautela. As alterações no capital de giro não monetário são instáveis, com grandes aumentos em alguns anos seguidos de grandes reduções nos anos vindouros. Para garantir que as projeções não sejam resultantes de um ano-base atípico, devemos atrelar as alterações no capital de giro a alterações previstas na receita a cada período, para estimar alterações projetadas em capital de giro não monetário ao longo do tempo. Podemos obter o capital de giro não monetário como percentual de receitas, analisando o histórico da empresa ou os padrões setoriais.

Devemos decompor o capital de giro em mais detalhes? Em outras palavras, há retorno para a estimativa de itens individuais, tais como contas a receber, estoques e contas a pagar separadamente? A resposta dependerá tanto da empresa objeto da análise quanto do período de projeção do capital de giro no futuro. Para empresas em que estoques e contas a receber comportam-se de formas muito diferentes à medida que aumenta a receita, é evidente que faz sentido decompor o capital de giro em detalhes. O custo, obviamente, é que isso aumenta o número de inputs necessários para se avaliar uma empresa. Além disso, o retorno da decomposição do capital de giro em itens individuais será menor à medida que avançamos no futuro. Para a maioria das empresas, estimar um número composto para capital de giro não monetário é mais fácil e geralmente mais preciso do que decompô-lo em mais detalhes.

EXEMPLO 3.11: Estimativa de necessidades de capital de giro não monetário: Target

No exemplo anterior, estimamos que o capital de giro não monetário aumentou de $ 3.526 milhões em 2003 para $ 3.961 milhões em 2004, um aumento de $ 435 milhões. Como percentual de receitas, o capital de giro não monetário aumentou de 8,62% das receitas em 2003 para 8,67% das receitas em 2004. Para prever as necessidades de capital de giro não monetário da Target, temos várias alternativas.

- Um método é usar a alteração no capital de giro não monetário do ano ($ 435 milhões) e aumentar essa alteração à mesma taxa que se espera que os lucros cresçam no futuro. Essa é provavelmente a opção menos desejável, porque as alterações no capital de giro não monetário de um ano para outro são extremamente voláteis, e a alteração do último ano pode, de fato, ser um valor discrepante.
- O segundo é basear as nossas alterações em capital de giro não monetário como um percentual das receitas no ano mais recente e o crescimento previsto de receita em anos futuros. No caso da Target, isso indicaria que as alterações de capital de giro não monetário em anos futuros serão de 8,67% das alterações de receita nesse ano. Trata-se de uma alternativa muito melhor que a primeira, mas o capital de giro não monetário como percentual de receitas também pode mudar de um ano para outro.
- O terceiro é basear as nossas alterações no capital de giro não monetário marginal como um percentual das receitas no ano mais recente, calculado pela divisão da alteração em capital de giro não monetário no ano mais recente pela alteração nas receitas do ano mais recente e pelo crescimento previsto de receita em anos futuros. No caso da Target, isso levaria a alterações em capital de giro não monetário de 9,15% das receitas em períodos futuros. Essa abordagem é mais útil para empresas cujo negócio está mudando e em que o crescimento está ocorrendo em áreas diferentes do passado. Por exemplo, um varejista tradicional que está crescendo principalmente on-line pode ter uma necessidade de capital de giro marginal muito diferente do total.
- O quarto é basear as nossas alterações em capital de giro não monetário como percentual das receitas por um período histórico. Por exemplo, o capital de giro não monetário como um percentual de receitas da Target, entre 2000 e 2004, obteve média de 8% das receitas. A vantagem dessa abordagem é que ela nivela as alterações ano a ano, mas pode não ser apropriada se houver uma tendência (para cima ou para baixo) no capital de giro.
- A abordagem final é ignorar o histórico de capital de giro da empresa e basear as projeções na média setorial para capital de giro não monetário como percentual de receitas. Esse método é o mais apropriado quando o histórico de uma empresa revela um capital de giro volátil e imprevisível. Também é a melhor forma de estimar capital de giro não monetário para empresas muito pequenas que podem encontrar economias de escalas à medida que crescem. Embora essas condições não se apliquem à Target, podemos ainda assim estimar as necessidades de capital de giro não monetário pela média do capital de giro não monetário como percentual das receitas para redes de varejo, que é de 7,54%.

Capital de giro negativo (ou alterações) A alteração em capital de giro não monetário pode ser negativa? A resposta é, claramente, sim. Consideremos, porém, as implicações dessa alteração. Quando o capital de giro não monetário diminui, libera o caixa comprometido e aumenta o fluxo de caixa da empresa. Se uma empresa inchou os estoques ou dá crédito com demasiada facilidade, gerenciar um ou ambos os componentes eficazmente pode reduzir o capital de giro e ser uma fonte de fluxos de caixa positivos no futuro imediato — três, quatro ou até cinco anos. A questão, entretanto, é se pode ser uma fonte de fluxos de caixa por mais tempo que isso. Em algum momento, não haverá mais nenhuma ineficiência no sistema, e qualquer redução adicional no capital de giro pode ter conseqüências negativas para aumento de receita e de lucros. Portanto, sugerimos que, para empresas com capital de giro positivo, reduções no capital de giro sejam viáveis apenas em curtos períodos. De fato, recomendamos que, se o capital de giro estiver sendo gerenciado eficazmente, a sua alteração de um ano para o outro seja estimada pelo capital de giro como percentual de receitas. Por exemplo, consideremos uma empresa com capital de giro não monetário que representa 10% das receitas, que supostamente poderia ser reduzido a 6% por um gerenciamento melhor. Pode-se permitir que o capital de giro decline ano a ano nos próximos quatros anos, de 10% a 6% e, após esse ajuste, iniciar a estimativa da necessidade de capital de giro a

TABELA 3.1: Razões de alteração em capital de giro e efeitos no fluxo de caixa

		Ano				
	Corrente	1	2	3	4	5
Receita	$ 1.000,00	$ 1.100,00	$ 1.210,00	$ 1.331,00	$ 1.464,10	$ 1.610,51
CG não monetário como % das receitas	10%	9%	8%	7%	6%	6%
Capital de giro não monetário	$ 100,00	$ 99,00	$ 96,80	$ 93,17	$ 87,85	$ 96,63
Alteração em CG não monetário		–$ 1,00	–$ 2,20	–$ 3,63	–$ 5,32	$ 8,78

cada ano como 6% das receitas adicionais. A Tabela 3.1, ná página anterior, fornece as estimativas da alteração em capital de giro não monetário dessa empresa, pressupondo-se que as receitas correntes sejam de $ 1 bilhão e que se espera um crescimento de receita de 10% ao ano nos próximos cinco anos.

O capital de giro em si pode ser negativo? Novamente, a resposta é sim. As empresas cujos passivos correntes excedem os ativos correntes não monetários possuem capital de giro não monetário negativo. Trata-se de uma questão mais espinhosa do que as alterações negativas em capital de giro. Uma empresa com capital de giro negativo está, de certa forma, usando crédito de fornecedores como uma fonte de capital, principalmente se o capital de giro torna-se mais negativo à medida que a empresa cresce. Várias empresas, tendo Wal-Mart e Dell como exemplos de maior destaque, adotaram essa estratégia para crescer. Embora possa parecer uma estratégia eficiente em custos, há desvantagens potenciais. A primeira é que o crédito de fornecedor geralmente não é de fato gratuito. Na medida em que atrasar o pagamento de faturas de fornecedores pode acarretar a perda de descontos e outras quebras de preço, as empresas estão pagando por esse privilégio. Assim, uma empresa que decida seguir essa estratégia terá de comparar os custos desse capital com formas mais tradicionais de tomada de empréstimo. A segunda é que um capital de giro não monetário negativo é geralmente considerado tanto por contadores quanto por agências de *rating* como fonte de risco de inadimplência. A partir do momento em que o *rating* de uma empresa cai e os juros pagos por ela aumentam, pode haver custos gerados para outro capital pelo uso do crédito de fornecedor como uma fonte. Do ponto de vista prático, ainda temos um problema de estimativa quando prevemos as necessidades de capital de giro para uma empresa com capital de giro não monetário negativo. Como no cenário anterior, com alterações negativas em capital de giro não monetário, não há motivo por que as empresas não possam continuar a usar crédito de fornecedor como fonte de capital no curto prazo. No longo prazo, porém, não devemos pressupor que o capital de giro não monetário possa se tornar mais e mais negativo com o passar do tempo. Em algum ponto no futuro, temos de assumir que a alteração em capital de giro não monetário seja zero ou que a pressão gerará aumentos no capital de giro (e fluxos de caixa negativos). Em termos objetivos, podemos pressupor que os fluxos de caixa resultantes de alterações no capital de giro sejam razoáveis no curto prazo, mas não de forma perpétua (valor final).

DE FLUXOS DE CAIXA DA EMPRESA PARA FLUXOS DE CAIXA DO PATRIMÔNIO LÍQUIDO

Enquanto os fluxos de caixa da empresa medem os fluxos de caixa para todos os detentores de direitos no negócio, os fluxos de caixa para o patrimônio líquido concentram-se apenas nos fluxos de caixa recebidos por investidores em ações nesse negócio. Conseqüentemente, exigem estimativas de fluxos de caixa para credores e outros detentores de direitos fora do patrimônio líquido no negócio. No sentido mais estrito, o único fluxo de caixa que os investidores em ações recebem da empresa são os dividendos, e podemos elaborar as nossas avaliações em torno dos dividendos pagos. Como veremos nesta seção, nem sempre as empresas pagam o que podem em termos de dividendos. Uma estimativa mais realista de valor de ações pode requerer uma estimativa dos dividendos potenciais — o fluxo de caixa que poderia ter sido pago como dividendo.

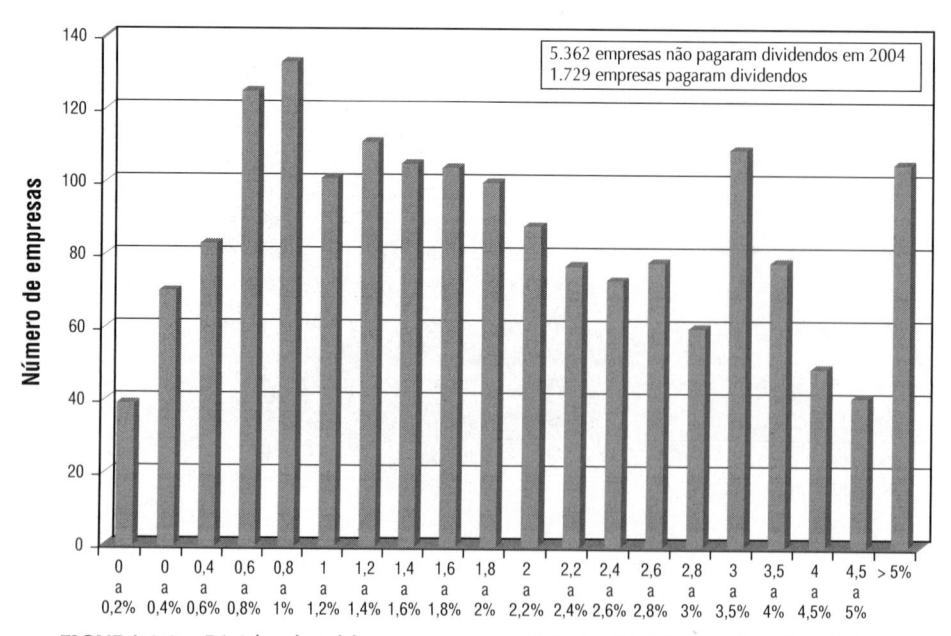

FIGURA 3.3 – *Dividend yields*: empresas nos Estados Unidos em janeiro de 2005

Dividendos

Os acionistas de muitas empresas de capital aberto recebem dividendos sobre as suas ações. Esses dividendos podem variar de zero a insignificante ou substancial valor. Um indicador simples de quanto retorno os acionistas podem esperar que seja gerado dos dividendos é o *dividend yield*, definido como os dividendos por ação enquanto percentual do preço de mercado. A Figura 3.3 resume os *dividend yields* para ações pagadoras de dividendos nos Estados Unidos em janeiro de 2005.

O *dividend yield* mediano para ações pagadoras de dividendos é ligeiramente inferior a 2%, e o *dividend yield* médio é cerca de 2,4%. O motivo pelo qual enfatizamos que esses valores são apenas para ações pagadoras de dividendos é porque há mais ações publicamente negociadas nos Estados Unidos que não pagam dividendos do que as que pagam. Muitas dessas empresas que não pagam dividendos são de menor porte e crescimento lento, que não podem se dar ao luxo de pagar dividendos; outras poderiam pagá-los, mas optam por não fazê-lo.

Embora examinemos em detalhe os modelos de desconto de dividendos nos próximos capítulos, há três padrões em políticas de dividendos que são importantes e devem ser enfatizados:

1. *Dividendos são aderentes.* Na maior parte do tempo, as empresas norte-americanas e européias deixam os seus dividendos por ação intactos desde anos anteriores. Alterações nos dividendos são incomuns, e, quando ocorrem, os aumentos são mais comuns que os cortes. Em partes da América Latina e Ásia, as razões de *payout* de dividendos são aderentes, mas dividendos absolutos são voláteis.
2. *Dividendos acompanham os lucros.* Alterações em dividendos tendem a nem levar a alterações em lucros nem ser contemporâneos. As empresas tendem a esperar para se certificar de que os aumentos nos lucros são sustentáveis antes de ativar um aumento nos dividendos. Como conseqüência, os dividendos por ação tendem a ser mais regulares e a não manifestar a volatilidade dos lucros por ação.
3. *Recompras de ações são cada vez mais consideradas alternativas aos dividendos.* Nas duas últimas décadas, as empresas têm cada vez mais se voltado à recompra de ações como alternativa ao pagamento de dividendos. O maior benefício da recompra é que as empresas não se sentem obrigadas a continuar comprando as ações de volta, ao passo que os mercados punem as empresas que interrompem o pagamento de dividendos. Até 2003, as recompras de ações também ofereciam benefícios fiscais em relação aos dividendos para a maioria dos investidores.

Muitos analistas permanecem favoráveis ao uso de dividendos como mensuração de fluxo de caixa para o patrimônio líquido, por dois motivos. Primeiro, é um dos poucos indicadores de fluxo de caixa que é observável e não requer estimativa. Segundo, é um fluxo de caixa com o qual os investidores conservadores podem contar como um fluxo de caixa-base, já que a maioria das empresas tende a fixar os dividendos em níveis que podem sustentar no longo prazo. Assim, os dividendos podem ser considerados um piso para o fluxo de caixa para o patrimônio líquido.

Dividendos potenciais

Embora os dividendos sejam observáveis e não requeiram estimativa, também são arbitrários. Não se exige das empresas que paguem dividendos, e elas podem muito bem optar por não pagá-los ou pagar muito pouco, mesmo que sejam capazes de pagar mais. Para estimar quanto caixa uma empresa tem condições de retornar aos seus acionistas, começamos com o lucro líquido — a mensuração contábil dos lucros dos acionistas no período — e subtraímos as necessidades de reinvestimento da empresa (definidas, como no caso do fluxo de caixa da empresa, como os gastos líquidos de capital e as alterações em capital de giro não monetário). Além disso, porém, os investidores em ações devem levar em conta o efeito das alterações nos níveis de dívida sobre os seus fluxos de caixa. Repagar o principal de uma dívida existente representa uma saída de caixa; mas o repagamento da dívida pode ser total ou parcialmente financiado pela emissão de uma nova dívida, que é uma entrada de caixa. Novamente, contrabalançar o repagamento de dívida antiga contra a entrada de caixa proveniente de emissões de novas dívidas fornece um indicador dos efeitos no fluxo de caixa das alterações na dívida.

Reconhecendo os efeitos de fluxo de caixa de gastos líquidos de capital, as alterações em capital de giro e as alterações líquidas em dívida sobre investidores em ações, podemos definir a sobra de fluxos de caixa após essas alterações como o fluxo de caixa livre para patrimônio líquido (em inglês, *free cash flow to equity* — FCFE).

Fluxo de caixa livre para patrimônio líquido = Lucro líquido
  − (Gastos de capital − Depreciação)
  − (Alteração em capital de giro não monetário)
  + (Emissão de nova dívida − Repagamentos de dívida)

Esse é o fluxo de caixa disponível para ser pago como dividendos ou recompras de ações.

Esse cálculo pode ser simplificado, se assumirmos que os gastos líquidos de capital e as alterações em capital de giro sejam financiados por uma combinação fixa[15] de dívida e patrimônio líquido. Se δ é a proporção dos gastos líquidos de capital e as alterações em capital de giro, que é levantado a partir de financiamento da dívida, o efeito sobre os fluxos de caixa para o patrimônio líquido desses itens pode ser representado como:

Fluxos de caixa de patrimônio líquido associados às necessidades de gastos de capital
= − (Gastos de capital − Depreciação)(1 − δ)

Fluxos de caixa de patrimônio líquido associados às necessidades de capital de giro
= − (Alteração em capital de giro não monetário)(1 − δ)

De forma similar, o fluxo de caixa disponível para investidores em ações após o atendimento às necessidades de gasto de capital e capital de giro, pressupondo-se que seja constante o valor contábil da combinação de dívida e patrimônio líquido, é:

Fluxo de caixa livre para patrimônio líquido = Lucro líquido − (Gastos de capital − Depreciação)(1 − δ)
− (Alteração em capital de giro não monetário)(1 − δ)

Note que o item pagamento de dívida líquida é eliminado, porque os repagamentos de dívida são financiados com novas emissões de dívida para manter fixa a razão da dívida. É particularmente útil presumir que uma proporção específica das necessidades de gastos líquidos de capital e capital de giro será financiada com dívida, se a razão de endividamento-alvo ou ótima da empresa é utilizada para prever o fluxo de caixa livre para patrimônio líquido que estará disponível em períodos futuros.

Também podemos estimar o fluxo de caixa livre para patrimônio líquido a partir da demonstração de fluxos de caixa. Para realizar a estimativa, começamos com os fluxos de caixa provenientes das operações (que geralmente incorporam o lucro líquido, a depreciação e a alteração em capital de giro não monetário), mas depois devemos seletivamente subtrair os gastos de capital e as aquisições-caixa (dos fluxos de caixa de investimentos) e os fluxos de caixa de dívida (dos fluxos de caixa do financiamento). Ainda temos de sair da demonstração de fluxo de caixa e obter informações sobre aquisições de ações.

Comparação entre dividendos e dividendos potenciais (FCFE)

O indicador convencional de políticas de dividendo —a razão de *payout* de dividendos — fornece o valor dos dividendos como uma proporção dos lucros. Em contraposição, a nossa abordagem mede o caixa total retornado aos acionistas como uma proporção do fluxo de caixa livre para patrimônio líquido.

$$\text{Razão de } payout \text{ de dividendos}^{*****} = \frac{\text{Dividendos}}{\text{Lucros}}$$

$$\text{Razão de caixa retornado para acionistas/FCFE} = \frac{\text{Dividendos} + \text{Recompras de ações}}{\text{FCFE}}$$

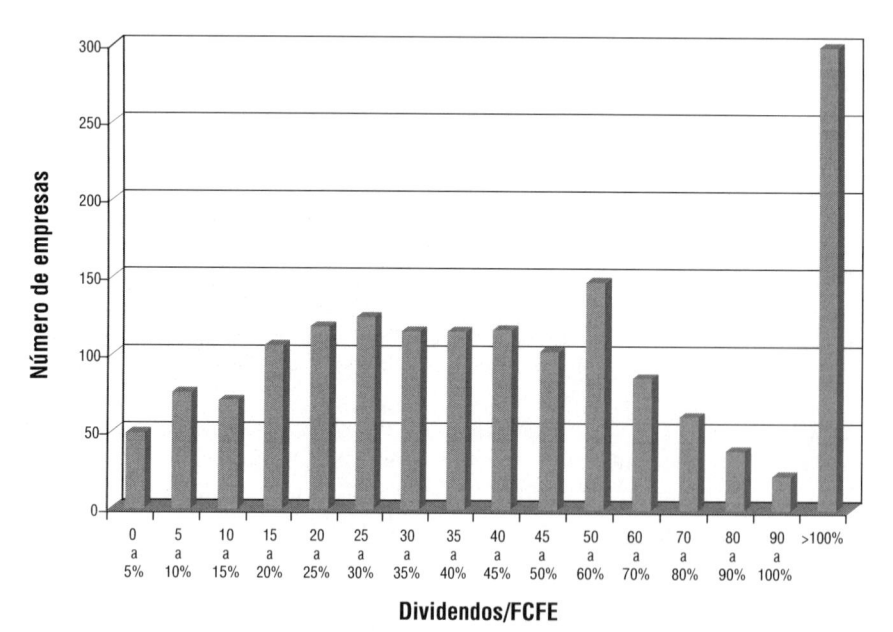

FIGURA 3.4 – Dividendos como percentual de FCFE: empresas nos Estados Unidos em janeiro de 2005

Fonte: Base de dados Compustat, 2004.

***** Razão *payout* de dividendos é a proporção de dividendos pagos sobre os lucros gerados no período (N. T.).

A razão do caixa retornado para acionistas/FCFE demonstra quanto do caixa disponível para ser pago aos acionistas é efetivamente retornado a eles sob a forma de dividendos e recompra de ações. Se essa razão, ao longo do tempo, for igual ou próxima a 1, a empresa está pagando tudo o que pode aos acionistas. Se for significativamente menor que 1, está pagando menos do que pode e usando a diferença para aumentar o seu saldo de caixa. Se significativamente mais que 1, está pagando mais do que pode e ou está retirando de um saldo de caixa existente ou emitindo novos títulos (ações ou obrigações).

Pode-se observar a tendência de as empresas pagarem menos aos acionistas do que têm disponível em fluxos de caixa livres para patrimônio líquido, examinando-se o caixa retornado aos acionistas pago como percentual do fluxo de caixa livre para patrimônio líquido. Em 2004, por exemplo, a razão média de dividendo para fluxo de caixa livre entre todas as empresas no New York Stock Exchange (Nyse) era 60%. A Figura 3.4 mostra a distribuição do caixa retornado como percentual de FCFE entre todas as empresas.

Um índice menor que 100% significa que a empresa está pagando menos em dividendos do que tem disponível em fluxos de caixa livres e que está gerando excedente de caixa. Para essas empresas que não fizeram pagamentos de dívida líquida (pagamentos de dívida excedendo a novas emissões de dívida) no período, esse excedente de caixa aparece como um aumento no saldo de caixa. Um índice maior que 100% significa que a empresa está pagando mais em dividendos do que a disponibilidade de fluxo de caixa. Essas empresas devem financiar esses pagamentos de dividendos a partir de saldos de caixa existentes ou de novas emissões de ações e dívida.

Por que as empresas pagam menos do que o disponível Muitas empresas pagam menos aos acionistas, sob a forma de dividendos e recompra de ações, do que a disponibilidade nos fluxos de caixa livres para patrimônio líquido. Os motivos variam de empresa para empresa, e listamos cinco possibilidades a seguir.

1. *Desejo por estabilidade*. Conforme já observamos, as empresas geralmente relutam em alterar dividendos; e os dividendos são considerados aderentes porque a variabilidade em dividendos é significativamente inferior à variabilidade em lucros ou fluxos de caixa. A resistência em alterar dividendos é acentuada quando as empresas têm de reduzi-los, e, empiricamente, os aumentos em dividendos superam os cortes em pelo menos uma margem de 5 para 1, na maioria dos períodos. Em decorrência dessa relutância em cortar dividendos, as empresas freqüentemente se recusam a aumentá-los, mesmo quando os lucros e o FCFE sobem, pois hesitam quanto à sua capacidade de manter altos esses dividendos. Isso leva a uma defasagem entre os aumentos em lucros e os aumentos em dividendos.
2. *Necessidades futuras de investimento*. Uma empresa pode reter o pagamento do seu FCFE integral sob a forma de dividendos, se tiver a expectativa de aumentos substanciais em necessidades de gastos de capital no futuro. Como a emissão de títulos é cara (do ponto de vista do custo de flutuação), ela pode optar por manter o excesso de caixa para financiar necessidades futuras. Assim, de acordo com o grau de incerteza da empresa sobre as suas necessidades futuras de financiamento, ela pode optar por reter algum caixa para assumir investimentos inesperados ou atender a necessidades não previstas.
3. *Fatores fiscais*. Até 2003, os dividendos eram taxados a uma alíquota mais alta do que os ganhos de capital. Conseqüentemente, as empresas optavam por ter o excesso de caixa e pagar menos dividendos do que o disponível. Isso se acentuava se os acionistas estivessem em alto nível de alíquota de imposto de renda, como no caso de muitas empresas familiares. Se, contudo, os investidores da empresa gostam de dividendos, ou leis fiscais os favorecem, a empresa pode pagar mais em dividendos do que o disponível em FCFE, em geral tomando empréstimo ou emitindo novas ações para isso.
4. *Sinalização de prerrogativas*. As empresas geralmente usam os dividendos como sinais de perspectivas futuras, e o aumento em dividendos é considerado um sinal positivo, e a sua redução, um sinal negativo. A evidência empírica é consistente com essa história de sinalização, já que o preço das ações em geral sobe com o aumento de dividendos e cai com a sua redução. O uso de dividendos como sinais pode levar a diferenças entre dividendos e FCFE.
5. *Interesses gerenciais*. Os gerentes de uma empresa podem ganhar ao reter caixa em vez de distribuí-lo como dividendos. O desejo de construir um império pode tornar o aumento do porte da empresa em um objetivo em si mesmo. Ou a gerência pode sentir a necessidade de criar um colchão de liquidez para amortecer os períodos de baixa nos lucros; nesses períodos, o colchão de liquidez pode reduzir ou obscurecer a queda nos lucros e permitir aos gerentes permanecerem no controle.

As implicações para a avaliação de empresas são simples. Se usarmos o modelo de desconto de dividendos e não aceitarmos o acúmulo de caixa que ocorre quando as empresas pagam menos do que podem, vamos subestimar o valor de patrimônio líquido das empresas.

CONCLUSÃO

Ao se avaliar uma empresa, os fluxos de caixa devem ser descontados após impostos e necessidades de reinvestimento, mas antes do pagamento de dívidas. Ao se avaliar o patrimônio líquido, os fluxos de caixa devem ser pós-pagamento de dívidas. Neste capítulo, analisamos alguns dos desafios em chegar a esses números para as empresas.

Iniciamos o capítulo examinando as limitações dos indicadores contábeis de lucros e qual a melhor forma de ajustar esses lucros para itens mal classificados, tais como leasings operacionais e P&D. Para declarar esse lucro operacional em termos pós-impostos, necessitamos de uma alíquota. Em geral, as empresas declaram as suas alíquotas efetivas nas demonstrações financeiras, mas elas podem ser diferentes das alíquotas marginais. Enquanto a alíquota efetiva pode ser utilizada para se obter o lucro operacional após impostos no período corrente, a alíquota utilizada deve convergir para a alíquota marginal em períodos futuros. Para empresas que estão perdendo dinheiro e não pagam os impostos, os prejuízos operacionais líquidos que estão acumulando protegerão parte do seu lucro futuro proveniente de taxação.

A seguir, o reinvestimento que as empresas realizam em suas próprias operações é analisado em duas partes. A primeira parte é o gasto líquido de capital da empresa, que é a diferença entre os gastos de capital (uma saída de caixa) e a depreciação (efetivamente, uma entrada de caixa). Nesse gasto líquido de capital, incluímos as despesas operacionais capitalizadas (tais como P&D) e as aquisições. A segunda parte refere-se aos investimentos em capital de giro não monetário, principalmente estoques e contas a receber. Os aumentos em capital de giro não monetário representam as saídas de caixa da empresa, ao passo que as reduções representam as entradas de caixa. Na maioria das empresas, o capital de giro não monetário tende a ser volátil e pode necessitar ser aplainado ao se prever fluxos de caixa futuros.

Na última parte do capítulo, examinamos dois indicadores de fluxos de caixa para o patrimônio líquido: os dividendos efetivamente pagos, que são facilmente observáveis mas arbitrários, e um indicador mais amplo de dividendos potenciais, o fluxo de caixa livre para patrimônio líquido, que captura o caixa disponível após o atendimento às necessidades de reinvestimento e financiamento. Muitas empresas pagam menos dividendos do que a sua real disponibilidade de fluxo de caixa livre para patrimônio líquido, e obteremos estimativas mais realistas de valor de patrimônio líquido utilizando o segundo indicador.

Notas

1. Se apenas a amortização fosse dedutível de imposto, o benefício fiscal dos gastos de P&D seria:

    Amortização × Alíquota de imposto de renda

    Esse benefício fiscal extra obtido pelo fato de todo o P&D ser dedutível de imposto é o seguinte:

    (P&D − Amortização) × Alíquota de imposto de renda

    Se subtrairmos (P&D − Amortização)(1 − Alíquota) e adicionarmos o benefício fiscal diferencial calculado anteriormente, (1 − Alíquota) sai da equação.

2. Note que podemos chegar a esse valor usando a tabela anterior e deslocando os números de amortização por uma fileira. Assim, $ 3.192 milhões se transformariam no P&D do ano corrente, $ 3.135 milhões no P&D do ano −1 e 80% dele não amortizado e assim por diante.

3. Se o retorno sobre capital obtido por uma empresa está muito abaixo do custo de capital, o ajuste poderia gerar um retorno mais alto.

4. Como exemplo, Jamie Kiggen, analista da Donaldson, Lufkin and Jenrette, avaliou um cliente da Amazon em $ 2.400, em um relatório de pesquisa de ações em 1999. Esse valor baseou-se na premissa de que o cliente continuaria a comprar da Amazon.com e em uma margem de lucro previsto proveniente dessas vendas.

5. O cálculo resulta em 18,67, mas utilizamos apenas o componente inteiro de 18 anos (2.405/18 = 133,61).

6. A vida de um leasing é calculada adicionando-se a estimativa de vida de anuidade de 18 anos pelo montante dos cinco primeiros anos.

7. Estimativas Ibes.

8. A Microsoft preservou a credibilidade com os analistas, permitindo também que soubessem quando as estimativas deles eram baixas demais. As empresas que são invariavelmente pessimistas nas apresentações aos analistas perdem a credibilidade e, por conseqüência, a eficácia em gerenciar os lucros.

9. As empresas que compraram o Windows 95 em 1995 também adquiriram o direito a upgrades e assistência técnica em 1996 e 1997. A Microsoft poderia ter demonstrado essas receitas em 1995.

10. A revista *Forbes* publicou um artigo em 6 de março de 2000, sobre a MicroStrategy, com este trecho:

    Em 4 de outubro, a MicroStrategy e a NCR anunciaram o que foi descrito como um acordo de licenciamento e tecnologia no valor de $ 52,5 milhões. A NCR concordou em pagar à MicroStrategy $ 27,5 milhões para licenciar o seu software. A MicroStrategy comprou uma unidade da NCR que havia sido um concorrente pelo que na época valia $ 14 milhões em ações e concordou em pagar $ 11 milhões em dinheiro por um sistema *data warehousing*. A MicroStrategy declarou $ 17,5 milhões do dinheiro do licenciamento como receita no terceiro trimestre, que havia se encerrado quatro dias antes.

11. Apenas três empresas baixaram P&D em processo na década anterior (1980–1989). Z. Deng e B. Lev, "The valuation of acquired R&D", *Working Paper*. New York University, 1999.

12. Uma alíquota efetiva negativa geralmente surge porque uma empresa está declarando um lucro nos seus livros fiscais (sobre os quais paga impostos) e um prejuízo nos seus livros contábeis. Uma alíquota efetiva negativa maior que 100% é indicativa de uma empresa que declara lucros baixos nos seus livros contábeis e altos nos livros fiscais.

13. Já que a alíquota efetiva baseia-se nos impostos pagos (provenientes dos impostos declarados), a alíquota efetiva será inferior à marginal para empresas que alteram os métodos contábeis para inflacionar os lucros declarados.

14. As alíquotas corporativas marginais para diferentes países estão no site Web www.damodaran.com, com o título 'Updated Data'.

15. A combinação deve ser fixa em termos de valor contábil. Pode ser variável em termos de valor de mercado.

Capítulo 4

Como prever fluxos de caixa

O foco do capítulo anterior foi a questão da melhor forma de medir fluxos de caixa. Este capítulo é dirigido a uma questão mais difícil: a melhor maneira de estimar fluxos de caixa futuros esperados. Começamos analisando a prática de utilizar taxas de crescimento histórico para prever fluxos de caixa futuros e depois analisamos a abordagem igualmente comum de utilizar estimativas de crescimento fornecidas ou pela gerência ou por outros analistas que monitorem a empresa. Como uma variação final, descrevemos uma forma mais consistente de atrelar o crescimento ao investimento e às políticas de financiamento de uma empresa.

Na segunda parte do capítulo, examinamos diferentes formas de finalizar uma avaliação estimando-se o valor terminal e como evitar que esse número se torne ilimitado. Analisamos especialmente a conexão entre crescimento terminal e premissas de reinvestimento. Na seção final do capítulo, consideramos três variações sobre a previsão de fluxo de caixa: estimativas de valor esperado, análise de cenário e simulações.

ESTRUTURA DE AVALIAÇÃO DE FLUXO DE CAIXA DESCONTADO

Para avaliar um ativo, devemos prever os fluxos de caixa esperados por toda a sua vida. Isso pode vir a ser um problema quando se avalia uma empresa de capital aberto, que, pelo menos em teoria, pode ter vida perpétua. Nos modelos de fluxo de caixa descontado (em inglês, *discounted cash flow* — DCF), geralmente solucionamos esse problema pela estimativa de fluxos de caixa por um período (normalmente especificado para ser um período de crescimento extraordinário) e um valor terminal ao final do período. Embora analisemos abordagens alternativas, a forma mais consistente de estimar o valor terminal em um modelo de fluxo de caixa descontado é pressupor que os fluxos de caixa crescerão a uma taxa estável, que poderá ser sustentada por tempo indeterminado, após o ano terminal. Em termos gerais, o valor de uma empresa que espera sustentar um crescimento extraordinário por *n* anos pode ser formulado como:

$$\text{Valor de uma empresa} = \sum_{t=1}^{t=n} \frac{\text{Fluxo de caixa esperado}_t}{(1+r)^t} + \frac{\text{Valor terminal}_n}{(1+r)^n}$$

Se mantivermos a distinção entre avaliação de patrimônio líquido e avaliação da empresa como um todo, apresentada nos capítulos anteriores, podemos avaliar o patrimônio líquido de uma empresa descontando os fluxos de caixa esperados do patrimônio líquido e o valor terminal do patrimônio líquido ao custo do patrimônio líquido ou podemos avaliar toda a empresa descontando os fluxos de caixa esperados da empresa e o valor terminal da empresa ao custo de capital.

Há três elementos na previsão de fluxos de caixa. O primeiro consiste em determinar *a duração do período de crescimento extraordinário*; diferentes empresas, dependendo da fase do ciclo de vida em que estão e da concorrência que enfrentam, terão diferentes períodos de crescimento. O segundo é estimar os *fluxos de caixa durante o período de alto crescimento*, pelas mensurações de fluxos de caixa que obtivemos no capítulo anterior. O terceiro corresponde ao *cálculo do valor terminal*, que deve se basear na trajetória esperada dos fluxos de caixa no ano terminal.

DURAÇÃO DO PERÍODO DE CRESCIMENTO EXTRAORDINÁRIO

A questão de por quanto tempo uma empresa será capaz de sustentar um alto crescimento é provavelmente uma das mais difíceis de responder em uma avaliação, mas vale a pena mencionar dois pontos. Um deles é que não se trata de *se*, mas sim *quando* as empresas atingirão o paredão do crescimento estável. Mais cedo ou mais tarde, todas as empresas atingem um crescimento estável, na melhor das hipóteses, porque o alto crescimento torna a empresa maior e o seu porte acabará se tornando uma barreira a um crescimento maior. No pior dos cenários, as empresas podem não sobreviver e serem liquidadas. O segundo ponto é que o alto crescimento em avaliação, ou pelo menos o alto crescimento que gera valor,[1] advém de empresas que lucram retornos em excesso sobre investimentos marginais. Em outras palavras, o aumento de valor é proveniente das empresas com um retorno sobre capital que excede ao custo de capital (ou um retorno sobre patrimônio líquido que exceda ao custo do patrimônio líquido). Dessa forma, ao se pressupor que uma empresa terá alto crescimento nos próximos cinco ou dez anos, também se estará implicitamente pressupondo que obterá retornos em excesso (além e acima do retorno exigido) nesse período. Em um mercado competitivo, esses retornos em excesso eventualmente atrairão novos concorrentes e depois desaparecerão.

Devemos analisar três fatores ao considerar por quanto tempo uma empresa será capaz de manter alto crescimento.

1. *Porte da empresa.* É muito mais provável que empresas menores lucrem retornos em excesso e mantenham esses retornos do que empresas maiores, embora similares. Isso porque têm mais espaço para crescer e maior potencial de mercado. Pequenas empresas em grandes mercados devem apresentar potencial de alto crescimento (ao menos em receitas) por longos períodos. Ao examinar o porte da empresa, deve-se analisar não só o seu *market share* atual, mas também o potencial de crescimento dos seus produtos ou serviços no mercado total. Uma empresa pode ter um considerável *market share* do seu mercado atual, mas pode conseguir crescer, apesar disso, porque o mercado como um todo está crescendo rapidamente.
2. *Taxa de crescimento vigente e retornos em excesso.* O dinamismo é muito importante quando se trata de projetar o crescimento. Empresas que têm declarado um rápido crescimento em receitas possuem mais chance de ver as receitas crescerem rapidamente, pelo menos no futuro próximo. Empresas que lucram altos retornos sobre capital e altos retornos em excesso no período corrente têm mais chance de sustentar esses retornos em excesso pelos próximos anos.
3. *Magnitude e sustentabilidade de vantagens competitivas.* Este é provavelmente o fator determinante mais crítico da duração do período de alto crescimento. Se houver barreiras significativas à entrada e vantagens competitivas sustentáveis, as empresas conseguirão manter o alto crescimento por períodos mais longos. Se, entretanto, não houver nenhuma barreira à entrada, ou apenas pouca, ou se as vantagens competitivas existentes da empresa estiverem desaparecendo, deveremos ser muito mais conservadores quanto a aceitar longos períodos de crescimento. A qualidade da administração vigente também influencia o crescimento. Alguns altos executivos[2] possuem a capacidade de tomar decisões estratégicas que aumentam as vantagens competitivas e criam novas.

EXEMPLO 4.1: Duração de período de alto crescimento

Para exemplificar o processo de estimativa da duração de um período de alto crescimento, analisaremos todas as empresas que serão avaliadas nos próximos dois capítulos e faremos julgamentos subjetivos sobre por quanto tempo cada uma será capaz de manter o alto crescimento.

Empresa	Vantagem competitiva	Ameaças potenciais	Duração do período de crescimento
JPMorgan Chase (ROE corrente = 11,16%)	Porte da empresa e portfólio de serviços financeiros	Pouco poder de precificação; superado por concorrentes menores e ágeis	Sem período de alto crescimento
Goldman Sachs (ROE corrente = 18,49%)	Marca de banco de investimento; conhecimento de mercado e experiência em *trading*	Mercados nos Estados Unidos e na Europa estão saturados e são voláteis	Período de alto crescimento de cinco anos
Canara Bank (Pequeno banco indiano) (ROE corrente = 23,22%)	Presença significativa em um mercado de alto crescimento (Índia) com restrições à entrada de novos concorrentes	Facilidade de entrada de bancos permitindo a bancos estrangeiros competir no mercado	Período de alto crescimento de dez anos
ExxonMobil (ROE corrente = 19,73%)	Economias de escala e posse de reservas de petróleo inexploradas	Petróleo como recurso não-renovável e fontes de energia alternativa tornam-se mais viáveis	Sem período de alto crescimento
Toyota Motor Corporation (ROE corrente = 10,18%)	Empresa mais saudável e eficiente de um segmento conturbado; líder em motores híbridos de consumo econômico de combustível	Redução no crescimento geral do setor automobilístico e aumento da concorrência de montadoras chinesas e indianas	Período de alto crescimento de cinco anos
Tsingtao Breweries (ROE corrente = 8,06%)	Marca forte na Ásia, onde o consumo de cerveja cresce rapidamente	Cervejarias estabelecidas nos Estados Unidos e na Europa e outras cervejarias da Ásia competindo pelo mesmo mercado	Período de alto crescimento de dez anos

(continua)

(continuação)

Empresa	Vantagem competitiva	Ameaças potenciais	Duração do período de crescimento
Nintendo (ROC corrente = 8,54%)	Concorrente pioneiro com tecnologia proprietária no negócio de jogos	Concorrência acirrada de competidores maiores com suas próprias tecnologias proprietárias (Sony e Microsoft)	Sem período de alto crescimento
Target (ROC corrente = 9,63%)	Varejista 'legal' com boa administração	Em um negócio sujeito a modismos; mercado nos Estados Unidos pode tornar-se saturado	Período de alto crescimento de cinco anos
Embraer (ROC corrente = 16,93%)	Forte presença no mercado de jatos pequenos e executivos; vantagens de custo sobre concorrentes de mercados desenvolvidos	Concorrentes de mercados desenvolvidos, como Boeing e Airbus, tentam transferir a produção para locais mais econômicos	Período de alto crescimento de cinco anos
Sirius Satellite Radio (ROC corrente = Negativo)	Pioneiro no negócio de alto crescimento de rádio via satélite	Provável concorrência acirrada não só de outras empresas do setor, mas também de tecnologias alternativas (rádio via Internet etc.)	Período de alto crescimento de dez anos

ROE – retorno sobre patrimônio líquido (em inglês, *return on equity*); ROC – retorno sobre capital (em inglês, *return on capital*).

Note que esses julgamentos são subjetivos, e é inteiramente possível que outro analista, ao analisar essas empresas, tire conclusões muito diferentes, com as mesmas informações.

PREVISÕES DETALHADAS DE FLUXO DE CAIXA

Após a definição do período de crescimento extraordinário, devemos prever os fluxos de caixa para esse período. É nesse estágio do processo que seremos convocados a fazer o nosso melhor julgamento sobre como a empresa objeto da avaliação se desenvolverá nos próximos anos. Começamos esta seção examinando a fonte mais lógica dessas estimativas, que é o próprio passado da empresa, mas destacamos alguns riscos associados a confiar na história. Também consideramos o uso de estimativas para o futuro fornecidas por aqueles que consideramos mais entendidos, o que incluiria a administração da empresa e os analistas que a monitoram. Encerramos a seção apresentando a ligação entre crescimento e os fundamentos de uma empresa.

O passado como prólogo

Ao estimar o crescimento esperado de uma empresa, em geral, começamos por analisar a sua história. Com que rapidez as operações da empresa, de acordo com as suas receitas ou lucros, cresceram no passado recente? Embora o crescimento passado nem sempre seja um bom indicador do crescimento futuro, de fato transmite informações que podem ser valiosas ao se fazer estimativas para o futuro. Iniciamos esta subseção examinando as questões de mensuração que surgem quando se estima o crescimento passado e depois consideramos como o crescimento passado pode ser utilizado nas projeções.

Estimativa de crescimento histórico Considerando-se o histórico de lucros de uma empresa, a estimativa das taxas de crescimento histórico pode parecer um exercício simples. No entanto, vários problemas de mensuração podem ocorrer. Temos de levar em conta principalmente o seguinte:

Opções de cálculo A taxa média de crescimento pode variar dependendo se é uma média aritmética ou geométrica. A aritmética é uma média simples das taxas de crescimento passado, enquanto a geométrica considera a composição que ocorre de um período a outro.

$$\text{Média aritmética} = \frac{\sum_{t=-n}^{t=-1} g_t}{n}$$

onde g_t = taxa de crescimento no ano t

$$\text{Média geométrica} = \left[\frac{\text{Lucros}_0}{\text{Lucros}_{-n}}\right]^{(1/n)} - 1$$

onde Lucros$_{-n}$ = lucros n anos atrás

As duas estimativas podem ser muito diferentes, principalmente no caso de empresas com lucros voláteis. A média geométrica é um indicador muito mais preciso do crescimento real de lucros passados, especialmente quando o crescimento ano a ano tem sido errático. De fato, a questão sobre taxas de crescimento aritméticas e geométricas também se aplica às receitas, embora a diferença entre as duas taxas de crescimento tenda a ser menor para receitas do que para lucros.

Período da estimativa A taxa média de crescimento de uma empresa pode ser muito diferente, dependendo dos pontos de início e fim da estimativa. Se começamos o cálculo da estimativa em um ano de lucros ruins e terminamos com um ano de lucros bons, descobrimos, sem nenhuma surpresa, que o crescimento foi saudável durante o período intermediário.

Lucros negativos Os indicadores de crescimento histórico são distorcidos pela presença de números de lucros negativos. A alteração percentual nos lucros em bases anuais é definida como:

$$\% \text{ de aumento em EPS no período } t = \frac{\text{EPS}_t - \text{EPS}_{t-1}}{\text{EPS}_{t-1}} = \frac{\text{EPS}_t}{\text{EPS}_{t-1}} - 1$$

Se o EPS$_{t-1}$ for negativo ou zero, esse cálculo produz um número insignificante. Isso se estende ao cálculo da média geométrica: se o EPS no período inicial for negativo ou zero, a média geométrica não tem significado. Embora haja medidas de último recurso que produzam estimativas de crescimento, mesmo que os lucros sejam negativos, elas não fornecem nenhuma informação útil sobre o crescimento futuro. Não é incorreto e, de fato, pode ser apropriado concluir que a taxa de crescimento histórico não é significativa quando os lucros são negativos e ignorá-la na previsão do crescimento futuro.

EXEMPLO 4.2: Diferenças entre médias artimética e geométrica: Ryanair

A tabela seguinte divulga receitas, Ebitda, Ebit e lucro líquido da Ryanair, companhia aérea européia de baixo preço sediada na Irlanda, para cada ano entre 1998 e 2005. As taxas de crescimento em médias aritméticas e geométricas, em cada série, são relatadas ao final da tabela.

Ano	Receitas (€ mil)	Taxa de crescimento (%)	Ebitda (€ mil)	Taxa de crescimento (%)	Ebit (€ mil)	Taxa de crescimento (%)	Lucro líquido (€ mil)	Taxa de crescimento (%)
1998	203.803,17		81.420,71		56.281,16		45.525,20	
1999	258.973,00	27,07	104.070,00	27,82	67.861,00	20,57	57.471,00	26,24
2000	330.571,00	27,65	128.107,00	23,10	84.055,00	23,86	72.518,00	26,18
2001	432.940,00	30,97	173.186,00	35,19	114.011,00	35,64	104.483,00	44,08
2002	550.991,00	27,27	221.943,00	28,15	162.933,00	42,91	150.375,00	43,92
2003	731.591,00	32,78	340.339,00	53,35	263.474,00	61,71	238.398,00	58,54
2004	1.074.224,00	46,83	368.981,00	8,42	270.851,00	2,80	206.611,00	–13,33
2005	1.336.586,00	24,42	428.192,00	16,05	329.489,00	21,65	266.741,00	29,10
Média aritmética		31,00		27,44		29,88		30,68
Média geométrica		30,82		26,76		28,72		28,73
Desvio padrão		7,50		14,39		18,88		22,77

Média geométrica = (Lucros$_{2005}$/Lucros$_{1998}$)$^{1/7}$ − 1

A taxa de crescimento em média aritmética é maior que a de média geométrica para todos os quatro itens, mas a diferença é maior com lucro líquido e lucro operacional (Ebit) que com receitas e Ebitda. Isso ocorre porque o lucro líquido e o operacional são os mais voláteis dos números. Analisando-se o lucro líquido e o operacional (Ebit ou Ebitda) em 1998 e 2004, as médias geométricas são indicadores muito melhores do crescimento real.

Utilidade do crescimento histórico A taxa de crescimento do passado é um bom indicador de crescimento no futuro? Não necessariamente. Em um estudo sobre a relação entre as taxas de crescimento passado e futuro, Little (1960)[3] cunhou o termo "crescimento oscilante" porque encontrou pouca evidência de que as empresas que cresceram rapidamente em um período continuavam a fazê-lo no próximo. No processo de executar uma série de correlações entre as taxas de crescimento nos lucros em períodos consecutivos de diferente duração, com freqüência ele encontrou correlações negativas entre taxas de crescimento nos dois períodos, e a correlação média entre os dois períodos era próxima de zero (0,02).

Se o crescimento passado em lucros não é um indicador confiável de crescimento futuro em diversas empresas, imagine em empresas menores. As taxas de crescimento em empresas de pequeno porte tendem a ser ainda mais voláteis que as de outras no mercado. A correlação entre taxas de crescimento dos lucros em períodos consecutivos (cinco anos, três anos e um ano) para empresas nos Estados Unidos, classificadas pelo valor de mercado, é relatada na Figura 4.1.

Embora as correlações tendam a ser mais altas para taxas de crescimento de um ano do que de três ou cinco, também são consistentemente mais baixas para empresas pequenas do que para o restante do mercado. Isso sugeriria que se deve ter mais cautela ao utilizar o crescimento passado, principalmente em lucros, para prever o crescimento futuro dessas empresas.

Em geral, o crescimento de receitas tende a ser mais persistente e previsível do que o de lucros. Isso ocorre porque as opções contábeis exercem efeito muito menor sobre receitas que sobre lucros. De fato, há analistas que utilizam as taxas de crescimento histórico para itens individuais na previsão de fluxo de caixa: receitas, despesas operacionais, gastos de capital, depreciação e assim por diante. O risco de fazê-lo é que aceitar que cada item cresça a taxas diferentes pode gerar inconsistências internas significativas. Por exemplo, permitir que as receitas cresçam a 10% ao ano, enquanto as despesas operacionais aumentam 6% ao ano, elevará as margens operacionais a níveis insustentáveis, se mantidas por um tempo suficientemente longo.

Efeitos do porte da empresa Como a taxa de crescimento é demonstrada em termos percentuais, o papel do porte deve ser ponderado na análise. É mais fácil para uma empresa com $ 10 milhões em lucros gerar uma taxa de crescimento de 50% do que outra com lucro de $ 500 milhões gerar a mesma porcentagem de crescimento. Considerando-se que é mais difícil para as empresas sustentarem altas taxas de crescimento à medida que crescem, as taxas de crescimento passado daquelas que cresceram drasticamente em tamanho podem ser difíceis de sustentar no futuro. Isso constitui um problema para todas as empresas, mas afeta principalmente a análise das pequenas, em crescimento. Embora os fundamentos dessas empresas, em termos de administração, produtos e mercados subjacentes, possam permanecer inalterados, ainda assim será difícil manter as taxas de crescimento histórico à medida que as empresas duplicam ou triplicam de tamanho.

O verdadeiro teste para uma pequena empresa está em lidar bem com o crescimento. Algumas empresas têm sido capazes de continuar a entregar produtos e serviços com eficiência enquanto crescem. Em outras palavras, elas têm

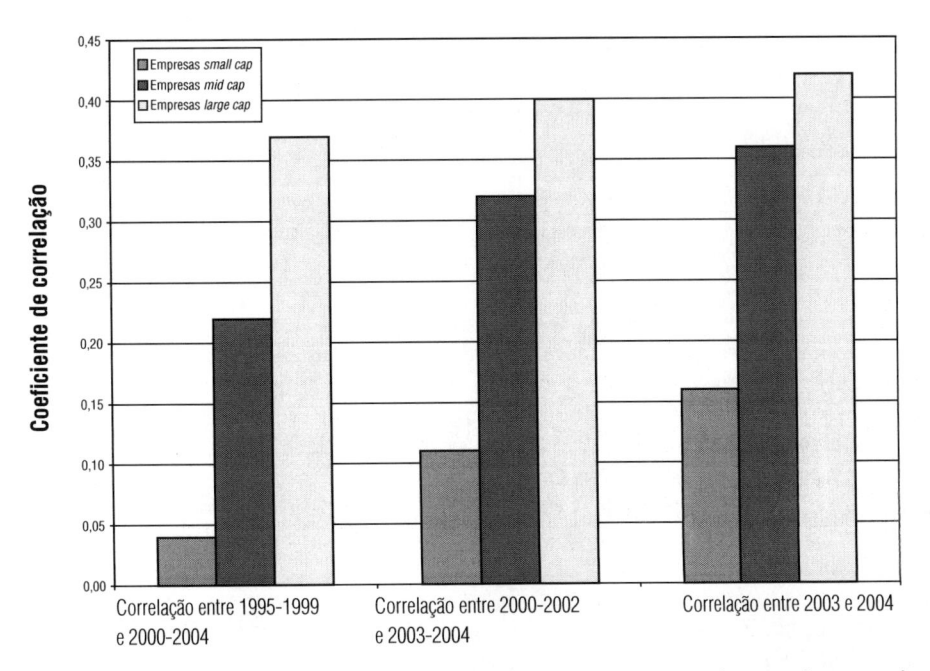

■ **FIGURA 4.1** – Correlações em crescimento dos lucros por capitalização de mercado

conseguido ganho de escala. Outras têm sofrido mais em reproduzir o sucesso à medida que crescem. Ao se avaliarem pequenas empresas, portanto, é importante analisar os planos de aumento de crescimento; porém, é ainda mais crítico examinar os sistemas instalados para lidar com esse crescimento.

Estimativas externas de crescimento

Alguns analistas escapam da responsabilidade de estimar o crescimento, usando estimativas fornecidas seja pela gerência da empresa-alvo da avaliação, seja por outros analistas que monitoram a empresa. Nesta seção, consideramos essa prática e se as avaliações dela resultantes são mais precisas.

Estimativas da gerência Um número surpreendente de avaliações utiliza previsões de receitas e lucros fornecidas pela administração da empresa. Essa prática possui duas vantagens: simplifica a estimativa, pois os números são fornecidos pelos gerentes, e permite que os analistas da avaliação culpem os outros, se as previsões não se cumprirem. Os riscos são múltiplos:

- No Capítulo 1, abordamos os riscos de viés na avaliação. Não é de esperar que a administração de uma empresa seja imparcial sobre as perspectivas futuras da empresa e, por extensão, sobre as suas próprias habilidades gerenciais. Com demasiada freqüência, as previsões gerenciais representam uma lista de desejos em vez de expectativas realistas sobre o futuro.
- Um problema diferente é criado quando uma recompensa gerencial é associada a cumprir ou superar as previsões fornecidas. Nesse caso, haverá uma tendência a baixar as expectativas, com a intenção de superar as previsões e gerar recompensas.
- Finalmente, as previsões gerenciais podem representar um conjunto de premissas que são inconsistentes. Por exemplo, a gerência pode prever um crescimento de receita de 10% ao ano nos próximos dez anos, com pouco ou nenhum novo gasto de capital nesse período. Embora a administração mais eficiente dos ativos existentes possa gerar algum crescimento de curto prazo, é difícil enxergar como pode ser a base de um crescimento de longo prazo.

Não estamos afirmando que as previsões gerenciais devam ser ignoradas. É evidente que há informações úteis nessas estimativas, e a chave é certificar-se de que essas previsões sejam viáveis e internamente consistentes.

Estimativas de analistas Ao avaliar empresas de capital aberto, realmente temos acesso a previsões de crescimento realizadas por outros analistas que as monitoram. Serviços como Institutions Brokers Estimate System (IBES) e Zacks coletam e resumem as previsões de analistas, disseminando-as amplamente. Dessa forma, podemos facilmente conhecer quais as expectativas dos analistas que acompanham o Google, por exemplo, sobre o crescimento de lucros nos próximos cinco anos.

Vantagens das informações Há uma série de motivos para crer que as previsões dos analistas sobre crescimento devam ser melhores de se utilizar do que as taxas históricas.

- Além de recorrer a dados históricos, os analistas também podem acessar informações divulgadas tanto sobre a empresa quanto a economia em geral, já que os lucros anteriores servem de base para previsões sobre crescimento futuro. Às vezes, essa informação pode levar a uma reavaliação significativa dos fluxos de caixa esperados para a empresa.
- Os analistas também podem condicionar as suas estimativas de crescimento de uma empresa a informações reveladas por seus concorrentes sobre política de preços e crescimento futuro. Por exemplo, um relatório de lucros negativos de uma empresa de telecomunicações pode acarretar uma reavaliação dos lucros de outras empresas desse setor.
- Às vezes, os analistas detêm informações de acesso restrito sobre as empresas monitoradas. Essas informações podem ser relevantes na previsão de crescimento futuro. Isso contorna a questão delicada sobre quando a informação de acesso restrito torna-se informação interna ilegal. Não há dúvida, entretanto, que boas informações sigilosas podem levar a estimativas muito melhores de crescimento futuro. Na tentativa de restringir esse tipo de vazamento de informações, a Securities and Exchange Commission (SEC) — órgão regulador do mercado de capitais nos Estados Unidos, equivalente à Comissão de Valores Mobiliários no Brasil — emitiu novos regulamentos (Reg FD) em 2000, impedindo as empresas de revelarem informações de forma seletiva a um grupo de analistas ou investidores. Fora dos Estados Unidos, entretanto, as empresas divulgam rotineiramente informações sigilosas aos analistas que as monitoram.
- Os modelos de previsão de lucros baseados integralmente em dados sobre lucros passados podem ignorar outras informações de domínio público que sejam úteis à previsão de lucros futuros. Tem-se demonstrado, por exemplo, que outras variáveis financeiras, tais como retenção de lucros, margens de lucro e giro do ativo servem à previsão de crescimento futuro. Os analistas podem incorporar informações dessas variáveis nas suas previsões.

Previsões sobre a qualidade dos lucros Se as empresas são monitoradas por um grande número de analistas, e esses analistas são realmente mais bem informados do que o restante do mercado, as previsões de crescimento que vêm deles deveriam ser melhores que aquelas baseadas em crescimento histórico ou em outras informações de domínio público. Mas essa premissa é justificável? As previsões de crescimento dos analistas são superiores a outras previsões de crescimento?

O consenso dos estudos que têm analisado previsões de lucros de curto prazo (de um a quatro trimestres à frente) é que os analistas fornecem melhores prognósticos do que os modelos que dependem unicamente de dados históricos. A média relativa de erro absoluto, que mede a diferença absoluta entre os lucros reais e a previsão para o próximo trimestre, em termos percentuais, é menor para as previsões dos analistas do que para aquelas baseadas em dados históricos. Dois estudos lançaram mais luz sobre o valor das previsões dos analistas. Crichfield, Dyckman e Lakonishok (1978)[4] examinaram a exatidão relativa das previsões no *Earnings Forecaster*, uma publicação da Standard & Poors que resume as previsões de lucros de mais de 50 empresas de investimento. Eles medem os erros quadráticos da previsão mês a mês no ano e calculam a razão do erro da previsão dos analistas pelo erro das previsões dos modelos de séries de tempo de lucro. O resultado é que os modelos de séries de tempo têm realmente um desempenho melhor que as previsões dos analistas de abril a agosto, mas pior de setembro a janeiro. A hipótese é que isso ocorra porque há maior disponibilidade de informações específicas de empresas aos analistas nos últimos meses do ano. Outro estudo, realizado pela O'Brien (1988),[5] compara o consenso da I/B/E/S sobre as previsões realizadas pelos analistas com as previsões de séries de tempo de um a quatro trimestres. As previsões dos analistas têm desempenho melhor que o modelo de série de tempo nas previsões de um e dois trimestres, desempenho equivalente nas de três trimestres e desempenho pior nas de quatro trimestres. Assim, a vantagem obtida pelos analistas a partir de informações específicas de empresas parece deteriorar-se à medida que se alonga o horizonte de tempo da previsão.

Nas avaliações, o foco recai mais sobre as taxas de crescimento de longo prazo do que sobre os lucros do próximo trimestre. Há pouca evidência a sustentar que os analistas forneçam melhores previsões de lucro quando são para três ou cinco anos. Um estudo antigo de Cragg and Malkiel[6] comparou as previsões de longo prazo de cinco empresas de gestão de investimentos, em 1962 e 1963, com o crescimento real nos três anos subseqüentes, concluindo que os analistas não eram bons em previsões de longo prazo. Essa visão é contestada por Vander Weide e Carleton (1988),[7] que descobriram que o consenso do I/B/E/S na previsão de crescimento de cinco anos é superior aos indicadores históricos de crescimento na previsão de crescimento futuro. Há uma base intuitiva a favor do argumento de que as previsões dos analistas para taxas de crescimento devem ser superiores àquelas que usam o modelo baseado no tempo ou outro dado histórico simplesmente porque utilizam mais informações. A evidência indica, entretanto, que essa superioridade é surpreendentemente pequena para previsões de longo prazo e que as taxas de crescimento passado desempenham papel importante na determinação das previsões dos analistas.

Há uma consideração final. Os analistas geralmente prevêem os lucros por ação, e a maioria dos serviços divulga essas estimativas. Ao avaliar uma empresa, necessitamos de previsões de lucro operacional, e o crescimento nos lucros por ação não será igual ao crescimento no lucro operacional. Em geral, a taxa de crescimento em lucro operacional deve ser inferior à taxa de crescimento em lucros por ação. Dessa forma, se a decisão for pelo uso das previsões dos analistas, deve-se ajustá-las para baixo, de modo a refletirem a necessidade de prever o crescimento em lucro operacional.

As previsões dos analistas devem ser úteis para se chegar à taxa de crescimento esperado de uma empresa, mas há o risco de seguir cegamente as previsões de consenso. Freqüentemente, os analistas cometem erros significativos na previsão de lucros, em parte porque dependem das mesmas fontes de dados (que podem ser errôneas ou capciosas) e em parte porque às vezes ignoram alterações expressivas nas características fundamentais da empresa. O segredo de uma avaliação bem-sucedida geralmente recai sobre a identificação de inconsistências entre as previsões de crescimento dos analistas e os fundamentos de uma empresa. Na próxima seção, será examinada essa relação com mais detalhes.

Crescimento fundamental

Com estimativas tanto históricas quanto de analistas, o crescimento é uma variável exógena que afeta o valor, mas está separado dos detalhes operacionais da empresa. A forma mais saudável de incorporar o crescimento ao valor é torná-lo endógeno — ou seja, transformá-lo em uma função de quanto uma empresa reinveste no crescimento futuro e a qualidade desse reinvestimento. Começamos por analisar a relação entre os fundamentos e o crescimento dos lucros e depois prosseguimos examinando os fatores determinantes do aumento de lucro operacional.

Crescimento em lucros Ao estimar fluxos de caixa para patrimônio líquido, geralmente começamos com estimativas de lucro líquido, se estivermos avaliando o patrimônio líquido como um todo, ou lucros por ação, se estivermos avaliando o patrimônio líquido por ação. Nesta subseção, iniciamos pela apresentação dos fundamentos que determinam o crescimento esperado em lucros por ação e depois consideramos uma versão mais expandida do modelo que analisa o aumento do lucro líquido.

Crescimento em lucros por ação A relação mais simples que determina o crescimento é aquela baseada na razão de retenção (percentual de lucros retidos na empresa) e o retorno sobre patrimônio líquido (em inglês, *return on equity*

—ROE) sobre seus projetos. As empresas que possuem razões de retenção mais altas e obtêm retornos sobre patrimônio líquido mais altos deveriam apresentar taxas de crescimento mais altas em lucros por ação do que aquelas que não compartilham essas características. Para estabelecer isso, note que

$$g_t = \frac{LL_t - LL_{t-1}}{LL_{t-1}}$$

onde g_t = Taxa de crescimento em lucro líquido
LL_t = Lucro líquido no ano t

Considerando-se a definição de retorno sobre patrimônio líquido, o lucro líquido no ano $t-1$ pode ser formulado como:

$$LL_{t-1} = \text{Valor contábil do patrimônio líquido}_{t-2} \times \text{ROE}_{t-1}$$

onde ROE_{t-1} = Retorno sobre patrimônio líquido no ano $t-1$

O lucro líquido no ano t pode ser formulado como:

$$LL_t = (\text{Valor contábil do patrimônio líquido}_{t-2} + \text{Lucros retidos}_{t-1}) \times \text{ROE}_t$$

Pressupondo-se que o retorno sobre patrimônio líquido não se altere, ou seja, $\text{ROE}_t = \text{ROE}_{t-1} = \text{ROE}$,

$$g_t = \left(\frac{\text{Lucros retidos}_{t-1}}{LL_{t-1}}\right)(\text{ROE}) = (\text{Razão de retenção})(\text{ROE}) = (b)(\text{ROE})$$

onde b é a razão de retenção. Observe que não se permite à empresa aumentar o patrimônio líquido pela emissão de novas ações. Conseqüentemente, a taxa de crescimento de lucro líquido e a taxa de crescimento de lucros por ação são a mesma nessa fórmula.

EXEMPLO 4.3: Crescimento em lucros por ação: modelos

Neste exemplo, consideramos a taxa de crescimento esperado em lucros baseada em razão de retenção e retorno sobre patrimônio líquido para duas empresas de serviços financeiros (Goldman Sachs e JPMorgan Chase), uma empresa de investimentos imobiliários (em inglês, *real estate investment trust* — REIT) (Vornado) e uma empresa de telecomunicações (Verizon). A tabela seguinte resume os retornos sobre patrimônio líquido, as razões de retenção e as taxas de crescimento esperado em lucros para as quatro empresas (pressupondo-se que possam manter os seus fundamentos existentes).

	Retorno sobre patrimônio líquido	Razão de retenção	Taxa de crescimento esperado
JPMorgan Chase	11,16%	34,62%	3,86%
Goldman Sachs	18,49	90,93	16,81
Vornado REIT	18,24	10,00	1,82
Verizon	22,19	49,00	10,87

O Goldman Sachs possui a mais alta taxa de crescimento esperado em lucros por ação em razão de seu alto retorno sobre patrimônio líquido e razão de retenção. A Verizon tem o mais alto retorno sobre patrimônio líquido, mas retém menos dos seus lucros, o que acarreta uma taxa inferior de crescimento esperado. O baixo retorno sobre patrimônio líquido e a baixa razão de retenção da JPMorgan atuam como uma draga sobre o crescimento esperado, ao passo que a taxa de crescimento esperado da Vornado é reduzida pela exigência de que pague a maioria dos seus lucros como dividendos.

Crescimento em lucro líquido Se flexibilizarmos a premissa de que a única fonte de patrimônio líquido são os lucros retidos, o crescimento em lucro líquido pode ser diferente do crescimento em lucros por ação. Intuitivamente, notamos que uma empresa pode aumentar o lucro líquido de forma expressiva pela emissão de novas ações, para financiar novos projetos, enquanto os lucros por ação estagnam. Para obter a relação entre o crescimento de lucro líquido e os fundamentos, necessitamos de um indicador de investimento que transcenda os lucros retidos. Um meio de obter esse indicador é estimar diretamente quanto patrimônio líquido a empresa reinveste nos seus negócios sob a forma de gastos líquidos de capital e investimentos em capital de giro.

Patrimônio líquido reinvestido no negócio = (Gastos de capital − Depreciação)
+ Alteração em capital de giro
− (Emissão de nova dívida − Repagamento de dívida)

Dividindo-se esse número pelo lucro líquido temos um indicador muito mais abrangente da taxa de reinvestimento do patrimônio líquido:

$$\text{Taxa de reinvestimento do patrimônio líquido} = \frac{\text{Patrimônio líquido reinvestido}}{\text{Lucro líquido}}$$

Diferentemente da razão de retenção, esse número pode exceder bem aos 100%, porque as empresas podem levantar novo capital social. O crescimento esperado do lucro líquido pode então ser formulado como:

Crescimento esperado do lucro líquido = (Taxa de reinvestimento em patrimônio líquido)
(Retorno sobre patrimônio líquido)

EXEMPLO 4.4: Crescimento em lucro líquido: ExxonMobil e Toyota

Para estimar o crescimento em lucro líquido baseado nos fundamentos, analisamos a ExxonMobil, maior companhia petrolífera do mundo, e a Toyota, montadora de veículos japonesa. Na tabela seguinte, primeiro estimamos os componentes de reinvestimento em patrimônio líquido e os utilizamos para estimar a taxa de reinvestimento para cada empresa. Também apresentamos o retorno sobre patrimônio líquido e a taxa de crescimento esperado em lucro líquido para cada empresa.

	Lucro líquido não monetário	Gasto de capital líquido	Alteração em capital de giro	Emissão de nova dívida (paga)	Taxa de reinvestimento em patrimônio líquido	ROE	Taxa de crescimento esperado
ExxonMobil (em milhões de dólares)	$ 25.011	$ 4.243	$ 336	$ 333	16,98%	21,88%	3,71%
Toyota (em bilhões de ienes)	¥ 1.141	¥ 925	–¥ 50	¥ 140	64,40%	16,55%	10,66%

As vantagens e desvantagens dessa abordagem são visíveis na tabela. Ela captura com muito mais precisão o real reinvestimento da empresa ao focar não o que foi retido, mas o que foi reinvestido. A limitação da abordagem é que os ingredientes que compõem o reinvestimento — gastos de capital, alteração de capital de giro e emissão de nova dívida — são todos números voláteis. Em geral, é muito mais realista analisar a taxa média de reinvestimento por três ou cinco anos, em vez de apenas no ano corrente. Voltaremos a examinar essa questão em maior profundidade quando abordarmos o crescimento em lucros operacionais.

Fatores determinantes do retorno sobre patrimônio líquido Tanto os lucros por ação quanto o crescimento do lucro líquido são determinados, em parte, pelo retorno sobre patrimônio líquido de uma empresa. Este é afetado pelas decisões de alavancagem da empresa. Em termos mais abrangentes, o aumento de alavancagem acarretará um retorno sobre patrimônio líquido mais alto, se o retorno sobre capital (em inglês, *return on capital* — ROC) antes dos juros e após impostos exceder à taxa de juros após impostos paga sobre a dívida. Isso é captado na seguinte fórmula de retorno sobre patrimônio líquido:

$$\text{ROE} = \text{ROC} + \frac{D}{E}\left[(\text{ROC} - i(1-t)\right]$$

onde $\text{ROC} = \dfrac{\text{Ebit}(1-t)}{\text{Valor contábil da dívida} + \text{Valor contábil do patrimônio líquido}}$

$\dfrac{D}{E} = \dfrac{\text{Valor contábil da dívida}}{\text{Valor contábil do patrimônio líquido}}$

$i = \dfrac{\text{Despesas com juros sobre a dívida}}{\text{Valor contábil da dívida}}$

t = Alíquota sobre renda comum

A derivação é simples.[8] Usando essa versão expandida de ROE, a taxa de crescimento pode ser formulada como:

$$g = b\left\{\text{ROC} + \frac{D}{E}\left[\text{ROC} - i(1-t)\right]\right\}$$

A vantagem dessa fórmula é que ela explicitamente permite mudanças em alavancagem e os subseqüentes efeitos sobre crescimento.

EXEMPLO 4.5: Decomposição do retorno sobre patrimônio líquido: ExxonMobil e Toyota

Para analisar os componentes do retorno sobre patrimônio líquido, examinamos, na tabela seguinte, a ExxonMobil e a Toyota, duas empresas cujos retornos sobre patrimônio líquido apresentamos no Exemplo 4.4.

	ROC	Relação contábil dívida/patrimônio líquido	Taxa de juros (contábil)	Alíquota de imposto de renda	ROE
ExxonMobil	15,10%	10,23%	6,68%	35,00%	16,20%
Toyota	8,28	87,66	2,51	33,00	14,06

Comparando esses números aos apresentados no Exemplo 4.4, observamos que o retorno sobre patrimônio líquido é menor para ambas as empresas por esse cálculo estendido. Um motivo para a diferença é o uso de alíquotas marginais para calcular retornos sobre capital e patrimônio líquido neste exemplo, ao passo que utilizamos o lucro líquido declarado no Exemplo 4.4. Notamos também que uma parcela significativa do alto retorno sobre patrimônio líquido da Toyota advém do seu uso de dívida (e da alta razão dívida/patrimônio líquido resultante).

Retornos médios e marginais O retorno sobre patrimônio líquido é convencionalmente medido pela divisão do lucro líquido no ano mais recente pelo valor contábil (em inglês, *book value* — BV) do patrimônio líquido ao final do ano anterior. Por conseguinte, o retorno sobre patrimônio líquido mede a qualidade tanto de projetos mais antigos que constaram nos livros por um período significativo quanto de projetos novos em períodos mais recentes. Como investimentos mais antigos representam uma parcela expressiva dos lucros, os retornos médios podem não se alterar de forma substancial para empresas maiores que enfrentem uma redução nos retornos sobre novos investimentos em virtude da saturação ou da concorrência de mercado. Em outras palavras, baixos retornos sobre novos projetos terão impacto retardado sobre os retornos medidos. Em avaliações, são os retornos que as empresas obtêm sobre os seus investimentos mais recentes que transmitem a maioria das informações sobre a qualidade dos projetos da empresa. Para medir esses retornos, podemos calcular um retorno marginal sobre patrimônio líquido dividindo a alteração no lucro líquido no ano mais recente pela alteração no valor contábil do patrimônio líquido no ano anterior:

$$\text{Retorno marginal sobre patrimônio líquido} = \frac{\Delta \text{Lucro líquido}_t}{\Delta \text{Valor contábil do patrimônio líquido}_{t-1}}$$

Por exemplo, o Goldman Sachs declarou um retorno sobre patrimônio líquido de 18,49% em 2005, com base no lucro líquido de $ 4.972 milhões em 2005 e valor contábil de patrimônio líquido de $ 26.888 milhões ao final de 2004:

$$\text{Retorno sobre patrimônio líquido em 2005} = \frac{4.972}{26.888} = 18,49\%$$

O retorno marginal sobre patrimônio líquido para o Goldman em 2005 é calculado por meio da alteração em lucro líquido e do valor contábil do patrimônio líquido:

Alteração em lucro líquido de 2004 a 2005 = 4.972 − 4.553 = $ 419 milhões

Alteração em valor contábil do patrimônio líquido de 2003 a 2004 = 26.888 − 22.913 = $ 3.975 milhões

$$\text{Retorno marginal sobre patrimônio líquido} = \frac{\$ 419}{\$ 3.975} = 10,54\%$$

Na medida em que o retorno marginal sobre patrimônio líquido representa o retorno sobre novos investimentos, isso propõe uma nota de cautela no sentido de que o retorno sobre patrimônio líquido sobre novos investimentos pode ser inferior aos retornos históricos.

Efeitos das alterações em retorno sobre patrimônio líquido Até aqui, nesta seção, seguimos a premissa de que o retorno sobre patrimônio líquido permanece inalterado ao longo do tempo. Se flexibilizarmos essa premissa, introduziremos um novo elemento ao crescimento: o efeito da alteração em retorno sobre patrimônio líquido sobre os ativos existentes ao longo do tempo. Consideremos, por exemplo, uma empresa com valor contábil de patrimônio líquido de $ 100 milhões e um retorno sobre patrimônio líquido de 10%. Se essa empresa melhorar o seu retorno sobre patrimônio líquido em 11%, obterá uma taxa de crescimento em lucros de 10%, mesmo que não reinvista qualquer montante em dinheiro. Esse crescimento adicional pode ser formulado como uma função da alteração no retorno sobre patrimônio líquido.

$$\text{Adição à taxa de crescimento previsto} = \frac{\text{ROE}_t - \text{ROE}_{t-1}}{\text{ROE}_{t-1}}$$

onde ROE_t é o retorno sobre patrimônio líquido no período t. Isso em adição à taxa de crescimento fundamental calculada como o produto do retorno sobre patrimônio líquido no período t e a razão de retenção.

$$\text{Taxa de crescimento esperado total} = (b)(\text{ROE}_t) + \frac{\text{ROE}_t - \text{ROE}_{t-1}}{\text{ROE}_{t-1}}$$

Embora o aumento de retorno sobre patrimônio líquido gere uma arrancada na taxa de crescimento no período da melhoria, uma redução no retorno sobre patrimônio líquido criará uma queda mais que proporcional na taxa de crescimento no período da redução.

Neste ponto, vale a pena diferenciar entre retornos sobre patrimônio líquido de novos investimentos e de investimentos existentes. O crescimento adicional que estamos estimando advém não da melhoria dos retornos sobre novos investimentos, mas da alteração do retorno sobre investimentos existentes. Por falta de um termo melhor, pode-se considerá-lo um 'crescimento gerado pela eficiência'.

EXEMPLO 4.6: Efeitos da alteração do retorno sobre patrimônio líquido: JPMorgan Chase

No Exemplo 4.3, analisamos a taxa de crescimento esperado da Chase com base no seu retorno sobre patrimônio líquido de 11,16% e sua razão de retenção de 34,62%. Vamos supor que a empresa seja capaz de melhorar o seu retorno sobre patrimônio líquido geral (tanto sobre investimentos novos quanto existentes) para 12% no ano seguinte e que a razão de retenção permaneça a 34,62%. A taxa de crescimento esperado em lucros por ação no ano seguinte pode ser formulada como:

$$\text{Taxa de crescimento esperado em LPA} = (\text{ROE}_t)(\text{Razão de retenção}) + \frac{\text{ROE}_t - \text{ROE}_{t-1}}{\text{ROE}_{t-1}}$$

$$= (0,12)(0,3462) + \frac{0,12 - 0,1116}{0,1116}$$

$$= 0,1168 = 11,68\%$$

Após o ano seguinte, a taxa de crescimento recuará para uma taxa mais sustentável de 4,15% ($0,12 \times 0,3462$).

Qual seria a diferença na resposta, caso a melhoria no retorno sobre patrimônio líquido fosse apenas em novos investimentos, mas não nos existentes? A taxa de crescimento esperado em lucros por ação pode então ser formulada como:

$$\text{Taxa de crescimento esperado em LPA} = \text{ROE}_t \times \text{Taxa de retenção} = 0,12 \times 0,3462 = 0,0415 \text{ ou } 4,15\%$$

Dessa forma, não há crescimento adicional gerado nesse caso. E se a melhoria fosse apenas nos ativos existentes e não nos novos investimentos? Então, a taxa de crescimento esperado em lucros por ação para o ano seguinte poderia ser formulada como:

$$\text{Taxa de crescimento esperado em LPA} = (\text{ROE}_t)(\text{Razão de retenção}) + \frac{\text{ROE}_t - \text{ROE}_{t-1}}{\text{ROE}_{t-1}}$$

$$= (0,1116)(0,3462) + \frac{0,12 - 0,1116}{0,1116}$$

$$= 0,1139 \text{ ou } 11,39\%$$

Crescimento em lucro operacional Assim como o crescimento de lucro líquido é determinado pelo patrimônio líquido reinvestido no negócio e o retorno gerado por esse investimento em patrimônio líquido, pode-se relacionar o crescimento em lucro operacional ao reinvestimento total feito na empresa e o retorno obtido sobre capital total investido. Consideramos três cenários e examinamos como estimar o crescimento em cada um, nesta subseção. O primeiro é quando uma empresa está obtendo um retorno estável sobre capital, que espera sustentar ao longo do tempo. O segundo é quando uma empresa está obtendo um retorno positivo sobre capital, que se espera que cresça ao longo do tempo. O terceiro é o cenário mais geral, em que uma empresa espera que as margens operacionais mudem ao longo do tempo, às vezes de valores negativos para níveis positivos.

Cenário de retorno estável sobre capital Quando uma empresa apresenta um retorno estável sobre capital, seu crescimento esperado em lucro operacional é um produto da taxa de reinvestimento — ou seja, a proporção do lucro operacional após impostos que é investido nos gastos líquidos de capital e no capital de giro não monetário e a qualidade desses reinvestimentos, medidos como o retorno sobre capital investido.

$$\text{Crescimento esperado}_{\text{Ebit}} = \text{Taxa de reinvestimento} \times \text{Retorno sobre capital}$$

$$\text{onde Taxa de reinvestimento} = \frac{\text{Gasto de capital} - \text{Depreciação} + \text{Alteração em CG não monetário}}{\text{Ebit}(1 - \text{Alíquota})}$$

$$\text{Retorno sobre capital} = \frac{\text{Ebit}(1-t)}{\text{Capital investido em ativos operacionais}}$$

Ao fazer essas estimativas, usamos o lucro operacional ajustado e os valores de reinvestimento que calculamos no Capítulo 3. Ambos os indicadores devem olhar à frente, e o retorno sobre capital deve representar o retorno esperado em investimentos futuros. No restante desta subseção, abordamos a melhor forma de estimar a taxa de reinvestimento e o retorno sobre capital.

Taxa de reinvestimento A taxa de reinvestimento mede quanto uma empresa está semeando de volta para gerar crescimento futuro. Em geral, é medida pelas demonstrações financeiras mais recentes da empresa. Embora seja um bom ponto de partida, não é necessariamente a melhor estimativa da taxa de reinvestimento futuro. A taxa de reinvestimento de uma empresa pode passar por fluxo e refluxo, principalmente naquelas que investem relativamente em poucos projetos grandes ou aquisições. Para essas empresas, analisar uma taxa média de reinvestimento ao longo do tempo pode resultar em melhor indicador do futuro. Além disso, à medida que as empresas crescem e amadurecem, as suas necessidades (e taxas) de reinvestimento tendem a diminuir. Para aquelas que tiveram uma expansão expressiva nos primeiros anos, a taxa histórica de reinvestimento provavelmente será maior que a taxa de reinvestimento esperado no futuro. Para elas, as médias setoriais para taxas de reinvestimento podem fornecer uma melhor indicação do futuro que usar números do passado. Finalmente, é importante continuar tratando os gastos de P&D e os de leasing operacional de forma consistente. Os gastos de P&D, em particular, necessitam ser classificados como parte dos gastos de capital para fins de mensuração da taxa de reinvestimento.

A taxa de reinvestimento de uma empresa pode ser negativa, se a sua depreciação exceder aos gastos de capital ou se o capital de giro declinar de forma substancial, no curso do ano. Para a maioria das empresas, essa taxa negativa de reinvestimento será um fenômeno temporário que reflete gastos irregulares de capital ou capital de giro volátil. Para elas, a taxa de reinvestimento do ano corrente (que é negativa) pode ser substituída por uma taxa média de reinvestimento dos últimos anos. Para algumas empresas, entretanto, a taxa negativa de reinvestimento pode ser reflexo das políticas das empresas e a forma de lidar com ela dependerá do motivo pelo qual a empresa está trilhando esse caminho:

- Empresas que investiram excessivamente em imobilizado ou capital de giro no passado podem ser capazes de viver do investimento passado por muitos anos, reinvestindo pouco e gerando fluxos de caixa mais altos para esse período. Se for esse o caso, não devemos usar a taxa negativa de reinvestimento nas previsões de crescimento e sim estimar o crescimento com base nas melhorias em retorno sobre capital. Quando a empresa atinge o ponto em que está aplicando os seus recursos de forma eficiente, porém, devemos alterar a taxa de reinvestimento de modo a refletir as médias setoriais.
- O cenário mais extremo é o de uma empresa que decidiu se autoliquidar no decorrer do tempo ao não substituir os ativos à medida que se tornam precários e drenar capital de giro. Nesse caso, o crescimento esperado deve ser estimado por meio da taxa negativa de reinvestimento. Não é de surpreender que isso leve a uma expectativa de crescimento negativo e ao declínio dos lucros ao longo do tempo.

Retorno sobre capital O retorno sobre capital é freqüentemente baseado no retorno da empresa sobre os investimentos existentes, em que se pressupõe que o valor contábil de capital mensure o capital investido nesses investimentos. Implicitamente, assume-se que o retorno contábil corrente sobre capital seja um bom indicador dos reais retornos sobre investimentos existentes e que esse retorno seja uma boa *proxy* dos retornos a serem gerados em investimentos futuros. Essa premissa é, evidentemente, questionável pelos seguintes motivos:

- O valor contábil de capital pode não ser um bom indicador do capital investido em ativos existentes, já que reflete o seu custo histórico e as decisões contábeis quanto à depreciação. Quando o valor contábil subestima o capital investido, o retorno sobre capital é superestimado; quando o valor contábil superestima o capital investido, o retorno sobre capital é subestimado. Esse problema será acentuado se o valor contábil do capital não for ajustado para refletir o valor do ativo de pesquisa ou o valor do capital dos leasings operacionais, e pela presença de inflação alta.
- O lucro operacional, assim como o valor contábil do capital, é um indicador contábil dos lucros obtidos por uma empresa durante um período. Todos os problemas no uso de lucro operacional ajustado descritos no Capítulo 3 continuam aplicáveis.

- Mesmo que o lucro operacional e o valor contábil de capital sejam medidos corretamente, o retorno sobre capital de investimentos existentes pode não ser igual ao retorno marginal sobre capital que a empresa espera obter sobre novos investimentos, principalmente quanto mais se caminha rumo ao futuro.

Considerando-se essas questões, é preciso analisar não só o retorno corrente sobre capital de uma empresa, mas quaisquer tendências nesse retorno, bem como a média setorial do retorno sobre capital. Se o retorno corrente sobre capital de uma empresa for significativamente maior que a média setorial, o retorno previsto sobre capital deve ser menor em relação ao retorno corrente, para refletir assim a erosão que provavelmente ocorrerá em face da reação da concorrência.

Finalmente, qualquer empresa que obtenha retorno sobre capital maior que o seu custo de capital está gerando um retorno em excesso. Esses retornos são o resultado das vantagens competitivas de uma empresa ou barreiras à entrada de concorrentes. Altos retornos em excesso preservados por períodos muito longos implicam que essa empresa detém uma vantagem competitiva permanente.

EXEMPLO 4.7: Mensuração da taxa de reinvestimento, retorno sobre capital e taxa de crescimento previsto: Titan Cement e SAP

Neste exemplo, estimamos taxa de reinvestimento, retorno sobre capital e taxa de crescimento previsto para a Titan Cement, uma empresa grega de cimento, e a SAP, empresa alemã de software. Começamos por apresentar os inputs para o cálculo do retorno sobre capital:

	Ebit (€ milhões)	Ebit (1 − t) (€ milhões)	Valor contábil da dívida (€ milhões)	Valor contábil do patrimônio líquido (líquido de caixa) (€ milhões)	Retorno sobre capital (%)
Titan Cement	232	173 (Alíquota = 25,47%)	399	445	20,49
SAP	2.161	1.414 (Alíquota = 36,54%)	530	6.565	19,93

$$\text{Retorno sobre capital} = \frac{\text{Ebit}(1-t)}{\text{Valor contábil da dívida} + \text{Valor contábil do patrimônio líquido} - \text{Caixa}}$$

Usamos a alíquota efetiva para calcular o lucro operacional após impostos e o valor contábil de dívida e patrimônio desde o final do ano anterior. Para a SAP, usamos o lucro operacional e o valor contábil do patrimônio, ajustados para a capitalização do ativo de pesquisa, conforme descrito no capítulo anterior. Em ambos os casos, foram ajustadas as posições em caixa a partir do capital contábil, e os retornos sobre capital após impostos são calculados na última coluna.

Em seguida, estimamos os gastos de capital, a depreciação e a alteração em capital de giro do ano mais recente:

	Ebit(1 − t) (€ milhões)	Gastos de capital (€ milhões)	Depreciação (€ milhões)	Alteração em capital de giro (€ milhões)	Reinvestimento (€ milhões)	Taxa de reinvestimento
Titan Cement	173	110	60	52	102	$\frac{102}{173} = 58,5\%$
SAP	1.414	2.027	1.196	−19	812	$\frac{812}{1.414} = 57,4\%$

Finalmente, calculamos a taxa de crescimento esperado multiplicando o retorno sobre capital após impostos pela taxa de reinvestimento:

	Taxa de reinvestimento	Retorno sobre capital	Taxa de crescimento esperado
Titan Cement	58,5%	20,49%	11,99%
SAP	57,4%	19,93%	11,44%

Se a Titan Cement puder manter o retorno sobre capital e a taxa de reinvestimento do ano anterior, será capaz de crescer a 11,99% ao ano. Seguindo o mesmo raciocínio, os lucros da SAP podem aumentar 11,44% ao ano.

EXEMPLO 4.8: Médias correntes, históricas e setoriais

A taxa de reinvestimento é um número volátil e muda freqüentemente de um ano para outro. Consideremos a taxa de reinvestimento da Titan Cement em cinco anos (montantes em dinheiro em milhões de euros):

	2000	2001	2002	2003	2004	Total
Ebit	162,78	186,39	200,60	222,00	231,80	1.003,57
Alíquota	25,47%	25,47%	25,47%	25,47%	25,47%	–
Ebit(1 – t)	121,32	138,92	149,51	154,42	172,76	736,92
Gastos de capital	50,54	81,00	113,30	102,30	109,50	456,64
Depreciação	39,26	40,87	80,94	73,70	60,30	295,07
Alteração em capital de giro não monetário	9,93	59,90	8,85	–0,07	11,42	–183,66
Reinvestimento	21,21	100,03	41,21	28,53	60,62	251,60
Taxa de reinvestimento	17,48%	72,01%	27,56%	18,48%	35,09%	34,14%

A taxa de reinvestimento nos últimos cinco anos mudou de 17,48% em 2000 para 72,01% em 2001. Calculamos a taxa média de reinvestimento nos cinco anos dividindo o reinvestimento total no período pelo lucro operacional após impostos total no período.[9]

Também calculamos o retorno sobre capital da Titan Cement ano a ano para o período de cinco anos (em milhões de euros):

	2000	2001	2002	2003	2004
Ebit(1 – t)	121,32	138,92	149,51	154,42	172,76
Valor contábil do capital investido	353,00	787,00	743,00	786,00	843,00
Retorno sobre capital	34,37%	17,65%	20,12%	19,65%	20,49%

Com o retorno em 2000 como o valor discrepante, o retorno sobre capital na Titan Cement obteve média de cerca de 20% nos anos de 2002 a 2004.

Claramente, as estimativas de crescimento esperado são uma função do que se pressupõe sobre futuros investimentos. Para a Titan Cement, ao se tomar como premissa que a taxa média de reinvestimento nos últimos cinco anos e o retorno sobre capital corrente são melhores indicadores para o futuro, a taxa de crescimento esperado seria:

$$\text{Taxa de crescimento esperado} = \text{Taxa de reinvestimento} \times \text{Retorno sobre capital}$$
$$= 0{,}3414 \times 0{,}2049 = 0{,}07 \text{ ou } 7\%$$

Acreditamos que essa estimativa seja muito mais razoável, considerando-se o que sabemos sobre a empresa e o seu potencial de crescimento.

Cenário positivo e de alteração no retorno sobre capital A análise na subseção anterior baseia-se na premissa de que o retorno sobre capital permanece estável ao longo do tempo. Se esse retorno mudar, a taxa de crescimento esperado da empresa terá um segundo elemento, que aumentará a taxa de crescimento, se o retorno sobre capital aumentar, e diminuirá a taxa de crescimento, se o retorno sobre capital diminuir.

$$\text{Taxa de crescimento esperado} = (\text{ROC}_t)(\text{Taxa de reinvestimento}) + \frac{\text{ROC}_t - \text{ROC}_{t-1}}{\text{ROC}_t}$$

Por exemplo, uma empresa que vê o seu retorno sobre capital melhorar de 10% para 11%, enquanto mantém uma taxa de reinvestimento de 40%, terá uma taxa de crescimento esperado de:

$$\text{Taxa de crescimento esperado} = (0{,}11)(0{,}40) + \frac{0{,}11 - 0{,}10}{0{,}10} = 14{,}40\%$$

De fato, a melhoria no retorno sobre capital aumenta os lucros sobre ativos existentes, e essa melhoria traduz-se em um crescimento adicional de 10% para a empresa.

Candidatos à alteração no retorno médio sobre capital Que tipos de empresa provavelmente verão o seu retorno sobre capital mudar com o tempo? Uma categoria incluiria aquelas com fracos retornos sobre capital que melhorem a sua eficiência operacional e margens e, conseqüentemente, o seu retorno sobre capital. Nelas, a taxa de crescimento esperado será muito mais alta que o produto da taxa de reinvestimento e o retorno sobre capital. Na verdade, como o retorno sobre capital dessas empresas é geralmente baixo antes da reviravolta, pequenas alterações no retorno sobre capital traduzem-se em grandes alterações na taxa de crescimento. Assim, um aumento no retorno sobre capital de ativos existentes, de 1% para 2%, dobra os lucros (resultando em uma taxa de crescimento de 100%).

Outra categoria incluiria empresas com retornos muito altos sobre capital dos seus investimentos ativos, mas com probabilidade de ver esses retornos escaparem com a entrada de concorrentes no negócio, não só sobre novos investimentos, como também sobre os existentes.

■ EXEMPLO 4.9: Estimativa de crescimento esperado com alteração no retorno sobre capital: Blockbuster ■

Em 2004, a Blockbuster, uma videolocadora, relatou um retorno sobre capital após impostos de 4,06% e uma taxa de reinvestimento de 26,46%. Se mantiver esses números de forma perpétua, a sua taxa de crescimento esperado pode ser estimada como segue:

$$\text{Taxa de crescimento esperado} = \text{Retorno sobre capital} \times \text{Taxa de reinvestimento} = 0{,}0406 \times 0{,}2646 = 1{,}07\%$$

Suponhamos que a empresa verá o seu retorno sobre capital aumentar tanto sobre os ativos existentes quanto sobre os novos investimentos para 6,20% no próximo ano e que a sua taxa de reinvestimento permanecerá em 26,46%. A taxa de crescimento esperado para o próximo ano pode ser estimada.

$$\text{Taxa de crescimento esperado} = (0{,}062)(0{,}2646) + \frac{0{,}062 - 0{,}0406}{0{,}0406} = 54{,}35\%$$

Se a melhoria no retorno sobre capital de ativos existentes ocorrer de forma mais gradual nos próximos cinco anos, a *taxa de crescimento esperado anual* para esse período poderá ser estimada como segue:

$$\text{Taxa de crescimento esperado} = (0{,}062)(0{,}2646) + \left[\left(1 + \frac{0{,}062 - 0{,}0406}{0{,}0406}\right)^{1/5} - 1\right] = 10{,}48\%$$

O primeiro termo da equação representa o crescimento esperado nos lucros proveniente de novos investimentos, e o segundo capta o crescimento adicional a cada ano de quaisquer ativos existentes com maior eficiência.

Cenário de retorno negativo sobre capital O terceiro e mais difícil cenário para estimar crescimento é quando uma empresa está perdendo dinheiro e possui retorno negativo sobre capital. Como a empresa está perdendo dinheiro, a taxa de reinvestimento também será negativa. Para estimar o crescimento nessas empresas, temos de 'subir' na demonstração de resultado e estimar, primeiro, o crescimento em receitas. Depois, utilizamos as margens operacionais esperadas da empresa em anos futuros para estimar o lucro operacional nesses anos. Se a margem esperada em um ano futuro for positiva, o lucro operacional também se tornará positivo, permitindo que se apliquem as tradicionais abordagens de avaliação na análise dessas empresas. Também estimamos quanto a empresa deve reinvestir para gerar crescimento de receita, associando as receitas ao capital investido.

Crescimento em receitas Muitas empresas de alto crescimento, quando declaram prejuízos, também demonstram grandes aumentos em receitas, de um período para outro. O primeiro passo na previsão de fluxos de caixa é prever receitas em anos futuros, geralmente pela previsão de uma taxa de crescimento em receitas a cada período. Ao fazer essas estimativas, há cinco pontos a se considerar.

1. A taxa de crescimento em receitas diminuirá à medida que aumentam as receitas. Portanto, um aumento de dez vezes em receitas é inteiramente viável para uma empresa com receitas de $ 2 milhões, mas pouco provável para outra com receitas de $ 2 bilhões.
2. Taxas compostas de crescimento em receitas ao longo do tempo podem parecer baixas, mas as aparências enganam. Uma taxa composta de crescimento em receitas de 40% em 10 anos resultará em um aumento de 40 vezes nas receitas desse período.
3. Embora as taxas de crescimento em receitas possam ser o mecanismo utilizado na previsão de receitas futuras, deve-se acompanhar as receitas em dólar para assegurar que sejam razoáveis, considerando-se o tamanho do mercado em que a empresa atua. Se a projeção de receitas para dez anos propiciar uma participação de 90% ou 100% (ou maior) do mercado como um todo em um cenário competitivo, deve-se claramente reavaliar a taxa de crescimento em receitas.
4. As premissas sobre crescimento em receitas e margens operacionais devem ser internamente consistentes. As empresas podem divulgar altas taxas de crescimento em receitas adotando estratégias agressivas de preços, mas o maior aumento em receitas será então acompanhado por menores margens.
5. Para se chegar a uma estimativa de crescimento em receitas, deve-se fazer uma série de julgamentos subjetivos sobre a natureza da concorrência, a capacidade da empresa objeto da avaliação em lidar com o crescimento em receitas e as suas habilidades de marketing.

Estimar taxas de crescimento em receitas para uma empresa jovem em um novo negócio pode parecer um exercício de futilidade. Embora seja difícil, há meios de facilitar o processo.

- Um é trabalhar de trás para a frente, primeiro, analisando a participação de mercado que se espera que a empresa obtenha no seu ciclo maduro e, depois, determinar a taxa de crescimento necessária para chegar a esse *market share*. Por exemplo, suponhamos que estejamos analisando um varejista de brinquedos com $ 100 milhões em receitas atualmente. Suponhamos também que todo o mercado nesse ramo tenha registrado receitas de $ 70 bilhões no ano passado. Pressupondo uma taxa de crescimento de 3% nesse mercado nos próximos dez anos e um *market share* de 5% para essa empresa, obteríamos uma previsão de receitas de $ 4,703 bilhões para a empresa em dez anos e uma taxa composta de crescimento em receitas de 46,98%.

$$\text{Previsão de receitas em dez anos} = \$ 70 \text{ bilhões} \times 1{,}03^{10} \times 0{,}05 = \$ 4{,}703 \text{ bilhões}$$

$$\text{Taxa composta de crescimento esperado} = (4.703/100)^{1/10} - 1 = 0{,}4698\%$$

- Outra abordagem é prever a taxa de crescimento esperado em receitas para os próximos três a cinco anos, com base nas taxas de crescimento passado. Após estimar receitas no ano 3 ou 5, pode-se prever uma taxa de crescimento baseada nas empresas com receitas similares no período corrente. Por exemplo, suponhamos que o varejista de brinquedo virtual analisado tivesse crescimento de receita de 200% no ano passado (as receitas foram de $ 33 milhões para $ 100 milhões). A previsão das taxas de crescimento poderia ser de 120%, 100%, 80% e 60% para os próximos quatro anos, gerando receitas de $ 1,267 bilhões nesse período. Pode-se então analisar a taxa média de crescimento divulgada por varejistas com receitas entre $ 1 e $ 1,5 bilhão no ano passado e usá-la como a taxa de crescimento inicial no ano 5.

EXEMPLO 4.10: Estimativa de receitas na Sirius Satellite Radio

Já analisamos a Sirius, pioneira em rádio via satélite, em exemplos anteriores. Na tabela seguinte, prevemos receitas para essa empresa nos próximos dez anos.

Ano	Taxa de crescimento em receitas (%)	Receitas ($ milhões)
Corrente		187
1	200	562
2	100	1.125
3	80	2.025
4	60	3.239
5	40	4.535
6	25	5.669
7	20	6.803
8	15	7.823
9	10	8.605
10	5	9.035

Baseamos as nossas estimativas de crescimento nos anos iniciais da empresa sobre o crescimento em receitas no ano mais recente — a Sirius declarou um crescimento em receitas de 250% de 2004 a 2005. Como as receitas aumentaram, moderamos as nossas estimativas de crescimento em receitas (em termos percentuais), para que refletisse o porte da empresa. Para verificação, também examinamos quanto seriam as receitas em dez anos, em relação a empresas mais maduras no setor atualmente. A Clear Channel, o maior concorrente no negócio de radiodifusão, é uma empresa madura com receitas de $ 9,34 bilhões em 2004. Com base nas nossas projeções, a Sirius será rival da Clear Channel em termos de porte e receitas em um prazo de dez anos.

Previsões de margens operacionais Antes de analisar a melhor forma de estimar as margens operacionais, vamos começar com uma avaliação sobre onde muitas empresas de alto crescimento, no início do seu ciclo de vida, estão à época da avaliação. Em geral, possuem receitas baixas e margens operacionais negativas. Se o crescimento em receitas converter baixas receitas em altas receitas e as margens operacionais continuarem negativas, essas empresas não só nada valerão, mas pouco provavelmente sobreviverão. Para que as empresas tenham valor, receitas mais altas devem, mais cedo ou mais tarde, gerar lucros positivos. Em um modelo de avaliação, isso se traduz em margens operacionais positivas no futuro. O principal input na avaliação de uma empresa de alto crescimento, portanto, é a margem operacional esperada à medida que se torna madura.

Ao estimar essa margem, devemos começar pela análise do ramo de negócio em que a empresa atua. Embora muitas empresas novas reivindiquem ser as pioneiras e algumas acreditem não ter concorrentes, é mais provável que sejam as primeiras a encontrar uma nova forma de entregar um produto ou serviço que já era entregue por outros canais.

Por esse raciocínio, a Amazon pode ter sido uma das primeiras a vender livros pela Internet, mas a Barnes & Noble e a Borders antecederam-na no varejo de livros. Na verdade, podem-se considerar os varejistas on-line como sucessores naturais dos varejistas de catálogo, tais como a L. L. Bean ou Lillian Vernon. Da mesma forma, o Yahoo! pode ter sido um dos primeiros (e mais bem-sucedidos) portais da Internet, mas seguiu a trilha dos jornais que usam conteúdo e colunas para atrair leitores e usam o seu índice de leitura para atrair publicidade.

Usar a margem operacional média dos concorrentes no negócio pode parecer conservador para alguns. Afinal, argumentariam, a Amazon pode manter menos estoque do que a Borders e não possui o ônus de carregar leasings operacionais como a Barnes & Noble (sobre as suas lojas), devendo, portanto, ser mais eficiente em gerar receitas e, conseqüentemente, lucros. Isso pode ser verdadeiro, mas é pouco provável que as margens operacionais do comércio eletrônico possam se manter persistentemente mais altas que as das empresas 'de tijolo'. Se fosse assim, seria de esperar uma migração do varejo tradicional para a Internet e o aumento de concorrência no comércio eletrônico em preço e produtos, reduzindo a margem.

Embora a margem do negócio em que a empresa atua forneça um valor-alvo, há ainda duas outras questões referentes à estimativa que precisamos abordar. Tendo em conta que as margens operacionais nos estágios iniciais do ciclo de vida são negativas, deve-se primeiro considerar como a margem vai melhorar dos níveis correntes para os valores-alvo. Em geral, as melhorias em margens serão maiores nos primeiros anos (ao menos em termos percentuais), e então diminuem com a aproximação da maturidade da empresa. A segunda questão é aquela que surge quando se fala em crescimento de receitas. As empresas podem talvez anunciar crescimento mais alto de receitas com margens inferiores, mas compensações devem ser levadas em conta. Embora as empresas geralmente desejem tanto maior crescimento em receitas quanto maiores margens, as premissas de aumento de margem e receita devem ser analisadas.

EXEMPLO 4.11: Estimativa de margens operacionais: Sirius

Para estimar as margens operacionais da Sirius Radio, começamos por estimar as margens operacionais de outras empresas do setor. Em 2004, a margem operacional média antes dos impostos para empresas nesse ramo era de aproximadamente 20%.[10] Pressupomos que a Sirius siga em direção a essa meta de margem, com maiores melhorias[11] marginais nos anos iniciais e menores nos últimos anos. A tabela seguinte resume as margens operacionais esperadas e o lucro operacional resultante ao longo do tempo para a Sirius Radio.

Ano	Receitas ($ milhões)	Margem operacional (%)	Lucro ou prejuízo operacional ($ milhões)
Corrente	187	–419,92	–787
1	562	–199,96	–1.125
2	1.125	–89,98	–1.012
3	2.025	–34,99	–708
4	3.239	–7,50	–243
5	4.535	6,25	284
6	5.669	13,13	744
7	6.803	16,56	1.127
8	7.823	18,28	1.430
9	8.605	19,14	1.647
10	9.035	19,57	1.768

Com base nas nossas projeções, pode-se esperar que a Sirius Radio continue a declarar prejuízos operacionais nos próximos quatro anos, mas as margens melhorarão com o tempo para 20% (no ano 11).

Razão vendas/capital Alto crescimento em receitas é evidentemente um objetivo desejável, principalmente quando associado a margens positivas em anos futuros. As empresas, porém, têm de investir para gerar tanto o aumento em receitas quanto as margens operacionais positivas no futuro. Esse investimento pode tomar formas tradicionais (fábrica e equipamentos), mas deve também incluir aquisições de outras empresas, parcerias, investimentos em distribuição e marketing e pesquisa e desenvolvimento.

Para vincular o crescimento em receitas às necessidades de reinvestimento, analisamos as receitas que cada dólar de capital investido gera. Essa razão, chamada razão vendas/capital, permite estimar quanto investimento adicional será necessário para gerar o crescimento em receitas projetado. Esse investimento pode se dar em projetos internos, aquisições ou capital de giro. Para estimar as necessidades de reinvestimento em qualquer ano, dividimos o crescimento em receita que projetamos (em termos de dólares) pela razão vendas/capital. Assim, se esperarmos um crescimento em receitas de $ 1 bilhão e usarmos uma razão vendas/capital de 2,5, estimaremos uma necessidade de reinvestimento para essa empresa de $ 400 milhões ($ 1 bilhão/2,5). Baixas razões vendas/capital aumentam as necessidades de reinvestimento (e reduzem os fluxos de caixa), ao passo que maiores razões vendas/capital diminuem as necessidades de reinvestimento (e aumentam os fluxos de caixa).

Para estimar a razão vendas/capital, examinamos tanto o passado da empresa quanto o ramo em que atua. Para medir essa razão historicamente, analisamos as alterações em receita a cada ano e as dividimos pelo reinvestimento feito no ano. Também consideramos a razão média de vendas para capital contábil investido no negócio em que a empresa atua.

Associar as margens operacionais às necessidades de reinvestimento é muito mais difícil, já que a capacidade da empresa em obter lucro operacional e sustentar altos retornos advém das vantagens competitivas que adquire, em parte por meio de investimento interno e em parte mediante aquisições. As empresas que adotam uma estratégia de investimentos em duas trilhas, em que uma delas foca a geração de receitas mais altas e a outra, o desenvolvimento de forças estratégicas, devem ter margens operacionais e valores mais elevados do que aquelas que se concentram apenas no crescimento de receitas.

Vínculo ao retorno sobre capital Um dos riscos que enfrentamos ao usar a razão vendas/capital, visando a gerar necessidades de reinvestimento, é que podemos subestimar ou superestimar tais necessidades. Podemos monitorar se isso está ocorrendo, e corrigi-lo, se for o caso, também estimando o retorno sobre capital após impostos da empresa a cada ano, pela análise. Para estimar o retorno sobre capital em um período futuro, utilizamos a estimativa de lucro operacional após impostos em um ano e o dividimos pelo total de capital investido nesse ano. O primeiro número resulta das estimativas de crescimento em receitas e margens operacionais, enquanto o segundo pode ser estimado agregando-se os reinvestimentos realizados pela empresa por todo o período no ano futuro. Por exemplo, uma empresa que possui $ 500 milhões em capital investido hoje e precisa reinvestir $ 300 milhões no próximo ano e $ 400 milhões no seguinte terá um capital investido de $ 1,2 bilhão ao final do segundo ano.

Para empresas que estão perdendo dinheiro hoje, o retorno sobre capital será um número negativo quando a estimativa começa, mas melhora à medida que as margens melhoram. Se a razão vendas/capital for estabelecida em um nível alto demais, o retorno sobre capital nos últimos anos será alto demais, e, se for estabelecida em um nível baixo demais, o retorno sobre capital será baixo demais. Baixo ou alto demais em relação a quê? Há duas comparações que merecem ser feitas. A primeira é em relação ao retorno médio sobre capital para empresas maduras no negócio em que atuam. A segunda é referente ao próprio custo de capital da empresa. Uma projeção de retorno sobre capital de 40% para uma empresa com custo de capital de 10% em um segmento em que os retornos de capital giram em torno de 15% é um indicativo de que a empresa está investindo muito pouco para a projeção de crescimento em receitas e margens operacionais. Seria prudente diminuir a razão vendas/capital até o retorno sobre capital convergir para 15%.

EXEMPLO 4.12: Estimativa de razão vendas/capital: Sirius

Para estimar quanto a Sirius Radio terá de investir para gerar o crescimento em receitas esperado, estimamos a sua razão vendas/capital corrente e a média da razão vendas/capital para o seu grupo de pares.

$$\text{Razão vendas/capital corrente da Sirius} = \frac{\text{Receitas}}{\text{Valor contábil de capital}} = \frac{\$187}{\$1.657} = 0,11$$

$$\text{Média da razão vendas/capital para o grupo de pares} = 1,50$$

Usamos uma razão vendas/capital de 1,50 para a Sirius, refletindo a média setorial. Com base nessa estimativa, podemos agora calcular quanto a empresa terá de reinvestir a cada ano, pelos próximos dez anos:

Ano	Alteração em receita ($ milhões)	Razão vendas/ capital	Reinvestimento ($ milhões)	Capital investido ($ milhões)	ROC imputado (%)
Corrente	–	–	–	1.657	–
1	375	1,50	250	1.907	–67,87
2	562	1,50	375	2.282	–53,08
3	900	1,50	600	2.882	–31,05
4	1.215	1,50	810	3.691	–8,43
5	1.296	1,50	864	4.555	7,68
6	1.134	1,50	756	5.311	16,33
7	1.134	1,50	756	6.067	21,21
8	1.020	1,50	680	6.747	23,57
9	782	1,50	522	7.269	17,56
10	430	1,50	287	7.556	15,81

Para examinar se as premissas sobre reinvestimento são razoáveis, monitoramos o capital investido na empresa a cada ano por meio da adição do reinvestimento nesse ano ao capital investido no ano anterior. Dividindo-se o lucro operacional após impostos estimado do Exemplo 4.11 pelo capital investido (ao final do ano anterior), temos um retorno imputado sobre capital a cada ano. O retorno sobre capital da Sirius converge com a média setorial de 12% no último ano. Isso sugere que as nossas estimativas de razões vendas/capital são razoáveis.

VALOR TERMINAL

Como não podemos estimar fluxos de caixa para sempre, em geral, finalizamos uma avaliação de fluxo de caixa descontado interrompendo a estimativa de fluxos de caixa em algum momento no futuro e depois calculando um valor terminal que reflita o valor da empresa naquele ponto.

$$\text{Valor de uma empresa} = \sum_{t=1}^{t=n} \frac{CF_t}{(1+k_c)^t} + \frac{\text{Valor terminal}_n}{(1+k_c)^n}$$

Podemos determinar o valor terminal de três formas. Uma é assumir uma liquidação dos ativos da empresa no ano terminal e estimar quanto outros pagariam pelos ativos acumulados até aquele ponto. As outras abordagens avaliam a empresa como uma continuidade operacional à época da estimativa do valor terminal. Uma delas aplica um múltiplo a lucros, receitas ou valor contábil para estimar o valor no ano terminal. A outra pressupõe que os fluxos de caixa da empresa crescerão a uma taxa constante para sempre — uma taxa de crescimento estável. Com crescimento estável, o valor terminal pode ser estimado por um modelo de crescimento perpétuo.

Valor de liquidação

Em algumas avaliações, podemos supor que a empresa cessará as operações em um momento no futuro e venderá os ativos acumulados às ofertas mais altas. A estimativa resultante é chamada valor de liquidação. Há duas formas de estimar esse valor. Uma delas é baseá-lo no valor contábil dos ativos, ajustado por qualquer inflação no período. Assim, se a expectativa de valor contábil dos ativos em um prazo de dez anos for de $ 2 bilhões, a idade média dos ativos nesse ponto for de cinco anos, e o índice de inflação prevista for 3%, o valor de liquidação esperado poderá ser estimado como:

$$\text{Valor de liquidação esperado} = \text{Valor contábil dos ativos}_{\text{Ano terminal}}$$
$$(1 + \text{Taxa de inflação})^{\text{Média de vida dos ativos}}$$
$$= 2 \text{ bilhões } (1{,}03)^5 = 2{,}319 \text{ bilhões}$$

A limitação dessa abordagem é que ela está baseada no valor contábil e não reflete o poder de geração de lucros dos ativos.

A abordagem alternativa é estimar o valor baseado no poder de geração de lucros dos ativos. Para fazer essa estimativa, primeiro, temos de estimar os fluxos de caixa esperados desses ativos e, depois, descontar esses fluxos de caixa de volta ao presente, usando uma taxa de desconto apropriada. No exemplo anterior, se assumíssemos que os ativos em questão poderiam gerar $ 400 milhões em fluxos de caixa após impostos por 15 anos (após o ano terminal) e o custo de capital fosse de 10%, nossa estimativa do valor de liquidação esperado seria:

$$\text{Valor de liquidação esperado} = (\$ 400 \text{ milhões}) \frac{\left[1 - \frac{1}{(1{,}10)^{15}}\right]}{0{,}10} = \$ 3{,}042 \text{ bilhões}$$

Ao avaliar o patrimônio líquido, há um passo adicional necessário. O valor estimado da dívida em circulação no ano terminal deve ser subtraído do valor de liquidação para se chegar aos procedimentos de liquidação para investidores de ações.

Abordagem de múltiplos

Nesta abordagem, o valor de uma empresa em um ano futuro é estimado aplicando-se um múltiplo aos lucros ou receitas da empresa naquele ano. Por exemplo, uma empresa com receitas esperadas de $ 6 bilhões em um prazo de dez anos terá um valor terminal estimado naquele ano de $ 12 bilhões, se for usado um múltiplo de valor/vendas de 2. Quando avaliamos o patrimônio líquido, usamos múltiplos de ações, tais como razões preço/lucro, para calcular o valor terminal.

Embora essa abordagem tenha o mérito da simplicidade, o múltiplo exerce um efeito enorme sobre o valor final, e a fonte de onde é obtido pode ser crítica. Se, como é comum, o múltiplo for estimado examinando-se como empresas comparáveis no mesmo ramo são precificadas pelo mercado naquele momento, a avaliação torna-se uma avaliação relativa em vez de uma avaliação de fluxo de caixa descontado. Se o múltiplo for estimado mediante fundamentos, ele convergirá para o modelo de crescimento estável a ser descrito na próxima seção.

De modo geral, o uso de múltiplos para estimar o valor terminal, quando esses múltiplos são estimados a partir de empresas comparáveis, resulta em uma combinação arriscada de avaliação relativa e de fluxo de caixa descontado. Embora haja vantagens na avaliação relativa, as quais consideraremos no Capítulo 7, uma avaliação de fluxo de caixa deve fornecer uma estimativa de valor intrínseco, não relativo. Conseqüentemente, a única maneira consistente de estimar o valor terminal em um modelo de fluxo de caixa descontado é usar ou um valor de liquidação ou um modelo de crescimento estável.

Modelo de crescimento estável

Na abordagem de valor de liquidação, estamos pressupondo que a empresa possui uma vida finita e será liquidada ao final dessa vida. As empresas, porém, podem reinvestir parte dos seus fluxos de caixa em novos ativos e prolongar a sua vida. Se assumirmos que os fluxos de caixa, além do valor terminal, crescerão a uma taxa constante para sempre, o valor terminal pode ser estimado como:

$$\text{Valor terminal}_t = \frac{\text{Fluxo de caixa}_{t+1}}{r - g_{\text{Estável}}}$$

onde o fluxo de caixa e a taxa de desconto utilizados dependerão se estamos avaliando a empresa como um todo ou somente o patrimônio líquido. Se estivermos avaliando o patrimônio líquido, o valor terminal do patrimônio líquido poderá ser formulado como:

$$\text{Valor terminal do patrimônio líquido}_n = \frac{\text{Fluxo de caixa para o patrimônio líquido}_{n+1}}{\text{Custo do patrimônio líquido}_{n+1} - g_n}$$

O fluxo de caixa para o patrimônio líquido pode ser definido estritamente como dividendos (no modelo de desconto de dividendos) ou como fluxo de caixa livre para patrimônio líquido. Quando se avalia uma empresa, o valor terminal pode ser calculado como:

$$\text{Valor terminal}_n = \frac{\text{Fluxo de caixa da empresa}_{n+1}}{\text{Custo de capital}_{n+1} - g_n}$$

onde o custo de capital e a taxa de crescimento no modelo são sustentáveis para sempre.

Nesta seção, começamos por analisar quão elevada uma taxa de crescimento estável pode ser, qual a melhor forma de estimar quando a empresa será de crescimento estável e que inputs necessitam ser ajustados à medida que a empresa aproxima-se do crescimento estável.

Restrições ao crescimento estável De todos os inputs para um modelo de avaliação de fluxo de caixa, nenhum pode afetar mais o valor do que a taxa de crescimento estável. Em parte, porque pequenas alterações na taxa de crescimento estável podem alterar o valor terminal de forma expressiva e o efeito torna-se maior à medida que a taxa de crescimento aproxima-se da taxa de desconto usada na estimativa. Não é de surpreender que os analistas com freqüência usem essa taxa para alterar a avaliação a seu favor.

O fato de uma taxa de crescimento estável ser sustentada para sempre, porém, impõe sérias restrições ao nível que podem atingir. Como nenhuma empresa é capaz de crescer para sempre a uma taxa mais alta do que a taxa de crescimento da economia em que se insere, a taxa de crescimento constante não pode ser maior que a taxa de crescimento geral da economia. Ao julgar quais os limites da taxa de crescimento estável, temos de analisar três questões.

1. *A empresa está restrita a operar localmente ou atua (ou tem capacidade para atuar) como uma multinacional?* Se uma empresa atuar apenas localmente, seja por causa das restrições internas (tais como aquelas impostas pela administração) ou externas (como aquelas impostas pelo governo), a taxa de crescimento na economia doméstica será o valor limitante. Se a empresa for uma multinacional ou possuir aspirações nesse sentido, a taxa de crescimento da economia global (ou ao menos daquelas partes do globo em que a empresa atua) será o valor limitante. Note que a diferença será pequena para uma empresa norte-americana, já que a economia norte-americana ainda representa uma grande parcela da economia mundial. Pode, contudo, significar que se pode utilizar uma taxa de crescimento estável que seja ligeiramente mais elevada (0,25% a 0,5%) para a Coca-Cola do que para a Consolidated Edison.
2. *A avaliação está sendo feita em termos nominais ou reais?* Se a avaliação é nominal, a taxa de crescimento estável também deve ser uma taxa de crescimento nominal, ou seja, deve incluir um componente de previsão de inflação. Se a avaliação é real, a taxa de crescimento estável deve ser restrita a um nível inferior. Também, nesse caso, usando a Coca-Cola como exemplo, a taxa de crescimento estável pode chegar a 4%, se a avaliação for feita em dólares nominais, mas apenas 2%, se a avaliação for feita em termos reais (ao menos, no início de 2006).
3. *Qual moeda está sendo usada para estimar os fluxos de caixa e as taxas de desconto na avaliação?* Os limites do crescimento estável variarão dependendo da moeda em uso na avaliação. Se uma moeda de alta inflação for usada para estimar os fluxos de caixa e as taxas de desconto, o crescimento estável poderá ser muito mais elevado, já que a previsão de inflação é agregada ao crescimento real. Se for uma moeda de baixa inflação, os limites serão muito inferiores. Por exemplo, a taxa de crescimento estável que seria utilizada para avaliar a Embraer, empresa aeroespacial brasileira, será bem mais alta se a avaliação for realizada em BR, em vez de dólares norte-americanos.

A taxa de crescimento estável não pode exceder à taxa de crescimento da economia em que uma empresa atua, mas pode ser inferior. Não há nada que nos impeça de pressupor que empresas maduras se tornarão uma parte menor da economia, e, de fato, essa pode ser a premissa mais razoável a adotar. Observe que a taxa de crescimento de uma economia reflete as contribuições tanto de empresas jovens e de alto crescimento quanto das maduras e de crescimento estável. Se as primeiras crescem a uma taxa muito mais elevada do que o crescimento da economia, as segundas devem crescer a uma taxa inferior.

Ajustar a taxa de crescimento estável para que seja menor ou igual à taxa de crescimento da economia não só é a atitude mais consistente a tomar, mas também garante que a taxa de crescimento seja menor que a de desconto. Isso ocorre em virtude da relação entre a taxa livre de risco que faz parte da taxa de desconto e a taxa de crescimento da economia. Note que a taxa livre de risco pode ser formulada como:

Taxa livre de risco nominal = Taxa livre de risco real + Índice de previsão de inflação

No longo prazo, a taxa livre de risco real convergirá para a taxa de crescimento real da economia, e a taxa livre de risco nominal se aproximará da taxa de crescimento nominal da economia. De fato, uma regra simples para a taxa de crescimento estável é que não exceda à taxa livre de risco utilizada na avaliação.

Premissas fundamentais sobre o crescimento estável Em cada avaliação de fluxo de caixa descontado, há duas premissas básicas a serem adotadas sobre o crescimento estável. A primeira corresponde a quais características da empresa estarão em crescimento estável, em termos de retorno sobre investimento e custos do patrimônio líquido e de capital. A segunda premissa refere-se a como a empresa objeto da avaliação fará a transição de crescimento alto para crescimento estável.

Características de uma empresa de crescimento estável À medida que as empresas se movem de crescimento alto para crescimento estável, é necessário dar-lhes as características de empresas de crescimento estável. Uma empresa de crescimento estável é diferente da mesma empresa de alto crescimento em uma série de dimensões. Em geral, espera-se que as empresas de crescimento estável sejam de menor risco, usem mais endividamento, tenham retornos em excesso menores (ou zero) e reinvistam menos do que as de alto crescimento. Nesta subseção, analisamos qual a melhor forma de ajustar cada uma dessas variáveis.

Risco de ações Ao analisar o custo do patrimônio líquido, as empresas de alto crescimento tendem a estar *mais expostas ao risco de mercado* (e ter betas mais altos) do que as de crescimento estável. Em parte, porque tendem a ser *players* de nicho, fornecer produtos e serviços de livre escolha e ter altas alavancagens operacionais. Dessa forma, empresas como a Sirius podem apresentar betas que ultrapassem 1,5 ou até 2. À medida que essas empresas e os seus respectivos mercados amadurecem, é de esperar que tenham menor exposição ao risco de mercado e betas mais próximos a 1 (a média do mercado). Uma alternativa é determinar o beta no crescimento estável em 1 para todas as empresas, sob o argumento de que as empresas em crescimento estável devem ser todas de risco médio. Outra é aceitar que pequenas diferenças persistam, mesmo em crescimento estável, com empresas em negócios mais voláteis, de betas superiores aos daquelas em segmentos mais estáveis. Normalmente, recomendamos que betas de período estável não excedam 1,2.[12]

Mas e quanto às empresas que possuem betas bem abaixo de 1, como as de commodities? Partindo do princípio de que permanecerão nos negócios atuais, não há mal em também pressupor que o beta permaneça nos níveis atuais. Entretanto, caso as estimativas de crescimento de forma perpétua[13] exijam que elas se diversifiquem para outros negócios, deve-se ajustar o beta para cima, mais próximo a 1.

Retornos de projetos Empresas de alto crescimento tendem a ter *altos retornos de capital (e patrimônio líquido) e obter retornos em excesso*. Em crescimento estável, torna-se muito mais difícil sustentar retornos em excesso. Alguns crêem que a única premissa consistente com o crescimento estável é não admitir *nenhum* retorno em excesso; o retorno de capital é igualado ao custo de capital. Embora, em princípio, os retornos em excesso em perpetuidade não sejam viáveis, é difícil, na prática, pressupor que as empresas perderão repentinamente a capacidade de obter retornos em excesso. Como segmentos inteiros freqüentemente obtêm retornos em excesso por longos períodos, assumir que os retornos da empresa em patrimônio líquido e capital se aproximarão das médias setoriais produzirá estimativas mais razoáveis de valor para muitas empresas.

Razões de endividamento e custos da dívida Empresas de alto crescimento tendem a *usar menos endividamento* que as de crescimento estável. Conforme as empresas se tornam maduras, sua capacidade de endividamento aumenta. Ao avaliar empresas, isso resultará em alterações na razão de endividamento usada para calcular o custo de capital. Ao avaliar o patrimônio líquido, alterar a razão de endividamento alterará tanto o custo do patrimônio líquido quanto os fluxos de caixa esperados. A questão relativa ao direcionamento da razão de endividamento de uma empresa em um nível mais sustentável de crescimento estável não pode ser respondida sem se analisarem as visões do gerentes responsáveis pelo endividamento e quanto poder detêm os acionistas nessas empresas. Se os gerentes estiverem dispostos a alterar a razão de endividamento e os acionistas detêm algum poder, é razoável admitir que a razão de endividamento elevará o nível de crescimento estável; se não, é mais seguro manter a razão de endividamento nos níveis vigentes.

À medida que aumentam os lucros e os fluxos de caixa, o risco de inadimplência percebido da empresa também mudará. Uma empresa que está perdendo $ 10 milhões sobre receitas de $ 100 milhões pode ser classificada como B, mas o seu *rating* deve ser muito melhor se as previsões de $ 10 bilhões em receitas e $ 1 bilhão em lucro operacional forem concretizadas. De fato, a consistência interna requer que se reavalie o *rating* e o custo da dívida de uma empresa conforme se alteram as suas receitas e lucro operacional.

Quanto à questão prática de qual razão de endividamento e custo da dívida usar em crescimento estável, deve-se examinar a alavancagem financeira de empresas maiores e mais maduras no segmento. Uma solução é utilizar a média setorial de razão de endividamento e custo da dívida como os indicadores para a empresa em crescimento estável.

Razões de reinvestimento e retenção Empresas de crescimento estável tendem a reinvestir menos que as de alto crescimento, e é fundamental que tanto se capturem os efeitos sobre o reinvestimento de um crescimento mais lento quanto se assegure que a empresa reinvista o suficiente para sustentar a sua taxa de crescimento estável na fase terminal. O efetivo ajuste variará dependendo se estamos descontando dividendos, fluxos de caixa livres para patrimônio líquido (FCFE) ou fluxos de caixa livres para a empresa (FCFF).

No modelo de desconto de dividendos, observe que a taxa de crescimento esperado em lucros por ação pode ser formulada como uma função da razão de retenção e do retorno sobre patrimônio líquido.

$$\text{Taxa de crescimento esperado} = \text{Razão de retenção} \times \text{Retorno sobre patrimônio líquido}$$

A manipulação algébrica pode permitir que definamos a razão de retenção como uma função da taxa de crescimento esperado e retorno sobre patrimônio líquido:

$$\text{Razão de retenção} = \frac{\text{Taxa de crescimento esperado}}{\text{Retorno sobre patrimônio líquido}}$$

Se admitirmos, por exemplo, uma taxa de crescimento estável de 4% (baseada na taxa de crescimento da economia) para o Goldman Sachs e um retorno sobre patrimônio líquido de 12% (baseado nas médias setoriais), poderemos calcular a razão de retenção em crescimento estável:

$$\text{Razão de retenção} = \frac{4\%}{12\%} = 33{,}33\%$$

O Goldman Sachs terá de reinvestir 33,33% dos seus lucros na empresa para gerar o crescimento esperado de 4%; poderá distribuir os 66,67% restantes.

Em um modelo de fluxo de caixa livre para patrimônio líquido, em que focamos o aumento de lucro líquido, a taxa de crescimento esperado é uma função da taxa de reinvestimento em patrimônio líquido e do retorno sobre patrimônio líquido.

$$\text{Taxa de crescimento esperado} = \text{Taxa de reinvestimento em patrimônio líquido} \times \text{Retorno sobre patrimônio líquido}$$

A taxa de reinvestimento em patrimônio líquido pode então ser calculada como segue:

$$\text{Taxa de reinvestimento em patrimônio líquido} = \frac{\text{Taxa de crescimento esperado}}{\text{Retorno sobre patrimônio líquido}}$$

Se, por exemplo, admitirmos que a Toyota terá um crescimento estável de 2% e que o seu retorno sobre patrimônio líquido em crescimento estável é de 8%, podemos estimar uma taxa de reinvestimento em patrimônio líquido:

$$\text{Taxa de reinvestimento em patrimônio líquido} = \frac{2\%}{8\%} = 25\%$$

Finalmente, analisando os fluxos de caixa livres da empresa, estimamos o crescimento esperado em lucro operacional como uma função do retorno sobre capital e da taxa de reinvestimento:

$$\text{Taxa de crescimento esperado} = \text{Taxa de reinvestimento} \times \text{Retorno sobre capital}$$

Novamente, a manipulação algébrica produz a seguinte mensuração da taxa de reinvestimento em crescimento estável.

$$\text{Taxa de reinvestimento em crescimento estável} = \frac{\text{Taxa de crescimento estável}}{\text{ROC}_n}$$

onde o ROC_n é o retorno sobre capital que a empresa pode sustentar em crescimento estável. Essa taxa de reinvestimento pode então ser usada para gerar o fluxo de caixa livre da empresa no primeiro ano do crescimento estável.

Vincular a taxa de reinvestimento e a razão de retenção à taxa de crescimento estável também torna a avaliação menos suscetível às premissas sobre crescimento estável. Embora aumentar a taxa de crescimento estável, mantendo tudo o mais constante, possa aumentar drasticamente o valor, alterar a taxa de reinvestimento à medida que a taxa de crescimento muda gerará um efeito de compensação. Os ganhos do aumento da taxa de crescimento serão parcial ou completamente compensados pela perda em fluxos de caixa, em virtude da taxa de reinvestimento mais alta. Se o valor aumenta ou diminui em decorrência do aumento no crescimento estável dependerá do que se admitir quanto aos retornos em excesso. Se o retorno sobre capital for superior ao custo de capital no período de crescimento estável, aumentar a taxa de crescimento estável aumentará o valor. *Se o retorno sobre capital for igual à taxa de crescimento estável, aumentar a taxa de crescimento estável não exercerá nenhum efeito sobre o valor.* Isso pode ser facilmente comprovado.

$$\text{Valor terminal} = \frac{\text{Ebit}_{n+1}(1-t)(1-\text{Taxa de reinvestimento})}{\text{Custo de capital}_n - \text{Taxa de crescimento estável}}$$

Substituindo-se a taxa de crescimento estável como uma função da taxa de reinvestimento, na fórmula anterior, obteremos:

$$\text{Valor terminal} = \frac{\text{Ebit}_{n+1}(1-t)(1-\text{Taxa de reinvestimento})}{\text{Custo de capital}_n - (\text{Taxa de reinvestimento} \times \text{Retorno sobre capital})}$$

Igualando-se o retorno sobre capital ao custo de capital, chegaremos a:

$$\text{Valor terminal} = \frac{\text{Ebit}_{n+1}(1-t)(1-\text{Taxa de reinvestimento})}{\text{Custo de capital}_n - (\text{Taxa de reinvestimento} \times \text{Custo de capital})}$$

Simplificando, o valor terminal pode ser declarado como:

$$\text{Valor terminal}_{ROC=WACC} = \frac{\text{Ebit}_{n+1}(1-t)}{\text{Custo de capital}_n}$$

Podemos estabelecer a mesma proposição para lucros e fluxos de caixa e demonstrar que um retorno sobre patrimônio líquido igual ao custo do patrimônio líquido em crescimento estável anula o efeito positivo do crescimento.

EXEMPLO 4.13: Taxas de crescimento estável e retornos em excesso

A Alloy Mills é uma indústria têxtil que, atualmente, apresenta lucro operacional após impostos de $ 100 milhões. A empresa possui um retorno sobre capital de 20% e um custo de capital de 10% e reinveste 50% dos seus lucros na empresa, proporcionando uma taxa de crescimento esperada de 10% para os próximos cinco anos:

$$\text{Taxa de crescimento esperada} = 20\% \times 50\% = 10\%$$

Após o ano 5, espera-se que a taxa de crescimento caia a 5% e o retorno sobre capital mantenha-se a 20%. O valor terminal pode ser estimado como:

$$\text{Lucro operacional esperado no ano 6} = 100(1,10)^5(1,05) = \$ 169,10 \text{ milhões}$$

$$\text{Taxa de reinvestimento esperado no ano 5} = \frac{g}{ROC} = \frac{5\%}{20\%} = 25\%$$

$$\text{Valor terminal no ano 5} = \frac{\$169,10(1-0,25)}{0,10-0,05} = \$ 2.537 \text{ milhões}$$

O valor da empresa hoje seria:

$$\text{Valor da empresa hoje} = \frac{\$55}{1,10} + \frac{\$60,5}{1,10^2} + \frac{\$66,55}{1,10^3} + \frac{\$73,21}{1,10^4} + \frac{\$80,53}{1,10^5} + \frac{\$2.537}{1,10^5} = \$1.825 \text{ milhões}$$

Se realmente alterássemos o retorno sobre capital em crescimento estável para 10%, enquanto se mantém a taxa de crescimento a 5%, o efeito sobre o valor seria drástico:

Lucro operacional esperado no ano 6 = 100(1,10)^5(1,05) = $ 169,10 milhões

$$\text{Taxa de reinvestimento esperado no ano 5} = \frac{g}{\text{ROC}} = \frac{5\%}{10\%} = 50\%$$

$$\text{Valor terminal no ano 5} = \frac{\$169,10(1-0,5)}{0,10-0,05} = \$1.691 \text{ milhões}$$

$$\text{Valor da empresa hoje} = \frac{\$55}{1,10} + \frac{\$60,5}{1,10^2} + \frac{\$66,55}{1,10^3} + \frac{\$73,21}{1,10^4} + \frac{\$80,53}{1,10^5} + \frac{\$1.691}{1,10^5} = \$1.300 \text{ milhões}$$

Agora, vamos considerar o efeito de reduzir a taxa de crescimento a 4%, enquanto se mantém o retorno sobre capital a 10% em crescimento estável:

Lucro operacional esperado no ano 6 = 100(1,10)^5(1,04) = $ 167,49 milhões

$$\text{Taxa de reinvestimento esperado no ano 6} = \frac{g}{\text{ROC}} = \frac{4\%}{10\%} = 40\%$$

$$\text{Valor terminal no ano 5} = \frac{\$167,49(1-0,4)}{0,1-0,04} = \$1.675 \text{ milhões}$$

$$\text{Valor da empresa hoje} = \frac{\$55}{1,10} + \frac{\$60,5}{1,10^2} + \frac{\$66,55}{1,10^3} + \frac{\$73,21}{1,10^4} + \frac{\$96,63}{1,10^5} + \frac{\$1.675}{1,10^5} = \$1.300 \text{ milhões}$$

Observe que o valor terminal diminui em $ 16 milhões, mas o fluxo de caixa no ano 5 também aumenta em $ 16 milhões, porque a taxa de reinvestimento no ano 5 cai para 40%. O valor da empresa permanece inalterado em $ 1.300 milhões. De fato, alterar a taxa de crescimento estável a 0% não exerce impacto sobre o valor:

Lucro operacional esperado no ano 6 = 100(1,10)^5 = $ 161,05 milhões

$$\text{Taxa de reinvestimento esperado no ano 6} = \frac{g}{\text{ROC}} = \frac{0\%}{10\%} = 0\%$$

$$\text{Valor terminal no ano 5} = \frac{\$161,05(1-0,00)}{0,10-0,00} = \$1.610,5 \text{ milhões}$$

$$\text{Valor da empresa hoje} = \frac{\$55}{1,10} + \frac{\$60,5}{1,10^2} + \frac{\$66,55}{1,10^3} + \frac{\$73,21}{1,10^4} + \frac{\$161,05}{1,10^5} + \frac{\$1.610,5}{1,10^4} = \$1.300 \text{ milhões}$$

EXEMPLO 4.14: Inputs de crescimento estável

Para exemplificar como os inputs à avaliação mudam ao passarmos de crescimento alto para estável, consideramos três empresas — Goldman Sachs, com o modelo de desconto de dividendos, Toyota, com o modelo de fluxo de caixa livre para patrimônio líquido, e Titan Cement, com o modelo de fluxo de caixa livre para a empresa.

Vamos analisar primeiro o Goldman Sachs no contexto do modelo de desconto de dividendos. Embora a avaliação seja feita no próximo capítulo, note que há apenas três inputs básicos a esse modelo: a razão de *payout* (que determina os dividendos), o retorno sobre patrimônio líquido esperado (que determina a taxa de crescimento esperado) e o beta (que afeta o custo do patrimônio líquido). No Exemplo 4.1, argumentamos que o Goldman Sachs teria um período de alto crescimento de cinco anos. A tabela seguinte resume os inputs ao modelo de desconto de dividendos para a avaliação do Goldman Sachs.

	Período de alto crescimento	Período de crescimento estável
Razão de *payout*	9,07%	66,67%
Retorno sobre patrimônio líquido	18,49%	12,00%
Taxa de crescimento esperado	16,82%	4,00%
Beta	1,20	1,00
Custo do patrimônio líquido (taxa livre de risco = 4,5%; prêmio pelo risco = 4%)	9,30%	8,50%

Observe que a razão de *payout* e o beta para o período de alto crescimento são baseados nos valores do ano corrente. O retorno sobre patrimônio líquido para os próximos cinco anos é estabelecido em 18,49%, que é o retorno sobre patrimônio líquido corrente. A taxa de crescimento esperado de 16,82% para os próximos cinco anos é o produto do retorno sobre patrimônio líquido e a razão de retenção. Em crescimento estável, ajustamos o beta para 1, reduzindo o custo do patrimônio líquido para 8,5%. Assumimos que a taxa de crescimento estável será 4%, apenas um pouco abaixo da taxa de crescimento nominal da economia (e a taxa livre de risco 4,5%). Também admitimos que o retorno sobre patrimônio líquido cairá para 12%, ainda acima do custo do patrimônio líquido em crescimento estável, mas refletindo as consideráveis vantagens competitivas do Goldman Sachs. A taxa de retenção cai para 33,33%, à medida que também caem tanto o crescimento quanto o ROE.

Para analisar a Toyota no modelo de fluxo de caixa para o patrimônio líquido, resumimos os nossos inputs para crescimento alto e crescimento estável na seguinte tabela:

	Crescimento alto	Crescimento estável
Retorno sobre patrimônio líquido	16,55%	6,40%
Taxa de reinvestimento em patrimônio líquido	64,40%	31,25%
Crescimento esperado	10,66%	2,00%
Beta	1,1	1,1
Custo do patrimônio líquido (taxa livre de risco = 2%; prêmio pelo risco = 4%)	6,40%	6,40%

Em alto crescimento, a alta taxa de reinvestimento em patrimônio líquido e o alto retorno sobre patrimônio líquido combinados geram um crescimento esperado de 10,66% ao ano. Em crescimento estável, reduzimos o retorno sobre patrimônio líquido da Toyota ao custo do patrimônio líquido, admitindo que será difícil sustentar retornos em excesso de forma perpétua nesse negócio. Note também que a taxa de crescimento estável é baixa, refletindo o fato de que a avaliação é em ienes (com a taxa livre de risco de 2% atuando como teto sobre crescimento). O beta da empresa permanece inalterado no nível vigente, considerando-se que a administração da Toyota tem sido razoavelmente disciplinada em manter o foco no seu *core business*.

Finalmente, consideremos a Titan Cement. A tabela seguinte demonstra o retorno sobre capital, a taxa de reinvestimento e o crescimento esperado da empresa em período de alto crescimento (próximos cinco anos) e crescimento estável (além do ano 5).

	Crescimento alto	Crescimento estável
Retorno sobre capital	20,49%	6,57%
Taxa de reinvestimento	34,14%	51,93%
Crescimento esperado	7,00%	3,41%
Beta	0,93	1,00
Custo de capital	6,78%	6,57%*

*Prêmio de risco-país vai a zero.

A empresa possui alto retorno sobre capital no período corrente, mas assumiremos que os retornos em excesso desaparecerão quando a empresa atingir a sua fase de crescimento estável; o retorno sobre capital cairá ao custo de capital de 6,57%. Como a taxa de crescimento estável é de 3,41%, a taxa de reinvestimento resultante na Titan Cement aumentará para 51,93% (3,41%/6,57%). Também consideraremos que o beta da Titan Cement convergirá para a média do mercado.

Partir do princípio de que os retornos em excesso continuarão de forma perpétua, assim como fizemos com o Goldman Sachs, é potencialmente problemático. Entretanto, as vantagens competitivas que algumas empresas desenvolveram historicamente ou desenvolverão na fase de alto crescimento não desaparecerão em um instante. Os retornos em excesso diminuirão com o tempo, mas aproximá-los das médias setoriais em crescimento estável parece um compromisso razoável.

A transição para crescimento estável Ao decidir que uma empresa estará em crescimento estável a determinado momento no futuro, devemos analisar como a empresa mudará ao se aproximar desse crescimento. Há três cenários. No primeiro, a empresa manterá a sua alta taxa de crescimento por um período e depois se converterá abruptamente em crescimento estável; este é o modelo de dois estágios. No segundo cenário, a empresa manterá a sua alta taxa de crescimento por um período e depois passará por uma fase de transição em que as suas características mudarão gradualmente em direção a níveis estáveis de crescimento; este é o modelo de três estágios. No terceiro, as características da empresa mudam a cada ano, desde o período inicial até a fase de crescimento estável; este pode ser considerado um modelo de *n* estágios.

A escolha entre esses três cenários depende da empresa objeto da avaliação. Como em um ano a empresa passa de crescimento alto para estável no modelo de dois estágios, este é o mais apropriado para empresas com taxas moderadas de crescimento, em que a transferência não será drástica. Para empresas com taxas muito altas de aumento em lucro operacional, uma fase de transição (em um modelo de três estágios) permite um ajuste gradual não só das taxas de crescimento, mas também das características de risco, retornos sobre capital e taxas de reinvestimento em direção aos níveis de crescimento estável. Para empresas muito jovens ou aquelas com margens operacionais negativas, permitir mudanças anuais (em um modelo de *n* estágios) é prudente.

É possível ter períodos de alto crescimento para empresas com expectativa de taxas de crescimento menores ou iguais à taxa de crescimento da economia? A resposta é sim, para algumas empresas. Isso ocorre porque o crescimento estável requer não só que a taxa de crescimento seja menor que a de crescimento da economia, mas também que os outros inputs à avaliação sejam apropriados a uma empresa de crescimento estável. Consideremos, por exemplo, uma empresa com lucro operacional crescendo a 4% ao ano, porém com retorno sobre capital de 20% e beta de 1,5. Ainda assim seria necessário um período de transição em que o retorno sobre capital decline a níveis mais sustentáveis (digamos, 12%) e o beta se aproxime de 1. Além disso, pode-se ter um período de crescimento extraordinário, em que a taxa de crescimento seja menor do que a de crescimento estável e depois se mova em direção à taxa de crescimento estável. Por exemplo, podemos ter uma empresa com expectativa de ver os seus lucros crescerem a 2% ao ano pelos próximos cinco anos (que seria o período de crescimento extraordinário) e 4% após.

ABORDAGENS DE ESTIMATIVA

Há três abordagens usadas para estimar fluxos de caixa em avaliações. A mais simples e de uso mais comum é a de valor esperado, em que os analistas estimam um fluxo de caixa esperado por período, admitindo implícita ou explicitamente cenários bons e ruins. A segunda é uma variação, em que os fluxos de caixa são estimados sob diferentes cenários, variando do melhor caso ao pior caso, com valores estimados sob cada cenário. A última e mais intensiva em informações é estimar as distribuições de probabilidade para cada input e realizar simulações, em que os resultados são extraídos de cada distribuição e os valores estimados em cada simulação.

Valor esperado

Na maioria das avaliações, os analistas estimam fluxos de caixa esperados por período, a partir do investimento em um negócio ou ativo. O fluxo de caixa esperado representa a única melhor estimativa do fluxo de caixa em um período e, se corretamente calculado, deve abranger a probabilidade tanto de bons quanto de maus resultados. Isso deve, portanto, requerer uma análise das probabilidades de cada cenário ocorrido e o fluxo de caixa sob cada um. Na prática, entretanto, raramente se conduz uma análise tão detalhada, e os analistas contentam-se com um valor esperado para cada variável (crescimento de receita, margem operacional, alíquota de imposto de renda etc.) que determine os fluxos de caixa. Nesse processo, realmente nos expomos aos seguintes erros:

- Alguns analistas usam estimativas de 'melhor caso' ou 'conservadoras', em vez dos reais valores esperados para os fluxos de caixa. Com a primeira, eles superestimam o valor e, com a segunda, subestimam.
- Até os analistas que afirmam utilizar os fluxos de caixa esperados deixam freqüentemente de analisar a gama completa de resultados. Por exemplo, muitas avaliações de empresas de capital aberto parecem basear-se apenas em fluxos de caixa se a empresa permanecer em continuidade operacional e não contar a forte real possibilidade de cessar as operações. Os fluxos de caixa esperados resultantes serão superestimados, assim como os valores das empresas com uma expressiva probabilidade de tensão.
- Os gerentes podem mudar a forma de administrar os negócios, após observarem o que ocorre no mundo real; uma companhia petrolífera ajustará a exploração e produção de modo a refletir o preço do petróleo por período. Como os analistas têm de estimar os fluxos de caixa esperados em todos os períodos futuros, é difícil incorporar esse aprendizado ao modelo. É por isso que os praticantes de opções reais acreditam que as avaliações de fluxo de caixa descontado, mesmo que realizadas corretamente, subestimam os valores dos negócios em que esse aprendizado possui considerável valor.

Em resumo, a abordagem de fluxo de caixa esperado é simples e surpreendentemente poderosa (quando corretamente aplicada), mas é também facilmente manipulada e mal utilizada.

Análise de cenários

Na análise de cenários, estimamos fluxos de caixa sob diferentes cenários, variando de otimista a pessimista, e divulgamos as conclusões resultantes como uma gama de valores em vez de uma estimativa única. Em geral, a análise de cenários requer os seguintes passos:

1. *Identificação dos cenários*. O primeiro, e talvez mais importante passo nesse tipo de análise, é determinar os cenários. Na sua forma mais simplista, podem ser cenários de melhor e de pior caso, mas em análises mais sofisticadas podem ser criados em torno de fatores macroeconômicos ou competitivos. Podemos avaliar uma indústria automobilística sob cenários de economia forte ou fraca e um banco sob cenários de juros altos e baixos.

2. *Estimativa de fluxos de caixa e avaliação sob cada cenário.* Embora a tentação no primeiro estágio do processo seja criar o máximo de cenários possível, o segundo estágio atua como uma verificação natural do primeiro. Temos de estimar os fluxos de caixa esperados sob cada cenário e necessitamos de informação suficiente para fazer essas estimativas. Presumivelmente, os valores serão bem diferentes sob cenários diferentes; se não fossem, o processo seria inútil.
3. *Estimativa da probabilidade de cada cenário.* Associado a ter vários cenários deve haver a probabilidade de que cada um ocorra. Sem essa informação, um tomador de decisão não tem como pesar as diferentes estimativas de valor.
4. *Apresentação do resultado.* O valor de um negócio ou ativo variará conforme o cenário e há duas escolhas no que se refere a apresentar o resultado da análise. A primeira é calcular um valor esperado entre os cenários, estimados pelas respectivas probabilidades de ocorrência. A outra é relatar uma gama de valores para um ativo ou negócio, como o menor valor (ou o maior) para todos os cenários representados no final (ou topo) da lista.

A análise de cenários permite verificar como o valor de um negócio é afetado pelas alterações nos fundamentos subjacentes, mas há um risco em apresentar uma lista de avaliações em vez de uma estimativa. Se os cenários cobrirem todo o espectro, como é o caso quando fazemos os cenários de melhor e pior caso, a gama resultante de valores será tão ampla que se tornará inútil. Afinal, saber que uma ação pode valer qualquer coisa entre $ 15 e $ 70 não é de muita valia para a decisão de comprá-la ou vendê-la a um preço de mercado de $ 40. Extrair um valor esperado entre os cenários pode ser mais útil, mas esse valor esperado deve estar próximo (se não for idêntico) à única melhor estimativa de valor obtida por intermédio dos fluxos de caixa esperados.

Simulações

Diferentemente da análise de cenários, em que analisamos os valores sob vários cenários, as simulações permitem maior flexibilidade na maneira de tratar a incerteza. Nessa forma clássica, a distribuição de valores é estimada para cada parâmetro na avaliação (crescimento, *market share*, margem operacional, beta etc.). Em cada simulação, extraímos um resultado de cada distribuição para gerar um único conjunto de fluxos de caixa e valor. De um grande número de simulações, podemos obter uma distribuição para o valor de um negócio ou ativo que refletirá a incerteza básica que enfrentamos ao estimar os inputs à avaliação.

Em geral, há duas restrições a boas simulações. A primeira é informacional: estimar distribuições de valor para cada input à avaliação é difícil. Em outras palavras, é muito mais fácil estimar uma taxa de crescimento esperado de 8% em receitas para os próximos cinco anos do que especificar a distribuição das taxas de crescimento esperado — o tipo de distribuição e os parâmetros dessa distribuição — para as receitas. As simulações tendem a funcionar melhor nos casos em que há dados históricos (taxas de crescimento variadas ao longo do tempo) ou dados *cross-sectional* (uma gama de taxas de crescimento entre empresas comparáveis) que tornam viável estimar as características da distribuição. A segunda restrição é computacional; até o advento dos computadores pessoais, as simulações tendiam a consumir tempo e recursos em demasia para o analista comum. Ambas essas restrições foram aliviadas recentemente, e as simulações tornaram-se mais factíveis.

À medida que as simulações tornam-se mais comuns, os analistas têm de confrontá-las a três problemas potenciais. O primeiro é que, em geral, as distribuições para os inputs são incorretamente especificadas em termos tanto de tipo quanto de parâmetros; é lixo que entra, lixo que sai. O segundo é o conceito equivocado de que os fluxos de caixa provenientes de simulações são de alguma forma ajustados ao risco porque contam com a probabilidade de resultados ruins. Os fluxos de caixa esperados devem contar com a probabilidade de resultados ruins e não são ajustados ao risco. Ainda necessitamos usar as taxas de desconto ajustadas ao risco para obter o valor atual. O terceiro problema, que tanto a análise de cenários quanto a simulação compartilham, é que os analistas geralmente dobram a contagem de risco, primeiro calculando um valor esperado por meio das taxas de desconto ajustadas ao risco e depois considerando a probabilidade de que o valor será inferior. Por exemplo, uma ação com valor esperado de $ 40 é uma boa compra, se o preço da ação for $ 30, mesmo que haja 40% de chance de que o valor seja inferior a $ 30.

CONCLUSÃO

A previsão de fluxos de caixa futuros é a chave para avaliar negócios. Ao realizar essas estimativas, podemos tomar como base o histórico da empresa ou as estimativas fornecidas por analistas ou gerentes, porém o fazemos por nossa própria conta e risco. Taxas de crescimento passado não geram previsões confiáveis de crescimento futuro, e as estimativas de crescimento de gerentes/analistas são, com freqüência, parciais. Atrelar o crescimento esperado à política de investimentos da empresa — quanto ela reinveste e como escolhe esses investimentos — não só é prudente, mas também preserva a consistência interna nas avaliações.

Ao avaliar patrimônio líquido, principalmente em negócios de alto crescimento, o maior volume do valor virá do valor terminal. Para manter os valores terminais restritos e razoáveis, a taxa de crescimento usada de forma perpétua deve ser inferior ou igual à taxa de crescimento da economia, e a taxa de reinvestimento adotada deve ser consistente com a taxa de crescimento.

Notas

1. Crescimento sem retornos em excesso tornará a empresa maior, mas não mais valiosa.
2. Jack Welch, na General Electric, e Roberto Goizueta, na Coca-Cola, foram bons exemplos de CEOs que fizeram uma profunda diferença no crescimento das suas empresas, que eram percebidas como empresas maduras quando eles assumiram as rédeas do negócio.
3. I. M. D. Little, *Higgledy piggledy growth*. Oxford: Institute of Statistics, 1960.
4. T. Crichfield, T. Dyckman e J. Lakonishok, "An evaluation of security analysts' forecasts", *Accounting Review*, 59, 1978, p. 651–667.
5. P. O'Brien, "Analysts' forecasts as earnings expectations", *Journal of Accounting and Economics*, 10, 1988, p. 53–83.
6. J. G. Cragg e B. G. Malkiel, "The concensus and accuracy of predictions of the growth of corporate earnings", *Journal of Finance*, 23, 1968, p. 67–84.
7. J. H. Vander Weide e W. T. Carleton, "Investor growth expectations: analysts vs. history", *Journal of Portfolio Management*, 14, 1988, p. 78–83.
8. $$\text{ROC} + \frac{D}{E}\left[\text{ROC} - i(1-t)\right] = \frac{\text{LL} + \text{Int}(1-t)}{D+E} + \frac{D}{E}\left[\frac{\text{LL} + \text{Int}(1-t)}{D+E} - \frac{\text{Int}(1-t)}{D}\right]$$
$$= \left[\frac{\text{LL} + \text{Int}(1-t)}{D+E}\right]\left(1 + \frac{D}{E}\right) - \frac{\text{Int}(1-t)}{E}$$
$$= \frac{\text{LL}}{E} = \text{ROE}$$
9. Isso tende a funcionar melhor do que obter a média da taxa de reinvestimento em cinco anos. Essa taxa tende a ser muito mais volátil que os valores em dólar.
10. A margem operacional média antes dos impostos do setor era de 24,49%, mas a Clear Channel, o principal *player*, registrava 16,50%. A média ponderada para o setor era aproximadamente 20%.
11. A margem a cada ano é calculada desta forma:
$$\frac{\text{Margem neste ano} + \text{Meta de margem}}{2}$$
12. Dois terços das empresas norte-americanas possuem betas entre 0,8 e 1,2. Essa se torna a variação para betas de período estável.
13. Ao avaliarmos uma empresa de commodity e aceitarmos qualquer taxa de crescimento que exceda a inflação, estaremos pressupondo que a empresa vá se diversificar para outros negócios e devemos ajustar o beta de acordo com essa premissa.

Capítulo 5

Modelos de fluxo de caixa descontado para o patrimônio líquido

Nos três capítulos anteriores, analisamos os princípios básicos que regem a estimativa de taxas de desconto e fluxos de caixa. Nesse processo, estabelecemos uma distinção entre avaliar o patrimônio líquido de um negócio e avaliar todo o negócio. Neste capítulo, dirigimos a nossa atenção aos modelos de fluxo de caixa descontado (em inglês, *discounted cash flow* — DCF) que avaliam o patrimônio líquido de forma direta.

Os primeiros modelos examinados apresentam uma visão restrita dos fluxos de caixa de patrimônio líquido* e consideram apenas os dividendos como tal. Esses modelos de desconto de dividendos (em inglês, *dividend discount models* — DDMs) representam a variação mais antiga dos modelos de fluxo de caixa descontado. Embora abandonados por muitos analistas por serem obsoletos, ainda são úteis em ampla gama de circunstâncias. Por isso, consideramos definições mais amplas de fluxos de caixa para o patrimônio líquido, primeiro incluindo as recompras de ações e depois expandindo a análise de modo a cobrir dividendos potenciais ou fluxos de caixa livres para o patrimônio líquido. Encerramos este capítulo examinando por que as diferentes abordagens podem gerar valores diferentes para patrimônio líquido por ação.

MODELOS DE DESCONTO DE DIVIDENDOS

Os modelos de fluxo de caixa descontado mais antigos em prática são os de desconto de dividendos. Embora muitos analistas tenham descartado esses modelos partindo da premissa de que produzem estimativas de valor por demais conservadoras, vários dos princípios fundamentais que permeiam os modelos de desconto de dividendos aplicam-se quando analisamos outros modelos de fluxo de caixa descontado.

Princípio básico

Quando investidores compram ações de empresas de capital aberto, geralmente esperam obter dois tipos de fluxo de caixa: dividendos durante o período de manutenção da ação e uma previsão de preço ao final desse período. Como essa previsão de preço é em si determinada por dividendos futuros, o valor de uma ação pode ser formulado como o valor presente de dividendos em perpetuidade.

$$\text{Valor por cota de ações} = \sum_{t=1}^{t=\infty} \frac{E(\text{DPA}_t)}{(1+k_e)^t}$$

onde DPA_t = Dividendos por ação esperados no período t
k_e = Custo do patrimônio líquido

A lógica do modelo está na regra do valor presente: o valor de qualquer ativo é o valor presente (em inglês, *present value* — PV) de fluxos de caixa futuros esperados descontados a uma taxa adequada ao grau de risco dos fluxos de caixa.

Há dois inputs básicos ao modelo: dividendos esperados e o custo do patrimônio líquido. Para obter os dividendos esperados, levantamos pressupostos sobre taxas de crescimento futuro esperado em lucros e razões de *payout*. A necessária taxa de retorno sobre uma ação é determinada pelo seu grau de risco, mensurado de diferentes formas em diferentes modelos — o beta de mercado no modelo de precificação de ativo de capital (em inglês, *capital asset pricing model* — CAPM) e os betas fatoriais nos modelos de arbitragem e multifatoriais. O modelo é flexível o suficiente para permitir taxas de desconto mutantes no tempo, em que a variação de tempo é causada pelas alterações esperadas em taxas de juros ou risco ao longo do tempo.

Variações do modelo de desconto de dividendos

Como as projeções de dividendos em dólar não podem ser feitas por tempo indeterminado, várias versões do modelo de desconto de dividendos têm sido desenvolvidas, com base em diferentes premissas sobre o crescimento futuro. Começamos com a mais simples — um modelo destinado a avaliar as ações de uma empresa de crescimento estável que paga o que pode em dividendos — e depois analisamos como o modelo pode adaptar-se para a avaliação de empresas de alto crescimento que possa pagar pouco ou nenhum dividendo.

---

* Também é comum a expressão 'fluxo de caixa para o acionista' (N. T.).

O modelo Gordon de crescimento O modelo Gordon de crescimento associa o valor de uma ação aos seus dividendos esperados no próximo período, o custo do patrimônio líquido e a taxa de crescimento esperado em dividendos.

$$\text{Valor da ação} = \frac{DPA_1}{k_e - g}$$

onde DPA_1 = Dividendos esperados no próximo ano
k_e = Taxa de retorno exigida por investidores em ações
g = Taxa de crescimento em dividendos por tempo indeterminado

Embora o modelo Gordon de crescimento seja uma abordagem simples e poderosa para avaliar ações, o seu uso é limitado a empresas com taxa de crescimento estável. Vale ter em mente duas percepções ao estimar uma taxa de crescimento estável. Primeiro, como a taxa de crescimento dos dividendos de uma empresa tem a expectativa de durar para sempre, pode-se esperar que os seus outros indicadores operacionais (incluindo receitas e lucros) cresçam à mesma taxa. Para entender por quê, considere as conseqüências no longo prazo de uma empresa cujos lucros crescem a 3% ao ano por tempo indeterminado, enquanto os seus dividendos crescem a 4%. Com o tempo, os dividendos excederão os lucros. Entretanto, se os lucros de uma empresa crescem a uma taxa mais rápida que os dividendos no longo prazo, a razão de *payout*, no longo prazo, convergirá para zero, que também não é uma situação estável. Portanto, embora a exigência do modelo seja pela taxa de crescimento esperado em dividendos, os analistas devem ser capazes de substituir a taxa de crescimento em lucros e obter exatamente o mesmo resultado, se a empresa estiver realmente em situação estável.

A segunda questão refere-se a qual taxa de crescimento é razoável como uma taxa de crescimento estável. Conforme observamos no Capítulo 4, essa taxa de crescimento deve ser inferior ou igual à taxa de crescimento da economia em que a empresa atua. Isso não implica, entretanto, que os analistas sempre concordarão sobre qual é essa taxa, mesmo que concordem que uma empresa seja de crescimento estável por três motivos:

1. Considerando-se a incerteza relacionada às estimativas de previsão de inflação e crescimento real na economia, pode haver diferenças na taxa de crescimento utilizada como parâmetro por diferentes analistas; por exemplo, aqueles com expectativas mais altas de inflação no longo prazo podem projetar uma taxa de crescimento nominal na economia que seja mais alta.
2. A taxa de crescimento de uma empresa de crescimento estável não pode ser maior que a da economia, mas pode ser menor. Com o tempo, as empresas podem encolher em relação à economia. Assim, muito embora a cobertura sobre a taxa de crescimento possa ser a taxa de crescimento nominal da economia, os analistas podem usar taxas de crescimento muito inferiores a esse valor para empresas individualizadas.
3. Há outro caso em que um analista pode desviar de um limite restrito de imposto sobre a taxa de crescimento estável. Se é provável que uma empresa mantenha alguns anos de taxas de crescimento acima do estável, um valor apropriado para a empresa pode ser obtido acrescentando-se um prêmio à taxa de crescimento estável, de modo que reflita o crescimento acima da média nos anos iniciais. Mesmo nesse caso, a flexibilidade do analista será limitada. A suscetibilidade do modelo ao crescimento implica que a taxa de crescimento estável não pode ser maior que 0,25% a 0,5% acima da taxa de crescimento da economia. Se o desvio aumentar, o analista se dará melhor usando um modelo de dois ou de três estágios, para capturar o crescimento 'supernormal' ou 'acima da média', e restringindo o modelo Gordon de crescimento para quando a empresa tornar-se realmente estável.

A premissa de que a taxa de crescimento em dividendos deve ser constante no tempo é difícil de atender, principalmente em virtude da volatilidade dos lucros. Se uma empresa possui uma taxa média de crescimento próxima de uma taxa de crescimento estável, o modelo pode ser utilizado com pequeno impacto real sobre o valor. Assim, uma empresa cíclica com expectativa de apresentar oscilações anuais nas taxas de crescimento, mas que possui uma taxa média de crescimento de 3%, pode ser avaliada pelo modelo Gordon de crescimento, sem uma perda significativa de generalidades. Há dois motivos para esse resultado. Primeiro, como os dividendos são suavizados mesmo quando os lucros são voláteis, é menos provável que sejam afetados por alterações anuais no aumento de lucros. Segundo, são pequenos os efeitos matemáticos de se usar uma taxa média de crescimento em vez de uma taxa constante de crescimento.

Em resumo, o modelo Gordon de crescimento é mais adequado a empresas com taxa de crescimento comparável ou inferior à da economia e que possuam políticas bem estabelecidas de pagamento de dividendos, que pretendam manter no futuro. O pagamento de dividendos deve ser consistente com a premissa de estabilidade, já que empresas estáveis geralmente pagam dividendos substanciais.[1] Esse modelo subestimará principalmente o valor das ações de empresas que pagam consistentemente menos do que podem e acumulam caixa nesse processo.

EXEMPLO 5.1: Avaliação com modelo de desconto de dividendos em crescimento estável: JPMorgan Chase — novembro 2005

O JPMorgan Chase detém grandes interesses tanto em bancos comerciais quanto em bancos de investimentos. Em anos recentes, a empresa cresceu por meio de aquisições, algumas das quais tem tido dificuldade em assimilar. No ano fiscal mais recente, a empresa pagou $ 1,36 em dividendos por ação sobre lucros por ação (LPA) de $ 2,08, resultando em uma razão de *payout* de dividendos de 65,38%. Se presumirmos que a empresa manterá o retorno sobre patrimônio líquido de 11,16% do ano mais recente de forma perpétua, podemos estimar a taxa de crescimento esperado em lucros por ação como:

Taxa de crescimento esperado em LPA = Retorno sobre patrimônio líquido × Razão de retenção
= 11,16% × (1 − 0,6538) = 3,86%

Admitindo-se um beta de 0,8 para a empresa, com base nos betas de grandes bancos comerciais mais taxa livre de risco de 4,5% e prêmio pelo risco de 4%, será gerado um custo do patrimônio líquido de 7,7%:

Custo do patrimônio líquido = Taxa livre de risco + Beta × Prêmio pelo risco = 4,5% + 0,8 × 4% = 7,7%

O valor do patrimônio líquido por ação pode, portanto, ser calculado como:

$$\text{Valor do patrimônio líquido por ação no JPMorgan Chase} = \frac{\text{Dividendos esperados no próximo ano}}{\text{Custo do patrimônio líquido} - \text{Taxa de crescimento esperado}}$$

$$= \frac{\$1,36(1,0386)}{0,077 - 0,0386} = \$36,78$$

As ações estavam sendo negociadas a $ 38 no início de novembro de 2005, muito próximo ao nosso valor estimado por ação.

Modelo de desconto de dividendos em dois estágios Esse modelo aceita dois estágios de crescimento — uma fase inicial em que a taxa de crescimento não é estável e outra subseqüente em que a taxa de crescimento é estável, com perspectiva de permanecer assim no longo prazo. Embora, na maioria dos casos, a taxa de crescimento na fase inicial seja mais alta que a taxa de crescimento estável, o modelo pode ser adaptado para se avaliarem empresas com previsão de obter taxas de crescimento baixas ou até negativas por alguns anos antes de reverter ao crescimento estável. No modelo de desconto de dividendos, o valor do patrimônio líquido pode ser formulado como:

Valor da ação = PV de dividendos na fase extraordinária
+ PV de preço terminal

$$P_0 = \sum_{t=1}^{t=n} \frac{\text{DPA}_t}{(1+k_{e,hg})^t} + \frac{P_n}{(1+k_{e,hg})^n}$$

onde DPA_t = Dividendos por ação esperados no ano t

k_e = Custo do patrimônio líquido (h_g: período de alto crescimento; st: período de crescimento estável)

P_n = Preço (valor terminal) ao final do ano $n = \dfrac{\text{DPA}_{n+1}}{k_{e,st} - g_n}$

g_n = Taxa de crescimento em situação estável por tempo indeterminado após ano n

No caso em que a taxa de crescimento extraordinário (g) e a razão de *payout* forem fixas para os primeiros n anos, essa fórmula pode ser simplificada:

$$P_0 = \frac{\text{DPA}_0 \times (1+g) \times \left(1 - \dfrac{(1+g)^n}{(1+k_{e,hg})^n}\right)}{k_{e,hg} - g} + \frac{\text{DPA}_{n+1}}{(k_{e,st} - g_n)(1+k_{e,hg})^n}$$

onde os inputs são conforme definição dada anteriormente e g é a taxa de crescimento no período de alto crescimento.

A mesma restrição que se aplica à taxa de crescimento para o modelo Gordon de crescimento (isto é, que a taxa de crescimento da empresa é menor ou igual à taxa de crescimento nominal da economia) também é aplicável à taxa de crescimento terminal (g_n) nesse modelo. Além disso, a razão de *payout* tem de ser consistente com a taxa de crescimento estimada. Se a taxa de crescimento esperado cair significativamente após a fase inicial, a razão de *payout* deve ser maior na fase estável do que na fase de crescimento. Uma empresa estável pode pagar mais lucros em dividendos do que uma empresa em crescimento. Uma maneira de calcular essa nova razão de *payout* é usar o modelo de crescimento fundamental descrito no Capítulo 4.

$$\text{Crescimento esperado} = (1 - \text{Razão de } payout) \times \text{Retorno sobre patrimônio líquido}$$

A manipulação algébrica produz as seguintes razões de *payout* em período estável:

$$\text{Razão de } payout \text{ estável} = 1 - \frac{\text{Taxa de crescimento estável}}{\text{Retorno sobre patrimônio líquido no período de crescimento estável}}$$

Assim, uma empresa com taxa de crescimento de 5% e retorno sobre patrimônio líquido de 15% terá uma razão de *payout* em período estável de 66,67%. As outras características da empresa no período estável devem ser consistentes com a premissa de estabilidade. Por exemplo, é razoável admitir que uma empresa de alto crescimento possua um beta de 2, mas não que esse beta permanecerá inalterado quando ela se estabilizar. De fato, vale repetir aqui a regra prática que desenvolvemos no capítulo anterior — que betas de período estável devem ficar entre 0,8 e 1,2. Da mesma forma, o retorno sobre patrimônio líquido, que pode ser alto na fase inicial de crescimento, deve descer a níveis compatíveis com uma empresa estável na fase de crescimento estável. Qual é o retorno sobre patrimônio líquido razoável para período estável? A média setorial do retorno sobre patrimônio líquido e o custo do patrimônio líquido do próprio período de estabilidade da empresa fornecem informações úteis para se fazer esse julgamento.

Como o modelo de desconto de dividendos em dois estágios é baseado em duas fases claramente definidas — alto crescimento e crescimento estável —, ele é mais adequado a empresas que estão em alto crescimento e que esperam manter essa taxa por um período específico, após o qual as fontes do alto crescimento devem desaparecer. Um cenário, por exemplo, em que isso pode aplicar-se é quando uma empresa detém a patente de um produto muito lucrativo para os próximos anos e tem a expectativa de experimentar um crescimento acima do normal nesse período. Quando a patente expirar, é de esperar que se acomode em um crescimento estável. Outro cenário em que pode ser razoável adotar essa premissa sobre crescimento é quando uma empresa atua em um segmento que passa por um crescimento supranormal, em razão de barreiras significativas à entrada (sejam legais ou decorrentes de exigências de infra-estrutura) que podem impedir a entrada de novos concorrentes por vários anos.

EXEMPLO 5.2: Avaliação de empresa pelo modelo de desconto de dividendos em dois estágios: Goldman Sachs — novembro 2005

O Goldman Sachs é um dos principais bancos de investimento no mundo. Pressupondo que consiga manter a vantagem competitiva da sua marca por alguns anos, o avaliamos por meio de um modelo de desconto de dividendos em dois estágios, com cinco anos de alto crescimento seguidos de crescimento estável.

Pelos cinco primeiros anos, assumimos que o Goldman Sachs manterá a razão de *payout* vigente de 9,07% e o retorno sobre patrimônio líquido corrente de 18,49%. A taxa de crescimento resultante é calculada a seguir:

$$\text{Taxa de crescimento esperado em lucros por ação} = \text{Retorno sobre patrimônio líquido} \times \text{Razão de retenção}$$
$$= 18,49\% \times (1 - 0,0907) = 16,82\%$$

A partir do ano 5, pressupomos que pressões competitivas reduzirão o retorno sobre patrimônio líquido a 12%. Adotar uma taxa de crescimento de 4% gera uma razão de *payout* em período estável de 66,67%:

$$\text{Razão de } payout \text{ em período estável} = 1 - \frac{g}{\text{ROE}} = 1 - \frac{0,04}{0,12} = 0,6667 \text{ ou } 66,67\%$$

Para calcular o custo do patrimônio líquido, assumimos que o Goldman Sachs terá um beta de 1,2 nos primeiros cinco anos de alto crescimento e um beta de 1,0 a partir daí. Com uma taxa livre de risco de 4,5% e um prêmio pelo risco de 4%, podemos estimar os custos de patrimônio líquido em ambos os períodos:

$$\text{Custo do patrimônio líquido nos 5 primeiros anos (fase de alto crescimento)} = 4,5\% + 1,2(4\%) = 9,3\%$$
$$\text{Custo do patrimônio líquido em crescimento estável} = 4,5\% + 1,0(4\%) = 8,5\%$$

O primeiro componente de valor é o valor presente dos dividendos esperados no período de alto crescimento. Com base nos lucros correntes por ação ($ 11,03), na taxa de crescimento esperado (16,82%) e na razão de *payout* de dividendos esperados (9,07%), os dividendos esperados podem ser calculados a cada ano no período de alto crescimento:

Ano	LPA	DPA	Valor presente a 9,30%
1	$ 12,88	$ 1,17	$ 1,07
2	$ 15,05	$ 1,36	$ 1,14
3	$ 17,58	$ 1,59	$ 1,22
4	$ 20,54	$ 1,86	$ 1,30
5	$ 23,99	$ 2,18	$ 1,39
Soma			$ 6,12

O valor presente é calculado por intermédio do custo do patrimônio líquido de 9,3% para o período de alto crescimento. O valor presente dos dividendos também pode ser calculado de forma abreviada usando o seguinte cálculo (baseado nos dividendos correntes por ação de $ 1,00):

$$\text{Valor presente de dividendos} = \frac{\$1,00(1,1682)\left[1 - \frac{(1,1682)^5}{(1,093)^5}\right]}{0,093 - 0,1682} = \$6,12$$

O preço (valor terminal) ao final da fase de alto crescimento (fim do ano 5) pode ser estimado por meio do modelo de crescimento constante:

$$\text{Preço terminal} = \frac{\text{Dividendos por ação esperados}_{n+1}}{k_{e,st} - g_n}$$

$$\text{Lucros por ação esperados}_6 = \$11,03 \times 1,1682^5 \times 1,04 = \$24,96$$

$$\text{Dividendos por ação esperados}_6 = \text{LPA}_6 \times \text{Razão de } payout \text{ em período estável}$$
$$= \$24,96 \times 0,6667 = \$16,64$$

$$\text{Preço terminal} = \frac{\text{Dividendos}_6}{k_{e,st} - g} = \frac{\$16,64}{0,085 - 0,04} = \$369,78$$

O preço terminal tem de ser descontado de volta para o presente, usando o custo do patrimônio líquido de período de alto crescimento de 9,3% (e não o de período estável de 8,5%). O raciocínio é que os investidores devem sobreviver ao risco do período de alto crescimento (e o custo do patrimônio líquido concomitante) para obter o período terminal. O valor presente do preço terminal, descontado de volta ao custo do patrimônio líquido de período de alto crescimento é:

$$\text{Valor presente de preço terminal} = \frac{\$369,78}{(1,093)^5} = \$237,05$$

O valor presente acumulado dos dividendos e do preço terminal pode ser então calculado.

$$\text{Valor de hoje} = \frac{\$1,00(1,1682)\left(1 - \frac{(1,1682)^5}{(1,093)^5}\right)}{0,093 - 0,1682} + \frac{\$369,78}{(1,093)^5} = \$6,12 + \$237,05 = \$243,17$$

O Goldman Sachs negociava a $ 128 à época desta análise, em novembro de 2005, tornando-se significativamente subestimado.

É evidente que o mercado é menos otimista quanto ao crescimento futuro do Goldman do que nós. Um exercício interessante em avaliação é estimar a taxa de crescimento que resultará no preço de mercado; isso é chamado de taxa de crescimento implícito. A Figura 5.1 demonstra o valor estimado por ação do Goldman Sachs como uma função da taxa de crescimento esperado em lucros por ação nos próximos cinco anos.

Para chegar ao preço de mercado acumulado de $ 128, temos de pressupor uma taxa de crescimento esperado de 2,6% nos próximos cinco anos. Estamos retendo todos os demais inputs à avaliação, incluindo a taxa de crescimento após o quinto ano e os custos do patrimônio líquido, fixados no cálculo desse número. O exercício pode ser repetido com qualquer outro input — retorno sobre patrimônio líquido, duração do período de crescimento e assim por diante.

O que revela a diferença entre as nossas premissas sobre crescimento e a taxa de crescimento implícito do mercado? Uma forma de analisar a diferença é como uma margem de erro: a taxa de crescimento real em lucros por ação pode ser substancialmente inferior à nossa estimativa base de 16,82% sem afetar a nossa avaliação de que a ação está subestimada. Outra forma é considerar isso como um indício potencial de que podemos estar ignorando elementos fundamentais na avaliação. Por exemplo, os lucros dos bancos de investimento são notoriamente voláteis, e 2004 foi um ano lucrativo para a maioria deles. É totalmente possível que o mercado esteja considerando o caráter cíclico desses lucros quando avaliam o Goldman, enquanto estamos sendo excessivamente otimistas na avaliação dos bons anos por vir.

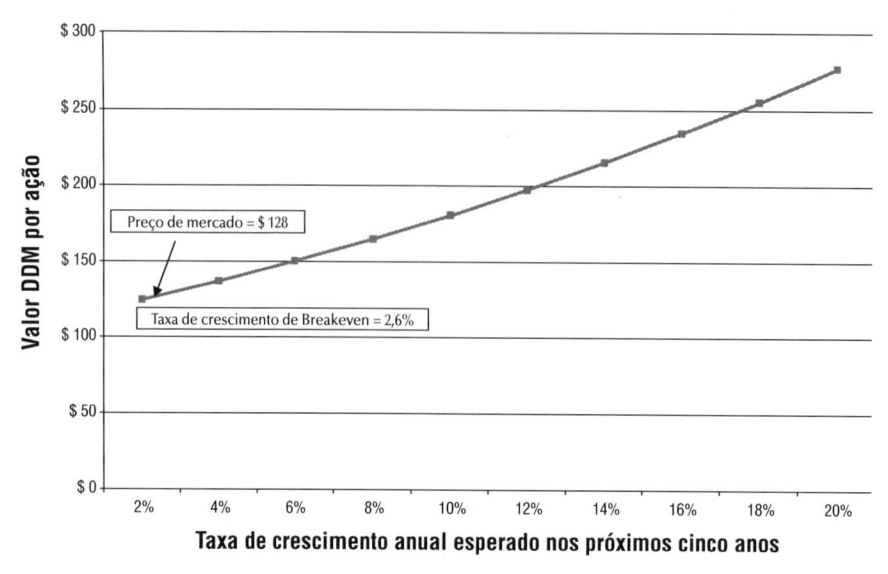

FIGURA 5.1 – Valor e crescimento esperado: Goldman Sachs

O modelo H de avaliação de crescimento Este é um modelo em dois estágios para avaliar crescimento, mas diferentemente do modelo clássico de dois estágios, a taxa de crescimento na fase inicial não é constante, declinando linearmente com o tempo até atingir a taxa de crescimento estável na fase de estabilização. Esse modelo foi apresentado em Fuller e Hsia (1984) e é a base da premissa de que a taxa de crescimento dos lucros parte de alta taxa inicial (g_a) e declina linearmente pelo período de crescimento extraordinário (que é considerado para durar 2H períodos) para uma taxa de crescimento estável (g_n).[2] Considera-se também que o pagamento de dividendos e o custo do patrimônio líquido sejam constantes no tempo e não sejam afetados pela mudança da taxa de crescimento. A Figura 5.2 mostra o gráfico do crescimento esperado ao longo do tempo no modelo H.

O valor dos dividendos esperados no modelo H pode ser formulado como:

$$P_0 = \frac{DPA_0 \times (1+g_n)}{(k_e - g_n)} + \frac{DPA_0 \times H \times (g_a - g_n)}{(k_e - g_n)}$$

Crescimento estável   Crescimento extraordinário

onde DPA_t = DPA no ano t
P_0 = Valor da empresa agora por ação
k_e = Custo do patrimônio líquido
g_a = Taxa de crescimento inicial
g_n = Taxa de crescimento ao final de 2H anos**, após o qual se aplica por tempo indeterminado

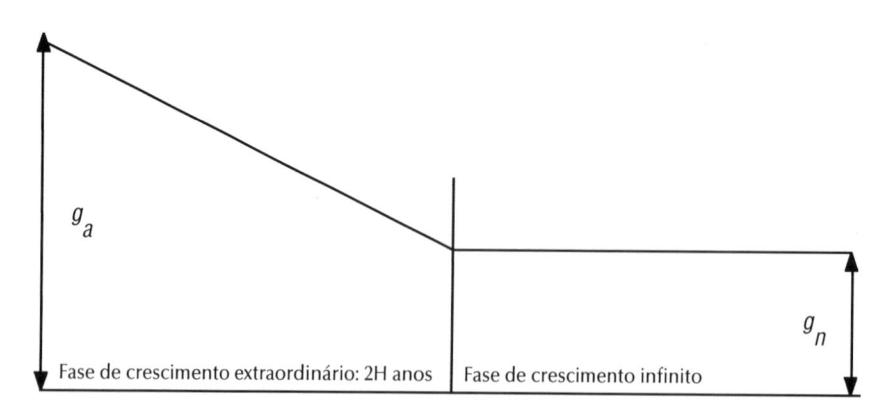

FIGURA 5.2 – Crescimento esperado no modelo H

** 2H significa 2 anos do período de alto crescimento (H = high) (N. T.).

Esse modelo evita os problemas associados à taxa de crescimento que despenca da fase de alto crescimento para a de crescimento estável, mas há um custo para isso. Primeiro, espera-se que o declínio da taxa de crescimento siga a rígida estrutura do modelo — a queda ocorre em incrementos lineares a cada ano, com base na taxa de crescimento inicial, a taxa de crescimento estável e a duração do período de crescimento extraordinário. Embora pequenos desvios dessa premissa não afetem significativamente o valor, grandes desvios podem causar problemas. Segundo, o pressuposto de que a razão de *payout* é constante por ambas as fases de crescimento expõe o analista a uma inconsistência — enquanto as taxas de crescimento declinam, a razão de *payout* geralmente aumenta.

A possibilidade de um declínio gradual das taxas de crescimento ao longo do tempo pode tornar esse modelo útil a empresas que crescem rapidamente agora, mas cujo crescimento deve cair gradualmente com o tempo, à medida que as empresas aumentam e a vantagem competitiva sobre os concorrentes diminui. A premissa de que a razão de *payout* é constante, porém, torna esse modelo inadequado a qualquer empresa com pouco ou nenhum dividendo corrente. Assim, o modelo, ao exigir uma combinação de alto crescimento e alto *payout*, pode ser bem limitado na sua aplicabilidade.[3]

EXEMPLO 5.3: Avaliação com o modelo H: Barclays Bank

O Barclays é um banco internacional com raízes no Reino Unido. Pagou dividendos por ação de £ 0,240 sobre lucros declarados por ação de £ 0,512 em 2004. Os seus lucros por ação cresceram 8% nos cinco anos anteriores, mas essa taxa de crescimento deve cair linearmente nos próximos cinco anos a 3%, enquanto a razão de *payout* permanece inalterada. O beta da ação é 0,9, a taxa livre de risco da libra esterlina é 4,2% e o prêmio pelo risco de mercado é 4%.

$$\text{Custo do patrimônio líquido} = 4{,}2\% + 0{,}9 \times 4\% = 7{,}8\%$$

A ação pode ser avaliada pelo modelo H:

$$\text{Valor de crescimento estável} = \frac{(0{,}24)(1{,}03)}{0{,}078 - 0{,}03} = £\,5{,}15$$

$$\text{Valor de crescimento extraordinário} = \frac{(0{,}24)(5/2)(0{,}08 - 0{,}03)}{0{,}078 - 0{,}03} = £\,0{,}63$$

$$\text{Valor de ação} = £\,5{,}15 + £\,0{,}63 = £\,5{,}78$$

A ação era negociada a £ 5,84 em novembro de 2005, tornando-a próxima de uma avaliação justa.

Modelo de desconto de dividendos em três estágios Esse modelo combina as características do modelo de dois estágios e do modelo H. É o mais generalista porque não impõe quaisquer restrições à razão de *payout* e pressupõe um período inicial de alto crescimento estável, seguido por um período de crescimento em declínio e depois um período de baixo crescimento estável, que perdura. A Figura 5.3 demonstra o crescimento esperado pelos três períodos. O valor da ação é, portanto, o valor presente dos dividendos esperados nos períodos de alto crescimento e de transição e do preço terminal ao início da fase final de crescimento estável.

$$P_0 = \sum_{t=1}^{t=n1} \frac{\text{LPA}_0 \times (1+g_a)^t \times \Pi_a}{(1+k_{e,hg})^t} + \sum_{t=n1+1}^{t=n2} \frac{\text{DPA}_t}{(1+k_{e,tr})^t} + \frac{\text{LPA}_{n2} \times (1+g_n) \times \pi_n}{(k_{e,st} - g_n)(1+k_e)^{n2}}$$

Fase de alto crescimento   Transição   Fase de crescimento estável

onde LPA_t = Lucros por ação no ano t
DPA_t = Dividendos por ação no ano t
g_a = Taxa de crescimento na fase de alto crescimento (dura $n1$ períodos)
g_n = Taxa de crescimento na fase estável
π_a = Razão de *payout* na fase de alto crescimento
π_n = Razão de *payout* na fase de crescimento estável
k_e = Custo do patrimônio líquido em crescimento alto (hg), de transição (tr) e estável (st)

A flexibilidade desse modelo torna-o útil a qualquer empresa; além disso, altera o crescimento ao longo do tempo e deve modificar outras dimensões também — principalmente, políticas de *payout* e risco. Em termos práticos, trata-se do modelo mais adequado a uma empresa cujos lucros crescem a taxas muito altas,[4] que têm expectativa de continuar crescendo a esses índices por um período inicial, mas devem começar a declinar gradualmente aproximando-se de uma taxa estável à medida que a empresa aumenta e perde suas vantagens competitivas.

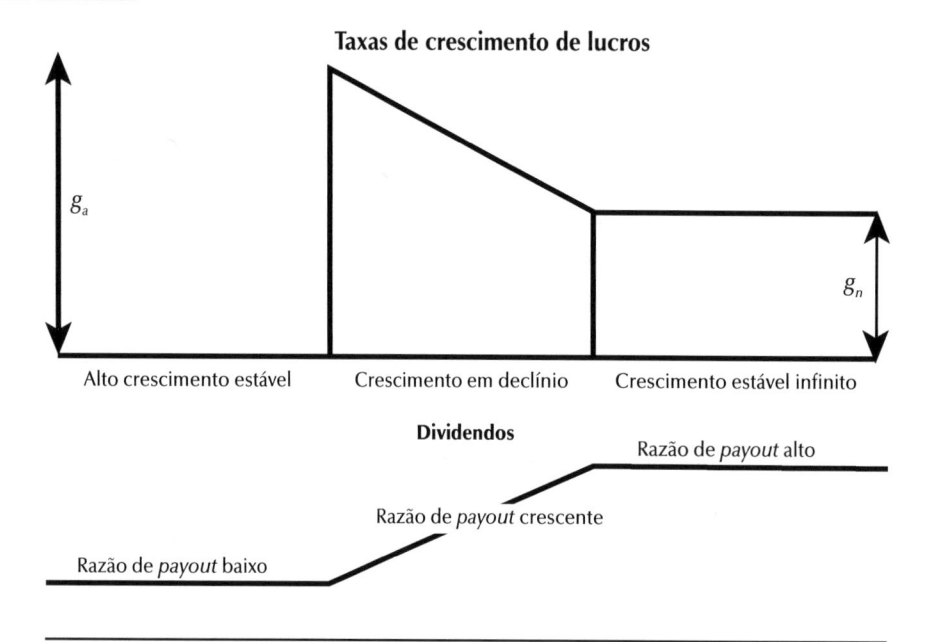

FIGURA 5.3 – Crescimento esperado no modelo de desconto de dividendos em três estágios

EXEMPLO 5.4: Avaliação com modelo de desconto de dividendos em três estágios: Canara Bank — novembro 2005

O Canara Bank é um banco de médio porte, a sudeste da Índia, e registra rápido crescimento, acompanhando o mercado bancário como um todo no país. Protegido da concorrência de bancos estrangeiros, declarou um retorno sobre patrimônio líquido de 23,22% em 2004 e pagou dividendos por ação de 5,50 rúpias nesse ano (sobre lucros declarados por ação de Rs 33,27). Admitiremos que a posição protegida permitirá ao banco manter o retorno sobre patrimônio líquido corrente e a razão de retenção pelos próximos cinco anos, acarretando uma estimativa de previsão de crescimento em lucros por ação de 19,38%:

$$\text{Razão de } payout = \frac{\text{Dividendos por ação}}{\text{Lucros por ação}} = \frac{5,50}{33,27} = 16,53\%$$

Taxa de crescimento esperado = Razão de retenção × ROE = (1 − 0,1653) × 23,22% = 19,38%

O custo do patrimônio líquido para o período de alto crescimento é estimado com o beta de 1,1 para o Canara Bank (baseado nos betas de outros bancos indianos), a taxa livre de risco da rúpia indiana de 6% e um prêmio pelo risco de mercado de 7% (refletindo um prêmio de mercado maduro de 4% e um prêmio de risco-país adicional para a Índia de 3%).[5]

Custo do patrimônio líquido em alto crescimento = 6% + 1,1(7%) = 13,70%

Após o ano 5, assumimos que o beta declinará em direção a 1 em crescimento estável (o que ocorrerá após o décimo ano) e que o prêmio pelo risco para a Índia também cairá para 5,5% (refletindo as nossas premissas de que a Índia se tornará uma economia mais estável).

Custo do patrimônio líquido em crescimento estável = 6% + 1,0(5,5%) = 11,5%

Supomos que a concorrência alcançará a empresa após o ano 5, reduzindo o retorno sobre patrimônio líquido ao custo de patrimônio líquido do período estável de 11,5% por volta do ano 10. A razão de *payout* em crescimento estável pode ser estimada por meio da taxa de crescimento estável de 4%

$$\text{Razão de } payout \text{ em período estável} = 1 - \frac{\text{Taxa de crescimento esperado}}{\text{ROE}} = 1 - \frac{4\%}{11,5\%} = 65,22\%$$

A tabela seguinte resume as premissas sobre razão de *payout* e taxas de crescimento esperado, além de mostrar a estimativa de lucros e dividendos por ação a cada ano nos próximos dez anos:

Ano	LPA	Taxa de crescimento esperado	Razão de *payout*	DPA	Custo do patrimônio líquido	Custo acumulado do patrimônio líquido	Valor presente de DPA
Corrente	Rs 33,27		16,53%	Rs 5,50			
1	39,72	19,38%	16,53	6,57	13,70%	1,1370	Rs 5,77
2	47,41	19,38	16,53	7,84	13,70	1,2928	6,06
3	56,60	19,38	16,53	9,36	13,70	1,4699	6,37
4	67,57	19,38	16,53	11,17	13,70	1,6713	6,68
5	80,66	19,38	16,53	13,34	13,70	1,9002	7,02
Valor presente de dividendos em fase de alto crescimento							Rs 31,90
6	Rs 93,82	16,30%	26,27%	Rs 24,64	13,26%	2,1522	Rs 11,45
7	106,22	13,23	36,01	38,25	12,82	2,4281	15,75
8	117,01	10,15	45,74	53,52	12,38	2,7287	19,62
9	125,29	7,08	55,48	69,51	11,94	3,0545	22,76
10	130,30	4,00	65,22	84,98	11,50	3,4058	24,95
Valor presente de dividendos em fase de transição							Rs 94,53

Na fase de transição, todos os inputs mudam em parcelas anuais iguais, de valores de período de alto crescimento para valores de período de crescimento estável. Como os custos do patrimônio líquido mudam com o tempo, o custo acumulado do patrimônio líquido é utilizado para calcular o valor presente de dividendos. Para calcular o custo acumulado do patrimônio líquido no ano 8, por exemplo, fazemos o seguinte:

$$\text{Custo acumulado do patrimônio líquido no ano 8} = (1,137)^5(1,1326)(1,1282)(1,1238) = 2,7287$$

Dividir os dividendos por ação no ano 8 por esse valor gera o valor presente para esse ano.

O preço terminal ao final do ano 10 pode ser calculado com base em lucros por ação no ano 11, taxa de crescimento estável de 4%, custo do patrimônio líquido de 11,5% e razão de *payout* de 65,22%:

$$\text{Preço terminal} = \frac{\text{Rs } 130,30(1,04)(0,6522)}{0,115 - 0,04} = \text{Rs } 1.178,4$$

Para obter o valor presente, dividimos pelo custo acumulado do patrimônio líquido no ano 10 (da tabela):

$$\text{Valor presente do preço terminal} = \frac{\text{Rs } 1.178,41}{3,4058} = \text{Rs } 345,99$$

Os componentes do valor são:

Valor presente de dividendos na fase de alto crescimento	Rs 31,90
Valor presente de dividendos na fase de transição	94,53
Valor presente de preço terminal ao final da transição	345,99
Valor da ação do Canara Bank	472,42

O Canara Bank negociava a Rs 215 por ação em novembro de 2005, tornando-a significativamente subestimada. Aqui, a principal nota de cautela a um investidor deve centrar-se na sustentabilidade do alto retorno sobre o patrimônio líquido corrente. Se a concorrência chegar mais cedo do que se espera, o valor do patrimônio líquido cairá drasticamente. Por exemplo, o valor do patrimônio líquido por ação cairá a Rs 317, se o retorno sobre patrimônio líquido cair a 15% no próximo ano (em vez de permanecer a 23,22%).

Aplicabilidade do modelo de desconto de dividendos

Embora muitos analistas tenham abandonado o modelo de desconto de dividendos, argumentando que apenas o foco em dividendos é restritivo demais, o modelo ainda tem os seus seguidores. Na verdade, muitos na escola de investimento de valor (*value investment*) de Benjamin Graham defendem o modelo de desconto de dividendos e sua solidez. Nesta seção, começamos considerando as vantagens desse modelo e depois seguimos analisando as suas limitações. Terminamos a seção examinando cenários em que o modelo de desconto de dividendos mais se aplica.

Pontos fortes do modelo O principal atrativo do modelo de desconto de dividendos é a sua simplicidade e a sua lógica intuitiva. Afinal, os dividendos representam o único fluxo de caixa da empresa que é tangível aos investidores. As estimativas de fluxos de caixa livres para o patrimônio líquido e para a empresa não passam de estimativas, e investidores conservadores podem argumentar com razão que não podem reivindicar os direitos sobre esses fluxos de caixa. Dessa forma, a Microsoft pode apresentar grandes fluxos de caixa livres para patrimônio líquido, mas um investidor da Microsoft não pode exigir uma parcela do saldo de caixa da Microsoft.

A segunda vantagem de utilizar o modelo de desconto de dividendos é que necessitamos de menos premissas para obter a previsão de dividendos do que a previsão de fluxos de caixa livres, seja para o patrimônio líquido, seja para a dívida. Para obter o último, temos de fazer suposições sobre gastos de capital, depreciação e capital de giro. Para obter o primeiro, podemos começar com dividendos pagos no ano passado e estimar uma taxa de crescimento para esses dividendos.

Finalmente, pode-se argumentar que os gerentes ajustam os dividendos em níveis que podem sustentar, mesmo com lucros voláteis. Diferentemente dos fluxos de caixa que oscilam conforme os lucros e reinvestimentos de uma empresa, os dividendos permanecem estáveis para a maioria delas. Portanto, as avaliações baseadas em dividendos serão menos voláteis ao longo do tempo do que aquelas baseadas em fluxos de caixa.

Limitações do modelo A rígida aderência dos modelos de desconto de dividendos aos dividendos como fluxos de caixa realmente acarreta um problema sério. Como observamos no capítulo anterior, muitas empresas optam por reter o caixa que podem distribuir aos acionistas. Conseqüentemente, os fluxos de caixa livres para patrimônio líquido nessas empresas excedem os dividendos, e grandes saldos de caixas são formados. Embora os acionistas possam não ter direito explícito a saldos de caixa, eles efetivamente possuem uma parcela desses saldos e os seus valores de patrimônio líquido devem refleti-los. No modelo de desconto de dividendos, essencialmente abandonamos as reivindicações dos acionistas sobre saldos de caixa e subestimamos as empresas com saldos de caixa grandes e crescentes.

Na outra ponta do espectro, também há empresas que pagam muito mais dividendos do que têm disponível em fluxos de caixa, com freqüência financiando a diferença com emissões de nova dívida ou ações. Para essas empresas, usar o modelo de desconto de dividendos pode gerar uma estimativa de valor muito otimista, porque assumimos que elas podem continuar a recorrer a financiamento externo para financiar o déficit de dividendos de forma perpétua.

Aplicabilidade Não obstante as suas limitações, o modelo de desconto de dividendos pode ser útil em três cenários.
1. Estabelece uma linha de base ou valor de piso para empresas com fluxos de caixa para patrimônio líquido que excedem os dividendos. Para essas empresas, o modelo de desconto de dividendos produzirá uma estimativa conservadora de valor, com base na premissa de que o caixa não pago pelos gerentes será desperdiçado em maus investimentos e aquisições.
2. Gera estimativas realistas de valor por ação para empresas que efetivamente pagam o seu fluxo de caixa livre para patrimônio líquido como dividendos, pelo menos em média ao longo do tempo. Há empresas com lucros estáveis em negócios maduros, que tentam calibrar os seus dividendos em relação aos fluxos de caixa disponíveis. Pelo menos até muito recentemente, as empresas de serviços públicos regulamentados no Estados Unidos, tais como telecomunicações e energia elétrica, foram bons exemplos desse tipo de empresa.
3. Nos setores em que a estimativa de fluxo de caixa for difícil ou impossível, os dividendos são os únicos fluxos de caixa que podem ser estimados com algum grau de precisão. Dois motivos justificam o fato de que todas as empresas que avaliamos neste capítulo como usuárias do modelo de desconto de dividendos são empresas de serviços financeiros. O primeiro é a dificuldade de estimar gastos de capital e capital de giro para bancos, bancos de investimento ou seguradoras.[6] O segundo é que retenção de lucros e valor contábil do patrimônio líquido trazem conseqüências reais para as empresas de serviços financeiros, já que os seus indicadores normativos de capital são calculados com base do valor contábil do patrimônio líquido.

Em resumo, portanto, o modelo de desconto de dividendos possui muito mais aplicabilidade do que admitem os seus críticos. Até o saber convencional de que o modelo de desconto de dividendos não pode ser utilizado para avaliar uma ação que paga pouco ou nenhum dividendo está equivocado. Se a razão de *payout* de dividendos está ajustada de modo a refletir as alterações na taxa de crescimento esperado, um valor razoável pode ser obtido até de empresas não pagadoras de dividendos. Assim, uma empresa de alto crescimento que não paga dividendos atualmente pode ainda ser avaliada com base nos dividendos que se espera que pague, quando a taxa de crescimento diminuir.

Extensões do modelo de desconto de dividendos

Um motivo para o descrédito do modelo de desconto de dividendos é o uso crescente das recompras de ações como meio de retornar caixa aos acionistas. Uma simples reação a essa tendência é expandir a definição de dividendos, de modo a incluir as recompras de ações e a avaliar as ações com base no seu número composto. Nesta seção, consideramos as possibilidades e as limitações desse modelo expandido de desconto de dividendos e também examinamos se esse modelo pode ser utilizado para avaliar mercados ou segmentos inteiros.

Modelo expandido de desconto de dividendos Em anos recentes, as empresas nos Estados Unidos têm cada vez mais recorrido às recompras de ações como um meio de retornar caixa aos acionistas. A Figura 5.4 apresenta os montantes cumulativos pagos sob a forma de dividendos e recompra de ações, de 1988 a 2002. A tendência de recompra de ações tem sido muito forte, principalmente na década de 1990. No início de 2000, mais caixa estava sendo devolvido aos acionistas via recompra de ações do que por meio de dividendos convencionais.

Quais são as implicações do modelo de desconto de dividendos? Focar estritamente os dividendos pagos como o único caixa retornado aos acionistas expõe-nos ao risco de ignorar um caixa significativo retornado aos acionistas sob a forma de recompra de ações. O meio mais simples de incorporar essas recompras ao modelo de desconto de dividendos é adicioná-los aos dividendos e calcular uma razão de *payout* modificada:

$$\text{Razão de payout de dividendos modificada} = \frac{\text{Dividendos} + \text{Recompra de ações}}{\text{Lucro líquido}}$$

Embora esse ajuste seja direto, a razão resultante para qualquer ano pode sofrer um viés pelo fato de que as recompras de ações, diferentemente dos dividendos, não são suavizadas. Em outras palavras, uma empresa pode recomprar $ 3 bilhões em ações em um ano e não recomprar mais nada nos próximos três anos. Conseqüentemente, uma estimativa muito melhor da razão de *payout* modificada pode ser obtida analisando-se o valor médio para o período de quatro ou cinco anos. Além disso, às vezes, as empresas recompram ações como um meio de aumentar a alavancagem financeira. Se isso for uma preocupação, podemos fazer um ajuste deduzindo-se novas dívidas emitidas a partir do seguinte cálculo:

$$\text{Payout de dividendos modificado} = \frac{\text{Dividendos} + \text{Recompra de ações} - \text{Emissões de dívidas de longo prazo}}{\text{Lucro líquido}}$$

Ajustar a razão de *payout* para incluir as recompras de ações terá efeitos em cadeia sobre o crescimento estimado e o valor terminal. Especificamente, a taxa de crescimento modificada em lucros por ação pode ser formulada como:

$$\text{Taxa de crescimento modificada} = (1 - \text{Razão de payout modificada}) \times \text{Retorno sobre patrimônio líquido}$$

Até o retorno sobre patrimônio líquido pode ser afetado pelas recompras de ações. Como o valor contábil do patrimônio líquido pode ser reduzido pelo valor de mercado de patrimônio líquido recomprado, uma empresa que recompra ações pode reduzir o seu valor contábil do patrimônio líquido (e aumentar o seu retorno sobre patrimônio líquido) de forma drástica. Se usarmos esse retorno sobre patrimônio líquido como um indicador do retorno marginal sobre patrimônio líquido (de novos investimentos), superestimaremos o valor de uma empresa. Adicionar de volta as recompras de ações em anos recentes ao valor contábil do patrimônio líquido e reestimar o retorno sobre patrimônio líquido pode, às vezes, produzir uma estimativa mais razoável do retorno sobre patrimônio líquido em investimentos.

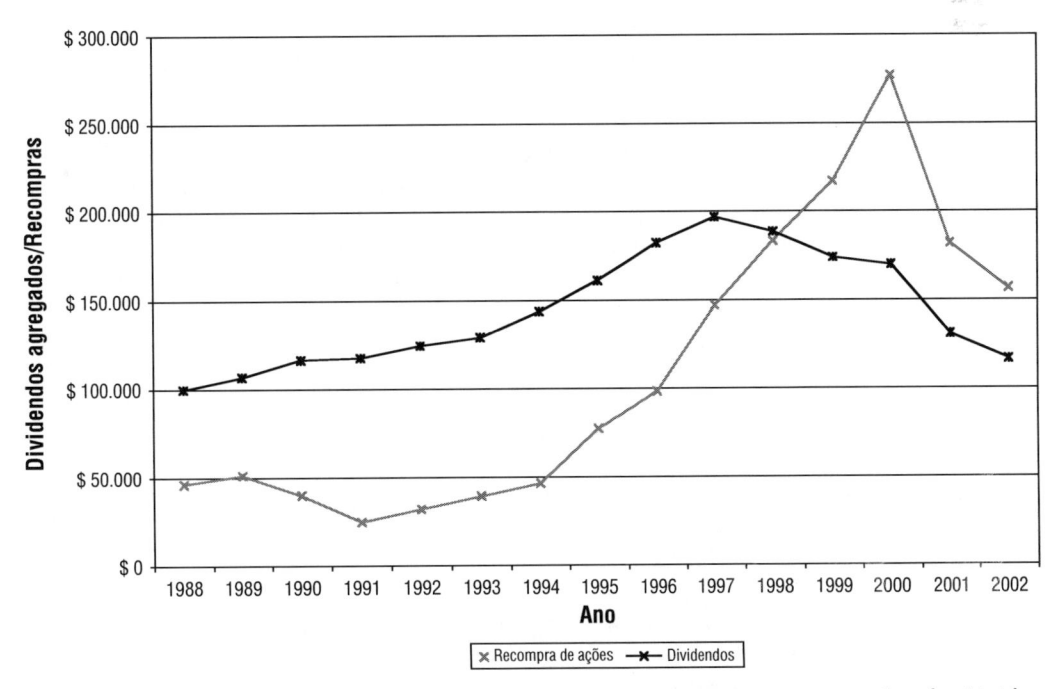

■ **FIGURA 5.4** – Recompras de ações e dividendos: agregação para empresas nos Estados Unidos, 1988–2002

EXEMPLO 5.5: Avaliação com modelo modificado de desconto de dividendos: ExxonMobil

Em novembro de 2005, a ExxonMobil detinha a maior capitalização de mercado de qualquer empresa no mundo. Com a onda de fluxos de caixa gerados pelo aumento do preço do petróleo nos quatro anos anteriores, a ExxonMobil havia aumentado os dividendos com recompras de ações a cada ano. A tabela seguinte resume os dividendos e recompras entre 2001 e 2004 (em milhões de dólares).

	2001	2002	2003	2004	Total
Lucro líquido	15.320	11.460	21.510	25.330	73.620
Dividendos	6.254	6.217	6.515	6.896	25.882
Recompras	5.721	4.798	5.881	9.951	26.351
Dividendos mais recompras	11.975	11.015	12.396	16.847	52.233
Razão de *payout*	40,82%	54,25%	30,29%	27,22%	35,16%
Razão de *payout* modificada	78,17%	96,12%	57,63%	66,51%	70,95%

No período de quatro anos, a razão de *payout* convencional teve média de apenas 35,16%, mas a razão de *payout* modificada foi de 70,95%; a razão de retenção modificada é de apenas 29,05%. Podemos estimar o crescimento esperado em lucros para a ExxonMobil no longo prazo tomando o produto dessa razão de retenção modificada e o retorno sobre patrimônio líquido de 15% que projetamos para o futuro.

$$\text{Taxa de crescimento esperado} = (1 - \text{Razão de } payout \text{ modificada}) \text{ ROE}$$
$$= (1 - 0{,}7095)0{,}15 = 4{,}36\%$$

Para estimar o custo do patrimônio líquido, assumimos que a ExxonMobil possui um beta de 0,8 e que a taxa livre de risco de 4,5% e um prêmio pelo risco de mercado de 4% aplicam-se:

$$\text{Custo do patrimônio líquido} = 4{,}50\% + 0{,}8(4\%) = 7{,}7\%$$

Podemos avaliar a ExxonMobil por meio de um modelo de desconto de dividendos em crescimento estável, mas usando os dividendos por ação modificados:

$$\text{Dividendos por ação modificados} = \text{Lucros por ação em 2004} \times \text{Razão de } payout \text{ modificada}$$
$$= \$\,5{,}00 \times 0{,}7095 = \$\,3{,}55$$

$$\text{Valor do patrimônio líquido por ação} = \frac{\text{Dividendos por ação modificados}(1+g)}{\text{Custo do patrimônio líquido} - g}$$
$$= \frac{\$\,3{,}55(1{,}0436)}{0{,}077 - 0{,}0436} = \$\,110{,}76$$

Ao seu preço preponderante de mercado de $ 60 por ação (em novembro de 2005), a ExxonMobil parece subestimada.

Avaliação de mercados ou segmentos inteiros Até aqui, todos os nossos exemplos de modelo de desconto de dividendos envolveram empresas. Entretanto, não há por que não aplicar o mesmo modelo para avaliar um segmento ou até um mercado inteiro. O preço de mercado da ação seria substituído pelo valor de mercado cumulativo de todas as ações do segmento ou mercado. Os dividendos esperados seriam os dividendos cumulativos de todas essas ações e poderiam ser expandidos para incluir as recompras de ações de todas as empresas. A taxa de crescimento esperado seria a taxa de crescimento em lucros e dividendos acumulados do índice. Não haveria necessidade de um beta ou mais, se estivéssemos analisando o mercado todo (que teria beta de 1), e o beta do setor pode ser usado para estimar um custo do patrimônio líquido, ao avaliar um segmento. Poderíamos usar um modelo de dois estágios, em que a taxa de crescimento esperado em lucros é maior que a taxa de crescimento da economia, mas devemos ter cautela quanto a estabelecer uma taxa de crescimento alta demais ou um período de crescimento longo demais, ao avaliar o mercado inteiro, porque será difícil que o crescimento acumulado dos lucros de todas as empresas de uma economia esteja acima da taxa de crescimento da economia por períodos prolongados.

Consideremos um exemplo simples. Vamos supor que temos um índice negociado a 700 e que o rendimento médio dos dividendos de ações no índice seja 5%. Pode-se esperar que lucros e dividendos cresçam a 4% ao ano por tempo indeterminado e a taxa livre de risco seja de 5,4%. Se usarmos um prêmio pelo risco de mercado de 4%, pode-se estimar o valor do índice.

$$\text{Custo do patrimônio líquido} = \text{Taxa livre de risco} + \text{Prêmio pelo risco}$$
$$= 5{,}4\% + 4\% = 9{,}4\%$$
$$\text{Dividendos esperados no próximo ano} = (\text{Rendimento do dividendo} \times \text{Valor do índice})$$
$$(1 + \text{Taxa de crescimento esperado})$$
$$= (0{,}05 \times 700)(1{,}04) = \$\,36{,}40$$

$$\text{Valor do índice} = \frac{\text{Dividendos esperados no próximo ano}}{\text{Custo do patrimônio líquido} - \text{Taxa de crescimento esperado}} = \frac{36,4}{0,094 - 0,04} = \$674$$

Ao seu nível vigente de 700, o mercado está ligeiramente superestimado.

EXEMPLO 5.6: Avaliação das S&P 500 por meio de um modelo de desconto de dividendos: 1º de janeiro de 2005

Em 1º de janeiro de 2005, o índice S&P 500 negociava a 1.211,92. O rendimento de dividendos no índice era apenas 1,81%, porém a inclusão das recompras de ações aumentava o rendimento de dividendo modificado para 2,9%. Os analistas estimavam que os lucros das ações no índice aumentariam 8,5% ao ano, nos próximos cinco anos. A partir do ano 5, a expectativa era de que a taxa de crescimento esperado em lucros e dividendos fosse de 4,22%, igualada à taxa das obrigações de longo prazo do governo, com base na premissa de que essa taxa é uma aproximação razoável do crescimento nominal de longo prazo da economia. Usamos um prêmio pelo risco de mercado de 4%, produzindo um custo do patrimônio líquido de 8,22%:

$$\text{Custo do patrimônio líquido} = 4,22\% + 4\% = 8,22\%$$

Os dividendos esperados (e as recompras de ações) no índice pelos próximos cinco anos podem ser estimados a partir dos dividendos correntes e do crescimento esperado de 8,5%.

$$\text{Dividendos correntes modificados} = 2,90\% \text{ de } 1.211,92 = 35,148$$

	1	2	3	4	5
Dividendos esperados	$ 38,13	$ 41,37	$ 44,89	$ 48,71	$ 52,85
Valor presente	$ 35,24	$ 35,33	$ 35,42	$ 35,51	$ 35,60

O valor presente é calculado descontando-se de volta os dividendos a 8,22%. Para estimar o valor terminal, estimamos os dividendos modificados no ano 6 no índice:

$$\text{Dividendos esperados no ano } 6 = \$52,85(1,0422) = \$55,08$$

$$\text{Valor terminal do índice} = \frac{\text{Dividendos esperados}_6}{r - g} = \frac{\$55,08}{0,0822 - 0,0422} = \$1.376,93$$

$$\text{Valor presente do valor terminal} = \frac{\$1.376,93}{1,0822^5} = \$927,63$$

O valor do índice pode agora ser calculado:

Valor do índice = Valor presente de dividendos durante o alto crescimento + Valor presente do valor terminal
= $ 35,24 + 35,33 + 35,42 + 35,51 + 35,60 + 927,63 = $ 1.104,73

Com base nessa análise, teríamos concluído que o índice está superestimado em cerca de 10%, a 1.211,92.

MODELOS DE DESCONTO FCFE (DIVIDENDO POTENCIAL)

O modelo de fluxo de caixa livre para patrimônio líquido (em inglês, *free cash flow to equity* — FCFE) não representa uma dissociação radical do tradicional modelo de desconto de dividendos. De fato, uma forma de descrever um modelo de fluxo de caixa livre para patrimônio líquido é que ele representa um modelo em que discutimos os dividendos potenciais em vez dos reais. Conseqüentemente, as três versões do modelo de avaliação FCFE, apresentadas nesta seção, são simples variações do modelo de desconto de dividendos, com uma mudança significativa — os fluxos de caixa livres para patrimônio líquido substituem os dividendos nos modelos.

Princípio básico

Ao substituirmos os dividendos por FCFE para avaliar o patrimônio líquido, estamos fazendo mais que substituir um fluxo de caixa por outro. Estamos implicitamente admitindo que o FCFE será pago aos acionistas. Há duas conseqüências.

1. Não haverá nenhuma outra formação de caixa futuro na empresa, já que o caixa disponível após o pagamento de dívidas e as necessidades de reinvestimento é distribuído aos acionistas a cada período.
2. O crescimento esperado em FCFE incluirá aumento de lucros a partir dos ativos operacionais e não do aumento em títulos negociáveis. Isso decorre diretamente do ponto anterior.

Como o desconto de fluxos de caixa livres para patrimônio líquido compara-se ao modelo de desconto de dividendos modificados, em que as recompras de ações são adicionadas de volta aos dividendos e descontadas? Podem-se considerar as recompras de ações como o retorno em excesso de caixa acumulado em grande parte como decorrência da não distribuição de FCFE como dividendos. Assim, o FCFE representa um indicador suavizado do que as empresas podem retornar aos seus acionistas ao longo do tempo sob a forma de dividendos e recompras de ações.

O modelo FCFE trata o acionista de uma empresa de capital aberto como o equivalente ao proprietário de um negócio privado. Este pode reivindicar os seus direitos sobre todo o fluxo de caixa restante, após impostos, pagamento de dívidas e necessidades de reinvestimento. Como o fluxo de caixa livre para patrimônio líquido mede o mesmo para uma empresa de capital aberto, assumimos que os acionistas têm direito a esses fluxos de caixa, ainda que a administração decida não pagá-los. Essencialmente, o modelo FCFE, quando usado em um negócio de capital aberto, pressupõe implicitamente que há um forte sistema de governança corporativa vigente. Mesmo que os acionistas não possam obrigar a gerência a retornar os fluxos de caixa livres para patrimônio líquido como dividendos, eles podem exercer pressão para garantir que o caixa não distribuído não seja desperdiçado.

Inputs ao modelo FCFE

Os fluxos de caixa livres para patrimônio líquido, como os dividendos, são aqueles para investidores em patrimônio líquido, e podemos usar a mesma abordagem que utilizamos para estimar a taxa de crescimento fundamental em dividendos por ação.

Taxa de crescimento esperado = Razão de retenção × Retorno sobre patrimônio líquido

O uso da taxa de retenção nessa equação implica que toda quantia não distribuída sob a forma de dividendos será reinvestida na empresa. Há um forte argumento, porém, de que isso não é consistente com a premissa de que os fluxos de caixa livres para patrimônio líquido são distribuídos aos acionistas, que embasa os modelos FCFE. É muito mais consistente substituir a razão de retenção pela taxa de reinvestimento em patrimônio líquido, que mede o percentual de lucro líquido investido de volta no negócio.

$$\text{Taxa de reinvestimento em patrimônio líquido} = \frac{\text{Gastos de capital líquido} + \text{Alteração em capital de giro} - (\text{Emissão de novas dívidas} - \text{Repagamentos})}{\text{Lucro líquido}}$$

Talvez o retorno sobre patrimônio líquido também tenha de ser modificado para que reflita os fatos de que o indicador convencional do retorno contém as receitas financeiras de caixa e títulos negociáveis no numerador e de que o valor contábil do patrimônio líquido inclui o valor de caixa e títulos negociáveis. No modelo FCFE, não há nenhum excesso de caixa restante na empresa e o retorno sobre patrimônio líquido deve medir o retorno sobre investimentos não monetário. Pode-se construir uma versão modificada do retorno sobre patrimônio líquido que mede os aspectos não monetários.

$$\text{ROE não monetário} = \frac{\text{Lucro líquido} - \text{Lucro após impostos proveniente de caixa e títulos negociáveis}}{\text{Valor contábil do patrimônio líquido} - \text{Caixa e títulos negociáveis}}$$

O produto da taxa de reinvestimento em patrimônio líquido e o ROE modificado produzirão a taxa de crescimento esperado em FCFE.

Crescimento esperado em FCFE = Taxa de reinvestimento em patrimônio líquido × ROE não monetário

Essa taxa de crescimento pode ser então aplicada ao lucro líquido não monetário para avaliar o patrimônio líquido nos ativos operacionais. Acrescentar o caixa e os títulos negociáveis a esse número resultará no valor total de patrimônio líquido da empresa.

Variações nos modelos FCFE

Assim como ocorre com o modelo de desconto de dividendos, há variações no modelo de fluxo de caixa livre para patrimônio líquido, girando em torno de premissas sobre crescimento futuro e necessidades de reinvestimento. Nesta seção, examinamos versões do modelo FCFE que confrontam a nossa discussão anterior sobre o modelo de desconto de dividendos.

Modelo FCFE de crescimento constante Esse modelo destina-se a avaliar empresas que crescem a uma taxa estável e, portanto, estão em situação estabilizada. O valor do patrimônio líquido, sob o modelo de crescimento constante, é uma função do FCFE esperado no próximo período, da taxa de crescimento estável e da taxa de retorno exigido.

$$P_0 = \frac{FCFE_1}{k_e - g_n}$$

onde $FCFE_1$ = FCFE esperado no próximo ano
P_0 = Valor do patrimônio líquido hoje
k_e = Custo do patrimônio líquido da empresa
g_n = Taxa de crescimento em FCFE da empresa por tempo indeterminado

Este modelo é muito similar ao de Gordon nas suas premissas básicas e funciona sob algumas das mesmas restrições. A taxa de crescimento utilizada deve ser menor ou igual à taxa de crescimento nominal esperado da economia em que a empresa atua. A premissa de que um negócio está em situação estabilizada também implica que ele possui outras características compartilhadas por empresas estáveis. Isso significaria, por exemplo, que os gastos de capital, em relação à depreciação, não são desproporcionalmente grandes e o risco é médio. (Se for utilizado o modelo de precificação de ativo de capital, o beta da ação não deve ser significativamente diferente de 1.) Para estimar o reinvestimento para uma empresa de crescimento estável, pode-se usar uma de duas abordagens.

1. Podem-se usar as taxas de reinvestimento típicas do segmento. Uma forma simples de fazer isso é usar o gasto de capital médio em relação à razão de depreciação do setor (ou, melhor ainda, apenas das empresas estáveis no setor), para estimar um gasto de capital normalizado.
2. Alternativamente, pode-se usar a relação entre crescimento e fundamentos desenvolvida no Capítulo 4 para estimar o reinvestimento necessário. O crescimento esperado em lucro líquido pode ser formulado como:

Taxa de crescimento esperado em lucro líquido = Taxa de reinvestimento em patrimônio líquido
× Retorno sobre patrimônio líquido

Isso nos permite estimar a taxa de reinvestimento em patrimônio líquido:

$$\text{Taxa de reinvestimento em patrimônio líquido} = \frac{\text{Taxa de crescimento esperado}}{\text{Retorno sobre patrimônio líquido}}$$

Para exemplificar, uma empresa com taxa de crescimento estável de 4% e retorno sobre patrimônio líquido de 12% necessitaria reinvestir cerca de um terço do seu lucro líquido nos gastos de capital líquido e necessidades de capital de giro. De outra perspectiva, os fluxos de caixa livres para patrimônio líquido devem representar dois terços do lucro líquido.

Esse modelo, como o de Gordon, é mais adequado para empresas que crescem a uma taxa comparável ao crescimento nominal da economia ou inferior a esse crescimento. É, porém, o melhor modelo a usar para empresas estáveis que pagam dividendos que são altos demais para sustentar (por excederem ao FCFE em um montante significativo) ou que são bem inferiores ao FCFE. Note, contudo, que, se a empresa é estável e distribui o seu FCFE como dividendos, o valor obtido a partir desse modelo será o mesmo que aquele obtido do modelo Gordon de crescimento.

EXEMPLO 5.7: Modelo FCFE de crescimento estável: ExxonMobil

Neste capítulo, já avaliamos a ExxonMobil usando um modelo modificado de desconto de dividendos e descobrimos que ela estava muito subestimada ao seu preço corrente de $ 60 por ação. Neste exemplo, avaliamos a ExxonMobil utilizando um modelo FCFE de crescimento estável, com as seguintes premissas:

- Para estimar o custo do patrimônio líquido da ExxonMobil, continuaremos a usar os mesmos parâmetros usados no modelo de desconto de dividendos: beta de 0,8, taxa livre de risco de 4,5% e prêmio pelo risco de mercado de 4%, resultando em um custo do patrimônio líquido de 7,7%.

Custo do patrimônio líquido = 4,5% + 0,8(4%) = 7,7%

- O preço alto e crescente do petróleo evidentemente elevou o lucro da ExxonMobil em 2004, mas é improvável que esse preço continue a subir indefinidamente no mesmo ritmo. Em vez de usar o lucro líquido em 2004 de $ 25.330 bilhões como nosso indicador de lucratividade, utilizaremos o lucro líquido médio de $ 18.405 bilhões sobre os cinco anos anteriores como indicador do lucro líquido normalizado. Deduzir a receita financeira de caixa desses lucros gera o valor de lucro líquido não monetário para o ano-base.

Lucro líquido não monetário = Lucro líquido — Receita financeira de caixa
= 18.405 – 321 = $ 18.086 bilhões

- Com base no lucro líquido normalizado de $ 18.086 bilhões e o valor contábil do patrimônio líquido não monetário ao final de 2003, estimamos um retorno sobre patrimônio líquido de 21,88%.

$$\text{ROE não monetário} = \frac{\text{Lucro líquido não monetário}_{2004}}{(\text{Valor contábil do patrimônio líquido} - \text{Caixa})_{2003}}$$

$$= \frac{18.086}{93.297 - 10.626} = 21,88\%$$

- Para estimar a taxa de reinvestimento, analisamos os gastos líquidos de capital e os investimentos em capital de giro nos últimos cinco anos e estimamos uma taxa de reinvestimento de patrimônio líquido normalizado de 16,98%.[7] A taxa de crescimento esperado em perpetuidade pode então ser calculada como 3,71%:

$$\text{Taxa de crescimento esperado em lucro líquido} = \text{Retorno sobre patrimônio líquido} \times \text{Taxa de reinvestimento em patrimônio líquido} = 21{,}88\% \times 0{,}1698 = 0{,}0371$$

O valor do patrimônio líquido da ExxonMobil pode ser estimado como:

$$\text{Valor do patrimônio líquido em ativos operacionais não monetário} = \text{Lucro líquido} \cdot (1 - \text{Taxa de reinvestimento}) \left(\frac{1+g}{\text{Custo do patrimônio líquido} - g} \right)$$

$$= 18.086(1 - 0{,}1698)\left(\frac{1{,}0371}{0{,}077 - 0{,}0371} \right) = \$\,390{,}69 \text{ bilhões}$$

Ao adicionar o valor de caixa e títulos negociáveis ($ 18,5 bilhões) a esse número e dividi-lo pelo número de ações, temos o valor do patrimônio líquido por ação:

$$\text{Valor do patrimônio líquido por ação} = \frac{390{,}69 + 18{,}5}{6{,}2224} = \$\,65{,}77$$

Com base nesse modelo, a ExxonMobil está apenas ligeiramente subestimada a $ 60 por ação. Há dois motivos para essa avaliação ser mais realista que a de modelo modificado de desconto de dividendos. Primeiro, o lucro líquido é normalizado e permite ciclos que são geralmente considerados no preço de commodities. Segundo, o reinvestimento é medido diretamente nessa avaliação pela análise dos gastos de capital e dos investimentos em capital de giro em vez de indiretamente por meio de uma razão de retenção.

Modelo FCFE de dois estágios Esse modelo destina-se a avaliar uma empresa com expectativa de crescer muito mais rapidamente que outra madura no período inicial e a uma taxa estável após isso. Nesse modelo, o valor de qualquer ação é o valor presente de FCFE por ano para o período de crescimento extraordinário mais o valor presente do preço terminal ao final do período.

Valor do patrimônio líquido = PV de FCFE durante o período de alto crescimento + PV de preço terminal

$$= \sum_{t=1}^{t=n} \frac{\text{FCFE}_t}{(1+k_e)^t} + \frac{P_n}{(1+k_e)^n}$$

onde FCFE_t = Fluxo de caixa livre para patrimônio líquido (acionista) no ano t
P_n = Valor do patrimônio líquido no final do período de crescimento extraordinário
k_e = Custo do patrimônio líquido em períodos de alto crescimento (hg) e crescimento estável (st)

Em geral, o valor terminal para o patrimônio líquido é calculado pelo modelo de taxa de crescimento estável:

$$P_n = \frac{\text{FCFE}_{n+1}}{r - g_n}$$

onde g_n = Taxa de crescimento após ano terminal por tempo indeterminado

As mesmas advertências que se aplicam à taxa de crescimento do modelo de taxa de crescimento estável, descrito na seção anterior, também se aplicam aqui. Além disso, as premissas feitas para obter o fluxo de caixa livre para patrimônio líquido após o ano terminal têm de ser consistentes com a premissa de estabilidade. Por exemplo, embora o gasto de capital possa ser muito maior que a depreciação na fase inicial de alto crescimento, a diferença deve diminuir à medida que a empresa entra na sua fase de crescimento estável. Podemos usar as duas abordagens descritas para o modelo de crescimento estável — média setorial das necessidades de gasto de capital ou a equação do crescimento fundamental (taxa de reinvestimento em patrimônio líquido = g/ROE) — para realizar essa estimativa. O beta e a razão de endividamento podem também necessitar serem ajustados em crescimento estável, de modo a refletir o fato de que as empresas de crescimento estável tendem a ter risco médio (betas mais próximos de 1) e usar mais endividamento do que as de alto crescimento.

Esse modelo parte das mesmas premissas sobre crescimento que o modelo de desconto de dividendos em dois estágios — ou seja, que o crescimento será alto e constante no período inicial e, após isso, cairá abruptamente para crescimento estável. É diferente em virtude de sua ênfase no FCFE, em vez de nos dividendos. Conseqüentemente, fornece resultados muito melhores que o modelo de desconto de dividendos ao avaliar empresas que ou possuem dividendos insustentáveis (por serem mais elevados que o FCFE) ou pagam menos em dividendos do que podem (isto é, dividendos menores que o FCFE).

EXEMPLO 5.8: Modelo FCFE de dois estágios: Toyota

A Toyota Motor Corporation é uma das mairoes empresas automobilísticas no mundo. Em 2005, também foi a mais lucrativa com os seus novos híbridos capturando *market share* de veículos utilitários esportivos e minivans fabricados pelas montadoras nos Estados Unidos. Para estimar o valor da empresa, fizemos as seguintes hipóteses:

O lucro líquido declarado da Toyota foi de 1.171 bilhões de ienes em 2004, dos quais 29,68 bilhões de ienes refletiram o resultado financeiro após impostos das posições em caixa. Com base no valor contábil do patrimônio líquido e posições de caixa no início de 2004, calculamos um retorno sobre patrimônio líquido não monetário de 16,55%:

$$\text{ROE não monetário} = \frac{\text{Lucro líquido não monetário}_{2004}}{(\text{Valor contábil do patrimônio líquido} - \text{Caixa})_{2003}} = \frac{1.171,00 - 29,68}{8.625 - 1.730} = 16,55\%$$

Em 2004, a Toyota divulgou gastos de capital de 1.923 bilhões de ienes, depreciação de 998 bilhões de ienes e um declínio em capital de giro não monetário de 50 bilhões de ienes. A empresa aumentou o seu endividamento total em 140 bilhões de ienes durante o ano. A taxa de reinvestimento em patrimônio líquido resultante é 64,4%.

$$\frac{\text{Taxa de reinvestimento}}{\text{em patrimônio líquido}} = \frac{\text{Gastos de capital} - \text{Depreciação} + \text{Alteração em capital de giro} - \text{Dívida líquida CF}}{\text{Lucro líquido não monetário}}$$

$$= \frac{1.923 - 998 - 50 - 140}{1.171 - 29,68} = 64,40\%$$

Vamos supor que a Toyota será capaz de manter o seu retorno sobre patrimônio líquido não monetário corrente e a taxa de reinvestimento em patrimônio líquido nos próximos cinco anos, resultando em uma taxa de crescimento esperado em lucro líquido de 10,66%:

Taxa de crescimento esperado em lucro líquido = ROE não monetário × Taxa de reinvestimento em patrimônio líquido
= 0,1655 × 0,644 = 0,1066 ou 10,66%

Para estimar o custo do patrimônio líquido, pressupomos que o beta da Toyota será 1,1 em perpetuidade. Para estimar o prêmio pelo risco de mercado, decompusemos as vendas da Toyota por região no mundo (usando dados de 2005) e estimamos um prêmio pelo risco composto de 4,69%.

Região	Unidades vendidas (milhares)	Percentual de vendas	Prêmio pelo risco
Japão	2.381	32,14%	4%
América do Norte	2.271	30,66	4
Europa	979	13,22	4
Ásia	834	11,26	7
América Central e do Sul	185	2,50	10
Oceania	239	3,23	6
Outros	519	7,01	6
Total/média	7.408	100,00%	4,69%

Com uma taxa livre de risco de 2% (em ienes), o custo do patrimônio líquido da Toyota é 7,16%:

Custo do patrimônio líquido = Taxa livre de risco + Beta(Prêmio pelo risco) = 2% + 1,1(4,69%) = 7,16%

A partir do quinto ano, assumimos que a taxa de crescimento esperado em lucro líquido cairá para 2% (estipulado como igual à taxa livre de risco em ienes) e que o retorno sobre patrimônio líquido cairá para o custo do patrimônio líquido em período estável de 7,16%. A taxa de reinvestimento em patrimônio líquido resultante é 27,93%:

$$\text{Taxa de reinvestimento em patrimônio líquido em período estável} = \frac{\text{Crescimento esperado}}{\text{Retorno sobre patrimônio líquido}} = \frac{2\%}{7,16\%} = 27,93\%$$

Na tabela seguinte, calculamos os fluxos de caixa livres para patrimônio líquido a cada ano pelos próximos cinco anos, pressupondo um aumento nos lucros de 10,66% e uma taxa de reinvestimento em patrimônio líquido de 64,40%. Também calculamos o valor presente dos fluxos de caixa pelo custo do patrimônio líquido de 7,16% como a taxa de desconto (fluxos de caixa em bilhões de ienes):

	1	2	3	4	5
Taxa de crescimento esperado	10,66%	10,66%	10,66%	10,66%	10,66%
Lucro líquido	1.262,98	1.397,62	1.546,60	1.711,47	1.893,91
Taxa de reinvestimento em patrimônio líquido	64,40%	64,40%	64,40%	64,40%	64,40%
FCFE	449,63	497,56	550,60	609,30	674,25
Custo do patrimônio líquido	7,16%	7,16%	7,16%	7,16%	7,16%
Custo cumulativo do patrimônio líquido	107,16%	114,84%	123,06%	131,87%	141,32%
Valor presente	419,58	433,28	447,43	462,04	477,12

A soma do valor presente dos fluxos de caixa livres para patrimônio líquido no período de alto crescimento é 2.239,49 bilhões de ienes. Para estimar o valor terminal, primeiro estimamos os fluxos de caixa livres para patrimônio líquido no ano 6.

Lucro líquido esperado no ano 6 = Lucro líquido$_5$(1 + g) = 1.893,91(1,02) = 1.931,79 bilhões de ienes

Reinvestimento em patrimônio líquido no ano 6 = Lucro líquido$_6$
$\times$ Taxa de reinvestimento em patrimônio líquido estável
= 1.931,79 $\times$ 0,2793 = 539,50 bilhões de ienes

FCFE esperado no ano 6 = LPA$_6$ – Reinvestimento em patrimônio líquido$_6$ = 1.931,79 – 539,50
= 1.392,29 bilhões de ienes

$$\text{Valor terminal de patrimônio líquido} = \frac{\text{FCFE}_{11}}{\text{Custo do patrimônio líquido}_{11} - g}$$

$$= \frac{1.392,29}{0,0716 - 0,02} = 26.974 \text{ bilhões de ienes}$$

$$\text{Valor presente de valor terminal do patrimônio líquido} = \frac{26.974}{1,0716^5} = 19.088,21 \text{ bilhões de ienes}$$

O valor do patrimônio líquido nos ativos operacionais pode ser obtido adicionando-se o valor presente dos fluxos de caixa livres para patrimônio líquido no período de alto crescimento ao valor presente do valor terminal do patrimônio líquido. Ao adicionar caixa e títulos negociáveis a esse valor e dividir pelo número de ações, temos o valor de patrimônio líquido por ação:

Valor do patrimônio líquido em ativos operacionais = 2.239 + 19.088	21.327 bilhões de ienes
+ Caixa e títulos negociáveis	1.484 bilhões de ienes
= Valor para o acionista	22.811 bilhões de ienes
÷ Número de ações	3,61 bilhões
= Valor do patrimônio líquido por ação	6.319 ienes

A ação era negociada a 5.600 ienes em novembro de 2005, à época desta avaliação, tornando-a ligeiramente subestimada.

O modelo E — um modelo FCFE de três estágios

O modelo E destina-se a avaliar empresas que devem passar pelos três estágios de crescimento — uma fase inicial de altas taxas de crescimento, um período de transição em que a taxa de crescimento cai e uma situação de estabilização em que o crescimento é estável. Nesse modelo, o valor de uma ação é o valor presente do fluxo de caixa livre para patrimônio líquido esperado em todos os três estágios de crescimento:

$$P_0 = \sum_{t=1}^{t=n1} \frac{\text{FCFE}_t}{(1+k_{e,hg})^t} + \sum_{t=n1+1}^{t=n2} \frac{\text{FCFE}_t}{(1+k_{e,t})^t} + \frac{P_{n2}}{(1+k_{e,st})^{n2}}$$

onde FCFE$_t$ = FCFE no ano t
P_0 = Valor do patrimônio líquido hoje
k_e = Custo do patrimônio líquido
P_{n2} = Valor do patrimônio líquido ao final do período de transição = $\frac{\text{FCFE}_{n2+1}}{r - g_n}$

$n1$ = Final do período inicial de alto crescimento
$n2$ = Final do período de transição

Como o modelo pressupõe que a taxa de crescimento passa por três fases distintas — alta, de transição e estável —, é importante que as premissas sobre as variáveis sejam consistentes com essas premissas sobre crescimento.

- É razoável pressupor que, à medida que a empresa passa de crescimento alto a estável, a relação entre gasto de capital e depreciação mudará. Na fase de alto crescimento, é provável que o gasto de capital seja muito maior que a depreciação. Na de transição, a diferença deve diminuir. Finalmente, a diferença entre gasto de capital e depreciação será ainda menor no crescimento estável, refletindo a menor taxa de crescimento esperado.
- À medida que as características de crescimento de uma empresa mudam, assim será com as suas características de risco. No contexto do CAPM, conforme declina a taxa de crescimento, pode-se esperar que o beta da empresa mude. A tendência de betas convergirem a 1 no longo prazo tem-se confirmado por meio de exame empírico de carteiras de empresas com altos betas.

Como o modelo permite três estágios de crescimento e um declínio gradual de crescimento alto para estável, é adequado para avaliar empresas com altas taxas correntes de crescimento. As premissas quanto a crescimento são similares às do modelo de desconto de dividendos em três estágios, mas o foco é o FCFE em vez dos dividendos, tornando-o mais apropriado à avaliação de empresas cujos dividendos são significativamente superiores ou inferiores ao FCFE. Em especial, fornece estimativas mais realistas de valor do patrimônio líquido para empresas de alto crescimento com expectativa de fluxos de caixa para patrimônio líquido negativos no futuro próximo. O valor descontado desses fluxos de caixa negativos, de fato, captura o efeito das novas ações que serão emitidas para financiar o crescimento no período e assim indiretamente captura o efeito de diluição do valor do patrimônio líquido por ação hoje.

EXEMPLO 5.9: Modelo FCFE de três estágios: Tsingtao Breweries (China)

A Tsingtao Breweries produz e distribui cerveja e outras bebidas alcoólicas na China e ao redor do mundo sob a marca Tsingtao. Como o consumo de cerveja cresce na Ásia, a Tsingtao possui alto potencial de crescimento e será avaliada pelo modelo FCFE de três estágios, partindo-se das seguintes premissas:

Em 2004, a Tsingtao divulgou um lucro líquido de 285,2 milhões de yuans chineses (CY), dos quais 25,5 milhões de CY eram provenientes de lucro de caixa e títulos negociáveis. O retorno sobre patrimônio líquido não monetário resultante, baseado no valor contábil do patrimônio líquido e caixa no início de 2004, é de 8,06%:

$$\text{ROE não monetário} = \frac{\text{Lucro líquido não monetário}_{2004}}{(\text{Valor contábil do patrimônio líquido} - \text{Caixa})_{2003}} = \frac{285,2 - 25,5}{4.071 - 850} = 8,06\%$$

Para calcular a taxa de reinvestimento em patrimônio líquido, analisamos o gasto líquido médio de capital e os investimentos em capital de giro nos últimos cinco anos, bem como as emissões de novas dívidas no período:

Gastos líquidos de capital normalizados = 170,38 milhões CY

Alteração em capital de giro não monetário normalizado = 39,93 milhões CY

Fluxos de caixa de dívida líquida normalizada = 92,17 milhões CY (Emissões de dívida — Repagamentos)

$$\text{Taxa de reinvestimento em patrimônio líquido normalizado} = \frac{\text{Gastos de capital} - \text{Depreciação} + \text{Alteração em capital de giro} - \text{Fluxo de caixa de dívida líquida}}{\text{Lucro líquido não monetário}}$$

$$= \frac{170,38 + 39,93 - 92,17}{285,2 - 25,5} = 45,49\%$$

Pressupomos que o retorno sobre patrimônio líquido aumentará para 12% (de 8,06%) nos próximos cinco anos, resultando em uma taxa de crescimento esperado de 13,74%.

$$\text{Taxa de crescimento esperado} = \text{ROE} \times \text{Taxa de reinvestimento em patrimônio líquido} + \left[\left(\frac{\text{ROE}_{\text{Alvo}}}{\text{ROE}_{\text{Corrente}}}\right)^{1/n} - 1\right]$$

$$= 0,12 \times 0,4549 + \left[\left(\frac{0,12}{0,0806}\right)^{1/5} - 1\right] = 13,74\%$$

Observe que o segundo termo da equação mede o crescimento relativo ao uso de ativos existentes de forma mais eficiente nos próximos cinco anos. Estamos também pressupondo que os novos investimentos gerarão retornos sobre patrimônio líquido de 12% a partir do próximo ano.

Para estimar o custo do patrimônio líquido, usamos um beta de 0,8 para a Tsingtao em perpetuidade. Em conjunto com a taxa livre de risco de 5,5% em yuans e um prêmio pelo risco de 5,6% (composto por um prêmio de mercado maduro de 4% e um prêmio pelo risco-país de 1,60 da China[8]), o custo do patrimônio líquido resultante é 9,98%:

Custo do patrimônio líquido = 5,5% + 0,8(5,6%) = 9,98%

A partir do ano 6, a Tsingtao fará a transição para uma taxa de crescimento estável de 5,5% no ano 10.[9] Para calcular a taxa de reinvestimento em patrimônio líquido em perpetuidade, assumiremos que o retorno sobre patrimônio líquido declinará no crescimento estável para o custo do patrimônio líquido de 9,98%;

$$\text{Taxa de reinvestimento em patrimônio líquido estável} = \frac{g}{\text{ROE}} = \frac{0,055}{0,098} = 0,5511 \text{ ou } 55,11\%$$

Para avaliar a Tsingtao, começamos projetando os fluxos de caixa livres para patrimônio líquido nas fases de alto crescimento e transição, usando uma taxa de crescimento esperado de 13,74% em lucro líquido e uma taxa de reinvestimento em patrimônio líquido de 45,49% nos primeiros cinco anos. Os cinco anos subseqüentes representam um período de transição, em que o crescimento cai em incrementos lineares, de 13,74% para 5,5%, e a taxa de reinvestimento em patrimônio líquido move-se de 45,49% para 55,11%. Os fluxos de caixa livres para patrimônio líquido resultantes são demonstrados nesta tabela:

Ano	Lucro líquido (milhões yuans)	Crescimento esperado (%)	Taxa de reinvestimento em patrimônio líquido (%)	FCFE (milhões yuans)	Custo do patrimônio líquido (%)	Custo acumulado do patrimônio líquido	Valor presente (milhões yuans)
Corrente	259,70						
1	295,37	13,74	45,49	161,00	9,98	1,0998	146,39
2	335,95	13,74	45,49	183,12	9,98	1,2096	151,40
3	382,10	13,74	45,49	208,28	9,98	1,3303	156,57
4	434,59	13,74	45,49	236,89	9,98	1,4630	161,92
5	494,29	13,74	45,49	269,43	9,98	1,6090	167,45
6	554,04	12,09	47,42	291,34	9,98	1,7696	164,64
7	611,90	10,44	49,34	309,99	9,98	1,9462	159,28
8	665,71	8,79	51,26	324,45	9,98	2,1405	151,58
9	713,29	7,15	53,19	333,92	9,98	2,3541	141,85
10	752,53	5,50	55,11	337,81	9,98	2,5890	130,48
Valor presente de FCFE na fase de alto crescimento							1.531,53

Para estimar o valor terminal do patrimônio líquido, usamos o lucro líquido no ano 11, fazemos a sua redução pelas necessidades de reinvestimento em patrimônio líquido nesse ano e assumimos uma taxa de crescimento perpétuo para obter um valor.

Taxa de crescimento estável esperado = 5,5%

Taxa de reinvestimento em patrimônio líquido em crescimento estável = 55,11%

Custo do patrimônio líquido em crescimento estável = 9,98%

FCFE esperado no ano 11 = (Lucro líquido$_{11}$)(1 − Taxa de reinvestimento em patrimônio líquido em período estável)
= (752,53)(1,055)(1−0,5511) = 356,39 milhões yuans

$$\text{Valor terminal do patrimônio líquido} = \frac{\text{FCFE}_{11}}{\text{Custo do patrimônio líquido em período estável} - \text{Taxa de crescimento estável}}$$

$$= \frac{356,39}{0,0998 - 0,055} = 7.955 \text{ milhões yuans}$$

Para estimar o valor do patrimônio líquido hoje, somamos os valores presentes do FCFE nos períodos de alto crescimento e de transição e os acrescentamos ao valor presente do valor terminal do patrimônio líquido.

Valor do patrimônio líquido em ativos operacionais = Valor presente do FCFE no período de alto crescimento + Valor presente do valor terminal

$$= 1.531,53 + \frac{7.955}{(1,0998)^{10}}$$

$$= 4.604 \text{ milhões yuans}$$

Ao adicionar a posição em caixa corrente e dividi-lo pelo número de ações, temos o valor do patrimônio líquido por ação:

$$\text{Valor do patrimônio líquido por ação} = \frac{\text{Valor do patrimônio líquido em ativos operacionais} + \text{Caixa}}{\text{Número de ações}}$$

$$= \frac{4.604 + 1.330}{1.346,79} = 4,41 \text{ yuan por ação}$$

A ação era negociada a 7,78 yuans em novembro de 2005, o que a tornaria supervalorizada, com base nessa avaliação.

Avaliação de modelos FCFE

O modelo FCFE é uma versão mais geral do modelo de desconto de dividendos e dá aos analistas mais liberdade na estimativa de fluxos de caixa. De certa forma, substitui os dividendos potenciais pelos dividendos efetivamente pagos e deve gerar estimativas mais realistas de valor para empresas em que os dois números divergem. Nesta seção, consideramos os pontos fortes e fracos dos modelos FCFE.

Pontos fortes do modelo A vantagem mais significativa de usar os modelos FCFE é que deixamos de nos restringir aos julgamentos dos administradores quanto à política de dividendos. Podemos substituir os fluxos de caixa livres para patrimônio líquido — o que poderia ter sido retornado aos acionistas — pelo retorno efetivo. Assim, obtemos estimativas mais realistas de valor para empresas que pagam consistentemente menos ou mais do que poderiam. No primeiro caso, o modelo de fluxo de caixa livre para patrimônio líquido produzirá um valor para patrimônio líquido superior ao do modelo de desconto de dividendos, ao passo que, no segundo caso, gerará um valor inferior.

A segunda vantagem é que, diferentemente dos dividendos, o FCFE não é obrigado a ser um valor não-negativo. Os fluxos de caixa livres para patrimônio líquido podem ser negativos e são, em geral, para empresas em crescimento, com significativas necessidades de reinvestimento. Pode-se esperar que as empresas com fluxos de caixa livres para patrimônio líquido negativos farão novas emissões de ações no futuro. A diluição esperada que vai ocorrer já é incorporada ao valor do patrimônio líquido pelos fluxos de caixa livres para patrimônio líquido negativos.

Um último aspecto do modelo merece ser repetido. Nos modelos FCFE, pressupomos implicitamente que os fluxos de caixa para patrimônio líquido serão sacados da empresa a cada ano. Dessa forma, não haverá nenhuma formação de caixa e não necessitamos rastrear futuras posições em caixa. Um erro comum nos modelos FCFE é a contagem em duplicidade, em que os analistas estimam o valor do patrimônio líquido descontando o FCFE à empresa e depois também monitoram a formação de caixa, porque a empresa está pagando menos do que o seu FCFE a título de dividendos.[10]

Limitações do modelo Embora os modelos de fluxos de caixa para patrimônio líquido abrandem as restrições à mensuração dos fluxos de caixa para patrimônio líquido impostas pelos modelos de desconto de dividendos, há um custo. Os analistas devem estimar os gastos líquidos de capital e as necessidades de capital de giro não monetário a cada ano, para obter os fluxos de caixa. Apesar de isso ser direto, eles têm também de estimar quanto caixa a empresa levantará com novas emissões de dívida e quanto usará para reparar dívidas antigas. Esse exercício é razoavelmente simples quando as empresas mantêm razão de endividamento estável, mas torna-se cada vez mais complicado à medida que se espera que as razões de endividamento mudem ao longo do tempo. No primeiro caso, podemos usar o atalho dos fluxos de caixa livres para patrimônio líquido:

$$\text{Fluxo de caixa livre para patrimônio líquido} = \text{Lucro líquido} - (\text{Gastos de capital} - \text{Depreciação})(1 - \partial)$$
$$- \text{Alteração em capital de giro não monetário}(1 - \partial)$$

No segundo caso, deve-se usar a versão expandida do modelo:

$$\text{Fluxo de caixa livre para patrimônio líquido} = \text{Lucro líquido} - (\text{Gastos de capital} - \text{Depreciação})$$
$$- \text{Alteração em capital de giro não monetário}$$
$$+ (\text{Dívida repaga} - \text{Novas emissões de dívida})$$

Esse cálculo pode ser complicado para empresas com expectativa de mudança nas razões de endividamento ao longo do tempo, já que se deve calcular as novas emissões de dívida que a empresa deve fazer para obter a razão de endividamento desejada.

Aplicabilidade dos modelos FCFE Claramente, os modelos de fluxos de caixa livres para patrimônio líquido não podem ser usados quando os inputs necessários para calcular esses fluxos — gastos de capital, depreciação, capital de giro e fluxos de caixa de dívida líquida — são difíceis ou impossíveis de estimar. Como já observado na apresentação dos modelos de desconto de dividendos, este é geralmente o caso das empresas de serviços financeiros e, às vezes, pode tornar-se um problema quando há informação incompleta ou não confiável disponível sobre a empresa. Se isso ocorrer, lançar mão do modelo de desconto de dividendos gerará estimativas mais confiáveis de valor.

Se os fluxos de caixa livres para patrimônio líquido podem ser estimados, não há por que não usarmos os modelos baseados neles para a avaliação de todas as empresas. Entretanto, os problemas práticos associados à estimativa de fluxos de caixa para patrimônio líquido, quando se espera que as razões de endividamento mudem com o tempo, podem fazer diferença na escolha entre utilizar um modelo de avaliação de patrimônio líquido ou de empresa. Com os modelos de avaliação de empresas, as alterações nas razões de endividamento são mais fáceis de incorporar à avaliação porque afetam a taxa de desconto (por meio dos pesos no cálculo do custo de capital). Como veremos no próximo capítulo, devemos chegar ao mesmo valor de patrimônio líquido usando qualquer uma dessas abordagens, embora haja premissas implícitas em cada uma que podem causar desvios.

AVALIAÇÃO DE MODELO FCFE *VERSUS* DE DESCONTO DE DIVIDENDOS

O modelo FCFE pode ser visto como uma alternativa ao de desconto de dividendos. Como essas abordagens ocasionalmente fornecem estimativas diferentes de valor para o patrimônio líquido, vale examinar quando produzem estimativas similares de valor, quando produzem estimativas diferentes e o que a diferença sinaliza sobre a empresa.

Quando são similares

Há duas condições sob as quais o valor de usar o FCFE na avaliação de fluxo de caixa descontado será igual ao valor obtido pelo modelo de desconto de dividendos. A primeira é óbvia, em que os dividendos são iguais ao FCFE. Há empresas que mantêm uma política de pagar excesso de caixa como dividendos, seja porque se comprometeram antecipadamente com isso, seja porque têm investidores que esperam essa política deles.

A segunda condição é mais sutil, em que o FCFE é maior que os dividendos, mas o excesso de caixa (FCFE menos dividendos) é investido em ativos precificados de forma justa (isto é, ativos que rendem uma razoável taxa de retorno e assim possuem valor presente líquido zero). Por exemplo, investir em ativos financeiros que têm preço justo deve gerar um valor presente líquido zero. Para obter valores equivalentes a partir das duas abordagens, contudo, temos de monitorar o caixa acumulado no modelo de desconto de dividendos e acrescentá-lo ao valor do patrimônio líquido (como demonstra o Exemplo 5.10, ao final desta seção).

Quando são diferentes

Há vários casos em que os dois modelos fornecerão estimativas diferentes de valor. Primeiro, quando o FCFE é maior que o dividendo, e o excesso de caixa rende juros abaixo dos de mercado, ou está investido em ativos de valor presente líquido negativo, o valor do modelo FCFE será maior que o valor do modelo de desconto de dividendos. Há motivo para crer que isso não é tão incomum quanto possa parecer de imediato. Há diversos estudos de caso de empresas que, após acumular grandes saldos de caixa pagando baixos dividendos em relação ao FCFE, optam por usar esse caixa para financiar aquisições imprudentes (em que o preço pago é superior ao recebido pela transação). Segundo, o pagamento de dividendos inferiores ao FCFE reduz as razões dívida/patrimônio líquido e pode levar a empresa a se tornar não alavancada, acarretando perda de valor.

Nos casos em que os dividendos são maiores que o FCFE, a empresa deverá emitir novas ações ou dívidas para pagar esses dividendos ou cortar investimentos, levando a pelo menos uma de três conseqüências negativas para o valor. Se a empresa emitir novas ações para financiar dividendos, enfrentará substanciais custos de emissão, que diminuem o valor. Se a empresa tomar empréstimo para pagar os dividendos, poderá tornar-se superalavancada (em relação ao nível ótimo), acarretando perda de valor. Finalmente, pagar dividendos demais resulta em restrições de racionamento de capital e conseqüente rejeição de bons projetos, havendo perda de valor (capturado pelo valor presente líquido de projetos rejeitados).

Há uma terceira possibilidade, que reflete as diferentes premissas sobre reinvestimento e crescimento nos dois modelos. Se a mesma taxa de crescimento for usada nos modelos de desconto de dividendos e FCFE, este gerará um valor superior do que o de desconto de dividendos sempre que o FCFE for maior que os dividendos, e um valor inferior, quando os dividendos excederem o FCFE. Na realidade, a taxa de crescimento em FCFE deve ser diferente da taxa de crescimento em dividendos, porque se pressupõe que o fluxo de caixa livre para patrimônio líquido seja pago aos acionistas. Isso afetará a taxa de reinvestimento em patrimônio líquido. Além disso, o retorno sobre patrimônio líquido usado no modelo FCFE deve refletir o retorno sobre patrimônio líquido de investimentos não monetário, ao passo que o retorno sobre patrimônio líquido utilizado no modelo de desconto de dividendos deve ser o retorno sobre patrimônio líquido geral. A Tabela 5.1 resume as diferenças de premissas entre os dois modelos.

Em geral, quando as empresas pagam muito menos em dividendos do que a sua disponibilidade em FCFE, os lucros esperados e o valor terminal serão mais altos no modelo de desconto de dividendos, mas os fluxos de caixa ano a ano serão superiores no modelo FCFE.

O que significa quando são diferentes?

Quando o valor obtido pelo modelo FCFE é diferente daquele do modelo de desconto de dividendos, com premissas de crescimento consistentes, há duas questões a abordar: o que a diferença entre os dois modelos revela? Qual dos dois modelos é o apropriado à avaliação do preço de mercado?

A ocorrência mais comum é que o valor do modelo FCFE exceda o valor do modelo de desconto de dividendos. A diferença entre o valor do modelo FCFE e o valor do modelo de desconto de dividendos pode ser considerada como um componente do valor de controlar uma empresa — ela mede o valor da política de controle de dividendos. Em uma aquisição hostil, o proponente pode ter a expectativa de controlar a empresa e mudar a política de dividendos (para refletir o FCFE), assim capturando o valor mais elevado de FCFE.

Quanto a qual dos dois valores é o mais apropriado para uso na avaliação do preço de mercado, a resposta está na receptividade do mercado ao controle corporativo. Se for grande a probabilidade de que a empresa sofra uma aquisição ou que a sua administração mude, o preço de mercado refletirá essa possibilidade e o parâmetro mais adequado será o valor do modelo FCFE. À medida que alterações no controle corporativo tornam-se mais difíceis em virtude do porte da empresa e/ou das restrições legais ou de mercado às aquisições, o valor do modelo de desconto de dividendos fornecerá o devido parâmetro para comparação.

TABELA 5.1: Diferenças entre modelos DDM e FCFE		
	Modelo de desconto de dividendos	**Modelo FCFE**
Premissa implícita	Apenas os dividendos são pagos. Parcela restante dos lucros é reinvestida na empresa, parte em ativos operacionais e parte em caixa e títulos negociáveis.	O FCFE é pago aos acionistas. O saldo dos lucros é investido apenas em ativos operacionais.
Crescimento esperado	Mede o crescimento em lucro a partir tanto de ativos operacionais quanto de caixa. Em termos de fundamentos, é o produto da razão de retenção e do retorno sobre patrimônio líquido.	Mede o crescimento apenas do lucro proveniente dos ativos operacionais. Em termos de fundamentos, é o produto da taxa de reinvestimento em patrimônio líquido e o retorno sobre patrimônio líquido não monetário.
Transação com caixa e títulos negociáveis	O lucro resultante de caixa e títulos negociáveis é incorporado aos lucros e, em última instância, aos dividendos. Portanto, caixa e títulos negociáveis não precisam ser adicionados.	Há duas escolhas: 1. Incorporar lucro de caixa e títulos negociáveis às projeções de lucratividade e estimar o valor do patrimônio líquido. 2. Ignorar o lucro de caixa e títulos negociáveis e adicionar o seu valor ao valor do patrimônio líquido no modelo.

EXEMPLO 5.10: Equivalência (ou não) entre os modelos FCFE e DDM

Para ilustrar as premissas implícitas que necessitamos fazer para os modelos de desconto de dividendos e FCFE convergirem, analisemos uma empresa hipotética. A Tivoli Enterprises pagou dividendos de $ 30 milhões sobre lucro líquido de $ 100 milhões no ano financeiro mais recente; as receitas foram de $ 1.000 milhões no ano. No mesmo ano, os gastos de capital atingiram $ 75 milhões, a depreciação, $ 50 milhões e o capital de giro não monetário, 5% das receitas. Além disso, emissões de novas dívidas excederam os repagamentos de dívidas em $ 10 milhões. Finalmente, vamos pressupor que a empresa não tinha caixa disponível à época da avaliação.

Admitimos que essa empresa é de risco médio e possui beta de 1. Com uma taxa livre de risco de 5% e um prêmio pelo risco de 4%, o custo do patrimônio líquido que calculamos para a Tivoli Enterprises é de 9%:

Custo do patrimônio líquido = Taxa livre de risco + Beta × Prêmio pelo risco = 5% + 4% = 9%

Também pressupomos que esse custo do patrimônio líquido vá manter-se indefinidamente.

Para avaliar essa empresa, assumimos que receitas, lucro líquido, dividendos, gastos de capital, depreciação e fluxos de caixa de dívida líquida crescerão a 10% ao ano nos próximos cinco anos. Além disso, pressupomos que o capital de giro não monetário se manterá na proporção atual de receitas (5%). Na tabela seguinte, estimamos os fluxos de caixa livres para patrimônio líquido e dividendos a cada ano nos próximos cinco anos (em milhões de dólares):

	Corrente	1	2	3	4	5
Receitas	1.000,00	1.100,00	1.210,00	1.331,00	1.464,10	1.610,50
Lucro líquido	100,00	110,00	121,00	133,10	146,41	161,05
– (Gastos de capital – Depreciação)	25,00	27,50	30,25	33,28	36,60	40,26
– Alteração em capital de giro		5,00	5,50	6,05	6,66	7,32
+ Fluxo de caixa de dívida líquida	10,00	11,00	12,10	13,31	14,64	16,11
Fluxo de caixa livre para patrimônio líquido	30,00	88,50	97,35	107,09	117,79	129,57
Dividendos		33,00	36,30	39,93	43,92	48,32

Ao final do ano 5, vamos admitir que a empresa estará em crescimento estável, crescendo a 4% ao ano em perpetuidade e que o retorno sobre patrimônio líquido será de 12%, também em perpetuidade. Para estimar o valor terminal de patrimônio líquido no modelo FCFE, primeiro calculamos a taxa de reinvestimento em patrimônio líquido de período estável:

$$\text{Taxa de reinvestimento em patrimônio líquido em período estável} = \frac{g}{\text{ROE}} = \frac{4\%}{12\%} = 33,33\%$$

$$\text{Valor do patrimônio líquido ao final do quinto ano} = \frac{\text{Lucro líquido}_6(1 - \text{Taxa de reinvestimento em patrimônio líquido})}{(\text{Custo do patrimônio líquido} - \text{Taxa de crescimento esperado})}$$

$$= \frac{161,05(1,04)(1 - 0,3333)}{(0,09 - 0,04)} = \$\,2.233,24 \text{ milhões}$$

O cálculo do valor terminal para o patrimônio líquido no modelo de desconto de dividendos espelha essa fórmula se a razão de *payout* em período estável for estimada a partir da taxa de crescimento e do retorno sobre patrimônio líquido:

$$\text{Razão de payout em período estável} = 1 - \frac{g}{\text{ROE}} = 1 - \frac{0,04}{0,12} = 0,6667 \text{ ou } 66,67\%$$

$$\text{Valor do patrimônio líquido ao final do quinto ano} = \frac{\text{Lucro líquido}_6(\text{Razão de payout})}{(\text{Custo do patrimônio líquido} - \text{Taxa de crescimento esperado})}$$

$$= \frac{161,05(1,04)(0,6667)}{(0,09 - 0,04)} = \$\,2.233,24 \text{ milhões}$$

Embora os valores terminais de patrimônio líquido nos dois modelos sejam o mesmo, o valor do patrimônio líquido que obtivermos hoje será diferente, se focarmos apenas os dividendos pagos em vez do FCFE.

$$\text{Valor do patrimônio líquido}_{\text{FCFE}} = \frac{88,50}{(1,09)} + \frac{97,35}{(1,09)^2} + \frac{107,09}{(1,09)^3} + \frac{117,79}{(1,09)^4} + \frac{129,57}{(1,09)^5} + \frac{2.233,24}{(1,09)^5} = \$\,1.864,93 \text{ milhões}$$

$$\text{Valor do patrimônio líquido}_{\text{DDM}} = \frac{33,00}{(1,09)} + \frac{36,30}{(1,09)^2} + \frac{39,93}{(1,09)^3} + \frac{43,92}{(1,09)^4} + \frac{48,32}{(1,09)^5} + \frac{2.233,24}{(1,09)^5} = \$\,1.605,63 \text{ milhões}$$

Como a empresa paga menos em dividendos do que tem disponível em FCFE, o modelo de desconto de dividendos gera um valor inferior de patrimônio líquido. A falha nessa análise, entretanto, é que haverá formação de capital na empresa no modelo de desconto de dividendos. Para medir essa formação de capital, inicialmente assumiremos que aquilo que não for pago como dividendo a cada ano será reinvestido ao custo do patrimônio líquido de 9%. O saldo de caixa resultante ao final do ano 5 é demonstrado na tabela seguinte, em milhões de dólares:

Ano	1	2	3	4	5
Fluxo de caixa livre para patrimônio líquido	88,50	97,35	107,09	117,79	129,57
Dividendos	33,00	36,30	39,93	43,92	48,32
Caixa retido (FCFE – Dividendos)	55,50	61,05	67,16	73,87	81,26
Formação cumulativa de caixa	55,50	121,55	199,64	291,48	398,97

Note que a formação de caixa cumulativo a cada ano é obtida pela adição do saldo de caixa do ano anterior, investido a 9%, ao caixa retido nesse ano.

Formação de caixa cumulativo no ano 2 = 55,50(1,09) + 61,05 = $ 121,55 milhões

Formação de caixa cumulativo no ano 3 = 121,55(1,09) + 67,16 = $ 199,64 milhões

O valor acumulado ao final do ano 5 é $ 398,97 milhões e o valor presente pode ser calculado, descontando-se de volta a 9% para hoje.

$$\text{Valor presente da formação de caixa cumulativo no ano 5} = \frac{\$\,398,97 \text{ milhões}}{(1,09)^5} = \$\,259,30 \text{ milhões}$$

Adicionando-se isso ao valor obtido no modelo de desconto de dividendos, temos o valor composto do patrimônio líquido da empresa:

Valor composto do patrimônio líquido = Valor DDM + Valor presente de formação de caixa
= 1.605,63 + 259,30 = $ 1.864,93 milhões

Isso é idêntico ao valor FCFE. Observe, porém, as premissas implícitas que permitiram a convergência entre os dois valores:

1. Os valores terminais do patrimônio líquido em ambos os modelos foram calculados pelos fundamentos — taxas de reinvestimento em patrimônio líquido no modelo FCFE e razões de *payout* no DDM. Se os analistas atrelam razões de *payout* ou taxas de reinvestimento em patrimônio líquido que não são consistentes ao seu crescimento e às premissas de ROE no cálculo dos valores terminais, os dois modelos podem gerar valores muito diferentes. (Usar a média setorial de razões de *payout* e taxas de reinvestimento em patrimônio líquido para calcular os valores terminais, que é uma prática comum, surtirá o mesmo efeito.)
2. Pressupõe-se que o caixa não pago como dividendo renda o custo do patrimônio líquido e por isso é de valor neutro. Em outras palavras, o excesso de caixa é aplicado em investimento de valor presente líquido zero.

A segunda premissa é crucial. Uma preocupação dos investidores com empresas que acumulam saldos de caixa é que o caixa possa ser usado para financiar aquisições medíocres. Em outras palavras, o caixa pode ser aplicado em investimentos de valor presente líquido negativo. Se, por exemplo, admitimos no exemplo anterior que a formação de caixa foi investida para render 7% (em investimento de alto risco com um custo do patrimônio líquido de 9%), a seguinte tabela apresenta a formação de caixa ao longo do tempo, em milhões de dólares:

Ano	1	2	3	4	5
Fluxo de caixa livre para patrimônio líquido	88,50	97,35	107,09	117,79	129,57
Dividendos	33,00	36,30	39,93	43,92	48,32
Formação de caixa (investido a 7%)	55,50	120,44	196,02	283,61	384,72

Adicionar o valor presente da formação de caixa acumulado ao final do quinto ano ao valor de DDM agora gera um valor do patrimônio líquido que é inferior ao do modelo FCFE:

$$\text{Valor presente da formação de caixa acumulado no ano 5} = \frac{\$384,72 \text{ milhões}}{(1,09)^5} = \$250,04 \text{ milhões}$$

Valor do patrimônio líquido = Valor DDM + Valor presente de formação de caixa = 1.605,63 + 250,04 = $ 1.855,68 milhões

A perda de valor de $ 9,26 milhões em relação ao modelo FCFE pode ser atribuída aos investimentos de valor presente líquido negativo da empresa.

Uma forma de analisar o modelo clássico de DDM, em que ignoramos a formação de caixa, é assumir que o caixa seja completamente desperdiçado. Nesse cenário extremo, o valor da formação de caixa é efetivamente zero. É por isso que o modelo de desconto de dividendos pode ser considerado como o piso do valor.

AVALIAÇÃO POR AÇÃO *VERSUS* AGREGADA

Algumas das avaliações que realizamos neste capítulo usaram valores por ação para lucros e fluxos de caixa e chegaram a uma estimativa por ação de valor do patrimônio líquido. Outras avaliações utilizaram lucro líquido e fluxos de caixa agregados e chegaram ao valor agregado do patrimônio líquido. Por que usar uma abordagem em detrimento da outra e quais são os prós e contras?

A abordagem por ação tende a ser mais simples, e a informação é geralmente mais acessível. A maioria dos serviços de dados divulga lucros por ação e as estimativas dos analistas para o crescimento em lucros por ação. Há dois motivos, porém, para se ater à avaliação agregada. O primeiro é que é mais fácil manter os ativos operacionais separados do caixa, se começamos com o lucro líquido em vez dos lucros por ação e o decompormos em lucro líquido proveniente de ativos operacionais e o proveniente do caixa. O segundo é que o número de ações a usar para se calcular os valores por ação pode ser questionável quando há opções, garantias e títulos conversíveis em circulação. Essas opções de patrimônio líquido emitidas pela empresa podem ser convertidas em ações, assim alterando o número de ações em circulação. Os analistas realmente tentam fatorar essas opções, calculando valores por ação parcialmente diluídos (em que as opções 'dentro-do-dinheiro' são computadas como ações em circulação) ou plenamente diluídas (em que todas as opções são computadas). Entretanto, as opções não se prestam facilmente a essa caracterização. Uma forma muito mais robusta de lidar com elas é avaliá-las como opções e subtrair esse valor do valor agregado do patrimônio líquido estimado, para chegar a um valor do patrimônio líquido por ação ordinária. Dividir esse valor pelo número real de ações em circulação deve gerar o valor correto do patrimônio líquido por ação. Abordaremos essa questão de forma muito mais extensiva no Capítulo 11, ao analisarmos as opções de ações de funcionários e os seus efeitos sobre o valor.

CONCLUSÃO

A principal diferença entre os modelos de desconto de dividendos e de fluxo de caixa livre para patrimônio líquido está na definição de fluxos de caixa. O modelo de desconto de dividendos usa uma definição restrita de fluxo de caixa para o patrimônio líquido (isto é, os dividendos esperados sobre a ação), enquanto o de FCFE utiliza uma definição expandida de fluxo de caixa para o patrimônio líquido como o fluxo de caixa residual após atendidas todas as obrigações financeiras e necessidades de investimento. Ao avaliar empresas para aquisições ou avaliar empresas com razoável chance de mudança de controle corporativo, o valor do FCFE fornece a melhor estimativa de valor.

Notas

1. A razão média de *payout* para empresas estáveis de grande porte nos Estados Unidos é cerca de 60%.
2. R. J. Fuller e C. Hsia, "A simplified common stock valuation model", *Financial Analysts Journal*, 40, 1984, p. 49–56.
3. Proponentes do modelo argumentam que usar uma razão de *payout* em situação estável para empresas que pagam pouco ou nenhum dividendo pode causar apenas pequenos erros na avaliação.
4. A definição de taxa de crescimento muito alta é bastante subjetiva. Como regra, as taxas de crescimento acima de 25% se qualificam como muito altas quando a taxa de crescimento estável é de 6% a 8%.
5. O prêmio de risco-país para a Índia é calculado por meio do *spread*-padrão para títulos indianos e a relativa volatilidade do mercado acionário; a abordagem foi descrita no Capítulo 2. O *spread*-padrão para a Índia à época dessa avaliação era 1,5% e o desvio padrão para a ação indiana era aproximadamente o dobro do de obrigações de longo prazo do governo indiano. O prêmio de risco-país resultante é de 3% (1,5% × 2).
6. Isso é verdadeiro para qualquer empresa cujo principal ativo é o capital humano. Em geral, as convenções contábeis tratam os gastos em capital humano (treinamento, recrutamento etc.) como gastos operacionais. O capital de giro não é significativo para um banco, ao menos na sua forma convencional, já que os ativos e passivos correntes abrangem muito do que está no balanço patrimonial.
7. Calculamos a média dos gastos líquidos de capital a cada ano nos últimos cinco anos e dividimos esse número pela média do lucro operacional no mesmo período. A razão resultante de 11,83% foi então multiplicada pelo lucro operacional do ano corrente de $ 35,872 bilhões, para se chegar ao gasto líquido de capital normalizado para o ano corrente de $ 4.243 milhões. Para estimar a alteração de capital de giro não monetário normalizado, primeiro calculamos o capital de giro não monetário como um percentual de receitas nos últimos cinco anos (0,66%) e multiplicamos esse valor pela alteração em receitas no último ano ($ 50,79 bilhões), para se chegar à alteração de capital de giro não monetário de $ 336 milhões. Finalmente, a alteração normalizada em dívida de $ 333 milhões foi estimada pelo valor contábil corrente da razão dívida/capital (7,27%) do reinvestimento total normalizado (4.243 + 336). O reinvestimento em patrimônio líquido normalizado resultante é $ 4.246 milhões (4.243 + 336 − 333). Dividi-lo pelo lucro líquido não monetário em 2004 de $ 25.011 milhões gera a taxa de reinvestimento em patrimônio líquido de 16,98%.
8. O prêmio pelo risco-país da China foi estimado pelo *spread*-padrão da China (1%) e a volatilidade relativa do mercado de ações (desvio padrão de ações chinesas/desvio padrão de títulos chineses) para a China de 1,6.
9. Pode parecer uma taxa alta de crescimento para a fase estável, mas está sendo estimada em yuans. O índice mais alto de inflação nessa moeda elevará o crescimento nominal.
10. Note que ainda adicionaríamos o saldo de caixa corrente ao valor do patrimônio líquido nos ativos operacionais. O que não pode ser computada é a formação de caixa adicional que ocorrerá, porque a empresa está pagando menos em dividendos do que tem disponível em FCFE.

Capítulo 6

Modelos de avaliação da empresa

No capítulo anterior, examinamos duas abordagens à avaliação do patrimônio líquido da empresa — o modelo de desconto de dividendos e o modelo FCFE. Neste capítulo são apresentadas duas outras abordagens à avaliação, em que se avalia a empresa como um todo, descontando-se os fluxos de caixa acumulados a todos os detentores de direitos sobre a empresa pela média ponderada do custo de capital (abordagem de custo de capital) ou pela adição do impacto marginal da dívida sobre o valor ao valor não alavancado da empresa (abordagem de valor presente ajustado). Também analisamos uma terceira abordagem, em que o valor presente dos retornos em excesso é calculado e adicionado ao capital investido, para se obter o valor da empresa.

No processo de analisar a avaliação de uma empresa, também examinamos como a alavancagem financeira pode ou não afetar o valor dela. Observamos que, na presença de risco de inadimplência, impostos e custos de agência, aumentar a proporção do financiamento proveniente do endividamento pode algumas vezes elevar o valor da empresa e outras vezes reduzi-lo. Na verdade, argumentamos que o mix ideal de financiamento é aquele que maximiza o valor da empresa.

ABORDAGEM DE CUSTO DE CAPITAL

Na abordagem de custo de capital, obtém-se o valor da empresa pelo desconto de fluxo de caixa livre para a empresa (FCFF) à média ponderada do custo de capital. Incorporados a esse valor estão os benefícios fiscais da dívida (no uso do custo de endividamento após impostos no custo de capital) e o risco adicional esperado associado à dívida (sob a forma de aumento nos custos do patrimônio líquido e na razão de endividamento). Assim como ocorre com o modelo de desconto de dividendos e o FCFE, a versão a ser aplicada dependerá das premissas sobre o crescimento futuro.

Princípio básico

Na abordagem de custo de capital, começamos pela avaliação da empresa, em vez do patrimônio líquido. Ao deduzir dessa estimativa o valor de mercado dos capitais de terceiros, teremos o valor do patrimônio líquido da empresa. Implícita na abordagem de custo de capital está a premissa de que o custo de capital captura tanto os benefícios fiscais de tomada de empréstimo quanto os custos de falência esperados. Os fluxos de caixa descontados são os fluxos de caixa para a empresa, calculados como se ela não tivesse nenhuma dívida nem benefícios fiscais provenientes de despesas com juros.

Embora seja um preconceito amplamente difundido de que a abordagem de custo de capital exige a premissa de uma razão de endividamento constante, ela é flexível o suficiente para permitir que essas razões mudem no decorrer do tempo. De fato, uma das principais vantagens do modelo é a facilidade com que as alterações no mix de financiamento podem ser incorporadas à avaliação, por meio da taxa de desconto em vez dos fluxos de caixa.

O conceito mais revolucionário e contraditório por trás da avaliação de negócios é o de que os investidores em ações e os credores de uma empresa são, em última instância, sócios que suprem capital à empresa e compartilham do seu sucesso. A principal diferença entre acionistas e credores nos modelos de avaliação de empresas está na natureza dos seus direitos de fluxo de caixa — credores têm precedência nos direitos de fluxos de caixa fixos, e os investidores em ações recebem direitos residuais aos fluxos de caixa remanescentes.

Versões do modelo

Assim como ocorre com as abordagens de desconto de dividendos e o FCFE, o modelo FCFF apresenta-se sob diversas formas, em grande parte como resultado de premissas sobre a intensidade do crescimento esperado e a sua provável duração. Nesta seção, exploramos as variações do modelo de fluxo de caixa livre para a empresa.

Empresa em crescimento estável Assim como ocorre com os modelos de desconto de dividendos e o FCFE, uma empresa que cresce a uma taxa que pode ser sustentada em perpetuidade — taxa de crescimento estável — pode ser avaliada utilizando-se um modelo de crescimento estável mediante a seguinte equação:

$$\text{Valor da empresa} = \frac{\text{FCFF}_1}{\text{WACC} - g_n}$$

onde WACC = Média ponderada do custo de capital
$FCFF_1$ = FCFF (Fluxo de caixa livre para a empresa) esperado no próximo ano
g_n = Taxa de crescimento no FCFF (em tempo indeterminado)

Duas condições devem ser atendidas na aplicação desse modelo, ambas as quais espelham as condições impostas nos modelos de desconto de dividendos e FCFE. Primeiro, a taxa de crescimento utilizada no modelo deve ser menor ou igual à taxa de crescimento da economia — crescimento nominal, se o custo de capital for em termos nominais, ou crescimento real, se o custo de capital for real. Segundo, as características da empresa devem ser consistentes com as premissas de crescimento estável. Em especial, a taxa de reinvestimento usada para estimar os fluxos de caixa livres para a empresa deve ser compatível com a taxa de crescimento estável. A melhor forma de garantir essa consistência é extrair a taxa de reinvestimento da taxa de crescimento estável e do retorno sobre capital que a empresa é capaz de manter em perpetuidade.

$$\text{Taxa de reinvestimento em crescimento estável} = \frac{\text{Taxa de crescimento}}{\text{Retorno sobre capital}}$$

Se o reinvestimento for estimado a partir de gastos líquidos de capital e alterações no capital de giro, os gastos líquidos de capital devem ser semelhantes aos de outros negócios do ramo (talvez se ajustando a razão de gastos de capital para depreciação às médias setoriais) e a alteração em capital de giro em geral não deve ser negativa. Uma alteração negativa em capital de giro cria um influxo de caixa e, embora isso possa, de fato, ser viável para uma empresa no curto prazo, é arriscado admiti-lo em perpetuidade.[1] O custo de capital deve também ser reflexo de uma empresa em crescimento estável. Em especial, o beta deve ser próximo a 1 — ainda prevalece a regra prática apresentada nos capítulos anteriores de que o beta deve estar entre 0,8 e 1,2. Embora as empresas em crescimento estável tendam a usar mais dívida, isso não é um pré-requisito para o modelo, já que a política de dívida é uma prerrogativa gerencial.

Como todos os modelos de crescimento estável, este é suscetível às premissas sobre a taxa de crescimento esperado. Isso é acentuado, contudo, pelo fato de que a taxa de desconto aplicada na avaliação é o WACC (em inglês, *weighted average cost of capital*), que é significativamente inferior ao custo do patrimônio líquido na maioria das empresas. Além disso, o modelo é sensível às premissas sobre os gastos de capital em relação à depreciação. Se os inputs referentes ao reinvestimento não forem uma função do crescimento esperado, o fluxo de caixa livre para a empresa poderá ser inflacionado (ou deflacionado) pela redução (ou aumento) dos gastos de capital em relação à depreciação. Se a taxa de reinvestimento for estimada a partir do retorno sobre capital, as alterações no retorno sobre capital poderão produzir sérios impactos sobre o valor da empresa.

EXEMPLO 6.1: Avaliação da empresa por meio do modelo FCFF de crescimento estável: Nintendo

A Nintendo foi pioneira no negócio de videogames, com os seus consoles e jogos proprietários. O crescimento desse mercado atraiu intensa concorrência da Sony e da Microsoft. Esses gigantes, ricos em caixa, lançaram os seus próprios formatos proprietários (a Sony com o Playstation e a Microsoft com o Xbox), exercendo pressão para que a Nintendo atualizasse os seus sistemas. Em 2004, a Nintendo declarou um lucro operacional antes de impostos de 99,55 bilhões de ienes, que se traduziu em um retorno sobre capital após impostos de 8,54%, com base no capital investido no início de 2004 (baseado em uma alíquota de 33%). A administração conservadora da empresa não reinvestiu muito no negócio, resultando em uma taxa de reinvestimento de apenas 5% nos últimos anos. Se admitirmos que esses números mantenham-se no longo prazo, a taxa de crescimento esperado em lucro operacional é de 0,427%:

$$\text{Taxa de crescimento esperado em lucro operacional} = \text{Taxa de reinvestimento} \times \text{Retorno sobre capital}$$
$$= 0,05 \times 8,54\% = 0,427\%$$

Para avaliar a empresa por meio dessa taxa de crescimento estável, primeiro estimamos o fluxo de caixa livre para a empresa no próximo ano:

Ebit esperado $(1-t)$ próximo ano = 99,55(1 – 0,33)(1,00427)	66,98 bilhões de ienes
– Reinvestimento esperado próximo ano = Ebit$(1-t)$ × (Taxa de reinvestimento) = 66,98(0,05)	3,35 bilhões de ienes
Fluxo de caixa livre esperado para a empresa	63,63 bilhões de ienes

Para estimar o custo de capital, usamos um *bottom-up beta* de 1,2 (refletindo o risco do negócio de videogames), uma taxa livre de risco em iene de 2% e um prêmio pelo risco de mercado de 4%. Assim, o custo do patrimônio líquido pode ser estimado como:

$$\text{Custo do patrimônio líquido} = 2\% + 1,20(4\%) = 6,80\%$$

A Nintendo não possui dívida, o que torna o seu custo de capital igual ao seu custo do patrimônio líquido de 6,8%. Com o crescimento perpétuo de 0,427%, o fluxo de caixa livre esperado para a empresa de 63,63 bilhões de ienes e o custo de capital de 6,8%, obteremos um valor para a empresa de:

$$\text{Valor dos ativos operacionais da empresa} = \frac{63,63}{0,068 - 0,00427} = 998,48 \text{ bilhões de ienes}$$

Adicionar de volta o caixa e os títulos negociáveis com um valor de 717,76 bilhões de ienes gera um valor para patrimônio líquido de 1.716,24 bilhões de ienes e um valor por ação de 12.114 ienes (baseado nos 141,669 milhões de ações em circulação). A ação era negociada a 11.500 ienes por ação em julho de 2005, à época dessa avaliação.

É totalmente possível que a administração da Nintendo esteja sendo conservadora demais tanto na sua política de reinvestimento quanto no seu uso de dívida, e que a empresa poderia valer muito mais se fosse mais agressiva nesses dois quesitos. No Capítulo 13, voltaremos a examinar essa questão no contexto mais amplo do valor de controle.

Versão geral do modelo FCFF Em vez de decompor o modelo de fluxo de caixa livre em modelos de dois e três estágios, e arriscar repetir o que foi abordado no capítulo anterior, apresentamos a versão geral do modelo. Começamos por delinear o processo de avaliação dos ativos operacionais da empresa e prosseguimos examinando como obter o valor dos ativos operacionais para avaliar o patrimônio líquido.

Avaliação de ativos operacionais O valor da empresa, no caso mais genérico, pode ser formulado como o valor presente dos fluxos de caixa livres esperados para a empresa.

$$\text{Valor da empresa} = \sum_{t=1}^{t=\infty} \frac{FCFF_t}{(1 + WACC)^t}$$

onde WACC = Média ponderada do custo de capital
FCFF$_t$ = Fluxo de caixa livre para a empresa no ano t

Se a empresa atinge uma condição estabilizada após n anos e começa a crescer a uma taxa estável g_n após esse período, o valor da empresa pode ser formulado como:

$$\text{Valor dos ativos operacionais da empresa} = \sum_{t=1}^{t=n} \frac{FCFF_t}{(1 + WACC)^t} + \frac{[FCFF_{n+1}/(WACC - g_n)]}{(1 + WACC)^n}$$

Note que o fluxo de caixa livre para a empresa é calculado com base no lucro operacional da empresa e em quanto é reinvestido para se manter esse lucro operacional crescendo:

FCFF = Ebit(1 − Alíquota) − (Gastos de capital − Depreciação)
− Alteração em capital de giro não monetário

Como conseqüência, o custo de capital utilizado deve refletir apenas o risco operacional da empresa. Também decorre que o valor presente dos fluxos de caixa obtidos pelo desconto de fluxos de caixa ao custo de capital medirá somente o valor dos ativos operacionais da empresa (o que contribui para o lucro operacional). Quaisquer ativos cujos lucros não fazem parte do lucro operacional ainda não foram avaliados.

Do valor de ativo operacional para o valor do patrimônio líquido Para passar do valor de ativos operacionais para o valor do patrimônio líquido (valor para os acionistas), primeiro devemos incorporar o valor dos ativos não operacionais possuídos pela empresa e depois considerar todos os direitos fora do patrimônio líquido que possam estar em circulação.

1. *Incorporar ativos não operacionais.* Ativos não operacionais incluem todos aqueles cujos lucros não são computados como parte do lucro operacional. Os mais comuns deles são caixa e aplicações em títulos negociáveis, que, em geral, podem chegar a bilhões em grandes empresas, e o valor desses ativos deve ser adicionado ao valor dos ativos operacionais. Além disso, o lucro operacional proveniente de posições acionárias minoritárias em outras empresas não é incluído no lucro operacional e no FCFF; precisamos, portanto, avaliar essas posições acionárias e acrescentá-las ao valor dos ativos operacionais. Finalmente, a empresa pode possuir ativos ociosos e sem uso que não geram lucros nem fluxos de caixa. Esses ativos ainda podem ter valor e devem ser agregados ao valor dos ativos operacionais.
2. *Considerar direitos fora do patrimônio líquido.* O mais comum desses direitos é obviamente a dívida onerosa, que deve ser deduzida da empresa para se chegar ao valor do patrimônio líquido. Como observamos no Capítulo 3, trataremos os compromissos de leasing como o equivalente à dívida para fins de cálculo de custo de capital e obtenção de valor do patrimônio líquido. Mais três ajustes podem ser necessários para se obter esse valor. O pri-

meiro relaciona-se às participações majoritárias em subsidiárias, geralmente definidas como posições acionárias de 50% ou mais, que requerem plena consolidação dos ativos e lucros das subsidiárias na empresa-mãe. Se o lucro operacional consolidado e o fluxo de caixa são utilizados para avaliar a empresa-mãe, o valor estimado das participações minoritárias na subsidiária deve ser subtraído para chegar ao valor da empresa-mãe. Voltaremos a examinar a avaliação de caixa e participações societárias em mais detalhes no Capítulo 10. O segundo refere-se aos demais direitos potenciais, incluindo planos de fundo-pensão e obrigações de saúde. Embora não entrem no cômputo da dívida para efeito de cálculo de custo de capital, devem ser subtraídos para se chegar ao valor do patrimônio líquido. Finalmente, se a empresa for alvo de processos judiciais que possam resultar em grandes desembolsos, devemos calcular o passivo esperado desses processos e subtraí-los na estimativa do valor do patrimônio líquido.

Em resumo, os cálculos para passar do valor de ativo operacional para valor do patrimônio líquido são apresentados na Tabela 6.1.

TABELA 6.1: Do valor de ativo operacional para valor do patrimônio líquido

Passo	Resultado
Descontar o fluxo de caixa livre para a empresa do custo de capital para obter...	Valor dos ativos operacionais da empresa
Adicionar o valor de quaisquer ativos cujos ganhos não sejam parte do lucro operacional	+ Caixa e aplicações em títulos negociáveis + Valor de posições acionárias minoritárias em outras empresas + Valor de ativos ociosos e sem uso
Subtrair os direitos fora do patrimônio líquido da empresa	− Valor de dívida onerosa − Valor presente de compromissos de leasing operacional − Valor estimado de participações minoritárias em empresas consolidadas − Planos de pensão e obrigações de saúde − Valor esperado dos pagamentos de litígios
Para obter valor do patrimônio líquido	= Valor do patrimônio líquido

EXEMPLO 6.2: Avaliação da Titan Cement — março 2005

A Titan Cement é uma indústria grega de cimento com reputação bem estabelecida de eficiência e lucratividade. Para avaliá-la, usamos um modelo de avaliação e as seguintes premissas:

Em 2004, a empresa declarou 231,8 milhões de euros em lucro operacional e alíquota efetiva de 25,47%. Relacionado ao valor contábil de capital ao final de 2003, gera-se um retorno sobre capital após impostos de 19,25%.

Em 2004, a Titan Cement declarou gastos líquidos de capital de 49 milhões de euros e um aumento em capital de giro não monetário de 52 milhões de euros. A taxa de reinvestimento resultante é de 58,5%:

$$\text{Taxa de reinvestimento} = \frac{(\text{Gasto líquido de capital} + \text{Alteração em capital de giro})}{\text{Ebit}(1-t)} = \frac{(49+52)}{231,8(1-0,2547)} = 58,5\%$$

A taxa de reinvestimento tem sido volátil nos últimos cinco anos, e a taxa média de reinvestimento nesse período é de 28,54%. Pressupomos que a Titan manterá essa taxa média de reinvestimento nos próximos cinco anos, em conjunto com o retorno sobre capital no ano mais recente de 19,25%. A taxa de crescimento esperado em lucro operacional é de 5,49%.

Taxa de crescimento esperado = Taxa de reinvestimento × Retorno sobre capital = 0,2854 × 19,25% = 5,49%

Usando um beta de 0,93 para a Titan Cement, uma taxa livre de risco em euro de 3,41% e um prêmio pelo risco de 4,46% para a Grécia, estimamos um custo do patrimônio líquido de 7,56%:

Custo do patrimônio líquido = Taxa livre de risco + Beta × Prêmio pelo risco = 3,41% + 0,93(4,46%) = 7,56%

O custo de endividamento antes de impostos da Titan Cement nos próximos cinco anos é de 4,17%, com base em um *rating* sintético de dívida de AA e um *spread* por inadimplência de 0,26%.[2] Os valores de mercado para o patrimônio líquido e dívida da Titan geram uma razão de endividamento de 17,6% e um custo de capital de 6,78%:

$$\text{Custo de capital} = \text{Custo do patrimônio líquido}\left(\frac{E}{D+E}\right) + \text{Custo da dívida após impostos}\left(\frac{D}{D+E}\right)$$

$$= 7,56\%(0,824) + 4,17\%(1-0,2547)(0,176) = 6,78\%$$

Após o ano 5, assumimos que o beta da Titan Cement aproxima-se de 1, o prêmio pelo risco-país para a Grécia torna-se zero e a alíquota aproxima-se da alíquota marginal da União Européia de 33%:

Custo do patrimônio líquido = 3,41% + 1,00(4%) = 7,41%
Custo da dívida (após impostos) = 3,91%(1 − 0,33) = 2,61%
Custo de capital = 7,41%(0,824) + 2,61%(0,175) = 6,57%

Após o ano 5, também admitimos que o lucro operacional cairá para 3,41% (a taxa livre de risco) e que os retornos em excesso estão previstos para aproximar-se de zero. O retorno sobre capital será, portanto, igual ao custo de capital de 6,57%, e a taxa de reinvestimento em crescimento estável é de 51,93%:

$$\text{Taxa de reinvestimento em crescimento estável} = \frac{g}{\text{ROC}} = \frac{3,41\%}{6,57\%} = 51,93\%$$

Para estimar o valor da Titan Cement, começamos pela estimativa de fluxos de caixa livres para a empresa a cada ano durante a fase de alto crescimento, aplicando uma taxa de crescimento de 5,49% e uma taxa de reinvestimento de 28,54% (montantes em milhões de euros):

	Corrente	1	2	3	4	5
Taxa de reinvestimento		28,54%	28,54%	28,54%	28,54%	28,54%
Ebit × (1 − Alíquota)	172,76	182,25	192,26	202,82	213,96	225,72
− (Gastos de capital − Depreciação)	49,20	40,54	42,77	45,11	47,59	50,21
− Alteração em capital de giro	51,80	11,47	12,11	12,77	13,47	14,21
Fluxo de caixa livre para a empresa	71,76	130,24	137,39	144,94	152,90	161,30
Custo de capital		6,78%	6,78%	6,78%	6,78%	6,78%
Custo de capital acumulado		1,0678	1,1401	1,2174	1,2999	1,3880
Valor presente		121,97	120,51	119,06	117,63	116,21

Para avaliar o valor terminal, estimamos os fluxos de caixa para a empresa no ano 6 e aplicamos o custo de capital do período estável e a taxa de crescimento a eles:

Custo de capital terminal = 6,57%

Fluxo de caixa um ano após o ano terminal = $\text{Ebit}_6 (1 − t)(1 − \text{Taxa de reinvestimento})$
= 302,85(1 + 0,0341)(1 − 0,33)/(1 − 0,5193)
= 100,88 milhões de euros

$$\text{Valor terminal (ao final ano 5)} = \frac{100,88}{0,0657 - 0,0341} = 3.195 \text{ milhões de euros}$$

Descontando-se o valor terminal de volta ao presente ao custo de capital de hoje e adicionando-se o valor presente dos fluxos de caixa esperados durante a fase de alto crescimento, tem-se o valor dos ativos operacionais da empresa. Adicionando-se de volta o caixa e outros ativos não operacionais e subtraindo-se a dívida e as participações minoritárias, obtém-se o valor do patrimônio líquido da empresa:

Valor de ativos operacionais	2.897,42 milhões de euros
+ Caixa e títulos negociáveis	76,80 milhões de euros
− Dívida e ativos não operacionais	414,25 milhões de euros
− Participações minoritárias	45,90 milhões de euros
Valor do patrimônio líquido em ações ordinárias	2.514,07 milhões de euros
Valor do patrimônio líquido por ação	32,84 euros por ação

A ação estava sendo negociada a 25,34 euros em março de 2005, subestimada em aproximadamente 25%. A Figura 6.1 resume essa avaliação.

EXEMPLO 6.3: Avaliação da Target: negociando com leasings operacionais

A Target é uma das maiores redes de varejo no mundo e conquistou a reputação de ser boa com baixos preços. Embora atue no mundo todo, obtém a maior parte das suas receitas nos Estados Unidos. Avaliaremos a empresa a partir das seguintes premissas:

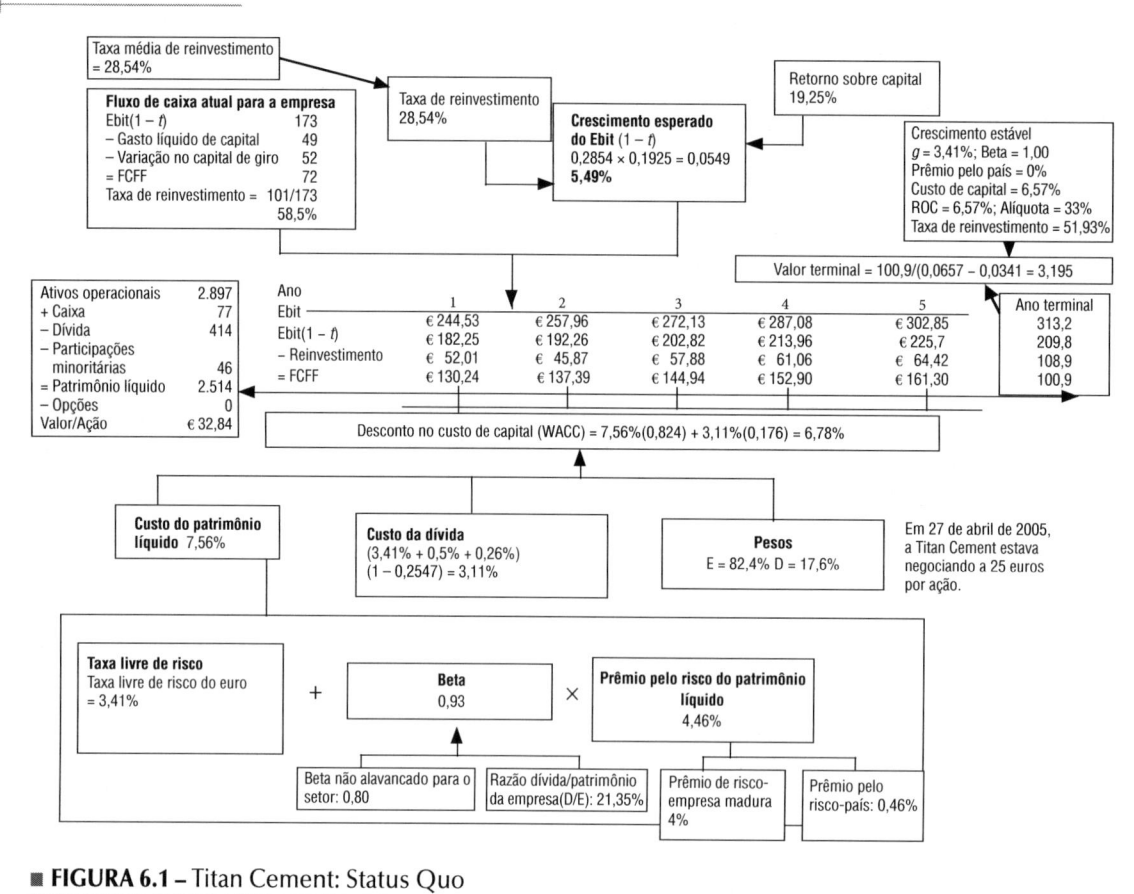

FIGURA 6.1 – Titan Cement: Status Quo

Taxa média de reinvestimento = 28,54%

Fluxo de caixa atual para a empresa
- Ebit(1 – t) 173
- – Gasto líquido de capital 49
- – Variação no capital de giro 52
- = FCFF 72
- Taxa de reinvestimento = 101/173 = 58,5%

Taxa de reinvestimento 28,54%

Crescimento esperado do Ebit (1 – t)
0,2854 × 0,1925 = 0,0549
5,49%

Retorno sobre capital 19,25%

Crescimento estável
- g = 3,41%; Beta = 1,00
- Prêmio pelo país = 0%
- Custo de capital = 6,57%
- ROC = 6,57%; Alíquota = 33%
- Taxa de reinvestimento = 51,93%

Valor terminal = 100,9/(0,0657 – 0,0341) = 3.195

- Ativos operacionais 2.897
- + Caixa 77
- – Dívida 414
- – Participações minoritárias 46
- = Patrimônio líquido 2.514
- – Opções 0
- Valor/Ação € 32,84

Ano	1	2	3	4	5	Ano terminal
Ebit	€ 244,53	€ 257,96	€ 272,13	€ 287,08	€ 302,85	313,2
Ebit(1 – t)	€ 182,25	€ 192,26	€ 202,82	€ 213,96	€ 225,7	209,8
– Reinvestimento	€ 52,01	€ 45,87	€ 57,88	€ 61,06	€ 64,42	108,9
= FCFF	€ 130,24	€ 137,39	€ 144,94	€ 152,90	€ 161,30	100,9

Desconto no custo de capital (WACC) = 7,56%(0,824) + 3,11%(0,176) = 6,78%

Custo do patrimônio líquido 7,56%

Custo da dívida
(3,41% + 0,5% + 0,26%)
(1 – 0,2547) = 3,11%

Pesos
E = 82,4% D = 17,6%

Em 27 de abril de 2005, a Titan Cement estava negociando a 25 euros por ação.

Taxa livre de risco
Taxa livre de risco do euro = 3,41%

+ **Beta 0,93** × **Prêmio pelo risco do patrimônio líquido 4,46%**

- Beta não alavancado para o setor: 0,80
- Razão dívida/patrimônio da empresa(D/E): 21,35%
- Prêmio de risco-empresa madura 4%
- Prêmio pelo risco-país: 0,46%

- Em 2004, a Target declarou lucro operacional de $ 3.601 milhões sobre receitas de $ 46.839 milhões. A alíquota marginal para a empresa foi de 37,80%. Esse lucro operacional ocorreu após as despesas de leasing operacional de $ 240 milhões. Veja a seguir os compromissos de leasing operacional esperados para anos futuros (em milhões de dólares):

Ano	Compromisso de leasing operacional
1	146
2	142
3	137
4	117
5	102
6 em diante	2.405

Usando o custo da dívida antes dos impostos da Target de 5,5% (baseado no seu *rating* sintético de A– e a taxa livre de risco de 4,5%) como a taxa de desconto, calculamos o valor presente dos compromissos de leasing (em milhões de dólares):

Ano	Compromisso	Valor presente
1	146,00	138,39
2	142,00	127,58
3	137,00	116,67
4	117,00	94,44
5	102,00	78,04
6–23	133,61	1.149,69
Valor de dívida dos leasings		1.704,82

O compromisso cumulativo para o ano 6 em diante de $ 2.405 milhões foi convertido em uma anuidade de 18 anos de $ 133.61 milhões ao ano, com base na média dos compromissos de leasing nos próximos cinco anos. O lucro operacional foi ajustado para refletir os leasings operacionais (usando-se a aproximação desenvolvida no Capítulo 3):

Lucro operacional ajustado = Lucro operacional + Valor presente de leasings operacionais
× Custo da dívida antes dos impostos = 3.601 + 1.704,82 × 0,055 = $ 3.695 milhões

A dívida no balanço da Target de $ 9.538 milhões foi ajustada para incluir o valor presente dos leasings operacionais:

Dívida ajustada = Dívida no balanço + Valor presente de leasings operacionais = 9.538 + 1.705 = $ 11.243 milhões

- Com base no lucro operacional ajustado de $ 3.695 milhões e o valor contábil de capital ajustado ao final de 2003, calculamos um retorno sobre capital de 9,63%. Em 2004, a Target tinha gastos de capital de $ 3.308 milhões e depreciação de $ 1.333 milhões, e o aumento normalizado em capital de giro não monetário era de $ 407 milhões.[3] A taxa de reinvestimento resultante está calculada aqui:

$$\text{Taxa de reinvestimento} = \frac{\text{Gastos de capital} - \text{Depreciação} + \text{Alteração em capital de giro}}{\text{Ebit}(1-t)}$$

$$= \frac{3.308 - 1.333 + 407}{3.695(1-0,378)} = 103,64\%$$

Se admitirmos que a Target seja capaz de manter o seu retorno sobre capital vigente e a taxa de reinvestimento nos próximos cinco anos, o crescimento esperado em lucro operacional será de 9,99%:

Taxa de crescimento esperado = Retorno sobre capital × Taxa de reinvestimento
= 0,0963 × 1,0364 = 0,0999 ou 9,99%

- Para calcular o custo de capital nos próximos cinco anos, assumimos que o beta da Target seja 1,1, acarretando um custo do patrimônio líquido de 8,9% (com uma taxa livre de risco de 4,5% e um prêmio pelo risco de 4%) e um custo de capital de 7,91%.

$$\text{Razão dívida/valor de mercado} = \frac{\text{Dívida}}{\text{Dívida} + \text{Patrimônio líquido}} = \frac{11.243}{11.243 + 51.516} = 0,1802$$

Custo de capital = 8,9%(0,8198) + 5,5%(1 – 0,378)(0,1802) = 7,91%

Após o ano 5, assumimos que o beta cai para 1, acarretando uma redução no custo de capital para 7,58%.

- Após o ano 5, também pressupomos que a taxa de crescimento esperado caia para 4% e que o retorno sobre capital decline para o custo de capital de 7,58%. A taxa de reinvestimento em período estável é, portanto, de 52,74%:

$$\text{Taxa de reinvestimento em período estável} = \frac{g}{\text{ROC}} = \frac{4\%}{7,58\%} = 52,74\%$$

O primeiro passo da análise é prever os fluxos de caixa livres para a empresa durante o período de alto crescimento. A tabela seguinte resume os fluxos de caixa esperados nesse período.

Ano	Ebit(1 – t) ($ milhões)	Taxa de reinvestimento (%)	Reinvestimento ($ milhões)	FCFF ($ milhões)	Valor presente ($ milhões)
Corrente	2.298	103,65	2.382	–84	
1	2.528	103,65	2.620	–92	–(85)
2	2.780	103,65	2.881	–101	–(87)
3	3.058	103,65	3.169	–112	–(89)
4	3.363	103,65	3.486	–123	–(90)
5	3.699	103,65	3.834	–135	–(92)
Soma do valor presente dos fluxos de caixa					(444)

Observe que os fluxos de caixa durante o período de alto crescimento são descontados de volta ao custo de capital de 7,91%. São negativos porque os reinvestimentos da empresa excedem seu lucro operacional após impostos, e será preciso levantar financiamento externo à mesma proporção que a razão de endividamento usada no custo de capital (82% ações e 18% dívida) para financiar a diferença. Para avaliar o valor terminal ao final do ano 5, usamos a taxa de reinvestimento em período estável e o custo de capital que estimamos anteriormente:

$$\text{FCFF}_6 = \text{Ebit}_5(1-t)(1+g_{\text{Período estável}})(1 - \text{Taxa de reinvestimento})$$
$$= 3.699(1,04)(1 - 0,5274) = \$ 1.818 \text{ milhões}$$

O valor terminal é:

$$\text{Valor terminal} = \frac{FCFF_6}{\text{Custo de capital em crescimento estável} - \text{Taxa de crescimento}}$$

$$= \frac{1.818}{0,0758 - 0,04} = \$\,50.719 \text{ milhões}$$

Descontando-se o valor terminal ao presente e adicionando-o ao valor presente dos fluxos de caixa durante o período de alto crescimento, tem-se um valor para os ativos operacionais da empresa.

Valor de ativos operacionais = Valor presente de fluxos de caixa durante alto crescimento
+ Valor presente de valor terminal

$$= -\$\,444 + \frac{\$\,50.719}{1,0791^5} = \$\,34.215 \text{ milhões}$$

Adicionando-se de volta o caixa e os títulos negociáveis da empresa (estimados em $ 9.277 milhões ao final de 2004) e subtraindo-se o valor da dívida ($ 11.243 milhões), tem-se um valor da empresa para o patrimônio:

Valor do patrimônio líquido = Valor dos ativos operacionais + Caixa e títulos negociáveis – Dívida
= 34.215 + 9.277 – 11.243 = $ 32.249 milhões

O ajuste final refere-se às opções administrativas em circulação. Para estimar o valor do patrimônio líquido por ação, subtraímos o valor das opções em circulação correntes ($ 633,53 milhões)[4] e o dividimos pelo número real (em vez de diluído) de ações em circulação (884,68 milhões).

$$\text{Valor do patrimônio líquido por ação} = \frac{\text{Valor do patrimônio líquido} - \text{Valor de opções de ações}}{\text{Número de cotas}}$$

$$= \frac{32.249 - 633,53}{884,68} = \$\,35,74$$

Ao preço de mercado predominante de $ 57 em novembro de 2005, a Target parece significativamente superavaliada.

EXEMPLO 6.4: Avaliação da SAP: efeito de P&D

A SAP, de origem alemã, é um dos principais fornecedores de software corporativo. O seu crescimento na última década tornou-a uma das maiores empresas de tecnologia da Europa, e faremos a sua avaliação a partir das seguintes premissas:

- A empresa declarou lucro operacional de 2.044 milhões de euros em 2004 e uma alíquota efetiva de imposto de renda de 36,54% para o ano. Esse lucro operacional ocorreu após gastos em P&D de 1.020 milhões de euros durante o ano. Para capitalizar os gastos em P&D, assumimos que a pesquisa possui uma vida amortizável de cinco anos. Os gastos em P&D da SAP nos últimos cinco anos são apresentados na tabela seguinte, com a amortização estimada para esse ano (com base em um ciclo de vida de cinco anos e depreciação em linha reta) e a porção restante não amortizada.

Ano	Gastos em P&D (€ millhões)	Porção não amortizada (%)	Porção não amortizada (€ millhões)	Amortização neste ano (€ millhões)
Corrente	1.020,02	100	1.020,02	—
–1	993,99	80	795,19	198,80
–2	909,39	60	545,63	181,88
–3	898,25	40	359,30	179,65
–4	969,38	20	193,88	193,88
–5	744,67	0	0,00	148,93
Valor do ativo de pesquisa			$ 2.914,02	
Amortização de P&D (ano corrente)				903,14

- O lucro operacional é ajustado adicionando-se de volta o gasto em P&D no ano corrente e subtraindo-se a amortização do ativo de pesquisa.

Lucro operacional ajustado = Lucro operacional + P&D no ano corrente – Amortização do ativo de pesquisa
= € 2.044 milhões + 1.020 – 903 = € 2.161 milhões

Para obter o lucro operacional após impostos, também consideramos os benefícios fiscais provenientes dos gastos em P&D (em contraposição a apenas amortizar o ativo de pesquisa).

Lucro operacional após impostos ajustado = Lucro operacional ajustado(1 − Alíquota) + (P&D no ano corrente − Amortização)Alíquota
$$= 2.161(1 − 0,3654) + (1.020 − 903)(0,3654) = € 1.414 \text{ milhões}$$

- O gasto em P&D no ano corrente é adicionado aos gastos de capital para o ano, e a amortização é adicionada à depreciação para se estimar os valores ajustados. Em conjunto com uma redução no capital de giro de $ 19,43 milhões, estimamos uma taxa de reinvestimento ajustada para a empresa de 57,42%.

$$\text{Gastos de capital ajustados} = 1.007 + 1.020 = € 2.027 \text{ milhões}$$

$$\text{Depreciação ajustada} = 293 + 903 = € 1.196 \text{ milhões}$$

$$\text{Taxa de reinvestimento ajustada} = \frac{\text{Gastos de capital} - \text{Depreciação} + \text{Alteração em capital de giro}}{\text{Ebit ajustado}(1 - t)}$$

$$= \frac{2.027 - 1.196 - 19}{1.414} = 57,42\%$$

- Para estimar o retorno sobre capital, estimamos o valor do ativo de pesquisa ao final do ano anterior e o adicionamos ao valor contábil do patrimônio líquido. O retorno resultante sobre capital da empresa é demonstrado.

$$\text{Retorno sobre capital} = \frac{\text{Ebit ajustado}(1 - t)}{\text{Valor contábil do patrimônio líquido ajustado (inclui ativo de pesquisa)} + \text{Valor contábil da dívida}}$$

$$= \frac{1.414}{6.565 + 530} = 19,93\%$$

- Para avaliar a SAP, começamos com as estimativas para o período de cinco anos de alto crescimento. Usamos uma estimativa de *bottom-up beta* de 1,26, e a taxa livre de risco em euro de 3,41% e um prêmio pelo risco de mercado maduro de 4%. Além disso, a SAP obtém cerca de 10% das suas receitas de mercados emergentes na Ásia e América Latina (prêmio pelo risco estimado = 6,5%). O prêmio pelo risco de mercado composto que usamos para a SAP reflete essa exposição:

Prêmio pelo risco para a SAP = Prêmio de mercado maduro + % de receitas de mercados emergentes × (Média do prêmio pelo risco de mercado emergente adicional) = 4%(0,9) + 6,50%(0,1) = 4,25%

$$\text{Custo do patrimônio líquido} = 3,41\% + 1,26(4,25\%) = 8,77\%$$

Estimamos um *rating* sintético de AAA para a SAP, e o usamos para chegar a um custo de tomada de empréstimo antes dos impostos de 3,76%, adicionando um *spread* por inadimplência de 0,35% à taxa livre de risco de 3,41%. Com uma alíquota marginal de 36,54% e uma razão de endividamento de 1,41%, o custo de capital da empresa acompanha de perto o seu custo do patrimônio líquido.

$$\text{Custo de capital} = 8,77\%(0,9859) + 3,76\%(1 - 0,3654)(0,0141) = 8,68\%$$

Para estimar a taxa de crescimento esperado nos primeiros cinco anos, assumiremos que a empresa pode manter o seu retorno sobre capital e a taxa de reinvestimento correntes estimados anteriormente.

$$\text{Taxa de crescimento esperado} = \text{Taxa de reinvestimento} \times \text{Retorno sobre capital} = 0,5742 \times 0,1993 = 11,44\%$$

- Antes de considerarmos o período de transição, estimamos os inputs para o período de crescimento estável. Primeiro, assumimos que o beta para a SAP cairá para 1, e que a empresa aumentará a sua razão de endividamento para 20%. Mantendo-se o custo da dívida inalterado,[5] estimamos um custo de capital de 6,62%. (Também reduzimos a alíquota marginal para 35% de modo a refletir alterações esperadas na lei fiscal alemã.)

$$\text{Custo do patrimônio líquido} = 3,41\% + 1(4,25\%) = 7,66\%$$

$$\text{Custo de capital} = 7,66\%(0,8) + 3,76\%(1 - 0,35)(0,2) = 6,62\%$$

Assumimos que a taxa de crescimento estável será de 3,41% (igualando à taxa livre de risco) e que a empresa terá um retorno sobre capital de 6,62% (igual ao custo de capital) em crescimento estável. Isso permite estimar a taxa de reinvestimento em crescimento estável.

$$\text{Taxa de reinvestimento em crescimento estável} = \frac{g}{\text{ROC}} = \frac{3,41\%}{6,62\%} = 51,34\%$$

- No período de transição, ajustamos crescimento, taxa de reinvestimento e custo de capital de níveis de alto crescimento para níveis de crescimento estável em incrementos lineares. A tabela seguinte resume os inputs e os fluxos de caixa tanto para o período de alto crescimento quanto para o de transição.

Ano	Crescimento esperado (%)	Ebit (1 − t) (€ milhões)	Taxa de reinvestimento (%)	FCFF (€ milhões)	Custo de capital (%)	Custo de capital acumulado	Valor presente (€ milhões)
Corrente		1.414					
1	11,44	1.576	57,42	671	8,68	1,0868	617
2	11,44	1.756	57,42	748	8,68	1,1810	633
3	11,44	1.957	57,42	833	8,68	1,2835	649
4	11,44	2.181	57,42	929	8,68	1,3948	666
5	11,44	2.430	57,42	1.035	8,68	1,5158	683
6	9,84	2.669	56,24	1.168	8,26	1,6411	712
7	8,23	2.889	55,06	1.298	7,85	1,7699	733
8	6,62	3.080	53,89	1.420	7,44	1,9016	747
9	5,02	3.235	52,71	1.530	7,03	2,0353	752
10	3,41	3.345	51,54	1.621	6,62	2,1700	747
Soma do valor presente do FCFF durante alto crescimento							€ 6.939

Finalmente, estimamos o valor terminal, com base em taxa de crescimento, custo de capital e taxa de reinvestimento estimados anteriormente.

$$\text{Valor terminal}_{10} = \frac{\text{Ebit}_{11}(1-t)(1-\text{Taxa de reinvestimento})}{\text{Custo de capital em crescimento estável} - \text{Taxa de crescimento}}$$

$$= \frac{5.451(1-0,35)(1-0,5154)}{0,0662-0,341} = 53.546 \text{ milhões de euros}$$

Note as alterações de alíquota no ano 11, exigindo que retornemos ao lucro operacional nesse ano. Adicionando-se o valor presente do valor terminal ao valor presente dos fluxos de caixa livres para a empresa nos primeiros dez anos, temos:

$$\text{Valor dos ativos operacionais da empresa} = 6.939 \text{ milhões} + \frac{53.546}{(1,0868^5)(1,0826)(1,0785)(1,0744)(1,0703)(1,0662)}$$

$$= 31.615 \text{ milhões de euros}$$

Adicionando-se o valor de caixa e títulos negociáveis (€ 3.018 milhões) e subtraindo-se a dívida (€ 558 milhões) e o valor estimado das participações minoritárias (€ 55 milhões), tem-se um valor para o patrimônio líquido de 33.715 milhões de euros.

Valor do patrimônio líquido = Valor dos ativos operacionais + Caixa − Dívida − Participações minoritárias
= 31.615 + 3.018 − 558 − 55 = 33.715 milhões de euros

Subtraindo-se o valor das opções administrativas (€ 180 milhões) e dividindo-se pelo número de ações em circulação (316 milhões), tem-se um valor por ação de 106,12 euros, cerca de 14% inferior ao preço da ação de 123 euros predominante à época dessa avaliação.

Qual nível de detalhamento?

Uma questão que os analistas enfrentam ao fazer avaliações é em que nível de detalhamento decompor os itens. Deve-se começar pelos lucros e estimar as taxas de crescimento ou é mais preciso começar pelas receitas e prever itens de gasto operacional individualizado? Não há uma resposta certa a essa pergunta, mas vamos recorrer a um princípio apresentado no Capítulo 1. Mais detalhes, por si sós, não geram valores mais precisos e, em muitos casos, podem ser contraproducentes. Decompor os itens faz sentido somente se tivermos as informações para estimar os itens individualizados com mais exatidão.

Aplicando-se esse princípio à avaliação, não há por que começar pelas receitas, se não tivermos motivo para crer que as margens operacionais mudarão de forma previsível no futuro. Em parte, é por isso que todas as avaliações até aqui neste capítulo começaram com o lucro operacional. Entretanto, se acreditamos que as margens operacionais são variáveis e podemos fazer estimativas razoáveis sobre como mudarão ao longo do tempo (aproximando-se de uma meta ou média setorial), não faz sentido prever receitas primeiro e depois estimar margens operacionais em bases anuais. A mesma regra pode ser aplicada a capital de giro não monetário ou gastos de capital para determinar se compensa detalhar mais.

EXEMPLO 6.5: Avaliação de empresa jovem, de alto crescimento: Sirius Satellite Radio

No Capítulo 4, previmos o lucro operacional e as necessidades de reinvestimento da Sirius Satellite Radio. Vamos rever as premissas que fizemos:

A empresa declarou um prejuízo operacional de $ 787 milhões sobre receitas de $ 187 milhões no ano financeiro mais recente. Como assumimos que as margens operacionais mudarão no decorrer do tempo, aproximando-se da média setorial de 19,14%, começamos por prever as receitas em anos futuros e usamos as nossas margens operacionais estimadas para obter os indicadores de lucro operacional. A tabela seguinte resume as nossas previsões:

Ano	Taxa de crescimento da receita (%)	Receitas ($ milhões)	Margem operacional (%)	Lucro ou prejuízo operacional ($ milhões)
Corrente		187	–419,92	–787
1	200	562	–199,96	–1.125
2	100	1.125	–89,98	–1.012
3	80	2.025	–34,99	–708
4	60	3.239	–7,50	–243
5	40	4.535	6,25	284
6	25	5.669	13,13	744
7	20	6.803	16,56	1.127
8	15	7.823	18,28	1.430
9	10	8.605	19,14	1.647
10	5	9.035	19,57	1.768

Para estimar as necessidades de reinvestimento da empresa, usamos a razão vendas/capital de 1,5 (aproximadamente a média setorial) e a alteração nas receitas a cada ano. A tabela seguinte reproduz as nossas estimativas:

Ano	Receitas ($ milhões)	Alteração em receita ($ milhões)	Razão vendas/capital	Reinvestimento ($ milhões)	Capital investido ($ milhões)	ROC imputado (%)
Corrente	187				1.657	
1	562	375	1,5	250	1.907	–67,87
2	1.125	562	1,5	375	2.282	–53,08
3	2.025	900	1,5	600	2.882	–31,05
4	3.239	1.215	1,5	810	3.691	–8,43
5	4.535	1.296	1,5	864	4.555	7,68
6	5.669	1.134	1,5	756	5.311	16,33
7	6.803	1.134	1,5	756	6.067	21,21
8	7.823	1.020	1,5	680	6.747	23,57
9	8.605	782	1,5	522	7.269	17,56
10	9.035	430	1,5	287	7.556	15,81

Para estimar o custo de capital da empresa, começamos pela premissa de beta de 1,8 nos primeiros cinco anos e um custo da dívida antes dos impostos de 7,5%, refletindo a sua condição de empresa jovem, de alto risco. No período de transição, reduzimos o beta para o seu nível mais estável de 1 e um custo de tomada de empréstimo antes dos impostos de 5%. Além disso, a empresa não obtém nenhum benefício fiscal das despesas com juros até o nono ano, em virtude dos prejuízos operacionais nos primeiros quatro anos e do prejuízo operacional líquido diferido a partir daí (veja detalhes no Capítulo 4). A razão de endividamento aumenta do seu nível corrente de 6,23% no ano 5 para a média setorial de 25% no ano 10. A tabela seguinte resume o custo de capital por ano:

Ano	Beta	Custo do patrimônio líquido	Custo da dívida	Alíquota	Custo da dívida após impostos	Razão de endividamento	Custo de capital
Corrente	1,80	11,70%	7,50%	0,00%	7,50%	6,23%	11,44%
1	1,80	11,70	7,50	0,00	7,50	6,23	11,44
2	1,80	11,70	7,50	0,00	7,50	6,23	11,44
3	1,80	11,70	7,50	0,00	7,50	6,23	11,44
4	1,80	11,70	7,50	0,00	7,50	6,23	11,44
5	1,80	11,70	7,50	0,00	7,50	6,23	11,44
6	1,64	11,06	7,00	0,00	7,00	9,99	10,65
7	1,48	10,42	6,88	0,00	6,88	13,74	9,93
8	1,32	9,78	6,67	0,00	6,67	17,49	9,24
9	1,16	9,14	6,25	28,05	4,50	21,25	8,15
10	1,00	8,50	5,00	35,00	3,25	25,00	7,19

Para os cálculos de valor terminal, assumimos que a Sirius obteria um retorno sobre capital de 12% em perpetuidade (estabelecido sobre o custo de capital de 7,19%) e que a taxa de crescimento estável será 4%:

$$\text{Taxa de reinvestimento} = \frac{g}{\text{ROC}} = \frac{4\%}{12\%} = 33,33\%$$

Para estimar o valor da Sirius, estimamos os fluxos de caixa durante a fase de alto crescimento:

Ano	Ebit ($ milhões)	Alíquota (%)	Ebit (1 – t) ($ milhões)	Reinvestimento ($ milhões)	FCFF ($ milhões)	Custo de capital acumulado	Valor presente de FCFF ($ milhões)
Corrente	–787	0,00	–787				
1	–1.125	0,00	–1.125	250	–1.374	1,1144	–1.233
2	–1.012	0,00	–1.012	375	–1.387	1,2418	–1.117
3	–708	0,00	–708	600	–1.308	1,3839	–945
4	–243	0,00	–243	810	–1.053	1,5422	–683
5	284	0,00	284	864	–580	1,7186	–338
6	744	0,00	744	756	–12	1,9017	–6
7	1.127	0,00	1.127	756	371	2,0906	177
8	1.430	0,00	1.430	680	750	2,2837	328
9	1.647	28,05	1.185	522	664	2,4699	269
10	1.768	35,00	1.149	287	863	2,6474	326
Valor presente de FCFF na fase de alto crescimento							–3.222

Para calcular o valor terminal, usamos a taxa de reinvestimento de período estável e o custo de capital estimados anteriormente:

$$\text{Valor terminal}_{10} = \frac{\text{Ebit}_{11}(1-t)(1-\text{Taxa de reinvestimento})}{\text{Custo de capital em crescimento estável} - \text{Taxa de crescimento}}$$

$$= \frac{1.768(1,04)(1-0,35)(1-0,33)}{0,0719 - 0,04} = \$\,25.550 \text{ milhões}$$

Adicionando-se o valor presente do valor terminal ao valor presente dos fluxos de caixa durante o alto crescimento, temos o valor dos ativos operacionais:

$$\text{Valor dos ativos operacionais da empresa} = -3.222 \text{ milhões} + \frac{25.550}{(1,1144^5)(1,1065)(1,0993)(1,0924)(1,0815)(1,0719)}$$

$$= \$\,6.429 \text{ milhões}$$

Adicionar o valor de caixa e títulos negociáveis ($ 940 milhões) e subtrair a dívida ($ 643 milhões) e as opções ($ 171 milhões) resultam em valor do patrimônio líquido de $ 6.556 milhões. Dividindo-se pelo número de ações em circulação (1.330 milhões), temos um valor por ação de $ 4,93. A Sirius negociava a $ 7,27 em novembro de 2005, tornando-a significativamente superavaliada.

Vantagens e limitações da abordagem de custo de capital

A maior vantagem da abordagem de custo de capital é incorporar os custos e benefícios da tomada de empréstimo. É relativamente simples, como veremos adiante neste capítulo, examinar como o valor de uma empresa mudará acompanhando as mudanças de alavancagem financeira na abordagem de custo de capital.

Há três problemas que identificamos nessa abordagem e no seu embasamento no custo de capital e nos fluxos de caixa livres para a empresa. O primeiro é que os fluxos de caixa livres para patrimônio líquido são um indicador muito mais intuitivo de fluxos de caixa do que os fluxos de caixa da empresa. Quando temos de estimar fluxos de caixa, a maioria de nós os analisa após pagamentos de dívida (fluxos de caixa livres para patrimônio líquido), porque tendemos a pensar como empresários e considerar os pagamentos de juros e o repagamento de dívida como saídas de caixa. O segundo é que o foco em fluxos de caixa antes da dívida pode, às vezes, ofuscar as reais questões de sobrevivência. Para exemplificar, vamos supor que uma empresa tenha fluxos de caixa de $ 100 milhões para a empresa, mas a sua maior carga de dívida torna os fluxos de caixa livres para o patrimônio líquido iguais a $ –50 milhões. Essa empresa terá de levantar $ 50 milhões em novos financiamentos para sobreviver e, se não conseguir, todos os fluxos de caixa além desse ponto serão colocados em risco. O uso de fluxos de caixa livres para patrimônio líquido teria alertado sobre essa questão, porém é pouco provável que os fluxos de caixa livres para a empresa reflitam isso. O último problema é que o uso de uma razão de endividamento no custo de capital para incorporar o efeito da alavancagem requer a concepção de premissas implícitas que podem não ser viáveis nem razoáveis. Por exemplo, aceitar que a razão de endividamento de valor de mercado seja 30% exigirá que uma empresa em crescimento emita grandes volumes de dívida em anos futuros para atingir essa razão. Nesse processo, a razão de endividamento contábil pode atingir proporções estratosféricas e ativar os *covenants* de dívida ou outras conseqüências negativas. De fato, incorporamos os benefícios fiscais esperados de emissões futuras de dívida implicitamente ao valor do patrimônio líquido atual.

O valor do patrimônio líquido será o mesmo sob os modelos de avaliação de empresa e do patrimônio líquido?

Esse modelo de avaliação de empresa, diferentemente do modelo de desconto de dividendos ou FCFE, avalia a empresa em vez do patrimônio líquido. O valor do patrimônio líquido, entretanto, pode ser extraído do valor da empresa, subtraindo-se o valor de mercado da dívida em circulação. Como esse modelo pode ser considerado uma alternativa para avaliação do patrimônio líquido, surgem duas questões: por que avaliar a empresa em vez do patrimônio líquido? Os valores para o patrimônio líquido obtidos da abordagem de avaliação de empresas serão consistentes com os valores obtidos das abordagens de avaliação do patrimônio líquido descritas no capítulo anterior?

A vantagem de usar a abordagem de avaliação de empresa é que os fluxos de caixa relativos à dívida não devem ser considerados explicitamente, já que o FCFF é um fluxo de caixa antes da dívida, ao passo que devem ser levados em conta na estimativa de FCFE. Nos casos em que se espera que a alavancagem mude de forma expressiva ao longo do tempo, trata-se de uma economia significativa, já que estimar novas emissões de dívida e repagamentos de dívida quando a alavancagem está mudando pode tornar-se cada vez mais complicado quanto mais se adentra o futuro. A abordagem de avaliação de empresas, porém, requer informações sobre razões de endividamento e taxas de juros para estimar a média ponderada do custo de capital.

Em teoria, o valor para o patrimônio líquido obtido das abordagens de avaliação da empresa e do patrimônio líquido deve ser o mesmo, se forem consistentes as premissas sobre a alavancagem financeira. Na prática, obter essa convergência é muito mais difícil. Vamos começar com o caso mais simples — uma empresa não em crescimento, perpétua. Suponhamos que ela tenha $ 166,67 milhões em lucros antes de juros e impostos e uma alíquota de 40%. Suponhamos que ela tenha patrimônio líquido com valor de mercado de $ 600 milhões, custo do patrimônio líquido de 13,87%, dívida de $ 400 milhões e um custo da dívida antes dos impostos de 7%. O custo de capital da empresa pode ser estimado.

$$\text{Custo de capital} = (13,87\%)\left(\frac{600}{1.000}\right) + (7\%)(1-0,4)\left(\frac{400}{1.000}\right) = 10\%$$

$$\text{Valor da empresa} = \frac{\text{Ebit}(1-t)}{\text{Custo de capital}} = \frac{166,67(1-0,4)}{0,10} = \$\ 1.000 \text{ milhões}$$

Observe que a empresa não tem reinvestimento nem crescimento. Podemos avaliar o patrimônio líquido dessa empresa subtraindo-se o valor da dívida.

Valor do patrimônio líquido = Valor da empresa − Valor da dívida = $ 1.000 − $ 400 = $ 600 milhões

Agora, vamos avaliar o patrimônio líquido diretamente estimando o lucro líquido:

Lucro líquido = (Ebit − Custo da dívida antes de impostos × Dívida)(1 − t)
= (166,67 − 0,07 × 400)(1 − 0,4) = $ 83,202 milhões

O valor do patrimônio líquido pode ser obtido descontando esse lucro líquido do custo do patrimônio líquido:

$$\text{Valor do patrimônio líquido} = \frac{\text{Lucro líquido}}{\text{Custo do patrimônio líquido}} = \frac{83,202}{0,1387} = \$\ 600\ \text{milhões}$$

Este exemplo simples funciona em razão de três premissas que fazemos implícita ou explicitamente durante a avaliação.

1. Os valores para dívida e patrimônio líquido usados para calcular o custo de capital foram iguais aos valores obtidos na avaliação. Não obstante a circularidade no raciocínio — antes de mais nada, necessita-se do custo de capital para se obterem os valores —, isso indica que um custo de capital baseado em pesos de valor de mercado não produzirá o mesmo valor para o patrimônio líquido que um modelo de avaliação do patrimônio líquido, se a empresa não for precificada de forma justa, antes de mais nada.
2. Não há nenhum item extraordinário ou não operacional que afete o lucro líquido, mas não o lucro operacional. Assim, para passar de lucro operacional para líquido, tudo o que fazemos é subtrair as despesas com juros e os impostos.
3. As despesas com juros são iguais ao custo da dívida antes dos impostos multiplicadas pelo valor de mercado da dívida. Se uma empresa possui dívida antiga em seus livros com despesas com juros que sejam diferentes desse valor, as duas abordagens divergirão.

Se há crescimento esperado, o potencial para inconsistência multiplica-se. Temos de assegurar que tomamos empréstimo suficiente para financiar novos investimentos e manter a razão de endividamento a um nível compatível com o que estamos pressupondo ao calcular o custo de capital.

ABORDAGEM DE VALOR PRESENTE AJUSTADO

Na abordagem de valor presente ajustado (em inglês, *adjusted present value* — APV), começamos com o valor da empresa sem a dívida. Ao acrescentá-la, consideramos o efeito líquido sobre o valor levando em conta tanto os benefícios quanto os custos do empréstimo. Para isso, assumimos que o principal benefício do empréstimo seja fiscal e que o seu custo mais significativo seja o risco agregado de falência.

Mecanismos da avaliação APV

Na abordagem APV, determinamos o valor da empresa em três passos. Começamos por estimar o valor da empresa sem nenhuma alavancagem. Depois consideramos o valor presente das economias em juros geradas por tomar emprestado certa quantia em dinheiro. Finalmente, avaliamos o efeito do empréstimo mediante a probabilidade de falência da empresa e do custo esperado da falência.

Valor de empresa não alavancada O primeiro passo nessa abordagem é a estimativa do valor da empresa não alavancada. Isso pode ser realizado pela avaliação da empresa como se esta não tivesse nenhuma dívida, descontando-se o fluxo de caixa livre esperado para a empresa ao custo não alavancado do patrimônio líquido. No caso especial em que os fluxos de caixa crescem a uma taxa constante em perpetuidade, o valor da empresa é facilmente calculado.

$$\text{Valor de empresa não alavancada} = \frac{\text{FCFF}_0(1+g)}{\rho_u - g}$$

onde FCFF_0 é o fluxo de caixa operacional após impostos corrente para a empresa, ρ_u é o custo não alavancado do patrimônio líquido e g é a taxa de crescimento esperado. No caso mais geral, podemos avaliar a empresa usando qualquer conjunto de premissas de crescimento que consideremos razoáveis. Os inputs necessários a essa avaliação são os fluxos de caixa esperados, as taxas de crescimento e o custo não alavancado do patrimônio líquido. Para estimar o último input, podemos recorrer à nossa análise anterior (no Capítulo 2) e usar o beta não alavancado (obtido por meio da avaliação de empresas comparáveis), para chegar ao custo não alavancado do patrimônio líquido.

Benefício fiscal esperado do empréstimo O segundo passo nessa abordagem é o cálculo do benefício fiscal esperado decorrente de determinado nível de endividamento. Esse benefício fiscal é uma função da alíquota da empresa e é descontado do custo da dívida para refletir o grau de risco desse fluxo de caixa. Se as economias em impostos são consideradas como perpétuas:

$$\text{Valor dos benefícios fiscais} = \frac{(\text{Alíquota do IR})(\text{Custo da dívida})(\text{Dívida})}{\text{Custo da dívida}} = (\text{Alíquota do IR})(\text{Dívida}) = t_c D$$

TABELA 6.2: Taxas de inadimplência por categorias de *rating* de dívida

Rating de dívida	Taxa de inadimplência
D	100,00%
C	80,00
CC	65,00
CCC	46,61
B–	32,50
B	26,36
B+	19,28
BB	12,20
BBB	2,30
A–	1,41
A	0,53
A+	0,40
AA	0,28
AAA	0,01

Fonte: Altman e Kishore (2000).

A alíquota do imposto de renda usada aqui é a alíquota marginal da empresa, que se pressupõe que permaneça constante ao longo do tempo. Se percebermos a alíquota mudando no decorrer do tempo, ainda assim podemos calcular o valor presente dos benefícios fiscais ao longo do tempo, mas não podemos utilizar a equação de crescimento perpétuo mencionada anteriormente.

Estimativa de custos esperados de falência e efeito líquido O terceiro passo é avaliar o efeito de determinado nível de endividamento sobre o risco de inadimplência da empresa e sobre os custos esperados de falência. Em teoria, ao menos, isso requer a estimativa da probabilidade de inadimplência com a dívida adicional e os custos direto e indireto de falência. Se π_a é a probabilidade de inadimplência após a dívida adicional e BC é o valor presente do custo de falência, o valor presente do custo esperado de falência pode ser estimado.

Valor presente do custo esperado de falência = (Probabilidade de falência)(Valor presente do custo de falência)
$$= \pi_a BC$$

Esse passo da abordagem de valor presente ajustado apresenta o problema mais sério de estimativa, uma vez que nem a probabilidade de falência nem o custo de falência podem ser estimados de forma direta.

Há duas maneiras básicas de estimar de forma indireta a probabilidade de falência. Uma é estimar um *rating* de dívida, como fizemos na abordagem de custo de capital, a cada nível de endividamento e usar as estimativas empíricas de probabilidade de inadimplência para cada *rating*. Por exemplo, a Tabela 6.2, extraída de um estudo de Altman e Kishore, resume a probabilidade de inadimplência durante dez anos, por categoria de *rating* de dívida em 2000.[6] Outra maneira é usar uma abordagem estatística, tal como um *probit*, para estimar a probabilidade de inadimplência, com base nas características observáveis, a cada nível de endividamento.

O custo de falência pode ser estimado, embora com erro considerável, a partir de estudos que examinaram a magnitude desse custo em falências. Pesquisa que analisou o custo direto de falência conclui que os custos são pequenos,[7] em relação ao valor da empresa. Os custos indiretos de falência podem ser substanciais, mas os custos variam amplamente de uma empresa para outra. Shapiro e Titman especulam que os custos indiretos podem atingir de 25% a 30% do valor da empresa, no entanto, não fornecem nenhuma evidência direta dos custos. Altman (1984) estima o custo em 15% em um estudo com sete empresas que faliram entre 1980 e 1982.[8]

EXEMPLO 6.6: Avaliação de empresa com abordagem APV: Titan Cement

No Exemplo 6.2, avaliamos a Titan Cement por uma abordagem de custo de capital. Aqui, reestimamos o valor da empresa aplicando um modelo de valor presente ajustado (APV), em três passos.

1. *Calcular o valor não alavancado da empresa.* Quando avaliamos a Titan anteriormente, usamos o beta alavancado para a empresa de 0,93 e a razão dívida/capital de 17,6% para estimar um custo de capital para desconto de fluxos de caixa livres para a empresa. Na abordagem APV, usamos o beta não alavancado de 0,8 para estimar o custo não alavancado do patrimônio líquido. Para os cinco primeiros anos, com uma taxa livre de risco de 3,41% e um prêmio pelo risco de 4,46%, isso gera um custo do patrimônio líquido de 6,98%.

Custo não alavancado do patrimônio líquido = 3,41% + 0,80(4,46%) = 6,98%

A partir do ano 5, usaremos um beta não alavancado de 0,875, para corresponder ao beta alavancado de 1 aplicado no Exemplo 6.2.[9] Com o prêmio pelo risco de mercado reduzido a 4%, isso gera um custo do patrimônio líquido de 6,91%.

Custo não alavancado do patrimônio líquido em período estável = 3,41% + 0,875(4%) = 6,91%

Utilizando os fluxos de caixa livres para a empresa que calculamos no Exemplo 6.2, estimamos o valor não alavancado da empresa (em milhões de euros):

Ano	Corrente	1	2	3	4	5
Ebit(1 – Alíquota)	172,76	182,25	192,26	202,82	213,96	225,72
– (Gastos de capital– Depreciação)	49,20	40,54	42,77	45,11	47,59	50,21
– Alteração em CG	51,80	11,47	12,11	12,77	13,47	14,21
Fluxo de caixa livre para a empresa	71,76	130,24	137,39	144,94	152,90	161,30
Valor terminal						3.036,62
Valor presente @ 6,98%		122	120	118	117	2.282
Valor da empresa	2.759					

Os fluxos de caixa nos primeiros cinco anos são idênticos, mas o valor terminal é ligeiramente diferente, porque o retorno sobre capital em perpetuidade é agora estabelecido a 6,91% (que é o custo não alavancado do patrimônio líquido em vez do custo de capital). O valor não alavancado de empresa para a Titan Cement é 2.759 milhões de euros.

2. *Calcular os benefícios fiscais da dívida.* Os benefícios fiscais da dívida são calculados com base na dívida existente da Titan de 414 milhões de euros e uma alíquota de imposto de renda de 25,47%:

Benefícios fiscais esperados em perpetuidade = Alíquota do IR(Dívida) = 0,2547(414 milhões) = 105,45 milhões de euros

Isso captura o benefício fiscal sobre a dívida em dólar em circulação hoje e não fatora emissões futuras de dívida (ou aumenta a razão de endividamento) nem os benefícios fiscais que se acumularão dessa dívida adicional.

3. *Estimar o custo esperado de falência.* Para estimar isso, partimos de duas premissas. Primeiro, com base no *rating* sintético vigente de AA, a probabilidade de inadimplência (da Tabela 6.2) no nível vigente de endividamento é muito pequena (0,28%). Segundo, estimamos que o custo de falência seja de 30% do valor não alavancado da empresa.

Custo esperado de falência = Probabilidade de falência × Custo de falência
× (Valor não alavancado da empresa + Benefícios fiscais da dívida)
= 0,0028 × 0,30 × (2.759 + 105) = 2,41 milhões de euros

O valor dos ativos operacionais da empresa pode agora ser estimado.

Valor dos ativos operacionais = Valor não alavancado da empresa + Valor presente de benefícios fiscais
– Custos esperados de falência = 2.759 + 105,45 – 2,41 = 2.862 milhões de euros

Em contraste, avaliamos os ativos operacionais a 2.974 milhões de euros com a abordagem de custo de capital. A diferença entre os dois modelos pode ser atribuída aos benefícios fiscais incorporados a cada um. O de APV considera os benefícios fiscais apenas sobre dívida existente, enquanto o de custo de capital acrescenta os benefícios fiscais de emissões futuras de dívida.

Avaliação de custo de capital *versus* de APV

Na avaliação de APV, o valor de uma empresa alavancada é obtido pela adição do efeito líquido de dívida ao seu valor não alavancado.

$$\text{Valor de empresa alavancada} = \frac{\text{FCFF}_0(1 + g)}{\rho_u - g} + t_c D - \pi_a \text{BC}$$

Na abordagem de custo de capital, os efeitos de alavancagem aparecem no custo de capital, com o benefício fiscal incorporado ao custo da dívida após impostos e os custos de falência tanto ao beta alavancado quanto ao custo da dívida antes dos impostos.

As duas abordagens geram o mesmo valor? Não necessariamente. O primeiro motivo para as diferenças é que os modelos consideram os custos de falência de formas muito diferentes, com a abordagem de valor presente ajustado oferecendo mais flexibilidade ao permitir a análise de custos indiretos de falência. Considerando-se que esses custos não aparecem ou surgem de forma inadequada no custo da dívida antes dos impostos, a abordagem APV gerará uma estimativa de valor mais conservadora. O segundo motivo é que a abordagem APV considera o benefício fiscal de um valor de dívida em dólar, em geral baseado em dívida vigente. A dívida de custo de capital estima o benefício fiscal de uma razão de endividamento que pode requerer que a empresa tome empréstimo de montantes crescentes no futuro. Por exemplo, admitir uma razão dívida/capital de mercado de 30% em perpetuidade para uma empresa em crescimento exigirá que ela tome mais empréstimo no futuro, e o benefício fiscal dos empréstimos esperados futuros é incorporado ao valor atual.

Qual abordagem produzirá estimativas mais razoáveis de valor? A premissa de dívida em dólar na avaliação de APV é mais conservadora, mas a principal falha nesse modelo está nas dificuldades associadas à estimativa de custos esperados de falência. Enquanto esse custo não puder ser estimado, a abordagem APV continuará sendo usada de forma parcial, em que o valor presente de benefícios fiscais será adicionado ao valor não alavancado da empresa para se obter um valor total, e os custos esperados de falência serão ignorados.

MODELOS DE RETORNOS EM EXCESSO

No Capítulo 4, sobre previsão de fluxos de caixa, definimos que o crescimento tem valor, apenas se acompanhado de retornos em excesso — retornos sobre patrimônio líquido (capital) que excedam ao custo do patrimônio líquido (capital). Os modelos de retornos em excesso levam essa conclusão ao próximo passo lógico e calculam o valor de uma empresa como uma função de retornos em excesso esperados. Embora haja várias versões de modelo de retornos em excesso, vamos nos concentrar em uma variação de uso generalizado, que é o valor econômico agregado (em inglês, *economic value added* — EVA), uma métrica popularizada pela Stern Stewart, uma consultoria de valor. O valor econômico agregado é um indicador do valor excedente criado por um investimento ou uma carteira de investimentos. É calculado como o produto do retorno em excesso feito sobre um investimento ou investimentos e o capital investido nesse investimento ou investimentos.

Valor econômico agregado = (Retorno sobre capital investido − Custo de capital)
× (Capital investido) = Lucro operacional após impostos
− (Custo de capital)(Capital investido)

Nesta seção, começamos analisando a mensuração do valor econômico agregado e depois consideramos os seus vínculos com a avaliação do fluxo de caixa descontado.

Cálculo do EVA

A definição de EVA descreve três inputs básicos de que necessitamos para o seu cálculo — o retorno sobre capital (ROC) obtido dos investimentos, o custo de capital para esses investimentos e o capital investido neles. Na mensuração de cada um deles, fazemos muitos dos mesmos ajustes apresentados no contexto da avaliação de fluxo de caixa descontado.

Quanto capital é investido nos ativos existentes? Uma resposta óbvia é usar o valor de mercado da empresa, mas esse valor inclui o capital investido, não só nos ativos instalados, mas também no crescimento futuro esperado.[10] Como pretendemos avaliar a qualidade dos ativos instalados, precisamos medir o capital investido nesses ativos. Dada a dificuldade de estimar esse número, não é de surpreender que recorramos ao valor contábil de capital como uma *proxy* para o capital investido nos ativos instalados. O valor contábil, entretanto, é um número que reflete não só as opções contábeis feitas no período corrente, como também as decisões contábeis tomadas ao longo do tempo sobre como depreciar os ativos, avaliar o estoque e lidar com as aquisições. No mínimo, os três ajustes que fizemos para o capital investido na avaliação de fluxo de caixa descontado — conversão dos leasings operacionais em dívida, capitalização dos gastos em P&D e eliminação do efeito de encargos pontuais ou cosméticos — devem ser executados ao se calcular o EVA também. Quanto mais antiga a empresa, mais extensivos serão os ajustes a serem feitos para o valor contábil de capital gerar uma estimativa razoável do valor de mercado do capital investido em ativos instalados. Como isso requer que saibamos e consideremos cada decisão contábil no decorrer do tempo, há casos em que o valor contábil de capital é falho demais para ser ajustado. Assim, é melhor estimar o capital investido a partir do zero, iniciando-se com os ativos possuídos pela empresa, estimando-se o valor desses ativos e acumulando-se esse valor de mercado.

Para avaliar o retorno sobre esse capital investido, necessitamos de uma estimativa do lucro operacional após impostos obtido pela empresa nesses investimentos. Novamente, o indicador contábil de lucro operacional deve ser ajustado a leasings operacionais, gastos em P&D e encargos pontuais, para se calcular o retorno sobre capital.

O terceiro e último componente necessário à estimativa do valor econômico agregado é o custo de capital. Atendo-nos aos nossos argumentos na seção sobre avaliação de fluxo de caixa descontado, o custo de capital deve ser estimado com base nos valores de mercado da dívida e do patrimônio líquido da empresa, em vez de nos valores contábeis. Não há contradição entre o uso de valor contábil para fins de estimativa de capital investido e uso de valor de mercado para estimativa de custo de capital, já que uma empresa tem de ganhar mais do que o seu custo de capital de valor de mercado para gerar valor. Do ponto de vista prático, o uso do custo de capital de valor contábil tenderá a subestimar o custo de capital para a maioria das empresas e a subestimá-lo mais para empresas altamente alavancadas do que para aquelas levemente alavancadas. Subestimar o custo de capital acarretará que se superestime o valor econômico agregado.

Avaliação de valor econômico agregado, valor presente líquido e fluxo de caixa descontado

Um dos fundamentos da análise de investimentos no conceito tradicional de finanças corporativas é a regra do valor presente líquido ou VPL (em inglês, *net present value* − NPV). O valor presente líquido de um projeto, que reflete o valor presente dos fluxos de caixa esperados de um projeto deduzido de quaisquer necessidades de investimento, é um indicador de valor excedente criado pelo projeto. Assim, investir em projetos com valor presente líquido positivo aumentará o valor da empresa, enquanto investir em projetos com valor presente líquido negativo reduzirá o valor. O valor econômico agregado é uma extensão simples da regra de valor presente líquido. O valor presente líquido de um projeto é o valor presente do valor econômico agregado por esse projeto no seu ciclo de vida.[11]

$$VPL = \sum_{t=1}^{t=n} \frac{EVA_t}{(1+k_c)^t}$$

onde EVA_t é o valor econômico agregado pelo projeto no ano t, e o projeto possui um ciclo de vida de n anos.

Essa ligação entre valor econômico agregado e VPL permite vincular o valor de uma empresa ao seu valor econômico agregado. Para visualizar isso, vamos começar com uma fórmula simples de valor de empresa em termos do valor dos ativos instalados e crescimento futuro esperado.

Valor da empresa = Valor dos ativos instalados + Valor de crescimento futuro esperado

Note que, em um modelo de fluxo de caixa descontado, os valores de ambos, ativos instalados e crescimento futuro esperado, podem ser formulados em termos do valor presente líquido criado por cada componente.

$$\text{Valor da empresa} = \text{Capital investido}_{\text{Ativos instalados}} + \text{VPL}_{\text{Ativos instalados}} + \sum_{t=1}^{t=\infty} \text{VPL}_{\text{Futuros projetos},t}$$

Substituindo a versão de valor econômico agregado no valor presente líquido nessa equação, temos:

$$\text{Valor da empresa} = \text{Capital investido}_{\text{Ativos instalados}} + \sum_{t=1}^{t=\infty} \frac{EVA_{t,\text{ativos instalados}}}{(1+k_c)^t} + \sum_{t=1}^{t=\infty} \frac{EVA_{t,\text{futuros projetos}}}{(1+k_c)^t}$$

Dessa forma, o valor de uma empresa pode ser formulado como a soma dos três componentes: o capital investido em ativos instalados, o valor presente do valor econômico agregado por esses ativos e o valor presente esperado do valor econômico que será agregado por futuros investimentos.

EXEMPLO 6.7: Valor de fluxo de caixa descontado e valor econômico agregado

Consideremos uma empresa que possui ativos existentes em que tem capital investido de $ 100 milhões. Admitamos estes quatro fatos adicionais sobre a empresa.

1. O lucro operacional após impostos sobre ativos instalados é de $ 15 milhões. Espera-se que esse retorno sobre capital de 15% seja sustentado em perpetuidade, e a empresa possui um custo de capital de 10%.
2. No início de cada um dos próximos cinco anos, espera-se que a empresa faça investimentos de $ 10 milhões. Também se espera que esses investimentos obtenham 15% como retorno sobre capital e que o custo de capital permaneça a 10%.
3. Após o ano 5, a empresa continuará a fazer investimentos e os lucros crescerão 5% ao ano, mas os novos investimentos terão um retorno sobre capital de apenas 10%, que é também o custo de capital.
4. Espera-se que todos os ativos e investimentos tenham ciclos de vida infinitos.[12] Assim, os ativos instalados e os investimentos realizados nos primeiros cinco anos renderão 15% ao ano em perpetuidade, sem nenhum crescimento.

Essa empresa pode ser avaliada por uma abordagem de valor econômico agregado, como demonstra a tabela seguinte (em milhões de dólares).

Capital investido em ativos instalados	100
+ EVA dos ativos instalados = $\dfrac{(0,15 - 0,10)(100)}{0,10}$	50
+ Valor presente de EVA de novos investimentos no ano 1 = $\dfrac{(0,15 - 0,10)(10)}{(0,10)}$	5
+ Valor presente de EVA de novos investimentos no ano 2 = $\dfrac{(0,15 - 0,10)(10)}{(0,10)(1,10)^1}$	4,55
+ Valor presente de EVA de novos investimentos no ano 3 = $\dfrac{(0,15 - 0,10)(10)}{(0,10)(1,10)^2}$	4,13
+ Valor presente de EVA de novos investimentos no ano 4 = $\dfrac{(0,15 - 0,10)(10)}{(0,10)(1,10)^3}$	3,76
+ Valor presente de EVA de novos investimentos no ano 5 = $\dfrac{(0,15 - 0,10)(10)}{(0,10)(1,10)^4}$	3,42
Valor da empresa	170,85

Observe que os valores presentes são calculados a partir da premissa de que os fluxos de caixa sobre investimentos são perpétuos. Além disso, os valores presentes do valor econômico agregado pelos investimentos realizados em anos futuros são descontados ao presente, por meio do custo de capital. Para exemplificar, o valor presente do valor econômico agregado pelos investimentos realizados no início do ano 2 é descontado de volta um ano. O valor da empresa, que é de $ 170,85 milhões, pode ser formulado pela equação de valor de empresa.

$$\text{Valor da empresa} = \text{Capital investido}_{\text{Ativos instalados}} + \sum_{t=1}^{t=\infty} \frac{\text{EVA}_{t,\text{ativos instalados}}}{(1+k_c)^t} + \sum_{t=1}^{t=\infty} \frac{\text{EVA}_{t,\text{futuros projetos}}}{(1+k_c)^t}$$

$ 170,85 \text{ milhões} = \$ 100 \text{ milhões} \quad + \$ 50 \text{ milhões} \quad + \$ 20,85 \text{ milhões}$

O valor dos ativos existentes é, portanto, de $ 150 milhões e o valor das oportunidades de crescimento futuro é de $ 20,85 milhões.

Outra forma de apresentar esses resultados é em termos do valor de mercado agregado (em inglês, *market value added* — MVA). Nesse caso, o valor de mercado agregado é a diferença entre o valor da empresa de $ 170,85 milhões e o capital investido de $ 100 milhões, que gera $ 70,85 milhões. Esse valor será positivo somente se o retorno sobre capital for maior que o custo de capital e será uma função crescente do *spread* entre os dois números. Em contrapartida, o número será negativo se o retorno sobre capital for menor que o custo de capital.

Note que, embora a empresa continue a aumentar o lucro operacional e fazer novos investimentos após o quinto ano, esses investimentos marginais não criam nenhum valor, porque rendem o custo de capital. Uma implicação direta é que não é o crescimento que cria valor, mas o crescimento em conjunto com os retornos em excesso. Isso fornece uma nova perspectiva sobre a qualidade do crescimento. Uma empresa pode aumentar o seu lucro operacional a uma taxa alta, mas, se estiver fazendo isso investindo grandes quantias ao custo de capital ou abaixo dele, não estará criando valor e poderá, efetivamente, destruí-lo.

Essa empresa poderia também ter sido avaliada pelo modelo de fluxo de caixa descontado, com fluxos de caixa livres para a empresa descontados ao custo de capital. A próxima tabela mostra os fluxos de caixa livres esperados e o valor da empresa (em milhões de dólares), utilizando o custo de capital de 10% como taxa de desconto. Ao analisar essa avaliação, observe o seguinte:

- Os gastos de capital ocorrem no início de cada ano e, por isso, são demonstrados no ano anterior. O investimento de $ 10 milhões no ano 1 é demonstrado no ano 0, do ano 2 no ano 1 e assim por diante.
- No ano 5, o investimento líquido necessário para sustentar o crescimento é calculado com base em duas premissas — que o aumento em lucro operacional será de 5% ao ano a partir do ano 5 e que o retorno sobre capital de novos investimentos a começar pelo ano 6 (demonstrado no ano 5) será de 10%.

$$\text{Investimento líquido}_5 = \frac{\text{Ebit}_6(1-t) - \text{Ebit}_5(1-t)}{\text{ROC}_6} = \frac{\$ 23,625 - \$ 22,50}{0,10} = \$ 11,25 \text{ milhões}$$

O valor da empresa obtido pelo desconto dos fluxos de caixa livres para a empresa ao custo de capital é de $ 170,85, que é idêntico ao valor obtido utilizando-se a abordagem de valor econômico agregado na tabela anterior.

	0	1	2	3	4	5	Ano terminal
Ebit(1 − t) de ativos instalados		15,00	15,00	15,00	15,00	15,00	
Ebit(1 − t) de investimentos — ano 1		1,50	1,50	1,50	1,50	1,50	
Ebit(1 − t) de investimentos — ano 2			1,50	1,50	1,50	1,50	
Ebit(1 − t) de investimentos — ano 3				1,50	1,50	1,50	
Ebit(1 − t) de investimentos — ano 4					1,50	1,50	
Ebit(1 − t) de investimentos — ano 5						1,50	
Total Ebit(1 − t)		16,50	18,00	19,50	21,00	22,50	$ 23,63
− Gastos líquidos de capital	$ 10,00	10,00	10,00	10,00	10,00	11,25	11,81
FCFF	−10,00	6,50	8,00	9,50	11,00	11,25	11,81
Valor presente do FCFF	−10,00	5,91	6,61	7,14	7,51	6,99	
Valor terminal						236,25	
Valor presente de valor terminal	146,69						
Valor da empresa	170,85						
Retorno sobre capital	15%	15%	15%	15%	15%	15%	10%
Custo de capital	10%	10%	10%	10%	10%	10%	10%

EXEMPLO 6.8: Avaliação de EVA da Titan Cement

A equivalência entre a avaliação tradicional de DCF e a de EVA pode ser ilustrada para a Titan Cement. Começamos com uma avaliação de fluxo de caixa descontado e resumimos os inputs usados na seguinte tabela:

	Fase de alto crescimento	Fase de crescimento estável
Duração	Cinco anos	Para sempre, após ano 5
Inputs de crescimento		
Taxa de reinvestimento	28,54%	51,93%
Retorno sobre capital	19,25%	6,57%
Taxa de crescimento esperado	5,49%	3,41%
Inputs de custo de capital		
Beta	0,93	1,00
Custo da dívida	4,17%	3,91%
Razão de endividamento	17,60%	17,60%
Custo de capital	6,78%	6,57%
Informações gerais		
Alíquota de IR	25,47%	33,00%

No Exemplo 6.2, estimamos o valor dos ativos operacionais com esses inputs em 2.897,42 milhões de euros. A tabela seguinte reproduz as estimativas de fluxos de caixa e o valor terminal (valores em milhões de euros):

	1	2	3	4	5
Taxa de reinvestimento	28,54%	28,54%	28,54%	28,54%	28,54%
Ebit(1 – Alíquota)	182,25	192,26	202,82	213,96	225,72
– (Gastos de capital – Depreciação)	40,54	42,77	45,11	47,59	50,21
– Alteração em capital de giro	11,47	12,11	12,77	13,47	14,21
Fluxo de caixa livre para a empresa (FCFF)	130,24	137,39	144,94	152,90	161,30
Valor terminal					€ 3.195,17
Custo de capital	6,78%	6,78%	6,78%	6,78%	6,78%
Valor presente	121,97	120,51	119,06	117,63	2.418,26
Valor de ativos operacionais	2.897,42				

Na próxima tabela, estimamos o EVA da Titan Cement a cada ano pelos próximos cinco anos e o valor presente do EVA. Para realizar essas estimativas, começamos com o capital investido corrente na empresa de 946,9 milhões de euros e adicionamos o reinvestimento ano a ano, para obter o capital investido no ano seguinte (valores em milhões de euros).

Ano	1	2	3	4	5	Ano terminal
Ebit(1 – t)	182,25	192,26	202,82	213,96	225,72	209,83
Custo de capital	6,78%	6,78%	6,78%	6,78%	6,78%	6,57%
Capital investido no início do ano	946,90	998,92	1.053,79	1.111,67	1.172,74	1.237,16
Reinvestimento durante o ano	52,01	54,87	57,88	61,06	64,42	
Custo de capital × Capital investido	64,17	67,69	71,41	75,33	79,47	
EVA	118,08	124,57	131,41	138,63	146,25	
Valor presente @ WACC	110,59	109,26	107,95	106,65	105,37	
Valor presente de EVA	539,81					
Capital investido hoje	946,90					
Valor presente de EVA em perpetuidade sobre ativos instalados	1.410,71	(Valor presente de EVA de investimentos existentes em perpetuidade)				
Valor de ativos operacionais	2.897,42					

O valor presente de EVA durante o período de alto crescimento é de € 539,81 milhões. Para obter o valor dos ativos operacionais da empresa, acrescentamos mais dois componentes:

1. O capital investido nos ativos instalados no início do ano 1 (corrente), que é de € 946,90 milhões.
2. O valor presente de EVA em perpetuidade sobre ativos instalados no ano 5, que é calculado da seguinte forma:

$$\frac{\text{Ebit}_6(1 - t) - (\text{Capital investido}_6)(\text{Custo de capital}_6)}{(\text{Custo de capital}_6)(1 + \text{Custo de capital})^5} = \frac{209,83 - (1.237,16)(0,0657)}{(0,0657)(1,0678)^5}$$

$$= 1.410,71 \text{ milhões de euros}$$

Observe que, embora o retorno sobre capital marginal de novos investimentos seja igual ao custo de capital após o ano 6, os investimentos existentes continuam a render 19,25%, que é mais alto que o custo de capital de 6,57%, em perpetuidade. O valor total dos ativos operacionais é idêntico ao valor obtido pela abordagem de custo de capital.

Avaliação pelo custo de capital *versus* pelo retorno em excesso

Para obter o mesmo valor de avaliações de fluxo de caixa descontado e de EVA, devemos assegurar as seguintes condições.

- O lucro operacional após impostos utilizado para estimar os fluxos de caixa livres para a empresa deve ser igual ao lucro operacional após impostos utilizado para calcular o valor econômico agregado. Dessa forma, se decidirmos ajustar o lucro operacional para leasings operacionais e gastos de pesquisa e desenvolvimento, ao executarmos a avaliação de fluxo de caixa descontado, teremos de ajustá-lo também para o cálculo de EVA.
- A taxa de crescimento utilizada para estimar o lucro operacional após impostos em períodos futuros deve ser estimada a partir dos fundamentos, ao executar a avaliação de fluxo de caixa descontado. Em outras palavras, deve ser estabelecida como:

$$\text{Taxa de crescimento} = \text{Taxa de reinvestimento} \times \text{Retorno sobre capital}$$

Se o crescimento é um input exógeno em um modelo de DCF e a relação entre taxas de crescimento, reinvestimentos e retorno sobre capital, descrita anteriormente, não se sustenta, obteremos valores diferentes das avaliações de DCF e EVA.

- O capital investido, que é usado para calcular o EVA em períodos futuros, deve ser estimado adicionando-se o reinvestimento em cada período ao capital investido no início do período. O EVA por período deve ser calculado como segue:

$$EVA_t = \text{Lucro operacional após impostos}_t - \text{Custo de capital} \times \text{Capital investido}_{t-1}$$

- Devemos partir de premissas consistentes sobre o valor terminal nas avaliações de fluxo de caixa descontado e EVA. Em casos especiais, nos quais o retorno sobre capital de todos os investimentos — existentes e novos — é igual ao custo de capital após o ano terminal, isso é simples. O valor terminal será igual ao capital investido no início do ano terminal. Em casos mais gerais, precisamos garantir que o capital investido no início do ano terminal seja compatível com a premissa de retorno sobre capital em perpetuidade. Em outras palavras, se o lucro operacional após impostos no ano terminal for de $ 1,2 bilhão, e estamos pressupondo um retorno sobre capital de 10% em perpetuidade, temos de estabelecer o capital investido no início do ano terminal em $ 12 bilhões.

ESTRUTURA DE CAPITAL E VALOR DA EMPRESA

Tanto a abordagem de custo de capital quanto a de APV transformam o valor de uma empresa em uma função da sua alavancagem financeira. Implicitamente, estamos pressupondo que o valor de uma empresa é determinado não só pelos seus investimentos, mas também pela combinação de dívida e patrimônio líquido, utilizada para financiar esses investimentos. Embora isso possa parecer lógico, há intenso debate em finanças corporativas sobre se a alavancagem financeira de uma empresa deve afetar o seu valor. Neste capítulo, começamos com uma rápida revisão de ambos os lados do argumento sobre estrutura de capital e depois consideramos formas práticas de analisar o efeito da estrutura de capital sobre o valor.

Capital deve afetar valor?

O primeiro 'tiro' nesse debate foi desferido por Merton Miller e Franco Modigliani no seu *paper* pioneiro publicado em 1958,[13] em que demonstraram que, em um mundo sem impostos, risco de inadimplência e problemas com agências, o valor de uma empresa é determinado pela qualidade dos seus investimentos e não pela combinação entre dívida e patrimônio líquido para financiá-los. O argumento deles era simples e potente. Concordavam que a dívida é mais barata que o patrimônio líquido, mas observaram que tomar empréstimo torna os lucros dos acionistas mais voláteis e arriscados. O aumento resultante no custo dos acionistas contrabalança exatamente quaisquer economias de custo a serem geradas pela substituição de dívida por ações, mantendo assim constante o custo de capital.

Nos anos seguintes, a estrutura desenvolvida por Miller e Modigliani foi experimentada e expandida para se verificar se a alavancagem financeira afeta o valor. De fato, Miller e Modigliani demonstraram em um *paper* subseqüente que introduzir impostos em seu mundo livre de inadimplência e sem custos de agências criaria um cenário em que o valor da empresa seria maximizado em 100% de dívida. Introduzir risco de falência e impostos no modelo realmente cria uma compensação à dívida, em que a dívida adicional gera benefícios (sob a forma de economias fiscais) e custos (em custos adicionais de falência) e pode afetar o valor.

A evidência empírica sobre se a estrutura de capital afeta o valor é mesclada. Sustentando a visão de mundo de Miller e Modigliani está a evidência de que há pouca correlação entre razões de endividamento e avaliações entre empresas de capital aberto. Em outras palavras, há pouco indício de que empresas com razões de endividamento mais altas ou mais baixas obtenham avaliações superiores (medidas como múltiplos de lucros ou valor contábil). Entretanto, há prova de que atividades que aumentam a alavancagem financeira (tais como recompras de ações financiadas com dívida) aumentam o valor da empresa, o que sugere que o valor é afetado pela alavancagem financeira.

Técnicas de avaliação de estrutura de capital

Há duas técnicas básicas para avaliar a estrutura de capital ideal para uma empresa. A primeira é centrada na avaliação de custo de capital, e o seu objetivo é identificar a razão de endividamento que minimize o custo de capital, enquanto a segunda usa a abordagem de APV para identificar o nível de endividamento que maximiza o valor.

Custo de capital e alavancagem financeira Para compreender a conexão entre o custo de capital e a estrutura de capital ideal, recorremos à relação entre valor de empresa e custo de capital. Na seção anterior, notamos que o valor de toda a empresa pode ser estimado descontando-se os fluxos de caixa esperados da empresa ao custo de capital da empresa. Os fluxos de caixa da empresa podem ser estimados como fluxos de caixa após despesas operacionais, impostos e quaisquer investimentos de capital necessários para gerar crescimento futuro tanto em ativos fixos quanto em capital de giro, mas antes das despesas financeiras.

$$\text{Fluxo de caixa livre para a empresa} = \text{Ebit}(1-t) - (\text{Gastos de capital} - \text{Depreciação}) - \text{Alteração em capital de giro}$$

O valor da empresa pode ser formulado como:

$$\text{Valor da empresa} = \sum_{t=1}^{t=n} \frac{\text{Fluxo de caixa da empresa}_t}{(1 + \text{WACC})^t}$$

e é uma função dos fluxos de caixa da empresa e o seu custo de capital. Se assumirmos que os fluxos de caixa da empresa não são afetados pela escolha do mix de financiamento e o custo de capital é reduzido em decorrência da alteração nesse mix, o valor da empresa aumentará. Se o objetivo ao se escolher o mix de financiamento para a empresa for a maximização do seu valor, podemos realizá-lo, nesse caso, *minimizando o custo de capital*. No caso mais geral, em que os fluxos de caixa da empresa são uma função da combinação dívida/patrimônio líquido, o mix de financiamento ideal é aquele que *maximiza o valor da empresa*.[14]

Necessitamos de três dados para calcular o custo de capital — o custo do patrimônio líquido, o custo da dívida após impostos e os pesos sobre dívida e patrimônio líquido. Os custos do patrimônio líquido e dívida mudam quando as razões de endividamento mudam, e o principal desafio dessa abordagem está em estimar cada um desses inputs.

Vamos começar com o custo do patrimônio líquido. Argumentamos que o beta da ação mudará de acordo com alterações na razão de endividamento. De fato, estimamos o beta alavancado como uma função da razão dívida/patrimônio líquido de mercado para uma empresa, o beta não alavancado e a alíquota marginal de imposto de renda:

$$\beta_{\text{Alavancado}} = \beta_{\text{Não alavancado}} \left[1 + (1-t)\frac{D}{E} \right]$$

Assim, se podemos estimar o beta não alavancado de uma empresa, podemos usá-lo para estimar o beta alavancado da empresa a cada razão de endividamento. Esse beta alavancado pode ser usado para calcular o custo do patrimônio líquido a cada razão de endividamento.

$$\text{Custo do patrimônio líquido} = \text{Taxa livre de risco} + \beta_{\text{Alavancado}}(\text{Prêmio pelo risco})$$

O custo da dívida de uma empresa é uma função do seu risco de inadimplência. Se uma empresa tomar mais empréstimo, o seu risco de inadimplência aumentará, assim como o custo da dívida. Se usamos *rating* de dívida como o nosso indicador de risco de inadimplência, podemos estimar o custo da dívida em três passos. Primeiro, avaliamos a dívida em dólares e as despesas com juros de uma empresa a cada razão de endividamento; à medida que as empresas aumentam a sua razão de endividamento, tanto a dívida em dólar quanto as despesas com juros aumentam. Segundo, a cada nível de endividamento, calculamos uma razão ou razões financeiras que mensurem o risco de inadimplência, e usamos essas razões para estimar um *rating* para a empresa; novamente, quanto mais empréstimo uma empresa tomar, menor será esse *rating*. Terceiro, um *spread* por inadimplência, baseado no *rating* estimado, é adicionado à taxa livre de risco para se chegar a um custo da dívida antes dos impostos. Aplicando-se a alíquota marginal a esse custo antes dos impostos, temos um custo da dívida após impostos.

Após estimarmos os custos de patrimônio líquido e dívida a cada nível de endividamento, ponderamos ambos com base nas proporções usadas de cada um para estimar o custo de capital. Embora não tenhamos admitido explicitamente nenhum componente de ação preferencial nesse processo, podemos ter ações preferenciais como parte do capital. Entretanto, devemos manter fixa a porção de ação preferencial, mesmo alterando os pesos sobre dívida e patrimônio líquido. A razão de endividamento à qual o custo de capital é minimizado constitui a razão de endividamento ideal.

Nessa abordagem, o efeito da alteração de estrutura de capital sobre o valor da empresa é isolado, mantendo-se o lucro operacional fixo e variando-se apenas o custo de capital. Em termos práticos, isso pressupõe duas premissas. Primeiro, a razão de endividamento é reduzida pelo levantamento de novo patrimônio líquido e/ou retirada de dívida; em contraposição, a razão de endividamento aumenta com tomada de empréstimo e recompra de ações. Esse processo é chamado *recapitalização*. Segundo, admite-se que o lucro operacional antes dos impostos não seja afetado pelo mix de financiamento da empresa e, por extensão, o seu *rating* de dívida. Se o lucro operacional muda com o risco de inadimplência de uma empresa, a análise básica não se alterará, mas minimizar o custo de capital pode não ser o curso ideal de atividade, já que o valor da empresa é determinado tanto pelos fluxos de caixa quanto pelo custo de capital. O valor da empresa terá de ser calculado a cada nível de endividamento, e a razão de endividamento ideal será aquela que maximizar o valor da empresa.

EXEMPLO 6.9: Análise da estrutura de capital para a Titan Cement

A abordagem de custo de capital pode ser usada para identificar a estrutura de capital ideal de uma empresa, como faremos com a Titan Cement em 2005. Ao final de 2004, ela tinha uma dívida em circulação de 414 milhões de euros em seu valor contábil, resultando em uma razão dívida/capital de mercado de 17,60%. O beta não alavancado da Titan Cement, com base nas indústrias globais de cimento em 2005 era de 0,80. A tabela seguinte resume as estimativas de beta e o custo do patrimônio líquido (pressupondo uma taxa livre de risco de 3,41% e um prêmio pelo risco de 4,46%) para diferentes razões de endividamento:

Razão de endividamento	Beta	Custo do patrimônio líquido
0%	0,80	6,99%
10	0,87	7,28
20	0,95	7,65
30	1,06	8,13
40	1,20	8,76
50	1,40	9,65
60	1,70	10,99
70	2,20	13,21
80	3,37	18,44
90	6,74	33,46

Os betas alavancados são estimados por meio da equação de beta alavancado descrita a seguir:

$$\text{Beta alavancado} = \text{Beta não alavancado} \left[1 + (1 - \text{Alíquota}) \left(\frac{\text{Dívida}}{\text{Patrimônio líquido}} \right) \right]$$

Para estimar o custo da dívida, primeiro relacionamos os *ratings* sintéticos às razões de cobertura de juros e *spreads* por inadimplência e custos da dívida baseados em uma taxa livre de risco de 3,41%:

Razão de cobertura	Rating	Spread por inadimplência	Custo da dívida antes de impostos
>12,5	AAA	0,61%	4,02%
9,5–12,5	AA	0,76	4,17
7,5–9,5	A+	0,96	4,37
6,0–7,5	A	1,11	4,52
4,5–6,0	A–	1,26	4,67
4,0–4,5	BBB	1,76	5,17
3,5–4,0	BB+	2,26	5,67
3,0–3,5	BB	2,76	6,17
2,5–3,0	B+	3,51	6,92
2,0–2,5	B	4,26	7,67
1,5–2,0	B–	6,26	9,67
1,25–1,5	CCC	8,26	11,67
0,8–1,25	CC	10,26	13,67
0,5–0,8	C	12,26	15,67
<0,5	D	20,26	23,67

A tabela seguinte resume o *rating* sintético, o *spread* por inadimplência e o custo da dívida da Titan Cement a cada razão de endividamento, de 0% a 90%:

Razão de endividamento	Razão de cobertura de juros	*Rating* de dívida	Taxa de juros sobre dívida	Alíquota de IR	Custo da dívida (após impostos)
0%	∞	AAA	4,02%	25,47%	3,00%
10	24,48	AAA	4,02	25,47	3,00
20	11,80	AA	4,17	25,47	3,11
30	7,26	A	4,52	25,47	3,37
40	5,27	A–	4,67	25,47	3,48
50	2,84	B+	6,92	25,47	5,16
60	1,20	CC	13,67	25,47	10,19
70	1,03	CC	13,67	25,47	10,19
80	0,79	C	15,67	20,00	12,54
90	0,70	C	15,67	17,78	12,88

Há dois pontos a mencionar neste cálculo. Pressupomos que a cada nível de endividamento toda a dívida existente será refinanciada a uma nova taxa de juros que prevalecerá após a alteração na estrutura de capital. Por exemplo, a dívida existente da Titan, que possui uma classificação AA, deve ser refinanciada à taxa de juros correspondente a uma classificação B+, quando a Titan se aproxima de uma razão de endividamento de 40%. Isso ocorre por dois motivos. O primeiro é que os detentores da dívida existente podem ter cláusulas protetoras que os capacitam a colocar suas obrigações de volta na empresa e receber o valor de face.[15] O segundo é que o refinanciamento elimina os assim chamados efeitos de expropriação — os efeitos de os acionistas expropriarem a riqueza de credores quando a dívida aumenta e vice-versa quando ela diminui. Se as empresas podem reter dívida antiga a taxas menores, enquanto tomam mais empréstimo e aumentam o seu risco, os credores da dívida antiga perderão dinheiro. Se examinarmos as taxas correntes de obrigações existentes e recalcularmos a razão de endividamento ideal, permitiremos que essa riqueza seja transferida.[16]

Embora seja convencional manter a alíquota marginal inalterada à medida que aumenta a razão de endividamento, ajustamos a alíquota para que reflita o prejuízo potencial dos benefícios fiscais a razões de endividamento mais altas, em que as despesas com juros excedem os lucros antes de juros e impostos. Para exemplificar esse ponto, note que os lucros antes de juros e impostos na Titan Cement é de 232 milhões de euros. Contanto que sejam menores que 232 milhões de euros, as despesas com juros permanecerão integralmente dedutíveis e obterão o benefício fiscal de 25,47%. Por exemplo, a uma razão de endividamento de 70%, as despesas com juros são de 225 milhões de euros e o benefício fiscal é, portanto, de 25,47% desse montante. A uma razão de endividamento de 80%, entretanto, as despesas com juros sobem a 295 milhões de euros, que é maior que os lucros antes de juros e impostos de 232 milhões de euros. Consideramos o benefício fiscal sobre despesas com juros até esse montante.

$$\text{Benefício fiscal} = 232 \text{ milhões} \times 0{,}2547 = 59{,}09 \text{ milhões de euros}$$

Como uma proporção das despesas totais com juros, o benefício fiscal é agora menor que 25,47%.

$$\text{Alíquota efetiva} = \frac{\text{Ebit}}{\text{Despesa com juros}}(\text{Alíquota})$$

$$= \frac{232}{295} 0{,}2547 = 20{,}00\%$$

Isso, por sua vez, aumenta o custo da dívida após impostos. Trata-se de uma abordagem conservadora, já que as perdas podem ser postergadas. Considerando-se que é uma troca permanente em alavancagem, faz sentido ser conservador.

Agora que estimamos o custo do patrimônio líquido e o custo da dívida a cada nível de endividamento, podemos calcular o custo de capital da Titan. Isso é feito a cada nível de endividamento na tabela seguinte. O custo de capital, que é de 6,99% quando a empresa é não alavancada, diminui inicialmente quando a empresa adiciona a dívida, atinge um mínimo de 6,65% a 40% de dívida e depois começa a aumentar de novo. (O valor da empresa está em milhões de euros.)

Razão de endividamento	Custo do patrimônio líquido	Custo da dívida (após impostos)	Custo de capital	Valor da empresa
0%	6,99%	3,00%	6,99%	2.263
10	7,28	3,00	6,85	2.319
20	7,65	3,11	6,74	2.368
30	8,13	3,37	6,70	2.388
40	8,76	3,48	6,65	2.411
50	9,65	5,16	7,41	2.101
60	10,99	10,19	10,51	1.370
70	13,21	10,19	11,09	1.285
80	18,44	12,54	13,72	1.003
90	33,46	12,88	14,94	908

O motivo para a minimização do custo de capital é maximizar o valor da empresa. Avaliar os fluxos de caixa esperados no Exemplo 6.2, usando o custo de capital esperado inferior estimado pela razão de endividamento ideal, teria aumentado o valor da empresa em cerca de 5% (do valor de mercado corrente).

APV e alavancagem financeira Como observamos anteriormente neste capítulo, na abordagem de valor presente ajustado (APV), começamos com o valor da empresa sem dívida. À medida que adicionamos a dívida à empresa, consideramos o efeito líquido sobre o valor, examinando tanto os benefícios quanto os custos de tomar empréstimo. O valor da empresa alavancada pode então ser estimado a diferentes níveis de endividamento, e o nível que maximiza o valor da empresa é a razão de endividamento ideal.

O valor da empresa não alavancada não é uma função da alavancagem esperada e pode ser estimado conforme descrito na seção anterior — descontando-se os fluxos de caixa livres para a empresa, ao custo não alavancado do patrimônio líquido. De fato, se não quisermos estimar esse valor e tomarmos o valor de mercado da empresa como o correto, poderemos chegar ao valor da empresa não alavancada subtraindo os benefícios fiscais e adicionando de volta o custo esperado de falência da dívida existente.

Valor corrente da empresa = Valor da empresa não alavancada + Valor presente de benefícios fiscais − Custo esperado de falência

Valor da empresa não alavancada = Valor corrente da empresa − Valor presente de benefícios fiscais + Custo esperado de falência

Os únicos componentes que mudam quando uma empresa altera a sua alavancagem são os benefícios fiscais esperados e os custos esperados de falência. Para obter esses valores à medida que alteramos a alavancagem, seguiríamos os seguintes passos.

1. Estimar a dívida em dólar em circulação a cada razão de endividamento. Esse processo espelha o que foi feito na abordagem de custo de capital. Ao manter fixo o valor da empresa, consideramos quanta dívida a empresa terá a 20% de dívida, a 30% de dívida e assim por diante.
2. Estimar os benefícios fiscais da dívida multiplicando a dívida em dólar pela alíquota do imposto de renda. Essencialmente, isso pressupõe que a dívida seja permanente e que os benefícios fiscais continuarão em perpetuidade.
3. Estimar o *rating*, a taxa de juros e a despesa com juros a cada razão de endividamento. Esse processo novamente replica o que fizemos na abordagem de custo de capital.
4. Usar o *rating* para estimar a probabilidade de inadimplência. Note que a Tabela 6.2 fornece essas probabilidades para cada *rating*.
5. Estimar o custo esperado de falência multiplicando a probabilidade de falência pelo custo de falência, declarado como um percentual do valor da empresa.

Calculamos o valor da empresa alavancada em vários níveis de endividamento. O nível de endividamento que maximiza o valor da empresa alavancada é a razão de endividamento ideal.

EXEMPLO 6.10: Uso da abordagem de APV para calcular a razão de endividamento ideal para a Titan Cement

Essa abordagem pode ser aplicada à estimativa da estrutura de capital ideal da Titan Cement. O primeiro passo é estimar o valor da empresa não alavancada a partir do seu valor de mercado hoje. Calculamos o valor presente das economias de impostos da dívida existente, pressupondo que os pagamentos de juros sobre a dívida constituam uma perpetuidade.

Valor presente de economias de impostos da dívida existente = Dívida existente × Alíquota de IR
= 415 milhões × 0,2547 = 106 milhões de euros

Com base no *rating* atual de AA da Titan, estimamos uma probabilidade de falência de 0,28% a partir da Tabela 6.1. O custo de falência é pressuposto em 30% do valor da empresa não alavancada.[17]

Valor presente do custo esperado de falência = Probabilidade de inadimplência × Custo de falência
= 0,28% × (30% × 2.355 milhões de euros) = 7 milhões de euros

Como o valor de mercado da empresa hoje é de 2.355 milhões de euros, podemos estimar o valor da empresa não alavancada:

Valor da empresa não alavancada = Valor de mercado corrente − Benefícios fiscais + Custos esperados de falência
= 2.355 − 106 + 7 = 2.256 milhões de euros

Embora utilizemos a abordagem-padrão de pressupor que o valor presente seja calculado em perpetuidade, reduzimos a alíquota de IR aplicada no cálculo, se as despesas com juros excedem os lucros antes de juros e impostos. O ajuste para a alíquota foi descrito de forma mais completa anteriormente na abordagem de custo de capital. As economias de impostos esperadas a cada nível de endividamento estão resumidas na tabela seguinte:

Razão de endividamento (%)	Dívida (€ milhões)	Alíquota (%)	Benefícios fiscais (€ milhões)
0	0	25,47	0
10	236	25,47	60
20	471	25,47	120
30	707	25,47	180
40	942	25,47	240
50	1.178	25,47	300
60	1.413	25,47	360
70	1.649	25,47	420
80	1.884	20,00	377
90	2.120	17,78	377

O passo final no processo é estimar o custo esperado de falência, com base em *rating* de dívida, probabilidades de inadimplência e na premissa de que o custo de falência seja de 30% do valor da empresa. A tabela a seguir resume essas probabilidades e o custo esperado de falência, calculado com base no valor da empresa não alavancada.

Razão de endividamento (%)	*Rating* de dívida	Probabilidade de inadimplência (%)	Custo esperado de falência (€ milhões)
0	AAA	0,01	0
10	AAA	0,01	0
20	AA	0,28	2
30	A	0,53	4
40	A−	1,41	11
50	B+	19,28	148
60	CC	65,00	510
70	CC	65,00	522
80	C	80,00	632
90	C	80,00	632

O valor da empresa alavancada é estimado na próxima tabela agregando-se os efeitos das economias de impostos e o custo esperado de falência.

Razão de endividamento (%)	Dívida (€ milhões)	Valor de empresa não alavancada (€ milhões)	Benefícios fiscais (€ milhões)	Custo esperado de falência (€ milhões)	Valor de empresa alavancada (€ milhões)
0	0	2.256	0	0	2.256
10	236	2.256	60	0	2.316
20	471	2.256	120	2	2.374
30	707	2.256	180	4	2.432
40	942	2.256	240	11	2.485
50	1.178	2.256	300	148	2.408
60	1.413	2.256	360	510	2.106
70	1.649	2.256	420	522	2.154
80	1.884	2.256	377	632	2.001
90	2.120	2.256	377	632	2.001

O valor da empresa é otimizado em cerca de 40% da dívida, o que é compatível com os resultados da abordagem de custo de capital. Esses resultados são, contudo, muito suscetíveis tanto à estimativa de custo de falência como percentual do valor da empresa quanto às probabilidades de inadimplência.

Comparação entre as abordagens de custo de capital e de APV A vantagem da abordagem de APV é que ela separa os efeitos da dívida em diversos componentes e permite ao analista usar diferentes taxas de desconto para cada componente. Também não pressupomos que a razão de endividamento permaneça inalterada para sempre, o que é uma premissa implícita na abordagem de custo de capital. Em vez disso, temos a flexibilidade de manter fixo o valor em dólar da dívida e calcular os benefícios e custos da dívida em dólar fixo.

Essas vantagens devem ser ponderadas em face da dificuldade de se estimarem as probabilidades de inadimplência e o custo de falência. Na verdade, muitos analistas que usam a abordagem de valor presente ajustado ignoram os custos esperados de falência, o que os leva à conclusão de que o valor da empresa aumenta à medida que a empresa toma empréstimo. Não é de surpreender que se conclua que a razão de endividamento ideal para uma empresa seja 100% da sua dívida. Em geral, com as mesmas premissas, as conclusões de APV e do custo de capital fornecem respostas idênticas. Entretanto, a abordagem de APV é mais prática quando as empresas estão avaliando um montante de dívida em dólares, enquanto a abordagem de custo de capital é mais fácil de usar quando as empresas estão analisando proporções da dívida.

CONCLUSÃO

Este capítulo desenvolve uma abordagem alternativa à avaliação de fluxo de caixa descontado. Os fluxos de caixa da empresa são descontados à média ponderada do custo de capital, para se obter o valor da empresa, que, quando reduzida pelo valor de mercado da dívida em circulação, produz o valor do patrimônio líquido. Como o fluxo de caixa da empresa é um fluxo de caixa anterior aos pagamentos de dívida, essa abordagem é mais direta para se usar quando há significativa alavancagem ou quando esta muda ao longo do tempo, embora a média ponderada do custo de capital, usada para descontar os fluxos de caixa livres para a empresa, tenha de ser ajustada às alterações em alavancagem. As abordagens alternativas à avaliação de empresas são a de APV, em que adicionamos o efeito sobre o valor da dívida (benefícios fiscais menos custos de falência) ao valor da empresa não alavancada, e os modelos de retorno em excesso, em que adicionamos o valor presente dos retornos em excesso ao valor contábil do capital investido para se estimar o valor de uma empresa.

Na última parte deste capítulo, analisamos como as alterações na alavancagem financeira de uma empresa podem afetar o valor do seu patrimônio líquido. Consideramos tanto a abordagem de custo de capital quanto a de APV para fazer esse julgamento.

Notas

1. Levado ao seu extremo lógico, isso empurrará o capital de giro líquido a um número negativo muito grande (potencialmente infinito).

2. Para calcular o custo da dívida da Titan, adicionamos uma estimativa de *spread* por inadimplência de 0,5% (com base no seu *rating* AA) para a empresa e o *spread* por inadimplência para a Grécia de 0,26% (baseado em uma obrigação soberana da Grécia) à taxa livre de risco de 3,41%.

3. Os gastos de capital incluem os gastos com leasing a partir desse ano, e a depreciação inclui a depreciação sobre o ativo de leasing. A alteração normalizada em capital de giro não monetário foi estimada multiplicando-se a alteração em receitas em 2004 ($ 4.814 milhões) pelo capital de giro não monetário como percentual de receitas em 2004 (8,46%).

4. Avaliamos as opções pelo modelo ajustado para diluição de Black-Scholes. Usamos a média do preço em exercício dentre todas as opções (garantidas e não garantidas) e dividimos pela metade a maturidade das opções para refletir a probabilidade de exercício antecipado. Detalharemos essas questões no Capítulo 11.

5. Embora possa parecer radical, considerando-se o aumento na dívida, a SAP em dez anos será uma empresa madura com vultosos lucro operacional e fluxos de caixa.

6. E. I. Altman e V. Kishore, "The default experience of U.S. bonds", working paper, Salomon Center, New York University, 2000. Esse estudo estimou taxas de inadimplência durante dez anos para apenas algumas categorias de *rating*. Extrapolamos o restante.

7. J. N. Warner, "Bankruptcy costs: some evidence", *Journal of Finance*, v. 32, 1977, p. 337–347. Nesse estudo de falências em ferrovias, o custo direto de falência parece ser de aproximadamente 5%.

8. A. Shapiro, *Modern corporate finance*. Nova York: Macmillan, 1989; S. Titman, "The effect of capital structure on a firm's liquidation decision", *Journal of Financial Economics*, v. 13, 1984, p. 137–151. E. Altman, "A further empirical examination of the bankruptcy cost question", *Journal of Finance*, 1984, p. 1067–1089.

9. O beta alavancado utilizado no Exemplo 6.2 era 1, a razão dívida/patrimônio líquido assumida para o período de crescimento estável era 21,36% e a alíquota de IR, 33%.

$$\text{Beta não alavancado} = \frac{1,00}{1+(1-0,33)(0,2136)} = 0,875$$

10. A título de exemplo, calcular o retorno sobre capital no Google pelo valor de mercado da empresa, em vez do valor contábil, resulta em um retorno sobre capital de cerca de 1%. Seria um erro considerar isso como um sinal de maus investimentos por parte da administração da empresa.

11. Isso é verdadeiro, porém somente se o valor presente esperado dos fluxos de caixa decorrentes de depreciação for igual ao valor presente do retorno sobre capital investido no projeto. Uma evidência dessa equivalência pode ser encontrada na minha tese "Value enhancement: back to the future", *Contemporary Finance Digest*, v. 2, 1999, p. 5–51.
12. Note que essa premissa é de pura conveniência, já que facilita o cálculo do valor presente líquido.
13. F. Modigliani e M. Miller, "The cost of capital, corporation finance and the theory of investment", *American Economic Review*, v. 48, 1958, p. 261–297.
14. Em outras palavras, o valor da empresa pode não ser maximizado na extensão em que o custo de capital é minimizado, se os fluxos de caixa da empresa forem muito inferiores nesse nível.
15. Se não tiverem cláusulas protetoras, será interessante para os acionistas não refinanciar a dívida (como na compra alavancada da RJR Nabisco), se as razões de endividamento aumentarem.
16. Isso terá o efeito de reduzir o custo de juros, quando a dívida aumenta, assim elevando as razões de cobertura de juros. Isso levará a *ratings* mais elevados, ao menos no curto prazo, e uma razão de endividamento ideal mais alta.
17. Essa estimativa é baseada no estudo de Warner, que estima os custos de falência para grandes empresas em 10% do valor, e na análise qualitativa dos custos indiretos de falência em Shapiro e Titman. (Veja as notas 7 e 8 para citações completas.)

Parte II

Avaliação relativa

Na avaliação relativa, avaliamos os ativos com base na precificação de ativos similares. Começamos esta seção com o Capítulo 7, observando que, na prática, em sua maioria, as avaliações são relativas, e apresentamos os motivos da atratividade dessa abordagem. Como é inútil argumentar contra a avaliação relativa, descrevemos um processo de quatro passos para utilizar corretamente os múltiplos e detectar quando estão sendo mal utilizados.

No Capítulo 8, analisamos os múltiplos de patrimônio líquido, começando pelas razões preço/lucro ou P/L (em inglês, *price-earnings* — P/E). Após apresentar as muitas versões de razão P/L que vemos em prática, examinamos as suas propriedades estatísticas e os determinantes. Depois os aplicamos na avaliação individual de empresas em diversos segmentos e ampliamos a aplicação para analisar o mercado todo. Fazemos o mesmo com as razões preço/lucro/crescimento ou P/L/C (do inglês, *price-earnings/growth* — PEG), razões preço/valor contábil e razões preço/vendas.

No Capítulo 9, examinamos o valor da empresa e os múltiplos de valor das operações da empresa e aplicamos as mesmas técnicas usadas com as razões P/L. Após filtrar diferentes definições de múltiplos comumente usados (como EV/Ebitda), consideramos os seus determinantes e as principais perguntas que necessitamos fazer acerca das empresas que são avaliadas por esses múltiplos. Também analisamos formas de estender a avaliação relativa para avaliar empresas jovens ou que agonizam com a perda de dinheiro.

Capítulo 7

Avaliação relativa: primeiros princípios

Na avaliação de fluxo de caixa descontado, o objetivo é identificar o valor de um ativo, considerando-se o seu fluxo de caixa, crescimento e características de risco. Na avaliação relativa, o objetivo é avaliar um ativo com base na forma como ativos similares são precificados correntemente pelo mercado. Conseqüentemente, há dois componentes na avaliação relativa. O primeiro é que, para avaliar ativos em bases relativas, os preços devem ser padronizados, em geral, pela conversão deles em múltiplos de alguma variável comum. Embora essa variável comum se altere de um ativo para outro, geralmente toma a forma de lucros, valor contábil ou receitas para ações publicamente negociadas. O segundo componente é encontrar ativos similares, o que é desafiador, porque não há dois ativos exatamente iguais. Com ativos reais, como antiguidades e cartões de beisebol, as diferenças podem ser pequenas e facilmente controláveis quando se precificam os ativos. No contexto da avaliação de ações das empresas, os problemas são complexos, já que empresas no mesmo segmento podem diferir em risco, potencial de crescimento e fluxos de caixa. Como controlar essas diferenças ao comparar um múltiplo entre várias empresas torna-se uma questão-chave.

Embora a avaliação relativa seja fácil de usar e intuitiva, também é facilmente mal utilizada. Neste capítulo, desenvolvemos um processo de quatro passos para executar a avaliação relativa. Nesse processo, também desenvolvemos uma série de testes que podem ser aplicados para assegurar o uso correto dos múltiplos.

O QUE É AVALIAÇÃO RELATIVA?

Na avaliação relativa, avaliamos um ativo com base na precificação de ativos similares no mercado. O comprador potencial de uma casa decide quanto pagar por um imóvel analisando os preços pagos por imóveis similares na vizinhança. Um colecionador de cartões de beisebol julga quanto pagar por um cartão do novato Mickey Mantle, verificando os preços a que outros cartões do novato foram negociados. Na mesma linha, um potencial investidor em uma ação tenta estimar o seu valor examinando a precificação de mercado de ações similares.

Incorporados nessa descrição estão os três passos essenciais da avaliação relativa. O primeiro passo é *identificar ativos comparáveis que sejam precificados pelo mercado*, uma tarefa mais fácil de realizar com ativos reais, como cartões de beisebol e imóveis, do que com ações. Com mais freqüência do que se imagina, analistas usam outras empresas do mesmo segmento como comparáveis, estabelecendo uma comparação de uma empresa de software com outras empresas do ramo ou um serviço público com outros da mesma categoria; porém, ainda neste capítulo, questionamos se essa prática realmente gera empresas similares. O segundo passo é *escalonar os preços de mercado em relação a uma variável comum* para gerar preços padronizados que sejam comparáveis. Embora isso possa ser dispensável quando comparamos ativos idênticos (cartões do novato Mickey Mantle), torna-se necessário quando comparamos ativos que variam em tamanho ou unidades. Mantidas as demais premissas, uma casa ou um apartamento menor devem ser vendidos a um preço inferior ao de uma residência maior. No contexto das ações, essa equalização geralmente requer a conversão do valor de mercado do patrimônio líquido ou da empresa em múltiplos de lucros, valor contábil ou receitas. O terceiro e último passo nesse processo é *ajustar as diferenças entre os ativos*, ao comparar os seus valores padronizados. Novamente, recorrendo ao exemplo de uma casa, um imóvel mais novo com confortos mais modernos deve ter um preço maior que outro similar mais antigo, precisando de uma reforma. No caso das ações, as diferenças em precificação podem ser atribuídas a todos os fundamentos que abordamos na avaliação de fluxo de caixa descontado. Empresas de crescimento mais elevado, por exemplo, devem ser negociadas a múltiplos mais altos que as de crescimento inferior no mesmo segmento. Muitos analistas ajustam essas diferenças de forma qualitativa, transformando cada avaliação relativa em uma longa história; os analistas com as melhores e mais plausíveis histórias recebem o crédito pelas melhores avaliações.

Como observamos no Capítulo 1, há uma grande diferença filosófica entre a avaliação de fluxo de caixa descontado e a relativa. Na avaliação de fluxo de caixa descontado, tentamos estimar o valor intrínseco de um ativo com base na sua capacidade de gerar fluxos de caixa no futuro. Na avaliação relativa, julgamos quanto vale um ativo, analisando o que o mercado está pagando por ativos similares. Se o mercado estiver em média correto na forma como precifica os ativos, a avaliação de fluxo de caixa descontado e a avaliação relativa devem convergir. Se, contudo, o mercado estiver sistematicamente superestimando ou subestimando um grupo de ativos ou um segmento inteiro, as avaliações de fluxo de caixa descontado podem divergir das relativas.

ONIPRESENÇA DA AVALIAÇÃO RELATIVA

Apesar do foco na avaliação de fluxo de caixa descontado em salas de aula e na teoria, há evidência de que a maioria dos ativos é avaliada em bases relativas. De fato, consideremos o seguinte:

- A maioria dos relatórios de pesquisa de ações baseia-se em múltiplos: razões preço/lucro, razões valor da empresa/Ebitda (em inglês, *enterprise value-to-Ebitda* — EV/Ebitda) e razões preço/vendas são apenas alguns exemplos. Em um estudo informal com 550 relatórios de pesquisa de ações no início de 2001, as avaliações relativas ultrapassaram as descontadas em uma proporção de quase 10 para 1.[1] Embora muitas delas incluíssem as tabelas obrigatórias de fluxos de caixa, valores foram estimados e recomendações feitas analisando-se empresas comparáveis e utilizando-se múltiplos. Assim, quando analistas sustentam que uma ação está subestimada ou o contrário, estão em geral fazendo ou julgando com base em uma avaliação relativa.
- As técnicas de fluxo de caixa descontado são mais comuns em aquisições e finanças corporativas. Embora o empirismo causal sugira que quase toda aquisição é suportada por uma avaliação de fluxo de caixa descontado, o valor pago é freqüentemente determinado por meio de um múltiplo. Na avaliação de aquisições, muitos modelos de fluxo de caixa descontado são, em essência, avaliações relativas disfarçadas, porque os valores terminais são calculados por múltiplos.
- A maioria das regras práticas dos investimentos baseia-se nos múltiplos. Por exemplo, muitos investidores consideram baratas as empresas que negociam a menos do que o valor contábil, bem como as ações transacionadas a razões P/L menores que as taxas de crescimento esperado.

Considerando-se que a avaliação relativa é tão dominante na prática, seria um erro descartá-la como uma ferramenta rústica. Como argumentamos neste capítulo e nos dois seguintes, a avaliação relativa desempenha papel à parte e diferente da avaliação de fluxo de caixa descontado.

MOTIVOS DA POPULARIDADE E ARMADILHAS POTENCIAIS

Por que o uso de avaliações relativas é tão difundido? Por que administradores e analistas relacionam-se melhor com um valor baseado em um múltiplo e em comparáveis do que com a avaliação de fluxo de caixa descontado? Nesta seção, vamos analisar alguns dos motivos da popularidade dos múltiplos.

- *O uso de múltiplos e comparáveis demanda menos tempo e recursos do que a avaliação de fluxo de caixa descontado.* As avaliações de fluxo de caixa descontado requerem substancialmente mais informações do que a avaliação relativa. Para analistas que enfrentam restrições de tempo e limitação de acesso a informações, a avaliação relativa oferece uma alternativa mais rápida.
- *É mais fácil vender.* Em muitos casos, analistas, principalmente, e vendedores utilizam as avaliações para vender ações a investidores e gestores de carteiras. É muito mais fácil vender uma avaliação relativa do que outra de fluxo de caixa descontado. Afinal, as avaliações de fluxo de caixa descontado podem ser difíceis de explicar aos clientes, especialmente quando se trabalha com escassez de tempo — muitos argumentos de televendas são dirigidos a investidores que têm apenas alguns minutos a dedicar. As avaliações relativas, por outro lado, adaptam-se perfeitamente a mensagens curtas de vendas. Usando terminologia política, é muito mais fácil discorrer sobre uma avaliação relativa do que sobre um fluxo de caixa descontado.
- *É mais fácil defender.* É comum analistas serem convocados a defender as premissas das suas avaliações perante superiores, colegas e clientes. As avaliações de fluxo de caixa descontado, com as suas longas listas de premissas explícitas, são muito mais difíceis de defender do que as relativas, nas quais o valor utilizado por um múltiplo geralmente resulta daquilo que o mercado está pagando por empresas similares. Pode-se argumentar que a maior parte da responsabilidade em uma avaliação relativa fica com os mercados financeiros. De certa forma, desafiamos os investidores que fazem objeção à avaliação relativa a confrontar o mercado, se não gostarem do valor.
- *Imperativos de mercado.* É muito mais provável que a avaliação relativa reflita a tendência corrente do mercado, já que tenta medir o valor relativo e não o intrínseco. Assim, em um mercado em que todas as ações de Internet têm os seus preços elevados, a avaliação relativa deve gerar valores superiores a essas ações que os modelos de fluxo de caixa descontado. De fato, por definição, as avaliações relativas geralmente produzem valores mais próximos aos preços de mercado do que as de fluxo de caixa descontado, entre todas as ações. Isso é particularmente importante para aqueles investidores cujo trabalho é julgar o valor relativo e que são, eles próprios, julgados em bases relativas. Vamos considerar, por exemplo, os gestores de fundos mútuos de tecnologia. Esses gestores serão julgados com base no desempenho dos seus fundos em relação a outros fundos de tecnologia. Conseqüentemente, serão recompensados se escolherem ações de tecnologia subavaliadas em relação a outras de tecnologia, mesmo que todo o segmento esteja superavaliado.

Os pontos fortes da avaliação relativa também são as suas fraquezas. Primeiro, a facilidade com que uma avaliação relativa pode ser elaborada, juntando-se um múltiplo e um grupo de empresas comparáveis, da mesma forma pode resultar em estimativas inconsistentes de valor, em que as principais variáveis, tais como risco, crescimento ou potencial de fluxo de caixa, são ignoradas. Segundo, o fato de que múltiplos refletem as tendências de mercado também implica que o uso de avaliação relativa para estimar o valor de um ativo pode resultar em valores altos demais, quando o mercado está superavaliando empresas comparáveis, ou baixos demais, quando ocorre o contrário. Terceiro, embora haja margem para viés em qualquer tipo de avaliação, a falta de transparência em relação às premissas básicas nas avaliações relativas torna-as particularmente vulneráveis à manipulação. Um analista tendencioso, com poder de escolha do múltiplo em que a avaliação se baseia e das empresas comparáveis, pode essencialmente garantir que praticamente qualquer valor seja justificável.

VALORES E MÚLTIPLOS PADRONIZADOS

Ao comparar ativos idênticos, podemos confrontar os seus preços. Dessa forma, o preço de um candelabro da Tiffany pode ser comparado àquele ao qual um item idêntico foi comprado ou vendido no mercado. Entretanto, comparar ativos que não são exatamente similares pode ser um desafio. Se tivermos de comparar o preço de dois prédios de tamanho diferente na mesma localidade, o menor com o seu preço mais baixo parecerá mais barato, a menos que se contorne a diferença de tamanho com o cálculo do preço por metro quadrado. A confusão aumenta, quando se comparam ações de empresas de capital aberto. Afinal, o preço por cota de uma ação é uma função tanto do valor da ação de uma empresa quanto do número de suas ações em circulação. Assim, uma divisão de ações (*stock split*) que dobra o número de unidades reduzirá pela metade o preço das ações. Para comparar o valor de empresas similares no mercado, necessitamos padronizar os valores de alguma forma, escalonando-os em relação a uma variável comum. Em geral, os valores podem ser padronizados em relação aos lucros gerados pelas empresas, ao valor contábil ou ao custo de reposição das próprias empresas, às receitas geradas ou a indicadores específicos de um segmento.

Múltiplos de lucros

Uma das maneiras mais intuitivas de pensar no valor de qualquer ativo é como um múltiplo dos lucros que o ativo gera. Ao se comprar uma ação, é comum analisar o preço pago como um múltiplo dos lucros por ação (LPA) gerado pela empresa. Essa razão preço/lucro pode ser estimada por meio de lucros por ação correntes, produzindo um P/L corrente, lucros nos primeiros quatro trimestres, resultando em um P/L passado, ou lucros por ação esperados no próximo ano, fornecendo um P/L futuro.

Ao adquirir um negócio, em oposição apenas ao patrimônio líquido do negócio, é comum examinar o valor da empresa como um múltiplo do lucro operacional (Ebit) ou os lucros antes de juros, impostos, depreciação e amortização (Ebitda). Embora, para um comprador do patrimônio líquido ou da empresa, um múltiplo mais baixo seja melhor que outro mais alto, esses múltiplos serão afetados pelo potencial de crescimento e risco do negócio objeto da aquisição.

Múltiplos de valor contábil ou de valor de reposição

Enquanto os mercados financeiros fornecem uma estimativa do valor de um negócio, em geral os contadores dão outra estimativa de valor bem diferente para o mesmo negócio. A estimativa contábil do valor é determinada por regras de contabilidade e fortemente influenciada pelo preço original pago pelos ativos e quaisquer ajustes contábeis (tal como a depreciação) feitos a partir de então. É comum investidores analisarem a relação entre o preço que pagam por uma ação e o valor contábil da ação (ou patrimônio líquido), como um indicador de quanto uma ação está super ou subavaliada; a razão preço/valor contábil resultante pode variar amplamente conforme o segmento, dependendo novamente do potencial de crescimento e da qualidade do investimento em cada um. Ao avaliar negócios, estimamos essa razão pelo valor de mercado da empresa ou valor das operações da empresa (líquido de caixa) e o valor contábil de todos os ativos ou capital (em vez de apenas o patrimônio líquido). Para os que acham que o valor contábil não é um bom indicador do real valor dos ativos, uma alternativa é aplicar o custo de reposição dos ativos; a razão do valor de mercado da empresa para o custo de reposição é chamada Q de Tobin.

Múltiplos de receita

Tanto os lucros quanto o valor contábil são indicadores contábeis e determinados por regras e princípios da contabilidade. Uma abordagem alternativa, bem menos afetada pelas opções contábeis, é utilizar a razão do valor de um negócio para as receitas geradas. Para investidores de ações, essa é a razão preço/vendas (em inglês, *price/sales* — PS), em que o valor de mercado das ações é dividido pelas receitas geradas pela empresa. Para o valor da empresa, essa razão pode ser modificada como a razão valor das operações da empresa/vendas (em inglês, *enterprise value-to-sales* — VS), em que o numerador torna-se o valor de mercado dos ativos operacionais. Novamente, essa razão varia amplamente conforme o segmento, muito em função das margens de lucro. A vantagem de utilizar múltiplos de receitas, entretanto, é que isso facilita bastante a comparação entre empresas de mercados diferentes, com sistemas contábeis diferentes, em vez da comparação entre lucros ou múltiplos de valor contábil.

Múltiplos setoriais

Se, de um lado, os lucros, o valor contábil e os múltiplos de receitas podem ser calculados para empresas em qualquer segmento e por todo o mercado, por outro lado há alguns múltiplos que são específicos de um segmento. Por exemplo, quando as empresas de Internet surgiram no mercado no final da década de 1990, possuíam lucros negativos e receitas e valor contábil desprezíveis. Os analistas que buscavam um múltiplo para avaliá-las dividiam o valor de mercado de cada uma delas pelo número de *hits* gerados pelos seus sites Web. Empresas com valor inferior de mercado por cliente eram consideradas subestimadas. Empresas de TV a cabo foram examinadas pelo valor de mercado por assinante, independentemente da longevidade e da lucratividade desses assinantes.

Embora haja condições que justifiquem os múltiplos setoriais, também há risco por dois motivos. Primeiro, como não podem ser calculados para outros segmentos ou para o mercado todo, os múltiplos setoriais podem resultar em super ou subavaliações persistentes de alguns segmentos em relação ao restante do mercado. Por isso, investidores que jamais pensariam em pagar por uma empresa 80 vezes as suas receitas podem não ter o mesmo escrúpulo em pagar $ 2.000 por *page hit* (no site Web), em grande parte por não terem noção do que está alto, baixo ou na média por esse indicador. Segundo, é muito mais difícil relacionar os múltiplos setoriais aos fundamentos, que são um ingrediente essencial no uso adequado de múltiplos. Por exemplo, um visitante ao site Web de uma empresa traduz-se em receitas e lucros mais altos? A resposta não só variará de uma empresa para outra, como também será difícil prever o futuro.

QUATRO PASSOS BÁSICOS NO USO DE MÚLTIPLOS

Os múltiplos são de fácil uso e de fácil abuso. Há quatro passos básicos na utilização prudente dos múltiplos e na identificação de abusos em mãos alheias. O primeiro passo é assegurar que o múltiplo esteja definido de forma consistente e seja mensurado com uniformidade entre as empresas objeto da comparação. O segundo passo é ter consciência da distribuição *cross-sectional* do múltiplo, não só entre empresas do segmento em análise, mas também de todo o mercado. O terceiro passo é analisar o múltiplo e compreender não só quais fundamentos determinam esse múltiplo, mas também como modificações nesses fundamentos impactam alterações no múltiplo. O último passo é identificar as empresas certas para comparação e controlar as diferenças que possam persistir entre elas.

Testes de definição

Até os múltiplos mais simples são definidos de forma diferente por analistas diferentes. Vamos considerar, por exemplo, a razão preço/lucro (P/L), o múltiplo mais aplicado em avaliações. Os analistas definem essa razão como o preço de mercado dividido pelos lucros por ação, mas o consenso acaba aí. Há uma série de variações na razão P/L. Embora o preço corrente seja convencionalmente utilizado no numerador, alguns analistas aplicam o preço médio dos últimos seis meses ou um ano. Os lucros por ação no denominador podem ser aqueles do ano financeiro mais recente (resultando no P/L corrente), dos últimos quatro trimestres de lucros (resultando no P/L passado) ou nos lucros por ação esperados para o próximo ano financeiro (resultando no P/L futuro). Além disso, os lucros por ação podem ser calculados com base nas ações primárias em circulação ou nas plenamente diluídas e podem incluir ou excluir os itens extraordinários. A Figura 7.1 fornece algumas das razões P/L para a Google em novembro de 2005, com base em diferentes estimativas de lucros por ação.

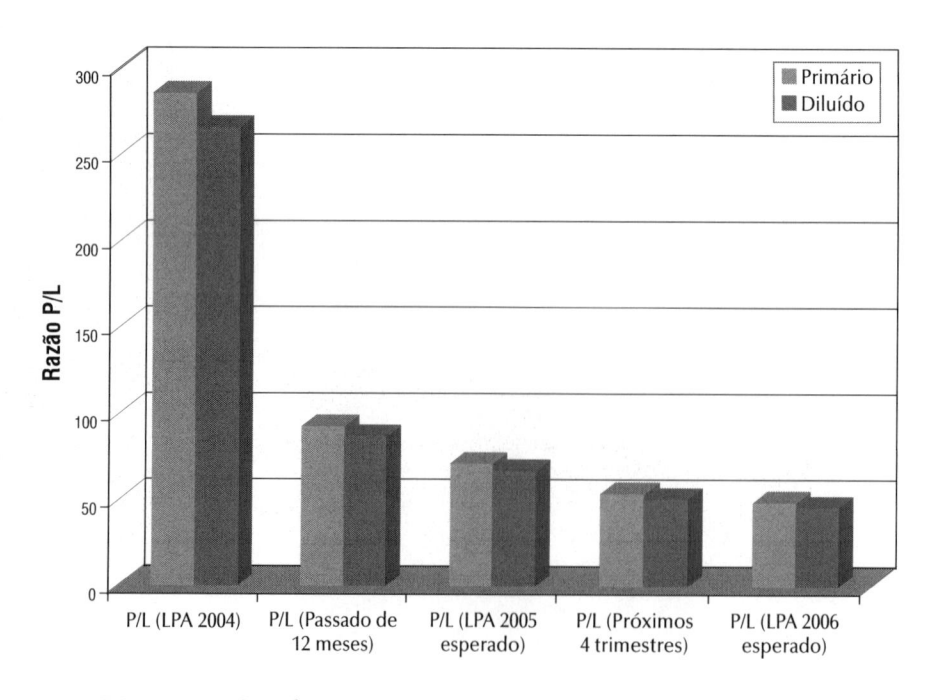

■ **FIGURA 7.1** – Google — razões P/L em novembro de 2005

Não só essas variações sobre os lucros geram valores muito diferentes para a razão preço/lucro, mas também aquela escolhida pelos analistas depende do viés de cada um. Por exemplo, em períodos de lucros crescentes, o P/L futuro produzirá de forma consistente valores inferiores ao do P/L passado, que, por sua vez, será inferior ao P/L corrente. Um analista otimista tenderá a usar o P/L futuro para defender a causa de que a ação está sendo negociada a um baixo múltiplo de lucros, enquanto um analista pessimista vai concentrar-se no P/L corrente para argumentar que o múltiplo está alto demais. O primeiro passo quando se discute uma avaliação baseada em um múltiplo é assegurar que todos na discussão estejam usando a mesma definição para esse múltiplo.

Consistência Cada múltiplo possui um numerador e um denominador. O numerador pode ser tanto um valor da ação (como preço de mercado ou valor do patrimônio líquido) quanto um valor de empresa (como o valor das operações da empresa, que é a soma dos valores de mercado de dívida e patrimônio líquido, líquido de caixa). O denominador pode ser um indicador de patrimônio líquido (como lucros por ação, lucro líquido ou valor contábil do patrimônio líquido) ou um indicador de empresa (como lucro operacional, Ebitda ou valor contábil do capital).

Um dos principais testes a realizar com um múltiplo é examinar se numerador e denominador estão definidos de forma consistente. *Se o numerador para um múltiplo for um valor do patrimônio líquido, o denominador deve ser um valor do patrimônio líquido também. Se o numerador for um valor de empresa, o denominador deve ser igualmente um valor de empresa.* Para ilustrar, a razão preço/lucro é um múltiplo de definição consistente, já que o numerador é o preço por ação (que é um valor do patrimônio líquido) e o denominador são os lucros por ação (que também são um valor do patrimônio líquido). O mesmo ocorre com o múltiplo de valor das operações da empresa/Ebitda, já que numerador e denominador são ambos indicadores de valor de empresa; o valor das operações da empresa mede o valor de mercado dos ativos operacionais de uma empresa, e o Ebitda é o fluxo de caixa gerado pelos ativos operacionais, antes de impostos e necessidades de reinvestimento.

Há múltiplos em uso que estão definidos de forma inconsistente? Vamos considerar o múltiplo preço/Ebitda, um múltiplo que tem conquistado adeptos nos últimos anos entre os analistas. O seu numerador é um valor do patrimônio líquido e o denominador, um indicador dos lucros da empresa. Aqueles que utilizam esse múltiplo provavelmente argumentarão que a inconsistência não importa, uma vez que o múltiplo é calculado da mesma forma para todas as empresas comparáveis; mas eles estarão equivocados. Se algumas empresas na lista não têm dívida e outras carregam montantes significativos de dívida, o segundo grupo parecerá barato em bases de preço/Ebitda, quando na verdade pode estar precificado a maior ou até corretamente.

Uniformidade Na avaliação relativa, o múltiplo é calculado para todas as empresas de um grupo e depois comparado entre essas empresas para se julgar quais estão precificadas a maior e quais a menor. Para que essa comparação tenha algum mérito, o múltiplo deve ser definido de maneira uniforme entre todas as empresas do grupo. Assim, se o P/L passado for utilizado para uma empresa, terá de sê-lo para todas as outras também. De fato, um dos problemas de se utilizar o P/L corrente para comparar empresas de um grupo é que elas podem diferir nos términos de ano fiscal. Isso pode acarretar que algumas empresas tenham os seus preços divididos pelos lucros de julho a junho do ano anterior, enquanto outras, de janeiro a dezembro do mesmo ano. Embora as diferenças possam ser menores em segmentos maduros, em que os lucros não dão saltos quânticos em um período de seis meses, podem ser grandes em segmentos de alto crescimento.

Tanto em relação aos indicadores de lucros quanto aos de valor contábil, há outro componente preocupante, que são os padrões contábeis usados para estimativa de lucros e valores contábeis. Divergências nesses padrões podem resultar em números muito diferentes de lucros e valor contábil para empresas similares. Isso dificulta as comparações de múltiplos entre empresas em diferentes mercados, com diferentes padrões contábeis. Mesmo com os mesmos padrões contábeis regendo as empresas, pode haver diferenças que surgem em virtude das opções contábeis arbitrárias. Há também o problema adicional imposto pelo fato de que algumas empresas usam regras contábeis diferentes (em depreciação e despesas) para fins de relatório e fiscais ao passo que outras não.[2] Em resumo, as empresas que utilizam premissas agressivas na mensuração de lucros parecerão mais baratas em múltiplos de lucros do que aquelas que adotam práticas contábeis conservadoras.

Testes descritivos

Quando se usa um múltiplo, é sempre útil ter noção sobre o valor alto, baixo ou típico desse múltiplo no mercado. Em outras palavras, conhecer as características de distribuição de um múltiplo é uma parte-chave no seu uso para identificação de empresas subavaliadas ou o contrário. Além disso, necessitamos compreender os efeitos de valores discrepantes nas médias e identificar qualquer viés introduzido no processo de estimativa de múltiplos. Na parte final desta seção, analisamos como as distribuições de múltiplos mudam com o tempo.

Características de distribuição Muitos analistas que usam múltiplos possuem foco setorial e uma boa noção de como diferentes empresas nos seus segmentos classificam-se em múltiplos específicos. O que geralmente falta, entretanto, é a percepção de como o múltiplo é distribuído no mercado todo. Por que um analista de software se importaria com as razões preço/lucro de ações de serviços públicos? Tanto as ações de software quanto as de serviço público

TABELA 7.1: Resumo das estatísticas sobre múltiplos — janeiro de 2005			
	P/L corrente	Preço/Valor contábil do patrimônio líquido	Valor das operações da empresa/Ebitda
Média	48,12	7,14	26,52
Mediana	23,21	2,53	8,64
Desvio padrão	235,64	65,44	250,54
Erro-padrão	3,69	0,85	3,85
Mínimo	0,10	0,00	0,00
Máximo	10.081,16	4.447,00	11.322,07

concorrem pelo mesmo dólar de investimento, portanto devem, de certa forma, jogar pelas mesmas regras. Além disso, a conscientização de como os múltiplos variam entre os segmentos pode ser muito útil na detecção de quando o segmento em análise está superavaliado ou o contrário.

Quais são as características de distribuição que importam? As estatísticas típicas — *média* e *desvio padrão* — são por onde devemos começar, mas representam o início da exploração. Em mercados como o dos Estados Unidos, caracterizado por diversas empresas em negócios muito diferentes, haverá uma variação expressiva entre as empresas em qualquer múltiplo, a qualquer momento. A Tabela 7.1 resume a média e o desvio padrão para três múltiplos de uso comum — razão preço/lucro, razão preço/valor contábil e múltiplo de valor das operações da empresa/Ebitda — em janeiro de 2005, nos Estados Unidos. Além disso, são divulgados os valores máximos e mínimos para cada múltiplo.

Note que o menor valor que qualquer empresa pode registrar em quaisquer desses múltiplos é zero, ao passo que os maiores valores são ilimitados. Por consequência, as distribuições desses múltiplos inclinam-se para valores positivos. A Figura 7.2 compara a distribuição de valores para um múltiplo típico a uma distribuição normal.

As conseqüências das distribuições assimétricas para investidores e analistas são significativas:

- *Valores médios* versus *mediana*. Como resultado de distribuições positivamente inclinadas, os valores médios para múltiplos serão mais elevados que os da mediana.[3] Por exemplo, a mediana da razão P/L em janeiro de 2005 era 23, bem abaixo da média P/L de 48, divulgada na Tabela 7.1, e isso se aplica a todos os múltiplos. O valor da mediana é muito mais representativo da empresa típica do grupo, e quaisquer comparações deveriam ser feitas em relação à mediana. O argumento de venda-padrão de que uma ação está barata porque é negociada a um múltiplo menor que a média setorial deveria ser eliminado em detrimento daquele que compara o preço da ação à mediana do segmento.
- *Demonstrações probabilísticas*. Como resultado do foco em distribuições normais na maioria das categorias estatísticas, começamos a atribuir as suas propriedades a todas as distribuições. Por exemplo, é verdadeiro que há uma probabilidade muito pequena de que os valores em uma distribuição normal recaiam a dois desvios padrão da média. No caso da razão P/L, essa regra sugeriria que poucas empresas devam ter razões P/L que fiquem abaixo de 40,74 (que é a média de 48,12 menos dois erros-padrão) ou acima de 55,5 (a média mais dois erros-padrão). Na

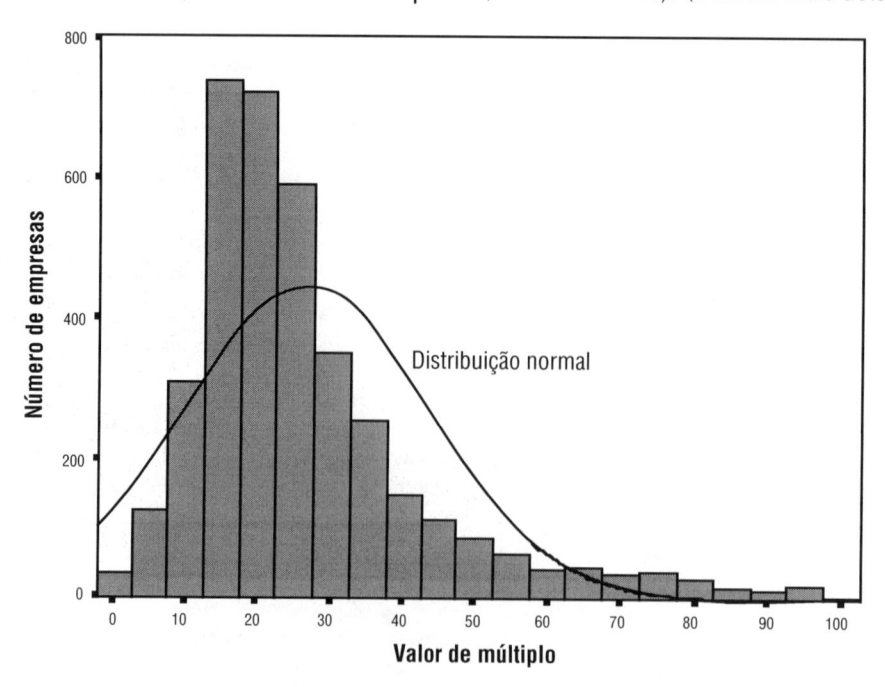

FIGURA 7.2 – Distribuição de múltiplo *versus* distribuição normal

realidade, há milhares de empresas fora dessa variação. Embora os valores máximo e mínimo sejam geralmente de uso limitado, os valores de percentil (10º percentil, 25º percentil, 75º percentil, 90º percentil etc.) podem ser úteis no julgamento do que é um valor alto ou baixo para o múltiplo no grupo.

Valores discrepantes e médias Conforme já observado, os múltiplos são irrestritos quanto ao teto, e as empresas podem negociar a múltiplos de 500 ou 2.000 ou até 10.000. Isso pode ocorrer não só por causa dos altos preços das ações, mas também porque os lucros das empresas podem às vezes cair para alguns centavos ou mesmo a uma fração de centavo. Esses valores discrepantes resultarão em médias que não são representativas da amostragem. Em muitos casos, os serviços de divulgação de dados (como a Value Line e a Standard & Poor's) que calculam e divulgam as médias dos valores para múltiplos ou descartam esses valores discrepantes ao calcular as médias ou restringem os múltiplos a serem inferiores ou iguais a um número fixo. Por exemplo, qualquer empresa que tenha uma razão preço/lucro maior que 500 deverá ter uma razão preço/lucro de 500. A conseqüência é que as médias relatadas por ambos os serviços para o mesmo segmento ou índice de mercado quase nunca baterão, porque tratam os valores discrepantes de maneira diferente. Em novembro de 2005, por exemplo, a média P/L declarada para a S&P 500 variou muito de um serviço a outro, de um valor baixo de 16,5 na Yahoo! Finance a 24,2 na Morningstar. É de responsabilidade desses investidores usar esses números de forma clara quanto a como são calculados e ser consistentes nas suas comparações.

Viés na estimativa de múltiplos Independentemente do múltiplo, há empresas para as quais o múltiplo não pode ser calculado. Vamos considerar novamente a razão preço/lucro. Quando os lucros por ação são negativos, a razão preço/lucro não é significativa e, em geral, nem reportada. Ao se analisar a razão preço/lucro média de um grupo de empresas, aquelas com lucros negativos sairão da amostragem, pois as suas razões preço/lucro não podem ser calculadas. Por que isso importaria, se a amostragem é ampla? O fato de que as empresas retiradas da amostragem estão perdendo dinheiro cria um viés no processo de seleção. Na verdade, a razão P/L média do grupo terá uma tendência de alta em decorrência da eliminação dessas empresas.

Há três soluções para esse problema. A primeira é a conscientização do viés e a sua incorporação à análise. Em termos práticos, isso significa ajustar para baixo a P/L média, de modo a refletir a eliminação das empresas que perdem dinheiro. A segunda é agregar o valor de mercado do patrimônio líquido e o lucro líquido (ou prejuízos) para todas as empresas do grupo, incluindo as que perdem dinheiro, e calcular a razão preço/lucro por meio dos valores agregados. A Figura 7.3 resume a razão P/L média, a mediana da razão P/L e a razão P/L baseadas nos lucros agregados para três segmentos — software para informática, publicidade e aeroespacial/defesa.

Observe que a mediana da razão P/L é muito inferior à razão P/L média para os três setores. Entretanto, a razão P/L baseada nos valores agregados de valor de mercado do patrimônio líquido e lucro líquido é inferior à média entre as empresas em que as razões P/L puderam ser calculadas para empresas de software e aeroespacial, mas superiores para agências de publicidade. Isso porque há um número substancial de empresas que perdem dinheiro no ramo publicitário, puxando o lucro agregado para baixo.

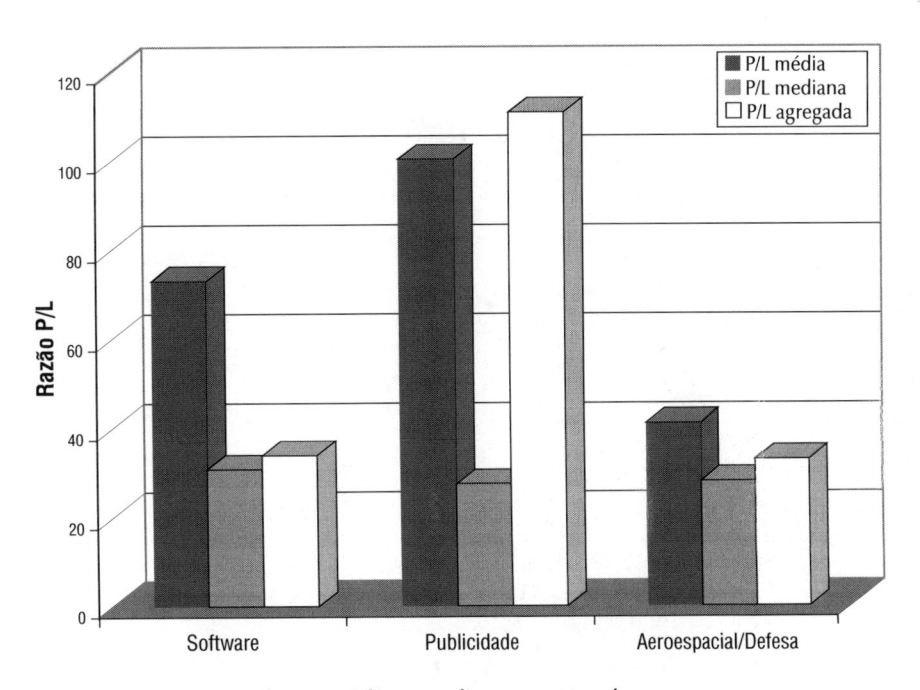

■ **FIGURA 7.3** – Valores médios, mediana e agregados

TABELA 7.2: Razões P/L ao longo do tempo: ações dos Estados Unidos			
	Média	Mediana	Percentual de empresas com razões P/L
Jan./00	52,16	24,55	65,33
Jan./01	44,99	14,74	63,00
Jan./02	43,44	15,50	57,06
Jan./03	33,36	16,68	49,99
Jan./04	41,40	20,76	58,18
Jan./05	48,12	23,21	56,43

A terceira opção é usar um múltiplo que possa ser calculado para todas as empresas do grupo. O inverso da razão preço/lucro, chamada razão lucro/preço, pode ser computado para todas as empresas, incluindo aquelas que perdem dinheiro, e não está exposto ao mesmo viés da razão preço/lucro.

Variação de tempo nos múltiplos Como qualquer investidor sabe que rastreou o mercado por um período, os múltiplos mudam ao longo do tempo para todo o mercado e para segmentos individualizados. Para fornecer uma medida de quanto mudam os múltiplos, calculamos as razões P/L média e mediana para cada ano de 2000 a 2005, nos Estados Unidos, na Tabela 7.2. Na última coluna, observamos o percentual de empresas na amostragem geral para as quais foi possível calcular as razões P/L. Note que o início de 2000 foi o pico da bolha do mercado, e os altos valores das razões P/L atestam esse fato.

Por que os múltiplos mudam com o tempo? Parte da alteração pode ser atribuída aos fundamentos. À medida que as taxas de juros e o crescimento econômico se modificam com o tempo, a precificação das ações mudará para refletir essas alterações; taxas de juros mais baixas, por exemplo, desempenharam papel essencial no aumento dos múltiplos de lucros na década de 1990. Parte da alteração, entretanto, resulta de mudanças na percepção de risco do mercado. Quando os investidores tornam-se mais avessos ao risco — o que tende a ocorrer em períodos de recessão —, os múltiplos pagos pelas ações diminuem.

Do ponto de vista prático, quais são as consequências? A primeira é que as comparações de múltiplos no decorrer do tempo estão repletas de perigos. No próximo capítulo, por exemplo, analisaremos a prática comum de se estigmatizar um mercado como subavaliado ou superavaliado, com base na comparação da razão P/L de hoje em relação a razões P/L históricas. A segunda é que as avaliações relativas têm vida curta. Uma ação pode parecer barata em relação a empresas comparáveis hoje, mas essa análise pode mudar radicalmente nos próximos meses. Avaliações intrínsecas são inerentemente mais estáveis do que as avaliações relativas.

Testes analíticos

Ao discutir por que os analistas gostam tanto de usar múltiplos, argumentamos que as avaliações relativas requerem menos premissas que as de fluxo de caixa descontado. Embora isso seja tecnicamente verdadeiro, é assim apenas superficialmente. Na realidade, levantamos o mesmo número de premissas em avaliações relativas que nas de fluxo de caixa descontado. A diferença é que as premissas em uma avaliação relativa são implícitas e não declaradas, enquanto as da avaliação de fluxo de caixa descontado são explícitas e declaradas. As duas principais questões que precisamos responder antes de aplicar um múltiplo são: quais os fundamentos que determinam a qual múltiplo uma empresa deve negociar? Como as alterações nos fundamentos afetam o múltiplo?

Determinantes Na introdução da avaliação de fluxo de caixa descontado, observamos que o valor de uma empresa é uma função de três variáveis — a sua capacidade de gerar fluxos de caixa, o seu crescimento esperado nesses fluxos de caixa e a incerteza associada a esses fluxos de caixa. Cada múltiplo, seja de lucros, receitas ou valor contábil, é uma função das mesmas três variáveis — risco, crescimento e potencial de geração de fluxo de caixa. De forma intuitiva, portanto, as empresas com taxas de crescimento mais elevadas, menor risco e maior potencial de geração de fluxo de caixa devem negociar a múltiplos mais altos que outras com menor crescimento, maior risco e menor potencial de fluxo de caixa.

Os indicadores específicos de crescimento, risco e potencial de geração de fluxo de caixa utilizados variarão de múltiplo para múltiplo. Para desvendar, por assim dizer, o patrimônio líquido e os múltiplos de valor da empresa, podemos retomar os modelos razoavelmente simples de fluxo de caixa descontado para patrimônio líquido e valor de empresa e usá-los para obter os múltiplos.

No modelo mais simples de fluxo de caixa descontado para patrimônio líquido, que é o de desconto de dividendos em crescimento estável, o valor do patrimônio líquido é:

$$\text{Valor do patrimônio líquido} = P_0 = \frac{\text{DPA}_1}{k_e - g_n}$$

onde DPA$_1$ é o dividendo esperado no próximo ano, k_e refere-se ao custo do patrimônio líquido e g_n corresponde à taxa de crescimento estável esperado. Dividindo-se ambos os lados dos lucros, obtemos a equação de fluxo de caixa descontado e especificamos a razão P/L de uma empresa em crescimento estável.

$$\frac{P_0}{\text{LPA}_0} = P/L = \frac{\text{Razão de }payout \times (1 + g_n)}{k_e - g_n}$$

Os principais determinantes da razão P/L são a taxa de crescimento esperado em lucros por ação, o custo do patrimônio líquido e a razão de *payout*. Mantidas as demais condições, esperamos que empresas de maior crescimento, menor risco e maior razão de *payout* negociem a múltiplos de lucros mais elevados do que outras sem essas características.

Dividindo-se os dois lados do valor contábil do patrimônio líquido, podemos estimar a razão preço/valor contábil (em inglês, *price/book value* — P/BV) de uma empresa em crescimento estável.

$$\frac{P_0}{\text{BV}_0} = P/BV = \frac{\text{ROE} \times \text{Razão de }payout \times (1 + g_n)}{k_e - g_n}$$

onde ROE é o retorno sobre patrimônio líquido e a única variável além das três que determinam as razões P/L (taxa de crescimento, custo do patrimônio líquido e *payout*) que afeta o preço/valor contábil do patrimônio líquido.

Dividindo-se pelas vendas por ação, a razão preço/vendas (em inglês, *price/sales* — PS) de uma empresa em crescimento estável pode ser estimada como uma função da sua margem de lucros, razão de *payout*, risco e crescimento esperado.

$$\frac{P_0}{\text{Vendas}_0} = PS = \frac{\text{Margem de lucro} \times \text{Razão de }payout \times (1 + g_n)}{k_e - g_n}$$

A margem líquida é a nova variável acrescentada ao processo. Embora todos esses cálculos sejam baseados em um modelo de desconto de dividendos em crescimento estável, demonstraremos que as conclusões sustentam-se, mesmo quando analisamos empresas com alto potencial de crescimento e com outros modelos de avaliação de patrimônio líquido.

Podemos fazer uma análise semelhante para obter os múltiplos de valor da empresa. Pode-se formular o valor de uma empresa em crescimento estável como:

$$\text{Valor da empresa} = V_0 = \frac{\text{FCFF}_1}{k_c - g_n}$$

onde FCFF$_1$ é o fluxo de caixa livre esperado para a empresa no próximo ano, k_c corresponde ao custo de capital e g_n refere-se à taxa de crescimento do lucro operacional.

Dividir ambos os lados pelo fluxo de caixa livre esperado para a empresa gera o múltiplo de valor/FCFF para uma empresa em crescimento estável.

$$\frac{V_0}{\text{FCFF}_1} = \frac{1}{k_c - g_n}$$

O múltiplo de fluxo de caixa livre para a empresa (FCFF) que uma empresa comanda dependerá de duas variáveis: o seu custo de capital e a sua taxa de crescimento estável esperado. Como o fluxo de caixa livre para a empresa é o lucro operacional após impostos deduzido de gastos líquidos de capital e necessidades de capital de giro, os múltiplos de Ebit, Ebit após impostos e Ebitda também podem ser estimados de forma similar. Retomaremos este tópico no Capítulo 9.

O cerne desta análise não é sugerir que voltemos a usar a avaliação de fluxo de caixa descontado, mas compreender as variáveis que podem fazer com que esses múltiplos variem entre empresas do mesmo segmento. Se ignorarmos essas variáveis, podemos concluir que uma ação com P/L de 8 é mais barata que outra com P/L de 12, quando a verdadeira causa deve ser que a segunda possui crescimento esperado mais elevado, ou podemos decidir que uma ação com uma razão P/BV de 0,7 é mais barata que outra com uma razão P/BV de 1,5, quando a verdadeira causa pode ser que a segunda possui um retorno sobre patrimônio líquido muito mais elevado.

Relacionamento Conhecer os fundamentos que determinam um múltiplo é útil como primeiro passo, mas compreender como o múltiplo muda à medida que os fundamentos se alteram é tão importante quanto seu uso. Para ilustrar, saber que empresas de crescimento mais alto têm razões P/L mais altas não é uma percepção suficiente, se formos convocados a analisar se uma empresa com taxa de crescimento duas vezes mais alta que a taxa média de crescimento para o segmento deve ter uma razão P/L que seja 1,5 ou 1,8 ou duas vezes a média da razão preço/lucro para o segmento. Para fazer esse julgamento, necessitamos saber como a razão P/L muda em relação à alteração na taxa de crescimento.

Um número surpreendentemente alto de análises de avaliação baseia-se na premissa de que há um relacionamento linear entre múltiplos e fundamentos. Por exemplo, a razão P/L/C, que é a razão do P/L para a taxa de crescimento esperado em lucros de uma empresa e amplamente utilizada para análise de empresas de alto crescimento, implicitamente pressupõe que as razões P/L e as taxas de crescimento esperado sejam linearmente relacionadas.

Uma das vantagens de extrair múltiplos de um modelo de fluxo de caixa descontado, como fizemos na seção anterior, é que podemos analisar a relação entre cada variável fundamental e o múltiplo mantendo tudo o mais constante e alterando o valor dessa variável. Ao fazer isso, descobrimos que há pouquíssimas relações lineares nessa avaliação.

Variável companheira Embora as variáveis que determinam um múltiplo possam ser extraídas de um modelo de fluxo de caixa descontado e a relação entre cada variável e o múltiplo possa ser desenvolvida mantendo-se tudo o mais constante e aplicando-se perguntas de causa e efeito, há uma variável dominante quando se trata de explicar cada múltiplo (e não é a mesma variável para cada múltiplo). Essa variável, chamada *variável companheira*, é crucial para o uso prudente dos múltiplos ao se julgarem avaliações e pode ser identificada pela busca da variável que melhor explique as diferenças entre as empresas, utilizando-se um múltiplo em particular. Nos dois capítulos seguintes, as variáveis companheiras para os múltiplos mais utilizados, da razão preço/lucro para o múltiplo valor/vendas, serão identificadas e depois utilizadas em análises.

Testes de aplicação

Quando se usam múltiplos, eles tendem a ser utilizados em conjunto com empresas comparáveis, para se determinar o valor de uma empresa ou de seu patrimônio líquido. Mas o que é uma empresa comparável? Embora a prática convencional seja analisar empresas pertencentes ao mesmo segmento ou negócio, nem sempre essa é necessariamente a forma mais correta ou a melhor de identificar essas empresas. Além disso, por mais cuidadosos que sejamos na escolha das empresas comparáveis, as diferenças permanecerão entre a empresa objeto da avaliação e as comparáveis. Descobrir como controlar essas diferenças é parte crucial da avaliação relativa.

O que é uma empresa comparável? Uma empresa comparável é aquela com fluxos de caixa, potencial de crescimento e risco similares à empresa objeto da avaliação. O ideal seria podermos avaliar uma empresa pela análise da precificação de outra idêntica — em termos de risco, crescimento e fluxos de caixa. Em nenhuma parte dessa definição há um componente que se refira ao ramo de negócio ou segmento ao qual a empresa pertence. Assim, uma empresa de telecomunicações pode ser comparada a outra de software, se ambas forem idênticas em termos de fluxos de caixa, crescimento e risco. Na maioria das análises, entretanto, os analistas definem empresas comparáveis como outras empresas no mesmo segmento ou segmentos. Se houver número suficiente de empresas no segmento para permitir isso, essa lista é mais depurada usando outros critérios; por exemplo, devem-se considerar apenas empresas de porte similar. A premissa implícita aqui é que empresas no mesmo segmento possuem risco, crescimento e perfis de fluxo de caixa semelhantes e, portanto, podem ser comparadas com muito maior legitimidade.

Essa abordagem torna-se mais difícil de aplicar quando um segmento é composto por relativamente poucas empresas. Na maioria dos mercados fora dos Estados Unidos, é pequeno o número de empresas de capital aberto em determinado setor, principalmente se a definição for restritiva. Também é difícil definir empresas do mesmo ramo como comparáveis, se forem grandes as diferenças em risco, crescimento e perfis de fluxo de caixa entre elas. Assim, há centenas de empresas de software de informática listadas nos Estados Unidos, mas também são grandes as diferenças entre elas. A concessão é simples. Uma definição mais ampla aumenta o número de comparáveis; no entanto, também resulta em um grupo mais diversificado de empresas.

Há alternativas à prática convencional de definição de empresas comparáveis. Uma é buscar empresas semelhantes em termos de fundamentos de avaliação. Por exemplo, para estimar o valor do patrimônio líquido de uma empresa com beta de 1,2, taxa de crescimento esperado em lucros por ação de 20% e retorno sobre patrimônio líquido de 40%,[4] encontraríamos outras empresas no mercado com características similares.[5] A outra é considerar todas as empresas no mercado como comparáveis e controlar as diferenças nos seus fundamentos, por meio de técnicas estatísticas.

Controle de diferenças entre empresas Não importa com que cuidado elaboramos a nossa lista de comparáveis, acabaremos com empresas diferentes daquela sob avaliação. As diferenças podem ser pequenas em relação a algumas variáveis e grandes em outras, e teremos de controlá-las em uma avaliação relativa. Há três formas de controlar essas diferenças: ajustes subjetivos, múltiplos modificados e técnicas estatísticas.

Ajustes subjetivos A avaliação relativa começa com duas escolhas — o múltiplo usado na análise e o grupo que abrange as empresas comparáveis. Em muitas avaliações relativas, calcula-se o múltiplo para cada empresa comparável e extrai-se a média. Para avaliar uma empresa individualizada, o analista compara o múltiplo a que se negocia à média calculada; se for significativamente diferente, ele pode fazer um julgamento subjetivo sobre se as características individuais da empresa (crescimento, risco e fluxos de caixa) podem explicar a diferença. Assim, uma empresa pode ter uma razão P/L de 22 em um segmento em que a média de P/L é apenas 15, mas o analista pode concluir que essa diferença justifica-se, pois a empresa apresenta potencial de crescimento maior que o da média setorial. Se, no julgamento do analista, a diferença no múltiplo não puder ser explicada pelos fundamentos, a empresa será considerada superestimada (se o seu múltiplo for maior que o da média) ou subestimada (se o seu múltiplo for menor que o da média).

O ponto fraco dessa abordagem não é que os analistas sejam chamados para fazer julgamentos subjetivos, mas que os julgamentos geralmente se baseiam em pouco mais que adivinhação. Com demasiada freqüência, esses julgamentos confirmam o viés dos analistas sobre as empresas.

Múltiplos modificados Nessa abordagem, modificamos o múltiplo para levar em conta a sua variável determinante mais importante — a variável companheira. A título de exemplo, analistas que comparam as razões P/L entre empresas com taxas de crescimento muito diferentes geralmente dividem a razão P/L pela taxa de crescimento esperado em LPA, para determinar uma razão P/L ajustada ao crescimento ou a razão P/L/C (em inglês, *price-earnings/growth* — PEG). Essa razão é depois comparada entre empresas com diferentes taxas de crescimento, para que sejam identificadas empresas estimadas a menor ou a maior.

Há duas premissas implícitas que adotamos ao usar esses múltiplos modificados. A primeira é que essas empresas são comparáveis em todas as outras medidas de valor, exceto naquela que está sendo controlada. Em outras palavras, ao comparar razões P/L entre empresas, pressupomos que sejam todas de risco equivalente. Outra premissa que geralmente se faz é que a relação entre múltiplos e fundamentos é linear. Novamente, usando razões P/L/C para ilustrar o ponto de vista, admitimos que, à medida que dobra o crescimento, a razão P/L dobrará; se essa premissa não se sustentar e as razões P/L não aumentarem na mesma proporção do crescimento, as empresas com altas taxas de crescimento parecerão baratas com base na razão P/L/C.

EXEMPLO 7.1: Comparação de razões P/L e taxas de crescimento entre empresas: indústria de bebidas

As razões P/L e as taxas de crescimento esperado em LPA nos próximos cinco anos, com base nas estimativas de consenso dos analistas, para empresas classificadas no segmento de bebidas, são resumidas na tabela seguinte:

Empresa	P/L passado	Crescimento esperado (estimativa de analista)	Desvio padrão	P/L/C
Andres Wines Ltd. A	8,96	3,50%	24,70%	2,56
Anheuser-Busch	24,31	11,00	22,92	2,21
Boston Beer A	10,59	17,13	39,58	0,62
Brown-Forman B	10,07	11,50	29,43	0,88
Chalone Wine Group Ltd.	21,76	14,00	24,08	1,55
Coca-Cola	44,33	19,00	35,51	2,33
Coca-Cola Bottling	29,18	9,50	20,58	3,07
Coca-Cola Enterprises	37,14	27,00	51,34	1,38
Coors (Adolph) B	23,02	10,00	29,52	2,30
Corby Distilleries Ltd.	16,24	7,50	23,66	2,16
Hansen Natural Corp.	9,70	17,00	62,45	0,57
Molson Inc. Ltd. A	43,65	15,50	21,88	2,82
Mondavi (Robert) A	16,47	14,00	45,84	1,18
PepsiCo, Inc.	33,00	10,50	31,35	3,14
Todhunter Int'l	8,94	3,00	25,74	2,98
Whitman Corp.	25,19	11,50	44,26	2,19
Média	22,66	12,60	33,30	2,00

A Andres Wines está subestimada em bases relativas? Uma visão simples de múltiplos nos levaria a concluir que sim, porque a sua razão P/L de 8,96 é significativamente inferior à média setorial.

Ao fazer essa comparação, estamos pressupondo que a Andres Wines possua características de crescimento e risco similares à média setorial. Uma forma de incorporar o crescimento à comparação é calcular a razão P/L/C, divulgada na última coluna. Com base na razão P/L/C média de 2,00 para o segmento e a taxa de crescimento estimado da Andres Wines, obtemos o seguinte valor para a sua razão P/L.

$$\text{Razão P/L} = 2,00 \times 3,50\% = 7,00$$

Com base nesse P/L ajustado, a Andres Wines parece superestimada, embora tenha uma baixa razão P/L. Ainda que isso possa parecer um ajuste fácil para resolver o problema das diferenças entre empresas, a conclusão sustenta-se apenas se essas empresas forem de risco equivalente.

Técnicas estatísticas Ajustes subjetivos e múltiplos modificados são difíceis de usar quando a relação entre múltiplos e variáveis fundamentais que os determinam torna-se complexa. Para esses casos, há técnicas estatísticas promissoras. Nesta seção, consideramos as vantagens dessas abordagens e as preocupações potenciais.

Regressões setoriais Em uma regressão, tentamos explicar uma variável dependente por meio de variáveis independentes que acreditamos que influenciem a primeira. Isso espelha o que tentamos fazer na avaliação relativa, em que procuramos explicar as diferenças entre empresas quanto a um múltiplo (razão P/L, EV/Ebitda) por meio de variáveis fundamentais (como risco, crescimento e fluxos de caixa). As regressões apresentam três vantagens em relação à abordagem subjetiva:

1. O resultado da regressão fornece uma medida da força da relação entre o múltiplo e a variável em uso. Dessa forma, se afirmamos que empresas de maior crescimento têm razões P/L maiores, a regressão deve gerar indicações tanto sobre como o crescimento e as razões P/L estão relacionadas (pelo coeficiente de crescimento como uma variável independente) quanto sobre a força dessa relação (por meio de estatística t e R-quadrado).
2. Se a relação entre um múltiplo e o fundamento que estamos usando para explicá-lo for não-linear, a regressão pode ser modificada para permitir a relação.
3. Diferentemente da abordagem do múltiplo modificado, em que conseguimos controlar as diferenças de apenas uma variável, uma regressão pode ser estendida para permitir mais de uma variável e até efeitos cruzados entre essas variáveis.

Em geral, as regressões parecem particularmente adequadas à nossa tarefa em uma avaliação relativa, que é dar sentido a dados volumosos e, às vezes, contraditórios. Há duas perguntas básicas a responder, ao se executarem regressões setoriais:

1. A primeira refere-se a como definir o segmento. Se os definirmos de forma muito restritiva, correremos o risco de ter amostragens pequenas, que minam a utilidade da regressão. Definições mais amplas acarretam menores riscos. Embora possa haver grandes diferenças entre empresas, ao fazermos isso, podemos controlá-las na regressão.
2. A segunda envolve as variáveis independentes que usamos na regressão. Enquanto o foco nas categorias estatísticas é aumentar o poder explicativo da regressão (por meio do R-quadrado) e incluir quaisquer variáveis que realizem isso, o foco das regressões em avaliações relativas é mais restrito. Como o nosso objetivo não é elucidar todas as diferenças na precificação de empresas, mas somente aquelas explicadas pelos fundamentos, apenas usaremos as variáveis que são relacionadas a esses fundamentos. A seção anterior, em que analisamos os múltiplos por intermédio dos modelos DCF, deve produzir dicas valiosas. Por exemplo, consideremos a razão P/L. Como é determinada por razão de *payout*, crescimento esperado e risco, incluiremos apenas essas variáveis na regressão. Não acrescentaremos outras, mesmo que isso aumente o poder explicativo, se não houver nenhum motivo essencial para essas variáveis se relacionarem às razões P/L.

EXEMPLO 7.2: Revisita à indústria de bebidas: regressão setorial

A razão preço/lucro é uma função da taxa de crescimento esperado, do risco e da razão de *payout*. Nenhuma empresa no segmento de bebidas paga dividendos significativos, mas elas diferem em termos de risco e crescimento. A tabela seguinte resume as razões preço/lucro, betas e taxas de crescimento esperado para as indústrias na lista e acrescenta uma coluna para o desvio padrão em retornos semanais de ações nos dois anos anteriores.

Empresa	P/L passado	Crescimento esperado	Desvio padrão
Andres Wines Ltd. A	8,96	3,50%	24,70%
Anheuser-Busch	24,31	11,00	22,92
Boston Beer A	10,59	17,13	39,58
Brown-Forman B	10,07	11,50	29,43
Chalone Wine Group Ltd.	21,76	14,00	24,08
Coca-Cola	44,33	19,00	35,51
Coca-Cola Bottling	29,18	9,50	20,58
Coca-Cola Enterprises	37,14	27,00	51,34
Coors (Adolph) B	23,02	10,00	29,52
Corby Distilleries Ltd.	16,24	7,50	23,66
Hansen Natural Corp.	9,70	17,00	62,45
Molson Inc. Ltd. A	43,65	15,50	21,88
Mondavi (Robert) A	16,47	14,00	45,84
PepsiCo, Inc.	33,00	10,50	31,35
Todhunter Int'l	8,94	3,00	25,74
Whitman Corp.	25,19	11,50	44,26

Como essas empresas diferem tanto em risco quanto em crescimento esperado, apresentamos uma regressão das razões P/L em ambas as variáveis.

$$P/L = 20,87 - 63,98(\text{Desvio padrão}) + 183,24(\text{Crescimento esperado}) \quad R^2 = 43\%$$
$$[3,01] \quad [2,63] \quad\quad\quad\quad [3,66]$$

Os números entre colchetes são estatísticas t e sugerem que as relações entre as razões P/L e ambas as variáveis na regressão sejam estatisticamente relevantes. O R-quadrado indica a porcentagem das diferenças em razões P/L que é explicada pelas variáveis independentes. Finalmente, a regressão[6] em si pode ser usada para se obter uma previsão de razões P/L das empresas listadas. Assim, a razão P/L prevista para a Coca-Cola, com base no desvio padrão de 35,51% e a taxa de crescimento esperado de 19%, seria:

$$P/L \text{ prevista}_{\text{Coca-Cola}} = 20,87 - 63,98(0,3551) + 183,24(0,19) = 32,97$$

Como a razão P/L efetiva da Coca-Cola é 44,33, isso sugeriria que a ação está superavaliada, considerando-se como o restante do segmento está precificado.

Se a premissa fosse de que a relação entre P/L e crescimento não é linear, poderíamos executar regressões não-lineares ou modificar as variáveis na regressão para torná-la mais linear. Por exemplo, utilizar o logaritmo natural da taxa de crescimento em vez da taxa de crescimento na regressão gera uma relação mais linear.

Regressão de mercado Buscar empresas comparáveis em um segmento de atuação é bastante restritivo, principalmente quando há relativamente poucas empresas no segmento ou quando uma empresa opera em mais de um segmento. Como a definição de empresa comparável não é daquela que está no mesmo segmento, mas que possui as mesmas características de crescimento, risco e fluxo de caixa que a empresa em análise, não precisamos restringir a nossa escolha de empresas comparáveis àquelas no mesmo ramo de negócio. A abordagem de regressão apresentada na subseção anterior controla as diferenças das variáveis que acreditamos que causem variação nos múltiplos das empresas. Com base nas variáveis que determinam cada múltiplo, devemos conseguir regredi-los em relação às variáveis que devem afetá-los. Conforme demonstrado na seção anterior, os fundamentos que determinam cada múltiplo são resumidos na Tabela 7.3.

É possível, contudo, que as *proxies* que usamos para risco (beta), crescimento (taxa de crescimento esperado em lucros por ação) e fluxo de caixa (dividendos) sejam imperfeitas e que a relação não seja linear. Para lidar com essas limitações, podemos acrescentar mais variáveis à regressão (por exemplo, o porte da empresa pode funcionar como uma boa *proxy* de risco).

A primeira vantagem dessa abordagem geral de mercado em relação à comparação subjetiva entre empresas do mesmo segmento, descrita na seção anterior, é que ela realmente quantifica, com base em dados reais de mercado, o grau em que maior crescimento ou risco deve afetar os múltiplos. É fato que essas estimativas podem conter erros, porém esses erros são um reflexo da realidade que muitos analistas optam por não enfrentar quando fazem julgamentos subjetivos. Em segundo lugar, ao analisar todas as empresas no mercado, essa abordagem nos permite fazer comparações mais significativas entre as empresas que atuam em segmentos relativamente pequenos. Terceiro, permite que examinemos se todas as empresas do setor estão avaliadas a menor ou a maior, mediante a estimativa dos seus valores em relação a outras empresas do mercado.

Limitações das técnicas estatísticas As técnicas estatísticas não são uma panacéia para os problemas que enfrentamos ao fazer análises. São ferramentas a que todos os analistas devem ter acesso, mas não devem passar disso. Particularmente, quando aplicamos técnicas de regressão a múltiplos, necessitamos estar cientes tanto das propriedades de distribuição dos múltiplos que já discutimos neste capítulo quanto da relação entre (e com) as variáveis independentes usadas na regressão.

- O fato de que os múltiplos não são normalmente distribuídos pode acarretar problemas quando se aplicam técnicas de regressão padrão. Esses problemas pioram com amostragens pequenas, em que a assimetria da distribuição pode ser amplificada pela existência de alguns grandes valores discrepantes.
- Em uma regressão de múltiplo, pressupõe-se que as próprias variáveis independentes sejam independentes entre si. Consideremos, porém, as variáveis independentes que usamos para explicar a avaliação de múltiplos — potencial de fluxo de caixa ou razão de *payout*, crescimento esperado e risco. Analisando-se um segmento e o mercado em geral, fica bem claro que empresas de alto crescimento tenderão a ter mais risco e pagar baixos dividendos.

TABELA 7.3: Fundamentos que determinam múltiplos de patrimônio líquido

Múltiplo	Determinantes de fundamentos
Razão preço/lucro	Crescimento esperado, dividendos, risco
Razão preço/valor contábil do patrimônio líquido	Crescimento esperado, dividendos, risco, ROE
Razão preço/vendas	Crescimento esperado, dividendos, risco, margem líquida

Essa correlação entre variáveis independentes cria a assim chamada multicolinearidade, que pode minar o poder explicativo da regressão.

- Ainda neste capítulo, observamos que muitas das distribuições para múltiplos mudam ao longo do tempo, tornando problemáticas as comparações de razões P/L ou múltiplos EV/Ebitda. Da mesma forma, uma regressão de múltiplo em que explicamos diferenças em um múltiplo entre empresas em dado momento também perderá o poder de previsão com o passar do tempo. Uma regressão de razões P/L em relação a taxas de crescimento no início de 2005 pode, portanto, não ser muito útil na avaliação de ações no início de 2006.
- Como uma advertência final, o R-quadrado em regressões de avaliação relativa quase nunca será superior a 70%, e é comum vê-lo cair a 30% ou 35%. Em vez de perguntar qual é o teto significativo que um R-quadrado pode atingir, devemos focar no poder de previsão da regressão. Quando o R-quadrado diminui, as variações das previsões a partir da regressão aumentarão. Como exemplo, a regressão da indústria de bebidas (do Exemplo 7.2) gera uma P/L prevista de 32,97 para a Coca-Cola; entretanto, o R-quadrado de 51% gera uma variação de 27,11 a 38,83 para a previsão com 95% de precisão; se o R-quadrado tivesse sido mais alto, a variação teria sido menor.

RECONCILIAÇÃO ENTRE AVALIAÇÃO RELATIVA E DE FLUXO DE CAIXA DESCONTADO

Em geral, as duas abordagens à avaliação — relativa e de fluxo de caixa descontado — produzirão diferentes estimativas de valor para a mesma empresa, no mesmo momento. É até possível que uma abordagem gere o resultado de que a ação está subestimada, enquanto a outra conclui exatamente o contrário. Além disso, mesmo no âmbito da avaliação relativa, podemos chegar a diferentes estimativas de valor, dependendo do múltiplo aplicado e das empresas que serviram de base.

As diferenças de valor entre avaliação de fluxo de caixa descontado e avaliação relativa decorrem de visões divergentes de eficiência de mercado, ou para ser mais exato, ineficiência de mercado. Na avaliação de fluxo de caixa descontado, assumimos que os mercados cometem erros, que são corrigidos com o tempo e que podem ocorrer em segmentos inteiros ou até no mercado todo. Na avaliação relativa, admitimos que, embora cometam erros sobre ações individuais, os mercados acertam na média. Em outras palavras, quando avaliamos uma nova empresa de software em relação a outras menores, pressupomos que o mercado as tenha precificado corretamente na média, embora possa ter-se equivocado na precificação individual delas. Assim, uma ação pode ser superavaliada com base no fluxo de caixa descontado, mas subavaliada em bases relativas, se as empresas usadas na comparação da avaliação relativa estiverem todas precificadas a maior pelo mercado. O inverso pode ocorrer, se todo o segmento ou mercado estiver subprecificado.

CONCLUSÃO

Na avaliação relativa, estimamos o valor de um ativo analisando a precificação de ativos similares. Para fazer essa comparação, começamos pela conversão dos preços em múltiplos — padronizando os preços — e depois comparando esses múltiplos entre empresas que definimos como comparáveis. Os preços podem ser padronizados com base em lucros, valor contábil, receita ou variáveis setoriais específicas.

Embora a atratividade dos múltiplos continue sendo a sua simplicidade, há quatro passos para o seu uso saudável. Primeiro, temos de definir o múltiplo de forma consistente e medi-lo uniformemente entre as empresas comparadas. Segundo, precisamos ter a noção de como os múltiplos variam entre as empresas no mercado. Em outras palavras, é preciso conhecer qual o alto, o baixo ou o típico valor para o múltiplo em questão. Terceiro, necessitamos identificar as variáveis fundamentais que determinam cada múltiplo e como as alterações nesses fundamentos afetam o valor do múltiplo. Finalmente, há que identificar empresas realmente comparáveis e ajustar as diferenças entre elas quanto às características essenciais.

Notas

1. Fiz o estudo, que incluiu relatórios de pesquisa de ações de analistas *sell-side* de diferentes bancos de investimento nos Estados Unidos, em Londres e na Ásia. Cerca de 75% deles eram dos Estados Unidos, 15% da Europa e 10% da Ásia.
2. Empresas que adotam regras diferentes para relatório de publicação e para fins fiscais geralmente divulgam lucros mais altos aos seus acionistas do que às autoridades fiscais. Quando comparadas em bases de preço/lucro, as empresas que não adotam relatórios diferentes de livros fiscais parecerão mais baratas (P/L inferior).
3. Com a mediana, metade de todas as empresas do grupo fica abaixo desse valor e metade acima.
4. O retorno sobre patrimônio líquido de 40% torna-se uma *proxy* do potencial de fluxo de caixa. Com a taxa de crescimento de 20% e retorno sobre patrimônio líquido de 40%, essa empresa será capaz de retornar metade dos seus lucros aos acionistas sob a forma de dividendos ou recompra de ações.
5. Identificar essas empresas manualmente pode ser entediante, quando o seu universo inclui 10.000 ações. Pode-se recorrer a técnicas estatísticas, tais como análise de *cluster*, para se identificar empresas similares.
6. Ambas as abordagens descritas pressupõem que a relação entre um múltiplo e as variáveis que direcionam valor seja linear. Como nem sempre isso é verdadeiro, pode ser necessário executar versões não-lineares dessas regressões.

Capítulo 8

Múltiplos de patrimônio líquido

Ao investir em ações, nossos interesses recaem principalmente sobre o fato de o patrimônio líquido de uma empresa estar ou não precificado de forma justa. A seqüência lógica é analisarmos os múltiplos do patrimônio líquido, em que relacionamos o valor de mercado do patrimônio líquido aos lucros ou ao valor contábil do patrimônio líquido nessa empresa. Neste capítulo, começamos por examinar as variações dos múltiplos de patrimônio líquido, desde as amplamente usadas razões P/L até os múltiplos menos utilizados como o preço/fluxo de caixa livre para patrimônio líquido (em inglês, *price to free cash flow to equity* — P/FCFE). Depois, analisamos as características de distribuição dos múltiplos de patrimônio líquido mais empregados e seus determinantes. Encerramos o capítulo com uma série de aplicações em que usamos as ferramentas analíticas desenvolvidas para julgar avaliações.

DEFINIÇÕES DE MÚLTIPLOS DE PATRIMÔNIO LÍQUIDO

Um múltiplo de patrimônio líquido requer dois inputs, um para o valor de mercado do patrimônio líquido e outro para a variável para a qual o valor do patrimônio líquido é escalonado — lucros, valor contábil do patrimônio líquido ou receitas, por exemplo. Nesta seção, primeiro consideramos qual a melhor forma de estimar o valor de mercado do patrimônio líquido e depois passamos a analisar as opções quando se trata de escalonamento de variáveis.

Mensuração do valor de mercado do patrimônio líquido

Todos os múltiplos de patrimônio líquido são escalonados ao valor de mercado do patrimônio líquido. No caso das empresas de capital aberto, medir o valor de mercado do patrimônio líquido pode parecer um exercício trivial, já que há, afinal, apenas um preço de ação, a qualquer momento. Há, porém, três decisões a tomar que podem acarretar conseqüências para a forma de mensuração do valor do patrimônio líquido:

1. *Valor do patrimônio líquido por ação ou agregado.* A base de cálculo do valor de mercado do patrimônio líquido pode ser por ação ou valor agregado (a capitalização de mercado ou *market cap*). Como o segundo é calculado pela multiplicação do número de ações em circulação pelo preço da ação, os efeitos de usar um ou outro nos múltiplos de patrimônio líquido podem parecer irrelevantes, mas há condições sob as quais ambos divergirão. Uma é quando há várias categorias de ações na mesma empresa, negociadas a diferentes preços. A capitalização de mercado incluirá os valores de mercado de todas as ações em circulação, ao passo que o preço de mercado refletirá apenas a categoria de ações consideradas. A outra é quando há divergência entre o número de ações em circulação hoje (ações primárias) e o número potencial que estará em circulação se as opções administrativas,* os conversíveis e os *warrants* forem exercidos (ações diluídas). Em geral, a capitalização de mercado é calculada utilizando-se o primeiro, mas os lucros por ação e o valor contábil por ação são freqüentemente calculados pelo segundo.

2. *Com caixa ou sem caixa.* O valor de mercado do patrimônio líquido para uma empresa de capital aberto incorporará os saldos em caixa e os títulos negociáveis. Assim, a capitalização de mercado de $ 300 bilhões da Microsoft em novembro de 2005 inclui os $ 40 bilhões em caixa mantidos pela empresa. As receitas de juros obtidas pela empresa sobre os seus saldos em caixa são divulgadas como parte do lucro líquido geral dessa empresa. Na prática convencional, os analistas usam o valor total de mercado do patrimônio líquido e o lucro líquido total ou valor contábil do patrimônio líquido para calcular múltiplos de patrimônio líquido. Embora isso seja internamente consistente, as características de risco e retorno dos saldos em caixa são tão diferentes das características de risco e retorno dos ativos operacionais que pode fazer sentido (principalmente quando saldos de caixa compreendem uma grande proporção do valor da empresa) calcular o valor de mercado do patrimônio líquido subtraído das posições em caixa. Esse valor líquido de mercado do patrimônio líquido pode ser considerado como o valor de mercado do patrimônio líquido em ativos não financeiros ou operacionais.

---

* Opções de compra de ações (N. T.).

3. *Opções de patrimônio líquido*. Um motivo para a desconexão entre valores de patrimônio líquido por ação e agregados é a existência de opções administrativas. Estas, em particular, e as opções de patrimônio líquido emitidas pela empresa (incluindo *warrants* e obrigações conversíveis), em geral, criam um segundo direito sobre o patrimônio líquido na empresa (além do direito primário dos acionistas ordinários). O valor total de mercado do patrimônio líquido em uma empresa com substanciais opções de compra de ações e outras opções de patrimônio líquido em circulação é, portanto, a capitalização de mercado mais o valor de mercado estimado ou observado de opções de patrimônio líquido. Em outras palavras, a capitalização de mercado da Microsoft de $ 300 bilhões reflete o valor apenas da sua ação ordinária na empresa; o valor estimado das opções de compra pendentes deve ser acrescentado à capitalização de mercado para se chegar ao valor total de mercado do patrimônio líquido. Não é preciso dizer que a maioria dos analistas não faz esse ajuste; consideraremos as implicações disso na próxima seção.

Escalonamento de variáveis

Como observamos no Capítulo 7, em prol da consistência, devemos escalonar os valores do patrimônio líquido às variáveis de patrimônio líquido. Os múltiplos de patrimônio líquido podem ser declarados em termos de lucros, fluxo de caixa, valor contábil e receitas:

- *Variáveis de lucros de patrimônio líquido*. Em uma demonstração de resultado contábil convencional, começamos com as receitas, deduzimos os custos e despesas operacionais para obter o lucro operacional e subtraímos os custos financeiros e os impostos para estimar o lucro líquido. Ao calcular múltiplos de patrimônio líquido, é claramente inadequado usar o lucro operacional como indicador de lucros, porque ele se acumula para todos os detentores de direitos na empresa. No caso do lucro operacional, entretanto, o indicador que escolhemos deve ser compatível com a forma como calculamos o valor de mercado do patrimônio líquido. A Tabela 8.1 resume as escolhas consistentes, considerando-se os diversos indicadores de valor de patrimônio líquido.[1]

  Com tantos indicadores, há outros julgamentos a fazer. Por exemplo, todos esses indicadores de lucros de patrimônio líquido podem ser calculados antes e após os itens extraordinários. O principal é obter uma medida de lucros que seja comparável a de outras empresas. Com esse objetivo em mente, fica bem claro que devemos excluir os itens extraordinários. Entretanto, há mais uma questão de mensuração que teremos de enfrentar ao medir lucros por ação. Devemos usar lucros por ação primários, parcialmente diluídos ou totalmente diluídos? Acreditamos que todos esses indicadores criam potenciais problemas de comparação.

  Se usarmos lucros por ações primários, estaremos ignorando as opções administrativas e outras em circulação e induzindo as nossas análises a identificar empresas que possuam um número desproporcionalmente grande dessas opções em circulação como subestimadas. Se usarmos lucros por ações diluídos, assumiremos que o número de opções em circulação é um indicador suficiente de opções em aberto sobre patrimônio líquido e, portanto, atribuiremos penalidades iguais a empresas com números equivalentes de opções em circulação. Isso pode constituir um problema quando algumas empresas possuem opções de longo prazo, 'dentro-do-dinheiro', e outras possuem opções em circulação de curto prazo, 'no-dinheiro' ou 'fora-do-dinheiro'. Claramente, as opções afetarão o valor do patrimônio líquido mais no primeiro caso e menos no segundo, porém o uso de lucros por ação totalmente diluídos nos induzirá a identificar que o primeiro está subestimado.[2] A vantagem de utilizar a abordagem de patrimônio líquido expandido por opções é que ela considera os valores de opções em circulação em vez de apenas o número de opções.

- *Indicadores de fluxo de caixa do patrimônio líquido*. Há muitos analistas e investidores que são cautelosos em relação a indicadores contábeis de lucros, e com razão. Preferem indicadores de fluxo de caixa e possuem duas escolhas com múltiplos de patrimônio líquido. Uma delas é uma medida aproximada de lucros-caixa, obtida adicionando-se a depreciação e outros encargos não monetários de volta ao lucro líquido. A outra é a medida de fluxo de caixa livre para patrimônio líquido apresentada no Capítulo 3, em que deduzimos as necessidades de reinvestimento e os fluxos de caixa de dívida para obter um indicador final de fluxo de caixa. Como no caso dos números de lucros, as definições de fluxos de caixa devem ser compatíveis com a medida de valor do patrimônio líquido

TABELA 8.1: Indicadores de lucros de patrimônio líquido e valor de mercado do patrimônio líquido

Indicador de valor do patrimônio líquido	Indicador de lucros do patrimônio líquido
Preço por ação	Lucros por ação
Valor de mercado agregado do patrimônio líquido	Lucro líquido após despesas com opções
Valor de mercado líquido do patrimônio = Valor de mercado do patrimônio líquido – Caixa	Lucro líquido – Lucro operacional após impostos proveniente de caixa
Patrimônio líquido expandido por opções = Valor de mercado do patrimônio líquido + Valor das opções administrativas	Lucro líquido antes de despesas com opções

utilizada. Se o valor do patrimônio líquido for o valor de mercado agregado do patrimônio líquido, deveremos usar o lucro líquido total para estimar os fluxos de caixa livres para patrimônio líquido. Se o valor do patrimônio líquido for líquido do saldo de caixa, o fluxo de caixa para patrimônio líquido deverá também deduzir o resultado financeiro das aplicações de caixa.

- *Indicadores de valor contábil do patrimônio líquido.* O outro indicador lógico para escalonar o valor de mercado do patrimônio líquido é o valor contábil do patrimônio líquido. Aqui, também, a medida de valor contábil do patrimônio líquido que usamos deve ser compatível com aquela do valor de mercado do patrimônio líquido. A Tabela 8.2 resume as escolhas.

Note que o patrimônio dos acionistas (valor contábil do patrimônio líquido) inclui os lucros retidos e quaisquer outros ajustes feitos ao valor contábil do patrimônio líquido. Uma grande questão que desafia os analistas quanto ao valor contábil é o que fazer com o *goodwill* proveniente das aquisições. O motivo é que a contabilização do *goodwill* pode tornar difíceis as comparações entre empresas que fizeram aquisições e as que não fizeram. Para compreender por que, observe que as empresas que crescem por meio de investimentos internos não precisam registrar o valor do potencial de crescimento como parte dos seus ativos ou em patrimônio líquido. Uma empresa que cresce por meio de aquisições deve registrar o valor de mercado pago por aquisição e a diferença entre o valor de mercado e o valor contábil da empresa adquirida como *goodwill*; este pode ser considerado um prêmio pago pelos ativos de crescimento da empresa adquirida.[3] Em termos práticos, isso significará que as razões preço/valor contábil de empresas que fazem aquisições geralmente parecerão inferiores (e mais atraentes do ponto de vista de investimento) do que as que não fazem.

- *Indicadores de receitas.* Há muitos analistas que dividem o valor de mercado do patrimônio líquido pelas receitas da empresa, para estimar uma razão preço/vendas. Essa medida é inconsistente, pois as receitas pertencem a toda a empresa e não apenas aos seus investidores de ações. Não obstante isso, os analistas geralmente preferem usar as razões preço/vendas às razões de valor das operações da empresa/vendas (o que seria mais consistente). O motivo por que eles saem dessa prática sem erros mais graves permeando as suas análises pode estar nos segmentos em que o uso desse múltiplo é mais comum. Um deles é o de tecnologia, em que as empresas tendem a ter pouca ou nenhuma dívida, assim tornando quase equivalentes o valor da empresa e o valor do patrimônio líquido. O outro é o de varejo, em que as empresas historicamente mantêm razões de endividamento homogêneas (geralmente sob a forma de leasings operacionais). Em ambos os setores, porém, há alterações em desenvolvimento que colocam em risco essa prática de longa data.

No setor de tecnologia, atualmente, as empresas mantêm saldos de caixa grandes e divergentes. O uso de razões preço/vendas para essas empresas induzirá os analistas a identificar empresas com saldos de caixa relativamente pequenos que sejam subestimadas; uma solução fácil para esse problema é usar os valores do patrimônio líquido deduzidos do saldo de caixa. No varejo, empresas diferentes adotam práticas diferentes quando se trata de abrir novas lojas. Algumas continuam a utilizar leasings operacionais, mas outras cada vez mais optam por investir em imóveis diretamente, comprando instalações com patrimônio líquido ou dívida. Usar as razões preço/vendas induzirá os analistas a identificar empresas com mais alavancagem financeira (seja por meio de leasings operacionais, seja pelo endividamento por imóvel) que sejam baratas em relação a empresas sem essa alavancagem.

CARACTERÍSTICAS DA DISTRIBUIÇÃO DE MÚLTIPLOS DE PATRIMÔNIO LÍQUIDO

No Capítulo 7, notamos que a maioria dos múltiplos possui distribuições que são inclinadas a valores positivos e que as distribuições em si são voláteis e mudam com o tempo. Os múltiplos de patrimônio líquido não são exceção a essa regra. Nesta seção, examinamos as distribuições de alguns múltiplos de patrimônio líquido amplamente utilizados.

TABELA 8.2: Indicadores de valor contábil do patrimônio líquido e valor de mercado do patrimônio líquido	
Indicador de valor do patrimônio líquido	**Indicador de valor contábil do patrimônio líquido**
Preço por ação	Valor contábil do patrimônio líquido por ação
Valor de mercado agregado do patrimônio líquido	Valor contábil do patrimônio líquido (patrimônio dos acionistas no balanço)
Valor de mercado líquido do patrimônio = Valor de mercado do patrimônio líquido – Caixa	Valor contábil do patrimônio líquido – Caixa
Patrimônio líquido expandido por opções = Valor de mercado do patrimônio líquido + Valor das opções administrativas	Valor contábil do patrimônio líquido + Valor contábil das opções administrativas concedidas (se houver)

Razão preço/lucro

A razão preço/lucro é aquela do valor de mercado do patrimônio líquido para os lucros gerados aos investidores em patrimônio líquido:

$$P/L = \frac{\text{Valor de mercado do patrimônio líquido}}{\text{Lucros de patrimônio líquido}}$$

Embora seja convencionalmente calculado usar o preço corrente por ação e os lucros por ação diluídos, os indicadores alternativos do patrimônio líquido de mercado — valor agregado do patrimônio líquido, patrimônio líquido deduzido do saldo de caixa e patrimônio líquido expandido por opções — podem ser usados com a medida compatível de lucros (veja a Tabela 8.1). A Figura 8.1 mostra a distribuição de razões P/L para ações nos Estados Unidos, em janeiro de 2006. As razões P/L corrente, P/L passado e P/L futuro são todas demonstradas nessa figura.

A Tabela 8.3 apresenta o resumo estatístico, em janeiro de 2006, dos três indicadores da razão preço/lucro, a começar pela média e pelo erro-padrão, incluindo valores da mediana e 10º e 90º percentis.[4]

Analisando todos os três indicadores da razão P/L, a média é consistentemente mais alta que a mediana, refletindo o fato de que as razões P/L podem ser números positivos muito altos, mas não inferiores a zero. Essa assimetria nas distribuições é capturada nos valores de inclinação (*skewness*). As razões P/L correntes também são mais altas que as de P/L passado, que, por sua vez, são mais altas do que as de P/L futuro.

Havia 7.123 empresas na amostragem geral, mas apenas 4.179 sobreviveram ao corte de lucros positivos e tinham razões P/L. Quanto às razões de P/L futuro, perdemos mais empresas, já que necessitamos de estimativas dos analistas de lucros por ação para o próximo ano; qualquer empresa não monitorada por analistas é eliminada da amostra. O viés que comprovamos no Capítulo 7, resultante da impossibilidade de se calcular múltiplos para algumas empresas, é claramente um problema quando se trata de razões P/L.

Razão P/L/C

Ocasionalmente, gestores de carteiras e analistas comparam as razões P/L à taxa de crescimento esperado, para identificar ações subestimadas ou superestimadas. Como uma conseqüência natural, a razão P/L/C é definida como a razão preço/lucro dividida pela taxa de crescimento esperado em lucros por ação:

$$\text{Razão P/L/C} = \frac{\text{Razão P/L}}{\text{Taxa de crescimento esperado}}$$

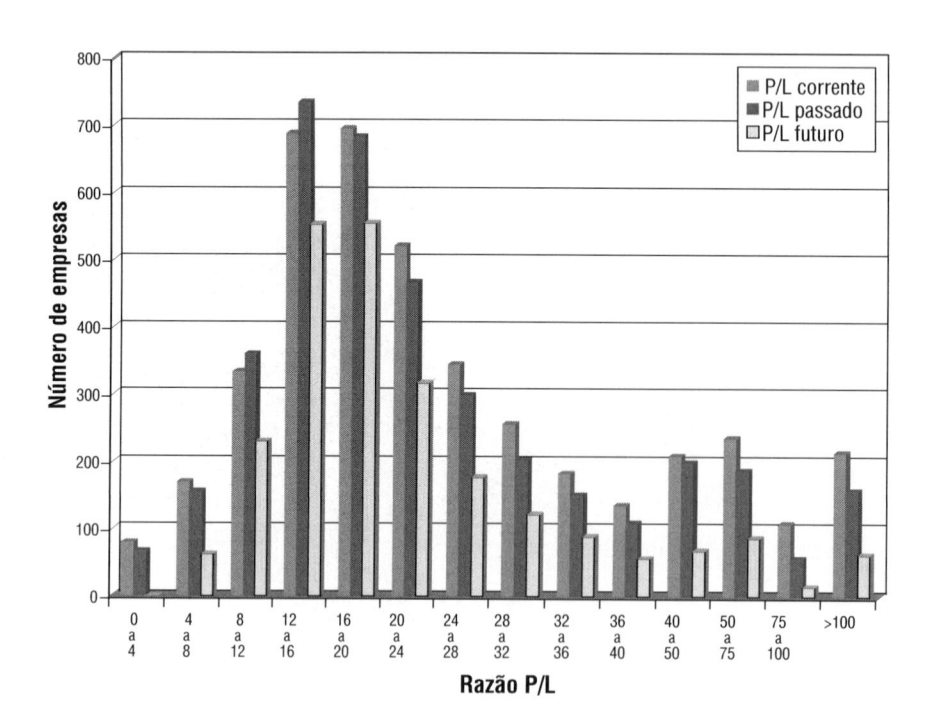

■ **FIGURA 8.1** – Razões P/L — ações nos Estados Unidos, janeiro de 2006

TABELA 8.3: Resumo estatístico — razões P/L para ações nos Estados Unidos, janeiro de 2006

	P/L corrente	P/L passado	P/L futuro
Média	43,58	40,52	29,93
Erro-padrão	3,74	7,38	1,81
Mediana	20,67	19,04	18,18
Desvio padrão	241,96	463,62	88,57
Kurtosis	1.871,78	3.611,60	474,76
Inclinação (skewness)	38,68	58,97	19,35
Valor mínimo	0,75	3,12	4,38
Valor máximo	12.712,82	28.518,28	2.710,00
Nº de observações	4.179,00	3.947,00	2.397,00
90º percentil	54,21	44,31	28,14
10º percentil	11,22	10,17	13,75

Por exemplo, estima-se que uma empresa com razão P/L de 20 e taxa de crescimento de 10% tenha uma razão P/L/C de 2. Em prol da consistência, a taxa de crescimento utilizada nessa estimativa deve ser a taxa de crescimento esperado em lucros por ação ou lucro líquido, em vez do lucro operacional, porque se trata de um múltiplo de patrimônio líquido. Considerando-se as muitas definições da razão P/L, qual versão deve ser usada para estimar a razão P/L/C? A resposta depende da base de cálculo da taxa de crescimento esperado. Se a taxa de crescimento esperado em lucros por ação baseia-se nos lucros do ano mais recente (lucros correntes), a razão P/L a ser aplicada é a razão P/L corrente. Se a base for os lucros passados, a razão P/L deverá ser o P/L passado. A razão P/L futuro nunca deve ser empregada nesse cálculo, pois pode resultar em uma contagem duplicada de crescimento.[5] A distribuição cross-sectional das razões P/L/C entre todas as empresas nos Estados Unidos, em janeiro de 2006, é examinada na Figura 8.2.

Ao estimar essas razões P/L/C, as estimativas de crescimento elaboradas por analistas em lucros por ação nos próximos cinco anos são usadas em conjunto com a P/L corrente. Qualquer empresa, portanto, que tenha lucros por ação negativos ou não possua uma estimativa elaborada por analista de crescimento esperado é eliminada da amostra. Isso pode ser uma fonte de viés, visto que é mais provável que empresas maiores e mais líquidas sejam monitoradas pelos analistas.

As razões P/L/C são mais utilizadas na análise de empresas de tecnologia. A Figura 8.3 contém a distribuição das razões P/L/C para ações de tecnologia em janeiro de 2006, novamente pelas estimativas de crescimento elaboradas por analistas, para se chegar às razões P/L/C. Observe que, das 516 empresas de tecnologia para as quais as razões P/L foram estimadas, apenas 279 possuem razões P/L/C disponíveis; as 237 empresas para as quais as estimativas de crescimento de analistas não estavam disponíveis foram descartadas da amostra.

A Tabela 8.4 inclui o resumo estatístico, em janeiro de 2006, para as razões P/L/C de ações de tecnologia e de todas as ações. A razão média P/L/C para ações de tecnologia é ligeiramente mais baixa que a razão média de P/L/C para todas as ações. Além disso, para ambos os grupos a média é mais alta que a mediana. Em ambos os grupos, há um significativo número de empresas com razões P/L/C estranhamente altas; os valores discrepantes são mais extremos no grupo geral.

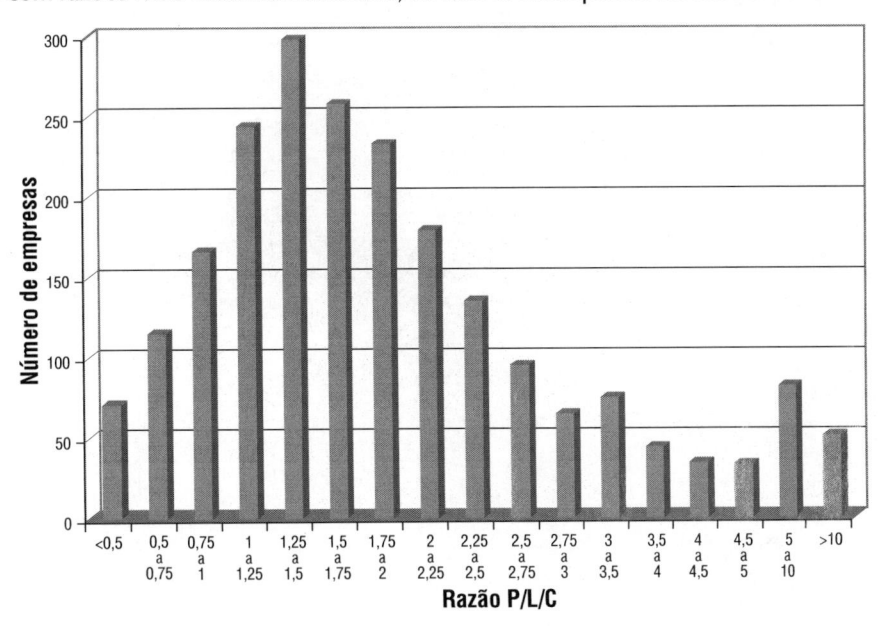

■ **FIGURA 8.2** – Distribuição de razão P/L/C — ações nos Estados Unidos, janeiro de 2006

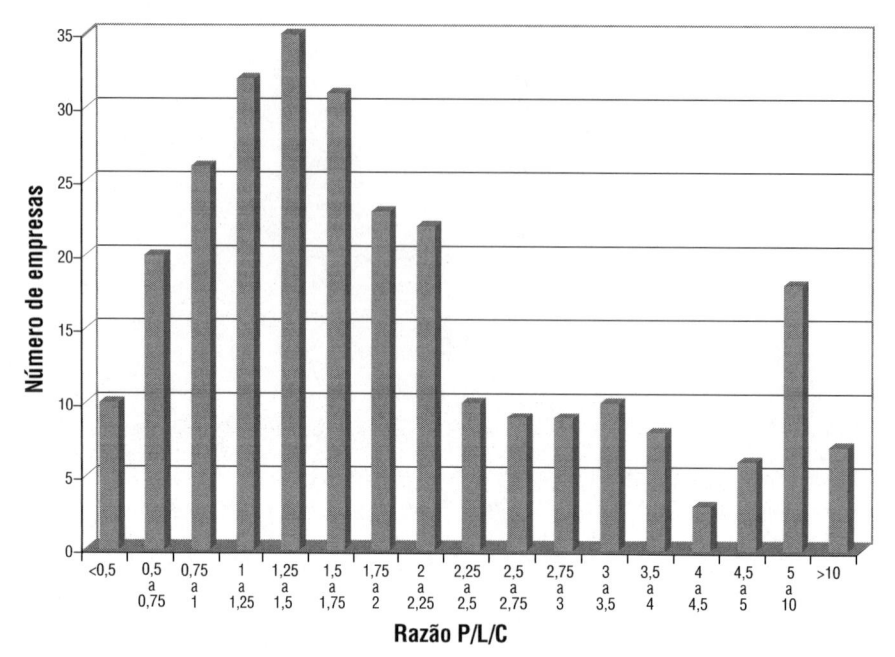

■ **FIGURA 8.3** – Razões P/L/C para empresas de alto crescimento — empresas de tecnologia nos Estados Unidos, janeiro de 2006

Razão preço/valor contábil

O valor de mercado do patrimônio líquido de uma empresa reflete as expectativas de mercado do poder de lucros e dos fluxos de caixa da empresa. O valor contábil do patrimônio líquido é a diferença entre o valor contábil dos ativos e o valor contábil dos passivos, um número em grande parte determinado pelas convenções contábeis. A razão preço/valor contábil é calculada dividindo-se o valor de mercado do patrimônio líquido pelo valor contábil corrente do patrimônio líquido:

$$\text{Razão preço/valor contábil} = P/BV = \frac{\text{Valor de mercado do patrimônio líquido}}{\text{Valor contábil do patrimônio líquido}}$$

Para se ter uma noção do que consiste uma razão alta, baixa ou média de preço sobre o valor contábil, calculamos a razão de cada empresa listada nos Estados Unidos. A Figura 8.4 resume a distribuição de razões preço/valor contábil em janeiro de 2006. Note que essa distribuição está fortemente inclinada, como evidenciado pelo fato de que a razão média de preço/valor contábil é 5,33, enquanto a razão mediana preço/valor contábil é muito inferior a 2,32. Como no caso dos múltiplos de lucros, há um grande número de empresas com razões preço/valor contábil muito altas (excedendo a 10).

Outro ponto que vale a pena levantar sobre as razões preço/valor contábil é que há empresas com valores contábeis negativos para patrimônio líquido — o resultado de perda contínua de dinheiro —, em que as razões preço/valor contábil não puderam ser calculadas. Nessa amostra de 7.123 empresas, havia 1.467 onde isso ocorreu. Em contraposição, porém, quase 3.000 empresas tinham lucros negativos e não puderam ter as suas razões P/L calculadas.

TABELA 8.4: Razões P/L/C: ações de tecnologia *versus* outras		
	Todas as empresas	**Empresas de tecnologia**
Média	2,64	2,54
Erro-padrão	0,17	0,25
Mediana	1,70	1,66
Inclinação (*Skewness*)	20,11	9,92
Amplitude	234,24	60,43
Mínimo	0,00	0,34
Máximo	234,24	60,09
Nº de observações	2.178,00	279,00
Maiores (100)	6,15	2,03
Menores (100)	0,57	1,33

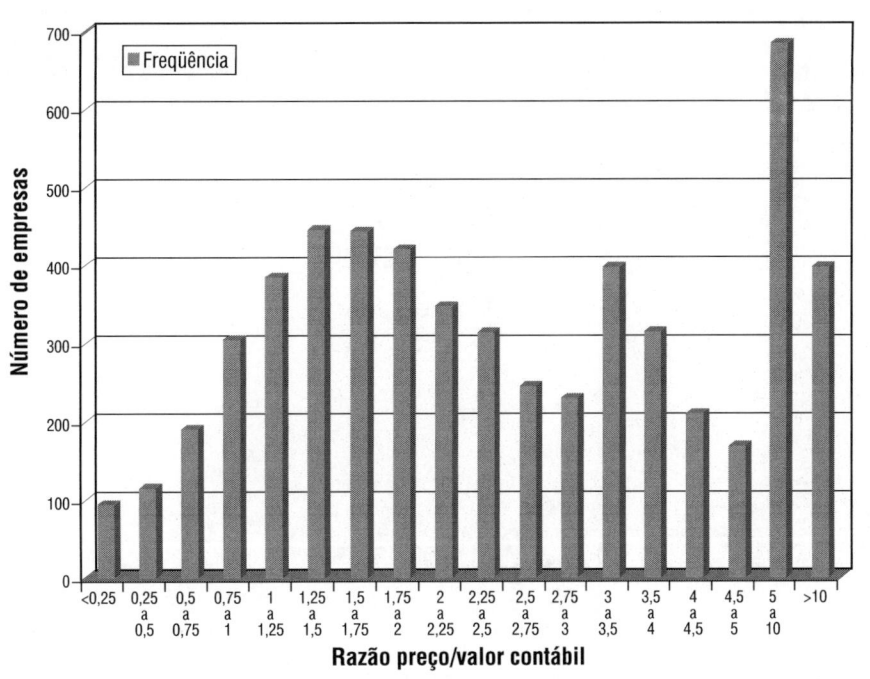

■ **FIGURA 8.4** – Preço/valor contábil do patrimônio líquido — ações nos Estados Unidos, janeiro de 2006

Razão preço/vendas

Um múltiplo de receita mede o valor do patrimônio líquido ou de um negócio relativo às receitas que gera. Como ocorre com outros múltiplos, mantidas as demais condições, as empresas que negociam a baixos múltiplos de receitas são consideradas baratas em relação a empresas que negociam a múltiplos de receitas altos.

$$\text{Razão preço/vendas} = \frac{\text{Valor de mercado do patrimônio líquido}}{\text{Receitas}}$$

Embora essa razão seja definida de forma inconsistente, ainda assim é amplamente utilizada. A Figura 8.5 resume a distribuição das razões preço/vendas das empresas nos Estados Unidos, em janeiro de 2006.

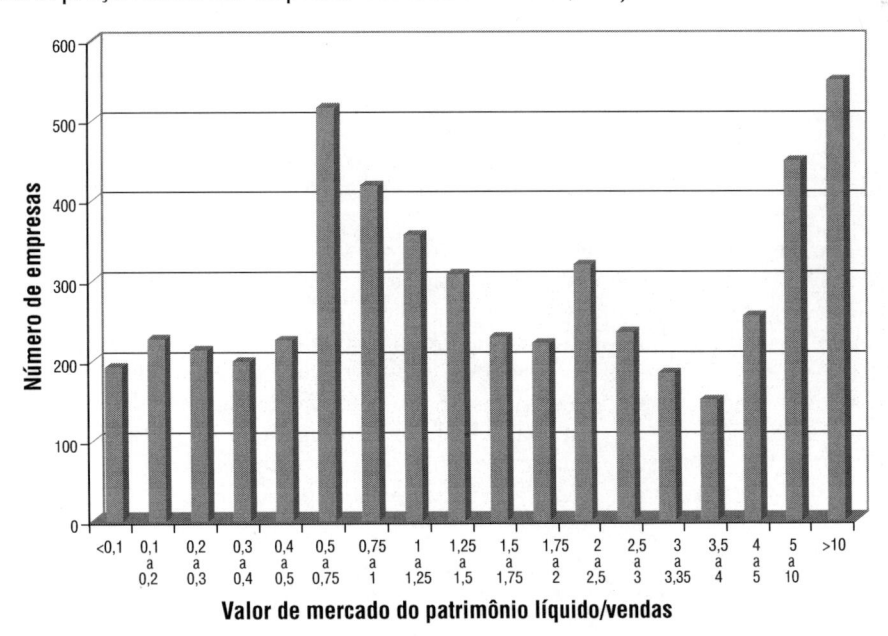

■ **FIGURA 8.5** – Razões preço/vendas — empresas nos Estados Unidos, janeiro de 2006

TABELA 8.5: Determinantes de múltiplos de patrimônio líquido: modelo de crescimento estável

Múltiplo analisado	Modelo DDM de crescimento estável
Valor do patrimônio líquido	$P_0 = \dfrac{DPA_1}{k_e - g_n}$ ou $P_0 = \dfrac{FCFE_1}{k_e - g_n}$
Razão P/L (com lucros correntes)	$\dfrac{P_0}{LPA_0} = P/L = \dfrac{\text{Razão de } payout \times (1 + g_n)}{k_e - g_n}$
Razão P/L (com lucros futuros)	$\dfrac{P_0}{LPA_1} = P/L = \dfrac{\text{Razão de } payout}{k_e - g_n}$
Razão P/L/C	$P/L/C = \dfrac{\text{Razão de } payout}{g(k_e - g_n)}$
P/FCFE	$\dfrac{P_0}{FCFE_1} = \dfrac{1}{k_e - g_n}$
Valor de mercado / Valor contábil do patrimônio líquido	$\dfrac{P_0}{BV_0} = P/BV = \dfrac{ROE \times \text{Razão de } payout \times (1 + g_n)}{k_e - g_n}$
Razão preço/vendas	$\dfrac{P_0}{Vendas_0} = P/V = \dfrac{\text{Margem de lucro} \times \text{Razão de } payout \times (1 + g_n)}{k_e - g_n}$

Uma vantagem que os múltiplos de receitas apresentam sobre os múltiplos de lucros e valor contábil é que há muito menos empresas nas quais esse múltiplo não pode ser calculado e, portanto, menos viés no processo de comparação.[6] As únicas empresas que perdem nesse cálculo são aquelas em que não há nenhuma receita claramente especificada, como é o caso de bancos e outras instituições financeiras, além de jovens empresas *start-ups* sem produtos comerciais.

Outra diferença entre razão preço/vendas e os demais múltiplos de patrimônio líquido está na natureza das distribuições. Diferentemente das distribuições das razões P/L e P/BV, que apresentam picos aguçadamente pronunciados, a distribuição da razão preço/vendas é mais uniforme. Em outras palavras, há amplas variações entre os segmentos e não há nenhuma razão típica de preço/vendas que se aplique a todas as empresas ou segmentos.

ANÁLISE DE MÚLTIPLO DE PATRIMÔNIO LÍQUIDO

Há duas questões centrais que precisamos abordar em relação a cada múltiplo. A primeira refere-se às variáveis que determinam esse múltiplo e a segunda, à relação entre cada variável e o múltiplo. Nesta seção, consideramos ambas as questões.

Determinantes de múltiplos de patrimônio líquido

No Capítulo 7, apresentamos a base para a análise de múltiplos de patrimônio líquido, começando com um modelo de desconto de dividendos de crescimento estável e depois definindo os múltiplos em termos dos fundamentos. A Tabela 8.5 revisa as nossas conclusões.

Os modelos podem ser definidos em termos de dividendos reais (razão de *payout*) ou dividendos potenciais (FCFE/Lucros). Todos os múltiplos de patrimônio líquido, exceto a razão P/L/C, aumentam à medida que a razão de *payout* e a taxa de crescimento sobem, e diminuem com o grau de risco da empresa. Embora essas sejam as únicas variáveis que importam para os múltiplos de lucros, o retorno sobre patrimônio líquido e a margem de lucro líquido são as variáveis adicionais que determinam as razões preço/valor contábil e preço/vendas, respectivamente.

O múltiplo de patrimônio líquido para uma empresa de alto crescimento também pode ser relacionado aos fundamentos. No caso especial do modelo de desconto de dividendos em dois estágios, essa relação pode ser explicitada de forma muito simples. Quando se espera que uma empresa tenha alto crescimento nos próximos *n* anos e crescimento estável a partir daí, o modelo de desconto de dividendos pode ser formulado como:

$$P_0 = \dfrac{(LPA_0)(\text{Razão de } payout)(1 + g)\left[1 - \dfrac{(1 + g)^n}{(1 + k_{e,hg})^n}\right]}{k_{e,hg} - g}$$

$$+ \dfrac{(LPA_0)(\text{Razão de } payout_n)(1 + g)^n(1 + g_n)}{(k_{e,st} - g_n)(1 + k_{e,hg})^n}$$

onde LPA_0 = Lucros por ação no ano 0 (ano corrente)
Razão de *payout* = Razão de *payout* nos primeiros n anos
g = Taxa de crescimento nos primeiros n anos
$k_{e,hg}$ = Custo do patrimônio líquido em período de alto crescimento
Razão de *payout*$_n$ = Razão de *payout* após n anos para empresa estável
g_n = Taxa de crescimento após n anos para sempre (taxa de crescimento estável)
$k_{e,st}$ = Custo do patrimônio líquido em período de crescimento estável

Dividindo-se ambos os lados da equação pelo LPA_0, podemos estimar a razão P/L para uma empresa de alto crescimento:

$$\frac{P_0}{LPA_0} = \frac{\text{Razão de } payout \times (1+g) \times \left[1 - \frac{(1+g)^n}{(1+k_{e,hg})^n}\right]}{k_{e,hg} - g}$$

$$+ \frac{\text{Razão de } payout_n \times (1+g)^n \times (1+g_n)}{(k_{e,st} - g_n)(1+k_{e,hg})^n}$$

Dessa forma, a razão P/L para uma empresa de alto crescimento é determinada pelas mesmas três variáveis que estabelecem as razões P/L para uma empresa de crescimento estável — a razão de *payout*, o grau de risco e a taxa de crescimento em lucros. A única diferença prática é que devemos estimar esses inputs duas vezes para uma empresa de alto crescimento, uma vez para o período de alto crescimento e uma vez para crescimento estável. Essa fórmula é suficientemente geral para ser aplicada a qualquer empresa, mesmo aquela que não esteja pagando dividendos no momento. Na verdade, a razão de FCFE para lucros pode ser substituída pela razão de *payout* para empresas que pagam significativamente menos dividendos do que poderiam.

Estendendo a mesma abordagem, podemos obter as equações fundamentais para razões P/L/C, preço/valor contábil e preço/vendas:

$$P/L/C = \frac{(\text{Razão de } payout)(1+g)\left[1 - \frac{(1+g)^n}{(1+k_{e,hg})^n}\right]}{g(k_{e,hg} - g)}$$

$$+ \frac{(\text{Razão de } payout_n)(1+g)^n(1+g_n)}{g(k_{e,st} - g_n)(1+k_{e,hg})^n}$$

$$\frac{P_0}{BV_0} = \left[(ROE_{hg})\frac{(\text{Razão de } payout)(1+g)\left[1 - \frac{(1+g)^n}{(1+k_{e,hg})^n}\right]}{k_{e,hg} - g} \right.$$
$$\left. + (ROE_{st})\frac{(\text{Razão de } payout_n)(1+g)^n(1+g_n)}{(k_{e,st} - g_n)(1+k_{e,hg})^n}\right]$$

$$\frac{\text{Preço}}{\text{Vendas}} = (\text{Margem líquida})\left(\frac{(\text{Razão de } payout)(1+g)\left[1 - \frac{(1+g)^n}{(1+k_{e,hg})^n}\right]}{k_{e,hg} - g}\right.$$
$$\left. + \frac{(\text{Razão de } payout_n)(1+g)^n(1+g_n)}{(k_{e,st} - g_n)(1+k_{e,hg})^n}\right)$$

Embora as equações pareçam assustadoras, as conclusões são reconfortantes. Os determinantes desses três múltiplos, como a razão P/L, não se alteram no cenário de crescimento estável.

Embora todas as equações baseiem-se em um modelo de desconto de dividendos de dois estágios, elas podem ser generalizadas para o modelo FCFE, substituindo-se a razão de *payout* pela de FCFE para lucro líquido. Há duas vantagens para essa substituição. A primeira é que obtemos estimativas mais realistas dos múltiplos para empresas que não estão pagando o seu FCFE como dividendos. A segunda é que a razão FCFE/lucro líquido ou razão de *payout* potencial não está restrita a ser maior que zero. Em outras palavras, se o FCFE for negativo porque a empresa reinveste mais do que o seu lucro líquido, a razão de *payout* potencial pode ser negativa pelo menos na fase de alto crescimento. Uma razão de *payout* potencial negativa indica que a empresa terá de levantar novo patrimônio líquido na sua fase de alto crescimento para financiar o seu reinvestimento, e essa diluição esperada empurrará a razão P/L para baixo no presente.

EXEMPLO 8.1: Estimativa de múltiplos de patrimônio líquido para uma empresa de alto crescimento no modelo de dois estágios

Vamos supor que estejamos estimando os múltiplos de patrimônio líquido para uma empresa com as seguintes características:

- A empresa declarou lucro líquido de $ 15 milhões sobre receitas de $ 150 milhões no ano passado e patrimônio líquido investido de $ 75 milhões. A margem líquida resultante e o retorno sobre patrimônio líquido são demonstrados aqui.

$$\text{Margem líquida} = \frac{\text{Lucro líquido}}{\text{Vendas}} = \frac{15}{150} = 10\%$$

$$\frac{\text{Vendas}}{\text{Valor contábil do patrimônio líquido}} = \frac{150}{75} = 2$$

$$\text{Retorno sobre patrimônio líquido} = \text{Margem líquida} \times \frac{\text{Vendas}}{\text{Valor contábil do patrimônio líquido}} = 10\% \times 2 = 20\%$$

Espera-se que a empresa mantenha esses valores em perpetuidade.

- A empresa pagou 10% dos seus lucros como dividendos, resultando em uma taxa de retenção de 90%. Vamos assumir também que a empresa tenha pago o seu FCFE como dividendos e que se espera que mantenha essa razão de *payout* pelos próximos cinco anos.
- A taxa de crescimento esperado em lucro líquido nos próximos cinco anos pode ser calculada a partir da razão de retenção e do retorno sobre patrimônio líquido:

$$\text{Taxa de crescimento esperado} = \text{Retorno sobre patrimônio líquido} \times \text{Razão de retenção} = 20\% \times 0{,}90 = 18\%$$

- Após o quinto ano, assumiremos que a taxa de crescimento esperado em lucro líquido cairá para 4%. Como o retorno sobre patrimônio líquido continua a ser de 20%, a razão de *payout* em período estável é de 80%:

$$\text{Razão de } payout \text{ em período estável} = 1 - \frac{g}{\text{ROE}} = 1 - \frac{0{,}04}{0{,}20} = 0{,}80 \text{ ou } 80\%$$

- Assumiremos que o beta para o patrimônio líquido seja 1,00 em perpetuidade. Com uma taxa livre de risco de 5% e um prêmio pelo risco de mercado de 4%, o custo do patrimônio líquido é 9%.

$$\text{Custo do patrimônio líquido} = \text{Taxa livre de risco} + \text{Beta} \times \text{Prêmio pelo risco} = 5\% + 1 \times 4\% = 9\%$$

Agora, podemos estimar a razão preço/lucro para essa empresa:

$$P/L = \frac{(0{,}1)(1{,}18)\left[1 - \frac{1{,}18^5}{1{,}09^5}\right]}{0{,}09 - 0{,}18} + \frac{(0{,}8)(1{,}18)^5(1{,}04)}{(0{,}09 - 0{,}04)(1{,}09)^5} = 25{,}38$$

A razão P/L estimada para essa empresa é 25,38 e a razão P/L/C é 1,41:

$$P/L/C = \frac{(0{,}1)(1{,}18)\left[1 - \frac{(1{,}18)^5}{(1{,}09)^5}\right]}{0{,}18(0{,}09 - 0{,}18)} + \frac{(0{,}8)(1{,}18)^5(1{,}04)}{0{,}18(0{,}09 - 0{,}04)(1{,}09)^5} = 141 \text{ ou } 1{,}41$$

A razão preço/valor contábil pode ser estimada por meio do retorno sobre patrimônio líquido de 20% como um input:

$$P/BV = 0{,}20\frac{(0{,}1)(1{,}18)\left[1 - \frac{(1{,}18)^5}{(1{,}09)^5}\right]}{0{,}09 - 0{,}18} + 0{,}20\frac{(0{,}8)(1{,}18)^5(1{,}04)}{(0{,}09 - 0{,}04)(1{,}09)^5} = 5{,}08$$

Essa ação é negociada bem acima do valor contábil, o que não deve surpreender, já que o seu retorno sobre patrimônio líquido é muito mais alto que o seu custo do patrimônio líquido. A razão preço/vendas pode ser calculada com a margem de lucro líquida (de 10%):

$$P/V = 0,10 \left\{ \frac{(0,1)(1,25)\left[1 - \frac{(1,25)^5}{(1,115)^5}\right]}{0,115 - 0,25} + \frac{(0,50)(1,25)^5(1,08)}{(0,115 - 0,08)(1,115)^5} \right\} = 2,54$$

Com base nos fundamentos dessa empresa, é de esperar que o seu patrimônio líquido seja negociado a 2,54 vezes as suas receitas.

Relação entre múltiplos e fundamentos

Na seção anterior, apresentamos equações que explicitavam a relação entre as variáveis fundamentais que direcionam o valor — fluxos de caixa, crescimento e risco — e os múltiplos de patrimônio líquido. Ao analisar empresas, porém, somos chamados a julgar como as diferenças sobre uma variável convertem-se em diferença em um múltiplo. Por exemplo, embora possamos demonstrar com relativa facilidade que, mantidas as demais condições, as empresas com crescimento mais alto devem negociar a múltiplos de patrimônio líquido mais altos, necessitamos ser explícitos sobre como esses múltiplos mudarão com as alterações no crescimento. Nesta seção, usamos as equações fundamentais da seção anterior para tentar abordar essa questão.

Efeito do crescimento Os valores do patrimônio líquido são suscetíveis às expectativas sobre a taxa de crescimento no período de alto crescimento. Assim, no exemplo anterior, a taxa de crescimento esperado de 18% no período de alto crescimento de cinco anos desempenha papel importante na determinação de todos os múltiplos de patrimônio líquido. Mas e se a taxa de crescimento esperado divergir das nossas expectativas? Evidentemente, os valores de patrimônio líquido aumentarão, se a taxa de crescimento esperado vier a ser maior que 18%, e diminuirão, se for inferior. A Tabela 8.6 resume os efeitos da alteração da taxa de crescimento esperado no período de alto crescimento sobre os múltiplos de patrimônio líquido, enquanto se mantêm fixos todos os demais inputs (razão de *payout*, retorno sobre patrimônio líquido, custo do patrimônio líquido, duração do período de alto crescimento e dados de crescimento estáveis).

Todos os múltiplos de patrimônio líquido, exceto a razão P/L/C, de uma empresa de alto crescimento aumentam com a taxa de crescimento extraordinário esperado — quanto mais alto o crescimento esperado, maiores os valores dos múltiplos. No Exemplo 8.1, a razão P/L que era estimada a 25,38 com uma taxa de crescimento de 18% cai para 16,38, se a taxa de crescimento esperado no período de alto crescimento for de apenas 8%. Tendências similares são verificadas com as razões preço/valor contábil e preço/vendas.

Com as razões P/L/C, porém, a razão inicialmente diminui à medida que aumenta o crescimento esperado, mas após cair a cerca de 1,35, quando a taxa de crescimento esperado chega a 24% para 26%, ela volta a subir. Há duas implicações imediatas e importantes. A primeira é que, ao contrário dos argumentos dos seus adeptos, a razão P/L/C não controla plenamente as diferenças em crescimento entre as empresas. Como regra, as empresas de crescimento mais baixo parecerão superavaliadas com base na razão P/L/C, e isso é resultado direto da premissa de linearidade feita na razão P/L/C; afinal, se a linearidade se mantiver, a razão P/L/C de uma empresa com uma taxa de crescimento esperado de 0 também deverá ser 0. A segunda é que, diferentemente de outros múltiplos em que o direcionamento da relação entre crescimento e o valor do múltiplo é previsível, o efeito do crescimento sobre as razões P/L/C pode variar, dependendo das taxas de crescimento esperado em comparação. Colocado de outra forma, ao comparar duas empresas, uma com taxa de crescimento esperado de 4% e outra de 15%, sabemos que a razão P/L/C nos induzirá contra a empresa de crescimento inferior e a favor da de maior crescimento. Entretanto, ao comparar duas empresas com taxas de crescimento esperado de 30% e 40%, a razão P/L/C pode nos induzir contra a empresa de maior crescimento e a favor da de crescimento inferior.

O efeito das alterações na taxa de crescimento esperado sobre os múltiplos de patrimônio líquido também pode variar dependendo do nível das taxas de juros. A intuição para isso é direta. O valor do crescimento está no futuro e, à medida que sobem as taxas de juros, diminui o valor do crescimento esperado. Conseqüentemente, surpresas quanto ao crescimento esperado têm impacto maior quando as taxas de juros são baixas do que quando estão altas. Isso é demonstrado na Figura 8.6, na qual analisamos o impacto da alteração na taxa de crescimento esperado sobre a razão P/L, sob quatro taxas livres de risco diferentes — 4%, 6%, 8% e 10%.

A razão P/L é muito mais suscetível às alterações nas taxas de crescimento esperado quando as taxas de juros são baixas do que quando estão altas. Há uma ligação possível entre essa conclusão e a reação dos mercados ao anúncio dos lucros pelas empresas. Quando os lucros declarados são significativamente mais altos que o esperado (surpresa positiva) ou mais baixos (surpresa negativa), as percepções dos investidores sobre a taxa de crescimento esperado dessa empresa podem mudar de acordo com essa circunstância, acarretando um efeito no preço. Seria de esperar reações maiores de preço para determinada surpresa sobre os lucros, positiva ou negativa, em um ambiente de baixa taxa de juros do que em outro de alta taxa de juros.

TABELA 8.6: Múltiplos de patrimônio líquido e taxa de crescimento esperado				
Taxa de crescimento no período de alto crescimento	P/L	P/L/C	P/BV	P/V
0%	11,20	∞	2,24	1,12
2	12,35	6,18	2,47	1,24
4	13,59	3,40	2,72	1,36
6	14,93	2,49	2,99	1,49
8	16,38	2,05	3,28	1,64
10	17,93	1,79	3,59	1,79
12	19,60	1,63	3,92	1,96
14	21,40	1,53	4,28	2,14
16	23,32	1,46	4,66	2,33
18	25,38	1,41	5,08	2,54
20	27,58	1,38	5,52	2,76
22	29,94	1,36	5,99	2,99
24	32,45	1,35	6,49	3,25
26	35,13	1,35	7,03	3,51
28	37,99	1,36	7,60	3,80
30	41,03	1,37	8,21	4,10
32	44,26	1,38	8,85	4,43
34	47,69	1,40	9,54	4,77
36	51,34	1,43	10,27	5,13
38	55,20	1,45	11,04	5,52
40	59,29	1,48	11,86	5,93

Há outra dimensão em que podemos examinar o efeito do alto crescimento, ou seja, pela duração do período de crescimento (enquanto se mantém fixa a taxa de crescimento esperado). Em outras palavras, e se a empresa, em vez de manter uma taxa de crescimento de 18% nos próximos cinco anos, conseguir isso por apenas três anos? E se pudesse manter o alto crescimento por oito anos? A Tabela 8.7 resume o impacto da extensão do período de crescimento de cada múltiplo de patrimônio líquido.

Os efeitos são previsíveis. Se a empresa for capaz de sustentar alto crescimento por mais tempo, todos os múltiplos de patrimônio líquido registrarão valores mais altos. No Capítulo 4, argumentamos que o principal determinante da duração do período de crescimento era a posição competitiva da empresa; quanto maiores e mais sustentáveis as suas vantagens competitivas, mais duradouro o período de crescimento. Essa tabela sugere que, mantidas as demais condições, as empresas em posições competitivas mais fortes serão negociadas a múltiplos mais altos, por qualquer taxa de crescimento esperado, do que aquelas com posições mais fracas.

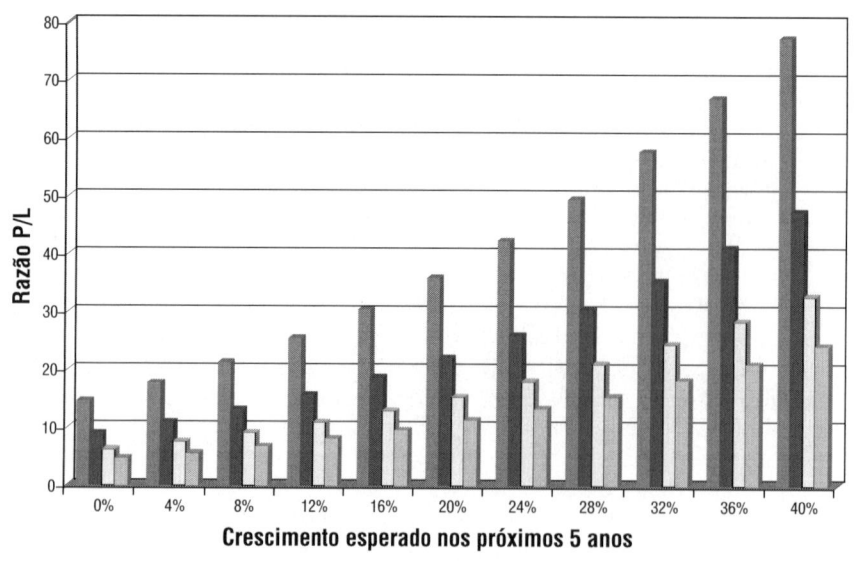

■ **FIGURA 8.6** – Taxa livre de risco e razões P/L

TABELA 8.7: Duração do período de crescimento e os múltiplos de patrimônio líquido				
Anos de crescimento	P/L	P/L/C	P/BV	P/V
0	16,64	0,92	3,33	1,66
1	18,12	1,01	3,62	1,81
2	19,73	1,10	3,95	1,97
3	21,46	1,19	4,29	2,15
4	23,34	1,30	4,67	2,33
5	25,38	1,41	5,08	2,54
6	27,58	1,53	5,52	2,76
7	29,97	1,66	5,99	3,00
8	32,55	1,81	6,51	3,26
9	35,35	1,96	7,07	3,53
10	38,38	2,13	7,68	3,84

Efeito de risco O risco entra na equação por meio do custo do patrimônio líquido. Embora usemos o beta como o nosso indicador de risco do patrimônio líquido, a lógica de que maior risco aumenta o custo do patrimônio líquido se aplicará, independentemente do modelo de risco e retorno pelo qual se opte. Mantidas as demais variáveis constantes, o aumento do risco do patrimônio líquido diminuirá todos os múltiplos de patrimônio líquido. Na Tabela 8.8, examinamos o efeito da alteração do beta (e, por meio dele, do custo do patrimônio líquido) sobre todos os múltiplos de patrimônio líquido. Conforme cresce o risco, diminuem os múltiplos de patrimônio líquido na tabela. Uma empresa com custo do patrimônio líquido de 15% negociará a 9,14 vezes os lucros, muito embora a sua taxa de crescimento esperado ainda seja de 18%. O mesmo se aplica às razões P/L/C, preço/valor contábil e preço/vendas.

Do ponto de vista prático, isso deve acrescentar uma advertência àquelas análises em que as razões P/L ou P/L/C de empresas em um segmento são comparadas umas às outras, com o intuito de identificar ações subavaliadas ou supervaliadas. Sem controlar as diferenças no risco, esse tipo de análise induzirá ao pensamento de que empresas de maior risco são baratas (porque negociarão a múltiplos mais baixos) e empresas mais seguras são caras. Do ponto de vista da empresa, essa relação também sugere que, em níveis muito altos de risco, os múltiplos de patrimônio líquido provavelmente aumentarão mais à medida que o risco é reduzido do que quando o crescimento aumenta. Para muitas empresas jovens, consideradas tanto de alto risco como de bom potencial de crescimento, reduzir o risco pode aumentar o valor do patrimônio líquido muito mais do que aumentar o crescimento esperado.

Efeito da qualidade dos investimentos O foco no crescimento esperado de lucros entre investidores e analistas pode, às vezes, cegar-nos em relação a um fato óbvio: nem todo crescimento gerado é igual, e as empresas que geram crescimento com maior eficiência (com menos investimento) devem negociar a valores de patrimônio líquido mais altos que aquelas que geram o mesmo crescimento de forma menos eficiente. A forma mais simples de se constatar isso é retomar os determinantes fundamentais do crescimento esperado em lucros:

$$\text{Taxa de crescimento em lucros} = \text{Razão de retenção} \times \text{Retorno sobre patrimônio líquido}$$

No nosso caso de base, usamos um retorno sobre patrimônio líquido de 20% e uma razão de retenção de 90% para obter uma taxa de crescimento esperado de 18%. Mas há outras combinações de retorno sobre patrimônio líquido e razões de retenção que teriam gerado a mesma taxa de crescimento. Por exemplo, uma empresa com retorno sobre patrimônio líquido de 30% teria sido capaz de aumentar os seus lucros em 18%, enquanto retém apenas 60% dos seus lucros.

TABELA 8.8: Risco e os múltiplos de patrimônio líquido					
Beta	Custo do patrimônio líquido	P/L	P/L/C	P/BV	P/V
0,50	7,00%	45,91	2,55	9,18	4,59
0,75	8,00	33,04	1,84	6,61	3,30
1,00	9,00	25,38	1,41	5,08	2,54
1,25	10,00	20,32	1,13	4,06	2,03
1,50	11,00	16,74	0,93	3,35	1,67
1,75	12,00	14,09	0,78	2,82	1,41
2,00	13,00	12,05	0,67	2,41	1,20
2,25	14,00	10,44	0,58	2,09	1,04
2,50	15,00	9,14	0,51	1,83	0,91

TABELA 8.9: Retorno sobre patrimônio líquido e múltiplos de patrimônio líquido					
Retorno sobre patrimônio líquido	Razão de retenção implícita	P/L	P/L/C	P/BV	P/V
8%	225%	7,48	0,42	0,60	0,75
10	180	13,45	0,75	1,34	1,34
12	150	17,43	0,97	2,09	1,74
14	129	20,27	1,13	2,84	2,03
16	113	22,40	1,24	3,58	2,24
18	100	24,05	1,34	4,33	2,41
20	90	25,38	1,41	5,08	2,54
22	82	26,46	1,47	5,82	2,65
24	75	27,37	1,52	6,57	2,74
26	69	28,13	1,56	7,31	2,81
28	64	28,79	1,60	8,06	2,88
30	60	29,36	1,63	8,81	2,94

Ao contrário, uma empresa com retorno sobre patrimônio líquido de 15% teria exigido uma razão de retenção de 120% para gerar uma taxa de crescimento de 18%; com efeito, a empresa teria emitido novas ações a cada ano.[7] A Tabela 8.9 resume o impacto da alteração no retorno sobre patrimônio líquido, enquanto se mantém a taxa de crescimento esperado em 18%, sobre múltiplos de patrimônio líquido.

Com o aumento do retorno sobre patrimônio líquido, todos os múltiplos de patrimônio líquido sobem. A retornos sobre patrimônio líquido muito baixos, a empresa terá de fazer uma substancial emissão de novas ações para sustentar seu alto crescimento em lucros, e o valor do patrimônio líquido por ação diminui para refletir a diluição potencial. Se os retornos sobre patrimônio líquido despencam abaixo do custo do patrimônio líquido, o crescimento pode começar a destruir o valor do patrimônio líquido. Nesse exemplo em particular, quando o retorno sobre patrimônio líquido fica abaixo do custo do patrimônio líquido de 10%, aumentar a taxa de crescimento reduzirá os valores de patrimônio líquido. Em nossa discussão sobre as variáveis companheiras no Capítulo 7, argumentamos que o múltiplo mais proximamente ligado ao retorno sobre patrimônio líquido é a razão preço/valor contábil do patrimônio líquido. Se definirmos a diferença entre o retorno sobre patrimônio líquido e o custo do patrimônio líquido como a medida dos retornos em excesso para investidores em ações, há claramente uma ligação entre os retornos em excesso obtidos e se uma empresa negocia abaixo ou acima do valor contábil do patrimônio líquido. A Figura 8.7 apresenta os efeitos da alteração dos retornos em excesso do patrimônio líquido sobre a razão preço/valor contábil do patrimônio líquido.

Quando os retornos em excesso são negativos, a ação é negociada abaixo do valor contábil. De fato, quando se espera que o retorno sobre patrimônio líquido seja igual ao custo do patrimônio líquido em perpetuidade, a ação é negociada ao valor contábil. Ignorar as diferenças de retorno sobre patrimônio líquido, ao comparar razões de preço/valor contábil do patrimônio líquido entre empresas seria tolice e nos levaria a concluir que ações de baixo retorno sobre patrimônio líquido são baratas (já que são negociadas a baixos múltiplos de valor contábil de patrimônio líquido).

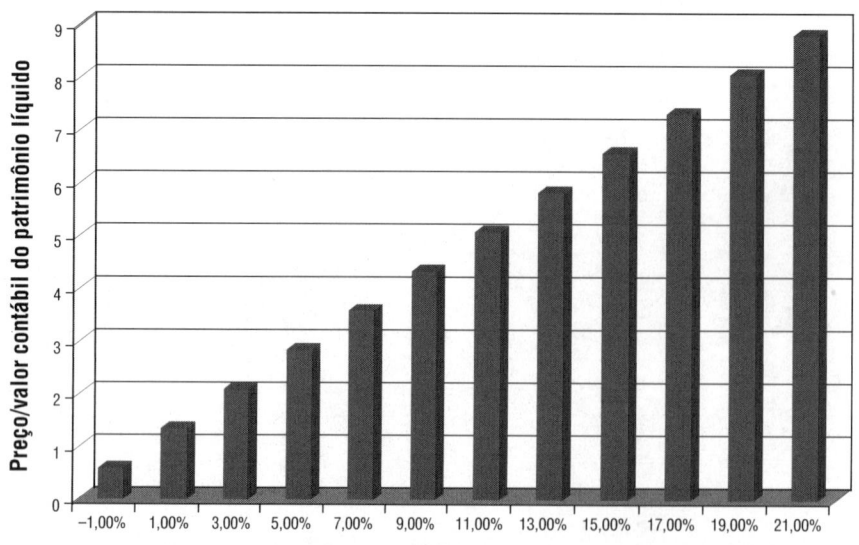

■ **FIGURA 8.7** – Retorno em excesso do patrimônio líquido e razão preço/valor contábil

Apesar de menos direto, outro indicador de qualidade dos lucros é a margem de lucro líquido que uma empresa gera. Novamente, usando a relação entre margens líquidas e retornos sobre patrimônio líquido apresentada na seção anterior, podemos declarar a taxa de crescimento esperado como uma função da margem líquida:

$$\text{Taxa de crescimento esperado} = \text{Margem líquida} \times \frac{\text{Vendas}}{\text{BV do patrimônio líquido}} \times \text{Razão de retenção}$$

No Exemplo 8.1, pressupomos que a empresa mantenha uma margem líquida de 10% e possua uma razão de vendas/valor contábil do patrimônio líquido de 2, assim, permitindo um retorno sobre patrimônio líquido de 20%. Na Tabela 8.10, examinamos o impacto de alterar a margem líquida, enquanto se mantêm fixas a taxa de crescimento esperado e a razão vendas/valor contábil do patrimônio líquido. Em outras palavras, se a margem cai para 5%, assumimos que a razão de retenção terá de mudar para permitir que a empresa cresça a 18% no período de alto crescimento.

Com o aumento da margem líquida, todos os múltiplos de patrimônio líquido aumentam. Como a margem líquida é a variável companheira para as razões preço/vendas, examinamos o impacto da alteração da margem sobre as razões preço/vendas na Figura 8.8.

Ao comparar empresas com base na razão preço/vendas, temos de incorporar o efeito das margens líquidas. Empresas com baixas margens líquidas, seja porque não têm nenhum poder de precificação, seja porque adotaram estratégias de alto volume/baixo preço (varejistas de desconto, por exemplo), devem negociar a múltiplos de receitas inferiores aos das empresas que mantêm margens mais altas.

Resumo de viés Com cada variável abordada nesta seção, listamos alguns dos problemas potenciais que podem ser criados quando são ignorados em um processo de análise. Correndo o risco de repetir muito do que foi dito, podemos resumir o viés que pode ser gerado ao se ignorar qualquer ou todas as variáveis na Tabela 8.11.

TABELA 8.10: Margem líquida e os múltiplos de patrimônio líquido

Margem líquida	P/L	P/L/C	P/BV	P/V
4%	7,48	0,42	0,60	0,30
6	17,43	0,97	2,09	1,05
8	22,40	1,24	3,58	1,79
10	25,38	1,41	5,08	2,54
12	27,37	1,52	6,57	3,28
14	28,79	1,60	8,06	4,03
16	29,85	1,66	9,55	4,78
18	30,68	1,70	11,05	5,52
20	31,35	1,74	12,54	6,27

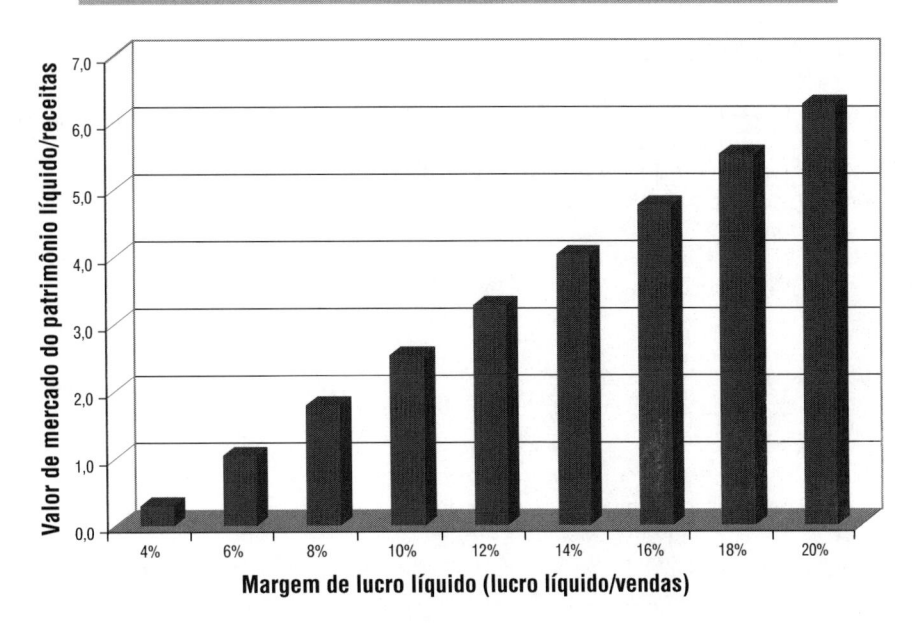

■ **FIGURA 8.8** – Razões preço/vendas *versus* margem líquida

TABELA 8.11: Comparação entre vieses criados pela omissão de variáveis		
Variável ignorada	**Empresas que parecerão baratas**	**Empresas que parecerão caras**
Taxa de crescimento esperado no período de alto crescimento	Empresas de baixo crescimento (com P/L, P/BV e P/V)	Empresas de alto crescimento (com P/L, P/BV e P/V)
	Empresas de alto crescimento (com razões P/L/C)	Empresas de baixo crescimento (com razões P/L/C)
Duração do período de crescimento	Empresas com vantagens competitivas mínimas ou de vida curta	Empresas com vantagens competitivas fortes e sustentáveis
Risco de patrimônio líquido	Empresas com alto risco de patrimônio líquido, seja porque estão em negócios de maior risco, seja porque possuem altas razões de endividamento	Empresas com baixo risco de patrimônio líquido, seja porque estão em negócios mais estáveis, seja porque são financeiramente menos alavancadas
Retorno sobre patrimônio líquido	Empresas que obtêm baixos retornos sobre patrimônio líquido, em relação aos seus custos de patrimônio líquido	Empresas que obtêm altos retornos em excesso de patrimônio líquido
Margem de lucro líquido	Empresas que adotam estratégias de liderança por volume (alto volume, baixo preço)	Empresas que adotaram estratégias de liderança por preço (baixo volume, alto preço)

A principal questão, portanto, é qual a melhor forma de controlar as diferenças nessas variáveis, ao executar uma avaliação relativa. Essa é a questão que examinaremos na próxima seção.

APLICAÇÕES DOS MÚLTIPLOS DE PATRIMÔNIO LÍQUIDO

Agora que analisamos os determinantes dos múltiplos de patrimônio líquido e como os múltiplos mudam à medida que as variáveis fundamentais se alteram, podemos voltar a nossa atenção ao proverbial ponto principal. Nesta seção, começamos examinando o uso convencional dos múltiplos em segmentos para fazer julgamentos de avaliações e depois estendemos a nossa discussão a mercados inteiros. Também consideramos como comparar os múltiplos ao longo do tempo e entre mercados.

Comparação de múltiplos de patrimônio líquido entre empresas de um segmento

A abordagem mais comum de uso dos múltiplos de patrimônio líquido é selecionar um grupo de empresas do mesmo segmento que aquela que se está tentando avaliar, para calcular o valor médio do múltiplo para esse grupo, e subjetivamente ajustar essa média às diferenças entre a empresa sob avaliação e as comparáveis. Ao fazer isso, os analistas implicitamente assumem que as empresas no mesmo segmento são de igual risco e que controlar esse risco é, portanto, necessário. Mesmo que aceitemos essa premissa heróica como razoável, as avaliações relativas variam pelo espectro. Algumas avaliações relativas não controlam nenhuma das outras variáveis que argumentamos que afetam os múltiplos a que as empresas negociam, ao passo que outras efetivamente controlam ao menos parcialmente parte dessas diferenças.

Revendo os determinantes dos múltiplos de patrimônio líquido já abordados neste capítulo, delineamos todas as variáveis que afetam cada múltiplo na Tabela 8.12. Note que a variável companheira para cada múltiplo está em itálico na tabela. No mínimo, seria de esperar que os analistas controlassem pelo menos essa variável. Entretanto, as demais continuam a afetar os múltiplos, e as premissas – tanto explícitas quanto implícitas – sobre essas variáveis podem determinar o que parece barato ou caro.

A melhor maneira de constatar o viés criado pelo não controle de todas as variáveis que afetam os múltiplos é analisando as avaliações relativas executadas entre os segmentos. Nos quatro exemplos a seguir, examinamos o uso dos múltiplos de patrimônio líquido e as diferentes formas de controlar os fundamentos.

TABELA 8.12: Múltiplos de patrimônio líquido e fundamentos	
Múltiplo usado	**Determinantes fundamentais**
P/L	Razão de *payout, crescimento esperado*, risco do patrimônio líquido
P/L/C	Razão de *payout, crescimento esperado, risco do patrimônio líquido*
Preço/FCFE	Risco, *crescimento esperado*
Preço/BV do patrimônio líquido	Razão de *payout, crescimento esperado*, risco do patrimônio líquido, *retorno sobre patrimônio líquido*
Preço/vendas	Razão de *payout, crescimento esperado*, risco do patrimônio líquido, *margem líquida*

EXEMPLO 8.2: Comparação de P/L entre empresas de software

A tabela seguinte resume as razões P/L passado para empresas de software listadas nos Estados Unidos em janeiro de 2006. Os números de lucros por ação utilizados são estimados para os quatro trimestres mais recentes de cada empresa, e o preço da ação, a partir de 29 de dezembro de 2005.

A Borland Software possui a razão P/L mais baixa de 12,77, enquanto a Red Hat, a mais alta de 100,44. Mesmo admitindo que essas empresas tenham risco equivalente, as diferenças nas razões P/L podem ser explicadas pelas diferenças potenciais de crescimento. Para capturar isso, as estimativas de um analista sobre o crescimento esperado em lucros por ação nos próximos cinco anos para cada empresa são demonstradas na coluna da direita.

A regressão da razão P/L de cada empresa contra a taxa de crescimento esperado gera os seguintes resultados (com estatística t entre colchetes abaixo de cada coeficiente).

$$\text{Razão P/L} = 4,24 + 177,12 \, (\text{Crescimento esperado}) \qquad R^2 = 42\%$$
$$[0,71] \quad [5,59]$$

Empresa	P/L	Taxa de crescimento esperado
Accenture Ltd.	19,34	13,00%
Adobe Systems	38,03	19,50
Affiliated Computer	16,82	5,50
ANSYS Inc.	39,53	16,00
Automatic Data Proc.	25,62	10,00
BearingPoint	37,13	21,50
BMC Software	53,85	25,00
Borland Software	12,77	8,00
CACI Int'l A	21,62	17,00
Ceridian Corp.	65,97	17,00
Citrix Sys.	29,16	15,50
Cognizant Technology	67,96	29,00
Computer Sciences	18,49	10,00
Compuware Corp.	45,94	21,50
DST Systems	20,83	12,50
Electronic Data Sys.	77,84	26,50
Fair Isaac	26,58	13,00
First Data Corp.	17,83	7,00
Fiserv Inc.	20,21	16,00
Henry (Jack) & Assoc.	23,11	16,50
Infosys Techn. ADR	50,50	27,00
Intergraph Corp.	37,66	29,00
Intuit Inc.	25,72	11,50
Keane Inc.	19,46	19,00
Manhattan Assoc.	27,42	11,50
ManTech Int'l A	39,24	17,50
McAfee Inc.	47,06	22,00
Mercury Interactive	25,06	18,50
Microsoft Corp.	22,68	13,50
Moldflow Corp.	23,18	27,00
Novell Inc.	53,51	18,00
Oracle Corp.	18,63	19,50
Paychex Inc.	43,39	15,00
Red Hat Inc.	100,44	34,50
RSA Security	23,74	31,00
SEI Investments	22,61	10,50
Siebel Systems	47,64	14,00
Sybase Inc.	30,27	11,00
Symantec Corp.	33,57	15,00
Synopsys Inc.	18,44	7,00
Transaction Sys. A	30,50	17,50
Verint Systems	61,51	26,00

Empresas com crescimento mais alto possuem razões P/L significativamente mais altas que aquelas com baixo crescimento esperado. De fato, cada 1% de diferença em taxas de crescimento esperado aumenta a razão P/L em 1,77. Por meio dessa regressão, podemos estimar a razão P/L prevista para a Adobe Systems, que possui uma taxa de crescimento esperado de 19,50%:

$$\text{Razão P/L esperada para Adobe Systems} = 4,24 + 177,12(0,195) = 38,78$$

À sua razão P/L efetiva de 38,03, a Adobe está muito sutilmente subavaliada (em aproximadamente 1,93%):

$$\text{Subavaliação da Adobe} = (38,03/38,78) - 1 = -1,93\%$$

Na tabela a seguir, estimamos as razões P/L previstas e o percentual sub ou superavaliado para cada empresa na amostragem.

A RSA Security é a empresa mais subavaliada na amostragem (com 59,86% de subavaliação) e a Ceridian é a mais superavaliada do grupo (com 92,05%).

Empresa	P/L	P/L previsto	Valor sub ou superavaliado
Accenture Ltd.	19,34	27,27	−29,07%
Adobe Systems	38,03	38,78	−1,93
Affiliated Computer	16,82	13,98	20,27
ANSYS Inc.	39,53	32,58	21,32
Automatic Data Proc.	25,62	21,95	16,69
BearingPoint	37,13	42,32	−12,26
BMC Software	53,85	48,52	10,98
Borland Software	12,77	18,41	−30,66
CACI Int'l A	21,62	34,35	−37,07
Ceridian Corp.	65,97	34,35	92,05
Citrix Sys.	29,16	31,70	−7,99
Cognizant Technology	67,96	55,61	22,22
Computer Sciences	18,49	21,95	−15,76
Compuware Corp.	45,94	42,32	8,54
DST Systems	20,83	26,38	−21,03
Electronic Data Sys.	77,84	51,18	52,09
Fair Isaac	26,58	27,27	−2,53
First Data Corp.	17,83	16,64	7,16
Fiserv Inc.	20,21	32,58	−37,97
Henry (Jack) & Assoc.	23,11	33,47	−30,94
Infosys Techn. ADR	50,50	52,06	−3,00
Intergraph Corp.	37,66	55,61	−32,27
Intuit Inc.	25,72	24,61	4,50
Keane Inc.	19,46	37,89	−48,64
Manhattan Assoc.	27,42	24,61	11,42
ManTech Int'l A	39,24	35,24	11,35
McAfee Inc.	47,06	43,21	8,92
Mercury Interactive	25,06	37,01	−32,29
Microsoft Corp.	22,68	28,15	−19,44
Moldflow Corp.	23,18	52,06	−55,48
Novell Inc.	53,51	36,12	48,14
Oracle Corp.	18,63	38,78	−51,97
Paychex Inc.	43,39	30,81	40,82
Red Hat Inc.	100,44	65,35	53,70
RSA Security	23,74	59,15	−59,86
SEI Investments	22,61	22,84	−1,00
Siebel Systems	47,64	29,04	64,07
Sybase Inc.	30,27	23,73	27,59
Symantec Corp.	33,57	30,81	8,94
Synopsys Inc.	18,44	16,64	10,81
Transaction Sys. A	30,50	35,24	−13,44
Verint Systems	61,51	50,29	22,30

EXEMPLO 8.3: Comparação de razões P/L/C entre empresas de semicondutores

Muitos analistas usam a razão P/L/C para comparar a precificação de empresas com diferentes expectativas de crescimento. A tabela seguinte resume as razões P/L, as taxas de crescimento esperado (conforme previsto por analistas para os próximos cinco anos) e as resultantes razões P/L/C de empresas de semicondutores, em janeiro de 2006.

Empresa	P/L	Taxa de crescimento esperado	Razão P/L/C
Taiwan Semiconductor ADR	16,12	50,00%	0,32
Mattson Technology Inc.	13,68	40,00	0,34
National Semiconductor	25,11	65,00	0,39
Int'l Rectifier	27,34	28,50	0,96
Bell Microproducts	21,13	20,00	1,06
MIPS Technologies Inc.	17,44	16,00	1,09
Motorola Inc.	29,35	26,50	1,11
Altera Corp.	27,99	24,50	1,14
Maxim Integrated	23,29	19,50	1,19
Intel Corp.	21,36	17,50	1,22
Analog Devices	24,97	19,00	1,31
Cree Inc.	34,63	26,00	1,33
STMicroelectronics	27,55	20,00	1,38
Texas Instruments	29,31	20,50	1,43
Linear Technology	26,86	18,00	1,49
Semtech Corp.	23,90	16,00	1,49
QLogic Corp.	16,86	9,50	1,77
Microchip Technology	30,76	16,00	1,92
Fairchild Semiconductor	36,79	19,00	1,94
Xilinx Inc.	30,05	14,50	2,07
Catalyst Semiconductor Inc.	21,68	10,00	2,17
Rudolph Technologies Inc.	33,72	15,00	2,25
NVIDIA Corp.	63,08	26,00	2,43
Rambus Inc.	49,73	14,50	3,43
Supertex Inc.	87,71	25,00	3,51
Intersil Corp. A	41,98	10,50	4,00

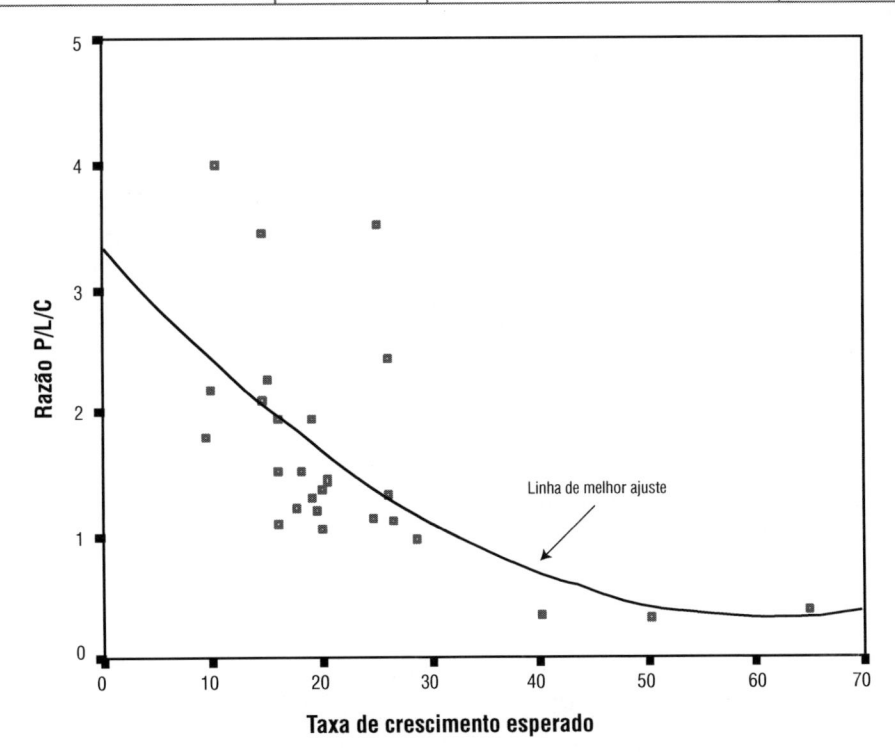

■ **FIGURA 8.9** – Razões P/L/C *versus* crescimento esperado: empresas de semicondutores

A Taiwan Semiconductor's ADR, com razão P/L/C de 0,32, é aparentemente a ação mais barata do grupo, e a Intersil, com razão P/L/C de 4,00, destaca-se como a mais superavaliada. Parece haver, contudo, um padrão em que empresas de crescimento mais alto agruparam-se no topo da tabela com razões P/L/C baixas. A relação entre razões P/L/C e taxas de crescimento esperado não parece linear, como fica claro quando analisamos o gráfico de dispersão na Figura 8.9, na página anterior.

Para permitir a relação não-linear, regredimos a razão P/L/C contra o log natural da taxa de crescimento esperado:[8]

$$P/L/C = -0{,}32 - 1{,}23\ln(\text{Taxa de crescimento esperado}) \qquad R^2 = 34\%$$

[0,58] [3,69]

Consideremos a Intel. Com razão P/L/C de 1,22, ela está negociando a uma razão P/L/C inferior à média setorial de 1,64, sugerindo, ao menos em bases preliminares, uma ação subestimada. Acoplando-se a taxa de crescimento esperado de 17,50%, a razão P/L/C prevista baseada nessa regressão é:

$$\text{Razão P/L/C prevista} = -0{,}32 - 1{,}23\ln(0{,}175) = 1{,}82$$

A Intel, considerando-se a sua taxa de crescimento esperado, está subavaliada em quase 33% com base na razão P/L/C, ao menos por essa regressão.

Como nota final, há outro motivo por que a Taiwan Semiconductor parece barata com base na razão P/L/C. É uma das poucas empresas emergentes nesse segmento, e o risco adicional associado à sua condição pode estar comprimindo a sua razão P/L.

EXEMPLO 8.4: Comparação de razões P/BV entre bancos

Se a essência do erro de avaliação for a identificação de empresas com razões preço/valor contábil que não são compatíveis com os seus *spreads* de retorno sobre patrimônio líquido, essa incompatibilidade pode ser enfatizada por meio de um gráfico de razões preço/valor contábil contra os seus retornos sobre patrimônio líquido. Na Figura 8.10, reportamos as razões preço/valor contábil de bancos nos Estados Unidos em janeiro de 2006 contra os retornos sobre patrimônio líquido que cada um divulgou no ano financeiro mais recente.

As empresas no quadrante superior esquerdo (com razões preço/valor contábil altas e retornos sobre patrimônio líquido baixos) seriam superavaliadas, ao passo que aquelas no quadrante inferior direito (com retornos sobre patrimônio líquido baixos e razões preço/valor contábil altas) estariam subavaliadas. Observe que 65,32% das diferenças em razões preço/valor contábil entre os bancos nos Estados Unidos são explicadas pelas diferenças em retornos sobre patrimônio líquido. A linha de regressão e os 95% de intervalos de confianças (representados pelas linhas externas) indicam que nenhum banco está subavaliado ou superavaliado a ponto de ficar fora dessa faixa. Colocado de outra forma, quando ajustamos as diferenças em retornos sobre patrimônio líquido, todos os bancos nessa amostra parecem avaliados de forma justa com base no preço/valor contábil.

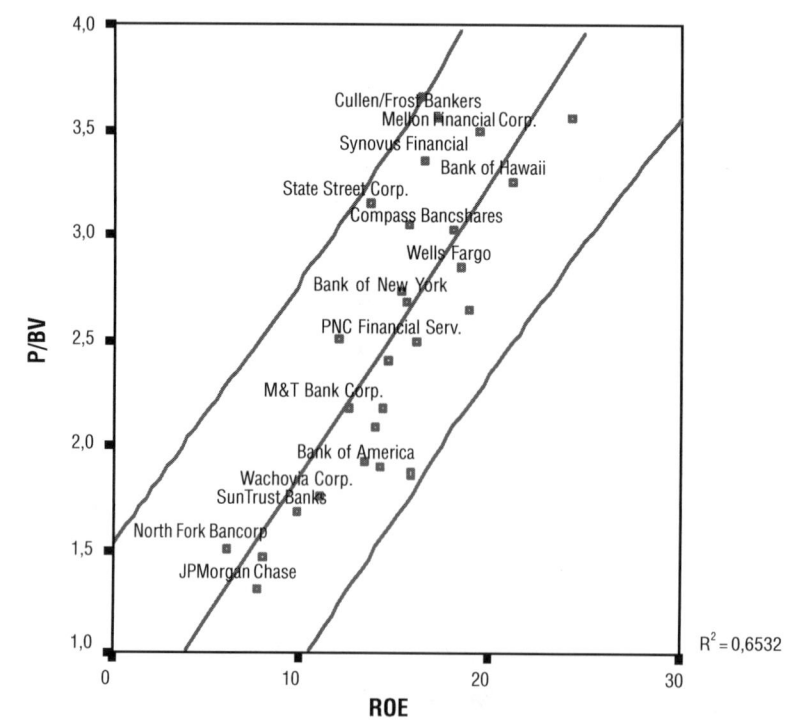

■ **FIGURA 8.10** – Razões preço/valor contábil *versus* retorno sobre patrimônio líquido: bancos nos Estados Unidos, janeiro de 2006

Regredindo-se a razão preço/valor contábil contra o retorno sobre patrimônio líquido de bancos nos Estados Unidos, obtemos o seguinte:

$$P/BV = 0{,}434 + 14{,}12(ROE) \quad R^2 = 65\%$$
$$[1{,}37] \quad [6{,}86]$$

Essa regressão pode ser usada para estimar as razões preço/valor contábil previstas para os bancos na amostra da seguinte tabela:

Empresa	P/BV	P/BV previsto	Valor sub ou superavaliado
JPMorgan Chase	1,31	1,53	–14,34%
Regions Financial	1,46	1,58	–7,12
North Fork Bancorp	1,51	1,31	14,69
SunTrust Banks	1,68	1,82	–7,61
Wachovia Corp.	1,76	1,99	–11,42
Popular Inc.	1,87	2,66	–29,88
Bank of America	1,88	2,44	–22,72
KeyCorp	1,92	2,33	–17,61
TD Banknorth Inc.	2,08	2,40	–13,33
BB&T Corp.	2,18	2,46	–11,46
M&T Bank Corp.	2,18	2,21	–1,65
Zions Bancorp.	2,41	2,49	–3,24
PNC Financial Serv.	2,49	2,70	–7,51
Mercantile Bankshares	2,51	2,12	18,17
AmSouth Bancorp.	2,65	3,11	–14,68
Bank of New York	2,69	2,62	2,59
City National Corp.	2,74	2,59	5,78
Wells Fargo	2,84	3,05	–6,89
Compass Bancshares	3,02	2,99	1,01
Wilmington Trust	3,05	2,65	15,16
State Street Corp.	3,14	2,36	33,41
Bank of Hawaii	3,25	3,44	–5,36
Synovus Financial	3,36	2,77	21,31
Mellon Financial Corp.	3,49	3,19	9,59
Hudson United Bancorp	3,57	3,87	–7,85
Cullen/Frost Bankers	3,57	2,86	24,73
Commerce Bancorp NJ	3,66	2,75	33,18

A empresa mais subavaliada do grupo é a Popular Inc., que negocia a quase 30% abaixo do seu valor previsto. A State Street é a mais superavaliada, negociando a 33,41% acima do seu valor previsto.

EXEMPLO 8.5: Comparação de razões preço/vendas entre redes de varejo

As razões preço/vendas são amplamente utilizadas para análise de empresas no ramo varejista. Na Figura 8.11, as razões preço/vendas de redes de varejo nos Estados Unidos são representadas graficamente contra as margens de lucro líquido dessas empresas.

Empresas com margens líquidas mais altas tendem a ter razões preço/vendas mais altas, enquanto aquelas com margens mais baixas têm razões preço/vendas mais baixas. Como no caso das razões P/L, P/L/C e preço/valor contábil, uma regressão das razões preço/vendas contra as margens de lucro líquido para redes de varejo sustenta essa conclusão.

$$\text{Razão preço/vendas} = -0{,}107 + 25{,}45(\text{Margem de lucro líquido}) \quad R^2 = 68\%$$
$$[0{,}67] \quad [11{,}50]$$

Essa regressão possui 63 observações, e as estatísticas t são reportadas entre parênteses. A razão preço/vendas prevista para a Coach, uma das redes de varejo do grupo, com margem de lucro líquido de 21,41%, pode ser estimada.

$$\text{Razão preço/vendas prevista} = -0{,}107 + 25{,}452(0{,}2141) = 5{,}34$$

Com razão preço/vendas efetiva de 7,19, a Coach pode ser considerada superavaliada em relação às outras empresas do segmento varejista.

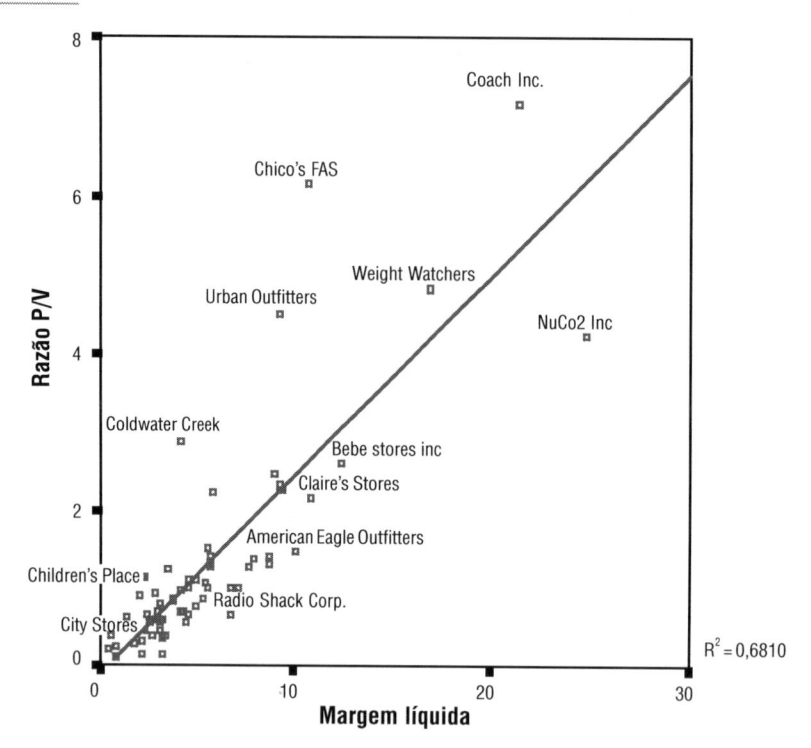

FIGURA 8.11 – Razões preço/vendas e margens de lucro líquido

Comparação de múltiplos de patrimônio líquido entre empresas no mercado

Na seção anterior, as empresas comparáveis foram estritamente definidas como outras empresas no mesmo ramo. Nesta seção, consideramos formas de expandir o número de empresas comparáveis analisando todo um segmento ou até o mercado. Há duas vantagens nessa análise expandida. A primeira é que as estimativas podem tornar-se mais precisas com o aumento do número de empresas comparáveis. A segunda é que uma análise expandida permite identificar se empresas de um pequeno subgrupo estão sendo sub ou superavaliadas em relação ao restante do segmento ou mercado. Como as diferenças entre empresas aumentarão conforme afrouxarmos a definição de empresas comparáveis, temos de fazer ajustes para essas diferenças. A maneira mais simples de fazer isso é por meio de uma regressão de múltiplos, com os múltiplos de patrimônio líquido sendo a variável dependente e as *proxies* para risco, crescimento e dividendos formando as variáveis independentes. Nesta seção, apresentamos os resultados das regressões de mercado para cada múltiplo de patrimônio líquido.

Razão P/L Na regressão executada em janeiro de 2006, as razões P/L foram regredidas contra razões de *payout* (no ano financeiro mais recente), betas (da Value Line) e crescimento esperado (estimativas de consenso elaboradas por analistas para os próximos cinco anos) de todas as empresas do mercado.

$$P/L = 6{,}75 + 113{,}10(\text{Taxa de crescimento esperado}) - 0{,}919(\text{Beta}) + 7{,}33(\text{Razão de } payout)$$

$$[4{,}83]\ [29{,}66] \qquad\qquad [0{,}76] \qquad [5{,}64] \qquad R^2 = 30{,}6\%$$

Com a expansão do tamanho da amostra para 2.163 empresas, essa regressão representa uma medida mais ampla do valor relativo. Mantidas as demais condições, essa regressão sugere que:

- A razão P/L cresce 1,131 para cada aumento de 1% na taxa de crescimento esperado em lucros por ação, nos próximos cinco anos.
- Um aumento no beta de 1 reduz a razão P/L em aproximadamente 0,92.
- Um aumento na razão de *payout* de 1% aumenta a razão P/L em 0,07.

Por exemplo, uma empresa com taxa de crescimento esperado de 12%, beta de 1,2 e razão de *payout* de 20% terá uma razão P/L prevista de:

$$P/L \text{ previsto} = 6{,}75 + 113{,}1(0{,}12) - 0{,}919(1{,}20) + 7{,}33(0{,}20) = 20{,}68$$

Essa regressão possui baixo R-quadrado, mas isso é mais um reflexo do ruído nas razões P/L do que na metodologia de regressão. Como veremos, as regressões de mercado para razões de preço/valor contábil e preço/vendas tendem a se comportar melhor e apresentar R-quadrado mais alto que as regressões de razão P/L. Embora os coeficientes nessa regressão tenham todos os sinais previstos — razões P/L aumentam com crescimento e *payout* e diminuem em contraposição ao risco —, nem sempre é assim. De fato, regressões similares executadas em 2003 e 2004 tinham o sinal errado para o coeficiente de beta, com empresas de beta mais elevado apresentando razões P/L mais altas em vez do contrário. Isso ocorre em grande parte porque as variáveis independentes nessa regressão correlacionam-se entre si, com as empresas de alto crescimento tendendo a ser de grande risco com baixas razões de *payout*.[9]

Razão P/L/C Ao comparar razões P/L/C entre empresas, portanto, é importante controlarmos as diferenças em risco, crescimento e razões de *payout*. Embora possamos tentar fazer isso de forma subjetiva, a relação complicada entre razões P/L/C e esses fundamentos impõe um desafio. Uma rota muito mais promissora é a abordagem de regressão usada para as razões P/L e relacionar as razões P/L/C das empresas sob comparação aos indicadores de risco, potencial de crescimento e razões de *payout* dessas empresas.

Como no caso da razão P/L, as empresas comparáveis nessa análise podem ser definidas de forma restrita como outras empresas no mesmo ramo de negócio, de forma mais expandida como empresas no mesmo segmento ou como todas as empresas no mercado. Ao executar essas regressões, todas as advertências apresentadas em relação à regressão P/L permanecem válidas. As variáveis independentes continuam a se correlacionar entre si, e a relação é tão instável quanto propensa a ser não-linear. De fato, a Figura 8.12, que fornece um gráfico de dispersão de razões P/L/C contra taxas de crescimento, para todas as ações nos Estados Unidos em janeiro de 2006, indica o grau de não-linearidade.

Ao executar a regressão, principalmente quando a amostra contém empresas com níveis muito diferentes de crescimento, devemos transformar a taxa de crescimento para tornar a relação mais linear. Um gráfico de dispersão das razões P/L/C contra o log natural da taxa de crescimento esperado na Figura 8.13, por exemplo, produz uma relação muito mais linear.

Os resultados da regressão de razões P/L/C contra ln(crescimento esperado), beta e razão de *payout* são relatados aqui, para todo o mercado (2.159 empresas).

$$\text{Razão P/L/C} = 4{,}27 - 0{,}83\ln(\text{Crescimento}) - 0{,}417(\text{Beta}) + 0{,}769(Payout) \qquad R^2 = 21{,}5\%$$
$$[1{,}76]\ [25{,}35] \qquad\qquad [4{,}49] \qquad [12{,}46]$$

[O crescimento é inserido em valores absolutos; 25% estão escritos como ln(25)].

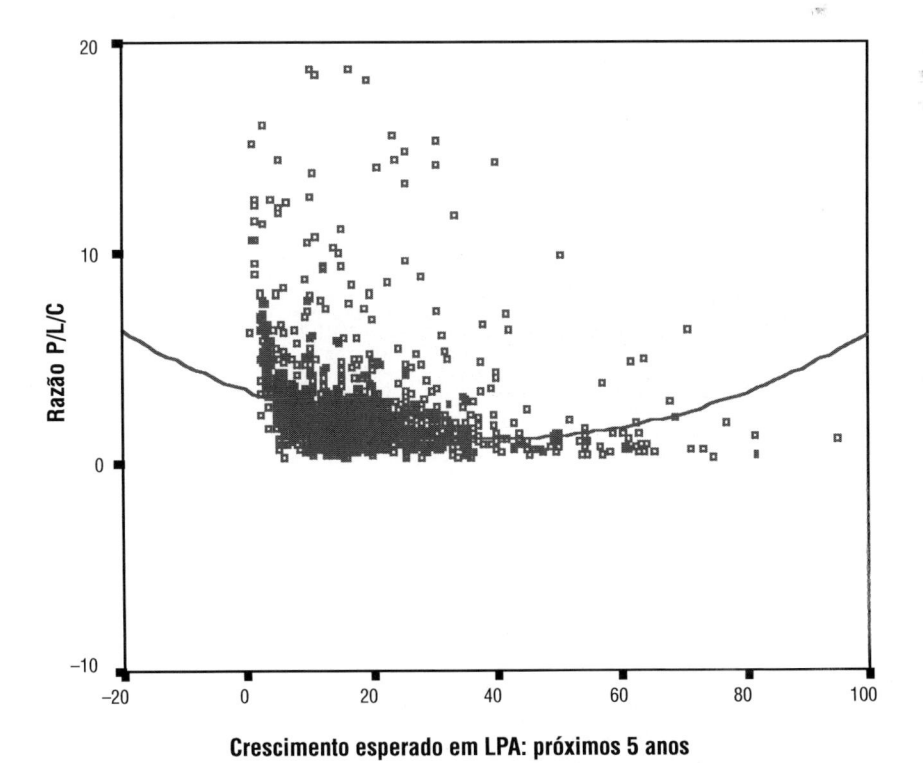

FIGURA 8.12 – Razões P/L/C *versus* taxas de crescimento esperado

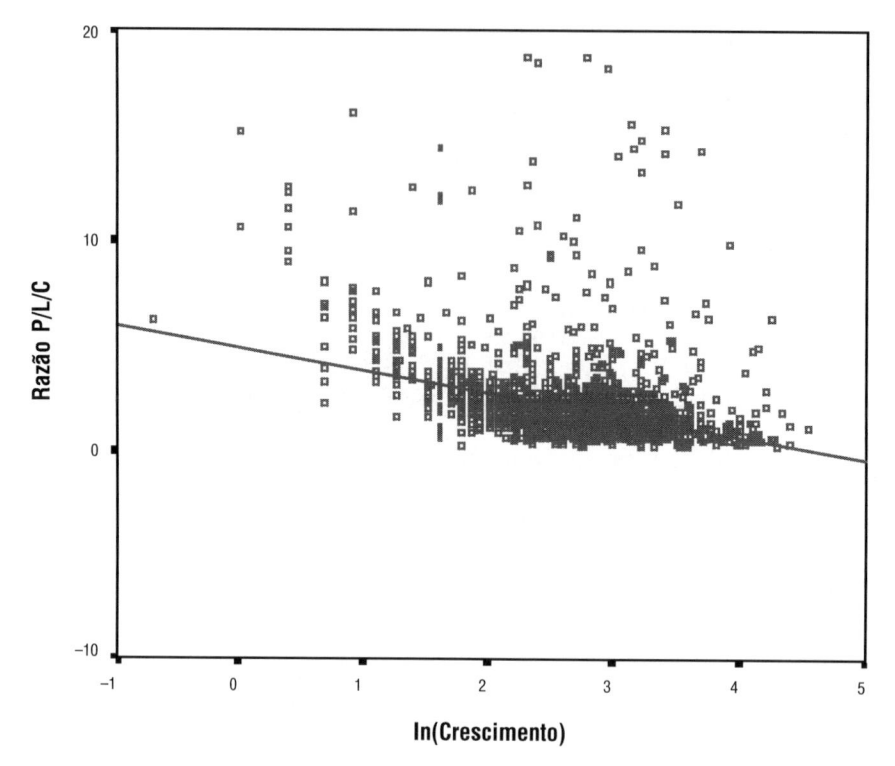

FIGURA 8.13 – Razões P/L/C *versus* ln(taxa de crescimento esperado)

Como no caso da regressão de razão P/L, esta pode ser usada para estimar razões P/L/C previstas para empresas individualizadas, embora o R-quadrado seja até inferior ao que era para as razões P/L. Por todo o mercado, as empresas com maior crescimento e risco tendem a apresentar razões P/L/C mais baixas que aquelas mais estáveis e de crescimento mais baixo.

Razões preço/valor contábil Na seção anterior, observamos que as razões preço/valor contábil são fortemente influenciadas pelos retornos sobre patrimônio líquido. Em janeiro de 2006, regredimos a razão preço/valor contábil contra os fundamentos identificados na seção anterior — o retorno sobre patrimônio líquido (do ano financeiro mais recente), a razão de *payout*, o beta e a taxa de crescimento esperado nos próximos cinco anos (das previsões dos analistas).

$$P/BV = -0{,}49 + 17{,}60(ROE) + 0{,}16(\text{Razão de } payout) - 0{,}534(\text{Beta}) + 11{,}90(\text{Taxa de crescimento})$$
$$[2{,}69]\quad [47{,}51]\quad\quad [3{,}06]\quad\quad\quad\quad [3{,}72]\quad\quad\quad [26{,}91]$$

A regressão possui um R-quadrado de 55,6%, uma melhoria significativa sobre as regressões de razão P/L e P/L/C. O retorno sobre patrimônio líquido é claramente a variável com a relação mais forte com a razão preço/valor contábil, conforme evidenciado pela alta estatística t no coeficiente. Cada 1% de melhoria em retorno aumenta a razão preço/valor contábil em 0,176.

A forte relação positiva entre razões preço/valor contábil e retornos sobre patrimônio líquido não é exclusiva dos Estados Unidos. De fato, a Tabela 8.13 resume as regressões para outros países de preço/valor contábil contra retornos sobre patrimônio líquido executadas em diferentes momentos. Em cada mercado, as empresas com retornos sobre patrimônio líquido mais altos possuem razões preço/valor contábil mais altas, embora a força da relação seja maior em Portugal e na Índia e menor na Grécia e no Brasil.

Razões preço/vendas Para examinar as diferenças nas razões preço/vendas entre empresas no mercado, usamos as variáveis identificadas na seção anterior como os seus determinantes — crescimento esperado em lucros por ação, razão de *payout*, beta e margem líquida (novamente, do ano financeiro mais recente):

$$P/V = -1{,}648 + 23{,}6(\text{Margem líquida}) + 0{,}12(\text{Razão de } payout) + 0{,}361(\text{Beta})$$
$$[10{,}55]\quad [46{,}89]\quad\quad\quad\quad [3{,}49]\quad\quad\quad\quad [3{,}72]$$
$$+ 8{,}80(\text{Taxa de crescimento})$$
$$[19{,}63]$$

TABELA 8.13: Razões preço/valor contábil e retornos sobre patrimônio líquido: regressões de mercado

País	Detalhes da regressão	Equação da regressão
Grécia	Maio de 2001 (Mercado total: 272 empresas)	P/BV = 2,11 + 11,63 (ROE) $R^2 = 17,5\%$
Brasil	Outubro de 2000 Mercado total: 172 empresas	P/BV = 0,77 + 3,78 (ROE) $R^2 = 17,3\%$
Portugal	Junho de 1999 (Mercado total: 74 empresas)	P/BV = –1,94 + 16,34 (ROE) + 2,83 (Beta) $R^2 = 78\%$
Índia	Novembro de 1997 (50 maiores empresas)	P/BV = –1,68 + 24,03 (ROE) $R^2 = 51\%$

O R-quadrado na regressão é de 58,4% e o tamanho da amostra é de 1.877 empresas, com dados disponíveis para todas as variáveis independentes. Há dois componentes problemáticos nessa regressão. O primeiro é que o coeficiente de beta possui o sinal errado — empresas de maior risco possuem razões preço/vendas mais altas nessa regressão, ao passo que, pela nossa previsão, seriam mais baixas. (Explicamos os motivos para isso quando abordamos as razões preço/lucros.) O segundo é que o intercepto é um número negativo grande, que, por si só, não é incomum, mas pode resultar em razões preço/vendas previstas negativas, ao menos para algumas empresas.

Para minimizar o segundo problema, a regressão foi refeita sem um intercepto, com os seguintes resultados:

P/V = 21,8(Margem líquida) + 0,06(Razão de *payout*) – 0,832(Beta) + 8,39(Taxa de crescimento)
  [44,76]   [3,49]   [8,78]   [18,26]

Não só essa regressão é menos propensa a produzir valores previstos negativos, mas também o coeficiente de beta agora possui o sinal correto: empresas com beta mais alto possuem razões preço/vendas mais baixas.

Comparação de múltiplos de patrimônio líquido ao longo do tempo

Analistas e estrategistas de mercado geralmente comparam a razão P/L de um mercado à sua média histórica para julgar se está sub ou superavaliado. Assim, um mercado que esteja transacionando a uma razão P/L muito mais alta que a sua norma histórica é freqüentemente considerado superavaliado, ao passo que outro negociando a uma razão inferior é considerado subavaliado.

Embora a reversão aos padrões históricos mantenha-se como uma tendência muito forte nos mercados financeiros, devemos ter cautela ao extrair uma conclusão taxativa demais a partir dessas comparações. Como os fundamentos (taxas de juros, prêmios pelo risco, crescimento esperado e *payout*) mudam com o tempo, a razão P/L também mudará. Mantidas as demais condições, por exemplo, seria de esperar o seguinte:

- Uma elevação em taxas de juros deve resultar em um aumento no custo do patrimônio líquido para o mercado e uma redução da razão P/L.
- Uma disposição maior em correr riscos da parte dos investidores resultará em um prêmio pelo risco menor para o patrimônio líquido e uma razão P/L maior para todas as ações.
- Um aumento em crescimento esperado em lucros entre as empresas resultará em um acréscimo na razão P/L para o mercado.
- Um aumento no retorno sobre patrimônio líquido nas empresas resultará em uma elevação na razão de *payout* para qualquer taxa de crescimento e aumento na razão P/L para todas as empresas.

Em outras palavras, é difícil tirar conclusões sobre razões P/L sem analisar esses fundamentos. Uma comparação mais adequada, portanto, não é entre razões P/L ao longo do tempo, mas entre a razão P/L efetiva e a razão P/L prevista, com base nos fundamentos existentes em dado momento.

EXEMPLO 8.6: Razões P/L ao longo do tempo para as S&P 500

Embora as razões P/L sejam mais amplamente usadas na prática, os estrategistas de mercado geralmente preferem focar o inverso do número, a razão lucros sobre o preço — L/P (em inglês, *earnings-to-price* — E/P — ou *earnings yield*). Para ilustrar, uma razão P/L de 20 traduz-se em um *earnings yield* de 5%, que, por sua vez, pode ser comparado ao rendimento de dividendos ou à taxa de obrigações de longo prazo do governo norte-americano (T-bond). A Figura 8.14 resume as razões lucros/preço para as S&P 500 e as taxas de obrigações de longo prazo do governo norte-americano ao final de cada ano, de 1960 a 2005.

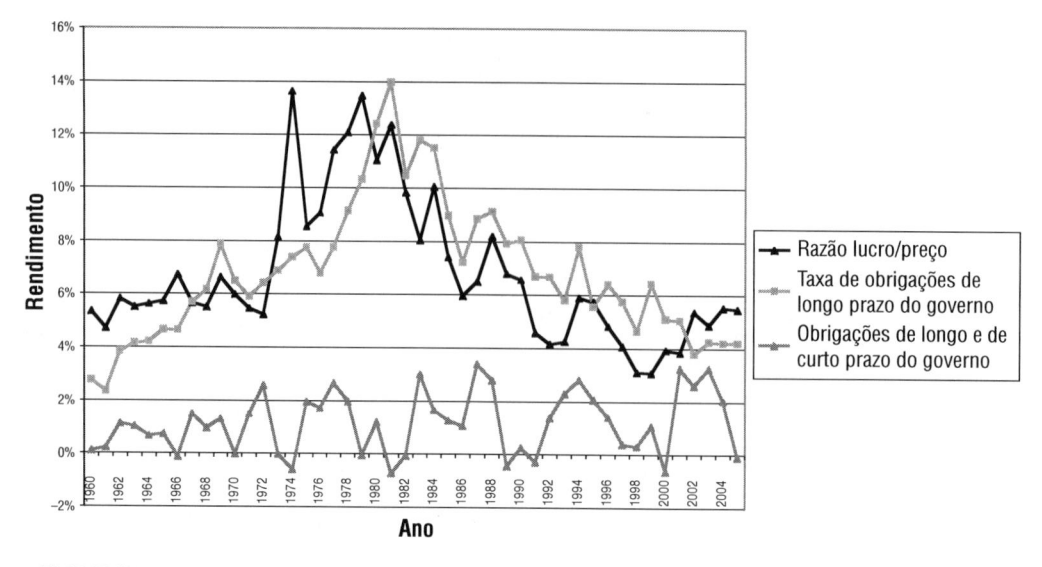

FIGURA 8.14 – Razões lucros/preço e taxas de juros: S&P 500, 1960-2005

Há uma forte relação positiva entre razões L/P e as taxas de obrigações de longo prazo do governo (taxas T-bond), como evidencia a correlação de 0,69 entre as duas variáveis. Além disso, há comprovação de que a estrutura de termo também afeta a razão L/P. Na regressão seguinte, regredimos as razões L/P contra o nível das taxas T-bond e o *spread* de rendimento (taxa T-bond menos taxa de obrigações de curto prazo do governo, ou taxa T-bill), usando dados de 1960 a 2005.

$$L/P = 0,0209 + 0,7437(\text{Taxa T-bond}) - 0,3274(\text{Taxa T-bond} - \text{Taxa T-bill}) \qquad R^2 = 49,09\%$$
$$[2,44] \quad [6,64] \qquad\qquad [1,33]$$

Mantidas as demais condições, essa regressão sugere que:

- Cada aumento de 1% na taxa T-bond aumenta a razão L/P em 0,7437% (e assim reduz a razão P/L). Isso não é nenhuma surpresa, mas quantifica o impacto que o aumento nas taxas de juros tem sobre a razão P/L.
- Cada aumento de 1% na diferença entre as taxas T-bond e T-bill reduz a razão L/P em 0,3274%. Curvas de juros mais planas ou descendentes parecem corresponder a razões P/L mais baixas e curvas de juros ascendentes, a razões P/L mais altas. Embora à primeira vista isso possa surpreender, a inclinação da curva de juros, ao menos nos Estados Unidos, tem sido um dos principais indicadores de crescimento econômico com mais curvas ascendentes pressagiando maior crescimento.

Com base nessa regressão, previmos a razão L/P no início de 2006, com a taxa T-bill a 4,31% e a taxa T-bond a 4,39%.

$$L/P_{2006} = 0,0209 + 0,7437(0,0439) - 0,3274(0,0439 - 0,0431) = 0,0533$$

$$P/L_{2006} = \frac{1}{L/P_{2006}} = \frac{1}{0,0533} = 18,77$$

Como as S&P 500 estavam transacionando a um múltiplo de 18,27 vezes os lucros no início de 2006, isso teria indicado um mercado quase corretamente precificado. Essa regressão pode ser enriquecida adicionando-se outras variáveis, que devem ser correlacionadas à razão preço/lucro, tais como crescimento esperado em produto interno bruto e razões de *payout*, como variáveis independentes. De fato, há um argumento razoavelmente forte de que o influxo de ações de tecnologia nas S&P 500 na década passada, o aumento em retorno sobre patrimônio líquido nas empresas nos Estados Unidos no mesmo período e um declínio nos prêmios pelo risco poderiam, juntos, explicar o aumento nas razões P/L nesse período.

EXEMPLO 8.7: Comparação de razões preço/valor contábil ao longo do tempo

No Exemplo 8.6, analisamos as alterações nas razões preço/lucro para o mercado norte-americano de 1960 a 2005. Nesse período, a razão preço/valor contábil para esse mercado também aumentou. Na Figura 8.15, reportamos a razão preço/valor contábil para as S&P 500 em um eixo e o seu retorno sobre patrimônio líquido no outro eixo. O aumento na razão preço/valor contábil nas duas últimas décadas pode ser ao menos parcialmente explicado pelo aumento em retorno sobre patrimônio líquido no mesmo período.

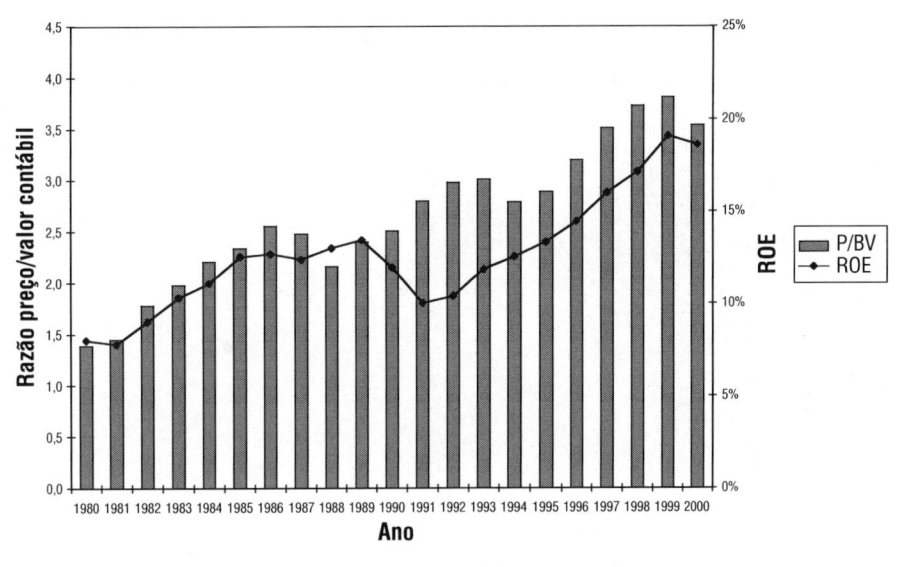

FIGURA 8.15 – Razões preço/valor contábil e ROE: S&P 500

Comparação de múltiplos de patrimônio líquido entre países

Em geral, realizam-se comparações entre razões preço/lucro em diferentes países com a intenção de identificar mercados subavaliados ou superavaliados. Mercados com razões P/L mais baixas são considerados subavaliados e aqueles com razões P/L mais altas, superavaliados. Considerando-se as amplas diferenças nos fundamentos existentes entre países, é evidentemente equivocado tirar essas conclusões. Por exemplo, seria de esperar que se constatasse o seguinte, mantidas as demais condições:

- Países com taxas de juros reais maiores devem ter razões P/L inferiores às de países com taxas de juros reais menores.
- Países com crescimento real esperado mais alto devem ter razões P/L superiores às de países com crescimento real mais baixo.
- Países considerados de maior risco (e, portanto, que comandam prêmios pelo risco mais altos) devem ter razões P/L inferiores às de países mais seguros.
- Países em que as empresas são mais eficientes nos seus investimentos (e obtêm um retorno maior sobre esses investimentos) devem negociar a razões P/L mais altas.

EXEMPLO 8.8: Comparação de razões P/L entre mercados

Esse princípio pode ser estendido a comparações mais amplas de razões P/L entre países. A tabela seguinte resume as razões P/L entre diversos países em janeiro de 2006, juntamente aos rendimentos de dividendos e taxas de juros (curto e longo prazos) no período.

País	P/L	Rendimento de dividendos	Taxa 10 anos	Taxa de curto prazo
Argentina	14,65	2,03%	14,00%	8,00%
Austrália	16,98	3,86	5,19	5,64
Áustria	16,93	1,29	3,30	2,48
África do Sul	11,09	2,76	7,45	7,15
Alemanha	15,02	2,14	3,30	2,48
Bélgica	12,74	3,21	3,30	2,48
Brasil	14,59	5,70	21,00	18,03
Canadá	20,88	1,97	3,95	3,35
Chile	16,45	3,15	7	5,28
China	18,36	3,30	3,09	2,90
Cingapura	13,03	4,29	3,18	3,22
Colômbia	12,84	1,54	8,25	6,35
Coréia do Sul	11,67	0,56	5,59	4,07
Dinamarca	13,98	1,62	3,28	2,46
Espanha	16,38	2,85	3,30	2,48

(continua)

(continuação)

País	P/L	Rendimento de dividendos	Taxa 10 anos	Taxa de curto prazo
Estados Unidos	18,27	1,80	4,37	4,23
Filipinas	11,15	2,63	11,90	7,69
Finlândia	16,90	2,64	3,23	2,41
França	15,00	2,42	3,30	2,48
Grécia	20,83	2,49	3,30	2,48
Hong Kong	14,45	3,50	4,19	4,18
Hungria	13,52	2,37	8,00	6,30
Índia	20,33	1,28	7,10	5,64
Indonésia	11,06	2,89	13,54	15,00
Itália	14,70	3,84	3,30	2,48
Japão	45,01	0,95	1,46	0,25
Malásia	14,19	4,67	4,11	3,20
México	11,30	1,80	5,30	8,14
Noruega	14,43	3,20	3,63	2,60
Países Baixos	17,69	3,46	3,29	1,70
Peru	13,14	3,30	9	3,44
Polônia	11,76	2,20	5,07	4,62
Portugal	16,59	3,19	3,30	2,48
Reino Unido	18,60	3,56	4,09	4,59
República Tcheca	29,06	1,58	3,69	2,16
Rússia	8,89	1,80	15,01	13,00
Suécia	16,02	2,39	3,28	1,68
Suiça	18,29	1,59	1,96	0,99
Tailândia	10,33	3,64	5,38	4,50
Taiwan	13,81	3,83	3,77	1,35
Turquia	11,44	1,94	15,50	14,77
Venezuela	5,17	12,19	13,50	11,50

Uma comparação ingênua de razões P/L sugere que as ações japonesas, com razão P/L de 45,01, estão superavaliadas, enquanto as russas e venezuelanas, com razões P/L de um dígito, estão subavaliadas. Entretanto, as divergências em razões P/L entre países refletem as diferenças nas taxas de juros desses países, com razões P/L mais baixas (ou mais altas) em países com taxas de juros mais altas (ou mais baixas). A tabela seguinte resume a correlação entre razões P/L, taxas de juros e rendimentos de dividendos.

	Razão P/L	Taxa de longo prazo	Taxa de curto prazo	Taxa de longo prazo menos de curto prazo
Razão P/L	1,000	−0,425	−0,448	−0,041
Taxa de longo prazo		1,000	0,939	0,406
Taxa de curto prazo			1,000	0,066
Taxa de longo prazo – de curto prazo				1,000

Por toda a amostra, as razões P/L são mais altas em países com taxas de juros mais baixas — tanto de curto quanto de longo prazos. Além disso, as razões P/L tendem a ser mais elevadas em países com curvas de juros mais ascendentes (medidas pela diferença entre taxas de curto e de longo prazos), refletindo o seu papel como *proxies* para crescimento futuro.

Nessa amostragem, há uma combinação de países de mercado desenvolvido e de mercado emergente, e as razões P/L tendem a ser inferiores no segundo grupo. Para se ter um controle ao menos parcial sobre essa diferença, inserimos uma variável *dummy* ajustada em 1 para mercados emergentes e 0 para mercados desenvolvidos. Uma regressão *cross-sectional* da razão P/L sobre a taxa de juros de longo prazo, a inclinação da curva de juros (diferença entre as taxas de longo e de curto prazos) e a variável *dummy* de mercado emergente resulta em:

$$\text{Razão P/L} = 22{,}51 - 67{,}78(\text{Taxa LP}) + 96{,}85(\text{Taxa LP} - \text{Taxa CP}) - 4{,}83(Dummy)$$
$$[11{,}03] \quad [3{,}33] \quad\quad [1{,}59] \quad\quad\quad\quad [2{,}35]$$

O R-quadrado da regressão é 24,7%, e os coeficientes indicam significância estatística. Mantidas as demais condições, essa regressão sugere que uma diferença de 1% em taxas de longo prazo traduz-se em uma diferença de 0,68 na razão P/L e que os mercados emergentes transacionam a razões P/L inferiores às de mercados desenvolvidos. Com base nessa regressão, as razões P/L previstas para os países são demonstradas na tabela a seguir:

País	P/L	P/L previsto	Subavaliado (–) ou Superavaliado (+)
Austrália	16,98	18,55	–8,48%
China	18,36	15,77	16,45
Hong Kong	14,45	14,85	–2,67
Índia	20,33	14,28	42,38
Indonésia	11,06	7,09	56,09
Japão	45,01	22,69	98,38
Malásia	14,19	15,77	–10,04
Filipinas	11,15	13,69	–18,55
Cingapura	13,03	15,48	–15,84
Coréia do Sul	11,67	15,36	–24,03
Taiwan	13,81	17,47	–20,93
Tailândia	10,33	14,88	–30,59
Reino Unido	18,60	19,25	–3,38
Alemanha	15,02	16,23	–7,48
França	15,00	16,23	–7,61
Espanha	16,38	16,23	0,89
Suíça	18,29	17,29	5,79
Bélgica	12,74	16,23	–21,53
Itália	14,70	16,23	–9,45
Suécia	16,02	17,00	–5,79
Países Baixos	17,69	16,99	4,14
Grécia	20,83	16,23	28,30
Noruega	14,43	16,21	–11,01
Finlândia	16,90	16,28	3,79
Portugal	16,59	16,23	2,19
África do Sul	11,09	17,75	–37,51
Rússia	8,89	9,45	–5,91
Polônia	11,76	14,68	–19,87
Hungria	13,52	13,90	–2,74
República Tcheca	29,06	16,66	74,45
Áustria	16,93	21,06	–19,63
Dinamarca	13,98	21,08	–33,67
Turquia	11,44	12,71	–9,97
Estados Unidos	18,27	19,68	–7,17
Canadá	20,88	20,41	2,30
México	11,30	11,33	–0,31
Brasil	14,59	6,32	130,88
Argentina	14,65	14,00	4,65
Venezuela	5,17	10,46	–50,59
Chile	16,45	14,60	12,68
Colômbia	12,84	13,93	–7,80
Peru	13,14	16,96	–22,53

O Brasil surge como o mercado mais superavaliado no grupo, enquanto a Venezuela é o mais subavaliado.

CONCLUSÃO

Com os múltiplos de patrimônio líquido, escalonamos o valor de mercado do patrimônio líquido a algum indicador de lucros de patrimônio líquido, valor contábil do patrimônio líquido ou até receitas. O múltiplo de patrimônio líquido de uso mais comum é a razão preço/lucro, em que o valor de mercado do patrimônio líquido é escalonado ao lucro líquido. Mesmo essa simples razão é definida de formas diferentes por analistas diferentes, e começamos neste capítulo a analisar as variações. Assim, consideramos as variações na razão P/L, bem como nas razões preço/valor contábil do patrimônio líquido e preço/vendas; essa última não é um múltiplo definido com consistência, mas continua amplamente utilizada.

Em última instância, os múltiplos de patrimônio líquido são determinados pelos mesmos fundamentos que determinam o valor do patrimônio líquido em um modelo de fluxo de caixa descontado — crescimento esperado em lucros, risco do patrimônio líquido e potencial de fluxo de caixa. As empresas com crescimento maior, risco menor e razões de *payout* mais altas, mantidas as demais condições, devem transacionar a múltiplos de lucros, valor contábil do patrimônio líquido e receitas muito mais elevados que outras. Na medida em que há diferenças nos fundamentos entre países, períodos e empresas, os múltiplos também sofrerão variação. Falhar no controle dessas diferenças nos fundamentos pode acarretar conclusões errôneas baseadas puramente em uma comparação direta dos múltiplos.

Há várias maneiras de aplicar os múltiplos de patrimônio líquido em avaliações. Uma delas é compará-los a um grupo restrito de empresas comparáveis e controlar subjetivamente as diferenças em crescimento, risco e *payout*. Outra maneira é expandir a definição de uma empresa comparável de modo a incluir todo o segmento (como tecnologia) ou mercado e controlar as diferenças nos fundamentos por meio de técnicas estatísticas, como as regressões.

Notas

1. Embora possa parecer lógico adicionar as despesas associadas a novas concessões de opções de volta ao lucro líquido (principalmente após o novo Fasb 123R), não achamos que isso faça algum sentido. Essas despesas correspondem ao período corrente, ao passo que a adição das opções de volta ao valor do patrimônio líquido reflete todas as opções concedidas historicamente que ainda estão em circulação.

2. Para compreender por que, observe que o preço da ação será mais comprimido quando houver milhões de opções 'dentro-do-dinheiro' em circulação do que quando essas opções forem 'fora-do-dinheiro'. Dividir o preço pelos lucros por ação diluídos produzirá, portanto, uma razão P/L mais baixa e uma ação que parecerá mais barata.

3. O *goodwill* pode também ser um repositório de sinergia, controle e sobrepreço pago, o que faz dele uma medida imperfeita dos ativos de crescimento da empresa adquirida.

4. A média e o desvio padrão são as estatísticas no resumo que mais provavelmente serão afetadas por esses valores discrepantes.

5. Para compreender por que, suponhamos que os lucros por ação correntes sejam $ 1, com expectativa de dobrar para $ 2 no próximo ano e crescer 4% ao ano, nos próximos quatro anos. A taxa de crescimento esperado nos próximos cinco anos será de 18,53%, em grande parte por causa do crescimento esperado no próximo ano. Se usarmos os lucros por ação futuros de $ 2 para calcular a razão P/L e prosseguirmos dividindo-os pela taxa de crescimento esperado de 18,53% (para chegar a uma razão P/L/C baixa), teremos computado duplamente o crescimento do próximo ano.

6. Embora as receitas nunca possam ser negativas, podem ser zero, e há cerca de cem empresas na amostra sem nenhuma receita, mas com algum valor de mercado para o patrimônio líquido. Além disso, a definição de receitas é nebulosa para instituições financeiras.

7. Há também um segundo efeito. A razão de retenção em crescimento estável também muda para permitir que a empresa continue crescendo a 4% por tempo indeterminado. À medida que o retorno sobre patrimônio líquido cai, o valor terminal do patrimônio líquido também diminuirá em decorrência.

8. Usar o log natural da taxa de crescimento esperado estreita as diferenças entre empresas na dimensão do crescimento e torna mais linear a relação entre P/L/C e crescimento.

9. Isso cria um fenômeno conhecido como multicolinearidade na regressão. Para ilustrar os problemas decorrentes disso, vamos supor (como é razoável) que as empresas de alto crescimento também possuam betas altos e baixas razões de *payout*. O beta torna-se, portanto, uma *proxy* não só do risco, mas também do crescimento, e o coeficiente na regressão refletirá o fator dominante. Em 2003 e 2004, os betas eram melhores *proxies* para crescimento do que risco, o que explica o coeficiente positivo dos betas nas regressões desses anos.

Capítulo 9
Múltiplos de valor da empresa

Enquanto os múltiplos de patrimônio líquido focalizam o valor do patrimônio líquido, os múltiplos de valor da empresa e das suas operações são construídos em torno da avaliação da empresa ou de seus ativos operacionais. Da mesma maneira que ganhamos mais flexibilidade lidando com alavancagens financeiras divergentes e variáveis quando partimos do patrimônio líquido para a avaliação do valor da empresa no fluxo de caixa descontado, os múltiplos de valor da empresa são mais fáceis de trabalhar que os múltiplos de patrimônio líquido ao se compararem empresas com razões de endividamento diferentes. Neste capítulo, começamos definindo empresa e múltiplos de valor das operações da empresa e depois examinamos como eles são distribuídos pelas empresas. Em seguida, continuamos avaliando as variáveis que determinam cada múltiplo e como as mudanças nessas variáveis afetam o múltiplo. Fechamos o capítulo com aplicações de múltiplos de valor das operações da empresa em uma variedade de contextos.

DEFINIÇÃO DE MÚLTIPLOS DE VALOR DA EMPRESA

Os múltiplos de valor da empresa requerem dois inputs — uma estimativa do valor da empresa ou seu ativo operacional no numerador e uma estimativa de receitas, lucros ou valor contábil do ativo no denominador. Iniciamos observando as variações na medida de valor da empresa e as escalas apropriadas e consistentes para o valor da empresa na segunda parte da seção.

Mensuração do valor

Além das duas questões que enfrentamos ao medir o valor do patrimônio líquido — como melhor lidar com o caixa e as opções sobre ações —, existem mais duas que defrontamos ao calcular o valor da empresa, as quais estão relacionadas a como lidar com participações societárias e o que incluir na dívida.

Com caixa ou sem caixa A medida convencional de valor da empresa é obtida pela soma do valor de mercado do patrimônio líquido ao valor de mercado da dívida. No entanto, essa medida de valor da empresa engloba todos os ativos possuídos pela empresa, incluindo o saldo em caixa. Descontando-se o valor do saldo de caixa, chega-se ao valor das operações da empresa que pode ser considerado como somente o valor de mercado dos ativos operacionais da empresa.

Valor da empresa = Valor de mercado do patrimônio líquido + Valor de mercado da dívida

Valor das operações da empresa = Valor de mercado do patrimônio líquido + Valor de mercado da dívida − Saldo em caixa

Alguns analistas fazem distinção entre caixa operacional e excesso de caixa, e somente o excesso de caixa é subtraído para se chegar ao valor das operações da empresa. Entretanto, as definições de caixa operacional variam amplamente, e seríamos bem servidos por uma distinção entre caixa esgotável e caixa não esgotável, com o caixa não esgotável sendo investido para obter um retorno justo de mercado. Seria descontado apenas o caixa não esgotável da dívida para se chegar ao valor das operações da empresa. Este tópico será discutido em mais detalhe no Capítulo 10.

Opções de ações Ao discutir valor do patrimônio líquido, notamos que o valor de mercado total do patrimônio líquido deveria incluir o valor de opções de ações emitidas pela empresa, inclusive opções de administração não negociáveis a um valor estimado. O mesmo raciocínio se aplica à empresa e ao valor das operações dela. Se o objetivo for calcular o valor de mercado total de uma empresa, deve-se acrescentar o valor de opções de ações à capitalização de mercado para se chegar ao valor de mercado do patrimônio líquido.

Investimentos em participações societárias Em nossa discussão sobre avaliação pelo fluxo de caixa descontado no Capítulo 6, fizemos uma breve referência aos problemas criados por investimentos em participações societárias, um tópico que será desenvolvido em mais profundidade no Capítulo 10. Investimentos em participações societárias podem tornar-se um problema quando calculamos o valor da empresa, bem como os múltiplos de valor das operações da empresa. O valor total de uma empresa inclui os valores de mercado estimados de seus investimentos em participações minoritárias e majoritárias em outras empresas. De um ponto de vista prático, entretanto, pode ser mais fácil trabalhar só com o valor da empresa-mãe, obtido por meio da subtração dos valores de mercado dos investimentos em participações societárias em outras empresas. Quando lidam com participações societárias, os analistas cometem vários erros comuns, que podem resultar em conclusões enganosas:

- *Considerar parte do patrimônio líquido de investimentos em participações minoritárias, mas não a dívida e o caixa.* Com investimentos em participações minoritárias, um erro comum surge do fato de que o valor de mercado do patrimônio líquido da empresa-mãe incorpora o valor de mercado estimado de investimentos em participações minoritárias em outras empresas, mas a dívida e os valores em caixa não, uma vez que eles vêm do balanço da empresa-mãe. Se o objetivo for considerar a parte proporcional da subsidiária, na qual há o investimento em participação minoritária, devemos ser consistentes. Em outras palavras, se o valor de mercado do patrimônio líquido da empresa-mãe incorporar 5% investidos na subsidiária, devemos somar 5% da dívida e do caixa da subsidiária à dívida e caixa que usamos para computar o valor das operações da empresa. Se o objetivo for desconsiderar completamente a subsidiária, devemos subtrair o valor de mercado do patrimônio líquido da subsidiária (dos 5% de participação), a fim de obtermos o valor de mercado do patrimônio líquido da empresa-mãe.
- *Acrescentar as participações minoritárias do balanço ao valor das operações da empresa para obter o valor de mercado total da companhia consolidada.* Com investimentos em participações majoritárias em outras empresas, temos um problema diferente. Quando uma empresa-mãe possui 55% de uma subsidiária, é obrigatória a consolidação completa das suas demonstrações financeiras. Como conseqüência, a dívida e o caixa que são utilizados para calcular o valor das operações da empresa incluem 100% da dívida e do caixa da subsidiária (em vez de somente 55% de participação); no entanto, o valor de mercado do patrimônio líquido reflete somente os 55% do patrimônio líquido. Para incluir o valor dos 45% do patrimônio líquido que não está sendo contado, muitos analistas somam as participações minoritárias (que é a medida do contador para o valor dos 45% investidos por terceiros) ao valor das operações da empresa. Porém, o problema com participações minoritárias é que elas estão em termos de valor contábil, o que normalmente subestima o valor de mercado do patrimônio líquido da subsidiária. Como na avaliação pelo fluxo de caixa descontado, calcular o valor de mercado para as participações minoritárias e acrescentar esse valor ao valor das operações da empresa vai fornecer uma medida melhor do valor global.

Em resumo, o valor consolidado de uma empresa, incluindo suas participações societárias, pode ser obtido pelo seguinte cálculo (com dívida e valores de caixa obtidos das demonstrações consolidadas da empresa-mãe):

$$\text{Valor das operações da empresa}_{\text{Com investimento em participações societárias}} = \text{Valor de mercado do patrimônio líquido}_{\text{Consolidado}}$$
$$+ \text{Valor de mercado da dívida}_{\text{Consolidado}} - \text{Caixa}_{\text{Consolidado}}$$
$$+ \sum_{j=1}^{j=n} \pi_j (\text{Dívida}_j - \text{Caixa}_j) \text{ dos investimentos em participações minoritárias}_j$$
$$+ \sum_{k=1}^{k=n} \text{Valor de mercado das participações minoritárias}_k$$

O primeiro termo somatório na equação soma a proporção de investimento (π_j) de dívida líquida dos investimentos em participações minoritárias (*j* investimentos), ao passo que o segundo termo traz o valor completo do investimento em patrimônio líquido das participações majoritárias (*k* investimentos). Uma solução mais fácil a considerar é computar o valor das operações da empresa sem investimentos em participações societárias:

$$\text{Valor das operações da empresa}_{\text{Sem investimento em participações societárias}} = \text{Valor de mercado do patrimônio líquido}_{\text{Consolidado}}$$
$$+ \text{Valor de mercado da dívida}_{\text{Consolidado}} - \text{Caixa}_{\text{Consolidado}}$$
$$- \sum_{j=1}^{n} \pi_j \left(\begin{array}{l} \text{Valor de mercado do patrimônio líquido} \\ \text{em investimento em participação minoritárias}_j \end{array} \right)$$
$$- \sum_{k=1}^{k=n} \left(\begin{array}{l} \text{Valor de mercado do investimento}_k \\ \text{em participações majoritárias} + \text{Dívida}_k - \text{Caixa}_k \end{array} \right)$$

O primeiro termo somatório na equação subtrai o valor de mercado estimado do patrimônio líquido de investimentos em participações minoritárias, enquanto o segundo termo elimina os efeitos das participações majoritárias, subtraindo o valor de mercado estimado do investimento em participações acionárias e dívida e caixa consolidados dos investimentos em participações societárias.

Mensuração da dívida Na avaliação pelo fluxo de caixa descontado, desenvolvemos dois conjuntos de regras para a dívida. Ao calcular custo de capital, partimos para uma definição restrita de dívida, em que consideramos somente dívida onerosa e compromissos de arrendamento mercantil (leasing). Partindo do valor da empresa para o valor do patrimônio líquido, defendemos que se deve incluir outros potenciais passivos como fundos de pensão e planos de saúde. Em ambos os casos, foi discutido que o valor de mercado da dívida era a medida mais legítima da dívida. Ao calcular o valor das operações da empresa, vamos nos concentrar mais na segunda definição do que na primeira e discutir a inclusão de outros passivos potenciais na dívida. Também acreditamos que, não obstante a prática convencional, usar o valor de mercado da dívida (mesmo quando estimado) é uma prática melhor que usar o valor contábil da dívida.

EXEMPLO 9.1: Avaliação do valor da empresa e do valor das operações da empresa

Neste exemplo, são calculados o valor da empresa e o valor das operações da empresa, para a Segovia, um negócio com dois investimentos em participações societárias — um com 60% de participação na Seville Television e outro com 10% de participação na LatinWorks, uma empresa de gravação de CD. O primeiro é classificado como investimento em participação majoritária, participação ativa (resultando em consolidação plena) e o segundo como investimento em participação minoritária. Tentaremos calcular o valor da empresa Seville usando a seguinte informação.

- O valor de mercado do patrimônio líquido na Segovia é de $ 1.500 milhões, a dívida consolidada na empresa, $ 500 milhões e o saldo de caixa consolidado, $ 150 milhões. Uma parte da dívida em circulação ($ 150 milhões) e o saldo de caixa ($ 50 milhões) são atribuíveis à Seville Television. A participação minoritária na Seville Television é mostrada no balanço patrimonial da Segovia em $ 120 milhões.
- Seville Television é uma empresa publicamente negociada com valor de mercado do patrimônio líquido de $ 600 milhões.
- A LatinWorks é uma empresa privada com um valor estimado para o patrimônio líquido de $ 400 milhões; a empresa tem $ 100 milhões em dívida e $ 25 milhões como saldo de caixa.

Se calcularmos os valores não adaptados das operações da empresa e da empresa para a Segovia usando as demonstrações financeiras consolidadas, obteremos o seguinte.

$$\text{Valor da empresa} = \text{Valor de mercado do patrimônio líquido} + \text{Dívida}$$
$$= 1.500 + 500 = \$\ 2.000 \text{ milhões}$$

$$\text{Valor das operações da empresa} = \text{Valor de mercado do patrimônio líquido} + \text{Dívida} - \text{Caixa}$$
$$= 1.500 + 500 - 150 = \$\ 1.850 \text{ milhões}$$

Esse valor está contaminado, porque o valor de mercado do patrimônio líquido reflete os 60% de investimento na Seville e 10% de investimento na LatinWorks, mas a dívida e o saldo de caixa incluem 100% das participações da Seville e nenhuma participação para a LatinWorks.

A maneira convencional de ajustar pelo menos para investimentos majoritários é acrescentar de volta o valor contábil da participação minoritária para evidenciar a participação minoritária de outros acionistas.

$$\text{Valor das operações da empresa} = \text{Valor de mercado do patrimônio líquido} + \text{Dívida} - \text{Caixa} + \text{Participações minoritárias}$$
$$= 1.500 + 500 - 150 + 120 = \$\ 1.970 \text{ milhões}$$

A hipótese de que estes são os valores combinados da empresa-mãe e da subsidiária não se sustenta, porque o valor contábil das participações minoritárias não corresponde ao valor de mercado. Na realidade, para ajustar para o valor de mercado das participações minoritárias, teríamos de fazer o seguinte:

$$\text{Valor das operações da empresa}_{\text{Consolidado}} = \text{Valor de mercado do patrimônio líquido} + \text{Dívida} - \text{Caixa}$$
$$+ \text{Valor de mercado das participações minoritárias}$$
$$= 1.500 + 500 - 150 + 0{,}40(600) = \$\ 2.090 \text{ milhões}$$

Note que está sendo utilizado o valor de mercado do patrimônio líquido da subsidiária consolidada; se fosse uma empresa privada, teríamos de estimar o valor de mercado do patrimônio líquido.

Esse cálculo do valor das operações da empresa inclui a participação minoritária na LatinWorks. Se quisermos excluir essa participação, deveríamos subtrair esse valor do cálculo:

$$\text{Valor das operações da empresa}_{\text{Consolidado, mas sem investimentos minoritários}} = \text{Valor das operações da empresa}_{\text{Consolidado}}$$
$$- \text{Valor de mercado dos investimentos minoritários}$$
$$= 2.090 - 0{,}1(400) = \$\ 2.050 \text{ milhões}$$

Novamente, estamos usando o valor de mercado estimado do patrimônio líquido da LatinWorks nesse cálculo.

Finalmente, também podemos calcular só o valor das operações da empresa-mãe pela eliminação de todos os efeitos da participação majoritária no valor das operações da empresa:

Valor das operações da empresa$_{\text{Empresa-mãe}}$ = Valor das operações da empresa$_{\text{Consolidado, mas sem investimentos em participações majoritárias}}$
– Valor das operações da empresa$_{\text{Subsidiária}}$
= 2.050 – (600 + 150 – 50) = $ 1.350 milhões

Escalonamento de variáveis

O princípio de consistência exige que relacionemos valor da empresa a variáveis da empresa, em lugar do patrimônio líquido. Em geral, essas variáveis podem ser classificadas como lucros, valor contábil, receita e variáveis de atividade. Nesta seção, consideraremos nossas escolhas.

Variáveis de lucros Quando escalonamos o valor do patrimônio líquido, usamos medidas de lucros do acionista como lucro líquido e lucros por ação. Para escalonar a empresa ou o valor das operações da empresa, as medidas de lucros que usamos têm de estar relacionadas à empresa inteira. Três medidas de lucros operacionais são as candidatas potenciais:

1. *Lucros antes de juros, impostos, depreciação e amortização (Ebitda).* Pode ser considerada uma medida aproximada do fluxo de caixa gerado pelos ativos operacionais da empresa, antes de impostos e necessidades de reinvestimentos.
2. *Lucros antes de juros e impostos (lucro operacional).* É mais uma medida convencional de lucros contábeis de ativos operacionais, embora antes de impostos.
3. *Lucros antes de juros, mas após impostos (lucro operacional após impostos).* Transforma o lucro operacional em valor após o imposto de renda sobre o lucro.

Todas as três medidas são de lucros antes dos ganhos de saldos em caixa e investimentos em participações minoritárias em outras empresas. Se as medidas de lucros que usamos há pouco são para a empresa-mãe (e assim não consolidados), a medida de valor que utilizamos deveria refletir apenas a empresa-mãe e deveria estar líquida não só dos saldos em caixa, bem como dos investimentos em participações societárias, tanto minoritária quanto majoritária. Ao lidar com lucros consolidados, devemos usar uma medida de valor da empresa que subtraia o saldo em caixa e os investimentos em participações minoritárias, mas que inclua a totalidade dos investimentos em participação majoritária. A Tabela 9.1 resume as escolhas.

Se escolhemos deixar o valor de investimentos em participações minoritárias no valor das operações da empresa (como fazem muitos analistas), temos de levar em conta a parte proporcional do caixa, dívida e lucro operacional das subsidiárias ao calcular múltiplos. Isso pode vir a ser um exercício hercúleo, especialmente quando há dúzias de participações societárias.

Variáveis de valor contábil Ao calcular razões preço/valor contábil do patrimônio líquido, usamos o valor contábil do patrimônio líquido como nosso ponto de partida. Ao calcular múltiplos de valor, deveríamos trabalhar com o valor contábil do capital investido, entretanto podemos fazer ajustes para saldos em caixa e participações societárias em outras empresas. A Tabela 9.2 resume nossas escolhas.

Em cada caso, note que estamos incluindo no valor contábil somente aqueles itens que também são incluídos na medida de valor de mercado. Isso porque o valor contábil de ativos não pode ser utilizado com o valor das operações da empresa ou com o valor da empresa e é mais bem comparado com o valor de mercado estimado dos ativos totais.

Receitas No capítulo sobre múltiplos de patrimônio líquido, notamos que a razão preço/vendas, em que se divide o valor de mercado do patrimônio líquido pelas receitas totais, é definida de forma inconsistente. Considerando-se que são geradas receitas para o negócio inteiro, uma versão muito mais consistente do múltiplo seria obtida dividindo-se o valor das operações da empresa pela receita total. Como ocorre com os lucros, entretanto, as participações societárias em outras empresas podem distorcer esse múltiplo, e os seguintes ajustes devem ser feitos:

- O valor de mercado estimado das participações minoritárias em outras empresas deve ser subtraído do valor de mercado do patrimônio líquido para se chegar ao valor das operações da empresa, uma vez que a receita dessas participações minoritárias não é considerada ao se calcular a receita da empresa-mãe.
- Quando houver investimentos em participações majoritárias que são consolidados completamente, devemos acrescentar o valor de mercado das participações minoritárias de volta ao valor das operações da empresa, para chegar ao valor composto da empresa, que pode ser então relacionado às receitas totais da empresa (que incluirá as receitas da subsidiária). Alternativamente, podemos focalizar só as receitas e o valor das operações da empresa-mãe.

TABELA 9.1: Medida de valor e lucros operacionais

Medida de lucro	Medida de valor
Lucro operacional após impostos não consolidado, lucro operacional ou Ebitda	Valor das operações da empresa-mãe somente = Valor de mercado do patrimônio líquido$_{Consol}$ + Valor de mercado da dívida$_{Consol}$ – Caixa$_{Consol}$ – $\sum_{j=1}^{j=n} \pi_j$ (Valor de mercado do patrimônio líquido do investimento em participações minoritárias$_j$) $-\sum_{k=1}^{k=n}$ (Valor de mercado do investimento em participações majoritárias$_k$ + Dívida$_k$ – Caixa$_k$)
Lucro operacional após impostos consolidado, lucro operacional ou Ebitda	Valor das operações da empresa consolidada = Valor de mercado do patrimônio líquido$_{Consol}$ + Valor de mercado da dívida$_{consol}$ – Caixa$_{Consol}$ – $\sum_{j=1}^{j=n} \pi_j$ (Valor de mercado do patrimônio líquido dos investimentos em participações minoritárias$_j$) $+\sum_{k=1}^{k=n}$ Valor de mercado das participações minoritárias$_k$

Consol: Empresa-mãe consolidada.

TABELA 9.2: Medida de valor e valor contábil

Medida de valor contábil	Medida de valor
Valor contábil do capital = Valor contábil do patrimônio líquido + Valor contábil da dívida	Valor da empresa = Valor de mercado do patrimônio líquido + Valor de mercado da dívida
Valor contábil do capital (não monetário) = Valor contábil do patrimônio líquido + Valor contábil da dívida – Caixa	Valor das operações da empresa = Valor de mercado do patrimônio líquido + Valor de mercado da dívida – Caixa
Valor contábil consolidado do capital = Valor contábil do patrimônio líquido + Valor contábil da dívida – Caixa + Participações minoritárias (valor contábil)	Valor das operações da empresa = Valor de mercado do patrimônio líquido + Valor de mercado da dívida – Caixa + Valor de mercado das participações minoritárias

Variáveis de atividade O conjunto final de variáveis relacionadas ao desempenho da empresa é derivado de variáveis que medem a atividade operacional, abrangendo desde as unidades produzidas até o número de clientes. Assim, o valor de mercado de uma empresa a cabo pode ser dividido pelo número de assinantes para se chegar ao valor de mercado por assinante. No final da década de 1990, várias empresas de Internet foram avaliadas com base em múltiplos de visitas de sites Web ou até mesmo como um múltiplo de quanto tempo era gasto nas visitas aos sites. Em geral, a medida de valor que faz muito sentido para o uso com variáveis de atividade é o valor das operações da empresa, em que o caixa é subtraído do valor de mercado da dívida e do patrimônio líquido.

CARACTERÍSTICAS DISTRIBUTIVAS DOS MÚLTIPLOS DE VALOR

Os múltiplos de valor das operações da empresa, bem como os múltiplos de patrimônio líquido que examinamos no capítulo precedente, têm vastas amplitudes, com algumas empresas sendo negociadas a múltiplos extremamente altos. Assim como os múltiplos de patrimônio líquido, eles estão restritos a ser maior que zero, criando dessa forma distribuições inclinadas em direção a grandes valores positivos.

Múltiplos de valor/lucros operacionais

Para melhor medir as características distributivas de múltiplos de valor, começamos por observar múltiplos de lucro operacional na Figura 9.1. Nessa figura, podemos observar o valor das operações da empresa (em inglês, *enterprise value* – EV) como um múltiplo de Ebitda, lucro operacional e lucro operacional após impostos para empresas nos Estados Unidos em janeiro de 2006.

Continuemos na análise das propriedades estatísticas, em janeiro de 2006, de cada um desses múltiplos da Tabela 9.3 (na página 213), começando com a média e a mediana, mas também incluindo os 10º e 90º percentis da distribuição. (O Capítulo 8 informou os números de janeiro de 2005.)

Assim como os múltiplos de lucros de patrimônio líquido descritos no capítulo precedente, os múltiplos de lucro operacional têm grandes valores extremos positivos, elevando a média dos valores, bem como a mediana.

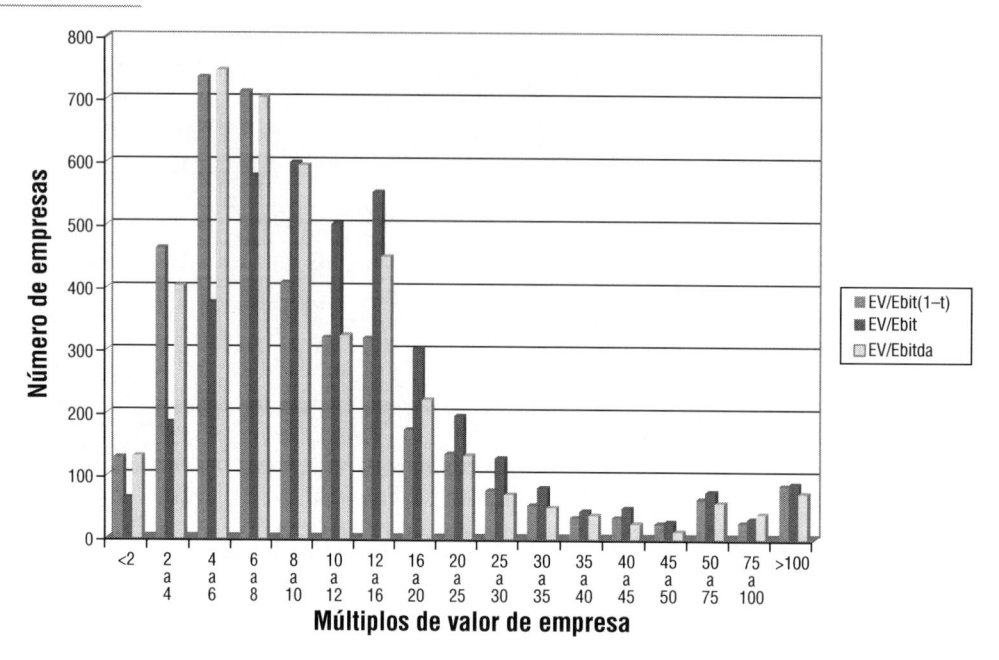

FIGURA 9.1 – Múltiplos de valor das operações da empresa/lucro operacional

A observação das distribuições de múltiplos de valor nos proporciona também um modo simples de testar e desmistificar regras práticas extensamente utilizadas em administração de carteiras de investimentos. Uma regra prática usada em aquisições e administração de carteiras de investimentos é que empresas negociadas a menos que sete vezes o Ebitda são baratas. O fato de que há quase 1.500 empresas nos Estados Unidos negociadas a menos que sete vezes o Ebitda deveria lançar dúvida sobre essa regra prática.

Há ainda um último ponto que vale a pena abordar sobre os múltiplos de lucro operacional em geral, e múltiplos de Ebitda em particular. Poucas empresas apresentam Ebitda negativo em comparação com a apresentação de lucros por ações negativos ou lucro líquido negativo. Considerando-se que não podem ser calculados múltiplos de lucros para essas empresas, há menos potencial para distorções com múltiplos de Ebitda do que com razões P/L. Isso se aplica especialmente a empresas em setores de infra-estrutura (telecomunicações, transmissão a cabo e celulares), em que a depreciação é um item pesado de despesa (o que faz com que os lucros tornem-se negativos).

Valor de mercado/valor contábil do capital

A razão valor de mercado/valor contábil do capital pode ser calculada de duas maneiras, uma com o caixa tratado como parte do capital investido e a outra sem esse tratamento:

$$\text{Valor de mercado/valor contábil do capital} = \frac{\text{Valor de mercado do patrimônio líquido} + \text{Valor de mercado da dívida}}{\text{Valor contábil do patrimônio líquido} + \text{Valor contábil da dívida}}$$

$$\text{EV/capital investido} = \frac{\text{Valor de mercado do patrimônio líquido} + \text{Valor de mercado da dívida} - \text{Caixa}}{\text{Valor contábil do patrimônio líquido} + \text{Valor contábil da dívida} - \text{Caixa}}$$

Na Figura 9.2, observa-se a distribuição do valor contábil do capital e o valor das operações da empresa do capital investido. Como ocorre com outros múltiplos, a distribuição é bastante assimétrica. A mediana da razão valor de mercado/valor contábil é 1,83 e a mediana da razão EV/capital investido é 2,06. Ambas estão levemente abaixo da mediana da razão preço/valor contábil calculada para as mesmas empresas. Embora as duas distribuições sejam semelhantes em muitos aspectos, a razão EV/valor contábil líquido tende a ter média e mediana maiores do que a média e mediana da razão valor de mercado/valor contábil do capital.

Um dos interessantes subprodutos da troca da razão preço/valor contábil para razão valor de mercado/valor contábil é que não perdemos empresas na amostra. Em outras palavras, o valor contábil do patrimônio líquido pode ser negativo, mas o valor contábil do capital é sempre positivo. O capital investido, calculado pela subtração do saldo de caixa no valor contábil do capital, é negativo para empresas em que o saldo de caixa excede o valor contábil do capital.

TABELA 9.3: Características distributivas – EV/múltiplos de lucro operacional			
	EV/Ebit(1 – *t*)	EV/Ebit	EV/Ebitda
Média	29,55	24,73	21,18
Erro-padrão	1,69	3,18	3,35
Mediana	12,72	10,49	8,09
Desvio padrão	142,61	196,34	212,32
Nº de observações	3.816,00	3.816,00	4.018,00
Valor mínimo	0,45	0,60	0,60
Valor máximo	6.155,15	5.130,46	4.984,22
90º percentil	34,72	29,38	23,37
10º percentil	5,16	4,90	3,36

Valor das operações da empresa/receitas

No Capítulo 8, analisamos a distribuição das razões preço/vendas. A Figura 9.3 apresenta o múltiplo de valor das operações da empresa/receitas no mais recente ano fiscal e receitas para os quatro trimestres anteriores (receitas de 12 meses).

Não surpreendentemente, a razão valor das operações da empresa/vendas tende a ter valores mais altos que a razão preço/vendas para a maioria das empresas, uma vez que a dívida excede o saldo em caixa dessas empresas. Algumas, especialmente no setor de tecnologia, têm saldos em caixa consideráveis e pequena ou nenhuma dívida. Para elas, as razões de valor das operações da empresa/vendas são mais baixas que as razões preço/vendas. A razão EV/vendas mediana para o mercado inteiro é 1,58, com variação significativa por setores. Para ilustrar, o decil superior de todas as empresas norte-americanas tem razão EV/vendas que excede a 15, considerando-se que o decil inferior tem razões EV/vendas inferiores a 0,25.

ANÁLISE DOS MÚLTIPLOS DE VALOR

Para entender os determinantes de múltiplos de valor, seguiremos um processo bem similar ao que desenvolvemos para examinar múltiplos de patrimônio líquido. Lá, começamos com um modelo de desconto de dividendos e usamos isso para derivar as razões P/L, preço/valor contábil e preço/vendas. No caso de múltiplos de valor, começaremos com um modelo de avaliação da empresa, no qual descontamos fluxos de caixa da empresa ao custo de capital, e depois examinaremos os determinantes de cada múltiplo.

Determinantes de múltiplos de valor

Com múltiplos de patrimônio líquido, mostramos que os determinantes de múltiplos não mudam quando vamos do modelo de crescimento estável para o modelo de crescimento em dois estágios, embora esse último exija mais avaliações. Uma vez que é muito mais fácil lidar com modelos de crescimento estável do que com modelos de alto crescimento, derivaremos os determinantes de múltiplos de valor usando um modelo de crescimento estável na avaliação da empresa (veja a equação da página seguinte).

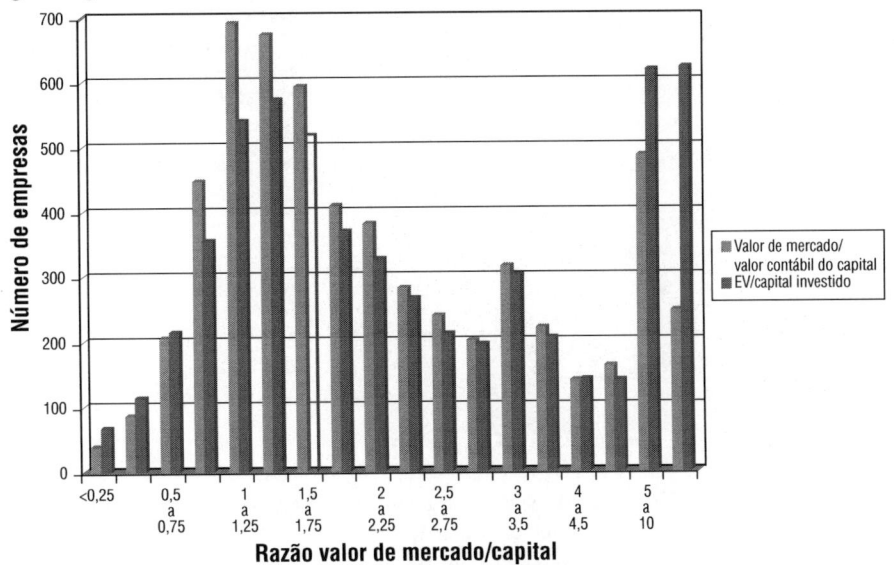

■ **FIGURA 9.2** – Valor de mercado/valor contábil do capital e EV/capital investido — empresas dos Estados Unidos em janeiro de 2006

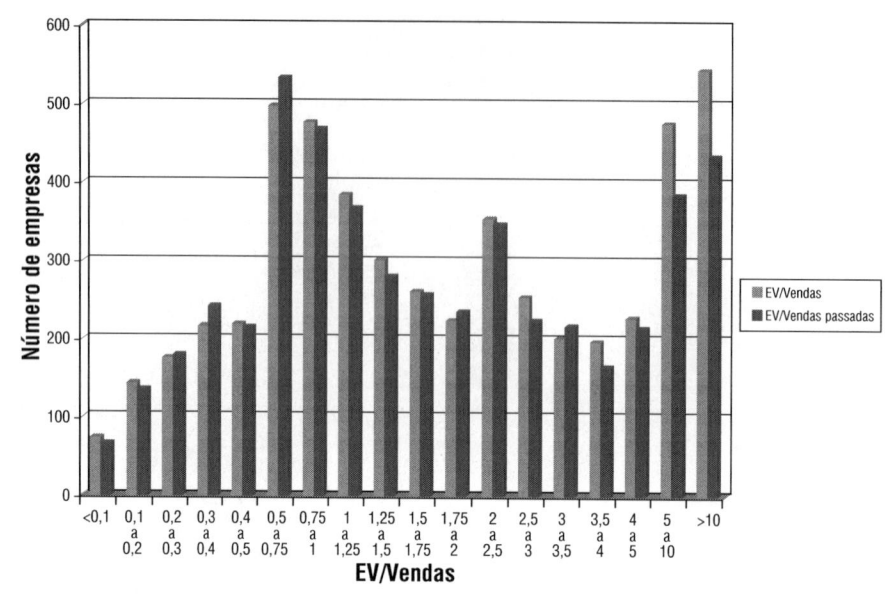

FIGURA 9.3 – Razões valor das operações da empresa (EV)/vendas – empresas dos Estados Unidos em janeiro de 2006

$$\text{Valor das operações da empresa} = \frac{\text{Fluxo de caixa livre para a empresa}_{\text{Próximo ano}}}{(\text{Custo de capital} - \text{Taxa de crescimento esperado})}$$

Relembrando nossa discussão anterior (no Capítulo 3), o fluxo de caixa livre para a empresa (FCFF) pode ser escrito em termos de lucro operacional após imposto de renda e a taxa de reinvestimento:

$$\text{Valor das operações da empresa} = \frac{\text{Ebit}_{\text{Próximo ano}}(1 - \text{Alíquota})(1 - \text{Taxa de reinvestimento})}{(\text{Custo de capital} - \text{Taxa de crescimento esperado})}$$

Usando g como medida da taxa de crescimento esperado e t como a alíquota de imposto de renda, podemos derivar facilmente as equações para valor das operações da empresa como múltiplos de lucro operacional (Ebit) e lucro operacional após imposto de renda [Ebit(1 – Alíquota)] do próximo ano.

$$\frac{\text{Valor das operações da empresa}}{\text{Ebit}_{\text{Próximo ano}}} = \frac{(1-t)(1-\text{Taxa de reinvestimento})}{\text{Custo de capital} - g}$$

$$\frac{\text{Valor das operações da empresa}}{\text{Ebit}_{\text{Próximo ano}}(1-t)} = \frac{(1-\text{Taxa de reinvestimento})}{\text{Custo de capital} - g}$$

Se desejamos especificar o valor das operações da empresa como múltiplo do lucro operacional do ano corrente, a equação será modificada para incluir o termo de crescimento para um ano no numerador:

$$\frac{\text{Valor das operações da empresa}}{\text{Ebit}_{\text{Ano corrente}}} = \frac{(1+g)(1-t)(1-\text{Taxa de reinvestimento})}{\text{Custo de capital} - g}$$

$$\frac{\text{Valor das operações da empresa}}{\text{Ebit}_{\text{Ano corrente}}(1-t)} = \frac{(1+g)(1-\text{Taxa de reinvestimento})}{\text{Custo de capital} - g}$$

Tudo o mais permanecendo igual, ambos EV/Ebit e EV/Ebit(1 – t) aumentarão com a elevação da taxa de crescimento e a redução do custo de capital. Ambos também vão aumentar com a diminuição da taxa de reinvestimento (para qualquer determinada taxa de crescimento). No entanto, como visto em nossa discussão anterior de que o crescimento é um produto do retorno sobre capital e da taxa de reinvestimento, isso equivale a declarar que os múltiplos de valor das operações da empresa aumentarão com o acréscimo do retorno sobre capital, mantendo-se fixas todas as outras variáveis.

Para analisar múltiplos EV/Ebitda, começamos por apresentar o fluxo de caixa livre para a empresa em termos de Ebitda:

Fluxo de caixa livre para a empresa = Ebit(1 − t) − (Gastos de capital − Depreciação)
− Variação do capital de giro
= Ebitda(1 − t) + Depreciação(t) − Gastos de capital
− Variação do capital de giro

Substituindo essa equação pelos inputs do próximo ano pelo modelo de crescimento estável de avaliação da empresa, temos:

$$\text{Valor das operações da empresa} = \frac{\text{Ebitda}_1(1-t) + (\text{Depreciação}_1(t) - \text{Gastos de capital}_1 - \text{Variação em CG}_1)}{(\text{Custo de capital} - g)}$$

Dividindo-se por Ebitda, resultam os determinantes dos múltiplos EV/Ebitda:

$$\frac{\text{EV}}{\text{Ebitda}_1} = \frac{(1-t) + \left(\dfrac{\text{Depreciação}_1(t) - \text{Gastos de capital}_1 - \text{Variação em CG}_1}{\text{Ebitda}_1}\right)}{\text{Custo de capital} - g}$$

Podemos simplificar ainda mais se consolidarmos os termos do reinvestimento:

Reinvestimento = Gastos de capital − Depreciação + Variação do CG

$$\frac{\text{EV}}{\text{Ebitda}} = \frac{(1-t) - \dfrac{\text{Reinsvestimento}}{\text{Ebitda}_1} - \dfrac{\text{Depreciação}(1-t)}{\text{Ebitda}}}{\text{Custo de capital} - g}$$

Em outras palavras, o múltiplo EV/Ebitda é uma função das mesmas variáveis que determinam os múltiplos de lucros operacionais, com negócios de crescimento mais alto, custo de capital mais baixo e retorno sobre capital mais alto (com baixo reinvestimento), sendo negociadas a múltiplos de Ebitda mais altos. Além disso, empresas com custos de depreciação significativos deveriam ser negociadas a múltiplos de Ebitda mais baixos que outras semelhantes (em termos de crescimento, custo de capital e reinvestimento) sem essa depreciação.

Como nota final, os múltiplos de lucros antes do imposto de renda (Ebit e Ebitda) também são afetados pela alíquota de imposto, com alíquotas mais altas que se traduzem em múltiplos de lucros antes dos impostos mais baixos. Como conseqüência, esperaríamos empresas incorporadas sendo negociadas em locais de alta alíquota de imposto a múltiplos de Ebitda mais baixos que empresas em locais de baixa alíquota de imposto.

Para entender os determinantes das razões valor de mercado/valor contábil, vamos retomar o modelo de crescimento estável:

$$\text{Valor das operações da empresa} = \frac{\text{Ebit}_{\text{Próximo ano}}(1-t)(1-\text{Taxa de reinvestimento})}{\text{Custo de capital} - g}$$

Dividindo ambos os lados da equação pelo valor contábil do capital, obtemos:

$$\frac{\text{EV}}{\text{Valor contábil do capital}} = \frac{\dfrac{\text{Ebit}_{\text{Próximo ano}}(1-t)}{\text{Valor contábil do capital}}(1-\text{Taxa de reinvestimento})}{\text{Custo de capital} - g}$$

Substituimos as seguintes *proxies* pelo retorno sobre capital e reinvestimento na equação:

$$\text{Retorno sobre capital} = \frac{\text{Ebit}_{\text{Próximo ano}}(1-t)}{\text{Valor contábil do capital}}$$

$$\text{Taxa de reinvestimento} = \frac{g}{\text{Retorno sobre capital}}$$

A razão EV/valor contábil do capital agora pode ser escrita como:

$$\frac{\text{EV}}{\text{Valor contábil do capital}} = \frac{\text{ROC} - g}{\text{Custo de capital} - g}$$

Em outras palavras, o múltiplo de valor contábil do capital que uma empresa negocia será uma função crescente de duas variáveis — o retorno em excesso que a empresa ganha sobre capital investido (ROC menos custo de capital) e a taxa de crescimento esperado.

Para analisar múltiplos valor/vendas, repetimos o processo começando novamente com o modelo de crescimento estável de avaliação da empresa:

$$\text{Valor das operações da empresa} = \frac{\text{Ebit}_{\text{Próximo ano}}(1-t)(1-\text{Taxa de reinvestimento})}{\text{Custo de capital} - g}$$

Dividindo ambos os lados pelas receitas, obtemos:

$$\frac{EV}{Vendas} = \frac{\frac{Ebit_{Próximo\,ano}(1-t)}{Vendas}(1-\text{Taxa de reinvestimento})}{\text{Custo de capital} - g}$$

$$= \frac{\text{Margem operacional após impostos}\,(1-\text{Taxa de reinvestimento})}{\text{Custo de capital} - g}$$

A razão valor das operações da empresa/vendas, além de aumentar com crescimento e diminuir com aumentos no custo de capital, crescerá com a margem de lucro operacional após impostos.

Todos esses múltiplos podem ser expandidos para cobrir um período de alto crescimento, usando-se o seguinte modelo de dois estágios para a avaliação da empresa:

$$V_0 = \frac{(Ebit_0)(1-t)(1-TR_{hg})(1+g)\left[1-\frac{(1+g)^n}{(1+k_{c,hg})^n}\right]}{k_{c,hg}-g}$$

$$+ \frac{[Ebit_0(1-t)](1-TR_{st})(1+g)^n(1+g_n)}{(k_{c,st}-g_n)(1+k_{c,hg})^n}$$

onde TR é taxa de reinvestimento e k_c refere-se ao custo de capital para a empresa com valores potencialmente diferentes pelos períodos de alto crescimento e crescimento estável. Como no caso dos múltiplos de patrimônio líquido, é necessário que todas essas variáveis sejam estimadas duas vezes — uma para a fase de alto crescimento e outra para a fase de crescimento estável. Por exemplo, a razão EV/capital para uma empresa de alto crescimento pode ser escrita como:

$$\frac{Valor_0}{BV_0} = (ROC_{hg})\frac{(1-TR_{hg})(1+g)\left[1-\frac{(1+g)^n}{(1+k_{c,hg})^n}\right]}{k_{c,hg}-g}$$

$$+ (ROC_{st})\frac{(1-TR_{st})(1+g)^n(1+g_n)}{(k_{c,st}-g_n)(1+k_{c,hg})^n}$$

onde ROC é o retorno sobre capital após impostos, estimado para período de alto crescimento (*hg*) e período estável (*st*).

EXEMPLO: 9.2: Cálculo dos múltiplos de valor para uma empresa

Consideremos o cálculo dos múltiplos de valor para uma empresa com as seguintes características:
- No ano fiscal mais recente, a empresa informou depreciação de $ 20 milhões e lucros antes de juros e impostos (lucro operacional) de $ 100 milhões em receitas de $ 1 bilhão; a alíquota de imposto de renda era 40%. A margem operacional após impostos resultante é de 6%.

$$\text{Margem operacional após impostos} = \frac{Ebit(1-t)}{Receita} = \frac{100(1-0,4)}{1.000} = 6\%$$

- O capital investido na empresa era de $ 400 milhões, o que se traduz em um retorno sobre capital após impostos de 15%:

$$\text{Retorno sobre capital após impostos} = \frac{Ebit(1-t)}{\text{Capital investido}} = \frac{100(1-0,4)}{400} = 15\%$$

A empresa espera manter esse retorno sobre capital em perpetuidade.
- A empresa espera reinvestir 60% de seu lucro operacional após impostos todos os anos durante os próximos cinco anos, resultando em uma taxa de crescimento esperado de 9% a cada ano:

Taxa de crescimento esperado = Taxa de reinvestimento × Retorno sobre capital = 0,6 × 15% = 9%

- O custo de capital é de 10% em perpetuidade e a taxa de crescimento esperado depois do ano 5 será 4%. Considerando-se o retorno sobre capital de 15%, a taxa de reinvestimento para o período estável é de 26,67%:

$$\text{Taxa de reinvestimento para o período estável} = \frac{g}{ROC} = \frac{4\%}{15\%} = 26,67\%$$

Podemos derivar os múltiplos de valor das operações para essa empresa, usando as equações desenvolvidas na seção anterior. Vamos começar pelo cálculo do valor das operações para essa empresa, utilizando para isso o modelo de dois estágios desenvolvido no fim da última seção.

$$\text{Valor} = \frac{(100)(1-0,4)(1,09)\left[\frac{1-(1,09)^5}{(1,10)^5}\right]}{0,10-0,09} + \frac{[100(1-0,4)](1,09)^5(1-0,2667)(1,04)}{(0,10-0,04)(1+0,10)^5} = \$845,39 \text{ milhões}$$

Dividindo-se essa estimativa de valor por Ebitda, lucro operacional, capital contábil e receitas, produzem-se os múltiplos de valor das operações para essa empresa:

$$\text{EV/Ebitda} = \frac{\$845,39}{\$120} = 7,04$$

$$\text{EV/Ebit} = \frac{\$845,39}{\$100} = 8,45$$

$$\text{EV/Ebit}(1-t) = \frac{\$845,39}{\$100(1-0,4)} = 14,09$$

$$\text{EV/capital investido} = \frac{\$845,39}{\$400} = 2,11$$

$$\text{EV/vendas} = \frac{\$845,39}{1.000} = 0,8454$$

Relação entre múltiplos e fundamentos

Na seção precedente, usamos um modelo de avaliação de empresa para retroceder às variáveis que determinam cada múltiplo e fornecemos um exemplo simples com uma empresa hipotética. Nesta seção, será explorada a relação entre os fundamentos financeiros e cada um dos múltiplos de valor das operações usando a empresa hipotética do Exemplo 9.2.

Efeito do crescimento Mantendo-se todas as outras variáveis constantes, a elevação da taxa de crescimento esperado do lucro operacional aumentará os múltiplos de valor das operações da empresa. A Tabela 9.4 resume o efeito de uma alteração na taxa de crescimento esperado durante o período de alto crescimento para a empresa do Exemplo 9.2.

Com o aumento da taxa de crescimento esperado durante o período de alto crescimento, o múltiplo de valor das operações da empresa/Ebitda sobe de 4,7 (quando a taxa de crescimento esperado for zero) para 11,13, se a taxa de crescimento esperado for 20%. O efeito é bem semelhante nos outros múltiplos. As implicações dessa descoberta são diretas. Comparações de múltiplos de EV por empresas em um setor com taxas de crescimento extensamente divergentes tenderão a induzir os analistas a achar que empresas de baixo crescimento são subavaliadas (porque elas parecerão baratas) e empresas de alto crescimento são superavaliadas, a menos que eles controlem explicitamente as diferenças no crescimento.

No Capítulo 8, sobre múltiplos de patrimônio líquido, vimos também a sensibilidade dos múltiplos à duração do período de crescimento. Em vez de repetir o exercício, recapitularemos as conclusões em termos de múltiplos de valor das operações da empresa. Outras variáveis permanecendo constantes, se for mantido por um longo tempo o período de alto crescimento com retorno em excesso, os múltiplos de valor das operações da empresa aumentarão. Como conseqüência, esperaríamos que empresas com vantagens competitivas mais fortes e mais sustentáveis fossem negociadas a múltiplos de valor das operações da empresa mais altos que outras sem essas vantagens.

O efeito do risco Riscos afetam os múltiplos de valor das operações da empresa de dois modos. Um deles é por meio do risco e do custo do patrimônio líquido e o outro, pela forma do endividamento e custo da dívida. Empresas maduras com baixo risco de inadimplência e risco operacional serão capazes de se endividar a quantias significativas e a um baixo custo sem colocar muita pressão para aumentar os seus custos de patrimônio líquido. Como resultado, elas desfrutarão de baixos custos de capital. Empresas arriscadas não só terão custos altos de patrimônio líquido, mas também custos altos da dívida quando se endividam, resultando em altos custos de capital.

TABELA 9.4: Taxa de crescimento esperado e múltiplos EV

Taxa de crescimento durante período de alto crescimento	EV/Ebitda	EV/Ebit	EV/Ebit(1 – t)	EV/capital	EV/receita
0%	4,70	5,65	9,41	1,41	0,56
2	5,16	6,19	10,32	1,55	0,62
4	5,65	6,78	11,30	1,69	0,68
8	6,75	8,09	13,49	2,02	0,81
10	7,36	8,83	14,71	2,21	0,88
12	8,01	9,61	16,02	2,40	0,96
14	8,71	10,46	17,43	2,61	1,05
16	9,46	11,36	18,93	2,84	1,14
18	10,27	12,32	20,54	3,08	1,23
20	11,13	13,35	22,26	3,34	1,34

O modo mais simples para se constatar o efeito de risco em múltiplos de valor das operações da empresa é por intermédio do custo de capital. Voltando ao Exemplo 9.2, e mantendo-se constantes as demais variáveis, vamos examinar o efeito das mudanças do custo de capital nos múltiplos de valor das operações da empresa na Tabela 9.5. Como o custo de capital aumenta, o valor das operações da empresa diminui consideravelmente pela tabela. Assim, uma empresa com uma taxa de crescimento esperado de 9% pode esperar ser negociada a 23 vezes o Ebitda, se o seu custo de capital for 6%, mas somente a 3,5 vezes o Ebitda, se o custo de capital elevar-se para 15%.

Existem três implicações para analistas que usam múltiplos de valor das operações da empresa na avaliação relativa. A primeira é que empresas que estão em negócios mais arriscados (até mesmo dentro do mesmo setor) vão ser negociadas a múltiplos de valor mais baixos que outras mais seguras e maduras, com fontes previsíveis de renda. A segunda é que diferenças na alavancagem financeira podem afetar indiretamente os múltiplos de valor das operações da empresa, especialmente se algumas empresas estão perto da alavancagem financeira ótima, enquanto outras estão sub ou superavaliadas. As últimas terão custos de capital mais altos e múltiplos de valor das operações da empresa mais baixos. A terceira implicação é que quando comparamos empresas em mercados emergentes com empresas em mercados desenvolvidos, podemos ser influenciados pelo fato de que aquelas são mais arriscadas e têm custos de capital mais altos que estas. Por conseguinte, elas deveriam ser negociadas a múltiplos de valor das operações da empresa mais baixos.

Efeito da qualidade dos investimentos Não obstante a importância da taxa de crescimento, a qualidade desse crescimento é até mais importante. Com múltiplos de valor das operações da empresa, a qualidade do crescimento é mais bem capturada pelo retorno sobre capital. Para qualquer taxa de crescimento, retornos sobre capital mais altos se traduzem em taxas de reinvestimentos mais baixas e fluxos de caixa mais altos para investidores, impulsionando assim o valor. A Tabela 9.6 examina o impacto de mudanças no retorno sobre capital, enquanto são mantidas fixas a taxa de crescimento esperado e o custo de capital do Exemplo 9.2.

Note que a taxa de reinvestimento necessária para sustentar determinada taxa de crescimento (9%) aumenta, ao passo que o retorno sobre capital diminui. A um retorno sobre capital de 6%, por exemplo, a taxa de reinvestimento nos primeiros cinco anos é de 150% (a uma taxa de crescimento de 9%) e depois do ano 5 é de 66,67% (para sustentar uma taxa de crescimento estável de 4%). Como o retorno sobre capital aumenta, os múltiplos de valor das operações da empresa também aumentam.

TABELA 9.5: Custo de capital e múltiplos de valor das operações da empresa

Custo de capital	EV/Ebitda	EV/Ebit	EV/Ebit (1 – t)	EV/capital	EV/receita
6%	23,01	27,61	46,02	6,90	2,76
7	15,00	18,00	30,00	4,50	1,80
8	11,01	13,21	22,02	3,30	1,32
9	8,63	10,35	17,25	2,59	1,04
10	7,04	8,45	14,09	2,11	0,85
11	5,92	7,11	11,84	1,78	0,71
12	5,08	6,10	10,17	1,53	0,61
13	4,44	5,32	8,87	1,33	0,53
14	3,92	4,71	7,85	1,18	0,47
15	3,51	4,21	7,01	1,05	0,42

| TABELA 9.6: Retorno sobre capital e múltiplos EV ||||||
Retorno sobre capital	EV/Ebitda	EV/Ebit	EV/Ebit (1 – *t*)	EV/capital	EV/receita
6%	2,98	3,58	5,96	0,36	0,36
7	3,69	4,42	7,37	0,52	0,44
8	4,27	5,12	8,54	0,68	0,51
9	4,77	5,72	9,54	0,86	0,57
10	5,22	6,26	10,43	1,04	0,63
11	5,62	6,75	11,25	1,24	0,67
12	6,01	7,21	12,01	1,44	0,72
13	6,37	7,64	12,73	1,65	0,76
14	6,71	8,05	13,42	1,88	0,81
15	7,04	8,45	14,09	2,11	0,85

A razão valor das operações da empresa/capital investido, em particular, é muito dependente do retorno em excesso obtido pela empresa, com retorno em excesso definido como a diferença entre retorno e custo de capital. A Figura 9.4 resume o efeito de mudanças no retorno em excesso sobre a razão valor das operações da empresa/capital investido.

Assim como com as razões preço/valor contábil, a relação está clara. Quando os retornos em excesso são positivos (isto é, o retorno sobre capital excede o custo de capital), a razão valor das operações da empresa/capital investido é maior que 1. Quando o retorno sobre capital é menor que o custo de capital, a empresa será negociada abaixo do seu valor contábil do capital.

A regra pode ser feita também considerando-se a margem de lucro operacional após impostos. Fixando-se a razão vendas/capital e variando-se a margem, o retorno sobre capital variará.

$$\text{Retorno sobre capital} = \text{Margem de lucro operacional após impostos} \times \frac{\text{Vendas}}{\text{Capital investido}}$$

Se mudarmos a margem de lucro operacional após impostos no Exemplo 9.2, enquanto mantemos fixas a razão vendas/capital e a taxa de crescimento esperado, os múltiplos de valor das operações da empresa mudarão como mostrado na Tabela 9.7.

Como as margens de lucro operacional após impostos aumentam, os múltiplos de valor das operações da empresa sobem. O múltiplo que está mais conectado com a margem de lucro após impostos é o EV/vendas, e podemos examinar a relação entre os dois na Figura 9.5, na página 221.

Ao comparar as razões valor das operações da empresa/vendas de várias empresas, deveríamos estar cientes das diferenças das estratégias de mercado e das margens. Se não tivermos nenhum cuidado sobre o controle dessas diferenças, encontraremos empresas com baixas margens de lucros operacionais após impostos que parecem baratas com base na razão valor das operações da empresa/vendas.

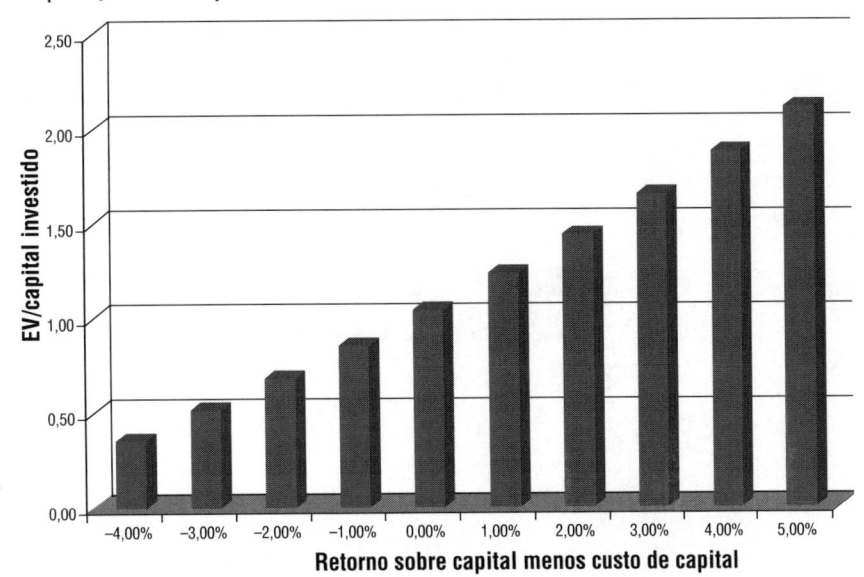

■ **FIGURA 9.4** – Valor das operações da empresa/capital investido *versus* retorno em excesso

TABELA 9.7: Margem operacional após impostos e múltiplos de valor das operações da empresa

Margem operacional após impostos	ROC atribuído	EV/Ebitda	EV/Ebit	EV/Ebit(1 – t)	EV/capital	EV/receita
3%	7,5%	3,99	4,79	7,98	0,60	0,24
4	10,0	5,22	6,26	10,43	1,04	0,42
5	12,5	6,19	7,42	12,37	1,55	0,62
6	15,0	7,04	8,45	14,09	2,11	0,85
7	17,5	7,85	9,42	15,71	2,75	1,10
8	20,0	8,64	10,37	17,29	3,46	1,38
9	22,5	9,43	11,32	18,87	4,25	1,70
10	25,0	10,24	12,28	20,47	5,12	2,05

Alíquota de imposto de renda A alíquota de imposto de renda paga por uma empresa afeta seu valor e, por meio desse valor, todos os múltiplos de valor das operações da empresa. O efeito, entretanto, é ampliado nos múltiplos de valor antes do imposto de renda, como Ebitda e receitas. Usando a empresa hipotética do Exemplo 9.2, vamos examinar o efeito das mudanças na alíquota de imposto (do caso básico de 40%) sobre os múltiplos de valor das operações da empresa da Tabela 9.8.

Como a alíquota de imposto de renda é aumentada, todos os múltiplos de valor das operações da empresa diminuem, mas a diferença entre os múltiplos EV/Ebitda e EV/Ebit antes dos impostos e EV/Ebit(1 – t) após impostos aumentam com a elevação da alíquota de imposto de renda. Por exemplo, se a alíquota de imposto for 20%, o múltiplo EV/Ebitda será 11,52, ao passo que o múltiplo EV/Ebit(1 – t) será 17,29. A uma alíquota de 40%, o EV/Ebitda cai para 7,04, menos da metade do múltiplo EV/Ebit(1 – t), que é de 14,09. Em outras palavras, com o aumento de alíquotas de imposto de renda, múltiplos antes de impostos diminuirão mais que proporcionalmente que múltiplos após impostos.

Quais são as conseqüências para a avaliação relativa? Ao comparar empresas com alíquotas de imposto de renda extensamente divergentes, uma falha no controle das diferenças de alíquota de imposto terá como resultado que empresas com altas alíquotas de imposto de renda pareçam baratas com base no EV/Ebitda relativo a empresas com baixas alíquotas de imposto de renda. Essa é uma situação com que muitos analistas europeus deparam-se, ao comparar empresas do mesmo setor que operam em países diferentes. Empresas alemãs deveriam ser negociadas a múltiplos de Ebitda mais baixos que empresas irlandesas; a alíquota de imposto de renda alemã é superior a 38%, enquanto a alíquota de imposto de renda para as empresas irlandesas é 12%. Até dentro do mesmo mercado, empresas podem ter alíquotas de imposto efetivas diferentes, em grande parte como conseqüência de prejuízo operacional líquido (em inglês, *net operating loss* — NOL) diferido e planejamento tributário. Poderíamos esperar que empresas com grande prejuízo operacional líquido (e assim baixas alíquotas de imposto efetivas) sejam negociadas a múltiplos de Ebitda ou Ebit mais altos.

APLICAÇÕES DE MÚLTIPLOS DE VALOR

Agora que identificamos as variáveis que afetam cada múltiplo e temos idéia de como mudanças nessas variáveis podem afetar os múltiplos de valor das operações da empresa, podemos voltar nossa atenção para o uso desses múltiplos na avaliação relativa. Nesta seção, começamos, como fizemos na seção de aplicação de múltiplos de patrimônio líquido, pela observação das comparações de empresas dentro de setores individualmente, seguida pela comparação com o mercado como um todo.

TABELA 9.8: Alíquotas de imposto de renda e múltiplos de valor das operações da empresa

Alíquota de imposto	EV/Ebitda	EV/Ebit	EV/Ebit (1 – t)	EV/capital	EV/receita
0%	17,06	20,47	20,47	5,12	2,05
10	14,15	16,98	18,87	4,25	1,70
20	11,52	13,83	17,29	3,46	1,38
30	9,16	10,99	15,71	2,75	1,10
40	7,04	8,45	14,09	2,11	0,85
50	5,16	6,19	12,37	1,55	0,62
60	3,48	4,17	10,43	1,04	0,42

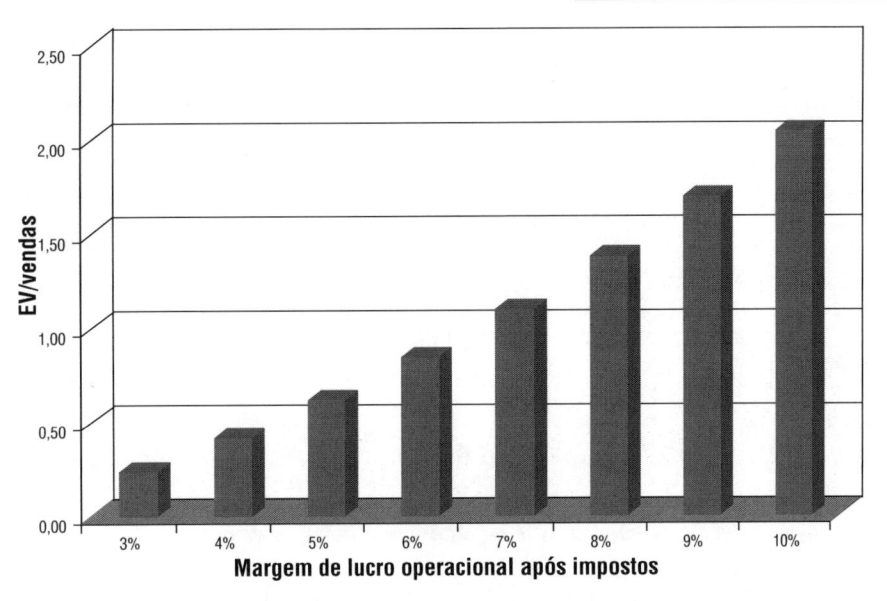

FIGURA 9.5 – Valor das operações da empresa/vendas e margem de lucro operacional após impostos

Comparação setorial

Assim como acontece com múltiplos de patrimônio líquido, múltiplos de valor das operações da empresa são usados por analistas para comparar empresas dentro de um setor. Muito mais que no caso dos múltiplos de patrimônio líquido, pouco é feito para controlar diferenças entre empresas na amostra. Assim, enquanto um analista que compara razões P/L entre empresas de software vai considerar diferenças pelo menos nas taxas de crescimento das empresas, os analistas freqüentemente só comparam múltiplos de valor das operações da empresa/Ebitda entre empresas de transmissão a cabo ou de telecomunicações, não levando em consideração as diferenças fundamentais entre empresas. Nesta seção, veremos três exemplos, que apresentam três modos de controlar as diferenças entre empresas, comparando as abordagens utilizadas com múltiplos de patrimônio líquido.

Julgamentos subjetivos Esta é a extensão mais simples da abordagem ingênua, em que depois de comparar múltiplos de valor das operações da empresa entre empresas, fazemos uma pausa e consideramos as variáveis que sabemos que afetam esses múltiplos, para verificar se explicam as diferenças. Assim, examinaríamos o retorno sobre capital para uma empresa que é negociada a uma baixa razão valor das operações da empresa/valor contábil e do capital; se o retorno sobre capital for negativo ou muito baixo, consideraríamos que isso é uma justificativa razoável para explicar por que a razão valor das operações da empresa/capital é tão baixa. A limitação dessa abordagem é que somente os títulos mais obviamente subavaliados resultarão desse processo como sub ou superavaliados. Afinal, com a maioria das empresas, haverá uma variável que potencialmente poderia explicar pelo menos por que o múltiplo é mais alto ou mais baixo que a média setorial.

Matriz de abordagens Na matriz de abordagem, plotamos o múltiplo que estamos analisando contra sua variável companheira. Aplicado às razões de valor das operações da empresa/capital investido, por exemplo, delinearíamos o múltiplo contra o retorno sobre capital investido após impostos como mostrado na Figura 9.6.

Empresas com retornos em excesso altos e positivos tenderão a ter altas razões de valor de mercado/valor contábil, considerando-se que empresas com retornos em excesso baixos e negativos geralmente terão razões valor de mercado/valor contábil mais baixas. As empresas subavaliadas entrarão

	Superavaliadas Alto valor/capital baixo *spread* de retorno	Alto valor/capital alto *spread* de retorno
Razão valor de mercado/valor contábil	Baixo valor/capital baixo *spread* de retorno	**Subavaliadas** Baixo valor/capital alto *spread* de retorno

Retorno sobre capital menos custo de capital

FIGURA 9.6 – Matriz de avaliação: razão valor/valor contábil e retornos em excesso

em um dos dois quadrantes. No canto superior esquerdo, as empresas superavaliadas estarão com razões de valor das operações da empresa/capital e retornos em excesso negativos ou muito baixos. No canto inferior direito estarão as empresas subestimadas que são negociadas a baixos múltiplos de valor/capital, ao passo que mantêm retornos em excesso altos e positivos.

Regressões A limitação da matriz de abordagens é que, embora seja fácil destacar *outliers*, é difícil perceber diferenças entre empresas que não estejam consideravelmente superestimadas ou subestimadas. Além disso, é difícil controlar mais de duas variáveis em um gráfico, uma vez que não podemos criar mais de três dimensões em um gráfico. As regressões são um modo muito mais poderoso e versátil de controlar diferenças entre empresas. Não só podem existir tantas variáveis independentes quanto os dados sustentem, como podemos permitir relações não-lineares entre os múltiplos e os fundamentos. Uma advertência, como nos múltiplos de patrimônio líquido, é que o nosso objetivo não é explicar todas as diferenças entre empresas, mas sim as diferenças que fundamentalmente fazem sentido.

EXEMPLO 9.3: Comparação dos múltiplos EV/lucro operacional

Múltiplos de valor das operações da empresa/Ebitda são amplamente utilizados para avaliar empresas de manufatura e negócios de infra-estrutura pesada. A tabela seguinte resume os múltiplos de valor das operações da empresa/Ebitda para empresas de aço nos Estados Unidos, em março de 2001.

Os múltiplos de valor das operações da empresa/Ebitda variam amplamente entre essas empresas, e muitas delas têm gastos líquidos de capital negativos, em parte refletindo a maturidade da indústria e em parte refletindo a natureza irregular dos reinvestimentos. Algumas delas também não pagam nenhum imposto, porque apresentam prejuízos. Regredimos o múltiplo EV/Ebitda contra a alíquota de imposto e depreciação e amortização (DA) como um percentual do Ebitda.

$$\text{EV/Ebitda} = 8{,}65 - 7{,}20(\text{Alíquota}) - 8{,}08(\text{DA/Ebitda}) \qquad R^2 = 29{,}76\%$$
$$[6{,}37]\ [2{,}36] \qquad\quad [3{,}60]$$

Empresa	EV/Ebitda	Alíquota de imposto de renda	ROC líquido	Gastos de capital/ Ebitda	Depreciação e amortização/ Ebitda
Ampco-Pittsburgh	2,74	26,21%	12,15%	15,72%	20,05%
Bayou Steel	5,21	0,00	5,95	12,90	41,01
Birmingham Steel	5,60	0,00	6,89	–28,64	51,92
Carpenter Technology	5,05	33,29	9,16	15,51	28,87
Castle (A.M.) & Co.	9,26	0,00	8,92	9,44	27,22
Cleveland-Cliffs	5,14	0,00	7,65	51,84	26,33
Commercial Metals	2,40	36,86	16,60	1,19	26,44
Harris Steel	4,26	37,18	15,00	3,23	4,92
Huntco Inc.	5,40	0,00	4,82	–48,84	53,02
IPSCO Inc.	5,06	23,87	9,22	50,57	16,88
Kentucky Elec. Steel Inc.	1,72	37,26	6,75	–25,51	38,78
National Steel	2,30	0,00	8,46	68,49	53,84
NN Inc.	6,00	34,35	15,73	–15,04	24,80
Northwest Pipe Co.	5,14	39,47	9,05	8,73	17,22
Nucor Corp.	3,88	35,00	18,48	15,66	26,04
Olympic Steel Inc.	4,46	37,93	5,80	–3,75	26,62
Oregon Steel Mills	5,32	0,00	7,23	–31,77	49,57
Quanex Corp.	2,90	34,39	16,38	–3,45	29,50
Ryerson Tull	7,73	0,00	5,10	3,50	38,36
Samuel Manu-Tech Inc.	3,13	31,88	14,90	–2,91	21,27
Schnitzer Steel Inds. A	4,60	8,70	7,78	–16,21	38,74
Slater STL Inc.	4,48	26,00	11,25	0,80	27,96
Steel Dynamics	5,83	36,33	10,09	33,13	23,14
Steel Technologies	3,75	36,87	9,22	11,95	27,69
Steel—General	4,14	38,37	9,80	21,69	28,75
Un'vl' Stainless & Alloy Prods.	4,28	37,52	14,51	12,73	15,15
Worthington Inds.	4,80	37,50	12,54	0,16	22,79

Não utilizamos o crescimento esperado ou custo de capital como variáveis independentes, porque são bem parecidos entre as empresas. Usando essa regressão, os valores previstos do múltiplo valor/Ebitda para a empresa Birmingham Steel seria:

$$\text{EV/Ebitda previsto}_{\text{Birmingham Steel}} = 8{,}65 - 7{,}20(0{,}00) - 8{,}08(0{,}5192) = 4{,}45$$

A 5,6 vezes o Ebitda, a empresa está superavaliada.

EXEMPLO 9.4: Comparação entre razões EV/capital

Razões valor das operações da empresa/capital são favorecidas por muitos consultores de valor, cujo foco está em adquirir empresas para melhorar as escolhas de projeto (o que resulta em retorno em excesso). Na tabela a seguir, calculamos as razões de valor/capital para empresas de cosméticos européias, em janeiro de 2006.

Empresa	Valor das operações da empresa	Capital investido	EV/capital	Retorno sobre capital
Ales Groupe	249,48	105,86	2,36	10,47%
Beiersdorf Ag	8.665,20	967,00	8,96	31,17
Body Shop Int'l	566,81	156,60	3,62	19,10
Christian Dior	20.194,70	9.635,00	2,10	15,63
Clarins	1.919,48	506,63	3,79	16,54
Inter Parfums	348,54	96,79	3,60	15,55
Jacques Bogart	85,14	91,42	0,93	2,19
L'Oreal	41.313,47	11.009,30	3,75	12,48
Mirato Spa	154,43	65,24	2,37	9,40
Pz Cussons Plc	569,36	271,54	2,10	12,03
Robertet Sa	282,19	105,13	2,68	13,45
Sarantis	366,63	165,42	2,22	21,29
Ulric De Varens	93,74	14,92	6,28	18,84
Wella Ag	6.501,86	1.417,11	4,59	12,16
Média			**3,52**	**15,02%**

Na última coluna, é informado o retorno sobre capital após impostos obtido pelas empresas no setor.

A leitura da tabela, ainda que superficial, sugere uma relação entre EV/capital e retorno sobre capital com baixos retornos sobre capital associados a baixas razões valor das operações da empresa/capital. Se definimos uma empresa subavaliada como aquela com baixa razão valor das operações da empresa/capital em contraposição a alto retorno sobre capital, um dispositivo simples de classificação seria tratar como subavaliada somente a empresa que é negociada a razões EV/capital mais baixas que a média do setor (3,52) e, ao mesmo tempo, apresentar retorno sobre capital acima da média setorial (15,02%). Usando esse filtro, somente as empresas Sarantis e Christian Dior passam no teste. A primeira é negociada a uma razão valor/capital de 2,22, ao passo que mantém um retorno sobre capital de 21,29%. Já a segunda é negociada a uma razão valor/capital de 2,10, enquanto mantém um retorno sobre capital de 15,63%. Da mesma maneira, L'Oreal e Wella parecem superavaliadas, considerando-se que são negociadas a múltiplos EV/Ebitda acima da média, uma vez que apresentam retornos sobre capital abaixo da média setorial.

A ligação entre EV/capital e retorno sobre capital é confirmada na Figura 9.7, com um gráfico de dispersão que confronta os dois múltiplos. A Beiersdorf tem o retorno sobre capital após impostos mais alto (31,17%) e a razão EV/capital mais alta (8,96), enquanto a Jacques Bogart tem a mais baixa razão EV/capital (0,93) e retorno sobre capital (2,19%). Nessa matriz, as empresas subavaliadas (como a Sarantis) estarão posicionadas no quadrante inferior direito, enquanto as superavaliadas estarão no quadrante superior esquerdo.

Como teste final, regredimos a razão valor das operações da empresa/capital contra a margem de lucro operacional após impostos para completar a análise:

$$\text{EV/capital} = -0{,}044 + 23{,}756(\text{Margem de lucro operacional após impostos}) \qquad R^2 = 56{,}6\%$$
$$[0{,}05] \qquad [4{,}24]$$

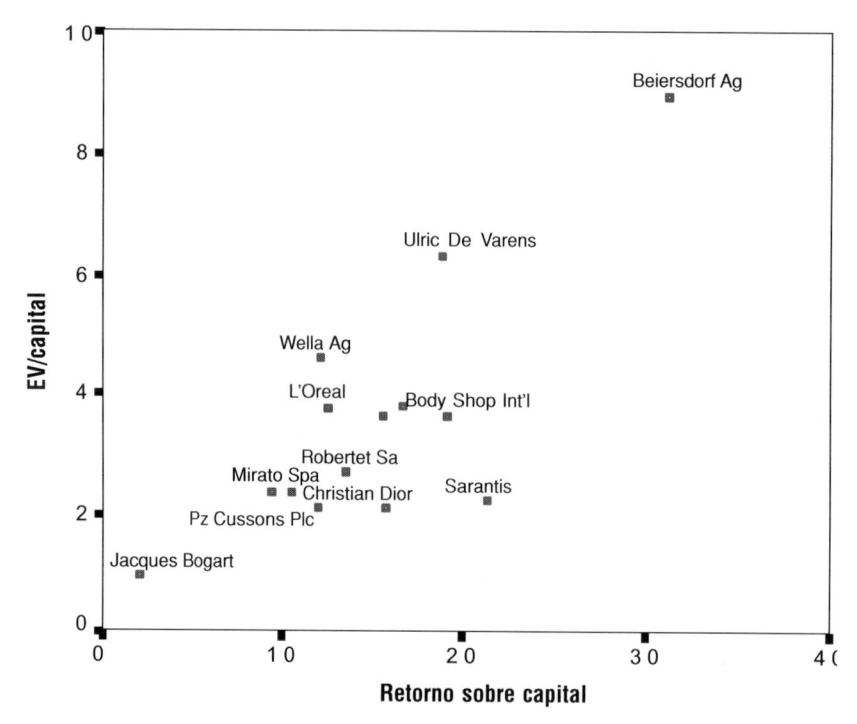

■ **FIGURA 9.7** – Valor das operações da empresa/capital *versus* retorno sobre capital — empresas de cosméticos européias

Nesse setor, o aumento da margem em 1% resulta em aumento na razão EV/capital de 0,2376. O uso dessa regressão permite calcular a magnitude das sub e superavaliações de empresas individuais. Por exemplo, consideremos a Sarantis e a Christian Dior (as duas empresas que foram apresentadas como subavaliadas no teste simples):

$$\text{EV/capital prevista}_{\text{Sarantis}} = -0{,}044 + 23{,}756(0{,}2129) = 5{,}01$$

$$\text{EV/capital prevista}_{\text{Christian Dior}} = -0{,}044 + 23{,}756(0{,}1563) = 3{,}67$$

Com base nessas previsões, a Sarantis está subavaliada em aproximadamente 55% (com razão EV/capital de 2,22) e a Christian Dior, em aproximadamente 43% (com razão EV/capital de 2,10).

EXEMPLO 9.5: Comparação de múltiplos EV/vendas

Múltiplos de receita são amplamente utilizados para analisar empresas de varejo, mas são versáteis o bastante para se aplicar a qualquer setor onde haja diferenças de margens significativas entre as empresas. Na tabela da página seguinte, comparamos os múltiplos EV/receita de indústrias químicas especializadas que estão listadas em diferentes mercados europeus.

A Snia Spa, que possui a mais baixa razão valor das operações da empresa/vendas, também tem a margem operacional mais negativa. No outro extremo, a Victrex, com a maior razão valor das operações da empresa/vendas de 5,16, tem a maior margem de lucro operacional após impostos de 22,75%.

Para um exame mais completo da relação entre razões EV/vendas e margem de lucro operacional após impostos, vamos colocar a primeira contra a última neste setor:

$$\text{EV/Vendas} = 1{,}10 + 5{,}71(\text{Margem de lucro operacional após impostos}) \quad R^2 = 29{,}32\%$$
$$[5{,}22]\ \ [2{,}91]$$

Essa regressão pode ser utilizada para se calcular a razão valor das operações da empresa/vendas para quaisquer das empresas no grupo. Por exemplo, a Yule Catto, com margem de lucro operacional após impostos de 1,99%, terá uma razão EV/vendas prevista de 1,22:

$$\text{EV/vendas prevista}_{\text{Yule Catto}} = 1{,}10 + 5{,}71\ (0{,}0199) = 1{,}22$$

Empresa	Valor das operações da empresa	Receitas	EV/vendas	Margem de lucro operacional após impostos
Auriga Inds-B	6.023	5.310	1,13	8,57%
Ciba Specialty-R	7.732	7.027	1,10	6,69
Clariant Ag-Reg	5.631	8.144	0,69	2,74
Degussa Ag	10.976	11.244	0,98	5,64
Didier-Werke	260	444	0,59	4,79
Dynaction	174	259	0,67	4,03
Elementis Plc	411	389	1,05	0,10
Graphit Kropfmue	63	73	0,87	1,59
Gurit-Heber-B	705	579	1,22	2,74
Lonza Group Ag-R	5.104	2.182	2,34	7,42
Pcas-Produits Ch	154	194	0,79	5,60
Rhodia Sa	4.334	5.281	0,82	–9,43
Sgl Carbon	1.140	926	1,23	7,04
Siegfried Holdin	541	321	1,68	6,31
Snia Spa	56	122	0,46	–33,83
Umicore	3.161	7.115	0,44	2,98
Victrex Plc	524	102	5,16	22,75
Yule Catto & Co.	573	537	1,07	1,99
Zirax Plc	30	17	1,76	7,09
Média			1,27	2,88%

A uma razão EV/vendas atual de 1,07, a Yule Catto está subavaliada em aproximadamente 12,1%.

Essa análise pode ser ampliada para cobrir outras variáveis que deveriam afetar os múltiplos de valor da empresa. Existem diferenças significativas na alavancagem financeira das empresas que podem fazer com que algumas delas apresentem maior risco que outras. Para capturar esse efeito, calculamos a razão de cobertura de juros para cada empresa e acrescentamos a variável à regressão. Empresas com razões de cobertura de juros mais altas deveriam implicar menor risco que aquelas com razões de cobertura de juros mais baixas e estar sendo negociadas a múltiplos mais altos:

$$\text{EV/vendas} = 0{,}71 + 7{,}86(\text{Margem de lucro operacional após impostos}) + 0{,}0108(\text{Cobertura de juros})$$
$$[2{,}91] \quad [1{,}61] \quad\quad\quad\quad\quad\quad\quad\quad\quad\quad\quad\quad\quad\quad\quad\quad\quad\quad [2{,}62]$$

O R-quadrado dessa regressão é 84,68% e, ao usá-lo para prever a razão EV/vendas para a Yule Catto, produzimos o seguinte valor previsto:

$$\text{EV/vendas prevista}_{\text{Yule Catto}} = 1{,}10 + 7{,}86(0{,}0199) + 0{,}0108(2{,}12) = 0{,}89$$

A Yule Catto é mais endividada que uma empresa típica do setor, com uma razão de cobertura de juros de 2,12 e, depois de ajustada para elevada alavancagem financeira (com a razão de cobertura de juros), a empresa está superavaliada em aproximadamente 20,5%.

Comparações de mercado

Comparações setoriais são úteis para analisar se uma empresa está sub ou superavaliada, relativamente a outras do seu setor. Entretanto, elas não respondem à questão mais ampla sobre se uma empresa está sub ou superavaliada em relação a outras do mercado. Comparar empresas em diferentes negócios e com diferentes risco, crescimento e perfil de fluxo de caixa pode parecer um exercício inútil, mas não só isso é viável, como também pode fornecer informações valiosas, especialmente quando setores inteiros estão mal avaliados. Nesta seção, examinamos como os múltiplos de valor variam no mercado e as variáveis que parecem explicar melhor as diferenças entre empresas.

Múltiplos EV/lucro operacional As primeiras regressões de mercado que apresentamos relacionam o valor das operações da empresa e o lucro operacional e são calculadas por meio dos dados de empresas negociadas publicamente nos Estados Unidos, em janeiro de 2006. A partir do múltiplo EV/Ebit, calculamos a seguinte regressão, usando alíquota de imposto de renda, taxa de reinvestimento e taxa de crescimento esperado em receitas (estimadas por analistas) para os próximos cinco anos (g) como variáveis independentes:

$$\text{EV/Ebit} = 4{,}30 - 13{,}8(\text{Alíquota de IR}) - 2{,}32(\text{Taxa de reinvestimento}) + 143{,}7(g) \quad R^2 = 40{,}6\%$$
$$[4{,}40] \quad [4{,}74] \quad\quad\quad\quad\quad [3{,}20] \quad\quad\quad\quad\quad\quad\quad [30{,}28]$$

Voltando-nos para os múltiplos EV/Ebitda, obtemos o seguinte resultado da regressão contra a alíquota de imposto de renda, taxa de reinvestimento, retorno sobre capital e taxa de crescimento esperado em receitas (g). As três primeiras foram calculadas a partir das demonstrações financeiras do ano fiscal mais recente e a última (taxa de crescimento esperado em receitas) foi uma estimativa de consenso de analistas.

$$\text{EV/Ebitda} = 0{,}03 - 5{,}14(\text{Alíquota de IR}) + 1{,}20(\text{ROC})$$
$$[0{,}04] \quad [2{,}34] \quad\quad\quad\quad [0{,}78]$$
$$- 1{,}68\,(\text{Taxa de reinvestimento}) + 129{,}6(g)$$
$$[3{,}05] \quad\quad\quad\quad\quad\quad\quad [34{,}32]$$

O R-quadrado da regressão é 50,9%.

Embora não desejemos salientar demais as diferenças nos R-quadrados, os R-quadrados das regressões de lucros operacionais tendem a ser mais altos que os de regressões de lucros de patrimônio líquido, em geral, e as regressões de razões P/L, em particular. Isso indicaria que podemos explicar diferenças de múltiplos de lucros operacionais com fundamentos um pouco melhor que com múltiplos de patrimônio líquido.

Razões EV/capital A correlação entre valor de mercado/valor contábil e retorno sobre capital é mais forte ou mais fraca que a correlação entre preço/valor contábil e retorno sobre patrimônio líquido? Para verificar essa questão, regredimos a razão valor das operações da empresa/capital investido contra o retorno sobre capital investido, utilizando os dados de todas as empresas dos Estados Unidos, em janeiro de 2006.

$$\text{EV/capital} = -1{,}35 + 12{,}6(\text{ROC}) + 27{,}0(g) - 0{,}7(\text{Taxa de reinvestimento})$$
$$[8{,}89] \quad [29{,}98] \quad\quad [24{,}62] \quad [5{,}14]$$
$$- 0{,}10(\text{Dívida/capital})$$
$$[2{,}02]$$

A regressão produz resultados semelhantes aos obtidos para razões preço/valor contábil, e o R-quadrado é compatível com 57,3%. O retorno sobre capital permanece a variável-chave que explica as diferenças nas razões EV/capital entre empresas.

Se os resultados do uso das razões valor de mercado/valor contábil e preço/valor contábil são parecidos, por que escolher usar um múltiplo em detrimento do outro? A justificativa de usar razões valor de mercado/valor contábil é mais forte para empresas que possuem alavancagem financeira alta e/ou inconstante. Empresas podem usar alavancagem para aumentar seus retornos sobre patrimônio líquido, mas, no processo, elas aumentam também a volatilidade na avaliação — nos bons tempos, apresentam altos retornos sobre patrimônio líquido e, em tempos ruins, baixos ou negativos retornos sobre patrimônio líquido. Para tais empresas, a razão valor de mercado/valor contábil e o correspondente retorno sobre capital produzirão estimativas mais estáveis e confiáveis do valor relativo. Além disso, a razão valor de mercado/valor contábil pode ser calculada até para empresas com valores contábeis negativos de patrimônio líquido e, assim, com menor probabilidade de ser distorcida.

Razões EV/vendas Na regressão final, os dados *cross-sectional* para empresas nos Estados Unidos, em janeiro de 2006, são empregados para calcular a razão valor das operações da empresa/vendas, com a margem de lucro operacional após impostos, a taxa de crescimento esperado em receitas (g) e a taxa de reinvestimento (TR) sendo usadas como variáveis independentes:

$$\text{EV/vendas} = -1{,}24 + 8{,}55(\text{Margem operacional}) + 24{,}1(g) + 0{,}76(\text{TR}) \quad\quad R^2 = 52{,}6\%$$
$$[10{,}3] \quad [26{,}82] \quad\quad\quad\quad\quad [24{,}58] \quad [6{,}21]$$

A margem operacional utilizada foi a do ano fiscal mais recente, a taxa de crescimento esperado em receitas durante os próximos cinco anos foi uma estimativa de consensos de analistas, e para a taxa de reinvestimento também foram usados os números do ano fiscal mais recente. Cada 1% de diferença entre a margem de lucro operacional após impostos entre as empresas resulta em uma diferença de 0,855 na razão EV/vendas.

Receitas futuras

Em ambas as comparações, de setor e de mercado, os múltiplos de valor das operações da empresa podem ser calculados em termos de receitas futuras ou lucros operacionais futuros, em vez de números correntes. Assim, poderíamos calcular o valor como um múltiplo de receitas de cincos anos à frente. Há vantagens ao se fazer isso, pelo menos para algumas empresas.

- Para empresas jovens que são pequenas em receitas correntes, mas se espera que cresçam rapidamente com o passar do tempo, as receitas futuras — digamos as de cinco anos à frente — provavelmente são melhores para refletir o verdadeiro potencial da empresa do que as receitas correntes. Por exemplo, consideremos a avaliação da

Sirius Satellite Radio do Exemplo 6.5 no Capítulo 6, em que as receitas são projetadas para crescer de $ 187 milhões no ano corrente para $ 4.535 bilhões no ano 5. Usar um múltiplo com as receitas correntes é difícil, mas pode ser mais fácil trabalhar com receitas projetadas para cinco anos à frente. Outra categoria nas quais múltiplos futuros são úteis é a de empresas em dificuldades financeiras que estão perdendo dinheiro atualmente. Considerando-se que nenhum múltiplo de lucros possa ser aplicado a lucros negativos, projetar números de resultados futuros (que sejam positivos) e aplicar um múltiplo a essa projeção produzirá uma estimativa melhor de valor.

- Também é mais fácil calcular múltiplos de receitas depois que as taxas de crescimento estiverem estabilizadas e o perfil de risco da empresa estiver estável. Para as empresas jovens e aquelas em dificuldades financeiras, isso é mais provável acontecer nos cincos anos à frente que hoje.

Supondo-se que as receitas de cincos anos à frente poderão ser usadas para calcular valor, que múltiplo deveria ser usado nessas receitas? Temos três abordagens. Uma é usar a média de múltiplos de valor/receitas atuais de empresas comparáveis e calcular um valor cinco anos à frente e então descontar o valor para o presente. Assim, se a média da razão valor das operações da empresa/vendas de empresas comparáveis mais maduras no negócio de rádio/satélite é 1,5 hoje, o valor da Sirius no ano 5 pode ser calculado como segue:

Receita da Sirius em 5 anos = $ 4.535 milhões
Valor da Sirius em 5 anos = $ 4.535 × 1,5 = $ 6.802 milhões

Esse valor deve ser descontado para o presente ao custo de capital de 11,44% para produzir o valor da empresa hoje.

$$\text{Valor da empresa hoje} = \frac{\$6.802}{1,1144^5} = \$3.958 \text{ milhões}$$

A segunda abordagem é prever a receita futura, em cinco anos, para cada uma das empresas comparáveis, e dividir o valor corrente da empresa por essas receitas previstas, para cada empresa. Esse múltiplo de valor corrente/receitas futuras pode ser usado para calcular o valor hoje. Por exemplo, se valor corrente for 0,8 multiplicado pela receita em cinco anos para empresas comparáveis, o valor da Sirius pode ser calculado.

Receitas na Sirius em cinco anos = $ 4.535 milhões

Valor hoje = (Receitas em cinco anos)(Valor hoje/Receitas$_{\text{Ano 5}}$)$_{\text{Empresas comparáveis}}$
= (4.535)(0,8)
= $ 3.628 milhões

Na terceira abordagem, podemos ajustar o múltiplo de receitas futuras por diferenças na margem operacional, crescimento e risco entre as empresas que estão sendo avaliadas e as comparáveis. Por exemplo, a projeção cinco anos à frente da Sirius (baseada em nossas estimativas) tem uma margem operacional esperada de 6,23% e uma taxa de crescimento esperado em receitas 14,35% além dos cinco anos (anos 6 a 10). Uma regressão da razão valor/vendas contra margens operacionais e taxa de crescimento esperado realizada por empresas comparáveis hoje produz o seguinte:

Valor/vendas = 0,52 + 2,34(Margem operacional) + 6,16(Crescimento) $R^2 = 65\%$

Substituindo-se os valores previstos pela taxa de crescimento esperado e margem operacional da Sirius nesta regressão:

Valor/vendas$_{\text{Sirius em 5 anos}}$ = 0,52 + 2,34 × 0,0623 + 6,16 × 0,1478 = 1,57

O valor da Sirius em cinco anos pode agora ser estimado usando o múltiplo.

Receitas da Sirius em cinco anos = $ 4.535 milhões
Valor da Sirius em cinco anos = $ 4.535 × 1,57 = $ 7.120 milhões
Valor da Sirius hoje = $ 7.120/1,1144^5 = $ 4.143 milhões

Embora o uso de múltiplos futuros e receitas ou lucros futuros seja razoável para empresas jovens ou em dificuldades financeiras, há algumas armadilhas que podem ser evitadas, se seguirmos alguns preceitos simples:

- *Use valores esperados*. Devem-se usar valores esperados de receitas e lucros futuros no cálculo de valores, e não estimativas de melhor caso. Com empresas em dificuldades financeiras e jovens, devemos considerar a probabilidade de que não sobrevivam ao próximo ano e temos de reduzir os valores esperados adequadamente.
- *Não duplique a conta de crescimento*. Essa abordagem é freqüentemente usada com empresas de alto crescimento para a obtenção de valores futuros. No entanto, analistas freqüentemente utilizam múltiplos de lucros ou recei-

tas inflados para obter o valor futuro e usar o alto potencial de crescimento da empresa como uma justificativa. Levando-se em conta que a receita futura ou valor de lucros já reflita grande parte do alto crescimento, isso leva à duplicação da conta do crescimento.
- *Converta o valor para hoje.* Aplicar um múltiplo futuro a lucros futuros produz um valor futuro que deve ser descontado para o presente, a fim de permitir comparações com valores de mercados atuais. Na avaliação da Sirius, usamos os 11,44% de custo de capital que refletem o alto risco que enfrentamos pela aquisição no ano 5, para descontar para o presente.

Capitalistas de risco usam uma variante dessa abordagem, na qual calculam lucros em um ano futuro para uma empresa jovem e então aplicam um *múltiplo de saída* (refletindo a expectativa de uma oferta pública ou venda naquele ponto) para calcular o valor futuro. A seguir, descontam esse valor para o presente a uma taxa de retorno-alvo (freqüentemente entre 25% e 35%) para calcular o valor hoje e justificam a taxa-alvo de retorno indicando uma probabilidade alta de fracasso.

CONCLUSÃO

Os múltiplos de valor das operações da empresa levam em conta o valor de mercado dos ativos operacionais da empresa e não só o patrimônio líquido investido nelas. Assim, eles fornecem uma avaliação mais abrangente de valor que é menos afetada por decisões de alavancagem financeira. Neste capítulo, primeiro foram introduzidas as várias medidas de valor das operações da empresa, com ênfase na consistência. Investimentos em participações societárias em outras empresas, se classificados como investimentos majoritários ou minoritários, podem levar a análises ingênuas, quando inseridos nos múltiplos de valor das operações da empresa.

Os determinantes de múltiplos de valor das operações da empresa partem da visão do modelo simples de fluxo de caixa descontado para a empresa. Não surpreendentemente, as mesmas variáveis que determinam valor da empresa — custo de capital, taxa de crescimento e taxa de reinvestimento — também afetam os múltiplos de valor das operações da empresa. Cada múltiplo também tem uma variável com a qual está intimamente ligado; para as razões EV/capital, é o retorno sobre capital, enquanto para as razões EV/vendas, é a margem de lucro operacional após impostos.

Na seção final, vimos aplicações potenciais de múltiplos de valor da empresa em avaliações e apresentamos três maneiras de controlar as diferenças entre empresas — uma abordagem subjetiva, na qual procuramos explicações qualitativas para as divergências das médias setoriais, uma abordagem de matriz, em que plotamos os múltiplos de valor das operações da empresa contra as variáveis fundamentais que determinam esses múltiplos, e as regressões múltiplas.

Parte III

Questões mal resolvidas na avaliação de empresas

O alívio que sentimos após avaliar os ativos operacionais de uma empresa deve durar pouco. É nessa fase que surgem os maiores erros em avaliação, em grande parte porque somos negligentes no trato das pendências na avaliação da empresa.

No Capítulo 10, começamos analisando a melhor forma de avaliar os saldos em caixa de uma empresa. Embora o senso comum sugira que 1 dólar em caixa vale 1 dólar, apresentamos evidência de que o mercado pode avaliar 1 dólar em caixa a menos de 1 dólar em algumas empresas e a mais de 1 dólar nas mãos de outras empresas. Prosseguimos elaborando uma estrutura para avaliação de saldos em caixa, tanto minoritárias quanto majoritárias.

No Capítulo 11, avaliamos a melhor forma de lidar com patrimônio líquido concedido aos funcionários sob a forma de opções ou ações restritas. Essas concessões devem ser avaliadas quando são feitas e afetarão tanto os lucros quanto o valor do patrimônio líquido.

No Capítulo 12, examinamos se os ativos intangíveis requerem modelos e técnicas de avaliação diferentes dos ativos tangíveis. Para os ativos intangíveis que são independentes e geram fluxos de caixa, argumentamos que a avaliação pelo fluxo de caixa descontado (DCF) é perfeitamente adequada. Para ativos intangíveis que geram valor por todo o negócio (como a marca), apresentamos formas mais complicadas de estimar valor. Finalmente, para ativos intangíveis com potencial de geração de fluxos de caixa futuros, defendemos o uso dos modelos de precificação de opções.

No Capítulo 13, analisamos o prêmio pelo controle, geralmente usado para justificar vultosos prêmios em aquisições, e argumentamos que o valor do controle variará entre as empresas e será muito maior em empresas mal administradas.

No Capítulo 14, consideramos se devemos descontar o valor de ativos de baixa liquidez, e, se for esse o caso, em quanto. Analisamos uma gama de ativos, de obrigações publicamente negociadas a ações de negócios privados, ao fazer esse julgamento.

No Capítulo 15, decompomos outro raciocínio comum em aquisições, que é a sinergia, e consideramos como avaliá-la em todas as suas formas. Também examinamos se a empresa adquirente deve pagar um prêmio pela sinergia e, nesse caso, quanto.

No Capítulo 16, comparamos empresas que são simples de avaliar a empresas complexas e defendemos que a transparência importa em avaliações. Apresentamos diversas formas de avaliar a complexidade de uma empresa e incorporar esses indicadores a modelos convencionais de avaliação de empresas.

No Capítulo 17, encerramos a seção examinando como lidar com a possibilidade de uma empresa cessar operações em decorrência de problemas financeiros em avaliações convencionais e argumentamos que, em geral, superestimamos empresas em crise. Apresentamos as alternativas mais promissoras na incorporação do custo de dificuldades financeiras.

O tema comum a todos esses capítulos é que guarnecer as avaliações aplicando prêmios e descontos arbitrários ou constantes é má prática.

Capítulo 10

Caixa, investimentos em participações societárias e outros ativos

A maioria das empresas, privadas e públicas, possui ativos em sua contabilidade que podem ser considerados como ativos não operacionais. O primeiro e mais óbvio exemplo desse tipo de ativo são caixa e investimentos quase-caixa — investimentos livres de risco ou de muito baixo risco, que a maioria das empresas com grandes saldos de caixa faz. O segundo são os investimentos em ações e obrigações de outras empresas, às vezes, a título de investimento e, outras, por questões estratégicas. O terceiro corresponde às participações acionárias em outras empresas, privadas ou públicas, que são classificadas de uma série de maneiras pelos contadores. Finalmente, há ativos que não geram fluxos de caixa, mas, mesmo assim, poderiam ter valor — um terreno não construído em Nova York ou Tóquio ou um plano de pensão com excesso de fundos. Ao se avaliarem empresas, pouca ou nenhuma atenção é dada a esses ativos, e as conseqüências disso podem ser sérias. Nos capítulos anteriores sobre fluxo de caixa descontado e avaliação relativa, nos referimos de passagem a esses ativos. Neste capítulo, examinamos alguns dos desafios associados à avaliação de ativos não operacionais e erros comuns incorporados às avaliações desses ativos.

CAIXA E INVESTIMENTOS QUASE-CAIXA

No balanço patrimonial de toda empresa, há uma linha para caixa e títulos negociáveis, referindo-se a seus saldos em caixa e investimentos quase-caixa. Os investimentos em títulos governamentais de curto prazo ou *commercial paper*, que podem ser convertidos em caixa rapidamente e a custo muito baixo, são considerados investimentos quase-caixa. Começamos analisando por que ter saldos em caixa e a extensão desses saldos nas empresas. Depois, discutimos as várias abordagens utilizadas para classificar os saldos em caixa e a melhor forma de lidar com eles, tanto em modelos de fluxo de caixa descontado quanto nas avaliações relativas.

Por que as empresas mantêm caixa?

Todo negócio possui algum caixa nos seus balanços, e muitos detêm vultosos saldos de caixa como percentual dos seus valores. John Maynard Keynes apresentou três motivos para indivíduos guardarem dinheiro. Ele sugeriu que se detenha caixa para transações, como precaução contra despesas imprevistas e para fins especulativos.[1] Pode-se argumentar que as empresas acumulam caixa pelos mesmos motivos, mas há um incentivo adicional. A distinção entre administração e acionistas nas grandes empresas de capital aberto pode criar um estímulo para que as empresas (ou, ao menos, os seus administradores) acumulem caixa.[2]

Motivo operacional (transacional) As empresas necessitam de caixa para operações, e provavelmente as necessidades variam conforme o ramo de atuação. Por exemplo, as empresas de varejo precisam ter caixa disponível nas caixas registradoras das lojas para administrar os seus negócios. Além disso, essas empresas necessitam de acesso a caixa para repor estoques e pagar salários semanais.[3] Em contraposição, uma empresa de software para informática pode se virar com um saldo de caixa operacional muito menor. Vamos supor que as necessidades de caixa para operações sejam função das seguintes variáveis:

- *Negócios orientados para caixa* versus *orientados para crédito*. As empresas que estão em negócios orientados para caixa (restaurantes do tipo *fast-food*, supermercados) demandarão mais caixa para operações que aquelas que operam em negócios orientados para crédito.
- *Transações pequenas* versus *grandes*. Empresas que geram receitas a partir de uma multiplicidade de pequenas transações são mais propensas a demandar caixa para os seus negócios que aquelas que geram receitas de poucas, mas grandes transações. É improvável que uma empresa como a Boeing, cujas receitas provêm de poucas transações de grande volume, receba ou pague em dinheiro a maioria das suas transações. Como um ponto correlato, deve haver alguma economia de escala que permita a empresas de maior porte manterem saldos de caixa mais baixos (proporcionais) que as de menor porte.[4]
- *Sistema bancário*. Com a evolução dos sistemas bancários, cada vez menos transações baseiam-se em caixa. Por consequência, supomos que as demandas por caixa diminuirão com a sofisticação dos sistemas bancários, permitindo que os clientes paguem com cartões de crédito ou cheques.

Embora se possa debater quanto caixa operacional é necessário em uma empresa, há pouca margem para discussão quanto à melhoria da tecnologia bancária e das oportunidades de investimento para boa parte das empresas, na maioria das economias, acarretando menor demanda por caixa operacional de forma geral.

Motivos preventivos O segundo motivo para se manter caixa é cobrir despesas imprevistas ou atender a contingências não específicas. Por exemplo, empresas cíclicas acumularão caixa em períodos de *boom* econômico e recorrerão a ele por ocasião de uma recessão para cobrir déficits operacionais. Em geral, portanto, é de esperar que esse componente do saldo de caixa seja uma função das seguintes variáveis:

- *Volatilidade na economia*. As empresas devem acumular mais caixa, mantidas as demais condições, em economias instáveis e voláteis que em economias maduras. Há muito mais probabilidade de choques no primeiro cenário e, portanto, uma necessidade muito maior de caixa.[5]
- *Volatilidade nas operações*. Em qualquer economia, é de esperar que as empresas com fluxos de caixa operacionais mais voláteis mantenham maiores saldos de caixa para atender às contingências do que aquelas com fluxos de caixa estáveis. As empresas de tecnologia geralmente possuem grandes saldos de caixa, exatamente porque há tanta incerteza quanto aos seus lucros futuros.
- *Ambiente competitivo*. Um fator que agrega instabilidade é a presença de forte concorrência no negócio em que uma empresa atua. É de esperar que empresas com operações em segmentos de maior competitividade detenham mais caixa do que outras similares que estejam protegidas da concorrência.[6]
- *Alavancagem financeira*. Uma empresa com razão de endividamento mais elevada, para qualquer fluxo de caixa operacional, comprometeu-se a fazer pagamentos de juros mais altos no futuro. Preocupações quanto à capacidade de efetuar esses pagamentos devem levar a maiores saldos de caixa.

Investimentos futuros de capital Se os mercados de capital fossem eficientes e sempre acessíveis, sem nenhum custo de transação, as empresas poderiam levantar capital novo quando necessitassem investir em novos projetos ou investimentos. No mundo real, elas geralmente enfrentam restrições e custos para acessar os mercados de capital. Algumas das restrições são impostas internamente (pela administração), mas muitas são externas e restringem a capacidade de uma empresa de levantar capital novo, até para financiar bons investimentos. Mediante essas restrições, as empresas separam caixa para cobrir necessidades futuras de investimento; se não fizerem isso, correm o risco de descartar investimentos valiosos. Supomos que essa parte do saldo de caixa seja uma função das seguintes variáveis:

- *Magnitude e incerteza relativa a investimentos futuros*. A necessidade de deter caixa será maior em empresas que tenham tanto necessidades substanciais de investimento esperado quanto alta incerteza sobre a magnitude dessas necessidades. Afinal, as empresas que possuem necessidades grandes, mas previsíveis, de investimento podem angariar financiamento externo com muita antecedência às suas necessidades, e as empresas com pequenas necessidades de investimento podem se virar sem separar saldos de caixa substanciais.[7]
- *Acesso a mercados de capital*. As empresas com acesso mais fácil e mais barato a mercados de capital devem reter menos caixa para necessidades futuras de investimento do que aquelas sem esse acesso. Assim, é de esperar que os saldos de caixa sejam mais elevados (em termos proporcionais) em empresas menores do que nas maiores, em negócios privados do que nos de capital aberto e nas empresas em mercados emergentes em contraposição àquelas em mercados desenvolvidos. Os saldos de caixa também devem diminuir com o aumento das opções financeiras disponíveis para as empresas levantarem capital. Portanto, a capacidade de acesso a mercados de obrigações corporativas, além de a bancos comerciais para crédito, deve permitir que corporações não financeiras reduzam os seus saldos de caixa.[8]
- *Assimetria de informações sobre investimentos*. Em geral, as empresas enfrentam muito mais dificuldade em levantar capital a um preço justo para investimentos em que os investidores externos possuem menos informações do que a empresa sobre as potenciais compensações.[9] Assim, supomos que as empresas adquiram maiores saldos de caixa em negócios nos quais os projetos são difíceis de avaliar e monitorar. Isso deve explicar por que os saldos em caixa tendem a ser mais altos nas empresas que possuem substanciais investimentos em P&D; tanto credores quanto investidores em ações têm dificuldade em avaliar a possibilidade de sucesso desses investimentos.

Saldos em caixa estratégicos Em alguns casos, as empresas detêm caixa não porque possuem investimentos específicos em mente que desejem financiar com esse caixa, mas por precaução. "Por precaução a quê?", pode-se perguntar. Essas empresas consideram o caixa como uma arma estratégica que podem usar para aproveitar oportunidades que se manifestem no futuro. É claro que essas oportunidades podem não surgir jamais, mas ainda assim seria racional que as empresas acumulassem caixa. De fato, a vantagem de se ter caixa é maior quando ele é um recurso escasso e os mercados de capital são difíceis de acessar ou estão fechados. Em muitos mercados emergentes, por exemplo, as empresas detêm enormes saldos de caixa e usam esse caixa em períodos de crise econômica, para comprar ativos de empresas em dificuldades, a preços de barganha. A vantagem de deter caixa torna-se muito menor em mercados desenvolvidos, mas ainda assim existirá.

Interesses administrativos Como observamos no início da seção, uma variável que distingue empresas de capital aberto de indivíduos é a separação entre administração e propriedade. O caixa pode pertencer aos acionistas, mas fica a critério dos administradores retorná-lo aos acionistas (sob a forma de dividendos e recompra de ações) ou mantê-lo na empresa. Em muitos casos, pode-se argumentar que os administradores possuem suas próprias metas a cumprir e que o caixa lhes dá munição para financiar esses compromissos.[10] Dessa forma, um CEO que objetiva construir um império acumulará caixa não porque é bom para os acionistas, mas porque pode ser aplicado para financiar a expansão.[11] Se esse raciocínio faz sentido, é de esperar que os saldos de caixa variem conforme a empresa pelos seguintes motivos:

- *Governança corporativa*. As empresas em que os acionistas possuem pouco ou nenhum poder sobre os administradores, seja devido a emendas ao estatuto, inércia ou cotas com diferentes direitos a voto, acumularão mais caixa que outras em que os administradores devem prestar contas aos acionistas.[12]
- *Propriedade privilegiada*. Se os acionistas *insiders* detêm grandes blocos da empresa e também parte da sua administração, deve-se esperar que haja saldos de caixa maiores em acúmulo na empresa.[13]

Também há evidência de que as empresas que acumulam caixa tendem a informar desempenho operacional inferior, ao menos na média.[14]

Extensão de saldos em caixa

Os saldos em caixa variam muito não só entre empresas em qualquer dado momento no tempo, mas também na mesma empresa ao longo do tempo. Para se ter uma noção de quanto caixa (e investimentos quase-caixa) as empresas detêm, analisamos três indicadores de saldos em caixa.

1. *Caixa como percentual do valor de mercado geral da empresa*. Esse valor da empresa é definido como a soma dos valores de mercado de dívida e patrimônio líquido. A Figura 10.1 apresenta a distribuição dessa medida para empresas nos Estados Unidos, em janeiro de 2005. Embora a mediana seja de 6,07% para essa razão, mais de 300 empresas possuem caixa em excesso de 50% do valor da empresa. Há também um número significativo de empresas nas quais o caixa é inferior a 1% do valor da empresa.
2. *O segundo indicador é o caixa como percentual do valor contábil de todos os ativos*. A diferença entre essa medida e a anterior é que esta é escalonada à estimativa do contador sobre quanto vale um negócio em vez da avaliação do mercado. A Figura 10.2 demonstra a distribuição de caixa para valor contábil de ativos de empresas nos Estados Unidos, em janeiro de 2005. A mediana para esse indicador é de 7,14%, ligeiramente superior à do caixa como percentual do valor da empresa.
3. *Caixa como percentual das receitas de uma empresa*. Esse indicador mede o vínculo (se existir) entre os saldos em caixa e as operações. A Figura 10.3 fornece a distribuição de caixa como percentual de receitas para empresas nos Estados Unidos, em janeiro de 2005. A mediana para essa medida é de 3,38%; entretanto, há também um grande número de valores discrepantes positivos nesse indicador. Muitas empresas jovens, de alto crescimento, detêm caixa que excede a 100% das receitas no ano fiscal mais recente.

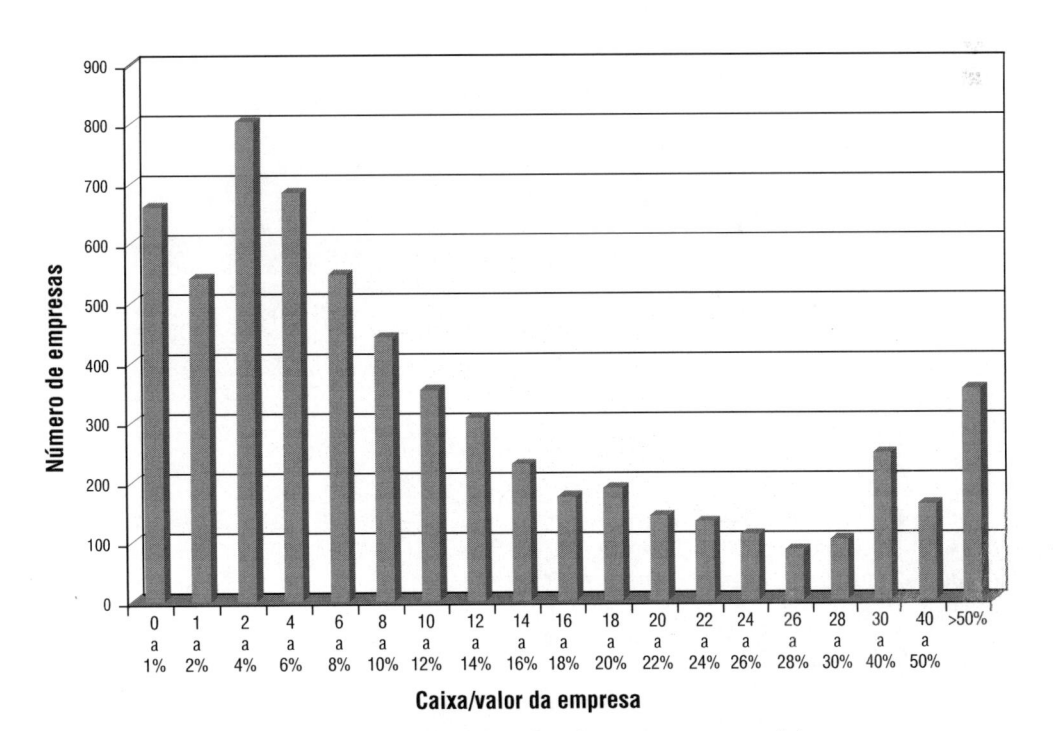

■ **FIGURA 10.1** – Caixa como percentual de valor da empresa (mercado) — empresas nos Estados Unidos

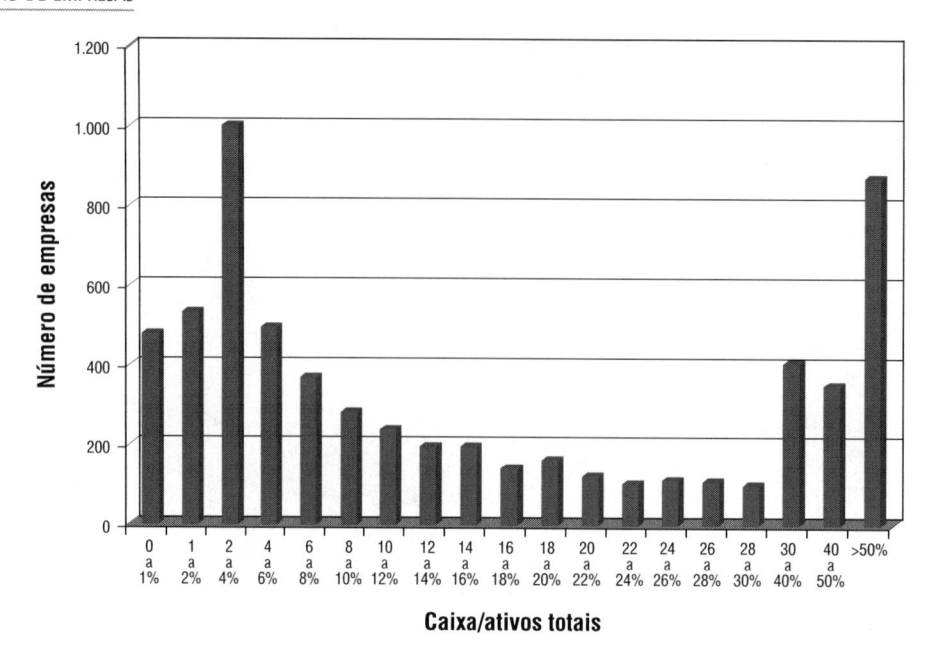

FIGURA 10.2 – Caixa como percentual de valor contábil dos ativos

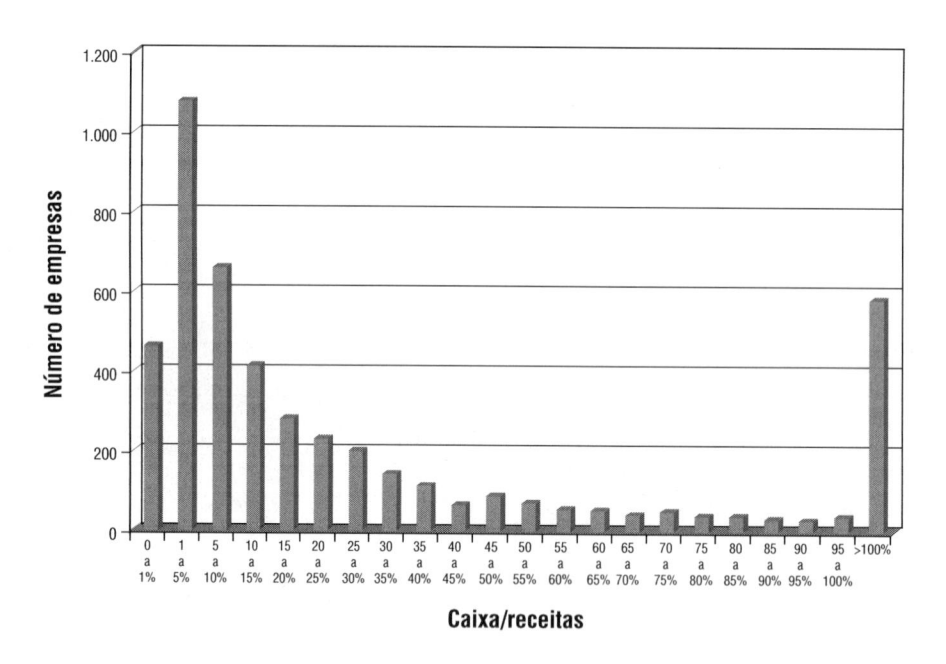

FIGURA 10.3 – Caixa como percentual de receitas

Embora as figuras 10.1, 10.2 e 10.3 forneçam informações úteis sobre as diferenças existentes entre as empresas, é ainda instrutivo analisar mais profundamente as diferenças entre os segmentos, quando se trata de saldos em caixa. Calculamos os valores médios dos três indicadores descritos — caixa/valor da empresa, caixa/ativos contábeis e caixa/receitas — para diferentes indústrias nos Estados Unidos, e os resultados estão demonstrados no Apêndice 10.1 (no final do capítulo).[15]

Classificação de saldos em caixa

Considerando-se os diferentes motivos para se manter caixa, não deve surpreender que analistas tenham tentado classificar os saldos em caixa de muitas formas. A mais comum em prática separa o saldo de caixa em saldo de caixa operacional e excesso de caixa. Uma classificação mais útil, da perspectiva da avaliação, é aquela que divide o caixa em caixa esgotável e caixa não esgotável, dependendo de onde ele for investido.

Caixa operacional *versus* não operacional (em excesso) Na seção anterior, delineamos por que as empresas podem manter caixa para fins operacionais. Para muitos analistas, determinar a necessidade de caixa para fins operacionais é considerado um passo essencial na análise de caixa. Após essa determinação, o caixa operacional é considerado parte do capital de giro e afeta os fluxos de caixa, e o caixa mantido em excesso ao saldo de caixa operacional é adicionado de volta ao valor estimado dos ativos operacionais ou deduzido do total de dívida pendente, para que se obtenha um número de dívida líquida. Determinar a necessidade de caixa para as operações não é tarefa fácil, embora haja três maneiras de se fazer essa estimativa:

1. *Regra prática.* Durante décadas, os analistas usaram regras práticas para definir o caixa operacional. Uma variação de uso generalizado definia o caixa operacional como 2% das receitas, embora a fonte original desse número não seja clara. Por essa abordagem, uma empresa com receitas de $ 100 bilhões deve ter um saldo de caixa de $ 2 bilhões. Qualquer caixa mantido além de $ 2 bilhões seria visto como excesso de caixa. A desvantagem dessa abordagem é não fazer diferenciação entre empresas, tratando grandes e pequenas, de todos os segmentos, de maneira equivalente.
2. *Média setorial.* Uma abordagem alternativa que permite a diferenciação entre empresas em diversos segmentos utiliza a média setorial demonstrada no Apêndice 10.1. Com base na premissa de que não há excesso de caixa na média dos saldos em caixa do segmento, as médias setoriais tornam-se *proxies* para o caixa operacional. Qualquer empresa que detenha um saldo de caixa maior do que a média setorial, portanto, estará mantendo excesso de caixa.
3. *Regressões* cross-sectional. Ao examinar os motivos que levam à manutenção de saldos em caixa, citamos vários artigos que analisam os fatores determinantes dessas posições. A maioria desses trabalhos chega às suas conclusões pela regressão dos saldos de caixa em empresas individualizadas contra indicadores específicos de risco, crescimento, necessidades de investimento e governança corporativa. Essas regressões podem ser aplicadas para a obtenção de saldos de caixa previstos em empresas individualizadas que reflitam essas características. Qualquer caixa em excesso desse saldo previsto é considerado como caixa não operacional.

Caixa esgotável *versus* não esgotável Do nosso ponto de vista, o debate sobre a necessidade de caixa para operações e o excesso de caixa não faz sentido quando se trata de avaliações. Vale notar que até o caixa necessário para operações pode ser aplicado em investimentos quase-caixa, tais como obrigações de curto prazo do governo ou *commercial paper*. Esses investimentos podem render baixa taxa de retorno, mas é uma taxa de retorno justa. Em outras palavras, um investimento em obrigações de curto prazo do governo é um investimento de valor presente líquido zero, rendendo exatamente o que se necessita obter, e por isso não impacta o valor. Como observamos no Capítulo 3, não se deve considerar o caixa como parte do capital de giro no cálculo de fluxos de caixa.

A classificação que afeta o valor é, portanto, aquela que decompõe o saldo de caixa em caixa esgotável e não esgotável. Dado o risco de investimento, apenas o caixa que é investido em taxas abaixo do valor de mercado deve ser considerado caixa esgotável. Assim, o caixa mantido em conta corrente, sem render juros, é um caixa esgotável. Considerando-se as oportunidades de investimentos das empresas (e de investidores individuais) atualmente, o tesoureiro teria de ser incompetente para deixar uma grande parte do saldo de caixa tornar-se um caixa esgotável. A título de ilustração, quase todo o enorme saldo de caixa da Microsoft é investido em *commercial paper* ou obrigações de curto prazo do governo, e o mesmo se aplica à maioria das empresas.

Como um analista faria essa classificação? Uma forma simples é examinar a receita de juros obtida por uma empresa como percentual do saldo de caixa médio no decorrer do ano e comparar essa taxa de juros contábil sobre o caixa a uma taxa de juros de mercado nesse período. Se o caixa for investido de maneira produtiva, as duas taxas convergirão. Se for desperdiçado, a taxa de juros contábil gerada sobre caixa será inferior à taxa de juros de mercado. Tomemos um exemplo simples. A CyberTech Inc. possuía um saldo de caixa médio de $ 200 milhões no ano fiscal de 2004 e informou receita de juros de $ 4,2 milhões provenientes desses saldos em caixa. Se a taxa média de obrigações de curto prazo do governo no período fosse de 2,25%, pode-se estimar o componente de caixa esgotável como segue:

$$\text{Receita de juros para 2004} = \$ 4{,}2 \text{ milhões}$$

$$\text{Receita de juros contábil sobre saldo de caixa médio} = \frac{\text{Receita de juros}}{\text{Saldo de caixa médio}} = \frac{4{,}2}{200} = 2{,}1\%$$

$$\text{Taxa de juros de mercado (obrigações de curto prazo do governo)} = 2{,}25\%$$

$$\text{Proporção do saldo de caixa que é caixa esgotável} = 1 - \frac{\text{Taxa de juros contábil}}{\text{Taxa de juros de mercado}}$$

$$= 1 - \frac{0{,}021}{0{,}0225} = 0{,}0667 \text{ ou } 6{,}67\%$$

Portanto, 6,67% de $ 200 milhões ($ 13,34 milhões) seriam tratados como caixa esgotável e considerados, assim como estoques e contas a receber, uma parte do capital de giro, mas o saldo de $ 186,66 milhões seria visto como caixa não esgotável e adicionado ao valor dos ativos operacionais da empresa.

Como lidar com saldos em caixa em avaliações de empresas

Embora avaliar o caixa de uma empresa possa parecer um exercício trivial, há armadilhas na análise que podem causar grandes erros de avaliação. Nesta seção, consideramos a melhor forma de lidar com o caixa tanto em avaliações de fluxo de caixa descontado quanto nas avaliações relativas.

Avaliação de caixa em uma avaliação de fluxo de caixa descontado Há duas formas de lidar com caixa e títulos negociáveis em uma avaliação de fluxo de caixa descontado. A primeira é agregá-los aos ativos operacionais e ao valor da empresa (ou patrimônio líquido) como um todo. A outra é avaliar os ativos operacionais em separado do caixa e dos títulos negociáveis. Como defendemos nesta subseção, a segunda abordagem é muito mais confiável e menos propensa a resultar em erros.

Avaliação consolidada É possível considerar caixa como parte dos ativos totais da empresa e avaliá-lo em bases consolidadas? A resposta é sim e, de certa forma, é o que fazemos ao prever o lucro líquido total de uma empresa e estimar os dividendos e os fluxos de caixa livres para patrimônio líquido a partir dessas previsões. Assim, o lucro líquido incluirá o rendimento dos investimentos em títulos governamentais, obrigações corporativas e investimento em ações.[16] Embora essa abordagem tenha a vantagem da simplicidade e possa ser usada quando os investimentos financeiros compreendem uma pequena porcentagem dos ativos totais, torna-se muito mais difícil aplicá-la quando os investimentos financeiros representam uma grande proporção dos ativos totais, por dois motivos:

1. O custo do patrimônio líquido ou de capital usado para fluxos de caixa descontado deve ser ajustado em bases contínuas ao caixa. Em termos específicos, é necessário utilizar um beta não alavancado que represente uma média ponderada do beta não alavancado dos ativos operacionais da empresa e o beta não alavancado para caixa e títulos negociáveis. Por exemplo, o beta não alavancado de uma siderúrgica, onde o caixa representa 10% do valor, seria uma média ponderada do beta não alavancado do segmento e o beta de caixa (que, em geral, é zero). Se os 10% fossem investidos em títulos de maior risco, seria necessário ajustar o beta de acordo. Ainda que isso possa ser feito de forma simples por meio do *bottom-up beta*, pode-se constatar que seria muito mais difícil de fazer se um beta fosse obtido de uma regressão.[17]
2. Com o crescimento da empresa, a proporção do lucro que é derivada dos ativos operacionais deve mudar. Quando isso ocorre, deve-se ajustar os inputs ao modelo de avaliação — fluxos de caixa, taxas de crescimento e taxas de desconto — para se manter a consistência.

O que acontecerá se esses ajustes não forem feitos? Haverá uma tendência a se avaliar mal os ativos financeiros. Para compreender por quê, vamos supor que estejamos avaliando a siderúrgica que acabamos de descrever, com 10% dos seus lucros provenientes de caixa. Esse caixa é investido em títulos do governo e rende uma taxa livre de risco de, digamos, 2%. Se esse lucro for adicionado ao outro rendimento da empresa e descontado a valor presente a um custo do patrimônio líquido apropriado para uma siderúrgica — digamos de 11% —, o valor do caixa será descontado. Um bilhão de dólares em caixa será avaliado a $ 800 milhões, por exemplo, porque a taxa de desconto está incorreta.

Avaliação separada É mais seguro separar caixa e títulos negociáveis de ativos operacionais e avaliá-los individualmente. Fazemos isso quase sempre, ao usar abordagens para avaliar a empresa, em vez de apenas o patrimônio líquido. Isso porque utilizamos o lucro operacional para estimar os fluxos de caixa livres para a empresa, e o lucro operacional em geral não inclui o rendimento dos ativos financeiros. Após avaliar os ativos operacionais, pode-se adicionar o valor de caixa e títulos negociáveis, para se obter o valor da empresa.

Isso pode ser feito com os modelos de avaliação de FCFE descritos nos capítulos anteriores? Embora o lucro líquido inclua o rendimento proveniente dos ativos financeiros, podemos ainda separar caixa e títulos negociáveis de ativos operacionais, se quisermos. Para isso, primeiro retiramos a porção do lucro líquido que representa o lucro proveniente dos investimentos financeiros (juros sobre obrigações, dividendos sobre ações) e usamos o lucro líquido não monetário para estimar fluxos de caixa livres para patrimônio líquido. Esses fluxos de caixa livres para patrimônio líquido seriam descontados a valor presente pelo custo do patrimônio líquido que seria estimado por um beta que refletisse apenas os ativos operacionais. Após a avaliação do patrimônio líquido nos ativos operacionais, pode-se adicionar o valor de caixa e títulos negociáveis, para se estimar o valor total do patrimônio líquido.

Se o caixa for mantido separado dos demais ativos, há um ajuste final a ser fatorado na avaliação. Para estimar o crescimento sustentável ou fundamental, relacionamos o crescimento no lucro líquido aos retornos sobre patrimônio líquido e o crescimento no lucro operacional ao retorno sobre capital.[18] Esses retornos devem ser calculados por intermédio apenas dos lucros não monetários e do capital investido em ativos operacionais:

$$\text{Retorno não monetário sobre patrimônio líquido} = \frac{\text{Lucro líquido} - \text{Receita de juros de caixa}}{\text{Valor contábil do patrimônio líquido} - \text{Caixa}}$$

$$\text{Retorno sobre capital investido} = \frac{\text{Ebit}(1 - \text{Alíquota})}{\text{Valor contábil do patrimônio líquido} - \text{Valor contábil da dívida} - \text{Caixa}}$$

Esses também são os retornos que devem ser comparados aos custos do patrimônio líquido e de capital para se avaliar se as empresas estão gerando retornos em excesso sobre seus investimentos. Incluir o caixa no cenário (o que quase sempre fazemos com retorno sobre patrimônio líquido e, às vezes, com retorno sobre capital) serve apenas para turvar as águas.

EXEMPLO 10.1: Avaliação consolidada *versus* separada: empresa sem dívida

Para examinar os efeitos de um saldo de caixa sobre o valor da empresa, consideremos uma empresa com investimento de $ 1.000 milhões em ativos operacionais não monetários e $ 200 milhões em caixa. A título de simplificação, vamos assumir o seguinte.

- Os ativos operacionais não monetários possuem um beta de 1 e expectativa de ganho de $ 120 milhões em lucro líquido por ano, em perpetuidade, e não há necessidade de reinvestimento (para ser compatível com a premissa de nenhum crescimento).
- O caixa é investido à taxa livre de risco, que pressupomos ser de 4,5%.
- O lucro líquido é retornado aos acionistas anualmente (como dividendos ou recompras).
- O prêmio pelo risco de mercado é supostamente de 5,5%.
- A empresa é totalmente financiada por capital de acionistas.

Sob essas condições, podemos avaliar o patrimônio líquido, usando tanto a abordagem consolidada quanto a separada.

Vamos considerar a abordagem consolidada. Aqui, estimamos um custo do patrimônio líquido para todos os ativos (incluindo caixa) por meio do cálculo de um beta médio ponderado dos ativos operacionais não monetários e dos ativos de caixa, utilizando os valores estimados de cada um como pesos (ver a seguir o valor calculado para os ativos operacionais).

$$\text{Beta da empresa} = (\text{Beta}_{\text{Ativos não monetários}})(\text{Peso}_{\text{Ativos não monetários}}) + (\text{Beta}_{\text{Ativos de caixa}})(\text{Peso}_{\text{Ativos de caixa}})$$

$$= (1)\left(\frac{1.200}{1.400}\right) + (0)\left(\frac{200}{1.400}\right) = 0,8571$$

Custo do patrimônio líquido para a empresa = 4,5% + 0,8571(5,5%) = 9,21%

Lucros esperados para a empresa = Lucro líquido de ativos operacionais + Receita de juros de caixa
= (120 + 0,045 × 200)
= 129 milhões (que também é o FCFE, já que não há necessidades de reinvestimento)

$$\text{Valor do patrimônio líquido} = \frac{\text{FCFE}}{\text{Custo do patrimônio líquido}}$$

$$= \frac{129}{0,0921} = \$ 1.400 \text{ milhões}$$

O patrimônio líquido vale $ 1.400 milhões.

Agora, vamos tentar avaliá-los separadamente, começando pelos investimentos não monetários.

Custo do patrimônio líquido para investimentos não monetários = Taxa livre de risco + Beta × Prêmio pelo risco
= 4,5% + 1(5,5%) = 10%

Lucros esperados de ativos operacionais = $ 120 milhões (que é o FCFE desses ativos)

$$\text{Valor de ativos não monetários} = \frac{\text{Lucros esperados}}{\text{Custo do patrimônio líquido para ativos não monetários}}$$

$$= \frac{120}{0,1} = \$ 1.200 \text{ milhões}$$

A isso, podemos acrescentar o valor do caixa, que é de $ 200 milhões, para se obter o valor do patrimônio líquido de $ 1.400 milhões.

Para constatar o potencial para problemas da abordagem consolidada, notemos que, se tivéssemos descontado o FCFE total de $ 129 milhões ao custo do patrimônio líquido de 10% (que reflete apenas os ativos operacionais), teríamos avaliado a empresa em $ 1.290 milhões. A perda em valor de $ 110 milhões pode ser rastreada ao mau uso de caixa.

$$\text{Receita de juros de caixa} = 4,5\% \times 200 = \$ 9 \text{ milhões}$$

Se descontarmos o caixa a 10%, avaliaremos o caixa a $ 90 milhões, em vez do valor correto de $ 200 milhões — portanto, a perda em valor de $ 110 milhões.

Dívida bruta, dívida líquida e o tratamento de caixa Em grande parte da América Latina e Europa, os analistas deduzem os saldos de caixa contra a dívida para se obter um valor de dívida líquida, que utilizam para calcular as razões de endividamento e os custos de capital. No cálculo de valor da empresa, portanto, as diferenças entre o uso da abordagem de dívida bruta e da abordagem de dívida líquida surgirão nos seguintes pontos:

- Supondo que o *bottom-up beta* da empresa esteja calculado, começaremos com um beta não alavancado e alavancamos o beta usando a razão dívida líquida/patrimônio líquido em vez da razão dívida bruta/patrimônio líquido, que deve resultar em um beta inferior e um custo do patrimônio líquido mais baixo quando se aplica a abordagem de razão da dívida líquida.
- Ao se calcular o custo de capital, a razão de endividamento utilizada será a razão dívida líquida/capital em vez da razão da dívida bruta. Se o custo da dívida for o mesmo sob as duas abordagens, o maior peso atribuído ao custo do patrimônio líquido na abordagem de razão de dívida líquida compensará (ao menos parcialmente) o menor custo do patrimônio líquido obtido sob a abordagem. *Em geral, o custo de capital obtido pela razão da dívida bruta não será o mesmo daquele obtido por meio da abordagem de dívida líquida.*
- Os fluxos de caixa para a empresa são os mesmos sob as duas abordagens, e quando o valor é obtido descontando-se os fluxos de caixa a valor presente pelo custo de capital, os ajustes para dívida e caixa sob as duas abordagens são os mesmos. Na abordagem de dívida bruta, adicionamos o saldo de caixa aos ativos operacionais e depois subtraímos a dívida bruta. Na abordagem de dívida líquida, realizamos o mesmo processo subtraindo a dívida líquida.

O motivo por que as duas abordagens produzirão valores diferentes está, portanto, na diferença nos custos de capital obtidos por intermédio delas. Para entender por que há essa diferença, vamos considerar uma empresa com um valor para os ativos não monetários de $ 1,25 bilhão e um saldo de caixa de $ 250 milhões. Suponhamos ainda que essa empresa tenha $ 500 milhões em dívida, com um custo da dívida antes dos impostos de 5,90% e $ 1 bilhão em valor de mercado do patrimônio líquido. Na abordagem de dívida bruta, assumimos que a razão dívida bruta/capital que calculamos para a empresa, dividindo a dívida bruta ($ 500 milhões) pelo valor de mercado da empresa ($ 1.500 milhões), é usada para financiar tanto os ativos operacionais quanto os de caixa. Assim, calculamos o custo de capital utilizando a razão da dívida bruta e usamos esse custo para descontar os fluxos de caixa operacionais.

Na abordagem de razão da dívida líquida, partimos de uma premissa diferente. Assumimos que o caixa é financiado com dívida livre de risco (e nenhum patrimônio líquido). Conseqüentemente, os ativos operacionais da empresa são financiados por meio da dívida remanescente ($ 250 milhões) e todo o patrimônio líquido. A resultante razão de endividamento mais baixa (250/1.250), em geral, resultará em um custo de capital ligeiramente mais alto e um valor mais baixo para os ativos operacionais e o patrimônio líquido. A Figura 10.4 resume as diversas premissas que adotamos sobre como os ativos são financiados sob ambas as abordagens. Note que o custo da dívida utilizado para financiar a dívida em ambos os casos é assumido como a taxa livre de risco. Na abordagem de dívida bruta, pressupomos que o patrimônio líquido usado para financiar a dívida também seja livre de risco (e possua um beta de zero).

Toda a empresa

| Ativos operacionais | 1.250 | Dívida | 500 |
| Caixa | 250 | Patrimônio líquido | 1.000 |

Abordagem de dívida bruta

Ativos operacionais

| Ativos operacionais | 1.250 | Dívida | 416,67 |
| | | Patrimônio líquido | 833,33 |

Caixa

| Caixa | 250 | Dívida | 83,33 |
| | | Patrimônio líquido | 166,67 |

Abordagem de dívida líquida

Ativos operacionais

| Ativos operacionais | 1.250 | Dívida | 250 |
| | | Patrimônio líquido | 1.000 |

Caixa

| Caixa | 250 | Dívida | 250 |
| | | Patrimônio líquido | 0 |

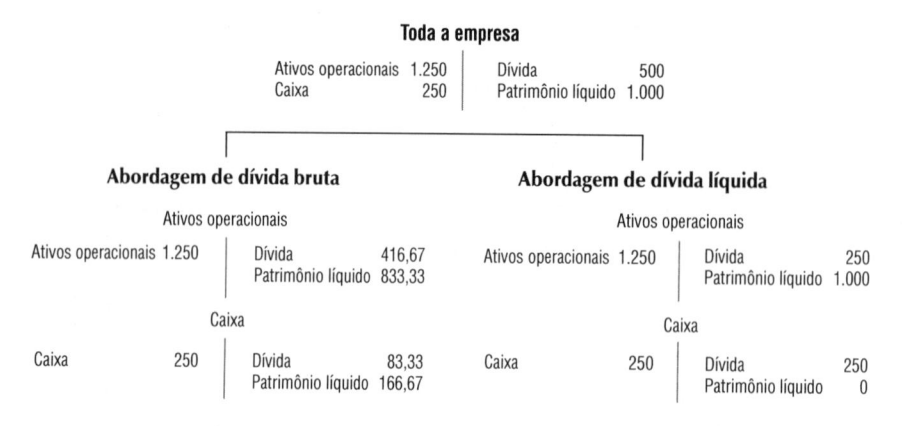

■ **FIGURA 10.4** – Abordagens de dívida bruta *versus* de dívida líquida — premissas implícitas ($ milhões)

EXEMPLO 10.2: Avaliação de empresa alavancada com caixa: abordagens de dívida bruta e de dívida líquida

Consideremos uma empresa com $ 1 bilhão investido em ativos operacionais, obtendo um retorno sobre capital após impostos de 12,5% nos seus investimentos operacionais, e $ 250 milhões investidos em caixa, obtendo 4% sem risco; não há nenhum crescimento em lucros esperado de qualquer dos componentes, e espera-se que os lucros sejam perpétuos. Pressupomos que o beta não alavancado dos ativos operacionais seja 1,42 e que a empresa possua $ 500 milhões de dívida (com um custo da dívida antes dos impostos de 5,9%). Finalmente, assumimos que o valor de mercado do patrimônio líquido é de $ 1 bilhão, que a empresa encara uma alíquota de imposto de renda de 40% e que o prêmio pelo risco de ações é de 5%.

Avaliação de dívida bruta

$$\text{Razão dívida bruta/capital} = \frac{\text{Dívida bruta}}{\text{Dívida bruta} + \text{Patrimônio líquido}} = \frac{500}{500 + 1.000} = 33,33\%$$

$$\text{Beta alavancado} = \text{Beta não alavancado}\left[1 + (1 - \text{Alíquota})\left(\frac{\text{Dívida bruta}}{\text{Valor de mercado do patrimônio líquido}}\right)\right]$$

$$= 1,42\left[1 + (1 - 0,40)\left(\frac{500}{1.000}\right)\right] = 1,846$$

Custo do patrimônio líquido = Taxa livre de risco + Beta × Prêmio pelo risco = 4% + 1,846(5%) = 13,23%

$$\text{Custo de capital} = 13,23\%\left(\frac{1.000}{1.500}\right) + 5,9\%(1 - 0,4)\left(\frac{500}{1.500}\right) = 10,00\%$$

Lucro operacional após impostos esperado = Capital investido × Retorno sobre capital
= 1.000 × 0,125 = $ 125 milhões

$$\text{Valor de ativos operacionais} = \frac{\text{Lucro operacional após impostos esperado}}{\text{Custo de capital}}$$

$$= \frac{125}{0,10} = \$\,1.250 \text{ milhões}$$

Lucros de caixa esperados = $ 250 milhões × 0,04 = $ 10 milhões

$$\text{Valor de caixa} = \frac{\text{Lucros de caixa esperados}}{\text{Taxa livre de risco}} = \frac{\$\,10 \text{ milhões}}{0,04} = \$\,250 \text{ milhões}$$

Valor da empresa = Valor de ativos operacionais + Caixa = $ 1.250 + $ 250 = $ 1.500 milhões

Valor do patrimônio líquido = Valor da empresa − Dívida bruta = $ 1.500 − $ 500 = $ 1.000 milhões

Avaliação de dívida líquida

Dívida líquida = Dívida bruta − Caixa = $ 500 − $ 250 = $ 250 milhões

$$\text{Razão dívida líquida/capital} = \frac{\text{Dívida líquida}}{\text{Dívida líquida} + \text{Patrimônio líquido}} = \frac{250}{250 + 1.000} = 20\%$$

$$\text{Beta alavancado} = \text{Beta não alavancado}\left[1 + (1 - \text{Alíquota})\left(\frac{\text{Dívida líquida}}{\text{Valor de mercado do patrimônio líquido}}\right)\right]$$

$$= 1,42\left[1 + (1 - 0,40)\left(\frac{250}{1.000}\right)\right] = 1,644$$

$$\text{Custo do patrimônio líquido} = \text{Taxa livre de risco} + \text{Beta} \times \text{Prêmio pelo risco} = 4\% + 1{,}644(5\%) = 12{,}22\%$$

$$\text{Custo de capital} = 12{,}22\%\left(\frac{1.000}{1.200}\right) + 5{,}90\%(1 - 0{,}4)\left(\frac{250}{1.250}\right) = 10{,}41\%$$

$$\text{Lucro operacional após impostos esperado} = \text{Capital investido} \times \text{Retorno sobre capital}$$
$$= 1.000 \times 0{,}125 = \$\ 125\ \text{milhões}$$

$$\text{Valor de ativos operacionais} = \frac{\text{Lucro operacional após impostos esperado}}{\text{Custo de capital}}$$

$$= \frac{125}{0{,}1041} = \$\ 1.200{,}45\ \text{milhões}$$

Valor do patrimônio líquido = Valor de ativos operacionias − Dívida líquida = $ 1.200,45 − $ 250 = $ 950,45 milhões

A abordagem de dívida líquida gera um valor de patrimônio líquido inferior.

Reconciliação das duas abordagens No caso específico que examinamos, o valor do patrimônio líquido é mais baixo quando se usa a abordagem de razão da dívida líquida do que com a abordagem de razão da dívida bruta, mas nem sempre é assim. A Figura 10.5 demonstra o valor da empresa que acabamos de descrever para alíquotas na faixa de 0% a 50%. Para alíquotas menores de 15%, a abordagem de valor da dívida líquida resulta em um valor de patrimônio líquido mais alto que a abordagem de razão da dívida bruta. Na verdade, o valor do patrimônio líquido é idêntico *se assumirmos uma alíquota zero e que o custo da dívida seja a taxa livre de risco*.

Há dois fatores que causam a diferença em valor do patrimônio líquido. O primeiro é que usamos o mesmo custo da dívida sob as duas abordagens para calcular o custo de capital para ativos operacionais. Se houver risco de inadimplência, o custo da dívida utilizado para calcular o custo de capital deverá ser maior sob a abordagem de dívida líquida do que a de dívida bruta. Para entender por quê, consideremos o custo da dívida de 5,9% aplicado no último exemplo e admitamos que esse é o custo da dívida para toda a empresa na sua dívida total de $ 500 milhões. Na abordagem de dívida líquida, $ 250 milhões dessa dívida servem para financiar caixa e a taxa é livre de risco. O custo da tomada de empréstimo antes dos impostos da dívida remanescente (usada para financiar ativos operacionais), portanto, deve ser muito mais alto:

$$\text{Custo da tomada de empréstimo antes dos impostos sob dívida líquida} = \frac{(0{,}059 \times 500) - (0{,}04 \times 250)}{250} = 7{,}80\%$$

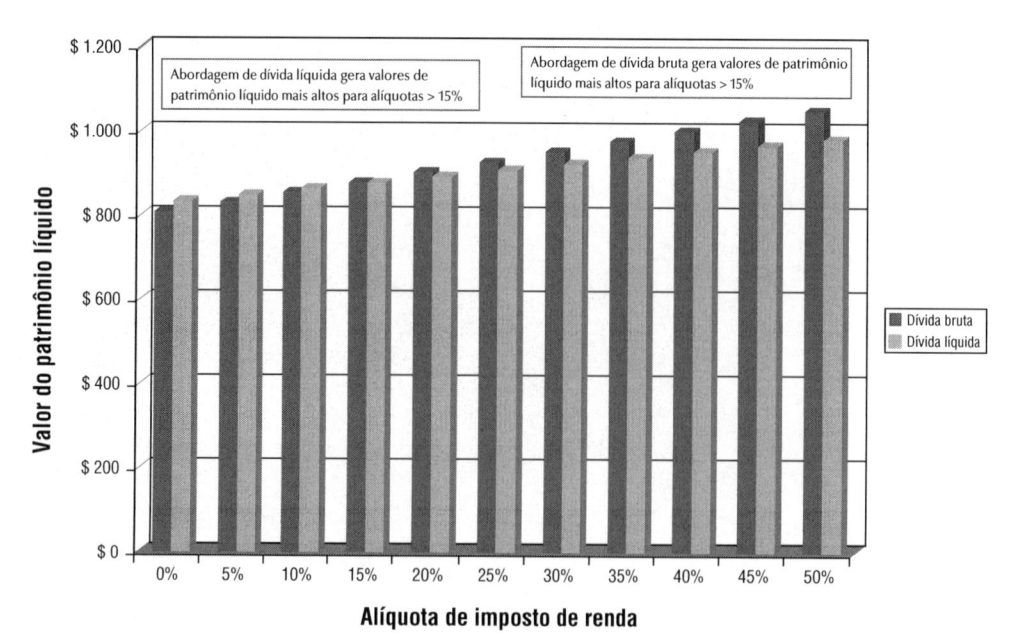

■ **FIGURA 10.5** – Alíquota e valor do patrimônio líquido — abordagens de dívida bruta e dívida líquida

Na abordagem de dívida bruta, apenas um terço do caixa é financiado com dívida; isso chega a $ 83,33 milhões à taxa livre de risco. O custo da dívida remanescente é a seguinte:

$$\text{Custo da tomada de empréstimo antes dos impostos sob dívida bruta} = \frac{(0,059 \times 500) - (0,04 \times 83,33)}{416,67} = 6,28\%$$

Se aplicarmos esses diferentes custos de dívida antes dos impostos no cálculo do custo operacional de capital, os valores de patrimônio líquido serão idênticos utilizando-se tanto a abordagem de dívida bruta quanto a de dívida líquida, sob uma premissa de alíquota zero.

O segundo fator é que a abordagem de dívida líquida anula a vantagem fiscal decorrente da dívida usada para financiar caixa, ao passo que a abordagem de dívida bruta preserva a vantagem fiscal sobre toda a dívida, mesmo que seja utilizada para financiar caixa.[19] Com o aumento da alíquota, essa diferença entre as duas avaliações aumentará. O ponto importante é que a diferença em valores entre as duas abordagens aumentará se as alíquotas e o risco de inadimplência aumentarem. Quanto a qual delas gera a melhor estimativa de valor, permanece a dúvida. A abordagem de dívida líquida faz a premissa mais realista sobre a vantagem fiscal da dívida ser cancelada pela alíquota passiva sobre o lucro proveniente de caixa. Entretanto, a razão da dívida líquida pode tornar-se negativa (se o caixa exceder a dívida)[20] e transferir saldos de caixa ao longo do tempo pode somar à sua volatilidade. De modo geral, tendemos a usar a abordagem de dívida bruta para avaliar os ativos operacionais e manter o caixa como um ativo à parte.

Deve-se alguma vez descontar caixa? Em geral, alegaríamos que 1 dólar em caixa deve ser avaliado a 1 dólar e que nenhum desconto ou prêmio deve ser atribuído ao caixa, ao menos no contexto da avaliação intrínseca. Há dois cenários plausíveis em que o caixa pode ter seu valor descontado; em outras palavras, 1 dólar em caixa pode ser avaliado a menos de 1 dólar pelo mercado.[21]

1. O caixa mantido por uma empresa é investido a uma taxa inferior à taxa de mercado, considerando-se o grau de risco do investimento.
2. Não se confia à administração um grande saldo de caixa, em virtude do seu registro histórico em investimento.

Caixa investido a taxas abaixo de mercado A primeira e mais óbvia condição ocorre quando muito ou todo o saldo de caixa não obtém uma taxa de juros de mercado. Se for esse o caso, deter caixa demais claramente reduzirá o valor da empresa. Embora a maioria das empresas nos Estados Unidos possa investir em obrigações de curto e longo prazos do governo com facilidade atualmente, as opções são muito mais limitadas para pequenos negócios e em alguns mercados fora dos Estados Unidos. Quando isso ocorre, um grande saldo de caixa rendendo menos que uma taxa justa de retorno pode destruir o valor no decorrer do tempo.

EXEMPLO 10.3: Caixa investido a taxas abaixo de mercado

No Exemplo 10.1, assumimos que o caixa foi investido a uma taxa livre de risco. Vamos supor, ao contrário, que a empresa conseguiu obter apenas 3% sobre o seu saldo de caixa de $ 200 milhões, enquanto a taxa livre de risco é de 4,5%. Assim, o valor estimado do caixa mantido na empresa seria:

$$\text{Valor estimado de caixa investido a 3\%} = \frac{(0,03)(200)}{0,045} = 133,33$$

O valor de caixa investido a uma taxa mais baixa é de $ 133,33 milhões. Nesse cenário, se o caixa for retornado aos acionistas, renderá a eles um valor excedente de $ 66,67 milhões. De fato, liquidar qualquer ativo com retorno menor que o exigido gera o mesmo resultado, contanto que todo o investimento possa ser recuperado em liquidação.[22]

Descrédito da administração Embora fazer um grande investimento em títulos negociáveis de baixo risco ou livre de risco em si seja de valor neutro, um saldo de caixa que se avoluma pode tentar os administradores a aceitar altos investimentos ou fazer aquisições, mesmo que esses investimentos rendam retornos abaixo do padrão. Em alguns casos, essas atividades podem ser tomadas para prevenir a empresa de se tornar um alvo de aquisição.[23] Na medida em que são os acionistas que antecipam esses investimentos abaixo do padrão, o valor de mercado corrrente da empresa refletirá o caixa a um nível descontado. O desconto será provavelmente maior nas empresas com poucas oportunidades de investimento e má administração, e pode não haver nenhum desconto nas empresas com expressivas oportunidades de investimento e boa administração.

EXEMPLO 10.4: Desconto para maus investimentos no futuro

Retomemos agora a empresa descrita no Exemplo 10.1, em que o caixa é investido à taxa livre de risco de 4,5%. Em condições normais, esperaríamos que o patrimônio líquido dessa empresa fosse negociado a um valor total de $ 1.400 milhões. Vamos supor, entretanto, que os seus administradores possuam um histórico de más aquisições e que a presença de um volumoso saldo de caixa aumente a probabilidade de 0% a 30% de que a administração tentará adquirir outra empresa. Além disso, admitamos que o mercado prevê que serão pagos $ 50 milhões a mais por essa aquisição. O caixa será então avaliado em $ 185 milhões.

$$\text{Desconto estimado sobre saldo de caixa} = (\Delta\text{Probabilidade}_{\text{Aquisição}})(\text{Pagamento a mais esperado}_{\text{Aquisição}})$$
$$= (0,3)(\$ 50 \text{ milhões}) = \$ 15 \text{ milhões}$$

$$\text{Valor de caixa} = \text{Saldo de caixa} - \text{Desconto estimado}$$
$$= \$ 200 \text{ milhões} - \$ 15 \text{ milhões} = \$ 185 \text{ milhões}$$

Os dois fatores que determinam esse desconto — a probabilidade incremental de um mau investimento e o valor presente líquido esperado do investimento — provavelmente se basearão nas avaliações dos investidores quanto à qualidade da gestão administrativa. O caixa tem mais chance de ser descontado nas mãos de uma administração tida como incompetente do que em poder de bons administradores.

Avaliação separada *versus* consolidada: resumo É fácil compreender por que tantas avaliações cometem erros em relação a saldos em caixa. As diferenças entre as abordagens são sutis e os inputs devem ser cuidadosamente ajustados de modo a refletir a abordagem usada. Apesar do risco de repetir o que já foi dito nas últimas páginas, resumimos as diferenças entre as abordagens na Tabela 10.1.

Estamos tentando evitar dois erros. O primeiro é computar o caixa em duplicidade, ao incluir o rendimento de caixa nos fluxos de caixa e também adicionar o caixa de volta ao valor no final. O outro refere-se a errar no cálculo do caixa, o que ocorre quando se aplica a taxa de desconto errada para o rendimento de caixa. Isso acontece, por exemplo, ao se incluir a receita de juros proveniente do caixa nos fluxos de caixa e descontar os fluxos de caixa a valor presente a um custo do patrimônio líquido que reflita apenas os ativos operacionais. Em um nível mais sutil, isso também se dá quando deixamos de ajustar o custo da dívida nas abordagens de dívida bruta e de dívida líquida para sustentar as nossas premissas sobre como o caixa é financiado.

TABELA 10.1: Diferenças entre abordagens de avaliação de caixa

	Avaliação consolidada	Avaliação separada
Objetivo	Avalia a empresa como um todo, sendo o caixa parte dos ativos.	Avalia ativos não monetários em separado do caixa.
Lucros	Deve incluir receitas de juros de caixa e títulos negociáveis.	Deve excluir receitas de juros de caixa e títulos negociáveis. (Ao usar lucro líquido para estimar fluxos de caixa para patrimônio líquido, deve-se remover a receita de juros após impostos.)
Reinvestimento	Deve considerar reinvestimento tanto em ativos operacionais quanto em caixa.	Reinvestimento apenas em ativos operacionais.
Beta não alavancado	Deve ser a média ponderada do beta não alavancado dos ativos operacionais e o beta de caixa (geralmente zero). Os pesos devem basear-se nos valores estimados de ativos operacionais e caixa.	Beta não alavancado apenas dos ativos operacionais.
Contabilidade	Deve ser medida pelo total de retornos (incluindo lucros de caixa) e capital, inclusive caixa.	Deve ser medida pelos lucros não monetários, e o caixa deve ser deduzido do indicador de capital.
Taxa de crescimento	Taxa de crescimento deve refletir crescimento dos lucros consolidados (inclusive lucros de caixa).	Taxa de crescimento deve refletir apenas crescimento dos lucros operacionais.
Avaliação final	Valor presente dos fluxos de caixa já inclui caixa. Não acrescente caixa.	Valor presente dos fluxos de caixa é o valor dos ativos operacionais. Caixa deve ser adicionado.

Como lidar com caixa em avaliação relativa Se os analistas, às vezes, são imprecisos quando lidam com caixa em uma avaliação de fluxo de caixa descontado, eles, em geral, são até mais negligentes ao incorporar o caixa na avaliação relativa. Nesta seção, examinamos a melhor forma de considerar o caixa ao calcular os múltiplos e compará-los entre as empresas.

Múltiplos de patrimônio líquido O múltiplo de lucros de patrimônio líquido mais amplamente usado é a razão preço/lucro, e é interessante como poucos analistas que o utilizam parecem levar em consideração as conseqüências de se ter um grande saldo de caixa para esse múltiplo. Se uma empresa tem ativos operacionais e um grande saldo de caixa, as diferentes taxas de retorno e níveis de risco sobre os dois investimentos tornarão a razão preço/lucro uma função do tamanho do saldo de caixa. Para entender o porquê, tomemos uma empresa com $ 1 bilhão investido em ativos operacionais e $ 250 milhões em caixa. Suponhamos que os ativos operacionais gerem um retorno após impostos de 12,5%, a um custo de capital de 10%, e que o caixa renda 4%, a um custo de capital de 4%. A título de simplificação, admitamos que os lucros de ambos os componentes permanecerão fixos em perpetuidade e que a empresa não tenha dívida. Podemos estimar o valor de uma razão preço/lucro intrínseca para cada componente (valores em milhões de dólares):

Componente	Capital investido	Lucros após impostos	Valor	P/L
Ativos operacionais	1.000	125	$\frac{125}{0,10}$ = 1.250	$\frac{1.250}{125}$ = 10,00
Caixa	250	10	$\frac{10}{0,04}$ = 250	$\frac{250}{10}$ = 25,00
Empresa	1.250	135	1.500	$\frac{1.500}{135}$ = 11,11

Nesse caso, o caixa é negociado a um múltiplo de lucros muito maior porque é livre de risco, e a razão preço/lucro da empresa aumentará à medida que aumentar o caixa, em proporção ao valor da empresa. Observe, porém, que o efeito de caixa sobre as razões P/L pode mudar rapidamente, ao inserirmos o crescimento no cenário, em conjunto com os retornos em excesso. Se houver crescimento esperado nos lucros dos ativos operacionais, o valor dos ativos operacionais (e a razão P/L implícita) aumentará.[24] A alguma taxa de crescimento, a razão P/L para os ativos operacionais excederá a razão P/L para caixa. Quando isso acontece, aumentar os saldos em caixa de uma empresa (como percentual do seu valor) reduzirá a razão preço/lucro em vez de aumentá-la.

Qual a relevância disso à avaliação relativa? Na maioria delas, os analistas comparam as razões preço/lucro de empresas em um setor, muito embora essas empresas detenham saldos em caixa muito diferentes. A análise precedente sugere que isso pode em geral inclinar as recomendações a favor ou contra empresas com saldos de caixa maiores. Em segmentos maduros, onde o crescimento é lento ou moderado, as empresas com maiores saldos de caixa negociarão a razões P/L mais elevadas, não porque estão superavaliadas, mas porque o caixa comanda um múltiplo de lucros maior que os ativos operacionais. Em segmentos de alto crescimento, as empresas com saldos de caixa maiores geralmente negociarão a razões preço/lucro inferiores, mas isso não as tornará barganhas. Os únicos casos em que os saldos em caixa não importam é quando todas as empresas de um segmento possuem posições semelhantes (como percentual da capitalização geral do mercado) ou no cenário ainda mais incomum em que caixa e lucros operacionais comandam o mesmo múltiplo. Há uma solução muito simples a esse problema de comparação. Como observamos no Capítulo 8, podemos calcular as razões preço/lucro de todas as empresas usando patrimônio líquido não monetário e lucros não monetários:

$$\text{Razão preço/lucro (ajustada ao caixa)} = \frac{\text{Capitalização de mercado} - \text{Caixa}}{\text{Lucro líquido} - \text{Receita de juros de caixa}}$$

Essa razão não será afetada por saldos em caixa.

Os problemas criados pelos saldos em caixa também transbordam quando analistas usam as razões preço/valor contábil do patrimônio líquido. De fato, o caixa deve geralmente ser negociado ao valor contábil, ou próximo dele, mas os ativos operacionais podem ser negociados a razões preço/valor contábil que são significativamente diferentes de 1. Usando o exemplo da seção anterior (valores em milhões de dólares), observe a tabela da página seguinte.

Nesse caso, o caixa é negociado a uma razão preço/valor contábil inferior a dos ativos operacionais, e a presença de caixa comprimirá a razão preço/valor contábil da empresa. É claro que o inverso ocorrerá em empresas nas quais os ativos operacionais geram retornos inferiores e são negociados abaixo do valor contábil. Também, nesse caso, a solução

Componente	Capital investido	Lucros após impostos	Valor	P/BV
Ativos operacionais	1.000	125	1.250	$\dfrac{1.250}{1.000} = 1,25$
Caixa	250	10	250	$\dfrac{250}{250} = 1,00$
Empresa	1.250	135	1.500	$\dfrac{1.500}{1.250} = 1,20$

ao problema é deduzir caixa tanto do valor de mercado quando do valor contábil do patrimônio líquido, ao se calcularem as razões preço/valor contábil.

$$\text{Razão preço/valor contábil (ajustada ao caixa)} = \frac{\text{Capitalização de mercado} - \text{Caixa}}{\text{Valor contábil do patrimônio líquido} - \text{Caixa}}$$

A incapacidade de lidar com o caixa de forma explícita em avaliação relativa está se tornando uma questão cada vez maior, na medida em que os saldos em caixa divergem entre as empresas, mesmo dentro do mesmo segmento.

Múltiplos de valor da empresa e de valor das operações da empresa Em geral, os analistas estão mais conscientes dos efeitos de caixa, quando se usam os múltiplos de valor da empresa. Como observamos no Capítulo 9, a maioria deles utiliza o valor das operações da empresa, que deduz caixa do valor de mercado de dívida e patrimônio líquido, para calcular esses múltiplos. Como o denominador é geralmente uma variação do lucro operacional (Ebitda, lucro operacional após impostos), o múltiplo resultante não deve ser afetado pelos saldos em caixa. Há duas áreas, contudo, em que os analistas devem tomar cuidado:

1. O saldo de caixa deduzido contra o valor da empresa geralmente provém de demonstração financeira mais recente. Considerando-se que há fatores sazonais que afetam as despesas e os saldos de caixa, o uso do saldo de caixa mais recente pode distorcer o múltiplo. Por exemplo, suponhamos que uma empresa acumule um grande saldo de caixa ao final de todo mês de dezembro para atender a grandes saídas de caixa em que se espera incorrer em janeiro. Usar esse saldo de caixa para calcular o valor das operações da empresa resultará em um múltiplo de valor de operações da empresa baixo (e talvez uma recomendação de compra). Na presença de variação sazonal no saldo de caixa, faz mais sentido analisar o saldo de caixa médio ao longo do ano que o saldo de caixa mais recente.
2. Reenfatizando-se o que foi dito no Capítulo 9, ao usar razões valor das operações da empresa/capital, o caixa deve ser deduzido contra o valor contábil de capital, assim como ocorreu no cálculo da razão preço/valor contábil:

$$\text{EV/capital investido} = \frac{\text{Valor de mercado do patrimônio líquido} + \text{Valor de mercado de dívida} - \text{Caixa}}{\text{Valor contábil do patrimônio líquido} + \text{Valor contábil de dívida} - \text{Caixa}}$$

A incapacidade de fazer ajuste para caixa no denominador geralmente acarretará um viés para baixo dos múltiplos, e mais ainda para empresas com saldos de caixa expressivos.

Observemos que o ajuste de caixa é resistente a várias ações que podem ser tomadas pela empresa e que reduzem ou aumentam o saldo de caixa. Uma empresa que paga alto dividendo ou recompra ação reduzirá o seu saldo de caixa, mas o valor de mercado do patrimônio líquido também declinará proporcionalmente. Uma empresa que toma emprestada uma soma substancial pouco antes do final de um ano fiscal relatará um saldo de caixa mais alto, mas também relatará mais dívida.

A advertência final a acrescentar refere-se à liquidação de partes do negócio existente, principalmente quando se aproxima o fim de um ano fiscal, ao se calcularem múltiplos de valor das operações da empresa/lucro operacional ou de fluxo de caixa. A liquidação substituirá os ativos operacionais por um grande saldo de caixa (os rendimentos da liquidação), mas o lucro operacional ou Ebitda do último ano incluirá os lucros dos ativos que foram liquidados. Para se obter uma estimativa mais realista, temos de remover a porção do Ebitda que é atribuível aos ativos liquidados ou usar um número projetado que não inclua os lucros desses ativos.

Como o mercado avalia o caixa?

Na última seção, consideramos a melhor forma de avaliar o caixa tanto na avaliação pelo fluxo de caixa descontado quanto na avaliação relativa. No final das contas, porém, a discussão não estará completa sem se examinar como o mercado avalia o caixa. Afinal, se o mercado sistematicamente estimar mal o valor de caixa, não haverá nenhuma compensação ao analista que o avaliar corretamente. Pinkowitz e Williamson (2002) tentaram estimar o valor que os mercados atribuíam ao caixa regredindo os valores de mercado de empresas contra as variáveis fundamentais que devem determinar o valor (incluindo crescimento, alavancagem e risco) e adicionando caixa como uma variável independente.[25] Eles concluíram que o mercado avalia 1 dólar em caixa a aproximadamente o seu valor de face, com um erro-padrão substancial. Em compatibilidade com as motivações para se manter caixa, eles descobriram que o caixa recebe avaliação mais alta nas mãos de empresas de alto crescimento, com mais incerteza quanto às necessidades futuras de investimento, do que em poder de empresas maiores, mais maduras. Surpreendentemente, eles identificaram apenas uma relação tênue entre como o mercado avalia o caixa e o acesso de uma empresa aos mercados de capital. Em um contraste interessante, outro estudo que aplica a mesma técnica para mercados fora dos Estados Unidos concluiu que 1 dólar em caixa é avaliado a apenas $ 0,65 em mercados emergentes, com pouca proteção aos acionistas.[26]

Schwetzler e Reimund (2004) estendem essa análise para examinar saldos em caixa de empresas alemãs.[27] Relacionando o valor das operações de empresas alemãs às suas razões caixa/vendas, eles concluíram que empresas com saldos em caixa inferiores à mediana do segmento em que operam negociam a valores inferiores, ao passo que aquelas que mantêm excesso de caixa (em relação à mediana) negociam a valores mais elevados. Faulkender e Wang (2004) encontram evidência contraditória, ao menos no agregado.[28] Eles concluem que o valor marginal de 1 dólar em caixa entre todas as empresas é $ 0,96. Em outras palavras, os mercados descontam caixa por um pequeno valor em vez de agregar um prêmio. Além disso, o valor marginal de caixa diminui à medida que o saldo em caixa aumenta e a empresa toma mais empréstimos. O valor marginal de caixa é também inferior para empresas que pagam dividendos em vez de recomprar ação, refletindo as desvantagens fiscais que se acumulam aos dividendos no período da amostragem. Finalmente, o valor marginal de caixa é muito mais alto para empresas com restrição de capital e oportunidades significativas de investimento. Faulkender e Wang atribuem as diferenças entre as suas conclusões e as de estudos anteriores ao fato de usarem valores de patrimônio líquido, em vez de valores das operações de empresas, para estimar o valor de caixa.

Deve-se observar que esses estudos baseiam-se em amostras muito amplas de diversas empresas. Embora todos tentem controlar as diferenças entre as empresas pelas *proxies* para crescimento e risco, as próprias regressões possuem limitado poder explanatório e as *proxies* não são precisas. Por exemplo, o crescimento histórico de vendas é uma *proxy* imperfeita para o crescimento futuro; isso pode se traduzir em grandes alterações nos coeficientes de caixa. O ponto principal é que os estudos concordam que o mercado trata 1 dólar em caixa de forma diferente, dependendo da empresa detentora, e que não podemos automaticamente presumir que o caixa será computado ao valor de face em todas as empresas.

INVESTIMENTOS FINANCEIROS

Até aqui, neste capítulo, analisamos saldos em caixa e investimentos quase-caixa. Em alguns casos, as empresas investem em títulos de maior risco, que podem variar de obrigações *investment-grade* às de alto retorno; e ações em outras empresas publicamente negociadas. Nesta seção, examinamos a motivação, as conseqüências e a contabilização desses investimentos.

Motivos para deter títulos de risco

Por que as empresas investem em títulos de risco? Algumas fazem isso pela atratividade dos retornos mais altos que podem esperar do investimento em ações e obrigações corporativas, em comparação com obrigações de curto prazo do governo. Nos últimos anos, também se verifica a tendência de empresas investirem em outras, para promover os seus interesses estratégicos. Há ainda as que investem em empresas que consideram subavaliadas pelo mercado. E, finalmente, investir em títulos de risco faz parte da negociação com bancos, seguradoras e outras instituições financeiras.

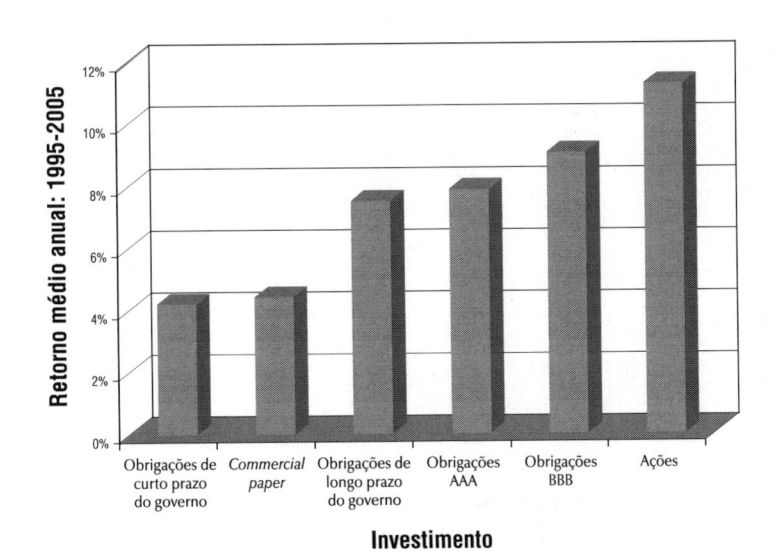

■ **FIGURA 10.6** – Retornos sobre investimentos, 1995–2005

Fonte: Federal Reserve.

Para obter retorno mais alto Investimentos quase-caixa, como obrigações de curto prazo do governo e *commercial paper*, são líquidos e apresentam pouco ou nenhum risco, mas também rendem baixos retornos. Quando as empresas possuem quantias substanciais investidas em títulos negociáveis, podem esperar obter retornos consideravelmente mais altos investindo em títulos de maior risco. Por exemplo, investir em obrigações corporativas renderá juros mais altos que investir em obrigações de longo prazo do governo, e a taxa aumentará com a intensidade do risco do investimento. Investir em ações proverá um retorno esperado ainda mais alto, embora não necessariamente um retorno efetivo mais alto, do que investir em obrigações corporativas. A Figura 10.6, na página anterior, resume os retornos de investimentos de risco — obrigações corporativas e ações — e compara-os aos retornos de investimentos quase-caixa entre 1995 e 2005.

Fazer investimentos de maior risco pode render um retorno mais alto à empresa, mas isso não a torna mais valiosa. Na verdade, usando o mesmo raciocínio que empregamos para analisar os investimentos quase-caixa, podemos concluir que aplicar em investimentos de maior risco e obter um retorno justo de mercado (que recompensaria o risco) tem valor neutro.

Investir em títulos subavaliados Um bom investimento é aquele que rende um retorno maior que o seu retorno exigido (considerando-se o seu risco). Esse princípio, desenvolvido no contexto de investimentos em projetos e ativos, aplica-se com a mesma força aos investimentos financeiros. Uma empresa que investe em ações subavaliadas está aceitando investimentos de valor presente líquido positivo, uma vez que o retorno que fará sobre esses investimentos em patrimônio líquido excederá o custo do patrimônio líquido desses investimentos. Da mesma forma, uma empresa que investe em obrigações corporativas subprecificadas também renderá retornos em excesso e valores presentes líquidos positivos.

Qual é a probabilidade de empresas encontrarem ações e obrigações subavaliadas nas quais investir? Depende da eficiência dos mercados e da competência dos administradores em identificar títulos subavaliados. Em casos raros, uma empresa pode estar mais apta a encontrar bons investimentos em mercados financeiros que em competir no mercado de produtos. Tomemos o caso da Berkshire Hathaway, uma empresa que tem intermediado a perspicácia investidora de Warren Buffett nas últimas décadas. Ao final do segundo trimestre de 1999, a Berkshire Hathaway tinha $ 69 bilhões investidos em títulos de outras empresas. Entre as suas posições acionárias, havia investimentos de $ 12,4 bilhões na Coca-Cola, $ 6,6 bilhões na American Express e $ 3,9 bilhões na Gillette. Embora a Berkshire Hathaway também possua interesses em negócios reais, incluindo a propriedade de uma seguradora bem conceituada (Geico), os investidores da empresa obtêm uma parcela significativa do seu valor por meio de investimentos passivos em ações.

Não obstante o sucesso da Berkshire Hathaway, a maioria das empresas nos Estados Unidos evita procurar por barganhas em meio aos investimentos financeiros. Parte do motivo disso é a consciência da dificuldade de encontrar títulos subavaliados nos mercados financeiros. Parte da relutância das empresas em fazer investimentos também pode ser atribuída ao reconhecimento de que os investidores de empresas como Procter & Gamble e Coca-Cola investem nelas em virtude de suas vantagens competitivas em mercados de produtos (marca, ações de marketing etc.) e não pela sua reconhecida habilidade em selecionar ações.

Investimentos estratégicos Na década de 1990, a Microsoft acumulou enorme saldo de caixa. Ela usou esse caixa para fazer uma série de investimentos em ações de empresas de software, entretenimento e relacionadas à Internet. Isso se deu por vários motivos.[29] Primeiro, deu voz à Microsoft nos produtos e serviços que essas empresas estavam desenvolvendo e tirou dos concorrentes o direito de prioridade na formação de parcerias com as empresas. Segundo, permitiu à Microsoft trabalhar em projetos conjuntos com essas empresas. Apenas em 1998, a Microsoft anunciou investimentos em 14 empresas, incluindo ShareWare, General Magic, RoadRunner e Qwest Communications. Em um investimento anterior em 1995, a Microsoft aplicou na NBC para criar a rede MSNBC e ter um pé no negócio de televisão e entretenimento.

Investimentos estratégicos podem aumentar valor? Como com qualquer outro investimento, depende de quanto se investe e do que a empresa recebe de benefícios em retorno. Se existem benefícios colaterais e sinergias, o investimento em ações de outras empresas pode render retornos muito maiores que a taxa de corte e criar valor. É evidentemente uma opção muito mais barata que adquirir uma empresa inteira.

Investimentos em negócios Algumas empresas detêm títulos negociáveis não como investimentos discricionários, mas em razão da natureza do seu negócio. Por exemplo, seguradoras e bancos geralmente investem em títulos negociáveis no curso dos seus negócios, o primeiro para cobrir passivos esperados sobre reclamações de seguro e o segundo por conta das negociações. Embora esses prestadores de serviços financeiros tenham ativos financeiros de substancial valor nos seus balanços patrimoniais, essas posições acionárias não se comparam às das empresas descritas até aqui, neste capítulo. Na verdade, estão mais próximas da matéria-prima usada pelas indústrias do que de investimentos financeiros discricionários.

Como lidar com títulos negociáveis em avaliação

Os títulos negociáveis podem incluir obrigações corporativas, com risco de inadimplência incorporado nelas, e ações negociadas, que têm ainda mais risco associado a elas. À medida que aumenta o risco dos títulos negociáveis mantidos por uma empresa, as opções sobre como lidar com elas tornam-se mais complexas. Há três maneiras de avaliar títulos negociáveis.

1. A abordagem mais simples e direta é *obter ou estimar o valor de mercado corrente* desses títulos negociáveis e acrescentar esse valor ao valor dos ativos operacionais. Para empresas avaliadas em bases de continuidade operacional, com um grande número de posições de títulos negociáveis, essa pode ser a única opção prática.
2. A segunda abordagem é estimar o valor de mercado corrente dos títulos negociáveis e *deduzir o efeito das taxas de ganhos de capital*, que podem ser devidas, caso esses títulos seja vendidos hoje. Essa é a melhor forma de estimar valor, ao se avaliar uma empresa com base na liquidação.
3. A terceira, e mais difícil maneira de incorporar o valor dos títulos negociáveis ao valor da empresa, é *avaliar as empresas que emitiram esses títulos* e estimar o valor do título. Essa abordagem tende a funcionar melhor para empresas com relativamente poucas, mas grandes posições em outras empresas de capital aberto.

EXEMPLO 10.5: Caixa e títulos negociáveis da Microsoft

Entre 1991 e 2000, a Microsoft acumulou um grande saldo de caixa em função de reter fluxos de caixa livres para patrimônio líquido, que poderiam ter sido pagos aos acionistas. Em junho de 2000, por exemplo, a tabela a seguir apresenta as posições da Microsoft em investimentos quase-caixa (em milhões de dólares):

Componente	1999	2000
Caixa e equivalentes		
Caixa	$ 635	$ 849
Commercial paper	3.805	1.986
Certificados de depósito	522	1.017
Títulos do governo e das agências nos Estados Unidos	0	729
Corporate notes e obrigações corporativas	0	265
Money market preferreds	13	0
Subtotal	$ 4.975	$ 4.846
Investimentos de curto prazo		
Commercial paper	$ 1.026	$ 612
Títulos do governo e das agências nos Estados Unidos	3.592	7.104
Corporate notes e obrigações corporativas	6.996	9.473
Títulos municipais	247	1.113
Certificados de depósito	400	650
Subtotal	$ 12.261	$ 18.952
Total de caixa e investimentos de curto prazo	$ 17.236	$ 23.798

Ao avaliar a Microsoft, devemos claramente considerar esse investimento de $ 24 bilhões como parte do valor da empresa. A questão interessante é se deve haver um desconto, refletindo os temores do investidor de que a empresa possa usar o caixa para aplicar em maus investimentos no futuro. No seu ciclo de vida, a Microsoft não tem sido punida por reter caixa, muito em função do seu impecável registro na entrega tanto de lucros crescentes, de um lado, quanto de altos retornos de ações, do outro. Acrescentaríamos o saldo de caixa pelo seu valor de face ao valor dos ativos operacionais da Microsoft.

O componente mais interessante são os $ 17,7 bilhões em 2000 que a Microsoft demonstra como investimentos em títulos de maior risco. Ela declara a seguinte informação sobre esses investimentos (em milhões de dólares):

		Não realizados		
	Base de custo	Ganhos	Prejuízos	Base registrada
Títulos de dívida registrados no mercado				
Em um ano	$ 498	$ 27	$ 0	$ 525
Entre 2 e 10 anos	388	11	–3	396
Entre 10 e 15 anos	774	14	–93	695
Além de 15 anos	4.745	0	–933	3.812
Subtotal	$ 6.406	$ 52	–$ 1.029	$ 5.429
Ações e outros investimentos				
Ações e garantias ordinárias	$ 5.815	$ 5.655	–$ 1.697	$ 9.773
Ações preferenciais	2.319	0	0	$ 2.319
Outros investimentos	205			205
Subtotal	$ 8.339			$ 12.297
Total de títulos de dívida, ações e outros investimentos	$ 14.745	$ 5.707	–$ 2.726	$ 17.726

A Microsoft gerou um lucro em papéis de quase $ 3 bilhões no seu custo original de $ 14,745 bilhões e relata um valor corrente de $ 17,726 bilhões. A maioria desses investimentos é negociada no mercado e registrada pelo valor de mercado. A forma mais fácil de lidar com eles é adicionar o valor de mercado desses títulos ao valor dos ativos operacionais para obter o valor da empresa. O item mais volátil é o investimento em ações ordinárias de outras empresas.

O valor dessas posições quase duplicou, como evidencia a base registrada de $ 9.773 milhões. Devemos refletir isso pelo valor de mercado corrente ao avaliar a Microsoft? A resposta é, em geral, sim. Entretanto, se esses investimentos estiverem superavaliados, correremos o risco de incorporar esse viés à avaliação. A alternativa é avaliar cada ação em que a empresa tem investido, mas isso se tornará mais incômodo quanto mais aumentar o número de posições acionárias. Em resumo, portanto, acrescentaríamos os valores tanto dos investimentos quase-caixa de $ 23,798 bilhões quanto dos investimentos em ações de $ 17,726 bilhões ao valor dos ativos operacionais da Microsoft.

Como nota final, vale observar que a Microsoft efetivamente pagou o maior dividendo corporativo (de cerca de $ 30 bilhões) da história em 2003–2004, deixando ainda um saldo de caixa de dezenas de bilhões. Embora o dividendo tenha sido parcialmente precipitado pela alteração nas leis fiscais que regem os dividendos em 2003, pode-se argumentar que também refletiu a crescente impaciência do mercado com a Microsoft. Afinal, a empresa tem tido pouco a demonstrar em termos de sucessos financeiros após o Microsoft Windows e Office.

Prêmios ou descontos nos títulos negociáveis? Como regra, não se deve atribuir um prêmio ou desconto aos títulos negociáveis. Portanto, adicionaríamos o valor total de $ 17.726 milhões ao valor da Microsoft. Mas há uma exceção a essa regra, no caso de empresas cujo negócio é comprar e vender ativos financeiros. Trata-se dos fundos mútuos fechados, dos quais há várias centenas listadas nas bolsas dos Estados Unidos, e das empresas de investimento, como Fidelity e T. Rowe Price. Fundos mútuos fechados vendem cotas a investidores e usam os fundos para investir em ativos financeiros. O número de cotas em um fundo mútuo fechado permanece fixo e o preço das cotas varia. Como os investimentos de um fundo mútuo fechado são em títulos negociados publicamente, isso às vezes cria um fenômeno em que o valor de mercado das cotas em um fundo mútuo fechado é maior ou menor que o valor de mercado dos títulos possuídos pelo fundo. Nesses casos, é adequado atribuir um desconto ou prêmio aos títulos negociáveis, para refletir a sua capacidade de gerar retornos em excesso sobre esses investimentos.

Um fundo mútuo fechado que invariavelmente identifica ativos subavaliados e entrega retornos muito mais altos que o esperado (considerando-se o risco) deve ser avaliado a um prêmio sobre o valor dos seus títulos negociáveis. O montante do prêmio dependerá do volume do retorno em excesso e do período que se espera que a empresa continue a gerá-lo. Ao contrário, um fundo mútuo fechado que rende retornos muito inferiores ao esperado deve negociar a um desconto sobre o valor dos títulos negociáveis. Os acionistas nesse fundo ficariam evidentemente muito melhores se ele fosse liquidado, mas essa pode não ser uma opção viável.

EXEMPLO 10.6: Avaliação de um fundo mútuo fechado

O fundo Pierce Regan Asia é um fundo mútuo fechado com investimentos em ações asiáticas, avaliados em $ 4 bilhões a preços de mercado atuais. O fundo rendeu um retorno anual de 13% nos últimos dez anos, mas, com base no grau de risco dos seus investimentos e o desempenho do mercado asiático no período, teríamos esperado obter 15% ao ano.[30] Olhando adiante, o nosso retorno anual esperado para o mercado asiático no futuro é de 12%; entretanto, esperamos que o fundo Pierce Regan continue a ter desempenho inferior ao mercado em 2% ao ano (obtendo apenas 10% ao ano).

Para estimar o desconto dos seus ativos líquidos que esperaríamos ver no fundo, vamos começar assumindo que o fundo continuará em perpetuidade e obterá 2% a menos que o retorno sobre índice de mercado também em perpetuidade.

$$\text{Desconto estimado} = \frac{(\text{Retorno em excesso})(\text{Valor do fundo})}{\text{Retorno esperado sobre o mercado}}$$

$$= \frac{(0,10 - 0,12)(4.000)}{0,12} = -\$ 667 \text{ milhões}$$

Em bases percentuais, o desconto representa 16,67% do valor de mercado dos investimentos. Ao assumirmos que o fundo será liquidado ou começará a render o retorno esperado em algum momento no futuro — digamos, daqui a dez anos — o desconto esperado diminuirá.

INVESTIMENTOS EM PARTICIPAÇÕES SOCIETÁRIAS EM OUTRAS EMPRESAS

Aqui, consideramos uma categoria mais ampla de ativos não operacionais, que inclui investimentos em participações societárias em outras empresas, públicas e privadas. Começamos analisando as diferenças no tratamento contábil das diferentes posições e como esse tratamento afeta a forma como são relatados nas demonstrações financeiras.

Tratamento contábil

A forma como os investimentos em participações societárias são avaliados depende da maneira como o investimento é classificado e o motivo por trás dele. Em geral, um investimento em outra empresa pode ser classificado como um investimento passivo minoritário, um investimento ativo minoritário ou um investimento ativo majoritário, e as regras contábeis variam conforme a classificação.

Investimentos passivos minoritários Se os títulos ou ativos mantidos em outra empresa representam menos de 20% da propriedade geral dessa empresa, o investimento é tratado como um investimento passivo minoritário. Esses investimentos têm um valor de aquisição que representa o que a empresa pagou originalmente pelos títulos, geralmente um valor de mercado. Os princípios contábeis requerem que esses ativos sejam subclassificados em três grupos — investimentos que serão mantidos até a maturidade, investimentos disponíveis para venda e investimentos negociáveis. Os princípios de avaliação variam para cada um.

1. Para os investimentos que serão mantidos até a maturidade, a avaliação é feita pelo custo histórico ou valor contábil, e os juros ou dividendos desse investimento serão apresentados na demonstração de resultados.
2. Para investimentos disponíveis para venda, a avaliação é pelo valor de mercado, mas os ganhos ou prejuízos não realizados aparecem como parte do patrimônio líquido no balanço patrimonial e não na demonstração de resultados. Assim, os prejuízos não realizados reduzem o valor contábil do patrimônio líquido na empresa e os ganhos não realizados aumentam o valor contábil do patrimônio líquido.
3. Para investimentos negociáveis, a avaliação é feita pelo valor de mercado, e os ganhos e prejuízos não realizados são apresentados na demonstração de resultados.

Em geral, as empresas devem informar apenas os dividendos que recebem dos investimentos passivos minoritários nas suas demonstrações de resultados, embora lhes seja permitido certa autonomia na forma como classificam os investimentos e, subseqüentemente, na maneira como avaliam esses ativos. Essa classificação assegura que empresas como bancos de investimento, cujos ativos são principalmente títulos mantidos em outras empresas para fins de negociação, reavaliem o principal desses ativos em níveis de mercado a cada período. Isso se chama marcação a mercado e constitui um dos poucos exemplos em que o valor de mercado vence o valor contábil em demonstrações contábeis.

Investimentos ativos minoritários Se os títulos ou ativos mantidos em outra empresa representam entre 20% e 50% da propriedade geral dessa empresa, o investimento é tratado como um investimento ativo minoritário. Embora esses investimentos tenham um valor de aquisição inicial, uma participação proporcional (baseada na proporção de propriedade) do lucro líquido e dos prejuízos contraídos pela empresa em que o investimento foi feito é usada para ajustar o custo de aquisição. Além disso, os dividendos recebidos do investimento reduzem o custo de aquisição. Essa abordagem de avaliação de investimentos é chamada abordagem de patrimônio líquido.

O valor de mercado desses investimentos não é considerado até o investimento ser liquidado, momento no qual o ganho ou prejuízo da venda, em relação ao custo de aquisição ajustado, é demonstrado como parte dos lucros nesse período.

Investimentos ativos majoritários Se os títulos ou ativos mantidos em outra empresa representam mais de 50% da propriedade geral dessa empresa, o investimento é tratado como um investimento ativo majoritário.[31] Nesse caso, o investimento não é mais demonstrado como um investimento financeiro, mas, em vez disso, é substituído pelos ativos e passivos da empresa na qual o investimento foi feito. Essa abordagem leva a uma consolidação dos balanços patrimoniais das duas empresas, nas quais os ativos e passivos de ambas fundem-se e são apresentados como um só balanço. A participação da empresa, que é propriedade de investidores, é apresentada como participação minoritária no lado do passivo do balanço patrimonial. Uma consolidação semelhante ocorre nas outras demonstrações financeiras da empresa também, e a demonstração dos fluxos de caixa reflete as entradas e saídas de caixa acumuladas da empresa fundida. Isso contrasta com a abordagem de patrimônio líquido, usada para investimentos minoritários, em que apenas os dividendos recebidos sobre o investimento são demonstrados como entrada de caixa na demonstração do fluxo de caixa.

Novamente aqui, o valor de mercado desse investimento não é considerado até a participação de propriedade ser liquidada. Nesse ponto, a diferença entre o preço de mercado e o valor líquido de participação em patrimônio líquido na empresa é tratada como ganho ou prejuízo no período.

Avaliação de investimentos em participações societárias em outras empresas — avaliação pelo fluxo de caixa descontado

Considerando-se que as participações societárias em outras empresas podem ser contabilizadas por três formas diferentes, como lidar com cada tipo de participação nas avaliações? A melhor forma de lidar com todos eles é avaliar o patrimônio líquido em cada participação separadamente e estimar o valor da participação proporcional. Isso será então adicionado ao valor do patrimônio líquido da empresa-mãe. Dessa forma, para avaliar uma empresa com participações acionárias em três outras empresas, avaliamos o patrimônio líquido em cada uma das empresas, tomamos a participação percentual do patrimônio líquido em cada uma e a adicionamos ao valor do patrimônio líquido na empresa-mãe. Quando as demonstrações de resultados forem consolidadas, necessitamos primeiro retirar o resultado, os ativos e a dívida da subsidiária das finanças da empresa-mãe, antes de mais nada. Caso contrário, duplicaremos o cômputo do valor da subsidiária.

Por que, pode-se indagar, não avaliamos a empresa consolidada? Isso pode ser feito e, em alguns casos, em decorrência da falta de informações, isso *deve* ser feito. O motivo pelo qual recomendamos avaliações separadas é que a empresa-mãe e as subsidiárias podem ter características muito diferentes — custos de capital, taxas de crescimento e taxas de reinvestimento. Avaliar a empresa fundida sob essas circunstâncias pode gerar resultados equivocados. Há outro motivo. Após avaliar a empresa consolidada, será preciso subtrair a porção do patrimônio líquido na subsidiária que a empresa-mãe não possua. Se não se avalia a subsidiária em separado, não fica claro como fazer isso.

Ambiente de plena informação Se adotarmos a abordagem de avaliação de cada participação em separado e tomar a cota proporcional dessa participação, precisaremos de informações que completem essas avaliações. Necessitamos, principalmente, ter acesso às demonstrações financeiras completas da subsidiária. Se a subsidiária for uma empresa de capital aberto que opera de forma independente, isso deve ser relativamente direto. A situação complica-se quando as participações são em outros negócios de capital fechado ou as contas da empresa-mãe e da subsidiária são unificadas. No primeiro caso, as demonstrações financeiras podem existir, mas não são públicas. No segundo, as transações entre a empresa-mãe e a subsidiária — vendas ou empréstimos intra-empresa — podem tornar as demonstrações financeiras equivocadas. Presumindo-se que se possam extrair informações sobre participações societárias, estes são os passos envolvidos na avaliação de uma empresa com participações societárias em outras empresas:

Passo 1: Se a empresa tiver alguma participação societária majoritária, devem-se usar as demonstrações financeiras que isolam a empresa-mãe para avaliarem-na. Se apenas demonstrações consolidadas estiverem disponíveis, retire os números referentes à subsidiária da demonstração consolidada; depois, avalie a empresa-mãe como uma entidade à parte e estime o valor do patrimônio líquido na empresa-mãe adicionando de volta o caixa e subtraindo a dívida.

Passo 2: Avalie cada subsidiária em que a empresa-mãe possua participação societária como empresas independentes, usando premissas de risco, fluxo de caixa e crescimento que reflitam os negócios em que as subsidiárias operem. Avalie o patrimônio líquido em cada subsidiária.

Passo 3: Avalie o patrimônio líquido na empresa-mãe com as participações societárias incorporadas à estimativa, adicione a participação proporcional do patrimônio líquido de cada subsidiária (estimada no Passo 2) ao valor do patrimônio líquido na empresa-mãe (do Passo 1).

EXEMPLO 10.7: Avaliação de participações acionárias em outras empresas

A Segovia Entertainment opera em ampla gama de negócios de entretenimento. A empresa declarou $ 300 milhões em lucro operacional (Ebit) sobre o capital investido de $ 1.500 milhões no ano corrente; a dívida total em circulação é de $ 500 milhões. Uma parcela do lucro operacional ($ 100 milhões), do capital investido ($ 400 milhões) e da dívida em circulação ($ 150 milhões) representa as posições da Segovia na Seville Television, proprietária de estação de TV. A Segovia possui apenas 51% da Seville, e as finanças da Seville estão consolidadas com as da Segovia.[32] Além disso, a Segovia detém 15% da LatinWorks, uma empresa de discos e CDs. Essas posições foram classificadas como investimentos passivos minoritários, e os dividendos do investimento são demonstrados como parte do lucro líquido da Segovia, mas não como parte do seu lucro operacional. A LatinWorks declarou lucro operacional de $ 75 milhões sobre capital investido de $ 250 milhões no ano corrente; a empresa tem $ 100 milhões de dívida em circulação. Assumiremos o seguinte:

- O custo de capital da Segovia Entertainment, sem considerar suas posições na Seville nem na LatinWorks, é de 10%. A empresa está em crescimento estável, com lucro operacional (novamente sem contar as participações) crescendo 5% ao ano, em perpetuidade.
- A Seville Television possui um custo de capital de 9% e também está em crescimento estável, com o lucro operacional crescendo 5% ao ano, em perpetuidade.
- A LatinWorks possui um custo de capital de 12% e está em crescimento estável, com o lucro operacional crescendo 4,5% ao ano, em perpetuidade.
- Nenhuma dessas empresas posssui significativo saldo de caixa e títulos negociáveis.
- A alíquota de imposto de renda para todas as empresas é de 40%.

Podemos avaliar a Segovia Entertainment em três passos:

1. Avalie o patrimônio líquido nos ativos operacionais da Segovia, sem contar qualquer das participações. Para isso, primeiro temos de limpar o lucro operacional da consolidação.

$$\text{Lucro operacional dos ativos operacionais da Segovia} = \$\,300 - \$\,100 = \$\,200 \text{ milhões}$$

$$\text{Capital investido nos ativos operacionais da Segovia} = \$\,1.500 - \$\,400 = \$\,1.100 \text{ milhões}$$

$$\text{Dívida nos ativos operacionais da Segovia} = \$\,500 - \$\,150 = \$\,350 \text{ milhões}$$

$$\text{Retorno sobre capital investido nos ativos operacionais da Segovia} = \frac{200(1-0,4)}{1.100} = 10,91\%$$

$$\text{Taxa de reinvestimento} = \frac{g}{\text{ROC}} = \frac{5\%}{10,91\%} = 45,83\%$$

$$\text{Valor dos ativos operacionais da Segovia} = \frac{\text{Ebit}(1-t)(1-\text{Taxa de reinvestimento})(1+g)}{\text{Custo de capital}-g}$$

$$= \frac{200(1-0,4)(1-0,4583)(1,05)}{0,10-0,05}$$

$$= \$\,1.365 \text{ milhões}$$

$$\text{Valor do patrimônio líquido} = \text{Valor dos ativos operacionais} - \text{Valor da dívida}$$
$$= 1.365 - 350 = \$\,1.015 \text{ milhões}$$

2. Avalie os 51% do patrimônio líquido na Seville Enterprises:

Lucro operacional dos ativos operacionais da Seville = $ 100 milhões

Capital investido nos ativos operacionais da Seville = $ 400 milhões

Dívida investida na Seville = $ 150 milhões

$$\text{Retorno sobre capital investido nos ativos operacionais da Seville} = \frac{100(1-0,4)}{400} = 15\%$$

$$\text{Taxa de reinvestimento} = \frac{g}{\text{ROC}} = \frac{5\%}{15\%} = 33,33\%$$

$$\text{Valor dos ativos operacionais da Seville} = \frac{\text{Ebit}(1-t)(1-\text{Taxa de reinvestimento})(1+g)}{\text{Custo de capital}-g}$$

$$= \frac{100(1-0,4)(1-0,3333)(1,05)}{0,09-0,05}$$

$$= \$\,1.050 \text{ milhões}$$

$$\text{Valor do patrimônio líquido da Seville} = \text{Valor de ativos operacionais} - \text{Valor de dívida}$$
$$= 1.050 - 150 = \$\,900 \text{ milhões}$$

Valor da participação em patrimônio líquido da Segovia na Seville = 0,51(900) = $ 459 milhões

3. Valor dos 15% de participação na LatinWorks:

Lucro operacional dos ativos operacionais da LatinWorks = $ 75 milhões

Capital investido nos ativos operacionais da LatinWorks = $ 250 milhões

$$\text{Retorno sobre capital investido nos ativos operacionais da LatinWorks} = \frac{75(1-0,4)}{250} = 18\%$$

$$\text{Taxa de reinvestimento} = \frac{g}{\text{ROC}} = \frac{4,5\%}{18\%} = 25\%$$

$$\text{Valor dos ativos operacionais da LatinWorks} = \frac{\text{Ebit}(1-t)(1-\text{Taxa de reinvestimento})(1+g)}{\text{Custo de capital}-g}$$

$$= \frac{75(1-0,4)(1-0,25)(1,045)}{0,12-0,045}$$

$$= 470,25 \text{ milhões}$$

$$\text{Valor do patrimônio líquido da LatinWorks} = \text{Valor dos ativos operacionais} - \text{Valor da dívida}$$
$$= 470,25 - 100 = \$\,370,25 \text{ milhões}$$

Valor da participação em patrimônio líquido da Segovia na LatinWorks = 0,15(370,25) = $ 55 milhões

O valor da Segovia como empresa pode agora ser calculado (assumindo-se que não possui nenhum saldo de caixa).

Valor da Segovia como empresa = Valor do patrimônio líquido na Segovia + 51% do patrimônio líquido na Seville
+ 15% do patrimônio líquido na LatinWorks
= $ 1.015 + $ 459 + $ 55 = $ 1.529 milhões

Como contraste, consideremos o que teria acontecido se tivéssemos usado a demonstração de resultados consolidada e o custo de capital da Segovia para realizar essa avaliação. Teríamos avaliado a Segovia e a Seville juntas.

Lucro operacional dos ativos consolidados da Segovia = $ 300 milhões

Capital investido nos ativos consolidados da Segovia = $ 1.500 milhões

Dívida consolidada = $ 500 milhões

$$\text{Retorno sobre capital investido nos ativos operacionais da Segovia} = \frac{300(1-0,4)}{1.500} = 12\%$$

$$\text{Taxa de reinvestimento} = \frac{g}{\text{ROC}} = \frac{5\%}{12\%} = 41,67\%$$

$$\text{Valor dos ativos operacionais da Segovia} = \frac{\text{Ebit}(1-t)(1-\text{Taxa de reinvestimento})(1+g)}{\text{Custo de capital} - g}$$

$$= \frac{300(1-0,4)(1-0,4167)(1,05)}{0,10-0,05}$$

$$= \$\ 2.205\ \text{milhões}$$

Valor do patrimônio líquido na Segovia = Valor dos ativos operacionais
  − Dívida consolidada − Participações minoritárias na Seville
  + Investimentos minoritários na LatinWorks
  = 2.205 − 500 − 122,5 + 22,5 = $ 1.605 milhões

Note que as participações minoritárias na Seville são calculadas para serem 49% do valor contábil do patrimônio líquido na Seville.

Valor contábil do patrimônio líquido na Seville = Capital investido na Seville − Dívida da Seville
  = 400 − 150 = 250

Participações minoritárias = (1 − Participação da empresa-mãe)Valor contábil do patrimônio líquido
  = (1 − 0,51)250 = $ 122,5 milhões

As participações minoritárias na LatinWorks são calculadas em 15% do valor contábil do patrimônio líquido na LatinWorks, que é de $ 250 milhões (capital investido menos dívida). Seria puro acaso se o valor dessa abordagem fosse igual ao real valor do patrimônio líquido, estimado anteriormente, em $ 1.529 milhões.

Podemos constatar pela discussão da melhor forma de avaliar participações em outras empresas que necessitamos de uma substancial quantidade de informações para avaliar corretamente essas participações.

Ambiente de informações parciais À medida que os investimentos em participações de uma empresa tornam-se mais numerosos, estimar os valores de participações individuais fica mais oneroso. De fato, a informação necessária à avaliação dos investimentos em participações societárias pode estar indisponível, deixando os analistas com menos escolhas precisas:

- *Valores de mercado dos investimentos em participações societárias.* Se os investimentos em participações societárias são negociados publicamente, substituir os valores de mercado das participações societárias pelo valor estimado é uma alternativa que vale a pena explorar. Apesar do risco de se incorporar à avaliação quaisquer erros que o mercado possa estar cometendo nessas participações, essa abordagem é mais eficiente em tempo, principalmente quando uma empresa tem dezenas de investimentos em participações societárias em empresas de capital aberto.
- *Valores de mercado estimados.* Quando uma empresa de capital aberto tem um investimento em participação societária em uma empresa privada, não há nenhum valor de mercado facilmente acessível para a empresa privada. Conseqüentemente, temos de fazer a nossa melhor estimativa de quanto vale essa participação societária, com as informações limitadas que temos disponíveis. Há uma série de alternativas.

Uma forma de fazer isso é estimar o múltiplo do valor contábil a que as empresas no mesmo negócio (como os negócios privados em que se têm participações) tipicamente negociam e aplicar esse múltiplo ao valor contábil da participação no negócio privado. Vamos supor, por exemplo, que estamos tentando estimar o valor dos investimentos em participações de uma indústria farmacêutica em cinco empresas de biotecnologia de capital fechado, e que essas participações têm coletivamente um valor contábil de $ 50 milhões. Se as empresas de biotecnologia tipicamente negociam a dez vezes o valor contábil, o valor de mercado estimado dessas participações seria de $ 500 milhões. Na verdade, essa abordagem pode ser generalizada para se estimar o valor de investimentos em participações complexas, em que há falta de informação para se estimar o valor de cada participação ou se há participações demais. Por exemplo, podemos avaliar uma empresa japonesa com dezenas de investimentos em participações societárias. Podemos estimar um valor para esses investimentos aplicando um múltiplo de valor contábil ao seu valor contábil cumulativo.

Observe que usar as estimativas contábeis das participações, que é a abordagem de uso mais comum na prática, deve ser um recurso derradeiro, principalmente quando os valores dos investimentos em participações societárias são substanciais.

Avaliação de investimentos em participações societárias em outras empresas — avaliação relativa

Muito do que se falou sobre caixa e os seus efeitos sobre a avaliação relativa pode ser aplicado aos investimentos em participações societárias também, mas as soluções não são tão simples. Para começar, consideremos como os diferentes tipos de investimento em participações societárias afetam os múltiplos de patrimônio líquido.

- *Investimentos passivos minoritários.* Apenas os dividendos recebidos desses investimentos são declarados como lucros na demonstração de resultados. Como a maioria das empresas paga menos dividendos que a sua disponibilidade em lucros, é provável que isso acarrete um viés para cima nas razões preço/lucro para empresas com substanciais investimentos passivos minoritários (já que o valor de mercado do patrimônio líquido refletirá o valor dos investimentos em participações societárias, mas o lucro líquido não).
- *Investimentos ativos minoritários e majoritários.* Estes são menos problemáticos, porque o lucro líquido deve refletir a proporção dos lucros da subsidiária.[33] Embora os múltiplos de lucros sejam consistentes, tanto com o valor de mercado do patrimônio líquido quanto com os lucros incluindo a parcela da subsidiária possuída pela empresa-mãe, identificar comparáveis pode ser difícil, principalmente se a subsidiária for grande e tiver fundamentos diferentes (fluxo de caixa, crescimento e risco) da empresa-mãe.

No caso dos múltiplos de valor da empresa, enfrentamos uma série de problemas, novamente dependendo da forma como um investimento em participação societária é classificado.

- *Investimentos minoritários passivos e ativos.* Os múltiplos de valor da empresa em geral se baseiam nos múltiplos de indicadores operacionais (receitas, lucro operacional, Ebitda). Em investimentos minoritários, nenhum desses números incorporará os valores correspondentes da subsidiária em que a empresa-mãe possui uma participação minoritária. De fato, todos os ajustes para investimentos minoritários ocorrem abaixo da linha do lucro operacional. Como consequência, os múltiplos de valor da empresa terão viés para cima quando houver significativos investimentos minoritários, já que o valor da empresa incorporará o valor desses investimentos em participações societárias (ao menos no valor de mercado do patrimônio líquido), mas o denominador (receitas ou lucro operacional) não.
- *Investimentos majoritários.* A consolidação que se segue aos investimentos majoritários pode tumultuar os múltiplos de valor da empresa. Para compreender o porquê, vamos supor que a empresa A possua 60% da empresa B e publique demonstrações financeiras consolidadas. Suponhamos também que estejamos tentando calcular o múltiplo de valor das operações da empresa/Ebitda dessa empresa. A Figura 10.7 apresenta como cada input no múltiplo será afetado pela consolidação.

Como observamos no Capítulo 9, os analistas geralmente solucionam o problema da inconsistência adicionando a participação minoritária de volta (a estimativa do analista para o valor dos 40% da empresa B, que não pertencem à empresa A) ao numerador. O problema, no entanto, é que eles devem adicionar os 40% do valor de mercado da subsidiária de volta ao numerador se quiserem construir um múltiplo composto de valor das operações da empresa/Ebitda. Podemos usar as técnicas recomendadas na seção passada, inclusive aplicando um múltiplo preço/valor contábil às participações minoritárias, para completar essa estimativa. Como no caso dos múltiplos de patrimônio líquido, o problema será encontrar empresas comparáveis com o mesmo mix de negócios. Uma forma muito mais eficaz de lidar com os investimentos em participações societárias majoritárias seria calcular um múltiplo puro de valor das operações da empresa-mãe/Ebitda, descrito no Capítulo 9, em que deduzimos o valor de todos os investimentos em participações, minoritárias e majoritárias, do valor das operações da empresa.

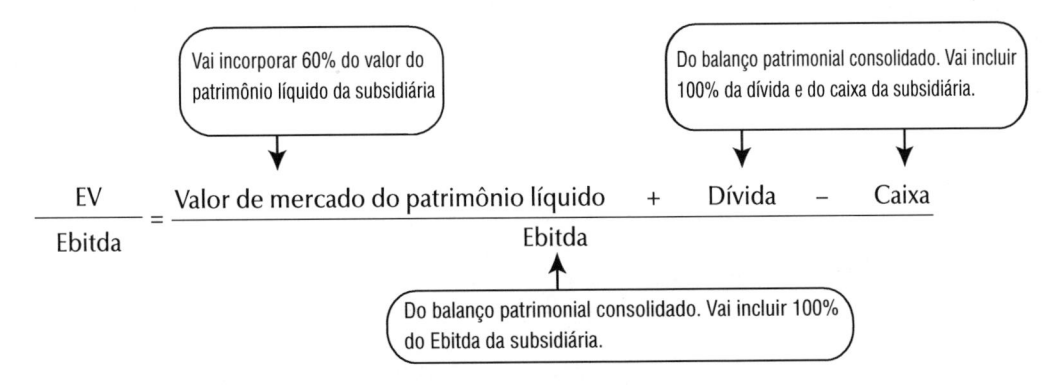

$$\frac{EV}{Ebitda} = \frac{\text{Valor de mercado do patrimônio líquido} + \text{Dívida} - \text{Caixa}}{Ebitda}$$

- Valor de mercado do patrimônio líquido: Vai incorporar 60% do valor do patrimônio líquido da subsidiária
- Dívida – Caixa: Do balanço patrimonial consolidado. Vai incluir 100% da dívida e do caixa da subsidiária.
- Ebitda: Do balanço patrimonial consolidado. Vai incluir 100% do Ebitda da subsidiária.

FIGURA 10.7 – Investimentos em participações societárias consolidados e múltiplo EV/Ebitda

$$\frac{EV}{Ebitda}(\text{Empresa-mãe}) = \frac{\begin{array}{c}\text{Valor de mercado do patrimônio líquido + Dívida da empresa-mãe}\\ \text{– Caixa da empresa-mãe – Valor de mercado do patrimônio líquido de todas as participações societárias}\end{array}}{\text{Ebitda da empresa-mãe}}$$

Isso pode então ser comparado a outras empresas que são semelhantes à empresa-mãe.

OUTROS ATIVOS NÃO OPERACIONAIS

As empresas podem possuir outros ativos não operacionais, mas provavelmente serão de menor importância do que os relacionados até aqui. As empresas podem ter especialmente ativos não utilizados que não geram fluxos de caixa e têm valores contábeis que apresentam pouca semelhança com os valores de mercado. Um exemplo seriam os investimentos imobiliários que aumentaram significativamente de valor desde que a empresa os adquiriu, porém geram pouco fluxo de caixa — se é que geram algum. Resta também uma questão em aberto quanto aos planos de pensão com excesso de fundos. Os fundos em excesso pertencem aos acionistas e, se a resposta for sim, como incorporar o efeito ao valor?

Ativos não utilizados

A força dos modelos de fluxo de caixa descontado é que eles estimam o valor dos ativos com base nos fluxos de caixa esperados que esses ativos geram. Em alguns casos, entretanto, isso pode acarretar que ativos de substancial valor sejam ignorados na avaliação final. Por exemplo, suponhamos que uma empresa possua um terreno que não foi edificado e que o valor contábil desse terreno reflita o seu preço original de aquisição. O terreno obviamente possui expressivo valor de mercado; entretanto, não gera ainda nenhum fluxo de caixa à empresa. Se não for feito um esforço consciente para incorporar à avaliação os fluxos de caixa esperados da edificação do terreno, o seu valor será descartado da estimativa final.

Como refletir o valor desses ativos no valor da empresa? Um estoque completo com todos eles (ou ao menos com os mais valiosos) seria um primeiro passo, seguido pelas estimativas do valor de mercado de cada ativo. Essas estimativas podem ser obtidas analisando-se o que os ativos obteriam no mercado hoje ou projetando-se os fluxos de caixa que poderiam ser gerados, se os ativos fossem desenvolvidos, e descontando-se os fluxos de caixa à taxa de desconto adequada.

O problema da incorporação dos ativos não utilizados ao valor da empresa é de informação. As empresas não revelam os seus ativos não utilizados como parte de suas demonstrações financeiras. Embora possa às vezes ser possível descobrir esses ativos como investidores ou analistas, é muito mais provável que sejam descobertos somente quando se tiver acesso a informações sobre o que a empresa possui ou usa.

Ativos de fundo de pensão

As empresas com passivos de pensão definidos às vezes acumulam ativos de fundos de pensão em excesso a esses passivos. Embora o excesso pertença aos acionistas, eles geralmente enfrentam um passivo fiscal, se o reclamarem. A regra conservadora ao se lidar com planos de pensão com fundos em excesso seria assumir que os custos sociais e fiscais de reclamar os fundos em excesso são tão grandes que poucas empresas jamais tentariam fazê-lo. Uma abordagem alternativa seria adicionar à avaliação a porção após impostos dos fundos em excesso. Como exemplo, consideremos uma empresa que declara ativos de fundo de pensão que excedem os seus passivos em $ 1 bilhão. Como uma empresa que retira ativos excedentes de um fundo de pensão é taxada em 50% dessas retiradas (nos Estados Unidos), adicionaríamos $ 500 milhões ao valor estimado dos ativos operacionais da empresa. Isso refletiria os 50% dos ativos excedentes que restarão à empresa após pagar os impostos.

Uma alternativa prática é reflita o excesso de fundos nas contribuições futuras de pensão. Presumivelmente, uma empresa com um plano de pensão com excesso de fundos pode reduzir as suas contribuições ao plano em anos futuros. Essas contribuições reduzidas ao plano de pensão podem gerar fluxos de caixa mais altos e um valor da empresa mais alto.

Investimentos em joint-venture

Investimentos em joint-venture apresentam muitos dos mesmos problemas que as participações societárias em outras empresas. Dependendo do país e da natureza do investimento em joint-venture, uma empresa pode usar o método do patrimônio líquido, a consolidação proporcional ou a consolidação plena para declará-lo.[34] Em alguns casos, um dos sócios da joint-venture fornecerá a principal sustentação à dívida da joint-venture. Finalmente, a joint-venture quase nunca será de capital aberto, tornando-a mais próxima de uma participação societária de empresa privada do que de capital aberto. Ao lidar com investimentos em joint-venture, os analistas devem começar a examinar como ela é lançada na contabilidade. Se esses investimentos forem proporcional ou plenamente consolidados, o lucro operacional da empresa-mãe já inclui os lucros da joint-venture; no caso da consolidação plena, um ajuste deve ser feito em relação à proporção da joint-venture que não pertence à empresa (similar ao ajuste de participações minoritárias em investimentos de participações societárias majoritárias). Se a prestação de contas dos investimentos em joint-venture dá-se por meio do método do patrimônio líquido, eles devem ser tratados como investimentos em participações societárias minoritárias. Na avaliação de empresas, isso exigirá que se avalie a propriedade proporcional na joint-venture e a adicione ao valor dos ativos operacionais. Na avaliação do patrimônio líquido, o lucro líquido incluirá a cota proporcional dos lucros da joint-venture e não há nenhuma necessidade de avaliar a joint-venture separadamente.

CONCLUSÃO

Investimentos em caixa, títulos negociáveis e outros negócios (participações societárias em outras empresas) são geralmente considerados reflexões tardias na avaliação. Os analistas dedicam pouco tempo à análise do impacto desses ativos sobre o valor, mas fazem isso por sua própria conta e risco. Neste capítulo, primeiro consideramos a magnitude dos investimentos em caixa nas empresas e as motivações para acumular esse caixa. Prosseguimos analisando a melhor forma de avaliar o valor de caixa tanto no modelo de fluxo de caixa descontado quanto na avaliação relativa. O caixa é livre de risco e geralmente rende baixas taxas de retorno, e isso o torna diferente dos ativos operacionais de uma empresa. A maneira mais segura de lidar com caixa é separá-lo dos ativos operacionais e avaliá-lo independentemente tanto na avaliação pelo fluxo de caixa descontado quanto na relativa. Também apresentamos como incorporar os valores dos investimentos financeiros, participações societárias em outras empresas e outros ativos não operacionais ao valor da empresa.

APÊNDICE 10.1: MÉDIAS SETORIAIS: RAZÕES DE CAIXA — JANEIRO 2005

Segmento	Número de empresas	Caixa como percentual do valor da empresa	Caixa como percentual dos ativos totais	Caixa como percentual de receitas
Aço (geral)	24	3,13%	4,59%	4,05%
Aço (integrado)	14	5,14	4,75	3,10
Aeroespacial/defesa	67	7,18	11,89	7,77
Água — serviço público	17	2,33	2,02	8,67
Alimentício	104	4,97	9,63	9,31
Alimentício atacadista	20	7,70	9,40	9,98
Ambiental	85	6,67	12,61	12,64
Associações de poupança (*Thrift*)	222	24,70	4,32	N/D
Auto e caminhões	25	6,19	6,45	6,32
Autopeças	60	6,24	7,50	6,94
Bancos	499	13,01	3,31	N/D
Bancos (canadenses)	7	3,79	0,49	N/D
Bancos (estrangeiros)	5	5,09	1,14	N/D
Bancos (Meio-Oeste)	38	10,79	3,18	N/D
Bebida (alcoólica)	22	8,69	10,70	3,47
Bebida (refrigerantes)	17	3,09	6,53	3,75
Biotecnologia	90	13,06	44,95	48,32
Calçados	24	11,93	17,44	12,23
Caminhões	36	3,03	5,34	6,67
Carvão	11	2,53	4,21	6,18
Cimento e agregados	13	5,24	9,32	8,46
Computação/software/serviços	389	20,27	31,97	33,82
Computação/periféricos	143	20,38	33,37	34,61
Construção civil	34	8,11	10,23	14,52
Corretora de títulos e valores	26	40,43	30,84	58,01
E-commerce	52	20,67	39,46	35,98
Eletrodomésticos	16	14,58	19,05	19,74
Eletrônicos	179	12,94	22,31	22,79
Embalagens e contêineres	35	3,66	6,58	4,41
Empresas diversificadas	117	8,86	10,64	12,59
Energia	24	12,50	21,16	30,96
Energia canadense	11	6,60	10,44	14,92
Energia elétrica — serviço público (central)	25	2,91	4,92	10,15
Energia elétrica — serviço público (Leste)	31	5,91	3,99	7,65

(continua)

(continuação)

Segmento	Número de empresas	Caixa como percentual do valor da empresa	Caixa como percentual dos ativos totais	Caixa como percentual de receitas
Energia elétrica — serviço público (Oeste)	16	5,37	3,68	9,21
Entretenimento	88	6,19	11,49	16,47
Equipamento elétrico	93	11,43	18,64	22,20
Equipamentos e materiais de escritório	28	9,19	11,60	7,67
Equipamentos e serviços de petróleo	93	5,66	9,13	14,23
Equipamento Telecom	120	21,55	33,96	39,37
Farmacêutica	305	21,79	52,76	58,73
Gás natural (distrib.)	30	2,59	2,68	2,44
Gás natural (div.)	38	1,75	2,87	6,09
Ferrovia	18	3,80	3,94	6,68
Fundos de investimentos imobiliários (Reit)	135	1,53	1,57	2,15
Higiene pessoal e beleza	23	9,00	11,23	11,44
Hotelaria/jogos	77	10,34	13,38	17,86
Importados diversificados	1	100,00	96,84	0,00
Importados eletrônicos	12	13,98	13,72	9,27
Importados Telecom	21	20,96	18,03	18,73
Instrumentos de precisão	104	13,91	25,12	29,42
Internet	297	17,85	35,10	33,27
Investimento	21	1,46	1,89	4,36
Investimento (estrangeiro)	17	0,21	0,73	0,67
Maquinário	133	9,40	11,20	9,84
Marítimo	28	4,53	4,35	7,47
Material para reparos em construção	19	11,92	14,98	8,16
Materiais de construção	49	9,91	8,60	7,71
Metais e mineração (div.)	76	6,79	13,02	9,70
Metais preciosos	61	8,90	23,98	36,59
Metalurgia	38	4,58	7,31	3,56
Mídia impressa	20	7,34	9,33	11,58
Móveis/acessórios	38	5,66	8,72	4,78
Papel e celulose	39	4,05	5,77	6,08
Petróleo (integrado)	34	4,62	9,79	9,64
Petróleo (produção)	145	7,96	12,60	15,40
Pneumáticos e borracha	14	6,31	17,04	11,81
Produtos para o lar	30	4,25	9,31	10,51
Publicações	43	6,38	7,95	5,29
Publicidade	35	8,89	13,68	14,80
Química (básica)	16	6,37	5,67	4,63
Química (diversificada)	31	6,39	8,17	7,80
Química (fina)	92	8,06	12,29	15,10
Recreação	78	11,06	16,04	14,25
Recursos humanos	28	9,95	17,99	10,46
Redes sem fio (*wireless*)	66	16,09	27,23	33,23
Restaurantes	84	7,61	9,82	7,50
Saúde — informações	32	21,68	33,49	31,50
Seguro (bens)	78	17,62	6,96	N/D
Seguro (div.)	1	23,02	26,25	N/D
Seguro (vida)	43	15,53	4,25	N/D
Semicondutores	124	21,94	35,54	47,58
Semicondutores (equip.)	16	17,86	30,90	43,56
Serviços educacionais	38	13,79	23,19	24,56
Serviços farmacêuticos	14	3,76	7,59	2,31
Serviços financeiros (div.)	233	19,36	20,27	26,45
Serviços industriais	200	13,44	19,52	15,40
Serviços de informações	33	5,46	17,43	16,43

(continua)

(continuação)

Segmento	Número de empresas	Caixa como percentual do valor da empresa	Caixa como percentual dos ativos totais	Caixa como percentual de receitas
Serviços médicos	195	10,42	23,20	19,06
Serviços públicos (estrangeiros)	6	2,42	3,26	8,56
Serviços Telecom	137	13,41	17,74	19,26
Supermercado	23	9,02	9,15	3,85
Suprimentos médicos	262	10,39	27,23	27,92
Tabaco	13	5,77	10,38	9,83
Tecnologia em entretenimento	31	10,71	28,78	31,00
Transporte aéreo	46	20,26	16,74	14,07
TV a cabo	21	3,79	9,00	12,21
Varejo automotivo	14	3,44	5,04	4,71
Varejo construção	9	3,11	5,67	2,52
Varejo (lojas especializadas)	175	10,87	15,94	9,39
Varejo redes	49	6,42	7,20	3,43
Vestuário	65	13,84	13,23	10,51
Mercado	**7.091**	**12,69%**	**18,48%**	**18,97%**

Notas

1. J. M. Keynes, *The general theory of employment, interest and money*. Nova York: Harcourt, Brace & World, 1936.

2. Tim Opler, Lee Pinkowitz, René Stulz e Rohan Williamson, "The determinants and implications of corporate cash holdings", *Journal of Financial Economics*, 52, 1999, p. 3–46. Este artigo examina os determinantes dos saldos em caixa e observa que muitas das variáveis que levam as empresas a ter baixas razões de endividamento (oportunidades significativas de crescimento, alto risco) também conduzem a grandes saldos de caixa.

3. M. H. Miller e D. Orr, "A model of the demand for money by firms", *Quarterly Journal of Economics*, 1966, p. 413–435. Eles desenvolvem um modelo simples de cálculo do nível ideal de saldo de caixa operacional, em função do custo de oportunidade de se manter caixa e das demandas de caixa para operações.

4. M. Faulkender, "Cash holdings among small businesses", *Working Paper*, Social Science Research Network (SSRN), 2002. Este artigo identifica que há economias de escala e que os saldos de caixa diminuem à medida que as empresas crescem.

5. C. Custodio e C. Raposo, "Cash holdings and business conditions", *Working Paper*, SSRN, 2004. Este artigo apresenta forte evidência de que as empresas financeiramente restringidas ajustam os seus saldos de caixa para que reflitam as condições gerais de negócios, mantendo mais caixa em períodos de recessão. As empresas sem restrição financeira também exibem o mesmo padrão, mas a vinculação é mais sutil. Essas conclusões são similares a outras em outro artigo de C. F. Baum, M. Caglayan, N. Ozkan e O. Talvera, "The impact of macroeconomic uncertainty on cash holdings for non-financial service firms", *Working Paper*, SSRN, 2004.

6. D. Haushalter, S. Klasa e W. F. Maxwell, "The influence of product market dynamics on the firm's cash holdings and hedging behavior", *Working Paper*, SSRN, 2005. Neste artigo, os autores encontram evidência de que as empresas que compartilham oportunidades de crescimento com fortes rivais têm mais chance de acumular maiores saldos de caixa, e que esses saldos em caixa provêm benefícios estratégicos às empresas.

7. V. Acharya, H. Almeida e M. Campello, "Is cash negative debt? A hedging perspective on corporate financial policies", *Working Paper*, SSRN, 2005. Os autores apresentam uma guinada nesse argumento, observando que as empresas que têm de fazer investimentos expressivos, quando os seus fluxos de caixa operacionais estão baixos, o que classificam como uma carente de *hedging*, manterão saldos de caixa muito maiores para cobrir esses investimentos.

8. Lee Pinkowitz e Rohan Williamson, "Bank power and cash holdings: evidence from Japan", *Review of Financial Studies*, 14, 2001, p. 1059–1082. Eles comparam os saldos em caixa de empresas no Japão, na Alemanha e nos Estados Unidos e concluem que a empresa média japonesa detém duas vezes e meia mais caixa do que a empresa média alemã ou norte-americana. Eles partem da hipótese (e fornecem evidência) de que esses saldos de caixa mais elevados refletem bancos extraindo renda de empresas japonesas forçando-as a manter mais caixa que o necessário. Eles notaram especialmente que os saldos de caixa no Japão eram mais altos nos períodos de alto poder dos bancos.

9. S. Myers e N. Majluf, "Corporate financing and investment decisions when firms have information that investors do not have", *Journal of Financial Economics*, 13, 1984, p. 187–221.

10. Michael C. Jensen, "Agency costs of free cash flow, corporate finance and takeovers", *American Economic Review*, 76, 1986, p. 323–329.

11. Vários artigos demonstram que as empresas com grandes saldos em caixa têm mais propensão a realizar maus investimentos e pagam a mais pelas aquisições com caixa. Veja J. Harford, "Corporate cash reserves and acquisitions", *Journal of Finance*, 54, 1999, p. 1969–1997; O. Blanchard, F. Lopez-de-Silanes e A. Shleifer, "What do firms do with cash windfalls?", *Journal of Financial Economics*, 36, 1994, p. 337–360; J. Harford, S. A. Mansi e W. F. Maxwell, "Corporate governance and a firm's cash holdings", *Working Paper*, SSRN, 2004. O último artigo conclui que as empresas com frágeis direitos de acionistas não detêm saldos de caixa mais elevados, mas tendem a dissipá-los muito mais rapidamente em maus investimentos do que aquelas nas quais os direitos dos acionistas são mais fortes.

12. A. Dittmar, J. Mahrt-Smith e H. Servaes, "International corporate governance and corporate cash holdings", *Journal of Financial and Quantitative Analysis*, 38, 2003, p. 111–133. L. F. Pinkowitz, R. M. Stulz e R. Williamson, "Do firms in countries with poor protection of investor rights hold more cash?", *Working Paper*, SSRN, 2003. Ambos os artigos concluem que as empresas em países onde os acionistas detêm menos poder tendem a manter mais caixa. Esses resultados são confirmados por Y. Guney, A. Ozkan e N. Ozkan, "Additional international evidence on corporate cash holdings", *Working Paper*, SSRN, 2003. Eles comparam os saldos em caixa de 3.989 empresas no Japão, na França, na Alemanha e no Reino Unido e concluem que, quanto mais fortes as proteções aos acionistas, menores os saldos em caixa nas empresas.

13. R. Zhang, "The effects of firm- and country-level governance mechanisms on dividend policy, cash holdings and firm value: a cross country study", *Working Paper*, SSRN, 2005. Este artigo conclui que os saldos em caixa são mais altos nas empresas em que a propriedade é concentrada.

14. W. H. Mikkelson e M. Partch, "Do persistent large cash reserves hinder performance?", *Journal of Financial and Quantitative Analysis*, 38, 2003, p. 257–294.

15. As versões atualizadas dessas razões estão disponíveis no meu site Web (www.damodaran.com), em "Updated Data".

16. Assim, se o caixa representa 10% do valor da empresa, o beta não alavancado será uma média ponderada do beta dos ativos operacionais e o beta de caixa (que é zero).

17. O beta não alavancado que se pode retirar de uma regressão reflete o saldo de caixa médio (como percentual do valor da empresa), no período da regressão. Assim, se uma empresa mantém essa razão a um nível constante, pode-se chegar ao beta não alavancado correto.

18. Taxa de crescimento do lucro líquido = Retorno sobre patrimônio líquido × Taxa de reinvestimento em patrimônio líquido (ou taxa de retenção); Taxa de crescimento do lucro operacional = Retorno sobre capital × Taxa de reinvestimento. A taxa de reinvestimento é a soma do reinvestimento (gastos líquidos de capital e alteração em capital de giro) dividido pelo lucro operacional após impostos.

19. Na abordagem de razão da dívida líquida, assumimos que quaisquer benefícios fiscais provenientes de dívida (usada para financiar caixa) são amortizados na exata medida pelos custos fiscais associados ao recebimento de receita de juros sobre o caixa.

20. Quando as razões da dívida líquida tornam-se negativas, os analistas devem continuar a usar os valores negativos, muito embora isso possa dar margem a algum desconforto. Na realidade, isso significa que o beta alavancado será inferior ao beta não alavancado e que a razão de endividamento no cálculo do custo de capital será um número negativo.

21. Há um terceiro cenário. Quando a receita de juros de caixa (que é livre de risco) é descontada a valor presente a uma taxa de desconto ajustada ao risco (veja o Exemplo 10.1), o caixa será descontado em valor, mas pelos motivos errados.

22. Embora essa premissa seja direta quanto ao caixa, não é tanto assim no caso de ativos reais, em que o valor de liquidação pode refletir o fraco poder de rendimento do ativo. Dessa forma, o excedente potencial proveniente da liquidação pode não ser tão fácil de exigir.

23. As empresas com grandes saldos de caixa são alvos atraentes, já que o caixa pode ser usado para amortizar parte do custo da aquisição.

24. Esse enunciado é verdadeiro somente se a empresa obtém retorno em excesso sobre seus investimentos. O crescimento com zero retorno em excesso não tem efeito sobre o valor ou a razão preço/lucro.

25. L. Pinkowitz e R. Williamson, "What is a dollar worth? The market value of cross holdings", *Working Paper*, Georgetown University, 2002.

26. L. Pinkowitz, R. Stulz e R. Williamson, "Do firms in countries with poor protection of investor rights hold more cash?", *Working Paper*, SSRN, 2003.

27. B. Schwetzler e C. Reimund, "Valuation effects of corporate cash holdings: evidence from Germany", HHL *Working Paper*, SSRN, 2004.

28. M. Faulkender e R. Wang, "Corporate financial policy and the value of cash", *Working Paper*, SSRN, 2004.

29. Um dos investimentos mais estranhos da Microsoft foi em um dos seus principais concorrentes, a Apple Computer, no início de 1998. Esse investimento pode ter se destinado a combater o processo antitruste movido contra a Microsoft pelo Departamento de Justiça.

30. O retorno esperado pode ser obtido com base no risco ajustado utilizando-se o beta para as ações no fundo e os retornos gerais de mercado nos mercados asiáticos de ações em que o fundo investe. Uma técnica mais simples seria usar o retorno geral de mercado como o retorno esperado, assim partindo-se da premissa implícita de que o fundo investe em ações de risco médio nesses mercados.

31. Empresas esquivam-se das exigências de consolidação mantendo a sua participação de propriedade em outras empresas abaixo de 50%.

32. Nos Estados Unidos, a consolidação requer que se considerem os 100% da subsidiária, mesmo que se possua menos. Há outros mercados no mundo em que a consolidação requer apenas que se considere a parcela da empresa que se possui. Isso se chama consolidação proporcional.

33. Com os investimentos em participações majoritárias, isso acontecerá indiretamente. A consolidação plena inicialmente computará 100% dos lucros da subsidiária nos lucros da empresa-mãe, mas a porção desses lucros que é atribuível aos acionistas minoritários na subsidiária será subtraída para se obter o lucro líquido da empresa-mãe.

34. O método do patrimônio líquido e a consolidação plena assemelham-se às abordagens usadas com as participações societárias. Na consolidação proporcional, as empresas envolvidas têm de consolidar a proporção das receitas da joint-venture, os gastos operacionais e o lucro operacional atribuível a elas. No balanço patrimonial, elas devem declarar a proporção dos ativos e passivos das joint-ventures que lhes pertencem.

Capítulo 11
Opções de compra de ações e compensações a funcionários

Em anos recentes, muitas empresas passaram a adotar a compensação baseada em ações. Não é incomum que as empresas concedam milhões de opções anualmente não só a altos executivos, mas também a funcionários de níveis inferiores. Essas opções administrativas em aberto criam potencialmente um redutor de valor sobre as ações ordinárias. O que costumava ser uma prática simples de se dividir o valor estimado do patrimônio líquido pelo número de ações em circulação, para a obtenção do valor por ação, tornou-se um exercício temerário. Os analistas esforçam-se para encontrar a melhor forma de ajustar o número de ações em circulação (e o valor por ação) à possibilidade de que haverá mais ações em circulação no futuro. Eles tentam capturar esse efeito de diluição usando o número parcial ou plenamente diluído de ações em circulação na empresa. Como veremos neste capítulo, essas abordagens geralmente produzem estimativas equivocadas de valor por ação, então vamos propor um meio mais confiável de se lidar com as opções de funcionários.

Também exploraremos outras formas de compensação por ações, incluindo o uso de concessões restritas e ilimitadas de ações à gerência, e os seus efeitos sobre o valor por ação. Como as opções, essas concessões de ações reduzem o valor do patrimônio líquido aos acionistas existentes e devem ser consideradas na avaliação.

COMPENSAÇÃO BASEADA EM AÇÕES

Há três formas de compensação por ações. A mais antiga e estabelecida é dar ações ou patrimônio líquido da empresa a gerentes, funcionários e outras partes a título de compensação. A segunda é uma variação, em que se concedem ações ordinárias e patrimônio líquido aos funcionários com a restrição de não poderem ser reclamadas e/ou negociadas por determinado período após as concessões. A terceira são as opções de ações, permitindo aos funcionários comprar ações da empresa a um preço especificado por um período; elas geralmente também vêm com restrições.

Nas últimas décadas, a compensação baseada em ações tornou-se uma parte maior da compensação geral aos funcionários, inicialmente em empresas nos Estados Unidos e mais recentemente em outros mercados também. Há quatro motivos principais por trás dessa tendência:

1. *Alinhamento acionista–administrador.* À medida que as empresas de capital aberto tornam-se maduras e maiores, os interesses dos acionistas (que são os proprietários dessas empresas) e dos administradores (que gerenciam essas empresas) divergem. Os custos de agência resultantes foram amplamente explorados na literatura. Em um trabalho embrionário, Jensen e Meckling (1976) argumentam que os administradores, atuando nos seus melhores interesses, em geral tomam atitudes que destroem o valor do acionista.[1] Os pesquisadores demonstraram que os administradores, deixados aos seus próprios recursos, acumulam caixa demais, tomam empréstimo de menos e fazem maus investimentos e aquisições. Oferecer ações na empresa aos administradores pode reduzir o problema de agência ao fazer com que eles se comportem mais como acionistas.
2. *Escassez de caixa.* A adoção da compensação por ações foi mais pronunciada em empresas de tecnologia nos Estados Unidos. Especialmente, empresas jovens de tecnologia invadiram o mercado na década de 1990, muitas com pouco a declarar em termos de receitas ou lucros. Em virtude de suas restrições de caixa, a única maneira que essas empresas tinham de atrair e reter funcionários era oferecendo-lhes compensação não monetária, em geral a única moeda de valor que possuíam, que era o próprio patrimônio.
3. *Retenção de funcionários.* A maioria das compensações por ações vem com a exigência de que o funcionário permaneça na empresa por um período de tempo (período de carência) para que tenha direito à compensação. Os funcionários que recebem opções ou ações restritas como forma de compensação estão, portanto, mais propensos a ficar na empresa, principalmente se a concessão de ações representar uma grande proporção das suas posses gerais.[2]
4. *Tratamento contábil e fiscal.* O movimento rumo à compensação por ações foi auxiliado e estimulado pelos padrões contábeis que tratam as empresas adeptas da compensação baseada em ações com muito mais generosidade (permitindo que declarem lucros mais elevados) do que aquelas que usam a compensação baseada em caixa e por leis fiscais que oferecem benefícios fiscais a empresas que utilizam as opções para recompensar os funcionários.

Das três formas de compensação por ações, o uso de ações ordinárias representa menos problemas, do ponto de vista da avaliação. O valor da concessão de ações é tratado como um gasto de compensação (quando a concessão é feita) e o

número de aumentos nas ações da empresa. As concessões de opções de ações e as ações restritas criam mais questões difíceis aos analistas, tanto na mensuração dos lucros em qualquer período quanto na obtenção dos valores por ação. Nas seções seguintes, primeiro analisamos as opções de ações e depois voltamos a nossa atenção à questão das ações restritas.

OPÇÕES DE FUNCIONÁRIOS

As empresas utilizam opções de ações para recompensar gerentes e outros funcionários. Há dois efeitos que essas opções exercem sobre o valor por ação. Um é criado pelas opções já concedidas. Essas opções, algumas das quais possuem valor de exercício hoje, reduzem o valor do patrimônio líquido por ação, já que uma porção das ações existentes na empresa deve ser reservada para atender a esses eventuais exercícios de opções. O outro efeito é a probabilidade de que essas empresas usarão as opções em bases continuadas, para recompensar os funcionários ou compensá-los. Essas concessões de opções esperadas reduzem a porção dos fluxos de caixa futuros esperados que se acumularam para os acionistas existentes e, portanto, o valor por ação atual. Nas subseções seguintes, começaremos por analisar as tendências no uso de opções de ações para funcionários e os tipos de empresa em que as concessões de ações são maiores. Também examinaremos as características das opções de funcionários e como devem ser justificadas historicamente, revisitaremos o debate sobre se as opções de ações para funcionários devem ser contabilizadas como despesa e discutiremos as novas regras contábeis que regerão as concessões de opções.

Magnitude das opções administrativas em aberto

O uso de opções nos pacotes de compensação gerencial não é novo nas empresas. Muitas, nas décadas de 1970 e 1980, iniciaram os pacotes de compensação baseada em opções para induzir altos executivos a pensarem como acionistas. O que há de diferente nas mais recentes concessões de opções, principalmente nas empresas de tecnologia? Um ponto é que os contratos gerenciais nessas empresas são muito mais pesadamente ponderados quanto às opções do que aqueles em outras empresas. O segundo é que a falta de caixa nessas empresas indica que as opções são concedidas não só a altos executivos, mas também a funcionários de toda a organização, tornando o total de concessões de opções muito maior. O terceiro é que algumas pequenas empresas usaram opções como moeda para cobrir despesas operacionais e pagar por serviços.

Tendências de mercado Podemos apontar uma série de diferentes estatísticas que demonstram o crescimento em compensação por opção de ações. O indicador mais simples é o número de opções de funcionários em aberto como percentual do total de ações em circulação, também chamadas *option overhang*.* O Investor Responsibility Research Center (IRRC), um cão de guarda independente para os acionistas, estimou que as opções em aberto possuídas pela administração eram de 17% para as 1.500 empresas que monitora (incluindo ações da S&P 500, ações *mid-cap* e *smaller-cap*) em 2003, superior aos 15,7% no ano anterior; o valor mediano das opções administrativas em aberto era de 16,3%, superior aos 14,8% no ano anterior. A Figura 11.1 apresenta um gráfico das opções em aberto, conforme cálculo do IRRC, de 1997 a 2003.

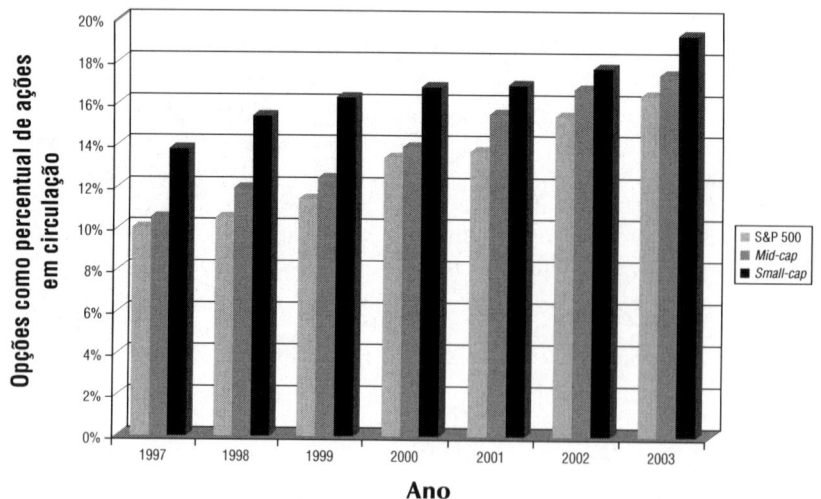

■ **FIGURA 11.1** – Opções administrativas em aberto nos Estados Unidos

Fonte: Investor Responsibility Research Center (IRRC).

---

* *Option overhang* é um termo para designar grande lote de opções em aberto que, se exercidas, podem afetar negativamente o preço de um título (N. T.).

Embora empresas menores tenham números maiores de opções em circulação do que as empresas grandes, até essas empresas grandes na S&P 500 declararam uma opção em aberto de 16,4%. A expansão das opções também pode ser constatada no número de empresas que concedem essas opções à gerência e no número em que as opções em circulação representam um percentual muito alto das ações em circulação. Em 2003, por exemplo, o IRRC declarou que quase 90% das empresas nessa amostra possuíam alguma opção administrativa em aberto e que 67 empresas (cerca de 4,6% da amostra) tinham mais de 40% de opções em aberto, superior aos 3,6% em 2002 e 3% em 2001.

Outra medida da extensão das opções é o número de funcionários que recebem opções como parte dos pacotes de remuneração. O National Center for Employee Ownership estimou que quase 3 milhões de funcionários receberam opções como parte da compensação em 2000, mais do que quase 1 milhão em 1990, e que cerca de 10 milhões de funcionários detinham opções de ações naquele ano. Isso é sustentado pelo estudo sobre compensação nacional do Bureau of Labor Statistics, de março de 2003, segundo o qual 8% de todos os funcionários recebiam opções como forma de compensação. O número era muito mais elevado para os executivos (cerca de 12%) do que para os operários (6%) e funcionários de serviços (2%). Não obstante tentativas recentes de ampliar as concessões de opções, elas permaneceram fortemente carregadas para a alta gerência das empresas. Em 2002, por exemplo, o valor das opções concedidas ao CEO e aos cinco principais executivos das empresas da S&P 500 correspondia a cerca de 9,5% do total das concessões.[3]

A decisão tomada pela Financial Accounting Standards Board (FASB) de exigir que todas as empresas começassem a contabilizar opções como despesa a partir de 2006 começou a ter efeito sobre as concessões de opções. Em 2004, o IRRC divulgou uma queda em opções administrativas em aberto em todas as empresas norte-americanas e observou que elas estavam reexaminando os seus procedimentos de concessão de opções à luz da desaprovação dos acionistas.

Quem usa opções? O estudo do IRRC, mencionado na subseção anterior, classificou as empresas em dez setores econômicos e examinaram a magnitude das opções em aberto em cada um. As empresas de tecnologia apresentaram a maior média de opções em aberto de 24,4% em 2003, superior aos 20,8% no ano anterior. Empresas de serviços públicos e energia tiveram o menor índice, em média, menos de 8% em 2003. Essas diferenças aumentaram no período do *boom* tecnológico no final da década de 1990, com o advento da Internet e de novas empresas de tecnologia. Hall e Murphy (2003), em seu estudo sobre os problemas associados ao uso de opções de ações para funcionários, relatam sobre concessões de opções em empresas da velha economia e da nova economia, de 1993 a 2001. A Figura 11.2 resume as suas conclusões.

As diferenças entre setores podem não ser surpreendentes, mas vale a pena examinar por que existem antes de mais nada. Em geral, podemos delinear três fatores que poderiam explicar essas diferenças:

1. *Tempo de existência e potencial de crescimento.* É de esperar que empresas mais jovens usem opções de ações mais substancialmente do que empresas mais antigas e maduras. Afinal, se o fato de não ter caixa para compensar os funcionários for o fator por trás do uso de opções de ações, empresas mais jovens são mais propensas a ter caixa restrito do que as mais maduras.
2. *Grau de risco da empresa.* É mais provável que empresas de maior risco usem opções de ações do que as mais seguras. Enquanto a maioria dos títulos perde valor à medida que o risco aumenta, as opções tornam-se mais valiosas. Isso se aplica especificamente se o mercado estiver superavaliando o risco de uma empresa, já que as opções dessa empresa serão supervalorizadas pelo fato de os funcionários receberem as opções.[4]

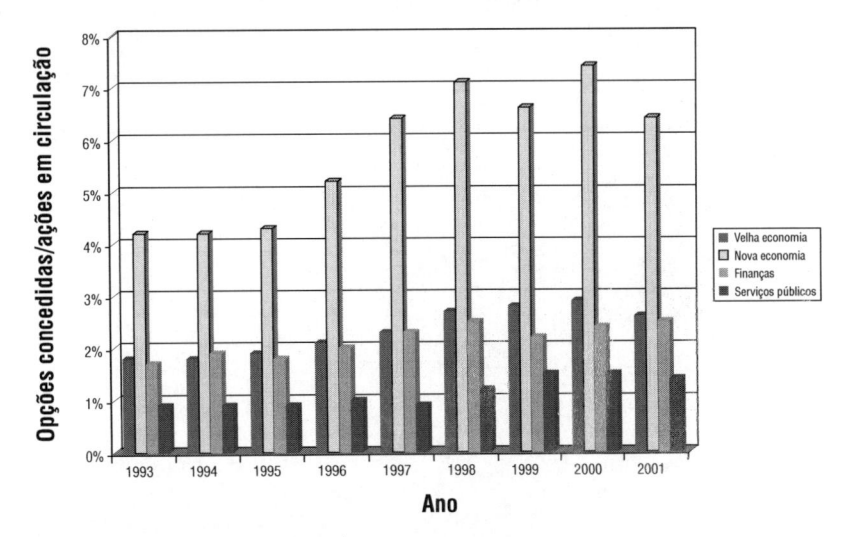

■ **FIGURA 11.2** – Concessão de opções por setor

Fonte: Hall e Murphy (2003).

3. *Avaliação de mercado da empresa.* Como veremos, há uma vantagem fiscal acumulada pela empresa que usa opções de ações como forma de compensação. Empresas que negociam a múltiplos altos de lucros obterão uma vantagem fiscal muito maior do uso de opções como compensação.

Nenhuma dessas características é estática, e elas mudarão conforme a empresa seguir o seu ciclo de vida. É de esperar que as concessões de opções como percentual de ações em circulação sejam maiores em empresas jovens, de alto risco e com avaliações de mercado mais altas, e que declinem à medida que os níveis de crescimento estaquem, os fluxos de caixa aumentem e as avaliações sejam mais realistas. A Cisco Systems fornece um estudo de caso interessante dessa transição, e a Figura 11.3 relata sobre as opções concedidas como percentual das ações em circulação a cada ano, de 1993 a 2005. As concessões de opções da Cisco como percentual das ações em circulação declinaram de mais de 5% de 1995 a 1997 para cerca de 3% no período de 2002 a 2005. O valor das opções concedidas atingiu o pico em 2000, no ápice da bolha do mercado de ações, e tem caído quase drasticamente desde essa época.

Embora muito dessa discussão tenha se concentrado na concessão de ações por empresas de capital aberto, é válido observar que o uso de opções de ações é disseminado em negócios privados também. O National Center for Employee Ownership pesquisou 275 negócios privados sustentados por capital de risco nos segmentos de tecnologia e telecomunicações. Deles, 77% ofereciam opções a todos os funcionários, enquanto 23% estendiam a oferta apenas a funcionários selecionados. Se juntarmos esse comportamento ao fato de que os próprios investidores de capital de risco recebem opções sobre ações (geralmente sob a forma de obrigações conversíveis e ações preferenciais), muitas empresas jovens já possuem uma substancial opção administrativa em aberto à época das suas primeiras ofertas públicas.

Características das concessões de opções

As empresas que usam opções como compensação a funcionários tipicamente as emitem a cada ano, com o preço de exercício estabelecido em equivalência ao preço da ação; as opções de funcionários são geralmente 'no-dinheiro' (*at-the-money*) quando lançadas. Embora as maturidades variem entre as empresas, essas opções são normalmente de longo prazo, com maturidade de dez anos pela norma, desde o lançamento. Naturalmente, a qualquer momento no tempo, as opções em circulação de uma empresa representarão maturidades variadas, já que foram concedidas em momentos diferentes. Em geral, as empresas que utilizam as opções restringem quando e se essas opções podem ser exercidas. É padrão, por exemplo, que as opções concedidas a um funcionário não possam ser exercidas até que elas completem um prazo de carência. Para que isso ocorra, é comum que o funcionário deva permanecer na empresa por um período especificado em contrato. Ainda que as empresas incluam essa restrição para manter baixa a rotatividade de funcionários, isso também tem implicações na avaliação das opções que será examinada adiante. A Figura 11.4 relata opções com carência expirada e carência não expirada na Cisco em 2005, discriminadas por preço de exercício.

O pico nas opções de carência não expirada de cerca de $19 reflete o fato de que a Cisco negociou em torno desse preço de 2003 a 2005 e que a maioria das opções emitidas nesse período continua de carência não expirada. As opções profundamente 'fora-do-dinheiro' (*deep out-of-the-money*) são quase todas de carência expirada, porque foram emitidas na calmaria dos dias de alta nos preços das ações, antes de 2000.

Há outras características compartilhadas pelas opções de funcionários. Geralmente eles não podem negociar as opções, as quais são, portanto, de baixa liquidez. Quando os funcionários deixam a empresa, é comum serem forçados a exercer as suas opções, pressupondo-se que sejam de carência expirada. No caso de uma fusão ou aquisição, haverá exercício forçado de todas as opções em circulação da empresa-alvo.

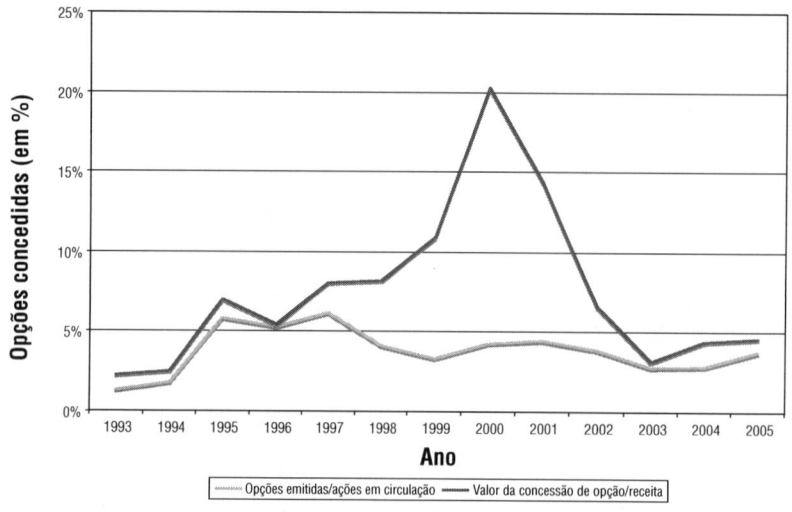

■ **FIGURA 11.3** – Concessão de opções da Cisco, 1993 a 2005

Fonte: Arquivos de relatórios anuais da Cisco.

Contabilização das opções

Como disse Warren Buffett em 1998: "Se as opções não forem uma forma de compensação, o que serão? Se a compensação não é uma despesa, o que é? E se os gastos não devem ser incorporados ao cálculo de lucros, onde mais deveriam sê-lo?" O debate sobre contabilização de opções como despesa tem sido tendencioso, com os opositores à prática utilizando todos os argumentos disponíveis na literatura, mas o argumento racional (favorável à contabilização como despesa) parece ter finalmente prevalecido. Nesta seção, consideramos como a contabilidade tratou as opções de funcionários até aqui e como propõe tratá-las no futuro.

Tratamento convencional Grande parte dos abusos associados ao uso de opções pode ser atribuída às regras contábeis que têm consistentemente classificado e avaliado mal as opções. Há especialmente duas premissas básicas (e incorretas) orientando a contabilidade das opções:

1. *Valor de exercício é valor intrínseco.* A regra contábil que rege as concessões de opções na maioria das empresas desde 2004 é o Accounting Principles Board opinion number 25 (APB 25), que define o valor intrínseco de uma opção como o seu valor de exercício e exige que as empresas declarem apenas esse valor à época da concessão. Como a maioria das empresas emite opções de funcionários 'no-dinheiro' (*at-the-money*), em essência isso dá passe livre a essas empresas; não há nenhum valor de exercício para essas opções, e a visão contábil delas é que não valem nada à época da concessão.
2. *Foco na data do exercício em vez de na data da concessão.* Acompanhando de perto a primeira premissa está a crença de que as opções em circulação não afetam os acionistas até serem exercidas. Conseqüentemente, as despesas associadas às opções são consideradas apenas quando exercidas.

O efeito fiscal das opções reflete o tratamento contábil. As empresas que emitem opções não enfrentam nenhuma conseqüência fiscal no ano em que fazem o lançamento. Quando as opções são exercidas, entretanto, podem tratar a diferença entre o preço da ação e o preço do exercício como um gasto dedutível de imposto.

Como conseqüência desse tratamento contábil e fiscal, empresas jovens e de alto risco conseguiram conceder milhões de opções a longo prazo de valor considerável aos seus funcionários, embora não registrassem despesas pelas concessões. Ao mesmo tempo, foram capazes de diferir a dedução fiscal para essa despesa para anos futuros, quando presumivelmente receberiam maiores benefícios fiscais.

O debate sobre a contabilização de opções como despesa Como já foi observado, o debate sobre contabilização de opções como despesas prolonga-se por mais de uma década. Como não vemos nenhuma validade em debater a questão fundamental sobre as opções de funcionários serem despesas operacionais, é válido analisar seis dos argumentos defendidos por aqueles que se opõem à contabilização como despesa:

1. *Concessões de opções não afetam lucros correntes e é pura especulação se afetarão os lucros futuros.* Esse argumento baseia-se na incerteza associada ao fato de as opções terem valor de exercício no futuro. O contra-argumento é que as empresas que concedem essas opções e os funcionários que as recebem acreditam que elas têm valor à época da concessão. Quando as empresas cedem ou recebem algo de valor, mesmo que seja um valor estimado, temos de registrar a transação.

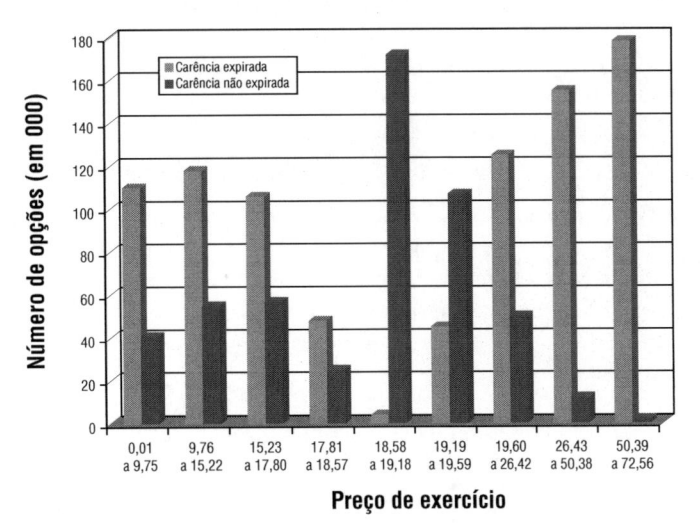

■ **FIGURA 11.4** – Opções de carência expirada e não expirada — Cisco

Fonte: Arquivos de relatórios anuais da Cisco.

2. *Modelos de precificação de opções não fornecem estimativas precisas sobre valor de opção.* É verdade que necessitamos de modelos de precificação de opções para avaliar opções à época da concessão e que esses modelos partem de premissas que nem sempre se sustentam em relação às opções de funcionários. Assim, os valores que obtemos desses modelos são estimativas e não valores precisos. Como veremos posteriormente na subseção sobre modelos de precificação de opções, entretanto, há adaptações desses modelos que fazem um trabalho razoavelmente bom de reparar premissas falhas. Além disso, podemos confidencialmente declarar que, até o modelo mais impreciso de precificação de opções pode gerar um valor mais próximo da realidade do que o modelo usado sob contabilidade convencional, que avalia as opções ao valor de exercício.
3. *Contabilizar opções como despesa criará mais variabilidade nos lucros ao longo do tempo.* As opções que são registradas a um valor à época da sua concessão mudarão de valor ao longo do tempo. Algumas podem perder o valor e outras adquirir mais valor. Isso criará mais variabilidade nos lucros ao longo do tempo, mas há dois contra-argumentos a apresentar. O primeiro é que a maior variabilidade nos lucros reflete a realidade: as empresas que optam por usar opções para recompensar funcionários estão acrescentando volatilidade aos lucros dos acionistas. O segundo é que o uso de opções para compensar funcionários é uma escolha: as empresas podem usar ações ou ações restritas para fins de compensação e ter menos variabilidade nos lucros ao longo do tempo.
4. *Empresas jovens não poderão contratar funcionários caso tenham de contabilizar opções como despesa.* Se for para crer naqueles que argumentam contra as opções de funcionários, contabilizar opções como despesa será a sentença de morte das jovens empresas de tecnologia. Essas empresas, argumenta-se, não poderão mais emitir as opções que costumavam fazer, em virtude dos prejuízos que passariam a ter de declarar. Não acreditamos que haja uma base para esse argumento. Primeiro, os investidores demonstraram que estão dispostos a investir em jovens empresas de tecnologia com potencial de crescimento, mesmo que tenham prejuízos correntemente. Segundo, qualquer empresa jovem cujo modelo de negócio e margens operacionais sejam dependentes do tratamento contábil das opções pela sua lucratividade de longo prazo e valor é essencialmente uma empresa problemática. Talvez essas empresas afundem com a contabilização de opções como despesa — e deveriam.
5. *Opções são um gasto não monetário.* Certos analistas de contabilidade e avaliação argumentam que as concessões de opções não afetam os fluxos de caixa e, portanto, não afetam o valor. Esse argumento não faz sentido. Afinal, se a empresa que concede opções tivesse emitido as opções ao mercado (como *warrants* negociáveis) e usado os retornos de caixa resultantes para compensar funcionários, teríamos considerado-as como despesa operacional. Não podemos recompensar empresas por usar o seu patrimônio líquido como moeda. Se fizermos isso, as empresas podem muito bem começar a pagar tudo por meio do patrimônio líquido (ações ou opções) e reivindicar que não possuem nenhuma despesa de caixa.
6. *Informações sobre opções de funcionários já estão disponíveis nas demonstrações financeiras, e a contabilização de opções como despesa é mera formalidade.* Esse é o argumento com maior repercussão. Desde o final da década de 1990, as empresas fornecem informações tanto sobre concessões de opções no ano corrente quanto sobre opções em circulação. Os analistas que visam a ajustar os lucros e fluxos de caixa têm, portanto, sido capazes de fazer isso, e contabilizar opções como despesa terá pouco impacto sobre as suas avaliações. Infelizmente, há muitos analistas e investidores que ainda se valem da famosa *bottom line*, aquela linha dos lucros contábeis. Eles presumivelmente terão melhor noção do real potencial de lucros, se as opções de funcionários forem contabilizadas como despesa.

Os protestos e o poder de lobby daqueles que argumentam contra a contabilização como despesa atrasaram a implementação das novas regras de contabilização de opções como despesa. A maior parte do mercado, entretanto, seguiu adiante. Desde fevereiro de 2004, 276 empresas da S&P 500 (representando 41% da capitalização geral do mercado) passaram a adotar a contabilização pelo valor justo das opções de funcionários à época da concessão das opções.

Novas regras nas opções de funcionários Conforme já observado, a maioria das empresas tem historicamente usado o APB 25, que define o valor de exercício das opções de funcionários como o valor intrínseco, para contabilizar as opções. O Financial Accounting Standards Board reconheceu já em 1994 que isso era incorreto e propôs um novo padrão (FAS 123), em que as opções seriam avaliadas à época da concessão e contabilizadas como despesa. Entretanto, permitiu-se às empresas continuar a declarar lucros sob a antiga regra e exigiu-se apenas que os lucros *pro forma* fossem computados com base no novo padrão.

Em 2002, a FASB 148 foi emitida como uma regra temporária, estabelecendo os dois novos métodos de transição para empresas que desejavam mudar voluntariamente para a contabilização das opções baseada em valor. Em 2003, a versão final da regra (FASB 123R) definiu o procedimento para se contabilizarem as opções:

- Quando as opções são concedidas, elas devem ser avaliadas por um modelo de precificação de opções. As empresas podem escolher entre o modelo binomial em treliça, Black-Scholes ou simulações de Monte Carlo para avaliar essas opções.[5] Os modelos podem ser ajustados de modo a refletir as características específicas das opções de funcionários, e uma empresa pode usar diferentes modelos de precificação de opções para avaliar diferentes concessões de opções. Além disso, o valor da opção deve ser ajustado aos confiscos esperados dessas opções.[6]

- O valor das opções pode ser estendido pelo período de carência, a começar pelo ano da concessão. Assim, uma concessão de opção com valor estimado em $ 10 milhões e período de cinco anos de carência pode ser estendida pelos cinco anos a $ 2 milhões ao ano.[7] Por conseqüência, o item de linha da despesa com opções de funcionários para a maioria das empresas refletirá não só a porção da concessão daquele ano, mas também porções das concessões de opções dos anos anteriores.
- Se a efetiva taxa de confisco for maior ou menor que a estimativa original (usada para avaliar as opções à concessão), o valor da opção deve ser reestimado em anos subseqüentes e o custo de compensação ajustado para refletir as alterações.[8]
- Se os termos da opção forem modificados, como é o caso quando se redefine o preço de exercício, a empresa deve reconhecer a alteração no valor da opção à época da modificação.

Sem dúvida, a regra será revista quando as empresas começarem a contabilizar opções como despesa e enfrentarem problemas do mundo real.

Diferenças internacionais Com a expansão do uso das opções de funcionários como forma de compensação para fora dos Estados Unidos, padrões contábeis internacionais também têm tido dificuldade quanto à melhor forma de lidar com elas. A International Financial Reporting Standards Board liberou a IFRS 2 em fevereiro de 2004, exigindo que as empresas que usam opções de ações como compensação avalie-as à época da concessão. De fato, a IFRS 2 é mais abrangente do que a FAS 123R na cobertura da compensação baseada em ações. Na maior parte, entretanto, as duas demonstrações concordam mais do que discordam, e as diferenças que restam são menores. Algumas delas são relacionadas aqui:

- *Entidades privadas* versus *públicas*. A IFRS 2 aplica as mesmas regras da avaliação de opções tanto a entidades públicas quanto às privadas; ambas devem avaliar as opções a um valor justo à época da concessão e tratá-las como despesa. Embora a FAS 123R exija que as entidades não públicas contabilizem as opções com base no seu valor justo, permite o uso de variações da média setorial na avaliação das opções de empresa privada e no uso do valor intrínseco (valor de exercício), quando os inputs ao modelo de opção forem difíceis de se obter.
- *Tratamento de impostos diferidos*. Em jurisdições fiscais, como os Estados Unidos, onde apenas o valor de exercício da opção é dedutível de imposto (em vez do valor total das opções), a IFRS 2 requer que um ativo de imposto diferido seja reconhecido somente se e quando as opções de cotas tiverem valor de exercício que possam ser dedutíveis para fins fiscais. Assim, as opções emitidas 'no-dinheiro' não criarão ativos de impostos diferidos até que essa recompensa torne-se 'dentro-do-dinheiro'. Em contraste, a FAS 123R demanda o reconhecimento de um ativo de imposto diferido com base no valor justo ao dia da concessão da recompensa. Os efeitos das reduções subseqüentes no preço da ação (ou falta de crescimento) não se refletirão na contabilização do ativo de imposto diferido até o custo correspondente da compensação ser reconhecido para fins fiscais. Os efeitos dos subseqüentes aumentos no preço da ação que geram benefícios fiscais excedentes são reconhecidos quando impactam os impostos a pagar.

Com o tempo, podemos esperar ver as diferenças remanescentes diminuírem e a convergência entre os padrões norte-americano e internacionais.

Efeito das opções sobre valor

Por que a concessão de opções afeta o valor por ação? Vale ressaltar que não é assim com todas as opções. Na verdade, aquelas lançadas e listadas pelas bolsas de futuros e opções não exercem nenhum efeito sobre o valor por ação das empresas em que são emitidas. As opções emitidas por empresas realmente exercem um efeito sobre o valor por ação, desde que haja uma chance de que sejam exercidas no futuro próximo ou longínquo. Considerando-se que essas opções dão aos indivíduos o direito de comprar ação a um preço fixo, elas serão exercidas somente se o preço da ação aumentar acima desse preço de exercício. Quando as empresas concedem opções aos funcionários, são os acionistas existentes que pagam por elas. Conseqüentemente, a questão não é *se* as opções afetam o valor, mas *como* elas afetam o valor.

Nesta seção, consideramos três níveis em que as opções afetam valor do patrimônio líquido por ação. O primeiro e mais restrito indicador é o efeito que a concessão de opções no ano corrente terá sobre os lucros correntes de uma empresa. O segundo é o efeito de diluição potencial criado não só pelas opções lançadas no ano corrente, mas também pelas opções cumulativas em circulação na empresa; o exercício de opções aumentará o número de ações em alguma data futura, mas as expectativas desse acontecimento afetarão o valor por ação hoje. O terceiro e mais amplo indicador analisa o efeito que a continuada concessão de opções terá sobre os lucros futuros esperados e, portanto, sobre o valor por ação.

Efeito nos lucros Em uma seção anterior, apresentamos o argumento (que os padrões contábeis agora aceitam em sua maioria) de que as opções de funcionários são uma compensação e devem ser tratadas como parte das despesas operacionais. Se aceitarmos esse argumento, as empresas que concedem opções como parte da compensação relatarão lucros inferiores.

O efeito nos lucros das concessões de opções varia entre empresas. Em um estudo com empresas da S&P 500 e da Nasdaq-100, os analistas em pesquisa da Bear Stearns estimaram o efeito de as opções de funcionários serem tratadas como despesas sobre os lucros das empresas individualizadas.[9] Em média, os pesquisadores estimaram que os lucros declinariam

8% nas empresas da S&P 500 se as concessões de opções fossem tratadas como despesas, e 25% nas da Nasdaq-100 em 2004.[10] Também estimaram o efeito nos lucros da contabilização como despesa em cada uma das 600 empresas. A Figura 11.5 resume o efeito sobre o lucro líquido de se considerar a compensação a funcionários com base em ações como uma despesa em empresas de diferentes segmentos da S&P 500. O efeito foi maior nas empresas de tecnologia, em que o custo cumulativo de compensação baseada em ações teria atingido $ 15,43 bilhões em 2004, representando 34% do lucro líquido não ajustado (antes da contabilização como despesa da compensação baseada em ações) de $ 48,53 bilhões.

Efeito da diluição Embora as concessões de ações no ano corrente reduzam os lucros no ano, o valor do patrimônio líquido por ação de uma empresa é pesado pelo efeito cumulativo das opções que foram concedidas ao longo do tempo e que permanecem em circulação. Embora algumas dessas opções possam ser 'fora-do-dinheiro', ainda há a possibilidade de serem exercidas no futuro, assim aumentando o número de ações em circulação. Esse efeito de diluição potencial das opções em circulação reduzirá o valor do patrimônio líquido por ação e fará isso nas empresas com mais opções em circulação (como percentual das ações em circulação) do que naquelas com menos. A Figura 11.2, apresentada anteriormente, observou as diferenças na opção em aberto de empresas na velha economia, na nova economia, nos serviços financeiros e nas empresas de serviço público.

Analistas e contadores tentaram combater a perda de valor potencial resultante da diluição, usando números de ações plenamente diluídos (em que todas as opções são tratadas como ações em circulação) ou números de ações parcialmente diluídos (em que apenas as opções 'dentro-do-dinheiro' são consideradas) para calcular os lucros por ação. Essas medidas não refletem ou sequer tentam mensurar as possibilidades de as opções serem exercidas e assim fornecem apenas uma *proxy* muito superficial do efeito da diluição.

Há os que argumentam que não têm de haver um efeito de diluição do exercício da opção. Muitas empresas, eles observam, recompram ações e deixam-nas de lado para cobrir exercício de opções em vez de emitir novas ações. Isso é verdadeiro, mas essas atitudes ainda afetam o valor por ação ao afetar os fluxos de caixa esperados. Na ausência dessas opções, os acionistas dessas empresas teriam sido capazes de pleitear direitos sobre fluxos de caixa muito maiores a cada ano (muito embora possam não tê-las recebido como dividendos).

Efeito de lucros futuros A análise das opções concedidas no ano corrente (e o efeito sobre os lucros) e das opções cumulativas (e o efeito de diluição) permite aos analistas considerarem o efeito de concessões de opções passadas sobre o valor. Entretanto, a maioria das empresas que concede opções continuará a usá-las no futuro, dessa forma afetando os lucros futuros. As concessões de opções esperadas são uma forma de compensação a funcionários e aumentarão despesas operacionais em anos futuros e reduzirão o lucro operacional. O valor de uma empresa hoje é o valor presente dos fluxos de caixa esperados, e esses serão muito inferiores para uma empresa da qual se espera que seja mais generosa com as suas concessões de opções de compra de ações.

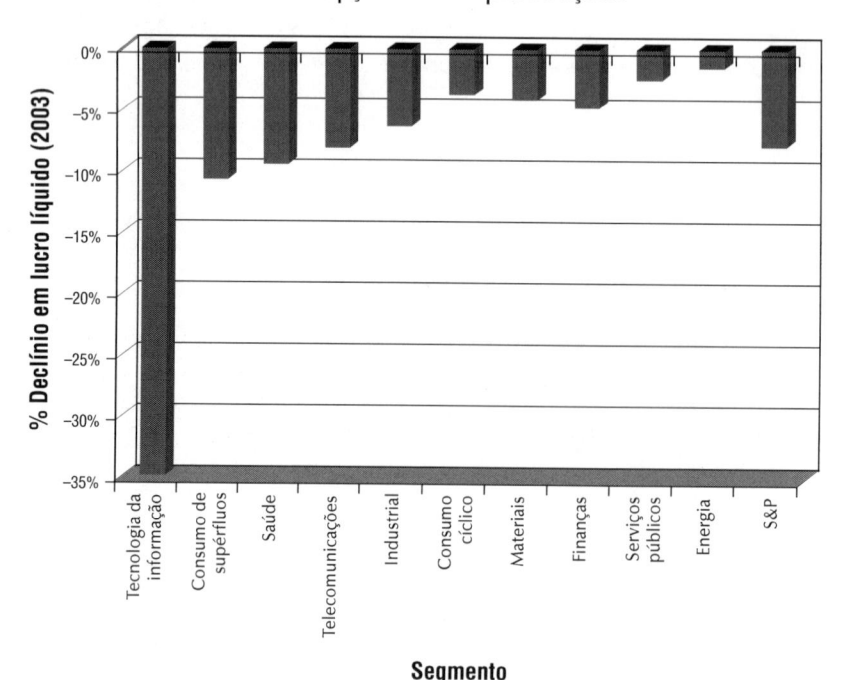

■ **FIGURA 11.5** – Efeito da contabilização de opções como despesa de ações a funcionários sobre o lucro líquido

Fonte: Bear Stearns.

Os padrões contábeis finalmente conseguem lidar com o efeito da concessão de opções sobre os lucros correntes (FAS 123R), e os analistas tentam capturar o efeito de diluição, embora de forma negligente, com números de ações diluídos. Os analistas, entretanto, ainda são casuais ao lidar com as concessões de opções futuras esperadas. Embora alguns tentem prever a magnitude dessas concessões, a maioria das avaliações ou as ignora completamente ou as insere implicitamente por meio da previsão de um número de lucro corrente que incorpore as despesas com opções.[11]

Formas de incorporar opções existentes em avaliações pelo fluxo de caixa descontado

Como observamos na seção anterior, o valor por ação é pesado pelo efeito cumulativo de todas as opções em circulação. Há quatro abordagens usadas para incorporar esse efeito das opções que já estão em circulação ao valor por ação. A primeira é ajustar o número de ações em circulação para refletir as opções em circulação. A segunda é tentar prever quando as opções serão exercidas e o efeito sobre o número de cotas em anos futuros. A terceira, chamada abordagem de ações em tesouraria, é uma extensão da primeira abordagem. Além de usar as ações diluídas, essa abordagem também ajusta o valor das ações para refletir os retornos esperados do exercício da opção. A última abordagem avalia as opções em circulação a um valor justo em vez de ao valor de exercício e subtrai isso do valor total do patrimônio líquido para se chegar ao valor do patrimônio líquido em ações ordinárias. Acreditamos que a última abordagem é a única que incorpora por completo o efeito das opções existentes no valor por ação.

Uso de número de ações plenamente diluídas para estimativa de valor por ação
A forma mais simples de incorporar o efeito de opções em circulação ao valor por ação é dividir o valor estimado do patrimônio líquido de um modelo de fluxo de caixa descontado pelo número de ações que estarão em circulação, se todas as opções forem exercidas hoje — o número de ações plenamente diluídas. Embora essa abordagem tenha a virtude da simplicidade, ela levará a uma estimativa baixa demais do valor por ação, por três motivos:

1. Considera todas as opções em circulação, não só as que são 'dentro-do-dinheiro' e com carência expirada. Para sermos justos, há variações dessa abordagem em que as ações em circulação são ajustadas para refletir apenas as opções 'dentro-do-dinheiro' e com prazo de carência expirado.
2. Não incorpora os ganhos esperados do exercício, que constituirão uma entrada de caixa para a empresa.
3. Finalmente, essa abordagem não incorpora o prêmio pelo tempo das opções à avaliação.

EXEMPLO 11.1: Abordagem de plena diluição para estimativa de valor por ação

Para aplicar a abordagem de plena diluição à estimativa do valor por ação, avaliamos duas empresas com significativas opções de ações em aberto — Cisco e Google. A tabela a seguir resume os valores do patrimônio líquido calculados para as empresas que usam modelos de fluxo de caixa descontado e depois fazem o ajuste para o valor por ação por meio de ações plenamente diluídas.[12]

	Cisco	Google
Valor do patrimônio líquido (em $ milhões)	$ 65.622,00	$ 32.187,00
Ações primárias (em milhões)	6.487,00	277,78
Opções em circulação	1.436,00	25,61
Ações plenamente diluídas	7.923,00	303,39
Valor por ação (primária)	$ 10,12	$ 115,87
Valor por ação (plenamente diluída)	$ 8,28	$ 106,09

O valor por ação pela abordagem de plena diluição é significativamente inferior ao valor por ação pelas ações primárias em circulação. O primeiro valor, entretanto, ignora tanto os retornos do exercício das opções quanto o valor do tempo inerente às opções. Na Cisco, por exemplo, um número expressivo das opções emitidas em anos passados são 'fora-do-dinheiro' e talvez nunca sejam exercidas.

Uma visão modificada dessa abordagem computa somente as opções 'dentro-do-dinheiro' no cálculo das ações diluídas. Com essa abordagem, estimamos os seguintes valores por ação da Cisco e da Google:

	Cisco	Google
Valor do patrimônio líquido (em $ milhões)	$ 65.622,00	$ 32.187,00
Ações primárias (em $ milhões)	6.487,00	277,78
Opções 'dentro-do-dinheiro'	591,00	25,61
Ações parcialmente diluídas	7.076,00	303,39
Valor por ação (parcialmente diluída)	$ 9,27	$ 106,09

Para a Google, não há nenhum efeito do ajuste, já que todas as suas opções são 'dentro-do-dinheiro', ao seu preço de ação de quase $ 300. Para a Cisco, apenas 591 milhões de ações são 'dentro-do-dinheiro' (com base no preço de ação de $ 17,67 à época da análise). Na verdade, computar apenas as opções 'dentro-do-dinheiro' com carência expirada da Cisco reduziria o número de opções consideradas para 441 milhões de opções e aumentaria um pouco mais o valor por ação.

Estimativa dos exercícios de opções esperadas no futuro e incorporação da diluição esperada Nessa abordagem, prevemos quando no futuro as opções serão exercidas e incorporadas nas saídas de caixa esperado em associação com o exercício, pela premissa de que a empresa vai sair e recomprar ações para cobrir o exercício. A maior limitação dessa abordagem é que ela requer estimativas de qual será o preço da ação no futuro e quando as opções serão exercidas sobre a ação. Considerando-se que nosso objetivo é examinar se o preço hoje está correto, prever preços futuros para estimar o valor corrente por ação parece ser circular. Em geral, essa abordagem não é nem prática nem especialmente útil para se obter estimativas razoáveis de valor.

Abordagem de ações em tesouraria Essa abordagem é uma variação da plena diluição. Nesse caso, o número de ações é ajustado para refletir as opções em circulação, mas os retornos esperados do exercício (o produto do preço de exercício e o número de opções) são adicionados ao valor do patrimônio líquido. As limitações dessa abordagem são que, como a abordagem de plena diluição, não se considera o prêmio pelo tempo das opções e não há nenhum meio efetivo de se lidar com o prazo de carência. Em geral, essa abordagem, ao subestimar o valor das opções concedidas, superestimará o valor do patrimônio líquido por ação.

A maior vantagem dessa abordagem é que ela não requer que um valor por ação (ou preço da ação) incorpore o valor da opção no valor por ação. Como veremos nessa última (e recomendada) abordagem, cria-se uma lógica circular quando o preço da ação é um input ao processo de estimativa do valor da opção, que, por sua vez, é necessária à obtenção do valor por ação.

EXEMPLO 11.2: Abordagem de ações em tesouraria

Na tabela seguinte, reestimamos o valor por ação usando a abordagem de ações em tesouraria para a Cisco e a Google:

	Cisco	Google
Opções em circulação	1.436,00	25,61
Preço médio do exercício	$ 25,02	$ 24,41
Retornos do exercício	$ 35.928,00	$ 625,00
Valor do patrimônio líquido (em $ milhões)	$ 65.622,00	$ 32.187,00
+ Retornos do exercício (em $ milhões)	$ 35.928,00	$ 625,00
Valor total (em $ milhões)	$ 101.550,00	$ 32.812,00
Número de ações plenamente diluídas	7.923,00	303,39
Valor por ação	$ 12,82	$ 108,15

Note que o valor por ação calculado por essa abordagem é mais elevado que pela abordagem de plena diluição para ambas as empresas. A diferença é maior para a Cisco, porque o preço médio do exercício é alto em relação ao preço corrente da ação. Para a Google, o efeito é muito menor, já que o preço de exercício é bem inferior ao preço corrente da ação (de quase $ 300). O valor estimado por ação ainda ignora o valor do tempo das opções.

Como no caso da abordagem diluída, há versões modificadas dessa abordagem, em que somente as opções 'dentro-do-dinheiro' são consideradas. Isso reduzirá consideravelmente o valor por ação da Cisco, pois o preço médio do exercício para opções 'dentro-do-dinheiro' é muito inferior ao preço médio ponderado do exercício, de $ 25,02.

Avaliação de opções A abordagem correta para se lidar com opções é estimar o seu valor hoje, considerando-se o valor por ação de hoje e o prêmio pelo tempo da opção. Após esse valor ter sido estimado, ele é subtraído do valor estimado do patrimônio líquido e dividido pelo número de ações em circulação para se chegar ao valor por ação.

$$\text{Valor do patrimônio líquido por ação} = \frac{\text{Valor estimado do patrimônio líquido} - \text{Valor das opções de funcionários em circulação}}{\text{Número primário de ações em circulação}}$$

Nesta subseção, consideramos tanto as questões de mensuração associadas à avaliação das opções de funcionários quanto os modelos que foram desenvolvidos para avaliá-las.

Questões de mensuração Ao se avaliarem as opções de funcionários, porém, há cinco questões de mensuração a tratar. Uma relaciona-se ao fato de que nem todas as opções em circulação são de carência expirada, e que algumas das opções com carência não expirada podem nunca vir a se tornar com carência expirada. A segunda concentra-se na baixa liquidez das opções de funcionários. Por consequência, essas opções são geralmente exercidas antes da maturidade, tornando-as menos valiosas que outras opções negociáveis similares negociadas no mercado. A terceira refere-se ao preço da ação para uso na avaliação dessas opções. Embora os modelos convencionais de precificação de opções sejam desenvolvidos utilizando-se o preço corrente de mercado como um input principal, de fato obtemos estimativas de valor por ação quando avaliamos empresas, e essas estimativas podem diferir muito dos preços correntes das ações. Temos de considerar se queremos usar as nossas estimativas de valor por ação, em vez dos preços de mercado, para preservar a consistência da avaliação.

A quarta questão é a tributação. Como já observamos na seção sobre contabilização das opções, é permitido às empresas deduzir a diferença entre a ação e o preço de exercício de uma opção em exercício e há potencial para economia fiscal à época do exercício da opção. A última questão é relativa às opções concedidas a empresas privadas ou na iminência de uma oferta pública. Inputs fundamentais ao modelo de precificação de opções, incluindo o preço da ação e a variância, não podem ser obtidos para essas empresas, mas as opções devem ser avaliadas mesmo assim.

Prazo de carência Como já observado neste capítulo, as empresas que concedem opções de funcionários geralmente exigem que os receptores permaneçam na empresa por um período específico, para que as opções sejam de carência expirada (do inglês *vested*). Conseqüentemente, ao examinarmos as opções em circulação de uma empresa, analisamos um misto de opções com carência expirada e não expirada. As opções com carência não expirada devem valer menos que as com carência expirada, mas a probabilidade do prazo de carência dependerá de quanto 'dentro-do-dinheiro' as opções são e do período restante para um funcionário cumprir o prazo de carência. Tem havido tentativas[13] para se desenvolverem modelos de precificação de opções que permitam aos funcionários deixar a empresa antes do fim prazo de carência e apropriar-se do valor das suas opções. Carpenter (1998) desenvolveu uma extensão simples do modelo-padrão de precificação de opções, que permite o exercício antecipado e a apropriação, e usou-a para avaliar as opções de executivos.[14] Como os novos padrões contábeis que regem as opções de funcionários requerem que as empresas estimem taxas de apropriação à época da concessão, sem dúvida haverá esforços para o desenvolvimento de novos modelos para carência e confisco.

Baixa liquidez Os funcionários recompensados com opções podem ficar ricos no papel, mas talvez não possam converter em dinheiro a sua riqueza implícita, porque as opções não são passíveis de negociação. Além disso, é normalmente inviável ou até ilegal cobrir essas opções. O efeito dessa baixa liquidez sobre o valor da opção tem sido amplamente estudado e também muito debatido. A baixa liquidez dessas opções pode principalmente induzir os funcionários a exercer as opções por antecipação e abrir mão dos prêmios pelo tempo dessas opções.

Embora alguns aleguem que o exercício antecipado é irracional, há evidentemente bons motivos para a sua ocorrência. Huddart (1994) demonstra que o exercício antecipado é a condição ideal para um investidor avesso ao risco.[15] Lambert, Larcker e Verrecchia (1991) e Hemmer, Matsunaga e Shevlin (1994) revelam que as restrições às vendas a descoberto e posições de opções para *hedging* podem levar ao exercício antecipado.[16] Brooks, Chance e Cline (2005) defendem que as informações privadas também podem causar o exercício antecipado: administradores que detêm opções de funcionários geralmente possuem a informação para avaliar se essas ações estão supervalorizadas. Se as estimativas estiverem superavaliadas, o exercício antecipado torna-se mais provável.[17]

A evidência empírica também sustenta explicitamente a teoria do exercício antecipado. Em um abrangente estudo sobre 262.931 exercícios de opções de funcionários, entre 1996 e 2003, com empresas norte-americanas, Brooks, Chance e Cline (2005) observaram que 92,3% exercem antecipadamente. Em média, constataram que o exercício dá-se em 2,69 anos após a carência, a 4,71 anos da expiração. Em outras palavras, uma opção de funcionário com maturidade declarada de dez anos é geralmente exercida em 5,29 anos. Bettis, Bizjak e Lemmon (2003) também encontraram expressiva variação nas políticas de exercício entre as empresas, e os funcionários de empresas de maior risco exercem as suas opções quase um ano e meio antes daqueles em empresas mais estáveis.[18] As implicações à avaliação de opções são diretas. O uso de maturidade declarada em modelos de precificação de opções, que é o que fazemos com a maioria das opções negociáveis, superestimará o valor das opções de funcionários.

Qual é o preço da ação? A resposta a essa pergunta pode parecer óbvia. Como a ação é negociada, e podemos obter um preço por ela, pode parecer que devemos usar o preço corrente da ação para avaliar as opções. Entretanto, estamos avaliando essas opções para chegar a um valor por ação que depois compararemos ao preço de mercado, para decidir se uma ação está sub ou superavaliada. Por exemplo, podemos concluir que uma ação com preço de $ 25, na verdade, vale apenas $ 12. Usar o preço corrente de mercado para obter o valor das opções e depois usar esse valor da opção para estimar um valor por ação inteiramente diferente parece inconsistente.

Há uma solução. Podemos avaliar as opções utilizando a estimativa de valor por ação. Isso cria um raciocínio circular na nossa avaliação. Em outras palavras, necessitamos do valor da opção para estimar o valor por ação, e o valor por ação para estimar o valor da opção. Podemos estimar o valor por ação por meio da abordagem de ações em tesouraria e depois convergir ao valor por ação apropriado por iteração.[19]

Há outra questão correlata. Quando as opções são exercidas, elas aumentam o número de ações em circulação e assim impactam o preço da ação. Em modelos convencionais de precificação de ações, o exercício da opção não afeta o preço da ação. Esses modelos devem ser adaptados de forma a permitir o efeito de diluição do exercício da opção.

Tributação Quando as opções são exercidas, a empresa pode deduzir a diferença entre o preço da ação à época e o preço de exercício como uma despesa com funcionários, para fins fiscais. Esse benefício fiscal potencial reduz o escoamento de valor criado por haver opções em circulação. Para dar um exemplo da magnitude do benefício fiscal, a Cisco reivindicou uma dedução fiscal de $ 2,5 bilhões para o exercício da opção em 2000, contrabalançando quase por completo o seu lucro operacional de $ 2,67 bilhões naquele ano e propiciando que a Cisco efetivamente pagasse menos em impostos. Podemos contabilizar essa dedutibilidade de impostos na avaliação das opções de ações para funcionários de três formas:

1. *Reduzir as alíquotas de imposto de renda sobre o lucro operacional para refletir as deduções de opções de funcionários.* Para calcular o fluxo de caixa livre para a empresa, usamos o lucro operacional após impostos. Se uma empresa possui um número substancial de opções em circulação, podemos usar uma alíquota muito mais baixa nos anos próximos às previsões, para refletir as deduções fiscais das opções de funcionários.[20] Isso aumentará os fluxos de caixa nesses anos (e, conseqüentemente, o valor). Aproximamos as alíquotas daquelas estatutárias ao abordarmos o valor terminal, já que a economia fiscal com o exercício da opção desaparecerá com o tempo.
2. *Efeito fiscal no valor do exercício das opções.* Uma forma mais simples de estimar o benefício fiscal é multiplicar a diferença entre o preço da ação hoje e o preço de exercício pela alíquota do imposto de renda; é claro que isso faz sentido apenas se as opções são 'dentro-do-dinheiro'. Embora não permita a avaliação do preço esperado ao longo do tempo, possui o benefício da simplicidade.
3. *Efeito fiscal no valor justo das opções.* Um meio alternativo de estimar o benefício fiscal é calcular o valor das opções após impostos:

Valor das opções após impostos = Valor do modelo de precificação de opções (1 − Alíquota)

Essa abordagem também é direta e permite-nos considerar os benefícios fiscais do exercício da opção na avaliação. Uma das suas vantagens é que pode ser utilizada para analisar o potencial de benefício fiscal, mesmo quando as opções são 'fora-do-dinheiro'.

Agora que as regras contábeis mudaram para forçar a contabilização das opções como despesa, parece-nos que é apenas uma questão de tempo para que as regras fiscais também mudem. Se isso realmente acontecer, poderemos contabilizar como despesa concessões de opções nos períodos em que forem realizadas e não mais precisaremos calcular os efeitos fiscais das opções existentes (já que as economias fiscais teriam se acumulado quando as opções foram concedidas).

Empresas fechadas Dois dos inputs fundamentais ao modelo de precificação de opções — o preço corrente por ação e a variância nos preços das ações — não podem ser obtidos, se a empresa não for publicamente negociada. Há duas escolhas nesse cenário. A primeira é reverter à abordagem de ações em tesouraria para estimar o valor das opções em circulação e abandonar os modelos de precificação de opções. A outra é permanecer com os modelos de precificação de opções e usar o valor por ação do modelo de fluxo de caixa descontado. As variâncias de empresas similares que são publicamente negociadas podem ser usadas para se estimar o valor das opções.

Modelos de precificação de opções Com todas essas questões afetando a avaliação, como adaptar os modelos convencionais de precificação de opções à avaliação das opções de funcionários? Essa questão tem sido abordada tanto por acadêmicos que avaliam opções quanto pela Fasb nos seus esforços em orientar empresas que precisam avaliar essas opções para a contabilização da despesa.

Black-Scholes e modificações O modelo convencional de precificação de opções de Black-Scholes destina-se a avaliar opções européias de ativos negociados e não fatora explicitamente a diluição inerente às opções de funcionários ou as questões de baixa liquidez/carência específicas dessas opções. Entretanto, adaptações no modelo fornecem estimativas razoáveis de valor:

- *Incorporar a diluição esperada ao preço da ação.* Um dos inputs ao modelo Black-Scholes é o preço corrente da ação. Considerando-se que o exercício de opções aumenta o número de ações em circulação (a um preço menor que o preço corrente da ação), o preço da ação cairá no exercício. Um simples ajuste ao preço da ação pode incorporar esse efeito:

$$\text{Preço ajustado da ação} = \text{Preço corrente da ação} \left(\frac{n_{\text{Ações em circulação}}}{n_{\text{Ações em circulação}} + n_{\text{Opções}}} \right)$$

O resultante preço ajustado inferior da ação também reduzirá o valor da opção.

■ *Reduzir a vida da opção para refletir a baixa liquidez e o exercício antecipado*. Anteriormente neste capítulo, observamos que os funcionários costumam exercer as opções bem antes da maturidade, porque essas opções têm baixa liquidez. É comum as opções serem exercidas aproximadamente no meio do seu tempo declarado de vida. Usar uma vida reduzida para as opções reduzirá o seu valor.

■ *Ajustar o valor da opção à probabilidade de cumprimento do prazo de carência*. O ajuste pela carência pode ser feito no processo de cálculo do valor da opção. Se for possível avaliar a probabilidade de cumprimento do prazo de carência, multiplicá-la pelo valor da opção produzirá um valor esperado para a opção.

Embora os puristas ainda resistam, o modelo provou ser notavelmente resiliente, até em ambientes em que as premissas básicas são violadas.

Há uma série de variações do modelo Black-Scholes, que foram desenvolvidas para as opções de funcionários. Seguem dois exemplos:

1. *O modelo Fasb*. Embora a Fasb não proponha um modelo específico, recomenda que as opções de funcionários sejam avaliadas pressupondo-se uma taxa de confisco para funcionários (com base no histórico da empresa) e utilizando um ciclo de vida mais curto do que a maturidade declarada (para permitir o exercício antecipado). Para fazer ambas as estimativas, a Fasb recomenda a aplicação de dados históricos.
2. *O modelo Bulow-Shoven*. O modelo Bulow-Shoven parte da premissa de que as opções de funcionários de longo prazo não são de fato de longo prazo. O modelo propõe uma técnica que começa por tratar todas as opções de ações para funcionários como se tivesse vida útil de 90 dias, estimando um valor inicial pelo modelo Black-Scholes. Entretanto, à medida que os funcionários continuam a trabalhar na empresa dia após dia, trimestre após trimestre, recebem extensões de 90 dias no termo das suas opções, e essas extensões são avaliadas como opções e tratadas como despesas em períodos subsequentes.[21]

Essas variações rendem valores inferiores às opções de funcionários do que por meio do modelo desajustado de Black-Scholes.

Modelos binomiais A possibilidade de exercício antecipado e de não cumprimento da carência, que é substancial nas opções de funcionários, leva muitos profissionais a argumentar a favor do uso dos modelos binomiais em treliça para avaliar as opções de funcionários. Diferentemente do Black-Scholes, esses modelos não só servem ao exercício antecipado, mas também podem ser modificados para permitir outras características especiais específicas às opções de funcionários, incluindo o prazo de carência. Além disso, os modelos binomiais permitem mais flexibilidade aos inputs, com a volatilidade alterando-se de período em período em vez de permanecer constante (que é a premissa do modelo Black-Scholes). A limitação dos modelos binomiais é que são mais intensivos em informações, exigindo do usuário inputs a cada ramificação. Em qualquer versão realista do modelo, em que os intervalos de tempo são curtos, isso poderia traduzir-se em centenas de preços potenciais.

É verdade que podemos derivar árvores binomiais a partir dos desvios padrão e assim evitar os problemas de estimativa associados ao desenvolvimento dessas árvores, mas os valores resultantes tendem a ser próximos dos do modelo Black-Scholes. Em outras palavras, para nos beneficiarmos plenamente do modelo binomial, temos de passar pelo exercício de desenvolver a árvore de precificação. De fato, a versão inicial da FAS 123R requeria que as empresas usassem os modelos binomiais para avaliar as opções de funcionários. A versão final prudentemente deixou a decisão da escolha do modelo à empresa.

O principal benefício dos modelos binomiais provém da flexibilidade que oferecem aos usuários para modelar a interação entre o preço da ação e o exercício antecipado. Um exemplo é o modelo Hull-White, que propõe a redução do ciclo de vida usado para avaliar as opções de funcionários a um nível mais realista.[22] Esse modelo leva em consideração a taxa de saída do funcionário durante o período de carência (dessa forma levando em conta a probabilidade de que as opções acabarão com carência não expirada e sem valor) e a expectativa de vida da opção após tornar-se com carência expirada. Para estimar o segundo, o modelo pressupõe que haverá exercício, se o preço da ação atingir um múltiplo predeterminado do preço de exercício, assim tornando o exercício um componente endógeno do modelo, em vez de exógeno. Os valores de opção resultantes são geralmente inferiores aos estimados por meio do modelo Black-Scholes.

Modelos de simulação A terceira escolha para avaliação de opções de funcionários são os modelos de simulação de Monte Carlo. Esses modelos começam com uma distribuição dos preços das ações e uma estratégia preestabelecida de exercício. Os preços das ações são então simulados para se obter as probabilidades de as opções de funcionários serem exercidas e um valor esperado para as opções com base no exercício. A vantagem das simulações é que oferecem maior flexibilidade ao desenvolvimento de condições que possam afetar o valor das opções de funcionários. Particularmente, a inter-relação entre carência, preço da ação e exercício antecipado faz com que todos sejam incorporados à simulação em vez de especificados como premissas. A desvantagem é que as simulações demandam muito mais informações do que os demais modelos.

Preços de mercado Todos os modelos que se propõem a avaliar as opções de funcionários podem ser contestados como hipotéticos e irreais. De fato, há um argumento razoável de que o que queremos, na verdade, usar para avaliar essas opções são os seus preços de mercado. Embora isso possa parecer irreal, a Cisco propôs uma solução inovadora ao problema da avaliação de opções de funcionários, criando um 'instrumento de mercado' que as compararia. Os compradores dos novos instrumentos, chamados títulos *employee stock option reference* (Esor), não seriam capazes de transferi-los e teriam opções que se tornariam de carência expirada em cinco anos. Ambas as provisões são similares àquelas das opções de ações para funcionários. A Cisco alegou que os preços de mercado para esses títulos deveriam ser usados para avaliar as opções de funcionários. Em setembro de 2005, a Securities and Exchange Commission (SEC) rejeitou essa proposta, argumentando que os investidores das empresas não avaliariam as opções de funcionários no mesmo nível que os próprios funcionários. A SEC deixou, porém, uma porta aberta à solução com base no mercado para uma data futura.

Até que ponto o modelo importa? Há diferenças significativas em valores quando usamos os diversos modelos de avaliação de opções de funcionários? Na maioria dos casos, o único maior componente que determina o valor das opções de funcionários é o ciclo de vida da opção. O uso do tempo de vida declarado das opções de funcionários nos modelos Black-Scholes gera um valor alto demais para essas opções. Se utilizarmos uma expectativa de vida para a opção (que leve em consideração o exercício antecipado e as probabilidades de carência), os valores a que chegamos não serão diferentes dos de outros modelos. Ammann e Seiz (2003) demonstram que os modelos de precificação de opções em uso (o binomial, o Black-Scholes com tempo de vida ajustado e o Hull-White) geram, todos, valores semelhantes.[23] Por consequência, alegam que devemos evitar modelos que exijam inputs difíceis de estimar (como os coeficientes de aversão ao risco) e optemos por modelos mais simples.

EXEMPLO 11.3: Abordagem de valor de opção

Na tabela a seguir, estimamos o valor das opções em circulação da Cisco e da Google, por meio do modelo Black-Scholes, ajustado para diluição e usando metade da maturidade declarada (para permitir o exercício antecipado). Para calcular o valor das opções, primeiro estimamos o desvio padrão nos preços das ações[24] nos dois anos anteriores. Utilizam-se preços semanais das ações para realizar essa estimativa, a qual é anualizada.[25] Todas as opções, com carência expirada e não expirada, são avaliadas e não há nenhum ajuste para a carência não expirada.

Modelo de precificação de opções	Cisco	Google
Número de opções em circulação	1.436	25,61
Preço médio de exercício	$ 25,02	$ 24,41
Desvio padrão estimado (volatilidade)	45%	55%
Maturidade média declarada	5,17	9,00
Maturidade ajustada para exercício antecipado	2,58	4,50
Preço da ação à época da análise	$ 17,67	$ 295,97
Valor por opção	$ 2,27	$ 274,27
Valor das opções em circulação	$ 3.257,00	$ 7.023,00
Alíquota de imposto de renda	36,80%	35,00%
Valor após impostos das opções em circulação	$ 2.058,00	$ 4.565,00

Ao estimar o valor após impostos das opções nessas empresas, usamos a alíquota marginal de 35%. Como a lei fiscal permite as deduções fiscais apenas ao exercício e somente para o valor do exercício, estamos potencialmente superestimando os possíveis benefícios fiscais (e subestimando os custos).

O valor por ação é calculado na tabela seguinte, subtraindo-se o valor das opções em circulação do valor do patrimônio líquido e depois dividindo-se pelo número primário de ações em circulação:

	Cisco	Google
Valor do patrimônio líquido (em $ milhões)	$ 65.622,00	$ 32.187,00
– Valor das opções em circulação	$ 2.058,00	$ 4.565,00
Valor do patrimônio líquido em ações em circulação (em $ milhões)	$ 63.564,00	$ 27.622,00
Ações primárias em circulação	6,487	277,78
Valor por ação	$ 9,80	$ 99,44

A inconsistência mencionada anteriormente é clara quando se compara o valor por ação que estimamos na última tabela ao preço por ação que utilizamos na primeira, para calcular o valor das opções. Por exemplo, o valor por ação da Google é de $ 99,44, ao passo que o preço por ação usado na avaliação de opções é de $ 295,97. Se optássemos pela iteração, reavaliaríamos as opções empregando o valor estimado de $ 99,44, o que reduziria o valor das opções e aumentaria o valor por ação, levando a uma segunda iteração e a uma terceira e assim por diante. Os valores convergem para gerar uma estimativa consistente. As estimativas consistentes de valor são fornecidas na tabela a seguir:

	Cisco	Google
Valor das opções (com preço corrente das ações)	$ 2.058,00	$ 4.565,00
Valor por ação	$ 9,80	$ 99,44
Valor das opções (com iteração de valores)	$ 332,00	$ 1.501,00
Valor por ação	$ 10,07	$ 110,47

Para ambas as empresas, o valor estimado após impostos das opções cai drasticamente, acarretando um aumento no valor por ação.

Meios de incorporar opções existentes ao valor relativo

Assim como as opções afetam as avaliações intrínsecas, também afetam as avaliações relativas. Comparar múltiplos entre empresas é particularmente complicado pelo fato de as empresas freqüentemente possuírem números variados das opções de funcionários em circulação. A incapacidade de fatorar explicitamente essas opções à análise resultará em empresas com números atipicamente altos ou baixos (em relação ao grupo de pares) de opções em circulação, que parecem mal avaliadas em bases relativas.

Para verificar o efeito das opções sobre os múltiplos de lucros, vamos considerar o mais usado, que é a razão P/L. O numerador é geralmente o preço corrente por ação e o denominador, os lucros por ação. Analistas que usam lucros primários por ação estão claramente criando um viés na avaliação de modo a identificar empresas com a opção em aberto mais elevada sendo subestimada. Para entender por quê, observemos que o preço por ação deve incorporar o efeito das opções em circulação — o preço de mercado será inferior quando houver mais opções de funcionários em circulação, mas o denominador (LPA) não muda, já que reflete as ações efetivamente em circulação e não captura a diluição potencial. Vale notar que esse viés não desaparecerá quando as empresas passarem a adotar a contabilização das opções como despesa.

Para combater isso, os analistas geralmente usam lucros por ação plenamente diluídos, para incorporar o efeito das opções em circulação, assim penalizando as empresas com maior número de opções em circulação. O problema dessa abordagem é que ela trata todas as opções da mesma forma, com o número de ações aumentando pela mesma unidade, independentemente de a opção ser 'fora-do-dinheiro' e ter três semanas restantes antes da expiração ou profundamente 'dentro-do-dinheiro' (*deep in-the-money*) e ter cinco anos restantes para a maturidade. É evidente que as empresas com mais do último caso devem negociar a valor de mercado mais baixo (para qualquer nível determinado de lucros) e parecerão mais baratas em bases diluídas.

Qual é a solução? A única maneira de incorporar o efeito das opções nos múltiplos de lucros é avaliá-las a um valor justo, tomando por base o preço corrente da ação, e adicionar esse valor à capitalização de mercado, para se obter o valor total de mercado do patrimônio líquido.[26] Esse valor total de mercado do patrimônio líquido pode ser dividido pelo lucro líquido agregado para se chegar a uma razão P/L que incorpore (corretamente) a existência de opções. Isso permitirá aos analistas considerarem todas as opções em circulação e incorporar as suas características ao valor.

$$\text{Razão P/L corrigida da opção} = \frac{\text{Capitalização de mercado} + \text{Valor estimado das opções em circulação}}{\text{Lucro líquido}}$$

O lucro líquido usado devem ser os lucros estimados sob a premissa de que as opções de funcionários são uma forma de compensação e despesas operacionais. Com a adoção da 123R, isso deve se tornar um pouco mais fácil de fazer.

Tudo o que foi dito sobre os múltiplos de lucros também se aplica aos múltiplos de valor contábil. A falha em incorporar o valor das opções de ações ao valor de mercado do patrimônio líquido fará as empresas carregadas de opções parecerem mais baratas em relação àquelas com menos opções em circulação. A solução é a mesma que a dos múltiplos de lucros. Estimar o valor das opções de funcionários e adicioná-las à capitalização de mercado quase sempre eliminará o viés no processo de comparação.

EXEMPLO 11.4: Ajuste da razão P/L para opções em circulação

Consideremos a Cisco e a Google, duas empresas para as quais estimamos o valor das opções em circulação no Exemplo 11.3. Na tabela seguinte, estimamos a razão P/L convencional e a contrastamos com a razão P/L ajustada, usando a abordagem descrita anteriormente.

	Cisco	Google
Preço da ação	$ 17,67	$ 295,97
LPA primário	$ 0,885	$ 3,48 (anualizado)
LPA diluído	$ 0,725	$ 3,19
P/L primário	19,97	84,92
P/L diluído	24,39	92,75
Capitalização de mercado	$ 114.625 milhões	$ 82.214 milhões
+ Valor das opções	$ 3.257 milhões	$ 7.023 milhões
Valor de mercado do patrimônio líquido	$ 117.882 milhões	$ 89.237 milhões
Lucro líquido	$ 5.741 milhões	$ 968 milhões
Lucro líquido após despesa com opções	$ 4.712 milhões	$ 953 milhões
P/L ajustado	$\frac{117.882}{4.712} = 25,02$	$\frac{89.237}{953} = 93,64$

Ao fazer os ajustes ao lucro líquido para despesas com opções, usamos as informações fornecidas pelas empresas nas suas demonstrações financeiras, para estimar o lucro *pro forma*. A Cisco declarou $ 1.628 milhões em despesas com opções de funcionários para o ano corrente, assim criando um gasto após impostos de $ 1.029 milhões. Isso é subtraído do lucro líquido declarado. Para a Google, tivemos de improvisar, já que o número do lucro líquido usado baseou-se em dados dos últimos 12 meses (até 30 de junho de 2005) e o ajuste para opção de funcionários está disponível somente para o último ano fiscal (terminado em 31 de dezembro de 2004). A Google declara um ajuste ao lucro líquido de $ 15 milhões em termos após impostos para o lucro do ano fiscal de 2004. Fizemos o mesmo ajuste para os lucros dos últimos 12 meses, embora o ajuste efetivo seja provavelmente mais alto.

Concessões de opções futuras e efeito sobre valor

Embora as opções existentes atuem como uma draga sobre o valor, elas são apenas parte do problema. As empresas que emitiram opções no passado provavelmente continuarão a usá-las no futuro. Nesta seção, apresentamos o argumento sobre por que essas emissões de opções futuras esperadas afetam o valor e como incorporar esses efeitos ao valor.

Por que emissões de opções futuras afetam valor Assim como as opções em circulação representam uma diluição potencial ou saídas de caixa para investidores existentes de ações, concessões esperadas de opções no futuro afetarão o valor por ação ao aumentar o número de ações em circulação em períodos futuros.

- A forma mais simples de refletir sobre a diluição esperada é considerar o valor terminal no modelo de fluxo de caixa descontado. Ao avaliar uma empresa, o valor terminal é estimado a um ponto futuro no tempo, é descontado ao presente e depois dividido pelas ações em circulação hoje, para se obter o valor por ação. Entretanto, as emissões de opções esperadas no futuro aumentarão o número de ações em circulação no ano terminal e, por isso, reduzirão a parcela do valor terminal que pertence aos investidores existentes de ações.
- Uma forma alternativa de analisar por que as concessões de opções futuras afetam o valor é tratá-las como uma compensação aos funcionários. O aumento resultante nas despesas operacionais diminuirá o lucro operacional e os fluxos de caixa após impostos em anos futuros, reduzindo assim o valor que se atribuiria à empresa hoje.

Meios de incorporar opções futuras no valor do fluxo de caixa descontado É muito mais difícil incorporar o efeito das emissões de opções esperadas ao valor de opções existentes. Isso porque temos de prever não só quantas opções serão emitidas por uma empresa em períodos futuros, mas também quais serão os termos dessas opções. Apesar de isso ser possível por um par de períodos com informações proprietárias (em que a empresa permite que se saiba quanto planeja emitir e em que termos), será mais difícil além desse ponto. Consideremos uma abordagem que podemos usar para obter uma estimativa do valor da opção e analisar duas formas de lidar com essa estimativa depois de obtê-la.

Estimar o valor da opção como um gasto operacional ou de capital Podemos estimar o valor de opções que serão concedidas no futuro como um percentual das receitas ou do lucro operacional. Ao fazê-lo, podemos evitar ter de estimar o número e os termos das emissões de opções futuras. A estimativa também se tornará mais fácil, já que se pode recorrer ao histórico da própria empresa (analisando-se o valor das concessões de opções em anos anteriores, em proporção às receitas ou às despesas operacionais) e às experiências de empresas mais maduras no segmento. Em geral, com o crescimento das empresas, o valor das opções concedidas como um percentual das receitas deve diminuir.

Feita a estimativa do valor das emissões de opções futuras esperadas, resta-nos outra questão: devemos considerar esse valor a cada período como uma despesa operacional e calcular o lucro operacional após a despesa? Se sim, assumiremos que as emissões de opções fazem parte da compensação anual. Alternativamente, podemos tratar o valor como um gasto de capital e amortizá-lo por múltiplos períodos. Embora o fluxo de caixa no período corrente não seja afetado por essa distinção, há conseqüências para o retorno sobre capital e as taxas de reinvestimento que medimos para uma empresa.

É importante não duplicar a contagem das emissões de opções futuras. As despesas operacionais correntes da empresa já podem incorporar a despesa das opções de funcionários de duas maneiras:

1. Se a empresa está contabilizando opções como despesa a um preço justo de mercado à época da concessão, os lucros correntes refletirão o valor da concessão de opção no ano mais recente. Se previrmos os lucros futuros com base no seu lucro corrente, implicitamente assumiremos que a empresa não só continuará a conceder opções no futuro, mas também que o valor das concessões de opções permanecerá na proporção das receitas do período corrente.

2. Se a empresa não está contabilizando opções como despesa, os seus lucros correntes já podem incluir as despesas associadas aos exercícios das opções no período corrente. Se o efeito sobre o lucro operacional do exercício da opção no período corrente for menor que o valor esperado das novas emissões, teremos de permitir um gasto adicional associado às emissões. Contrariamente, se um número desproporcionalmente grande de opções for exercido no último período, deveremos reduzir as despesas operacionais para permitir que o efeito esperado das emissões de opções em períodos futuros seja menor.

Ao fazer previsões de emissões de opções futuras, é importante considerar também os efeitos da alteração no porte da empresa sobre as emissões. À medida que a empresa cresce, as concessões de opções como percentual de receitas ou valor tenderão a diminuir. Assim, devemos aproximar as concessões de opções das médias setoriais ou das práticas de empresas maduras, ao prevermos mais além no futuro.

EXEMPLO 11.5: Avaliação com emissões de opções esperadas

Ao avaliar Cisco e Google, seu lucro operacional corrente e as médias setoriais foram inputs fundamentais. A forma como ambas as empresas lidam com as despesas de opções de funcionários desempenhará papel importante em qual lucro operacional utilizaremos na avaliação. No caso da Cisco, o lucro operacional declarado antes dos impostos para o ano mais recente é de $ 7.416 milhões. A empresa, porém, nem contabiliza opções concedidas a funcionários como despesa no ano corrente nem demonstra o custo do exercício das opções nos seus lucros. Em vez disso, ajusta o segundo item para o valor contábil do patrimônio líquido. Conseqüentemente, todo o custo da concessão de opções para este ano, avaliado a um preço justo de mercado, deve ser deduzido contra o lucro operacional antes dos impostos, para se obter um indicador mais razoável do lucro operacional:

Lucro operacional declarado antes dos impostos	$ 7.416 milhões
+ Despesas do exercício de opções considerado	$ 0 milhão
– Valor justo de mercado das opções concedidas no ano	$ 1.628 milhões
Lucro operacional ajustado antes dos impostos	$ 5.786 milhões

Se tomarmos esse lucro operacional antes dos impostos como a nossa base para previsão do lucro operacional futuro, assumiremos que as concessões de opções de funcionários continuarão no futuro e que o valor dessas concessões como percentual das receitas permanecerá no nível deste ano de 6,56%. Como isso é alto em relação ao grupo de pares (em que a média das concessões de opções como percentual do valor está mais próxima de 3%), admitimos que as concessões de opções como percentual das receitas cairão dos níveis atuais para 3% nos próximos dez anos.[27] Mais importante ainda, não ajustar o lucro operacional para as despesas com opções de funcionários resultará em lucro, fluxos de caixa e valor superavaliados. Na verdade, o valor do patrimônio líquido seria superestimado em quase $ 24 bilhões se utilizássemos o lucro operacional declarado nos nossos cálculos.

A Google, por sua vez, declarou $ 1.433 milhões em lucro operacional antes dos impostos para os quatro primeiros trimestres terminados em 30 de junho de 2005. Como a Cisco, ela não contabiliza as concessões de opções de funcionários como despesa no ano corrente, mas, diferentemente da Cisco, demonstra os gastos com exercício de opções como uma despesa operacional. O ajuste para se obter o lucro operacional correto é, portanto, um pouco mais complicado:

Lucro operacional declarado antes dos impostos	$ 1.433 milhões
+ Despesas do exercício de opções considerado	$ 264 milhões
– Valor justo de mercado das opções concedidas no ano	$ 286 milhões
Lucro operacional ajustado antes dos impostos	$ 1.411 milhões

O valor das concessões de opções como percentual das receitas no ano mais recente é de 6,39%. Como no caso da Cisco, baixamos esse valor para 3% nos próximos dez anos, refletindo a expectativa de que, à medida que a empresa cresce, as suas concessões de opções vão se tornar um percentual menor das receitas. Essa redução, por sua vez, elevará as margens operacionais em anos futuros.

Os ajustes necessários para se obter o lucro operacional correto para a Cisco e a Google fornecem a medida da dificuldade de se executarem esses ajustes para todas as empresas, ao menos até a FAS 123R criar alguma uniformidade nas práticas entre as empresas. Em 2005, por exemplo, algumas empresas já contabilizavam as opções de funcionários como despesa e outras não. Entre as empresas que não contabilizavam as opções como despesa, algumas demonstravam os gastos associados às opções sendo exercidos como despesas operacionais (como a Google), enquanto outras (como a Cisco) demonstravam-nos como ajustes ao valor contábil do patrimônio líquido. Os ajustes, portanto, variam de empresa para empresa, e dependemos em grande parte dos ajustes *pro forma* que todas as empresas são demandadas a demonstrar para as despesas com opções de funcionários. O maior benefício de forçar todas as empresas a seguir uma regra e contabilizar opções como despesa (FAS 123R) é que poderemos comparar as margens operacionais entre elas (ou extrair a média), sem nos preocuparmos em comparar as margens antes das despesas com opções concedidas a funcionários para umas e as margens após as despesas com opções concedidas a funcionários para outras.

Estimar a diluição esperada do preço da ação a partir das emissões de opções Outra forma de lidar com as concessões de opções esperadas no futuro é incorporar a diluição esperada que resultará dessas emissões de opções. Para isso, temos de partir de uma premissa simplificadora. Por exemplo, podemos pressupor que as opções emitidas representarão um percentual fixo das ações em circulação a cada período e basear essa estimativa no histórico da empresa ou na experiência de empresas mais maduras no segmento. Em geral, essa abordagem é mais complicada que a primeira (valor da opção como gasto operacional ou de capital) e não leva a uma estimativa mais precisa de valor. É claro que seria inadequado fazer ambos — demonstrar as emissões de opções como um gasto e permitir que a diluição ocorra desse lançamento. Isso duplicaria o cômputo do mesmo custo.

O mercado avalia as opções de funcionários corretamente?

O debate sobre a melhor forma de incorporar as opções de funcionários às estimativas de valor torna-se acadêmico se o mercado falha consistentemente em contabilizá-las ao avaliar o patrimônio líquido por ação das empresas. De fato, muitos analistas argumentam que negligenciar as opções de funcionários, seja na avaliação de fluxo de caixa descontado, seja na avaliação relativa, causa pouco impacto nos custos, porque o mercado também as negligencia nas suas avaliações. Há três dimensões em que podemos analisar como os mercados vêem as opções de funcionários: como os mercados reagem quando as opções são concedidas aos funcionários? Como os mercados reagem quando os funcionários exercem as suas opções? O mercado incorpora a opção administrativa em aberto ao avaliar o patrimônio líquido em uma empresa de capital aberto? Apresentamos a seguir evidências para cada uma dessas questões:

1. *Reação de preço à concessão de opções*. Não há evidência de que o mercado reaja negativamente às concessões de opções pelas empresas. Alguns alegam que isso ocorre porque historicamente as empresas não têm demonstrado essas concessões como despesas, mas não há motivo para crer que as concessões de opções em si sejam má notícia aos acionistas. De fato, se as considerarmos como forma de compensação, constituem parte do custo normal de fazer negócios para uma empresa jovem com problema de fluxo de caixa. Conseqüentemente, as notícias em si das concessões de opções não devem ser nem boas nem más para os mercados.
2. *Reação de preço ao exercício das opções*. Garvey e Milbourn (2002) examinam como os preços das ações reagem à diluição causada pelo exercício das opções.[28] Eles argumentam que, em um mercado eficiente que incorpore a diluição potencial do exercício da opção, o efetivo exercício deve ser um não-evento, sem nenhum impacto sobre o preço das ações. Entretanto, eles constataram que o preço das ações reage negativamente à diluição associada ao exercício da opção, o que consideram evidência de que os mercados não incorporam plenamente a opção administrativa em aberto. Isso pode não ser necessariamente uma verdade, já que o exercício da opção, em si, transmite informações ao mercado. Particularmente, um grande número de exercícios de opções da parte dos funcionários pode ser interpretado como um sinal de que acreditam que a ação está superavaliada.
3. *Valor de mercado e opção administrativa em aberto*. Li e Wong (2004) examinaram a avaliação de mercado das empresas com opções de ação para funcionários.[29] Constataram que o preço de mercado é, na verdade, inferior para empresas com substancial opção em aberto (cerca de 6%) e que o ajuste dessas opções na avaliação gera valores mais próximos aos de mercado. Isso pode ser considerado uma evidência de que os mercados realmente consideram o valor das opções em circulação ao avaliar empresas.

Esse debate torna-se mais intenso com a potencial alteração nas regras contábeis em 2006, exigindo que as empresas contabilizem como despesa as concessões de opções a um valor justo de mercado. Esse procedimento, argumenta-se, pegará o mercado de surpresa e levará a significativas reavaliações, ao menos nas empresas com concessões desproporcionalmente grandes. Um estudo de empresas que passaram a adotar o procedimento em 2002 e 2003 sugere que esses temores não têm fundamento. Nesse estudo, as empresas que mudaram para a contabilização das opções como despesa experimentaram retornos nem positivos nem negativos; em outras palavras, o procedimento, em si, não impactou o valor, o que implicaria que as avaliações dessas empresas efetivamente incorporaram a contabilização das opções como despesa antes da sua ocorrência.[30]

Apesar do risco de simplificar demais o debate, cremos que há formas de resolver as diferenças entre esses estudos. Aqueles que constataram que os valores do patrimônio líquido incorporam a existência e a diluição potencial causadas pelas opções geralmente estão certos. A maioria dos investidores e analistas considera as opções de funcionários ao avaliar ações, mas apenas superficialmente pela utilização dos lucros por ação plenamente diluídos ao julgar a avaliação. Os estudos que identificaram reações negativas do preço das ações ao exercício das opções provavelmente também estão corretos, ao menos para empresas que fizeram concessões de opções desproporcionalmente grandes (em relação aos seus pares no segmento) ou em condições excessivamente favoráveis (prazo de carência e preço do exercício).

Quais são as implicações para o preço das ações quando todas as empresas tiverem de contabilizar como despesa as concessões de opções no próximo ano? Supondo-se que elas não alterem o comportamento quanto à concessão de opções no ano que vem, a transparência do gasto associado às concessões de opções levará a reavalições do valor do patrimônio líquido por ação em algumas empresas, com valores por ação aumentando naquelas com menos despesas com opções que o esperado (considerando-se os padrões setoriais) e diminuindo naquelas com mais despesas com opções que o esperado. É de esperar, no entanto, que muitas no segundo grupo reduzam as concessões para aproximá-las das médias setoriais. O resultado líquido será menos concessões de opções de funcionários, mais padronização das concessões entre empresas no mesmo segmento e nenhum grande impacto de mercado quando a FAS 123R finalmente passar a vigorar.

Conseqüências da compensação com base em opções

Neste capítulo, já analisamos os motivos por trás da recente adoção da compensação por ações. A concessão de opções de funcionários, além de afetar os lucros e o valor, também possui implicações para a política financeira corporativa. Como veremos nesta seção, as empresas que usam opções de funcionários de forma extensiva adotam políticas de investimento, finanças e dividendos muito diferentes daquelas que não utilizam. Embora uma parte significativa das diferenças possa ser atribuída ao fato de que as empresas que concedem opções tendem a ser mais jovens, de crescimento mais alto e de maior risco, algumas das diferenças podem ser atribuídas diretamente à presença das opções de funcionários e os seus efeitos sobre os incentivos gerenciais.

Política de investimento A teoria convencional das finanças corporativas recomenda que as empresas selecionem investimentos com valores presentes líquidos positivos, mas em geral é agnóstica sobre o risco em projetos. Em outras palavras, as empresas devem aceitar tanto os projetos seguros quanto os de maior risco com valores presentes líquidos positivos, pressupondo-se, é claro, que as taxas de desconto aplicadas na análise dos projetos incorporem o risco. Se dois projetos possuem o mesmo valor líquido presente, as empresas podem incorporar qualquer um dos dois. Quando os executivos são recompensados principalmente com opções, alteramos esse equilíbrio. Como as opções são consideradas mais valiosas quanto maior a volatilidade, os executivos preferem os investimentos de alto risco aos seguros. Embora isso não seja um problema em si, caso os valores presentes líquidos sobre os investimentos sejam iguais, pode tornar-se problemático quando o investimento mais seguro com o valor presente líquido mais alto for rejeitado em favor do mais arriscado com baixo valor presente líquido. Com efeito, os acionistas ordinários dessas empresas estão subsidiando os executivos com posições de opções. Na prática, o viés tendendo ao maior risco pode se manifestar de muitas formas. Por exemplo:

- *Caixa* versus *investimentos reais*. Caixa investido em obrigações de curto prazo do governo e *commercial paper* são um investimento de valor presente líquido zero, mas isento de risco. É possível que os administradores sintam a compulsão de investir o caixa em projetos (ou aquisições) reais, de risco, mesmo com valor presente líquido negativo.
- *Mudança de risco*. Com o tempo, os administradores podem direcionar a empresa para combinações de negócios de maior risco, mesmo que isso não faça sentido econômico. A perda de valor pode ser compensada pelos ganhos nas posições de opções dos executivos.

A evidência empírica sobre a inter-relação entre a existência de opções administrativas e a política de investimentos é confusa. Alguns estudos parecem indicar que os gerentes compensados com opções efetivamente assumem menos risco porque possuem tanto dos seus bens vinculados ao desempenho da empresa.

Política financeira Com base no tema de que os detentores de opções ganham quando o patrimônio líquido torna-se mais arriscado, seria de esperar mais dívida em empresas com mais opções em circulação. Uma alavancagem financeira mais elevada aumenta a volatilidade no preço das ações e deve também elevar o valor do patrimônio líquido. Há um fator compensatório. Como já observamos, o exercício das opções de ações gera deduções fiscais e reduz a alíquota efetiva no médio prazo. Isso pode diminuir os benefícios fiscais do uso da dívida. O efeito líquido determinará se as razões de endividamento aumentam ou diminuem em decorrência. Graham, Lang e Shackelford (2004) constataram que as empresas emissoras de opções de funcionários possuem pouco endividamento e argumentam que as economias fiscais provenientes da contabilização de opções como despesa reduzem as alíquotas e, portanto, os potenciais benefícios da tomada de empréstimo.[31]

Política de dividendos O uso das opções de funcionários pode ter sérias conseqüências tanto para quanto as empresas retornam aos acionistas como para a forma em que se dá esse retorno (dividendos ou recompra de ações). Sobre a primeira questão, esperaríamos que mais caixa fosse retornado aos acionistas nas empresas com opções que naquelas sem elas; caixa, afinal, é um investimento de risco zero e torna as opções sobre ações menos valiosas. Quanto à segunda, apostaríamos que menos do caixa será pago em dividendos e mais para recompras de ações. Os dividendos reduzem o preço da ação, enquanto uma recompra equivalente de ações reduz as ações em circulação e pode muito bem levantar o preço da ação.

Há alguma comprovação de que empresas com significativas opções de funcionários em circulação são mais propensas a recomprar ações que a pagar dividendos. Fenn e Liang (2001) observam que o pagamento de dividendos tende a ser mais baixo nas empresas com opções de funcionários do que naquelas similares sem essas opções.[32] Kahle (2004) apresenta evidência de que as recompras de ações são mais comuns quando as empresas possuem grandes números de opções em circulação e sugere que as recompras podem ser motivadas tanto pela necessidade de se cobrir o exercício dessas opções quanto pelo desejo de se manter alto o preço da ação.[33] Ao mesmo tempo, os mercados financeiros reagem menos positivamente a essas recompras, sugerindo que reconhecem os motivos subjacentes.

Ponto principal Opções e ações ordinárias podem ambas ser instrumentos de patrimônio líquido, mas possuem características diferentes. Particularmente, o risco que pode afetar negativamente os valores das ações ordinárias pode aumentar o valor das opções. Esse contraste fundamental pode explicar por que as empresas devem ser cautelosas quanto a embarcar na onda da compensação por opções. Se os motivos para usar as opções são reduzir o abismo entre os interesses gerenciais e os dos acionistas e um déficit de caixa, usar ações ordinárias (restritas ou não) realizará esses objetivos sem os custos colaterais das opções.

AÇÕES RESTRITAS

Embora as opções tenham reivindicado a maior parte da atenção, quando se trata da compensação por ações, conceder ações nas empresas é uma prática que antecede às opções por décadas. As empresas, públicas ou privadas, atraíram funcionários oferecendo-lhes direitos acionários, além da recompensa convencional. Quando se oferecem ações aos funcionários, não é surpreendente que em geral haja restrições impostas a reclamar os direitos a essas ações e negociá-las. Essas emissões de ações restritas ressurgiram recentemente, ao mesmo tempo em que os abusos das opções de funcionários vieram à tona. Em julho de 2003, a Microsoft passou a adotar o uso das opções em detrimento da emissão de ações restritas, representando o exemplo mais destacado dessa tendência.

Uso e contabilização das ações restritas

Como no caso das opções de funcionários, começamos analisando tanto a prevalência das emissões de ações restritas quanto a questão dos tipos de empresa mais propensas a usar ações restritas. Também analisamos as restrições típicas incorporadas a essas ações e como as regras contábeis para as ações restritas evoluíram com o tempo.

Magnitude e uso Tem havido um claro afastamento das opções de funcionários, principalmente desde o anúncio da FAS 123R, embora a evidência ainda seja, na maioria, uma piada. Um estudo realizado em maio de 2004 pela Mercer, empresa de consultoria, observou que cerca de dois terços de todas as empresas pesquisadas haviam mudado os seus programas de compensação por ações em reação à regra de contabilização de opções como despesa. Entre as empresas que já instituíram as alterações, 22% haviam reduzido a compensação por opções em 40% ou mais. Entre os 36% que substituíram as opções de funcionários por outra forma de compensação por ações, as ações restritas eram a escolha mais comum. Por exemplo, consideremos a Amazon, grande usuário de opções de funcionários no final da década de 1990. Em 2001, a Amazon concedeu 46,2 milhões de opções a funcionários, mas o número de opções concedidas caiu para 3,045 milhões em 2002 e para 226 mil em 2003. O número de ações restritas oferecidas aos funcionários aumentou de quase zero em 2001 para 2,9645 milhões em 2002, antes de cair para 2,1 milhões em 2003.

A troca para ações restritas provavelmente continuará e talvez se acelerará no futuro, à medida que a contabilização de opções como despesa torne-se um fato consumado e o viés contábil histórico para as opções de funcionários (criado pela APB 25) desapareça. É improvável, contudo, que as ações restritas substituam por completo as opções de compra de ações. Afinal, há algumas empresas que ainda se darão melhor com concessões de opções do que de ações restritas aos executivos. Particularmente, esperaríamos ver as opções de compra de ações permanecerem como a escolha dominante para empresas de alto risco e alto crescimento, no início do seu ciclo de vida, tentando induzir os funcionários a apostar no seu crescimento futuro. À medida que as empresas movem-se no ciclo de vida e tornam-se um pouco mais maduras, é de esperar uma mudança em direção às ações restritas, conforme tanto a volatilidade quanto o crescimento comecem a dar sinais.

Características de ações restritas e variações Os planos de ações restritas geralmente vêm com duas limitações. A primeira refere-se à permanência do funcionário na empresa. Na maioria dos casos, a ação restrita é confiscada, se o funcionário demite-se. A segunda corresponde à negociação da ação. Em geral, a ação restrita não pode ser negociada antes do final do período de restrição. Essas duas condições devem tornar a ação restrita menos valiosa que aquela sem restrições. Uma variação da ação restrita é a ação fantasma. Com ela, a empresa deposita cotas hipotéticas em uma conta do funcionário. Essas cotas transformam-se em ações efetivas ao término de um período específico, se o funcionário permanecer na empresa. Efetivamente, há pouca diferença, do ponto de vista da avaliação, entre ação restrita e ação fantasma, embora possa haver diferenças contábeis. Uma terceira variação são os planos de bonificação por ações, em que a concessão de ações depende de a empresa atingir uma meta operacional específica, como a duplicação de receitas, 20% de aumento no lucro líquido e assim por diante.

Contabilização de ações restritas As regras contábeis que regem a ação restrita têm-se mantido relativamente estáveis no decorrer do tempo, diferentemente das regras de compensação a funcionários. Quando emitem uma ação restrita, as empresas devem estimar o seu valor e tratá-lo como um custo de compensação. Assim como as opções de funcionários, o valor da ação restrita estende-se pelo período de carência. Por exemplo, uma concessão de ação restrita com período de carência de quatro anos e valor estimado de $ 1 milhão criará um gasto contábil de $ 250 mil por ano, pelos próximos quatro anos.

Ao estimar o valor da ação restrita, as empresas podem fatorar tanto a probabilidade de que o funcionário perderá o direito (ao deixar a empresa) quanto a baixa liquidez das ações e descontar o preço de mercado observado. Citando a Fasb:

> *Títulos restritos são geralmente comprados com desconto sobre a cotação de outros títulos semelhantes sem restrição, refletindo a falta de liquidez relacionada à inabilidade de se acessar esse mercado por um período específico. Portanto, ao se calcular o valor justo dos títulos restritos, a cotação de um título semelhante sem restrições deve ser ajustada ao efeito da restrição, considerando-se fatores como a natureza e a duração da restrição, a volatilidade do título não restrito e a taxa de juros livre de risco.*[34]

A Fasb prossegue acrescentando que a determinação do desconto requer a avaliação de um analista.

Avaliação de ações restritas Conforme já observamos, em geral, há três modificações à ação restrita que podem afetar o valor. A primeira é a restrição empregatícia. Como esse tipo de ação expira com o funcionário somente se ele permanecer empregado na empresa, quanto maior a probabilidade da sua demissão, menor o valor da ação restrita. O ajuste a esse fator requer uma estimativa da probabilidade de um funcionário manter-se na empresa durante o período de restrição, e essa probabilidade é multiplicada pelo preço da ação hoje.

A versão mais comum da ação restrita impede a sua negociação pelo funcionário, por um número específico de anos, após a concessão. Dessa forma, a ação restrita é de baixa liquidez em relação a outras e deve ser negociada com desconto sobre o preço de mercado observado. Qual desconto? Isso dependerá de vários fatores:

1. *Período de baixa liquidez*. Quanto mais longo o período de restrição à negociação, maior o desconto pela restrição à liquidez da ação restrita. Para se ter uma noção da magnitude do desconto, note que as empresas que levantam fundos por meio da emissão de ação restrita aos investidores (em oposição ao seu uso como compensação gerencial) tradicionalmente aceitam descontos de 20% a 30% sobre o preço de mercado.
2. *Limitações de hedging/tomada de empréstimo*. Os funcionários com ações restritas podem muito bem conseguir evitar os maiores custos da baixa liquidez, se puderem fazer *hedging* contra as oscilações de preços (assim, capacitando-os a travar altos preços de ações sobre a ação restrita) e tomar empréstimo mediante o valor de mercado estimado da ação restrita. À medida que as limitações ao *hedging* e à tomada de empréstimo tornam-se mais rígidas, o desconto pela baixa liquidez atribuído à ação restrita deve aumentar.

3. *Volatilidade da ação*. O custo da baixa liquidez torna-se muito maior quando a ação restrita é de uma empresa volátil, já que o preço da ação pode oscilar irracionalmente de um período para outro e há pouco que os funcionários possam fazer para se protegerem ou converter em dinheiro.

A estimativa do desconto pela baixa liquidez sobre a ação restrita está mais do que suficientemente detalhada neste capítulo, mas o Capítulo 16 também trata dessa questão.[35]

A terceira modificação da ação restrita é uma contingência de desempenho. Se o funcionário for receber a ação somente se uma meta de desempenho for atingida (quer essa condição seja definida em termos de receitas quer de lucros), o valor da ação restrita terá de refletir a probabilidade dessa ocorrência.

Incorporação de ações restritas à avaliação

A incorporação de ações restritas à avaliação é mais fácil do que a das opções de funcionários, o que deve ser um argumento a favor do uso da ação restrita. Nesta seção, abordamos a melhor forma de analisar as emissões de ações restritas tanto na avaliação de fluxo de caixa descontado quanto na relativa.

Avaliações pelo fluxo de caixa descontado Como no caso das opções de funcionários, há três dimensões em que as emissões de ação restrita podem afetar o valor. Emissões passadas criarão ações restritas em aberto que podem afetar o valor por ação não restrita. As emissões de ação restrita como forma de compensar funcionários no ano corrente reduzirão os lucros correntes, pois são despesas de compensação. As emissões de ação restrita esperadas no futuro diminuirão os lucros futuros e os fluxos de caixa.

- *Emissões de ação restrita no passado*. Emissões de ação restrita no passado serão refletidas no número de ações em circulação de uma empresa, em qualquer momento. Assim, vamos supor que uma empresa tenha emitido 20 milhões de ações restritas nos últimos cinco anos e que elas permaneçam restritas. Além disso, suponhamos que essa empresa tenha 80 milhões de ações sem restrição sendo negociadas no mercado hoje como cotas convencionais. A empresa vai declarar 100 milhões de ações em circulação, mas as cotas não se equivalem. Particularmente, como observamos na seção anterior, as ações restritas devem valer menos que as não restritas. Portanto, se o valor total do patrimônio líquido é de $ 1 bilhão, as ações restritas devem valer menos que $ 10 e as não restritas, mais que $ 10.
- *Emissões de ação restrita no ano corrente*. Os argumentos que usamos para tratar as opções de funcionários como gasto de compensação aplicam-se com a mesma pertinência às ações restritas. Assim, o valor dessa ação (considerando-se o desconto pela baixa liquidez) concedida no ano corrente a funcionários deve ser tratado como uma despesa operacional e deve reduzir os lucros operacional e líquido do ano corrente.
- *Emissões de ação restrita esperada no futuro*. As emissões de ações restritas esperadas no futuro são um item de linha de despesa operacional. Como no caso das opções, a melhor forma de estimar o item de linha é calcular o valor da ação restrita concedida a cada ano como percentual histórico das receitas e, a partir daí, fazer a previsão desse valor nos anos futuros. Isso reduzirá os fluxos de caixa esperados e, por extensão, o valor por ação hoje.

Em resumo, o tratamento às emissões de ação restrita espelha o tratamento às opções de compra de ações de funcionários com um qualificador óbvio. Há menos problemas de avaliação relacionados à avaliação de ações restritas que a de opções, ao menos para empresas de capital aberto. O único debate real refere-se ao montante do desconto a ser atribuído ao preço da ação.

Avaliação relativa Como os contadores tradicionalmente ajustam o número de ações em circulação pelas ações restritas em circulação, normalmente os analistas têm mais facilidade em incorporar o efeito das ações restritas à avaliação relativa. O único problema potencial, geralmente negligenciado, é que as ações restritas somam-se à contagem das ações exatamente como as ações regulares, mas são menos valorizadas (em função da baixa liquidez). Por conseqüência, é provável que se superestimem todos os múltiplos de empresas com substancial volume de ações restritas em circulação.

Para entendermos o porquê, observemos que qualquer múltiplo (patrimônio líquido ou valor das operações da empresa) tem a capitalização de mercado como um dos ingredientes no numerador. O cálculo convencional da capitalização de mercado envolve a multiplicação do número de ações em circulação pelo preço de mercado observado. Como a ação restrita deve ter valores inferiores, a capitalização de mercado será superestimada para empresas com expressivo volume de ações restritas em aberto. Como exemplo, consideremos aquela empresa com 80 milhões em ações regulares e 20 milhões em ações restritas, e suponhamos que o preço da ação seja de $ 10,15 (para as ações negociadas). A multiplicação do preço de mercado ($ 10,15) pelo número de ações em circulação (100 milhões) gerará uma capitalização de mercado de $ 1,015 bilhão. Na realidade, porém, os 20 milhões em ações restritas teriam sido negociados com desconto (se fossem efetivamente negociados) e a capitalização de mercado cumulativa teria sido menor (digamos, $ 1 bilhão).

Apesar dessa questão, é menos provável que a ação restrita gere um desvio nas avaliações relativas do que as opções de funcionários, porque as ações restritas em aberto tendem a ser menores (em relação às opções em aberto) e o desconto pela baixa liquidez é pequeno (também em relação à variabilidade dos valores da opção).

CONCLUSÃO

O uso de ações como forma de compensação a funcionários não é novidade. As empresas sempre usaram as concessões de ações como um agrado, não só para atrair executivos, mas também para fazê-los pensar como acionistas. Nas últimas duas décadas, as comportas foram abertas à compensação por ações, principalmente nas empresas de tecnologia. Em muitas delas, os gerentes foram recompensados principalmente com opções, auxiliados pela contabilização e o tratamento fiscal frouxos a essas concessões (ao não contabilizarem essas opções até o exercício). Nos últimos anos, a conscientização quanto às opções de funcionários foi levantada por duas ocorrências. A primeira é o reconhecimento de que alguns executivos recebiam recompensas exageradamente desproporcionais para quaisquer esforços que estivessem fazendo, com pacotes de opções avaliados em dezenas de milhões de dólares. A segunda foi a aceitação tardia dos conselhos de padronização contábil de que as opções de funcionários são uma forma de compensação e devem ser avaliadas e contabilizadas como despesa à época da concessão (e não no exercício).

Com a conscientização, surgiram algumas questões: como avaliar as opções de funcionários? Como elas afetam o valor intrínseco (fluxo de caixa descontado) de uma empresa? Como comparar os múltiplos de lucros ou o valor contábil entre empresas com políticas amplamente divergentes sobre o uso das opções de funcionários? Neste capítulo, desenvolvemos respostas a estas e outras questões. Particularmente, as concessões de opções de funcionários afetam o valor por ação porque afetam os lucros correntes e futuros e também porque têm o potencial de alterar o número de ações em circulação.

Na parte final do capítulo, analisamos o ressurgimento das ações restritas e qual a melhor forma de lidar com o seu uso ao se avaliar uma empresa. Em geral, as ações restritas devem ter avaliação inferior a outras ações, em virtude de sua baixa liquidez. Como as opções, elas afetam o valor por ação.

Notas

1. M. C. Jensen e W. H. Meckling, "Theory of the firm: managerial behavior, agency costs and ownership structure", *Journal of Financial Economics*, 3, 1976, p. 305–360.
2. Uma vantagem adicional de se usarem opções de ações para recompensar funcionários é que o seu valor provavelmente será maior quando o segmento tiver bom desempenho e houver mais oportunidades alternativas de emprego para os funcionários. Assim, o custo de trocar de emprego será maior quando a oportunidade de fazê-lo for maior. Para uma discussão mais abrangente sobre esse motivo e alguma evidência empírica, consulte P. Oyers e S. Schaefer, "Why do some firms give stock options to all employees? An empirical examination of alternative theories", *Journal of Financial Economics*, 75, 2004, p. 99–132.
3. B. J. Hall e K. J. Murphy, "The trouble with stock options", *Working Paper*, NBER, 2003. Eles observam, contudo, que a cota de opções do CEO e da alta gerência caiu de cerca de 15% no início dos anos 90 para menos de 10% em 2002.
4. N. Bergman e D. Jenter, "Employee sentiment and stock option compensation", *Working Paper*, MIT, 2003. Eles defendem o argumento de que funcionários muito otimistas supervalorizam as concessões de opções e que as empresas aproveitam-se desse excesso de otimismo.
5. A regra não exige que o valor da opção seja uma função dos seis inputs: o preço corrente da ação, o preço de exercício, o prazo esperado da opção (refletindo a sua maturidade e probabilidade de carência), a variância no preço da ação, a taxa livre de risco e os dividendos esperados.
6. Essa taxa de confisco pode refletir os padrões históricos de exercício e confisco. Adotar uma taxa de confisco mais elevada reduzirá o valor das opções.
7. A versão original dessa regra exigiu baixas aceleradas das despesas de opções, mas a versão final permite às empresas escolher entre baixas em linha reta e aceleradas.
8. A título de exemplificação, vamos supor que uma empresa adote uma taxa de confisco de 3% e estime o valor das opções quando são concedidas a $ 10 milhões; o custo a cada ano do período de cinco anos de carência será de $ 2 milhões. Se, um ano depois, a taxa de confisco estiver a 2%, a empresa terá de reavaliar as opções pela taxa de confisco corrente e ajustar a compensação naquele ano para que reflita a alteração.
9. *2004 earnings impact of stock options on the S&P 500 and Nasdaq 100 earnings*, Bear Stearns Equity Research, 21 mar. 2005.
10. O estudo da Bear Stearns analisa o efeito de se forçar a contabilização como despesa a todas as empresas e computa uma queda de 5% no lucro líquido das empresas na S&P 500 e 22% nas de tecnologia. Entretanto, também observa que algumas empresas já mudaram para contabilização das opções concedidas como despesa em 2003. Os números que divulgamos inclui contabilização com despesa nessas empresas também e por isso são maiores.
11. Por exemplo, vamos supor que estejamos avaliando a Coca-Cola, uma empresa que tem despesas com opções de funcionários desde 2003. Se usarmos os lucros de 2004 como o nosso ano-base e aplicarmos uma taxa de crescimento esperado a isso, estaremos admitindo que as despesas com opções continuarão como um item de linha no futuro e que permanecerão à mesma porcentagem de receitas de 2004.
12. Trata-se de avaliações convencionais de fluxo de caixa descontado. Detalhes das avaliações podem ser obtidos no meu site Web (www.damodaran.com).
13. C. Cuny e P. Jorion, "Valuing executive stock options with endogenous departure", *Journal of Accounting and Economics*, 20, 1995, p. 193–205. Eles examinam a avaliação das opções quando há possibilidade de confisco.
14. J. N. Carpenter, "The exercise and valuation of executive stock options", *Journal of Financial Economics*, 48, 1998, p. 127–158.
15. S. Huddart, "Employee stock options", *Journal of Accounting and Economics*, 18, 1994, p. 207–231.

16. R. Lambert, D. Larcker e R. Verrecchia, "Portfolio considerations in valuing executive compensation", *Journal of Accounting Research*, primavera 1991, p. 129–149; T. Hemmer, S. Matsunaga e T. Shevlin, "Estimating the 'fair value' of employee stock options with expected early exercise", *Accounting Horizons*, 8, n. 4, dez. 1994, p. 23–42.
17. R. Brooks, D. Chance e B. N. Cline, "Private information and the exercise of executive stock options", *Working Paper*, SSRN, 2005.
18. J. C. Bettis, J. M. Bizjak e M. L. Lemmon, "The cost of employee stock options", *Working Paper*, SSRN, 2003.
19. O valor por ação, obtido por meio da abordagem de ações em tesouraria, vai se tornar o preço da ação no modelo de precificação de opções. O valor da opção resultante do uso desse preço é utilizado para calcular um novo valor por ação, que é retroalimentado no modelo de precificação de opções e assim por diante.
20. C. Edwards, J. R. Graham, M. H. Lang e D. Shackelford, "Employee stock options and taxes", *Working Paper*, SSRN, 2004. Nesse estudo, eles estimam as alíquotas das empresas com número substancial de opções de funcionários em circulação e observam que estão bem abaixo da alíquota marginal. Para a Dell, estimaram uma alíquota de 20% como resultado da despesa com opções, em contraposição à alíquota marginal de 35%.
21. J. Bulow e J. B. Shoven, "Accounting for stock options", *Working Paper*, SSRN, 2004.
22. J. Hull e A. White, "How to value employee stock options", *Financial Analysts Journal*, 60, n. 1, 2004, p. 114–119.
23. M. Ammann e R. Seiz, "Does the model matter? A valuation analysis of employee stock options", *Working Paper*, SSRN, 2003.
24. A estimativa da variância é efetivamente o log natural dos preços das ações. Isso nos permite ao menos crer na possibilidade de uma distribuição normal. Nem os preços das ações nem os retornos das ações podem ser distribuídos normalmente, já que os preços não podem cair abaixo de zero e os retornos não podem ser inferiores a –100%.
25. Todos os inputs ao modelo Black-Scholes devem ser em termos anuais. Para anualizar uma variância semanal, multiplica-se-a por 52.
26. Retomando a última seção, o valor das opções deve ser calculado com base no preço corrente da ação (em vez do valor estimado) e em bases antes dos impostos.
27. Para isso, temos de fazer previsões separadas do lucro operacional declarado antes dos impostos e das despesas com opções de funcionários, com o último definido como um percentual das receitas a cada ano.
28. G. T. Garvey e T. T. Milbourn, "Do stock prices incorporate the potential dilution effect of employee options?", *Working Paper*, SSRN, 2002.
29. F. Li e M. H. F. Wong, "Employee stock options, equity valuation and the valuation of option grants using a warrant pricing model", *Working Paper*, SSRN, 2004.
30. M. Semerdzhian, "The effects of expensing stock options and a new approach to the valuation problem", *Working Paper*, SSRN, 2004.
31. J. R. Graham, M. H. Lang e D. A. Shackelford, "Employee stock options, corporate taxes and debt policy", *Journal of Finance*, 159, 2004, p. 1585–1618.
32. George Fenn e Nellie Liang, "Corporate payout policy and managerial stock incentives", *Journal of Financial Economics*, 60, 2001, p. 45–72. Conclusões semelhantes são encontradas em Richard A. Lambert, William Lanen e David F. Larcker, "Executive stock option plans and corporate dividend policy", *Journal of Financial and Quantitative Analysis*, 24, n. 4, 1989, p. 409–425.
33. K. M. Kahle, "When a buyback isn't a buyback: open market repurchases and employee options", *Working Paper*, SSRN, 2004.
34. Fasb Financial Accounting Series, n. 1201-100, 23 jun. 2004.
35. Veja também A. Damodaran, "Marketability and value: measuring the illiquidity discount", *Working Paper*, 2005 (www. damodaran.com).

Capítulo 12
O valor dos intangíveis

Faz parte da natureza humana estabelecer uma distinção entre os ativos que podemos e os que não podemos ver e sentir, e sentimos um pouco mais de segurança com o primeiro grupo. No entanto, o segundo grupo inclui ativos bem diversificados, como o *goodwill*, a marca, os funcionários leais e a especialização tecnológica. Uma crítica comum às abordagens de avaliação, em geral, e aos analistas financeiros, em particular, é que se dá pouca atenção aos ativos intangíveis, que, por conseqüência, são subestimados.

Neste capítulo, confrontamos essa crítica analisando os ativos intangíveis por todo o espectro. Começamos examinando os ativos intangíveis que se auto-sustentam e geram fluxos de caixa — patentes comercialmente desenvolvidas, direitos autorais, marcas registradas e licenciamentos — e defendemos que os modelos convencionais de fluxo de caixa descontado (DCF) têm melhor desempenho na avaliação desses ativos. Seguimos analisando ativos intangíveis, como marca e reputação corporativa, que geram fluxos de caixa coletivamente para o negócio que os detém, mas são mais difíceis de isolar e avaliar de forma independente. Todavia, alegamos que os modelos convencionais de avaliação de fluxo de caixa descontado conseguem capturar os seus valores e que acrescentar um prêmio para eles *a posteriori* pode resultar em dupla contagem. Na última parte do capítulo, examinamos os ativos intangíveis mais indefiníveis (por exemplo, aqueles com potencial de geração de fluxo de caixa no futuro, mas não no presente). Desse grupo fazem parte ativos tão diversos quanto patentes não desenvolvidas e flexibilidade operacional, configurando os ativos intangíveis mais difíceis de avaliar, já que possuem características de opção.

A IMPORTÂNCIA DOS ATIVOS INTANGÍVEIS

As primeiras empresas negociadas publicamente, surgidas na era industrial, extraíam dos ativos físicos a maior parte do seu valor. Esses gigantes corporativos do passado, como General Motors, Standard Oil e AT&T, possuíam terrenos, propriedades e fábricas que se prestavam facilmente às mensurações contábeis e à avaliação. A última metade do século XX criou uma nova geração de empresas, como Coca-Cola, Microsoft, Intel e Pfizer, que obtêm o principal do seu valor a partir de ativos sem nenhuma forma física. Esses ativos intangíveis variam entre as empresas, desde marca (Coca-Cola) até patentes (Pfizer) e especialização tecnológica (Intel, Microsoft), mas compartilham algumas características. A primeira é que as regras contábeis tradicionais ou subestimam o seu valor ou os ignoram por completo; os balanços patrimoniais dessas empresas demonstram poucas evidências do seu valor. A segunda é que uma parcela significativa dos valores de mercado dessas empresas provêm desses ativos intangíveis; há comprovação, por exemplo, de que a marca pode, sozinha, explicar mais da metade do valor de muitas empresas de produtos de consumo. Finalmente, a incapacidade de avaliar esses ativos intangíveis distorce tanto os indicadores contábeis de lucratividade, como o retorno sobre patrimônio líquido e capital, quanto os indicadores de valor de mercado, como as razões P/L e os múltiplos EV/Ebitda.

Em um estudo, Leonard Nakamura, do Federal Reserve Bank of Philadelphia, forneceu três indicadores diferentes para a magnitude dos ativos intangíveis na economia atual: uma estimativa contábil do valor de investimentos em P&D, software, desenvolvimento de marca e outros intangíveis; os salários pagos a pesquisadores, técnicos e outros profissionais criativos, que geram esses ativos intangíveis; e a melhoria nas margens operacionais que ele atribui às melhorias nos fatores intangíveis.[1] Com essas três abordagens, ele estimou que os investimentos em ativos intangíveis tinham um excedente de $ 1 trilhão em 2000 e o valor capitalizado desses ativos intangíveis, um excedente de $ 6 trilhões no mesmo ano.

Baruch Lev defendeu de forma persuasiva que a forma como os contadores lidam com os intangíveis não é nem conservadora nem informativa.[2] Contabilizar como gasto em P&D, por exemplo, realmente subestima os lucros de empresas de alto crescimento, mas os superestima naquelas de baixo crescimento. Em uma tese em conjunto com Paul Zarowin, ele apresenta evidência de que os lucros das empresas nos Estados Unidos tornaram-se menos relacionados ao preço das ações e atribui esse fenômeno à falha em se contabilizarem os ativos intangíveis.[3]

Se os contadores fizeram um mau trabalho de avaliação do valor dos ativos intangíveis, os analistas tiveram melhor desempenho? Considerando-se que extraímos das demonstrações contábeis muitas das informações usadas em avaliações, pode-se argumentar que a avaliação de ativos intangíveis sofreu muitas das mesmas limitações que os indicadores contábeis. De fato, a pressão sobre os contadores para representarem melhor o valor dos ativos intangíveis como marca nos demonstrativos financeiros deu o impulso para que analistas de avaliações analisassem com mais atenção a forma como avaliam ou deixam de avaliar esses mesmos ativos.

ATIVOS INTANGÍVEIS INDEPENDENTES E GERADORES DE FLUXO DE CAIXA

Os ativos intangíveis mais simples de avaliar são aqueles atrelados a um único produto ou linha de produto e que geram fluxos de caixa. Em geral, esses ativos possuem vida finita, sobre a qual os fluxos de caixa devem ser calculados, mas eles não são qualitativamente diferentes de muitos ativos tangíveis que geram fluxos de caixa por períodos finitos. Nesta seção, apresentamos alguns exemplos desse tipo de ativo.

Marcas registradas, direitos autorais e licenciamentos

Marcas registradas, direitos autorais e licenciamentos dão ao proprietário o direito exclusivo de produzir um produto ou prestar um serviço. Por conseqüência, o valor de todos eles advém dos fluxos de caixa que podem ser gerados desse direito exclusivo. Considerando-se que há um custo associado à produção, o valor resulta dos retornos em excesso obtidos da posse da exclusividade.

Como ocorre com outros ativos, podemos avaliar marcas registradas ou direitos autorais de duas maneiras. Podemos estimar os fluxos de caixa esperados, a partir da posse do ativo, atribuir uma taxa de desconto a esses fluxos de caixa que reflita o seu grau de incerteza e extrair o valor presente, que resultará em uma avaliação de fluxo de caixa descontado do ativo. Alternativamente, podemos tentar uma avaliação relativa, em que aplicamos um múltiplo às receitas ou lucros que acreditamos poderem ser gerados a partir da marca registrada ou do direito autoral. Geralmente o múltiplo é estimado analisando-se quais ativos semelhantes foram vendidos no passado.

Ao calcular essas estimativas, é provável que encontremos questões específicas desses ativos. Primeiro, devemos considerar o fato de que um direito autoral ou marca registrada confere direitos exclusivos por um período finito. Conseqüentemente, os fluxos de caixa a serem estimados valerão somente nesse período e, em geral, não haverá nenhum valor terminal. Segundo, temos de levar em conta os custos esperados de violações ao direito autoral ou à marca registrada. Esses custos podem incluir pelo menos dois itens. O primeiro refere-se ao custo legal e de monitoramento associado ao cumprimento da exclusividade. O segundo é o fato de que, por mais cuidadosos que sejamos no monitoramento, não há como garantir que não existirão violações, e a perda de receitas (lucros) decorrentes reduzirá o valor do direito.

EXEMPLO 12.1: Avaliação do direito autoral sobre *Avaliação de empresas, 2ª edição*

Vamos supor que a editora deste livro tenha sido abordada por outra editora interessada em comprar os direitos dele. Para estimar o valor do direito autoral, partimos das seguintes premissas.[4]

- Espera-se que o livro gere $ 150 mil em fluxos de caixa após impostos nos próximos três anos e $ 100 mil por ano nos próximos dois anos. Esses são os fluxos de caixa após *royalties* do autor, gastos promocionais e custos de produção.
- Cerca de 40% desses fluxos de caixa provêm de grandes empresas que fazem pedidos por volume e são considerados previsíveis e estáveis. O custo de capital aplicado a esses fluxos de caixa é de 7%.
- Os 60% restantes dos fluxos de caixa referem-se ao público em geral, e esse segmento dos fluxos de caixa é considerado muito mais volátil. O custo de capital aplicado a esses fluxos de caixa é de 10%.

O valor do direito autoral pode ser calculado por meio desses fluxos de caixa e do custo de capital fornecidos:

Ano	Fluxos de caixa estáveis	Valor presente @ 7%	Fluxos de caixa voláteis	Valor presente @ 10%
1	$ 60.000	$ 56.075	$ 90.000	$ 81.818
2	60.000	52.406	90.000	74.380
3	60.000	48.978	90.000	67.618
4	40.000	30.516	60.000	40.981
5	40.000	28.519	60.000	37.255
Total		$ 216.494		$ 302.053

O valor do direto autoral, com essas premissas, é de $ 518.547 (que corresponde à soma de $ 216.494 e $ 302.053).

Franquias

Uma franquia dá a seu proprietário o direito de lançar no mercado ou vender um produto ou serviço de uma empresa que detenha a marca. São exemplos de franquias as centenas de lanchonetes McDonald's em todo o mundo, concessionárias de automóveis e, em uma definição mais livre, até o medalhão dos táxis de Nova York. Em cada caso, o franqueado (comprador da franquia) paga ao franqueador (McDonald's ou Ford) uma taxa única ou uma taxa mensal para administrar a franquia. Em troca, obtém o poder da marca, apoio corporativo e suporte em propaganda.

Valor da franquia e retornos em excesso A aquisição de uma franquia dá ao franqueado a oportunidade de ganhar retornos acima de mercado pelo ciclo de vida do negócio. Embora as fontes desses retornos acima de mercado variem conforme o caso, elas podem decorrer de diversos fatores.

- *Valor da marca*. A franquia pode ter um valor de marca que permita ao franqueado cobrar preços mais altos e atrair mais clientes do que um negócio similar. Assim, um investidor pode estar disposto a pagar uma taxa única expressiva para adquirir uma franquia McDonald's, a fim de tirar proveito do valor da marca associada à empresa. Esse valor de marca cresce com o fato de o franqueador geralmente fornecer a propaganda do produto.
- *Experiência no produto/serviço*. Em alguns casos, uma franquia tem valor porque o franqueador fornece experiência no produto ou serviço colocado à venda. Por exemplo, um franqueado McDonald's terá acesso ao equipamento-padrão utilizado pela empresa, bem como aos ingredientes dos produtos (o molho especial do Big Mac).
- *Monopólios legais*. Às vezes, uma franquia pode ter valor porque o franqueado recebe o direito exclusivo de prestar um serviço. Por exemplo, uma empresa pode pagar uma taxa alta pelo direito de operar barracas de alimentação em um estádio de beisebol, ciente de que não enfrentará nenhuma concorrência lá dentro. Guardadas as devidas proporções, é isso que ocorre quando às vezes se vendem franquias múltiplas, mas o número delas é limitado para garantir retornos em excesso aos franqueados. A cidade de Nova York, por exemplo, vende medalhões de táxi que constituem um pré-requisito para operar táxis lá. A cidade também impõe severas restrições a proprietários sem o medalhão que ofereçam o mesmo serviço. Conseqüentemente, existe um mercado de compra e venda de medalhões de táxi.

Em essência, o valor de uma franquia está diretamente ligado à capacidade de gerar retornos em excesso. Qualquer atividade ou evento que afete esses retornos em excesso afetará o valor da franquia.

Questões especiais na avaliação de franquias Comprar uma franquia é geralmente uma bênção duvidosa. Embora o franqueado receba o suporte de uma empresa bem conhecida, com significativos recursos para dar sustentação aos seus esforços, há alguns custos que podem afetar o valor da franquia. Entre esses custos, estão os seguintes:

- Os problemas do franqueador podem contaminar o franqueado. Por exemplo, quando a montadora coreana de automóveis Daewoo tomou empréstimo demais e enfrentou problemas financeiros, as suas concessionárias no mundo todo sentiram as repercussões. Da mesma forma, os franqueados McDonald's ao redor do mundo foram alvo de ativistas antiglobalização. Portanto, o valor de uma franquia eficaz e bem administrada pode ser afetado por atividades sobre as quais ela possui pouco ou nenhum controle.
- Como os franqueadores tendem a ser grandes corporações e os franqueados, pequenos empresários, o primeiro grupo geralmente tem mais poder de barganha e, às vezes, aproveita-se disso para alterar a seu favor os termos dos acordos de franquia. Os franqueados podem aumentar o seu poder juntando os seus esforços e negociando de forma coletiva.
- O valor de uma franquia advém dos direitos exclusivos concedidos ao franqueador para a venda de produtos de uma empresa. Esse valor pode ser diluído se uma franquia for concedida a um concorrente. Por exemplo, o valor de uma franquia Burger King pode ser diluído se outro Burger King tiver permissão de abrir uma loja a cinco quilômetros de distância.

Considerações finais sobre avaliação de franquias Não é difícil avaliar franquias por meio dos modelos de fluxo de caixa descontado ou avaliação relativa. No caso dos modelos de fluxo de caixa descontado, o principal desafio é estimar os fluxos de caixa incrementais associados à posse da franquia em contraposição a operar o mesmo negócio sem uma franquia. Ao se avaliar uma franquia Burger King, por exemplo, isso demandaria estimar os fluxos de caixa de operar um Burger King em contraposição a uma lanchonete com o mesmo cardápio, mas sem nenhum nome de franquia atrelado ao negócio. Esses fluxos de caixa incrementais serão descontados de volta ao presente a uma taxa de desconto ajustado ao risco, refletindo o risco do segmento de atuação da franquia, para se chegar a um valor para a franquia.

Por meio da avaliação relativa, recorreríamos aos preços transacionais pelos quais as franquias foram compradas e vendidas. No caso de franquias de grande porte, como a McDonald's, devemos conseguir reproduzir o que fizemos com as ações, ou seja, calcular um múltiplo de avaliação (valor de franquia/vendas) com base nas transações recentes e usá-lo para avaliar uma franquia em particular.

ATIVOS INTANGÍVEIS GERADORES DE FLUXO DE CAIXA PARA TODA A EMPRESA

Os ativos intangíveis que atraem mais atenção e possuem maior valor tendem a ser difíceis de isolar e avaliar. Eles não geram fluxos de caixa por conta própria, mas permitem que uma empresa cubra preços mais altos por seus produtos e gere mais em fluxos de caixa. Como conseqüência, avaliar esses ativos intangíveis é mais complicado, mas há três formas de se proceder para estimar o seu valor.

1. *Capital investido.* Podemos estimar o valor contábil de um ativo analisando o que uma empresa investiu nesse ativo ao longo do tempo. Para a marca, por exemplo, isso exigiria uma análise dos gastos de propaganda no decorrer do tempo, a capitalização desses gastos e o exame do saldo desses gastos hoje que permanece sem amortização. Embora essa abordagem seja a menos subjetiva, pode não equivaler ou mesmo aproximar-se do valor de mercado do ativo. É, contudo, compatível com a forma como os contadores mensuram o valor de outros ativos tangíveis nos livros contábeis.
2. *Avaliação de fluxo de caixa descontado.* Podemos descontar os fluxos de caixa incrementais esperados que foram gerados à empresa pelo ativo intangível em questão. Isso exigirá a separação da parcela dos fluxos de caixa agregados de uma empresa que possam ser atribuídos à marca ou à especialização tecnológica e o seu desconto de volta a esses fluxos de caixa a uma taxa de desconto razoável.
3. *Avaliação relativa.* Um meio de isolar o efeito de um ativo intangível, como a marca, é comparar como o mercado avalia a empresa (com o ativo intangível) e como ele avalia outras similares, sem o ativo intangível. A diferença pode ser atribuída ao ativo intangível.

Na seção seguinte, fazemos uma análise detalhada do valor da marca e outra mais superficial sobre o capital humano.

Marca

A marca é o ativo que vem à mente com mais freqüência quando se fala de ativos intangíveis. Afinal, as marcas são responsáveis por uma grande parte do valor de muitas empresas de produtos de consumo, e os padrões contábeis de muitos países exigem que as marcas sejam avaliadas e demonstradas nos livros contábeis. Nesta seção, exploramos as escolhas que enfrentamos ao tentar avaliar uma marca e por que as diferentes abordagens podem resultar em diferentes respostas.

Abordagem de custo histórico Na abordagem de custo histórico, adotamos uma solução fundamentada no convencional regime de competência, para avaliar a marca. Começamos pela premissa sobre quais despesas incorridas por uma empresa são as mais prováveis de impactar a sua marca. É razoável, por exemplo, que uma parte dos gastos de propaganda de cada empresa seja despendida para desenvolver ou intensificar a marca corporativa. Por isso, para calcular o valor da marca, usamos um processo muito similar àquele utilizado na capitalização dos gastos em P&D no Capítulo 3.

1. Determinamos uma vida amortizável para os gastos com a marca, baseada em quanto tempo se supõe que os benefícios do gasto durarão. Para empresas de produtos de consumo, isso pode estender-se por 20 anos ou mais, já que as marcas possuem vida longa.
2. Acumulamos os dados sobre gastos com marca retroagindo historicamente ano a ano, para obter a vida amortizável da marca. Assim, se escolhermos 20 anos como a vida amortizável, acumularemos os gastos com marca anualmente, por 20 anos.
3. Mediante um cronograma de amortização em linha reta, baixamos uma parcela (5%, por exemplo, com uma vida de 20 anos) de gasto com a marca do gasto anual nos anos subseqüentes. Como resultado, devemos estimar a amortização total dos gastos com marca no ano corrente (para ser tratada como depreciação) e a parcela não amortizável dos gastos dos anos anteriores, que agora será tratada como um ativo (valor da marca).

Embora essa abordagem tenha o benefício da simplicidade e reduza as escolhas discricionárias feitas pelas empresas, ela não mede realmente o valor da marca. O que mede, na verdade, é o capital investido na marca, que pode ter pouca ou nenhuma semelhança com o real valor de mercado hoje. Afinal, há empresas que gastam bilhões de dólares em propaganda e não têm nenhum valor de marca em contrapartida, enquanto outras empresas parecem estabelecer um valor de marca com pouco ou nenhum gasto de propaganda, freqüentemente porque ocorreu de estarem no lugar certo, na hora certa.

EXEMPLO 12.2: Estimativa de valor da marca — abordagem de custo histórico

Em 2004, a Coca-Cola foi considerada a marca número 1 do mundo pela revista *Business Week*. Sabemos que a empresa sempre gastou generosamente em propaganda, em parte focada no desenvolvimento da marca. A tabela apresentada na página seguinte mostra os gastos de vendas e propaganda (em milhões de dólares) da Coca-Cola anualmente, nos últimos 25 anos, que assumiremos como a vida amortizável da marca. (Na verdade, deveríamos retroagir um pouco mais no tempo, porém a limitação de dados impediu isso.)

Supomos que 50% dos gastos de vendas e propaganda a cada ano sejam associados ao desenvolvimento da marca, com o saldo usado para gerar receitas neste ano. Na penúltima coluna, calculamos a amortização neste ano do gasto do ano anterior, usando a amortização em linha reta por 25 anos. Na última coluna, registramos a parcela não amortizada dos gastos do ano anterior. O valor cumulativo dessa coluna ($ 26,15 bilhões) pode ser considerado o valor da marca.

Ano	Total de gastos de vendas e propaganda	Gastos relacionados à marca	Amortização neste ano	Gastos não amortizados
1980	$ 1.121	$ 561	$ 22,43	$ 0,00
1981	1.189	594	23,77	23,77
1982	1.221	610	24,41	48,83
1983	1.376	688	27,52	82,56
1984	1.543	771	30,85	123,41
1985	1.579	789	31,57	157,87
1986	1.631	815	32,61	195,68
1987	1.777	888	35,53	248,73
1988	2.025	1.013	40,51	324,05
1989	2.232	1.116	44,64	401,76
1990	2.717	1.359	54,35	543,47
1991	3.069	1.535	61,39	675,25
1992	3.499	1.750	69,99	839,84
1993	3.797	1.898	75,93	987,13
1994	4.198	2.099	83,96	1.175,44
1995	4.657	2.329	93,15	1.397,20
1996	5.347	2.673	106,93	1.710,93
1997	5.235	2.617	104,69	1.779,79
1998	5.523	2.761	110,45	1.988,16
1999	6.543	3.271	130,85	2.486,21
2000	5.701	2.850	114,01	2.280,27
2001	4.099	2.050	81,99	1.721,72
2002	4.667	2.334	93,35	2.053,63
2003	4.992	2.496	99,84	2.296,32
2004	5.431	2.715	108,61	2.606,72
Total			$ 1.703,35	$ 26.148,75

Há possíveis refinamentos que melhorariam essa estimativa. Uma seria usar uma vida amortizável mais longa e retroagir mais no tempo para se obterem os gastos de propaganda. A outra seria converter os gastos passados em gastos correntes em dólar, com base na inflação. Em outras palavras, um gasto de $ 1,12 bilhão em 1980 é realmente muito maior se demonstrado em dólares de 2004.[5] Ambas aumentarão o valor da marca.

Abordagem de fluxo de caixa descontado Em uma abordagem de fluxo de caixa descontado, tentamos isolar o efeito da marca sobre os fluxos de caixa da empresa. Mais fácil falar do que fazer, pois os efeitos da marca são sentidos por toda a empresa, e também é difícil separar os efeitos da marca de outros fatores que afetam igualmente os fluxos de caixa, como a reputação da empresa em qualidade ou serviço e o seu poder de mercado.

Comparação a uma empresa genérica Talvez a forma mais simples de mensuração da marca seja obtida pela comparação dos fluxos de caixa de uma empresa de marca a outra similar (em termos de produto e escala) sem marca. A diferença nos fluxos de caixa poderá ser atribuída à marca, e o valor presente desses fluxos de caixa deve gerar um valor para a marca.

Embora essa abordagem seja intuitiva, sua principal restrição é identificar a versão genérica de uma empresa de marca. Com demasiada freqüência, as empresas de marca dominam os seus segmentos e possuem diferentes carteiras de produtos e receitas muito maiores que as empresas genéricas no mesmo segmento. Encontrar uma empresa gêmea à Procter & Gamble ou à Coca-Cola será impossível. Para simplificar o processo, recomendamos uma das seguintes aproximações:

- *Abordagem genérica de margem operacional.* Nessa abordagem, substituímos a margem operacional da empresa de marca com a de empresas genéricas no mesmo segmento. A premissa implícita é que o poder de uma marca está na precificação dos produtos e que as empresas de marca podem cobrar preços mais altos por produtos idênticos produzidos por empresas genéricas. A reavaliação da empresa de marca utilizando uma margem genérica produzirá efeitos em cadeia, já que margens inferiores geram retornos inferiores sobre capital, que, por sua vez, resultam em taxas de crescimento inferiores. Por conseguinte, mesmo uma pequena alteração na margem operacional pode traduzir-se em grande alteração em valor, que pode então ser atribuída à marca.

- *Abordagem genérica de retorno sobre capital.* Um substituto próximo à primeira abordagem envolve a substituição do retorno sobre capital da empresa de marca pelo retorno sobre capital de um substituto genérico. Aqui, pressupomos que o poder de uma marca acabará resultando em maiores retornos sobre capital.[6] As alterações resultantes no lucro operacional e crescimento reduzirão o valor da empresa, e a alteração em valor é o valor da marca. Implicitamente, assumimos que os custos de capital sejam os mesmos para ambas, a empresa genérica e a de marca.
- *Abordagem genérica de retorno em excesso.* Nessa abordagem, substituímos os retornos em excesso (retorno sobre capital menos custo de capital) obtidos pela empresa de marca pelos retornos em excesso da empresa genérica. Além de capturar todos os efeitos que a alteração no retorno sobre capital impõe sobre o valor, essa abordagem permite estabelecer os custos de capital em diferentes níveis para a empresa de marca e a genérica. Um argumento legítimo pode ser o de que as empresas de marca possuem menos risco de mercado (betas não alavancados), maior capacidade de dívida e menores custos de capital.

Em todas essas abordagens, partimos de duas premissas básicas. A primeira é que a empresa genérica existe e que temos acesso às suas demonstrações financeiras, embora nem a empresa de marca nem a genérica necessitem ser publicamente negociadas. A segunda é que a marca é o único motivo por trás das diferenças em margens, retornos sobre capital e retornos em excesso entre essas empresas. Considerando-se que a marca está inter-relacionada com outros ativos intangíveis, o que obteremos é um indicador consolidado de valor para todos esses ativos. Isso a torna mais apropriada a produtos em que o único motivo para diferenças em preço é a marca e não a qualidade do produto ou serviço. Assim, essa abordagem é mais adequada à avaliação da marca na Coca-Cola ou Mars Inc., porém nem tanto na Sony ou no Goldman Sachs.

Modelos de retornos em excesso Quando não existir uma empresa genérica há uma abordagem alternativa que se pode usar para avaliar marcas, embora adote o seu próprio conjunto de premissas heróicas. Se assumirmos que todos os retornos em excesso (retornos sobre o custo de capital e acima dele) obtidos por uma empresa são atribuíveis à sua marca, a avaliação de uma marca torna-se simples. No Capítulo 6, apresentamos o modelo de retornos em excesso para avaliação de empresas e demonstramos que, na ausência de retornos em excesso, uma empresa negociará ao valor contábil de capital investido. Se assumirmos que os retornos em excesso sejam totalmente atribuíveis à marca, o valor da marca pode ser calculado como a diferença entre o valor estimado da empresa e o valor contábil do capital investido nessa empresa.

$$\text{Valor da marca} = \text{Valor DCF estimado da empresa} - \text{Capital investido na empresa}$$

Essa abordagem produzirá o mesmo valor daquela da empresa genérica se esta obtiver zero em retornos em excesso. A limitação da abordagem é que os retornos em excesso decorrem de todas as vantagens competitivas da empresa e não só da marca. Além disso, as escolhas contábeis e a manipulação podem afetar as estimativas de capital investido e, portanto, afetar as estimativas de valor da marca.

EXEMPLO 12.3: Estimativa de valor da marca — abordagem genérica e modelo de retorno em excesso

Neste exemplo, primeiro, avaliamos a Coca-Cola por meio da abordagem de empresa genérica e, depois, contrastamos o valor da marca resultante com o valor obtido pela abordagem de retorno em excesso.

Para aplicarmos a abordagem genérica, após ampla pesquisa de fabricantes de bebidas genéricas, chegamos à canadense Cott Corporation, que comercializa refrigerantes genéricos, principalmente nos Estados Unidos. Na tabela seguinte, comparamos as principais estatísticas da Coca-Cola às da Cott Corporation.

	Coca-Cola	Cott
Receitas	$ 21.962 milhões	$ 949 milhões
Margem operacional (após impostos)	15,57%	5,28%
Retorno sobre capital (após impostos)	20,84%	11,20%

Os benefícios da marca são claramente visíveis. A Coca-Cola gera mais receitas e é substancialmente mais lucrativa que a Cott.

Para avaliar a marca Coca-Cola, primeiro usamos a abordagem de margem operacional, em que alteramos a margem operacional após impostos da Coca (15,57%) para a margem após impostos da Cott (5,28%), mantendo as receitas constantes em $ 21.962 milhões, a razão vendas/capital da Coca no nível corrente (1,34) e o custo de capital ao custo de capital corrente da Coca (7,65%). Os valores resultantes são demonstrados a seguir:

	Valor da Coca-Cola	
	Com margem corrente	**Com margem da Cott**
Alíquota corrente de imposto	40%	40%
Receitas correntes	$ 21.962 milhões	$ 21.962 milhões
Período de alto crescimento		
Duração do período de alto crescimento (n)	10 anos	10 anos
Taxa de reinvestimento	50%	50%
Margem operacional (após impostos)	15,57%	5,28%
Vendas/capital (giro)	1,34	1,34
Retorno sobre capital (após impostos)	20,84%	7,06%
Taxa de crescimento no período (g)	10,42%	3,53%
Custo de capital no período	7,65%	7,65%
Período de crescimento estável		
Taxa de crescimento em situação estável	4,00%	4,00%
Retorno sobre capital em situação estável	7,65%	7,65%
Taxa de reinvestimento em crescimento estável	52,28%	52,28%
Custo de capital em situação estável	7,65%	7,65%
Valor da empresa	$ 79.611,25 milhões	$ 15.371,24 milhões

Retorno sobre capital = Margem operacional × Vendas/capital

Note que as margens operacionais mais baixas afetam o lucro operacional corrente (0,0528 × 21.962) e também se traduzem em redução no retorno sobre capital e nas taxas de crescimento. O valor da Coca-Cola com as suas margens correntes é de $ 79.611 milhões, ao passo que é de apenas $ 15.371 milhões com margens genéricas (Cott).

Valor da marca = $ 79.611 milhões – $ 15.371 milhões = $ 64.240 milhões

A seguir, avaliamos a marca da Coca-Cola por meio da abordagem do retorno sobre capital, alterando o seu retorno sobre capital de 20,84% para o retorno sobre capital da Cott, de 11,20%, e mantendo constante o capital investido no capital da Coca-Cola, de $ 16.406 milhões, e o custo de capital a 7,65%. A avaliação da marca é fornecida pela seguinte tabela:

	Valor da Coca-Cola	
	Com ROC corrente	**Com ROC da Cott**
Capital investido (valores contábeis de dívida e patrimônio líquido)	$ 16.406 milhões	$ 16.406 milhões
Período de alto crescimento		
Duração do período de alto crescimento (n)	10 anos	10 anos
Taxa de reinvestimento, como % do Ebit (1 – t)	50%	50%
Retorno sobre capital (após impostos)	20,84%	11,20%
Taxa de crescimento no período (g)	10,4194%	5,60%
Custo de capital no período	7,65%	7,65%
Período de crescimento estável		
Taxa de crescimento em situação estável	4,00%	4,00%
Retorno sobre capital em situação estável	7,65%	7,65%
Taxa de reinvestimento em crescimento estável	52,28%	52,28%
Custo de capital em situação estável	7,65%	7,65%
Valor da empresa	$ 79.611,25	$ 28.883,10

Lucro operacional com o ROC da Cott = 0,112 × 16.406

Substituindo-se o retorno sobre capital da Coca-Cola pelo da Cott, altera-se o lucro operacional corrente, as taxas de crescimento e o valor, e o novo valor obtido para a marca é:

Valor da marca = $ 79.611 milhões – $ 28.883 milhões = $ 50.728 milhões

A diferença entre esse valor e aquele resultante da abordagem de margem operacional advém do fato de que a Cott possui uma razão vendas/capital mais alta que a Coca-Cola, o que aumenta o seu retorno sobre capital para 11,20%; seria de 7,06% se as razões vendas/capital fossem idênticas.

Finalmente, avaliamos a marca da Coca-Cola pela abordagem de retorno em excesso. Com o seu retorno sobre capital de 20,84% e o custo de capital de 7,65%, a Coca obtém um retorno em excesso de 13,19%. A Cott possui um retorno sobre capital de 11,20% e o seu custo de capital é de 10%, gerando um retorno em excesso de 1,20%. Substituímos o retorno e o custo de capital da Coca pelos da Cott, mantendo nos níveis correntes o capital investido na Coca-Cola, e avaliamos a marca na seguinte tabela:

	Valor da Coca-Cola	
	Com retorno em excesso corrente	Com retorno em excesso da Cott
Capital investido	$ 16.406 milhões	$ 16.406 milhões
Período de alto crescimento		
Duração do período de alto crescimento (*n*)	10 anos	10 anos
Taxa de reinvestimento, como % do Ebit (1 – *t*)	50%	50%
Retorno sobre capital (após impostos)	20,84%	11,20%
Taxa de crescimento no período (*g*)	10,42%	5,60%
Custo de capital no período	7,65%	10,00%
Período de crescimento estável		
Taxa de crescimento em situação estável	4%	4%
Retorno sobre capital em situação estável	7,65%	7,65%
Taxa de reinvestimento em crescimento estável	52,28%	52,28%
Custo de capital em situação estável	7,65%	10,00%
Valor da empresa	$ 79.611,25	$ 17.502,22

A principal diferença entre essa avaliação e a anterior é que alteramos o custo de capital da Coca-Cola para 10% (que é o custo de capital da Cott), além de alterar o retorno sobre capital para 11,20%. O efeito líquido é que a estimativa do valor da marca aumenta:

Valor da marca = $ 79.611 milhões – $ 17.502 milhões = $ 62.109 milhões

Na última parte dessa análise, estimamos o valor da marca atribuindo todo o retorno em excesso obtido pela Coca-Cola ao valor da sua marca, mantendo constante o seu capital investido ao nível corrente de $ 16.406 milhões. A tabela seguinte resume os valores:

	Valor da Coca-Cola	
	Com retorno em excesso corrente	Sem retorno em excesso
Capital investido (valores contábeis de dívida e patrimônio líquido)	$ 16.406 milhões	$ 16.406 milhões
Período de alto crescimento		
Duração do período de alto crescimento (*n*)	10 anos	10 anos
Taxa de reinvestimento, como % do Ebit (1 – *t*)	50%	50%
Retorno sobre capital (após impostos)	20,84%	7,65%
Taxa de crescimento no período (*g*)	10,42%	3,83%
Custo de capital no período	7,65%	7,65%
Período de crescimento estável		
Taxa de crescimento em situação estável	4%	4%
Retorno sobre capital em situação estável	7,65%	7,65%
Taxa de reinvestimento em crescimento estável	52,28%	52,28%
Custo de capital em situação estável	7,65%	7,65%
Valor da empresa	$ 79.611,25	$ 17.053,55

Nesse caso, o valor que conseguimos obter para a marca é:

Valor da marca = $ 79.611 milhões – $ 17.054 milhões = $ 62.557 milhões

Revendo nossos cálculos, a maior estimativa obtida para o valor da marca resulta da abordagem de margem operacional ($ 64 bilhões) e a menor, da abordagem de retorno sobre capital ($ 50 bilhões).

Modelos de avaliação relativa Nos modelos de avaliação relativa, tentamos extrair o valor de uma marca analisando como o mercado precifica as empresas com e sem a marca. A primeira abordagem de avaliação relativa baseia-se no cálculo de empresa genérica que usamos anteriormente, com a avaliação de fluxo de caixa descontado. A segunda abordagem origina-se das regressões múltiplas que apresentamos no Capítulo 9, em que regredimos os múltiplos a que as empresas negociam contra os fundamentos que determinam esse valor.

Comparação de avaliação para empresa genérica Essa abordagem baseia-se na premissa de que tanto a empresa de marca quanto a genérica similar são negociadas publicamente. Como é possível observar como o mercado avalia ambas, podemos tirar conclusões sobre o valor atribuído à marca, examinando a diferença entre as duas avaliações. Os valores de mercado agregados serão difíceis de comparar, porque a empresa genérica pode ser menor (ou maior) do que a de marca. Em vez disso, calculamos os múltiplos de valor das operações da empresa para ambas, tomando receitas, lucro operacional ou capital contábil como base. Se a marca tiver valor e for a única diferença entre as empresas, o múltiplo do valor das operações da empresa deve ser muito mais alto para a empresa de marca que para a genérica. O valor da marca pode ser sustentado como segue:

$$\text{Valor da marca} = [(EV/\text{Variável})_{\text{Marca}} - (EV/\text{Variável})_{\text{Genérica}}] \times \text{Variável}_{\text{Marca}}$$

Assim, se usarmos as razões EV/vendas como os nossos múltiplos comparativos, essa fórmula seria modificada como segue:

$$\text{Valor da marca} = [(EV/\text{Vendas})_{\text{Marca}} - (EV/\text{Vendas})_{\text{Genérica}}] \times \text{Vendas}_{\text{Marca}}$$

Essa abordagem requer menos trabalho que a de fluxo de caixa descontado, já que tomamos a avaliação de mercado como certa e não tentamos estimar esse valor por nossa conta. Entretanto, os erros de mercado surgirão nas nossas avaliações, e ainda assim assumiremos que o único motivo das diferenças entre as empresas é que uma tem marca e outra não.

Comparação de avaliações de mercado para empresas diferentes E se não conseguirmos encontrar uma empresa genérica que seja negociada publicamente? No Capítulo 9, apresentamos as regressões de múltiplos, em que regredimos os múltiplos que as empresas negociam contra os fundamentos que determinam o valor. O resultado permite isolar o efeito de cada fundamento; por exemplo, pode-se estimar o efeito do aumento em crescimento sobre as razões EV/vendas de empresas de varejo. Ao introduzir uma medida direta ou indireta da marca na regressão, podemos estimar o seu efeito sobre o valor.

- *Medida direta de marca.* Vamos supor que estejamos analisando 30 empresas de produtos de consumo, 10 com marcas fortes e 20 com marcas de menor destaque. Podemos introduzir uma variável *dummy* de marca na regressão e capturar o seu efeito sobre o valor. Por exemplo, usando a razão EV/vendas como o múltiplo, podemos executar a seguinte regressão:

$$EV/\text{Vendas} = a + b(\text{Medida de risco}) + c(\text{Crescimento esperado}) + d(\textit{Dummy de marca})$$

O *dummy* de marca é definido como 1 para as empresas de marca forte e zero para as de marca fraca. O coeficiente d sobre o *dummy* de marca capturará o efeito sobre o valor de se ter uma marca.

- *Medida proxy da marca.* Anteriormente, argumentamos que o valor de uma marca era mais provável de aparecer em margens operacionais mais altas. A introdução da margem operacional na regressão capturará esse efeito.

$$EV/\text{Vendas} = a + b(\text{Medida de risco}) + c(\text{Crescimento esperado}) + d(\text{Margem operacional})$$

Presumivelmente, as empresas com maiores margens operacionais negociam a múltiplos mais altos de vendas, e o coeficiente d sobre a margem operacional capturará o efeito. Aplicar uma margem operacional genérica ou até uma média setorial nessa regressão produzirá uma estimativa da razão EV/vendas para uma empresa genérica. Comparar a razão EV/vendas efetiva de uma empresa de marca a esse valor previsto gerará o valor da marca:

$$\text{Valor da marca} = [(EV/\text{Vendas})_{\text{Marca}} - (\text{Previsão } EV/\text{Vendas})_{\text{Margem genérica}}] \times \text{Vendas}_{\text{Marca}}$$

EXEMPLO 12.4: Estimativa do valor da marca — abordagem de avaliação relativa

Neste exemplo, primeiro comparamos a avaliação de mercado da Coca-Cola à da Cott Corporation na tabela a seguir (valores em milhões de dólares):

	Coca-Cola	Cott
Valor de mercado do patrimônio líquido	$ 98.160	$ 949
Dívida	7.178	345
Caixa	6.707	27
Valor das operações da empresa (EV)	98.631	1.267
Vendas	21.962	1.646
Ebitda	7.760	186
Capital investido	16.406	775
Múltiplos EV		
EV/Vendas	4,49	0,77
EV/Ebitda	12,71	6,81
EV/Capital investido	6,01	1,63

Observe que a razão EV/vendas da Coca é muito mais alta que a da Cott. Podemos avaliar a marca da Coca-Cola usando a diferença nas razões EV/vendas para ambas e multiplicando-a pelas receitas da Coca-Cola:

$$\text{Valor da marca Coca-Cola}_{\text{Vendas}} = 21.962 \times (4,49 - 0,77) = \$\,81.725 \text{ milhões}$$

O uso das razões EV/Ebitda e EV/capital investido gera valores mais baixos para a marca:

$$\text{Valor da marca Coca-Cola}_{\text{Ebitda}} = 7.760(12,71 - 6,81) = \$\,45.823 \text{ milhões}$$

$$\text{Valor da marca Coca-Cola}_{\text{Capital}} = 16.406(6,01 - 1,63) = \$\,71.821 \text{ milhões}$$

Os valores variam amplamente, dependendo da métrica utilizada, com o valor mais alto, ao menos neste caso, gerado pelo indicador de receita e o mais baixo, pelo indicador de Ebitda.

Também executamos uma regressão das razões EV/vendas para indústrias de bebidas contra as suas margens operacionais antes dos impostos e chegamos ao seguinte resultado:

$$\text{EV/Vendas} = 0,33 + 13,28(\text{Margem operacional antes dos impostos}) \quad R^2 = 45\%$$

Nesta regressão, cada 1% de diferença nas margens operacionais antes dos impostos traduz-se em uma diferença de 0,1328 nas razões EV/vendas. Se aplicarmos isso à diferença entre a margem antes dos impostos da Coca-Cola de 25,94% e a da Cott de 8,80%, usando a receita da Coca como a medida de escalonamento, chegamos à seguinte estimativa do valor da marca:

$$\text{Valor da marca Coca-Cola} = 21.962 \times [13,28 \times (0,2594 - 0,880)] = \$\,50.015 \text{ milhões}$$

O R-quadrado indica efetivamente que haverá erro-padrão significativo nessa estimativa de valor.

Pendências na avaliação da marca Embora tenhamos apresentado várias abordagens para estimativa do valor de marcas, há grandes diferenças entre as empresas às quais temos de atentar ao avaliar uma marca:

- *Marca única* versus *marcas múltiplas*. Algumas empresas possuem uma marca que afixam a todos os seus produtos (IBM, American Express, McDonald's), e outras detêm uma coleção de marcas (Procter & Gamble, Kraft Foods). Quando aplicamos as abordagens descritas na seção anterior, obtemos um valor consolidado para todas as marcas do segundo tipo de empresa.
- *Produto único* versus *múltiplas linhas de produto*. A marca de uma empresa que vende produtos em diferentes linhas de negócios é muito mais difícil de avaliar que a marca de outra com produtos em uma única área. Por exemplo, a principal fonte de receita da Coca-Cola provém dos refrigerantes (embora a empresa possua alguns outros tipos de produto). A IBM, por outro lado, gera receitas de hardware de computadores, software e serviços, com diferentes perfis operacionais. Para avaliar a marca IBM, talvez tenhamos de avaliar cada parte em separado, e é concebível que o valor da marca seja alto em um segmento e não em outro.
- *Outras vantagens competitivas*. Como observamos por toda esta discussão, fica mais fácil de avaliar a marca quando ela é a única vantagem competitiva da empresa. Torna-se mais complicado quando as empresas possuem múltiplas vantagens competitivas, visto que aquilo que estimamos ser o valor da marca pode muito bem ser um valor consolidado de todas as vantagens competitivas.

Fernandez (2001) revisou várias abordagens de avaliação de marca e concluiu que todas possuíam falhas.[7] Embora um dos modelos criticados nesse artigo seja da primeira edição deste livro, concordamos com o seu ponto de vista geral. Avaliar uma marca é mais fácil para empresas com linhas de produto únicas e nenhuma outra vantagem competitiva e cada vez mais complicada para outros casos. Atribuir um valor à marca pode reconfortar os contadores quanto às suas mensurações de valor do ativo, mas freqüentemente fornece pouca informação aos investidores.

Capital humano

Em vez de repetir o que foi dito sobre a marca, podemos mapear como aplicar as abordagens desenvolvidas de avaliação de marcas para avaliar outros ativos intangíveis que também geram valor para toda a empresa. Um desses ativos é o capital humano. Uma empresa com força de trabalho bem treinada, leal e inteligente deve valer mais que outra similar, com pessoal menos especializado. Isso se aplica especialmente a empresas de consultoria, bancos de investimento e outras entidades que derivam a maior parte do seu valor do capital humano.

- *Abordagem de custo histórico*. Para a marca, consideramos os gastos com publicidade como o fator determinante. Para o capital humano, seriam os gastos com recrutamento, treinamento e benefícios de funcionários. Como no caso da marca, as empresas podem ter de investir durante anos no capital humano, antes que o investimento se pague, mas podemos atribuir um valor contábil ao capital humano, assumindo uma vida amortizável e coletando informações sobre gastos com funcionários nesse período.
- *Modelo de fluxo de caixa descontado*. Podemos avaliar o capital humano investido em uma empresa pela comparação do valor dessa empresa ao de outra genérica, no mesmo ramo. Encontrar uma empresa genérica em relação ao capital humano pode ser mais difícil do que encontrar outra em relação à marca. Afinal, toda empresa de consultoria crê que os seus consultores possuam qualidades especiais; a diferença é relativa.
- *Modelos de retornos em excesso*. Podemos atribuir todo o retorno em excesso obtido por uma empresa ao seu capital humano, e, nesse caso, a diferença entre o valor estimado e o capital investido torna-se um indicador do valor do capital humano.
- *Modelos de avaliação relativa*. Podemos comparar os múltiplos de mercado a que negociam as empresas com investimentos superiores em capital humano a outras com forças de trabalho mais próximas da média.

Para todas essas abordagens, incluímos uma nota de precaução. Diferentemente da marca, que pertence a uma empresa, o capital humano está disponível apenas para locação. Em outras palavras, será muito difícil impedir consultores ou negociadores habilitados a transferirem-se para um concorrente, a um preço justo; consideremos a freqüência que hábeis negociadores de Wall Street movem-se de um banco de investimento para outro. Em termos de retornos em excesso, é possível que todo o retorno em excesso do capital humano possa acumular-se para as pessoas que o possuem do que para a empresa que as contrata.

Goodwill: o não-ativo

Pode ser surpreendente que prestemos pouca atenção ao ativo intangível mais comumente demonstrado nos balanços patrimoniais, que é o *goodwill*. Não se trata de um ativo, mas de uma variável *plug*. Note que ele aparece somente após as aquisições e destina-se a captar a diferença entre o que é pago para uma empresa-alvo e o valor contábil dos seus ativos, permitindo assim que o balanço patrimonial ainda apresente saldo após a aquisição.

A interpretação mais generosa para o *goodwill* é que ele mede o valor estimado dos ativos de crescimento na empresa-alvo; os ativos de crescimento são investimentos que se espera que a empresa-alvo faça no futuro. Isso se aplicará apenas se um preço justo for pago pela aquisição e o valor contábil da empresa-alvo medir o valor de mercado dos ativos instalados, ambas as quais são premissas temerárias. Na realidade, o valor do *goodwill* será afetado por:

- *Erro na mensuração do valor contábil*. Se o valor contábil dos ativos for subestimado em virtude das escolhas contábeis, o valor do *goodwill* será superestimado, e vice-versa.
- *Pagamento a maior ou a menor na aquisição*. Se a empresa adquirente pagar a mais por uma aquisição, o seu *goodwill* aumentará com o pagamento excedente. Se pagar a menor, acontecerá o inverso.

Embora talvez seja pedir demais, o nosso trabalho na avaliação seria muito mais simples, se o item do *goodwill* nos balanços patrimoniais fosse decomposto em componentes inteligentes e burros, sendo o primeiro referente aos ativos de crescimento (e, portanto, justificáveis) e o segundo à captação do excedente de pagamento nas aquisições. Ao calcular o retorno sobre capital investido, quando somos comumente chamados para estimar o retorno dos ativos instalados, trataríamos o *goodwill* burro como parte do capital investido (reduzindo dessa forma o retorno sobre capital), mas não o *goodwill* inteligente, já que não é justo esperar que as empresas gerem lucro operacional sobre investimentos que ainda não realizaram.

ATIVOS INTANGÍVEIS COM POTENCIAL PARA FLUXOS DE CAIXA FUTUROS

Os ativos intangíveis mais difíceis de avaliar são aqueles com potencial de criar fluxos de caixa no futuro, mas que não os produzem agora. Embora esses ativos sejam difíceis de avaliar com base em uma avaliação de fluxo de caixa des-

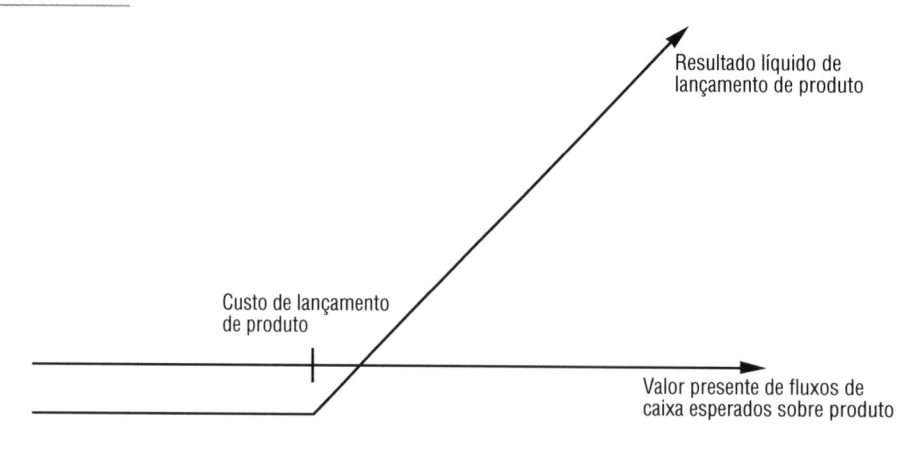

FIGURA 12.1 – Resultado de lançamento de patente de produto como opção

contado e geralmente impossíveis de avaliar em bases relativas, eles efetivamente possuem características de opções e são mais bem avaliados pelos modelos de precificação de opções. Nesta seção, começamos por analisar as patentes não desenvolvidas e as reservas de recursos naturais como opções e prosseguimos na análise de dois ativos menos definidos — a opção de expandir para novos mercados e produtos e a opção de abandonar investimentos. (O Apêndice 12.1 fornece um breve resumo sobre os modelos de precificação de opções.)

Patentes não desenvolvidas

A patente dá a uma empresa o direito de desenvolver e comercializar um produto ou serviço e, dessa forma, pode ser vista como uma opção. Embora uma patente não desenvolvida possa não ser financeiramente viável hoje nem gere fluxos de caixa, ainda assim pode ter um valor considerável para a empresa que a detém, porque pode ser desenvolvida no futuro. Nesta seção, analisamos, primeiro, a mecânica da estimativa do valor de uma patente como opção e, depois, expandimos a dicussão para considerar a melhor forma de avaliar uma empresa tanto com produtos desenvolvidos quanto com patentes não desenvolvidas.

Avaliação de patente como opção Consideremos o resultado líquido do uso da patente para a empresa. Ela desenvolverá uma patente somente se o valor presente dos fluxos de caixa esperados da venda do produto excederem ao custo de desenvolvimento, como demonstrado na Figura 12.1. Se isso não ocorrer, a empresa poderá deixar a patente na prateleira e não incorrer em mais custos. Se I for o valor presente dos custos de se desenvolver comercialmente a patente e V, o valor presente dos fluxos de caixa esperados do desenvolvimento, então:

$$\text{Resultado líquido da posse de uma patente de produto} = V - I \quad \text{se } V > I$$
$$= 0 \quad \text{se } V \leq I$$

Assim, uma patente de produto pode ser considerada uma opção de compra, em que o produto é o ativo subjacente.

EXEMPLO 12.5: Avaliação de uma patente: Avonex em 1997

A Biogen é uma empresa de biotecnologia com patente sobre uma droga chamada Avonex, que recebeu a aprovação do FDA (Food and Drug Administration) para uso no tratamento de esclerose múltipla. Vamos supor que estejamos tentando avaliar a patente e que temos as seguintes estimativas para aplicação no modelo de precificação de opções.

- Uma análise interna da viabilidade financeira da droga hoje, com base no potencial de mercado e do preço que a empresa espera cobrar, gera um valor presente de fluxos de caixa de $ 3,422 bilhões antes de se considerar o custo inicial de desenvolvimento.
- O custo inicial de desenvolvimento da droga para uso comercial é estimado em $ 2,875 bilhões, se a droga for lançada hoje.
- A empresa detém a patente da droga para os próximos 17 anos, e a taxa das obrigações correntes de longo prazo do governo é de 6,7%.
- A variância interna média no valor da empresa para as empresas publicamente negociadas de biotecnologia é de 0,224.

Assumimos que o potencial para retornos em excesso exista somente durante a vida da patente e que a concorrência elimine os retornos em excesso além desse período. Assim, qualquer demora no lançamento da droga, uma vez que se torne viável, custará à empresa um ano de retornos em excesso da patente protegida. (Para análise inicial, o custo da demora será de $1/17$, no próximo ano de $1/16$, um ano depois $1/15$ e assim por diante.) Com base nessas premissas, obtemos os seguintes inputs ao modelo de precificação de opções:

Valor presente dos fluxos de caixa provenientes do lançamento da droga agora = S = $ 3,422 bilhões
Custo inicial do desenvolvimento da droga para uso comercial (hoje) = K = $ 2,875 bilhões
Vida da patente = t = 17 anos
Taxa livre de risco = r = 6,7% (taxa de obrigação de longo prazo do governo para 17 anos)
Variância nos valores presentes esperados = σ^2 = 0,224
Custo esperado da demora = y = $1/17$ = 5,89%

Esses inputs geram as seguintes estimativas para d e $N(d)$:

$$d_1 = 1,1362 \quad N(d_1) = 0,8720$$
$$d_2 = -0,8152 \quad N(d_2) = 0,2076$$

Conectando novamente ao modelo de precificação de opções Black-Scholes ajustado ao dividendo,[8] obtemos:

$$\text{Valor da patente} = 3.422 e^{(-0,0589)(17)} (0,8720) - 2.875 e^{(-0,067)(17)}(0,2079) = \$ 907 \text{ milhões}$$

A título de contraste, o valor presente líquido desse projeto é apenas $ 547 milhões.

$$\text{VPL} = \$ 3.422 \text{ milhões} - \$ 2.875 \text{ milhões} = \$ 547 \text{ milhões}$$

O prêmio pelo tempo de $ 360 milhões dessa opção ($ 907 – $ 547) sugere que o melhor para a empresa é esperar em vez de desenvolver a droga imediatamente, apesar do custo da demora. Entretanto, o custo da demora aumentará ao longo do tempo e tornará o exercício (desenvolvimento) mais provável em anos futuros.

Para exemplificar, avaliamos a opção de compra, presumindo que todos os inputs, exceto a vida da patente, permaneçam inalterados. Por exemplo, assumimos que há 16 anos restantes para a patente. Mantendo-se tudo o mais constante, o custo da demora aumenta em decorrência da vida mais curta da patente.

$$\text{Custo da demora} = 1/16$$

O declínio no valor presente dos fluxos de caixa (que é S) e o aumento no custo da demora (y) reduzem o valor esperado da patente. A Figura 12.2 representa graficamente o valor da opção e o valor presente líquido do projeto a cada ano.

Com base nessa análise, se nada mudar, esperaremos que a Avonex tenha mais valor como um produto comercial do que como uma patente daqui a nove anos, que também seria o tempo ótimo para se desenvolver comercialmente o produto.

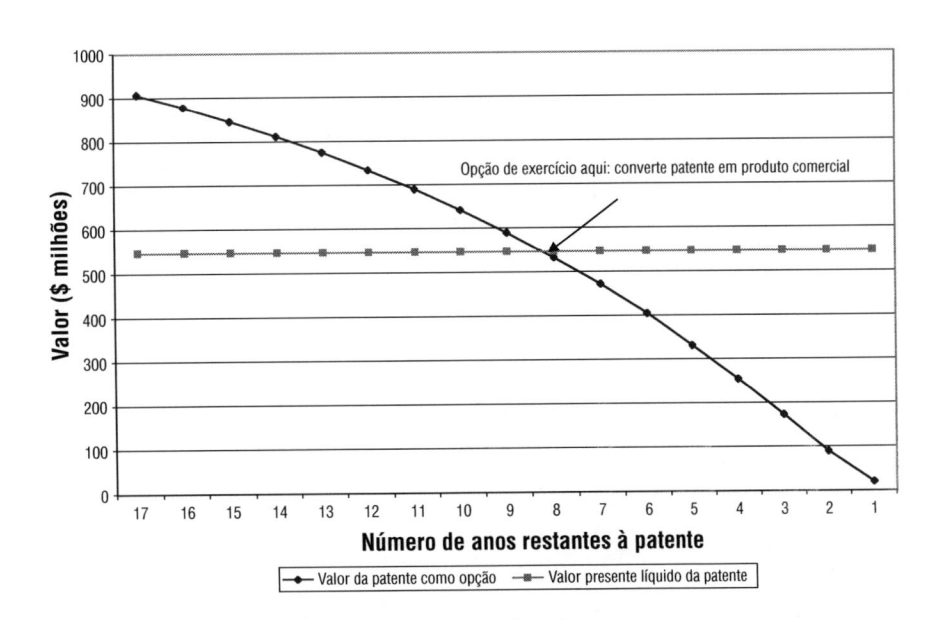

■ **FIGURA 12.2** – Valor da opção *versus* valor presente líquido da patente

Avaliação de empresas com patentes Se as patentes que uma empresa detém podem ser avaliadas como opções, como essa estimativa pode ser incorporada ao valor da empresa? O valor de uma empresa, que gera o seu valor principalmente a partir de produtos comerciais resultantes das suas patentes, pode ser formulado como uma função de três variáveis:

1. Os fluxos de caixa provenientes de patentes que já foram convertidas em produtos comerciais.
2. O valor de patentes possuídas, mas que não foram comercialmente desenvolvidas.
3. O valor esperado de quaisquer patentes que se pode esperar que a empresa gere em períodos futuros, a partir de novas patentes que possam advir das suas pesquisas.

$$\text{Valor da empresa} = \text{Valor dos produtos comerciais} + \text{Valor das patentes existentes} \\ + (\text{Valor de novas patentes a serem obtidas no futuro} \\ - \text{Custo de obtenção dessas patentes})$$

O valor do primeiro componente pode ser estimado por meio dos tradicionais modelos de fluxo de caixa. Os fluxos de caixa esperados provenientes de produtos existentes podem ser estimados para os seus ciclos de vida comerciais e descontados de volta ao presente pelo devido custo de capital, para se chegar ao valor desses produtos. O valor do segundo componente pode ser obtido pelo modelo de precificação de opções, descrito anteriormente, para se avaliar cada patente. O valor do terceiro componente será baseado nas percepções da capacidade de pesquisa da empresa. No caso especial em que o custo esperado de pesquisa e desenvolvimento em períodos futuros for igual ao valor das patentes que serão geradas por essa pesquisa, o terceiro componente será zero. Em geral, empresas como Cisco e Pfizer, que possuem um histórico de geração de valor a partir de pesquisas, obterão valor positivo desse componente também.

Como a estimativa de valor obtida por essa abordagem contrasta com aquela resultante de um modelo tradicional de fluxo de caixa descontado? Na avaliação tradicional de fluxo de caixa descontado, o segundo e o terceiro componentes de valor são capturados na taxa de crescimento esperado e, portanto, nos fluxos de caixa esperados. As empresas podem crescer a taxas muito superiores no longo prazo, em razão da vantagem tecnológica que possuem e pela sua capacidade de pesquisa. Em contraste, a abordagem descrita nesta seção analisa cada patente separadamente e admite explicitamente o componente de opção para o valor.

A maior limitação da abordagem baseada em opções é a informação necessária para colocá-la em prática. Para avaliar cada patente separadamente, necessitamos acessar as informações proprietárias em geral disponíveis apenas aos gerentes da empresa. Na verdade, parte da informação, como a variância esperada a se aplicar em precificação de opções, pode nem estar disponível aos *insiders* e terá de ser estimada para cada patente em separado.

Em função dessas limitações, a abordagem de opções reais deve ser utilizada para avaliar pequenas empresas com uma ou duas patentes e pouco em termos de ativos instalados. Um bom exemplo seria a Biogen em 1997, que foi avaliada na seção anterior. Para empresas como Cisco e Pfizer, que detêm um número expressivo de ativos instalados e centenas de patentes, a avaliação de fluxo de caixa descontado é uma escolha mais pragmática. Considerar novas tecnologias como opções, entretanto, fornece uma visão da bem-sucedida estratégia de crescimento da Cisco na última década. A Cisco tem se saído bem em adquirir empresas com tecnologias nascentes e promissoras (opções) e convertê-las em sucessos comerciais (exercitando essas opções).

Opções de recursos naturais

Empresas de recursos naturais, como as petrolíferas e mineradoras, geram fluxos de caixa a partir das suas reservas operantes, mas também possuem reservas não desenvolvidas, que podem desenvolver quando quiserem. É muito mais provável que desenvolvam essas reservas se o preço do recurso (petróleo, ouro, cobre) aumentar, e essas reservas não desenvolvidas podem ser consideradas como opções de compra. Nesta seção, começamos analisando o valor de uma reserva não desenvolvida e passamos a avaliar como estender isso ao exame das empresas de recursos naturais detentoras tanto de reservas desenvolvidas quanto de não desenvolvidas.

Reservas não desenvolvidas como opções Em um investimento de recursos naturais, o ativo subjacente é o recurso natural e o valor do ativo baseia-se na quantidade estimada e no preço do recurso. Assim, em uma mina de ouro, o ativo subjacente é o valor das reservas de ouro estimadas na mina, com base no preço do ouro. Na maioria desse tipo de investimento, há um custo inicial associado ao desenvolvimento do recurso; a diferença entre o valor das reservas estimadas e o custo do desenvolvimento é o lucro do dono do recurso (veja a Figura 12.3). Definir o custo do desenvolvimento como X e o valor estimado do recurso como V resulta no seguinte potencial de retorno sobre uma opção de recurso natural:

$$\begin{aligned}\text{Resultado sobre o investimento em recurso natural} &= V - X &&\text{se } V > X \\ &= 0 &&\text{se } V \leq X\end{aligned}$$

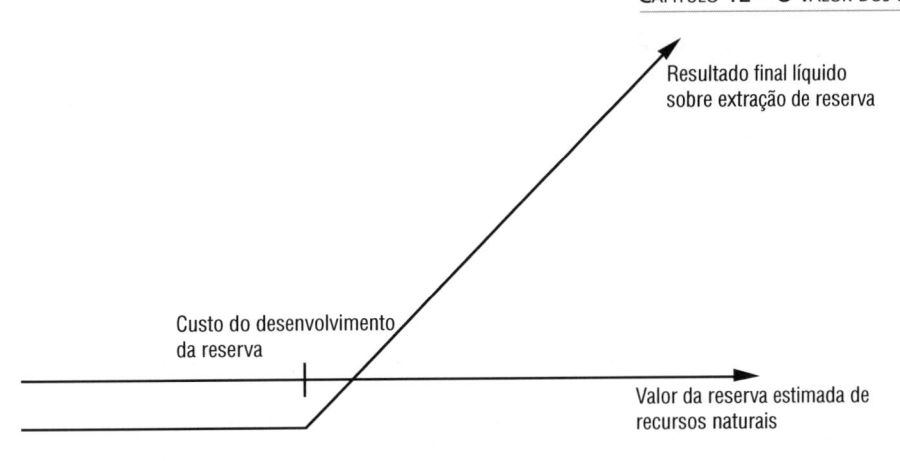

FIGURA 12.3 – Resultado final do desenvolvimento de reservas de recursos naturais

Assim, o investimento em uma opção de recurso natural tem um retorno similar ao de uma opção de compra.

Inputs à avaliação de uma opção de recurso natural Para avaliar um investimento em recursos naturais como uma opção, necessitamos partir de premissas sobre uma série de variáveis.

1. *Reservas disponíveis do recurso e valor estimado, se extraído hoje.* Como isso não é conhecido com certeza no início, deve ser estimado. Em uma região petrolífera, por exemplo, geólogos podem fornecer estimativas razoavelmente precisas da quantidade de petróleo disponível ali. O valor das reservas é, portanto, o produto das reservas estimadas, bem como a contribuição (preço de mercado do recurso menos custo variável da extração) por unidade de reserva.
2. *Custo estimado do desenvolvimento do recurso.* O custo estimado do desenvolvimento da reserva do recurso é o preço de exercício da opção. Em uma reserva petrolífera, isso seria o custo fixo de instalação dos equipamentos para extração do petróleo na reserva. No caso de uma mina, seria o custo associado para torná-la operante. Como as empresas petrolíferas e mineradoras já fizeram isso em uma série de cenários, podem usar sua experiência para obter um indicador razoável do custo de desenvolvimento.
3. *Prazo de expiração da opção.* A vida útil de uma opção de recurso natural pode ser definida de duas formas. Primeiro, se a posse do investimento tem de ser renunciada ao final de um período preestabelecido, esse período será o ciclo de vida da opção. Em muitas plataformas petrolíferas *offshore*, por exemplo, as reservas são arrendadas à companhia petrolífera por um período predeterminado. A segunda abordagem baseia-se no estoque do recurso e na taxa de capacidade de produção, bem como nas estimativas do número de anos até a exaustão do estoque. Dessa forma, uma mina de ouro com uma reserva de 3 milhões de onças e uma taxa de capacidade de produção de 150 mil onças por ano será exaurida em 20 anos, que é definido como o tempo de vida da opção do recurso natural.
4. *Variância no valor do ativo subjacente.* A variância no valor do ativo subjacente é determinada pela variabilidade no preço do recurso e pela variabilidade na estimativa de reservas disponíveis. No caso especial em que a quantidade da reserva é conhecida com certeza, a variância no valor do ativo subjacente dependerá inteiramente da variância no preço do recurso natural.
5. *Custo da demora.* A receita de produção líquida é o fluxo de caixa anual que será gerado, após um recurso ter sido desenvolvido, como percentual do valor estimado da reserva. Isso equivale ao *dividend yield* e é tratado da mesma forma no cálculo dos valores de opções. Um meio alternativo de refletir sobre esse custo é em termos de um custo da demora. Quando uma opção de recurso natural está 'dentro-do-dinheiro' (o valor das reservas é maior que o custo de desenvolvê-las), ao não desenvolver a reserva, a empresa está abrindo mão da receita de produção que poderia ter gerado ao fazê-lo.

Uma questão importante nos modelos de precificação de opções para avaliar as opções de recurso natural é o efeito dos atrasos em desenvolvimento sobre o valor dessas opções. Como uma reserva de petróleo ou ouro (ou qualquer outro recurso natural) não pode ser desenvolvida instantaneamente, deve-se admitir uma defasagem de tempo entre a decisão de extrair os recursos e a extração em si. Um simples ajuste para esse atraso é reduzir o valor da reserva desenvolvida para a perda de fluxos de caixa durante o período de desenvolvimento. Assim, se houver um atraso de um ano no desenvolvimento e pudermos estimar o fluxo de caixa que geraríamos nesse ano, poderemos estimar o fluxo de caixa como percentual do nosso valor de reserva e descontar o valor corrente da reserva desenvolvida a essa taxa. Isso equivale a remover o fluxo de caixa do primeiro ano da nossa análise de investimento e reduzir o valor presente dos nossos fluxos de caixa.

EXEMPLO 12.6: Avaliação de reserva de petróleo[9]

Vamos considerar uma plataforma de petróleo *offshore* com reserva estimada em 50 milhões de barris; o custo esperado de desenvolvimento da reserva é de $ 600 milhões, e a defasagem no desenvolvimento é de dois anos. A Exxon-Mobil detém os direitos de exploração dessa reserva para os próximos 20 anos, e o valor marginal por barril de petróleo (preço por barril menos o custo marginal por barril) é atualmente de $ 12.[10] Após o desenvolvimento, o lucro líquido de produção por ano será de 5% do valor das reservas. A taxa livre de risco é de 8%, e a variância nos preços do petróleo é 0,03.

Considerando-se essa informação, os inputs ao modelo de precificação de opções Black-Scholes podem ser estimados como:

$$\text{Valor da reserva de petróleo hoje} = \frac{(12)(50)}{1{,}05^2} = \$ 544{,}22 \text{ milhões (Descontado de volta dois anos para refletir a defasagem no desenvolvimento)}$$

Preço de exercício = Custo do desenvolvimento da reserva = $ 600 milhões
Prazo de expiração da opção = 20 anos
Variância no valor do ativo subjacente[11] = 0,03
Taxa livre de risco = 8%

$$Dividend\ yield = \frac{\text{Lucro líquido de produção}}{\text{Valor de reserva}} = 5\%$$

Com base nesses inputs, o modelo Black-Scholes fornece os seguintes valores.

$$d_1 = 1{,}0359 \qquad N(d_1) = 0{,}8498$$
$$d_2 = 0{,}2613 \qquad N(d_2) = 0{,}6030$$

Valor da opção de compra = $544{,}22 e^{(-0{,}05)(20)} (0{,}8498) - 600 e^{(-0{,}08)(20)}(0{,}6030) = \$ 97{,}10$ milhões

Essa reserva de petróleo, embora não viável a preços correntes, ainda é valiosa em razão do seu potencial para criar valor, se os preços do petróleo subirem.[12]

Avaliação de empresa com reservas não desenvolvidas Os exemplos fornecidos até agora ilustram o uso da teoria da precificação de opções na avaliação de minas e reservas de petróleo individuais. Como os ativos possuídos por uma empresa de recursos naturais podem ser considerados primariamente como opções, a empresa em si pode ser avaliada por meio do modelo de precificação de opções.

Reservas individuais *versus* reservas agregadas A abordagem preferencial seria considerar cada reserva não desenvolvida separadamente como uma opção, avaliá-la e acumular os valores das opções para se obter o valor da empresa. Como essa informação deverá ser difícil de obter em grandes empresas de recursos naturais, como as companhias petrolíferas que possuem centenas desse tipo de ativo, uma variação dessa abordagem é avaliar as reservas não desenvolvidas de toda a empresa como uma opção. Um purista provavelmente discordaria, alegando que a avaliação de uma opção em uma carteira de ativos (como nesta abordagem) fornecerá um valor menor do que a avaliação de uma carteira de opções (que é o que a empresa de recurso natural realmente possui), uma vez que agregar ativos que não sejam perfeitamente correlacionados resulta em uma variância menor, o que reduzirá o valor da carteira dos ativos agregados. No entanto, o valor obtido a partir do modelo ainda fornece uma perspectiva interessante sobre os determinantes do valor das empresas de recursos naturais.

Inputs à avaliação de opções Se decidirmos aplicar a abordagem de precificação de opções para estimar o valor de reservas não desenvolvidas, devemos estimar os inputs ao modelo. Em termos gerais, embora o processo assemelhe-se ao utilizado para se avaliar uma reserva individual, há algumas diferenças.

- *Valor do ativo subjacente.* Devemos acumular todas as reservas não desenvolvidas possuídas por uma empresa e estimar o valor dessas reservas, com base no preço do recurso hoje e o custo variável médio de extração dessas reservas hoje. Os custos variáveis serão provavelmente mais altos para algumas reservas e mais baixos para outras, e pesar os custos variáveis de cada reserva pela quantidade do recurso dessa reserva deve fornecer uma aproximação razoável desse valor. Ao menos hipoteticamente, estamos admitindo que a empresa pode decidir extrair todas as suas reservas não desenvolvidas de uma vez e não afetar o preço do recurso.

- *Preço de exercício.* Para esse input, devemos considerar quanto custaria à empresa hoje desenvolver todas as suas reservas não desenvolvidas. Novamente, os custos podem ser maiores para algumas reservas que para outras, e podemos usar o custo médio ponderado.
- *Vida da opção.* Uma empresa provavelmente terá diferentes vidas para cada reserva. Por conseqüência, teremos de usar uma média ponderada da vida das diversas reservas.[13]
- *Variância no valor do ativo.* Aqui, há um forte argumento para se analisar somente o preço do petróleo como fonte de variância, já que uma empresa deve ter uma estimativa muito mais precisa das suas reservas totais do que de qualquer uma das suas reservas.
- Dividend yield *(custo da demora).* Como no caso da reserva individual, uma empresa com reservas viáveis estará abrindo mão dos fluxos de caixa que poderia receber no próximo período, a partir do desenvolvimento dessas reservas, se postergar o exercício. Esse fluxo de caixa, declarado como um percentual do valor das reservas, torna-se o equivalente do *dividend yield*.

A defasagem no desenvolvimento reduz o valor dessa opção, assim como reduz o valor de uma reserva individual. A implicação lógica é que as reservas não desenvolvidas valerão mais nas companhias petrolíferas que podem desenvolver as suas reservas mais rapidamente do que em outras menos eficientes.

EXEMPLO 12.7: Avaliação de uma companhia petrolífera — Gulf Oil em 1984

A Gulf Oil foi alvo de uma aquisição no início de 1984, a $ 70 por ação (ela possuía 165,30 milhões de ações em circulação e dívida total de $ 9,9 bilhões). As suas reservas eram estimadas em 3.038 milhões de barris de petróleo e o custo médio de desenvolvimento dessas reservas àquela época era estimado em $ 30,38 bilhões (a defasagem no desenvolvimento é de aproximadamente dois anos). O tempo de renúncia médio das reservas é de 12 anos. O preço do petróleo era $ 22,38 por barril, e os custos de produção, impostos e *royalties* eram estimados em $ 7 por barril. A taxa de obrigações à época da análise era de 9%. Se a Gulf optasse por desenvolver essas reservas, esperava-se que tivesse fluxos de caixa no próximo ano de aproximadamente 5% do valor das reservas desenvolvidas. A variância nos preços de petróleo é de 0,03.

Valor do ativo subjacente = Valor das reservas estimadas descontadas de volta pelo período de defasagem no desenvolvimento

$$= \frac{(30{,}38)(22{,}38 - 7)}{1{,}05^2} = \$\,42.380 \text{ milhões}$$

Note que poderíamos ter usado a previsão dos preços de petróleo e estimado os fluxos de caixa no período de produção, para calcular o valor do ativo subjacente, que é o valor presente de todos esses fluxos de caixa. Usamos um atalho ao pressupor que a margem de contribuição corrente de $ 15,38 por barril permaneceria inalterada em termos do valor presente no período de produção.

Preço do exercício = Custo estimado do desenvolvimento das reservas hoje = $ 30.380 milhões

Prazo de expiração = Duração média da opção de renúncia = 12 anos

Variância no valor do ativo = Variância nos preços do petróleo = 0,03

Taxa de juros livre de risco = 9%

$$\textit{Dividend yield} = \frac{\text{Lucro líquido de produção}}{\text{Valor de reservas desenvolvidas}} = 5\%$$

Com base nesses inputs, o modelo Black-Scholes fornece o seguinte valor para a opção de compra.[14]

$$d_1 = 1{,}6548 \qquad N(d_1) = 0{,}9510$$
$$d_2 = 1{,}0548 \qquad N(d_2) = 0{,}8542$$

Valor da opção de compra = $42.380 e^{(-0{,}05)(12)} (0{,}9510) - 30.380 e^{(-0{,}09)(12)}(0{,}8542) = \$\,13.306$ milhões

Isso contrasta com o valor do fluxo de caixa descontado de $ 12 bilhões que obtivemos ao tomar a diferença entre o valor presente dos fluxos de caixa do desenvolvimento da reserva hoje ($ 42,38 bilhões) e o custo do desenvolvimento ($ 30,38 bilhões). A diferença pode ser atribuída à opção possuída pela Gulf de escolher quando desenvolver as suas reservas.

Isso representa o valor das reservas de petróleo não desenvolvidas pela Gulf Oil. Além disso, a Gulf tinha fluxos de caixa livre para a empresa provenientes da sua produção de petróleo e gás, das reservas já desenvolvidas de $ 915 milhões, e pressupomos que esses fluxos de caixa devam permanecer constantes e continuar por dez anos (o tempo de vida restante das reservas desenvolvidas). O valor presente dessas reservas desenvolvidas, descontado ao custo médio ponderado de capital de 12,5%, produz:

$$\text{Valor das reservas já desenvolvidas} = \frac{915\left(1 - \frac{1}{1,125^{10}}\right)}{0,125} = \$ \, 5.066 \text{ milhões}$$

A soma do valor das reservas desenvolvidas e não desenvolvidas da Gulf Oil resulta no valor da empresa.

Valor das reservas não desenvolvidas	$ 13.306 milhões
Valor da produção instalada	$ 5.066 milhões
Valor total da empresa	$18.372 milhões
Menos dívida	$ 9.900 milhões
Valor do patrimônio líquido	$ 8.472 milhões
Valor por ação	$\frac{\$\,8.472}{165,3} = \$\,51,25$

Essa análise deve sugerir que a Gulf Oil estava superestimada a $ 70 por ação.

O valor da flexibilidade

Em anos recentes, houve críticas à avaliação de fluxo de caixa descontado provenientes dos adeptos da abordagem das opções reais. O argumento básico deles é que os modelos de fluxos de caixa descontado, ao usar os fluxos de caixa esperados e descontá-los a valor presente, subestima os valores de empresas que detêm opções, se tudo der certo, para expandir a novos mercados e negócios (com fluxos de caixa substancialmente mais altos) ou, se algo der errado, cortar ou abandonar negócios (e assim poupar resultados negativos). Nesta seção, vamos considerar quando as opções para expansão ou de abandono têm valor e como incorporá-las aos valores das empresas.

Opções para expansão a novos mercados e produtos Às vezes, as empresas investem em projetos porque os investimentos permitem-lhes fazer outros investimentos ou entrar em outros mercados no futuro. Nesses casos, os projetos iniciais criam opções possibilitando à empresa investir em outros projetos, e devemos, portanto, estar dispostos a pagar o preço por essas opções. Em outras palavras, uma empresa pode aceitar um valor presente líquido negativo no projeto inicial em virtude da possibilidade de altos e positivos valores presentes líquidos em projetos futuros.

Resultados sobre a opção para expansão A opção para expansão pode ser avaliada quando o projeto inicial for analisado. Vamos supor que esse projeto inicial dê à empresa o direito de expandir e investir em um novo projeto no futuro. Avaliado hoje, o valor presente líquido esperado dos fluxos de caixa provenientes do investimento no projeto futuro é V e o investimento total necessário a esse projeto é X. A empresa possui um horizonte de tempo fixo, ao término do qual tem de tomar a decisão sobre realizar o investimento futuro. Finalmente, a empresa não pode prosseguir nesse investimento futuro se não empreender o projeto inicial. Esse cenário indica os resultados da opção demonstrados na Figura 12.4. Como se pode constatar, ao término do horizonte de tempo prefixado, a empresa expandirá para o novo projeto se o valor presente dos fluxos de caixa esperados naquele ponto no tempo exceder ao custo da expansão.

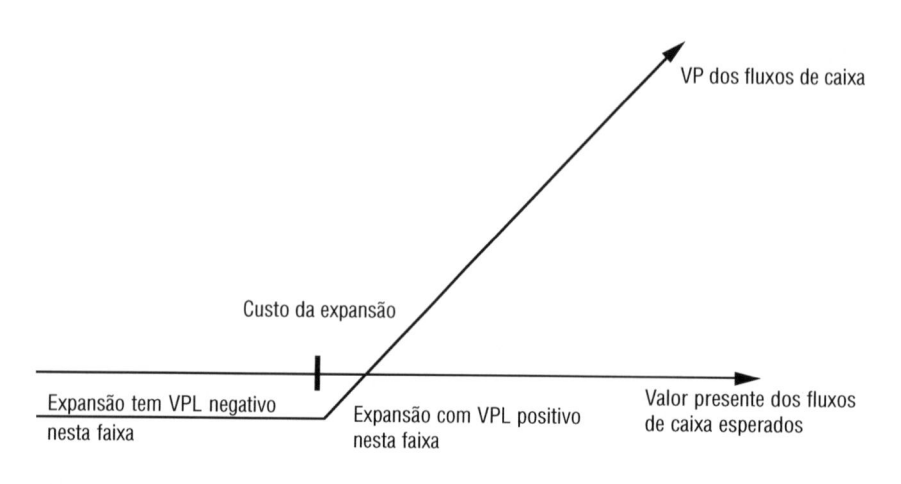

■ **FIGURA 12.4** – Opção para expansão de um projeto

Inputs para avaliação de opção para expansão Para compreender como estimar o valor da opção para expansão, vamos começar reconhecendo que há, em geral, dois projetos que direcionam essa opção. O primeiro geralmente possui valor presente líquido negativo e é considerado um mau investimento, até pela empresa que está investindo nele. O segundo é o potencial de expansão que decorre do primeiro. É o segundo projeto que representa o ativo subjacente para a opção. Os inputs devem ser definidos de acordo com isso.

- O valor presente dos fluxos de caixa que geraríamos, se fôssemos investir no segundo projeto hoje (a opção de expansão), é o valor do ativo subjacente — S no modelo de precificação de opções.
- Se houver substancial incerteza sobre o potencial de expansão, o valor presente será provavelmente volátil e mudará ao longo do tempo, conforme mudam as circunstâncias. É a variância nesse valor presente que usaríamos para avaliar a opção de expansão. Como os projetos não são negociados, temos de estimar essa variância com base nas simulações ou usar a variância nos valores de empresas de capital aberto no segmento.
- O custo em que incorreríamos de imediato, se investíssemos na expansão hoje, equivale ao preço de exercício.
- O tempo de vida da opção é razoavelmente difícil de definir, já que, em geral, não há um período de exercício imposto externamente. (Isso contrasta com as patentes que avaliamos na seção anterior, que possuem uma duração legalizada, passível de uso como a vida da opção.) Ao se avaliar a opção para expansão, seu tempo de vida será uma restrição interna imposta pela própria empresa. Por exemplo, uma empresa que investe em pequena escala na China pode impor-se uma restrição de expandir em cinco anos ou sair do mercado. Por que fazer isso? Pode haver custos consideráveis associados à manutenção da pequena presença, ou a empresa pode ter escassez de recursos que devem ser comprometidos de outra forma.
- Como no caso de outras opções reais, pode haver um custo de espera, após a opção de expansão tornar-se viável. Esse custo pode tomar a forma de fluxos de caixa que serão perdidos no projeto de expansão se não forem assumidos, ou um custo imposto à empresa até a tomada da decisão final; por exemplo, a empresa pode ter de pagar uma taxa anual até se decidir.

EXEMPLO 12.8: Avaliação de uma opção para expansão: AmBev e Guaraná

Guaraná Antarctica é um refrigerante à base de cafeína popular no Brasil, e a AmBev é o fabricante brasileiro da bebida. Vamos supor que a AmBev esteja analisando o lançamento da bebida nos Estados Unidos e precisa tomar essa decisão em dois passos.

1. Inicialmente a AmBev introduzirá o Guaraná apenas nas grandes áreas metropolitanas dos Estados Unidos, para medir o potencial de demanda. O custo esperado dessa introdução restrita é de $ 500 milhões e o valor presente estimado dos fluxos de caixa esperados é de apenas $ 400 milhões. Ou seja, a AmBev espera ter um valor presente líquido negativo de $ 100 milhões nesse primeiro investimento.
2. Se o lançamento restrito tornar-se um sucesso, a AmBev espera introduzir o Guaraná no restante do mercado norte-americano. No momento, entretanto, a empresa não está otimista quanto a esse potencial de expansão e acredita que, enquanto o custo da introdução em plena escala será de $ 1 bilhão, o valor presente esperado dos fluxos de caixa é de apenas $ 750 milhões (tornando esse investimento também de valor presente líquido negativo).

À primeira vista, investir em um projeto ruim pela chance de investir em outro pior pode parecer um mau negócio, mas o segundo investimento possui uma característica redentora. Trata-se de uma opção, e a AmBev não fará o segundo investimento (de $ 1 bilhão) se o valor presente esperado dos fluxos de caixa permanecer abaixo desse número. Além disso, há uma considerável incerteza quanto ao tamanho e o potencial fôsse mercado, e a empresa pode muito bem ter nas mãos um investimento lucrativo.

Para estimar o valor do segundo investimento como uma opção, começamos por identificar o ativo subjacente — o projeto de expansão — e usar a estimativa corrente do valor esperado ($ 750 milhões) como o valor do ativo subjacente. Como o investimento necessário ao investimento de $ 1 bilhão é o preço de exercício, essa opção é 'fora-do-dinheiro'. As duas premissas mais problemáticas referem-se à variância do valor do ativo subjacente e ao tempo de vida da opção:

1. Estimamos o desvio padrão médio de 35% em valores de empresas de indústrias de bebidas pequenas e publicamente negociadas nos Estados Unidos e assumimos que essa seria uma boa *proxy* para o desvio padrão no valor da opção de expansão.
2. Pressupomos que a AmBev tenha uma janela de cinco anos para tomar a sua decisão. Admitimos que esta seja uma restrição arbitrária, mas, no mundo real, pode ser direcionada por qualquer dos seguintes itens:
   - Restrições financeiras (vencimento de empréstimos).
   - Prerrogativas estratégicas (devemos escolher onde os nossos recursos serão investidos).
   - Decisões de recursos humanos (gerentes têm de ser contratados e colocados nos seus postos).

Com base nesses inputs, tivemos os seguintes inputs ao modelo de precificação de opções:

S = Valor presente dos fluxos de caixa provenientes da opção de expansão hoje = $ 750 milhões
K = Preço de exercício = $ 1.000 milhões
t = 5 anos
Valor do desvio padrão = 35%

Usamos uma taxa livre de risco de 5% e derivamos as oscilações esperadas, para cima e para baixo, do desvio padrão.[15]

u = 1,4032
d = 0,6968

A árvore binomial é apresentada na Figura 12.5.

Utilizando a estrutura de carteira réplica, estimamos o valor da opção de expansão a $ 203 milhões. Esse valor pode ser acrescentado ao valor presente líquido do projeto original em análise.

VPL da introdução restrita = –500 + 400 = – $ 100 milhões
Valor da opção para expansão = $ 203 milhões
VPL com opção para expansão = – $ 100 milhões + $ 203 milhões = $ 103 milhões

A AmBev deve seguir adiante com a introdução restrita, apesar do valor presente líquido negativo, porque adquire uma opção de valor muito maior, por conseqüência.

Quando as opções de expansão são valiosas? Embora tenha grande apelo o argumento de que alguns ou muitos investimentos possuem valiosas opções estratégicas ou de expansão incorporadas a eles, há o perigo de que esse argumento possa ser usado para justificar maus investimentos. Na verdade, os adquirentes há muito tempo justificam prêmios enormes sobre as aquisições em bases sinérgicas e estratégicas. Precisamos ser mais rigorosos na nossa mensuração do valor das opções reais e no nosso uso das opções reais como justificativa para pagar altos preços ou fazer maus investimentos.

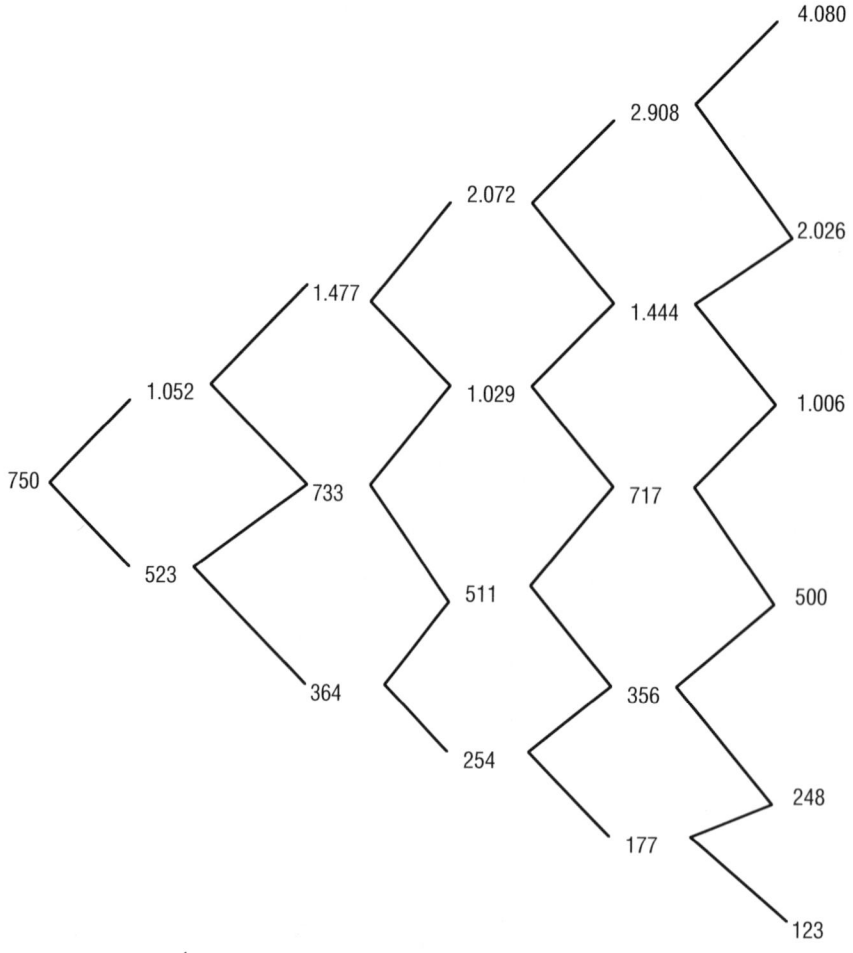

■ **FIGURA 12.5** – Árvore binomial — opção de expansão da AmBev

Quando se usam opções reais para justificar uma decisão, a justificativa deve se basear em termos mais que qualitativos. Em outras palavras, os administradores que defendem o investimento em um projeto com pouco retorno ou o pagamento de um prêmio sobre uma aquisição com base nas opções reais geradas por esse investimento devem ser solicitados a avaliar essas opções reais e demonstrar que os benefícios econômicos excedem os custos. Haverá dois argumentos contra essa demanda. O primeiro é de que as opções reais não podem ser facilmente avaliadas, visto que os inputs são difíceis de obter e geralmente ruidosos. O segundo é de que os inputs aos modelos de precificação de opções podem ser facilmente manipulados de forma a sustentar qualquer conclusão que seja. Embora ambos os argumentos tenham algum fundamento, uma estimativa é melhor do que nenhuma, e o processo de tentar calcular o valor de uma opção real é, de fato, o primeiro passo para a compreensão do que impulsiona o seu valor.

Testes de valor para opção de expansão Nem todos os investimentos possuem opções incorporadas neles, nem todas as opções, mesmo que existam, têm valor. Para avaliar se um investimento cria opções de valor que necessitam ser analisadas e avaliadas, precisamos compreender três questões principais.

1. *O primeiro investimento é pré-requisito para o segundo investimento/expansão? Se não, qual é a necessidade do primeiro investimento para o segundo investimento/expansão?* Consideremos nossa análise anterior do valor de uma patente ou do valor de uma reserva petrolífera não desenvolvida como opções. Uma empresa não pode gerar patentes sem investir em pesquisa ou pagar outra empresa pelas patentes nem pode ter direitos a uma reserva petrolífera não desenvolvida sem participar de uma concorrência pública ou comprá-los de outra companhia petrolífera. É evidente que o investimento inicial aqui (gastos em P&D, participação em concorrências) é exigido para que a empresa tenha a chance do segundo investimento.

   Agora, vamos examinar o investimento da AmBev em uma introdução restrita e a sua opção de expandir no mercado norte-americano mais tarde. O investimento inicial fornece à AmBev informações sobre o potencial de mercado, sem o qual pressupõe-se que não esteja disposta a expandir a um mercado maior. Diferentemente dos exemplos da patente e das reservas não desenvolvidas, o investimento inicial não é um pré-requisito para o segundo, embora a administração possa considerá-lo assim. A conexão torna-se ainda mais fraca e o valor da opção mais baixo quando analisamos uma empresa adquirindo outra para ter a opção de ser capaz de penetrar em um grande mercado. Adquirir um serviço de provedor de Internet para ter um pé no mercado de comércio eletrônico ou comprar uma cervejaria chinesa para preservar a opção de entrar no mercado chinês seriam exemplos de opções de menor valor.

2. *A empresa possui direito exclusivo sobre o segundo investimento/expansão? Se não, o investimento inicial fornece à empresa vantagens competitivas significativas sobre os investimentos subseqüentes?* O valor da opção, em última instância, deriva não dos fluxos de caixa gerados pelo segundo e subseqüente investimento, mas dos retornos em excesso gerados por esses fluxos de caixa. Quanto maior o potencial para retornos em excesso sobre o segundo investimento, maior o valor da opção de expansão no primeiro investimento. O potencial para retornos em excesso está intimamente relacionado a quanto de uma vantagem competitiva o primeiro investimento oferece à empresa, quando assume investimentos subseqüentes.

   Em um extremo, novamente, consideremos o investimento em pesquisa e desenvolvimento para aquisição de uma patente. A patente dá à empresa que a detém direitos exclusivos para produzir esse produto e, se o potencial de mercado for grande, o direito aos retornos em excesso resultantes do projeto. No outro extremo, a empresa poderia não ter nenhuma vantagem competitiva sobre os investimentos subseqüentes, cujo caso é questionável se pode haver qualquer retorno em excesso sobre esses investimentos. Na realidade, a maioria dos investimentos cairá em uma reação em cadeia entre esses dois extremos, com maiores vantagens competitivas associadas a maiores retornos em excesso e maiores valores de opções.

3. *Até que ponto as vantagens competitivas são sustentáveis?* Em um mercado competitivo, os retornos em excesso atraem concorrentes, e a concorrência exaure os retornos em excesso. Quanto mais sustentáveis as vantagens competitivas possuídas por uma empresa, maior será o valor das opções incorporadas ao investimento inicial. A sustentabilidade das vantagens competitivas é uma função de duas forças. A primeira é a natureza da concorrência; mantidas as demais condições, as vantagens competitivas desaparecem com muito mais rapidez em segmentos em que há concorrência agressiva. A segunda é a natureza da vantagem competitiva. Se o recurso controlado pela empresa é finito e escasso (como é o caso das reservas de recursos naturais e o terreno vago), a vantagem competitiva deve permanecer sustentável por períodos mais longos. Alternativamente, se a vantagem competitiva advém de ser a primeira força propulsora em um mercado ou de ter competência tecnológica, sofrerá investidas muito mais cedo. A forma mais direta de refletir essa vantagem competitiva no valor da opção é o seu tempo de vida; a vida da opção pode ser ajustada ao período da vantagem competitiva, e somente os retornos em excesso obtidos nesse período contam em relação ao valor da opção.

Se a resposta nos três casos for afirmativa, a opção para expansão pode ser valiosa. Aplicando-se os últimos dois testes à opção de expansão da AmBev, podemos constatar problemas potenciais. A AmBev não detém direito exclusivo de fabricação do Guaraná. Se a introdução inicial for bem-sucedida, é inteiramente possível que a Coca ou a Pepsi possam produzir as suas próprias versões de Guaraná para o mercado nacional. Se isso ocorrer, a AmBev terá gasto $100 milhões dos seus fundos para fornecer informações de mercado aos concorrentes. Assim, se a AmBev não possuir nenhuma vantagem competitiva no mercado em expansão em função do seu investimento inicial, a opção para expansão pára de ter valor e não pode ser usada para justificar o investimento inicial.

Consideremos agora dois cenários intermediários. Se a AmBev obtém *lead time* (tempo de espera) no investimento de expansão em função do seu investimento inicial, podemos incorporar os fluxos de caixa mais altos a esse *lead time* e uma redução gradual para baixar os fluxos de caixa após essa realização. Isso reduzirá o valor presente dos fluxos de caixa para a expansão e o valor da opção. Um ajuste simples seria impor um limite superior ao valor presente dos fluxos de caixa, sob o argumento de que a concorrência restringirá o nível a que pode chegar o valor presente líquido e avaliar a opção com o limite. Por exemplo, se assumirmos que o valor presente dos fluxos de caixa provenientes da opção de expansão não possa exceder a $ 2 bilhões, o valor da opção de expansão cairá para $ 142 milhões.[16]

Avaliação de empresa com opção para expansão Há opção para expansão incorporada em algumas empresas que possa levá-las a negociar a um prêmio sobre os seus valores de fluxo de caixa descontado? Ao menos em teoria, há um raciocínio que defende esse argumento para uma empresa pequena e de alto crescimento em um mercado grande e em evolução. A avaliação de fluxo de caixa descontado baseia-se nos fluxos de caixa esperados e no crescimento esperado, e essas expectativas devem refletir a probabilidade de que a empresa possa ser enormemente bem-sucedida (ou um grande fracasso). O que as expectativas podem deixar de considerar é que, em caso de sucesso, a empresa poderia investir mais, agregar novos produtos ou expandir a novos mercados e aumentar esse sucesso. Essa é a opção real, que cria valor agregado.

Se o valor dessa opção para expansão for estimado, o valor de uma empresa pode ser formulado como a soma de dois componentes — um valor de fluxo de caixa descontado sobre os fluxos de caixa esperados e um valor associado à opção para expansão.

Valor da empresa = Valor do fluxo de caixa descontado + Opção para expansão

A abordagem de precificação de opções agrega rigor a esse argumento, ao estimar o valor da opção para expansão, e também fornece *insight* às ocasiões em que é mais valiosa. Em geral, a opção para expansão é claramente mais valiosa para negócios mais voláteis, com maiores retornos sobre projetos (como biotecnologia ou software de informática) do que em negócios estáveis, com menores retornos (como construção civil, serviços públicos ou indústria automobilística).

Novamente, porém, é preciso cautela para não se duplicar a contagem do valor da opção. Se usarmos uma taxa de crescimento maior do que seria justificável, com base em expectativas relativas à opção para expansão, já contamos o valor da opção na avaliação de fluxo de caixa descontado. A inclusão de um componente adicional para refletir o valor da opção seria duplicar a contagem.

EXEMPLO 12.9: Análise do valor da opção para expansão

A Rediff.com é um portal da Internet que atende ao subcontinente indiano. Em junho de 2000, a empresa possuía apenas alguns milhões de dólares em receitas, mas um tremendo potencial de crescimento como portal e comércio eletrônico. Pelo modelo de fluxo de caixa descontado, avaliamos a Rediff.com em $ 474 milhões, com base nos seus fluxos de caixa esperados no negócio de portais de Internet. Vamos admitir que, ao comprar a Rediff.com, estamos de fato adquirindo uma opção para expansão no mercado virtual da Índia. Esse mercado é pequeno agora, mas tem potencial de crescer em cinco ou dez anos.

Em termos mais específicos, vamos supor que a Rediff.com tenha a opção de entrar no negócio de comércio eletrônico na Índia, no futuro. O custo de entrada nesse negócio é estimado em $ 1 bilhão e, com base nas expectativas correntes, o valor presente dos fluxos de caixa que seriam gerados pela entrada nesse negócio hoje é de apenas $ 500 milhões. Com base nas expectativas correntes de crescimento do negócio de *e-commerce* na Índia, esse investimento evidentemente não faz sentido.

Há grande incerteza sobre o crescimento futuro do comércio eletrônico na Índia e o desempenho geral da economia indiana. Se a economia estourar e o mercado virtual crescer mais rapidamente do que se espera nos próximos cinco anos, a Rediff.com pode ser capaz de criar valor a partir da entrada nesse mercado. Se admitirmos o custo de entrada no mercado de comércio eletrônico em $ 1 bilhão, o valor presente dos fluxos de caixa teria de crescer acima desse valor para a Rediff.com entrar nesse negócio e agregar valor. O desvio padrão no valor presente dos fluxos de caixa esperados (atualmente de $ 500 milhões) é supostamente de 50%.

O valor da opção para expansão no comércio eletrônico pode agora ser estimado por meio de um modelo de precificação de opções, com os seguintes parâmetros.

S = Valor presente dos fluxos de caixa esperados a partir da entrada no mercado hoje = $ 500 milhões
K = Custo de entrada no mercado hoje = $ 1 bilhão
σ^2 = Variância do valor presente dos fluxos de caixa esperados = $0,5^2 = 0,25$
r = 5,8% (taxa de obrigações de longo prazo do governo de cinco anos: análise feita em termos de dólares)
t = 5 anos

O valor da opção para expansão pode ser estimado.

$$\text{Opção para expansão} = 500(0{,}5786) - 1.000e^{(-0{,}058)(5)}(1{,}1789) = \$ \ 155{,}47 \text{ milhões}$$

Por que a opção expira em cinco anos? Se o mercado virtual na Índia expandir-se além desse ponto no tempo, pressupõe-se que haverá outros concorrentes potenciais entrando nesse mercado e que a Rediff.com não terá vantagens competitivas e, portanto, nenhum bom motivo para entrar nesse mercado. Se o negócio de comércio eletrônico na Índia expandir-se antes do esperado, pressupõe-se que a Rediff.com, como um dos poucos nomes reconhecidos no mercado, será capaz de alavancar a sua marca e os visitantes ao seu portal para estabelecer vantagens competitivas.

O valor da Rediff.com como empresa pode agora ser calculado como a soma do valor de fluxo de caixa descontado de $ 474 milhões e o valor da opção para expansão no mercado varejista ($ 155 milhões). É verdade que a avaliação de fluxo de caixa descontado baseia-se em alta taxa de crescimento em receitas, mas supõe-se que todo esse crescimento ocorra no portal de negócios na Internet e não no comércio eletrônico.

De fato, a opção de entrar no comércio eletrônico é apenas uma das várias opções disponíveis à Rediff. Outro caminho a tomar é tornar-se um provedor de recursos para desenvolvimento — desenvolvedores de software e programadores na Índia buscando trabalho de programação nos Estados Unidos e outros mercados desenvolvidos. O valor dessa opção pode também ser estimado por uma abordagem similar àquela já apresentada.

Opção de abandono de investimentos Ao investir em novos projetos, as empresas preocupam-se com o risco de que o investimento não se pagará e que os fluxos de caixa reais não atingirão as expectativas. Ter a opção para abandonar um projeto, caso não seja rentável, pode ser valioso, principalmente em projetos com potencial significativo para prejuízos. Nesta seção, examinamos o valor da opção de abandono e os seus determinantes.

Resultado sobre a opção de abandono A abordagem de precificação de opções fornece uma forma geral de estimar e incorporar o valor do abandono. Para ilustrar, vamos supor que V seja o valor remanescente de um projeto, se ele continuar até o final do seu ciclo de vida, e L seja o valor de liquidação ou do abandono para o mesmo projeto, no mesmo ponto no tempo. Se o projeto tiver um saldo de vida de n anos, o valor de dar continuidade ao projeto pode ser comparado ao valor de liquidação (abandono). Se o valor da continuidade for maior, o projeto deverá ser continuado; se o valor do abandono for maior, o detentor da opção de abandono poderá considerar a possibilidade de abandonar o projeto. Os resultados podem ser formulados como:

$$\text{Resultado da posse de uma opção de abandono} = 0 \qquad \text{se } V > L$$
$$= L - V \qquad \text{se } V \leq L$$

Esses resultados estão representados na Figura 12.6 como uma função do preço da ação esperado. Diferentemente dos dois casos anteriores, a opção de abandono assume as características de uma opção de venda.

EXEMPLO 12.10: Avaliação de opção de abandono: Airbus e Lear Aircraft

Vamos supor que a Lear Aircraft esteja interessada em construir uma pequena aeronave de passageiros e que aborde a Airbus com uma proposta de joint-venture. Cada empresa investirá $ 500 milhões na joint-venture, e produzirão aviões. Estima-se um ciclo de vida de 30 anos para o investimento. A Airbus faz a sua tradicional análise de investimentos e conclui

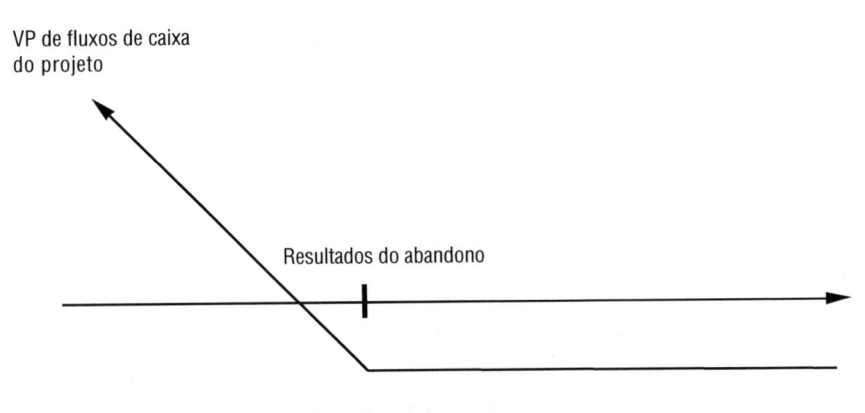

FIGURA 12.6 – Opção de abandono do projeto

que a sua cota do valor presente dos fluxos de caixa esperados seria de apenas $ 480 milhões. O valor presente líquido do projeto seria, portanto, negativo, e a Airbus não estaria disposta a participar dessa joint-venture.

Mediante a rejeição da joint-venture, a Lear aborda a Airbus com uma contraproposta e oferece comprar os 50% da cota da Airbus no empreendimento a qualquer momento nos próximos cinco anos por $ 400 milhões. Isso é menos do que a Airbus investiria inicialmente, mas estabelece um piso para as suas possíveis perdas e, assim, dá à Airbus uma opção de abandono. Para avaliar essa opção oferecida à Airbus, observem que os inputs são os seguintes:

S = Valor presente da cota dos fluxos de caixa do investimento hoje = $ 480 milhões
K = Valor do abandono = $ 400 milhões
t = Prazo de validade da opção de abandono = 5 anos

Para calcular a variância, suponhamos que a Airbus aplique uma simulação de Monte Carlo na análise do projeto e estime um desvio padrão no valor do projeto de 25%. Finalmente, observe que, uma vez que o projeto tem vida finita, o valor presente declinará ao longo do tempo, porque haverá poucos anos de fluxo de caixa restantes. Para simplificar, admitiremos que isso será proporcional ao tempo restante ao projeto.

$$Dividend\ yield = \frac{1}{\text{Vida remanescente do projeto}} = \frac{1}{30} = 3,33\%$$

Inserindo esses valores no modelo Black-Scholes e aplicando uma taxa livre de risco de 5%, avaliamos a opção de venda.

$$\text{Valor da opção de abandono} = 400e^{(-0,05)(5)}(1 - 0,5776) - 480e^{(-0,033)(5)}(1 - 0,7748)$$
$$= \$\ 40,09\ \text{milhões}$$

Como isso é maior que o valor presente líquido negativo do investimento, a Airbus deveria entrar nessa joint-venture. A Lear, no entanto, necessita gerar um valor presente líquido positivo de, no mínimo, $ 40,09 milhões, para compensar a concessão dessa opção.[17]

Implicações para avaliação Assim como a opção de abandono tem valor para projetos individuais, pode também afetar o valor das empresas que desenvolveram a flexibilidade de abandonar as suas escolhas de investimento. Consideremos um exemplo simples de duas empresas que parecem exatamente iguais com base no DCF — os mesmos fluxos de caixa esperados, os mesmos custos de capital, retornos sobre capital equivalentes e as mesmas taxas de crescimento esperado. Atribuiríamos o mesmo valor a ambas as empresas por meio dos modelos DCF. Entretanto, vamos supor que a primeira empresa (A) tenha sistematicamente inserido cláusulas de escape nos seus grandes investimentos — ela usa contratos de curto prazo em vez de longo prazo, não tem nenhum acordo de união de longo prazo e arrenda em vez de comprar ativos —, enquanto a segunda empresa (B) não tenha tomado as mesmas medidas. Nossa análise da opção de abandono sugeriria um valor maior para a empresa A.

A opção de abandono pode também fornecer uma percepção útil da qualidade do crescimento de receita nas empresas. Uma empresa que seduz clientes a comprar os seus produtos por meio de contratos de vários anos, com a promessa de que poderão voltar atrás, com pouco ou nenhum custo por ocasião de uma recessão, pode divulgar alto crescimento em receitas, mas devemos descontar o seu valor pelas opções de abandono que ofereceu aos seus clientes.

Reconciliação das avaliações de fluxo de caixa descontado e opções reais

Por que às vezes um investimento tem maior valor quando o avaliamos por meio de abordagens de opções reais do que com modelos tradicionais de fluxo de caixa descontado? A resposta está na flexibilidade que as empresas têm de mudar a forma como fazem negócios, com base no que observam no mercado. Assim, uma companhia petrolífera não produzirá a mesma quantidade de petróleo ou perfurará tantos poços novos, se o preço do petróleo cair para $ 35 por barril, como ocorreria, caso o preço do petróleo subisse para $ 75 por barril.

No tradicional valor presente líquido, levamos em consideração as atividades esperadas e as consequências dessas atividades no fluxo de caixa, para estimar o valor de um investimento. Se houver potencial para outros investimentos, expansão ou abandono mais à frente para a empresa, tudo o que podemos fazer é considerar as probabilidades dessas atividades e incorporá-las aos nossos fluxos de caixa. Os analistas geralmente admitem a flexibilidade, ao usar árvores de decisão e mapear o caminho ótimo, considerando-se cada resultado. Podemos, então, estimar o valor de uma empresa hoje, usando as probabilidades de cada ramificação e estimando o valor presente dos fluxos de caixa de cada ramificação.

Uma árvore de decisão tem expressiva semelhança com a abordagem de árvore binomial que utilizamos para avaliar as opções reais, mas há duas diferenças. A primeira é que as probabilidades dos resultados não são usadas diretamente para avaliar a opção real, e a segunda é que temos apenas duas ramificações a cada nódulo da árvore binomial. Apesar disso, pode-se imaginar por que as duas abordagens produzirão valores diferentes para o projeto. A resposta é surpreendentemente simples. Está nas premissas de taxa de desconto que adotamos para calcular o valor. Na abordagem de opções reais, usamos uma carteira réplica para calcular o valor. Na abordagem de árvore de decisão, utilizamos o custo de capital para o projeto como a taxa de desconto por todo o processo. Se a exposição ao risco de mercado, que é o que determina o custo de capital, mudar a cada nódulo, poderemos argumentar que o uso do mesmo custo de capital por todo o caminho é incorreto e que devemos modificar a taxa de desconto conforme evoluímos no decorrer do tempo. Se fizermos isso, obteremos o mesmo valor com ambas as metodologias. A abordagem de opções reais permite muito mais complexidade e é mais simples de aplicar com distribuições contínuas (em oposição aos resultados arbitrários que assumimos nas árvores de decisão).

CONCLUSÃO

Há dois pontos claros sobre os quais existe ampla concordância. Os ativos intangíveis são um componente significativo da economia global e do valor de muitas empresas de capital aberto, e os contadores não fazem um bom trabalho de avaliação desses ativos. Neste capítulo, concentramos nossa atenção na melhor forma de estimar o valor de ativos intangíveis.

O primeiro e mais fácil grupo de ativos para avaliar são os ativos intangíveis associados a um único produto ou serviço e que geram fluxos de caixa. Exemplos simples deles seriam as marcas registradas e os direitos autorais, e eles podem ser avaliados por meio de modelos convencionais de fluxo de caixa descontado, com os fluxos de caixa estimados com base no produto ou serviço, por um tempo de vida finito.

O segundo grupo de ativos intangíveis é mais complicado, porque esses ativos geram fluxos de caixa para uma empresa em vez de para um produto específico, e os seus benefícios disseminam-se mais amplamente. Um exemplo clássico é a marca, que pode afetar as vendas de múltiplas linhas de produto, bem como o custo de capital de uma empresa. Apresentamos uma série de formas para calcular o valor da marca, mas uma advertência é que a marca torna-se difícil de avaliar, quando está emaranhada com outras vantagens competitivas.

O último grupo de ativos intangíveis inclui aqueles que não geram fluxos de caixa de imediato, porém possuem potencial para criar fluxos de caixa no futuro, sob as circunstâncias certas. Nesse grupo, incluímos não só as patentes não desenvolvidas e as reservas de recursos naturais, mas também as opções mais genéricas de flexibilidade, para expansão a novos mercados e negócios ou para abandono de investimentos existentes. Esses ativos são mais bem avaliados pelos modelos de precificação de opções.

APÊNDICE 12.1: MODELOS DE PRECIFICAÇÃO DE OPÇÕES

Uma opção dá ao seu detentor o direito de comprar ou vender uma quantidade específica de um *ativo subjacente*, a um preço fixo (chamado *strike price* ou *preço de exercício*), na *data de expiração* da opção ou antes dela. Como é um direito e não uma obrigação, o detentor pode optar por não exercer o direito e permitir que a opção expire. Há dois tipos de opção: *opções de compra (call options)* e *opções de venda (put options)*.

Opções de compra e de venda: descrição e diagramas de resultados

Uma opção de compra dá ao comprador da opção o direito de comprar o ativo subjacente a um preço fixo, chamado *strike price* ou preço de exercício, a qualquer momento antes da data de expiração da opção. O comprador paga um preço (prêmio) por esse direito. Se, na data da expiração, o valor do ativo for menor que o preço de exercício, a opção não é exercida e expira sem valor. Se, ao contrário, o valor do ativo é maior que o preço de exercício, a opção é exercida — o comprador da opção compra o ativo (ação) ao preço de exercício. E a diferença entre o valor do ativo e o preço de exercício compreende o lucro bruto do investimento na opção. O lucro líquido do investimento é a diferença entre o lucro bruto e o preço pago inicialmente pela opção de compra.

Um diagrama de resultado ilustra os resultados-caixa de uma opção na data de expiração. Para uma opção de compra, o resultado líquido é negativo (e igual ao preço pago pela opção de compra), se o valor do ativo subjacente for menor que o preço de exercício. Se o preço do ativo subjacente exceder o preço de exercício, o resultado bruto será a diferença entre o valor do ativo subjacente e o preço de exercício, e o resultado líquido será a diferença entre o retorno bruto e o preço da opção de compra, conforme ilustra a Figura A12.1.

Uma opção de venda dá ao comprador da opção o direito de vender o ativo subjacente a um preço fixo, novamente chamado de *strike price* ou preço de exercício, a qualquer momento antes da data de expiração da opção. O comprador da opção paga um preço por esse direito. Se o preço do ativo subjacente for maior que o preço de exercício, a opção não será exercida e expirará sem valor. Se, ao contrário, o preço do ativo subjacente for menor que o preço de exercício, o detentor da opção de venda exercerá a opção e venderá a ação ao preço de exercício, reivindicando a diferença entre o preço de exercício e o valor de mercado do ativo como o lucro bruto. Novamente, a dedução do custo inicial pago pela opção de venda gera o lucro líquido da transação.

Uma opção de venda tem resultado líquido negativo se o valor do ativo subjacente exceder o preço de exercício e possui retorno bruto igual à diferença entre o preço de exercício e o valor do ativo subjacente se o valor do ativo for menor que o preço de exercício. Isso está resumido na Figura A12.2.

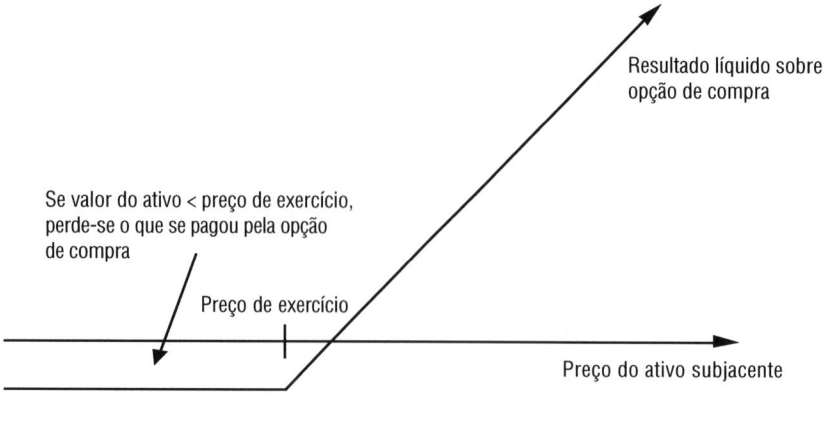

FIGURA A12.1 – Resultado de uma opção de compra

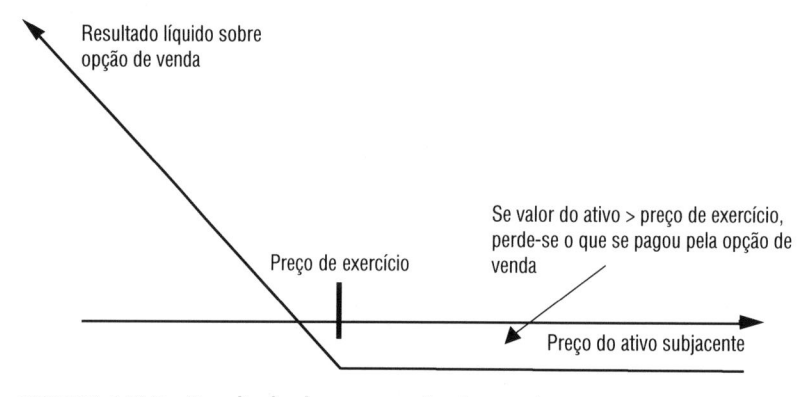

FIGURA A12.2 – Resultado de uma opção de venda

Determinantes do valor da opção

O valor de uma opção é determinado por seis variáveis relacionadas ao ativo subjacente e aos mercados financeiros:

1. *Valor corrente do ativo subjacente.* As opções são ativos que derivam valor de um ativo subjacente. Conseqüentemente, as alterações no valor desse ativo afetarão o valor das opções sobre esse ativo. Como as opções de compra dão o direito de compra do ativo subjacente a um preço fixo, um aumento no valor do ativo aumentará o valor da opção de compra. As opções de venda, ao contrário, tornam-se menos valiosas à medida que aumenta o valor do ativo.
2. *Variância no valor do ativo subjacente.* O comprador de uma opção adquire o direito de compra (*call*) ou venda (*put*) do ativo subjacente a um preço fixo. Quanto maior a variância no valor do ativo subjacente, maior será o valor da opção.[18] Isso se aplica tanto às opções de compra quanto às opções de venda. Embora possa parecer insensato que um aumento em um indicador de risco (variância) deva aumentar o valor, as opções diferem de outros títulos, porque os compradores de opções nunca podem perder mais que o preço que pagam por elas; de fato, eles têm o potencial de obter retornos significativos a partir de grandes oscilações de preço.
3. *Dividendos pagos sobre ativo subjacente.* Pode-se esperar que o valor do ativo subjacente diminua se os pagamentos de dividendos forem feitos sobre o ativo durante o tempo de vida da opção. Conseqüentemente, o valor de uma opção de compra sobre o ativo é uma função *redutora* do tamanho dos pagamentos esperados de dividendos, e o valor de uma opção de venda é uma função *ampliadora* dos pagamentos esperados de dividendos. Há uma forma mais intuitiva de se refletir sobre os pagamentos de dividendos para opções de compra. Trata-se de um custo de postergação de exercício sobre as opções 'dentro-do-dinheiro'. Para compreender o porquê, consideremos uma opção sobre uma ação negociada. Quando uma opção de compra está 'dentro-do-dinheiro' (isto é, o detentor da opção terá um retorno bruto ao exercer a opção), exercer a opção de compra proverá o detentor da ação e lhe dará direito aos dividendos sobre a ação em períodos subseqüentes. Deixar de exercer a opção significará uma renúncia a esses dividendos.
4. *Preço de exercício da opção.* Uma característica essencial usada para descrever uma opção é o preço de exercício. No caso das opções de compra, em que o detentor adquire o direito de comprar a um preço fixo, o valor da opção de compra diminuirá se o preço de exercício aumentar. No caso das opções de venda, em que o detentor tem o direito de vender a um preço fixo, o valor aumentará se o preço de exercício aumentar.

5. *Prazo de expiração da opção.* Tanto as opções de compra quanto as opções de venda perdem valor se o prazo de expiração diminui. Isso ocorre porque o menor prazo de expiração provê menos tempo para o valor do ativo subjacente mover-se, reduzindo o valor de ambos os tipos de opção. Além disso, no caso de uma opção de compra, em que o comprador tem de pagar um preço fixo na data de expiração, o valor presente desse preço fixo aumenta à medida que o tempo de vida da opção diminui, reduzindo o valor da opção de compra.
6. *Taxas de juros livres de risco correspondentes ao tempo de vida das opções.* Como o comprador de uma opção paga o preço da opção de imediato, há um custo de oportunidade envolvido. Esse custo dependerá do nível dos juros e do prazo de expiração da opção. A taxa de juros livre de risco também entra na avaliação das opções, quando o valor presente do preço de exercício é calculado, já que o preço de exercício não tem de ser pago ou recebido antes da expiração da opção. Aumentos nos juros aumentarão o valor das opções de compra e reduzirão o valor das opções de venda.

A Tabela A12.1 resume as variáveis e os seus efeitos previstos sobre os preços de opções de compra e opções de venda.

Opções norte-americanas *versus* européias: variáveis relacionadas a exercício antecipado

Uma distinção fundamental entre opções norte-americanas e européias é que as norte-americanas podem ser exercidas a qualquer momento antes da expiração, enquanto as européias podem ser exercidas apenas na data da expiração. A possibilidade de exercício antecipado torna as opções norte-americanas mais valiosas que as similares européias; também as torna mais difíceis de avaliar. Há um fator compensador que permite ao primeiro grupo ser avaliado pelos modelos destinados ao segundo grupo. Na maioria dos casos, o prêmio pelo tempo associado ao tempo de vida remanescente de uma opção e os custos de transação tornam o exercício antecipado menos desejável. Em outras palavras, os detentores de opções 'dentro-do-dinheiro' geralmente ganham muito mais vendendo as opções do que exercendo-as.

Embora em geral o exercício antecipado não seja ideal, há pelo menos duas exceções a essa regra. Uma é quando o ativo subjacente paga altos dividendos, reduzindo assim o valor do ativo e quaisquer opções de compra sobre esse ativo. Nesse caso, as opções de compra podem ser exercidas apenas antes da data ex-dividendos, se o prêmio pelo tempo das opções for menor que o declínio esperado no valor do ativo em decorrência do pagamento do dividendo. A outra exceção surge quando um investidor detém tanto o ativo subjacente quanto as opções de venda profundamente 'dentro-do-dinheiro' sobre esse ativo, em um período em que os juros estão altos. Nesse caso, o prêmio pelo tempo sobre a opção de venda pode ser menor que o ganho potencial de se exercer a opção de venda antecipadamente e obter juros sobre o preço de exercício.

Modelos de precificação de opções

A teoria da precificação de opções evolui a passos largos desde 1973, quando Fischer Black e Myron Scholes publicaram a sua tese inovadora,[19] fornecendo um modelo para avaliação das opções européias protegidas por dividendos. Black e Scholes usaram uma "carteira réplica" — uma carteira composta pelo ativo subjacente e o ativo livre de risco que tinham os mesmos fluxos de caixa da opção avaliada — para chegar à sua fórmula final. Embora a derivação deles seja matematicamente complicada, há um modelo binomial mais simples para avaliação de opções que se baseia na mesma lógica.

TABELA A12.1: Resumo das variáveis que afetam os preços de opções de compra e de venda

	Efeito sobre	
Fator	Valor da opção de compra (*call*)	Valor da opção de venda (*put*)
Aumento no valor do ativo subjacente	Aumenta	Diminui
Aumento no preço de exercício	Diminui	Aumenta
Aumento na variância do ativo subjacente	Aumenta	Aumenta
Aumento no prazo de expiração	Aumenta	Aumenta
Aumento nas taxas de juros	Aumenta	Diminui
Aumento nos dividendos pagos	Diminui	Aumenta

Modelo binomial O modelo binomial de precificação de opções baseia-se em uma fórmula simples para o processo de precificação do ativo, em que o ativo, em qualquer período, pode mover-se para um de dois preços possíveis. A fórmula geral de um processo de precificação de ação que segue o binomial é demonstrada na Figura A12.3. Nessa figura, o S é o preço corrente da ação; o preço sobe para Su com a probabilidade p e desce para Sd com a probabilidade $1 - p$, em qualquer período.

Criação de uma carteira réplica O objetivo de uma carteira réplica é usar uma combinação de tomada/concessão de empréstimo livre de risco e o ativo subjacente, para criar uma carteira que tenha os mesmos fluxos de caixa que a opção avaliada. Os princípios de arbitragem aplicam-se aqui, e o valor da opção deve ser igual ao valor da carteira réplica. No caso da fórmula geral que acabamos de fornecer, em que os preços das ações podem subir para Su ou descer para Sd a qualquer momento, a carteira réplica para uma opção de compra com preço de exercício K envolverá a tomada de empréstimo de $\$B$ e a aquisição Δ do ativo subjacente, onde:

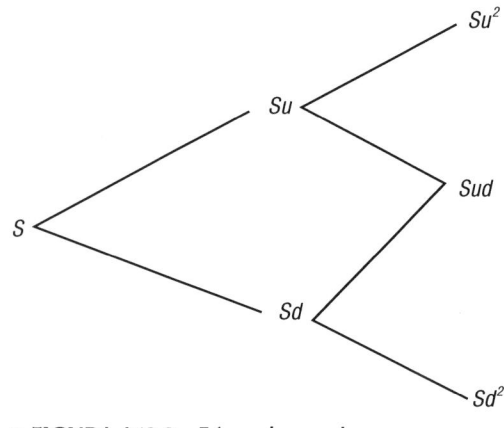

■ **FIGURA A12.3** – Fórmula geral para o caminho binomial de preços

$$\Delta = \text{Número de unidades adquiridas de ativo subjacente} = \frac{C_u - C_d}{Su - Sd}$$

onde C_u = Valor da opção de compra, se o preço da ação for Su

C_d = Valor da opção de compra, se o preço da ação for Sd

Em um processo binomial multiperíodo, a avaliação deve proceder de forma iterativa, ou seja, começando-se pelo último período e retrocedendo-se no tempo até o momento atual. As carteiras que replicam a opção são criadas a cada passo e avaliadas, fornecendo os valores da opção nesse período. O produto final do modelo de precificação de opções binomial é uma declaração do valor da opção, em termos de carteira réplica, composta por Δ ações (delta da opção) do ativo subjacente e a tomada/concessão de empréstimo livre de risco.

Valor da opção de compra = Valor corrente do ativo subjacente × Delta da opção
– Tomada de empréstimo necessária para replicar a opção

EXEMPLO A12.1: Avaliação binomial de opção

Vamos supor que o objetivo seja avaliar uma opção de compra com um preço de exercício de 50, que deve expirar em dois períodos, sobre um ativo subjacente cujo preço corrente é de $ 50 e deve seguir um processo binomial:

Preço de exercício da opção de compra = 50
Expira em $t = 2$

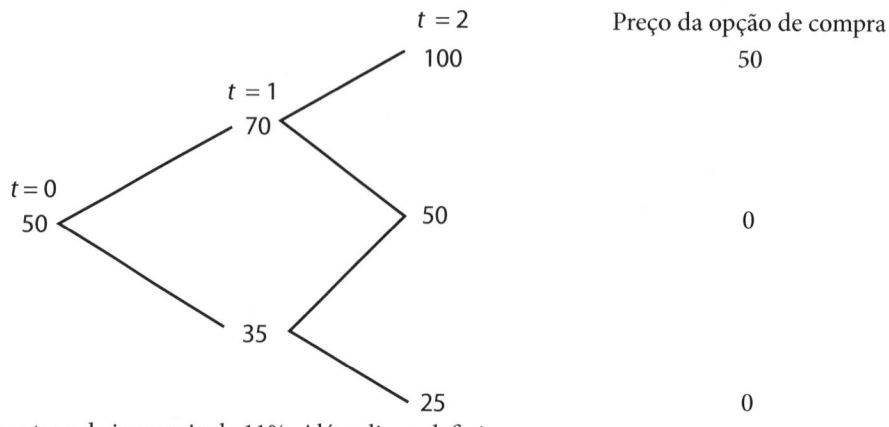

Agora, vamos supor que a taxa de juros seja de 11%. Além disso, definir

Δ = Número de ações da carteira réplica

B = Empréstimo em dólares da carteira réplica

O objetivo é combinar Δ ações com B dólares do empréstimo para replicar os fluxos de caixa da opção de compra com um preço de exercício de 50. Isso pode ser feito de forma iterativa, começando-se pelo último período e retrocedendo-se pela árvore binomial.

Passo 1: Comece pelos nódulos finais e trabalhe em retrocesso:

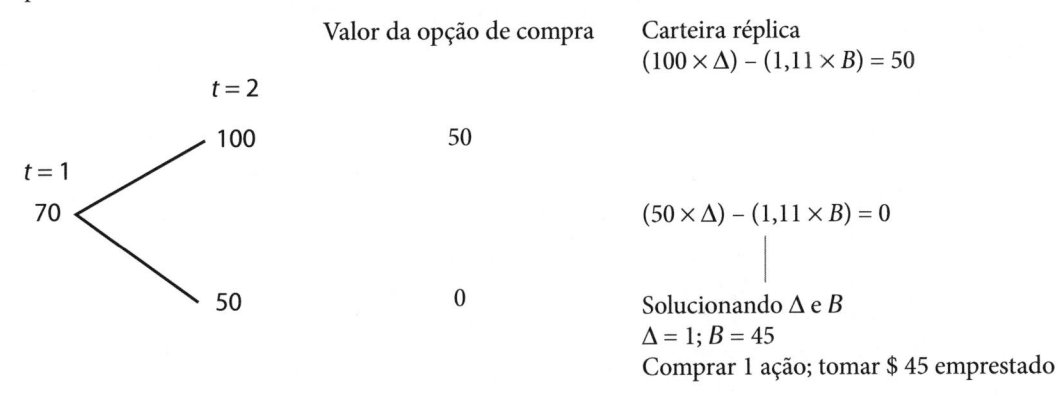

$$
\begin{array}{c}
t=1 \\
70
\end{array}
\begin{array}{c}
t=2 \\
\nearrow 100 \\
\searrow 50
\end{array}
\quad
\begin{array}{c}
\text{Valor da opção de compra} \\
50 \\
\\
0
\end{array}
\quad
\begin{array}{l}
\text{Carteira réplica} \\
(100 \times \Delta) - (1{,}11 \times B) = 50 \\
\\
(50 \times \Delta) - (1{,}11 \times B) = 0 \\
\\
\text{Solucionando } \Delta \text{ e } B \\
\Delta = 1; B = 45 \\
\text{Comprar 1 ação; tomar \$ 45 emprestado}
\end{array}
$$

Dessa forma, se o preço da ação for $ 70 a $t = 1$, tomar empréstimo de $ 45 e comprar uma ação gerarão os mesmos fluxos de caixa de uma opção de compra. O valor da opção de compra a $t = 1$, se o preço da ação for $ 70, é:

Valor da opção de compra = Valor da posição replicante = $70\Delta - B = (70)(1) - 45 = 25$

Considerando-se a outra perna da árvore binomial a $t = 1$,

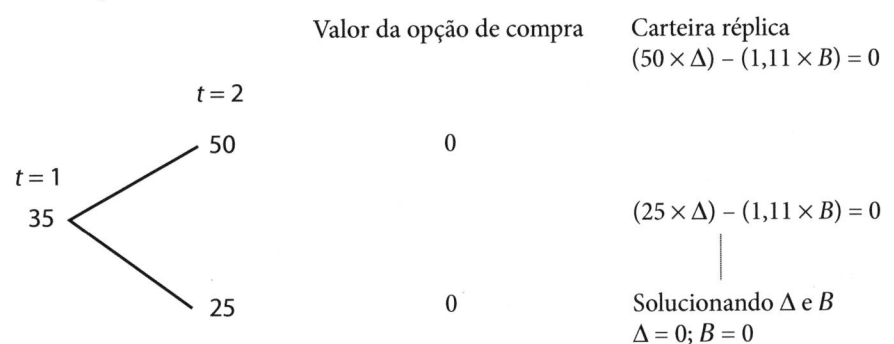

$$
\begin{array}{c}
t=1 \\
35
\end{array}
\begin{array}{c}
t=2 \\
\nearrow 50 \\
\searrow 25
\end{array}
\quad
\begin{array}{c}
\text{Valor da opção de compra} \\
0 \\
\\
0
\end{array}
\quad
\begin{array}{l}
\text{Carteira réplica} \\
(50 \times \Delta) - (1{,}11 \times B) = 0 \\
\\
(25 \times \Delta) - (1{,}11 \times B) = 0 \\
\\
\text{Solucionando } \Delta \text{ e } B \\
\Delta = 0; B = 0
\end{array}
$$

Se o preço da ação for 35 a $t = 1$, a opção de compra não valerá nada.

Passo 2: Retroceda ao período anterior e crie uma carteira réplica que fornecerá os fluxos de caixa que a opção fornecerá.

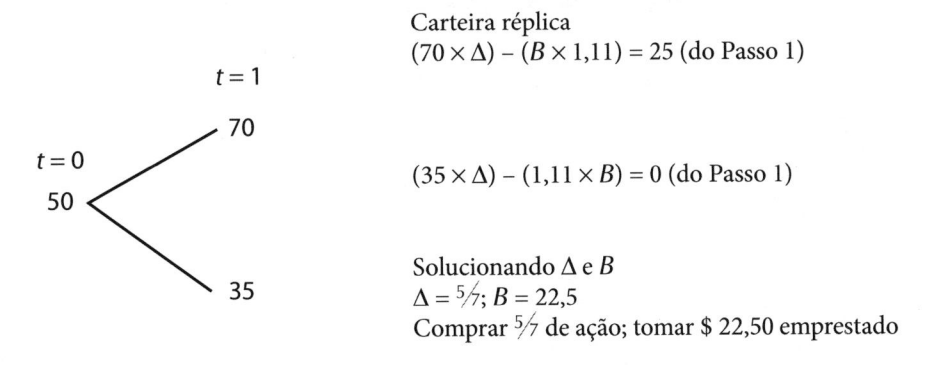

$$
\begin{array}{c}
t=0 \\
50
\end{array}
\begin{array}{c}
t=1 \\
\nearrow 70 \\
\searrow 35
\end{array}
\quad
\begin{array}{l}
\text{Carteira réplica} \\
(70 \times \Delta) - (B \times 1{,}11) = 25 \text{ (do Passo 1)} \\
\\
(35 \times \Delta) - (1{,}11 \times B) = 0 \text{ (do Passo 1)} \\
\\
\text{Solucionando } \Delta \text{ e } B \\
\Delta = 5/7; B = 22{,}5 \\
\text{Comprar } 5/7 \text{ de ação; tomar \$ 22,50 emprestado}
\end{array}
$$

Em outras palavras, tomar empréstimo de $ 22,50 e comprar $5/7$ de uma ação produzirão os mesmos fluxos de caixa de uma opção de compra, com um preço de exercício de 50. O valor da opção de compra, portanto, deve ser o mesmo do custo de criação dessa posição:

Valor da opção de compra = Valor da posição replicante
$$= \left(\frac{5}{7}\right)(\text{Preço corrente da ação}) - 22{,}5 = \left(\frac{5}{7}\right)(50) - 22{,}5 = 13{,}21$$

Determinantes do valor O modelo binomial fornece uma visão dos determinantes do valor da opção. O valor de uma opção não é determinado pelo preço *esperado* do ativo, mas pelo seu preço *corrente*, que, evidentemente, reflete as expectativas sobre o futuro. Trata-se de uma conseqüência direta da arbitragem. Se o valor da opção desvia-se do valor da carteira réplica, os investidores podem criar uma posição de arbitragem (isto é, uma que não demande nenhum investimento, não envolva nenhum risco e produza retornos positivos). Para ilustrar, se a carteira que replica uma opção de compra custar mais que o valor da opção de compra no mercado, um investidor poderia comprar a opção de compra, vender a carteira réplica e garantir a diferença como lucro. Os fluxos de caixa das duas posições compensarão uma à outra, não acarretando nenhum fluxo de caixa nos períodos subseqüentes. O valor da opção também aumenta com a extensão do prazo de expiração, com o aumento das oscilações de preço (u e d) e com os aumentos nos juros.

Embora o modelo binomial forneça uma percepção intuitiva aos determinantes do valor da opção, exige um grande número de inputs, em termos dos preços futuros esperados a cada nódulo. À medida que encurtamos os períodos no modelo binomial, podemos adotar duas premissas sobre os preços das ações. Podemos assumir que as alterações de preço são menores com tempos mais curtos; isso leva a mudanças de preços que se tornam infinitamente pequenas à medida que os períodos aproximam-se de zero, acarretando um *processo de preço contínuo*. Alternativamente, podemos supor que as mudanças de preço permaneçam grandes, mesmo quando o período encurta; isso leva a um *processo de salto de preço*, em que os preços podem saltar em qualquer período. Nesta seção, consideramos os modelos de precificação de opções que surgem com cada uma dessas premissas.

Modelo Black-Scholes Quando o processo de preço é contínuo (isto é, as alterações de preço tornam-se menores com o encurtamento do tempo), o modelo binomial para precificação de opções converge para o modelo Black-Scholes. O modelo, que leva o nome dos seus criadores, Fischer Black e Myron Scholes, permite estimar o valor de qualquer opção, por meio de um pequeno número de inputs e tem-se revelado notavelmente robusto na avaliação de muitas opções listadas.

O modelo Embora a derivação do modelo Black-Scholes seja complicada demais para apresentarmos aqui, também é baseada na idéia de criar uma carteira do ativo subjacente e do ativo livre de risco, com os mesmos fluxos de caixa e, portanto, o mesmo custo da opção avaliada. O valor de uma opção de compra no modelo Black-Scholes pode ser escrito como uma função de cinco variáveis:

S = Valor corrente do ativo subjacente
K = Preço de exercício da opção
t = Tempo de vida da opção até a expiração
r = Taxa de juros livres de risco correspondente ao tempo de vida da opção
σ^2 = Variância do ln(valor) do ativo subjacente

O valor de uma opção de compra é, portanto:

$$\text{Valor da opção de compra} = S\,N(d_1) - K\,e^{-rt}\,N(d_2)$$

onde $$d_1 = \frac{\ln\left(\dfrac{S}{K}\right) + \left(r + \dfrac{\sigma^2}{2}\right)t}{\sigma\sqrt{t}}$$

$$d_2 = d_1 - \sigma\sqrt{t}$$

Note que e^{-rt} é o fator do valor presente e reflete o fato de que o preço de exercício sobre a opção de compra não tem de ser pago até a expiração. $N(d_1)$ e $N(d_2)$ são probabilidades estimadas por uma distribuição normal padronizada cumulativa e pelos valores d_1 e d_2 obtidos para uma opção. A distribuição cumulativa é demonstrada na Figura A12.4.

Em termos aproximados, $N(d_2)$ gera a probabilidade de uma opção produzir fluxos de caixa positivos para seu detentor no exercício (isto é, quando $S > K$ no caso de uma opção de compra e quando $K > S$ no caso de uma opção de venda). A carteira que replica uma opção de compra é criada pela compra de $N(d_1)$ unidades do ativo subjacente e pelo empréstimo de $Ke^{-rt}N(d_2)$. A carteira terá os mesmos fluxos de caixa da opção de compra e, assim, o mesmo valor da opção. $N(d_1)$, que é o número de unidades do ativo subjacente necessárias para se criar a carteira réplica, é chamada de *delta da opção*.

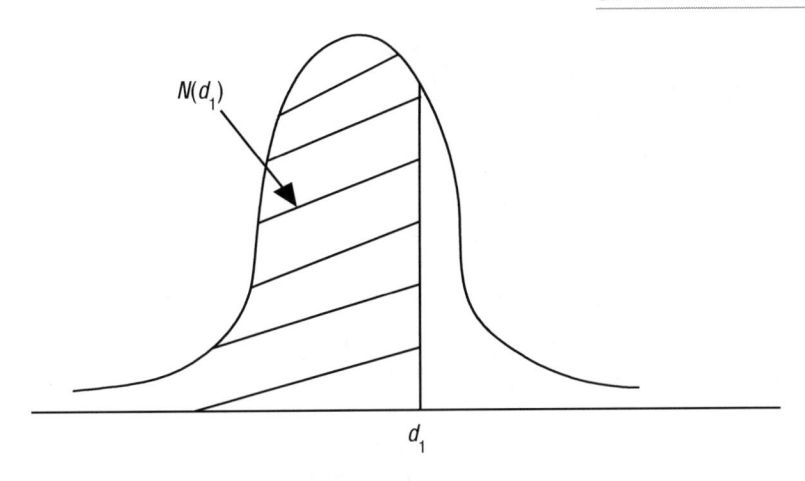

FIGURA A12.4 – Distribuição normal cumulativa

Limitações e ajustes do modelo O modelo Black-Scholes destinava-se à avaliação de opções que podem ser exercidas somente na maturidade e sobre ativos subjacentes que não pagam dividendos. Além disso, as opções são avaliadas com base na premissa de que o exercício da opção não afeta o valor do ativo subjacente. Na prática, os ativos pagam dividendos, as opções às vezes são exercidas antecipadamente e o exercício de uma opção pode afetar o valor do ativo subjacente. Ajustes existem para permitir correções parciais ao modelo Black-Scholes.

Dividendos O pagamento de um dividendo reduz o preço da ação; vale observar que, no dia ex-dividendo, o preço da ação geralmente cai. Conseqüentemente, as opções de compra tornam-se menos valiosas e as de venda mais valiosas, com o aumento dos pagamentos esperados de dividendos. Há duas formas de se lidar com os dividendos no modelo Black-Scholes:

1. *Opções de curto prazo*. Uma abordagem para lidar com dividendos é estimar o valor presente dos dividendos esperados que serão pagos pelo ativo subjacente durante o tempo de vida da opção e subtraí-lo do valor corrente do ativo para uso como S no modelo.

   Preço da ação modificado = Preço corrente da ação

   – Valor presente dos dividendos esperados no tempo de vida da opção

2. *Opções de longo prazo*. Como fica impraticável estimar o valor presente dos dividendos à medida que aumenta o tempo de vida da opção, sugerimos uma abordagem alternativa. Se for esperado que o *dividend yield* (y = dividendos/valor corrente do ativo) sobre o ativo subjacente mantenha-se inalterado no tempo de vida da opção, o modelo Black-Scholes pode ser modificado para levar em consideração os dividendos.

$$C = S e^{-yt} N(d_1) - K e^{-rt} N(d_2)$$

onde $d_1 = \dfrac{\ln\left(\dfrac{S}{K}\right) + \left(r - y + \dfrac{\sigma^2}{2}\right)t}{\sigma\sqrt{t}}$

$d_2 = d_1 - \sigma\sqrt{t}$

Do ponto de vista intuitivo, os ajustes possuem dois efeitos. Primeiro, o valor do ativo é descontado de volta ao presente no *dividend yield*, para levar em consideração a queda esperada no valor do ativo, resultante do pagamento de dividendos. Segundo, a taxa de juros é compensada pelo *dividend yield*, de modo a refletir o menor custo de carregamento de se manter o ativo (na carteira réplica). O efeito líquido será uma redução no valor das opções de compra estimadas por esse modelo.

Exercícios antecipados Há duas formas básicas de se lidar com a possibilidade de exercício antecipado. Uma é continuar a usar o modelo Black-Scholes sem qualquer ajuste e considerar o valor resultante como um piso ou uma estimativa conservadora do real valor. A outra é tentar ajustar o valor da opção para a possibilidade de exercício antecipado. Há duas abordagens para isso. Uma utiliza o Black-Scholes para avaliar a opção a cada data potencial de exercício. Com as opções sobre ações, isso requer basicamente que avaliemos as opções para cada dia ex-dividendos e escolhamos o máximo de valores estimados de opção de compra. A segunda metodologia é usar uma versão modificada do modelo binomial para considerar a possibilidade de exercício antecipado. Nessa versão, as oscilações para cima e para baixo dos preços do ativo em cada período podem ser estimadas a partir da variância e da duração de cada período.[20]

Abordagem 1: Avaliação pseudo-americana

Passo 1: Definir quando os dividendos serão pagos e de quanto serão os dividendos.

Passo 2: Avaliar a opção de compra para cada data ex-dividendos, usando a abordagem ajustada a dividendos, descrita anteriormente, em que o preço da ação é reduzido pelo valor presente dos dividendos esperados.

Passo 3: Escolher o máximo de valores de opção de compra estimados para cada dia ex-dividendos.

Abordagem 2: Uso do binomial O modelo binomial é muito mais capaz de lidar com o exercício antecipado porque considera os fluxos de caixa a cada período, em vez de apenas na data de expiração. A maior limitação do binomial é determinar quais serão os preços das ações ao final de cada período, mas isso pode ser superado pelo uso de uma variação que permita estimar as oscilações para cima e para baixo nos preços das ações, a partir da variância estimada. Quatro passos estão envolvidos:

Passo 1: Se a variância ln(preços das ações) foi estimada para o Black-Scholes, converter esses inputs para o binomial:

$$u = e^{\left[\left(r-\frac{\sigma^2}{2}\right)\left(\frac{T}{m}\right) + \sqrt{\frac{\sigma^2 T}{m}}\right]}$$

$$d = e^{\left[\left(r-\frac{\sigma^2}{2}\right)\left(\frac{T}{m}\right) - \sqrt{\frac{\sigma^2 T}{m}}\right]}$$

onde u e d são as oscilações para cima e para baixo por unidade de tempo para o binomial, T é o tempo de vida da opção e m é o número de períodos dentro desse ciclo de vida.

Passo 2: Especificar o período em que os dividendos serão pagos e adotar a premissa de que o preço cairá pela quantidade de dividendos nesse período.

Passo 3: Avaliar a opção de compra a cada nódulo da árvore, admitindo a possibilidade de exercício antecipado apenas antes das datas ex-dividendos. Haverá exercício antecipado, se o prêmio pelo tempo restante sobre a opção for menor que a queda esperada no valor da opção, em decorrência do pagamento de dividendos.

Passo 4: Avaliar a opção de compra no tempo 0, usando a abordagem binomial padrão.

Impacto do exercício sobre o valor do ativo subjacente O modelo Black-Scholes baseia-se na premissa de que o exercício de uma opção não afeta o valor do ativo subjacente. Isso pode ser verdadeiro para as opções listadas nas ações, mas não o é para alguns tipos de opção. Por exemplo, o exercício de *warrants* aumenta o número de ações em circulação e traz caixa novo para a empresa; ambos afetarão o preço da ação.[21] O impacto negativo esperado (diluição) do exercício diminuirá o valor das *warrants* em comparação com outras opções de compra similares. O ajuste no Black-Scholes para a diluição ao preço da ação é razoavelmente simples. O preço da ação é ajustado para a diluição esperada do exercício das opções. No caso das *warrants*, por exemplo:

$$S \text{ ajustado para diluição} = \frac{Sn_S + Wn_W}{n_S + n_W}$$

onde S = Valor corrente da ação

n_s = Número de ações em circulação

W = Valor das *warrants* em circulação

n_w = Número de *warrants* em circulação

Quando as *warrants* são exercidas, o número de ações em circulação aumentará, reduzindo o preço da ação. O numerador reflete o valor de mercado do patrimônio líquido, incluindo tanto as ações quanto as *warrants* em circulação. A redução em S diminuirá o valor da opção de compra.

Há um elemento de circularidade nessa análise, já que o valor da *warrant* é necessário para se estimar o *S* ajustado à diluição, e o *S* ajustado à diluição é necessário para se estimar o valor da *warrant*. Esse problema pode ser resolvido iniciando-se o processo com um valor assumido para a *warrant* (digamos, o valor de exercício ou o preço de mercado corrente da *warrant*). Isso produzirá um valor para a *warrant*, e esse valor estimado pode ser usado como input para se reestimar o valor da *warrant*, até haver convergência.

Modelo Black-Scholes para avaliação de opções de venda
O valor de uma opção de venda pode ser derivado do valor de uma opção de compra com o mesmo preço de exercício e a mesma data de expiração.

$$C - P = S - K e^{-rt}$$

onde C é o valor da opção de compra e P é o valor da opção de venda. Essa relação entre os valores de opção de compra (*call*) e opção de venda (*put*) é chamada *paridade put-call*, e quaisquer desvios da paridade podem ser usados pelos investidores para gerar lucros livres de risco. Para compreender por que a paridade *put-call* se mantém, consideremos a venda de uma opção de compra e a compra de uma opção de venda com preço de exercício K e data de expiração t, e simultaneamente a compra do ativo subjacente ao preço corrente S. O retorno dessa posição é livre de risco e sempre gera K na data de expiração t. Para constatar isso, vamos supor que o preço da ação na data de expiração seja S^*. O retorno sobre cada posição na carteira pode ser formulado como:

Posição	Retornos em t se $S^* > K$	Retornos em t se $S^* < K$
Venda da opção de compra	$-(S^* - K)$	0
Compra da opção de venda	0	$K - S^*$
Compra de ação	S^*	S^*
Total	K	K

Como essa posição gera K com certeza, o custo de se criar essa posição deve ser igual ao valor presente de K à taxa livre de risco (Ke^{-rt}).

$$S + P - C = Ke^{-rt}$$
$$C - P = S - Ke^{-rt}$$

Substituindo-se a equação Black-Scholes pelo valor de uma opção de compra equivalente nessa equação, obteremos:

$$\text{Valor da opção de venda} = K e^{-rt}[1 - N(d_2)] - S e^{-yt}[1 - N(d_1)]$$

onde $d_1 = \dfrac{\ln\left(\dfrac{S}{K}\right) + \left(r - y + \dfrac{\sigma^2}{2}\right)t}{\sigma\sqrt{t}}$

$d_2 = d_1 - \sigma\sqrt{t}$

Dessa forma, a carteira réplica para uma opção de venda é criada vendendo-se a descoberto $1 - N(d_1)$ fração de ações e investindo-se $K e^{-rt}[1 - N(d_2)]$ no ativo livre de risco.

Notas

1. L. Nakamura, "Intangibles: what put the new in the new economy?", *Federal Reserve Bank of Philadelphia Business Review*, jul./ago. 1999, p. 3–16.
2. B. Lev, "Remarks on the measurement, valuation and reporting of intangible assets", *FRBNY Economic Policy Review*, set. 2003.
3. B. Lev e P. Zarowin, "The boundaries of financial reporting and how to extend them", *Journal of Accounting Research*, outono 1999, p. 353–385.
4. Estou propositadamente fazendo essas suposições da forma mais otimista possível. Espero que você, como leitor, possa fazer com que os fluxos de caixa reais assemelhem-se às minhas estimativas.
5. Quando usamos os valores ajustados pela inflação, o valor da marca aumenta de $ 26,15 bilhões para quase $ 40 bilhões.
6. Como o retorno sobre capital é produto da margem operacional após impostos e da razão de giro de vendas, essa abordagem oferece às empresas de marca dois caminhos para o aumento de valor. No primeiro, elas cobram preços mais altos pelos mesmos produtos e obtêm margens mais elevadas. No segundo, cobram preços similares, mas podem vender mais do seu produto, aumentando assim as razões de giro de vendas.
7. P. Fernandez, "Valuation of brands and intellectual capital", *Working Paper*, SSRN, 2001.
8. Com um modelo binomial, estimamos um valor de $ 915 milhões para a mesma opção.

9. Trata-se de uma versão simplificada do exemplo fornecido por Siegel, Smith e Paddock, para avaliar uma plataforma de petróleo *offshore*. Consulte D. Siegel, J. Smith e J. Paddock, "Valuing offshore oil properties with option pricing models". In: *The new corporate finance*, ed. D. H. Chew Jr. Nova York: McGraw-Hill, 1993.
10. Para fins de simplicidade, vamos pressupor que, enquanto esse valor marginal por barril aumentar com o tempo, o valor presente do valor marginal permanecerá inalterado a $ 12 por barril. Se não adotarmos essa premissa, teremos de estimar o valor presente do petróleo que será extraído pelo período de extração.
11. Neste exemplo, assumimos que a única incerteza é o preço do petróleo, e a variância, portanto, torna-se a variância em ln(preços do petróleo).
12. No modelo binomial, chegamos a uma estimativa de valor de $ 99,15 milhões.
13. Se possuirmos algumas reservas em perpetuidade, deveremos limitar a vida da reserva a um grande valor — digamos, 30 anos — ao fazer essa estimativa.
14. No modelo binomial, estimamos o valor das reservas em $ 13,73 bilhões.
15. Consulte o Apêndice 12.1 para mais informações sobre como fazer essa conversão.
16. Podemos calcular a opção de compra com limite superior, avaliando a opção de expansão duas vezes no modelo Black-Scholes, uma vez com um preço de exercício de $ 1 bilhão (gerando o valor de opção original de $ 218 milhões) e outra com o preço de exercício de $ 2 bilhões (gerando um valor de opção de $ 76 milhões). A diferença entre os dois é o valor da opção de expansão com um limite sobre o valor presente. Podemos também avaliá-lo explicitamente no binomial, estabelecendo o valor em $ 2 bilhões, sempre que exceder esse número na árvore binomial.
17. O modelo binomial gera um valor de $ 34,74 milhões para essa opção.
18. Vale observar, porém, que a maior variância reduz o valor do ativo subjacente. À medida que uma opção de compra torna-se mais e mais 'dentro-do-dinheiro', mais ela se assemelha ao ativo subjacente. Para opções de compra 'dentro-do-dinheiro', a maior variância pode reduzir o valor da opção.
19. F. Black e M. Scholes, "The pricing of options and corporate liabilities", *Journal of Political Economy*, 81, 1973, p. 637–654.
20. Para ilustrar, se σ^2 for a variância em ln(preços das ações), as oscilações para cima e para baixo no binomial podem ser calculadas como segue:

$$u = e^{\left[\left(r-\frac{\sigma^2}{2}\right)\left(\frac{T}{m}\right) + \sqrt{\frac{\sigma^2 T}{m}}\right]}$$

$$d = e^{\left[\left(r-\frac{\sigma^2}{2}\right)\left(\frac{T}{m}\right) - \sqrt{\frac{\sigma^2 T}{m}}\right]}$$

onde u e d são as oscilações para cima e para baixo por unidade de tempo para o binomial, T é o tempo de vida da opção e m é o número de períodos dentro desse ciclo de vida.

21. *Warrants* são opções de compra emitidas pelas empresas, seja como parte de contratos de compensação a executivos, seja para levantar capital. Discutimos isso no Capítulo 11.

Capítulo 13

Valor do controle

Qual o valor do controle de um negócio? A resposta a essa pergunta tem amplas implicações sobre como as ações são precificadas e os prêmios que deveriam ser pagos em aquisições. Neste capítulo, examinamos por que pode existir valor ao se controlar uma empresa e como proceder para medir esse valor. Consideramos uma ampla gama de casos nos quais o valor do controle estende-se dos prêmios que se pagariam por ações com direito a voto (em vez de ações sem direito a voto) aos descontos minoritários em avaliações de empresas privadas.

AVALIAÇÃO DO VALOR ESPERADO DO CONTROLE

O valor do controle de uma empresa deriva da crença de que alguém operaria a empresa diferentemente da maneira como é operada atualmente. Começamos esta seção considerando as dimensões nas quais as decisões da administração podem afetar o valor da empresa e como avaliar o efeito de se substituírem os administradores existentes. Seguimos considerando a probabilidade de que as políticas administrativas existentes podem mudar. O valor esperado do controle é produto de duas variáveis: a alteração do valor da empresa em função da mudança da maneira como a empresa é administrada e da probabilidade de que essa mudança venha a ocorrer no futuro.

Valor do controle do negócio

O valor de um negócio é determinado pelas decisões tomadas pelos administradores desse negócio sobre onde investir os recursos, como financiar esses investimentos e quanto de caixa devolver aos proprietários do negócio. Conseqüentemente, quando avaliamos um negócio, levamos em conta as premissas implícitas e explícitas sobre quem vai dirigir o negócio e como isso será feito. Em outras palavras, o valor de um negócio será menor, se assumirmos que estará em mãos de administradores incompetentes, e maior, se estiver em mãos de administradores competentes. Ao avaliarmos uma empresa existente, seja ela pública ou privada, onde já existe uma administração, temos de fazer uma escolha. Podemos avaliar a empresa operada por uma administração já designada para isso e derivar o que se chama *valor de status quo*, ou podemos reavaliá-la com uma hipotética equipe de administração ótima e estimar o *valor ótimo*. A diferença entre os valores ótimos e os de *status quo* pode ser considerada como o valor pelo controle do negócio.

Determinantes do valor da empresa Como os capítulos 2 a 6 esclarecem, o valor de qualquer ativo é uma função dos fluxos de caixa gerados por esse ativo, a vida desse ativo, o crescimento esperado dos fluxos de caixa e o risco associado aos fluxos de caixa. Se enxergarmos uma empresa como uma coleção de ativos, essa hipótese pode ser estendida para a empresa, pelo uso do fluxo de caixa da empresa durante seu ciclo de vida e uma taxa de desconto que reflete o risco coletivo dos ativos da empresa. Esse processo é complicado pelo fato de que, enquanto alguns ativos de uma empresa já existem e estão em algum lugar, uma parte significativa do valor da empresa reflete as expectativas sobre os futuros investimentos. Revisando os determinantes do valor de uma empresa, existem cinco inputs cruciais que estabelecem o valor:

1. *Fluxos de caixa dos ativos existentes.* O fluxo de caixa dos ativos existentes é aquele que sobra após os impostos e reinvestimentos para manutenção desses ativos, mas antes do pagamento das dívidas.

$$\text{Fluxo de caixa livre para a empresa} = \text{Ebit}(1 - t)(1 - \text{Taxa de reinvestimento})$$

Esse fluxo de caixa refletirá a eficiência com que a empresa administra esses ativos.

2. *Taxa de crescimento esperado durante o período de crescimento extraordinário.* O valor da empresa deveria ser uma função da taxa de crescimento esperado do lucro operacional. Como descrito no Capítulo 4, os fundamentos que direcionam o crescimento são simples, e o crescimento em si tem duas partes. O primeiro componente é o crescimento oriundo de novos investimentos, o qual é produto da taxa de reinvestimento da empresa (isto é, a proporção do lucro operacional após impostos que é investida em gastos líquidos de capital e a variação do capital de giro não monetário) e a qualidade desses reinvestimentos, medida pela taxa de retorno sobre capital investido.

$$\text{Crescimento esperado}_{\text{Novos investimentos}} = \text{Taxa de reinvestimento} \times \text{Retorno sobre capital}$$

O segundo componente é o crescimento oriundo da administração dos investimentos existentes de forma mais eficiente. O crescimento adicional da geração de alto retorno sobre capital de investimentos existentes pode ser escrito como:

$$\text{Crescimento}_{\text{Eficiência}} = \frac{\text{ROC}_{t,\text{ investimentos existentes}} - \text{ROC}_{t-1,\text{ investimentos existentes}}}{\text{ROC}_{t-1,\text{ investimentos existentes}}}$$

Se a melhoria no retorno sobre capital dos investimentos existentes ocorrer ao longo de muitos anos, essa taxa de crescimento precisa ser estendida sobre esse período.[1] A diferença fundamental entre os dois componentes do crescimento repousa na sustentabilidade deles. O crescimento oriundo de novos investimentos pode continuar no longo prazo, enquanto a empresa continuar a reinvestir a uma específica taxa de retorno sobre capital. Já o crescimento oriundo dos ativos existentes pode ocorrer somente no curto prazo, considerando-se que existe um limite para a eficiência com que se podem utilizar os ativos existentes.

3. *Extensão do período de crescimento extraordinário.* Como não podemos estimar os fluxos de caixa para sempre, geralmente impomos o encerramento do modelo de avaliação por assumir que os fluxos de caixa, além do ano terminal, crescerão a uma taxa constante para sempre, a qual nos permite estimar o valor terminal. Assim, em toda avaliação pelo fluxo de caixa descontado, existem duas hipóteses críticas que necessitamos fazer sobre o período de crescimento estável. A primeira relaciona-se a quando a empresa que estamos avaliando iniciará o período de crescimento estável, se já não iniciou. A resposta para essa questão dependerá em grande parte da magnitude e sustentabilidade da vantagem competitiva possuída pela empresa. A segunda relaciona-se a quais serão as características da empresa em crescimento estável, em termos de retorno sobre capital e custo de capital. Empresas em crescimento estável geralmente têm retornos em excesso pequenos ou desprezíveis e são de risco médio.

4. *Custo de capital.* Os fluxos de caixa esperados precisam ser descontados a valor presente a uma taxa que reflita o custo de financiamento desses ativos. Recapitulando a discussão do Capítulo 2, o custo de capital é composto pelo financiamento que reflete o custo tanto de dívidas como de patrimônio líquido e seus relativos pesos na estrutura de financiamento. O custo do patrimônio líquido representa a taxa de retorno exigida pelos investidores em ações da empresa, e o custo da dívida mede o custo corrente de empréstimos ajustados pelo benefício fiscal da tomada de empréstimo. O custo de capital da empresa será determinado pelo mix de dívida e patrimônio líquido que ela escolhe usar e se a dívida reflete os ativos da empresa; ativos de longo prazo devem ser financiados com dívidas de longo prazo e ativos de curto prazo por dívidas de curto prazo. O uso de um mix subótimo de dívida e patrimônio líquido para financiar os investimentos da empresa, ou dívidas mal combinadas para ativos, pode resultar em custo de capital alto e valor da empresa baixo.

5. *Caixa, investimentos em participações societárias e outros ativos não operacionais.* Uma vez avaliados os ativos operacionais, geralmente adicionamos o valor do caixa, investimentos em outras empresas e outros ativos de propriedade da empresa. Embora a visão convencional seja a de que o caixa e as participações societárias são neutros, as evidências apresentadas no Capítulo 10 sugerem que o caixa, ao menos aquele mantido por empresas mal administradas, é visto como uma destruição de valor. A mesma coisa pode ser dita com relação às participações societárias em outras empresas.

Em resumo, para avaliar qualquer empresa, iniciamos com a estimativa de quanto tempo vai durar o período de alto crescimento da empresa, qual será o pico da taxa de crescimento durante esse período e os fluxos de caixa desse período. Finalizamos com a estimativa do valor terminal e descontando todos os fluxos de caixa a valor presente, inclusive o valor terminal, para calcular o valor dos ativos operacionais da empresa. Adicionamos a esse valor o saldo de caixa, investimentos em participações societárias e ativos não operacionais de rendimento. A Figura 13.1 resume o processo e os determinantes do valor de uma empresa.

Maneiras de incrementar valor Uma empresa pode incrementar valor pelo aumento dos fluxos de caixa operacionais atuais, pelo aumento dos fluxos de caixa esperados no período de alto crescimento e pela redução do composto de custo de financiamento. Na realidade, porém, nenhuma dessas maneiras é facilmente levada a cabo, e, se essas alterações podem ser feitas, é uma função de todos os fatores qualitativos que freqüentemente somos acusados de ignorar em uma avaliação — a qualidade da administração, a força da marca, decisões estratégicas e um bom marketing.

Aumentar fluxo de caixa dos ativos existentes O primeiro lugar para procurar valor está nos ativos existentes da empresa. Esses ativos refletem os investimentos já realizados pela empresa e que geram lucro operacional corrente a ela. Na medida em que esses investimentos rendem menos que o custo de capital, ou menos do que renderiam se fossem otimamente gerenciados, existe potencial para criação de valor. Em geral, ações tomadas para aumentar o fluxo de caixa desses ativos existentes podem ser classificadas dentro dos seguintes grupos:

- *Reorganização de ativos.* Na medida em que os ativos de um negócio são investidos de forma ineficiente, pode-se aumentar o fluxo de caixa e o valor da empresa pela liquidação de ativos de baixo desempenho[2] ou mover os ativos de seus usos existentes para aqueles que geram alto valor. Um exemplo seria uma empresa de varejo que tem os seus próprios espaços de loja e decide que esses espaços seriam mais valiosos se utilizados como bens imóveis comerciais do que no comércio varejista.

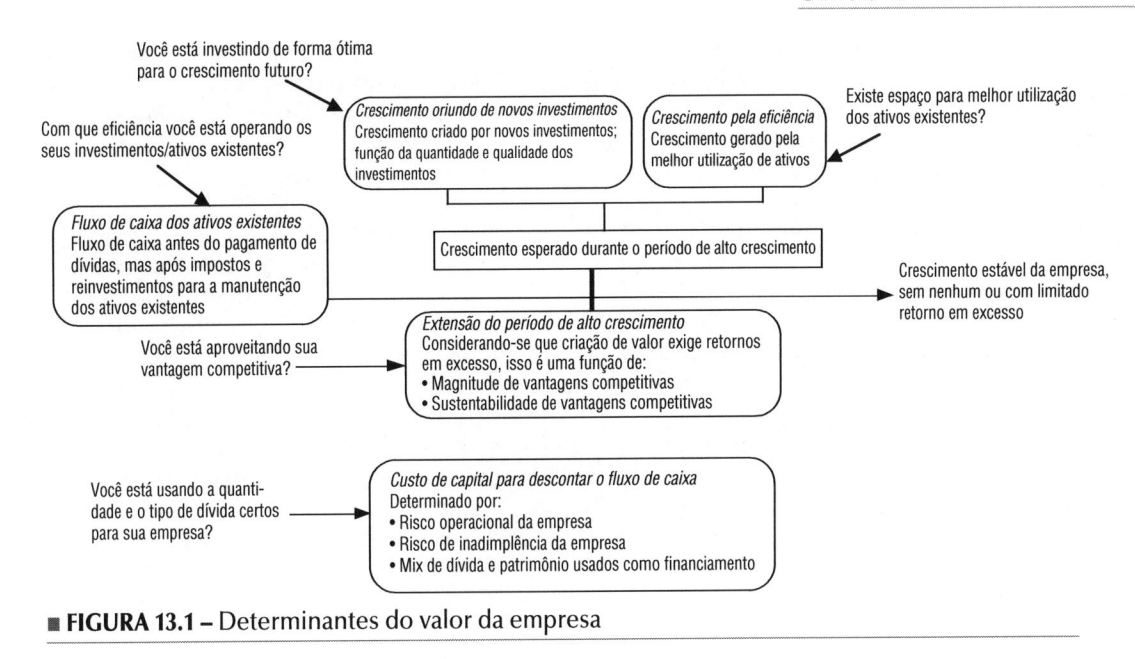

FIGURA 13.1 – Determinantes do valor da empresa

Diagrama com os seguintes elementos:

- Você está investindo de forma ótima para o crescimento futuro? → *Crescimento oriundo de novos investimentos*: Crescimento criado por novos investimentos; função da quantidade e qualidade dos investimentos
- Com que eficiência você está operando os seus investimentos/ativos existentes? → *Fluxo de caixa dos ativos existentes*: Fluxo de caixa antes do pagamento de dívidas, mas após impostos e reinvestimentos para a manutenção dos ativos existentes
- Existe espaço para melhor utilização dos ativos existentes? → *Crescimento pela eficiência*: Crescimento gerado pela melhor utilização de ativos
- Crescimento esperado durante o período de alto crescimento
- Crescimento estável da empresa, sem nenhum ou com limitado retorno em excesso
- Você está aproveitando sua vantagem competitiva? → *Extensão do período de alto crescimento*: Considerando-se que criação de valor exige retornos em excesso, isso é uma função de:
  • Magnitude de vantagens competitivas
  • Sustentabilidade de vantagens competitivas
- Você está usando a quantidade e o tipo de dívida certos para sua empresa → *Custo de capital para descontar o fluxo de caixa*: Determinado por:
  • Risco operacional da empresa
  • Risco de inadimplência da empresa
  • Mix de dívida e patrimônio usados como financiamento

- *Melhoria da eficiência operacional*. Quando as operações da empresa são repletas de ineficiências, reduzir ou eliminar essas ineficiências se traduzirá em um aumento nos fluxos de caixa operacionais e no valor. Assim, as empresas de telecomunicações com excedente de trabalhadores devem ser capazes de gerar valor pela redução do tamanho da força de trabalho. Uma empresa de aço que perde dinheiro por causa de equipamentos antiquados em suas plantas pode conseguir aumentar o seu valor pela reposição dos equipamentos por outros mais novos e eficientes. Nos últimos anos, empresas de manufatura em mercados desenvolvidos como os Estados Unidos e a Europa Ocidental puderam gerar economias substanciais em custos pela transferência das suas operações para mercados emergentes, onde os custos de mão-de-obra são inferiores.
- *Redução da carga tributária*. É obrigação de toda empresa pagar sua dívida legítima de impostos, mas não pagar mais que o justo. Se a empresa pode legalmente reduzir a carga tributária, deve fazê-lo. Uma empresa multinacional pode reduzir impostos pela transferência de mais operações (e os lucros subseqüentes) para localidades de baixas alíquotas de impostos. Administração de riscos pode também fazer seu papel reduzindo impostos pelo amortecimento de lucros pelos períodos; aumentos repentinos de lucros podem sujeitar a empresa a altas alíquotas de impostos.
- *Redução de investimentos em manutenção de capital e capital de giro*. Uma parte significativa do lucro operacional após impostos, que é freqüentemente reinvestida na empresa, não gera crescimento futuro, mas mantém os ativos operacionais existentes. Esses reinvestimentos incluem manutenção de capital (que representa o gasto de capital designado para manter e repor os ativos existentes) e investimentos em estoques ou contas a receber. Muitos desses reinvestimentos podem ser inevitáveis, porque ativos envelhecem e as empresas necessitam de capital de giro para gerar vendas. Em algumas empresas, de qualquer maneira, existe potencial para economizar, especialmente capital de giro. Uma empresa de varejo que mantém estoque a 10% das vendas, quando a média do setor é somente 5%, poderá aumentar substancialmente os fluxos de caixa, se puder trazer o nível de estoques até os padrões do setor.

Aumentar o crescimento esperado Uma empresa com baixos fluxos de caixa correntes pode ainda ter alto valor se for capaz de crescer rapidamente durante o período de alto crescimento. Como observado anteriormente, maior crescimento pode advir de novos investimentos ou do uso mais eficiente de ativos existentes.

- Com novos investimentos, o aumento de crescimento deve advir de taxa de reinvestimento mais alta ou de taxa de retorno sobre capital mais alta sobre novos investimentos, ou de ambas. Maior crescimento nem sempre se traduz em maior valor, uma vez que o efeito do crescimento pode ser compensado em outro lugar pelas mudanças na avaliação. Assim, taxa de reinvestimento mais alta geralmente resulta em crescimento esperado mais alto, porém à custa de baixos fluxos de caixa, considerando-se que reinvestimentos reduzem o fluxo de caixa livre, ao menos no médio prazo.[3] Na medida em que o retorno sobre capital sobre novos investimentos é mais alto que o custo de capital, o valor do negócio aumentará com a elevação da taxa de reinvestimento. De forma semelhante, retornos sobre capital mais altos também causam aumento no crescimento esperado, mas o valor pode ainda cair se os novos investimentos forem feitos em negócios mais arriscados e há um aumento mais que proporcional no custo de capital.
- Em se tratando de ativos existentes, o efeito é mais claro, com retornos sobre capital mais altos se traduzindo em crescimento mais alto e valor mais alto. Uma empresa que é capaz de aumentar o retorno sobre capital de ativos existentes de 2% para 8% para os próximos cinco anos apresentará crescimento saudável e alto valor.

Qual dessas duas vias oferece maior promessa para criação de valor? A resposta dependerá da empresa em questão. Para empresas maduras com baixos retornos sobre capital (especialmente quando estão abaixo do custo de capital), extrair mais crescimento de ativos existentes provavelmente trará resultados mais rápidos, ao menos no curto prazo. Para empresas menores, com relativamente poucos ativos existentes e que geram retornos razoáveis, o crescimento tem de vir de novos investimentos que gerem retornos saudáveis (maiores que o custo de capital).

Extensão do período de alto crescimento Como já observado, virtualmente, toda empresa, em algum ponto no futuro, vai se tornar uma empresa de crescimento estável, crescendo à taxa igual ou menor que a economia em que opera. Além disso, crescimento cria valor somente se o retorno sobre o investimento exceder o custo de capital. Claramente, quanto mais duradouro for o alto crescimento e o retorno em excesso, tudo o mais constante, maior será o valor da empresa. Note, porém, que nenhuma empresa deve ser capaz de obter retorno em excesso, por qualquer período, em um mercado de produtos competitivos, considerando-se que competidores serão atraídos pelos retornos em excesso no negócio. Assim, implícita na suposição de que haverá crescimento em conjunto com o retorno em excesso está a premissa de que algumas barreiras à entrada existem e isso impede que novas empresas entrem no mercado.

Em função dessa relação entre por quanto tempo a empresa pode crescer a taxas acima da média e a existência de barreiras à entrada, uma maneira pela qual a empresa pode incrementar valor é pelo aumento de barreiras existentes à entrada e pela criação de novas barreiras. Outra maneira de dizer a mesma coisa é notar que empresas que ganham retornos em excesso têm vantagens competitivas significativas. Cultivando essas vantagens, ou criando novas, elas podem aumentar o valor.

Redução do custo de financiamento O custo de capital para a empresa foi definido anteriormente como o composto de custo de financiamento por dívida e patrimônio líquido. Os fluxos de caixa gerados no tempo são descontados para o presente ao custo de capital. Mantendo os fluxos de caixa constantes, reduzir o custo de capital aumentará o valor da empresa. Existem quatro maneiras pelas quais uma empresa pode diminuir seu custo de capital ou, mais genericamente, aumentar o valor da empresa pela alteração no mix e no tipo de financiamento.

1. *Fazer produtos/serviços menos facultativos.* O risco operacional de uma empresa é uma função direta dos produtos ou serviços fornecidos e o grau pelos quais esses produtos/serviços são facultativos para os clientes. Quanto mais facultativos eles forem, maior o risco operacional enfrentado pela empresa. Conseqüentemente, as empresas podem reduzir seus riscos operacionais tornando os seus produtos e serviços menos facultativos para seus clientes. A propaganda claramente faz o seu papel, mas criar novos usos para os produtos/serviços pode ser outra maneira de alcançar isso.
2. *Reduzir a alavancagem operacional.* A alavancagem operacional de uma empresa mede a proporção dos custos que são fixos. Tudo o mais permanecendo constante, quanto maior a proporção de custos fixos de uma empresa, mais voláteis serão os lucros e maior será o custo do patrimônio líquido/capital. A redução da proporção de custos fixos faz que a empresa fique menos arriscada e reduz o custo de capital.[4]
3. *Alterar o mix de financiamento.* Dívida sempre é mais barata que patrimônio líquido, em parte porque credores suportam menos riscos que acionistas e, em parte, por causa da vantagem fiscal associada à dívida. Contrabalançando essas vantagens está o fato de que tomar dinheiro emprestado aumenta o risco e o custo tanto da dívida (por aumentar a probabilidade de falência) quanto do patrimônio líquido (por tornar mais voláteis os lucros dos investidores em ações). O efeito líquido determinará se o custo de capital vai aumentar ou diminuir quando a empresa tomar mais dívida. Como visto no Capítulo 6, uma maneira de definir o mix ótimo de financiamento é defini-lo como o mix no qual o custo de capital é minimizado.
4. *Casar o financiamento dos ativos.* O princípio fundamental no desenho do financiamento de uma empresa é assegurar que o fluxo de caixa sobre a dívida esteja o mais estritamente possível casado com o fluxo de caixa dos ativos. Empresas que casam mal seus fluxos de caixa de dívida e fluxos de caixa de ativos (usando dívida de curto prazo para financiar ativos de longo prazo, dívida em uma moeda para financiar ativos em outra moeda ou dívida com taxa flutuante para financiar ativos que tendem a ter fluxos de caixa adversamente impactados pela alta inflação) terminarão com risco de inadimplência mais alto, custo de capital mais alto e valores das empresas mais baixos. O valor da empresa pode ser aumentado na medida em que ela se utiliza de derivativos e *swaps* para reduzir esses descasamentos.

Gerenciar os ativos não operacionais Nos primeiros quatro componentes da criação de valor, focamos nas maneiras pelas quais uma empresa pode aumentar o valor dos ativos operacionais. Uma boa parte do valor de uma empresa pode ser derivada de seus ativos não operacionais — caixa e títulos negociáveis, participações em outras empresas e ativos de fundo de pensão (e obrigações). Na medida em que esses ativos às vezes são mal gerenciados, existe aí potencial para se incrementar o valor.

Caixa e títulos negociáveis Em avaliações convencionais, consideramos que o caixa e os títulos negociáveis possuídos por uma empresa são adicionados ao valor dos ativos operacionais da empresa, para se chegar ao valor da empresa.

Implicitamente, consideramos que o caixa e os títulos negociáveis são investimentos neutros (investimentos com valor presente líquido zero), que obtêm uma taxa justa de retorno, dado o risco desses investimentos. Assim, um saldo de caixa de $ 2 bilhões investidos em obrigações de curto prazo do governo e *commercial paper* pode obter uma taxa de retorno baixa, mas é um retorno esperado para esses investimentos.

No Capítulo 10 foram esboçados dois cenários, onde um grande saldo de caixa pode não ser de valor neutro e pode assim apresentar oportunidades de incrementos no valor. O primeiro é quando o caixa é investido a taxas abaixo das de mercado. Uma empresa com $ 2 bilhões de saldo de caixa em conta corrente está claramente ferindo os interesses dos acionistas. O segundo é quando os investidores estão preocupados com o caixa que será mal utilizado pelos gerentes para fazer maus investimentos (ou aquisições). Nesse caso, existirá um desconto aplicado ao caixa para refletir a probabilidade de que a administração abusará do caixa e as conseqüências de tal abuso. Voltando ao exemplo da empresa com $ 2 bilhões em caixa, suponhamos que os investidores acreditem que exista uma chance de 25% de que o caixa será usado para financiar uma aquisição e que a empresa pagará em excesso $ 500 milhões nessa aquisição. O valor do caixa nessa empresa pode ser avaliado como segue:

Valor do caixa = Saldo de caixa − Probabilidade de maus investimentos
× Custo de maus investimentos
= $ 2 bilhões − 0,25 × $ 0,5 bilhão = $ 1,875 bilhão

Em qualquer um desses cenários, devolver parte desse caixa ou todo ele aos acionistas na forma de dividendos ou recompra de ações fará que os acionistas fiquem mais satisfeitos.

Participações em outras empresas Quando empresas adquirem participações em outras empresas, o valor dessas participações será adicionado ao valor dos ativos operacionais para se chegar ao valor do patrimônio líquido da empresa. Normalmente em avaliações convencionais, essas participações têm um efeito neutro sobre o valor. Assim como o caixa, existem problemas potenciais com essas participações societárias que podem fazer que sejam descontadas (relativo aos seus verdadeiros valores) pelos mercados. As participações societárias são difíceis de avaliar, especialmente quando estão em empresas subsidiárias com perfis de riscos e crescimento diferentes da empresa-mãe. Não é surpresa que empresas com substanciais investimentos em participações societárias em diversos negócios freqüentemente encontrem essas subsidiárias subavaliadas pelo mercado. Em alguns casos, essas subavaliações podem ser imputadas na falta de informações causada pela falha de comunicação de detalhes importantes sobre crescimento, risco e fluxos de caixa nas participações societárias para os mercados. Em outros casos, a subavaliação pode refletir o ceticismo do mercado sobre a capacidade da empresa-mãe em administrar a carteira de investimentos em participações societárias; consideremos isso como um desconto de conglomerado.[5] Se tal desconto se aplica, a prescrição para aumento de valor é simples. Desmembrar ou liquidar os investimentos em participação societária e revelar os seus verdadeiros valores deixaria os acionistas da empresa-mãe mais satisfeitos.

Obrigações (e responsabilidades) de fundo de pensão Muitas empresas têm grandes passivos e ativos de fundo de pensão casados. Na medida em que ambos crescem no tempo, eles oferecem ameaças e oportunidades. Uma empresa que gerencia mal seus ativos de fundo de pensão pode se deparar com uma obrigação de pensão sem fundos, a qual reduz seu patrimônio líquido. Em contraste, uma empresa que gera retornos que são maiores que o esperado para o fundo de pensão poderia terminar com excesso de fundo nesses ativos e valor de patrimônio líquido mais alto.

Existem maneiras de criar valor oriundo dos investimentos em fundos de pensão, embora algumas delas sejam mais questionáveis que outras, da perspectiva ética. A primeira é investir melhor o ativo de fundo de pensão, gerando maiores retornos ajustados ao risco e maior valor para os acionistas. A segunda (e a abordagem mais questionável) é reduzir as obrigações de fundo de pensão, seja pela renegociação com empregados, seja pelo repasse da obrigação a outra entidade (como as governamentais), ao mesmo tempo mantendo a posição em ativos de fundo de pensão.

Valor da mudança na administração Se considerarmos o valor como resultado final das decisões de investimento, financiamento e dividendos, tomadas por uma empresa, o valor de uma empresa será uma função do nível ótimo (ou subótimo) com que avaliamos a administração da empresa. Se calcularmos o valor de uma empresa, considerando que as práticas administrativas vigentes mantêm-se (valor de *status quo*), e recalcularmos o valor da mesma empresa, assumindo que ela é administrada de forma ótima (valor ótimo), o valor da mudança na administração da empresa poderá ser escrito como:

Valor da mudança na administração = Valor ótimo da empresa − Valor de *status quo*

O valor da mudança na administração será uma conseqüência direta de quanto podemos melhorar a maneira de dirigir a empresa. O valor da mudança administrativa será zero para uma empresa que já está sendo gerenciada de forma ótima e substancial para outra que seja pessimamente gerenciada.

Reconstituindo-se os passos, deve ficar bem claro que o caminho para incrementar valor variará entre as empresas. Uma administração subótima pode manifestar-se de diferentes formas para diferentes empresas. Para aquelas nas quais os ativos existentes são mal gerenciados, o incremento de valor será principalmente oriundo da administração mais eficiente desses ativos — fluxos de caixa mais altos e aumento de eficiência. Para empresas nas quais a política de investimentos é sadia, mas a política de financiamento não, o incremento de valor virá com a alteração do mix de dívida e patrimônio líquido e pelo alcance de um custo de capital mais baixo. A Tabela 13.1 considera os problemas potenciais na administração de ativos existentes, as correções para esses problemas e as conseqüências para o valor.

TABELA 13.1: Maneiras de aumentar o valor

Problemas potenciais	Manifestações	Soluções possíveis	Conseqüências para o valor
Ativos existentes são mal administrados.	As margens operacionais são menores que as das empresas congêneres e o retorno sobre capital é inferior ao custo de capital.	Gerenciar melhor os ativos existentes. Isso pode exigir liquidações de ativos mal administrados.	Maiores margens operacionais e retorno sobre capital de ativos existentes conduzem a lucro operacional mais alto. O crescimento da eficiência no médio prazo melhora o retorno sobre capital.
A administração está investindo pouco (é muito conservadora em explorar oportunidades de crescimento).	Baixa taxa de reinvestimento e alto retorno sobre capital em período de alto crescimento.	Reinvestir mais em novos investimentos, mesmo que isso signifique retornos mais baixos sobre capital (embora maiores que o custo de capital).	Taxa de crescimento mais alta e taxa de reinvestimento mais alta durante o período de alto crescimento conduzem a valor mais alto porque o crescimento cria valor.
A administração está exagerando nos investimentos (faz novos investimentos destruidores de valor).	A taxa de reinvestimento é alta e o retorno sobre capital é menor que o custo de capital.	Reduzir a taxa de reinvestimento até que o retorno marginal sobre capital ao menos se iguale ao custo de capital.	Taxa de crescimento mais baixa e taxa de reinvestimento mais baixa durante o período de alto crescimento conduzem a valor mais alto porque o crescimento deixa de ser destruidor de valor.
A administração não está explorando possíveis vantagens estratégicas.	Período de alto crescimento curto ou inexistente, com baixo ou nenhum retorno em excesso.	Ampliar as vantagens competitivas.	Período de alto crescimento mais longo com retorno em excesso maior conduz a valor mais alto.
A administração é conservadora demais no uso de dívidas.	O endividamento é menor do que o ótimo (ou a média do setor).	Aumentar o financiamento por dívida.	Endividamento mais alto e custo de capital mais baixo conduzem a valor da empresa mais alto.
A administração é agressiva demais no uso de dívidas.	O endividamento é maior do que o ótimo.	Reduzir o financiamento por dívida.	Menor endividamento e menor custo de capital conduzem a valor da empresa mais alto.
A administração está usando o tipo errado de financiamento.	O custo da dívida é mais alto do que deveria ser, dada a capacidade de geração de lucro da empresa.	Casar dívidas com ativos, pelo uso de *swaps*, derivativos ou refinanciamentos.	Custo da dívida e custo de capital menores conduzem a valor da empresa mais alto.
A administração mantém excesso de caixa e não tem a confiança do mercado pelo caixa.	Caixa e títulos negociáveis são um percentual grande do valor da empresa; a empresa apresenta histórico insatisfatório de investimentos.	Devolver o caixa aos acionistas, sob a forma de dividendos ou recompra de ações.	O valor da empresa é reduzido pelo caixa distribuído, mas os acionistas ganham porque o caixa sofria um desconto nas mãos da empresa.
A administração fez investimentos em empresas sem ligação com o negócio.	Investimentos em participações societárias substanciais em outras empresas que estão sendo subavaliadas pelo mercado.	Como um primeiro passo, tentar ser mais transparente sobre as participações societárias. Se isso não for suficiente, liquidar os investimentos em participações.	O valor da empresa é reduzido pela liquidação da participação societária, mas incrementado pelo caixa recebido da liquidação. Quando as participações societárias são subavaliadas, o caixa recebido deve exceder o valor investido nas participações.

EXEMPLO 13.1: Valor da mudança administrativa: SAP

A SAP é um fabricante de software, com sede na Alemanha. Possui boa reputação pela boa administração, especialmente quando faz novos investimentos. A SAP reinvestiu 57,42% do seu lucro operacional após impostos de volta na empresa e gerou um retorno sobre capital de 19,93% em 2004. Em ambas as dimensões, teve desempenho consideravelmente melhor que as suas concorrentes. Entretanto, a administração está extremamente conservadora no uso de dívida e tem um endividamento de 14%, resultando em um custo de capital de 8,68%. Na Figura 13.2, avaliamos a empresa considerando que manterá a sua política atual de investimentos (manutenção da taxa de reinvestimento e retorno sobre capital de 2004 para os próximos cinco anos) e a sua política de financiamento conservadora. O valor por ação a que chegamos é de 106,12 euros.

Quanto a SAP pode tomar emprestado? Para responder a essa questão, calculamos o custo de capital para a empresa na tabela seguinte, a uma razão de endividamento que vai de 0% a 90%.[6]

Nível de endividamento	Beta	Custo do patrimônio líquido	Rating de dívida	Taxa de juros sobre a dívida	Alíquota de imposto de renda	Custo da dívida (após impostos)	WACC
0%	1,25	8,72%	AAA	3,76%	36,54%	2,39%	8,72%
10	1,34	9,09	AAA	3,76	36,54	2,39	8,42
20	1,45	9,56	A	4,26	36,54	2,70	8,19
30	1,59	10,16	A–	4,41	36,54	2,80	7,95
40	1,78	10,96	CCC	11,41	36,54	7,24	9,47
50	2,22	12,85	C	15,41	22,08	12,01	12,43
60	2,78	15,21	C	15,41	18,40	12,58	13,63
70	3,70	19,15	C	15,41	15,77	12,98	14,83
80	5,55	27,01	C	15,41	13,80	13,28	16,03
90	11,11	50,62	C	15,41	12,26	13,52	17,23

A um endividamento de 30%, o custo de capital é minimizado em 7,95%, um valor aproximadamente 0,73% menor que o custo de capital atual.

Se considerarmos que a única coisa que foi alterada na SAP é o mix de financiamento e que levamos a empresa ao seu nível ótimo de endividamento de 30% (o que resulta no custo de capital mais baixo), o valor da SAP como empresa aumentará. Na Figura 13.3, mostramos a avaliação reestruturada da SAP com essa alteração e chegamos ao valor de 118,50 euros por ação. O valor de controle no caso da SAP é relativamente 12,4 euros por ação ou aproximadamente 12% do valor do patrimônio líquido (valor de controle = 118,5 − 106,1 = 12,4).

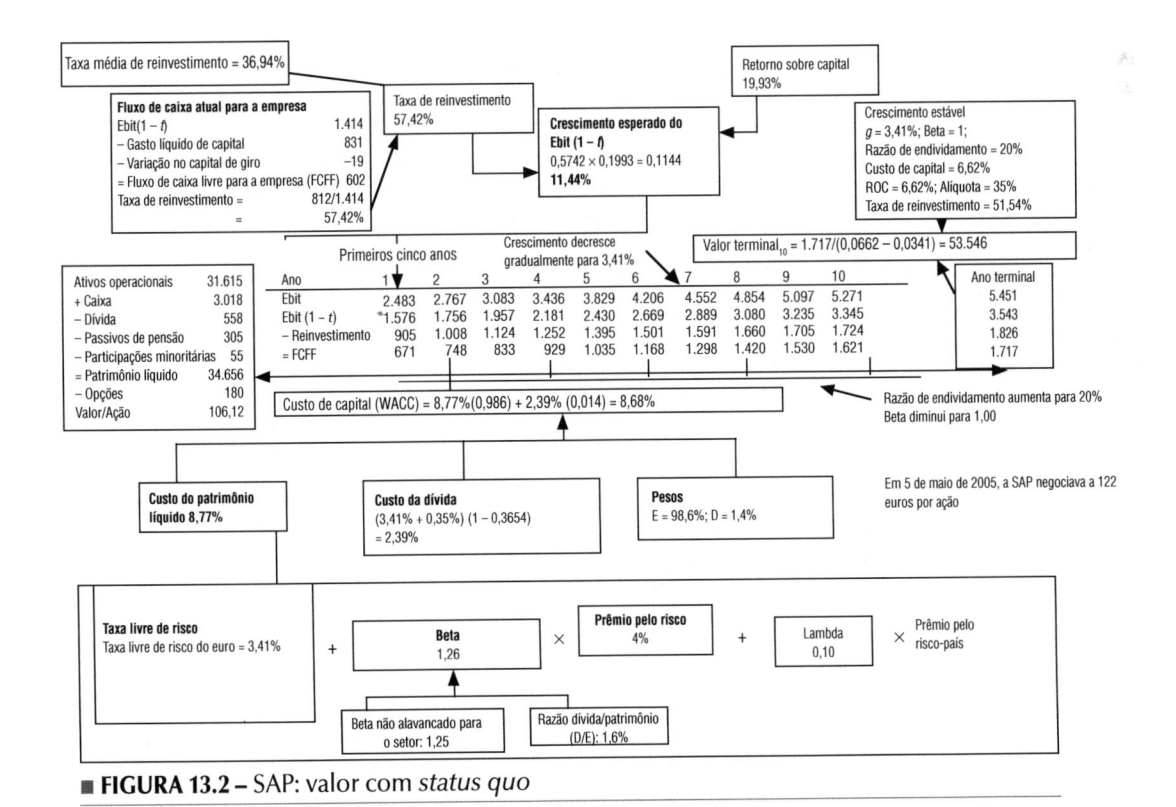

■ **FIGURA 13.2** – SAP: valor com *status quo*

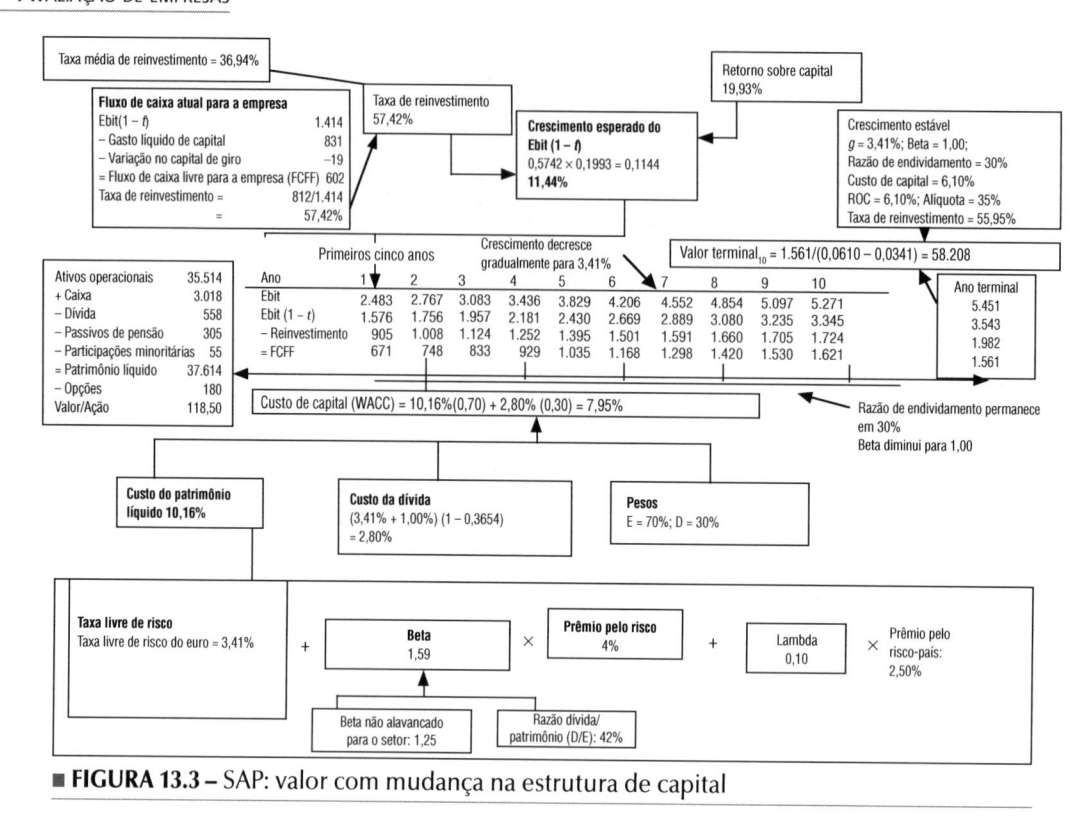

FIGURA 13.3 – SAP: valor com mudança na estrutura de capital

Taxa média de reinvestimento = 36,94%

Fluxo de caixa atual para a empresa
- Ebit(1 − t) 1.414
- − Gasto líquido de capital 831
- − Variação no capital de giro .... −19
- = Fluxo de caixa livre para a empresa (FCFF) 602
- Taxa de reinvestimento = 812/1.414 = 57,42%

Taxa de reinvestimento 57,42%

Crescimento esperado do Ebit (1 − t)
$0{,}5742 \times 0{,}1993 = 0{,}1144$
11,44%

Retorno sobre capital 19,93%

Crescimento estável
$g = 3{,}41\%$; Beta = 1,00;
Razão de endividamento = 30%
Custo de capital = 6,10%
ROC = 6,10%; Alíquota = 35%
Taxa de reinvestimento = 55,95%

Valor terminal$_{10}$ = $1.561/(0{,}0610 − 0{,}0341) = 58.208$

Primeiros cinco anos | Crescimento decresce gradualmente para 3,41%

Ano	1	2	3	4	5	6	7	8	9	10
Ebit	2.483	2.767	3.083	3.436	3.829	4.206	4.552	4.854	5.097	5.271
Ebit (1 − t)	1.576	1.756	1.957	2.181	2.430	2.669	2.889	3.080	3.235	3.345
− Reinvestimento	905	1.008	1.124	1.252	1.395	1.501	1.591	1.660	1.705	1.724
= FCFF	671	748	833	929	1.035	1.168	1.298	1.420	1.530	1.621

Ano terminal
5.451
3.543
1.982
1.561

- Ativos operacionais 35.514
- + Caixa 3.018
- − Dívida 558
- − Passivos de pensão 305
- − Participações minoritárias 55
- = Patrimônio líquido 37.614
- − Opções 180
- Valor/Ação 118,50

Custo de capital (WACC) = 10,16%(0,70) + 2,80% (0,30) = 7,95%

Razão de endividamento permanece em 30%
Beta diminui para 1,00

Custo do patrimônio líquido 10,16%

Custo da dívida (3,41% + 1,00%) (1 − 0,3654) = 2,80%

Pesos E = 70%; D = 30%

Taxa livre de risco Taxa livre de risco do euro = 3,41%
+ **Beta** 1,59
× **Prêmio pelo risco** 4%
+ **Lambda** 0,10
× **Prêmio pelo risco-país:** 2,50%

Beta não alavancado para o setor: 1,25
Razão dívida/patrimônio (D/E): 42%

EXEMPLO 13.2: O valor da mudança administrativa: Blockbuster

Em abril de 2005, Carl Icahn chocou a administração da Blockbuster, locadora de vídeo, ao contestar a chapa da administração por assentos no conselho de administração. Ele argumentou que a Blockbuster era mal administrada e poderia valer mais, se houvesse uma significativa mudança administrativa. Embora a administração titular tenha contestado-o nesta questão, Icahn obteve apoio suficiente dos acionistas para eleger os seus representantes no conselho.

Analisando-se as demonstrações financeiras da Blockbuster em 2004, há uma base clara para a insatisfação dos acionistas. A receita da empresa manteve-se estagnada, partindo de $ 5.566 milhões em 2002 para $ 5.912 milhões em 2003 e $ 6.054 milhões em 2004. Pior ainda, o lucro operacional da empresa caiu de $ 468,20 milhões em 2002 para $ 251,20 milhões em 2004, uma vez que aumentou a competição de locadoras on-line (Netflix) e de lojas de departamentos (Wal-Mart). A empresa obteve retorno sobre capital de 4,06% sobre os ativos existentes em 2004, enquanto o custo de capital foi de 6,17%. Mesmo se considerarmos que o retorno sobre capital de novos investimentos aumentará gradualmente até o nível do custo de capital nos próximos cinco anos, chegaremos a um valor para o patrimônio líquido de $ 955 milhões e um valor por ação de somente $ 5,13 (mostrado na Figura 13.4).

Dessa forma, como reestruturaríamos a Blockbuster? O primeiro e mais importante componente é aumentar o retorno sobre os ativos existentes, ao menos para o nível do custo de capital de 6,17%. Isso exigirá maior geração de lucro operacional (que deve aumentar para $ 381,76 milhões) ou então liberar algum capital relacionado a ativos existentes que apresentem retornos insatisfatórios (o que exigiria mais de $ 1 bilhão em liquidações de ativos). Se assumirmos também que a empresa pode aumentar imediatamente o retorno sobre capital dos seus novos investimentos até o custo de capital, o valor do patrimônio líquido pula para $ 2,323 bilhões, resultando em um valor por ação para a empresa de $ 12,47 (como pode ser visto na Figura 13.5).

Vale notar que a Blockbuster tem duas classes de ações — 118 milhões de ações classe A com um direito a voto por ação e 63 milhões de ações classe B com dois direitos a voto por ação. No momento desta análise, ambas as classes estavam sendo negociadas aproximadamente ao mesmo preço de $ 9,50 por ação. Adiante neste capítulo, retornaremos à discussão de ações com direito a voto e sem direito a voto e os determinantes das diferentes precificações.

EXEMPLO 13.3: Valor da mudança na administração: Nintendo

A Nintendo, fabricante japonesa de videogames, apresentou um quadro interessante no começo de 2005. A companhia informou 443 bilhões de ienes em lucros durante o ano findo em março de 2005, aproximadamente o mesmo nível de três anos atrás. Seu lucro operacional durante o ano foi de aproximadamente 100 bilhões de ienes. A empresa teve um valor de mercado para o patrimônio líquido de cerca de 1.600 bilhões de ienes, nenhuma dívida pendente e um saldo de caixa de 717 bilhões de ienes (aproximadamente 45% do valor global da empresa).

Nos últimos anos, a Nintendo reinvestiu muito pouco em seus ativos operacionais, e sua taxa de reinvestimento nos anos mais recentes foi de 5%. Cortes de custos permitiram à empresa um retorno saudável sobre capital de 8,54% sobre os ativos existentes, bem acima do custo de capital, que foi de 6,8%. Se assumirmos que ela é capaz de manter essa taxa de retorno sobre capital e a taxa de reinvestimento, a taxa de crescimento esperada é de somente 0,43%.

$$\text{Taxa de crescimento esperado} = \text{Taxa de reinvestimento} \times \text{Retorno sobre capital}$$
$$= 0{,}05 \times 0{,}0854 = 0{,}0043 \text{ ou } 0{,}43\%$$

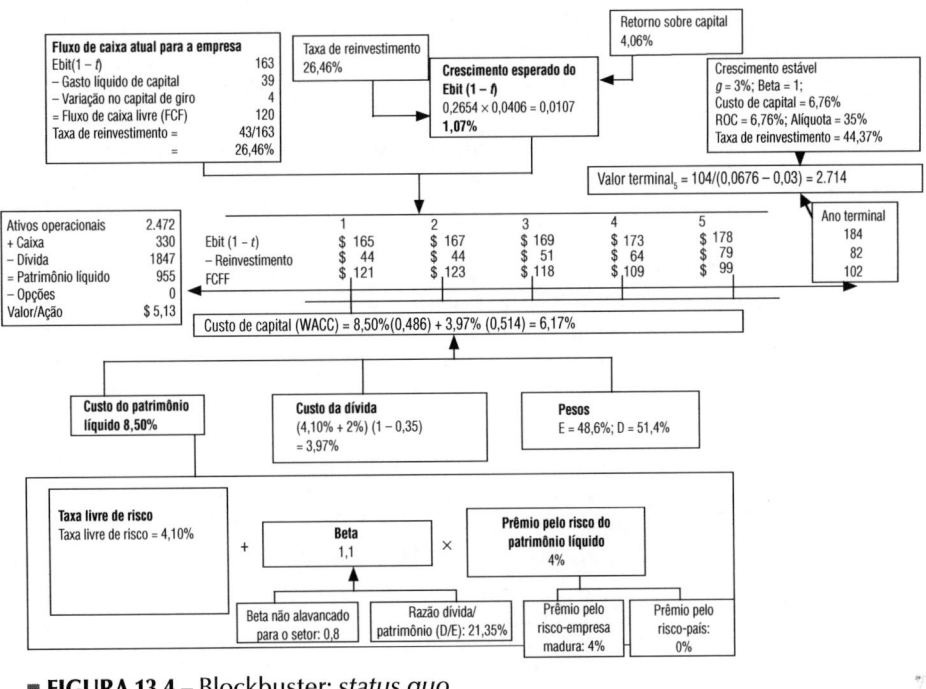

■ **FIGURA 13.4** – Blockbuster: *status quo*

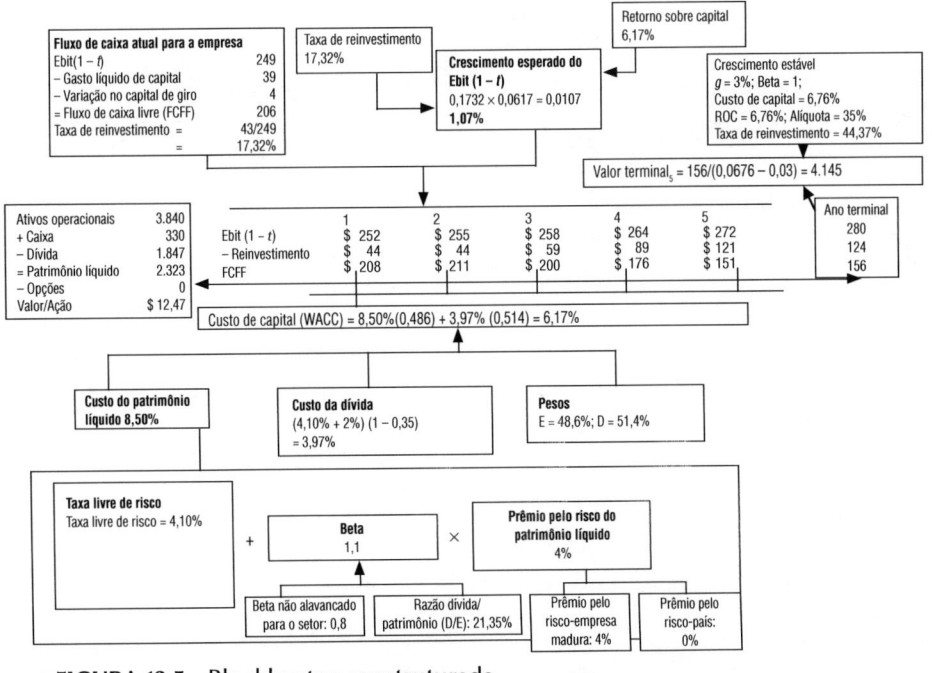

■ **FIGURA 13.5** – Blockbuster: reestruturada

Avaliando a Nintendo como uma empresa de crescimento estável, chegamos a um valor dos ativos operacionais de 999 bilhões de ienes (alíquota de imposto de renda = 33%):

$$\text{Valor dos ativos operacionais da Nintendo} = \text{Ebit}(1-t)\frac{(1-\text{Taxa de reinvestimento})}{\text{Custo de capital} - \text{Taxa de crescimento estável esperado}}$$

$$= 100(1-0,33)\frac{(1-0,05)}{(0,068-0,0043)} = 999 \text{ bilhões}$$

Adicionando o saldo de caixa de 717 bilhões e dividindo pelo número de ações em circulação, calculamos o valor de *status quo* de 12.115 ienes/ação, aproximadamente 8% maior que o valor de mercado atual de 11.300 ienes/ação. O valor de mercado mais baixo pode ser parcialmente atribuído ao ceticismo do mercado sobre a capacidade da Nintendo em manter para sempre o retorno em excesso (aquele que usamos na avaliação) e parcialmente à desconfiança em relação ao enorme saldo de caixa (e para que ele possa ser aproveitado).

Olhando para o potencial de incremento de valor dessa empresa, existem três mudanças possíveis a fazer. A primeira seria uma postura de crescimento mais agressiva, porque o negócio de videogames é de crescimento rápido e exige reinvestimentos de peso. Aumentar a taxa de reinvestimento, mesmo que isso signifique ajuste para baixo do retorno sobre capital de novos investimentos, aumentaria o crescimento e o valor. A segunda mudança é usar mais dívida na estrutura de capital da empresa, pois a empresa está sendo financiada inteiramente por patrimônio líquido e poderia suportar facilmente uma razão de endividamento de 20%, sem se expor a um risco de inadimplência significativo. A terceira é uma redução do saldo de caixa. Reavaliamos a Nintendo com as seguintes mudanças nos fundamentos:

- Um aumento na taxa de reinvestimento de 40% para os próximos cinco anos em conjunto com um aumento no retorno sobre capital de 7,5% aumentará a taxa de crescimento anual do período para 3%. Após o ano 5, vamos considerar uma taxa de crescimento de 2%, com uma taxa de reinvestimento compatível.[7]
- A razão de endividamento de 20%, juntamente com um custo da dívida antes dos impostos de 3%, baixa o custo de capital nos próximos cinco anos para 6,49% e em perpetuidade para 5,84% (uma vez que o beta cai para 1).
- Uma redução significativa no saldo de caixa em aproximadamente 200 bilhões de ienes diminui ou dissipa a taxa de desconto que o mercado relaciona ao caixa. (A avaliação apresenta 718 bilhões, mas 518 bilhões serão distribuídos como dividendos.)

Com essas alterações, o valor do patrimônio líquido por ação aumenta para 14.107 ienes, um aumento de aproximadamente 18,5% do valor de *status quo* de 12.115 ienes (veja a Figura 13.6).

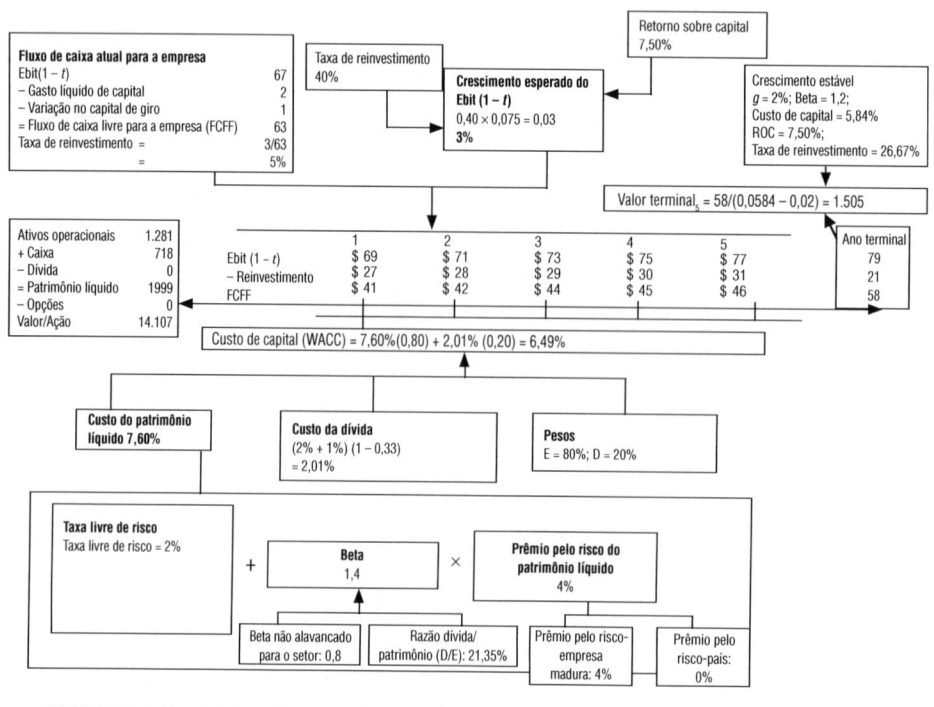

■ **FIGURA 13.6** – Nintendo: reestruturada

Probabilidade de mudança na administração

Embora a alteração da administração em uma empresa mal gerenciada possa ser substancial, o incremento do valor será criado somente se as políticas administrativas mudarem. Embora essa alteração possa às vezes se dar pelo convencimento dos administradores atuais a modificar seus estilos de gerenciamento, é mais comum se exigir a substituição desses gerentes. Se a probabilidade de ocorrência da mudança administrativa for baixa, o valor esperado do controle também será baixo. Nesta seção, consideramos, primeiro, os mecanismos de mudança administrativa e, depois, alguns dos fatores que determinam a probabilidade de mudança na administração.

Mecanismos de mudanças na administração É difícil mudar a forma como uma empresa é dirigida, mas, em geral, existem quatro maneiras de fazê-lo. A primeira é uma variação da sedução moral ou ao menos econômica, em que um ou mais investidores institucionais de porte apresentam uma proposta de acionistas desenhada antes de mais nada para melhorar a governança corporativa, mantendo a ameaça de uma ação mais extrema sobre as cabeças dos administradores. A segunda é uma competição por procuração *(proxy contest)*, na qual os administradores encarregados são refutados pelo voto de procuração dos investidores que estão insatisfeitos com a forma com que a empresa vem sendo dirigida. Com votos suficientes, os investidores podem obter representação no conselho e serem capazes de mudar a política administrativa. A terceira é tentar substituir os administradores atuais da empresa por outros mais competentes; em empresas negociadas publicamente, isso vai exigir uma diretoria disposta a refutar a administração. A quarta maneira e a mais extrema é a aquisição hostil da empresa por um investidor ou outra empresa em que a administração titular é geralmente substituída após a aquisição e a política administrativa torna-se mais eficiente.

Investidores ativistas Muitos investidores institucionais são passivos e escolhem vender e se retirar quando discordam da maneira com que uma empresa é dirigida. Um mix de fundo de pensão e investidores privados demonstra uma disposição em confrontar a administração titular. Esses investidores ativistas, com o peso de suas posições acionárias, são capazes de apresentar propostas para mudar as políticas que consideram inimigas dos interesses dos acionistas. Freqüentemente, essas propostas são centradas em governança corporativa; mudar a maneira como o corpo de diretores é escolhido e remover cláusulas antiaquisição hostil do estatuto são exemplos comuns. Os investidores ativistas são um fenômeno recente e ainda raro; entre 1986 e o início dos anos 90, cinco investidores institucionais — California Public Employee Retirement System (Calpers), College Retirement Equities Fund (Cref), California State Teacher Retirement System (Calsters), New York City Employees Retirement System (Nycers) e State of Wisconsin Investment Board (Swib) — respondiam por cerca de 20% de todas as propostas de acionistas.[8] Deve-se notar, entretanto, que o registro de investidores ativistas em mudanças de políticas administrativas e melhorias de desempenho operacional é variado. A despeito da melhora na taxa de sucesso nos anos mais recentes, menos de um quinto das propostas de acionistas sobre governança corporativa obtém apoio da maioria e, até mesmo quando aprovadas, é comum serem ignoradas pelo conselho de administração. Embora existam evidências de que os investidores ativistas miram as empresas mal gerenciadas com baixas posições acionárias ativas, há pouco indício de que sejam bem-sucedidos na melhoria do desempenho dessas empresas.

Competição por procuração Nas grandes empresas públicas com ações amplamente pulverizadas, as reuniões anuais têm baixo quórum. A maioria dos acionistas dessas empresas tende a não participar dessas reuniões e geralmente os administradores titulares obtêm os seus votos à revelia, assegurando assim aprovação para o conselho de administração. Em algumas empresas, os acionistas ativistas competem com a administração titular pelas procurações dos investidores individuais, com a intenção de colocar os seus candidatos no conselho de administração eleito. Nem sempre têm êxito em conquistar os votos da maioria, mas de fato advertem os administradores de que respondem pelos acionistas. Há evidência de que a competição por procuração ocorre mais freqüentemente naquelas empresas que são mal dirigidas e que criam mudanças significativas na política administrativa e melhora dos desempenhos operacionais.[9]

Rodízio forçado de CEO O rodízio do CEO em muitas empresas é geralmente uma conseqüência de aposentadoria ou morte, e o sucessor normalmente segue os passos do titular. Isso não é surpresa, uma vez que os conselhos de diretores em geral são escolhidos com cuidado para apoiar o CEO. Entretanto, em alguns casos, o CEO é forçado a deixar o conselho devido a desempenhos insatisfatórios, e um estranho é trazido para encabeçar a empresa. Isso permite uma abertura para a reformulação das políticas administrativas atuais e uma mudança significativa. Nos Estados Unidos, o rodízio forçado de CEO oscilou com o ativismo dos investidores, aumentando nos anos 80, caindo na década de 1990 e aumentando novamente em decorrência dos escândalos corporativos da Enron e WorldCom. Embora o rodízio forçado de CEO fosse incomum fora dos Estados Unidos até recentemente, está ficando mais freqüente. Na realidade, mais CEOs foram forçosamente retirados na Europa em 2004 do que nos Estados Unidos.

Aquisições hostis Pressão de investidores, competição por procuração e rodízio de CEO representam processos internos para disciplinar os administradores. Quando um desses processos falha, a única arma de que os acionistas dispõem é esperar que a empresa torne-se alvo de uma aquisição hostil, em que o comprador assumirá o comando da empresa e mudará a forma como é dirigida. Para que as aquisições hostis sejam efetivas como mecanismo disciplinador da administração, várias peças devem encaixar-se. Primeiro, empresas mal administradas deveriam estar na mira dessas aquisições. Segundo, o sistema de aquisição hostil deveria ter uma chance razoável de sucesso, e a influência dos administradores titulares deveria ser desprezível ou bem pequena. Terceiro, o comprador tem de mudar tanto a política administrativa quanto a administração da empresa-alvo após a aquisição. Neste capítulo, vamos considerar as evidências empíricas de cada um desses exemplos.

Determinantes da mudança administrativa Há uma forte inclinação a se preservar o administrador titular na empresa, até mesmo quanto existe ampla concordância de que a administração é incompetente ou não leva a sério os interesses dos acionistas. Algumas dessas dificuldades decorrem de a balança institucional pender para a administração titular, e outras são colocadas para tornar a mudança administrativa difícil, se não impossível.

Restrições institucionais O primeiro grupo de restrições a mudanças na administração titular em empresas que são vistas como mal gerenciadas e mal dirigidas é de caráter institucional. Algumas dessas restrições podem ser atribuídas a dificuldades associadas ao aumento de capital necessário para financiar a refutação, outras a se fazer imposições aos adquirentes e ainda outras, à inércia.

Restrições de capital É necessário levantar capital para adquirir empresas que são mal gerenciadas, e qualquer limitação nesse processo pode impedir as aquisições hostis. Não seria de surpreender que as aquisições hostis sejam raras em economias onde os mercados de capital — ações e obrigações — não são bem desenvolvidos. Na realidade, em boa parte do século passado, as empresas mal administradas na Europa foram ao menos parcialmente protegidas de aquisições hostis em virtude da ausência de um mercado ativo de títulos corporativos e da dependência de empréstimos bancários. A aquisição da Telecom Italia pela Olivetti em 1999, uma das maiores aquisições hostis na Europa, foi facilitada pelo uso da Olivetti do nascente mercado de Eurobond. É bem provável que a Olivetti teria fracassado na sua oferta de aquisição se tivesse de ter recorrido aos bancos italianos para obter algum financiamento.

Em geral, então, argumentaríamos que a probabilidade de mudança administrativa em empresas mal gerenciadas é maior quando os mercados financeiros são abertos e os financiamentos são acessíveis a baixo custo para ampla variedade de investidores (e não só para grandes empresas com boa capacidade de crédito). Até mesmo nos Estados Unidos, a probabilidade de aquisições hostis aumentou drasticamente nos anos 80, quando Michael Milken e seus compatriotas da Drexel Burnham Lambert abriram o mercado de *junk bond*, permitindo a adquirentes hostis como T. Boone Pickens e Carl Icahn emitir obrigações com pequena ou nenhuma garantia para financiar aquisições hostis.

A restrição de capital tem um efeito desproporcional, permitindo maior proteção a grandes empresas de capital aberto do que às pequenas. Afinal de contas, um adquirente hostil, mesmo em um mercado de capital limitado, pode ser capaz de levantar $ 1 bilhão para financiar uma aquisição, mas é muito pouco provável que consiga $ 20 bilhões. Assim, não é surpresa que os administradores de grandes empresas em mercados de capital fechado geralmente tenham interesse velado em manter esses mercados fechados.

Restrições estatais Muitos mercados financeiros fora dos Estados Unidos impõem significativas restrições legais e institucionais à atividade de aquisição hostil. Embora poucos mercados proíbam completamente as aquisições hostis, o efeito cumulativo das restrições faz que sejam quase impossíveis. Mesmo nos Estados Unidos, muitos estados impuseram restrições às ofertas hostis nos anos 80 em resposta ao clamor público e político contra esse tipo de aquisição. Um exemplo de restrição estatal está na lei da Pensilvânia aprovada em 1989, a qual continha três condições para dificultar as aquisições hostis. Primeiro, foi exigido dos ofertantes que tivessem participações societárias além de 20%, 33% ou 50% sem aprovação da administração que obtivessem aprovação de outros acionistas para fazer uso dos seus direitos de voto. Essa aprovação era muito mais difícil de obter, porque o voto estava restrito a somente aqueles acionistas que permaneciam com suas ações por mais de 12 meses. Segundo, foi permitido ao conselho de administração pesar os efeitos da tomada de controle a todos os *stakeholders*, o que inclui clientes, empregados e grupos da comunidade local, na aceitação ou rejeição da oferta hostil, proporcionando aos membros do conselho de administração um considerável tempo de manobra para rejeitar as ofertas de aquisições hostis. Terceiro, os ofertantes hostis foram forçados a devolver qualquer lucro obtido de alguma venda de ação da empresa-alvo dentro de 18 meses da tentativa de aquisição, aumentando assim o custo do insucesso de uma oferta hostil. Há leis similares vigentes em muitos países.

Inércia e conflito de interesses Um fator final a ser considerado é se os administradores de empresas mal gerenciadas sentem o calor dos acionistas. Se os acionistas dessas empresas são passivos e não respondem às demandas dos ofertantes hostis ou outros investidores pela oferta de suas ações em uma aquisição ou pelas suas procurações em uma competição por procuração, é muito provável que a administração titular fique protegida. Os investidores institucionais que possuem aproximadamente 70%, ou mais, das ações de empresas grandes e negociadas publicamente são mais prováveis de serem passivos, votando com seus pés (pela venda de ações das empresas que acreditam não serem bem gerenciadas), do que se oporem à administração.[10] Em muitos casos, eles tendem a concordar com a administração titular das empresas nas quais possuem ações, ao invés de discordar de suas decisões.[11]

Por que os investidores de muitas empresas mantêm-se fiéis aos administradores em meio a resultados ruins? Para qualquer investidor institucional, como o Fidelity, que possui ações de centenas de empresas, essa pode ser a única solução prática. Afinal de contas, o investimento de ativistas consome tempo e recursos, o que pode não ser viável para um fundo que tem participações em centenas de empresas. Para outros, como bancos de investimentos e comerciais, existem benefícios secundários obtidos pela manutenção de boas relações com a administração titular. Esses benefícios podem sobrepujar os ganhos potenciais oriundos de acionistas mais ativos.

Restrições específicas da empresa Há empresas em que a administração titular, mesmo que seja incompetente, é protegida da pressão dos acionistas pelas ações realizadas por essas empresas. Essa proteção pode assumir a forma de cláusulas antiaquisição hostil no estatuto da companhia, elaboradas participações societárias e criação de ações com diferentes direitos a voto. Em alguns casos, a administração titular pode ter participações suficientemente grandes na empresa para sufocar qualquer desafio às suas lideranças.

Emendas a estatutos empresariais Em resposta à onda de tomada de controle por aquisição hostil nos anos 80, muitas empresas mudaram seus estatutos para torná-la mais difícil. Muitas razões foram apresentadas para essas alterações. Primeiro, elas liberariam os administradores do tempo consumido pelas tarefas de lidar com a aquisição hostil e permitiriam que gastassem o seu tempo tomando decisões mais produtivas. Segundo, dariam aos administradores ferramentas adicionais para extrair um preço mais alto dos ofertantes hostis em uma tentativa de tomada de controle, aumentando seu poder de barganha. Terceiro, permitiriam aos administradores focalizar a maximização de valor no longo prazo em oposição à maximização de valor no curto prazo, supostamente implícita em muitas ofertas hostis. Os administradores dessas empresas ofereceram uma gama de cláusulas antiaquisição hostil para esse fim. Entre elas, a eleição escalonada do conselho de administração, segundo a qual somente uma parte do conselho poderia ser substituída a cada ano, tornando mais difícil para os acionistas ganhar o controle; cláusulas de supermaioria exigem mais que a aprovação da maioria para uma fusão (tipicamente, de 70% a 80%) e a proibição da oferta de dois níveis.[12]

Em teoria, essas cláusulas antiaquisição hostil deveriam afetar negativamente o preço da ação, porque tornam as aquisições menos prováveis e protegem a administração titular. Ao aprovar as cláusulas antiaquisição hostil, as empresas reduzem a probabilidade de uma aquisição e, conseqüentemente, os seus preços de mercado. No entanto, o efeito líquido sobre o valor variará entre as empresas; aquelas com administração menos eficiente provavelmente experimentarão uma queda no valor, quando da aprovação dessas cláusulas, ao passo que outras com administração mais eficiente provavelmente não apresentarão nenhuma alteração notável no valor.

Não é surpresa a falta de consenso acerca dos efeitos das cláusulas antiaquisição hostil sobre o preço das ações. Linn e McConnell (1983) estudaram os efeitos dessas cláusulas sobre o preço das ações e encontraram uma positiva, mas insignificante, reação às cláusulas antiaquisição hostil.[13] DeAngelo e Rice (1983) investigaram o mesmo fenômeno e encontraram um efeito negativo, embora insignificante.[14] Dann e DeAngelo (1983) examinaram acordos de suspensão[15] e recompras negociadas com prêmios[16] e apresentaram uma reação negativa no preço das ações à época de seus anúncios, uma conclusão consistente com a destruição de riqueza do acionista.[17] Dann e DeAngelo (1988) estenderam seus estudos para medidas antiaquisições hostis aprovadas, não em resposta a tentativas de aquisições hostis, mas a uma *antecipação* a aquisições hostis como medida defensiva.[18] Eles apresentaram um preço da ação com declínio de 2,33% à época do anúncio dessas medidas. Comment e Schwert (1995) atualizaram esses dados e forneceram uma possível explicação para o mix de conclusão dos estudos anteriores. Eles concluíram que as cláusulas antiaquisição hostil fornecem relativamente pouca proteção contra aquisições hostis e freqüentemente aumentam o prêmio pago aos acionistas das empresas-alvo de aquisições.[19]

Direitos de voto A forma tradicional de proteger a administração titular é emitir ações com diferentes direitos de voto. Em sua forma mais extrema, administradores titulares retêm todas as ações com direito a voto e lançam somente ações sem direito a voto ao público. Essa é a regra em vez da exceção em muitos países da América Latina e Europa,[20] onde as empresas rotineiramente lançam ações sem direito a voto ao público e retêm ações para os acionistas controladores e administradores. Conseqüentemente, isso permite aos *insiders* dessas empresas controlarem seus destinos com uma pequena porcentagem de todas as ações em circulação. Em um sentido mais amplo, as empresas podem atingir o mesmo objetivo, ao lançar ações com diferentes direitos de voto.

Para compensar essa falta de direitos de voto, muitas empresas também pagam dividendos mais altos para ações sem direito a voto ou oferecem uma prioridade nos reclamos sobre os fluxos de caixa. Isso complica a comparação de preços dessas ações, considerando-se que o valor de dividendos mais altos pode contrabalançar algum ou todo o valor perdido, por não se possuir direito a voto. Em uma deturpação desse conceito, há empresas onde os direitos de voto são garantidos a acionistas que possuem ações por mais de um período específico — digamos, três anos. Isso aparentemente dá aos acionistas de longo prazo mais voz na direção das empresas do que aos acionistas de curto prazo (os quais são vistos mais como especuladores do que como investidores). No entanto, o efeito líquido é o fortalecimento da administração titular e a redução dos poderes dos acionistas, tanto os de curto quanto os de longo prazos.

Estruturas corporativas em holding O controle pode ser mantido sobre as empresas com uma variedade de estruturas piramidais e participações societárias. Em uma estrutura piramidal, um investidor faz uso do controle de uma empresa para estabelecer o controle de outras. Por exemplo, a empresa X pode ser proprietária de 50% da empresa Y e usar os ativos da empresa Y para comprar 50% da empresa Z. Como conseqüência, o investidor que controla a empresa X acabará por controlar também as empresas Y e Z. Estudos indicam que as pirâmides são uma abordagem comum para a consolidação do controle de empresas familiares na Ásia e na Europa.[21] Em uma estrutura de participações societárias, empresas são proprietárias das ações uma da outra, permitindo assim que os acionistas que controlam o grupo dirijam todas as empresas com menos de 50% das ações.[22] A vasta maioria das empresas do Japão (*keiretsu*s) e da Coréia (*chaebol*s) na década de 1990 foi estruturada como participações societárias, tornando os administradores dessas empresas imunes a pressões de acionistas.

Grandes acionistas/administradores Em algumas empresas, a presença de um grande acionista como administrador é um significativo impedimento à aquisição hostil ou mudança administrativa. Consideremos uma empresa como a Oracle, na qual o fundador/CEO, Larry Ellison, detém quase 30% das ações em circulação. Mesmo sem dispersão de direitos de voto, ele pode efetivamente frustrar as aquisições hostis. Por que tal acionista/administrador dirigiria mal uma empresa, quando isso lhe custa uma parte significativa do valor de mercado? A primeira razão pode ser atribuída a excesso de confiança e ego. Fundadores/CEOs que têm pouco respeito por investidores externos tendem a centralizar o poder e podem cometer sérios erros. A segunda razão é que o que é bom para o acionista interno, o qual freqüentemente possui toda a sua riqueza investida na empresa, pode não ser bom para outros investidores da empresa.

O que pode causar a alteração da probabilidade de mudança administrativa?

Uma constância que existe no mercado é a mudança. Administradores considerados resistentes a refutações externas podem ter suas autoridades questionadas. Quais são alguns dos fatores que podem causar essa alteração?

- O primeiro é que as regras que dominam a governança corporativa mudam com o tempo, às vezes em favor da administração titular, outras vezes em favor dos acionistas. Por exemplo, recentemente, muitas economias de mercados emergentes tornaram mais fácil aos acionistas de empresas refutarem os administradores. Uma tendência semelhante pôde ser vista na Europa, onde até poucos anos a administração titular claramente detinha o controle. O ímpeto para essa reforma veio de investidores institucionais, que cansaram de ser ignorados pela administração, quando confrontada com claras evidências de decisões insatisfatórias.
- Até mesmo quando as regras permitem aos investidores refutarem as decisões da administração, muitos investidores seguem um caminho passivo, votando com seus pés. É aqui que faz diferença a presença de investidores ativistas dispostos a assumir grandes participações em empresas e que usam essas participações como uma plataforma para refutar e mudar práticas administrativas. Nos Estados Unidos, esses investidores fizeram-se presentes nos anos 80.[23] Embora tenha demorado um pouco mais no restante do mundo, investidores ativistas agora são parte do cenário de investimentos em cada vez mais países.
- Nada muda mais a percepção de vulnerabilidade da administração a uma refutação externa do que as aquisições hostis bem anunciadas ou a expulsão de um CEO de uma grande empresa no mesmo mercado. Nos anos 90, por exemplo, a aquisição hostil da Telecom Italia pela Olivetti mudou a percepção de que administradores de uma grande empresa estavam imunes a refutações dos acionistas.

Estimativa da probabilidade de mudança administrativa Embora os determinantes de mudanças administrativas possam ser listados, é muito mais difícil quantificar a probabilidade da sua ocorrência. Uma abordagem estatística promissora é a *logit* ou *probit*, em que se avalia a probabilidade de mudança na administração por contrastar as características de empresas nas quais a administração foi refutada no passado com aquelas empresas onde isso não tenha ocorrido. Pesquisadores aplicaram essa técnica para examinar tanto aquisições quanto mudanças forçadas de CEO.

Em um dos primeiros artigos sobre análise da probabilidade de aquisições hostis por meio da comparação de empresas-alvo de aquisições a empresas que não eram alvo, Palepu (1986) observou que as grandes empresas que sofreram ofertas hostis eram menores que as grandes empresas que não eram alvo de oferta e investiam de forma ineficaz.[24] Em um artigo posterior, North (2001) concluiu que empresas com baixas propriedades de *insider*/administrativas eram mais suscetíveis a serem objeto de aquisições.[25] Entretanto, nenhum dos artigos focou especificamente as aquisições hostis. Nuttal (1999) constatou que empresas grandes em aquisições hostis tendem a ser negociadas a razões preço/valor contábil mais baixas que outras, e Weir (1997) agregou a essa conclusão a observação de que as empresas-alvo em aquisições hostis também obtêm baixos retornos sobre capital investido.[26] Finalmente, Pinkowitz (2003) concluiu que não existe evidência para suportar a noção convencional de que empresas com saldos substanciais de caixa são mais suscetíveis de se tornarem alvo de aquisições hostis.[27] Em resumo, empresas que estão sob ofertas hostis tendem a ser menores, negociadas a baixos múltiplos de valor contábil e a obter relativamente baixos retornos sobre os seus investimentos.[28]

Embora muitas mudanças de CEOs sejam voluntárias (aposentadoria ou troca de emprego), alguns deles são forçados a deixar o conselho. Nos últimos anos, pesquisadores examinaram quando o rodízio forçado de CEO é mais provável de ocorrer.

- *Preço das ações e rentabilidade.* Rodízios forçados são mais prováveis em empresas que têm rentabilidades ruins em comparação às suas congêneres e às expectativas.[29] Uma manifestação dessas administrações deficitárias é o pagamento em excesso nas aquisições, e há evidência de que CEOs de empresas que fazem aquisições — e pagam muito por elas — são de longe mais suscetíveis de serem substituídos que CEOs que não fazem tais aquisições.[30]
- *Estrutura do conselho.* Rodízios forçados de CEO são mais prováveis de ocorrer quando o conselho de administração é pequeno[31] e composto por pessoas externas[32] à empresa e quando o CEO não é também o presidente do conselho de administração.[33]
- *Estrutura de propriedade.* Mudanças forçadas de CEO são mais comuns em empresas com altas participações institucionais e baixas participações de *insiders*.[34] Elas também parecem ocorrer com mais frequência em empresas mais dependentes de novos capitais no mercado de ações.[35]
- *Estrutura do setor.* Os CEOs são mais suscetíveis de substituição em setores competitivos.[36]

Em resumo, empresas em que se vê mudança forçada de CEO compartilham algumas características com outras que são alvo de aquisições hostis — são mal administradas e mal dirigidas —, mas têm um conselho de administração muito mais efetivo e mais investidores ativistas capazes de mudar a administração, sem entregar a empresa a um comprador hostil.

MANIFESTAÇÕES DO VALOR DE CONTROLE

Se o valor de controle deriva da alteração da maneira como um negócio é dirigido e o valor esperado do controle é uma função do valor de controle e a probabilidade de que se pode mudar a administração da empresa, existem implicações para quase todos os aspectos da avaliação de empresas, da avaliação de empresas negociadas publicamente até aquisições de participações em negócios privados. Nesta seção, consideramos a abrangência de aplicações em que o valor de controle tem o seu papel.

Aquisições hostis

Embora qualquer fusão possa ter um componente de valor derivado do controle, aquisições hostis oferecem o exemplo mais claro da ação dos prêmios de controle, visto que os administradores da empresa-alvo são avisados de que serão substituídos após a aquisição.

Avaliação dos prêmios de controle em aquisições A avaliação de prêmios de controle em aquisições é um processo em três passos que reflete intimamente nossas análises na seção anterior. O primeiro passo é uma avaliação do *status quo* da empresa-alvo, incluindo as políticas administrativas vigentes de investimentos, financiamentos e dividendos. O segundo passo é a avaliação reestruturada com mudanças que a empresa adquirente está planejando fazer na forma como a empresa-alvo é gerenciada. A diferença entre a avaliação reestruturada e a avaliação do *status quo* é o valor de controle. O terceiro passo é determinar qual parte do prêmio deveria ser paga pela aquisição. Note que o pagamento de um preço que reflete o prêmio inteiro entrega o valor inteiro de controle aos acionistas da empresa-alvo.

Também vale observar que esse processo não tem nada a ver com outro motivo amplamente citado durante aquisições, que é a sinergia. Em outras palavras, se existe valor do potencial de sinergia em uma fusão, ele estará além do valor de controle. Uma diferença-chave é que a sinergia requer duas entidades para existir — uma empresa adquirente e a empresa-alvo —, uma vez que se revela como uma vantagem (de custo ou crescimento) para a empresa combinada. O controle reside inteiramente com a empresa-alvo e não requer uma empresa adquirente, e até mesmo um comprador individual pode adquirir uma empresa mal gerenciada e mudar a sua forma de administração.

Implicações Se o valor de controle é a diferença entre o valor de *status quo* e o valor da empresa dirigida de forma ótima, podemos derivar as seguintes implicações:

- *O valor de controle variará entre as empresas.* Considerando-se que o prêmio é a diferença entre o valor do *status quo* e o valor ótimo da empresa, segue-se que o prêmio deveria ser maior em empresas mal gerenciadas e menor em empresas bem administradas. Na realidade, o prêmio de controle deveria ser zero para empresas nas quais a administração já toma decisões acertadas.
- *Pode não haver uma regra prática para o prêmio de controle.* Considerando-se que o prêmio variará entre as empresas, pode não haver uma regra prática aplicável a todas as empresas. Assim, a noção de que o controle está sempre em 20% a 30% do valor pode não ser a correta.[37]
- *O prêmio de controle deveria variar dependendo da razão dos resultados ruins da empresa.* O prêmio de controle deveria ser mais alto nas empresas que apresentam resultados insatisfatórios em virtude de decisões ruins da administração, do que quando os problemas da empresa são causados por fatores externos sobre os quais a administração não tem nenhum controle ou tem controles limitados. Dessa forma, o valor de controle não seria

mais alto em uma empresa de mina de ouro, que tem os lucros deprimidos por causa de quedas do preço do ouro, como seria em uma empresa de manufatura, na qual os lucros estão baixos por causa de julgamentos errados da administração quanto aos desejos dos consumidores.

■ *O prêmio de controle deveria ser uma função das facilidades de mudanças administrativas.* Nem todas as mudanças são fáceis de fazer e rápidas de implementar. É muito mais fácil alterar o mix de financiamento de uma empresa não alavancada do que modernizar uma planta ou equipamento de uma empresa de manufatura que tem uma planta velha ou antiga. Seria de esperar um valor de controle maior para o primeiro tipo de empresa, porque as mudanças podem ser feitas rapidamente e a economia aparece em pouco tempo.

Evidência empírica As evidências que suportam as hipóteses de que as aquisições hostis são principalmente motivadas pelo controle podem ser categorizadas em três grupos. O primeiro tipo de evidência relaciona-se a prêmios pagos por empresas-alvo em aquisições hostis, uma vez que refletem as expectativas dos compradores sobre o valor de controle. O segundo está centrado nos tipos de empresa que são típicas empresas-alvo em aquisições hostis: se o controle for o motivo, a empresa-alvo típica deveria ser aquelas mal gerenciadas e dirigidas. O terceiro examina o que acontece após a aquisição hostil: a aquisição motivada pelo controle deveria ser seguida por rodízio da administração, alterações nas políticas de financiamento e investimento e melhoria no desempenho.

Prêmios pagos por empresas-alvo em aquisições Pesquisadores usaram o prêmio pago pelos compradores em fusões como uma medida do controle, mas esse prêmio é uma combinação de todos os motivos por trás das aquisições, incluindo a sinergia. O prêmio pago em uma aquisição é um composto de valor de controle, sinergia e excesso de pagamento. Considerando-se essa realidade, como podemos centrar nossas análises apenas ao controle? Para começar, podemos focar somente as aquisições hostis, em vez de examinar todas as aquisições. Se a essência do valor de controle é que se pode mudar o modo de administrar uma empresa, é improvável que a administração titular da empresa-alvo concorde com uma aquisição amigável, quando o motivo básico for o controle.

Logo, podemos eliminar todas as aquisições em que o comprador for outra empresa. Afinal de contas, a sinergia requer a existência de duas organizações e não pode existir se a empresa-alvo permanece sozinha após as aquisições. Pelo exame de aquisições hostis nas quais a empresa-alvo permanece independente depois da negociação, podemos ao menos reduzir o prêmio pago ao valor justo do controle e excesso de pagamento. Levando-se em conta que o prêmio médio[38] pago por empresas-alvo em aquisições nos Estados Unidos foi de 20% a 30% nos anos 80 e 90, os prêmios tendem a ser um pouco maiores para aquisições hostis.[39] Além disso, os retornos de empresas ofertantes, que tendem a ser desprezíveis ou levemente negativos entre todas as aquisições, são mais positivos em aquisições hostis. Resumindo, os benefícios percebidos do controle em aquisições hostis são grandes, e os mercados tendem a ver tais aquisições como favoráveis.

Características das empresas-alvo O sustentáculo mais poderoso à existência de um mercado para o controle corporativo repousa nos tipos de empresa que são tipicamente comprados nas aquisições hostis. Anteriormente, neste capítulo, notamos que desempenhos operacionais pobres e preço das ações são bons indicadores para empresas-alvo em aqui-

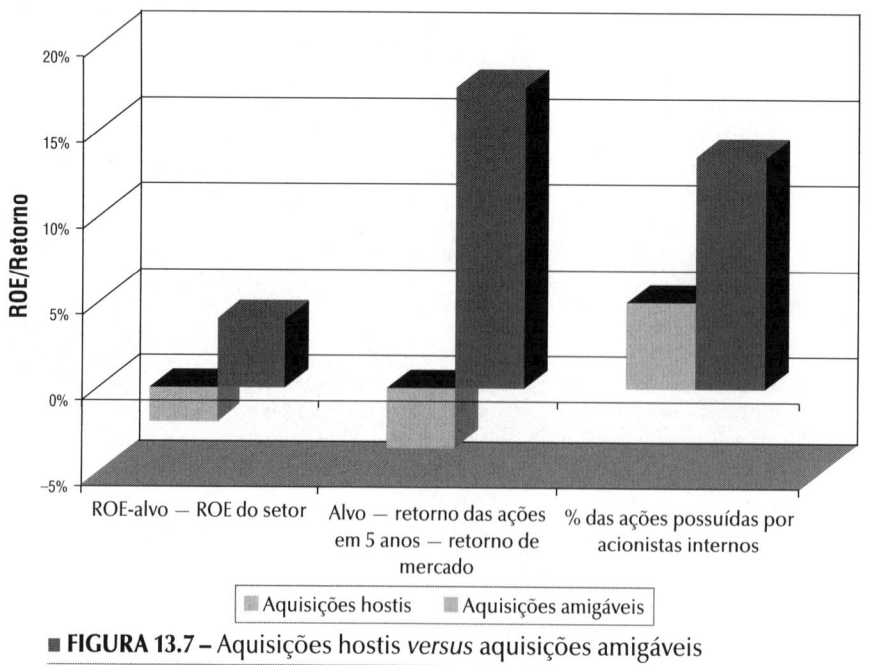

■ **FIGURA 13.7** – Aquisições hostis *versus* aquisições amigáveis

Fonte: Bhide (1989).

sições hostis. Uma comparação de empresas-alvo em aquisições hostis e amigáveis, resumida na Figura 13.7, ilustra as suas diferenças.[40]

Como se pode observar, empresas-alvo em aquisições hostis obtêm retornos sobre patrimônio líquido em média 2,2% menores que outras empresas do setor, e elas obtêm retornos para os seus acionistas que são 4% menores que o mercado, e somente 6,5% de suas ações são de propriedade de investidores internos. A típica empresa-alvo caracteriza-se por escolhas de projetos ruins e desempenho do preço das ações tão baixo quanto as participações de investidores internos.

Ações pós-aquisição Há evidência também de que as empresas fazem significativas mudanças na forma como operam após aquisições hostis. Bhide (1989) examinou as conseqüências de aquisições hostis e observou as seguintes mudanças:

- Muitas das aquisições hostis foram seguidas por um aumento nas dívidas, que resultou em um rebaixamento da dívida. No entanto, a dívida foi rapidamente reduzida com ganhos obtidos da venda de ativos.
- Não houve significativas mudanças no montante de capital investido nessas empresas.
- Quase 60% das aquisições hostis foram seguidas por desinvestimentos significativos, em que metade ou mais da empresa foi liquidada. A maioria esmagadora das liquidações foi em unidades de negócios não relacionadas ao *core business* (isto é, elas constituíram a reversão da diversificação corporativa realizada em períodos anteriores).
- Houve significativa mudança de administração em 17 das 19 aquisições, com substituição total da equipe gerencial em sete dessas aquisições.

Outro estudo sobre aquisições de 288 empresas em dificuldades pelos assim chamados *vulture investors* fornece evidências de melhoria do desempenho operacional após as aquisições.[41] Assim, contrariamente à visão popular,[42] muitas aquisições hostis não são seguidas pelo esvaziamento de ativos da empresa-alvo, levando-as à ruína. Em vez disso, empresas-alvo reformulam seus focos no negócio principal e freqüentemente melhoram seus desempenhos operacionais.

Avaliação de empresas negociadas publicamente

Existe uma concepção exageradamente errada de que o controle é uma preocupação somente quando se fazem aquisições. Pelo contrário, argumentaríamos que o preço das ações de toda empresa pública inclui uma expectativa do valor de controle, refletindo tanto a probabilidade de que a administração da empresa será modificada quanto o valor dessa mudança.

Expectativas e preços das ações Para constatar como o valor esperado de controle é representado no preço das ações, vamos supor que vivemos em um mundo onde a mudança administrativa nunca acontece e que o mercado é razoavelmente eficiente ao avaliar as empresas que precifica. Nesse cenário, toda companhia será negociada ao valor de *status quo*, refletindo os pontos fortes e fracos da administração existente. Agora, suponhamos que vamos introduzir a probabilidade de mudança administrativa nesse mercado, na forma de aquisições hostis ou mudanças de CEO. Se o mercado se mantiver razoavelmente eficiente, o preço das ações de toda empresa deverá aumentar para refletir essa probabilidade.

$$\text{Valor de mercado} = \text{Valor de } status\ quo + (\text{Valor ótimo} - \text{Valor de } status\ quo) \times \text{Probabilidade de mudança administrativa}$$

O grau em que isso afetará o preço das ações vai variar entre as empresas, com o valor esperado de controle sendo muito maior para empresas mal administradas, nas quais há alta probabilidade de alteração na administração, e menor para empresas bem administradas, em que há pouca ou nenhuma chance de alteração na administração.

Muitos serão céticos sobre a capacidade dos mercados em fazer essas avaliações com algum grau de exatidão ou se os investidores de fato tentam estimar o valor esperado de controle. As evidências que apresentamos mais à frente nesta seção indicam que, embora possam não usar sofisticados modelos para fazer esses julgamentos, os mercados tentam avaliar e precificar o controle.

Implicações Os mercados não são proféticos ou sábios, mas criam expectativas sobre os preços. Na medida em que o valor esperado de controle já foi embutido no valor de mercado, existem implicações importantes para compradores, investidores e pesquisadores:

- *Pagar um prêmio acima do preço de mercado pode resultar em excesso de pagamento.* Se o preço corrente de mercado incorpora algum ou todo o valor de controle, o efeito de mudanças administrativas sobre o valor de mercado (em oposição ao valor de *status quo*) será pequeno ou inexistente. Em uma empresa na qual o mercado já assume que a administração será trocada e isso é incorporado ao preço da ação, compradores deveriam ter cuidado com o prêmio sobre o preço corrente de mercado, mesmo para uma empresa mal administrada. Consideremos um exemplo extremo. Vamos supor que temos uma empresa com um valor de *status quo* de $ 100 milhões e um valor de administração ótima de $ 150 milhões e que o mercado já tenha incorporado em 90% a chance de que a administração da empresa será substituída em um futuro próximo. O valor de mercado dessa empresa será de $ 145 milhões. Se um comprador decide pagar um prêmio substancial (digamos, $ 40 milhões) por essa empresa baseado no fato de que a empresa é mal administrada, ele pagará um considerável valor em excesso. Neste exemplo, ele pagará $ 185 milhões por uma empresa que vale $ 150 milhões.

- *Qualquer coisa que cause a alteração da percepção do mercado quanto à probabilidade de mudança administrativa pode afetar enormemente todas as ações.* A aquisição hostil de uma empresa, por exemplo, pode levar investidores a modificar suas avaliações sobre a probabilidade de mudança administrativa em todas as empresas, resultando em um aumento do preço das ações. Levando-se em conta que aquisições hostis freqüentemente se agrupam em determinados setores — as companhias petrolíferas no início dos anos 80, por exemplo —, não é surpresa que a aquisição hostil de uma empresa geralmente acarrete o aumento do preço das ações de empresas congêneres.
- *Governança corporativa insatisfatória leva a menor preço das ações.* O efeito da governança corporativa insatisfatória pode ser constatado no preço das ações. Afinal de contas, a essência de uma boa governança corporativa é proporcionar aos acionistas o poder de mudar a administração de empresas mal gerenciadas. Conseqüentemente, o preço das ações em que a governança corporativa é efetiva refletirá alta probabilidade de mudança administrativa para as empresas mal administradas e um valor esperado de controle maior. Em contraste, é difícil, se não impossível, substituir administradores em mercados onde a governança corporativa é fraca. Os preços das ações nesses mercados incorporarão, portanto, um valor esperado menor para o controle. As diferenças em governança corporativa provavelmente se manifestam mais na maioria das empresas de pior administração no mercado.

Evidência empírica A única forma de testar empiricamente a proposição de que os preços das ações de todas as empresas incorporam o valor esperado de controle é examinar os eventos que alteram o valor esperado. Já apontamos três eventos que causam esse acontecimento: aquisições hostis de outras empresas, substituição de CEO e reforma na governança corporativa.

Aquisições hostis Se os preços de todas as ações refletem o valor esperado de controle, quaisquer movimentos que fazem que as aquisições hostis se tornem mais ou menos prováveis afetarão os preços das ações. Um exemplo óbvio é quando o governo aprova leis que tornam as aquisições mais ou menos previsíveis. Anteriormente, neste capítulo, fizemos referência à lei aprovada pelo estado da Pensilvânia em 1989, para restringir aquisições hostis de empresas daquele estado. Karpoff e Malatesta (1990) examinaram as conseqüências dessa lei e descobriram que os preços das ações das empresas sediadas na Pensilvânia caíram (depois de ajustados para movimentos de mercado), em média, 1,58% em 13 de outubro de 1989, o primeiro dia em que a lei promulgada foi noticiada. Por todo o período, desde a primeira notícia até a introdução do projeto de lei na assembléia legislativa da Pensilvânia, essas empresas viram os preços das suas ações declinarem em 6,9%.[43] Um estudo subseqüente reforçou os resultados e estimou um total de perdas em valor de mercado de $ 4 bilhões em decorrência da lei, entretanto, empresas que optaram por aderir a lei recuperaram uma parte significativa desse valor perdido.[44]

Deve-se observar também que não é somente a empresa-alvo de uma aquisição hostil que é afetada por essa ocorrência. Todas as outras empresas semelhantes são postas em alerta, e esperaríamos que os preços de suas ações refletissem uma probabilidade de aquisição hostil maior. Em um estudo de 312 grandes empresas na Inglaterra, Weir, Laing e McKnight (2002) descobriram que as empresas em setores onde a intensidade de aquisições hostis é alta (medida pelo número de ocorrência de fusões) são negociadas a valor de mercado mais alto relativamente ao valor contábil ou de reposição do ativo.[45]

Mudança administrativa No início deste capítulo, analisamos a probabilidade de rodízio forçado de CEOs. Se o preço de mercado reflete o valor esperado de controle da empresa, as condições sob as quais o CEO é dispensado e como o sucessor é selecionado deveriam afetar o preço das ações. Em empresas mal administradas, a substituição do CEO por um sucessor externo deve ter conseqüências mais positivas, principalmente quando esse sucessor é alguém capaz de mudar a forma como a empresa é dirigida. Khurana e Nohria (2002) apresentaram quatro cenários possíveis, criados para verificar se o rodízio de CEOs é forçado ou natural (aposentadoria ou morte) e se o sucessor é interno ou externo.[46] Examinando esses cenários da perspectiva de mudança administrativa, poderíamos esperar os resultados listados na Tabela 13.2.

A mudança forçada do CEO aumenta a probabilidade de mudança administrativa no futuro, uma vez que isso sugere que o conselho de diretores desafiará ativamente a administração. A escolha de uma pessoa externa como substituta provavelmente leva a uma mudança nas políticas administrativas atuais. Quando o CEO atual é demitido e um externo é contratado, o valor esperado de controle, que é o produto dos dois acontecimentos, provavelmente aumenta ainda mais.

Governança corporativa Gompers, Ishi e Metrick (2003) estudaram o efeito da governança corporativa sobre o preço das ações por meio do desenvolvimento de um índice de governança corporativa medíocre, baseado em 24 fatores para 1.500 empresas; os maiores *scores* nesse índice traduziram-se em governança corporativa menos satisfatória.[47] Eles descobriram que as ações com o poder mais fraco de acionistas obtiveram 8,4% a menos no retorno anual em

TABELA 13.2: Rodízio de CEO e identidade do sucessor		
	O sucessor é interno	**O sucessor é externo**
Rodízio natural de CEO	*Status quo*	Não há alteração na probabilidade de mudança administrativa, mas pode alterar a política administrativa atual
Rodízio forçado de CEO	Aumento na probabilidade de mudança, mas nenhuma modificação imediata na política administrativa	Provavelmente muda a política administrativa e aumenta a probabilidade de mudanças futuras

comparação com as ações com o poder mais forte de acionistas. Também constataram que um aumento de 1% no índice de governança corporativa medíocre converte-se em um declínio de 2,4% no Q de Tobin, o qual é a razão entre o valor de mercado e o custo de reposição dos ativos. O fato de que a governança corporativa insatisfatória correlaciona-se a retornos insatisfatórios das ações e menor preço dessas ações não é por si só nenhuma evidência conclusiva de que exista um valor esperado de controle incorporado ao preço, uma vez que as empresas com melhores governanças corporativas podem ser mais bem gerenciadas e entregar resultados operacionais superiores. Em seus estudos, Gompers et al. fizeram o controle por características específicas como reinvestimento e crescimento e identificaram que a governança corporativa continuava a afetar o preço das ações. Podemos aceitar isso como evidência de que os mercados tentam incorporar uma expectativa de valor de controle no preço das ações. Em outras palavras, esperaríamos que uma empresa na qual os acionistas têm forte poder para substituir ou mudar a administração negocie a valores de mercado mais altos do que outras similares (em termos de risco, crescimento e fluxo de caixa característicos), nas quais os acionistas têm pouco ou nenhum poder sobre os administradores. Black, Jang e Kim (2004) fizeram um estudo similar apenas para empresas da Coréia, e as suas conclusões são similares: empresas com fraca governança corporativa têm retornos menores e são negociadas a menores Q de Tobin do que outras com forte governança corporativa.[48] Em um resultado correlato, Baek, Kang e Park (2004) concluíram que empresas com participações acionárias cruzadas (*chaebol*) e com propriedade familiar na Coréia tiveram um declínio muito maior no valor do patrimônio líquido durante a crise financeira coreana de 1997, o que atribuem à fraca governança corporativa dessas empresas.[49]

Os sistemas de governança corporativa são mais fortes em alguns países do que em outros, e alguns estudos têm examinado a relação entre o desempenho da empresa/valor e a governança corporativa entre países. Klapper e Love (2004) examinaram 14 mercados emergentes com diferenças em governança corporativa e sistema legal. Eles descobriram que países com sistemas legais fracos tendem a ter sistemas de governança corporativa mais fracos. Também concluíram que empresas com sistemas de governança corporativa mais fortes têm valor de mercado mais alto e apresentam desempenho operacional melhor.[50] Finalmente, constataram que a força da governança corporativa é mais importante em países com sistemas legais mais fracos.

Em um desvio interessante desse conceito, Bris e Cabolis (2002) examinaram empresas-alvo em 9.277 fusões entre países, onde o sistema de governança corporativa da empresa-alvo é de fato substituído pelo sistema de governança corporativo do comprador. Considerando-se que os sistemas de governança corporativa variam entre países, isso deu a eles a oportunidade de pesquisar o efeito da alteração do sistema de governança corporativa sobre o preço das ações. Eles descobriram que o Q de Tobin aumenta para empresas de um setor, quando a empresa ou as empresas do setor são adquiridas por uma firma estrangeira de países com melhor governança corporativa.[51]

EXEMPLO 13.4: Preço de mercado e valor esperado de controle

Consideremos a avaliação da Blockbuster do Exemplo 13.2. Calculamos tanto o valor de *status quo* quanto o valor ótimo do patrimônio líquido da empresa e chegamos aos seguintes resultados:

	Valor do patrimônio líquido	Valor por ação
Status quo	$ 955 milhões	$ 5,13 por ação
Administração ótima	$ 2.323 milhões	$ 12,47 por ação

O preço de mercado por ação à época da avaliação (maio de 2005) era de aproximadamente $ 9,50. Embora existam muitas explicações para a diferença entre o valor a que chegamos e o preço de mercado, há uma interpretação possível com apelo intuitivo. Supondo que tanto o preço de mercado quanto os nossos valores por ação estejam corretos, o preço de mercado pode ser escrito em termos de probabilidade de mudanças no controle e valor esperado de controle:

Valor esperado por ação = Valor *status quo* + Probabilidade de mudança de controle
× (Valor ótimo – Valor *status quo*) = $ 9,50 = $ 5,13
+ Probabilidade de mudança de controle × ($ 12,47 – $ 5,13)

O mercado está atrelando uma probabilidade de 59,5% de que as políticas administrativas podem mudar. Isso ocorreu após a bem-sucedida refutação da administração por Icahn. Antes da sua entrada em cena, o valor de mercado por ação era de $ 8,20, produzindo uma probabilidade de somente 41,8% para mudança administrativa.

Ações com e sem direito a voto

Em muitos mercados, é comum a variação dos direitos de voto entre as diferentes classes de ações. As ações portadoras de muito pouco ou nenhum direto a voto deveriam valer menos do que as portadoras de maior poder de voto, e a diferença de preços deveria ser em função do valor esperado de controle.

Prêmio por ações com direito a voto

Para relacionar o prêmio sobre ações com direito a voto ao valor esperado de controle, vamos começar com um exemplo extremo e muito simples. Consideremos uma empresa com n_v ação com direito a voto e n_{nv} ações sem direito a voto e que os acionistas com direito a voto têm completo e total controle do negócio. Assim, eles são livres para ignorar a opinião dos acionistas sem direito a voto, no caso de uma aquisição hostil, e negociar com o adquirente a melhor transação que puderem por conta própria.[52] Adiante, suponhamos que essa empresa tenha um valor de *status quo* de V_b, um valor ótimo de V_a e que a probabilidade de mudança administrativa seja π. Considerando-se que as ações sem direito a voto não têm absolutamente nenhum poder de decisão em se tratando de possíveis mudanças administrativas, o valor por ação sem direito a voto será baseado puramente no valor de *status quo*:

$$\text{Valor por ação sem direito a voto} = \frac{V_b}{n_v + n_{nv}}$$

As ações com direito a voto serão negociadas com um prêmio que reflete o valor esperado de controle:

$$\text{Valor por ação com direito a voto} = \frac{V_b}{n_v + n_{nv}} + (V_a - V_b)\frac{\pi}{n_v}$$

O prêmio sobre as ações com direito a voto deveria então ser uma função da probabilidade de que haverá uma mudança administrativa na empresa (π) e o valor da mudança administrativa ($V_a - V_b$).

Na medida em que os acionistas sem direito a voto são protegidos ou podem extrair algum valor esperado de controle, a diferença entre as ações com e sem direito a voto será menor. Por exemplo, é possível parte de ações sem direito a voto ganhar algum valor de controle, se este tiver sido consumado por uma mudança administrativa em vez de por aquisição hostil. Nesse caso, o valor da empresa será aumentado e todos os acionistas, beneficiados.

Existe uma categoria especial de ações com direito a voto chamada *golden shares*, que às vezes encontramos em propriedades governamentais de empresas privatizadas. Essas ações são retidas pelo governo após a privatização e essencialmente dão a ele o poder de veto sobre as principais decisões tomadas pela empresa. Conseqüentemente, permitem ao governo reter algum ou grande parte do controle sobre a direção da empresa. Embora as ações *golden shares* não sejam negociadas, afetarão o valor das ações negociadas, ao reduzirem o valor esperado de controle.

Implicações

Se o motivo básico de um prêmio por ações com direito a voto é o valor de controle, há várias conclusões a extrair:

- *A diferença entre as ações com e sem direito a voto deveria ir a zero, se não houvesse chance de mudança administrativa/controle.* Esta será claramente uma função da concentração de propriedade das ações com direito a voto. Se existirem relativamente poucas ações com direito a voto, retidas inteiramente por um acionista interno, a probabilidade de mudança administrativa poderá ser bem próxima de zero, e as ações com direito a voto deveriam ser negociadas ao mesmo preço das ações sem direito a voto. Se, entretanto, um percentual significativo das ações com direito a voto estiver nas mãos do público, a probabilidade de mudança administrativa deveria ser alta, e as ações com direito a voto deveriam refletir essa probabilidade.
- *Tudo o mais permanecendo constante, as ações com direito a voto deveriam ser negociadas a um prêmio maior sobre as ações sem direito a voto nas empresas extremamente mal administradas do que nas empresas bem administradas.* Considerando-se que o valor esperado de controle é próximo de zero em empresas bem administradas, as ações com e sem direito a voto deveriam ser negociadas aproximadamente ao mesmo preço nessas empresas. Em empresas mal administradas, é provável que o valor esperado de controle seja maior, como o prêmio por ação com direito a voto.
- *Tudo o mais permanecendo constante, quanto menor o número de ações com direito a voto relativamente a ações sem direito a voto, maior deveria ser o prêmio sobre ações com direito a voto.* Como o valor esperado de controle é dividido pelo número de ações com direito a voto para se obter o prêmio, quanto menor for esse número, maior

será o valor atribuído a cada ação. Isso deve ser pesado contra a realidade de que, quando o número de ações com direito a voto é pequeno, é mais provável que sejam integralmente retidas por administradores e *insiders*, reduzindo assim a probabilidade de mudança administrativa.

- *Tudo o mais permanecendo constante, quanto maior for a proporção de ações com direito a voto disponíveis ao público geral para negociação (*float*), maior deveria ser o prêmio sobre ações com direito a voto.* Quando ações com direito a voto são total ou predominantemente retidas pelos administradores e *insiders*, a probabilidade de mudança de controle é pequena, bem como o valor esperado de controle.
- *É provável que qualquer evento que explique o poder das ações com direito a voto em relação às ações sem direito a voto afete o prêmio pelo qual todas as ações com direito a voto são negociadas.* O valor esperado de controle é uma função da percepção de que os administradores dessas empresas podem ser substituídos. Em um mercado onde os administradores são protegidos, as ações com direito a voto não podem ser negociadas com um prêmio, porque os investidores não valorizam o controle. Uma aquisição hostil em mercados ou uma mudança normativa que forneça proteção aos acionistas sem direito a voto pode aumentar o valor esperado de controle para todas as empresas e, com isso, o prêmio por ações com direito a voto.

Em resumo, poderíamos esperar que o valor do prêmio por ações com direito a voto fosse maior em empresas extremamente mal administradas, nas quais as ações com direito a voto estejam dispersas entre o público. Poderíamos esperar que esse prêmio fosse menor em empresas bem administradas e em empresas nas quais as ações com direito a voto estejam concentradas nas mãos de acionistas internos e administradores.

Evidência empírica Ações com diferentes direitos a voto são pouco comuns nos Estados Unidos, especialmente entre grandes empresas do mercado de capitais. Apesar disso, estudos preliminares sobre o prêmio por essas ações foram realizados com empresas que tinham diferentes classes de ações com direito a voto nesse país. Lease, McConnell e Mikkelson (1983) descobriram que as ações com direito a voto nesse mercado são negociadas, em média, a um prêmio relativamente pequeno de 5% a 10% sobre as ações sem direito a voto.[53] Os autores também constataram períodos prolongados, em que o prêmio por ações com direito a voto desaparecia ou as ações com direito a voto eram negociadas com um desconto em relação às ações sem direito a voto, uma descoberta surpreendente que pode ser explicada parcialmente pela relativa baixa liquidez das ações com direito a voto (considerando-se que somente uma pequena proporção está disponível para ser negociada com o público). O pequeno prêmio comandado pelas ações com direito a voto foi confirmado por Zingales em um estudo em 1995.[54] Estudos mais recentes expandiram a análise do prêmio por ações com direito a voto para outros mercados, onde direitos de voto diferentes são mais comuns. Prêmios de magnitude similar a essas descobertas nos Estados Unidos (5% a 10%) foram encontrados no Reino Unido e no Canadá. Prêmios muito maiores são apresentados na América Latina (50% a 100%), Israel (75%) e Itália (80%). Em um estudo comparativo de prêmios por ações com direito a voto entre 661 empresas em 18 países, Nenova (2000) concluiu que o ambiente legal era o fator-chave na explicação das diferenças entre os países e que o prêmio por ações com direito a voto é menor em países com melhor proteção legal para minoritários e acionistas sem direito a voto e maiores para países sem tais proteções.[55]

Alguns desses estudos mencionados também teorizam (e testam) por que prêmios por ações com direito a voto podem variar dentro do mesmo mercado. Zingales, em um estudo de 1994, concluiu que algumas das diferenças de prêmios por ações com direito a voto entre ações italianas podem ser explicadas pela proporção de ações com direito a voto (menores proporções traduzem-se em prêmios maiores por ações) e vantagem de dividendos para as ações sem direito a voto (quanto maior a vantagem, menor é o prêmio).[56] Entretanto, o autor também conclui que uma grande proporção das diferenças nos prêmios por ações com direito a voto não pode ser explicada por essas variáveis e, dada a baixa probabilidade de aquisições hostis, ele atribui as diferenças a benefícios privados que se acumulam para acionistas com direito a voto.

Em uma tentativa de isolar os efeitos do controle sobre o prêmio por ações com direito a voto, Linciano (2002) pesquisou os efeitos de variações na lei de aquisições e governança corporativa nas ações com e sem direito a voto na Itália.[57] Uma regra de 'oferta compulsória', introduzida em 1992 nesse país, permitiu que pequenos acionistas com direito a voto recebessem o mesmo preço em uma aquisição do que os grandes acionistas com direito a voto, mas não estendeu isso aos acionistas sem direito a voto. Não é de surpreender que o prêmio sobre ações com direito a voto aumentou marginalmente (aproximadamente 2%) após essa regra. Uma reforma subseqüente na lei de governança corporativa em 1997, que aumentou o poder dos acionistas sem direito a voto, diminuiu o prêmio em aproximadamente 7%. Nenova (2001) apresenta resultados semelhantes do Brasil, onde uma diminuição à proteção de acionistas minoritários em uma lei de 1997 dobrou o prêmio para as ações com direito a voto e uma subseqüente reforma da lei em 1999 reverteu ambos os efeitos.[58]

Em suma, o prêmio por ações com direito a voto reflete ao menos alguma expectativa de valor de controle. Prêmios relativamente grandes em alguns mercados sugerem que os benefícios privados do controle são grandes naqueles mercados e podem muito bem sobrepujar o valor de controle.

EXEMPLO 13.5: Ações com e sem direito a voto

Para avaliar ações com e sem direito a voto, vamos analisar a Embraer, a empresa brasileira de aeronáutica. Como é típico na maioria das empresas no Brasil, esta possui ações ordinárias (com direito a voto) e ações preferenciais (sem direito a voto).

Avaliamos a empresa duas vezes: primeiro, sob a administração *status quo* e, depois, sob a administração ótima. Com a administração atual, calculamos o valor de 12,5 bilhões de reais para o patrimônio líquido, baseado na premissa de que a empresa continuaria a manter-se conservadora na política de financiamento (baixo nível de dívida) e com altos retornos sobre os investimentos (embora com uma baixa taxa de reinvestimento), ao menos para o curto prazo. Então reavaliamos a empresa em 14,7 bilhões de reais, assumindo que a empresa seria mais agressiva tanto no uso de dívidas quanto na política de reinvestimento.

Há 242,5 milhões de ações com direito a voto e 476,7 milhões de ações sem direito a voto, e a probabilidade de mudança administrativa é relativamente baixa, em parte por causa da participação pesada de acionistas internos[59] e em parte por causa da significativa influência do governo brasileiro na empresa.[60] Admitindo que a probabilidade de mudança administrativa seja de 20%, calculamos o valor por ação com e sem direito a voto:

$$\text{Valor por ação sem direito a voto} = \frac{\text{Valor de } status\ quo}{(n^{\underline{o}}\ \text{ações com direito a voto} + n^{\underline{o}}\ \text{ações sem direito a voto})}$$

$$= \frac{12.500}{(242,5 + 476,7)} = R\$\ 17,38\ \text{por ação}$$

Valor por ação com direito a voto = Valor de *status quo* por ação + Probabilidade de mudança administrativa

$$\times \frac{\text{Valor ótimo} - \text{Valor de } status\ quo}{\text{Ações com direito a voto}}$$

$$= 17,38 + 0,2 \times \frac{14.700 - 12.500}{242,5} = R\$\ 19,19\ \text{por ação}$$

A partir das nossas premissas, as ações com direito a voto deveriam ser negociadas com um prêmio de 10,4% sobre as ações sem direito a voto. Se a probabilidade de mudança administrativa aumentar, esperaríamos que o prêmio subisse.

Deve-se notar que as ações sem direito a voto da Embraer têm algumas vantagens que podem contrabalançar em parte ou todo o prêmio de controle. As ações sem direito a voto têm prioridade no recebimento de dividendos sobre as ações com direito a voto, e elas também podem pagar altos dividendos. Além disso, um percentual mais alto das ações sem direito a voto está disponível ao público investidor, levando assim à alta liquidez. Somente 19% das ações com direito a voto são negociadas, ao passo que 90% das ações sem direito a voto são negociadas tanto na Bovespa (34%) quanto na New York Stock Exchange (56%).

Avaliação de empresas privadas

Uma empresa exclusivamente privada é, em geral, dirigida pelos proprietários, e o valor refletirá a qualidade das suas decisões. Considerando-se que uma aquisição hostil de tal empresa não seja possível, o valor esperado de controle se tornará uma preocupação, somente quando a empresa privada for parcial ou totalmente vendida. No caso de sociedades ou múltiplos investidores que possuam ações de um negócio privado, o valor esperado de controle pode ser uma preocupação na avaliação de uma participação, com participações maiores de controle comandando um prêmio sobre as participações minoritárias menores. Finalmente, em empresas privadas onde há separação entre propriedade e administração — os proprietários contratam uma equipe de administração para dirigir a empresa —, o valor esperado de controle pode ser um fator em se tratando de substituição da administração.[61]

Descontos minoritários e prêmios de controle Se aceitarmos a premissa de que possuir 51% do patrimônio líquido de um negócio privado permite ao proprietário o controle efetivo de tal negócio, haverá uma diferença significativa entre adquirir 51% ou mais de um negócio e 49% ou menos do mesmo negócio. No primeiro obtém-se o efetivo controle do negócio e no segundo, não. No jargão da avaliação de empresas privadas, o segundo (a compra de 49% ou menos) é chamado participação minoritária e normalmente avaliado com um desconto. O desconto é geralmente substancial, mas também arbitrário na prática. Talvez possamos fazer uma estimativa mais razoável do desconto pelo uso do arcabouço do valor esperado de controle que desenvolvemos neste capítulo.

Se podemos comprar uma participação majoritária e de controle de uma empresa, o máximo que devemos estar dispostos a pagar pela nossa parte deve refletir o valor ótimo da empresa, espelhando as mudanças que pretendemos fazer após assumir o controle. Assim, pela aquisição de 51% de participação em uma empresa, devemos estar dispostos a pagar 51% do valor ótimo dessa empresa. Se nos contentamos com uma participação minoritária sem controle da empresa, o máximo que devemos estar dispostos a pagar por ela refletirá o seu valor de *status quo*.

A diferença entre uma participação majoritária e uma participação minoritária (o desconto minoritário) pode ser muito maior em empresas nas quais o valor de controle é alto. Por exemplo, se considerarmos que o valor de *status quo* para a empresa é de $ 100 milhões e o valor ótimo de $ 150 milhões, devemos estar dispostos a pagar 51% do valor ótimo ($ 150 milhões) por uma participação com controle e somente 49% do valor de *status quo* ($ 100 milhões) por uma participação minoritária. A diferença de 2% no direito a voto traduz-se em uma diferença de $ 27,5 milhões no valor:

Valor de 51% do valor ótimo = 51% de $ 150 milhões	$ 76,5 milhões
Valor de 49% do valor de *status quo* = 49% de $ 100 milhões	$ 49,0 milhões
Desconto minoritário	$ 27,5 milhões

Por que esse mesmo raciocínio não se aplica às empresas negociadas publicamente, em que muitos de nós compram pequenas participações sem controle óbvio de poder? Aplica-se, mas de modo mais sutil. Como pudemos notar na seção anterior, o preço da ação de uma empresa negociada publicamente já reflete o valor esperado de controle. Quando compramos uma pequena participação em uma empresa publicamente negociada, digamos, mil ações da Cisco ou IBM, pagamos por essa expectativa de valor de controle no preço de mercado. Em outras palavras, aceitamos a avaliação do mercado sobre a probabilidade de mudança de controle e o valor de mudança como um dado. Quando compramos uma participação maior da empresa, onde aparentemente podemos afetar o controle, estamos em posição de alterar tanto a probabilidade de mudança administrativa quanto a forma como isso se dará (e assim o valor da mudança). Conseqüentemente, o valor esperado de controle para nós, como acionistas proprietários de um bloco grande de ações, pode ser muito maior que a avaliação do mercado, e isso se traduzirá em um prêmio por esse bloco. Quando adquirirmos o bloco, os pequenos acionistas da empresa pegarão carona no nosso sucesso de mudança na maneira de gerir a empresa e compartilharão o aumento de valor.

Implicações Há várias implicações que devemos ter em mente em relação aos descontos minoritários e aos prêmios de controle:

- *O desconto minoritário deve variar inversamente à qualidade da administração.* Se o desconto minoritário reflete o valor de controle (ou a sua perda), ele deve ser maior para empresas mal administradas e menor para as bem administradas. Com o prêmio de controle, não há uma regra prática simples que possa ser aplicada aos descontos minoritários.
- *O controle nem sempre exige 51%.* Embora seja verdade que são necessários 51% do patrimônio líquido para se exercer o controle de uma empresa privada quando há apenas dois co-proprietários, é possível controlar efetivamente a empresa com uma pequena parte das ações, quando o patrimônio líquido é disperso entre os investidores. Na realidade, um investidor pode controlar efetivamente uma empresa com apenas 35% do patrimônio líquido, se existirem múltiplos investidores na empresa privada, e o desconto minoritário pode não se materializar até que as aquisições tornem-se uma proporção muito maior do patrimônio líquido. Em uma empresa publicamente negociada com grande dispersão de proprietários, o controle pode ser viável até mesmo com menor participação na empresa.
- *O valor de uma participação acionária dependerá da concessão ou não de voz ao proprietário sobre a maneira de dirigir uma empresa.* Empresas privadas freqüentemente abordam investidores externos para levantar capital adicional, a fim de financiar suas expansões e oportunidades de crescimento. Esses investidores, que incluem os de *private equity* e *venture capital*, podem exigir uma participação de controle em troca dos seus investimentos. Por exemplo, capitalistas de risco geralmente obtêm representação do conselho de diretores e algum poder sobre subseqüentes rodadas de subscrição de capital. Muitos desempenham papel ativo nas empresas em que investem, e o valor das suas participações deve refletir esse poder. Por conseguinte, o valor esperado de controle está embutido no valor do patrimônio líquido. Ao contrário, o investidor *private equity* passivo, que compra participação em empresas privadas sem qualquer input no processo administrativo, deve ter a sua participação acionária com valor menor.

Evidência empírica Há clara evidência de que os práticos aplicam um prêmio de controle em uma empresa privada, que compreende de 15% a 20% para uma participação majoritária. Inversamente, isso se traduz em desconto equivalente para a participação minoritária. As origens desses prêmios são misteriosas, e houve relativamente poucos esforços para sustentar esses valores, pois é difícil calcular precisamente a extensão do desconto minoritário em negociações privadas, uma vez que não há valor de mercado para se comparar com o preço de negociação.

Harouna, Sarin e Shapiro (2001) tentaram calcular a extensão do desconto minoritário classificando 9.566 negociações minoritárias e majoritárias em empresas publicamente negociadas, com base na propriedade antes e depois da negociação. Uma negociação minoritária é aquela em que o adquirente tem menos de 30% do patrimônio líquido antes e após a negociação, enquanto uma majoritária é aquela em que o adquirente tem 30% ou menos antes e mais de 50% após a negociação. Eles descobriram que as negociações minoritárias são avaliadas a um desconto de 20% a 30% sobre as negociações majoritárias em economias orientadas ao mercado, como Reino Unido e Estados Unidos, mas que o desconto é menor em economias orientadas em bancos, como Alemanha, Japão, França e Itália.[62]

Em geral, há evidência de que os investidores estão dispostos a pagar prêmios para adquirir um grande bloco de ações, até mesmo quando estão abaixo do percentual mínimo de 50% majoritário. Barclay e Holderness (1989, 1991) apresentam prêmios em excesso de 10% para grandes negociações de blocos nos Estados Unidos.[63] Nicodano e Sembenelli (2000) estenderam a análise para pesquisar as negociações na Itália e concluíram que o prêmio médio entre os grandes blocos negociados é de 27%. Esse prêmio aumenta de acordo com o tamanho do bloco, com prêmios de 31% para grandes blocos maiores que 10% e 24% para blocos menores que 10%.[64]

EXEMPLO 13.6: Cálculo do desconto minoritário

Consideremos que estamos avaliando a Kristin Kandy, um negócio privado de doces que está sendo vendido em uma negociação privada. Calculamos um valor de $ 1,6 milhão para o patrimônio líquido dessa empresa, levando-se em conta que a administração atual da empresa continue no futuro, e um valor de $ 2 milhões para o patrimônio líquido com uma administração nova e mais criativa em vigor.[65]

Para calcular o valor de uma participação majoritária (digamos, 51%) desse valor, deveríamos usar o segundo valor citado:

Valor de 51% da empresa = 51% do valor ótimo = 0,51 × $ 2 milhões = $ 1,02 milhão

Para avaliar uma participação minoritária na mesma empresa, deveríamos usar o valor de *status quo*

Valor de 49% da empresa = 49% do valor de *status quo* = 0,49 × $ 1,6 milhão = $ 784 mil

Note que uma diferença de 2% na propriedade traduz-se em uma diferença grande no valor, pois uma participação (51%) assegura o controle e a outra, não.

CONCLUSÃO

O valor de controle sobre uma empresa deve estar na capacidade de administrá-la de maneira diferente e melhor. Conseqüentemente, o valor de controle deve ser maior em empresas com desempenho insatisfatório, onde a razão básica para o desempenho insatisfatório é a administração. Neste capítulo, primeiro, consideramos como a administração de uma empresa pode afetar o valor e, depois, a probabilidade de que a administração atual possa ser substituída. Nosso ponto de vista é de que o valor de mercado de toda empresa reflete o valor esperado de controle, o qual é um produto da probabilidade de mudança administrativa e o efeito dessa mudança no valor da empresa. Isso tem extensas implicações.

Em uma aquisição, o prêmio pago deve refletir quanto do preço já está incorporado ao valor esperado de controle, e os prêmios devem ser menores em um mercado que já embute alto valor esperado de controle. Em empresas com ações com e sem direito a voto, o prêmio sobre ações com direito a voto deve refletir o valor esperado de controle. Se a probabilidade de mudança de controle for pequena e/ou o valor da mudança administrativa for pequeno (porque a empresa é bem administrada), o valor esperado de controle deverá ser pequeno, assim como o prêmio por ações com direito a voto. Em empresas onde há potencial para mudanças na administração, o valor esperado de controle e o prêmio por ações com direito a voto devem ser grandes. Finalmente, na avaliação de empresas privadas, o desconto aplicado a blocos de ações minoritárias deve ser um reflexo do valor de controle.

Notas

1. Se a duplicação do retorno sobre capital ocorrer em cinco anos, por exemplo, a taxa de crescimento de cada ano pode ser estimada como se segue:

$$\text{Taxa de crescimento anual} = \left[1 + \frac{(\text{ROC}_t - \text{ROC}_{t-n})}{\text{ROC}_{t-n}}\right]^{1/n} - 1 = \left[1 + \frac{(0,10 - 0,05)}{0,05}\right]^{1/5} - 1 = 0,1487$$

A taxa de crescimento anual composta será de 14,87%.

2. À primeira vista, a liquidação de negócios que estão rendendo retornos fracos ou perdendo dinheiro pode parecer como um ingresso para criação de valor. No entanto, o teste real é se o valor de liquidação excede o valor de continuidade do negócio; se for, a liquidação faz sentido. Afinal de contas, quando um negócio está obtendo retornos ruins, é improvável que o potencial comprador pagará um preço prêmio por ele.

3. As aquisições devem ser consideradas parte dos gastos de capital para reinvestimentos. Assim, é relativamente fácil para empresas aumentar suas taxas de reinvestimento, mas muito difícil para elas manter altos retornos sobre capital à medida que elas fazem aquisições.

4. Terceirização e contratos de trabalhos mais flexíveis, fenômenos que vêm sendo amplamente relatados nas últimas décadas, podem ser vistos como tentativas das empresas para reduzir seus custos fixos.

5. Estudos focados em conglomerados concluem que eles são negociados a um desconto entre 5% e 10% sobre o valor das partes de que são compostos.
6. O processo de computar o custo do patrimônio líquido e a dívida a razões de endividamento diferentes é descrito em detalhes em meu livro *Applied corporate finance*, 2. ed. John Wiley & Sons, 2004.
7. Para calcular a taxa de reinvestimento, usamos o retorno sobre capital de 7,5% em perpetuidade:

$$\text{Taxa de reinvestimento} = \frac{\text{Taxa de crescimento}}{\text{Retorno sobre capital}} = \frac{2\%}{7,50\%} = 26,67\%$$

8. D. Del Guercio e J. Hawkins, "The motivation and impact of pension fund activism", *Journal of Financial Economics*, 52, 1999.
9. J. H. Mulherin e A. B. Poulsen, "Proxy contests and corporate change: implications for shareholder wealth", *Journal of Financial Economics*, 47, 1998, p. 279–313. Eles descobriram que a maior parte da riqueza oriunda da competição por procuração deriva das empresas que são posteriormente adquiridas ou onde a administração é substituída.
10. R. Parrino, R. W. Sias e L. T. Starks, "Voting with their feet: institutional ownership changes around forced CEO turnover", *Journal of Financial Economics*, 69, 2003, p. 3–46. Eles descobriram que a propriedade institucional agregada cai aproximadamente 12% no ano que antecede a mudança forçada do CEO e que aumenta a propriedade individual. Investidores institucionais mais bem informados e mais preocupados com a prudência são os que mais provavelmente vendem durante esse período.
11. Em 2001, por exemplo, a Hewlett-Packard anunciou sua intenção de adquirir a Compaq. Dois diretores da Hewlett-Packard, incluindo David Hewlett, renunciaram, argumentando que a aquisição não fazia sentido. No entanto, a sra. Fiorina, CEO da Hewlett-Packard, conseguiu convencer investidores institucionais em número suficiente a se juntar a ela no voto final.
12. Em ofertas de dois níveis, compradores oferecem um preço mais alto para os primeiros 51% de ações propostas e um preço mais baixo para os restantes 49%. Assim, esperam aumentar o número de acionistas que ofertam.
13. S. Linn e J. J. McConnell, "An empirical investigation of the impact of anti-takeover amendments on common stock prices", *Journal of Financial Economics*, 11, 1983, p. 361–399.
14. H. DeAngelo e E. M. Rice, "Antitakeover charter amendments and stockholder wealth", *Journal of Financial Economics*, 11, 1983, p. 329–360.
15. Em acordos de suspensão, a empresa faz acordo com um potencial comprador hostil, segundo o qual o comprador concorda em não adquirir mais as ações. Em troca, o comprador recebe dinheiro ou outras compensações.
16. Esse é um nome mais pomposo para *greenmail*, em que a participação adquirida pelo comprador potencial é comprada de volta pela empresa a um prêmio significativo acima do preço pago. Em troca, o investidor agressivo assina um acordo de não adquirir as ações da empresa por um período específico.
17. L. Y. Dann e H. DeAngelo, "Standstill agreements, privately negotiated stock repurchases, and the market for corporate control", *Journal of Financial Economics*, 11, 1983, p. 275–300.
18. L. Y. Dann e H. DeAngelo, "Corporate financial policy and corporate control: a study of defensive adjustments in asset and ownership structure", *Journal of Financial Economics*, 20, 1988, p. 87–128.
19. R. Comment e G. W. Schwert, "Poison or placebo? Evidence on the deterrence and wealth effects of antitakeover measures", *Journal of Financial Economics*, 39, 1995, p. 3–43.
20. M. Faccio e L. Lang, "The ultimate ownership of European corporations", *Journal of Financial Economics*, 65, 2002, p. 365–396. Eles analisaram 5.232 empresas na Europa e descobriram que, enquanto 37% são participações majoritárias, 44% são controladas por famílias, com duas classes de ações e estruturas piramidais. É mais provável que empresas menores na Europa continental sejam de controle familiar, ao passo que empresas maiores no Reino Unido e na Irlanda provavelmente possuam amplas participações majoritárias.
21. L. Bebchuk, R. Kraakman e G. Triantis, "Stock pyramids, cross ownership and dual class equity: the mechanisms and agency costs of separating control from cash flow rights", *Working Paper*, Harvard Law School, 2000. Para estrutura piramidal, eles dão o exemplo do Grupo Li Ka-shing, sediado em Hong Kong, que possui 35% da Cheung Kong Company, que, por sua, vez detém 44% da Hutchison Whampoa, proprietária da Cavendish International, que controla a Hong Kong Electric.
22. Como exemplo, consideremos o Lippo Group, composto por três empresas indonésias — Lippo Bank, Lippo Life e Lippo Securities — todas controladas pela família Riady. Embora a família tenha se destituído das suas participações no Lippo Bank na década de 1990, ela controla todas as três empresas por meio das suas participações na Lippo Securities, que detém 27% da Lippo Life, que possui 40% do Lippo Bank.
23. D. Del Guercio e J. Hawkins, "The motivation and impact of pension fund activism", *Journal of Financial Economics*, 52, 1999, p. 293–340. Os autores estudaram cinco fundos de pensão ativistas — Cref, Calpers, Calsters, Swib e NYC— que representavam 20% de todos os fundos entre 1987 e 1993 e concluíram que empresas nas quais possuíam ações apresentavam maior probabilidade de ser alvo de aquisições hostis do que outras.
24. K. G. Palepu, "Predicting take-over targets: a methodological and empirical analysis", *Journal of Accounting and Economics*, 8, 1986, p. 3–35.
25. D. S. North, "The role of managerial incentives in corporate acquisitions: the 1990s evidence", *Journal of Corporate Finance*, 7, 2001, p. 125–149.
26. R. Nuttall, "Take-over likelihood models for UK quoted companies", Nuffield College *Working Paper*, Oxford University, 1999; C. Weir, "Corporate governance, performance and take-overs: an empirical analysis of UK mergers", *Applied Economics*, 29, 1997, p. 1465–1475.
27. L. Pinkowitz, "The market for corporate control and corporate cash holdings", *Working Paper*, SSRN, 2003. Seu estudo sobre aquisições hostis entre 1985 e 1994 conclui que empresas com grandes saldos de caixa têm menos (não mais) chance de serem alvo de aquisições hostis.

28. Em uma conclusão oposta, Franks e Mayer (1996) encontraram evidências de que empresas com desempenhos ruins são alvo de aquisições hostis no Reino Unido. J. Franks e C. Mayer, "Hostile takeovers and the correction of management failure", *Journal of Financial Economics*, 40, 1996, p. 163–181.

29. J. Warner, R. Watts e K. Wruck, "Stock prices and top management changes", *Journal of Financial Economics*, 20, 1988, p. 461–492; K. Murphy e J. Zimmerman, "Financial performance surrounding CEO turnover", *Journal of Accounting and Economics*, 16, 1993, p. 273–316; S. Puffer e J. B. Weintrop, "Corporate performance and CEO turnover: the role of performance expectations", *Administrative Science Quarterly*, 36, 1991, p. 1–19.

30. K. Lehn e M. Zhao, "CEO turnover after acquisitions: do bad bidders get fired?", *Working Paper*, University of Pittsburgh, 2004.

31. O. Faleye, "Are large boards poor monitors? Evidence from CEO turnover", *Working Paper*, SSRN, 2003. Fazendo uso de um modelo de risco proporcional, eles descobriram que todo diretor adicional no conselho reduz a probabilidade de uma mudança forçada de CEO em aproximadamente 13%.

32. M. Weisbach, "Outside directors and CEO turnover", *Journal of Financial Economics*, 20, 1988, p. 431–460.

33. V. K. Goyal e C. W. Park, "Board leadership structure and CEO turnover", *Journal of Corporate Finance*, 8, 2001, p. 49–66.

34. D. J. Dennis, D. K. Dennis e A. Sarin, "Ownership structure and top executive turnover", *Journal of Financial Economics*, 45, 1997, p. 193–221.

35. D. Hillier, S. Linn e P. McColgan, "Equity issuance, corporate governance reform and CEO turnover in the UK", *Working Paper*, SSRN, 2003. Eles concluem que CEOs são mais propensos de serem substituídos bem antes do lançamento de novas ações.

36. M. L. DeFondt e C. W. Park, "The effect of competition on CEO turnover", *Journal of Accounting and Economics*, 27, 1999, p. 35–56.

37. Esse número é freqüentemente obtido pelo exame de quanto as empresas adquirentes tipicamente pagam em uma aquisição como prêmio sobre o preço de mercado (de uma fonte de dados como Mergerstat). Existem dois problemas com essa abordagem. O primeiro é que o prêmio pago em uma aquisição pode ocorrer por diferentes razões, incluindo a sinergia. Na realidade, podemos argumentar seguramente que, se um prêmio típico pago em uma aquisição for de 25%, o valor de controle deve ser muito menor. O segundo é que há o perigo de uma profecia auto-realizável. Se o valor do prêmio pelo controle for baseado mais no que outros compradores pagarão do que em uma característica específica da empresa-alvo, pode haver pouca ou nenhuma razão para o prêmio.

38. G. Jarrell e A. Poulsen, "The returns to acquiring firms in tender offers: evidence from three decades", *Financial Management*, 18, 1989, p. 12–19.

39. L. H. P. Lang, R. Stulz e R. A. Walkling, "Managerial performance, Tobin's Q and the gains from successful tender offers", *Journal of Financial Economics*, 24, 1989, p. 137–154.

40. A. Bhide, "The causes and consequences of hostile takeovers", *Journal of Applied Corporate Finance*, 2, 1989, p. 36–59.

41. V*ulture investors* são geralmente investidores que compram empresas mal administradas e as reestruturam. E. S. Hotchkiss e R. M. Mooradian, "Vulture investors and the market for control of distressed firms", *Journal of Financial Economics*, 43, 1997, p. 401–432.

42. Mesmo que não seja a visão popular, foi a visão populista que encontrou crédito em Hollywood, em filmes como *Wall Street* e *Com o dinheiro dos outros*.

43. J. M. Karpoff e P. H. Malatesta, "The wealth effects of second-generation state takeover legislation", *Journal of Financial Economics*, 25, 1990, p. 291–322. A polêmica provocada pela lei antiaquisição hostil na Pensilvânia criou um forte movimento contrário entre os investidores, que ameaçados venderam suas posições em empresas nesse estado que optaram pela adesão à referida lei. Mediante esse ultimo, muitas empresas da Pensilvânia escolheram não optar pela lei antiaquisição hostil.

44. S. H. Szewczyk e G. T. Tsetsekos, "State intervention in the market for corporate control: the case of the Pennsylvania senate bill 1310", *Journal of Financial Economics*, 31, 1992, p. 3–24.

45. C Weir, D. Laing e P. J. McKnight, "An empirical analysis of the impact of corporate governance mechanisms on the performance of UK firms", *Working Paper*, Cardiff Business School, 2002.

46. R. Khurana e N. Nohria, "The performance consequences of CEO turnover", *Working Paper*, SSRN, 2002.

47. P. A. Gompers, J. L. Ishi e A. Metrick, "Corporate governance and equity prices", *Quarterly Journal of Economics*, 118, 2003, p. 107–155.

48. B. S. Black, H. Jang e W. Kim, "Does corporate governance predict firms' market values? Evidence from Korea", *Working Paper*, University of Texas School of Law (SSRN), 2004.

49. J. Baek, J. Kang e K. S. Park, "Corporate governance and firm value: evidence from the Korean financial crisis", *Journal of Financial Economics*, 71, 2004, p. 265–313.

50. Leora F. Klapper e Inessa Love, "Corporate governance, investor protection and performance in emerging markets", *Journal of Corporate Finance*, 10, 2004, p. 703–728.

51. A. Bris e C. Cabolis, "Corporate governance convergence by contract: evidence from cross border mergers", Yale *Working Paper*, 02-32, 2002. Empresas de origem inglesa ou escandinava tendem a ter *scores* altos nos indicadores de gorvernança corporativa.

52. Na realidade, até os acionistas sem direito a voto recebem ao menos uma proteção parcial para a eventualidade de uma aquisição e compartilharão alguns dos benefícios.

53. R. C. Lease, J. J. McConnell e W. H. Mikkelson, "The market value of control in publicly-traded corporations", *Journal of Financial Economics*, 11, 1983, p. 439–471.

54. L. Zingales, "What determines the value of corporate votes?", *Quarterly Journal of Economics*, 4, 1995, p. 1047–1073.

55. T. Nenova, "The value of corporate votes and corporate control: a cross country analysis", *Working Paper*, SSRN, 2000.

56. L. Zingales, "The value of the voting right: a study of the Milan Stock Exchange Experience", *Review of Financial Studies*, 1, 1994, p. 125–148.

57. N. Linciano, "Non-voting shares and the value of control: the impact of corporate regulation in Italy", *Working Paper*, SSRN, 2002.
58. T. Nenova, "Control values and changes in corporate law in Brazil", *Working Paper*, SSRN, 2001.
59. Dos 242,5 milhões de ações com direito a voto, 80% são igualmente mantidos por quatro entidades — Cia. Bozano, Previ, Sistel e Grupo Europeu. Efetivamente, eles controlam a empresa.
60. O governo brasileiro possui 0,8% das ações com direito a voto, mas uma parte significativa do financiamento aos clientes da Embraer é feita pelo Banco Nacional de Desenvolvimento (BNDES), que também possui 9,6% das ações sem direito a voto.
61. J. L. Coles, M. L. Lemmon e L. Naveen, "A comparison of profitability and CEO turnover sensitivity in large private and public firms", *Working Paper*, SSRN, 2003. Eles observaram que o CEO de uma empresa privada é muito mais suscetível à demissão quando a lucratividade declina do que o CEO de uma empresa similar publicamente negociada.
62. P. Harouna, A. Sarin e A. C. Shapiro, "Value of corporate control: some international evidence", *Working Paper*, USC Working Paper series, 2001.
63. M. J. Barclay e C. Holderness, "Private benefits from control of public corporations", *Journal of Financial Economics*, 25, 1989, p. 371–395; M. J. Barclay e C. Holderness, "Negotiated block trades and corporate control", *Journal of Finance*, 56, n. 3, 1991, p. 861–878.
64. G. Nicodano e A. Sembenelli, "Private benefits, block transaction premiums and ownership structure", *Working Paper*, SSRN, 2000.
65. A administração atual foi conservadora na avaliação e busca das oportunidades de crescimento, contentando-se com alto retorno sobre capital e baixa taxa de reinvestimento. Consideramos que a nova administração seria mais agressiva, reinvestindo mais à taxa de retorno sobre capital menor (embora ainda maior que o custo de capital).

Capítulo 14

Valor da liquidez

Quando compramos uma ação, obrigação, ativo real ou negócio, às vezes enfrentamos o arrependimento de comprador, quando desejamos reverter a nossa decisão e vender o que acabamos de comprar. O custo da baixa liquidez é o custo desse arrependimento. No caso de uma ação publicamente negociada de uma empresa intensamente negociada, esse custo deve ser pequeno. Será maior para uma ação pequena, fora da bolsa, e se expandirá em um negócio privado, em que há relativamente poucos compradores potenciais. Também poderá variar conforme diferentes tipos de ativo, com custos mais elevados para ativos reais e custos inferiores para ativos financeiros. Neste capítulo, examinamos os motivos por que os investidores avaliam a liquidez e a evidência empírica sobre por quanto eles a avaliam. Prosseguimos analisando como a liquidez ou baixa liquidez percebida de um ativo afeta o preço que se estaria disposto a pagar por ele e a melhor forma de incorporar a baixa liquidez às avaliações.

MENSURAÇÃO DA BAIXA LIQUIDEZ

Pode-se vender qualquer ativo, independentemente da percepção da sua baixa liquidez, se houver disposição de aceitar um preço baixo por ele. Conseqüentemente, não devemos classificar os ativos como com liquidez ou de baixa liquidez, mas admitir uma liquidez contínua, em que todos os ativos têm baixa liquidez, mas em níveis diferenciados. Uma forma de capturar o custo da baixa liquidez é por meio dos custos de transação, com os ativos com menor liquidez carregando custos mais altos de transação (como percentual do valor do ativo) do que aqueles com maior liquidez. Nesta seção, primeiro, consideramos os componentes dos custos de transação para ativos publicamente negociados e depois estendemos a análise para cobrir os ativos não negociáveis.

Custos de transação sobre ativos publicamente negociados

Há investidores que, sem dúvida, operam sob o equívoco de que o único custo de negociação é a comissão de corretagem que pagam quando compram ou vendem ativos. Embora esse possa ser o único custo que pagam de forma explícita, há outros custos incorridos no curso da negociação que geralmente ultrapassam o custo da comissão. Na negociação de qualquer ativo, há três outros ingredientes que fazem parte dos custos de negociação. O primeiro é o *spread* entre o preço pelo qual se pode comprar um ativo (o preço pedido pelo negociador) e o preço pelo qual se pode vender o mesmo ativo, no mesmo ponto no tempo (o preço oferecido pelo negociador). O segundo é o *impacto sobre o preço* que um investidor pode criar ao negociar um ativo, elevando o preço ao comprar o ativo e diminuindo ao vendê-lo. O terceiro custo, que foi inicialmente proposto por Jack Treynor em um artigo[1] sobre custos de transação, é o *custo de oportunidade* associado à espera em negociar. Embora ser um negociador paciente possa reduzir os dois primeiros componentes do custo de transação, a espera pode determinar os lucros tanto das negociações feitas quanto em termos das negociações que teriam sido lucrativas se realizadas imediatamente, mas que se tornaram não lucrativas em decorrência da espera. É a soma desses custos, em conjunto com os custos de comissão, que forma o custo de transação de um ativo.

Bid-ask spread Há uma diferença entre o que um comprador quer pagar e o que o vendedor quer receber, no mesmo ponto no tempo para o mesmo ativo, em quase todo o mercado de ativos negociáveis. O *bid-ask spread* refere-se a essa diferença. Na seção seguinte, examinamos por que essa diferença existe, de quanto é o seu custo e os determinantes da sua magnitude.

Por que há um *bid-ask spread*? Na maioria dos mercados, há um negociador ou *market maker* que estabelece o *bid-ask spread*, e há três tipos de custo que o negociador enfrenta e que o *spread* destina-se a cobrir. O primeiro é o custo de manutenção de estoque, o segundo é o custo de processamento de pedidos e o custo final é o de negociação com investidores mais informados. O *spread* deve ser suficiente para cobrir esses custos e gerar um lucro razoável ao *market maker* sobre o seu investimento na profissão.

O racional do estoque Consideremos os *market makers* ou especialistas no pregão da bolsa que precisam cotar preços de oferta de compra e de oferta de venda, pelos quais são obrigados a executar os pedidos de compra e venda dos investidores. Esses investidores poderiam por si mesmos negociar, em função da informação que detêm (negociadores informados), pela liquidez (negociadores de liquidez) ou com base na sua percepção de que um ativo está subestimado ou o contrário (negociadores de valor). Nesse mercado, se os *market makers* estabelecem um preço de oferta de compra alto demais, acumularão um estoque de ações. Se estabelecem um preço de oferta de venda baixo demais, acabarão com uma posição vendida muito grande na ação. Seja qual for o caso, há um custo que os *market makers* tentarão recuperar aumentando o *spread* entre os preços de venda e de compra.

Os *market makers* também operam com restrições de estoque, algumas das quais impostas externamente (pelas agências de câmbio ou reguladoras) e outras internamente (devido a limitações de capital e risco). Quando as posições de estoque dos *market makers* desviam-se das suas posições ideais, carregam um custo e tentarão ajustar os preços de oferta de compra e de venda para retomar as posições desejáveis. Se o estoque estiver alto demais, o preço de oferta de compra deve ser reduzido; se estiver baixo demais, o preço de oferta de venda deve ser aumentado.

O argumento do custo de processamento Como os *market makers* incorrem em um custo de processamento com documentação e taxas associadas aos pedidos, o *bid-ask spread* tem de cobrir, no mínimo, esses custos. Embora esses custos sejam provavelmente muito pequenos por ação em grandes pedidos de ações negociadas em bolsa, tomam vulto no caso de pequenos pedidos de ações que podem ser negociadas apenas por meio de um mercado de representação. Além disso, como a maior parte desse custo é fixa, esses custos como percentual do preço geralmente serão maiores para ações de baixo preço do que para as de alto preço.

A tecnologia evidentemente reduziu o custo de processamento associado às negociações, com sistemas computadorizados, assumindo o papel dos tradicionais arquivistas. Essas reduções de custo devem ser maiores para ações cujas transações são compostas por pequenas negociações — pequenas ações mantidas por indivíduos em vez de investidores institucionais. Naturalmente, os *spreads* têm-se reduzido mais para essas ações.

O problema da seleção adversa O problema da seleção adversa surge dos diferentes motivos que movem os investidores a negociar um ativo — liquidez, informações e percepções sobre a avaliação. Como os investidores não anunciam seus motivos no momento das negociações, o *market maker* sempre corre o risco de negociar com investidores mais informados. Como os lucros esperados desse tipo de transação são negativos, o *market maker* deve cobrar um *spread* médio suficiente para compensar por essas perdas. Essa teoria sugere que os *spreads* aumentarão proporcionalmente aos negociadores informados em um mercado de ativos, à informação privilegiada detida, em média, por esses negociadores e à incerteza quanto a informações futuras sobre o ativo.

A magnitude do *bid-ask spread* A New York Stock Exchange divulgou[2] que o *bid-ask spread* médio de todas as ações Nyse em 1996 era de $ 0,23, o que parece trivial, principalmente quando se considera o fato de que o preço médio de uma ação Nyse fica entre $ 40 e $ 50. Essa média, entretanto, oculta as grandes diferenças de custo como percentual do preço das ações, com base em capitalização, nível de preço da ação e volume negociado. Um estudo realizado por Thomas Loeb em 1983, por exemplo, divulgou o *spread* para pequenos pedidos como percentual do preço da ação de empresas, em função da sua capitalização de mercado.[3] Esses resultados estão resumidos na Figura 14.1.

Embora o *spread* em dólar não seja tão diferente entre as categorias de capitalização de mercado, as menores empresas tendem a ter ações de preço inferior. Conseqüentemente, o *spread* pode chegar a 6,55% do preço para ações de pequena capitalização e baixar a 0,52% do preço para empresas de grande capitalização. Outro estudo, realizado por

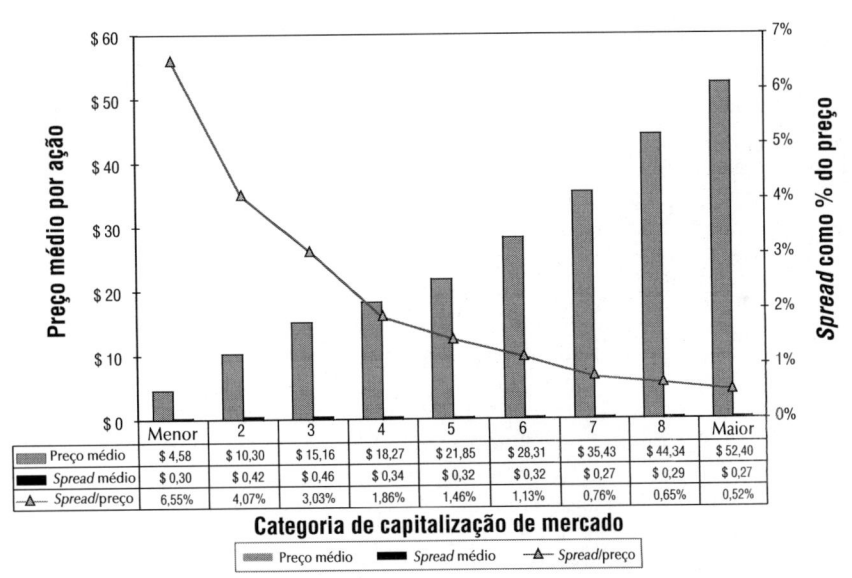

Categoria de capitalização de mercado	Menor	2	3	4	5	6	7	8	Maior
Preço médio	$ 4,58	$ 10,30	$ 15,16	$ 18,27	$ 21,85	$ 28,31	$ 35,43	$ 44,34	$ 52,40
Spread médio	$ 0,30	$ 0,42	$ 0,46	$ 0,34	$ 0,32	$ 0,32	$ 0,27	$ 0,29	$ 0,27
Spread/preço	6,55%	4,07%	3,03%	1,86%	1,46%	1,13%	0,76%	0,65%	0,52%

■ **FIGURA 14.1** – Preços e *spreads* por capitalização de mercado

Fonte: Loeb (1983).

Huang e Stoll (1987), identificou que as ações dos 20% superiores em termos de volume de transação tinham um *spread* médio de apenas 0,62% como percentual do preço de mercado, enquanto as ações dos 20% inferiores tinham um *spread* de 2,06%.[4] Há também grandes diferenças nos *bid-ask spreads* entre as diferentes bolsas de valores nos Estados Unidos. Analisando apenas as ações Nasdaq, Kothare e Laux (1995)[5] constataram que a média era de quase 6% do preço em 1992, e muito mais alta para as ações de preço baixo na bolsa. Parte da diferença pode ser atribuída ao fato de que as ações Nasdaq são geralmente muito menores (em termos de capitalização de mercado) e de maior risco do que as listadas na Nyse ou na American Stock Exchange (Amex).

Pode-se argumentar que esses estudos são obsoletos e que tem havido mudanças significativas tanto na forma como os mercados se estruturam quanto no modo como os *spreads* são estabelecidos nos mercados financeiros. Especialmente após estudos terem constatado que os *spreads* na Nasdaq podem ter sido manipulados por especialistas, houve muita pressão legal sobre a bolsa para que fosse alterada a forma como os *spreads* eram definidos. Em seguida, a New York Stock Exchange mudou a longa tradição de cotar *spreads* em dezesseis avos e oitavos para decimais. Essas alterações fizeram uma diferença drástica? Os *spreads* declinaram na média, mas a queda foi muito maior para ações menores, de menor liquidez.

Embora esses estudos analisem as ações negociadas nos Estados Unidos, há *bid-ask spreads* em outros mercados também. Apesar de não haver um estudo abrangente único sobre todos esses *spreads*, quatro conclusões parecem justificáveis:

1. Os *spreads* nos títulos governamentais norte-americanos são muito inferiores aos das ações negociadas nos Estados Unidos. Por exemplo, o *bid-ask spread* típico sobre uma obrigação de curto prazo do governo é menor que 0,1% do preço.
2. Os *spreads* sobre obrigações corporativas tendem a ser maiores que os de obrigações do governo, com as obrigações corporativas mais seguras (de classificação mais alta) e de maior liquidez apresentando *spreads* menores que as obrigações corporativas de mais risco (e classificação mais baixa) e de menor liquidez.
3. Os *spreads* nos mercados de ações fora dos Estados Unidos são geralmente muito mais altos que os dos mercados de ações norte-americanos, refletindo a menor liquidez nos mercados não norte-americanos e a menor capitalização de mercado das empresas negociadas.
4. Embora os *spreads* nos mercados de commodities sejam semelhantes àqueles nos mercados de ativos financeiros, os *spreads* em outros mercados de ativos reais tendem a ser muito maiores.

Determinantes do *bid-ask spread* Uma série de estudos analisou as variáveis que determinam (ou, no mínimo, correlacionam-se com) o *bid-ask spread*. Os estudos[6] constataram que o *spread* como percentual do preço correlaciona-se negativamente com nível de preço, volume e número de *market makers* e positivamente com a volatilidade. Cada conclusão é consistente com a teoria do *bid-ask spread*. A correlação negativa com o nível de preço pode ser explicada pelo custo de processamento mais elevado como percentual do preço. Maior volume reduz a necessidade de *market makers* manterem estoque e também permite que eles girem esse estoque rapidamente, resultando em custos mais baixos de estoque. A maior volatilidade leva a *bid-ask spreads* mais altos, parcialmente porque o problema da seleção adversa é maior para ações mais voláteis; em geral, haverá negociadores mais informados, maior diferencial de informação e maior incerteza quanto a informações futuras sobre essas ações. Também vale notar que variáveis como nível de preço, volatilidade e volume de transação não só se correlacionam entre si, mas também estão relacionadas a outras variáveis, como porte da empresa.

O estudo mencionado na subseção anterior, realizado por Kothare e Laux, que analisou os *spreads* médios na Nasdaq, também examinou as diferenças nos *bid-ask spreads* entre as ações Nasdaq. Além de observar correlações semelhantes entre *bid-ask spreads*, nível de preço e volume de transação, eles descobriram uma nova e interessante variável. Detectaram que as ações em que a atividade institucional aumentava significativamente apresentavam o maior incremento em *bid-ask spreads*. Embora parte disso possa ser atribuída a um aumento concomitante na volatilidade dessas ações, também pode refletir a percepção por parte dos *market makers* de que os investidores institucionais tendem a ser investidores informados com mais ou melhores informações. Note, porém, que os investidores institucionais também aumentam a liquidez, o que deve reduzir o componente de custo de processamento de pedidos do *bid-ask spread*, e em alguns casos o efeito líquido pode levar a uma redução no *spread*.[7]

As empresas podem afetar os *bid-ask spreads* pelos quais negociam as suas ações? Há alguma evidência de que podem, ao melhorar a qualidade da informação que divulgam aos mercados financeiros, assim reduzindo as vantagens que negociadores informados possam ter em relação ao restante do mercado. Heflin, Shaw e Wild (2001) analisaram 221 empresas e examinaram a relação entre a qualidade da informação divulgada — medida pela pontuação de qualidade de divulgação conferida pela Corporate Information Committee of the Financial Analysts Federation — e o *bid-ask spread*.[8] Descobriram que os *bid-ask spreads* diminuem à medida que a qualidade da informação aumenta. Frost, Gordon e Hayes (2002) estenderam a análise para comparar a liquidez de diferentes mercados e constataram que mercados com fortes sistemas de divulgação também detêm a maior liquidez.[9]

Embora a maioria dos estudos que acabamos de mencionar tenha analisado as diferenças em *spreads* entre as ações, Hasbrouck (1991) investigou por que os *spreads* mudam para a mesma ação, em diferentes pontos no tempo.[10] Ele observou que grandes transações levam os *spreads* a se estenderem, em relação às pequenas transações, e defende a hipótese de que isso se dá porque as grandes transações são mais propensas a conter informações.

Microestrutura de mercado e *bid-ask spreads* É importante o mercado em que uma ação é negociada quando se trata de qual extensão o *bid-ask spread* deve ter? Estudos indicam que esses *spreads* têm sido historicamente mais altos na Nasdaq do que na New York Stock Exchange, mesmo após controladas as diferenças nas variáveis mencionadas anteriormente — volume de transação e nível de preço. Na verdade, os *bid-ask spreads* de ações caem quando mudam de Nasdaq para Nyse.[11]

Um estudo de 1994, realizado por Christie e Schultz, apresentou uma explicação para esse fenômeno. Eles descobriram que havia um número desproporcionalmente grande de cotações de ¼ e pequeno demais para cotações de ⅛.[12] Eles alegaram que negociadores da Nasdaq conspiravam para estabelecer cotações altas demais e que os investidores, portanto, pagavam o preço com *bid-ask spreads* maiores. Isso acionou uma investigação da Securities and Exchange Commission (SEC), que concordou que os negociadores estavam realmente envolvidos em um comportamento anticompetitivo. Eventualmente, o processo foi encerrado por mais de um bilhão de dólares. Uma explicação alternativa é que os *spreads* maiores da Nasdaq em relação aos da Nyse podem ser explicados pelas diferenças estruturais entre os mercados. Consideremos, por exemplo, como as ordens de limite são tratadas pelas duas bolsas. Especialistas no pregão da New York Stock Exchange são demandados a refletir no seu *bid-ask spread* os preços-limite se forem melhores que as suas próprias cotações, e isso exerce um efeito de redução sobre o *bid-ask spread*. Na Nasdaq, as ordens de limite não afetam as cotações de *bid-ask* e são executadas somente se os preços aproximam-se do limite. É de esperar *bid-ask spreads* maiores, por conseqüência.[13]

Em 2000, a New York Stock Exchange abandonou a prática histórica de cotar preços em frações (⅛, ¼ etc.) e passou a adotar preços decimais. Como se podem obter graduações mais refinadas de preços em decimais, surgiu a hipótese de que isso levaria a *bid-ask spreads* menores. Estudos após a alteração indicam que tem havido uma redução nos *spreads* de ações menores e de menor liquidez, mas nenhum impacto perceptível sobre as listas de maior liquidez.

Impacto sobre o preço A maioria dos investidores admite que os custos de transação diminuem em decorrência do aumento das carteiras. Embora isso se aplique às comissões de corretagem, nem sempre é o caso para os demais componentes dos custos de transação. Há um componente em que os maiores investidores carregam custos mais substanciais do que os menores, e isso se dá no impacto que a transação exerce sobre os preços. Se a idéia básica por trás do investimento de sucesso é comprar na baixa e vender na alta, elevar o preço ao comprar e reduzi-lo ao vender diminui a lucratividade do investimento.

Por que há um impacto sobre o preço? Há dois motivos para haver impacto sobre o preço quando os investidores negociam. O primeiro é que os mercados não são completamente líquidos. Uma grande transação pode criar um desequilíbrio entre os pedidos de compra e venda, e a única forma de resolver esse desequilíbrio é com uma alteração de preço. Em geral, essa alteração de preço decorrente da falta de liquidez será temporária e revertida ao mercado como retornos de liquidez.

O segundo motivo para o impacto sobre o preço é informativo. Uma grande transação atrai a atenção de outros investidores no mercado desse ativo, pois pode ser motivado por novas informações que o negociador possua. Apesar de alegações em contrário, normalmente os investidores assumem, com razão, que um investidor que compra um grande bloco está comprando em antecipação a boas notícias e que um investidor vendendo um grande bloco está de posse de algumas notícias negativas sobre a empresa. Esse efeito sobre o preço na maioria dos casos não será temporário, principalmente quando analisamos um grande número de ações em que essas grandes transações são realizadas. Embora os investidores provavelmente estejam errados na maior parte do tempo sobre o valor informativo da negociação de grandes blocos, há motivo para crer que estarão certos quase com a mesma freqüência.

Qual é a proporção do impacto sobre o preço? Há evidência conflitante quanto ao impacto causado por grandes transações sobre o preço das ações. De um lado, estudos sobre transações em bloco no pregão da bolsa sugerem que os mercados são líquidos e que o impacto da transação sobre o preço é pequeno e rapidamente revertido. (Esses estudos, porém, costumam analisar ações intensamente negociadas na New York Stock Exchange.) Do outro lado, há os que argumentam que o impacto sobre o preço provavelmente será maior, principalmente para ações menores e de menor liquidez.

Estudos sobre a reação do preço à transação de grandes blocos no pregão da bolsa concluem que os preços ajustam-se em poucos minutos após essas transações. Um estudo anterior examinou a velocidade da reação do preço, analisando os retornos obtidos por um investidor ao comprar ações imediatamente após a negociação em bloco e vender depois.[14] Os autores estimaram os retornos em função do tempo após a transação em bloco realizada por um investidor e descobriram que apenas as negociações feitas um minuto após a transação em bloco tinham chance de gerar retornos em excesso (veja a Figura 14.2). Ou seja, os preços ajustados aos efeitos da liquidez da transação em bloco, em um prazo de cinco minutos. Embora isso possa refletir o fato de que se tratava de transações em bloco de grandes ações da Nyse, ainda constitui forte evidência da capacidade dos mercados de se ajustarem rapidamente aos desequilíbrios entre demanda e suprimento.

Estudos que analisam ações menores, de menor liquidez, concluem que o impacto sobre o preço tende a ser maior e o ajuste de volta ao preço correto é mais lento que no caso de ações de maior liquidez.[15] Há outros fatos interessantes

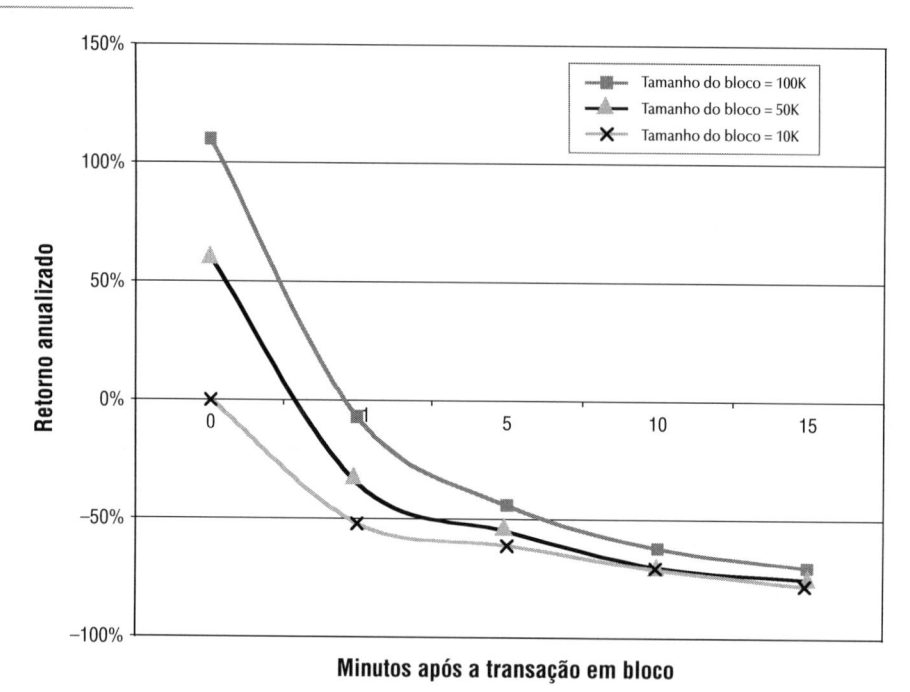

FIGURA 14.2 – Retornos anualizados da compra após transações em bloco

Fonte: Dann, Mayers e Rabb (1977).

sobre as transações em bloco que surgiram de outros estudos. Primeiro, embora o preço das ações suba nas compras em bloco e desça nas vendas em bloco, é possível que se recupere após as transações de venda. Em outras palavras, quando os preços sobem após uma compra em bloco, é mais provável que permaneçam em alta.[16] Um estudo de Spierdijk, Nijman e Van Soest (2002) que analisou tanto ações com liquidez quanto de baixa liquidez na Nyse também detectou uma tendência da parte dos mercados de extrapolar.[17] Quando se realiza uma compra em bloco, o preço parece subir demais e pode levar vários dias para reverter a um nível normal para ações de baixa liquidez.

Esses estudos, além de exercerem impacto sobre o preço, também sofrem outro viés de seleção, na medida em que analisam apenas as execuções efetivas. O real custo do impacto de mercado surge daquelas transações que teriam sido feitas na ausência de um impacto de mercado, mas não foram realizadas em virtude da percepção de que o custo do impacto sobre o preço seria grande. Em um dos poucos estudos sobre o montante desse custo, Thomas Loeb coletou preços de compra e venda de especialistas e *market makers* a determinado ponto no tempo, para vários tamanhos de bloco. Assim, as diferenças nos *spreads*, à medida que o tamanho do bloco aumenta, podem ser consideradas como um impacto sobre o preço esperado dessas transações. A Tabela 14.1 resume essas constatações entre ações, classificadas por capitalização de mercado.

Os setores referem-se à capitalização de mercado e demonstram a relação negativa entre tamanho e impacto sobre o preço. Observe, porém, o efeito do aumento do tamanho dos blocos sobre o impacto sobre o preço esperado dentro de cada setor; transações de maior porte acarretam impactos sobre o preço muito maiores que as de menor porte.

TABELA 14.1: Custos de transações *round-trip* (viagem de ida e volta) como função da capitalização de mercado e do tamanho do bloco

Setor	Valor em dólares do bloco ($ mil)								
	5	25	250	500	1.000	2.500	5.000	10.000	20.000
Menor	17,3%	27,3%	43,0%						
2	8,9	12,0	23,8	33,4%					
3	5,0	7,6	18,8	25,9	30,0%				
4	4,3	5,8	9,6	16,9	25,4	31,5%			
5	2,8	3,9	5,9	8,1	11,5	15,7	25,7%		
6	1,8	2,1	3,2	4,4	5,6	7,9	11,0	16,2%	
7	1,9	2,0	3,1	4,0	5,6	7,7	10,4	14,3	20,0%
8	1,9	1,9	2,7	3,3	4,6	6,2	8,9	13,6	18,1
Maior	1,1	1,2	1,3	1,7	2,1	2,8	4,1	5,9	8,0

Fonte: Loeb (1983).

Determinantes do impacto sobre o preço Analisando-se as evidências, as variáveis que determinam o impacto sobre o preço da transação parecem ser as mesmas que direcionam o *bid-ask spread*. Não é de surpreender. Tanto o impacto sobre o preço quanto o *bid-ask spread* são funções da liquidez do mercado. Os custos de estoque e os problemas de seleção adversa são provavelmente maiores para ações em que pequenas transações podem mover o mercado de forma significativa.

Breen, Hodrick e Korajczyk (2000) estudaram tanto a magnitude do impacto sobre o preço quanto os seus determinantes analisando as ações listadas nas bolsas dos Estados Unidos.[18] Eles descobriram que o aumento da rotatividade em 0,1% em um intervalo de cinco minutos é capaz de provocar um impacto sobre o preço de 2,65% para empresas na Nyse e na Amex e de cerca de 1,85% para ações Nasdaq. Comparando o impacto sobre o preço entre as empresas, eles obtiveram as seguintes evidências:

1. O impacto sobre o preço de uma transação de determinado número de ações é menor para empresas maiores do mercado de capitais do que para as menores. Entretanto, o impacto sobre o preço de uma transação com o mesmo percentual de magnitude (como percentual da capitalização de mercado) é maior para empresas maiores do mercado de capitais do que para as menores.
2. O impacto sobre o preço de uma transação é menor para empresas com alto volume de transações no trimestre anterior e para empresas com *momentum* positivo (isto é, preço de ação que tenha subido nos seis meses anteriores à transação).
3. O impacto sobre o preço de uma transação é menor para empresas com altas posições acionárias institucionais (como percentual das ações em circulação) do que para outras com baixas posições.

Custo de oportunidade de espera O componente final dos custos de transação é o custo de oportunidade de espera. Um investidor pode reduzir o *bid-ask spread* e os custos do impacto sobre o preço, ao decompor blocos grandes em menores e negociar por um período mais longo. Se, de fato, não houvesse nenhum custo de espera, até um grande investidor poderia decompor as transações em pequenos lotes e comprar ou vender grandes quantidades, sem afetar o preço ou o *spread* de forma significativa. Há, entretanto, um custo de espera. Em especial, o preço de um ativo que um investidor quer comprar, porque acredita que esteja subavaliado, pode subir enquanto ele espera para negociar, e isso, por sua vez, pode levar a uma de duas conseqüências. Uma é que o investidor eventualmente acabe comprando, mas a um preço muito mais elevado, reduzindo os lucros esperados do investimento. A outra é que o preço suba tanto que o ativo deixa de ser superestimado e o investidor não negocia nada. Um cálculo similar aplica-se quando um investidor quer vender um ativo que supõe estar superavaliado.

O custo de espera dependerá em grande parte da probabilidade de que o investidor determine que o preço subirá (ou cairá) enquanto espera para comprar (ou vender). Argumentaríamos que essa probabilidade deve ser uma função do motivo por que o investidor supõe que o ativo esteja sub ou superavaliado. Principalmente os seguintes fatores devem afetar essa probabilidade:

1. *A análise da avaliação baseia-se em informações privadas ou públicas?* A informação de caráter privado tende a ter vida curta de prateleira nos mercados financeiros, e os riscos de incubar informações privadas são muito maiores do que os de esperar quando a análise da avaliação baseia-se em informações que já são públicas. Dessa forma, o custo de espera é muito maior quando a estratégia é comprar com rumores (ou informações) de uma possível aquisição do que seria em uma estratégia de compra de ações de baixa razão P/L.
2. *Quão ativo é o mercado para informações?* Dando continuidade ao primeiro ponto, os riscos de esperar quando se tem informação valiosa são muito maiores em mercados em que há outros investidores ativamente em busca da mesma informação. Novamente, em termos práticos, os custos de espera devem ser maiores quando há dezenas de analistas perseguindo a ação-alvo do que quando há poucos prestando atenção à ação.
3. *Até que ponto a estratégia é de longo ou curto prazo?* Embora essa generalização nem sempre se sustente, as estratégias de curto prazo estão mais sujeitas a serem afetadas pelo custo de espera do que as de longo prazo. Parte disso pode ser atribuída ao fato de que as estratégias de curto prazo são mais propensas a serem motivadas por informações de caráter privado e as de longo prazo, por visões sobre o valor.
4. *A estratégia de investimento é a contrária ou a de momento?* Em uma estratégia contrária, em que os investidores operam contra a maré predominante (comprando quando outros estão vendendo ou vice-versa), é provável que o custo de espera seja menor, justamente em razão desse comportamento. Ao contrário, o custo de espera em uma estratégia de momento deve ser maior, visto que o investidor está comprando quando outros estão comprando e vendendo quando outros estão vendendo.

Em resumo, o custo de espera provavelmente será maior para estratégias de investimento de curto prazo baseadas em informações de caráter privado ou *momentum* e nos mercados com ativa coleta de informações. Será menos problemático para estratégias de longo prazo baseadas em informações públicas ou para estratégias contrárias.

Custos de negociar ativos não negociáveis

Se o custo da transação de ações pode ser substancial, deve ser ainda mais expressivo no caso de ativos que não são regularmente negociados, como os ativos reais ou as posições de patrimônio líquido em empresas privadas.

- Ativos reais podem variar de ouro e imóvel a obras de arte, e os custos de transação associados à negociação desses ativos também podem variar substancialmente. Os menores custos de transação são os associados a commodities — ouro, prata ou petróleo —, já que tendem a vir em unidades padronizadas. No caso de imóveis residenciais, a comissão devida a um corretor ou vendedor pode ser de 5% a 6% do valor do ativo. Para imóveis comerciais, as comissões podem ser menores para transações maiores, mas estarão muito acima das comissões de ativos financeiros. Para obras de arte ou coleções, as comissões tornam-se ainda mais altas. Na venda de uma pintura valiosa em um leilão, pode-se pagar de 15% a 20% do preço de venda como comissão.
  Por que os custos são tão altos? O primeiro motivo é que há muito menos intermediários nos negócios de ativos reais do que nos mercados de ações ou obrigações. O segundo é que imóveis ou objetos de arte não são produtos padronizados. Em outras palavras, um Picasso pode ser muito diferente de outro, e geralmente se necessita da assessoria de especialistas para a análise do valor. Isso agrega ao custo do processo.
- Os custos de transação associados à compra e venda de um negócio privado podem variar de substanciais a proibitivos, dependendo do porte do negócio, da composição dos seus ativos e da sua lucratividade. Há relativamente poucos compradores potenciais, e os custos de prospecção (associados a encontrar esses compradores) serão altos. Adiante, neste capítulo, colocamos sob o microscópio a prática convencional de se aplicarem descontos de 20% a 30% aos valores dos negócios privados, por baixa liquidez.
- As dificuldades associadas à venda de negócios privados podem contaminar os acionistas menores desses negócios. Assim, investidores de *private equity* e *venture capitalists* devem levar em consideração o potencial de baixa liquidez dos investimentos da empresa privada, ao analisar quanto pagar por eles (e que participação devem exigir em retorno nos negócios privados).

Em resumo, os custos de transação de ativos que não são normalmente negociados devem ser substanciais.

CUSTO DA BAIXA LIQUIDEZ: TEORIA

O conceito de que os investidores pagarão menos por ativos de baixa liquidez do que por outros similares com liquidez não é novo nem revolucionário. Nas duas últimas décadas, pesquisadores têm estudado o efeito da baixa liquidez sobre o valor, usando três abordagens. Na primeira, o valor de um ativo é reduzido pelo valor presente dos custos de transações futuras, gerando assim um desconto sobre o valor. Na segunda, a taxa de retorno exigido sobre um ativo é ajustada de modo a refletir a sua baixa liquidez, com taxas de retorno exigido maiores (e valores menores) para ativos de menor liquidez. Na terceira, a perda de liquidez é avaliada como uma opção, em que se pressupõe que o detentor do ativo de baixa liquidez perderá a opção de vender o ativo quando este tiver um preço alto. Todas as três abordagens chegam à conclusão de que um ativo de baixa liquidez deve ser negociado a um preço inferior do que outro similar de maior liquidez.

Desconto no valor por baixa liquidez

Vamos supor que você seja um investidor tentando determinar quanto pagar por um ativo. Ao fazer essa análise, devem-se considerar os fluxos de caixa que o ativo gerará e o grau de risco que esses fluxos de caixa apresentam para se obter uma estimativa do valor intrínseco. Você também terá de analisar quanto lhe custará vender esse ativo quando decidir liquidá-lo no futuro. De fato, se o investidor que o está comprando de você incorporar uma estimativa similar do custo de transações que enfrentará quando vendê-lo, o valor do ativo hoje deve refletir o valor esperado de todos os custos de transações futuras para todos os detentores futuros do ativo. Esse é o argumento que Amihud e Mendelson usaram em 1986, ao sugerir que o preço de um ativo embute o valor presente dos custos associados aos custos de transações esperadas no futuro.[19] No modelo deles, o *bid-ask spread* é utilizado como a medida dos custos de transações e até pequenos *spreads* podem ser traduzidos em grandes descontos no valor por baixa liquidez. A magnitude do desconto será uma função dos períodos de manutenção e giro do investidor, com períodos de manutenção mais curtos e volume mais alto associados a descontos maiores. Vayanos (1998) alega que o efeito das mudanças nos custos de transação sobre o preço dos ativos é muito menor que o estimado por Amihud e Mendelson, porque os investidores ajustam os períodos de manutenção para que reflitam os custos de transação. Na verdade, ele defende que o preço de uma ação pode efetivamente aumentar em decorrência do aumento dos custos de transação, principalmente para ações mais freqüentemente negociadas; o aumento nos períodos de manutenção pode compensar o acréscimo nos custos de transação.[20]

Jarrow e Subramanian (2001) apresentam um modelo alternativo para estimar o desconto no valor por baixa liquidez.[21] Eles modelam o desconto como a diferença entre o valor de mercado de um ativo e o seu valor quando liquidado e argumentam que o desconto deve ser maior quando há atrasos de execução na liquidação. Além disso, extraem regras de transações ideais e a magnitude do desconto pela baixa liquidez para investidores com função de utilidade de poder. Lo, Mamaysky e Wang (2001) admitem custos fixos de transações e concluem, como Amihud e Mendelson, que os pequenos custos de transação podem criar significativos descontos por baixa liquidez e que esses descontos são fortemente influenciados pela aversão ao risco da parte dos investidores.[22]

Em resumo, todos os estudos que desenvolvem modelos teóricos para os descontos por baixa liquidez associam-nos aos custos de transação esperada sobre os ativos, mas demandam os períodos de manutenção dos investidores como um input para se estimar a magnitude do desconto. O desconto para quaisquer custos de transação será menor se os investidores tiverem horizontes de tempo longos em vez de curtos.

Baixa liquidez e taxas de desconto

Nos modelos convencionais de precificação de ativos, a taxa de retorno exigido para um ativo é uma função da sua exposição ao risco de mercado. Dessa forma, no modelo de precificação de ativo de capital (CAPM), o custo do patrimônio líquido é uma função do beta de um ativo, enquanto no modelo de precificação por arbitragem (APM) ou multifatorial, o custo do patrimônio líquido é determinado pela exposição do ativo a múltiplas fontes de risco de mercado. Há pouco nesses modelos que permita a baixa liquidez. Conseqüentemente, a taxa de retorno exigido será a mesma independentemente do grau de liquidez dos ativos com exposição semelhante ao risco de mercado. Em anos recentes, tem havido tentativas para se expandir esses modelos de modo a admitir o risco por baixa liquidez de duas formas. A primeira refere-se aos modelos teóricos que incorporam um prêmio de mercado por baixa liquidez, que afeta todos os ativos e indicadores de baixa liquidez de ativos individuais. Diferenças nos indicadores causarão a variação das taxas de retorno exigido entre as empresas com diferentes níveis de liquidez. A segunda forma corresponde aos modelos multifatoriais puramente empíricos que tentam explicar as diferenças nos retornos das ações por períodos longos, com um indicador de baixa liquidez, tal como o volume de transação ou o *bid-ask spread*, considerado como um dos fatores.

As primeiras discussões teóricas sobre a melhor forma de incorporar a baixa liquidez aos modelos de precificação de ativos ocorreram na década de 1970. Mayers (1972, 1973, 1976) ampliou o modelo de precificação de ativo de capital para analisar ativos não negociáveis, bem como o capital humano.[23] Mas os modelos resultantes não fizeram ajustes explícitos à baixa liquidez. Em uma tentativa mais recente para se incorporar a baixa liquidez aos modelos de retorno esperado, Acharya e Pedersen (2005) examinaram como os ativos são precificados com o risco de liquidez e levantaram uma questão crucial: não é só quão baixa é a liquidez de um ativo que importa, mas *quando* isso ocorre.[24] Em particular, um ativo que está em baixa liquidez quando o mercado em si está assim (o que geralmente coincide com mercados em baixa e recessões econômicas) deve ser considerado de forma muito mais negativa (com um retorno esperado resultante maior) do que um ativo que está em baixa liquidez quando o mercado tem liquidez. Portanto, o beta de liquidez de um ativo refletirá a covariância da liquidez do ativo com a liquidez do mercado. Acharya e Pedersen estimam que as ações de baixa liquidez anualizaram os prêmios pelo risco em cerca de 1,1% acima das ações com liquidez, e que 80% desse prêmio podem ser explicados pela covariância entre a baixa liquidez de uma ação e a baixa liquidez do mercado em geral. Pastor e Stambaugh (2003) também concluíram que não é a liquidez de uma ação em si que importa, mas a sua relação com a liquidez do mercado em geral.[25] No período de 34 anos em que examinaram os retornos de ações, concluíram que as ações cujos retornos são mais suscetíveis à liquidez de mercado apresentam retornos anuais 7,5% mais altos do que as ações cujos retornos têm baixa suscetibilidade à liquidez de mercado, após o ajuste aos fatores-padrão de tamanho, valor e *momentum*.

As dificuldades associadas à modelagem da liquidez e à geração de modelos utilizáveis levaram muitos pesquisadores a considerar formas mais práticas de incorporar a baixa liquidez aos retornos esperados. A partir do trabalho realizado com modelos multifatoriais na década de 1980 e modelos por aproximação nos anos 90, eles buscaram formas de medir a liquidez e adotar essas medidas para explicar as diferenças nos retornos de ações por longos períodos. Amihud e Mendelson (1989) examinaram se a adição de *bid-ask spreads* aos betas ajudava a explicar melhor as diferenças em retornos entre as ações nos Estados Unidos.[26] Em sua amostragem de ações Nyse, de 1961 a 1980, eles concluíram que cada acréscimo de 1% no *bid-ask spread* (como percentual do preço da ação) aumentava o retorno esperado anual de 0,24% a 0,26%. Eleswarapu (1997) confirmou essa descoberta demonstrando uma relação positiva entre retornos e *spreads* para ações Nasdaq.[27] Outros estudos usaram volume de transações, razão de giro (volume de transações em dólares/valor de mercado do patrimônio líquido) e razões de baixa liquidez como *proxies* à baixa liquidez, com resultados consistentes. Brennan e Subrahmanyam (1996) decompõem os custos de transação em fixos e variáveis e encontram evidência de um efeito significativo sobre retornos, devido ao custo variável de transação, após o controle de fatores como porte da empresa e a razão mercado/valor contábil.[28] Brennan, Chordia e Subrahmanyam (1998) constataram que o volume de transações em dólares e os retornos de ações correlacionam-se negativamente, após o ajuste para outras fontes de risco de mercado.[29] Datar, Naik e Radcliffe (1998) usaram o giro como uma *proxy* à liquidez. Após controlar porte e razão mercado/valor contábil, concluíram que a liquidez desempenha papel importante na explicação das diferenças nos retornos, com ações de menor liquidez (no 10º percentil do giro) apresentando retornos anuais cerca de 3,25% mais altos que ações com liquidez (no 90º percentil do giro). Além disso, concluíram que cada 1% de aumento no giro reduz os retornos anuais em aproximadamente 0,54%.[30] Amihud (2002) desenvolveu um indicador de baixa liquidez dividindo a alteração de preço absoluto pela média do volume de transações diárias da ação, para estimar uma razão de baixa liquidez, e deduziu que os retornos de ações correlacionam-se positivamente com esse indicador.[31] Nguyen, Mishra e Prakash (2005) concluíram que as ações com giros mais elevados apresentam retornos esperados mais baixos.[32] Eles também identificaram que a capitalização de mercado e as razões preço/valor contábil, duas *proxies* amplamente usadas que foram demonstradas para explicar as diferenças nos retornos das ações, não atuam como *proxies* à baixa liquidez.

Em resumo, tanto os modelos teóricos quanto os resultados empíricos sugerem que devemos ajustar as taxas de descontos por baixa liquidez, com o primeiro focando a liquidez sistemática como o principal fator e o segundo usando *proxies*, como os *bid-ask spreads* e os giros, para mensurar a liquidez. As duas abordagens também parecem indicar que o ajuste variará com o tempo e dependerá de uma demanda de mercado por liquidez. Assim, para qualquer nível de baixa liquidez, o prêmio esperado agregado às taxas de desconto será muito maior nos períodos em que o mercado valorizar mais a liquidez e menor nos períodos em que valorizá-la menos.

Baixa liquidez como opção

Qual é o valor da liquidez? Ou seja, quando um investidor sente mais fortemente a perda de liquidez ao deter um ativo? Há os que alegam que o valor da liquidez recai sobre a capacidade de se vender um ativo quando está mais supervalorizado; o custo da baixa liquidez é não ser capaz disso. No caso especial em que o proprietário de um ativo tem condição de avaliar quando essa supervalorização ocorre, o valor da baixa liquidez pode ser considerado uma opção.

Longstaff (1995) apresenta um limite máximo para a opção, considerando-se um investidor com perfeita capacidade de *timing* de mercado, que possua um ativo que não está permitido a negociar por um período (*t*). Na ausência de restrições comerciais, esse investidor vende ao preço máximo que um ativo atinge no período, e o valor da opção *look-back* estimado em retrocesso por esse preço máximo deve ser o limite externo do valor da baixa liquidez.[33] Usando essa abordagem, Longstaff estima quanto valeria a condição de mercado como percentual do valor de um ativo para diferentes períodos de baixa liquidez e volatilidades de ativos. Os resultados estão representados na Figura 14.3.

Vale ressaltar que se trata de limites máximos sobre o valor da baixa liquidez, já que se baseia na premissa de um *market timer* perfeito. Considerando-se a incerteza dos investidores sobre quando um ativo atinge esse preço máximo, o valor da baixa liquidez será inferior a essas estimativas. As lições mais gerais ainda se aplicam. O custo da baixa liquidez, declarado como um percentual do valor da empresa, será maior para ativos mais voláteis e aumentará com a duração do período pelo qual a negociação está restrita.

CUSTO DA BAIXA LIQUIDEZ: EVIDÊNCIA EMPÍRICA

Se aceitarmos a proposição de que a baixa liquidez tem um custo, as próximas questões tornam-se empíricas. De quanto é esse custo? O que provoca a sua variação no decorrer do tempo e entre ativos? A evidência sobre a predominância e o custo da baixa liquidez disseminam-se por uma série de categorias de ativo. Nesta seção, começamos pela análise do preço atribuído à baixa liquidez no mercado de obrigações e prosseguimos com o mercado de ações. Na parte final da seção, examinamos os efeitos da baixa liquidez sobre investimentos de *private equity* e ativos reais.

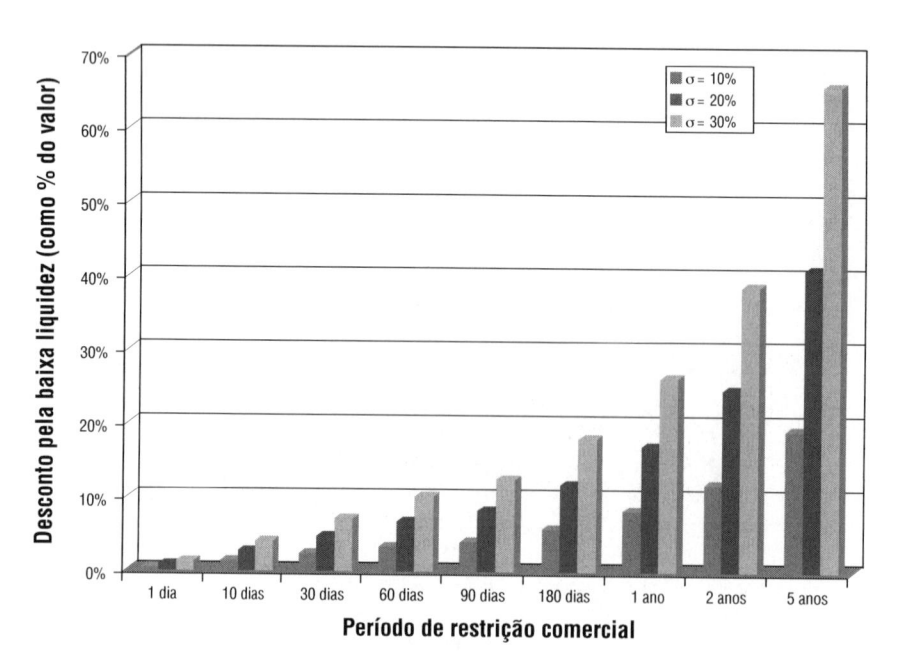

■ **FIGURA 14.3** – Limites máximos do desconto pelas condições de mercado — modelo de precificação de opções

Fonte: Longstaff (1995).

Obrigações

Há amplas diferenças em liquidez entre as obrigações emitidas por diferentes entidades e entre as maturidades para obrigações emitidas pela mesma entidade. Essas diferenças em liquidez oferecem a oportunidade de examinar se os investidores precificam a liquidez e, se sim, em quanto o fazem, comparando-se os rendimentos de obrigações líquidas com outras similares de baixa liquidez. Estudos sobre a liquidez do mercado de obrigações analisaram as obrigações de longo prazo do governo, as obrigações corporativas e os mercados de obrigações subordinadas.

- *Obrigações de curto prazo e de longo prazo do governo.* Amihud e Mendelson (1991) compararam os rendimentos de obrigações de longo prazo do governo com menos de seis meses para a maturidade com obrigações de curto prazo do governo com a mesma maturidade.[34] Eles concluíram que o rendimento sobre a obrigação de longo prazo do governo de menor liquidez era 0,43% maior em bases anualizadas do que o da obrigação de curto prazo do governo de maior liquidez, uma diferença atribuída à baixa liquidez. Um estudo posterior de Kamara (1994) confirmou essa descoberta e concluiu que a diferença em rendimento era de 0,37%.[35] Strebulaev (2002) contestou essa conclusão, observando que o tratamento fiscal de obrigações difere do das obrigações de curto prazo do governo e que isso pode explicar a diferença nos rendimentos. Ele compara as notas do Tesouro com maturidade na mesma data e conclui que elas são negociadas a preços essencialmente idênticos, apesar das grandes diferenças em liquidez.[36]
- *Obrigações corporativas.* Chen, Lesmond e Wei (2005) compararam mais de quatro mil obrigações corporativas tanto nas categorias grau de investimento quanto especulativas e concluíram que as obrigações de baixa liquidez tinham *spreads* de rendimento muito mais altos do que as com liquidez. Para mensurar a liquidez, usaram vários indicadores, incluindo o *bid-ask spread*, a ocorrência de retornos zero na série temporal[37] e um indicador composto (LOT, que incorpora *bid-ask spread*, custos de oportunidade e impacto sobre o preço). Como seria de esperar, eles constataram que a liquidez diminui ao passar de obrigações com *ratings* superiores para as inferiores e aumentam ao passar de maturidades curtas para longas. Comparando os rendimentos dessas obrigações corporativas, eles concluíram que o rendimento aumenta 0,21% para cada 1% de aumento nos custos de transação para as obrigações de grau de investimento, ao passo que aumenta 0,82% para cada 1% de aumento nos custos de transação das obrigações especulativas.[38]
- *Obrigações subordinadas.* Um estudo sobre 211 obrigações subordinadas emitidas por 22 grandes bancos nos Estados Unidos concluiu que mais obrigações de baixa liquidez são negociadas a *spreads* por inadimplência mais elevados que as obrigações similares com liquidez.[39] Os autores constataram que as obrigações não negociadas nos últimos seis meses apresentam um *spread* por inadimplência cerca de 0,20% maior que o de uma obrigação negociada e que esse *spread* amplia-se para 0,64% quando a obrigação não é negociada nos últimos dois anos.

Analisando-se os estudos, a conclusão consensual é a de que a liquidez é relevante para todas as obrigações, porém, mais no caso das obrigações de maior risco do que para as mais seguras. Isso pode explicar por que a predominância de um prêmio para liquidez no mercado de obrigações do governo é questionável, mas não no mercado de obrigações corporativas.

Ações publicamente negociadas

Se a liquidez torna-se mais problemática no caso de obrigações de maior risco do que para as mais seguras, faz sentido que deva constituir um fator mais sério no mercado acionário (em que há mais fontes de risco) do que no mercado de obrigações. Estudos sobre a baixa liquidez no mercado acionário cobriram toda a gama, desde o exame das diferenças em liquidez pela ampla série de ações, e como isso se traduz em diferenças em retornos esperados, até estudos mais focados que tentam identificar um subconjunto de ações em que a baixa liquidez é um problema e buscam medir como os investidores reagem a essa baixa liquidez.

Ações como uma categoria Pode-se argumentar com razão que os custos associados à negociação de ações são maiores que aqueles incorridos na negociação de obrigações de curto e de longo prazos do governo. Por conseqüência, portanto, parte do prêmio pelo risco atribuído às ações deve refletir esses custos adicionais de transação. Jones (2002), por exemplo, examinou os *bid-ask spreads* e os custos de transação para as ações Dow Jones, de 1900 a 2000, e concluiu que os custos de transação são cerca de 1% inferiores hoje do que no início da década de 1990 e que isso pode ser responsável pela redução no prêmio pelo risco de ações observado nos últimos anos.[40] Ele também apresenta evidência de que os aumentos no *bid-ask spread* e a redução no giro são prenúncios de retornos mais altos das ações no futuro, o que ele toma como comprovação de que a baixa liquidez é um fator por trás tanto da magnitude quanto das alterações dos prêmios pelo risco de ações. Essa pesquisa está em linha com outras que defendem que as variações em liquidez (e os custos associados) ao longo do tempo podem explicar uma parte das alterações no prêmio pelo risco de ações de um período para outro.

Diferenças *cross-sectional* Algumas ações têm mais liquidez que outras, e os estudos têm analisado as conseqüências dessas diferenças em liquidez sobre os retornos. A conclusão consensual é que os investidores demandam retornos mais altos ao investir em ações de menor liquidez. Em outras palavras, os investidores estão dispostos a pagar mais por investimentos de mais liquidez em comparação com os de menos liquidez. Na nossa discussão anterior sobre o ajuste de taxas de desconto para baixa liquidez, apresentamos a evidência de que parte da variação de retorno entre as ações pode ser explicada pelas diferenças em baixa liquidez.

Há outras pesquisas que parecem estabelecer uma ligação entre as oscilações no preço das ações e a liquidez.

- Cox e Petersen (1994) examinaram ações norte-americanas com queda no preço de um dia de mais de 10% e a subseqüente reversão de preço um dia depois. Eles concluíram que um grande componente da reversão poderia ser explicado pelo *bid-ask spread* e que a reversão de preço poderia, portanto, ser considerada uma compensação à baixa liquidez.[41] Avramov, Chordia e Goyal (2005) também identificaram uma forte relação entre reversões de preço de curto prazo e baixa liquidez.[42] As maiores reversões de preço ocorrem nas ações de menor liquidez, o que também indicaria que as estratégias contrárias de investimento, que tentam tirar proveito dessas reversões de preço, serão tomadas pelo aumento nos custos de transação.
- Anomalias temporais, como o efeito final de semana e o efeito janeiro, são mais pronunciadas para ações com baixa liquidez. Eleswarapu e Reinganum (1993) observaram que as ações com baixa liquidez e *bid-ask spreads* altos obtinham a maior parte dos seus retornos em excesso em janeiro.[43] Os altos custos de transação associados à negociação dessas ações podem explicar por que essas anomalias continuam a manter o poder de permanência.
- Ellul e Pagano (2002) relacionaram a subprecificação de 337 ofertas públicas iniciais inglesas à baixa liquidez das emissões após as ofertas e encontraram evidência de que quanto maior a propensão de as ações serem menos líquidas e quanto menos previsível a liquidez, maior a subprecificação.[44]
- Embora seja insensato atribuir à baixa liquidez todos os bem documentados retornos em excesso[45] que foram associados à posse de ações de pequena capitalização de mercado e baixa razão preço/valor contábil, empresas menores e em dificuldades (que tendem a negociar a baixas razões preço/valor contábil) têm liquidez mais baixa que o restante do mercado.

A inter-relação entre baixa liquidez e tantas ineficiências observadas no mercado sugere que a baixa liquidez desempenha papel importante em como os investidores precificam as ações e os retornos que observamos em decorrência. Pode também explicar por que há tantas formas de se obter retorno em excesso em teoria e tão poucas na prática.

Diferenças controladas Os estudos que comparam ações a diferentes graus de liquidez podem sempre ser questionados por não controlarem outros fatores. Afinal, as empresas com ações com mais liquidez tendem a ter maior capitalização de mercado e menor risco. Consequentemente, os testes mais limpos para a baixa liquidez são aqueles que comparam as ações com diferentes graus de liquidez emitidos pela mesma empresa. As diferenças nos preços das ações podem, portanto, ser atribuídas puramente à liquidez.

Ações restritas e colocações privadas Muito da evidência sobre os descontos por baixa liquidez advém da análise de ações restritas emitidas por empresas de capital aberto. Títulos restritos são títulos emitidos por uma empresa de capital aberto, não registrados na Securities and Exchange Commission (SEC) e vendidos por colocações privadas a investidores sob a Regra SEC 144. Eles não podem ser revendidos no mercado aberto pelo período de um ano[46] e, mesmo após isso, apenas em volumes limitados. Quando essa ação é emitida, seu preço é estabelecido em um nível muito inferior ao preço de mercado vigente, o que é observável, e a diferença pode ser considerada um desconto pela baixa liquidez. Os resultados de dois dos estudos mais pioneiros e mais citados que analisaram a magnitude desse desconto podem ser resumidos como segue:

- Maher (1976) examinou as compras de ações restritas feitas por quatro fundos mútuos no período de 1969 a 1973 e concluiu que elas foram negociadas a um desconto médio de 35,43% sobre ações publicamente negociadas nas mesmas empresas.[47]
- Silber (1991) examinou as emissões de ações restritas de 1981 a 1988 e constatou que o desconto médio para ações restritas era de 33,75%.[48] Ele também observou que o desconto era maior para empresas menores e menos saudáveis e para blocos maiores de ações.

Outros estudos confirmam essas constatações de um substancial desconto, com variação de 30% a 35%. Um estudo recente realizado por Johnson (1999) identificou um desconto inferior a 20%.[49]

Esses estudos sobre ações restritas têm sido usados por profissionais para justificar grandes descontos por condições de mercado, mas há motivo para ceticismo. Primeiro, esses estudos baseiam-se em amostras de pequeno tamanho, estendem-se por longos períodos e apresentam erros-padrão substanciais nas estimativas. Segundo, a maioria das empresas não emite ações restritas, e aquelas que fazem isso tendem a ser menores, de maior risco e menos saudáveis que a empresa típica. Esse viés de seleção pode estar provocando desvio no desconto observado. Terceiro, os investidores com quem a ações são colocadas de forma privada podem estar fornecendo outros serviços à empresa, para os quais o desconto é uma compensação.

Uma forma de isolar a diferença de serviço seria comparar as colocações privadas não registradas, que representam as emissões de ações restritas, às colocações privadas de ações registradas pelas empresas. Como apenas o primeiro grupo possui restrições a condições de mercado, a diferença nos descontos entre ambos pode ser um indicador

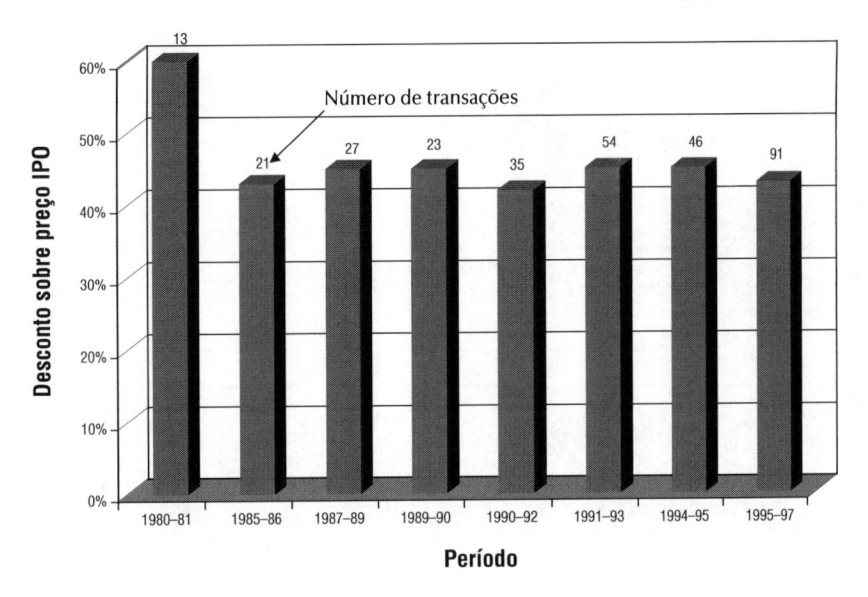

FIGURA 14.4 – Desconto sobre IPOs

Fonte: Emory (1997).

melhor do desconto por baixa liquidez. Wruck (1989) fez essa comparação e estimou uma diferença de 17,6% na média dos descontos e apenas 10,4% no desconto mediano entre os dois tipos de colocação.[50] Hertzel e Smith (1993) expandiram essa comparação entre ações restritas e colocações privadas registradas analisando 106 colocações privadas de ações, de 1980 a 1987.[51] Eles concluíram que, enquanto o desconto mediano entre todas as colocações privadas era de 13,26%, o desconto era 13,5% maior para ações restritas do que para as registradas. Bajaj, Dennis, Ferris e Sarin (2001) examinaram 88 colocações privadas de 1990 a 1997 e relataram descontos medianos de 9,85% para colocações privadas registradas e 28,13% para ações restritas. Após controlar as diferenças entre as empresas que realizam essas emissões, eles atribuem apenas 7,23% ao desconto por condições de mercado.[52]

Deve-se observar que esses estudos também ressaltam o viés de seleção inerente ao foco nas empresas que fazem colocações privadas. Hertzel e Smith (1993; veja menção anterior) compararam empresas que realizam colocações privadas àquelas que fazem emissões públicas e constataram que as primeiras tendem a ser menores e de maior risco que as outras e são geralmente listadas no mercado de balcão (em inglês, *over-the-counter* — OTC). Muitas dessas empresas também são de propriedade privada. Portanto, os descontos estimados a partir dessas pequenas amostras devem ser considerados com precaução.

Ofertas públicas iniciais Uma forma alternativa de se calcular o desconto por baixa liquidez é comparar o preço das ações de oferta pública inicial (em inglês, *initial public offering* — IPO) das empresas ao preço das transações envolvendo essas mesmas ações, antes da oferta pública. A diferença, alega-se, pode ser considerada um desconto por baixa liquidez. Emory (1997) comparou o preço das ações em transações nos cinco meses anteriores a uma IPO ao preço da IPO e relatou um desconto de cerca de 45% para ofertas privadas. A Figura 14.4 apresenta o desconto e o tamanho da amostra por ano.[53]

A Williamette Associates estendeu esse estudo para análise das transações nos três anos anteriores às ofertas públicas iniciais, ajustadas por alterações na razão P/L entre o tempo das transações e a IPO, e relatou descontos variando de 32% a 75%.[54] A Figura 14.5 resume essas descobertas.

O montante do desconto é impressionante em ambos os estudos. É difícil compreender por que um investidor estaria disposto a aceitar um desconto de 40% sobre o valor estimado, se uma oferta pública inicial está por vir. Parece provável que a conclusão desses estudos é que um desconto a condições de mercado é reflexo de outros fatores.

Classificações de ações Algumas empresas possuem várias categorias de ações no mesmo mercado, com algumas mais líquidas que outras. Se não houver outras diferenças (em direitos a voto ou dividendos, por exemplo) entre as categorias, a diferença nos preços pode ser atribuída à liquidez. Um candidato ao estudo é o mercado chinês, em que a maioria das empresas tem *Restricted Institutional Shares* (RIS), que são, em sua quase totalidade, de baixa liquidez,[55] e ações ordinárias negociadas na bolsa. Chen e Xiong (2001) compararam os preços de mercado da ação ordinária negociada em 258 empresas chinesas com o preço de leilão e negociações privadas das ações RIS, e concluíram que o desconto no segundo grupo é de 78% para leilões e quase 86% para negociações privadas.[56] Esse desconto absurdamente alto, que atribuem à baixa liquidez, varia entre as empresas, com descontos menores para empresas maiores e menos voláteis. Em outra linha, os pesquisadores compararam os preços de ações de classe A e B de empresas chinesas.

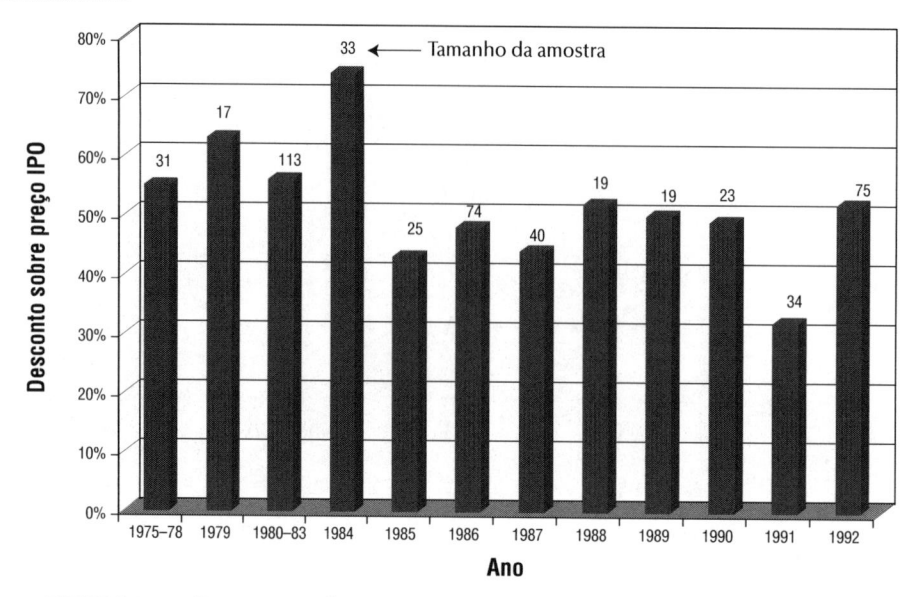

FIGURA 14.5 – Desconto sobre IPOs — três anos anteriores a IPO

Fonte: Williamette Associates (2002).

O primeiro grupo é aberto apenas a investidores chineses, enquanto o segundo pode ser comprado tanto por investidores domésticos quanto estrangeiros. Embora ambas ofereçam os mesmos direitos sobre os fluxos de caixa, as ações de classe B são negociadas a um desconto expressivo em relação às de classe A. As diferenças, entretanto, parecem ser apenas parcialmente atribuíveis às diferenças em liquidez, bem como mais devidas a informações diferenciadas.[57]

Opções e futuros Como títulos derivativos, os valores das opções e futuros são limitados aos seus ativos subjacentes pelas restrições de arbitragem. O efeito da baixa liquidez sobre os valores de opções e futuros tem sido estudado em dois contextos. O primeiro é quando os títulos derivativos são de baixa liquidez, mas o ativo subjacente possui liquidez. Brenner, Eldor e Hauser (2001) examinaram as opções de moeda não negociáveis e concluíram que elas são negociadas a um desconto de aproximadamente 21% em relação a outras opções similares com liquidez.[58] Essa emissão é de especial relevância na avaliação das opções de ações para funcionários que são ofertadas como compensação em empresas de capital aberto. Como as opções não são negociáveis, há evidência de que os funcionários geralmente as exercem muito antes de expirarem, a fim de obter acesso à ação subjacente negociável.[59] De fato, Hull e White (2004) incorporam essa tendência ao exercício antecipado à avaliação das opções de funcionários, pressupondo que o exercício ocorrerá se o preço for calculado por um percentual preestabelecido.[60] O segundo contexto é quando o ativo subjacente é em si mesmo de baixa liquidez e há opções sobre o ativo. Nesse caso, qualquer desconto por baixa liquidez que se aplique ao ativo subjacente também reduzirá o valor de quaisquer opções sobre esse ativo.

Private equity

Os investidores em *private equity* e *venture capital* geralmente fornecem capital para negócios privados em troca de uma cota de propriedade nesses negócios. Implícito nessas transações deve estar o reconhecimento de que esses investimentos não são líquidos. Se os investidores em *private equity* avaliam a liquidez, eles descontarão o valor dos negócios privados por essa baixa liquidez e demandarão uma cota maior da posse dos negócios de baixa liquidez para o mesmo investimento. A análise dos retornos obtidos por investidores em *private equity* em relação aos retornos obtidos por aqueles que investem em empresas de capital aberto deve prover um indicador de quanto valor é atribuído à baixa liquidez.

Ljungquist e Richardson (2003) estimaram que os investidores em *private equity* obtêm retornos em excesso de 5% a 8% em relação ao mercado público de ações, e que isso gera cerca de 24% em valor adicional ajustado ao risco para um investidor em *private equity* por mais de dez anos.[61] Eles argumentam que isso representa a compensação pela manutenção de um investimento de baixa liquidez por dez anos. Das, Jagannathan e Sarin (2002) adotam uma abordagem mais direta à estimativa de descontos de empresas privadas, analisando como os *venture capitalists* avaliam os negócios (e os retornos que obtêm) em diferentes estágios do ciclo de vida.[62] Eles concluem que o desconto de empresa privada é de apenas 11% para os investimentos no último estágio, mas podem subir a 80% para negócios no estágio inicial. São inúmeros os perigos de se concluir que esses descontos são pelas condições de mercado. Além da baixa liquidez, os investidores em *private equity* normalmente não são diversificados, e parte do retorno adicional deve representar um prêmio por essa não-diversificação. Além disso, os investidores em *private equity* também exercem um pouco de controle — ou até um significativo controle — sobre as empresas em que investem, resultando em aumento nos fluxos de caixa.

Ativos reais

Se a baixa liquidez é um problema no caso de ativos financeiros, deve ser o dobro quando se investe em ativos reais. Afinal, a venda de um ativo real é geralmente mais difícil e cara (em termos de custos de transação) do que a venda de um ativo financeiro. Embora seja difícil quantificar o desconto por baixa liquidez, na maioria dos mercados de ativo real, tem havido tentativas de se fazer isso no mercado imobiliário. Krainer, Spiegel e Yamori (2004) tentaram medir a baixa liquidez no mercado imobiliário japonês, mensurando a rapidez com que os preços de imóveis ajustaram-se após a quebra do mercado de ações em 1990. Eles apresentaram um modelo e evidência de sustentação de que a baixa liquidez aumenta após um declínio de preço e que (surpreendentemente) aumenta mais para ativos com fluxos de caixa mais previsíveis. Nos seus testes, os preços de imóveis comerciais (com a sua menor variância nos fluxos de caixa) declinaram mais e mais rapidamente do que os de imóveis residenciais no Japão, após 1990.[63]

COMO TRATAR A BAIXA LIQUIDEZ NA AVALIAÇÃO

Tanto a teoria quanto a evidência empírica sugerem que a baixa liquidez é relevante e que os investidores atribuem um preço inferior aos ativos de menor liquidez do que a outros similares com mais liquidez. A questão que enfrentamos, ao avaliar ativos, portanto, é qual a melhor forma de demonstrar essa baixa liquidez. Nesta seção, apresentamos três alternativas. A primeira é avaliar um ativo ou negócio, como se fosse um investimento líquido, e depois aplicar um desconto por baixa liquidez a esse valor. A segunda é ajustar a taxa de desconto utilizada em uma avaliação de fluxo de caixa descontado a essa baixa liquidez do ativo; ativos com menor liquidez têm taxas de desconto maiores. A terceira é pela avaliação relativa, na qual se avalia um ativo com base em como ativos de liquidez similar foram precificados nas transações. Nesta seção, examinamos as três.

Descontos por baixa liquidez sobre o valor

Na avaliação convencional, há pouca margem para se demonstrar o efeito da baixa liquidez. Os fluxos de caixa são os fluxos de caixa esperados, a taxa de desconto é, em geral, um reflexo do risco nos fluxos de caixa e o valor presente obtido é o valor de um negócio líquido. Com empresas de capital aberto, usamos esse valor, partindo da premissa implícita de que a baixa liquidez não é um problema tão grande assim para ser fatorado na avaliação. Nas avaliações de empresas privadas, os analistas têm-se mostrado menos dispostos (com toda a razão) a adotar essa premissa. A prática comum em muitas avaliações de empresas privadas é aplicar um desconto por baixa liquidez a esse valor. Mas de quanto deve ser esse desconto e qual a melhor forma de estimá-lo? Trata-se de uma questão muito difícil de responder de forma empírica, porque o desconto em si nas avaliações de empresa privada não pode ser observado. Mesmo que fôssemos capazes de obter os termos de todas as transações de empresas privadas, note que o que é declarado é o preço pelo qual as empresas privadas são compradas e vendidas. O valor dessas empresas não é declarado, e o desconto por baixa liquidez é a diferença entre o valor e o preço. Nesta subseção, analisamos as quatro abordagens em uso — desconto fixo (com ajustes marginais e subjetivos para diferenças de empresas individuais), desconto específico de empresa baseado nas características de uma empresa, desconto obtido pela estimativa de um *bid-ask spread* sintético para um ativo e desconto por baixa liquidez baseado em opções.

Desconto fixo A prática-padrão em muitas avaliações de empresas privadas é usar um desconto fixo por baixa liquidez para todas as empresas ou, na melhor das hipóteses, ter uma faixa de desconto, em que o julgamento subjetivo do analista determina onde deve recair o desconto a uma empresa em particular. A evidência para essa prática pode ser vista tanto nos manuais mais consultados em avaliação de empresa privada quanto nos tribunais onde essas avaliações são freqüentemente citadas. A origem desses descontos fixos parece estar nos estudos preliminares sobre ações restritas que comentamos na última seção. Esses estudos constataram que as ações restritas (e, portanto, de baixa liquidez) eram negociadas a descontos de 25% a 35%, em relação aos seus pares sem restrição, e os avaliadores de empresas privadas usam os descontos na mesma proporção nas suas avaliações.[64] Como muitas dessas avaliações destinam-se a processos fiscais, podemos ver a trilha de descontos baseados em ações restritas amontoando-se nos rodapés de dezenas de casos nas últimas três décadas.[65]

Como observamos na seção anterior, alguns pesquisadores argumentam que esses descontos são grandes demais em decorrência do viés da amostragem inerente ao uso de ações restritas e que devem ser substituídos por descontos menores. Nos últimos anos, os tribunais começaram a analisar favoravelmente esses argumentos. Em um caso de 2003,[66] o Internal Revenue Service (a Receita Federal norte-americana), geralmente na ponta extrema do argumento sobre desconto por baixa liquidez, conseguiu convencer o juiz de que o desconto convencional de ações restritas era grande demais e a aceitar um desconto menor.

Desconto específico de empresa Muito da discussão teórica e empírica neste capítulo sustenta a visão de que os descontos por baixa liquidez devem variar entre os ativos e os negócios. Particularmente no caso de uma empresa privada, espera-se que o desconto por baixa liquidez seja uma função do tamanho e do tipo dos ativos que a empresa possui. Nesta seção, abordamos os determinantes do desconto por baixa liquidez e formas práticas de estimá-lo.

Determinantes dos descontos por baixa liquidez Com qualquer ativo, o desconto por baixa liquidez deve ser uma função do número de compradores potenciais para o ativo e da facilidade com que esse ativo pode ser vendido. Assim, o desconto por baixa liquidez deve ser menor para um ativo com grande número de compradores potenciais (como imóveis) do que para um ativo com um número relativamente pequeno de compradores (um caro item de coleção). No caso dos negócios privados, o desconto por baixa liquidez provavelmente variará tanto entre empresas quanto entre compradores, o que tornam inúteis as regras práticas. Vamos considerar cinco fatores que podem causar variação do desconto entre empresas.

1. *Liquidez de ativos possuídos pela empresa.* O fato de que uma empresa privada é difícil de vender pode ser considerado questionável se os seus ativos tiverem liquidez e puderem ser vendidos sem nenhuma perda significativa de valor. Uma empresa privada com expressivas posições em caixa e títulos negociáveis deve ter um desconto por baixa liquidez menor do que outra com fábricas ou outros ativos para os quais há relativamente poucos compradores.
2. *Saúde financeira e fluxos de caixa da empresa.* Uma empresa privada que seja financeiramente saudável deve ser mais fácil de ser vendida do que outra não saudável. Em especial, uma empresa com lucros robustos e fluxos de caixa positivos deve sujeitar-se a um desconto por baixa liquidez menor do que outra com prejuízos e fluxos de caixa negativos.
3. *Possibilidade de abertura de capital no futuro.* Quanto maior a probabilidade de uma empresa privada tornar-se pública no futuro, menor deve ser o desconto por baixa liquidez atribuído ao seu valor. Com efeito, a probabilidade de tornar-se pública é incorporada à avaliação da empresa privada. Para ilustrar, o proprietário de uma empresa privada de *e-commerce* em 1998 ou 1999 não teria de aplicar muito do desconto por baixa liquidez, se houvesse, ao valor da sua empresa, em virtude da facilidade com que a empresa abriria o seu capital naquela época.
4. *Porte da empresa.* Se definirmos o desconto por baixa liquidez como um percentual do valor da empresa, ele deve diminuir à medida que o porte da empresa aumenta. Em outras palavras, o desconto por baixa liquidez deve ser menor como percentual do valor da empresa para empresas privadas como Cargill e Koch Industries, que valem bilhões de dólares, do que para uma pequena empresa que valha $ 5 milhões.
5. *Componente de controle.* Investir em uma empresa privada é decididamente mais atraente quando se adquire uma posição de controle com o investimento. Pode-se defender o argumento razoável de que uma participação de 51% em um negócio privado deve ser mais líquida do que uma participação de 49% no mesmo negócio.[67]

O desconto por baixa liquidez também deve variar entre potenciais compradores, porque a expectativa por liquidez varia entre os investidores. É provável que compradores com bolsos fundos, horizontes de tempo mais longos e pouca ou nenhuma necessidade de fazer caixa com suas posições acionárias atribuam descontos por baixa liquidez menores para avaliar empresas similares do que compradores que não possuam essas características. O desconto por baixa liquidez também deve variar ao longo do tempo, à medida que as expectativas por liquidez do mercado em geral oscilam. Em outras palavras, o desconto por baixa liquidez atribuído ao mesmo negócio mudará com o tempo até para o mesmo comprador.

Estimativa de desconto por baixa liquidez específico de empresa Se, de um lado, é fácil convencer os céticos de que o desconto por baixa liquidez deve variar entre empresas, do outro, é muito mais difícil obter consenso sobre como estimar o desconto por baixa liquidez para uma empresa individualizada. Nesta subseção, retomamos a base dos estudos sobre desconto fixo e procuramos pistas sobre por que os descontos variam entre empresas e como incorporar essas diferenças aos descontos por baixa liquidez.

Estudos sobre ações restritas Anteriormente, neste capítulo, analisamos estudos sobre o desconto em ações restritas. Um dos artigos de Silber a que nos referimos (1991) examinou fatores que explicavam as diferenças nos descontos entre várias ações restritas, relacionando o tamanho do desconto a características observáveis da empresa, incluindo receitas e o tamanho da oferta de ação restrita. Ele relatou a seguinte regressão.

$$\ln(RPRS) = 4{,}33 + 0{,}036 \ln(REV) - 0{,}142 \ln(RBRT) + 0{,}174\ DERN + 0{,}332\ DCUST$$

onde RPRS = Preço de ação restrita/preço de ação não restrita = 1 – Desconto por baixa liquidez
REV = Receitas da empresa privada (em milhões de dólares)
RBRT = Bloco restrito em relação ao total de ações ordinárias (em %)
DERN = 1 se os lucros forem positivos; 0 se os lucros forem negativos
DCUST = 1 se houver relacionamento de cliente com o investidor; 0, do contrário

O desconto por baixa liquidez tende a ser menor para empresas com receitas maiores, diminui à medida que a oferta do bloco se reduz e é inferior quando os lucros são positivos e quando o investidor possui um relacionamento de cliente com a empresa. Essas descobertas são compatíveis com alguns dos determinantes que identificamos na seção anterior para o desconto por baixa liquidez. Particularmente, os descontos tendem a ser menores para empresas maiores (pelo menos, medidas pelas receitas) e para empresas saudáveis (com lucros positivos como o indicador da saúde financeira). Isso sugeriria que a prática convencional de usar descontos constantes entre empresas privadas é errada e que devemos ajustar as diferenças entre as empresas.

Vamos considerar novamente a regressão que Silber apresenta sobre ação restrita. Não só produz um resultado específico para a ação restrita, mas também fornece um indicador de quão inferior o desconto deve ser em função das receitas. Uma empresa com receita de $ 20 milhões deve ter um desconto por baixa liquidez que seja 1,19% mais baixo do que outra com receitas de $ 10 milhões. Assim, pode-se estabelecer um parâmetro de desconto para uma empresa lucrativa com receitas específicas (digamos, $ 10 milhões) e ajustar esse parâmetro de desconto para empresas individualizadas com receitas muito superiores ou inferiores a esse número. A regressão também pode ser usada para se diferenciar entre empresas lucrativas ou não lucrativas. A Figura 14.6 apresenta a diferença em descontos por baixa liquidez entre empresas lucrativas ou não, com receitas diferentes, por meio de um parâmetro de desconto de 25% para uma empresa com lucros positivos e $ 10 milhões em receitas.

Há evidentes riscos associados em se ampliar uma regressão executada sobre um pequeno número de ações restritas para estimar descontos para empresas privadas, mas isso ao menos fornece um roteiro para o ajuste dos fatores de desconto.

Colocações privadas Assim como Silber analisou fatores fundamentais que provocam a variação dos descontos de ações restritas, Bajaj et al. (mencionados anteriormente) examinaram vários fatores fundamentais que podem fazer que os descontos por baixa liquidez variem entre empresas em colocações privadas. Sua regressão, executada entre 88 colocações privadas de 1990 a 1995, é resumida aqui:

$$\text{DISC} = 4{,}91\% + 0{,}40\ \text{SHISS} - 0{,}08\ Z - 7{,}23\ \text{DREG} + 3{,}13\ \text{SDEV} \quad R^2 = 35{,}38\%$$
$$[0{,}89] \quad [1{,}99] \quad [2{,}51] \quad [2{,}21] \quad [3{,}92]$$

onde DISC = Desconto sobre o preço de mercado
SHISS = Colocações privadas como percentual de ações em circulação
Z = Altman *Z-Score* (para dificuldades financeiras)
DREG = 1 se for registrado; 0 se não registrado (ação restrita)
SDEV = Desvio padrão de retornos

Mantidas as demais condições, o desconto é maior para colocações privadas maiores (como percentual de ações em circulação) por empresas de risco e em dificuldades financeiras e menor para empresas mais seguras. Como se observou anteriormente, o desconto é maior para ações restritas do que para as registradas. Hertzel e Smith (também já mencionados) executaram uma regressão semelhante com 106 colocações privadas entre 1980 e 1987 e também identificaram maiores descontos em empresas com dificuldades, de maior risco e menor porte.

Essas regressões são um pouco mais difíceis de adaptar para uso em avaliações de empresa privada, já que são regressões compostas que incluem colocações privadas registradas (em que não há problema de liquidez). Entretanto, os resultados reforçam as constatações da regressão de Silber, de que empresas com problemas devem ter descontos por baixa liquidez maiores que as saudáveis.

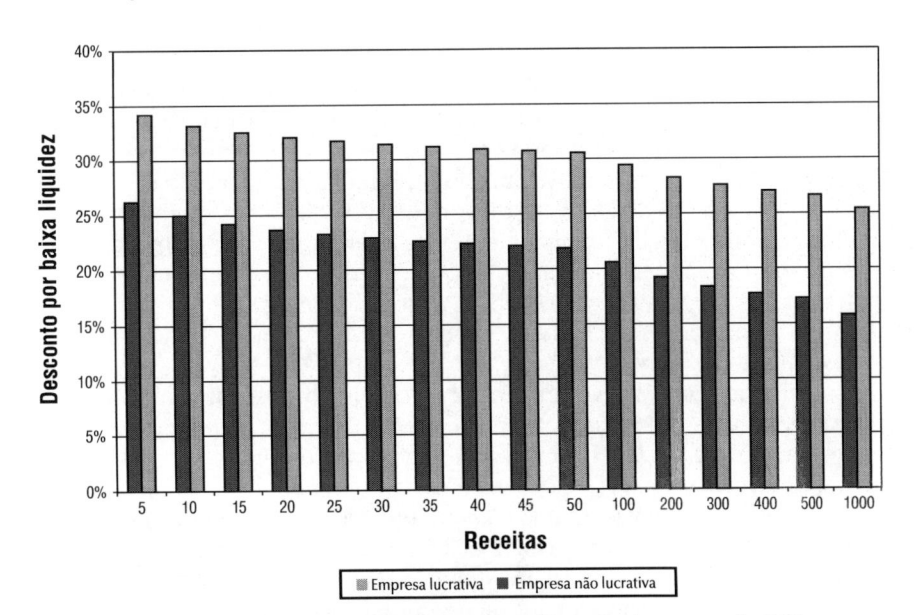

■ **FIGURA 14.6** – Descontos por baixa liquidez: base de desconto de 25% para empresa lucrativa, com $ 10 milhões em receitas

Há críticas legítimas que podem ser acionadas contra a abordagem de regressão. A primeira é que o R-quadrado dessas regressões é moderado (30% a 40%) e que as estimativas terão erros-padrão maiores associados a elas. A segunda é que os coeficientes de regressão são instáveis e propensos a mudar com o tempo. Embora ambas as críticas sejam válidas, elas realmente podem ser acionadas contra qualquer regressão *cross-sectional* e não podem ser utilizadas para justificar um desconto constante para todas as empresas. Afinal, essas regressões claramente rejeitam a hipótese de que o desconto seja o mesmo para todas as empresas.

***Bid-ask spread* sintético** A maior limitação quanto ao uso de estudos baseados em ações restritas ou colocações privadas é que as amostras são pequenas. Poderíamos fazer estimativas muito mais precisas se fosse possível obter uma amostra maior de empresas com descontos por baixa liquidez. Pode-se argumentar que essa amostra existe, se considerarmos o fato de que um ativo publicamente negociado não é completamente líquido. Na verdade, a liquidez varia amplamente entre as ações publicamente negociadas. Uma pequena empresa listada em balcão possui muito menos liquidez que outra de médio porte listada na New York Stock Exchange, que, por sua vez, apresenta muito menos liquidez que uma empresa de grande capitalização que seja largamente possuída. Se, como argumentamos anteriormente, o *bid-ask spread* é um indicador da baixa liquidez de uma ação, podemos calcular o *spread* como um percentual do preço de mercado e relacioná-lo aos fundamentos de uma empresa. Embora o *bid-ask spread* possa ser de apenas um quarto ou metade de 1 dólar, desponta como um custo muito maior quando é declarado como percentual do preço por ação. Para uma ação negociada a $ 2, com um *bid-ask spread* de um quarto, esse custo é de 12,5%. Para ações de preço mais alto e com mais liquidez, o desconto por baixa liquidez pode ser menor que 0,25% do preço, mas não será zero. Que relevância isso tem para os descontos por baixa liquidez de empresas privadas? Tomemos a ação de uma empresa privada como uma ação nunca negociada. No processo contínuo que acabamos de descrever, é de esperar que o *bid-ask spread* seja alto para esse tipo de ação, e isso mediria essencialmente o desconto por baixa liquidez.

Para realizar estimativas dos descontos por baixa liquidez por meio do *bid-ask spread* como o indicador, é necessário relacionar os *bid-ask spreads* de ações publicamente negociadas às variáveis que podem ser medidas para um negócio privado. Por exemplo, pode-se regredir o *bid-ask spread* contra as receitas da empresa e uma variável *dummy*, refletindo se a empresa é lucrativa, e estender a regressão feita sobre ações restritas a uma amostra muito mais abrangente. Pode-se até considerar o volume de transações para ações publicamente negociadas como uma variável independente e ajustá-la a zero para uma empresa privada. Utilizando-se dados do final de 2000, por exemplo, regredimos o *bid-ask spread* contra as receitas anuais, uma variável *dummy* para lucros positivos (DERN: 0 se negativo e 1 se positivo), caixa como percentual do valor da empresa e volume de transações.

$$Spread = 0,145 - 0,0022 \ln(\text{Receitas anuais}) - 0,015(\text{DERN}) - 0,016(\text{Caixa/valor da empresa}) - 0,11(\$ \text{ Volume de transações mensal/valor da empresa})$$

Conectar os valores correspondentes — com um volume de transações de zero — para uma empresa privada deve produzir uma estimativa do *bid-ask spread* sintético da empresa. Esse *spread* sintético pode ser usado como indicador do desconto por baixa liquidez da empresa.

Desconto com base em opções Em uma seção anterior, examinamos a abordagem baseada em precificação de opções, que permite estimar um limite máximo para o desconto por baixa liquidez, pressupondo-se um investidor com perfeitas habilidades de sincronia com o mercado. Tem havido tentativas para estender os modelos de precificação de opções para a avaliação de baixa liquidez, com resultados mistos. Em uma variação amplamente usada, a liquidez é modelada como uma opção de venda para o período em que um investidor é impedido de negociar. Dessa forma, o desconto por baixa liquidez sobre o valor de um ativo em que o proprietário é impedido de negociar por dois anos será modelado como uma opção de venda 'no-dinheiro', de dois anos.[68] Há várias falhas, tanto intuitivas quanto conceituais, nessa abordagem. A primeira é que a liquidez realmente não dá o direito de vender uma ação ao preço de mercado de hoje a qualquer momento nos próximos dois anos. O que ela permite é o direito de vender ao preço de mercado vigente a qualquer momento nos próximos dois anos.[69] A segunda (e menor) falha é que os modelos de precificação de opções baseiam-se nas oscilações contínuas de preço e na arbitragem, e é difícil ver como essas premissas se sustentarão para um ativo de baixa liquidez.

Em última instância, o valor da liquidez deve derivar da capacidade do investidor em vender a algum preço predeterminado, no período não negociável, em vez de ser forçado a reter até o final do período. A abordagem retroativa de opções que pressupõe um perfeito *market timer*, já explicado neste capítulo, admite que a venda tenha ocorrido ao preço alto e permite estimar um teto máximo para o valor. Podemos usar os modelos de precificação de opções para avaliar a baixa liquidez, sem pressupor uma perfeita sintonia com o mercado? Consideremos uma alternativa. Vamos supor que temos um investidor disciplinado que sempre vende os investimentos quando o preço sobe 25% acima do preço original de compra. A incapacidade de negociar esse investimento por um período (digamos, de dois anos) rompe essa disciplina e pode-se alegar que o valor da baixa liquidez é produto do valor da opção de venda (estimado pelo preço de exercício ajustado a 25% acima do preço de oferta de compra e um ciclo de vida de dois anos) e da probabilidade de que o preço da ação suba 25% ou mais, nos próximos dois anos.

Caso decida por aplicar os modelos de precificação de opções para avaliar a baixa liquidez em negócios privados, o valor do ativo subjacente (que é o negócio privado) e o desvio padrão nesse valor serão exigidos como inputs. Embora seja mais difícil estimá-los para um negócio privado do que para uma empresa de capital aberto, sempre se pode recorrer às médias setoriais.

EXEMPLO 14.1: Estimativa do desconto por baixa liquidez para uma empresa privada

A Kristin Kandy é uma indústria de doces de capital fechado, que gerou $ 500 mil em lucro operacional antes dos impostos sobre $ 3 milhões de receitas no ano fiscal mais recente. Com base na sua taxa de crescimento esperado de 6,36% para os próximos cinco anos e 4% após esse período, estimamos um valor de $ 1.796 milhões para a empresa hoje, sem quaisquer ajustes para baixa liquidez (veja a Figura 14.7 para a avaliação). Ao avaliar a Kristin Kandy, adotamos um processo muito similar àquele que teríamos adotado para uma empresa de capital aberto, com uma exceção fundamental. Ao estimar o custo de capital, usamos um beta baseado no risco total, em vez do beta mais convencional baseado apenas no risco de mercado.[70]

Custo do patrimônio líquido baseado no beta total = 4,5% + 2,94(4%) = 16,26%

Custo do patrimônio líquido baseado no beta de mercado = 4,5% + 0,98(4%) = 8,42%

Os custos do patrimônio líquido (e capital) maiores resultantes geram valores muito inferiores para a empresa, mas esse desconto de valor é pela não-diversificação e não pela baixa liquidez. Podemos estimar o desconto por baixa liquidez para a Kristin Kandy, usando qualquer das abordagens descritas na seção anterior. Ao fazer essas estimativas, utilizamos os seguintes parâmetros:

- Calculamos o desconto da regressão de Silber usando um desconto base de 15% para uma empresa saudável com $ 10 milhões em receitas. A diferença em desconto por baixa liquidez para uma empresa com $ 10 milhões em receitas e outra com $ 3 milhões em receitas na regressão de Silber é de 2,17%. A soma disso ao desconto de base de 15% gera um desconto total de 17,17%.
- O *bid-ask spread* sintético foi calculado por meio da regressão de *spread* apresentada anteriormente e dos inputs para a Kristin Kandy (receitas = $ 3 milhões, lucros positivos, caixa/valor da empresa = 6,56% e sem transação).

Spread = 0,145 − 0,0022 ln(Receitas anuais) − 0,015(DERN) − 0,016(Caixa/valor da empresa)
 − 0,11($ Volume mensal de transações/valor da empresa) = 0,145 − 0,0022 ln(3) − 0,015 (1)
 − 0,016(0,0696) − 0,11(0) = 0,1265 ou 12,65%

- Para avaliar a baixa liquidez como uma opção, escolhemos valores arbitrários para fins ilustrativos de um teto máximo do preço (ao qual se teria vendido) de 20% sobre o valor corrente, um desvio padrão médio de 25%, e uma restrição de um ano à negociação. A opção resultante possui os seguintes parâmetros:

S = Valor estimado do patrimônio líquido = $ 1.796 milhões; K = 1.796(1,20)
 = $ 2.155 milhões; t = 1; Taxa livre de risco = 4,5%; e σ = 25%

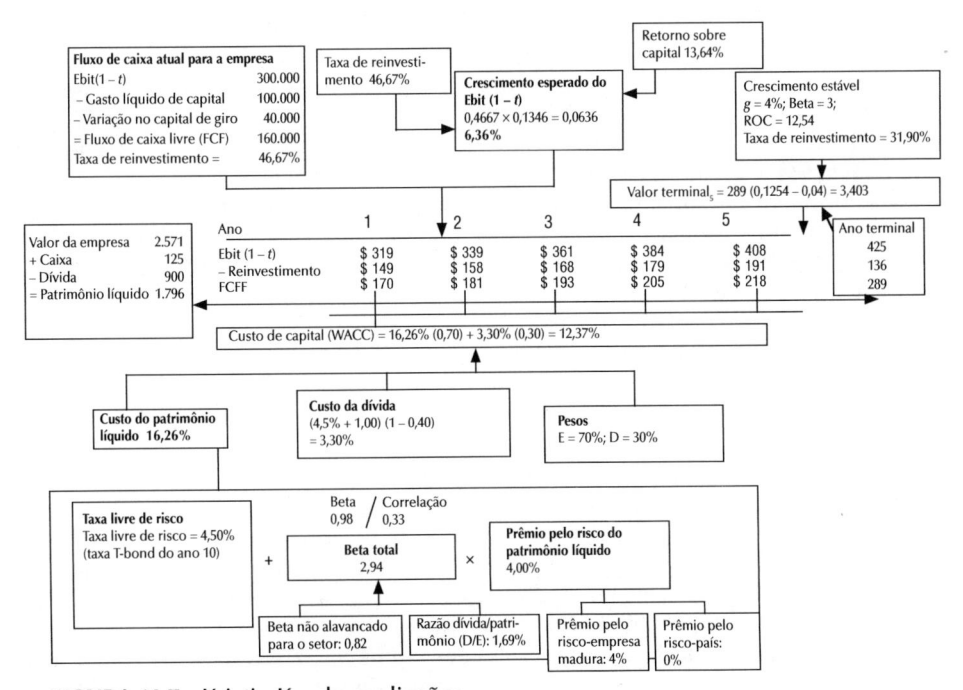

■ **FIGURA 14.7** – Kristin Kandy: avaliações

O valor da liquidez é o produto do valor da opção, com base nos parâmetros listados anteriormente, e a probabilidade de que o preço da ação aumente em mais de 20% no próximo ano.

Valor da liquidez = Valor da opção para vender a 20% acima do preço corrente da ação
× Probabilidade de que o preço da ação aumentará em mais de 20% no próximo ano
= $ 354 milhões × 0,4405 = $ 156 milhões

O valor da opção foi estimado pelo modelo Black-Scholes. A probabilidade foi estimada, utilizando-se o retorno esperado de 16,26% para o patrimônio líquido[71] e o desvio padrão de 25%, para ser de 44,05%.[72] Dividir o valor da liquidez pelo valor estimado do patrimônio líquido para a Kristin Kandy de $ 1.796 milhões produz um desconto por baixa liquidez de 8,67%.

Os valores resultantes são fornecidos na seguinte tabela:

Abordagem	Desconto estimado	Valor ajustado para liquidez (em milhões)
Desconto fixo – ações restritas	25,00%	$ 1.347,00
Desconto fixo – ações restritas *versus* colocações registradas	15,00	1.526,60
15% de desconto base ajustados para receitas/saúde (Silber)	17,17	1.487,63
Spread sintético	12,65	1.570,42
Abordagem baseada em opção (20% para cima; variância setorial de 25%; restrição de um ano à transação)	8,67%	$ 1.640,24

Se ignorarmos o desconto puro de ações restritas de 25% como uma superestimativa e a abordagem baseada em opção, os descontos por baixa liquidez recaem em uma faixa razoavelmente estreita (12,65% a 17,17%).

Ajuste das taxas de desconto para baixa liquidez

A outra abordagem para se lidar com a baixa liquidez é ajustar a taxa de desconto utilizada na avaliação de fluxo de caixa descontado para a baixa liquidez. Em termos práticos, isso se refere a acrescentar um prêmio pela baixa liquidez à taxa de desconto e extrair um valor inferior para o mesmo conjunto de fluxos de caixa esperados. Anteriormente, apresentamos os modelos de precificação de ativos que tentam incorporar o risco de baixa liquidez, mas eles não são específicos quanto a como devemos tratar a estimativa do prêmio adicional (a não ser afirmar que deve ser maior para investimentos que são de baixa liquidez quando o mercado está em baixa liquidez). Há três soluções práticas ao problema da estimativa:

1. *Adicione um prêmio constante pela baixa liquidez à taxa de desconto para todos os ativos de baixa liquidez* para refletir os retornos mais altos obtidos historicamente por investimentos menos líquidos (mas ainda negociados), em relação ao restante do mercado. Isso se assemelha a outro ajuste muito comum feito para taxa de desconto na prática, que é o prêmio para pequenas ações. Os custos de patrimônio líquido para empresas menores são geralmente aumentados em 3% a 3,5%, refletindo os retornos em excesso obtidos por empresas com menores capitalizações por períodos muito longos. Os mesmos dados históricos em que nos baseamos para o prêmio de pequenas ações podem fornecer uma estimativa de prêmio pela baixa liquidez.
   - Os profissionais atribuem todo ou uma parte significativa do prêmio para pequenas ações relatado pela Ibbotson Associates à baixa liquidez e acrescentam-no como prêmio pela baixa liquidez. Note, porém, que até as menores ações listadas na amostra da Ibbotson são várias proporções maiores do que a empresa privada típica e com mais liquidez.
   - Uma estimativa alternativa do prêmio surge de estudos que analisam os retornos de *venture capital* por longos períodos. Usando dados de 1984 a 2004, a Venture Economics estimou que os retornos aos investidores de *venture capital* têm sido cerca de 4% superiores aos de ações negociáveis.[73] Podemos atribuir essa diferença à baixa liquidez e adicioná-la como prêmio pela baixa liquidez a todas as empresas privadas.

   A chave é evitar a dupla contagem do custo de baixa liquidez, já que parte do prêmio para pequenas ações pode ser uma compensação à baixa liquidez de empresas *small cap*.
2. *Adicione um prêmio por baixa liquidez específico de empresa, refletindo a baixa liquidez do ativo em avaliação.* Para prêmios por liquidez que variam entre empresas, temos de estimar uma medida do nível de exposição das empresas ao risco de liquidez. Em outras palavras, necessitamos de betas de liquidez ou o seu equivalente para empresas individualizadas. Recorrendo ao trabalho feito sobre o modelo de precificação de ativo de capital baseado na liquidez, esses betas de liquidez devem refletir não só a magnitude do volume de transação de um investimento, mas também como esse volume de transação varia em relação ao volume de transação do mercado, ao longo do tempo. Pode ser possível também fazer isso para alguns ativos reais (como imóveis), em que há transações de tempos em tempos, mas pode ser impossível fazê-lo para negócios privados de caráter único.

3. *Relacione o prêmio pela baixa liquidez observado dos ativos negociáveis a características específicas desses ativos.* Dessa forma, empresas mais saudáveis com mais posições acionárias líquidas devem ter um prêmio pela baixa liquidez menor adicionado à taxa de desconto do que empresas em dificuldades, com ativos não negociáveis. Embora isso possa ser realizado de forma subjetiva, faria mais sentido ter uma sólida base quantitativa para o ajuste.

As três diferentes abordagens ao ajuste das taxas de desconto são semelhantes às usadas para estimar os descontos por baixa liquidez sobre o valor. A abordagem do prêmio pela liquidez constante reflete o desconto fixo por liquidez, ao passo que as abordagens de prêmio pela liquidez específico de empresa assemelham-se àquelas utilizadas para ajustar o desconto por baixa liquidez para empresas individualizadas. De fato, podemos construir modelos de regressão que relacionem os retornos esperados sobre ações a indicadores de baixa liquidez e usar essas regressões para prever taxas de desconto para empresas privadas.

Profissionais têm tentado desenvolver modelos que incorporem a baixa liquidez. Um modelo amplamente divulgado, elaborado por Chirs Mercer, presidente da Mercer Capital, é chamado "modelo quantitativo de desconto pelas condições de mercado" (em inglês, *quantitative marketability discount model* — QMDM).[74] O QMDM permite aos analistas ajustar a taxa de desconto a fatores de baixa liquidez, embora o ajuste seja subjetivo, e depois avalia a baixa liquidez como percentual do valor da empresa para diferentes períodos de manutenção. Para ilustrar como o modelo funciona, consideremos uma empresa com fluxo de caixa esperado para o próximo período de $ 1,00. Suponhamos que a taxa de desconto apropriada, baseada no risco fundamental, mas antes do ajuste ao risco de liquidez, seja de 9% e que o crescimento esperado nos fluxos de caixa em perpetuidade seja de 4%. Essa empresa teria um valor intrínseco de $ 20.[75] No QMDM, o analista ajustaria a taxa de desconto para baixa liquidez (admitamos que ele acrescente 3% à taxa de desconto para chegar a um retorno exigido de 12%), especificaria um período de manutenção (digamos, cinco anos) e o percentual dos fluxos de caixa disponíveis que serão pagos (digamos, 60%). O novo valor da empresa seria então calculado como:

$$\text{Novo valor da empresa} = \text{VP dos fluxos de caixa no período de manutenção} + \text{VP do valor terminal}$$
$$= \text{VP @ 12\% de \$ 0,60 crescendo 4\% ao ano por cinco anos}$$
$$+ 20(1,04)^5/(1,12)^5$$
$$= \$ 16,13$$

O primeiro termo é o valor presente dos fluxos de caixa anuais no período de manutenção — $ 0,60 (60% de $ 1), crescendo 4% ao ano pelos próximos cinco anos — e o segundo termo é o valor presente do valor terminal ($ 20 crescendo 4% ao ano pelos próximos cinco anos), tudo descontado de volta à taxa de desconto ajustada à liquidez de 12%. A comparação do valor estimado ($ 16,13) ao valor sem ajuste ($ 20) gera um desconto por baixa liquidez de 19,35%.

Embora o modelo QMDM seja bem-intencionado, falha em três níveis. Primeiro, o fluxo de caixa não pago nos próximos cinco anos é assumido como desperdício pelos acionistas controladores para benefícios privados que não agregam ao negócio.[76] Se este for mesmo o caso, o valor da empresa deveria ter sido calculado a $ 12 inicialmente, em vez de $ 20.[77] Segundo, o desconto por baixa liquidez calculado no modelo é conseqüência tanto do controle quanto da baixa liquidez. Embora Mercer defenda o sensato ponto de vista de que os dois se correlacionam, um pode perfeitamente existir sem o outro. Em outras palavras, pode-se ter um investimento completamente líquido, sem nenhum controle sobre como uma empresa é administrada, como geralmente ocorre no caso das ações de uma grande empresa de capital aberto. O fato de se poder vender ações a qualquer momento não protegerá das atividades administrativas ou de controle dos acionistas, já que o preço a que se vende refletirá os pontos fracos da administração. Terceiro, para um modelo que reivindica quantificar a 'não-comercialidade', o QMDM é surpreendentemente evasivo quanto ao ajuste feito à taxa de desconto para baixa liquidez, exceto por observar que ele pode ser retirado dos descontos observados de baixa liquidez nos estudos de ações restritas.

■ EXEMPLO 14.2: Estimativa da baixa liquidez ajustada à taxa de desconto para uma empresa privada ■

Anteriormente neste capítulo, aplicamos várias estimativas do desconto por baixa liquidez ao valor estimado de $ 1.796 milhões para chegar aos valores ajustados à liquidez. Como alternativa, poderíamos ter ajustado a taxa de desconto que usamos para avaliar a Kristin Kandy para refletir a baixa liquidez.

- Adicionar um prêmio pela baixa liquidez de 4% (com base no prêmio obtido entre todos os investimentos de *venture capital*) ao custo do patrimônio líquido gera um custo do patrimônio líquido de 20,26% e um custo de capital de 15,17%. Usar esse custo mais alto de capital reduz o valor do patrimônio líquido na empresa para $ 1,531 milhão, cerca de 15,78% inferior à estimativa original.[78]
- Admitir o fato de que a Kristin Kandy seja um negócio estabelecido e lucrativo permite-nos reduzir o prêmio pela baixa liquidez a 2% (com base no último estágio dos investimentos em *venture capital*). Isso reduzirá o custo do patrimônio líquido a 18,26%, diminuirá o custo de capital para 13,77% e resultará em um valor do patrimônio líquido de $ 1,658 milhão. O desconto por baixa liquidez resultante é de 7,66%.

Dois pontos gerais devem ser considerados sobre o ajuste das taxas de desconto para baixa liquidez. O primeiro é que pequenos ajustes à taxa de desconto se traduzirão em grandes descontos por baixa liquidez. O segundo é que a duração do período para o qual fazemos o ajuste por baixa liquidez afetará a magnitude do desconto. Se aumentarmos as taxas de desconto para baixa liquidez em perpetuidade, em vez dos cinco anos que são usados em ambos os cálculos, os descontos resultantes serão muito maiores (31,77% para os 4% do prêmio pela baixa liquidez e 17,66% para os 2% de prêmios pela baixa liquidez).

Avaliação relativa

Os ajustes de avaliação que abordamos até aqui são estruturados em torno da avaliação intrínseca, em que tentamos estimar o valor de um negócio com base nos seus fluxos de caixa e na taxa de desconto ajustada ao risco. Na prática, em sua maioria, as avaliações, tanto de empresas privadas quanto de publicamente negociadas, são relativas, em que avaliamos os negócios com base na similaridade com que os ativos são precificados. Nesta seção, analisamos duas formas de incorporar a baixa liquidez à avaliação relativa.

Avaliação relativa com ativos de baixa liquidez A forma mais simples de incorporar a baixa liquidez à avaliação relativa é avaliar uma empresa com base na precificação de outras de similar liquidez (ou baixa liquidez). A chave para a aplicação dessa abordagem está em identificar essas empresas comparáveis. Koeplin, Sarin e Shapiro (2000) fornecem um exemplo dessa abordagem pela comparação dos múltiplos pagos por 84 empresas privadas que eram alvo de aquisição aos múltiplos de lucros pagos a 198 empresas "similares" publicamente negociadas, entre 1984 e 1998.[79] A Figura 14.8 demonstra a média dos múltiplos de lucros, valor contábil e vendas para empresas privadas e públicas.

Note que, com exceção dos múltiplos de valor contábil, as empresas privadas foram adquiridas a múltiplos cerca de 20% a 30% inferiores àqueles pagos a empresas publicamente negociadas; o desconto foi maior (40% a 50%) para empresas privadas estrangeiras. Koeplin et al. observam que, apesar de suas tentativas em obter uma amostra controlada, as empresas privadas na sua seleção eram menores e tinham taxas de crescimento mais altas que as públicas.

É possível avaliar uma empresa privada (ativo), então, analisando-se a precificação de similares privadas (ativos)? Em alguns casos sim, mantidas as seguintes condições:

- Há uma série de negócios privados que são similares nas suas características fundamentais (crescimento, risco e fluxos de caixa) ao negócio privado em avaliação.
- Há um número suficientemente grande de transações envolvendo esses negócios privados (ativos) e ampla disponibilidade de informações sobre os preços negociados.
- Os preços das transações podem ser relacionados a algum indicador fundamental do desempenho da empresa (como lucros, valor contábil e vendas), e esses indicadores são calculados com uniformidade entre as diferentes empresas.
- Outras informações que incorporem as características de risco e crescimento dos negócios comprados também estão facilmente disponíveis.

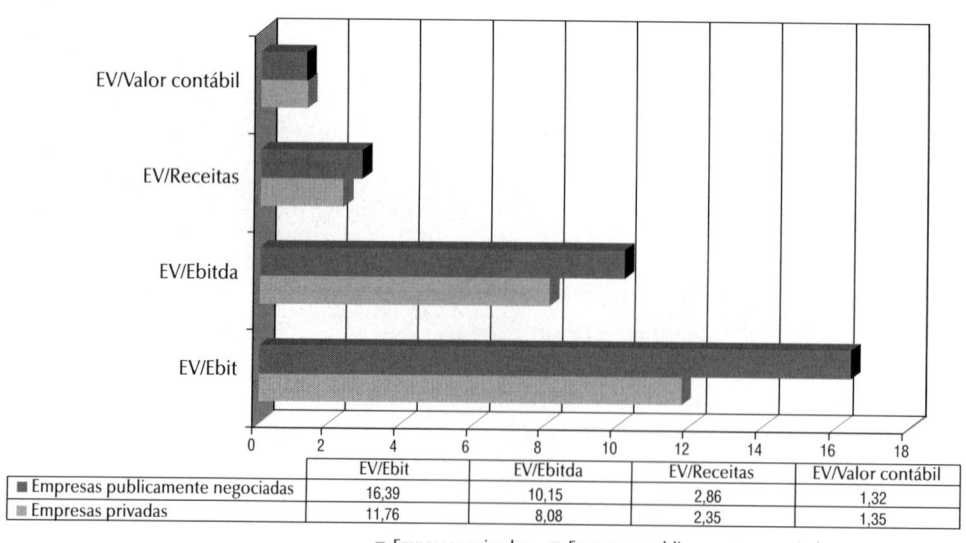

	EV/Ebit	EV/Ebitda	EV/Receitas	EV/Valor contábil
Empresas publicamente negociadas	16,39	10,15	2,86	1,32
Empresas privadas	11,76	8,08	2,35	1,35

■ **FIGURA 14.8** – Aquisições privadas *versus* públicas

Fonte: Koeplin, Sarin e Shapiro (2000).

No caso dos ativos reais (objetos de arte, itens de colecionadores e imóveis), a avaliação relativa é amplamente utilizada, já que essas condições sustentam-se para a maioria deles. Tudo o que se tem a fazer é pesquisar no eBay para verificar que os proprietários de valiosos cartões de beisebol ou candelabros da Tiffany precificam esses itens com base em recentes transações envolvendo os mesmos ativos. Os preços pagos por uma propriedade residencial geralmente se baseiam nos preços a que propriedades similares foram vendidas no passado recente. Para imóveis comerciais, os valores de prédios de escritórios podem ser estimados como um múltiplo da receita esperada de aluguéis ou metro quadrado, já que essa informação está disponível em outras transações recentes.

No caso de negócios privados, torna-se mais difícil usar essa abordagem, por vários motivos. O primeiro é que a esfera de negócios comparáveis reduz-se muito e as transações ocorrem com muito menos freqüência. Mesmo quando ocorrem, os preços negociados podem não ser disponibilizados ou refletir outras considerações (como o planejamento fiscal). Finalmente, há grandes diferenças em padrões e práticas contábeis, desvirtuando indicadores padronizados, como receitas e lucros. Apesar dessas limitações, vê-se a avaliação relativa largamente aplicada em algumas áreas das avaliações de negócios privados (franquias de restaurantes e práticas médicas, por exemplo), com regras de ouro sobre múltiplos de receitas e lucros usadas para determinar os valores estimados. De fato, dados transacionais sobre negócios privados são agora facilmente acessíveis a partir de fontes como o Institute of Business Appraisers (IBA), Bizcomps e Pratt's Stats.

Avaliação relativa com desconto por baixa liquidez Na maioria das avaliações de empresas privadas, é difícil obter um subconjunto de negócios privados comparáveis em que tenha havido transações recentes. É comum analistas terem de usar um subconjunto de empresas publicamente negociadas como comparáveis, extrair um múltiplo de receitas ou lucros dessas empresas e então modificar esse múltiplo para avaliar o negócio privado. A principal questão está centrada em como ajustar um múltiplo derivado de uma empresa de capital aberto para aplicação em outra de capital fechado. Há duas alternativas:

1. Usar um desconto por baixa liquidez, estimado por meio das mesmas abordagens descritas na seção anterior, para ajustar o múltiplo. Por exemplo, um analista que acredite que um desconto fixo por baixa liquidez de 25% seja apropriado para todos os negócios privados reduziria o múltiplo público em 25% para as avaliações de empresa privada. Um analista que suponha que os múltiplos devam ser diferentes para empresas diferentes ajustaria o desconto de modo a refletir o porte e a saúde financeira da empresa e aplicar esse desconto aos múltiplos públicos.
2. Em vez de estimar múltiplos médios ou medianos a empresas publicamente negociadas, relacionar os seus múltiplos aos fundamentos das empresas (incluindo porte, crescimento, risco e um indicador de baixa liquidez). A regressão resultante pode então ser usada para se estimar o múltiplo de um negócio privado.

Com ambas as abordagens, está-se avaliando uma empresa privada pela análise de como as publicamente negociadas são precificadas. Enquanto essas empresas de capital aberto forem corretamente precificadas pelo mercado, a avaliação resultante será razoável. Se o mercado estiver superestimando ou subestimando as empresas comparáveis, esse viés será incorporado à avaliação também.

EXEMPLO 14.3: Estimativa de baixa liquidez em avaliação relativa

Consideremos novamente a avaliação da Kristin Kandy. Definimos como empresas comparáveis indústrias alimentícias publicamente negociadas, com capitalização de mercado inferior a $ 300 milhões. A amostra resultante de 38 empresas é apresentada na tabela a seguir, com razões valor das operações da empresa/vendas, margens operacionais e giro (volume negociado/número de ações em circulação):

Empresa	Símbolo da empresa	EV/vendas	Margem operacional	Giro
Gardenburger Inc.	GBUR	0,62	0,03	0,65
Paradise Inc.	PARF	0,33	0,05	0,38
Armanino Foods Dist.	ARMF	0,59	0,06	0,37
Vita Food Prods.	VSF	0,57	0,02	0,13
Yocream Intl Inc.	YOCM	0,53	0,07	0,70
Allergy Research Group Inc.	ALRG	0,72	0,15	0,16
Unimark Group Inc.	UNMG	0,55	0,02	0,14
Tofutti Brands.	TOF	0,81	0,05	0,10
Advanced Nutraceuticals Inc.	ANII	1,13	0,20	0,26
Sterling Sugars Inc.	SSUG	0,96	0,15	0,23
Spectrum Organic Products Inc.	SPOP	0,75	0,02	0,20
Northland Cranberries Inc.	NRCNA	0,66	0,10	0,07
Scheid Vineyards	SVIN	1,77	0,25	0,26
Medifast Inc.	MED	1,41	0,16	0,74

(continua)

(continuação)

Empresa	Símbolo da empresa	EV/vendas	Margem operacional	Giro
Galaxy Nutritional Foods Inc.	GXY	1,44	0,09	0,17
Natrol Inc.	NTOL	0,51	0,06	0,15
Monterey Gourmet Foods Inc.	PSTA	0,76	0,01	0,34
ML Macadamia Orchards LP	NUT	3,64	0,08	0,39
Golden Enterprises	GLDC	0,50	0,02	0,12
Natural Alternatives Intl Inc.	NAII	0,59	0,08	1,31
Rica Foods Inc.	RCF	0,80	0,06	0,06
Tasty Baking	TBC	0,52	0,06	0,39
Scope Industries	SCPJ	0,75	0,17	0,15
Bridgeford Foods	BRID	0,47	0,03	0,07
Poore Brothers	SNAK	1,12	0,10	0,70
High Liner Foods Inc.	HLF.TO	0,42	0,07	0,23
Seneca Foods A	SENEA	0,38	0,07	0,05
Lifeway Foods	LWAY	5,78	0,22	1,95
Seneca Foods B	SENEB	0,38	0,07	0,13
FPI Limited	FPL.TO	0,40	0,04	0,14
Rocky Mountain Choc. Factory	RMCF	6,24	0,22	1,65
Calavo Growers Inc.	CVGW	0,50	0,04	0,13
MGP Ingredients Inc.	MGPI	0,55	0,07	1,86
Hanover Foods Corporation/PA/	HNFSA	0,58	0,09	0,09
Omega Protein	OME	1,16	0,15	0,22
Reliv Intl	RELV	1,70	0,11	0,47
Agricore United	AU.TO	0,27	0,04	0,27
Sanfilippo, John B.	JBSS	0,50	0,10	1,80

Fazer a regressão das razões EV/vendas dessas empresas contra as margens operacionais e as razões de giro produz o seguinte:

$$\text{EV/vendas} = 0,11 + 10,78(\text{Ebit/vendas}) + 0,89(\text{Giro}) - 0,67(\text{Beta}) \quad R^2 = 45,24\%$$
$$[0,27] \quad [3,81] \quad\quad\quad\quad [2,81] \quad\quad [1,06]$$

(As estatísticas T estão entre colchetes abaixo dos coeficientes.)

A Kristin Kandy possui margem operacional antes dos impostos de 25%, um giro zero (para refletir o seu status como empresa privada) e um beta (total) de 2,94. Isso gera uma razão EV/vendas esperada de 0,835.

$$\text{EV/vendas} = 0,11 + 10,78(0,25) + 0,89(0) - 0,67(2,94) = 0,835$$

A multiplicação desse valor pelas receitas da Kristin Kandy de $ 3 milhões no ano fiscal mais recente gera um valor estimado para a empresa de $ 2,51 milhões. Esse valor já está ajustado à baixa liquidez e é maior que as estimativas de valor obtidas pelas abordagens de fluxo de caixa descontado nos exemplos 14.1 e 14.2.

CONSEQÜÊNCIAS DA BAIXA LIQUIDEZ

A baixa liquidez acarreta conseqüências para quase todos os aspectos financeiros. Se uma empresa deve tornar-se pública é uma questão que pode, em última análise, representar um *trade-off* entre o controle (associado à posse de um negócio privado) e a liquidez de tornar-se uma empresa publicamente negociada. Os investidores, sejam eles gestores de carteira, investidores em *private equity* ou *venture capitalists*, terão de modificar a forma de investir e em que investir, com base na liquidez e nas ferramentas de avaliação de desempenho e gerenciamento de risco, para lidar com a baixa liquidez. Indicadores básicos de finanças corporativas (tal como o custo de capital) podem ter de ser ajustados para refletir a baixa liquidez, e as decisões sobre investimento, financiamento e dividendos serão, sem dúvida, afetadas pela percepção de uma empresa quanto à própria liquidez (ou falta dela).

Tornar-se pública (ou privada)

A questão relativa a uma empresa em crescimento e bem-sucedida tornar-se pública envolve *trade-offs*. É verdade que as empresas publicamente negociadas têm mais acesso ao capital e oferecem mais liquidez aos seus proprietários. Também é verdade que os proprietários de negócios privados têm muito mais controle sobre quanta informação revelam aos mercados e como os seus negócios são administrados. Esse *trade-off* entre a baixa liquidez e o controle determinará se as empresas abrirão o capital, em primeiro lugar.

Considerando-se que abrir o capital permite aos investidores negociar sobre o patrimônio líquido de uma empresa e, de fato, reduzir o desconto por baixa liquidez sobre o valor, podemos tirar as seguintes conclusões sobre os incentivos de tornar-se público em diferentes segmentos e as variações ao longo do tempo:

- Pesquisadores que monitoram ofertas públicas iniciais observaram o fenômeno de períodos quentes e frios nas ofertas públicas. Em alguns anos, há dezenas de ofertas públicas e em outros não há quase nada. Se, como notamos anteriormente, o preço de mercado da baixa liquidez varia no decorrer do tempo, é de esperar mais ofertas públicas por empresas pequenas, quando o prêmio pelo mercado para baixa liquidez for menor (levando a valores mais elevados para essas empresas), o que também coincide com as oscilações de mercado.
- Também vale notar que as ofertas públicas em períodos geralmente se agrupam em alguns segmentos, embora os segmentos em si possam variar com o tempo. Uma possível explicação (entre muitas) dessa aglomeração é que é mais provável ver empresas abrirem o capital nos segmentos em que o desconto por baixa liquidez for maior. Há motivos teóricos e empíricos para crer que isso tenha mais chance de ocorrer nos setores voláteis. A evidência empírica sustenta essa hipótese.

E quanto a empresas publicamente negociadas que se tornam privadas, como geralmente acontece em aquisições administradas ou alavancadas? Essas empresas também estão fazendo um *trade-off*, mas estão trocando mais controle por menos liquidez. Ao fazer isso, porém, observa-se que a maioria dessas transações "que estão se tornando privadas" é realizada com um olho em voltar a ser pública no futuro próximo. Assim, a baixa liquidez aqui é por um período limitado e deve ter um custo inferior ao da baixa liquidez permanente associada a um negócio privado.

Gestão de carteira

Se a baixa liquidez representa uma draga sobre o valor, os investidores devem examinar as consequências ao escolher investimentos e desenvolver estratégias de negociação, bem como avaliar o desempenho da carteira. Consideremos primeiro as consequências das escolhas de investimento. Se, como a evidência parece indicar, ações menos líquidas geram retornos esperados mais elevados com o tempo, para compensar a baixa liquidez, os investidores com longos horizontes de tempo serão capazes de gerar retornos em excesso ao direcionar o seu dinheiro para esses investimentos. Os retornos mais altos desses investimentos mais do que cobrirão o custo da baixa liquidez para esses investidores. A magnitude dos retornos em excesso dependerá dos números relativos de investidores com horizontes de tempo longos e curtos nos mercados, com os retornos sendo maiores quando os investidores de longo prazo são escassos. Ao contrário, os investidores com horizontes de tempo mais curtos devem focar mais as suas carteiras em investimentos mais líquidos. Generalizando, é de esperar que as estratégias de investimento que combinam alto giro e uma ênfase em ações de maior risco e de pequena capitalização de mercado tenham desempenho inferior ao de mercado.[80] Estendendo essa análise para investimentos em *venture capital* e *private equity*, a baixa liquidez deve ser um fator ainda mais sério na escolha de investimentos. Os investidores de *private equity*, ao negociar a ação de um negócio que devem receber em troca do suprimento de fundos, têm de considerar quanto descontar do valor pela baixa liquidez.

Há consequências à avaliação de desempenho também. No caso das ações publicamente negociadas, geralmente usamos os preços de mercado para medir retornos, e esses preços devem refletir as consequências da baixa liquidez diretamente. Em outras palavras, um gestor de carteira que invista principalmente em ações com menor liquidez não terá vantagem sobre outro que invista em ações com mais liquidez se os retornos totais forem ajustados aos custos de transação. No caso dos fundos de *private equity* e *venture capital*, em que os ativos não são negociados e as avaliações são geradas internamente (pelos gestores de fundos), o valor declarado de uma carteira pode ser equivocado, se a baixa liquidez não for explicitamente fatorada ao valor. Em geral, isso acarretará retornos superestimados em fundos com mais investimentos de baixa liquidez, e a magnitude do equívoco será maior nos períodos de baixa liquidez geral do mercado (quando a liquidez exige um prêmio maior).[81]

Finanças corporativas

Há dois níveis em que a baixa liquidez pode afetar as decisões financeiras corporativas. O primeiro relaciona-se à liquidez dos títulos (ações e/ou obrigações) emitidos por uma empresa para levantar capital. O segundo concentra-se na liquidez dos ativos possuídos por uma empresa.

A liquidez, ou não, dos títulos emitidos por uma empresa pode acarretar sérias consequências a quase todos os aspectos das finanças corporativas.

- Se aceitarmos a proposição de que o custo do patrimônio líquido inclui um prêmio pela baixa liquidez, as empresas com menor liquidez terão custos de patrimônio líquido (e capital) mais elevados do que aquelas com mais liquidez. Também há evidência de que enfrentam custos mais altos de emissão ao levantar capital. Usando 2.387 ofertas sazonais de ações, de 1993 a 2000, Butler, Grullon e Weston (2002) constataram que, após controlar outros fatores, os bancos de investimento cobram taxas menores de empresas com ações com mais liquidez. Também identificaram que o tempo para completar uma oferta sazonal de ações declina com o nível de liquidez de mercado.[82]
- Quanto à decisão de investimento, a percepção da baixa liquidez pode ter consequências para os tipos de investimento que uma empresa tomará. Em geral, empresas com títulos de baixa liquidez estarão menos dispostas a investir em

projetos de longo prazo com fluxos de caixa significativamente negativos nos anos iniciais, mesmo que esses projetos tenham um VPL positivo, devido à preocupação de que serão incapazes de financiar esses fluxos de caixa.

- As empresas com títulos líquidos também podem se dar ao luxo de pagar mais dividendos e reter menos caixa, cientes de que sempre podem levantar capital novo (com baixos custos de transação) para financiar deficiências.
- Finalmente, a liquidez, ou não, dos títulos pode ter conseqüências sobre como se recompensa a gerência das empresas. Nos últimos anos, as empresas têm cada vez mais usado tanto as opções quanto ações restritas para compensar os seus executivos. Na medida em que a ação subjacente for de baixa liquidez, as opções valerão menos, e a empresa presumivelmente terá de oferecer mais opções ou pagar em dinheiro para gerar uma compensação equivalente.[83]

E quanto à liquidez do ativo? Uma empresa com ativos com liquidez pode tomar decisões muito diferentes de outra com ativos de baixa liquidez. Em geral, as empresas com ativos com liquidez podem tomar mais empréstimo (pela crença de que sempre podem vender parte dos seus ativos, na ocorrência de falta de caixa) e ser mais flexíveis quando se trata tanto da política de dividendos quanto da de investimentos, pelos mesmos motivos. Em um estudo sobre a L. A. Gear, uma empresa que viu o seu valor de patrimônio líquido despencar de $ 1 bilhão em 1989 a zero em 1998, DeAngelo, DeAngelo e Wruck (2000) concluíram que a liquidez do ativo pode dar aos gerentes substancial arbítrio, principalmente quando a empresa está em dificuldades financeiras.[84]

CONCLUSÃO

A baixa liquidez importa. Em geral, os investidores estão dispostos a pagar preços mais altos por ativos com mais liquidez do que por outros similares, de baixa liquidez. Embora essa proposição seja amplamente aceita, há substancial debate sobre como medir a baixa liquidez e como incorporá-la ao valor. Neste capítulo, começamos por relacionar a baixa liquidez aos custos de transação; investimentos menos líquidos apresentam custos de transação maiores, principalmente se definimos esses custos de forma abrangente, para incluir o *bid-ask spread* e um impacto sobre o preço. Então analisamos a evidência empírica de por quanto os mercados avaliam a liquidez. Considerando-se ampla gama de investimentos, de obrigações do governo a *private equity*, a conclusão consensual que extraímos é que os investimentos de baixa liquidez são negociados a preços inferiores aos dos investimentos líquidos e geram retornos mais altos. A magnitude do desconto por baixa liquidez varia entre os investimentos, com aqueles de maior risco carregando maiores descontos por baixa liquidez, e, no decorrer do tempo, com os descontos sendo maiores quando o mercado em si está menos líquido.

Na parte seguinte do capítulo, examinamos as diferentes formas de incorporar a baixa liquidez ao valor. Nas avaliações de fluxo de caixa descontado, podemos avaliar um ativo ou negócio primeiro como um ativo líquido e depois aplicar um desconto por baixa liquidez, ou ajustar a taxa de desconto para que reflita a baixa liquidez (adicionando um prêmio aos investimentos de baixa liquidez). Em qualquer caso, o ajuste deve refletir os fatores específicos de empresa e ser maior para alguns ativos (empresas de maior risco e em dificuldades) do que para outros. Na avaliação relativa, podemos tentar superar a questão da estimativa identificando preços de transação sobre ativos similares de baixa liquidez e usando essa informação para precificar o ativo em questão. Se isso não for possível, temos de recorrer ao ajuste do valor relativo para a baixa liquidez, assim como ajustamos as avaliações de fluxo de caixa descontado.

A questão sobre como a baixa liquidez afeta o valor acarreta conseqüências tanto para investidores quanto para gerentes financeiros. Para os investidores, mostra a importância de identificar uma estratégia de investimento alinhada ao horizonte de tempo; investimentos menos líquidos são muito mais adequados a investidores de longo prazo. Para gerentes financeiros, a liquidez percebida dos títulos da empresa e de seus ativos pode afetar a política de investimentos, financiamento e dividendos. Em geral, empresas com ativos e títulos com menor liquidez tendem a ser mais conservadoras quando se trata de investir em projetos de longo prazo e pagar dividendos.

Notas

1. Isso foi proposto no artigo de Treynor, intitulado "What does it take to win the trading game?", publicado no *Financial Analysts Journal*, jan./fev. 1981.
2. Consulte o *Nyse Fact Book* para obter uma lista do *spread* médio entre todas as ações Nyse, por mês.
3. Consulte Thomas Loeb, "Trading costs: the critical link between investment information and results", *Financial Analysts Journal*, maio/jun. 1983.
4. R. Huang e H. R. Sroll, "The components of the bid-ask spread: a general approach", *Review of Financial Studies*, 10, 1987, p. 995–1034.
5. Veja "Trading costs and the trading systems for Nasdaq stocks", M. Kothare e P. A. Laux, *Financial Analysts Journal*, mar./abr. 1995.
6. Consulte "Competition and the pricing of dealer service in the over-the-counter market", S. Tinic e R. West, *Journal of Financial and Quantitative Analysis*, jun. 1972; "The pricing of security dealer services: an empirical analysis of Nasdaq stocks", H. Stoll, *Journal of Finance*, nov. 1978; e "Liquidity effects of the introduction of the S&P 500 futures contract on the underlying stocks", N. Jegadeesh e A. Subrahmanyam, *Journal of Business*, 66, abril 1993, p. 171–187.

7. M. K. Dey e B. Radhakrishna, "Institutional trading, trading volume and spread", *Working Paper*, 2001. Eles fornecem evidência da correlação entre a transação institucional e o *spread* das ações listadas na Nyse.
8. F. Heflin, K. W. Shaw e J. J. Wild, "Disclosure quality and market liquidity", *Working Paper*, SSRN, 2001.
9. C. A. Frost, E. A. Gordon e A. F. Hayes, "Stock exchange disclosure and market liquidity: an analysis of 50 international exchanges", *Working Paper*, SSRN, 2002.
10. J. Hasbrouck, "Measuring the information content of stock trades", *Journal of Finance*, 46, 1991, p. 179–207; J. Hasbrouck, "The summary informativeness of stock trades: an economic analysis", *Review of Financial Studies*, 4, 1991, p. 571–595.
11. Consulte M. Barclay, "Bid-ask spreads and the avoidance of odd-eighth quotes on Nasdaq: An Examination of Exchange Listings", *Journal of Financial Economics*, 45, 1997, p. 35–60.
12. Se é igualmente provável que surjam cotações de ⅛ e ¼, aproximadamente metade de todas as cotações deve terminar em oitavos (⅛, ⅜, ⅝ ou ⅞) e a outra metade, em quartos (¼, ½, ¾ e zero).
13. K. Chung, B. Van Ness e R. Van Ness, "Can the treatment of limit orders reconcile the differences in trading costs between Nyse and Nasdaq issues?", *Journal of Financial and Quantitative Analysis*, 36, n. 2, 2001, p. 267–286. Embora constatem que o tratamento das ordens de limite realmente reduz o *bid-ask spread* sobre a Nyse, concluem que toda a conspiração entre os negociadores ainda leva a *spreads* mais altos na Nasdaq.
14. L. Y. Dann, D. Mayers e R. J. Rabb, "Trading rules, large blocks and the speed of price adjustment", *Journal of Financial Economics*, 4, 1977, p. 3–22.
15. Joel Hasbrouck analisou um conjunto de dados detalhados que continha informações sobre cotações, transações e *spreads* de ações listadas na Nyse e chegou a essa conclusão.
16. Consulte R. W. Holthausen, R. W. Leftwich e D. Mayers, "Large-block transactions, the speed of response, and temporary and permanent stock-price effects", *Journal of Financial Economics*, 26, 1990, p. 71–95; D. B. Keim e A. Madhavan, "Anatomy of the trading process: empirical evidence on the behavior of institutional trades", *Journal of Financial Economics*, 37, 1995, p. 371–398.
17. L. Spierdijk, T. Nijman e A. H. O. van Soest, "The price impact of trades in illiquid stocks in periods of high and low market activity", *Working Paper*, Tilburg University, 2002.
18. W. A. Breen, L. S. Hodrick e R. A. Korajczyk, "Predicting equity liquidity", *Working Paper*, Kellogg Graduate School of Management, 2000.
19. Y. Amihud e H. Mendelson, "Asset pricing and the bid-ask spread", *Journal of Financial Economics*, 17, 1986, p. 223–250.
20. D. Vayanos, "Transactions costs and asset prices: a dynamic equilibrium model", *Journal of Financial Economics*, 11,1998, p. 1–58.
21. R. Jarrow e A. Subramanian, "The liquidity discount", *Mathematical Finance*, 11, 2001, p. 447–474.
22. A. W. Lo, H. Mamaysky e J. Wang, "Asset prices and trading volume under fixed transactions costs", *Journal of Political Economy*, 112, 2000, p. 1054–1090.
23. D. Mayers, "Nonmarketable assets and capital market equilibrium under uncertainty". In: M. C. Jensen, *Studies in the theory of capital markets*, Nova York: Praeger, 1972; D. Mayers, "Nonmarketable assets and the determination of capital asset prices in the absence of a riskless asset", *Journal of Business*, 46, 1973, p. 258–267; D. Mayers, "Nonmarketable assets, market segmentation and the level of asset prices", *Journal of Financial and Quantitative Analysis*, 11, 1976, p. 1–12.
24. V. Acharya e L. H. Pedersen, "Asset pricing with liquidity risk", *Journal of Financial Economics*, 77, 2005, p. 375–410.
25. L. Pastor e R. Stambaugh, "Liquidity risk and stock market returns", *Journal of Political Economy*, 111, 2003, p. 642–685.
26. Y. Amihud e H. Mendelson, "The effects of beta, bid-ask spread, residual risk and size on stock returns", *Journal of Finance*, 44, 1989, p. 479–486.
27. V. R. Eleswarapu, "Cost of transacting and expected returns in the Nasdaq market", *Journal of Finance*, 52, n. 5, 1997, p. 2113–2127. Há outros estudos que atestam pouca ou nenhuma relação entre retornos de ações e *bid-ask spreads*. Chalmers e Kadlec usaram o *spread* amortizado e não identificaram nenhuma relação entre *spreads* e retornos para ações Nyse. J. M. R. Chalmers e G. B. Kadlec, "An empirical examination of the amortized spread", *Journal of Financial Economics*, 48, n. 2, 1998, p. 159–188.
28. M. J. Brennan e A. Subrahmanyam, "Market microstructure and asset pricing: on the compensation for illiquidity in stock returns", *Journal of Financial Economics*, 41, 1996, p. 441–464.
29. M. J. Brennan, T. Chordia e A. Subrahmanyam, "Alternative factor specifications, security characteristics and the cross-section of expected stock returns", *Journal of Financial Economics*, 49, 1998, p. 345–373.
30. V. T. Datar, N. Y. Naik e R. Radcliffe, "Liquidity and stock returns: an alternative test", *Journal of Financial Markets*, 1, 1998, p. 203–219.
31. Y. Amihud, "Illiquidity and stock returns: cross-section and time-series effects", *Journal of Financial Markets*, 5, 2002, p. 31–56.
32. D. Nguyen, S. Mishra A. J. Prakash, "On compensation for illiquidity in asset pricing: an empirical evaluation using three-factor model and three-moment CAPM", *Working Paper*, SSRN, 2005.
33. F. A. Longstaff, "How much can marketability affect security values?", *Journal of Finance*, 50, 1995, p. 1767–1774.
34. Y. Amihud e H. Mendelson, "Liquidity, maturity and the yield on U.S. treasury securities", *Journal of Finance*, 46, 1991, p. 1411–1425.
35. A. Kamara, "Liquidity, taxes, and short-term yields", *Journal of Financial and Quantitative Analysis*, 29, 1994, p. 403–417.
36. I. Strebulaev, "Liquidity and asset pricing: evidence from the US treasuries market", *Working Paper*, London Business School, 2002.
37. Quando um ativo não é negociado durante certo tempo, o retorno será zero nesse período. A contagem do número de retornos zero pode fornecer uma *proxy* para a baixa liquidez.
38. L. Chen, D.A. Lesmond e J. Wei, "Corporate yield spreads and bond liquidity", *Working Paper*, SSRN, 2005.
39. C. Bianchi, D. Hancock e L. Kawano, "Does trading frequency affect subordinated debt spreads?", *Working Paper*, Federal Reserve Bank, Washington D.C., 2004. Para medir a liquidez, eles analisam se um "preço genérico" está disponível na Bloomberg para uma obrigação.

Como um preço genérico está disponível apenas quando uma obrigação é negociada, torna-se uma *proxy* para a liquidez no caso de mais obrigações líquidas apresentando mais preços genéricos listados para elas.

40. Isso fica claro quando analisamos prêmios pelo risco de ações projetados ou implícitos em vez dos prêmios pelo risco histórico. Os prêmios na década de 1990 eram de 3% em média, embora passassem de 5% antes de 1960. C. M. Jones, "A century of stock market liquidity and trading costs", *Working Paper*, Columbia University, 2002.
41. D. R. Cox e D. R. Peterson, "Stock returns following large one-day declines: evidence on short-term reversals and longer-term performance", *Journal of Finance*, 48, 1994, p. 255-267.
42. D. Avramov, D. Chordia e A. Goyal, "Liquidity and autocorrelations in individual stock returns", *Working Paper*, SSRN, 2005.
43. V. Eleswarapu e M. Reinganum, "The seasonal behaviour of the liquidity premium in asset pricing", *Journal of Financial Economics*, 34, 1993, p. 281-305.
44. A. Ellul e M. Pagano, "IPO underpricing and after-market liquidity", *Working Paper*, SSRN, 2002.
45. E. F. Fama e K. R. French, "The cross-section of expected returns", *Journal of Finance*, 47, 1992, p. 427-466.
46. O período de manutenção era de dois anos antes de 1997 e tem-se reduzido para um ano desde essa época.
47. J. M. Maher, "Discounts for lack of marketability for closely held business interests", *Taxes*, 54, 1976, p. 562-571.
48. W. L. Silber, "Discounts on restricted stock: the impact of illiquidity on stock prices", *Financial Analysts Journal*, 47, 1991, p. 60-64.
49. B. A. Johnson, "Quantitative support for discounts for lack of marketability", *Business Valuation Review*, 16, 1999, p. 152-155.
50. K. H. Wruck, "Equity ownership concentration and firm value: evidence from private equity financings", *Journal of Financial Economics*, 23, 1989, p. 3-28. Ela concluiu que uma parcela significativa do desconto poderia ser atribuída ao controle de mudanças nas empresas.
51. M. Hertzel e R. L. Smith, "Market discounts and shareholder gains from placing equity privately", *Journal of Finance*, 48, 1993, p. 459-486.
52. M. Bajaj, D. J. Dennis, S. P. Ferris e A. Sarin, "Firm value and marketability discounts", *Journal of Corporate Law*, 27, 2001.
53. J. D. Emory, "The value of marketability as illustrated in initial, public offerings", *Business Valuation Review*, 16, 1997. Esse estudo é relatado em A. Pratt, R. Reilly e R. P. Schwiehs, *Valuing a business: the analysis and appraisal of closely held companies*. Nova York: McGraw-Hill, 1997.
54. Williamette Associates, 2002.
55. As *Restricted Institutional Shares* devem ser negociadas por meio de negociações privadas. Desde agosto de 2000, o governo chinês também permitiu leilões dessas ações, onde é presumivelmente um pouco mais fácil encontrar um comprador potencial.
56. Z. Chen e P. Xiong, "Discounts on illiquid stocks: evidence from China", *Working Paper*, Yale University, 2001.
57. S. S. Wang e L. Jiang, "Location of trade, ownership restrictions, and market illiquidity: examining chinese A- and H-shares", *Working Paper*, Hong Kong Polytechnic University, 2003; K. Chan, A. J. Menkveld e Z. Yang, "Evidence of the foreign share discount puzzle in China: liquidity or information asymmetry", *Working Paper*, National Center for Economic Research, Tsinghua University, 2002.
58. M. Brenner, R. Eldor e S. Hauser, "The price of options illiquidity", *Journal of Finance*, 26, 2001, p. 789-806.
59. S. Huddart e M. Lang, "Employee stock options exercises: an empirical analysis", *Journal of Accounting and Economics*, 21, n. 1, 1996, p. 5-43.
60. J. Hull e A. White, "How to value employee stock options", *Financial Analysts Journal*, 60, 2004, p. 114-119.
61. A. Ljungquist e M. Richardson, "The cashflow return and risk characteristics of private equity", *Working Paper*, Stern School of Business, 2003.
62. S. Das, M. Jagannathan e A. Sarin, "The private equity discount: an empirical examination of the exit of venture backed companies", *Working Paper*, SSRN, 2002.
63. J. Krainer, M. M. Spiegel e N. Yamori, "Asset price declines and real estate liquidity: evidence from japanese land values", *Working Paper*, Federal Reserve Bank of San Francisco, 2004.
64. Nos últimos anos, alguns avaliadores passaram a usar os descontos sobre ações nas IPOs nos anos anteriores à oferta. O desconto é semelhante em proporção ao desconto para ações restritas.
65. Como exemplo, em um caso judicial amplamente citado (*McCord* vs. *Commissioner*, 2003), o especialista do contribuinte usou um desconto de 35%, que sustentou com quatro estudos sobre ações restritas.
66. O caso judicial era *McCord* vs. *Commissioner*. No caso, o especialista do contribuinte defendeu um desconto de 35% com base nos estudos sobre ações restritas. O IRS defendeu um desconto de 7%, com base no fato de que uma grande porção do desconto observado nos estudos sobre ação restrita e IPO reflete fatores que vão além da liquidez. O tribunal decidiu, em última análise, por um desconto por baixa liquidez de 20%.
67. Para mais informações sobre o valor do controle, consulte o Capítulo 13.
68. Em um estudo de 1993, David Chaffe usou essa abordagem para estimar os descontos por baixa liquidez variando de 28% a 49% para um ativo, pelo modelo de precificação de opções Black-Scholes, e volatilidades na faixa de 60% a 90% para o ativo subjacente.
69. Há uma forma simples de ilustrar que essa opção de venda não tem nenhuma relação com a liquidez. Suponhamos que se possua uma ação em uma empresa líquida, publicamente negociada, e que o preço corrente da ação seja de $ 50. Uma opção de venda de dois anos sobre essa ação, com um preço de exercício de $ 50, terá valor substancial, muito embora a ação subjacente seja completamente líquida. O valor não tem nada a ver com a liquidez, mas é um preço que estamos dispostos a pagar por segurança.
70. O racional que usamos é que o proprietário de um negócio privado não é diversificado e que todos os seus bens estão atrelados a esse negócio. Conseqüentemente, ele se expõe a todo o risco da empresa e não apenas ao risco da não-diversificação. Para mais detalhes sobre esse cálculo, consulte o Capítulo 2.
71. O custo do patrimônio líquido para a Kristin Kandy de 16,26% é utilizado como o retorno esperado sobre patrimônio líquido.
72. Para simplificar, assumimos uma distribuição normal para os retornos e calculamos a probabilidade cumulativa de que os retornos serão superiores a 20% no próximo ano. ($Z = (20 - 16,26)/25 = 0,15$, $N(Z) = 0,5595$.)

73. A amostra de centenas de fundos de *venture capital* obteve um retorno médio anual de 15,7% no período, enquanto o retorno médio anual era de 11,7% para as listadas na S&P 500 no mesmo período. A Venture Economics não ajustou para o risco. Decompostos em categorias, os investimentos em *venture capital* nas empresas no estágio inicial obtiveram 19,9%, ao passo que investimentos em empreendimentos no último estágio renderam apenas 13,7%.

74. Uma discussão mais completa do modelo está disponível em Z. C. Mercer, *The integrated theory of business valuation*. Peabody Publishing, 2004.

75. Valor intrínseco = $ 1/(0,09 – 0,04) = $ 20

76. Se o caixa for retido na empresa (em vez de desperdiçado), isso agregará ao valor terminal, e o valor da empresa não deve ser afetado.

77. O modelo parece pressupor que a empresa será revertida à condição de ser idealmente administrada ao final do período de baixa liquidez. Não há motivo para isso ocorrer. Se não se espera que isso ocorra, o valor da empresa seria baseado em $ 0,60 no fluxo de caixa, crescendo 4% ao ano em perpetuidade:

$$\text{Valor da empresa} = \frac{\$\,0{,}60}{0{,}09 - 0{,}04} = \$\,12$$

78. O custo de capital mais elevado foi utilizado apenas para os primeiros cinco anos. A extensão para a perpetuidade reduz o valor do patrimônio líquido para $ 1,225 milhão, um declínio de 31,77%.

79. Os múltiplos usados eram todos baseados no valor das operações da empresa (valor de mercado do patrimônio líquido + dívida – caixa) no numerador. Eles compararam o valor das operações da empresa a Ebit, Ebitda, vendas e o valor contábil do capital. J. Koeplin, A. Sarin e A. Shapiro, "The private company discount", *Journal of Applied Corporate Finance*, 12, 2000.

80. Há evidência em estudos sobre fundos mútuos que sustentam essa proposição. Há uma correlação negativa entre o giro em fundos mútuos e os retornos em excesso, mas a correlação é maior para fundos mútuos pequenos, de alto crescimento.

81. Isso foi claramente visível após o rompimento da bolha das ponto.com em 2001 e 2002, quando os fundos de *venture capital* declararam retornos muito melhores do que se poderia esperar, considerando-se o colapso no mercado público. Parte desses relatos pode ser atribuída à suavização de valor dos fundos, mas parte pode ser explicada pela incapacidade de considerar o maior custo de baixa liquidez nesses períodos.

82. A. W. Butler, G. Grullon e J. P. Weston, "Stock market liquidity and the cost of raising capital", *Working Paper*, SSRN, 2002.

83. As empresas que passaram a adotar as ações restritas para compensar executivos (como fez a Microsoft em 2004) enfrentam a questão da baixa liquidez de forma muito mais direta. Os funcionários que recebem essa ação incorporarão a sua baixa liquidez à avaliação.

84. H. DeAngelo, L. DeAngelo e K. H. Wruck, "Asset liquidity, debt covenants and managerial discretion in financial distress: the collapse of L.A. Gear", *Working Paper*, SSRN, 2000.

Capítulo 15

Valor da sinergia

Quando Carly Fiorina defendeu a aquisição da Compaq pela Hewlett-Packard, ela apresentou uma série de argumentos que justificavam a transação. E observou que a empresa resultante da fusão seria capaz de atender à demanda dos clientes por "capacidade de soluções em bases realmente globais". Também alegou que a empresa seria capaz de liderar com os seus produtos "do topo à base, do básico ao avançado". Para coroar os argumentos, ela justificou que a fusão fazia sentido porque criaria "sinergias estimulantes".

Sinergia, o aumento de valor gerado pela combinação de duas entidades para criar uma entidade nova e mais valiosa, é o ingrediente mágico que permite aos adquirentes pagar bilhões de dólares em prêmio nas aquisições. É verdade que historicamente os investidores têm demonstrado uma visão preconceituosa da sinergia, em termos tanto da sua existência quanto do seu valor, e o registro do monitoramento dos resultados da sinergia sugere que eles têm bons motivos para o ceticismo. Neste capítulo, começamos considerando as potenciais fontes de sinergia e qual a melhor forma de avaliar cada uma delas. Além disso, examinamos os problemas que os analistas enfrentam ao avaliar a sinergia e por que os adquirentes geralmente falham em entregar a sinergia que prometeram à época da aquisição.

O QUE É SINERGIA?

Sinergia é o valor adicional gerado pela combinação de duas empresas, criando oportunidades às quais essas empresas não teriam acesso se atuassem de forma independente. É o raciocínio mais amplamente usado e equivocado em fusões e aquisições. Nesta seção, consideramos as potenciais fontes de sinergia e as classificamos em dois grupos. As sinergias operacionais afetam as operações da empresa resultante da fusão e incluem economias de escala, aumento de poder de precificação e maior potencial de crescimento. Elas geralmente resultam em fluxos de caixa esperados mais elevados. As sinergias financeiras, ao contrário, são mais focadas e incluem benefícios fiscais, diversificação, maior capacidade de endividamento e usos para excesso de caixa. Às vezes, resultam em fluxos de caixa mais elevados; outras vezes, tomam a forma de taxas de desconto mais baixas.

Sinergia operacional

Sinergias operacionais são aquelas que permitem às empresas aumentar o seu lucro operacional a partir de ativos existentes, aumento do crescimento ou ambos. Classificamos as sinergias operacionais em quatro tipos:

1. *Economias de escala* que possam advir da fusão, permitindo à empresa resultante tornar-se mais eficiente em custos e mais lucrativa. Em geral, espera-se verificar economias de escala em fusões de empresas no mesmo ramo de negócio (fusões horizontais) — dois bancos se juntando para criar um banco maior ou duas siderúrgicas unidas para criar uma siderúrgica maior.
2. *Maior poder de precificação* decorrente da redução da concorrência e da maior fatia de mercado, que deve resultar em aumento de margens e de lucro operacional. Essa sinergia também tem mais chance de surgir em fusões de empresas no mesmo ramo de negócio e é mais propensa a gerar benefícios quando há relativamente poucas empresas no segmento, para começar. Nesse contexto, é bem mais provável que a fusão de duas empresas crie um oligopólio com poder de precificação.[1]
3. *Junção de diferentes forças funcionais*, como seria o caso em que uma empresa com forte competência em marketing adquire outra com uma boa linha de produto. Isso é aplicável a ampla gama de fusões, já que as forças funcionais podem ser transferidas de um negócio a outro.
4. *Maior crescimento em mercados novos ou existentes*, surgindo da fusão de duas empresas. Esse seria o caso, por exemplo, em que uma empresa de produtos de consumo nos Estados Unidos adquire outra em um mercado emergente, com uma rede de distribuição estabelecida e reconhecimento de marca, e usa esses pontos fortes para aumentar a venda dos produtos de ambas as empresas.

As sinergias operacionais podem afetar as margens, os retornos e o crescimento, e, por meio destes, o valor das empresas envolvidas na fusão ou aquisição.

Sinergia financeira

No caso das sinergias financeiras, a compensação pode tomar a forma de fluxos de caixa mais altos, um custo de capital mais baixo (taxa de desconto) ou ambos. As sinergias financeiras incluem:

- A fusão entre uma empresa com excesso de caixa, ou *folga de caixa* (e oportunidades limitadas de projetos), e outra com projetos de alto retorno (e limitação de caixa) pode gerar uma compensação em termos de maior valor para a empresa resultante. O aumento em valor advém dos projetos que podem ser empreendidos com o excesso de caixa que, de outra forma, não seriam realizados. É provável que essa sinergia aconteça com mais freqüência quando empresas maiores adquirem outras menores, ou quando empresas de capital aberto adquirem negócios privados.
- *A capacidade de endividamento* pode aumentar porque, quando duas empresas fundem-se, os seus lucros e fluxos de caixa podem tornar-se mais estáveis e previsíveis. Isso, por sua vez, permite que tomem mais empréstimo do que poderiam como entidades individuais, o que cria um benefício fiscal para a empresa resultante. Esse benefício fiscal geralmente se manifesta sob a forma de um custo de capital mais baixo para a empresa resultante.
- *Benefícios fiscais* podem advir tanto pela aquisição valendo-se das leis fiscais para aumentar o valor dos ativos da empresa-alvo quanto do uso de prejuízos operacionais líquidos para proteger o lucro. Assim, uma empresa lucrativa que adquira outra que perde dinheiro pode usar os prejuízos operacionais líquidos desta para reduzir sua carga tributária. Alternativamente, uma empresa capaz de aumentar os seus encargos de depreciação após uma aquisição economizará impostos e aumentará o seu valor.
- *Diversificação* é a fonte mais controversa de sinergia financeira. Na maioria das empresas publicamente negociadas, os investidores podem diversificar a um custo muito inferior e com mais facilidade do que pode a empresa em si. Nos negócios privados ou fechados, pode haver benefícios potenciais decorrentes da diversificação.

É evidente que há potencial para sinergia em muitas fusões. As questões mais importantes referem-se à avaliação dessa sinergia e à determinação de quanto pagar por ela.

AVALIAÇÃO DA SINERGIA

A principal questão sobre a sinergia não é se ela pode ser avaliada, mas como ela deve ser avaliada. Afinal, as empresas dispostas a pagar grandes quantias pela sinergia devem ser capazes de calcular um valor para essa sinergia. Nesta seção, consideramos a melhor forma de avaliar diversos tipos de sinergia e a suscetibilidade desse valor a várias premissas.

Avaliação de sinergias operacionais

Há potencial para sinergia operacional, de uma forma ou de outra, em muitas aquisições. No entanto, há uma certa discordância sobre a possibilidade de se avaliar a sinergia e, se for possível, qual seria esse valor. Uma escola de pensamento argumenta que a sinergia é nebulosa demais para ser avaliada e que qualquer tentativa sistemática de fazer isso requer tantas premissas que não faz sentido. Se isso for verdade, uma empresa não deve estar disposta a pagar grandes prêmios pela sinergia, se não puder atrelar um valor a ela. Outra escola de pensamento diz que temos de fazer nossa melhor estimativa de quanto valor a sinergia criará em qualquer aquisição, antes de decidir quanto pagar por ela, muito embora exija premissas sobre um futuro incerto. Nós ficamos firmemente do lado da segunda escola.

Embora a avaliação da sinergia demande premissas sobre fluxos de caixa e crescimento futuros, a falta de precisão no processo não significa que não podemos obter uma estimativa razoável de valor. Assim, sustentamos que a sinergia pode ser avaliada respondendo-se a duas perguntas.

1. *Qual forma a sinergia deve tomar?* Ela reduzirá custos como percentual das vendas e aumentará as margens de lucro (por exemplo, quando há economias de escala)? Aumentará o crescimento futuro (por exemplo, quando há aumento de poder de mercado) ou a duração do período de crescimento? Para exercer efeito sobre o valor, a sinergia deve influenciar um dos quatro inputs ao processo de avaliação — tem de gerar fluxos de caixa mais altos a partir dos ativos existentes (economias de custo e de escala), maiores taxas de crescimento esperado (poder de mercado, maior potencial de crescimento), períodos mais longos de crescimento (a partir do aumento das vantagens competitivas) ou menores custos de capital (maior capacidade de endividamento).
2. *Quando a sinergia começará a afetar os fluxos de caixa?* As sinergias raramente geram resultado instantaneamente, mas é mais provável que isso aconteça ao longo do tempo. Como o valor da sinergia é o valor presente dos fluxos de caixa criados por ela, quanto mais demorar o resultado, menor será o valor.

Passos na avaliação da sinergia operacional Ao responder a essas questões, poderemos estimar o valor da sinergia em três passos:

1. Primeiro, *avaliamos as empresas envolvidas na fusão de forma independente*, descontando os fluxos de caixa esperados para cada empresa à média ponderada do custo de capital para essa empresa.

2. Segundo, estimamos o *valor da empresa resultante sem nenhuma sinergia*, adicionando os valores obtidos para cada empresa no primeiro passo.
3. Terceiro, incorporamos os efeitos da sinergia às taxas de crescimento esperado e aos fluxos de caixa e *reavaliamos a empresa resultante com sinergia*. A diferença entre o valor da empresa resultante com sinergia e o seu valor sem sinergia gera um valor para a sinergia.

É importante neste estágio mantermos o valor da sinergia à parte do valor do controle, que é o outro motivo amplamente citado para aquisições. O valor do controle é o valor incremental que um adquirente acredita que pode ser criado ao se administrar uma empresa-alvo de forma mais eficiente. Para avaliar o controle, apenas reavaliamos a empresa-alvo com uma administração diferente e presumivelmente melhor em operação e comparamos esse valor ao obtido com o *status quo* — administração existente em vigor. Embora não analisemos o valor do controle aqui, no Capítulo 13 isso foi feito em detalhes.[2] A Tabela 15.1 resume os efeitos da sinergia e do controle na avaliação de uma empresa-alvo de aquisição.

Ao separar o valor do controle do valor da sinergia, realizamos dois objetivos. Primeiro, garantimos que não haja nenhuma duplicidade na contagem. Se, por exemplo, uma empresa possui um baixo retorno sobre capital porque os seus ativos são ineficientemente empregados, demonstramos o aumento em valor que surge do rearranjo dos ativos e do aumento no retorno sobre capital, como parte do valor do controle. Para que a sinergia crie valor, deve haver um aumento adicional no retorno sobre capital da empresa resultante. Segundo, podemos elaborar estratégias para oferta de aquisição capazes de diferenciar entre o valor do controle e o da sinergia. Podemos estar dispostos a pagar perto de 100% do valor do controle (argumentando que a empresa-alvo poderia ter feito as mudanças por si mesma), mas apenas uma parcela do valor da sinergia (já que a sinergia não poderia ter sido criada sem a empresa adquirente).

Por falar em pagamento pela sinergia, deve-se salientar a importância de não só avaliar o controle e a sinergia, como também de pagar o preço certo por uma empresa-alvo. Na Figura 15.1, decompomos o preço pago por uma aquisição em um preço de mercado e um prêmio sobre esse preço. Note a diferença entre essa figura, que se baseia no preço de mercado da empresa-alvo antes e após a aquisição, e a Tabela 15.1, em que analisamos o valor da empresa-alvo com e sem os prêmios pelo controle e pela sinergia. Uma aquisição de valor justo, que deixaria a empresa adquirente nem melhor nem pior, exigiria que o preço total (na Figura 15.1) fosse igual ao valor consolidado (na Tabela 15.1), sem a incorporação dos benefícios da sinergia e do controle. Observe também a irrelevância da estimativa contábil do *goodwill* (que é a diferença entre o valor de mercado e o contábil) a esta discussão.

O preço da aquisição determinará se ela agrega ou destrói valor aos acionistas da empresa adquirente. A sinergia em uma fusão pode muito bem valer $ 2 bilhões, mas o pagamento de $ 3 bilhões como prêmio para a execução da aquisição destruirá $ 1 bilhão dos bens dos acionistas da empresa adquirente.

Avaliação de sinergia operacional em estrutura de fluxo de caixa descontado Se aceitarmos a proposição de que a sinergia deve ser avaliada analisando-se a empresa resultante e incorporando-se os efeitos da sinergia, também teremos de considerar quais inputs em um modelo de fluxo de caixa descontado prestam-se melhor à avaliação da sinergia. Analisando-se as várias formas em que a sinergia operacional pode manifestar-se, deve ficar bem claro que diferentes tipos de sinergia exigem inputs diferentes adaptados. Se classificarmos as sinergias operacionais em sinergias de crescimento e sinergias de custo, os inputs afetados serão:

TABELA 15.1: Avaliação de uma aquisição	
Componente	**Diretrizes da avaliação**
Sinergia	Avalie a empresa resultante com a sinergia incorporada. Isso deve incluir: • Maior taxa de crescimento em receitas: *sinergia de crescimento*. • Maiores margens, em decorrência de *economias de escala*. • Menores impostos, em razão de benefícios fiscais: *sinergia fiscal*. • Menor custo da dívida: *sinergia financeira*. • Maior razão de endividamento, em virtude de menor risco: *capacidade de endividamento*. Subtraia o valor da empresa-alvo (com prêmio pelo controle) + valor da empresa ofertante (pré-aquisição). Esse é o valor da sinergia.
Prêmio pelo controle	Avalie a empresa como se fosse otimamente administrada. Isso em geral significará que a política de investimento, financiamento e dividendos será alterada: • *Política de investimento*: maiores retornos sobre projetos e desinvestimento em projetos improdutivos. • *Política de financiamento*: mudança para uma estrutura financeira melhor (por exemplo, estrutura ótima de capital). • *Política de dividendos*: devolução do caixa não utilizado.
Avaliação de *status quo*	Avalie a empresa como ela é, com os inputs existentes para política de investimento, financiamento e dividendos.

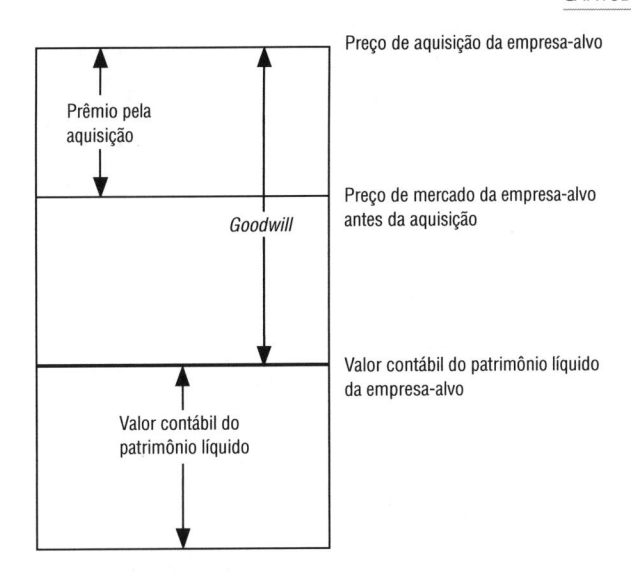

FIGURA 15.1 – Decomposição do preço de aquisição

- As sinergias de custo são as sinergias operacionais mais fáceis de modelar. Economias de custo pontuais aumentarão o fluxo de caixa no período da economia e, assim, aumentarão o valor da empresa pelo valor presente das economias. Economias de custo contínuas exercerão um impacto muito maior sobre o valor, ao afetar as margens operacionais (e o lucro) no longo prazo. O valor aumentará pelo valor presente do maior lucro resultante (e dos fluxos de caixa) no decorrer do tempo.
- As sinergias de crescimento são mais complicadas porque podem manifestar-se de várias formas. Há no mínimo três tipos de sinergia de crescimento:
    1. A empresa resultante pode ser capaz de obter retornos mais altos sobre os seus investimentos do que as empresas foram capazes de gerar independentemente, aumentando assim a taxa de crescimento.
    2. A empresa resultante pode ser capaz de identificar mais investimentos do que as empresas foram capazes de investir de forma independente. As maiores taxas de reinvestimento resultantes aumentarão a taxa de crescimento.
    3. A empresa resultante pode estar em uma posição competitiva muito mais poderosa do que as empresas individuais em relação aos seus pares no grupo. A compensação será que a empresa resultante conseguirá sustentar os retornos em excesso e o crescimento por um período mais longo.

Tanto a sinergia de custo quanto a de crescimento manifestam-se como fluxos de caixa esperados maiores no futuro. As sinergias de custo, pela sua própria natureza, tendem a ser limitadas — há, afinal, muito mais custos do que se pode cortar. As sinergias de crescimento, ao contrário, são geralmente irrestritas e limitadas apenas pelo nosso ceticismo sobre a sua realização.

EXEMPLO 15.1: Avaliação de sinergias de custo

A tabela seguinte resume as características financeiras de duas empresas que analisam uma fusão entre si (valores em milhões de dólares).

	Empresa adquirente	Empresa-alvo
Beta	0,9	0,9
Custo da dívida antes dos impostos	5%	5%
Alíquota	30%	30%
Razão dívida/capital	10%	10%
Receitas	$ 1.000	$ 500
Lucro operacional (Ebit)	$ 50	$ 25
Retorno sobre capital antes dos impostos	15%	15%
Taxa de reinvestimento	70%	70%
Duração do período de crescimento	5 anos	5 anos

Note que ambas as empresas possuem o mesmo custo de capital, prevêem o mesmo crescimento no futuro e obtêm a mesma margem operacional. A taxa livre de risco é de 4,25% e o prêmio pelo risco, 4%. Para simplificar, vamos supor que ambas atingirão o crescimento estável após o ano 5, crescendo 4,25% ao ano em perpetuidade e gerando retornos em excesso (isto é, retorno sobre capital igual ao custo de capital).[3]

O primeiro passo no processo é avaliar cada empresa, separadamente. A tabela seguinte resume as avaliações e confirma que o valor da empresa resultante é a soma do valor das empresas independentes.

	Empresa adquirente	Empresa-alvo	Valor da empresa resultante
Custo do patrimônio líquido	7,85%	7,85%	7,85%
Custo da dívida após impostos	3,50%	3,50%	3,50%
Custo de capital	7,42%	7,42%	7,42%
Retorno sobre capital após impostos	10,50%	10,50%	10,50%
Taxa de reinvestimento	70,00%	70,00%	70,00%
Taxa de crescimento esperado	7,35%	7,35%	7,35%
Valor da empresa ($ milhões)			
VP do FCFF em alto crescimento	$ 52,40	$ 26,20	$ 78,61
Valor terminal	$ 701,53	$ 350,76	$ 1.052,29
Valor da empresa hoje	$ 542,99	$ 271,50	$ 814,49

A taxa de crescimento esperado para os próximos cinco anos é o produto da taxa de reinvestimento e o retorno sobre capital após impostos. O valor da empresa resultante é a soma das empresas avaliadas independentemente.

Para avaliar a sinergia, vamos supor que a empresa resultante economizará $ 15 milhões em despesas operacionais antes dos impostos a cada ano, elevando o lucro operacional antes dos impostos da empresa resultante pelo mesmo montante. A tabela a seguir demonstra o valor da empresa resultante com as economias de custo e as estimativas do valor da sinergia (valores em milhões de dólares).

	Valor da empresa resultante	Valor da empresa com sinergia	Valor da sinergia
Custo do patrimônio líquido	7,85%	7,85%	
Custo da dívida após impostos	3,50%	3,50%	
Custo de capital	7,42%	7,42%	
Retorno sobre capital após impostos	10,50%	10,50%	
Taxa de reinvestimento	70,00%	70,00%	
Lucro operacional antes dos impostos-base/ano ($ milhões)	**$ 75,00**	**$ 90,00**	
Taxa de crescimento esperado =	7,35%	7,35%	
Valor da empresa ($ milhões)			
VP do FCFF em alto crescimento	$ 78,61	$ 94,33	
Valor terminal	$ 1.052,29	$ 1.262,75	
Valor da empresa hoje	$ 814,49	$ 977,39	$ 162,90

Como resultado das economias de custo, o valor da empresa aumenta em $ 162,90 milhões.

EXEMPLO 15.2: Avaliação de sinergias de crescimento

Consideremos novamente as duas empresas demonstradas no último exemplo. Vamos supor para este exemplo que, em vez de tomar a forma de economias de custo, a sinergia tivesse se manifestado como um aumento em retorno marginal sobre capital após impostos sobre novos investimentos de 10,5% (antes da fusão para ambas as empresas) a 12,6% para a empresa resultante. Ao mesmo tempo, assumimos que a taxa de reinvestimento permanece inalterada, assim como outras premissas na avaliação. O valor da sinergia é estimado na tabela seguinte.

	Valor da empresa resultante	Valor da empresa com sinergia	Valor da sinergia
Custo do patrimônio líquido	7,85%	7,85%	
Custo da dívida após impostos	3,50%	3,50%	
Custo de capital	7,42%	7,42%	
Retorno sobre capital após impostos	**10,50%**	**12,60%**	

(continua)

(continuação)

	Valor da empresa resultante	Valor da empresa com sinergia	Valor da sinergia
Taxa de reinvestimento	70,00%	70,00%	
Lucro operacional antes dos impostos-base/ano ($ milhões)	$ 75,00	$ 75,00	
Taxa de crescimento esperado	7,35%	8,82%	
Duração do período de crescimento	5 anos	5 anos	
Valor da empresa ($ milhões)			
VP de FCFF em alto crescimento	$ 78,61	$ 81,89	
Valor terminal	$ 1.052,29	$ 1.126,34	
Valor da empresa hoje	$ 814,49	$ 869,56	$ 55,07

O valor da sinergia resultante do maior retorno sobre os projetos é de $ 55,07 milhões.

Como alternativa, assumimos que a sinergia não se manifestou com maiores retornos sobre capital, porém sob a forma de mais oportunidades de investimento. Nesse caso, teríamos deixado o retorno sobre capital após impostos inalterado a 10,5%, mas aumentado a taxa de reinvestimento para 90%. A tabela seguinte avalia a sinergia resultante:

	Valor da empresa resultante	Valor da empresa com sinergia	Valor da sinergia
Custo do patrimônio líquido	7,85%	7,85%	
Custo da dívida após impostos	3,50%	3,50%	
Custo de capital	7,42%	7,42%	
Retorno sobre capital após impostos	10,50%	10,50%	
Taxa de reinvestimento	**70,00%**	**90,00%**	
Lucro operacional antes dos impostos–base/ano ($ milhões)	$ 75,00	$ 75,00	
Taxa de crescimento esperado	7,35%	9,45%	
Duração do período de crescimento	5 anos	5 anos	
Valor da empresa ($ milhões)			
VP de FCFF em alto crescimento	$ 78,61	$ 27,78	
Valor terminal	$ 1.052,29	$ 1.159,32	
Valor da empresa hoje	$ 814,49	$ 838,51	$ 24,02

A maior taxa de reinvestimento eleva o crescimento esperado durante o período de alto crescimento e gera um valor para a sinergia de $ 24,02 milhões.

Finalmente, assumimos que a sinergia toma a forma de barreiras estratégicas à entrada que manterão a concorrência de fora por mais tempo, embora o retorno sobre capital e a taxa de reinvestimento não mudem nesse período. Na tabela seguinte, estimamos o valor da sinergia a partir da extensão do período até a empresa estabilizar-se em cinco a dez anos:

	Valor da empresa resultante	Valor da empresa com sinergia	Valor da sinergia
Custo do patrimônio líquido	7,85%	7,85%	
Custo da dívida após impostos	3,50%	3,50%	
Custo de capital	7,42%	7,42%	
Retorno sobre capital após impostos	10,50%	10,50%	
Taxa de reinvestimento	70,00%	70,00%	
Lucro operacional antes dos impostos–base/ano ($ milhões)	$ 75,00	$ 75,00	
Taxa de crescimento esperado	7,35%	7,35%	
Duração do período de crescimento	**5 anos**	**10 anos**	
Valor da empresa ($ milhões)			
VP de FCFF em alto crescimento	$ 78,61	$ 125,66	
Valor terminal	$ 1.052,29	$ 1.301,79	
Valor da empresa hoje	$ 814,49	$ 860,21	$ 45,72

O valor da sinergia resultante da capacidade de sustentação dos retornos em excesso por um período maior é de $ 45,72 milhões.

EXEMPLO 15.3: Avaliação de sinergias de custo e de crescimento: Procter & Gamble e Gillette

Para examinar a avaliação da sinergia no cenário mais complicado do mundo real, em que há muitas possíveis fontes de sinergia, analisamos a aquisição da Gillette pela Procter & Gamble (P&G), em 2004. Para avaliar a sinergia, primeiro analisamos a P&G como uma empresa independente, considerando as seguintes premissas:

- A P&G tinha lucros antes de juros e impostos de $ 10.927 milhões sobre receitas de $ 56.741 milhões. A alíquota de imposto de renda para a empresa é de 35%.
- A empresa possuía um capital investido total de $ 38.119 milhões, gerando um retorno sobre capital antes dos impostos de 28,67% (10.927/38.119 = 0,2867).
- A empresa tinha uma razão dívida/capital de 10%, um beta de 0,8 e um custo da dívida antes dos impostos de 5%. Se usarmos uma taxa livre de risco de 4,25% e um prêmio pelo risco de 4%, o custo de capital resultante para a empresa será de 7,03%.

$$\text{Custo do patrimônio líquido} = 4{,}25\% + 0{,}80(4\%) = 7{,}45\%$$
$$\text{Custo de capital} = 7{,}45\%(0{,}90) + 5\%(1 - 0{,}35)(0{,}10) = 7{,}03\%$$

- Embora a taxa de reinvestimento tenha variado com o tempo, assumiremos que a taxa de reinvestimento média de aproximadamente 40% nos últimos cinco anos continuará a se manter no futuro. Isso resulta em uma taxa de crescimento esperado de 7,45% ao ano para os próximos cinco anos.

Retorno sobre capital após impostos = 28,67%(1 − 0,35) = 18,63%
Taxa de reinvestimento = 40%
Taxa de crescimento esperado = Taxa de reinvestimento × Retorno sobre capital = 0,40 × 0,1863 = 0,0745 ou 7,45%

- Após o ano 5, espera-se que o lucro operacional e as receitas cresçam 4,25% ao ano, para sempre, e a empresa não obterá nenhum retorno em excesso; o retorno sobre capital após impostos será igual ao custo de capital de 7,03%. Como resultado, a taxa de reinvestimento após o ano 5 tem de ser recalculada:

Retorno sobre capital após ano 5 = 7,03%

$$\text{Taxa de reinvestimento após ano 5} = \frac{g}{\text{ROC}} = \frac{4{,}25\%}{7{,}03\%} = 60{,}46\%$$

Com base nesses inputs, os fluxos de caixa para a P&G nos próximos cinco anos e para o valor terminal podem ser calculados (valores em milhões de dólares):

Ano	Ebit(1 − t)	Taxa de reinvestimento	Reinvestimento	FCFF
1	$ 7.632	40,00%	$ 3.053	$ 4.579
2	8.201	40,00	3.280	4.920
3	8.812	40,00	3.525	5.287
4	9.469	40,00	3.787	5.681
5	10.174	40,00	4.070	6.105
Ano terminal	10.607	60,46	6.412	4.194

O valor terminal é estimado por meio dos fluxos de caixa no ano terminal, do custo de capital em perpetuidade (7,03%) e da taxa de crescimento esperado de 4,25%:

$$\text{Valor terminal} = \frac{\text{FCFF}_{n+1}}{\text{Custo de capital} - \text{Taxa de crescimento esperado}}$$

$$= \frac{6.412}{0{,}0703 - 0{,}0425} = \$150.879 \text{ milhões}$$

Descontar a valor presente os fluxos de caixa livre esperados para os próximos cinco anos e o valor terminal gera um valor para a P&G de $ 128.985 milhões.

Para avaliar a Gillette como uma empresa independente, partimos de premissas semelhantes quanto a fluxos de caixa, crescimento e reinvestimento. Em particular, assumimos que:

- A Gillette tinha lucros antes de juros e impostos de $ 2.645 milhões sobre receitas de $ 10.477 milhões. A alíquota de imposto de renda para a empresa é de 35%.
- O capital investido na Gillette tem sido volátil, mas assumiremos que ela pode obter um retorno sobre capital antes dos impostos de 25% sobre os seus novos investimentos.

- A empresa possuía uma razão dívida/capital de 10%, um beta de 0,9 e um custo da dívida antes dos impostos de 5%. Se usarmos uma taxa livre de risco de 4,25% e um prêmio pelo risco de 4%, o custo de capital resultante para a empresa é de 7,39%.

$$\text{Custo do patrimônio líquido} = 4,25\% + 0,90(4\%) = 7,85\%$$
$$\text{Custo de capital} = 7,85\%(0,90) + 5\%(1 - 0,35)(0,10) = 7,39\%$$

- Assumiremos que a taxa de reinvestimento média de aproximadamente 50% sobre os cinco anos anteriores continuará a se manter no futuro. Isso resulta em uma taxa de crescimento esperado de 8,13% ao ano para os próximos cinco anos:

Retorno sobre capital após impostos = 25%(1 − 0,35) = 16,25%
Taxa de reinvestimento = 50%
Taxa de crescimento esperado = Taxa de reinvestimento × Retorno sobre capital = 0,50 × 0,1625 = 0,08125

- Após o ano 5, espera-se que o lucro operacional e as receitas cresçam 4,25% ao ano, para sempre, e a empresa não obterá nenhum retorno em excesso; o retorno sobre capital após impostos será igual ao custo de capital de 7,39%. Como resultado, a taxa de reinvestimento após o ano 5 é a seguinte:

Retorno sobre capital após ano 5 = 7,39%

$$\text{Taxa de reinvestimento após ano 5} = \frac{g}{\text{ROC}} = \frac{4,25\%}{7,39\%} = 57,51\%$$

Com base nesses inputs, os fluxos de caixa para a Gillette nos próximos cinco anos e para o valor terminal podem ser calculados como segue (valores em milhões de dólares):

Ano	Ebit(1 − t)	Taxa de reinvestimento	Reinvestimento	FCFF
1	$ 1.859	50,00%	$ 929	$ 929
2	2.010	50,00	1.005	1.005
3	2.173	50,00	1.087	1.087
4	2.350	50,00	1.175	1.175
5	2.541	50,00	1.270	1.270
Ano terminal	2.649	57,51	1.523	1.125

O valor terminal é estimado por meio dos fluxos de caixa no ano terminal, do custo de capital em perpetuidade (7,39%) e da taxa de crescimento esperado de 4,25%:

$$\text{Valor terminal} = \frac{\text{FCFF}_{n+1}}{\text{Custo de capital} - \text{Taxa de crescimento esperado}}$$

$$= \frac{1.523}{0,0739 - 0,0425} = \$\,35.843 \text{ milhões}$$

Descontar a valor presente os fluxos de caixa livre esperados para os próximos cinco anos e o valor terminal gera um valor para a Gillette de $ 29.482 milhões.

O valor da empresa resultante (P&G + Gillette) sem nenhuma sinergia deve ser a soma dos valores das empresas avaliadas independentemente.

Valor da P&G	$ 128.985 milhões
Valor da Gillette	$ 29.482 milhões
Valor da empresa resultante	$ 158.467 milhões

Esse seria o valor da empresa resultante da fusão, na ausência de sinergia.

Para avaliar a sinergia, partimos das seguintes premissas sobre a forma como a sinergia afetaria os fluxos de caixa e as taxas de desconto na empresa resultante:

- A empresa resultante da fusão terá alguma economia de escala, permitindo ligeiro aumento da sua margem operacional após impostos corrente. A economia anual em dólares será de aproximadamente $ 200 milhões. Isso aumentará o lucro operacional antes dos impostos da empresa resultante em $ 200 milhões.

- A empresa resultante também será capaz de gerar um retorno sobre capital após impostos ligeiramente maior (aumento de cerca de 1%) para os próximos cinco anos, enquanto mantém a mesma taxa de reinvestimento que as empresas independentes teriam. Como resultado, a taxa de crescimento nos próximos cinco anos será:[4]

    Retorno sobre capital após impostos = 19,11% (1% maior do que o ROC combinado corrente)
    Taxa de reinvestimento para a empresa resultante = 41,95%
    Taxa de crescimento esperado para os próximos cinco anos = Taxa de reinvestimento × Retorno sobre capital = 0,1911 × 0,4195 = 0,0802 ou 8,02%

- O beta da empresa resultante foi calculado em três etapas. Primeiro, estimamos os betas não alavancados para a P&G e a Gillette.

$$\text{Beta não alavancado da P\&G} = \frac{0,8}{1 + (1 - 0,3)(0,1/0,9)} = 0,7461$$

$$\text{Beta não alavancado da Gillette} = \frac{0,9}{1 + (1 - 0,35)(0,1/0,9)} = 0,8394$$

Depois, pesamos esses betas não alavancados pelos valores dessas empresas para estimar o beta não alavancado da empresa resultante; a P&G tem um valor de empresa[5] de $ 128.985 bilhões e a Gillette, de $ 29.482 bilhões.

$$\text{Beta não alavancado para a empresa resultante} = (0,7461)\left(\frac{128.985}{128.985 + 29.482}\right) + (0,8394)\left(\frac{29.482}{128.985 + 29.482}\right) = 0,7635$$

Usamos a razão dívida/patrimônio líquido da empresa resultante para estimar um novo beta alavancado e o custo de capital da empresa.

Novo beta alavancado = 0,7635[1 + (1 − 0,35)(0,1/0,9)] = 0,8186
Custo do patrimônio líquido = 4,25% + 0,8186(4%) = 7,52%
Custo de capital = 7,52%(0,90) + 5%(1 − 0,35)(0,10) = 7,10%

Com base nessas premissas, os fluxos de caixa e o valor da empresa resultante da fusão, com sinergia, podem ser calculados (valores em milhões de dólares):

Ano	Ebit(1 − t)	Taxa de reinvestimento	Reinvestimento	FCFF
1	$ 9.670	41,95%	$ 4.056	$ 5.613
2	10.455	41,95	4.386	6.069
3	11.305	41,95	4.742	6.563
4	12.223	41,95	5.128	7.096
5	13.216	41,95	5.544	7.672
Ano terminal	13.216	59,88	7.915	5.302

Como em outras avaliações, não presumimos nenhum retorno em excesso após o ano 5.

O valor terminal é estimado por meio dos fluxos de caixa no ano terminal, do custo de capital em perpetuidade (7,10%) e da taxa de crescimento esperado de 4,25%:

$$\text{Valor terminal} = \frac{FCFF_{n+1}}{\text{Custo de capital} - \text{Taxa de crescimento esperado}}$$

$$= \frac{5.302}{0,0710 - 0,0425} = \$ 193.319 \text{ milhões}$$

Descontar a valor presente os fluxos de caixa livre esperados para os próximos cinco anos e o valor terminal gera um valor para a empresa resultante de $ 163.872 milhões.

O valor da empresa resultante, com sinergia, é de $ 163.872 milhões. Isso pode ser comparado ao valor da empresa resultante sem sinergia, de $ 158.467 milhões, e a diferença é o valor da sinergia na fusão.

Valor da empresa resultante (com sinergia)	$ 163.872 milhões
Valor da empresa resultante (sem sinergia)	$ 158.467 milhões
Valor da sinergia	$ 5.405 milhões

Essa avaliação baseia-se na premissa de que a sinergia será criada instantaneamente. Na realidade, pode levar anos antes que as empresas possam colher os benefícios da sinergia. Uma forma simples de explicar a demora é considerar o valor presente da sinergia. Assim, se a P&G e a Gillette levarem três anos para criar a sinergia, o valor presente da sinergia pode ser estimado utilizando-se o custo de capital da empresa resultante como a taxa de desconto.

$$\text{Valor presente da sinergia} = \frac{\$5.405 \text{ milhões}}{1,0710^3} = \$4.400 \text{ milhões}$$

Quanto maior a demora na realização da sinergia, menor o seu valor.

Avaliação das sinergias operacionais — estrutura de opções reais Há aqueles que acreditam que os modelos de fluxo de caixa descontado são limitantes demais quando se trata de avaliar sinergias. Os benefícios da sinergia na maioria das aquisições, argumentam eles, podem ser mais bem compreendidos por meio de uma estrutura de opções. Consideremos o exemplo simples de uma empresa de produtos de consumo nos Estados Unidos que compra uma pequena empresa em um mercado emergente com imenso potencial de crescimento. A empresa adquirente está comprando uma opção para expansão no mercado emergente, em vez de um conjunto de fluxos de caixa esperados. Em essência, o que os defensores das opções reais estão propondo é que um prêmio seja adicionado ao valor do fluxo de caixa descontado da empresa resultante, refletindo o prêmio por tempo da opção.[6] Smith e Triantis (1995) alegam que muitas aquisições criam opções valiosas que os modelos de fluxo de caixa descontado não captam. Essas opções podem ser decorrentes de mais oportunidades de crescimento ou melhor posição competitiva para a empresa resultante ou uma sincronia mais vantajosa de investimentos, e podem agregar valor à empresa adquirente.[7]

A intuição por trás do argumento das opções reais é forte. Às vezes, as aquisições abrem possibilidades que não estariam disponíveis de outra forma, e essas oportunidades são difíceis de serem convertidas em fluxos de caixa esperados.[8] Mas um pouco de ceticismo saudável justifica-se na maioria dos casos. Se a única forma de penetrar em um mercado emergente é comprando uma empresa nesse mercado, e a aquisição dá direitos exclusivos à empresa adquirente para expandir no mercado emergente, há bom motivo para se aplicar um prêmio à opção. Se, como é mais comum, a aquisição de uma empresa for um de muitos meios de entrar em um mercado competitivo, uma avaliação de fluxo de caixa descontado é mais do que adequada para se captarem as sinergias esperadas.

Avaliação de sinergias financeiras

Também se pode criar sinergia a partir de fatores puramente financeiros. Consideramos três fontes legítimas de sinergia financeira: melhor uso para o excesso de caixa ou folga de caixa, maior benefício fiscal proveniente de perdas acumuladas ou maiores deduções fiscais e um aumento na capacidade de endividamento e, portanto, do valor da empresa. No entanto, começamos a discussão com a diversificação, que, embora seja um raciocínio amplamente utilizado para fusões, não constitui uma fonte de aumento de valor em si, ao menos para empresas publicamente negociadas com investidores diversificados.

Diversificação Uma aquisição motivada apenas por questões de diversificação não deve, em si, exercer efeito sobre o valor combinado das duas empresas envolvidas na transação, quando ambas são publicamente negociadas e quando os seus investidores podem diversificar por conta própria. Consideremos o seguinte exemplo. A Dalton Motors, que é uma indústria de autopeças em um negócio cíclico, planeja adquirir a Lube & Auto, uma empresa de serviços automobilísticos, cujo negócio é não cíclico e de alto crescimento, unicamente pelo benefício da diversificação. As características das duas empresas estão resumidas na Tabela 15.2.

A taxa da obrigação de longo prazo do governo é de 4,25% e o prêmio pelo mercado é de 4%. Os cálculos para a média ponderada do custo de capital e o valor das empresas são demonstrados na Tabela 15.3.

O custo do patrimônio líquido (ou da dívida) para a empresa resultante da fusão é obtido pela média ponderada do custo do patrimônio líquido (ou da dívida) da empresa individual; os pesos são baseados nos valores de mercado relativos do patrimônio líquido (ou da dívida) das duas empresas. Visto que esses valores de mercado relativos mudam ao longo do tempo, o mesmo acontece com os custos do patrimônio líquido e da dívida para a empresa resultante.[9] O valor da empresa resultante é o mesmo da soma dos valores das empresas independentes, indicando que não há nenhum ganho de valor decorrente da diversificação.[10]

Essa equivalência não implica, entretanto, que os acionistas na oferta e as empresas-alvo sejam indiferentes quanto às aquisições, uma vez que a empresa ofertante paga um prêmio significativo sobre o preço de mercado. Se essas empresas foram corretamente avaliadas antes da fusão, o pagamento de um prêmio sobre o preço de mercado transferirá a riqueza da empresa ofertante para a empresa-alvo. Também há possibilidade de que a diversificação para negócios nos quais a empresa adquirente tenha pouca experiência possa resultar em operações menos eficientes após a fusão

TABELA 15.2: Características das empresas: Dalton Motors e Lube & Auto		
	Dalton Motors	**Lube & Auto**
Beta	1,2	0,9
Custo da dívida antes dos impostos	5%	5%
Alíquota	30%	30%
Razão dívida/capital	10%	10%
Receitas ($ milhões)	$ 1.000	$ 500
Lucro operacional (Ebit) ($ milhões)	$ 50	$ 25
Retorno sobre capital antes dos impostos	15%	15%
Taxa de reinvestimento	70%	70%
Duração do período de crescimento	5 anos	5 anos

(sinergia reversa). Lang e Stulz (1994) apresentam evidência de que as empresas que estão em múltiplos negócios são negociadas a um desconto entre 5% e 10% sobre os valores da empresa individual e atribuem isso a um desconto pela diversificação.[11] Os mercados parecem reconhecer a incapacidade da diversificação em agregar valor. Doukas, Holmen e Travlos (2001) relatam que os mercados reagem negativamente aos anúncios de aquisições por diversificação.[12]

A ausência de valor agregado a partir de uma aquisição motivada pela diversificação pode parecer confusa, considerando-se o fato de que as duas empresas estão em negócios não correlatos e, assim, deveriam ganhar algum benefício da diversificação. Se os lucros de ambas não forem altamente correlatos, a variância nos lucros da empresa resultante deve ser significativamente inferior à variância nos lucros das empresas individuais operando de forma independente. Essa redução na variância dos lucros não afeta o valor, porém, porque é de risco específico de empresa, supõe-se que não exerça nenhum efeito sobre os retornos esperados. (Os betas, que são indicadores de risco de mercado, são sempre médias ponderadas de valor dos betas das duas empresas em fusão.) Mas e o impacto da variância reduzida sobre a capacidade de endividamento? As empresas com menor variabilidade em lucros podem aumentar a capacidade de endividamento e, portanto, o valor. Esse pode ser o real benefício das aquisições de conglomerados, e consideramos esse tópico em separado, mais à frente nesta seção.

Folga de caixa Os administradores podem rejeitar oportunidades lucrativas de investimento se tiverem de levantar novo capital para financiá-las, por dois motivos. O primeiro é o acesso limitado aos mercados de capital e a decorrente restrição de racionamento de capital. Empresas pequenas e negócios privados geralmente devem rejeitar bons investimentos, porque são incapazes de levantar capital a um preço razoável. O outro motivo foi levantado por Myers e Majluf (1984), que alegaram que os administradores sabem mais que os investidores sobre os projetos em prospecção.[13] Conseqüentemente, novo capital acionário deve ser emitido a um valor inferior com relação ao valor real para financiar esses projetos, acarretando a rejeição de bons projetos. Pode, portanto, fazer sentido para uma empresa com excesso de caixa e nenhuma oportunidade de investimento adquirir outra pobre em caixa, porém com boas oportunidades de investimento, ou vice-versa. O valor adicional dessa fusão é o valor presente dos projetos que não teriam sido empreendidos, se as empresas tivessem se mantido separadas, mas que podem, agora, ser desenvolvidos em razão da disponibilidade de caixa.

A folga de caixa pode ser um poderoso argumento para empresas publicamente negociadas que têm fácil acesso a capital e/ou grandes saldos de caixa e desejam adquirir empresas pequenas e privadas, com restrições de capital. Também pode explicar por que as estratégias de aquisição concentradas na compra de empresas pequenas e privadas têm funcionado razoavelmente bem na prática. Bons exemplos disso são: Blockbuster (locadora de vídeo), Browning-Ferris Industries (tratamento de resíduos) e Service Corporation International (serviço funerário).

TABELA 15.3: Valores da Lube & Auto, da Dalton Motors e da empresa resultante da fusão			
	Empresa adquirente	**Empresa-alvo**	**Empresa resultante**
Custo do patrimônio líquido	9,05%	7,85%	8,60%
Custo da dívida após impostos	3,50%	3,50%	3,50%
Custo de capital	8,50%	7,42%	8,09%
Retorno sobre capital após impostos	10,50%	10,50%	10,50%
Taxa de reinvestimento	70,00%	70,00%	70,00%
Taxa de crescimento esperado	7,35%	7,35%	7,35%
Valor da empresa ($ milhões)			
VP de FCFF em alto crescimento	$ 50,86	$ 26,20	$ 77,14
Valor terminal	$ 612,34	$ 350,76	$ 963,10
Valor da empresa hoje	$ 458,19	$ 271,50	$ 729,69

EXEMPLO 15.4: Avaliação de folga de caixa em uma fusão

É fácil calcular o valor de folga de caixa em uma fusão. Na sua variação mais simples, calculamos os valores presentes líquidos dos projetos que a empresa com escassez de caixa seria obrigada a rejeitar, por causa de sua restrição de caixa, e os adicionamos ao valor da empresa resultante. Como um exemplo simples, vamos supor que a empresa A seja abundante em caixa, mas deficiente em projetos, e possua um saldo de caixa de $ 10 bilhões. A empresa B é deficiente em caixa, porém farta em projetos e rejeitou projetos com valor presente líquido total de $ 1 bilhão, em virtude de suas restrições de caixa. O valor de folga de caixa nessa fusão é de $ 1 bilhão e pode ser considerado como sinergia. Entretanto, isso se baseia na premissa de que a não realização desses projetos neste ano significa perdê-los para sempre. Considerando-se que a empresa deficiente em caixa poderia ter postergado a realização desses investimentos para o futuro, o valor da sinergia será a perda em valores presentes da espera em realizar esses investimentos, em vez de investir todo o $ 1 bilhão hoje.

Benefícios fiscais Vários benefícios fiscais possíveis que advêm de aquisições e desvios na lei fiscal são freqüentemente explorados para se incrementar o valor. Consideremos três exemplos:

1. Se uma das empresas possui deduções fiscais que não pode usar porque está perdendo dinheiro, enquanto a outra possui lucro sobre o qual paga impostos significativos, a combinação das duas pode resultar em benefícios fiscais a ser compartilhados por ambas. O valor dessa sinergia é o valor presente das economias em impostos resultantes da fusão. Ao fazer essa avaliação, devemos ter em mente que as autoridades fiscais têm apertado as restrições, não permitindo às empresas compensar os seus ganhos com as perdas da empresa adquirida.
2. Um segundo benefício potencial origina-se da possibilidade de aumentar o valor dos ativos depreciáveis de uma empresa-alvo em uma aquisição. Isso resultará em maiores economias de impostos a partir da depreciação, em anos futuros. Note, porém, que outro item contábil que nasce das aquisições, o *goodwill*, não gera os mesmos benefícios fiscais, já que sua amortização é geralmente não dedutível.
3. Em alguns países, os adquirentes obtêm benefícios adicionais relativos a declarar novamente o valor contábil do patrimônio líquido na empresa resultante da fusão. No Brasil, por exemplo, as empresas podem reivindicar uma taxa de retorno (especificada pelas autoridades fiscais) sobre o valor contábil do capital como dedução fiscal (de forma análoga à dedução de taxa de juros). Vamos supor, por exemplo, que essa taxa de retorno especificada seja de 12% e que o valor contábil do patrimônio líquido na empresa resultante aumente em $ 2 bilhões, após a fusão. Essa empresa terá direito a $ 240 milhões em deduções fiscais adicionais no ano subseqüente à fusão, e o seu valor aumentará conforme o valor presente das economias em taxas de juros.

Vale observar que as fusões motivadas por considerações fiscais carregam um custo aos contribuintes, que, no final das contas, subsidiam essas fusões.

EXEMPLO 15.5: Avaliação de prejuízo operacional líquido diferido

Suponhamos que uma empresa com lucro operacional esperado de $ 1 bilhão adquira outra com um prejuízo operacional líquido diferido de $ 1 bilhão. O cálculo da sinergia dessa aquisição é a economia em impostos gerada à empresa adquirente. Por exemplo, com uma alíquota marginal de 40%, a economia em impostos neste ano (pressupondo-se que as autoridades fiscais permitirão a compensação do prejuízo operacional da empresa-alvo pelo ganho da adquirente) é de $ 400 milhões. Esse é o valor da sinergia em economia fiscal, se admitirmos que a empresa-alvo poderia jamais ter usado o prejuízo operacional líquido.

A situação complica-se quando a empresa adquirente não possui o lucro para compensar os prejuízos operacionais líquidos de imediato. Por exemplo, se a adquirente nesse caso deveria gerar $ 250 milhões em lucro operacional por ano nos próximos quatro anos e o prejuízo operacional líquido da empresa-alvo foi usado para proteger o lucro a cada ano, a economia em impostos ainda será de $ 400 milhões, mas dispersos em $ 100 milhões por ano, no período de quatro anos. Para avaliar a sinergia em economia de impostos, teríamos de descontar esses fluxos de caixa de volta ao presente, a uma taxa que reflita a incerteza associada ao recebimento dos benefícios. Como essa incerteza relaciona-se diretamente à variabilidade do lucro operacional para a empresa resultante da fusão, usaríamos seu custo de capital como taxa de desconto. Assim, se o custo de capital da empresa resultante for de 8,10% e a economia de $ 100 milhões ao ano nos próximos quatro anos, o valor presente da economia pode ser calculado como:

Valor da economia em impostos = $ 100 milhões (VP da anuidade, 5 anos, 8,10%) = $ 398 milhões

Há variações em que o custo da dívida e o custo do patrimônio líquido são usados para se descontar os benefícios fiscais esperados da dívida. Parece não haver nenhuma base para o uso do primeiro item, mas pode haver alguma justificativa para a aplicação do segundo, principalmente no cálculo do valor do patrimônio líquido de uma empresa diretamente.

EXEMPLO 15.6: Benefícios fiscais de aumentar valores de ativos após uma fusão: Congoleum Inc.

Uma das primeiras compras alavancadas (em inglês, *leveraged buyouts* — LBO) ocorreu em 1979 e envolveu a Congoleum Inc., um negócio diversificado em construção naval, pavimentação e acessórios automotivos. A própria administração da Congoleum comprou a empresa. O tratamento favorável a ser concedido aos ativos da empresa pelas autoridades fiscais foi o principal motivo por trás da transação. Após a aquisição — com custo estimado em aproximadamente $ 400 milhões —, a empresa pôde aumentar o valor dos seus ativos para refletir os seus novos valores de mercado e requerer a depreciação desses novos valores. A alteração estimada em depreciação e o efeito no valor presente dessa depreciação, baseada em uma alíquota de 48% e descontada ao custo de capital de 14,5%, são demonstrados na tabela a seguir (em milhões de dólares):

Ano	Depreciação antes	Depreciação após	Alteração em depreciação	Economia fiscal	Valor presente
1980	$ 8,00	$ 35,51	$ 27,51	$ 13,20	$ 11,53
1981	8,80	36,26	27,46	13,18	10,05
1982	9,68	37,07	27,39	13,15	8,76
1983	10,65	37,95	27,30	13,10	7,62
1984	11,71	21,23	9,52	4,57	2,32
1985	12,65	17,50	4,85	2,33	1,03
1986	13,66	16,00	2,34	1,12	0,43
1987	14,75	14,75	0,00	0,00	0,00
1988	15,94	15,94	0,00	0,00	0,00
1989	17,21	17,21	0,00	0,00	0,00
1980-1989	$ 123,05	$ 249,42	$ 126,37	$ 60,66	$ 41,76

Observe que o aumento em depreciação ocorre nos primeiros sete anos, principalmente em decorrência do incremento nos valores dos ativos e na aceleração da depreciação. Após o ano 7, entretanto, o cronograma antigo e o novo da depreciação convergem. O valor presente dos benefícios fiscais adicionais provenientes da maior depreciação chegou a $ 41,76 milhões, cerca de 10% do preço geral pago sobre a transação. Recentemente, o código fiscal que cobre as reavaliações de ativos foi significativamente restringido. Embora as adquirentes ainda possam reavaliar o valor dos ativos da adquirida, só se pode fazê-lo até um valor justo.

Capacidade de endividamento Se os fluxos de caixa das empresas adquirente e adquirida forem menos que perfeitamente correlacionados, os fluxos de caixa da empresa resultante da fusão serão menos variáveis que os das empresas individuais. Esse decréscimo em variabilidade pode resultar em aumento da capacidade de endividamento e do valor da empresa. O aumento em valor, entretanto, deve ser pesado contra a imediata transferência de riqueza dos acionistas aos credores existentes em ambas as empresas. Os credores nas empresas antes da fusão vêem-se emprestando a uma empresa mais segura, após a aquisição. Contudo, as taxas de cupom que recebem estão baseadas nas empresas de maior risco antes da fusão. Se as taxas de cupom não forem renegociadas, as obrigações aumentarão em preço, incrementando a riqueza dos credores em detrimento dos acionistas.

Há vários modelos disponíveis para análise dos benefícios de razões de endividamento mais altas, em decorrência das aquisições. Lewellen (1971) examina os benefícios em termos do risco reduzido de inadimplência, visto que a empresa resultante da fusão possui fluxos de caixa menos variáveis que as empresas individuais.[14] Ele fornece uma justificativa para um incremento no valor da dívida após a fusão, mas à custa dos investidores em patrimônio líquido. Não fica claro, nesse modelo, se o valor da empresa aumentará após a fusão. Leland e Skarabot (2003) argumentam que as fusões podem aumentar a capacidade de endividamento, mas em detrimento de uma perda da dívida das empresas individuais para escolhas de patrimônio líquido e passivos limitados.[15] Stapleton (1985) avalia os benefícios da maior capacidade de endividamento após as fusões pela precificação de opções.[16] Ele demonstra que o efeito de uma fusão sobre a capacidade de endividamento é sempre positiva, até quando os lucros de ambas as empresas estão perfeitamente correlacionados. Os benefícios da capacidade de endividamento aumentam à medida que os lucros das empresas tornam-se menos correlacionados e os investidores, mais avessos ao risco.

Há um último ponto a considerar no contexto da capacidade de endividamento. Esse argumento pressupõe que tanto a adquirente quanto a adquirida estavam no nível ótimo das suas capacidades de endividamento, antes da fusão. A fusão reduziu o risco geral da empresa resultante e aumentou a capacidade ótima de endividamento. Esse argumento não pode ser usado quando a empresa-alvo ou a adquirente estiver não alavancada e utilizar a aquisição para ascender ao nível ótimo da capacidade de endividamento. Nesse caso, não há nenhum valor de sinergia na fusão, já que nenhuma das empresas poderia ter se movido para a capacidade ótima de endividamento por conta própria e gerado o incremento em valor.

EXEMPLO 15.7: Avaliação da capacidade adicional de endividamento em uma fusão

Consideremos novamente a fusão entre Lube & Auto e Dalton Motors. O valor da empresa resultante era o mesmo que a soma dos valores das empresas independentes. O fato de que ambas estavam em diferentes ramos de negócios reduziu a variância nos lucros, mas o valor não foi afetado, porque as razões de endividamento permaneceram inalteradas após a fusão, e os custos do patrimônio líquido e da dívida eram as médias ponderadas dos custos das empresas individuais.

A redução na variância nos lucros pode aumentar a capacidade de endividamento, que pode incrementar o valor. Se, após a fusão, a capacidade de endividamento da empresa resultante aumentar de 10% para 20% (acarretando um aumento no beta para 1,1866 e nenhuma alteração no custo da dívida), o valor da empresa resultante após a aquisição poderá ser estimado como segue:

	Empresa adquirente	Empresa-alvo	Empresa resultante
Razão de endividamento	10,00%	10,00%	20,00%
Custo do patrimônio líquido	9,05%	7,85%	9,00%
Custo da dívida após impostos	3,50%	3,50%	3,50%
Custo de capital	8,50%	7,42%	7,90%
Retorno sobre capital após impostos	10,50%	10,50%	10,50%
Taxa de reinvestimento	70,00%	70,00%	70,00%
Taxa de crescimento esperado	7,35%	7,35%	7,35%
Valor da empresa ($ milhões)			
VP de FCFF em alto crescimento	$ 50,86	$ 26,20	$ 77,56
Valor terminal	$ 612,34	$ 350,76	$ 987,03
Valor da empresa hoje	$ 458,19	$ 271,50	$ 752,53

Em decorrência da dívida adicional, o valor da empresa aumentará de $ 729,69 milhões para $ 752,53 milhões, criando assim uma sinergia no valor de $ 22,84 milhões.

SINERGIAS DÚBIAS

Agora que avaliamos as sinergias operacional e financeira, passamos ao terceiro grupo que consideramos de mérito duvidoso. Nesse grupo, incluímos as sinergias que pressupõem avaliações equivocadas dos mercados para que tenham valor.

Aquisições expansionistas

Em muitas empresas, há a questão de a aquisição ser expansionista ou contracionista. Uma aquisição expansionista é aquela em que os lucros por ação da empresa adquirente aumentarão após a aquisição, enquanto a contracionista é aquela em que os lucros por ação diminuirão. O que há de errado com esse raciocínio? Uma fusão expansionista requer a aquisição de empresas com razões preço/lucro inferiores às da adquirente. Assim, uma empresa com razão P/L de 30, que adquira outra com razão P/L de 20, terá os seus lucros incrementados após a aquisição, enquanto a aquisição de outra com razão P/L de 40 reduzirá os lucros por ação.

Por que as aquisições expansionistas são consideradas de forma mais favorável que as contracionistas? Usando o argumento de alguns adquirentes, o preço por ação de mercado para o adquirente deve subir em uma aquisição expansionista, porque os lucros por ação são mais altos. Isso pressupõe que o mercado não muda a razão P/L para a empresa após a aquisição. Isso não faz sentido, pois a empresa-alvo presumivelmente tem uma razão P/L inferior, por bons motivos — alto risco e baixo crescimento, por exemplo. Se o mercado for razoavelmente orientado para o futuro, a razão P/L da adquirente deve cair após a aquisição. A queda será proporcionalmente maior ou menor que o aumento nos lucros por ação? Isso dependerá de o preço pago pela empresa-alvo exceder ou ser menor que o valor do alvo. Em outras palavras, a razão P/L para o alvo, em si, deve ser irrelevante ao processo, assim como a questão de os lucros serem expansionistas ou contracionistas.

Apesar desse ponto de vista, algumas empresas continuarão a focar a expansão dos lucros ao fazer aquisições. Elas apostam que os mercados não enxergarão além das aparências e que serão recompensadas com incremento no preço das ações. No curto prazo, essas apostas podem muito bem se concretizar. Andrade (1999) examinou 224 transações entre 1975 e 1994 e constatou que o preço das ações para adquirentes com aquisições expansionistas continuou a subir por 18 meses após a transação e que subiram mais para empresas com grandes porcentagens de investidores não sofisticados.[17] Entretanto, a alteração no preço da ação é muito menor que o esperado, em se tratando de investidores completamente ingênuos. Em outras palavras, há um fundo de verdade no provérbio segundo o qual se pode enganar alguns investidores, por algum tempo.

Rápido crescimento

Diante das perspectivas de crescimento interno anêmico, muitas empresas buscam meios de intensificar rapidamente o crescimento. Investimentos internos podem ser prudentes, mas geralmente possuem longos períodos de gestação, e esperar pelo resultado em crescimento não é considerado uma opção. É natural que essas empresas sejam comumente os adquirentes mais agressivos, e os seus principais alvos costumam ser as empresas com expressivas perspectivas de crescimento. Embora os benefícios de maior crescimento sejam inegáveis, o preço pago por esse crescimento determina se essas aquisições fazem sentido. Se o preço pago pelo crescimento exceder o valor justo de mercado, o preço da ação da adquirente declinará, muito embora o crescimento futuro esperado nos seus fluxos de caixa possa aumentar em decorrência da aquisição.

Pode-se constatar isso com um exemplo simples. Vamos supor que uma empresa adquirente com perspectivas mínimas de crescimento compre uma empresa-alvo com lucrativas oportunidades de investimento e alto potencial de crescimento. A Tabela 15.4 resume as características de ambas as empresas.

Avaliar essas empresas como independentes gera as estimativas de valor demonstradas na Tabela 15.5 (pressupondo-se uma taxa livre de risco de 4,25%, um prêmio pelo risco de 4% e retorno em excesso zero em perpetuidade após o ano 5). A adquirente, com uma taxa de crescimento esperado de 4,20%, está evidentemente comprando o crescimento, uma vez que a empresa-alvo apresenta uma taxa de crescimento esperado de 16,8%. Embora isso vá converter-se em lucros esperados mais altos para a adquirente após a aquisição, não necessariamente se converterá em um incremento de valor aos seus acionistas. Isso dependerá de a adquirente pagar mais ou menos do que o valor estimado do alvo ($ 332,49). Se pagar mais, os seus acionistas perderão valor, ao passo que, se pagar menos, os seus acionistas ganharão. O ganho, porém, não se dá porque a empresa pôde comprar o crescimento, mas porque pôde comprar a empresa-alvo por menos do que o seu valor estimado.

Em suma, a sinergia pode advir de fontes operacionais e financeiras e afetar diversos inputs na avaliação. A Figura 15.2 resume os inputs mais prováveis de serem afetados por cada tipo de sinergia e os efeitos sobre o valor.

EVIDÊNCIA SOBRE SINERGIA — VALOR CRIADO E AGREGADO

Na seção anterior, demonstramos que a sinergia pode ter considerável valor em muitas aquisições, seja por aumentar os fluxos de caixa esperados, seja por reduzir as taxas de desconto. Nesta seção, analisamos uma questão tão crucial quanto esta, do ponto de vista do adquirente, que é o preço a ser pago pela sinergia. Começamos por examinar a evidência sobre a existência de sinergia, tanto à época do anúncio da fusão quanto na seqüência. Prosseguimos desenhando uma estrutura para avaliar a melhor forma de se compartilharem de forma justa os benefícios da sinergia e onde estão as maiores chances de sucesso em uma estratégia de aquisição baseada na sinergia.

TABELA 15.4: Aquisição e empresas-alvo: fusão de crescimento

	Empresa adquirente	Empresa-alvo
Beta	0,8	1,2
Custo da dívida antes dos impostos	5%	5%
Alíquota	30%	30%
Razão dívida/capital	10%	10%
Receitas ($ milhões)	$ 1.000	$ 500
Lucro operacional (Ebit) ($ milhões)	$ 50	$ 25
Retorno sobre capital antes dos impostos	12%	30%
Taxa de reinvestimento	50%	80%
Duração do período de crescimento	5 anos	5 anos

TABELA 15.5: Aquisição e avaliações de empresa-alvo: fusão de crescimento

	Empresa adquirente	Empresa-alvo
Custo do patrimônio líquido	7,45%	9,05%
Custo da dívida após impostos	3,50%	3,50%
Custo de capital	7,06%	8,50%
Retorno sobre capital após impostos	8,40%	21,00%
Taxa de reinvestimento	50,00%	80,00%
Taxa de crescimento esperado	4,20%	16,80%
Valor da empresa		
VP de FCFF em alto crescimento	$ 80,74	$ 21,95
Valor terminal	$ 635,31	$ 466,84
Valor da empresa hoje	$ 532,55	$ 332,49

FIGURA 15.2 – Sinergia e valor

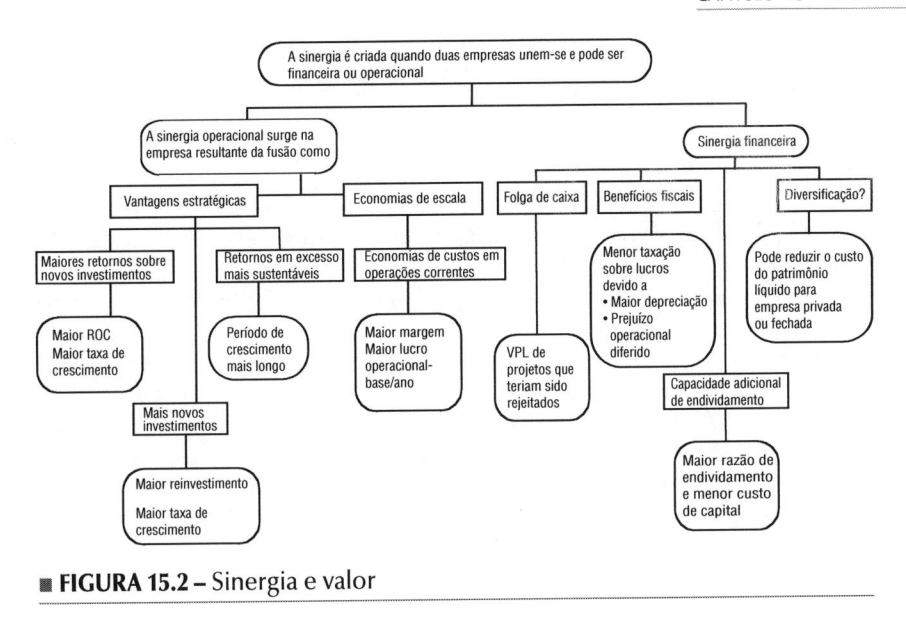

Evidência sobre sinergia

Há duas formas de avaliar a existência de sinergia. A primeira é com base na projeção futura, analisando-se as reações do mercado aos anúncios das aquisições e medindo qual é o valor esperado da sinergia e quem sai ganhando. A segunda é monitorar as fusões após a sua ocorrência e avaliar o sucesso das empresas em realizar os ganhos de sinergia.

Avaliações de mercado à época da fusão A sinergia é um motivo declarado em muitas fusões e aquisições. Bhide (1993) examinou os motivos por trás de 77 aquisições em 1985 e 1986 e relatou que a sinergia operacional foi o principal argumento em um terço dessas transações.[18] Os mercados confiam nessas empresas? Se for percebido que existe sinergia em uma aquisição, o valor de mercado das empresas resultantes, após o anúncio de uma fusão, deve ser maior que a soma dos valores de mercado da empresa proponente e da alvo, antes do mesmo anúncio.

$$V(AB) > V(A) + V(B)$$

onde $V(AB)$ = Valor de uma empresa criada pela junção de A e B
$V(A)$ = Valor da empresa A, operando de forma independente
$V(B)$ = Valor da empresa B, operando de forma independente

Em geral, os estudos sobre retornos de ações em função dos anúncios de fusão concluem que o valor da empresa resultante realmente aumenta na maioria das aquisições e que o incremento é significativo. Bradley, Desai e Kim (1988) examinaram uma amostra de 236 ofertas de aquisições entre empresas entre 1963 e 1984 e relatam que o valor combinado da empresa-alvo e da proponente aumentou 7,48% ($ 117 milhões em dólares de 1984), em média, por ocasião do anúncio da fusão.[19] Esse resultado deve ser interpretado com cautela, porém, já que o incremento no valor da empresa resultante, após uma fusão, é também compatível com uma série de outras hipóteses que explicam as aquisições, inclusive a subavaliação e uma mudança no controle corporativo. Trata-se, portanto, de um teste fraco para a hipótese de sinergia.

Estudos pós-fusão A existência de sinergia geralmente implica que a empresa resultante se tornará mais lucrativa ou crescerá a uma taxa mais rápida, após a transação, do que as empresas operando em separado. Um teste mais forte para a sinergia é avaliar se as empresas que passaram por uma fusão melhoraram seu desempenho (lucratividade e crescimento) *em relação aos seus concorrentes*, após as aquisições.

- A McKinsey and Company examinou 58 programas de aquisição, entre 1972 e 1983, em busca de evidências sobre duas questões: (1) O retorno sobre montante investido nas aquisições excede o custo de capital? (2) As aquisições ajudaram a empresa-mãe a superar o desempenho da concorrência? Os pesquisadores concluíram que 28 dos 58 programas falharam em ambos os testes, e seis falharam em pelo menos um deles. Em um estudo de acompanhamento[20] com 115 fusões na Inglaterra e nos Estados Unidos, na década de 1990, a McKinsey concluiu que 60% das transações obtiveram retornos sobre capital menores que o custo de capital e que apenas 23% apresentaram retornos em excesso. Em 1999, a KPMG analisou 700 das transações mais dispendiosas, entre 1996 e 1998, e concluiu que apenas 17% criaram valor para a empresa resultante da fusão, 30% obtiveram valor neutro e 53% destruíram valor.[21]

- Moeller e Schlingemann (2004) dividiram 4.430 aquisições, entre 1985 e 1995, em internacionais e domésticas e concluíram que os adquirentes nos Estados Unidos pagam mais em excesso nas transações internacionais e possuem menor preço de ação e desempenho operacional no período pós-aquisição. Eles atribuem isso ao fato de os adquirentes superestimarem o valor da sinergia em fusões internacionais ou subestimarem a dificuldade de gerar essa sinergia.[22]
- Um estudo[23] analisou as oito maiores fusões de bancos em 1995 e concluiu que apenas duas (Chase/Chemical, First Chicago/NBD) subseqüentemente superaram o desempenho do índice de ações bancárias. A maior delas, que foi a aquisição do First Interstate pela Well Fargo, foi um grande fracasso. Sirower (1996) analisou detalhadamente as promessas e os fracassos da sinergia e tirou a triste conclusão de que a sinergia é sempre prometida, mas raramente entregue.[24]
- A evidência mais negativa sobre o resultado das aquisições é o grande número delas que são revertidas em períodos relativamente curtos. Mitchell e Lehn (1990) observaram que 20,2% das aquisições realizadas entre 1982 e 1986 foram desfeitas até 1988.[25] Estudos que monitoraram as aquisições por períodos mais longos (dez anos ou mais) constataram que a taxa de desinvestimento das aquisições cresce a quase 50%, sugerindo que poucas empresas desfrutam dos benefícios prometidos pelas aquisições. Em outro estudo, Kaplan e Weisbach (1992) descobriram que 44% das fusões que analisaram foram revertidas, em grande parte porque o adquirente pagou demais ou porque as operações das duas empresas não se mesclavam.[26]

Revendo as evidências, fica claro que os mercados acreditam que há potencial para sinergia quando as fusões ocorrem (apesar de muito menos do que as avaliações gerenciais na mesma época), mas também é evidente que apenas uma pequena proporção das fusões realiza uma substancial sinergia. Essas conclusões são compatíveis com o conceito de que a sinergia de fato existe, mas é bem mais difícil de ser gerada na prática do que no papel.

Compartilhamento dos ganhos de sinergia

Se a sinergia agrega valor significativo, como às vezes ocorre, a próxima questão vem a ser o compartilhamento desses ganhos. Quem deve obter os benefícios dessa sinergia? Em outras palavras, devem ser os acionistas da empresa adquirente ou os da empresa-alvo? Nesta seção, começamos por desenhar um meio de compartilhamento desse valor de uma forma justa tanto para a empresa-alvo quanto para a adquirente. Depois, analisamos a evidência sobre como os benefícios da sinergia são efetivamente divididos. Concluímos examinando como as adquirentes podem melhorar as suas chances de obter uma fatia maior dos benefícios da sinergia.

Estrutura de compartilhamento Se a sinergia é capaz de criar um valor significativo sob as condições certas em uma aquisição, a próxima questão vem a ser a de determinar como esse valor incremental deve ser compartilhado entre os acionistas da empresa adquirente e os da empresa-alvo. Analisaremos a especificidade de cada tipo de sinergia, mas a proposição básica para um compartilhamento justo é simples. Como a sinergia requer habilidades e forças oferecidas tanto pela adquirente quanto pela adquirida para existir, a parte da sinergia que cabe à adquirente dependerá do caráter exclusivo das forças que ela traz para a fusão. No caso limitante, se apenas a adquirente possui os componentes necessários à sinergia, ela deve receber a parte do leão dos benefícios da sinergia. Se as forças da adquirente não são únicas e podem ser oferecidas por outras empresas também, o poder de barganha transfere-se para a empresa-alvo, e os seus acionistas devem receber a maior parcela dos benefícios. A aplicação desse princípio a cada fonte de sinergia descrita anteriormente leva às seguintes conclusões:

- *Sinergias de economia de custos.* Como já observamos, as sinergias de economia de custos são, em geral, subprodutos de fusões horizontais. Se a economia de custos for única à adquirente, esta será capaz de demandar maior porcentagem dos benefícios da sinergia. Esse será comumente o caso das sinergias locacionais. Quando o Bank of America adquiriu o Security Pacific no final dos anos 90, um dos principais itens de economia de custo foi a sobreposição de filiais que esses bancos tinham especificamente na Califórnia e mais genericamente na costa oeste. É improvável que qualquer outro grande banco (que não o Bank of America) tivesse conseguido gerar a mesma economia, dando-lhe, portanto, uma vantagem no processo de oferta. Se a economia de custos fosse mais geral e disponível a qualquer outro negócio congênere, os acionistas da empresa-alvo provavelmente receberiam uma parcela maior dos benefícios. Esse seria o caso, por exemplo, da fusão de duas empresas de produtos de consumo, em que a principal economia de custos advém da integração dos seus departamentos de marketing e da economia pela redução em custos decorrente disso.
- *Sinergias de crescimento.* As sinergias de crescimento podem assumir várias formas, mas também, nesse caso, a parcela da adquirente provavelmente dependerá do que ela coloca na mesa, como a sua vantagem. Consideremos dois exemplos simples. Suponhamos que a Coca-Cola esteja analisando a aquisição de uma empresa de produtos de consumo em um mercado emergente, considerando usar a sua força de marketing para intensificar o crescimento tanto dos seus produtos quanto dos da empresa-alvo. A vantagem que a Coca-Cola traz para o processo de negociação é a experiência de marketing, mas há outras indústrias congêneres (Diageo, PepsiCo) capazes de se equiparar a ela. Em contraposição, a Cisco costuma comprar empresas jovens de tecnologia no seu domínio de

negócios e usar a sua habilidade em converter a tecnologia prometida em produtos comerciais, para gerar valor incremental. Essa habilidade, que requer um conjunto de habilidades tecnológicas e de marketing, é mais difícil de reproduzir. É natural a expectativa de que a Cisco terá uma parcela maior dos benefícios da sinergia do que a Coca-Cola, ao fazer aquisições.
- *Capacidade de endividamento.* Em sinergias motivadas pela capacidade de endividamento e/ou menores custos da dívida, ambas as empresas envolvidas devem estar em ramos diferentes e ser de alto risco como entidades independentes. Considerando-se que nenhuma delas possui qualquer vantagem única, é de esperar um compartilhamento razoavelmente equivalente dos benefícios da sinergia.
- *Folga de caixa.* Como a folga de caixa é mais bem explorada quando uma empresa madura com significativo saldo de caixa se junta a outra em crescimento, com pouco caixa (e grandes oportunidades de investimento), o compartilhamento dos benefícios dependerá em boa parte de qual dessas forças (caixa ou oportunidades de crescimento) é mais escassa no mercado. Em uma economia de mercado emergente, em que as oportunidades de investimento são abundantes, mas as empresas sofrem de escassez de caixa (talvez porque os mercados de capital não sejam bem desenvolvidos), é natural supor que as empresas com fartura de caixa tomem a maior parcela dos ganhos de sinergia provenientes da folga de caixa. Em economias mais maduras, com mercados de capital aberto, é de esperar que as empresas com oportunidades de crescimento detenham a vantagem no processo de barganha.
- *Benefícios fiscais.* Os benefícios fiscais de uma aquisição advêm de maiores deduções de impostos após a fusão (a partir de baixas de depreciação ou amortização) ou de menor alíquota. Em ambos os casos, a parcela da adquirente dependerá se está íntegra o suficiente para receber esses benefícios fiscais. Se qualquer adquirente pode baixar os ativos de uma empresa-alvo após uma aquisição, a expectativa é que os acionistas da empresa-alvo recebam a maior parte do benefício da sinergia. Se a participação da adquirente for essencial ao benefício fiscal a ser gerado, ela controlará uma fatia maior do prêmio.

Uma questão prática sobrepõe-se a essa discussão. Para que uma empresa-alvo possa extrair a maior parte do prêmio pela sinergia, ela deve ser capaz de abrir o processo de barganha e forçar a adquirente a equiparar a sua oferta às de outros. No caso de empresas publicamente negociadas, isso é fácil de fazer porque o mercado desempenha o papel de um proponente na concorrência e força a adquirente a apostar cotas cada vez maiores do prêmio pela sinergia. Em alguns casos, um proponente entrará na concorrência e elevará o preço. No caso de negócios privados, principalmente de pequeno porte, abrir o processo de oferta a outros proponentes é muito mais difícil. Conseqüentemente, as adquirentes têm mais chance, qualquer que seja o valor da sinergia, de extrair uma proporção maior desse valor.

Evidências sobre o compartilhamento de sinergia Na seção anterior, analisamos a evidência que é compatível com a existência de sinergia em muitas fusões. Entretanto, isso nem sempre se traduz em ganhos aos acionistas da empresa adquirente, já que depende do preço pago pela aquisição. A evidência cumulativa sobre as aquisições sugere que os acionistas das empresas-alvo são os evidentes vencedores nessas transações — eles obtêm retornos significativos,[27] não só por ocasião do anúncio das aquisições, mas também nas semanas precedentes. Em 1983, Jensen e Ruback revisaram 13 estudos sobre os retornos de anúncios de aquisições e relataram uma média de retorno de 30% aos acionistas da empresa-alvo em ofertas de aquisição bem-sucedidas e 20% aos acionistas da empresa-alvo em aquisições de sucesso.[28] Em 1988, Jarrell, Brickley e Netter examinaram os resultados de 663 ofertas de aquisição feitas entre 1962 e 1985 e observaram que os prêmios atingiram a média de 19% na década de 1960, 35% na de 1970 e 30% entre 1980 e 1985.[29] O comportamento do retorno de uma empresa-alvo típica em uma aquisição está ilustrado na Figura 15.3, a partir de um dos estudos,[30] nos 20 dias antes e depois do anúncio de uma aquisição.

Vale notar que pouco mais da metade do prêmio associado à aquisição já está incorporado ao preço à época do anúncio da aquisição. Isso sugere que há vazamento de informação sobre as aquisições a alguns investidores que negociam com base nessa informação. Na data da aquisição, há um salto evidente no preço da ação, mas apenas uma sutil evidência de movimentação. Quando classificamos as aquisições com base em como a adquirente paga por elas, descobrimos que o preço das ações das empresas-alvo tende a ter melhor desempenho no anúncio das aquisições baseadas em caixa (em que a adquirente utiliza apenas caixa para pagar pelas ações da adquirida) do que nas aquisições baseadas em ações. Os prêmios em aquisições hostis são maiores que aqueles em fusões amigáveis, e os prêmios em ofertas de aquisição são ligeiramente mais altos que em fusões. A Figura 15.4, extraída de um estudo,[31] provê um exemplo da magnitude das diferenças.

Não importa como se classifiquem as aquisições: os acionistas das empresas-alvo têm poucos motivos para reclamar, já que saem com saudáveis ganhos em preço.

O efeito dos anúncios de aquisições sobre os preços das ações da empresa proponente não é tão explícito quanto o é para as empresas-alvo. No estudo anteriormente referenciado, Jensen e Ruback relatam retorno em excesso de 4% aos acionistas da proponente proximamente às ofertas de aquisição e nenhum retorno em excesso antes das fusões. Jarrell, Brickley e Netter, em sua análise de ofertas de aquisição de 1962 a 1985, observaram um declínio em retornos aos acionistas da proponente, de 4,4% na década de 1960 a 2% na de 1970 para –1% na de 1980. Outros estudos indicam que aproximadamente metade de todas as empresas proponentes obtém retornos negativos próximo ao anúncio de

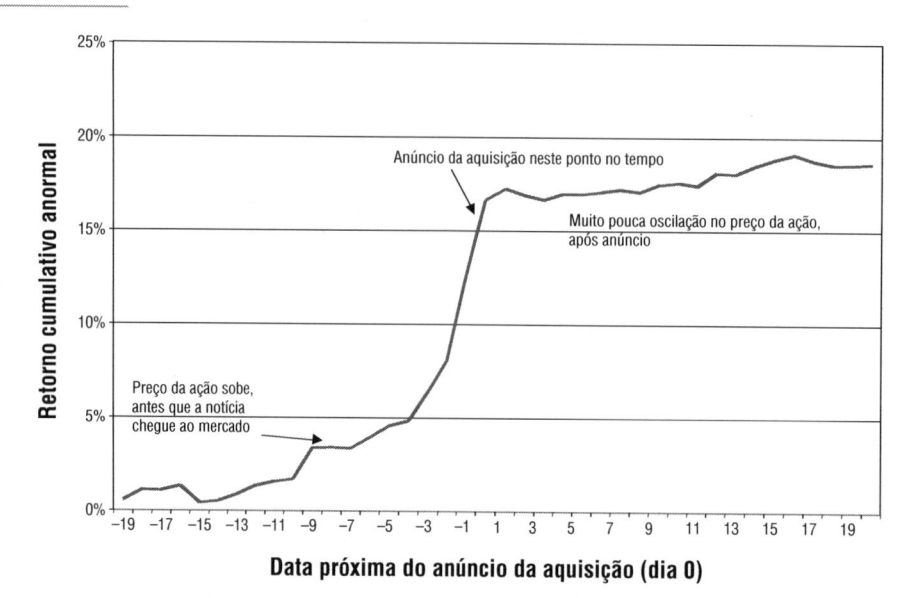

FIGURA 15.3 – Retorno em excesso cumulativo para ações da empresa-alvo

Fonte: Dennis e McConnell (1986).

aquisições, sugerindo o ceticismo dos acionistas quanto ao valor percebido da aquisição em um número significativo de casos. No estudo mais recente, Moeller, Schlingemann e Stulz (2004) estimaram que os acionistas das empresas adquirentes perderam 12 centavos por dólar gasto em aquisições entre 1998 e 2001, traduzindo-se em uma perda de $ 240 bilhões no período. Em contraste, perderam apenas $ 7 bilhões coletivamente por toda a década de 1980. Entretanto, quase toda a riqueza perdida dos acionistas entre 1998 e 2001 pode ser atribuída a algumas transações muito grandes, em que a adquirente pagou em excesso (como a negociação da Time Warner/AOL).[32]

Como questão final, vale observar que pode ser simplista analisar o comportamento do preço das ações da empresa adquirente e da empresa-alvo no dia do anúncio da aquisição para se obter um indicador do valor da sinergia e da possibilidade de pagamento em excesso pelos proponentes. Afinal, a maioria dos anúncios de aquisição não é uma completa surpresa, e o mercado geralmente reserva as suas expectativas quanto ao preço da ação. Hietala, Kaplan e Robinson (2000) desenvolveram uma abordagem que leva em consideração as oscilações do preço das ações para a empresa-alvo e várias proponentes, desde o anúncio da fusão até a sua consumação, para extrair o valor da sinergia e a extensão do pagamento a menor ou a maior pela adquirente.[33] Usando essa abordagem, eles concluíram que a Viacom pagou $ 1,5 bilhão a mais quando comprou a Paramount em 1994 e que a QVC, que perdeu a guerra de ofertas, efetivamente possuía mais sinergias com a Paramount do que a Viacom.

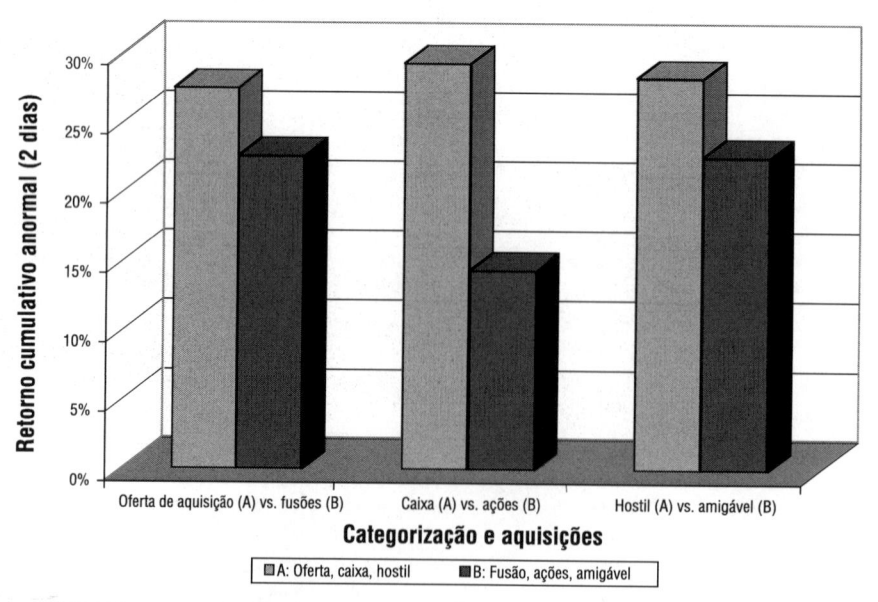

FIGURA 15.4 – Prêmios da empresa-alvo em aquisições

Fonte: Huang e Walkling (1987).

Considerando as evidências, é fácil compreender por que os acionistas da empresa proponente não compartilham o entusiasmo que os administradores dessas empresas têm por fusões e aquisições. Na maioria das aquisições, até naquelas em que a sinergia é real e cria valor, os acionistas da adquirente recebem pouco ou nenhum benefício dela. Na verdade, em uma porcentagem significativa das aquisições, as adquirentes pagam mais de 100% do valor da sinergia, deixando os seus acionistas em condição pior do que estariam sem a aquisição.

Por que proponentes pagam a mais pela sinergia?

Há uma série de explicações possíveis para o fenômeno de pagamento em excesso pelos proponentes para a sinergia:

- *Viés no processo de avaliação.* Na maioria das negociações de fusão, avaliar se a transação faz sentido (isto é, se a empresa-alvo é uma barganha ao preço ofertado) é função dos negociadores (os bancos de investimento da adquirente). Esse processo é claramente suscetível a conflitos de interesses e viés. A remuneração dos negociadores depende da concretização da transação e não da sua validade. Se juntarmos esse viés ao fato de que os administradores da maioria das empresas adquirentes já decidiram a favor da aquisição a qualquer preço, é natural que tantas más negociações sejam realizadas, em que as adquirentes pagam a mais por sinergia e controle.
- *Excesso de confiança administrativa.* Roll (1986) argumentou que, em muitas aquisições, o orgulho estava na raiz dos pagamentos em excesso.[34] A aquisição de empresas parece regularmente superestimar quanta sinergia há nas fusões e subestimar quanto tempo levará para que entreguem essa sinergia. Isso pode parecer irracional, considerando-se o registro que outras empresas adquirentes possuem por conta de ambos. Entretanto, isso reflete a crença de que os administradores parecem achar que são melhores do que a média e, portanto, imunes a tais erros. O argumento de Roll tem sido sustentado por estudos empíricos que constataram que os prêmios pelas aquisições tendem a refletir os egos dos CEOs da empresa adquirente. Hayward e Hambrick (1997), por exemplo, analisaram 106 grandes aquisições e mediram o excesso de confiança de CEOs por meio de três *proxies* — sucesso organizacional recente, elogio da mídia e relativo poder (medido pela razão compensação do CEO/próximo funcionário mais bem pago).[35] Eles constataram que CEOs vaidosos e excessivamente autoconfiantes freqüentemente pagavam a mais pelas aquisições.
- *Falta de planejamento para a sinergia.* O estudo da KPMG mencionado anteriormente sobre as estratégias pós-fusão também observou que muitas empresas não possuem planos explícitos para realizar a sinergia. Na seqüência, nenhuma dessas organizações é responsabilizada pela geração de sinergia. As empresas que não trabalham a geração da sinergia descobrirão que não há nenhuma sinergia; afinal, os custos não se cortam por si mesmos e o crescimento requer decisões de investimento.

Aumento da probabilidade de sucesso

A evidência sobre a agregação de valor das fusões é, na melhor das hipóteses, nebulosa e, na pior, negativa. No entanto, algumas fusões claramente agregam valor e outras são bem-sucedidas na criação de sinergia. Embora possam ser mais a exceção que a regra, o passado parece sustentar algumas lições para empresas analisando o temerário desafio de realizar sinergia em fusão:

- As fusões entre iguais (empresas de mesmo porte) parecem apresentar menor probabilidade de sucesso do que aquisições de uma empresa menor por outra muito maior.[36] Pode ser que isso ocorra porque os conflitos culturais, que são inevitáveis quando duas grandes empresas se juntam (Citigroup e Travelers, por exemplo), retardarão o processo de implementação e concretização da sinergia.
- Fusões orientadas para economia de custos, em que essas economias são concretas e imediatas, parecem ter melhor chance de entregar sinergia do que as fusões baseadas nas sinergias de crescimento. Estas, afinal, não só são mais evasivas, mas também menos prováveis de serem colocadas no papel e, portanto, menos prováveis de explicitar os mecanismos de acompanhamento e monitoramento. Um estudo realizado pela McKinsey sobre os valores da sinergia examinou a proporção do valor de sinergia prometido concretizada em fusões de economia de custos e crescimento, e os resultados estão resumidos na Figura 15.5.[37]
- Os programas de aquisição focados na compra de pequenos negócios privados para consolidações têm apresentado mais êxito que aqueles que se concentram na aquisição de empresas publicamente negociadas. Há duas vantagens principais na compra de negócios privados. A primeira é que eles operam sob restrições de capital mais severas, e as sinergias (do uso de folga de caixa) serão provavelmente muito maiores do que para os alvos de capital aberto. A segunda é que o adquirente não precisa mais iniciar com um preço de mercado, que pode já refletir o valor da sinergia e acrescentar um prêmio a ele. O valor de uma empresa privada tem de ser estimado e está menos propenso a incluir esse viés de mercado.

Concluindo, a sinergia é difícil de realizar, mas não impossível de criar. As empresas que são disciplinadas ao fazer aquisições e mantêm-se focadas serão mais capazes de entregar os prometidos benefícios da sinergia.

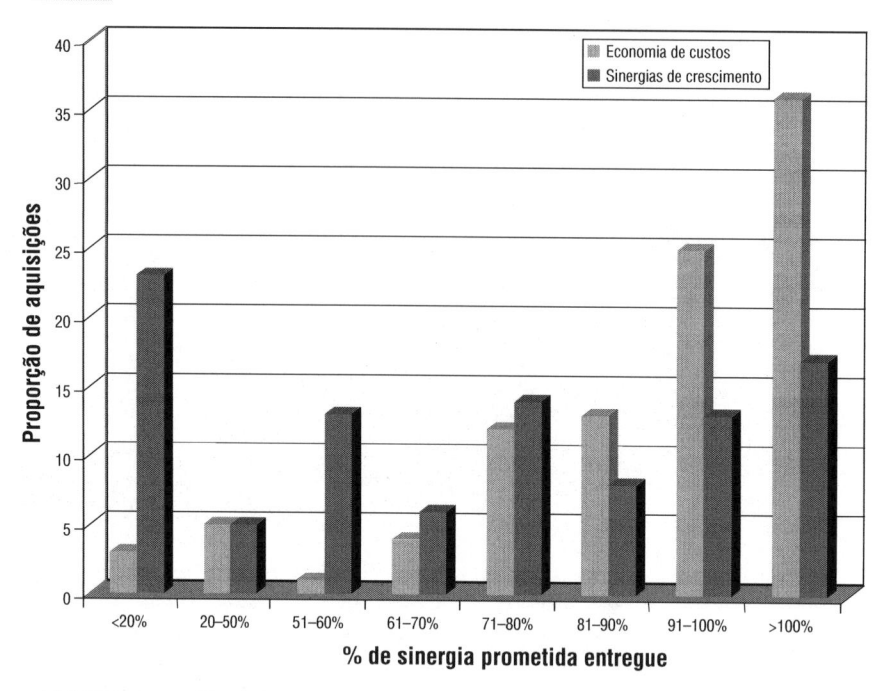

FIGURA 15.5 – Sinergia — entregue *versus* prometida

Fonte: Christofferson, McNish e Sias (2004).

ERROS COMUNS NA AVALIAÇÃO DE SINERGIA

Embora, em geral, as empresas estejam dispostas a pagar bilhões de dólares pela sinergia em fusões, há vários erros comumente incorridos pelos analistas convocados a avaliar as sinergias. É comum as empresas adquirentes subsidiarem os acionistas da empresa-alvo pela identificação equivocada das fontes de sinergia ou pelo uso da taxa de desconto errada sobre as economias provenientes da sinergia. Também é comum haver embaralhamento e duplicidade na contagem dos valores de sinergia e controle. Finalmente, o excesso de otimismo sobre quando os ganhos de sinergia ocorrerão geralmente leva a um valor alto demais atribuído à sinergia.

Subsídio aos acionistas da empresa-alvo

As empresas adquirentes devem seguir uma regra simples quando se trata de valor. Não oferecer aos acionistas da empresa-alvo prêmios por itens ou vantagens que eles não ajudaram a criar. Consideremos dois exemplos muito simples, em que podemos constatar esse subsídio aos acionistas da empresa-alvo por parte das adquirentes:

1. Uma empresa adquirente com alto *rating* de dívida adquire outra com *rating* de dívida muito inferior. Suponhamos, a título de ilustração, que o custo da dívida após impostos da adquirente é de 3% e o da empresa-alvo, 5%, e que a razão de endividamento da segunda é de 30%. Ao calcular o custo de capital para a empresa-alvo, o analista decide usar o custo da dívida da adquirente, argumentando que a aquisição será financiada com nova dívida ao custo mais baixo. Esse custo de capital mais baixo (proveniente da substituição do custo da dívida da empresa-alvo pelo custo da dívida inferior da adquirente) resultará em um valor mais elevado para a empresa-alvo. Por que os acionistas da empresa-alvo, que não desempenharam nenhum papel no *rating* mais alto da adquirente, deveriam receber um prêmio por isso? O pagamento desse maior valor resultaria em uma transferência de riqueza dos acionistas da adquirente aos acionistas da empresa-alvo.

2. Uma empresa adquirente com excesso de capacidade de endividamento usa isso para financiar a aquisição de uma empresa-alvo. Esta será adquirida com um montante desproporcional de dívida, excedendo bastante o que poderia ter usado para financiar as próprias operações. Se avaliarmos a empresa-alvo com essa alta razão de endividamento (e baixo custo de capital), sem dúvida chegaremos a um valor muito superior. No entanto, o pagamento desse alto valor seria um erro, porque estaríamos subsidiando os acionistas da empresa-alvo por algo que não criaram — o excesso de capacidade de endividamento da adquirente.

Em um nível mais geral, as empresas adquirentes têm exagerado na disposição em conceder o valor tanto da sinergia quanto do controle aos acionistas da empresa-alvo nas fusões. Como já observamos neste capítulo, o compartilhamento justo da sinergia deve deixar os acionistas da adquirente com, no mínimo, parte do valor incremental decorrente da sinergia.

Taxa de desconto errada

A sinergia normalmente gera fluxos de caixa incrementais sobre períodos futuros, e a avaliação desses fluxos de caixa requer uma taxa de desconto. A aplicação da taxa de desconto errada sobre os fluxos de caixa da sinergia resultará no erro de avaliação dessa sinergia. O princípio geral que rege a estimativa das taxas de desconto, segundo o qual elas devem refletir o risco da não-diversificação nos fluxos de caixa, continua válido no que se refere aos fluxos de caixa das sinergias. Não obstante esse princípio, há alguns erros comuns que continuam a ser cometidos quando se trata de avaliar a sinergia:

- Fluxos de caixa gerados pela sinergia acumulam-se na empresa resultante da fusão e não na empresa-alvo ou na adquirente, em separado. Devemos usar o custo do patrimônio líquido e/ou de capital da empresa resultante para descontar esses fluxos de caixa. Em muitas aquisições, os fluxos de caixa provenientes da sinergia são descontados ao custo do patrimônio líquido/capital ou da adquirente ou da empresa-alvo.
- Como já observamos, é comum os analistas descontarem as economias em impostos decorrentes das aquisições à taxa livre de risco. Os fluxos de caixa gerados pela sinergia nunca são livres de risco, e não é apropriado aplicar a taxa livre de risco para se descontarem os fluxos de caixa.
- Se a sinergia envolve a entrada em novos negócios com características de risco muito diferentes daquelas em que a adquirente ou a empresa-alvo estão envolvidas à época da fusão, a taxa de desconto aplicada aos fluxos de caixa deve ser diferente dos custos de capital tanto da adquirente quanto da empresa-alvo.

Confusão entre controle e sinergia

Embora a sinergia seja usada como o principal motivo de muitas fusões, outro argumento freqüentemente usado nas aquisições é o controle. O valor do controle deriva da mudança na forma como uma empresa é administrada e será maior nas empresas mal administradas. Em muitas avaliações de aquisições, os valores de controle e de sinergia são examinados juntos e é difícil determinar onde um acaba e o outro começa. Ao combinar ambos, também corremos o risco de usar as taxas de desconto erradas para avaliar cada componente. O valor do controle é muito diferente do valor da sinergia pelo seguinte motivo: a sinergia requer duas entidades (empresas, negócios, projetos) para existir e resulta da combinação de ambas. O controle, por outro lado, reside inteiramente na empresa-alvo e não requer uma análise da empresa adquirente (ou sua avaliação).

Se tanto o controle quanto a sinergia são os motivadores da mesma aquisição, é melhor avaliar separadamente os seus valores. De fato, o valor do controle deve ser estimado primeiro por meio da avaliação da empresa-alvo duas vezes, uma com base no *status quo* (com a administração vigente) e outra com as mudanças planejadas para a forma de administração da empresa. Após o valor do controle ter sido estimado, o valor da sinergia pode ser calculado pela estrutura desenhada anteriormente neste capítulo.

CONCLUSÃO

Freqüentemente prometida e raramente entregue — esta talvez seja a forma mais apta de descrever a sinergia na maioria das aquisições. Há potencial para sinergia em muitas fusões, seja operacional ou financeira. Neste capítulo, começamos por analisar as fontes de sinergia e a melhor maneira de avaliar cada uma delas. Em geral, as sinergias operacionais manifestam-se como fluxos de caixa mais elevados, enquanto as sinergias financeiras podem afetar tanto os fluxos de caixa quanto as taxas de desconto. Para avaliar a sinergia, tanto as adquirentes quanto as empresas-alvo devem antes ser avaliadas em separado, e a soma desses valores pode ser comparada ao valor da empresa resultante da fusão (com os benefícios da sinergia incorporados), para se estimar o ganho de valor a partir da sinergia.

Embora haja alguma evidência de sinergia no conjunto de todas as aquisições, a maioria das fusões falha na concretização de qualquer sinergia. Mesmo que aceitemos o fato de que há valor na sinergia, os acionistas das empresas adquirentes não recebem quase nenhum dos benefícios do incremento de valor; na verdade, se paga a mais pela sinergia, na maioria das aquisições. Atribuímos esse excedente de pagamento a uma série de fatores, incluindo excesso de confiança da administração, viés no processo de estimativa e falta de planejamento para a sinergia. Encerramos o capítulo analisando como melhorar as chances de entrega da sinergia e alguns erros comuns na avaliação da sinergia.

Notas

1. A ironia é que esse motivo deve permanecer oculto ou subliminar, já que as leis antitruste podem ser acionadas para impedir esse tipo de fusão.
2. O Capítulo 13 analisa quanto vale o controle.
3. Essa premissa permite calcular uma taxa de reinvestimento em perpetuidade:

$$\text{Taxa de reinvestimento} = \frac{\text{Taxa de crescimento esperado em perpetuidade}}{\text{Retorno sobre capital}}$$

Nesse exemplo, ambas as empresas possuem retornos sobre capital de 7,42% em perpetuidade e crescem a 4,25% ao ano. A taxa de reinvestimento resultante é de 57,28% (4,25%/7,42%).

4. Para calcular o retorno sobre capital da empresa resultante da fusão, adicionamos os lucros operacionais de ambas as empresas antes da fusão e dividimos pelo seu capital total. Isso gera um retorno sobre capital após impostos de 18,11% para a empresa:

$$\text{Retorno sobre capital para a empresa resultante} = \frac{(10.927 + 2.645)(1 - 0{,}35)}{38.119 + 10.580} = 18{,}11\%$$

5. Os valores que usamos foram aqueles imediatamente antes do anúncio da aquisição. Isso para prevenir o viés que poderia ocorrer com o aumento no preço da ação-alvo após o anúncio da aquisição.
6. Paul D. Childs, Steven H. Ott e Alexander J. Triantis, "Capital budgeting for interrelated projects: a real options approach", *Journal of Financial and Quantitative Analysis*, 33, n. 3, 1998, p. 305–334.
7. Kenneth W. Smith e Alexander J. Triantis, "The value of options in strategic acquisitions". In: *Real options capital investment: models, strategies and applications*, Lenos Trigeorgis. (Ed.). Westport, CT: Praeger, 1995.
8. O argumento das opções reais é altamente dependente de dois conceitos: o aprendizado que ocorre por se estar em um novo mercado e as decisões mais informadas que fluem a partir desse aprendizado.
9. Se as duas empresas em processo de fusão possuem custos de capital diferentes e/ou taxas de crescimento diferentes, os pesos de valor relativo de ambas mudarão com o tempo. No caso do crescimento, é fácil compreender por que isso ocorre. A empresa cujos lucros crescem mais rapidamente verá o seu valor aumentar mais rapidamente com o tempo e tornar-se uma parte maior da empresa resultante da fusão. No caso dos diferentes custos de capital, o motivo é um pouco mais sutil. A empresa com maior custo de capital pode supostamente crescer mais depressa em valor e tornar-se uma parte maior da empresa resultante.
10. O beta não alavancado da empresa resultante será uma média ponderada dos betas das empresas individuais, sendo que os pesos são os de valor de mercado. Os próprios pesos mudarão com o tempo, considerando-se que as empresas possuem diferentes custos de capital. Para que os valores sejam exatamente compatíveis, devemos calcular o custo de capital a cada ano, pelo valor estimado para as empresas a cada ano.
11. L. Lang e R. Stulz, "Tobin's Q, corporate diversification, and firm performance", *Journal of Political Economy*, 1994, p. 1248–1280.
12. J. A. Doukas, M. Holmen e N. G. Travlos, "Corporate diversification and firm performance: evidence from Swedish acquisitions", W*orking Paper*, SSRN, 2001. Eles analisaram 93 empresas ofertantes na Suécia, entre 1980 e 1995, e também relataram que o desempenho operacional se deteriora após aquisições por diversificação.
13. S. Myers e N. Majluf, "Corporate financing and investment decisions when firms have information that investors do not have", *Journal of Financial Economics*, 13, 1984, p. 187–221.
14. W. G. Lewellen, "A pure financial rationale for the conglomerate merger", *Journal of Finance*, 26, 1971, p. 521–537.
15. H. Leland e J. Skarabot, "Financial synergies and the optimal scope of the firm: implications for mergers, spinoffs, and off-balance sheet finance", W*orking Paper*, Haas School of Business, 2003.
16. R. C. Stapleton, "A note on default risk, leverage and the MM theorem", *Journal of Financial Economics*, 2, 1985, p. 377–381.
17. G. Andrade, "Do appearances matter? The impact of EPS accretion and dilution on stock prices", *Working Paper*, Harvard Business School, 1999.
18. A. Bhide, "Reversing corporate diversification". In: *The new corporate finance: where theory meets practice*, D. H. Chew Jr. (ed.). Nova York: McGraw-Hill, 1993.
19. M. Bradley, A. Desai e E. H. Kim, "Synergistic gains from corporate acquisitions and their division between the stockholders of target and acquiring firms", *Journal of Financial Economics*, 21, 1988, p. 3–40.
20. Esse estudo foi referenciado em um artigo intitulado "Merger Mayhem" publicado na *Barron's* em 20 de abril de 1998.
21. A KPMG mediu o êxito na criação de valor, comparando o desempenho do preço das ações da empresa resultante após a transação com o desempenho do segmento industrial relevante por um ano, após a transação ter sido realizada.
22. S. B. Moeller e F. P. Schlingemann, "Are cross border acquisitions different from domestic acquisitions? Evidence from stock and operating performance of U.S. acquirers", *Working Paper*, SSRN, 2004.
23. Esse estudo foi realizado por Keefe, Bruyette e Woods, um banco de investimentos. Foi referenciado em um artigo intitulado "Merger Mayhem" na *Barron's*, em 20 de abril de 1998.
24. M. L. Sirower, *The synergy trap*. Nova York: Simon & Schuster, 1996.
25. M. L. Mitchell e K. Lehn, "Do bad bidders make good targets?", *Journal of Applied Corporate Finance*, 3, 1990, p. 60–69.
26. S. Kaplan e M. S. Weisbach, "The success of acquisitions: the evidence from divestitures", *Journal of Finance*, 47, 1992, p. 107–138.
27. Os retornos em excesso dos anúncios de aquisições para a empresa-alvo são tão grandes que o uso de diferentes modelos de risco e retorno parecem não exercer nenhum efeito sobre as conclusões gerais.
28. M. C. Jensen e R. S. Ruback, "The market for corporate control", *Journal of Financial Economics*, 11, 1983, p. 5–50.
29. G. A. Jarrell, J. A. Brickley e J. M. Netter, "The market for corporate control: the empirical evidence since 1980", *Journal of Economic Perspectives*, 2, 1988, p. 49–68.
30. Consulte D. Dennis e J. McConnell, "Corporate mergers and security returns", *Journal of Financial Economics*, 16, 1986, p. 143–188.
31. R. D. Huang e R. Walkling, "Acquisition announcements and abnormal returns", *Journal of Financial Economics*, 19, 1987, p. 329–350.
32. S. B. Moeller, F. P. Schlingemann e R. M. Stulz, "Wealth destruction on a massive scale? A study of acquiring firm returns in the recent merger wave", *Journal of Finance*, 60, 2004, p. 757–782.
33. P. Hietalla, S. N. Kaplan e D. T. Robinson, "What is the price of hubris? Using takeover battles to infer overpayments and synergies", *Working Paper*, University of Chicago, 2000.
34. Richard Roll, "The hubris hypothesis of corporate takeovers", *Journal of Business*, 59, 1986, p. 97–216.
35. M. Hayward e D. Hambrick, "Explaining the premiums paid for large acquisitions: evidence of CEO hubris", *Administrative Science Quarterly*, 42, 1997, p. 103–127. Cada artigo adicional na mídia elogiando o CEO aumenta o prêmio pela aquisição em 1,6%.
36. Isso pode refletir bem o fato de que os fracassos de fusões entre iguais são muito mais visíveis que as uniões de empresas pequenas e grandes.
37. S. A. Christofferson, R. S. McNish e D. L. Sias, "Where mergers go wrong", *McKinsey on Finance*, inverno de 2004.

Capítulo 16

Valor da transparência

Ao avaliar empresas, recorremos às demonstrações financeiras para obter informações e contamos com elas para nos fornecerem dados confiáveis sobre o que uma empresa lucra, o que ela possui e quanto possui. Nem todas as demonstrações financeiras, porém, são elaboradas da mesma forma, e algumas são claramente mais difíceis de lidar (do ponto de vista da avaliação) do que outras, por dois motivos. Um é a má prática contábil, em que as demonstrações financeiras retêm informações relevantes e materiais ou fornecem informações incorretas sobre a empresa. A culpa pelas demonstrações financeiras equivocadas e incompletas não recai necessariamente sobre as autoridades regulatórias, e restringir as leis de divulgação não eliminará o problema. O outro motivo é a complexidade corporativa. Mesmo com demonstrações financeiras igualmente informativas, algumas empresas são mais fáceis de avaliar que outras, simplesmente porque são menos complicadas; por exemplo, o Wal-Mart é muito mais fácil de avaliar que a General Electric.

Neste capítulo, analisamos se a complexidade de uma empresa deve exercer efeito sobre o seu valor. Para responder a essa pergunta, começamos a discutir por que a complexidade deve importar aos investidores e depois examinamos duas questões mais espinhosas: o que torna uma empresa complexa? E como medir a complexidade? Passamos então a examinar as evidências empíricas sobre como os investidores lidam com a complexidade, ao avaliar empresas. Encerramos o capítulo analisando meios de incorporar a complexidade tanto às avaliações de fluxo de caixa descontado quanto às avaliações relativas.

UM EXPERIMENTO

Vamos considerar o seguinte experimento. Estamos analisando duas empresas com a mesma exposição ao risco de mercado geral e a mesma alavancagem financeira. Suponhamos que ambas tenham os mesmos lucros operacionais e retornos sobre capital similares e que se espera a mesma taxa de crescimento no lucro operacional. Finalmente, admitimos que A seja uma empresa de negócio único, com demonstrações financeiras abertas e fáceis de entender, e que B seja uma empresa de múltiplos negócios, com demonstrações financeiras complexas e difíceis de entender. Considerando-se que elas possuem os mesmos fundamentos financeiros, devem ser negociadas ao mesmo valor? Se não, qual delas deve valer mais e por quê?

Na avaliação convencional de fluxo de caixa descontado (DCF), seria atribuído o mesmo valor a ambas.[1] Afinal, o fluxo de caixa após impostos advém do lucro operacional e das necessidades de reinvestimento, e nenhum ajuste é feito nesse cálculo para o grau de complexidade da empresa. A taxa de desconto é calculada com base no risco da não-diversificação no patrimônio líquido da empresa e o risco de inadimplência da sua dívida. É verdade que o beta de uma empresa de múltiplos negócios será uma média ponderada dos betas dos vários negócios em que atua, mas isso não penaliza uma empresa diversificada. De fato, geralmente damos às empresas diversificadas (e complicadas) uma ligeira vantagem nas avaliações pelo fluxo de caixa descontado, ao permitir que carreguem mais dívida e tenham custo de capital menor.

Na avaliação relativa, somos ainda mais casuais na forma como lidamos com a complexidade. Comparamos empresas sobre razões preço/lucro (P/L) ou valor das operações da empresa para múltiplos de Ebitda (EV/Ebitda), e, mesmo que ajustemos as diferenças entre empresas nos fundamentos, estes tendem a ser financeiros (risco, crescimento e fluxos de caixa) e quase nunca se relacionam com a complexidade. Como no caso da avaliação DCF, quando fazemos ajustes, damos às empresas complexas uma vantagem, ao defender que devem ser negociadas a múltiplos mais altos de lucros ou valor contábil, porque são mais diversificadas e de menor risco.

Neste capítulo, argumentamos e apresentamos evidência de que a maioria dos investidores avaliaria a empresa mais simples em mais alta conta do que a complexa, descontando assim o valor da última tanto pela sua complexidade quanto pelas suas demonstrações financeiras nebulosas. Eles estão sendo irracionais ou somos nós que estamos deixando passar um aspecto importante do valor nos modelos de avaliação? Acreditamos que seja a segunda hipótese e apresentamos formas de medir a complexidade e incorporá-la aos modelos de avaliação.

DEFINIÇÃO DE COMPLEXIDADE

Para uma empresa transparente, a informação necessária à sua avaliação não só está disponível e acessível de forma oportuna, mas também é relativamente simples de interpretar e aplicar nos modelos de avaliação. Se definirmos uma empresa complexa como aquela em que é difícil converter informações em inputs para avaliação, já podemos constatar que a definição de complexidade é complicada. Ela não pode ser estabelecida em termos da quantidade de informações, nas quais as empresas transparentes são definidas como aquelas que fornecem mais informações. Afinal, a informação deve ser confiável e aplicável para ter valor. Na realidade, a complexidade no contexto da avaliação pode assumir duas formas. Na primeira, a informação necessária à avaliação da empresa ou não está disponível ou está distorcida, o que vem a ser um problema de divulgação da informação. Note que esse problema pode ser criado seja pela ausência de dados relevantes, seja pela presença de dados não pertinentes. Na segunda, a informação pode estar disponível, mas a própria empresa é tão complexa (seja por causa de sua estrutura organizacional, seja em função dos seus interesses nos negócios), que a avaliação torna-se difícil.

Ao separar os dois fatores de complexidade, é possível perceber que a intensificação e a restrição das leis de divulgação podem reduzir o primeiro problema, embora os reguladores tenham de pesar os benefícios de exigir mais divulgação em contraposição aos custos de se elaborarem demonstrações financeiras mais complicadas; no entanto, a regulamentação pouco pode fazer quanto à segunda questão. Neste capítulo, consideramos a complexidade de ambas as fontes, as fontes da complexidade e as motivações das empresas para deliberadamente criarem essa complexidade.

FONTES DE COMPLEXIDADE

Usando a ampla definição de complexidade apresentada na seção anterior, podemos começar a analisar as fontes de complexidade. Parte dela pode ser atribuída a forças externas — autoridades regulatórias e comissões de padrões contábeis —, mas a maioria pode ser remetida à empresa. Em outras palavras, empresas com demonstrações financeiras complexas e difíceis de usar não têm ninguém a quem culpar, a não ser a si mesmas pela maior parte da complexidade.

Estrutura de regulamentação

Como definimos a complexidade a fim de incluir tanto a ausência de informações relevantes quanto a presença de informações não pertinentes, parte da responsabilidade pela complexidade deve ser assumida pelas autoridades regulatórias que regem a revelação de dados. As demonstrações financeiras em muitos mercados emergentes são comumente incompletas e deixam de prestar grandes porções de informações relevantes, muito em decorrência das frouxas exigências regulatórias. Berglof e Pajuste (2005) examinaram demonstrações de 370 empresas da Europa central e oriental e constataram a não-divulgação disseminada de dados básicos sobre governança e desempenho.[2] Entretanto, também descobriram que as políticas de divulgação dependem mais da estrutura legal e da prática vigente no país em que a empresa está incorporada do que das características da empresa. É razoável afirmar que as empresas que operam em mercados em que deficientes políticas de divulgação são relevadas terão pouco incentivo para melhorar as suas práticas.

Padrões contábeis

Com base na seção anterior, pareceria que mais divulgação é melhor que menos e que exigir mais informações deve, portanto, tornar as empresas mais transparentes. Nesta seção, examinamos o lado negro dessas exigências de divulgação, que são as demonstrações financeiras complicadas e difíceis de usar. Na verdade, cada vez mais, os padrões e as práticas contábeis carregam parte da responsabilidade por maior complexidade das demonstrações financeiras, principalmente nos Estados Unidos e na Europa. Parte dos problemas com as demonstrações contábeis origina-se da forma como os padrões contábeis são escritos e o espaço de manobra que propiciam às empresas na sua interpretação, e parte do problema advém das mudanças que foram feitas nesses padrões, geralmente na melhor das intenções.

Inconsistência na aplicação dos princípios contábeis Os padrões contábeis que estão nos livros hoje foram originalmente escritos para indústrias que dominaram os negócios há 40 anos e sofreram emendas e modificações para se adequarem às diversas empresas existentes no mercado hoje. As regras contábeis desenvolvidas na era industrial não fizeram bem a passagem para a era da informação. A forma como os ativos intangíveis de empresas de tecnologia são avaliados nos balanços patrimoniais constitui os exemplos mais visíveis das falhas e contradições que complicam a contabilidade hoje. Para ilustrar, uma empresa que compra uma patente vai demonstrá-la como um ativo, ao passo que outra que desenvolva uma patente similar com base em pesquisa interna não a demonstrará como um ativo.[3] Mas há outros exemplos. Um varejista que toma empréstimo e compra as suas lojas vai demonstrá-las como ativos e o empréstimo como dívida, mas um concorrente que faz arrendamento dessas lojas em geral não demonstrará nenhum dos arrendamentos como dívida nem divulgará ativos.[4]

As formas como as demonstrações financeiras lidam com as opções de funcionários e as aquisições também criaram problemas aos investidores. As empresas que usam as opções para recompensar executivos e funcionários claramente as usam como compensação gerencial. Faz sentido, portanto, que essas opções sejam avaliadas e tratadas como despesas operacionais no período da sua concessão. Sob os atuais padrões contábeis, ignoramos essas opções quando são concedidas e as consideramos apenas quando exercidas.[5] O uso dos métodos de comunhão de interesses (*pooling*) e de compra nas aquisições, permitidas até 2001, tornava possível que as empresas que se qualificavam à comunhão de interesses pudessem essencialmente ocultar o custo das aquisições da maioria dos investidores.[6]

Por que isso aumenta a complexidade das demonstrações financeiras? Dependendo dos ativos em que investem e como estruturam esses investimentos, as empresas podem ocultar os ativos e a dívida dos investidores. Para sermos justos com os contadores, geralmente há informação suficiente disponibilizada nas notas de rodapé das demonstrações financeiras para corrigir as muitas inconsistências nos Estados Unidos.[7]

Padrões contábeis nebulosos Nos últimos anos, tivemos uma noção do poder discricionário das empresas na mensuração de lucro e capital. Nos anos 90, por exemplo, empresas mais agressivas usaram a margem de manobra disponível nos padrões contábeis para apresentar lucros maiores, capital investido menor e retornos sobre capital muito mais elevados. Consideremos três exemplos:

1. *Despesas não recorrentes.* As empresas têm sido cada vez mais criativas no uso de despesas não recorrentes e não operacionais, para mover despesas operacionais normais para baixo da linha de lucro operacional. Na verdade, o surgimento desses débitos ano após ano essencialmente exagera o lucro operacional e pode simultaneamente reduzir o valor contábil do capital investido.[8]
2. *Ativos ocultos.* As empresas também têm usado caminhos tortuosos nos padrões contábeis para mover ativos e dívida para fora dos seus livros, utilizando entidades e parcerias para fins específicos.[9] Algumas delas usam essas entidades como dispositivos legítimos para reduzir seu custo da dívida e depois prover informação sobre a sua existência nas demonstrações financeiras, mas outras as utilizam para ocultar o seu nível de endividamento do público.
3. *Suavização e administração dos lucros.* As empresas têm aplicado uma variedade de técnicas para suavizar os lucros por períodos. Nos anos 90, a Microsoft rotineiramente subestimou os lucros provenientes das atualizações tanto do software operacional quanto de aplicativos, desenvolvendo uma reserva a qual poderia recorrer naqueles trimestres em que os lucros reais ameaçassem ficar aquém das expectativas. A Intel declarou a avaliação de preço sobre os investimentos que tinha em patrimônio líquido de outras empresas como lucro e usou esses lucros adicionais para atender às expectativas de mercado. Durante o *boom* do mercado de ações na década de 1990, algumas empresas relataram parte do excedente dos seus ativos de fundos de pensão como lucro.[10] Que dano resulta dessas práticas? Para o melhor ou o pior, os investidores que analisam a estabilidade dos lucros como indicador de risco do patrimônio líquido são induzidos a crer que essas empresas (e outras similares) são de menor risco do que na realidade.

Isso significa que devemos eliminar todo o poder discricionário concedido às empresas? Não pensamos assim, já que há claramente despesas e lucro não recorrentes que devem ser separados de despesas e lucro operacionais. Uma vigilância mais efetiva dos auditores previne esse tipo de abuso? Talvez, mas temos sérias dúvidas a respeito. Em outras palavras, não importa a rigidez com que uma regra contábil é escrita, haverá empresas mais agressivas que outras na sua interpretação da regra. A ironia é que a severidade das regras e a elaboração de novas apenas aumentam a distância entre empresas agressivas que ainda encontram brechas e as conservadoras, que seguem as regras.

Conseqüências imprevistas do aumento de exigências de divulgação Nas últimas três décadas, constatou-se um foco crescente na revelação de informações em demonstrações contábeis. Essa tendência tem raízes nos Estados Unidos, mas também se alastrou para outros mercados. Embora seja nobre o objetivo de se aumentar a divulgação — para fornecer aos investidores mais informações sobre as empresas em que investem —, há efeitos colaterais não previstos que não são tão favoráveis. Primeiro, a proliferação de regras contábeis e o nível de detalhamento exigido na divulgação tornaram as demonstrações financeiras muito mais longas e complexas. Por exemplo, consideremos o lado do passivo no balanço patrimonial de uma típica empresa norte-americana. Há trinta anos, seriam demonstrados os passivos circulantes (contas a pagar, crédito a fornecedores e dívida de curto prazo), dívida de longo prazo (empréstimos bancários e obrigações corporativas) e ações dos acionistas (capital integralizado e lucros retidos). Hoje, veremos, além desses três itens, uma série de outros, inclusive os passivos de pensão sem fundos e benefícios de plano de saúde e as provisões para passivos legais futuros. Segundo, o nível crescente de detalhamento, tanto nas próprias demonstrações financeiras quanto em suas notas de rodapé, geralmente torna obscuras informações importantes sobre a empresa. Em outras palavras, as demonstrações financeiras às vezes se tornam depósitos de dados difíceis de navegar para os investidores.

Para exemplificar quanto as regras contábeis contribuíram para o peso das demonstrações financeiras, analisamos o número de páginas nos arquivos de relatórios anuais da Procter & Gamble e Kimberly-Clark na Securities and Exchange Commission (SEC) de 1990 até 2004, como demonstra a Figura 16.1. Embora parte desse aumento possa ser atribuída à complexidade cada vez maior dos negócios da P&G, uma grande parcela dele reflete os efeitos de novos editais e regras contábeis.

O processo continua incólume. Cada escândalo contábil aumenta a pressão tanto sobre os legisladores quanto sobre as comissões de padrões contábeis para que acrescentem novos requerimentos ao que necessita ser divulgado aos

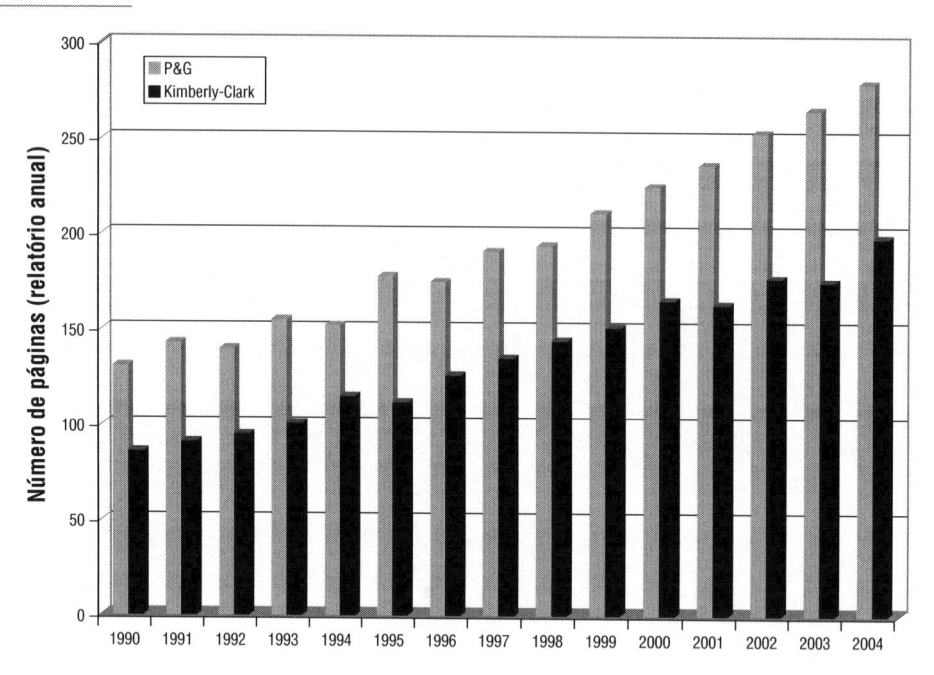

FIGURA 16.1 – Número de páginas no relatório anual: Procter & Gamble e Kimberly-Clark

Fonte: Securities and Exchange Commission.

investidores. Assim, a passagem da lei Sarbanes-Oxley sem dúvida gerará um incremento de volume, se não de qualidade, das demonstrações financeiras nos próximos anos. Na Europa e nos Estados Unidos, o impulso à contabilidade de valor justo, embora bem-intencionado, contribuiu para o peso das demonstrações financeiras e tornou-as mais difíceis de tratar, em vez de mais informativas.

Mix de negócios

Algumas empresas são mais complexas que outras simplesmente porque operam em múltiplos negócios, geralmente com pouco em comum. A General Electric (GE), por exemplo, possui operações em mais de dez negócios distintos com margens e perfis de risco muito diferentes. Portanto, analisar a GE é mais difícil que avaliar a Adobe Systems, que produz e vende apenas software. Por que as empresas envolvem-se em negócios variados e, com freqüência, sem correlação? Nas décadas de 1960 e 1970, o ímpeto veio do desejo de diversificar, que, argumentava-se, reduziria o risco. Nos anos 80, o argumento era de que uma empresa bem administrada poderia adquirir outras mal administradas em outros negócios e usar a sua gestão superior para incrementar valor. Se esses benefícios efetivamente se materializam é questionável, mas a complexidade agregada às demonstrações financeiras é um custo potencial.

Não é só o número de negócios variados em que a empresa atua que gera complexidade, mas também as diferenças entre os negócios. Indústrias com braços financeiros (GE Capital, GMAC, Ford Capital) são particularmente difíceis de lidar, porque há enormes diferenças em alavancagem financeira e características operacionais entre as partes financeira e não financeira das empresas.

Estruturação do negócio

Quando as empresas entram em novos mercados ou negócios, a forma como estruturam esses negócios pode impactar a sua complexidade. Por exemplo, uma empresa que mantém cada negócio em separado e de forma independente (com as próprias demonstrações financeiras) deve ser mais fácil de avaliar que outra que embrulha todos os negócios em uma entidade. Em alguns casos, as empresas podem exacerbar os problemas criando subsidiárias para cada um dos seus negócios, mantendo menos de 100% dessas subsidiárias. Nos Estados Unidos, por exemplo, uma empresa que possua 51% de uma subsidiária terá de consolidar as suas demonstrações financeiras e demonstrar as participações minoritárias como um passivo.[11] Uma empresa que possua apenas 15% de uma subsidiária pode demonstrar apenas as cotas dos dividendos na subsidiária e não refletir nenhum dos ativos e passivos da subsidiária no seu balanço patrimonial.

Um bom exemplo de complexidade gerada pela estruturação seria a divisão pela Coca-Cola dos seus engarrafadores, nos anos 80. Ao transformar esses engarrafadores em entidades independentes e reduzir a sua posse neles abaixo do limite majoritário, a Coca-Cola conseguiu retirar os seus ativos de menor retorno dos livros e declarar retornos sobre capital significativamente maiores. Na realidade, porém, a posse parcial dos engarrafadores obscurece os reais retornos e alavancagem financeira da empresa consolidada. Afinal, a Coca-Cola e os seus engarrafadores são uma entidade composta, com o valor de uma resultando da existência da outra.

Os problemas com os investimentos em participações societárias são mais visíveis nas empresas asiáticas, principalmente os conglomerados mais antigos. Os investimentos em participações societárias complicados nessas empresas refletem não só o seu longo histórico como negócios privados (em que o objetivo era declarar tanto em ganhos quanto em lucros), mas o desejo corrente da parte dos gerentes titulares em controlar essas empresas com participações mínimas. Em alguns casos, os investimentos em participações societárias estão em outros negócios privados, com pouca ou nenhuma informação disponível sobre eles. As estruturas de negócios criadas para intensificar o controle também contribuem para a complexidade. Por exemplo, a estrutura piramidal (descrita mais detalhadamente no Capítulo 13) favorecida por muitas empresas asiáticas e européias pode tornar as demonstrações financeiras menos transparentes, pois os acionistas controladores no topo da pirâmide podem transferir dinheiro entre as empresas do grupo.[12]

Estratégias de crescimento

As empresas podem crescer por meio de aquisições ou de projetos internos. Como regra, responder por projetos internos é bem mais simples e transparente do que pelas aquisições. Na verdade, as escolhas discricionárias das empresas aquisitivas aumentam nas seguintes dimensões:

- *Tipo de empresa adquirida*. Os efeitos contábeis das aquisições podem variar amplamente, dependendo do tipo de empresa adquirida. Por exemplo, a aquisição de uma empresa jovem, de alto crescimento, com significativos ativos intangíveis gerará uma proporção muito maior de *goodwill* do que a aquisição de outra madura com ativos tangíveis.
- *Método de pagamento*. As aquisições podem ser pagas com caixa, por meio da aquisição de ações da empresa ou por alguma combinação de ambos, e o mecanismo de pagamento pode ter conseqüências não só para como a aquisição é registrada nas demonstrações financeiras, mas também para os passivos fiscais gerados para a empresa.
- *Alocação de preço de compra*. Como o método da comunhão de interesses (*pooling*) não é mais permitido em aquisições, todo o preço de compra deve ser registrado para todas as aquisições; mas esse preço de compra é primeiro alocado entre os ativos da empresa-alvo e o saldo é registrado como *goodwill*. Embora haja diretrizes e restrições sobre a alocação de preço de compra a ativos existentes, há discrição suficiente no processo em que diferentes avaliadores podem chegar a diferentes estimativas para o valor do ativo e do *goodwill*.
- *Tratamento do* goodwill. Após o *goodwill* ter sido registrado nos livros, as empresas são solicitadas a revisar essa estimativa ano a ano e registrar qualquer perda em valor que possa ter se acumulado (como uma baixa por perdas) em relação ao período anterior. Também, nesse caso, há algum arbítrio tanto na magnitude quanto na sincronia desses débitos. Empresas mais agressivas assumirão baixas menores e mais postergadas do que as mais conservadoras.

Essas escolhas, por sua vez, tornam as demonstrações financeiras mais difíceis de serem utilizadas, não só no ano da aquisição, mas também em períodos subseqüentes.

Escolhas financeiras

Há três décadas, as opções de uma empresa em se tratando de financiamento eram diretas. Ela poderia usar ações ordinárias (patrimônio líquido) ou empréstimos bancários/obrigações corporativas (dívida) e refletir no balanço patrimonial as quantias levantadas em cada meio. Como as opções financeiras proliferaram e novas e diferentes formas de levantamento de fundos (conversíveis, *warrants* e outros híbridos) passaram a existir, o balanço patrimonial ficou mais complicado. Uma categoria inteiramente nova de financiamento que os contadores chamam quase-patrimônio líquido, representando os títulos híbridos (que são parte dívida e parte patrimônio líquido), agora desempenha papel proeminente em muitos balanços patrimoniais. As empresas também se tornaram mais criativas (com a ajuda dos bancos de investimento) em manter a dívida fora dos livros.

Vamos considerar um exemplo. No início dos anos 90, os bancos de investimento criaram um título designado 'ações preferenciais'. Esses títulos permitiam às empresas gerar os benefícios fiscais da dívida, mas eram tratados como patrimônio líquido pelas agências de *rating*. Isso liberou as empresas, que de outra forma não teriam como tomar empréstimo (em virtude das restrições de *rating* de dívida), a usar as ações preferenciais para expansão e investimentos. Embora as agências de *rating* tenham atentado, com o tempo, para o fato de que esses títulos eram mais dívida que patrimônio líquido, bancos criativos inventaram instrumentos mais novos e complicados para deixar as empresas tomarem empréstimo, sem ter o rótulo de 'dívida' atrelado a ele. O processo culminou no colapso da Enron, em que a dívida acumulada em parcerias e entidades ocultas eventualmente se juntou para destruir a empresa.

Em resumo

A complexidade das demonstrações contábeis é um reflexo tanto de tendências abrangentes em contabilidade que afetam todas as empresas quanto de escolhas conscientes feitas pelas empresas. Divergências em transparência entre os países podem ser mais bem explicadas pelas divergências em cenários contábeis, regulatórios e políticos, mas também há diferenças significativas entre empresas em qualquer país. Essas diferenças podem ser remetidas a como a empresa é estruturada, aos negócios em que opera e a como exerce o poder discricionário no âmbito das regras contábeis vigentes. Assim, uma empresa que atue em um único negócio pode acabar com demonstrações financeiras muito complexas (e de difícil compreensão) por usar instrumentos financeiros complexos para levantamento de fundos e ser agressiva nas suas escolhas contábeis. Uma empresa com um mix complexo de negócios pode agir para tornar suas demonstrações financeiras transparentes, indo muito além das exigências legais da divulgação de informações.

MOTIVOS DA COMPLEXIDADE

Empresas com demonstrações financeiras complicadas devem arcar com muito da responsabilidade pela complexidade, não importando se os seus padrões contábeis são rigorosos ou frouxos. Isso se dá porque os padrões contábeis estabelecem um piso para o que deve ser revelado e não um teto. As empresas que desejam revelar mais aos seus investidores podem sempre fazê-lo. A Infosys, fabricante indiano de software, por exemplo, tem demonstrações financeiras que são mais transparentes do que aquelas apresentadas pela maioria das empresas norte-americanas, embora as exigências contábeis para revelação de informações na Índia sejam muito menos rígidas que os padrões norte-americanos.[13] Nesta seção, analisamos alguns dos motivos pelos quais as empresas podem optar por demonstrações financeiras mais difusas e difíceis de entender.

Controle

Muitos gerentes temem as aquisições hostis e tentam tomar o lugar de adquirentes hostis ao estruturar uma gama desconcertante de subsidiárias e holdings para ocultar os seus ativos e ao criar novos títulos financeiros — ações ordinárias com diferentes direitos a voto, por exemplo. Como essas ações afastam adquirentes hostis? Primeiro, a informação que não está disponível aos investidores também não está disponível a potenciais adquirentes hostis, dificultando a eles detectar quando os ativos de uma empresa estão sendo mal administrados e subavaliados. Segundo, a complicada estrutura de holding e instrumentos financeiros usados pela empresa pode estorvar a obtenção do controle efetivo da empresa. Não é de surpreender que as empresas que são transparentes quanto à sua posição financeira também tendem a ser transparentes quanto à governança corporativa, enquanto aquelas com fraca governança corporativa geralmente têm demonstrações financeiras obscuras.

Como observamos na seção anterior, empresas familiares em mercados emergentes têm usado os investimentos em participações societárias e as estruturas piramidais para efetivamente cimentar o controle nas mãos dos membros da família. Ao não fornecer informações completas sobre os investimentos em participações societárias, criam obstáculos aos acionistas que desejam fazer-lhes perguntas relevantes sobre a lucratividade e o valor desses investimentos.

Como consideração final, parece haver alguma inter-relação entre conexões políticas e a transparência das demonstrações financeiras. Em uma série de estudos, Riahi-Belkaoui constatou que a falta de clareza nos lucros está diretamente associada à porcentagem de empresas politicamente conectadas em um mercado.[14]

Benefícios fiscais

Às vezes, as empresas podem reduzir suas cargas tributárias criando estruturas de holding em domicílios de baixos impostos. Por exemplo, não é incomum que empresas nos Estados Unidos tenham subsidiárias em locais isentos de impostos, como as Ilhas Caimã e o Panamá, e canalizem lucro para essas subsidiárias.[15] Estruturas complexas em holding também permitem às empresas transferir lucro de uma subsidiária a outra, por meio de preço de transferência e empréstimos intercompanhias. Em outras palavras, as empresas não podem dar-se ao luxo de ser transparentes com os acionistas, se preferem a falta de clareza quando se trata de autoridades fiscais. Como proposição geral, a complexidade nas leis fiscais gerará complexidade nas demonstrações financeiras. Legisladores que reclamam do segundo caso devem analisar o seu papel na criação do primeiro.

Questões operacionais e de negócios

Para algumas empresas, pelo menos, há custos reais em revelar informações aos mercados financeiros. Os concorrentes podem usá-las para afinar as estratégias, e funcionários e clientes podem reagir negativamente aos dados nas demonstrações financeiras, principalmente quando há crise financeira. De fato, existe a possibilidade de que a percepção de que a empresa enfrenta dificuldade crie uma espiral de morte, em que os clientes parem de comprar os seus produtos e os funcionários abandonem o barco, produzindo assim mais dificuldade financeira, até ela se tornar uma profecia auto-realizável. No Capítulo 6, discutimos esse fenômeno no contexto dos custos indiretos de falência.

Os potenciais efeitos negativos de mais divulgação (e transparência) foram examinados por Alamazan, Suarez e Titman (2002).[16] Eles argumentam que o aumento de transparência pode reduzir o valor da empresa quando os custos indiretos de falência são altos. Observaram que, em alguns casos, mais transparência pode resultar em mais conservadorismo nas estruturas de capital, menos confiança em financiamento externo e um afastamento dos investimentos de valor presente líquido positivo. Eles argumentam que empresas de tecnologia, em especial, podem sofrer com a maior transparência em demonstrações financeiras. Temos pouca simpatia por esse argumento, uma vez que essas empresas optaram por acessar os mercados públicos de capital por fundos adicionais. Em contrapartida ao acesso a capital, comprometeram-se a fornecer informações aos investidores. Se acham que os custos excedem os benefícios, podem sempre voltar a ser negócios privados.

Fraude

Reservamos o mais detestável dos motivos de complexidade para o final. Às vezes, as empresas criam estruturas complexas para induzir os investidores a crer que elas valem mais do que realmente valem ou que devem menos do que realmente devem. Em muitos casos, o que começa como uma pequena nuvem de evasão avoluma-se com o tempo e, quando a verdade aparece, o que é inevitável, há enormes custos econômicos e sociais. Os executivos dessas empresas reclamam muito das acusações de fraude e, em geral, encontram meios de justificar racionalmente seus atos.[17] Observe, porém, que investidores e analistas não devem ser aliviados das suas responsabilidades quando as empresas lançam mão desses jogos de trapaça. Para a fraude funcionar, geralmente é necessário que analistas desviem o olhar e não façam perguntas duras aos administradores e que investidores baseiem as suas escolhas de investimento em dados históricos e pouca análise.

MENSURAÇÃO DA COMPLEXIDADE

Embora investidores e analistas reclamem cada vez mais do aumento de complexidade nas demonstrações financeiras, não há nenhum indicador simples ou fácil de complexidade. Há os que alegam conhecer a complexidade à primeira vista, mas esse não é um indicador muito satisfatório nem objetivo. Nesta seção, analisamos algumas formas de mensuração da complexidade em demonstrações financeiras.

Volume de dados em demonstração financeira

Um indicador simplista (porém surpreendentemente eficaz) de complexidade é o volume de dados em demonstração financeira. Por exemplo, os arquivos de relatório anual feitos pelas empresas na Securities and Exchange Commission (SEC) variam de menos de 200 páginas a mais de mil páginas. Na Tabela 16.1, resumimos o tamanho dos arquivos para o ano fiscal de 2004 das dez maiores empresas de capitalização de mercado nos Estados Unidos.

Aplicando-se esse indicador, Citigroup e AIG possuem as demonstrações financeiras mais complexas, ao passo que Microsoft, Intel e Johnson & Johnson são as menos complexas das dez empresas listadas. Trata-se de um indicador simplista, evidentemente, porque um relatório anual curto pode refletir um negócio ou estrutura financeira simples ou apenas indicar uma ausência de informações sobre as operações da empresa. Entretanto, a análise das diferenças entre as empresas no número de páginas do relatório anual realmente fornece percepções interessantes sobre por que algumas tornam-se mais complexas (pelo menos em termos do tamanho do relatório anual):

- Empresas de serviços não financeiros com braços de capital (GE Capital, IBM) tendem a ter relatórios anuais e demonstrações financeiras mais longos que similares sem esses braços. Como já observamos, essas subsidiárias financeiras assemelham-se muito mais aos bancos que às empresas às quais estão ligadas; a GE Capital é mais comparável a uma grande empresa de serviços financeiros do que o é a qualquer outra área da GE. Conseqüentemente, as empresas têm de percorrer longos caminhos para separar as obrigações e transações financeiras dessas subsidiárias do restante da empresa, para dar sentido às demonstrações.
- Empresas aquisitivas tendem a ter demonstrações financeiras mais longas que aquelas que crescem por intermédio de projetos internos. A contabilidade de uma aquisição não só é mais complicada (com o *goodwill* e a alocação de preço de compra dos ativos) no ano da aquisição, mas também continua a ter efeitos em cascata nos anos seguintes (à medida que o *goodwill* é amortizado ou baixado pelas perdas).
- As empresas que operam em múltiplos negócios e múltiplos países tendem a ter demonstrações financeiras mais longas que outras de negócio único, que operam apenas em mercados domésticos. Novamente, não estamos sugerindo que a diversificação entre países e negócios seja ruim, mas sim que esse pode ser um dos custos a serem pesados contra os potenciais benefícios dessa diversificação.

Índice de opacidade

No final da década de 1990, a Price Waterhouse (atual PricewaterhouseCoopers) desenvolveu um 'índice de opacidade' para medir a transparência (ou a falta dela) nas demonstrações financeiras em diversos países. Ao definir opacidade como "a ausência de práticas claras, precisas, formais, de fácil discernimento e ampla aceitação", a Price Waterhouse analisou cinco fatores.

$$O_i = \frac{1}{5} \times (C_i + L_i + E_i + A_i + R_i)$$

onde *i* indexa os países:

O significa opacidade e refere-se ao *composite O-Factor* (*score* final)
C refere-se ao impacto de práticas corruptas
L refere-se ao efeito da opacidade legal e judicial (incluindo direitos de acionistas)
E corresponde à opacidade econômica e política
A corresponde à opacidade contábil/de governança corporativa
R refere-se ao impacto da opacidade regulatória e incerteza/arbitrariedade

A Price Waterhouse baseou o *score* dos países por fator em uma pesquisa com os principais executivos de finanças (*chief financial officers* — CFOs), analistas de ações, executivos de bancos e consultores da Price Waterhouse em 35

TABELA 16.1: Complexidade em demonstrações financeiras: empresas nos Estados Unidos

Empresa	Nº de páginas no último relatório trimestral	Nº de páginas no último relatório anual
General Electric	65	410
Microsoft	63	218
Wal-Mart	38	244
ExxonMobil	86	332
Pfizer	171	460
Citigroup	252	1.026
Intel	69	215
AIG	164	720
Johnson & Johnson	63	218
IBM	85	353

países no terceiro e quarto trimestres de 2000. As respostas à pesquisa foram convertidas em um *score* numérico e ponderadas para se chegar ao indicador de opacidade por país. A Tabela 16.2 resume os resultados para os 35 países em 2000.

Com base nesse indicador, Cingapura apresenta a menor opacidade em demonstrações financeiras, enquanto China e Rússia possuem as maiores. Note que esse índice é uma medida composta que inclui, além da transparência contábil, outros fatores, tais como corrupção e práticas legais. As questões da pesquisa que se relacionam diretamente à opacidade contábil de fato fornecem uma perspectiva interessante sobre o que os pesquisados consideram as principais questões contábeis em cada país. Entre os problemas mais comuns observados estão:

TABELA 16.2: Índice de opacidade da Price Waterhouse — 2000

País	C	L	E	A	R	O-Factor
África do Sul	45	53	68	82	50	60
Argentina	56	63	68	49	67	61
Brasil	53	59	68	63	62	61
Chile	30	32	52	28	36	36
China	62	100	87	86	100	87
Cingapura	13	32	42	38	23	29
Colômbia	48	66	77	55	55	60
Coréia do Sul	48	79	76	90	73	73
Egito	33	52	73	68	64	58
Equador	60	72	78	68	62	68
Estados Unidos	25	37	42	25	48	36
Grécia	49	51	76	49	62	57
Guatemala	59	49	80	71	66	65
Hong Kong	25	55	49	53	42	45
Hungria	37	48	53	65	47	50
Índia	55	68	59	79	58	64
Indonésia	70	86	82	68	69	75
Israel	18	61	70	62	51	53
Itália	28	57	73	26	56	48
Japão	22	72	72	81	53	60
Lituânia	46	50	71	59	66	58
México	42	58	57	29	52	48
Paquistão	48	66	81	62	54	62
Peru	46	58	65	61	57	58
Polônia	56	61	77	55	72	64
Quênia	60	72	78	72	63	69
Reino Unido	15	40	53	45	38	38
República Tcheca	57	97	62	77	62	71
Romênia	61	68	77	78	73	71
Rússia	78	84	90	81	84	84
Tailândia	55	65	70	78	66	67
Taiwan	45	70	71	56	61	61
Turquia	51	72	87	80	81	74
Uruguai	44	56	61	56	49	53
Venezuela	53	68	80	50	67	63

Fonte: Price Waterhouse.

- *Falha em revelar transações das partes relacionadas*, nas quais há potenciais conflitos de interesse entre executivos da empresa e seus acionistas (vários mercados emergentes).
- *Confiabilidade das tabelas.* Tabelas que dão sustentação às demonstrações financeiras ou estão faltando ou não apresentam informações importantes (China, Rússia).
- *Contabilização da inflação.* Em muitos casos, as tentativas de contabilização da inflação resultaram em demonstrações financeiras mais complicadas e não mais informativas (Chile, Colômbia).
- *Regras inconsistentes para consolidação e tratamento de* goodwill (Estados Unidos, Reino Unido, Cingapura e África do Sul).
- *Contabilidade duplicada.* As empresas mantêm diferentes demonstrações financeiras para diferentes autoridades, acarretando confusão sobre a sua real posição financeira.

Recentemente, o Kurtzman Group, uma consultoria global, refinou e ampliou o índice de opacidade, que passou a incorporar 65 variáveis. Em uma pesquisa do grupo em 2004, a Finlândia e o Reino Unido obtiveram a classificação mais alta pela transparência, enquanto Venezuela, Líbano e Indonésia ficaram no final da lista. Em geral, constatou-se que os países mais pobres têm pior pontuação (*score*) no índice de opacidade do que os mais ricos.[18]

Índices de governança e divulgação

Os escândalos contábeis que assolaram a Enron, a Tyco e a WorldCom e a decorrente ansiedade entre os investidores quanto à manipulação contábil levaram várias agências a oferecer indicadores de quanto as empresas estavam revelando de informações. A Standard & Poor's (S&P), por exemplo, criou um novo serviço analítico, de informações sobre governança, que examinou os padrões de divulgação corporativa de mais de 1.500 empresas listadas globalmente, sob três dimensões — estrutura de posse, informações financeiras e estrutura de conselho/administração.[19] O Apêndice 16.1 resume as perguntas que a S&P fez para obter o *score* de divulgação, em cada dimensão. Os *scores* por região em cada dimensão estão resumidos na Tabela 16.3 (para 2002).

Note que há dois *scores* relatados para as empresas nos Estados Unidos: um baseado apenas no relatório anual (que não é muito informativo, em bases compostas) e outro baseado em todos os arquivos financeiros na SEC (que é muito mais informativo). Em bases compostas, as empresas no Reino Unido e norte-americanas obtiveram o *score* mais alto e as latino-americanas, o mais baixo.

Em 2002, a S&P também forneceu *rankings* individualizados das empresas na S&P 500, em cada dimensão, e concluiu que, embora elas fizessem um bom trabalho de revelação de informações, deixavam de fornecer informações sobre estrutura de posse, direitos do investidor e estrutura de conselho/administração. Os seis itens destacados pela S&P como ausentes são:

1. Qualquer discussão sobre um alvará de governança corporativa ou código de melhores práticas (ou qualquer referência a isso).
2. O texto do alvará de governança corporativa ou código de melhores práticas.
3. Uma lista dos três principais acionistas das empresas.
4. A forma como os salários dos diretores são pagos (dinheiro, ações etc.).
5. A data em que cada diretor entrou para o conselho.
6. O nome dos diretores no comitê de indicação.

Deve-se observar que o *score* composto da S&P é tanto um índice de governança quanto um índice de revelação de informações, embora o componente de transparência financeira do índice seja uma medida mais direta de divulgação.

TABELA 16.3: *Rankings* de transparência e divulgação das empresas, por região

	Composto	Estrutura de posse e direitos do investidor	Transparência financeira	Processo e estrutura de conselho	Número de empresas
Reino Unido	70	54	81	70	124
Restante da Europa	51	41	69	41	227
Estados Unidos (relatórios anuais)	42	25	66	31	500
Estados Unidos (todos os arquivos financeiros)	70	52	77	78	500
Japão	61	70	76	37	150
Ásia-Pacífico	48	41	60	42	99
América Latina	31	28	58	18	89
Ásia emergente	40	39	54	27	253

Índice baseado em informações

Nem o índice de divulgação da S&P nem o índice de opacidade da Price Waterhouse destinam-se a medir a complexidade do ponto de vista de um avaliador. Uma forma de se pensar sobre a complexidade é começar com os inputs que são incorporados ao valor de uma empresa e considerar todos os fatores que podem dificultar a obtenção de inputs ao se propor um indicador de complexidade. Por exemplo, um dos inputs necessários à avaliação de uma empresa é o risco. É mais difícil estimar os parâmetros de risco para empresas que atuam em múltiplos negócios do que para as de negócio único, por dois motivos: negócios diversificados podem ter perfis de risco diferentes, e as mudanças no mix podem mudar o perfil de risco de toda a empresa. Será ainda mais difícil se a empresa de multinegócios fornecer informações insuficientes ou equivocadas sobre a lucratividade de cada um dos seus negócios.

Ao decompor os inputs da avaliação em seus principais componentes, podemos identificar os fatores que determinam a complexidade: a Tabela 16.4 representa uma tentativa (sem dúvida, incompleta) de listar esses fatores. As contribuições feitas por fator à complexidade variam, sendo alguns fatores (como as alíquotas efetivas voláteis) menos

TABELA 16.4: Fatores de complexidade e inputs de avaliação

Inputs de avaliação	Fatores de complexidade	Motivos
Lucro operacional	Negócios múltiplos Lucro e despesas não recorrentes Lucro de fontes não especificadas Itens do demonstrativo de lucro que são voláteis	Dificulta rastrear fonte de lucro operacional Dificulta previsão de lucro futuro Dificulta previsão de lucro futuro Dificulta previsão de lucro futuro
Alíquota	Lucro de múltiplos locais Diferentes livros fiscais e de divulgação Sede em paraísos fiscais Alíquota efetiva volátil	Diferentes alíquotas em diferentes locais Alíquota efetiva sem sentido Manobras para redução de impostos podem acarretar complexidade Previsão de alíquota torna-se difícil
Gastos de capital	Gastos de capital voláteis Aquisições freqüentes e de grande porte Pagamento em ações por aquisição e investimentos	Previsão torna-se difícil Requer normalização de vários anos Difícil descobrir quanto custam as aquisições
Capital de giro	Ativos e passivos correntes não especificados Itens voláteis de capital de giro	Torna-se depósito de miscelânea de ativos Previsão de necessidade de capital de giro é difícil
Taxa de crescimento esperado	Ativos e passivos fora-do-balanço (leasings operacionais e P&D) Histórico de recompras de ações Gastos com reestruturação Aquisições e *goodwill* Mudança do retorno sobre capital com o tempo	Dificulta mensuração do capital investido Reduz valor contábil do patrimônio líquido e aumenta retornos Reduz valor contábil do patrimônio líquido e aumenta retornos Medir retornos sobre capital é difícil Dificulta a previsão dos retornos
Custo de capital	Múltiplos negócios Operações em mercados emergentes Nenhuma dívida negociada no mercado Nenhum *rating* de dívida Dívida fora-do-balanço	À medida que o mix de negócios muda, o beta mudará Diferentes prêmios pelo risco para diferentes mercados Valor de mercado de dívida deve ser estimado Estimativa de *spread* por inadimplência torna-se difícil Razão de endividamento difícil de estimar
Investimentos em participação societária	Participações em empresas publicamente negociadas Participações em empresas privadas Participações em outras entidades	Requer que essas empresas sejam avaliadas Impossível obter informações sobre participações em empresa privada Usadas para ocultar ativos, dívida e outros fatos desagradáveis
Opções de funcionários	Opções concedidas no passado Contínua concessão de opções	Informações insuficientes para avaliar opções Difícil estimar lucros esperados em períodos futuros

importantes que outros (investimentos em participações societárias substanciais em empresas privadas). No primeiro caso, sempre temos a alternativa de usar a alíquota marginal como substituta, porém não há nenhum indicador alternativo fácil para o segundo. O peso atribuído a cada fator dependerá de quanto do valor é atribuível a ele e se ele torna a avaliação difícil ou impossível. Para exemplificar, os leasings operacionais e os gastos em P&D sem dúvida distorcem as demonstrações financeiras, resultando em lucros declarados equivocadamente e valores contábeis sem sentido, mas geralmente há informação suficiente disponível nas demonstrações financeiras para os analistas corrigirem os problemas. Em contraste, não se pode facilmente ajustar os lucros extraordinários que não estão claramente identificados como lucros não operacionais ou não recorrentes.

Após identificar os fatores que determinam a complexidade e categorizá-los com base na sua importância, podemos desenvolver *scores* de complexidade para as empresas. Esses *scores* devem permitir a distinção entre empresas mais complexas e menos complexas e o ajuste do valor em relação à complexidade (se necessário). O Apêndice 16.2 contém uma tentativa de obtenção de um *score* de complexidade.

CONSEQÜÊNCIAS DA COMPLEXIDADE

Quando as demonstrações financeiras não são transparentes, não podemos estimar os inputs fundamentais que necessitamos examinar a fim de avaliar uma empresa. Por exemplo, o crescimento esperado de uma empresa deve ser uma função de quanto ela reinveste (taxa de reinvestimento) e com que eficácia (o seu retorno sobre capital). Se as empresas canalizam os seus investimentos por meio de holdings que são ocultas dos investidores, não podemos avaliar nenhum desses inputs. Para avaliar o custo de capital, precisamos saber de quanto é a dívida da empresa, bem como o custo dessa dívida. Para empresas que ocultam uma parcela significativa dessa dívida, subestimaremos o risco de inadimplência ao qual ela está exposta e, conseqüentemente, o seu custo de capital.

Isso significa que o valor de uma empresa complexa é mais difícil de estimar que o de uma empresa simples? A resposta é sim, mas não necessariamente decorre de que os investidores descontem o valor de empresas complexas em função dessa incerteza. Na realidade, empresas como General Electric, IBM e Tyco prosperaram na década de 1990, apesar de tornarem-se mais complexas. Embora alguns argumentem que o incremento em valor veio apesar da sua complexidade, para outros isso ocorreu por causa dela. Nesta seção, analisamos parte da evidência empírica da relação entre o valor da empresa e da complexidade.

Custo de opacidade

Na seção anterior, referimo-nos ao índice de opacidade desenvolvido pela Price Waterhouse para medir a falta de transparência das demonstrações financeiras em 35 países. Em uma extensão interessante, a Price Waterhouse também tentou examinar o impacto do índice de opacidade sobre duas variáveis que acarretam conseqüências diretas para o valor. A primeira era um custo "equivalente de imposto", em que o indicador de opacidade foi convertido a uma alíquota equivalente. Como a Price Waterhouse observa no seu relatório, um aumento no índice de opacidade do nível de Cingapura (o mais transparente) para o nível chinês equivale a um aumento na alíquota de 46%. A Tabela 16.5 resume as conclusões.

Em uma mensuração alternativa do custo de complexidade, a Price Waterhouse mediu o *spread* por inadimplência das obrigações soberanas emitidas por países sobre a obrigação de longo prazo do governo dos Estados Unidos e argumentou que esse era um custo de complexidade, já que as empresas mais complexas tendiam a ter *ratings* de dívida muito inferiores e *spreads* por inadimplência maiores. O Kurtzman Group quantifica o efeito da opacidade como um prêmio ou um desconto em relação a fazer negócios nos Estados Unidos. Em sua pesquisa de 2004, por exemplo, eles concluíram que a falta de opacidade adicional de se negociar na Indonésia demandaria um prêmio anual de 8,54%. (Se o nosso custo normal de capital fosse de 9%, demandaríamos 17,54% na Indonésia.)

Como evidência complementar de que a transparência é relevante, Gelos e Wei (2003) observaram que os investidores institucionais investem menos nas empresas que operam em países menos transparentes e que fogem ainda mais de investimentos nesses países em épocas de crise.[20]

Desconto de conglomerado

Nas duas últimas décadas, acumulou-se consistente evidência de que os mercados descontam o valor de conglomerados em relação a empresas de negócio único (ou *pure play*). Em um estudo de 1999, Villalonga comparou a razão de valor de mercado para o custo de substituição (Q de Tobin) para empresas diversificadas e empresas especializadas e relatou que as primeiras eram negociadas a um desconto de cerca de 8% sobre as segundas.[21] Resultados similares foram divulgados em estudos anteriores.[22]

Os motivos para o desconto foram amplamente debatidos, e muitos o atribuem à falta de foco nessas empresas e às subseqüentes ineficiências. Outro motivo possível para o desconto, porém, pode ser a complexidade adicionada às demonstrações financeiras quando as empresas operam em múltiplos negócios. Até os melhores esforços dessas empresas para serem mais transparentes não conseguem superar esse problema. Primeiro, os conglomerados inevitavelmente consolidam custos para algumas funções — afinal, um motivo para se criar conglomerados é gerar economias de escala —, e esses custos consolidados devem então ser alocados às múltiplas divisões (negócios) em que a empresa atua. Essas

TABELA 16.5: Custo econômico de opacidade: estimativas "equivalentes de impostos"

País	O-Factor	Alíquota equivalente
África do Sul	60	24%
Argentina	61	25
Brasil	62	25
Chile	36	5
China	87	46
Cingapura	29	0
Colômbia	60	25
Coréia do Sul	73	35
Egito	58	23
Equador	68	31
Estados Unidos	36	5
Grécia	57	22
Guatemala	65	28
Hong Kong	45	12
Hungria	50	17
Índia	64	28
Indonésia	75	37
Israel	53	19
Itália	48	15
Japão	60	25
Lituânia	58	23
México	48	15
Paquistão	62	26
Peru	58	23
Polônia	64	28
Quênia	69	32
Reino Unido	38	7
República Tcheca	71	33
Romênia	71	34
Rússia	84	43
Tailândia	67	30
Taiwan	61	25
Turquia	74	36
Uruguai	53	19
Venezuela	63	27

Fonte: Price Waterhouse.

alocações são subjetivas, e os investidores podem ser dúbios quanto aos números finais resultantes. Segundo, a ausência de preços de mercado por divisão individual dificulta aos investidores perceber o valor de cada divisão e analisar as reações de mercado tomadas por essa divisão.

Como se pode diferenciar entre os descontos atribuíveis a ineficiências administrativas e aqueles causados pela complexidade contábil? Podemos analisar as reações de mercado aos conglomerados que não se dividem para criar entidades independentes, administradas por gerentes titulares. Se o motivo para o desconto for apenas a complexidade contábil, decompor a empresa em negócios independentes com as próprias demonstrações financeiras (e talvez a própria ação ordinária diferenciada), enquanto se preserva o controle da administração titular de toda a entidade, deve eliminar o desconto. Se, contudo, a ineficiência administrativa for o problema, é provável que o desconto persista, mesmo após

TABELA 16.6: Reação do mercado a anúncios de desinvestimento

Preço anunciado	Motivo anunciado	
	Sim	Não
Sim	3,92%	2,30%
Não	0,70%	0,37%

Fonte: Linn e Rozeff (1984).

a divisão, já que apenas os desinvestimentos eliminarão o problema arraigado de má administração. As reações positivas associadas a *spin-offs*, *split-offs* e desinvestimentos também podem ser consideradas como evidência indireta de que os mercados recompensam a transparência. Linn e Rozeff (1984) examinaram a reação ao preço dos anúncios de desinvestimentos pelas empresas e relataram uma média de retorno em excesso de 1,45% para 77 desinvestimentos, entre 1977 e 1982.[23] Eles também observaram um interessante contraste entre empresas que anunciam o preço de venda e o motivo do desinvestimento no momento do desinvestimento e aquelas que não anunciam: em geral, os mercados reagem de forma muito mais positiva ao primeiro grupo que ao segundo, como demonstrado na Tabela 16.6. O mercado claramente parece recompensar a transparência, pelo menos nessa atividade específica.

Custo de capital

Se os investidores percebem as empresas que revelam poucas informações como de maior risco, é razoável que atribuam custos de capital superiores e valores inferiores a elas. Diamond e Verrecchia (1991) usam esse raciocínio para argumentar que serve aos melhores interesses da empresa revelar tanta informação quanto possível, em vez de retê-la.[24] No seu modelo, as empresas que divulgam mais informações aos mercados melhoram a liquidez futura e reduzem os seus custos de capital. Em artigos mais recentes, apresenta-se evidência para os seguintes fenômenos:

- Demonstrações financeiras mais informativas levam a *bid-ask spreads* menores para empresas individuais (assim somando-se ao argumento de liquidez).[25] Analisando os mercados, o volume de negociação tende a ser inferior nos mercados com menos divulgação de informações.
- Melhor divulgação reduz tanto o custo do patrimônio líquido[26] quanto o custo da dívida[27] para as empresas, embora a magnitude do impacto seja questionável. O estudo da S&P sobre transparência e divulgação de dados, mencionado anteriormente, também apresenta evidência, apesar de frágil, de que as empresas com demonstrações financeiras mais transparentes têm menores custos de capital.
- As ações em mercados com pior divulgação tendem a se mover muito mais em bloco, assim reduzindo as vantagens da diversificação e aumentando a exposição ao risco de mercado (e ao risco de quebra do mercado) em geral.[28]

Apressamo-nos em acrescentar que muito da evidência é ambíguo, e é difícil de provar que a melhor divulgação, em si, causa a redução no custo de capital. Afinal, as empresas que revelam mais dados possuem outras características, como melhores governança corporativa e desempenho operacional que podem também explicar os custos inferiores de capital.

Reação do mercado à mudança na política de divulgação

O teste mais direto para a dúvida de que os mercados avaliam mais a revelação de informações é analisar como eles reagem às mudanças nas práticas de divulgação. Essas mudanças podem ser forçadas por alterações regulatórias (de menos para mais divulgação) ou voluntárias, em que uma empresa opta por aumentar o volume de dados a ser disponibilizado aos mercados.

- Mercados emergentes que mudam seus padrões contábeis para aumentar a transparência geralmente relatam reações positivas a essas mudanças, com os investidores dispostos a pagar mais por ações nesses mercados.
- Quando empresas em mercados emergentes possuem recibos de depósito americano (em inglês, *American depositary receipts* — ADRs) listados no mercado norte-americano, o preço das suas ações reage positivamente. Embora haja uma série de possíveis explicações para esse fenômeno, uma delas é que essas empresas com freqüência têm de refazer as suas demonstrações financeiras, usando princípios contábeis amplamente aceitos nos Estados Unidos e fornecer mais informações aos investidores.

No caso da outra evidência apresentada sobre complexidade, somos cautelosos em interpretar esses resultados, porque há também outros fatores em jogo. Por exemplo, os mercados emergentes que alteram as suas regras de divulgação mudam com freqüência as práticas de governança corporativa ao mesmo tempo, e as empresas que listam ADRs constatam igualmente um aumento pós-listagem de liquidez.

COMO TRATAR A COMPLEXIDADE

Revisando as últimas seções, podemos agora determinar as três questões básicas a abordar no tratamento da transparência em avaliações:

1. O que usamos como indicador de complexidade na avaliação?
2. Devemos refletir essa complexidade no valor?
3. Se decidirmos incorporar a complexidade ao valor, como avaliar a complexidade (ou transparência)?

Nas seções anteriores, estabelecemos que, embora existam indicadores de complexidade, o derradeiro teste é subjetivo, e que, quanto mais complexa torna-se uma demonstração financeira, mais difícil é obter a informação básica de que necessitamos para completar a avaliação. Também demonstramos alguma evidência, embora nenhuma conclusiva, de que a complexidade realmente afeta negativamente o valor. Nesta seção, começamos analisando por que alguns ou muitos analistas não consideram a complexidade das empresas ao avaliá-las e por que isso pode levar a avaliações distorcidas. Depois, consideramos formas de incorporar a complexidade ao valor da empresa.

Um caso de complexidade ignorada

Em geral, os modelos convencionais de avaliação ignoram a complexidade, com base na simples premissa de que aquilo que não sabemos sobre as empresas não pode ser prejudicial no conjunto, pois pode ser diversificado. Em outras palavras, confiamos nos administradores da empresa para que nos digam a verdade sobre o que lucram, o que possuem e o que devem. Por que eles fariam isso? Se os administradores são investidores de longo prazo na empresa, argumenta-se, eles não arriscariam a sua credibilidade e valor de longo prazo em nome de um ganho de preço de curto prazo (obtido por meio do fornecimento de informações enganosas). Embora possa haver informação não disponível aos investidores sobre esses ativos invisíveis, o risco deve ser diversificável e, portanto, não deve exercer efeito sobre o valor.[29]

Essa visão de mundo não é irracional, mas de fato enfrenta dois problemas fundamentais. Primeiro, os administradores podem obter substanciais lucros de curto prazo manipulando dados (e depois exercendo as opções e vendendo as suas ações), o que pode muito bem superar suas preocupações com o valor de longo prazo e a credibilidade. Segundo, até os administradores preocupados com o valor de longo prazo podem iludir-se e acreditar nas próprias previsões, otimistas que são. É natural, portanto, que as empresas relaxem em períodos de crescimento econômico sustentado. Seguros de que nunca haverá outra recessão (ao menos, não no futuro próximo), eles adotam práticas contábeis agressivas que superestimam os lucros. Os investidores, atraídos pelas recompensas que geram ao investir em ações nesses períodos, aceitam essas práticas com pouco questionamento.

O revés de confiar nos administradores é óbvio. Se eles não são confiáveis, e as empresas manipulam os lucros, os investidores que compram ações de empresas complexas mais provavelmente serão confrontados com surpresas negativas em vez de positivas. Isso ocorre porque há mais probabilidade de os administradores que ocultam informações deliberadamente dos investidores esconderem más notícias em vez de boas notícias. Embora surpresas negativas possam ocorrer a qualquer momento, é mais provável que surjam quando o crescimento econômico geral desacelera (uma recessão!) e são geralmente precipitadas por um choque. No início de 2002, a queda da Enron e a exposição das suas práticas contábeis tiveram um efeito dominó sobre o preço das ações da Tyco, Williams Energy e até da GE, todas consideradas empresas complexas.[30]

Formas de ajustar o valor à complexidade

Podem-se avaliar ativos em empresas complexas enquanto se considera a probabilidade de os administradores enganarem os mercados? Nesta seção, apresentamos quatro formas práticas de ajustar uma avaliação de fluxo de caixa descontado à complexidade das demonstrações financeiras. Essas formas não são necessariamente excludentes entre si e representam soluções a diversos tipos de problema de divulgação.

Ajuste dos fluxos de caixa A forma mais simples de lidar com a complexidade é ajustar os fluxos de caixa das empresas à complexidade de suas demonstrações financeiras. Em termos simples, aplicamos um desconto aos fluxos de caixa esperados, com a magnitude do desconto aumentando para empresas mais complexas. Esse processo, chamado 'aparagem dos fluxos de caixa', é muito comum tanto em orçamento de capital quanto em avaliação de empresas, embora os descontos aplicados tendam a ser ambos arbitrários e a refletir outros fatores além da complexidade (como o risco).[31] Para tornar esse processo um pouco mais objetivo, sugerimos os seguintes passos:

1. Identificar quanto dos lucros da empresa provém dos ativos que são invisíveis ou não claramente identificados. Em especial, focar os lucros de participações em negócios privados (ou entidades de fins específicos), bem como outros lucros não operacionais (como lucro de fundos de pensão e transações não recorrentes).
2. Admitir a possibilidade de que a administração da empresa possa ser confiável em relação às suas previsões. Isso é difícil de fazer, mas deve refletir tanto os fatores objetivos quanto os subjetivos. Entre os fatores objetivos estão o histórico da empresa — revisões ou erros contábeis no passado pesarão contra a administração — e a qualidade da governança corporativa — empresas com conselhos fortes e independentes têm mais chance de estar falando a verdade. Os fatores subjetivos advêm das nossas experiências com a gestão da empresa, ainda que alguns administradores possam ser simpáticos e persuasivos quando estão desvirtuando os fatos.

Na realidade, a conversão da opacidade em um imposto implícito pela Price Waterhouse representa um desconto dos fluxos de caixa. Poderíamos aumentar a alíquota para empresas complexas e estimar os fluxos de caixa para a empresa com a alíquota mais alta. Os fluxos de caixa esperados mais baixos resultarão em valor mais baixo. Essa abordagem é mais apropriada quando estamos inseguros em relação aos lucros correntes da empresa (conforme declarados nas suas demonstrações financeiras) e quando pressentimos que os lucros podem estar superavaliados.

Uma abordagem alternativa que pode ser mais simples é substituir os inputs da empresa por números mais sustentáveis. Assim, alteraríamos a margem operacional da empresa a partir do seu valor reportado à média setorial e alteraríamos a alíquota efetiva para a marginal. A administração da empresa reclamará muito por estarmos sendo injustos na nossa avaliação, mas o ônus deve ser da administração em prover as informações que nos permitam crer que a empresa seja capaz de sustentar margens mais elevadas e alíquotas mais reduzidas.

Ajuste da taxa de desconto Anteriormente, neste capítulo, apontamos a evidência de que as empresas mais complexas tendem a ter custos mais altos da dívida, do patrimônio líquido e de capital. Seguindo essa evidência, podemos ajustar a taxa de desconto — os custos do patrimônio líquido e de capital — que usamos para descontar os fluxos de caixa para complexidade. Em termos práticos, aumentaremos os custos do patrimônio líquido e de capital para empresas com demonstrações financeiras mais complexas, em relação às empresas com demonstrações mais transparentes. Podemos fazer esse ajuste de quatro maneiras:

1. *Estimar o prêmio pelo risco histórico atribuído a empresas complexas* comparando os retornos que teríamos obtido historicamente em uma carteira de empresas complexas aos retornos que teríamos obtido em um índice de mercado. Por exemplo, se tivéssemos obtido 18,3% nos 20 anos anteriores investindo em empresas complexas e apenas 14,1% investindo no índice da S&P 500, o prêmio pelo risco associado às empresas complexas seria de 4,2%. Podemos somar isso diretamente ao custo do patrimônio líquido de empresas complexas. Os problemas com essa abordagem são dois. Primeiro, classificar as empresas em complexas e simples é tão difícil quanto subjetivo. Segundo, à medida que as empresas mudam com o tempo, podemos ter empresas simples tornando-se complexas (ou vice-versa), dificultando a manutenção das carteiras intactas.
2. *Ajustar os betas de empresas complexas pela falta de transparência.* Se confiamos nos mercados, é possível que os betas de empresas complexas sejam mais altos que os betas de empresas simples.[32] Retomando a abordagem de *bottom-up beta* que desenvolvemos no Capítulo 2, isso acrescentaria mais um passo ao processo de estimativa. Após estimarmos o *bottom-up beta* de uma empresa, com base no negócio ou negócios em que ela opera, atribuiríamos ao beta um prêmio pela complexidade ou um desconto pela transparência, dependendo se a empresa que estamos analisando for mais complexa ou transparente que outras no segmento.
3. *Relacionar o ajuste da taxa de desconto a um score de complexidade.* Na seção anterior, apresentamos o *score* de divulgação da S&P e um *score* de complexidade alternativo baseado em inputs de avaliação. Pode ser viável atrelar o ajuste da taxa de desconto ao *score* de complexidade. Por exemplo, o estudo da S&P concluiu que as empresas mais complexas na S&P 500 (acima de 20%) tinham, em média, um custo de capital 1% mais alto que as mais transparentes (abaixo de 20%).
4. Se a complexidade não estiver no lado do ativo no balanço patrimonial, mas sim no passivo — significativos empréstimos fora-do-balanço que não estão nas notas explicativas ou não são referenciados indiretamente, por exemplo —, podemos ajustar a razão dívida/patrimônio líquido a fim de refletir a real alavancagem da empresa (incluindo a dívida fora-do-balanço). Isso resultaria em um beta alavancado maior (e custo do patrimônio líquido) e maior avaliação de risco de inadimplência (resultando em um custo da dívida maior).

Ajustar a taxa de desconto para refletir a complexidade é o que faz mais sentido nas empresas em que a complexidade torna obscuro o grau de risco dos negócios em que a empresa está envolvida e/ou a sua alavancagem financeira.

Ajuste do crescimento esperado/duração do período de crescimento Ao avaliar qualquer empresa, os dois principais inputs que determinam o valor são a duração do período de crescimento e a taxa de crescimento esperado nesse período. Mais fundamentalmente, são as premissas sobre os retornos em excesso sobre novos investimentos da empresa nesse período que direcionam o valor. Qual é a relação entre complexidade e esses inputs? Como extraímos as nossas estimativas do retorno sobre capital e os retornos em excesso a partir das demonstrações financeiras existentes, argumentaríamos que é mais difícil tanto estimar o retorno sobre capital de empresas complexas quanto julgar se esses retornos podem ser mantidos. Uma forma de ajustar o valor de empresas complexas, portanto, é pressupor um retorno sobre capital mais baixo dos investimentos futuros e admitir que esses retornos em excesso desaparecerão mais rapidamente. Em termos práticos, a menor taxa de crescimento esperado e o período de crescimento mais curto decorrentes resultarão em um valor menor para a empresa.

Aplicar um desconto por complexidade Poderíamos fazer uma avaliação convencional de uma empresa, usando fluxos de caixa, taxa de crescimento e taxa de desconto não ajustados, e depois aplicar um desconto a esse valor para refletir a complexidade das suas demonstrações financeiras. Mas como quantificar esse desconto por complexidade? Há várias opções:

1. Uma delas é desenvolver uma regra semelhante àquela usada pelos analistas que avaliam as empresas privadas para estimar o efeito da baixa liquidez. O problema com essas regras é que não são só arbitrárias, mas também o mesmo desconto é aplicado a todas as empresas complexas.
2. Uma opção um pouco mais sofisticada é usar um sistema de classificação de complexidade, semelhante ao descrito no Apêndice 16.2, para medir a complexidade das demonstrações financeiras de uma empresa e relacionar o *score* de complexidade ao tamanho do desconto.
3. Podemos comparar as avaliações de empresas complexas à de empresas simples no mesmo negócio e estimar o desconto que está sendo aplicado pelos mercados para a complexidade. Como é difícil encontrar outras empresas similares, podemos estimar esse desconto analisando uma grande amostra de empresas negociadas e relacionando um múltiplo de valor-padrão (digamos, razões preço/valor contábil) a fundamentos financeiros (como risco,

crescimento e fluxos de caixa) e algum indicador de complexidade (como o *score* de complexidade). Fizemos isso em bases limitadas para as cem maiores empresas de capitalização de mercado e relacionamos as razões preço/lucro a taxas de crescimento esperado, betas, razões de *payout* e número de páginas no relatório anual para cada empresa (como indicador de complexidade), em 2001. A regressão está resumida a seguir:

$$PBV = 0{,}65 + 15{,}31(ROE) - 0{,}55(Beta) + 3{,}04(\text{Taxa de crescimento esperado}) - 0{,}003(\text{N}^{\text{o}} \text{ de páginas no relatório anual})$$

Dessa forma, uma empresa com 15% de retorno sobre patrimônio líquido, um beta de 1,15, taxa de crescimento esperado de 10% e 350 páginas no relatório anual teria uma razão preço/valor contábil de:

$$PBV = 0{,}65 + 15{,}31(0{,}15) - 0{,}55(1{,}15) + 3{,}04(0{,}10) - 0{,}003(350) = 1{,}54$$

Avaliação relativa

A maioria dos analistas avalia empresas usando múltiplos e empresas comparáveis. Como essa abordagem pode ser modificada para se considerar as empresas que são complexas? Embora seja mais difícil avaliar o efeito da complexidade sobre o valor relativo, devemos levar em conta as seguintes opções:

- Se uma empresa atua em múltiplos negócios, podemos avaliar cada negócio usando uma avaliação relativa separada e diferentes empresas comparáveis, em vez de tentar atribuir um múltiplo a toda a empresa. Se ela declara receitas ou lucros de negócios não especificados (em que a informação não é provida ou é retida), a nossa estimativa de valor relativo para esses negócios deve ser conservadora. Por exemplo, podemos tratar esses lucros tanto como de alto risco quanto de baixo crescimento e aplicar um múltiplo baixo para calcular o valor.
- Como no caso da avaliação de fluxo de caixa descontado, podemos realizar uma avaliação relativa convencional (sem nenhum ajuste à complexidade) e depois descontar o valor relativo pela complexidade da empresa. O processo de ajuste seria espelhado naquele utilizado para o valor de fluxo de caixa descontado.

À medida que as empresas tornam-se mais complexas, a avaliação relativa fica mais difícil em geral, já que necessitamos de empresas comparáveis com preços de mercado para calcular os múltiplos apropriados. Afinal, qual empresa é realmente comparável à GE ou ao Citigroup?

CURAS DA COMPLEXIDADE

Para preservar a integridade dos mercados financeiros, devemos forçar para que as demonstrações financeiras sejam tão confiáveis quanto transparentes. Nesta seção, consideramos algumas formas de tornar isso realidade.

Legislação

Na seqüência dos escândalos contábeis nos Estados Unidos, a legislação inevitavelmente se seguiu. Após a Grande Depressão e a evidência de trapaça financeira, o Glass-Steagall Act foi aprovado para restringir a atividade bancária em investimentos, e a Securities and Exchange Commission (SEC) foi criada para regular a transação de títulos. Após o colapso das poupanças e empréstimos na década de 1980, viu-se maior regulamentação dos serviços financeiros em geral. A crise mais recente na contabilidade, precipitada pela implosão da Enron, resultou em leis destinadas a prevenir a recorrência.

Embora a motivação por trás da legislação seja comumente nobre, as leis são instrumentos duros que freqüentemente criam novos problemas no processo de resolução dos antigos. As restrições à concessão de opções aos funcionários podem prevenir o seu abuso nos sistemas de compensação, mas também minam as tentativas de fazer que os administradores tenham interesse no sucesso da empresa nos mercados financeiros. As restrições a entidades de fins específicos podem eliminar caminhos legítimos para que as empresas reduzam o custo de empréstimo.

Auditoria e integridade contábil

Padrões e regras contábeis são geralmente reescritos em resposta a fracassos corporativos. Por mais rígidos que sejam os padrões contábeis, as demonstrações financeiras refletirão a real posição de uma empresa, somente se os princípios contábeis forem estritamente seguidos e auditores monitorarem esse cumprimento. Há cinco ações a tomar para que isso aconteça:

1. Conflitos de interesse criados quando auditores recebem remuneração por outros serviços fornecidos para a empresa (consultoria, por exemplo) minam a sua objetividade. Conseqüentemente, as empresas de auditoria devem *spin-off* ou liquidar os seus braços de consultoria. Se optarem por não fazer isso, não devem usar a mesma empresa de contabilidade para ambos os serviços.[33]
2. As regras contábeis devem ser simplificadas e as escolhas discricionárias, reduzidas. Em outras palavras, devemos ter regras em menor número e maior clareza, resultando em arquivos financeiros menos volumosos, porém mais informativos. Embora isso possa aparentemente reduzir a divulgação, aumentará a sua relevância e eliminará a nebulosidade criada pela revelação de fatos menos importantes.

3. Não se deve permitir às empresas manter diferentes livros para fins de taxação e divulgação. As diferentes regras adotadas nos dois conjuntos de livros para depreciação, avaliação de estoque e contabilização de despesas somam à complexidade das demonstrações, e avaliar empresas torna-se mais difícil.
4. Deve-se requerer que as empresas com múltiplos negócios reportem o reinvestimento — gastos de capital, depreciação e capital de giro — realizado em cada negócio, anualmente, além do que já foi relatado (receitas e lucro operacional). Algumas empresas já fazem isso voluntariamente, mas todas devem prover essa informação.
5. Empresas com braços de capital — GE e montadoras de automóveis, por exemplo — devem ter demonstrações separadas e totalmente financeiras para essas divisões. A mistura do que é essencialmente uma empresa de serviços financeiros (GE Capital, Ford Capital) com uma indústria ou prestadora de serviços convencional dificulta muito a avaliação dessas empresas.[34]

Analistas céticos e investidores proativos

Os analistas de ações sempre foram cautelosos quanto a rebaixar empresas que estão monitorando[35] e têm exagerado na aceitação de reclamações e promessas gerenciais na última década. O crescimento do mercado acionário na década de 1990 explica parte da reticência em fazer perguntas, mas outro motivo é a sobreposição entre bancos de investimento e analistas de ações. Os analistas tiveram de se preocupar cada vez mais com as conseqüências dos rebaixamentos e vender recomendações sobre receitas de bancos de investimento, e assim se transformaram em líderes de torcida das empresas em vez de analistas questionadores.

É responsabilidade dos analistas demandar informações que lhes pareçam cruciais na estimativa do valor das empresas que monitoram. Por exemplo, aqueles que acompanham uma empresa com substanciais investimentos em participações societárias estão certos em exigir informação suficiente sobre essas participações, para avaliá-las. Se a informação não for acessível, devem estar dispostos a ressaltar essa falha e usá-la como justificativa para rebaixar uma empresa. Evidentemente, se um número suficiente de analistas requererem os dados, a empresa encontrará um meio de prové-los, sob pena de séria punição do mercado.[36]

Como investidores, é fácil culpar leis frouxas, auditores incompetentes e analistas indolentes por empresas complexas que se transformam em investimentos desastrosos. Entretanto, devemos assumir a nossa grande responsabilidade pelas nossas falhas, já que não somos obrigados a comprar as ações recomendadas pelos analistas. Se, como investidores, recusamo-nos a comprar ações de empresas com demonstrações financeiras complexas (portanto, descontando valor pela complexidade), estamos provendo o derradeiro incentivo para empresas eliminarem ou, ao menos, reduzirem a complexidade.

Governança corporativa mais forte

A principal lição da derrocada da Enron deve ser a de que um conselho forte e independente é a melhor defesa contra a manipulação de lucros e a ocultação de fatos relevantes do mercado. Devem-se forçar os investidores institucionais que estiveram à margem desse debate a serem mais ativos e a fomentar as mudanças na governança corporativa. Em especial, devem pressionar por conselhos menores, com mais diretores externos e selecionados não só pelo CEO, mas por um grupo independente representando os acionistas. O número de diretorias que um indivíduo pode manter deve ser restrito, e os diretores não devem ter nenhuma outra relação comercial com a empresa. Finalmente, os comitês de auditoria devem incluir membros com suficiente experiência contábil para fazer perguntas duras sobre as opções contábeis da empresa.[37]

A questão da compensação executiva deve ser examinada em conjunto com a governança corporativa. Um fator significativo por trás da complexidade continua sendo os incentivos dos administradores a cozinhar os livros no curto prazo, deixando que os outros limpem a sujeira no longo prazo. Continuamos a crer que prover os administradores com mercado de ações nas empresas que administram desempenha papel importante na redução dos conflitos entre gerentes e acionistas, porém a concessão de opções executivas para realizar isso cria sérios custos colaterais.

CONCLUSÃO

As empresas complexas valem menos que outras similares, mais simples? Em alguns casos, sim, e examinamos tanto as fontes de complexidade nas demonstrações financeiras quanto as respostas apropriadas na avaliação. A complexidade é o resultado de decisões comerciais tomadas pela empresa (elas podem diversificar e tornar o mix de negócios mais complexo), decisões estruturais sobre como a empresa é organizada (estrutura em holding e consolidação) e decisões de divulgação (sobre como revelar informações aos mercados financeiros). Dessa forma, as empresas podem apresentar demonstrações financeiras complexas, mesmo quando atuam em negócios simples, dependendo das suas decisões contábeis. Desenvolvemos uma série de potenciais indicadores de complexidade, desde um indicador de opacidade (desenvolvido pela Price Waterhouse) até o nosso *score* de complexidade no Apêndice 16.2 (desenvolvido a partir de várias perguntas sobre as empresas).

Se confiarmos que os administradores não distorcerão as informações que divulgam aos mercados e quando fazem isso, poderemos argumentar que a complexidade em si não constitui um problema, já que a incerteza adicional gerada é essencialmente específica da empresa e diversificável. Se, contudo, os gerentes estão mais propensos a usar a complexidade para ocultar notícias desagradáveis ou ruins (prejuízos ou dívida), a complexidade resultará em surpresas mais negativas que positivas. Nesse caso, é apropriado descontar o valor em função da complexidade. O desconto pode ocorrer em um dos inputs a um modelo de avaliação de fluxo de caixa descontado — fluxos de caixa, taxas de crescimento ou taxas de desconto — ou pode tomar a forma de um desconto por complexidade sobre o valor convencional (não ajustado).

É bem claro que as empresas devem evitar a complexidade desnecessária, mas a forma de assegurar isso em geral não é uma nova legislação nem mais regras contábeis, já que elas possuem efeitos colaterais. Em vez disso, investidores e analistas devem exigir mais das empresas. Se consistentemente descontarmos o valor das empresas complexas, criaremos um incentivo para estruturas em holding mais simples e demonstrações financeiras mais transparentes.

APÊNDICE 16.1: ÍNDICE DE TRANSPARÊNCIA E DIVULGAÇÃO DA STANDARD & POOR'S: PRINCIPAIS QUESTÕES

Estrutura de propriedade e direitos do investidor[38]

Transparência da propriedade
- A empresa fornece uma descrição das classes de ações?
- A empresa fornece uma revisão dos acionistas por tipo?
- A empresa fornece o número de ações ordinárias emitidas e autorizadas, mas não emitidas?
- A empresa fornece o valor ao par de ações ordinárias emitidas e autorizadas, mas não emitidas?
- A empresa fornece o número de ações emitidas e autorizadas, mas não emitidas entre as preferenciais, não votantes e de outras classes?
- A empresa fornece o valor ao par de ações emitidas e autorizadas, mas não emitidas entre as preferenciais, não votantes e de outras classes?
- A empresa revela os direitos a voto para cada classe de ações?

Concentração de propriedade
- São revelados os principais acionistas em 1º, 3º, 5º ou 10º lugar?
- São revelados os acionistas que detêm mais de 10%, 5% ou 3%?
- A empresa revela a porcentagem de investimentos em participações societárias?

Procedimentos para votação e reunião de acionistas
- Há um calendário de datas importantes aos acionistas?
- Há uma revisão das reuniões de acionistas (podem ser minutas)?
- Descreva o procedimento para propostas nas reuniões dos acionistas.
- Os acionistas reúnem-se em uma assembléia geral extraordinária?
- Como os acionistas indicam diretores para o conselho?
- Descreva o processo de investigação ao conselho.
- O relatório anual refere-se a ou publica o Estatuto de Governança Corportiva ou o Código de Melhores Práticas?
- Os contratos sociais ou Artigos do Estatuto de Incorporação são publicados?

Transparência financeira e divulgação de informações

Foco comercial
- Discute-se a estratégia corporativa?
- A empresa relata detalhes do tipo de negócio em que atua?
- A empresa fornece um resumo das tendências no seu segmento?
- A empresa divulga detalhes dos produtos ou serviços produzidos/fornecidos?
- A empresa fornece uma análise setorial, decomposta por ramo de negócio?
- A empresa revela seu *market share* para um ou todos os seus negócios?
- A empresa fornece uma previsão de lucros básica de qualquer tipo? Em detalhes?
- A empresa divulga a produção em termos físicos?
- A empresa revela a previsão de produção de qualquer tipo?
- A empresa fornece as características dos ativos empregados?
- A empresa fornece indicadores de eficiência (ROA, ROE etc.)?
- A empresa fornece quaisquer razões específicas do setor?
- A empresa revela os seus planos de investimento nos próximos anos?
- A empresa revela detalhes dos seus planos de investimento nos próximos anos?

Revisão da política contábil
- A empresa fornece informações financeiras em bases trimestrais?
- A empresa discute suas políticas contábeis?
- A empresa revela seus padrões contábeis e os usa na sua contabilidade?
- A empresa apresenta contabilidade de acordo com os padrões contábeis locais?

- A empresa apresenta contabilidade em um método alternativo e reconhecido internacionalmente? A empresa fornece cada um dos balanços patrimoniais, demonstrações do resultado e fluxos de caixa por meio desses métodos reconhecidos internacionalmente?
- A empresa apresenta uma reconciliação de sua contabilidade doméstica para os métodos reconhecidos internacionalmente?

Detalhes da política contábil
- A empresa revela métodos de avaliação de ativos?
- A empresa revela informação sobre os seus métodos de depreciação de ativos fixos?
- A empresa gera demonstrações financeiras consolidadas?

Estrutura e transações entre partes relacionadas
- A empresa fornece uma lista de afiliadas em que detém um interesse minoritário?
- A empresa revela a estrutura de propriedade das afiliadas?
- Há lista/registro de transações da parte relacionada?
- Há lista/registro de transações de grupo?

Informações sobre auditores
- A empresa revela o nome da sua empresa de auditoria?
- A empresa reproduz o relatório dos auditores?
- A empresa revela quanto paga em honorários de auditoria ao auditor?
- A empresa revela algum honorário extra-auditoria pago ao auditor?

Estrutura e processo do conselho

Estrutura e composição do conselho
- Há um *chairman* listado?
- A empresa fornece detalhes sobre o *chairman* (além de nome/cargo)?
- Há uma lista dos membros do conselho?
- Há detalhes sobre os diretores (além de nome/cargo)?
- São fornecidos detalhes sobre o atual emprego/posição dos diretores?
- São fornecidos detalhes sobre antecedentes de emprego/posição dos diretores?
- A empresa revela quando cada diretor passou a fazer parte do conselho?
- A empresa classifica os diretores como executivo ou externo?

Papel do conselho
- A empresa fornece detalhes sobre o papel do conselho de diretores da empresa?
- Há uma lista de questões reservadas ao conselho?
- Há uma lista dos comitês do conselho?
- Há uma revisão da última reunião de conselho (pode ser ata)?
- Há um comitê de auditoria?
- Há divulgação de nomes do comitê de auditoria?
- Há um comitê de remuneração/compensação?
- Há divulgação de nomes do comitê de remuneração/compensação?
- Há um comitê de nomeações?
- Há divulgação de nomes do comitê de nomeações?
- Há outras funções de auditoria interna, além do comitê de auditoria?
- Há um comitê de estratégia/investimento/finanças?

Treinamento e compensação de diretores
- A empresa revela se fornece treinamento aos diretores?
- A empresa revela o número de ações da empresa mantidas pelos diretores?
- A empresa discute o processo de tomada de decisão quanto à remuneração dos diretores?
- São divulgadas especificações dos salários dos diretores (números)?
- É divulgada a composição dos salários dos diretores (dinheiro, ações etc.)?
- São divulgadas especificações da remuneração atrelada a desempenho para os diretores?

Compensação e avaliação de executivos
- Há uma lista dos gerentes de nível sênior (que não fazem parte da diretoria)?
- É divulgado o histórico dos gerentes seniores?
- São divulgados os números de ações mantidas pelos gerentes seniores?
- A empresa revela o número de ações mantidas em outras empresas afiliadas pelos gerentes?

- A empresa discute o processo de tomada de decisão para a remuneração dos gerentes (não na diretoria)?
- São reveladas as cifras dos salários de gerentes (não na diretoria)?
- É divulgada a composição do salário dos gerentes (não na diretoria)?
- São divulgadas especificações da remuneração atrelada a desempenho para os gerentes?
- São revelados detalhes sobre o contrato do CEO?

APÊNDICE 16.2: MENSURAÇÃO DA COMPLEXIDADE POR *SCORE* — UM EXEMPLO

Item	Fatores	Questão de acompanhamento	Resposta*	Fator de ponderação	*Score* de complexidade
Lucro operacional	1. Negócios múltiplos	Número de negócios (com mais de 10% das receitas) =	2	2	4
	2. Lucro e gastos não recorrentes	Porcentagem de lucro operacional =	20%	10	2
	3. Lucro de fontes não especificadas	Porcentagem de lucro operacional =	15%	10	1,5
	4. Itens na demonstração de resultados que são voláteis	Porcentagem de lucro operacional =	5%	5	0,25
Alíquota	1. Lucro de múltiplas localidades	Porcentagem de receitas provenientes de localidades não domésticas	30%	10	3
	2. Livros distintos para taxação e divulgação	Sim ou Não	Sim	Sim = 3	3
	3. Sede em paraísos fiscais	Sim ou Não	Sim	Sim = 3	3
	4. Alíquota efetiva volátil	Sim ou Não	Sim	Sim = 2	2
Gastos de capital	1. Gastos de capital voláteis	Sim ou Não	Sim	Sim = 2	2
	2. Aquisições freqüentes e grandes	Sim ou Não	Sim	Sim = 4	4
	3. Pagamento em ações por aquisições e investimentos	Sim ou Não	Sim	Sim = 4	4
Capital de giro	1. Ativos correntes e passivos correntes não especificados	Sim ou Não	Sim	Sim = 3	3
	2. Itens de capital de giro voláteis	Sim ou Não	Sim	Sim = 2	2
Taxa de crescimento esperado	1. Ativos e passivos fora-do-balanço (leasings operacionais e P&D)	Sim ou Não	Sim	Sim = 3	3
	2. Recompras substanciais de ações	Sim ou Não	Sim	Sim = 3	3
	3. Mudança de retorno sobre capital com o tempo	O seu retorno sobre capital é volátil?	Sim	Sim = 5	5
	4. Retorno insustentavelmente alto	O ROC da sua empresa é muito superior à média setorial?	Sim	Sim = 5	5
Custo de capital	1. Negócios múltiplos	Número de negócios (com mais de 10% das receitas) =	2	1	2
	2. Operações em mercados emergentes	Porcentagem de receitas =	30%	5	1,5
	3. A dívida é negociada no mercado?	Sim ou Não	Sim	Não = 2	0
	4. A empresa tem um *rating*?	Sim ou Não	Sim	Não = 2	0
	5. A empresa tem dívida fora-do-balanço?	Sim ou Não	Não	Sim = 5	0
		Score de complexidade =			53,25

*Quando uma resposta é especificada, a alternativa tem um *score* zero. Portanto, se Sim = 5, Não = 0.

Notas

1. Como as empresas possuem exposição ao risco e alavancagem financeira similares, devem ter o mesmo custo de capital. Como o seu retorno sobre capital é igual, devem também ter as mesmas taxas de reinvestimento e fluxos de caixa livre para a empresa. A falta de transparência deveria ser considerada um risco da não-diversificação e não afetaria o custo de capital.
2. E. Berglof e A. Pajuste, "What do firms disclose and why? Enforcing corporate governance and transparency in Central and Eastern Europe", *Working Paper*, SSRN, 2005.
3. Trata-se de uma conseqüência direta do fato de que o dinheiro gasto em pesquisa e desenvolvimento é contabilizado no ano do gasto, muito embora seja realmente um investimento para o futuro (isto é, gastos de capital, a serem disseminados ao longo do tempo).
4. A maioria dos arrendamentos de lojas de varejo é leasing operacional e é tratada como despesa operacional nos Estados Unidos. Nos outros países, quase todos os leasings são tratados como despesas operacionais.
5. Mesmo no exercício, as empresas usam práticas diferentes para refletir o exercício das opções. Algumas demonstram o valor do exercício como despesa, enquanto outras fazem os ajustes do patrimônio líquido no balanço patrimonial. Há alguma esperança, porém, de que a sanidade prevaleça. A partir de 2006, a Fasb 123R exige que as opções sejam avaliadas e contabilizadas à época da sua concessão.
6. No caso da comunhão de interesses (*pooling*), as empresas podem somar os valores contábeis de adquirente e adquirida e divulgar o total como valor contábil da empresa resultante da fusão. O prêmio pago sobre o valor contábil é ignorado. Na contabilidade de compra, o prêmio sobre o valor contábil aparece como *goodwill* no balanço patrimonial da empresa resultante e é amortizado ao longo do tempo.
7. Consulte o Capítulo 3 para uma abordagem completa sobre como converter leasings operacionais em dívida e P&D em ativos de capital.
8. Na verdade, analistas no Reino Unido cunharam o termo EBBS (*earnings before bad stuff* — lucros antes de coisa ruim) para representar os lucros operacionais declarados por algumas das empresas mais agressivas.
9. Usando escapes nas regras contábeis, uma empresa pode destrinchar parte dos seus ativos e passá-la para uma entidade de fim específico e fazer que a entidade emita dívida. Se os ativos destrinchados forem de baixo risco (digamos, recebíveis), a dívida a ser emitida geralmente terá uma taxa de juro menor.
10. Para um plano de pensão de benefícios definidos, um incremento no valor dos ativos de pensão (investidos em ações) pode acarretar excesso de fundos. Note, porém, que o inverso pode ocorrer, se o preço das ações cair.
11. A consolidação requer que 100% de receitas, Ebitda e dívida da subsidiária sejam demonstradas como parte do balanço patrimonial da empresa-mãe. As participações minoritárias representam a porção da subsidiária que não pertence à empresa-mãe.
12. Esse argumento é apresentado em Simon Johnson, Peter Boone, Alasdair Breach e Eric Fridman, "Corporate governance in the Asian financial crisis, 1997–1998", *MIT Manuscript*, 1999; T. Khanna e K. Palepu, "The future of business groups in emerging markets: long-run evidence from Chile", *Academy of Management Journal*, 43, n. 3, 2000.
13. O incentivo para o fornecimento de demonstrações financeiras mais completas tende a ser maior para aquelas empresas no mercado emergente que estão listadas em mercados desenvolvidos. As empresas chinesas listadas nos Estados Unidos, por exemplo, fornecem muito mais informações sobre desempenho e governança do que os seus pares listados apenas em Xangai.
14. A. Riahi-Belkaoui, "Politically-connected firms: are they connected to earnings opacity?", *Working Paper*, SSRN, 2003.
15. É claro que existe a questão sensível de quando a revogação de impostos torna-se evasão de impostos. Não temos experiência para fazer esse julgamento legal.
16. A. Alamazan, J. Suarez e S. Titman, "Capital structure and transparency", *Working Paper*, SSRN, 2002.
17. "Apenas retiramos a dívida dos livros para reduzir a taxa de juros que pagamos", justificam eles, "mas mencionamos isso no rodapé". Em resposta, poderíamos argumentar que os investidores não deveriam ter de vasculhar notas de rodapé para descobrir quanto a empresa deve.
18. J. Kurtzman, G. Yago e T. Phumiwasana, "The global costs of opacity", *MIT Sloan Management Review*, 46, 2004, p. 38–44.
19. S. A. Patel e G. Dallas, "Transparency and disclosure: overview and methodology and study results — United States", *Standard and Poor's Publication*, 2002.
20. R. G. Gelos e S. Wei, "Transparency and international investor behavior", *Working Paper*, SSRN, 2003.
21. B. Villalonga, "Does diversification cause the diversification discount?", *Working Paper*, University of California, Los Angeles, 1999.
22. Consulte Philip G. Berger e Eli Ofek, "Diversification's effect on firm value", *Journal of Financial Economics*, 37, 1995, p. 39–65; Larry H. P. Lang e René M. Stulz, "Tobin's Q, corporate diversification, and firm performance", *Journal of Political Economy*, 102, 1994, p. 1248–1280; Birger Wernerfelt e Cynthia A. Montgomery, "Tobin's Q and the importance of focus in firm performance", *American Economic Review*, 78, 1988, p. 246–250.
23. Scott C. Linn e Michael S. Rozeff, "The effect of voluntary spin-offs on stock prices: the synergy hypothesis," *Advances in Financial Planning and Forecasting*, 1, n. 1, 1984, p. 265–292.
24. D. W. Diamond e R. E. Verrecchia, "Disclosure, liquidity and the cost of capital", *Journal of Finance*, 46, n. 4, 1991, p. 1325–1359.
25. M. Welker, "Disclosure policy, information asymmetry, and liquidity in equity markets", *Contemporary Accounting Research*, 11, n. 2, 1995, p. 801–827.
26. C. A. Botosan, "Disclosure level and the cost of equity capital", *Accounting Review*, 72, n. 3, 1997, p. 323–349.
27. P. Sengupta, "Corporate disclosure quality and the cost of debt", *Accounting Review*, 73, n. 4, 1998, p. 459–474; F. Yu, "Accounting transparency and the term structure of credit spreads", *Working Paper*, 2003. O primeiro apresenta evidência de que o custo da dívida é menor para empresas com demonstrações contábeis mais transparentes, ao passo que o segundo demonstra que o efeito é maior sobre dívida de curto prazo em vez de longo prazo.

28. L. Jin e S. C. Myers, "R^2 around the world: new theory and new tests", *Working Paper*, SSRN, 2005.
29. Isso parte da premissa de que os administradores são honestos. Se for esse o caso, a informação não disponibilizada aos investidores tem igual chance de ser boa notícia ou má notícia. Assim, para cada empresa complexa que revela informação que reduza o seu valor, deve haver outra empresa complexa em que a informação fornecida aumentará o valor. Em uma carteira diversificada, esses efeitos devem zerar, na média.
30. As preocupações com as práticas contábeis são globais. Após o caso Enron, as empresas européias com demonstrações financeiras obscuras, como a Siemens, viram-se confrontadas por demandas dos seus acionistas por maior transparência, como fizeram as empresas asiáticas, como a Samsung.
31. Ajustar os fluxos de caixa para o risco pode ser perigoso por causa da dupla contagem que pode ocorrer quando as taxas de desconto também são ajustadas ao risco.
32. Isso ocorrerá apenas se houver uma ligação entre os retornos negativos associados à opacidade e os retornos de mercado. O histórico sugere que deve haver essa conexão. De fato, os problemas com empresas pouco transparente parecem vir à tona em mercados em baixa e não em alta.
33. É de certa forma injusto culpar apenas os contadores a esse respeito. Os bancos de investimento que desenvolvem as entidades de fim específico para empresas têm os seus próprios conflitos de interesse, que distorcem o aconselhamento que oferecem às corporações.
34. Como um exemplo muito simples da confusão criada pela mistura das divisões de capital com as industriais, a dívida declarada por essas empresas é geralmente grande (refletindo o endividamento do braço de capital).
35. Note que se trata de um teste bem mais frágil que emitir recomendações de venda. Os analistas relutam em rebaixar empresas de uma forte compra para uma fraca compra.
36. J. J. Chang, T. Khanna e K. Palepu, "Analyst activity around the world", Harvard Business School, *Working Paper*, 2003. Eles constataram que a atividade dos analistas contribui para tornar as demonstrações financeiras mais transparentes, até em empresas complexas.
37. A. J. Felo, S. Krishnamurthy e S. A. Solieri, "Audit committee characteristics and the perceived quality of financial reporting: an empirical analysis", *Working Paper*, SSRN, 2003. Eles constataram que os comitês de auditoria com maior percentual de membros com experiência contábil melhoram a qualidade dos relatórios financeiros.
38. *Fonte:* Standard & Poor's.

Capítulo 17
Custo de dificuldades financeiras

Tanto em avaliação pelo fluxo de caixa descontado (DCF) quanto em avaliação relativa, consideramos implicitamente que as empresas avaliadas estão em continuidade operacional e que qualquer dificuldade financeira a que estejam expostas é temporária. Afinal de contas, uma parte significativa do valor de toda avaliação pelo fluxo de caixa descontado vem do valor terminal, normalmente bem no futuro. Mas e se a dificuldade financeira não for temporária e houver uma chance muito real de que a empresa não sobreviva para alcançar o valor terminal? Neste capítulo, argumentamos que tendemos a superavaliar as empresas com esse perfil nos modelos tradicionais, em grande parte porque é difícil capturar totalmente o efeito de tal dificuldade financeira no fluxo de caixa esperado e na taxa de desconto. O grau de desvio nos modelos de avaliação tradicional de empresas em dificuldades financeiras varia, dependendo da cautela com que se estimam os fluxos de caixa esperados, da facilidade de acesso dessas empresas a capital externo e das conseqüências da crise.

Começamos pelo exame das premissas subjacentes à avaliação pelo fluxo de caixa descontado, dos motivos por que os modelos de DCF não consideram explicitamente a possibilidade de dificuldades financeiras e de quando os analistas podem se dar bem ao ignorá-las. Seguimos considerando maneiras pelas quais podemos ajustar os modelos de fluxo de caixa descontado para permitir explicitamente a possibilidade de dificuldades financeiras. Na próxima parte do capítulo, veremos como a dificuldade financeira é considerada (ou mais freqüentemente ignorada) em avaliações relativas e as maneiras de ajustar os múltiplos para a possibilidade de falência. Fechamos o capítulo examinando por que o patrimônio líquido de empresas em profundas dificuldades financeiras continua a ter valor em função da característica de responsabilidade limitada e da característica de uma opção de patrimônio líquido publicamente negociado.

POSSIBILIDADES E CONSEQÜÊNCIAS DAS DIFICULDADES FINANCEIRAS

O crescimento não é inevitável e as empresas podem não estar em continuidade operacional. Na verdade, mesmo uma grande empresa publicamente negociada às vezes entra em dificuldades por uma razão ou outra, e as conseqüências para o valor podem ser sérias. Nesta seção, consideramos primeiro quanto é comum empresas entrarem em dificuldades financeiras e seguimos examinando as conseqüências disso.

Possibilidade de dificuldades financeiras

A dificuldade financeira é muito mais comum no mundo real do que a maioria de nós possa admitir. Na realidade, até a observação empírica casual sugere que grande número de empresas, especialmente as menores e aquelas em estágio de alto crescimento, não sobreviverá e sairá do negócio. Algumas vão falir porque tomam dinheiro emprestado para financiar suas operações e depois não conseguem pagar essas dívidas. Outras vão falir porque não têm caixa para cobrir suas necessidades operacionais.

Para obter uma medida da probabilidade de dificuldade, temos de começar pela sua definição. Se definirmos dificuldade como as empresas referidas no Capítulo 11, relativamente poucas empresas negociadas publicamente em qualquer período poderão ser consideradas em dificuldades. Se a definirmos mais amplamente como empresas com problemas em pagar juros e honrar outros compromissos contratuais, a dificuldade será muito comum. Kahl (2001) pesquisou todas as empresas negociadas publicamente nos Estados Unidos entre 1980 e 1983 e descobriu que 1.346 apresentavam problemas na cobertura de suas despesas financeiras com o lucro operacional em ao menos um ano e que 151 empresas poderiam ser consideradas em dificuldades financeiras, uma vez que estavam renegociando a reestruturação da dívida com credores.[1] Monitorando essas empresas, ele descobriu que, enquanto menos da metade dessas empresas é mencionada no Capítulo 11, somente um terço delas sobrevive como empresa independente e que o restante é, de um modo ou de outro, adquirido ou liquidado.

Conseqüências das dificuldades

Quais as conseqüências da falência financeira? Empresas incapazes de pagar as suas dívidas têm de liquidar os seus ativos, freqüentemente a preço de barganha, e usar o caixa para quitá-las. Se existir qualquer sobra de caixa, o que é altamente improvável, esta será usada para pagar os investidores de patrimônio líquido. Empresas incapazes de fazer os seus pagamentos operacionais também têm de se apresentar à oferta de compra mais alta, e o ganho será distribuído aos investidores de patrimônio líquido. Na realidade, os custos de liquidação podem ser considerados os custos diretos de falência.

De fato, os custos de dificuldades estendem-se além dos custos convencionais de falência e liquidação. A percepção da dificuldade pode trazer sérios danos às operações da empresa, em decorrência das reações de funcionários, clientes, fornecedores e credores. Empresas que são vistas como em dificuldades perdem clientes (e vendas), têm alto giro de empregados e devem aceitar restrições muito mais severas dos fornecedores do que outras saudáveis. Esses custos indiretos de falência podem ser catastróficos para muitas empresas e essencialmente tornam real a percepção da dificuldade. A magnitude desses custos foi pesquisada em estudos e pode estender-se de 10% a 25% do valor da empresa.[2]

Em resumo, a possibilidade e os custos de dificuldades são importantes demais para serem ignorados na avaliação de empresas. A questão não vem a ser, portanto, se devemos ajustar o valor da empresa ao potencial de dificuldades financeiras, mas como fazer melhor esse ajuste.

AVALIAÇÃO PELO FLUXO DE CAIXA DESCONTADO

Consideremos como avaliamos uma empresa no universo do fluxo de caixa descontado. Começamos por projetar os fluxos de caixa esperados para um período, calculamos o valor terminal no final desse período, que captura o que acreditamos ser o valor da empresa nesse ponto no tempo, e então descontamos os fluxos de caixa a valor presente a uma taxa de desconto que reflete o grau de risco dos fluxos de caixa da empresa. Essa abordagem é extraordinariamente flexível e pode ser estendida para avaliar empresas que vão desde aquelas com lucros previsíveis e pequeno crescimento a outras com alto crescimento e lucros e fluxos de caixa negativos. Está implícita nessa abordagem, entretanto, a premissa da continuidade operacional da empresa, que potencialmente tem vida infinita. O valor terminal é normalmente calculado pela suposição de que os lucros crescem a uma taxa constante para sempre (a taxa de crescimento perpétuo). Mesmo quando o valor terminal é calculado pelo uso de múltiplos de receitas ou lucros, esse múltiplo deriva do exame de empresas negociadas publicamente (normalmente as saudáveis).

As dificuldades financeiras na avaliação pelo fluxo de caixa descontado

Dadas a probabilidade e as conseqüências das dificuldades financeiras, parece precipitado considerar que podemos ignorar essas possibilidades na avaliação de uma empresa e particularmente quando se avaliam empresas debilitadas e com substanciais dívidas. E quais são, podemos nos perguntar, os argumentos oferecidos pelos proponentes da avaliação pelo fluxo de caixa descontado para não considerar explicitamente a possibilidade de falência da empresa? Consideramos cinco razões freqüentemente fornecidas para esse equívoco. As duas primeiras são apresentadas pelos analistas que acreditam não haver necessidade de se considerarem as dificuldades financeiras explicitamente, e as três últimas são utilizadas por aqueles que acreditam que avaliações por fluxo de caixa descontado já incorporam os efeitos das dificuldades financeiras.

1. *Avaliamos somente empresas grandes, negociadas publicamente, e as dificuldades financeiras são muito pouco prováveis para essas empresas.* É verdade que a probabilidade de dificuldades financeiras é menor para grandes empresas, mais sólidas, mas a experiência sugere que mesmo elas podem ter dificuldades. Nos últimos meses de 2001 assistimos à surpreendente falência da Enron, uma empresa que tinha capitalização de mercado em excesso de $ 70 bilhões poucos meses antes. No final de 2001, os analistas discutiam abertamente a possibilidade de grandes empresas como Kmart e Lucent Technologies não conseguirem pagar as suas dívidas e declararem falência. Em 2006, a mesma conversa pôde ser ouvida sobre a General Motors e a Delta Air Lines. Outro problema com esse argumento, mesmo que aceitemos as premissas, é que empresas menores e de alto crescimento precisam ser avaliadas da mesma maneira que as grandes. Na verdade, argumentaríamos que a necessidade de avaliação é maior para empresas menores, nas quais a incerteza e a possibilidade de erros de precificação aumentam.
2. *Consideramos que o acesso ao capital é ilimitado.* Em avaliação, como também em finanças corporativas, consideramos que uma empresa com bons investimentos tem acesso ao mercado de capitais e pode levantar o capital necessário para casar as suas necessidades de financiamento e investimento. Assim, empresas com ótimo potencial de crescimento nunca serão forçadas a sair do negócio porque serão capazes de levantar capital (mais provavelmente ações e obrigações) para se manterem em funcionamento. Em mercados financeiros flutuantes e desenvolvidos, essa premissa não é estranha. Consideremos, por exemplo, a facilidade com que empresas da nova economia com lucros negativos e poucos ativos (se houver algum) conseguiam levantar capital novo nos anos 90. Entretanto, mesmo em um mercado tão aberto e acessível como o dos Estados Unidos, o acesso a capital secou com o recuo dos investidores em 2000 e 2001. Em resumo, podemos ter-nos valido da premissa de que empresas com ativos valiosos não seriam levadas à liquidação em 1998 e 1999, mas essa premissa seria inaceitável em 2001.

3. *Ajustamos a taxa de desconto à possibilidade de dificuldades financeiras.* A taxa de desconto é o veículo que usamos para ajustar o risco em avaliações pelo fluxo de caixa descontado. Empresas mais arriscadas têm custo do patrimônio líquido mais alto, custo da dívida mais alto e normalmente custo de capital mais alto que empresas mais seguras. Uma extensão razoável desse argumento seria a de que uma empresa com maior possibilidade de dificuldades financeiras deve ter maior custo de capital e, portanto, menor valor. O argumento tem mérito até certo ponto. O custo de capital para empresas em dificuldades financeiras, calculado corretamente, deve ser maior que o custo de capital para uma empresa segura. Se a dificuldade é causada pelo alto grau de alavancagem financeira, o custo do patrimônio líquido deve ser muito maior. Considerando-se que o custo da dívida baseia-se na taxa de empréstimo corrente, esta também deveria elevar-se quando a empresa torna-se mais exposta ao risco de falência, com exacerbação do efeito se a vantagem fiscal de tomar emprestado também desaparece (em decorrência de prejuízos operacionais). No final das contas, entretanto, o ajuste de valor que resulta do uso de uma taxa de desconto maior é apenas parcial. Considera-se ainda que a empresa gere fluxos de caixa em perpetuidade, mas o valor presente é pequeno. Uma parte significativa do valor atual da empresa ainda vem do valor terminal. Em outras palavras, o risco maior de dificuldades financeiras — quer dizer, a perda de fluxos de caixa futuros — não é adequadamente capturado no valor.
4. *Ajustamos os fluxos de caixa esperados à possibilidade de dificuldades financeiras.* Para entender melhor esse ajuste, vale rever o que os fluxos de caixa esperados em uma avaliação pelo fluxo de caixa descontado supostamente medem. O fluxo de caixa esperado em um ano deve ser a média ponderada dos fluxos de caixa sob todos os cenários para a empresa, indo do pior ao melhor caso. Em outras palavras, se há 30% de chance de que a empresa não sobreviverá no próximo ano, o valor esperado do fluxo de caixa deve refletir tanto a probabilidade quanto o fluxo de caixa resultante. Na prática, tendemos a ser bem negligentes em nossas estimativas de fluxos de caixa esperados. Na realidade, não é incomum usar uma estimativa exógena da taxa de crescimento esperado (fornecida por estimativa de analistas) sobre os lucros ou receitas do ano corrente para gerar valores futuros. Alternativamente, com freqüência planejamos um caminho de lucratividade otimista para empresas não lucrativas e usamos esse caminho como base para nossos cálculos de fluxos de caixa esperados. Poderíamos calcular os fluxos de caixa esperados sob todos esses cenários e usar os valores esperados em nossa avaliação. Assim, os fluxos de caixa esperados seriam muito menores para uma empresa com significativa probabilidade de dificuldades financeiras.

Note, porém, que, ao contrário da sabedoria convencional, esse não é um ajuste para o risco. Estamos fazendo o que deveria ter sido feito em primeiro lugar e calculando os fluxos de caixa esperados corretamente. Se desejamos ajustar os fluxos de caixa para o risco, devemos ajustar os fluxos de caixa esperados para baixo usando um equivalente de certeza.[3] Para isso, entretanto, a taxa de desconto utilizada deve ser a taxa livre de risco e não o custo de capital ajustado ao risco. Em termos de praticidade, é muito difícil ajustar os fluxos de caixa esperados para a possibilidade de dificuldades financeiras. Não só precisamos calcular a probabilidade de dificuldades de cada ano, como também temos de ficar de olho na probabilidade acumulada. Isso porque uma empresa que começa a ter dificuldades no ano 3 perde fluxos de caixa não só naquele ano, mas também em todos os anos subseqüentes.
5. *Consideramos que, mesmo em dificuldades financeiras, a empresa poderá receber o valor presente dos fluxos de caixa esperados dos seus ativos, como ganho gerado pela liquidação.* O problema com dificuldades financeiras, do ponto de vista do DCF, não é que a empresa deixa de existir, mas que todos os fluxos de caixa além daquele ponto no tempo serão perdidos. Assim, uma empresa com ótimos produtos e grandes mercados potenciais poderá nunca ver essa promessa convertida em fluxo de caixa se for à falência antes da hora. Se considerarmos, entretanto, que essa empresa pode ser vendida para a mais alta proposta de compra por um valor de liquidação que seja igual ao valor presente dos fluxos de caixa esperados, a dificuldade financeira não tem de ser considerada explicitamente. Essa é uma premissa assustadora, pois não só consideramos que a empresa em dificuldades tem poder de barganha para exigir o valor justo de mercado para seus ativos, como também que isso pode ser feito não só com ativos existentes (investimentos já realizados e produtos já produzidos), mas com ativos de crescimento (produtos que podem ser produzidos no futuro).

Em resumo, deixar de considerar a dificuldade financeira explicitamente em avaliações pelo fluxo de caixa descontado não terá um impacto material sobre o valor, se forem mantidas qualquer uma dessas três condições:

1. Não há possibilidade de falência, seja pelo porte e posição da empresa, seja por garantias governamentais.
2. A facilidade de acesso ao mercado de capitais permite que as empresas com bons investimentos levantem dívida ou patrimônio líquido para se sustentarem em tempos difíceis, assegurando assim que nunca sejam levadas à liquidação por dificuldades financeiras.
3. Usamos os fluxos de caixa esperados que incorporam a probabilidade de dificuldades financeiras e uma taxa de desconto que é ajustada para altos riscos associados às dificuldades financeiras. Além disso, consideramos que a empresa receberá os ganhos da liquidação que são iguais ao valor presente dos fluxos de caixa futuros esperados em continuidade, no caso de uma venda por liquidação.

Se essas condições não forem mantidas — e é fácil argumentar que não serão para muitas empresas em algum ponto no tempo —, a avaliação pelo fluxo de caixa descontado exacerbará o valor da empresa.

Adaptação da avaliação pelo fluxo de caixa descontado em situações de dificuldades financeiras

Quando a falha em considerar as dificuldades financeiras na avaliação pelo fluxo de caixa descontado exercerá um impacto material sobre o valor? Se a probabilidade de dificuldades financeiras for alta, o acesso ao capital será restringido (por fatores internos e externos) e os ganhos de liquidação por dificuldades financeiras serão significativamente menores que o valor de continuidade operacional, a avaliação pelo fluxo de caixa descontado exacerbará o valor da empresa e do patrimônio líquido para empresas em dificuldades financeiras, mesmo que os fluxos de caixa e a taxa de desconto sejam calculados corretamente. Nesta seção, consideramos várias maneiras de incorporar os efeitos das dificuldades financeiras ao cálculo do valor.

Simulações Em avaliações tradicionais, normalmente calculamos o valor esperado para cada variável de entrada. Por exemplo, na avaliação da empresa, podemos considerar uma taxa de crescimento esperado em receitas de 30% a cada ano e que a margem operacional esperada será de 10%. Na realidade, cada uma dessas variáveis tem uma distribuição de valores, que condensamos no valor esperado. As simulações tentam utilizar a informação em toda a distribuição, em vez do valor esperado, para chegar ao valor. Pelo exame de toda a distribuição, as simulações fornecem uma oportunidade de lidar explicitamente com as dificuldades financeiras.

Antes de iniciarmos as simulações, temos de decidir as circunstâncias que constituirão as dificuldades financeiras e o que acontecerá no caso da sua ocorrência. Por exemplo, podemos determinar que os prejuízos operacionais acumulados de mais de $ 1 bilhão no decorrer de três anos levarão a empresa a dificuldades financeiras e que, nesse caso, seus ativos serão liquidados por 25% do valor contábil. Os parâmetros para dificuldades financeiras não só variarão por empresas, com base no seu porte e nas características dos seus ativos, mas também de acordo com o estado do mercado financeiro e a economia global. Uma empresa que apresente três anos ruins seguidos em uma economia saudável com mercados de ações ascendentes pode ter menores custos de dificuldades financeiras do que outra semelhante em meio a uma recessão. Os passos para a simulação são:

Passo 1: O primeiro passo envolve a escolha das variáveis cujos valores serão substituídos pela distribuição. Embora possa haver incerteza associada a todas as variáveis na avaliação, somente as variáveis mais críticas devem ser escolhidas nesse estágio. Por exemplo, o crescimento da receita e as margens operacionais podem ser as variáveis fundamentais a escolher para se construir a distribuição.

Passo 2: Escolhemos a distribuição de probabilidade para cada variável. Existem inúmeras escolhas aqui, desde as distribuições de probabilidade discretas (probabilidades que determinam um resultado específico) até as distribuições contínuas (distribuição normal, lognormal ou exponencial). Feitas essas escolhas, os seguintes fatores devem ser considerados:

- A amplitude dos resultados possíveis para as variáveis (por exemplo, as receitas não podem ser menores que zero, rejeitando-se qualquer distribuição capaz de assumir grandes valores negativos, como a distribuição normal).
- A experiência da empresa nessa variável. Dados sobre uma variável, tais como margens operacionais históricas, podem ajudar a determinar o tipo de distribuição que melhor a descreve.

Embora nenhuma distribuição seja perfeitamente adequada, deve-se usar aquela que *melhor* se ajuste aos dados.

Passo 3: Em seguida, calculam-se os parâmetros da distribuição escolhidos para cada variável. O número de parâmetros variará de uma distribuição para outra. Por exemplo, a média e a variância devem ser estimadas para a distribuição normal, ao passo que, para uma distribuição uniforme, exige-se a estimativa de valores mínimos e máximos para a variável.

Passo 4: Um resultado é extraído de cada distribuição. Considera-se que a variável assume esse valor para aquela simulação em particular. Para tornar a análise mais rica, repetimos esse processo para cada ano e levamos em conta as correlações cruzadas entre variáveis e no tempo.[4]

Passo 5: Os fluxos de caixa esperados são estimados com base nos resultados extraídos do passo 4. Se a empresa cumprir os critérios para a continuidade operacional, definidos antes da simulação, descontaremos os fluxos de caixa para chegar a uma estimativa convencional do fluxo de caixa descontado. Se não cumpri-los, vamos avaliá-la como uma empresa em dificuldades financeiras.

Passo 6: Os passos 4 e 5 são repetidos até que um número suficientemente grande de simulações seja concluído. Em geral, quanto mais complexa for a distribuição (em termos do número de valores que a variável pode assumir e do número de parâmetros necessários para se definir a distribuição) e maior o número de variáveis, maior será esse número.

Passo 7: Cada simulação gerará um valor para empresa, de continuidade ou de dificuldades financeiras, conforme o caso. O valor médio entre todas as simulações será o valor da empresa. Também devemos ser capazes de avaliar a probabilidade de inadimplência fornecida pela simulação e o efeito das dificuldades financeiras sobre o valor.

A principal limitação da análise por simulação é a informação exigida para o seu funcionamento. Na prática, é difícil escolher tanto a distribuição correta para descrever uma variável quanto os parâmetros dessa distribuição. Quando essas escolhas são feitas de forma negligente ou aleatória, o resultado da simulação pode parecer impressionante, mas de fato não transmite nenhuma informação valiosa.

Avaliação pelo fluxo de caixa modificado Podemos adaptar a avaliação pelo fluxo de caixa descontado para refletir alguns ou a maioria dos efeitos das dificuldades financeiras no valor. Para isso, incorporamos os efeitos das dificuldades financeiras tanto ao fluxo de caixa esperado quanto às taxas de desconto.

Cálculo do fluxo de caixa esperado Para considerar os efeitos das dificuldades financeiras sobre uma avaliação pelo fluxo de caixa descontado, temos de incorporar a probabilidade de que a empresa não sobreviverá aos fluxos de caixa esperados. Em sua forma mais completa, isso exigiria que considerássemos todos os cenários possíveis, do mais otimista ao mais pessimista, determinando as probabilidades e os fluxos de caixa sob cada cenário, para o cálculo do fluxo de caixa esperado de cada ano.

$$\text{Fluxo de caixa esperado} = \sum_{j=1}^{j=n} \pi_{jt} (\text{Fluxo de caixa}_{jt})$$

onde π_{jt} é a probabilidade de cada cenário j no período t, e o fluxo de caixa$_{jt}$ é o fluxo de caixa sob aquele cenário e naquele período. Esses inputs precisam ser estimados para cada ano, considerando-se que as probabilidades e os fluxos de caixa podem mudar de um ano para o outro.

Um atalho, embora aproximado, seria exigir estimativas somente para dois cenários — o de continuidade operacional e o de dificuldades financeiras. Para o cenário de continuidade, usaríamos as taxas de crescimento esperado e os fluxos de caixa calculados sob a premissa de que a empresa deixará a UTI, voltando a ser saudável. Sob o cenário de dificuldades financeiras, consideraríamos que a empresa seria liquidada por uma venda de liquidação. Dessa forma, o nosso fluxo de caixa esperado para cada ano seria:

$$\text{Fluxo de caixa esperado}_t = (\text{Fluxo de caixa}_{\text{Continuidade}, t}) \times \pi_{\text{Continuidade}, t}$$
$$+ (\text{Fluxo de caixa}_{\text{Dificuldades}, t}) \times (1 - \pi_{\text{Continuidade}, t})$$

onde $\pi_{\text{Continuidade},t}$ é a probabilidade acumulada de que a empresa estará em continuidade operacional no período t. As probabilidades de dificuldades financeiras terão de ser estimadas para cada ano, e a probabilidade acumulada de sobrevivência como empresa em continuidade pode ser escrita da seguinte forma:

$$\text{Probabilidade acumulada de sobrevivência pelo período } t = \pi_t = \prod_{n=1}^{n=1}(1 - \pi_{\text{Dificuldades}, n})$$

onde $\pi_{\text{Dificuldades, n}}$ é a probabilidade de que a empresa terá dificuldades no período n. Por exemplo, se uma empresa tem 20% de chance de dificuldades financeiras no ano 1 e 10% de chance no ano 2, a probabilidade acumulada de sobrevivência como uma empresa em continuidade operacional ao longo de dois anos pode ser escrita como:

$$\text{Probabilidade acumulada de sobrevivência ao longo de dois anos} = (1 - 0{,}20)(1 - 0{,}10) = 0{,}72 \text{ ou } 72\%$$

Estimativa das taxas de desconto Em avaliações convencionais, freqüentemente calculamos o custo do patrimônio líquido usando um beta de regressão e o custo da dívida pelo exame do valor de mercado das taxas de juros sobre obrigações negociadas publicamente lançadas pela empresa. Para empresas com substancial probabilidade de dificuldades financeiras, essas abordagens podem levar a cálculos inconsistentes. Analisemos primeiro o uso de betas de regressão. Considerando-se que os betas de regressão baseiam-se em preços passados ao longo de períodos (de dois a cinco anos, por exemplo) e que as dificuldades financeiras ocorrem em períodos mais curtos, constataremos que esses betas atenuarão o verdadeiro risco de dificuldades financeiras da empresa.[5] No caso das taxas de juros sobre obrigações corporativas, deparamo-nos com um problema diferente. Os rendimentos até a maturidade sobre obrigações corporativas de empresas que são vistas como empresas em dificuldades financeiras alcançam níveis extremamente elevados, em grande parte porque as taxas de juros são computadas com base em fluxos de caixa prometidos (cupons ou valor de face), em vez de fluxos de caixa esperados. A presunção em uma avaliação de continuidade operacional é que os fluxos de caixa prometidos têm de ser feitos para que a empresa permaneça em continuidade, e, assim, é apropriado basear o custo da dívida em fluxos de caixa prometidos em vez de esperados. Para uma empresa com expressiva probabilidade de dificuldades financeiras, essa presunção é claramente infundada.

Quais são as escolhas de avaliação para empresas em dificuldades financeiras? Para calcular o custo do patrimônio líquido, temos duas opções que fornecem estimativas mais razoáveis do que os betas de regressão:

1. *Betas de CAPM ajustados para dificuldades financeiras.* Em vez de usar betas de regressão, podemos utilizar o *bottom-up beta* não alavancado (a média ponderada de betas não alavancados de negócios em que a empresa opera) e a razão dívida/patrimônio líquido de mercado atual da empresa. Considerando-se que as empresas com dificuldades financeiras freqüentemente têm uma razão dívida/patrimônio alta, ocasionada grandemente como conseqüência da queda do preço das ações, isso levará a betas alavancados significativamente maiores que os betas de regressão.[6] Se juntarmos isso ao fato de que muitas empresas em dificuldades financeiras estão sem posição de obter qualquer vantagem fiscal da dívida, o beta alavancado vai tornar-se ainda mais alto.

Beta alavancado = *Bottom-up beta* não alavancado [1 + (1 – Alíquota)(Razão dívida/patrimônio)]

Observe, porém, que é razoável recalcularmos as razões dívida/patrimônio líquido e as taxas de desconto para anos futuros, com base nas nossas expectativas para a empresa, e ajustar o beta para que reflita essas alterações.[7]

2. *Modelos de fator de dificuldades financeiras.* Além do fator-padrão para o risco de mercado, poderíamos acrescentar separadamente um fator de dificuldades ao custo do patrimônio líquido. Conseqüentemente, isso tornaria o custo do patrimônio líquido de empresas em dificuldades muito maior que o de empresas saudáveis no mesmo tipo de negócio. Na realidade, alguns atribuiriam às dificuldades financeiras os retornos mais altos obtidos por empresas com baixas razões preço/valor contábil que Fama e French (1992) demonstraram. Eles argumentam que é mais provável que ações com baixo preço/valor contábil sejam de empresas em dificuldades financeiras.[8] Outros estudos, entretanto, contestam essa noção, observando que historicamente as carteiras de empresas em dificuldades financeiras tiveram retornos mais baixos do que as carteiras de empresas saudáveis.[9]

Para calcular o custo da dívida em uma empresa em dificuldades, recomendaríamos o uso da taxa de juros baseada no *rating* de títulos de dívida da empresa. Embora isso produza um custo alto de dívida, será mais razoável que o rendimento até a maturidade, quando a inadimplência é vista como iminente.[10]

Para compor o custo de capital, precisamos calcular os pesos de dívida sobre o patrimônio líquido. No ano inicial, devemos usar a razão dívida/capital do mercado corrente (que pode ser muito alta para empresas em dificuldades). Como fazemos previsões para anos futuros e incorporamos as nossas expectativas de melhorias na lucratividade, devemos ajustar o endividamento em direção a níveis mais razoáveis. A prática convencional de usar a razão-alvo de endividamento para os períodos da avaliação (que reflita a média do setor ou o mix ótimo de financiamentos) pode levar a estimativas equivocadas de valor para empresas que estão significativamente superalavancadas.

Limitações da abordagem O grande obstáculo em usar essa abordagem é que, mesmo na sua forma limitada, torna-se difícil calcular a probabilidade acumulada para dificuldades financeiras (e sobrevivência) de cada ano para o período de projeção. Conseqüentemente, os fluxos de caixa esperados podem não incorporar completamente os efeitos das dificuldades financeiras. Além disso, é difícil executar as premissas de continuidade operacional e de dificuldades financeiras no mesmo modelo. Tentamos fazer isso usando probabilidades, mas as duas abordagens fazem suposições diferentes e às vezes contraditórias sobre como o mercado opera e como as empresas em dificuldades evoluem no tempo.

Tratamento distinto das dificuldades financeiras Uma alternativa para o modelo de fluxo de caixa descontado apresentado na seção precedente é separar as premissas de continuidade operacional e o valor que emerge delas dos efeitos das dificuldades financeiras. Para avaliar os efeitos das dificuldades financeiras, calculamos a probabilidade acumulada de que a empresa virá a ter dificuldades no período de projeção e os ganhos que obteremos da venda por liquidação. O valor da empresa pode então ser escrito como:

Valor da empresa = Valor de continuidade × (1 – $\pi_{Dificuldades}$) + Valor de venda por liquidação × $\pi_{Dificuldades}$

onde $\pi_{Dificuldades}$ é a probabilidade acumulada de dificuldades financeiras no decorrer do período de avaliação. Além de simplificar a avaliação, isso nos permite fazer premissas consistentes dentro de cada avaliação.

Podemos indagar sobre as diferenças entre essa abordagem e a mais convencional, para se calcular o valor de liquidação para empresas em sérias dificuldades. Pode-se considerar que o valor de liquidação por dificuldades é uma versão do valor de liquidação e, se supomos que a probabilidade de dificuldades é 1, o valor da empresa de fato convergirá para o valor de liquidação. A vantagem dessa abordagem é que ela nos permite considerar a possibilidade de que mesmo empresas em dificuldades financeiras têm uma chance (embora pequena) de se tornar uma empresa em continuidade operacional.

Continuidade operacional e fluxo de caixa descontado Para avaliar uma empresa como em continuidade operacional, consideramos somente os cenários em que ela sobrevive. O fluxo de caixa esperado é calculado entre esses cenários e assim deve ser maior que o fluxo de caixa esperado calculado em um modelo de fluxo de caixa modificado. Quando calculamos taxas de desconto, fazemos a suposição de que o endividamento, na verdade, decrescerá ao longo do tempo se a empresa estiver superalavancada, e a empresa obterá os benefícios fiscais da dívida assim que se tornar lucrativa. Isso é consistente com a suposição de que a empresa se manterá em continuidade operacional. A maioria das avaliações pelo fluxo de caixa descontado que observamos na prática trata de avaliações sob a premissa de continuidade operacional, embora não venham com esse rótulo.

Uma alternativa menos precisa, embora mais fácil, é avaliar a empresa com se ela fosse saudável hoje. Isso exigiria calcular os fluxos de caixa que a empresa teria gerado se fosse saudável, uma tarefa muito mais fácil de realizar substituindo-se a margem operacional da empresa pela margem operacional média de empresas saudáveis no mesmo ramo de negócio. O custo de capital para empresas em dificuldades financeiras pode ser definido como o custo de capital médio do setor, e o valor da empresa pode ser calculado. O perigo dessa abordagem é que o valor da empresa será exacerbado pela suposição de que o retorno de empresas saudáveis é tão indolor quanto iminente.

Cálculo da probabilidade de dificuldades financeiras Um input fundamental para essa abordagem é a estimativa da probabilidade acumulada de dificuldades financeiras no decorrer do período de avaliação. Nesta seção, vamos considerar três maneiras pelas quais podemos calcular essa probabilidade. A primeira é uma abordagem estatística, na qual relacionamos a probabilidade de dificuldades financeiras a características observáveis da empresa — porte, alavancagem e lucratividade, por exemplo — contrastando empresas que foram à falência em anos anteriores com outras que não foram. A segunda abordagem é menos intensiva em dados, em que usamos o *rating* de dívida para a empresa e a taxa de inadimplência empírica de empresas da mesma categoria para estimar a probabilidade de dificuldades financeiras. A terceira é usar os preços de títulos corporativos lançados pela empresa para sustentar a probabilidade histórica de dificuldades financeiras.

Abordagem estatística O fato de centenas de empresas falirem todos os anos fornece-nos um rico banco de dados a ser pesquisado para avaliarmos tanto por que ocorre a falência quanto como prever a probabilidade da sua ocorrência. Um desses estudos iniciais usados nessa abordagem foi o de Altman (1968), em que ele usou uma análise linear discriminante para chegar à medida chamada de Z-Score. Em seu primeiro artigo, o qual já foi atualizado várias vezes,[11] o Z-Score foi uma função de cinco quocientes:

$$Z = 0{,}012 \left(\frac{\text{Capital de giro}}{\text{Ativos totais}} \right) + 0{,}014 \left(\frac{\text{Lucros retidos}}{\text{Ativos totais}} \right) + 0{,}033 \left(\frac{\text{Ebit}}{\text{Ativos totais}} \right)$$

$$+ 0{,}006 \left(\frac{\text{Valor de mercado do patrimônio líquido}}{\text{Valor contábil dos passivos totais}} \right) + 0{,}999 \left(\frac{\text{Vendas}}{\text{Ativos totais}} \right)$$

Altman argumenta que poderíamos calcular os Z-Scores para empresas e usá-los para prever quais iriam à falência e fornece evidências para suportar suas afirmativas. Desde seu estudo, tanto acadêmicos quanto práticos desenvolveram suas próprias versões de classificação de crédito.

Apesar de sua utilidade em prever falências, a análise linear discriminante não fornece uma probabilidade de falência. Para chegar a tal estimativa, usamos uma variante próxima — uma *probit*. Em uma *probit*, começamos com os mesmos dados que foram usados na análise linear discriminante, uma amostra de empresas que sobreviveram em um período e outras que não sobreviveram. Desenvolvemos uma variável de indicador que vai de 0 a 1:

Dummy de dificuldades financeiras = 0 para qualquer empresa que sobreviveu no período

= 1 para qualquer empresa que faliu no período

Dessa forma, levamos em conta informações que estariam disponíveis no início do período e que nos permitiriam separar as empresas que faliram daquelas que não faliram. Por exemplo, poderíamos pesquisar a razão dívida/capital, saldo de caixa e margens operacionais de todas as empresas da amostra no início do período, em que esperaríamos que empresas com altas razões dívida/capital, baixos saldos de caixa e margens operacionais negativas tivessem maior probabilidade de ir à falência. Finalmente, usando a variável *dummy* de dificuldades financeiras como a nossa variável dependente e os quocientes financeiros (dívida/capital e margem operacional) como variáveis independentes, buscamos a relação:

Dummy de dificuldades financeiras = $a + b$(Dívida/capital) + c(Saldo de caixa/valor) + d(Margem operacional)

Se a relação for estatística e economicamente significativa, temos as bases para calcular as probabilidades de falência.[12]

Uma vantagem dessa abordagem é que pode ser estendida para cobrir a probabilidade de dificuldades financeiras de empresas sem dívida. Por exemplo, podemos relatar a probabilidade de dificuldades financeiras de empresas jovens de tecnologia para a razão de queima de caixa, que mensura quanto de caixa a empresa tem em mãos em relação às necessidades operacionais de caixa.[13]

Com base no rating de dívida Muitas empresas, principalmente nos Estados Unidos, possuem obrigações que são classificadas por agências de *ratings* de acordo com o risco de inadimplência. Esses *ratings* de dívida não somente transmitem informações sobre o risco de inadimplência (ou ao menos a percepção de risco de inadimplência das agências de *rating*), mas também vêm com uma história rica. Considerando-se que essas obrigações foram classificadas por décadas, podemos pesquisar a inadimplência empírica de obrigações em cada classe de *rating*. Supondo que as agências de *rating* não alteraram significativamente os seus padrões de *ratings*, podemos usar as probabilidades de inadimplência como inputs para o modelo de fluxo de caixa descontado. Altman e Kishore (2001) calcularam as probabilidades acumuladas de inadimplência para obrigações em diferentes classes de *ratings* no decorrer de períodos de cinco e dez anos, e as estimativas estão reproduzidas na Tabela 17.1.[14] Por exemplo, a probabilidade acumulada de inadimplência para uma obrigação classificada como BB para o período de dez anos é de 16,89%.[15]

Quais as limitações dessa abordagem? A primeira é delegar a responsabilidade pela estimativa de probabilidades de inadimplência a agências de *ratings* e supor que elas façam isso muito bem. A segunda é supor que os padrões de *ratings* não mudam com o tempo. A terceira é que a tabela mensura a probabilidade de inadimplência sobre as obrigações, mas não indica se a inadimplência da empresa fará que saia do negócio. Muitas empresas continuam a operar como em continuidade depois da inadimplência.

Exemplificamos o uso dessa abordagem com a Global Crossing. No final de 2001, a Global Crossing foi avaliada como um *rating* de dívida CCC pela S&P. Com base nesse *rating* e no histórico de inadimplência entre 1971 e 2001, calculamos a probabilidade acumulada de inadimplência em 51,38% no decorrer do período de dez anos para a empresa.

Com base no preço da obrigação Uma abordagem convencional para avaliar obrigações desconta os fluxos de caixa prometidos a valor presente a um custo da dívida que incorpore um *spread* por inadimplência para sugerir um preço. Consideremos uma abordagem alternativa. Podemos descontar os fluxos de caixa esperados sobre a obrigação, que seriam menores que os fluxos de caixa prometidos por causa da possibilidade de inadimplência, à taxa livre de risco para precificar a obrigação. Se considerarmos uma probabilidade anual constante de inadimplência, podemos escrever o preço da obrigação da seguinte forma para uma obrigação com cupom fixo e maturidade em N anos.

$$\text{Preço da obrigação} = \sum_{t=1}^{t=N} \frac{\text{Cupom}(1-\pi_{\text{Dificuldades}})^t}{(1+\text{Taxa livre de risco})^t} + \frac{\text{Valor de face da obrigação}(1-\pi_{\text{Dificuldades}})^N}{(1+\text{Taxa livre de risco})^N}$$

Essa equação pode ser usada agora com o preço em uma obrigação corporativa negociada, para sustentar a probabilidade de inadimplência. Estamos solucionando uma probabilidade de inadimplência calculada em termos anuais no decorrer do ciclo de vida da obrigação e ignorando a realidade de que a probabilidade de inadimplência é mais alta nos anos iniciais e declina nos últimos anos.

Embora essa abordagem tenha o atrativo da simplicidade, antecipamos as seguintes advertências em seu uso. Primeiro, observe que não somente precisamos encontrar uma obrigação correta emitida por uma empresa — características especiais como conversibilidade farão a abordagem inutilizável —, mas o preço da obrigação tem de estar disponível. Se a obrigação corporativa emitida for colocada reservadamente, isso pode não ser viável. Segundo, as

TABELA 17.1: *Rating* de dívida e probabilidade de inadimplência, 1971–2001

Rating	Probabilidade acumulada de dificuldades financeiras	
	5 anos	10 anos
AAA	0,03%	0,03%
AA	0,18	0,25
A+	0,19	0,40
A	0,20	0,56
A–	1,35	2,42
BBB	2,50	4,27
BB	9,27	16,89
B+	16,15	24,82
B	24,04	32,75
B–	31,10	42,12
CCC	39,15	51,38
CC	48,22	60,40
C+	59,36	69,41
C	69,65	77,44
C–	80,00	87,16

probabilidades calculadas podem ser diferentes para diferentes obrigações emitidas pela mesma empresa. Algumas dessas diferenças podem ser atribuídas a suposições que fizemos de que a probabilidade de inadimplência anual permanece constante e outras podem ser atribuídas a precificações incorretas de obrigações. Terceiro, como na abordagem anterior, a impossibilidade de pagamento de dívidas nem sempre resulta na cessação da continuidade operacional. Finalmente, estamos supondo que o cupom seja pago completamente ou não seja pago de nenhum modo. Se houver um pagamento parcial do cupom ou o valor de face em inadimplência, superestimaremos as probabilidades de inadimplência usando essa abordagem.

EXEMPLO 17.1: Cálculo da probabilidade de falência usando preço de obrigações: Global Crossing

Em 2001, a Global Crossing tinha uma obrigação com cupom de 12% e oito anos de maturidade negociada a $ 653. Para estimar a probabilidade de inadimplência (com uma taxa de obrigação de longo prazo do governo de 5% usada como taxa livre de risco), temos:

$$653 = \sum_{t=1}^{t=8} \frac{120(1-\pi_{\text{Dificuldades}})^t}{(1,05)^t} + \frac{1.000(1-\pi_{\text{Dificuldades}})^8}{(1,05)^8}$$

Solucionando a probabilidade de falência,[16] temos:

$\pi_{\text{Dificuldades}}$ = Probabilidade anual de inadimplência = 13,53%

Podemos então calcular a probabilidade acumulada de dificuldades financeiras no decorrer de dez anos:

Probabilidade acumulada de sobrevivência de dez anos = $(1 - 0{,}1353)^{10}$ = 23,37%
Probabilidade acumulada de dificuldades financeiras no decorrer de dez anos = 1 − 0,2337 = 0,7663 ou 76,63%

Cálculo dos ganhos de venda por liquidação
Uma vez calculada a probabilidade de que a empresa será incapaz de fazer os pagamentos da dívida e deixará de existir, temos de considerar a seguinte questão lógica: o que acontece então? Como visto anteriormente neste capítulo, a dificuldade financeira em si não é um problema, mas sim o fato de que empresas em dificuldades financeiras devem vender os seus ativos por menos que o valor presente dos fluxos de caixa esperados. Com freqüência, elas são incapazes de reivindicar até mesmo o valor presente dos fluxos de caixa garantidos pelos investimentos existentes. Conseqüentemente, o input fundamental que precisamos calcular são os ganhos esperados no caso de uma liquidação por dificuldades financeiras. Temos três escolhas:

1. Calcular o valor presente dos fluxos de caixa esperados em um modelo de fluxo de caixa descontado e considerar que a liquidação por dificuldades financeiras gerará somente um percentual (menor que 100%) desse valor. Assim, se a avaliação pelo fluxo de caixa descontado produz $ 5 bilhões como valor dos ativos, podemos considerar que o valor será de $ 3 bilhões, em caso de uma liquidação.
2. Calcular o valor presente dos fluxos de caixa esperados somente dos ativos existentes como valor de liquidação por dificuldades financeiras. Essencialmente, estamos considerando que o comprador não pagará por futuros investimentos em uma liquidação. Em termos práticos, devemos calcular o valor de liquidação considerando os fluxos de caixa dos ativos existentes como uma perpetuidade (sem crescimento).
3. A maneira mais prática de calcular os ganhos da liquidação por dificuldades financeiras é considerar esses ganhos como um percentual do valor contábil dos ativos, baseado na experiência de outras empresas em dificuldades. Assim, o fato de que outras empresas em dificuldades puderam vender os seus ativos por 20% do valor contábil indicaria que os ganhos de liquidação seriam de 20% do valor contábil dos ativos da empresa.

Note que muitas das questões que vêm à tona quando calculamos os ganhos de liquidação por dificuldades financeiras — a necessidade de vender abaixo do valor justo, a urgência da necessidade de venda — são questões relevantes ao se calcular o valor de liquidação.

EXEMPLO 17.2: Cálculo dos ganhos de liquidação por dificuldades financeiras em janeiro de 2002: Global Crossing

Para calcular os ganhos esperados no caso de uma liquidação por dificuldades financeiras, consideramos vários fatores. Primeiro, o crescimento lento da economia em janeiro de 2002 claramente não foi uma boa notícia para empresas que tentavam vender ativos em liquidação. Segundo, o fato de muitas empresas de telecomunicação estarem em dificuldades financeiras, também procurando por compradores potenciais naquela época, provavelmente deprimiu os ganhos com a liquidação. Na realidade, a PSInet, outra empresa de telecomunicação recentemente levada à liquidação por dificuldades financeiras, conseguiu receber menos de 10% do valor contábil na liquidação. Para a Global Crossing, foi considerado que os ganhos da liquidação por dificuldades seriam de 15% do valor contábil dos ativos não monetários.

Valor contábil dos ativos não monetários $ 14.531 milhões
Liquidação por dificuldades financeiras = 15% do valor contábil = 0,15 × 14.531 = $ 2.180 milhões

Considerando-se que a empresa tinha uma dívida pendente com valor de face de $ 7.647 milhões, os investidores de patrimônio líquido não receberiam nada em caso de liquidação, até mesmo se fossem levados em conta o caixa e os títulos negociáveis de $ 2.260 milhões que a empresa tinha em seu balanço.

EXEMPLO 17.3: Avaliação da Global Crossing com dificuldade financeira avaliada separadamente

Para analisar a Global Crossing com avaliação em separado das dificuldades financeiras, começamos com a avaliação em continuidade operacional e prosseguimos levando em conta a liquidação por dificuldades financeiras.

Avaliação da Global Crossing como empresa em continuidade operacional

A Global Crossing fornece produtos de administração de dados e voz por rede de fibra óptica. Ao longo de três anos de história, a empresa aumentou receitas de $ 420 milhões em 1998 para $ 3.804 milhões em 2001, mas partiu de um lucro operacional de $ 120 milhões em 1998 para um prejuízo operacional de $ 1.895 milhões em 2001.[17] Além disso, a empresa era capital-intensiva e apresentou gastos de capital substanciais ($ 4.289 milhões) e depreciação ($ 1.436 milhões) em 2000.

Para fazer a avaliação, consideramos que não haveria crescimento da receita no primeiro ano (para refletir o crescimento desacelerado da economia) e que o crescimento da receita seria rápido para os quatro anos seguintes, diminuindo gradualmente para uma taxa de crescimento estável de 5% na fase terminal. Consideramos também que o Ebitda, como um percentual das vendas, partiria do nível atual (aproximadamente –10%) para a média do setor de 30% no final do ano e que os gastos de capital seriam progressivamente reduzidos ao nível de manutenção ao longo dos próximos dois anos. A tabela seguinte resume as nossas premissas sobre crescimento da receita, Ebitda/vendas, necessidades de reinvestimento ao longo dos próximos dez anos.

Ano	Crescimento da receita	Ebitda como % das receitas	Taxa de crescimento dos gastos de capital	Taxa de crescimento da depreciação	Capital de giro como percentual das receitas
1	0%	–2,5%	–20%	10%	3%
2	40	0	–50	10	3
3	30	5	–30	10	3
4	20	10	5	10	3
5	10	15	5	–50	3
6	10	18	5	–30	3
7	10	21	5	5	3
8	8	24	5	5	3
9	6	27	5	5	3
10	5	30	5	5	3

Tanto para o crescimento das receitas quanto para a melhoria nas margens Ebitda, consideramos que as grandes mudanças ocorreram nos anos iniciais. Observe que as mudanças na depreciação ocorrem com atraso em relação às mudanças nos gastos de capital — estes são cortados primeiro, e a depreciação cai mais tarde. Finalmente, consideramos que a empresa precisaria separar 3% da mudança da receita de cada ano para o capital de giro, baseado em médias do setor.

Com essas previsões, calculamos na tabela seguinte as receitas, o lucro operacional e o lucro operacional após impostos de cada ano para o período de alto crescimento (em milhões de dólares). Para o cálculo do imposto de renda, levamos em conta o diferimento do prejuízo operacional líquido de 2001, $ 2.075 milhões, e acrescentamos os prejuízos adicionais que esperamos nos primeiros anos da projeção.

Os prejuízos acumulados ao longo dos primeiros nove anos blindaram a empresa do pagamento de impostos até o décimo ano. Após esse ponto, consideramos que a alíquota marginal de imposto de renda seria de 35%.[18]

Finalmente, calculamos os fluxos de caixa livre para a empresa com as nossas premissas sobre gastos de capital e capital de giro (em milhões de dólares):

Ano	Receitas	Ebitda	Depreciação	Ebit	Prejuízo operacional líquido no início do ano	Impostos	Ebit (1 – t)
1	$ 3.804	–$ 95	$ 1.580	–$ 1.675	$ 2.075	$ 0	–$ 1.675
2	5.326	0	1.738	–1.738	3.750	0	–1.738
3	6.923	346	1.911	–1.565	5.487	0	–1.565
4	8.308	831	2.102	–1.272	7.052	0	–1.272
5	9.139	1.371	1.051	320	8.324	0	320
6	10.053	1.809	736	1.074	8.004	0	1.074
7	11.058	2.322	773	1.550	6.931	0	1.550
8	11.942	2.508	811	1.697	5.381	0	1.697
9	12.659	3.038	852	2.186	3.685	0	2.186
10	13.292	3.589	894	2.694	1.498	419	2.276
Ano terminal	13.957	4.187	939	3.248	0	1.137	2.111

Ano	Ebit(1 – t)	Gastos de capital	Depreciação	Variação em capital de giro	Fluxo de caixa livre (FCFF)
1	–$ 1.675	$ 3.431	$ 1.580	$ 0	–$ 3.526
2	–1.738	1.716	1.738	46	–1.761
3	–1.565	1.201	1.911	48	–903
4	–1.272	1.261	2.102	42	–472
5	320	1.324	1.051	25	22
6	1.074	1.390	736	27	392
7	1.550	1.460	773	30	832
8	1.697	1.533	811	27	949
9	2.186	1.609	852	21	1.407
10	2.276	1.690	894	19	1.461
Ano terminal	2.111	2.353	939	20	677

A empresa utiliza generosamente dívidas para financiar esses investimentos, e o valor contábil da dívida é de $ 7.647 milhões no final de 2001. Estimamos o valor de mercado para a dívida em $ 4.923 milhões.[19] Com base na capitalização de mercado (para o patrimônio líquido) de $ 1.649 milhões na época dessa avaliação, calculamos uma razão dívida/capital para a empresa:

$$\text{Dívida/capital} = \frac{4.923}{4.923 + 1.649} = 74,91\%$$

$$\text{Patrimônio líquido/capital} = \frac{1.649}{4.923 + 1.649} = 25,09\%$$

Para calcular o *bottom-up beta*, começamos com um beta não alavancado de 0,7527 (baseado em todas as empresas de serviços de telecomunicação negociadas publicamente) e calculamos o beta alavancado para a empresa, usando o valor de mercado da dívida e do patrimônio líquido (e uma alíquota de imposto de zero).

$$\text{Beta alavancado} = \text{Beta não alavancado}\left[1 + (1 - \text{Alíquota de IR})\left(\frac{\text{Dívida}}{\text{Patrimônio líquido}}\right)\right]$$

$$= 0,7527\left[1 + (1-0)\left(\frac{4.923}{1.649}\right)\right] = 3,00$$

Usando um *bottom-up beta* de 3 para o patrimônio líquido e um custo da dívida de 12,8% baseado no *rating* da empresa (CCC), calculamos o custo de capital para os próximos anos. (A taxa livre de risco foi de 4,8% e o prêmio pelo risco usado foi de 4%.)

Custo do patrimônio líquido = 4,8% + 3(4%) = 16,80%

Custo da dívida após impostos = 12,8%(1 – 0) = 12,8% (A empresa não paga imposto de renda)

Custo de capital = 16,8%(0,2509) + 12,8%(0,7491) = 13,80%

No período estável após o ano 10, consideramos que o beta deve declinar para 1 e o custo da dívida antes dos impostos deve declinar para 8%. Os ajustes ocorrem em incrementos lineares do ano 6 ao ano 10 como mostra a tabela seguinte:

Ano	Alíquota de IR	Beta	Custo do patrimônio líquido	Custo da dívida após impostos	Razão de endividamento	Custo de capital
1-5	0%	3,0	16,8%	12,80%	74,91%	13,80%
6	0	2,6	15,2	11,84	67,93	12,92
7	0	2,2	13,6	10,88	60,95	11,94
8	0	1,8	12,0	9,92	53,96	10,88
9	0	1,4	10,4	8,96	46,98	9,72
10	16	1,0	8,8	6,76	40,00	7,98
Ano terminal	35	1,0	8,8	5,20	40,00	7,36

Para calcular a taxa de reinvestimento no ano terminal, consideramos que a Global Crossing obteria como retorno o seu custo de capital de 7,36% em perpetuidade após o ano 10, e a taxa de crescimento esperado seria de 5%. Isso produz uma taxa de reinvestimento de 67,93%.

$$\text{Taxa de reinvestimento para o período estável} = \frac{5\%}{7,36\%} = 67,93\%$$

$$\text{FCFF esperado para o ano terminal} = \text{Ebit}_{11}(1-t)(1-\text{Taxa de reinvestimento})$$
$$= 2.111(1-0,35)(1-0,6793)$$
$$= \$\ 677\ \text{milhões}$$

$$\text{Valor terminal} = \frac{\text{FCFF}_{11}}{\text{Custo de capital} - g} = \frac{677}{0,0736 - 0,05} = \$\ 28.683\ \text{milhões}$$

Ao descontarmos a valor presente os fluxos de caixa operacionais, chegamos a um cálculo de valor dos ativos operacionais da empresa de $ 5.530 milhões. Note, entretanto, que quase todo esse valor provém da nossa suposição de que a Global Crossing não somente sobreviveria, mas também se tornaria rentável, o que é a fonte do grande valor terminal. Adicionando-se o saldo de caixa e títulos negociáveis mantidos pela empresa ($ 2.260 milhões) e subtraindo-se o valor da dívida ($ 4.923 milhões) e a estimativa de opções administrativas em circulação ($ 14,31 milhões),[20] chegamos a um valor do patrimônio líquido de $ 2.852 milhões. A divisão pelo número de ações em circulação resulta em um valor por ação de $ 3,22.

Valor dos ativos operacionais da empresa	$ 5.529,92 milhões
+ Caixa e títulos negociáveis	$ 2.260,00 milhões
−Valor de mercado da dívida	$ 4.922,75 milhões
= Valor do patrimônio líquido	$ 2.867,17 milhões
−Valor das opções administrativas	$ 14,31 milhões
= Valor do patrimônio líquido em ações ordinárias	$ 2.852,86 milhões
Valor do patrimônio líquido por ação	$ 3,22

Sob o pressuposto da continuidade operacional, indicaríamos um valor de $ 3,22 por ação para o patrimônio líquido da Global Crossing.

Como tratar as dificuldades financeiras No Exemplo 17.1, calculamos a probabilidade acumulada de dificuldades financeiras para Global Crossing em 76,63% para os próximos dez anos e, no Exemplo 17.2, calculamos os ganhos da liquidação por dificuldades financeiras em 15% do valor contábil, baseado em quanto os ativos de outra empresa de telecomunicações falida recebiam atualmente no mercado. Combinando esses dois inputs, chegamos ao cálculo de um valor esperado para os ativos operacionais da empresa com dificuldades, incorporado nas suposições:

$$\text{Valor esperado dos ativos operacionais} = 5.530(1-0,7663) + 2.180(0,2337)$$
$$= \$\ 2.962,9\ \text{milhões}$$

Se adicionarmos de volta o caixa e títulos negociáveis e deduzirmos a dívida, obtemos um valor ajustado do patrimônio líquido para a empresa.

Valor da empresa	$ 2.962,90 milhões
+ Caixa e títulos negociáveis	$ 2.260,00 milhões
– Valor de mercado da dívida	$ 4.922,75 milhões
Valor de mercado do patrimônio líquido	$ 300,15 milhões
– Valor das opções em circulação	$ 14,31 milhões
Valor do patrimônio líquido em ações ordinárias	$ 285,84 milhões
Valor do patrimônio líquido por ação	$ 0,32

Uma limitação dessa abordagem é não considerar o fato de que o patrimônio líquido é uma responsabilidade limitada. Em outras palavras, se a dificuldade financeira ocorre e o valor dos ativos operacionais é menor que a dívida pendente (como é inevitável), o investidor de patrimônio líquido não obterá nada do seu investimento, mas também não será obrigado a completar a diferença. Podemos calcular um valor mais realista do patrimônio líquido, pela média ponderada do patrimônio líquido por ação.

$$\text{Valor do patrimônio líquido} = \$ 3{,}22(1 - 0{,}7663) + \$ 0{,}00(0{,}7663) = \$ 0{,}75$$

Uma maneira de interpretar essa diferença é considerar o primeiro cálculo de valor ($ 0,32) como o valor sem responsabilidade limitada e o segundo cálculo ($ 0,75) como o valor para investidores de patrimônio líquido com responsabilidade limitada.

Valor presente ajustado (APV) Na abordagem do valor presente ajustado (em inglês, *adjusted present value*), descrita mais completamente no Capítulo 6, começamos com o valor da empresa sem dívida. À medida que adicionamos dívida à empresa, analisamos o efeito líquido sobre o valor ao considerar tanto os benefícios fiscais quanto os custos de se tomar emprestado. Para isso, consideramos que o primeiro benefício de se tomar emprestado é um benefício fiscal e o mais significativo custo de se tomar emprestado é o risco adicional de falência. Em empresas com dificuldades financeiras, a vantagem de separar o valor do impacto da dívida do valor dos ativos operacionais é que se pode dedicar mais atenção ao custo e à probabilidade das dificuldades financeiras.

Revendo os passos da abordagem do APV, calculamos o valor da empresa em três passos. Começamos pelo cálculo do valor da empresa sem alavancagem, descontados os fluxos de caixa livre esperados para a empresa ao custo não alavancado do patrimônio líquido. Especialmente no caso em que os fluxos de caixa crescem a uma taxa de perpetuidade constante, o valor da empresa é facilmente calculado.

$$\text{Valor da empresa não alavancada} = \frac{\text{FCFF}_0(1+g)}{\rho_u - g}$$

onde FCFF_0 é o fluxo de caixa operacional atual após impostos para a empresa, ρ_u é o custo não alavancado do patrimônio líquido e g é a taxa de crescimento esperado. Nos casos mais gerais, podemos avaliar a empresa usando qualquer conjunto de premissas de crescimento que acreditamos ser razoável para a empresa.

Consideramos então o valor presente das economias fiscais geradas pelo empréstimo de determinado montante de dinheiro. Esse benefício fiscal é uma função da alíquota de imposto de renda da empresa e é descontado ao custo da dívida para refletir o nível de risco desse fluxo de caixa. Se as economias fiscais são vistas como uma perpetuidade,

$$\text{Valor dos benefícios fiscais} = \frac{(\text{Alíquota de imposto})(\text{Custo da dívida})(\text{Dívida})}{\text{Custo da dívida}} = (\text{Alíquota de imposto})(\text{Dívida}) = t_c D$$

Para empresas em dificuldades financeiras, o valor será reduzido, se a empresa tiver prejuízos operacionais significativos e não tiver expectativa de receber benefícios fiscais para o futuro próximo.

O terceiro passo é avaliar o efeito do determinado nível de dívida sobre o risco de inadimplência da empresa e sobre os custos esperados de falência. Isso exige o cálculo da probabilidade de inadimplência com a dívida adicional e os custos diretos e indiretos de falência. Se π_a é a probabilidade de inadimplência após a dívida adicional e BC é o valor presente dos custos de falência, o valor presente dos custos esperados de falência pode ser calculado.

$$\text{VP dos custos esperados de falência} = (\text{Probabilidade de falência})(\text{VP dos custos de falência}) = \pi_a BC$$

Podemos usar a abordagem descrita na seção precedente para obter uma estimativa da probabilidade de falência. Podemos também considerar as diferenças entre o valor de uma empresa sob o pressuposto da continuidade operacional e o valor de liquidação por dificuldades financeiras como custo de falência. Assim, se o valor presente dos fluxos de caixa esperados é de $ 5 bilhões — o valor de continuidade operacional — e se espera que os ganhos pela liquidação sejam somente 25% do valor contábil de $ 4 bilhões, o custo de falência é $ 4 bilhões.

$$\text{Custo esperado de falência} = \$ 5 \text{ bilhões} - 0,25(\$ 4 \text{ bilhões}) = \$ 4 \text{ bilhões}$$

Novamente, em empresas com dificuldades financeiras, é provável que o valor presente do custo esperado de falência seja um número grande. A combinação de baixos benefícios fiscais e grandes custos de falência provavelmente reduz o valor da empresa.

Almeida e Philippon (2005) sugerem uma variação do modelo de valor presente ajustado, argumentando que a medida convencional dos custos de falência subestima suas magnitudes, porque não leva em conta a realidade de que os custos de dificuldades financeiras são freqüentemente sistemáticos (impulsionados pelo mercado e pela economia).[21] Eles apresentam duas maneiras de ajustar o valor dos custos de dificuldades financeiras para refletir esse risco sistemático. Na primeira, derivam probabilidades de inadimplência dos spreads de obrigações corporativas, similarmente ao que fizemos no Exemplo 17.1. Na segunda, derivam o ajuste pelo risco dos dados históricos sobre probabilidades de dificuldades financeiras e modelos de precificação de ativos. Eles concluem que os custos esperados de falência são substanciais e exercem um grande impacto sobre o valor da empresa.

EXEMPLO 17.4: Avaliação da Global Crossing: valor presente ajustado

Para avaliar a Global Crossing com base no valor presente ajustado, primeiro precisamos avaliá-la como uma entidade não alavancada. Podemos fazer isso usando o custo não alavancado do patrimônio líquido como o custo de capital.

$$\text{Beta não alavancado para a Global Crossing}^{22} = 0,7527$$

Usando a taxa livre de risco de 4,8% e o prêmio pelo risco de 4%,

$$\text{Custo não alavancado do patrimônio líquido para a Global Crossing} = 4,8\% + 0,7527(4\%) = 7,81\%$$

Usamos esse custo do patrimônio líquido como custo de capital para descontar os fluxos de caixa livre esperados para a empresa mostrados anteriormente no Exemplo 17.3. A tabela seguinte resume o valor presente dos fluxos de caixa ao custo do patrimônio líquido (em milhões de dólares). (Note que o valor terminal à esquerda permanece inalterado. Continuaremos a assumir que a empresa obterá como retorno sobre seus investimentos o custo de capital após o ano 10.)

Ano	FCFF	Valor terminal	VP a 7,81%
1	-$ 3.526		-$ 3.270,85
2	-1.761		-1.515,31
3	-903		-720,38
4	-472		-349,17
5	22		15,02
6	392		249,55
7	832		491,64
8	949		519,81
9	1.407		715,26
10	1.461	$ 28.683	14.210,82
Total			$ 10.346,39

O valor da empresa não alavancada é de $ 10.346 milhões. A esse valor adicionamos os benefícios fiscais esperados da dívida. Considerando-se que a empresa está perdendo dinheiro e tem um substancial prejuízo operacional, os benefícios fiscais esperados acumulam-se quase inteiramente após o ano 10. Por conseguinte, descontamos a valor presente os benefícios fiscais esperados à taxa de 7,81% por dez anos.[23] Para estimar o custo de falência, consideramos como o custo de falência a diferença entre o valor em continuidade de $ 10.346 milhões e a estimativa de ganhos de liquidação de $ 2.180 milhões (estimados no Exemplo 17.2). Multiplicar isso pela probabilidade de inadimplência estimada no Exemplo 17.1 resulta no custo esperado de falência.

$$\text{Benefícios fiscais esperados} = \text{Alíquota de imposto}(\text{Valor da empresa não alavancada})/(1+ \text{Custo de capital})^{10}$$

$$= 0,35 \times 10.346/1,078^{10} = \$ 1.707$$

Valor presente ajustado dos ativos da Global Crossing = Valor da empresa não alavancada
+ Valor presente dos benefícios fiscais
− Custos esperados de falência
= 10.346 + 1.707
− 0,7663(10.346 − 2.180)
= $ 5.795 milhões

Adicionando-se de volta o caixa e títulos negociáveis e subtraindo-se a dívida, obtém-se um valor de patrimônio líquido para a Global Crossing:

APV dos ativos da Global Crossing	$ 5.795 milhões
+ Caixa e títulos negociáveis	$ 2.260 milhões
− Valor de mercado da dívida	$ 4.923 milhões
Valor do patrimônio líquido	$ 3.132 milhões

$$\text{Valor por ação} = \frac{\$3.132 \text{ milhões}}{886,47} = \$3,53$$

Havia 886,47 milhões de ações em circulação em dezembro de 2001.

AVALIAÇÃO RELATIVA

Na prática, a maioria das avaliações, incluindo aquelas de empresas em dificuldades, são avaliações relativas. Em particular, as empresas são avaliadas pelo uso de múltiplos e grupo de empresas comparáveis. Sendo assim, uma questão em aberto é se os efeitos das dificuldades financeiras refletem-se na avaliação relativa e, se não, como fazer isso da melhor forma.

Dificuldades financeiras em avaliação relativa

Não está claro como as dificuldades financeiras são incorporadas ao cálculo da avaliação relativa. Consideremos como em geral se realiza a avaliação relativa. Escolhemos um grupo de empresas que acreditamos que sejam comparáveis à empresa que estamos avaliando. Normalmente, escolhemos empresas do mesmo ramo de negócio em que se insere a nossa empresa. Então, padronizamos os preços pelo cálculo de um múltiplo — preço/lucro, preço/valor contábil, valor das operações da empresa/vendas ou valor das operações da empresa /Ebitda. Finalmente, examinamos como está a situação da nossa empresa em relação ao múltiplo relativo para empresas comparáveis. Ainda que essa tradicional e respeitada abordagem seja usada também para empresas em dificuldades, duas questões são exclusivas de empresas em dificuldades:

1. Os múltiplos de receita e Ebitda são comumente mais usados para avaliar empresas em dificuldades do que empresas saudáveis. As razões são pragmáticas. Múltiplos como preço/lucro ou preço/valor contábil geralmente não podem nem mesmo ser calculados para uma empresa em dificuldade. Os analistas então se movem para cima na demonstração de resultados procurando por um número positivo. Para empresas que fazem pesados investimentos de infra-estrutura, em que a depreciação e a amortização são um encargo significativo contra o lucro operacional e existem substanciais despesas com juros, o Ebitda é freqüentemente positivo e o lucro líquido, negativo. Para algumas empresas, entretanto, até mesmo o Ebitda é negativo, e os múltiplos de receita são os únicos múltiplos que produzem valores positivos.
2. Os analistas conscientes da possibilidade de dificuldades financeiras em geral consideram as dificuldades financeiras subjetivamente quando comparam os múltiplos para a empresa que estão analisando com a média do setor. Por exemplo, consideremos que a média de empresas de telecomunicações seja negociada a duas vezes a receita e que uma empresa que estamos analisando seja negociada a 1,25 vez a receita. Consideremos também que a empresa tenha um risco de inadimplência substancialmente mais alto que a média das empresas de telecomunicações. Podemos concluir que a empresa não está subavaliada, embora esteja sendo negociada a um significativo desconto sobre a média, por causa do potencial para a inadimplência. Os perigos de ajustes subjetivos são óbvios. Salvo a maioria das flagrantes avaliações malfeitas, os analistas encontrarão uma maneira de justificar o seu viés prévio sobre a empresa.

Adaptação da avaliação relativa às dificuldades financeiras

Existe uma maneira pela qual a avaliação relativa pode ser adaptada para cobrir empresas com dificuldades financeiras? Acreditamos que sim, embora os ajustes tendam a ser muito mais aproximados do que aqueles descritos na seção sobre fluxo de caixa descontado. Consideramos duas maneiras de incorporar as dificuldades financeiras explicitamente na avaliação relativa. Na primeira, comparamos as avaliações de uma empresa em dificuldades financeiras às avaliações de outras empresas em dificuldades financeiras. Na segunda, usamos empresas saudáveis como empresas comparáveis, mas procurando uma maneira de ajustar para as dificuldades financeiras que a empresa que estamos avaliando está enfrentando.

Escolhendo as comparáveis Para avaliar uma empresa comparável, podemos procurar um grupo de empresas em dificuldades financeiras do mesmo ramo de negócio e examinar quanto o mercado está disposto a pagar por elas. Por exemplo, poderíamos avaliar uma empresa de telecomunicações problemática examinando o múltiplo valor das operações da empresa/vendas (ou valor contábil do capital) ao qual outras empresas de telecomunicações problemáticas negociam. Apesar de existir uma esperança nessa abordagem, ela funciona somente se um grande número de empresas do setor ingressa em dificuldades financeiras ao mesmo tempo. Além disso, pela classificação de empresas com dificuldades financeiras e empresas sem dificuldades financeiras, corremos o risco de agregar empresas que estão em dificuldades, mas em diferentes graus.

Uma maneira possível de expandir essa abordagem é procurar por empresas em dificuldades no mercado como um todo, em vez de somente no setor no qual a empresa opera. Isso permitirá uma amostra maior, embora exista a possível desvantagem de que um supermercado problemático possa estar em uma posição melhor (em termos de geração de ganhos de liquidação por dificuldades) do que uma empresa de tecnologia problemática.

EXEMPLO 17.5: Escolha das comparáveis com dificuldades financeiras

Para avaliar a Global Crossing, foram consideradas somente empresas de serviços de telecomunicações com lucro operacional negativo e alta alavancagem (razão valor de mercado da dívida/capital que excede a 75%). Mensuramos o valor contábil do capital como a soma do valor contábil do patrimônio líquido e da dívida no final do ano financeiro mais recente. Nosso objetivo era chegar a uma amostra de empresas de telecomunicação com substancial probabilidade de dificuldades financeiras. A tabela a seguir resume as razões valor das operações da empresas/valor contábil do capital para essas empresas:

Empresa	Razão valor de mercado/ valor contábil do capital	Ebit	Razão valor de mercado da dívida/capital
SAVVIS Communications Corp.	0,80	–83,67	75,20%
Talk America Holdings Inc.	0,74	–38,39	76,56
Choice One Comm. Inc.	0,92	–154,36	76,58
FiberNet Telecom Group Inc.	1,10	–19,32	77,74
Level 3 Communications, Inc.	0,78	–761,01	78,89
Global Light Telecom.	0,98	–32,21	79,84
Korea Thrunet Co. Ltda Cl A	1,06	–114,28	80,15
Williams Communications Group	0,98	–264,23	80,18
RCN Corp.	1,09	–332,00	88,72
GT Group Telecom Inc. Cl B	0,59	–79,11	88,83
Metromedia Fiber A	0,59	–150,13	91,30
Global Crossing Ltd.	0,50	–15,16	**92,75**
Focal Communications Corp.	0,98	–11,12	94,12
Adelphia Business Solutions	1,05	–108,56	95,74
Allied Riser Communications	0,42	–127,01	95,85
CoreComm Ltd	0,94	–134,07	96,04
Bell Canada Intl	0,84	–51,69	96,42
Globix Corp.	1,06	–59,35	96,94
United Pan Europe Communications	1,01	–240,61	97,27
Média	0,87		

A Global Crossing negocia a 50% do valor contábil investido, significativamente mais baixo que a média dessas empresas em dificuldades. Poderíamos interpretar isso como um indicativo do fato de que a Global Crossing está subavaliada sobre uma base relativa, mas essa conclusão só se justificaria se assumíssemos que as empresas expõem-se a graus iguais de dificuldades financeiras.

Ajuste no múltiplo A segunda possibilidade é procurar maneiras objetivas de ajuste de múltiplos para dificuldades financeiras. Consideremos uma solução possível: examinamos o múltiplo de receita ou lucro operacional pelo qual empresas com diferentes classes de *ratings* negociam para obter uma medida do desconto (se houver algum) que está sendo aplicado pelo mercado para o grau de dificuldades financeiras ao qual a empresa está exposta. Se existem empresas suficientes no setor que estamos analisando em cada classe de *rating*, podemos fazer isso em um setor-base. Se não existem, podemos procurar múltiplos no mercado inteiro e examinar diferenças entre classes de *rating* de dívida.

EXEMPLO 17.6: Múltiplo ajustado: Global Crossing

Pesquisando todas as empresas de telecomunicações e classificando-as com base nos *ratings* de dívida, podemos calcular a razão valor/valor contábil no final do ano de 2001 por classes de *rating* de dívida:

Rating de dívida	Razão valor/valor contábil do capital
A	1,70
BBB	1,61
BB	1,18
B	1,06
CCC	0,88
CC	0,61

As diferenças entre as classes de *ratings* fornecem um indicador de desconto que podemos aplicar quando avaliamos uma empresa em dificuldades. Por exemplo, a Global Crossing com um *rating* CCC deveria ter um múltiplo que fosse aproximadamente metade do de uma empresa saudável com *rating* A no mesmo setor.

Consideração explícita da possibilidade de dificuldades financeiras

Uma das adaptações que sugerimos para a avaliação pelo fluxo de caixa descontado foi uma estimativa explícita de risco de inadimplência e um valor da empresa que era um valor ponderado entre o valor de continuidade operacional e o valor de liquidação por dificuldades. Para uma empresa em dificuldades em um setor onde a empresa média é saudável, essa abordagem oferece esperança. Podemos calcular o valor da empresa em dificuldades financeiras usando empresas comparáveis e considerar o valor de continuidade operacional. Por exemplo, se empresas saudáveis são negociadas a duas vezes a receita, podemos multiplicar as receitas da empresa por 2 para chegar ao valor de continuidade operacional. Calcularíamos então o valor da empresa, ajustando para dificuldades financeiras:

Valor da empresa = Valor relativo de continuidade operacional $\times (1 - \pi_{\text{Dificuldades}})$ + Valor por dificuldades financeiras $\times \pi_{\text{Dificuldades}}$

A probabilidade de dificuldades financeiras e o valor de liquidação por dificuldades podem ser calculados como na seção anterior. Essa abordagem faz muito sentido quando avaliamos uma empresa que está em dificuldades financeiras em um setor composto na maioria por empresas saudáveis, considerando-se que as duas abordagens anteriores não possam ser usadas.

Em alguns casos, podemos usar valores previstos para receitas e lucros operacionais para obter o valor de continuidade operacional, principalmente se a receita e o lucro operacional correntes são adversamente impactados pela ameaça de dificuldades financeiras.

EXEMPLO 17.7: Múltiplos futuros e dificuldades financeiras

Consideremos as previsões de receitas e Ebitda feitas no Exemplo 17.3 para a Global Crossing. Embora a empresa esteja perdendo substanciais montantes de dinheiro atualmente, prevemos o seu retorno à saúde financeira. No ano 5, por exemplo, espera-se que a Global Crossing tenha um Ebitda de $ 1.371 milhões sobre receitas de $ 9.139 milhões. Usando o múltiplo médio valor das operações da empresa/Ebitda de 7,2 pelo qual empresas saudáveis de telecomunicações[24] estão sendo negociadas, podemos calcular um valor esperado das operações da empresa no ano 5.

Valor esperado das operações da empresa no ano 5 = $\text{Ebitda}_5 \times \text{EV/Ebitda}_{\text{Empresas de telecomunicações saudáveis atuais}}$
$= 1.371 \times 7,2 = \$ 9.871 \text{ milhões}$

Podemos calcular o valor presente desse valor estimado, descontando ao custo de capital da Global Crossing.

Valor das operações da empresa hoje $= \dfrac{9.871}{1,138^5} = \$ 5.172 \text{ milhões}$

Esse valor, é claro, baseia-se na premissa de que a Global Crossing se tornará uma empresa saudável. Usando as probabilidades de sobrevivência (23,37%) e dificuldades financeiras (76,63%) calculadas anteriormente, podemos avaliar os ativos operacionais da Crossing hoje:

$$\text{Estimativa de valor das operações da empresa} = \text{Valor de continuidade operacional}(\pi_{Continuidade})$$
$$+ \text{Valor de dificuldades}(1 - \pi_{Continuidade})$$
$$= 5.172(0,2337) + 2.180(0,7663) = \$ 2.879 \text{ milhões}$$

Note que o cálculo do valor de liquidação por dificuldades financeiras de $ 2.180 milhões foi realizado anteriormente no Exemplo 17.2. Adicionando de volta o saldo de caixa da empresa ($ 2.260 milhões) e subtraindo a dívida ($ 4.923 milhões), temos o valor para o patrimônio líquido:

Valor das operações da empresa	$ 2.879 milhões
+ Caixa e títulos negociáveis	$ 2.260 milhões
− Dívida	$ 4.923 milhões
Valor do patrimônio líquido	$ 216 milhões
Valor por ação = $ 216/886,47	$ 0,24

DO VALOR DA EMPRESA AO VALOR DO PATRIMÔNIO LÍQUIDO EM EMPRESAS COM DIFICULDADES FINANCEIRAS

Em avaliações convencionais, subtraímos o valor de mercado da dívida do valor da empresa para chegar ao valor do patrimônio líquido. Quando avaliamos empresas em dificuldades financeiras, temos de considerar duas questões específicas. A primeira é que mudanças da carga de dívidas dessas empresas, considerando-se que elas freqüentemente estão em processo de reestruturação e renegociação de dívidas, podem fazer da identificação da dívida em dólar, em determinado momento, um exercício perigoso. A segunda é que o patrimônio líquido em empresas com dificuldades financeiras pode, às vezes, ter características de opção e ser negociado a um prêmio sobre o que a avaliação pelo fluxo de caixa sugeriria de valor.

Mudanças da carga de dívida

Além de apresentar um substancial montante de dívida, as empresas em dificuldades financeiras geralmente possuem complicadas estruturas de dívida. Não só devem a uma série de credores diferentes, mas é comum a dívida em si ser complexa — conversível, resgatável e repleta de características especiais, exigidas pelos credores para a sua própria proteção. Além disso, é normal que as empresas em dificuldades estejam em processo de negociação com os detentores da dívida, tentando convencê-los a mudar os termos da dívida e, em alguns casos, convertê-la em patrimônio líquido. Conseqüentemente, o valor da dívida pode mudar drasticamente de um dia para o outro, dessa forma afetando o valor do patrimônio líquido, mesmo que o valor das operações da empresa não seja afetado.

Ao estimar o valor da dívida de uma empresa em dificuldade, devemos considerar o seguinte:

- Em vez de contar com a dívida da última demonstração financeira disponível, devemos tentar obter um cálculo atualizado da dívida. Isso pode ser difícil de fazer quando as negociações de dívida são privadas (entre a empresa em dificuldades e os credores).
- Devemos atualizar freqüentemente o valor estimado de mercado da dívida, uma vez que o risco de inadimplência de empresas em dificuldades pode mudar substancialmente de período para período. Mesmo que a dívida não seja negociada, nunca é apropriado usar o valor contábil de dívida como uma *proxy* para o valor de mercado da dívida em empresas com dificuldades financeiras. Em vez disso, devemos calcular o valor de mercado da dívida tratando a dívida contábil como uma obrigação corporativa.
- Quando nos confrontamos com dívidas conversíveis, devemos separar a opção de conversão da dívida e tratá-la como patrimônio líquido. Novamente, uma maneira simples de fazer isso é avaliá-la como se fosse dívida imediata — isso vai produzir a parte que é dívida — e considerar a diferença entre o valor de mercado da dívida conversível e a parte da dívida direta como patrimônio líquido.

Em geral, avaliar uma empresa em dificuldades financeiras como um todo é muito mais fácil que avaliar o patrimônio líquido na mesma empresa, principalmente porque a dívida pendente variará ao longo do tempo.

Patrimônio líquido como uma opção

Em muitas empresas negociadas publicamente, o patrimônio líquido tem duas características. A primeira é que os investidores de patrimônio líquido dirigem a empresa e podem escolher liquidar os ativos e pagar outros detentores

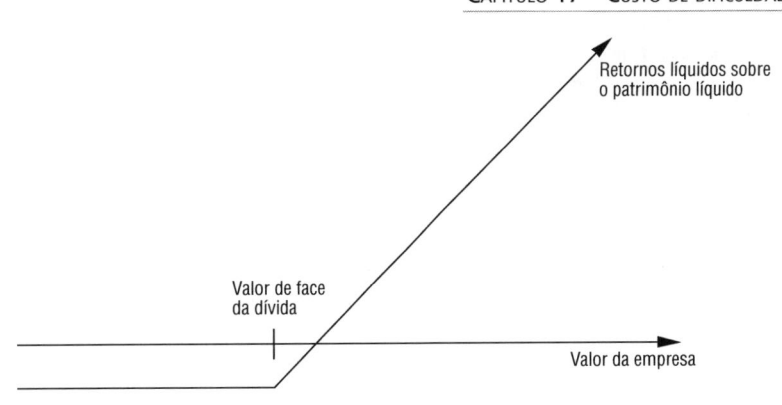

FIGURA 17.1 – Retornos sobre o patrimônio líquido como uma opção sobre uma empresa

de direito a qualquer momento. A segunda é que a responsabilidade dos investidores de patrimônio líquido em muitas empresas privadas e em quase todas as negociadas publicamente é restrita aos investimentos de patrimônio líquido nessas empresas. Essa combinação de opção para liquidação e responsabilidade limitada permite ao patrimônio líquido ter característica de uma opção de compra. Em empresas com dívidas substanciais e potencial significativo de falência, o valor de opção do patrimônio líquido pode exceder o valor pelo fluxo de caixa descontado.

Retornos sobre patrimônio líquido como uma opção O patrimônio líquido de uma empresa é um direito residual, ou seja, os detentores de patrimônio líquido possuem direitos sobre todos os fluxos de caixa remanescentes depois que outros detentores de direitos financeiros (dívida, ações preferenciais etc.) tiverem sido atendidos. Se uma empresa é liquidada, o mesmo princípio aplica-se, com os investidores em patrimônio líquido recebendo o fluxo de caixa remanescente da empresa após toda a dívida e outros direitos terem sido pagos. Em responsabilidade limitada, se o valor da empresa é menor que o valor da dívida, os investidores em patrimônio líquido não podem perder mais que os seus investimentos na empresa. O retorno para os investimentos de patrimônio líquido quando da liquidação poderá então ser escrito como:

$$\text{Retorno sobre patrimônio líquido na liquidação} = V - D \quad \text{se } V > D$$
$$= 0 \quad \text{se } V \leq D$$

onde V = Valor de liquidação da empresa

D = Valor de face da dívida pendente e outros direitos externos

O patrimônio líquido pode, portanto, ser encarado como uma opção de compra sobre a empresa, e o exercício da opção exige que a empresa seja liquidada e o valor de face da dívida (correspondente ao preço de exercício) seja quitado. A empresa é o ativo subjacente e a opção expira quando do vencimento da dívida. Os retornos são mostrados na Figura 17.1, acima.

EXEMPLO 17.8: Avaliação do patrimônio líquido como uma opção

Suponhamos que estejamos avaliando o patrimônio líquido de uma empresa cujos ativos estão atualmente avaliados em $ 100 milhões; o desvio padrão do valor desses ativos é de 40%. O valor de face da dívida é de $ 80 milhões (a dívida é de cupom zero com dez anos até a maturidade). A taxa de obrigações de longo prazo do governo de dez anos é de 10%. Podemos avaliar o patrimônio líquido como uma opção de compra sobre a empresa, usando os seguintes inputs para o modelo de precificação de opções:

Valor do ativo subjacente = S = Valor da empresa = $ 100 milhões

Preço de exercício = K = Valor de face da dívida pendente = $ 80 milhões

Tempo de vida da opção = t = Vida da dívida de cupom zero = 10 anos

Variância do valor do ativo subjacente = σ^2 = Variância do valor da empresa = 0,16

Taxa livre de risco = r = Taxa de obrigações de longo prazo do governo correspondente ao tempo de vida da opção = 10%

Com base nesses inputs, o modelo de precificação Black-Scholes fornece o seguinte valor para a opção de compra:

$$d_1 = 1,5994 \quad N(d_1) = 0,9451$$
$$d_2 = 0,3345 \quad N(d_2) = 0,6310$$

Valor da opção de compra = $100(0,9451) - 80\, e^{-(0,10)(10)}(0,6310)$ = $ 75,94 milhões

Considerando-se que a opção de compra representa o valor do patrimônio líquido e o valor da empresa é de $ 100 milhões, podemos calcular a dívida pendente.

$$\text{Valor da dívida pendente} = \$100 - \$75,94 = \$24,06 \text{ milhões}$$

Considerando-se que a dívida seja de dez anos e de cupom zero, a taxa de juros de mercado sobre a obrigação pode ser calculada.

$$\text{Taxa de juros sobre a dívida} = \left(\frac{\$80}{\$24,06}\right)^{1/10} - 1 = 12,77\%$$

Assim, o *spread* por inadimplência para essa obrigação seria de 2,77%.

Implicações em encarar o patrimônio líquido como uma opção

Quando o patrimônio líquido em uma empresa apresenta características de opção de compra, temos de mudar a maneira como pensamos sobre o valor e o que determina o valor. Nesta subseção, consideramos um grande número de potenciais implicações para os investidores em patrimônio líquido e os de obrigações corporativas na empresa.

Quando o patrimônio líquido será sem valor? Em avaliações pelo fluxo de caixa descontado, argumentamos que o patrimônio líquido não terá valor algum se o que temos (o valor da empresa) for menor do que o que devemos. A primeira implicação em encarar o patrimônio líquido como uma opção de compra é que o patrimônio líquido terá valor, até mesmo se o valor da empresa cair bem abaixo do valor de face da dívida pendente. Ainda que a empresa seja vista como problemática pelos investidores, contadores e analistas, o patrimônio líquido tem valor. Na realidade, da mesma forma que uma opção de compra negociada 'fora-do-dinheiro' comanda o valor em decorrência da possibilidade de aumento do valor do ativo subjacente acima do preço de exercício no tempo de vida restante da opção, o patrimônio líquido comanda o valor devido ao tempo prêmio sobre a opção (o tempo até que a obrigação se torne madura e seja resgatada) e a possibilidade de que o valor dos ativos possa aumentar acima do valor de face das obrigações antes de vencerem.

EXEMPLO 17.9: Valor da empresa e valor do patrimônio líquido

Revendo o exemplo anterior, suponhamos que o valor da empresa caia para $ 50 milhões, abaixo do valor de face da dívida pendente ($ 80 milhões). Suponhamos que todos os outros dados permaneçam os mesmos.

Os parâmetros do patrimônio líquido como uma opção de compra são:

Valor do ativo subjacente = S = Valor da empresa = $ 50 milhões

Preço de exercício = K = Valor de face da dívida pendente = $ 80 milhões

Tempo de vida da opção = t = Vida da dívida de cupom zero = 10 anos

Variância do valor do ativo subjacente = σ^2 = Variância do valor da empresa = 0,16

Taxa livre de risco = r = Taxa de obrigações de longo prazo do governo correspondente ao tempo de vida da opção = 10%

Com base nesses inputs, o modelo Black-Scholes de precificação de opções fornece o seguinte valor para a opção de compra:

$$d_1 = 1,0515 \qquad N(d_1) = 0,8534$$
$$d_2 = -0,2135 \qquad N(d_2) = 0,4155$$

O valor da opção de compra (patrimônio líquido) = $50(0,8534) - 80 \exp^{(-0,10)(10)}(0,4155) = \$30,44$ milhões

Valor da obrigação = $ 50 – $ 30,44 = $ 19,56 milhões

Como se pode constatar, o patrimônio líquido da empresa retém valor em virtude das suas características de opções. Na realidade, o patrimônio líquido continua a ter valor neste exemplo, mesmo que o valor da empresa caia a $ 10 milhões ou abaixo disso, como na Figura 17.2.

Aumentos no risco podem elevar o valor do patrimônio líquido Em avaliação tradicional pelo fluxo de caixa descontado, riscos maiores quase sempre se traduzem em menor valor para os investidores de patrimônio líquido. Mas quando o patrimônio líquido apresenta características de uma opção de compra, não devemos esperar que essa relação persista. O risco pode tornar-se nosso aliado quando somos investidores em ações de empresas problemáticas. Em essência, temos pouco a perder e muito a ganhar com as oscilações da empresa.

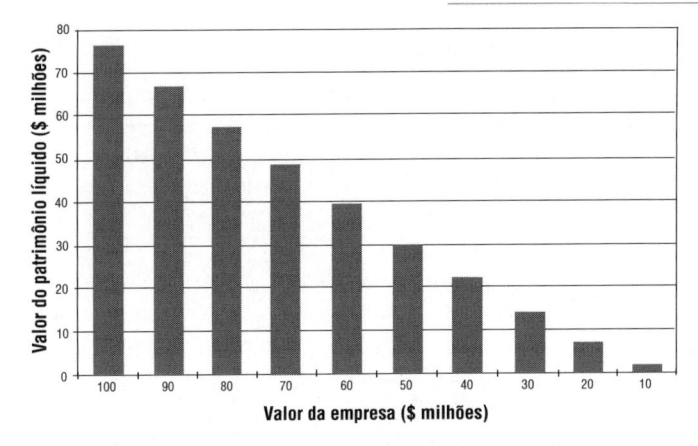

FIGURA 17.2 – Valor do patrimônio líquido *versus* alterações do valor da empresa

EXEMPLO 17.10: Valor do patrimônio líquido e volatilidade

Vamos rever a avaliação do Exemplo 17.8. O valor do patrimônio líquido é uma função da variância do valor da empresa, que supomos ser de 40%. Se alterarmos a variância, mantendo tudo o mais constante, o valor do patrimônio líquido mudará, conforme demonstrado na Figura 17.3. Observemos que o valor do patrimônio líquido aumentará com os aumentos do desvio padrão se mantivermos o valor da empresa constante. A taxa de juros sobre a dívida também sobe na medida em que o desvio padrão aumenta.

Probabilidade de inadimplência e *spreads* por inadimplência Uma das partes mais interessantes dos resultados do modelo de precificação de opções é a probabilidade neutra ao risco de inadimplência que podemos obter para a empresa. No modelo Black-Scholes, podemos calcular o valor do $N(d_2)$, que é a probabilidade neutra ao risco de $S > K$, que nesse modelo é a probabilidade de que o valor dos ativos da empresa seja maior que o valor de face da dívida. Por ora, $[1 - N(d_2)]$ deveria produzir uma probabilidade neutra ao risco de inadimplência sobre a dívida.

$$\text{Probabilidade neutra ao risco de inadimplência} = 1 - N(d_2)$$

Além disso, a taxa de juros da dívida permite calcular o *spread* por inadimplência apropriado a ser cobrado sobre as obrigações.

Pode-se verificar o potencial de aplicações desse modelo em uma carteira de empréstimos de bancos, tanto para se obter a probabilidade de inadimplência quanto a medida justa da taxa de juros sobre a dívida. Na realidade, existem serviços comerciais que usam sofisticados modelos de precificação de opções para calcular ambos os valores para as empresas.

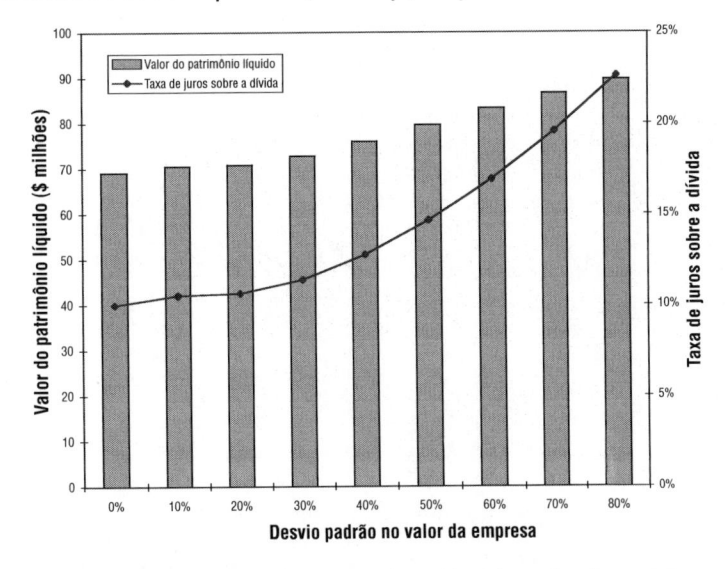

FIGURA 17.3 – Valor do patrimônio líquido e desvio padrão no valor da empresa

EXEMPLO 17.11: Probabilidade de inadimplência e *spreads* por inadimplência

Retornamos ao Exemplo 17.8 e calculamos a probabilidade de inadimplência como $N(d_2)$ e o *spread* por inadimplência, medido como a diferença entre a taxa de juros sobre a dívida da empresa e a taxa livre de risco, como uma função da variância. Esses valores estão no gráfico da Figura 17.4. Observemos que a probabilidade de inadimplência sobe muito rapidamente com o aumento do desvio padrão e o *spread* por inadimplência segue a mesma trajetória.

Cálculo do valor do patrimônio líquido como uma opção

Os exemplos que usamos até aqui para ilustrar a aplicação de precificação de opções para avaliar o patrimônio líquido incluíram algumas premissas simplificadoras. Entre elas, citamos quatro:

1. Há somente dois detentores de direitos sobre a empresa–dívida e o patrimônio líquido.
2. Há apenas uma obrigação em circulação, que pode ser resgatada pelo valor de face.
3. A dívida tem cupom zero e nenhuma característica especial (conversibilidade, cláusulas de opção de venda etc.).
4. O valor da empresa e a variância desse valor podem ser estimados.

Há um motivo para cada uma dessas premissas. Primeiro, limitando os detentores de direitos somente à dívida e patrimônio líquido, tornamos o problema mais fácil de lidar, ao passo que, se introduzirmos outros detentores de direitos, como ações preferenciais, podemos dificultar a obtenção dos resultados, embora isso não seja impossível. Segundo, ao assumir somente dívida de cupom zero lançada e que pode ser resgatada pelo valor de face a qualquer tempo antes da maturidade, alinhamos as características da dívida mais estreitamente às características do preço de exercício sobre uma opção-padrão. Terceiro, se a dívida é de cupom zero, ou mais de uma dívida lançada está em circulação, os investidores de patrimônio líquido podem ser forçados a exercerem (liquidar a empresa) antecipadamente a essas datas de cupom se não tiverem os fluxos de caixa para cumprir com essas obrigações.

Quarto, o conhecimento do valor da empresa e a variância desse valor tornam possível a precificação da opção, mas também levantam uma interessante questão sobre a utilidade da avaliação do patrimônio líquido pela precificação de opções. Se as obrigações da empresa são negociadas publicamente, o valor de mercado da dívida pode ser subtraído do valor da empresa para se obter o valor do patrimônio líquido diretamente. A abordagem da precificação de opções tem vantagens, entretanto. Especialmente quando a dívida da empresa não é negociada publicamente, a teoria de precificação de opções pode fornecer uma estimativa do valor do patrimônio líquido da empresa. Mesmo quando a dívida é negociada publicamente, as obrigações podem não ser avaliadas corretamente e a estrutura de precificação de opções pode ser útil na avaliação do valor da dívida e do patrimônio líquido. Finalmente, a associação do valor da dívida e do patrimônio líquido à variância da empresa permite alguma compreensão dos efeitos redistributivos das ações tomadas pela empresa.

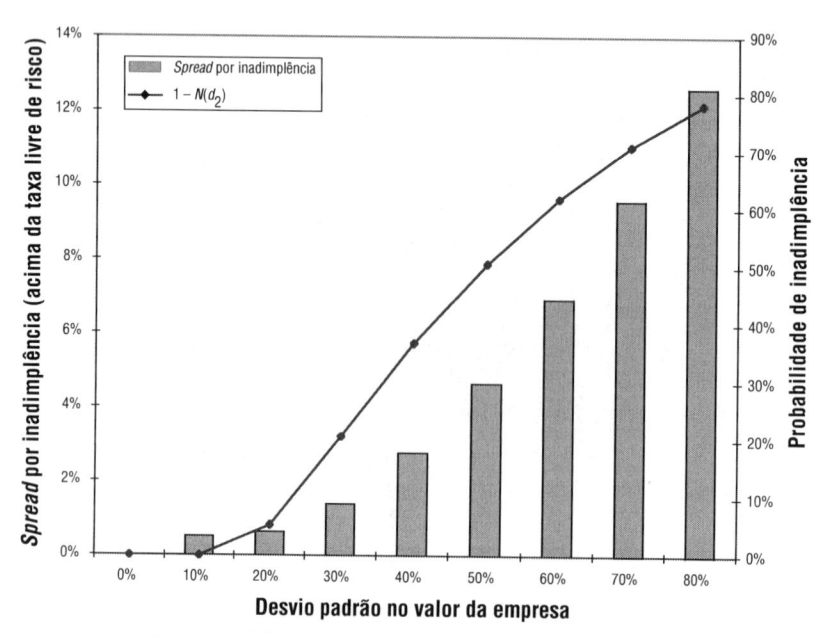

■ **FIGURA 17.4** – Probabilidade neutra ao risco de indimplência e *spreads* por inadimplência

Inputs para a avaliação do patrimônio líquido como uma opção Considerando-se que a maioria das empresas não se encaixa na estrutura desenvolvida aqui (como as que têm somente obrigações com cupom zero), temos de fazer algumas suposições para usar esse modelo de avaliação.

Valor da empresa Podemos obter o valor da empresa de quatro maneiras. Na primeira, somamos o valor de mercado da dívida e do patrimônio líquido para obter o valor da empresa, supondo que ambos sejam negociados publicamente. O modelo de precificação de opções então realoca o valor da empresa entre a dívida e o patrimônio líquido. Essa abordagem, embora simples, é inconsistente internamente. Começamos com um conjunto de valores de mercado para a dívida e o patrimônio líquido e, usando o modelo de precificação de opções, terminamos com valores totalmente diferentes para cada um deles.

Na segunda maneira, calculamos o valor de mercado dos ativos da empresa, descontando os fluxos de caixa esperados ao custo de capital. Uma consideração que precisamos ter em mente é que o valor da empresa em um modelo de precificação de opções deve ser o valor obtido na liquidação. Esse valor pode ser menor que o valor total da empresa, que inclui os investimentos futuros esperados, e pode também ser reduzido para refletir o custo da liquidação. Vale lembrar que, se calcularmos o valor da empresa usando um modelo de fluxo de caixa descontado, somente investimentos existentes[25] devem ser considerados no cálculo do valor da empresa. O maior problema nessa abordagem é que dificuldades financeiras podem afetar o lucro operacional, e assim o valor que obtemos ao usar o lucro operacional corrente pode ser muito baixo.

Na terceira abordagem, calculamos um múltiplo de receitas pesquisando empresas saudáveis no mesmo ramo de atividade e aplicamos esse múltiplo para a receita da empresa que estamos avaliando. Implicitamente, supomos que o comprador potencial pagará esse valor no caso de liquidação.

Podemos usar a quarta abordagem para empresas que possuem ativos separáveis e que são negociados individualmente. Aqui, somamos os valores de mercado dos ativos individuais para chegar ao valor da empresa. Por exemplo, podemos avaliar uma empresa imobiliária problemática que tem cinco propriedades, avaliando cada uma das propriedades separadamente e depois agregando os valores.

Variância do valor da empresa Podemos obter a variância do valor da empresa diretamente, se tanto as ações quanto as obrigações da empresa forem negociadas. Definindo σ_e^2 como a variância do preço da ação e σ_d^2 como variância do preço da obrigação, w_e como o peso do valor de mercado do patrimônio líquido e w_d como o peso do valor de mercado da dívida, podemos escrever o valor da variância da empresa como:[26]

$$\sigma_{empresa}^2 = w_e^2 \sigma_e^2 + w_d^2 \sigma_d^2 + 2 w_e w_d \rho_{ed} \sigma_e \sigma_d$$

onde ρ_{ed} é a correlação entre o preço das ações e o preço das obrigações. Quando as obrigações da empresa não são negociadas, podemos usar a variância de obrigações com *rating* similar como estimativa de σ_d^2, e a correlação entre obrigações com *rating* similar e as ações da empresa para estimar ρ_{ed}.

Quando as empresas entram em dificuldades financeiras, essa abordagem pode produzir resultados equivocados, na medida em que tanto o preço das ações quanto o preço das obrigações tornam-se voláteis. Uma alternativa que freqüentemente produz estimativas mais confiáveis é usar a variância média do valor de outras empresas do setor. Assim, o valor do patrimônio líquido em uma companhia de aço profundamente problemática pode ser estimado pela média da variância do valor de todas as companhias de aço.

Maturidade da dívida A maioria das empresas tem mais que uma dívida lançada em sua contabilidade e muito da dívida é quitada com cupons. Considerando que o modelo de precificação de opções permite somente um input de tempo de expiração, temos de converter essas múltiplas obrigações emitidas e pagamentos de cupom em uma obrigação equivalente de cupom zero. Podemos usar as seguintes abordagens para calcular a maturidade:

- Uma solução que leva em conta tanto o pagamento de cupons quanto a maturidade das obrigações é estimar a duração de cada dívida lançada e calcular a duração média ponderada pelo valor de face dos diferentes lançamentos. Essa duração média ponderada é então usada como uma medida do tempo de expiração da opção.
- Uma aproximação é usar a maturidade média ponderada pelo valor de face da dívida convertida à maturidade da obrigação de cupom zero no modelo de precificação de opções.

Valor de face da dívida Quando uma empresa em dificuldades possui múltiplas dívidas em circulação, temos três escolhas quando se trata do que usar como valor de face da dívida:

1. Podemos somar o principal de todas as dívidas da empresa e considerar essa soma como o valor de face de uma obrigação hipotética de cupom zero, como se a empresa tivesse emitido essa obrigação. A limitação dessa abordagem é que subestima o que a empresa verdadeiramente terá de pagar ao longo da vida da dívida, uma vez que haverá pagamentos de cupom e de juros durante o período.

440 | Avaliação de empresas

2. No outro extremo, podemos somar os juros esperados e os pagamentos de cupom que serão devidos sobre a dívida aos pagamentos de principal que vencem para sugerir um valor de face da dívida. Considerando-se que os pagamentos de juros ocorrem nos próximos anos e os pagamentos de principal são devidos somente no vencimento da dívida, quando fazemos essa soma estamos misturando fluxos de caixa de pontos diferentes no tempo. Todavia, essa é uma abordagem simplista de lidar com pagamentos intermediários de juros prometidos.
3. Podemos considerar somente o principal devido sobre a dívida como valor de face, com os pagamentos de juros a cada ano especificados como um percentual do valor da empresa, tomando o lugar do *dividend yield* no modelo de precificação de opções. Na realidade, a cada ano de existência remanescente da empresa, esperaríamos ver o valor da empresa declinar pelos pagamentos esperados da dívida.

EXEMPLO 17.12: Avaliação do patrimônio líquido como uma opção: Eurotúnel em 1997

O Eurotúnel foi uma empresa criada para construir e lucrar com o túnel sob o Canal da Mancha, ligando a Inglaterra à França. O túnel foi preparado para entrar em operação no início dos anos 90, mas nunca foi um sucesso comercial e apresentou significativas perdas a cada ano após a sua abertura. No início de 1998, o Eurotúnel apresentava um valor contábil de patrimônio líquido de –£ 117 milhões, e, em 1997, a empresa apresentou lucros antes dos juros e impostos de –£ 3,45 milhões e lucro líquido de –£ 611 milhões sobre uma receita de £ 456 milhões. De qualquer perspectiva, era uma empresa em dificuldades financeiras.

Muito do financiamento do túnel provinha de dívida e, no final de 1997, o Eurotúnel tinha um passivo em excesso de £ 5.000 milhões, levantado por uma variedade de lançamentos de obrigações e dívidas bancárias. A soma dos pagamentos de juros esperados e pagamentos de cupons à dívida elevam o passivo total da empresa até £ 8.865 milhões. A tabela a seguir resume a dívida pendente da empresa, com as nossas estimativas de duração esperada para cada classe de dívida.

Tipo de dívida	Valor de face (incluindo cupons acumulados) (£ milhões)	Duração (anos)
Curto prazo	935	0,5
10 anos	2.435	6,7
20 anos	3.555	12,6
Longo prazo	1.940	18,2
Total/Média	8.865	10,9

Somente os ativos significativos da empresa são de sua propriedade, e calculamos o valor desses ativos pelos fluxos de caixa esperados e o custo de capital apropriado. As suposições que fizemos são:

- A receita crescerá 10% ao ano nos próximos cinco anos e 3% ao ano em perpetuidade após esse período.
- O custo dos produtos vendidos, que era de 72% das receitas em 1997, cairá para 60% da receita em 2002 em incrementos lineares e se estabilizará nesse nível.
- Os gastos de capital e depreciação crescerão 3% ao ano nos próximos cinco anos. Observemos que o gasto líquido de capital é negativo para cada um desses anos — estamos supondo que a empresa não fará reinvestimentos significativos nos próximos cinco anos. Além do ano 5, os gastos de capital são equivalentes à depreciação.
- Não há necessidades de capital de giro.
- A razão de endividamento, que era de 95,35% no final de 1997, cairá para 70% no ano 2002. O custo da dívida é de 10% para os próximos cinco anos e de 8% após esse período.
- O beta para as ações será de 2 para os próximos cinco anos e cairá para 0,8 a partir daí (com a diminuição da alavancagem financeira).

A taxa de obrigações de longo prazo à época dessa avaliação era de 6% e a alíquota de imposto de renda, 35%. Com base nessas premissas, calculamos os fluxos de caixa (em £ milhões).

	Ano 1	Ano 2	Ano 3	Ano 4	Ano 5	Ano terminal
Receitas	£ 501,60	£ 551,76	£ 606,94	£ 667,63	£ 734,39	£ 756,42
– Custo dos produtos vendidos	361,15	380,71	400,58	420,61	440,64	453,85
– Depreciação	141,11	145,34	149,70	154,19	158,82	163,59
Ebit	–0,66	25,70	56,65	92,83	134,94	138,98
Ebit(1 – *t*)	–0,66	16,71	36,83	60,34	87,71	90,34
+ Depreciação	141,11	145,34	149,70	154,19	158,82	163,59
– Gastos de capital	46,35	47,74	49,17	50,65	52,17	163,59
– Variação do capital de giro	0,00	0,00	0,00	0,00	0,00	0,00

(continua)

(continuação)

	Ano					Ano terminal
	1	2	3	4	5	
Fluxo de caixa livre para a empresa	94,10	114,31	137,36	163,89	194,36	90,34
Valor terminal					2.402,66	
Custo de capital	6,99%	6,99%	6,99%	6,99%	6,99%	6,76%
Valor presente	87,95	99,86	112,16	125,08	1.852,67	
Valor da empresa	2.277,73					

O valor dos ativos da empresa é de £ 2.278 milhões.

O input final que calculamos foi o desvio padrão do valor da empresa. Considerando-se que não existem empresas diretamente comparáveis, calculamos o desvio padrão das ações do Eurotúnel e da dívida usando os dados ao longo de vários períodos.

Desvio padrão do preço das ações do Eurotúnel (ln) = 41%
Desvio padrão do preço das obrigações do Eurotúnel (ln) = 17%

Também estimamos a correlação de 0,5 entre o preço das ações do Eurotúnel e o preço das obrigações, e a razão dívida/capital média ponderada pelo preço de mercado para o período de dois anos foi de 85%. Combinando esses inputs, calculamos o desvio padrão do valor da empresa como:

$$\sigma^2_{empresa} = (0,15)^2(0,41)^2 + (0,85)^2(0,17)^2 + 2(0,15)(0,85)(0,5)(0,41)(0,17) = 0,0335$$

Resumindo, os inputs do modelo de precificação de opções foram:

Valor do ativo subjacente = S = Valor da empresa = £ 2.278 milhões

Preço de exercício = K = Valor de face da dívida pendente = £ 8.865 milhões

Tempo de vida da opção = t = Duração média ponderada da dívida = 10,93 anos

Variância do valor dos ativos subjacentes = σ^2 = Variância do valor da empresa = 0,0335

Taxa livre de risco = r = Taxa livre de risco correspondente à vida da opção = 6%

Com base nesses inputs, calculamos o seguinte valor para a opção de compra:

$$d_1 = -0,8582 \quad N(d_1) = 0,1955$$
$$d_2 = -1,4637 \quad N(d_2) = 0,0717$$

Valor da opção de compra = $2.278(0,1955) - 8.865 e^{(-0,06)(10,93)}(0,0717) =$ £ 116 milhões

O patrimônio líquido do Eurotúnel era negociado a £ 150 milhões em 1997.

A estrutura de precificação de opções, além de gerar algum valor para o patrimônio líquido do Eurotúnel, produz algumas informações valiosas sobre os direcionadores de valor desse patrimônio líquido. Embora seja certamente importante que a empresa tente ter os custos sob controle e aumentar as margens operacionais, as duas variáveis fundamentais que determinam o valor do patrimônio líquido são a duração da dívida e a variância do valor da empresa. Qualquer atividade que aumente a duração da dívida terá um efeito positivo sobre o valor do patrimônio líquido, e qualquer redução da duração da dívida afetará negativamente o valor do patrimônio líquido. Por exemplo, quando o governo francês fez pressão sobre os banqueiros que emprestaram dinheiro para o Eurotúnel no sentido de facilitar as restrições e permitir que a empresa tivesse mais tempo para amortizar a dívida, os investidores de patrimônio líquido foram beneficiados com o aumento do prazo de suas opções. De forma semelhante, uma atividade que aumente a volatilidade do valor esperado da empresa aumentará o valor da opção.

CONCLUSÃO

Empresas em dificuldades financeiras (isto é, empresas com lucros negativos que são expostas a substanciais probabilidades de falência) apresentam um desafio aos analistas que as avaliam, pois muito da avaliação convencional embute o pressuposto de que a empresa está em continuidade operacional. Neste capítulo, examinamos como a avaliação pelo fluxo de caixa descontado, bem como a avaliação relativa, lida ou não com as dificuldades financeiras. Em avaliações pelo fluxo de caixa descontado, sugerimos quatro maneiras pelas quais se podem incorporar as dificuldades financeiras ao valor — simulações que levam em conta a possibilidade de liquidação da empresa, modelos modificados de fluxo de caixa descontado em que os fluxos de caixa esperados e as taxas de descontos são ajustados para refletir a probabilidade de inadimplência, avaliações separadas da empresa em cenário de continuidade operacional e em cenário de dificuldades financeiras e modelos de ajuste a valor presente. Em avaliação relativa, podemos ajustar os múltiplos para as dificuldades financeiras ou usar outras empresas em dificuldades como comparáveis.

Na última parte do capítulo, examinamos duas questões que podem surgir nas empresas em dificuldades, quando se parte do valor da empresa para o valor do patrimônio líquido. A primeira refere-se à mudança da carga de dívida nessas empresas, com as condições de dívida sendo negociadas e às vezes se tornando patrimônio líquido. A segunda vem das características de opções apresentadas pelo patrimônio líquido, especialmente em empresas com significativa alavancagem financeira e potencial para falência.

Notas

1. M. Kahl, "Financial distress as a selection mechanism", SSRN, *Working Paper*, 2001.
2. Para um exame da teoria por trás dos custos indiretos de falência, ver T. Opler e S. Titman, "Financial distress and corporate performance", *Journal of Finance*, 49, 1994, p. 1015–1040. Para calcular se esses custos indiretos de falência são grandes no mundo real, ver G. Andrade e S. Kaplan, "How costly is financial (not economic) distress? Evidence from highly leveraged transactions that become distressed", *Journal of Finance*, 53, 1998, p. 1443–1493. Eles pesquisaram as negociações altamente alavancadas que acabaram tornando-se empresas em dificuldades e concluíram que a magnitude desses custos vai de 10% a 23% do valor da empresa.
3. Um fluxo de caixa equivalente de certeza substitui um fluxo de caixa incerto por outro equivalente sem risco. Assim, um fluxo de caixa esperado de $ 125 milhões será substituído por outro sem risco de $ 100 milhões. Quanto mais incerto o fluxo de caixa, maior o ajuste para baixo.
4. Por exemplo, pode-se aumentar a probabilidade de os lucros iniciais serem baixos, se os lucros nos anos anteriores foram baixos e se a probabilidade de margens negativas no crescimento das receitas for baixa.
5. Como um exemplo extremo, tomemos a estimativa de um beta para a Enron no final de 2001. O beta estimado da Bloomberg, que usa dois anos de dados, era 1,45. Ao longo de três quartos desse período, a Enron era vista (de forma certa ou errada) como uma empresa saudável com lucros positivos. Somente na última parte do período de regressão, puderam-se verificar os efeitos das dificuldades financeiras sobre os preços das ações e a razão dívida/patrimônio líquido da empresa.
6. Para ver mais sobre *bottom-up betas*, volte ao Capítulo 2.
7. Há outras variações sobre esse ajuste para alavancagem. Alguns analistas, por exemplo, preferem uma versão mais completa que permite à dívida carregar risco sistemático e ter um beta. Outros preferem eliminar o ajuste de imposto de renda. Ainda outros discutem outras maneiras de ajustar betas para o risco de dificuldades financeiras.
8. Eugene F. Fama e Kenneth R. French, "The cross section of expected stock returns", *Journal of Finance*, 47, 1992, p. 427–465. O argumento de que o prêmio pelo retorno obtido por ações com baixo preço/valor contábil decorre de dificuldades financeiras é contestado em outros estudos.
9. Ilya D. Dichev, "Is the risk of bankruptcy a systematic risk?", *Journal of Finance*, 53, p. 1998, p. 1131–1147; J. Y. Campbell, J. Hilscher e J. Szilagyi, "In search of distress risk", SSRN *Working Paper*, 2005.
10. Os retornos até a maturidade sobre obrigações lançadas por empresas onde há substancial probabilidade de dificuldades financeiras serão estratosféricos, porque se baseiam nos fluxos de caixa prometidos sobre a obrigação, em vez de nos fluxos de caixa esperados.
11. E. I. Altman, "Financial ratios, discriminant analysis and the prediction of corporate bankruptcy", *Journal of Finance*, 1968; para uma versão mais atualizada do *Z-Score* de Altman e a sua relação com probabilidades de falência, consulte E. I. Altman e Edith Hotchkiss, *Corporate financial distress and bankruptcy*, 3. ed. Hoboken, NJ: John Wiley & Sons, 2006.
12. Isso se parece com uma regressão múltipla. Na realidade, a *probit* é uma versão mais sofisticada dessa regressão com restrições construídas para garantir que as probabilidades não sejam superiores a 1 ou se tornem negativas.
13. Razão de queima de caixa = Saldo de caixa/Ebitda. Com o Ebitda negativo, isso produz uma medida de tempo que a empresa levará para queimar seu saldo de caixa.
14. E. I. Altman e V. Kishore, "The default experience of U.S. bonds", *Working Paper*, Salomon Center, 2001.
15. Eles calcularam a probabilidade de inadimplência somente para obrigações AAA, AA, A, BBB, BB, B e CCC. Fizemos uma interpolação para obter o restante da tabela.
16. Com uma obrigação de dez anos, calcular esse valor será um processo de tentativa e erro. A função Solver do Excel efetua a mesma operação em muito menos tempo.
17. Apesar de as demonstrações financeiras de 2000 não terem sido liberadas, os números estendidos para 12 meses foram usados para a maioria dos inputs em novembro de 2001.
18. A alíquota de imposto de renda no ano 10 é menor que 35% em função do prejuízo operacional líquido diferido do ano anterior.
19. Para calcular o valor de mercado, descontamos a valor presente do valor de face da dívida e os pagamentos de juros ao custo estimado antes dos impostos de 12,80%.
20. O modelo Black-Scholes foi usado para calcular o valor das opções em circulação. Na realidade, essas opções tinham perdido uma parte substancial de valor em virtude da queda do preço das ações.
21. H. Almeida e T. Philippon, "The risk-adjusted cost of financial distress", SSRN *Working Paper*, 2005.
22. Usamos o beta não alavancado das empresas de serviços de telefonia como beta não alavancado para a Global Crossing.
23. Os benefícios fiscais acumular-se-ão após o ano 10, e o custo não alavancado do patrimônio líquido de 7,81% é usado como taxa de desconto.
24. Consideramos somente empresas com lucro operacional positivo e baixas razões dívida/capital (menos de 30%) como empresas saudáveis.
25. Tecnicamente, isso pode ser feito projetando-se a empresa em crescimento estável e avaliando-a como uma empresa de crescimento estável, em que os reinvestimentos são usados tanto para preservar quanto para aumentar ativos existentes.
26. Essa é uma extensão da fórmula da variância para uma carteira de dois ativos.

Capítulo 18

Considerações finais

O problema em avaliação não é a insuficiência de modelos para se avaliar um ativo, mas sim o excesso. A escolha do modelo a ser aplicado em uma avaliação é tão crucial para se chegar a um valor razoável quanto a compreensão de como usar o modelo. Este capítulo traz um resumo dos modelos de avaliação apresentados neste livro e uma estrutura geral que pode ser utilizada para a escolha do modelo certo, qualquer que seja a tarefa.

OPÇÕES DE MODELOS DE AVALIAÇÃO

Nos termos mais abrangentes possíveis, empresas ou ativos podem ser avaliados de quatro maneiras — abordagens de avaliação baseadas em ativos, em que estimamos o que os ativos, possuídos por uma empresa valem correntemente; abordagens de avaliação pelo fluxo de caixa descontado, que descontam os fluxos de caixa para se obter um valor do patrimônio líquido para a empresa; abordagens de avaliação relativa, que baseiam o valor nos múltiplos e as abordagens de precificação de opções, que usam a avaliação de direitos contingentes. No âmbito de cada uma dessas abordagens, há opções adicionais que ajudam a determinar o valor final. (Veja a Figura 18.1).

Há, no mínimo, duas formas de avaliar uma empresa usando técnicas de *avaliação baseada em ativos*. Uma é o valor de liquidação, em que analisamos o que o mercado estaria disposto a pagar pelos ativos se estes fossem liquidados hoje. A outra é o custo de substituição, em que avaliamos quanto nos custaria replicar ou substituir os ativos que uma empresa tem instalados hoje.

No contexto da *avaliação pelo fluxo de caixa descontado*, os fluxos de caixa para patrimônio líquido podem ser descontados ao custo do patrimônio líquido ou os fluxos de caixa para a empresa podem ser descontados ao custo de capital, para se obter o valor da empresa. Os próprios fluxos de caixa para patrimônio líquido podem ser definidos, no estrito senso, como dividendos ou, em uma acepção mais abrangente, como fluxos de caixa livre para patrimônio líquido. Esses modelos podem ainda ser categorizados com base nas premissas de crescimento em modelos de crescimento estável, dois estágios e três estágios. Finalmente, a mensuração dos lucros e fluxos de caixa pode ser modificada de modo a se compatibilizar com as características especiais da empresa/ativo — lucros correntes de empresas/ativos com lucros normais ou lucros normalizados de empresas/ativos cujos lucros correntes podem ser distorcidos, seja por fatores temporários, seja por efeitos cíclicos.

No contexto dos múltiplos aplicados na *avaliação relativa*, podemos usar o valor do patrimônio líquido ou da empresa como o indicador de valor e relacioná-lo a uma série de variáveis específicas de empresa — lucros, valor contábil

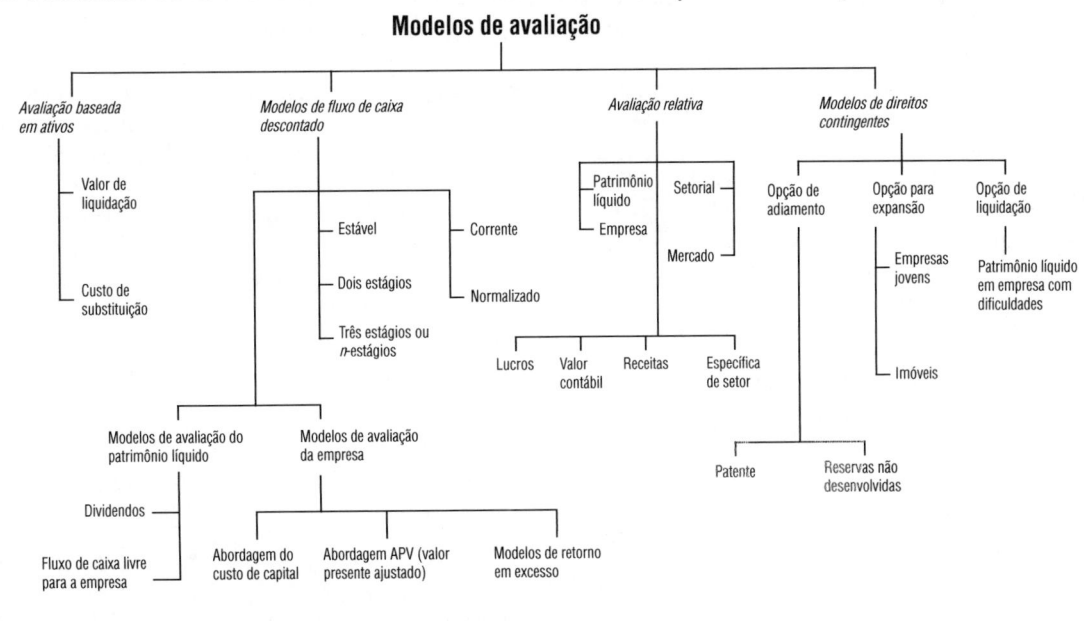

■ **FIGURA 18.1** – Opções em modelos de avaliação

e vendas. Os próprios múltiplos podem ser estimados por meio de empresas comparáveis no mesmo ramo de negócio ou a partir de regressões *cross-sectional*, que usam o universo mais amplo. Para outros ativos, como imóveis, o preço pode ser expresso de forma semelhante como uma função do lucro bruto ou custo por metro quadrado. Nesse caso, os comparáveis seriam outras propriedades no mesmo local, com características similares.

Os *modelos de direitos contingentes* podem também ser aplicados em vários cenários. Ao analisarmos a opção que uma empresa tem de postergar as decisões de investimento, podemos avaliar uma patente ou um recurso natural não desenvolvido como uma opção. A opção para expansão pode levar empresas jovens com mercados potencialmente grandes a serem negociadas a um prêmio sobre os valores de fluxo de caixa descontado. Finalmente, os investidores de patrimônio líquido podem extrair valor da opção de liquidar empresas em dificuldades, com substancial dívida.

QUAL ABORDAGEM USAR?

Os valores que obtemos das quatro abordagens podem diferir muito, e a decisão sobre qual usar pode ser um passo crucial. Essa análise, porém, dependerá de vários fatores, alguns dos quais relacionados ao negócio sob avaliação, mas muitos deles relativos a nós, os analistas.

Características do ativo ou do negócio

A abordagem que utilizamos para avaliar um negócio dependerá do nível de negociabilidade dos ativos, dos fluxos de caixa gerados e do grau de exclusividade em termos da suas operações.

Negociabilidade dos ativos A avaliação de liquidação e a avaliação do custo de substituição são as formas mais fáceis para empresas com ativos que são separáveis e negociáveis. Por exemplo, podemos estimar o valor de liquidação de uma imobiliária, porque os seus ativos podem ser vendidos individualmente, e podemos facilmente estimar o valor de cada propriedade. O mesmo se aplica a um fundo mútuo fechado. No outro extremo, consideremos uma indústria de produtos de consumo de marca, como a Gillette. Os seus ativos não são só intangíveis, mas também difíceis de separar. Por exemplo, não é possível separar com facilidade o negócio de lâminas de barbear do negócio de espuma de barbear, e o valor da marca é inerente a ambos os negócios.

Também podemos usar essa mesma análise para entender por que o valor de liquidação ou de custo de substituição de um negócio em fase de alto crescimento deverá ter pouca semelhança com o real valor. Diferentemente dos ativos instalados, os de crescimento não são facilmente identificáveis ou vendáveis. A Figura 18.2 apresenta a relação entre negociabilidade e as abordagens de avaliação.

Capacidade de geração de fluxos de caixa Podemos categorizar os ativos em três grupos, com base na sua capacidade de gerar fluxos de caixa — ativos que ou estão gerando fluxos de caixa correntemente ou devem fazê-lo no futuro próximo, ativos que não estão gerando fluxos de caixa correntemente, mas poderiam realizá-los no futuro, na ocorrência de uma contingência, e ativos que nunca gerarão fluxos de caixa.

- O primeiro grupo inclui a maioria das empresas publicamente negociadas, e essas empresas podem ser avaliadas por modelos de fluxo de caixa descontado. Vale notar que não fazemos distinção entre fluxos de caixa negativos e positivos, e empresas jovens *start-up* que geram fluxos de caixa negativos ainda podem ser avaliadas pelos modelos de fluxo de caixa descontado.
- O segundo grupo abrange ativos como patentes de medicamentos, tecnologia promissora (mas não viável), reservas de petróleo ou mineração não desenvolvidas e terreno não construído. Esses ativos podem não gerar nenhum fluxo de caixa correntemente e poderiam produzir grandes fluxos de caixa no futuro, mas somente sob determinadas circunstâncias — se o Food and Drug Administration (FDA) aprovar a patente do medicamento, se a tecnologia tornar-se comercialmente viável, se os preços do petróleo e os valores de propriedade comercial subirem. Embora possamos estimar os valores esperados por meio dos modelos de fluxo de caixa descontado, atribuindo probabilidades a essas ocorrências, dessa forma, subestimaríamos o valor dos ativos. Devemos avaliá-los usando modelos de precificação de opções.
- Os ativos que provavelmente nunca gerarão fluxos de caixa incluem a nossa residência principal, uma coleção rara de figurinhas ou objetos de arte. Esses ativos só podem ser avaliados pelos modelos de avaliação relativa.

A Figura 18.3 fornece o espectro de modelos de avaliação relacionados aos fluxos de caixa de ativos.

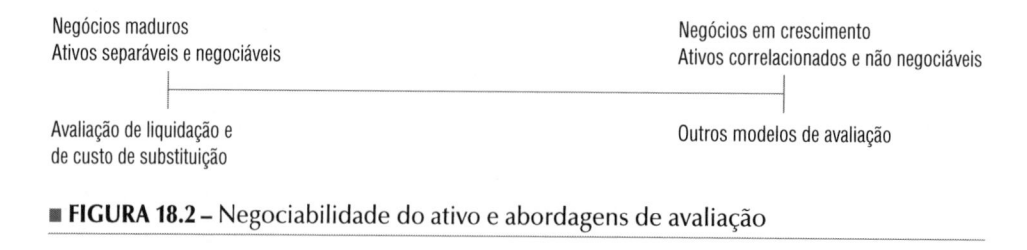

Negócios maduros
Ativos separáveis e negociáveis

Negócios em crescimento
Ativos correlacionados e não negociáveis

Avaliação de liquidação e de custo de substituição

Outros modelos de avaliação

■ **FIGURA 18.2 –** Negociabilidade do ativo e abordagens de avaliação

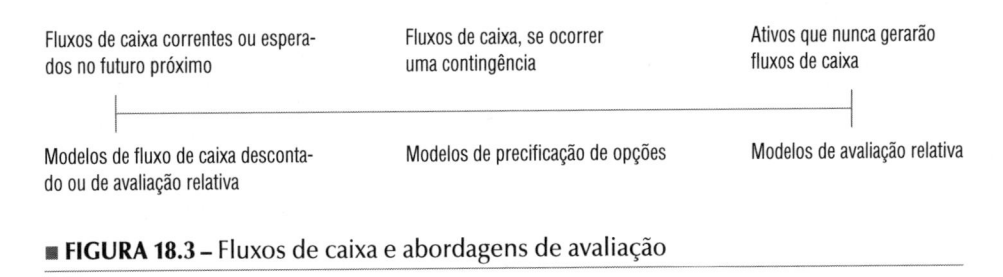

```
Fluxos de caixa correntes ou espera-      Fluxos de caixa, se ocorrer        Ativos que nunca gerarão
dos no futuro próximo                     uma contingência                   fluxos de caixa
|─────────────────────────────────────────|──────────────────────────────────|
Modelos de fluxo de caixa desconta-       Modelos de precificação de opções  Modelos de avaliação relativa
do ou de avaliação relativa
```

■ **FIGURA 18.3** – Fluxos de caixa e abordagens de avaliação

Característica única (ou presença de comparáveis) Em um mercado onde milhares de ações são negociados e dezenas de milhares de ativos são comprados e vendidos diariamente, pode ser difícil visualizar um ativo ou um negócio que seja tão único que não possua ativos comparáveis. Alguns ativos e negócios fazem parte de um grande grupo de ativos semelhantes, sem nenhuma ou pouca diferença entre eles. Esses ativos são customizados para a avaliação relativa, já que reunir ativos (negócios) comparáveis e controlar as diferenças é simples. Na seqüência, porém, quanto mais nos afastamos do ideal, menos confiável é a avaliação relativa. Para negócios realmente únicos, a avaliação pelo fluxo de caixa descontado produzirá uma estimativa muito melhor de valor. A Figura 18.4 resume as opções.

Características e crenças do analista

A abordagem de avaliação que escolhermos dependerá do nosso horizonte de tempo, do motivo por que estamos fazendo a avaliação em primeiro lugar e sobre o que pensamos a respeito dos mercados — se são eficientes, e se não são, qual é o tipo de ineficiência.

Horizonte de tempo Em um extremo, na avaliação pelo fluxo de caixa descontado, consideramos uma empresa como em continuidade operacional, que pode durar em perpetuidade. No outro extremo, com a avaliação de liquidação, estimamos o valor a partir da premissa de que a empresa cessará operações hoje. No caso da avaliação relativa e de direitos contingentes, assumimos uma posição intermediária entre as duas. É natural, portanto, que utilizemos a avaliação pelo fluxo de caixa descontado, se tivermos longos horizontes de tempo, e a avaliação relativa, para horizontes de tempo mais curtos. Isso pode explicar por que a avaliação pelo fluxo de caixa descontado predomina na avaliação de uma empresa para uma aquisição e a avaliação relativa é mais comum em avaliação de ações e gestão de carteira. A Figura 18.5 apresenta a relação entre o horizonte de tempo e a escolha do modelo.

Motivo da avaliação Os analistas avaliam os negócios por uma série de motivos, e a abordagem de avaliação escolhida dependerá do motivo. Para um analista de ações que monitora as siderúrgicas, a descrição de função é simples. Ele deve identificar as empresas mais subavaliadas e as mais superavaliadas do setor e não tomar posição sobre o setor em geral. Ele compreenderá por que os múltiplos são a sua arma de escolha ao avaliar empresas, e esse efeito provavelmente será exacerbado, se a forma como ele é avaliado e recompensado for em bases relativas (isto é, as suas recomendações são

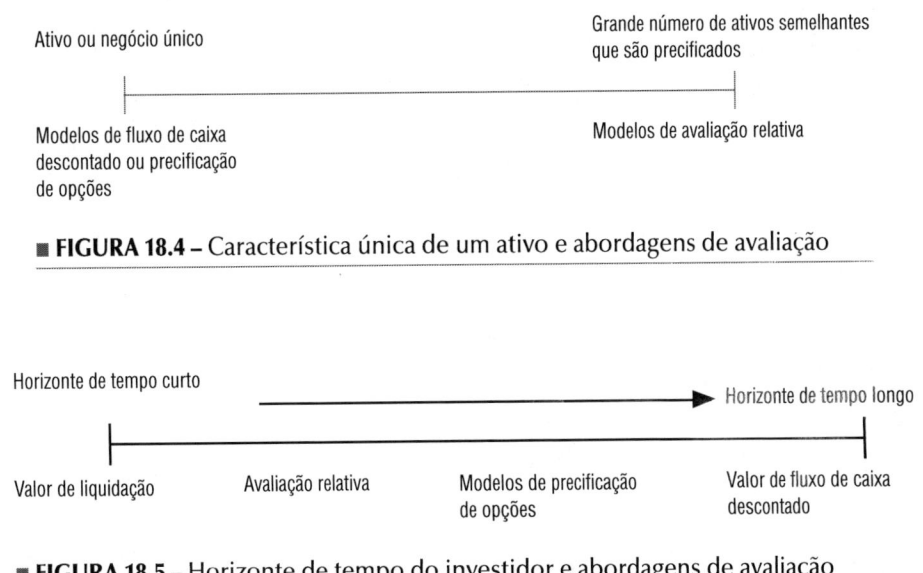

```
Ativo ou negócio único                    Grande número de ativos semelhantes
                                          que são precificados
|─────────────────────────────────────────|
Modelos de fluxo de caixa                 Modelos de avaliação relativa
descontado ou precificação
de opções
```

■ **FIGURA 18.4** – Característica única de um ativo e abordagens de avaliação

```
Horizonte de tempo curto                                          Horizonte de tempo longo
                                          ─────────────────────▶
|─────────────────|─────────────────|─────────────────|─────────────────|
Valor de liquidação   Avaliação relativa   Modelos de precificação   Valor de fluxo de caixa
                                           de opções                 descontado
```

■ **FIGURA 18.5** – Horizonte de tempo do investidor e abordagens de avaliação

```
Mercado neutro                                          Possível assumir a visão do mercado
Avaliado em bases relativas                             Avaliado em bases absolutas
|----------------------------|                          |----------------------------|

Avaliação relativa                                      Avaliação pelo fluxo de caixa descontado
                                                        Modelos de precificação de opções
```

FIGURA 18.6 – Neutralidade do mercado e abordagens de avaliação

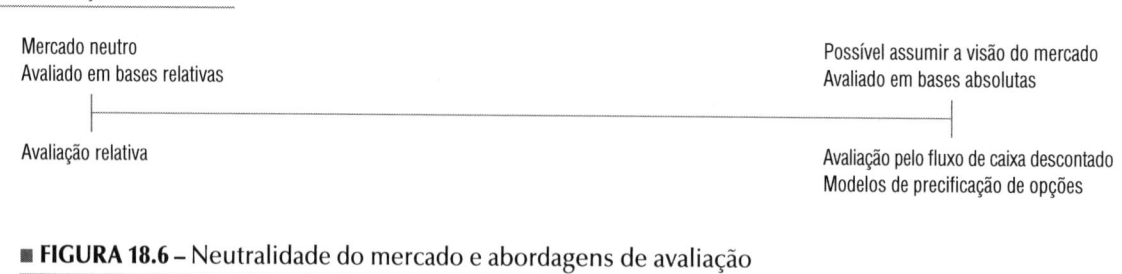

comparadas às dos analistas de outra siderúrgica). Entretanto, quando se trata de um investidor individual reservando dinheiro para a aposentadoria ou um empresário privado avaliando um negócio para compra, o propósito será estimar o valor intrínseco. Conseqüentemente, a avaliação pelo fluxo de caixa descontado deve ser mais apropriada às nossas necessidades. A Figura 18.6, acima, apresenta uma síntese dessa análise.

Crenças sobre os mercados Incorporadas a cada abordagem estão as premissas sobre os mercados e como eles funcionam ou não. No caso da avaliação pelo fluxo de caixa descontado, pressupomos que os preços de mercado desviam-se do valor intrínseco, mas corrigem-se no decorrer de longos períodos. Para a avaliação relativa, admitimos que os mercados estão, na média, corretos e que, embora uma ou outra empresa em um segmento ou mercado possa estar mal precificada, o setor ou mercado em geral não está. Com os modelos de avaliação baseada em ativos, assumimos que os mercados para ativos reais e financeiros podem desviar-se e que podemos tirar proveito dessas diferenças. Finalmente, com os modelos de precificação de opções, consideramos que os mercados não são muito eficientes na estimativa do valor da flexibilidade das empresas e que os modelos de precificação de opções, portanto, oferecerão uma vantagem. Em cada um desses casos, entretanto, partimos do princípio de que os mercados eventualmente reconhecem os seus erros e vão corrigi-los. A Figura 18.7 resume a análise.

ESCOLHA DO MODELO CERTO DE FLUXO DE CAIXA DESCONTADO

O modelo utilizado em avaliação deve ser customizado para ajustar-se às características do ativo sob avaliação. A triste verdade é que o reverso geralmente se aplica. Tempo e recurso são desperdiçados na tentativa de ajustar os ativos a um modelo de avaliação predeterminado, seja por ser considerado o melhor modelo, seja porque não há reflexão suficiente sobre o processo de escolha do modelo. Não existe o 'melhor' modelo. O modelo adequado para aplicação em um cenário específico dependerá de uma série de características do ativo ou da empresa sob avaliação.

Escolha de um fluxo de caixa para desconto

Com premissas consistentes sobre crescimento e alavancagem, devemos obter o mesmo valor para o nosso patrimônio líquido usando a abordagem da empresa (em que avaliamos a empresa e subtraímos a dívida em circulação) e a do patrimônio líquido (na qual avaliamos o patrimônio líquido diretamente). Se esse for o caso, pode-se perguntar por que alguém optaria por uma abordagem em detrimento da outra. A resposta é puramente pragmática. Para empresas com alavancagem estável (isto é, possuem razões de endividamento que não se espera que mudem no período da avaliação), há pouco a escolher entre os modelos em termos dos inputs necessários à avaliação. Usamos uma razão de endividamento para estimar os fluxos de caixa livre para patrimônio líquido no modelo de avaliação de patrimônio líquido e para estimar o custo de capital no modelo de avaliação de empresa. Nessas circunstâncias, devemos permanecer com o modelo com o qual nos sentimos mais intuitivamente confortáveis.

No caso de empresas com alavancagem instável (ou seja, possuem dívida demais ou a menos e querem aproximar-se da sua razão de endividamento ótima ou alvo no período da avaliação), a abordagem de avaliação de empresa é muito mais simples de usar porque não requer projeções de fluxo de caixa a partir de pagamentos de juros e principal e é muito menos suscetível a erros na estimativa das mudanças de alavancagem. O cálculo do custo de capital requer

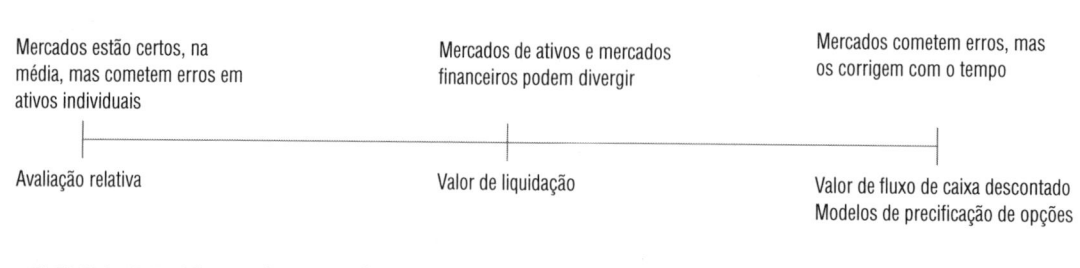

```
Mercados estão certos, na        Mercados de ativos e mercados       Mercados cometem erros, mas
média, mas cometem erros em      financeiros podem divergir          os corrigem com o tempo
ativos individuais
|------------------------|       |-------------------|               |------------------------|

Avaliação relativa               Valor de liquidação                 Valor de fluxo de caixa descontado
                                                                     Modelos de precificação de opções
```

FIGURA 18.7 – Visões de mercado e abordagens de avaliação

uma estimativa da razão de endividamento, mas o custo de capital em si não muda tanto em decorrência da alteração de alavancagem quanto o custo do patrimônio líquido. Quando se prefere trabalhar com premissas sobre a dívida em dólar, em vez das razões de endividamento, pode-se mudar para a abordagem de valor presente ajustado.

Na avaliação do patrimônio líquido, podemos descontar dividendos ou fluxos de caixa para patrimônio líquido. Devemos considerar o uso do modelo de desconto de dividendos nas seguintes circunstâncias:

- Não podemos estimar fluxos de caixa com algum grau de precisão, seja porque temos informação insuficiente ou contraditória sobre o pagamento de dívidas e reinvestimentos, seja porque temos problema em definir o que compreende a dívida. Esse foi o nosso raciocínio para uso nos modelos de desconto de dividendos para avaliação de empresas de serviços financeiros.
- Há restrições significativas a recompras de ações e outras formas de retorno de caixa, e temos pouco ou nenhum controle sobre o que a administração de uma empresa faz com o caixa. Nesse caso, os únicos fluxos de caixa que podemos esperar obter do nosso investimento em ações são os dividendos que os administradores optam por pagar.

Em todos os demais casos, obteremos estimativas muito mais realistas do valor de uma empresa usando o fluxo de caixa livre para patrimônio líquido, que pode ser maior ou menor que o dividendo.

Devemos usar lucros correntes ou normalizados?

Na maioria das avaliações, começamos com as demonstrações financeiras correntes da empresa e usamos os lucros declarados nessas demonstrações como a base para projeções. Há algumas empresas, porém, em que talvez não possamos fazer isso, seja porque os seus lucros são negativos, seja porque esses lucros são extraordinariamente altos ou baixos — os lucros de uma empresa são anormais, se não se encaixam no próprio histórico de lucros da empresa.

Embora os lucros sejam negativos ou anormais, às vezes podemos substituir os lucros correntes por um valor normalizado, estimado por meio da análise do histórico da empresa ou das médias setoriais, e o valor da empresa baseia-se nesses lucros normalizados. Essa é a rota mais fácil a seguir se as causas dos lucros negativos ou anormais forem temporárias ou transitórias, como nos seguintes casos:

- Uma empresa cíclica normalmente relatará lucros rebaixados durante um revés econômico e altos lucros durante uma explosão econômica. Nenhum dos casos poderá capturar apropriadamente o real potencial de lucros da empresa.
- Uma empresa pode relatar lucros baixos fora do comum em um período no qual assume um encargo extraordinário.
- Uma empresa em processo de reestruturação pode relatar lucros baixos nesse período, à medida que as alterações para melhorar o desempenho da empresa são colocadas em prática.

A premissa aqui é que os lucros retornarão rapidamente aos níveis normais e que pouco se perderá, assumindo-se que a recuperação ocorrerá de imediato.

Para algumas empresas, porém, lucros negativos ou baixos podem refletir fatores que é pouco provável que desapareçam rapidamente. Há, no mínimo, três grupos de empresas em que os lucros negativos provavelmente serão um fenômeno de longo prazo e poderão até ameaçar a sobrevivência da empresa.

1. *Empresas com problemas operacionais, estratégicos ou financeiros de longo prazo* podem ter períodos estendidos de lucros negativos ou baixos. Se substituirmos os lucros correntes pelos normalizados e avaliarmos essas empresas, haverá superestimativa.
    - Se uma empresa parece estar em estado irrecuperável e prestes a falir, os únicos modelos que podem fornecer indicadores significativos de valor são o modelo de precificação de opções (se a alavancagem financeira for alta) ou um modelo baseado em valor de liquidação.
    - Se, contudo, a empresa está em dificuldades, mas não deve falir, teremos de acalentá-la de volta à saúde financeira. Em termos práticos, deveremos ajustar as margens operacionais ao longo do tempo para níveis mais saudáveis e avaliar a empresa, com base nos seus fluxos de caixa esperados.
2. Uma *empresa de infra-estrutura* pode declarar lucros negativos nos seus períodos iniciais de crescimento, não porque não esteja saudável, mas porque os investimentos realizados tomam tempo para se pagarem. Os fluxos de caixa para a empresa e patrimônio líquido também são freqüentemente negativos, pois as necessidades de gastos de capital para esse tipo de empresa tendem a ser desproporcionalmente grandes em relação à depreciação. Para essas empresas terem valor, o gasto de capital deve cair, após a realização dos investimentos de infra-estrutura, e as margens operacionais devem melhorar. O resultado líquido serão fluxos de caixa positivos em anos futuros e um valor para a empresa hoje.
3. *Empresas jovens start-up* geralmente declaram lucros negativos no início dos seus ciclos de vida, à medida que se concentram em converter idéias interessantes em produtos comerciais. Para avaliar essas empresas, temos de pressupor uma combinação de alto crescimento em receita e melhoria das margens operacionais ao longo do tempo.

Padrões de crescimento

Em geral, ao avaliar uma empresa, podemos (1) pressupor que a empresa já esteja em crescimento estável, (2) pressupor um período de alto crescimento constante e depois uma queda da taxa de crescimento ao crescimento estável (crescimento em dois estágios) ou (3) permitir uma fase de transição para se atingir o crescimento estável (modelos de três estágios ou *n*-estágios). Há vários fatores que devemos considerar ao fazer esse julgamento.

Impulso de crescimento A escolha do padrão de crescimento influenciará o nível de crescimento corrente em lucros e receitas. Podemos classificar as empresas, com base no crescimento de períodos recentes, em três grupos:

1. Empresas de crescimento estável declaram lucros e receitas crescendo à taxa de crescimento nominal (ou abaixo dela) na economia em que operam.
2. Empresas de crescimento moderado declaram lucros e receitas crescendo a uma taxa moderadamente superior à taxa de crescimento nominal na economia — como regra, consideramos qualquer taxa de crescimento entre 8% e 10% da taxa de crescimento da economia como uma taxa de crescimento moderado.
3. Empresas de alto crescimento declaram lucros e receitas crescendo a uma taxa muito superior à taxa de crescimento nominal da economia.

No caso de empresas crescendo a uma taxa estável, os modelos de condição estável que pressupõem o crescimento constante fornecem boas estimativas de valor. Para empresas crescendo a uma taxa moderada, o modelo de fluxo de caixa descontado em dois estágios deve fornecer flexibilidade suficiente em termos de captação das alterações nas características essenciais da empresa. Um modelo em três estágios ou *n*-estágios pode ser necessário para se capturar as transições mais longas ao crescimento estável que são inerentes a empresas de alto crescimento.

Fonte de crescimento (barreiras à entrada) O maior crescimento esperado de uma empresa pode advir de vantagens competitivas gerais adquiridas com o tempo, como uma marca ou custos reduzidos de produção (decorrentes de economias de escala) ou vantagens específicas resultantes de barreiras legais à entrada, como licenças ou patentes de produtos. O primeiro provavelmente sofrerá o desgaste do tempo à medida que novos concorrentes entrarem no mercado, enquanto o último deve desaparecer abruptamente quando as barreiras legais à entrada forem removidas. É provável que a taxa de crescimento esperado de uma empresa que possua fontes específicas de crescimento siga o processo de dois estágios, em que o crescimento é alto por determinado período (por exemplo, o período da patente) e cai abruptamente a uma taxa estável após isso. A taxa de crescimento esperado de uma empresa que tenha fontes gerais de crescimento é mais provável de declinar gradualmente com o tempo, à medida que novos competidores cheguem. A velocidade esperada dessa vantagem competitiva é uma função de vários fatores, incluindo:

- *A natureza da vantagem competitiva*. Algumas vantagens competitivas, como a marca de produtos de consumo, parecem ser mais difíceis de superar e, conseqüentemente, mais propensas a gerar crescimento por períodos mais longos. Outras vantagens competitivas, como a vantagem de um pioneiro, parecem dissipar-se muito mais depressa.
- *Competência administrativa da empresa*. Uma administração mais competente será capaz de retardar, embora não interromper, a perda de vantagem competitiva com o tempo, ao criar estratégias que identifiquem novos mercados para se explorar a vantagem competitiva corrente e novas fontes de vantagem competitiva.
- *Facilidade de entrada no negócio da empresa*. Quanto maiores as barreiras à entrada de outros no ramo de negócio da empresa, em razão das exigências de capital ou de fatores tecnológicos, mais lenta será a perda da vantagem competitiva.

Esses fatores estão resumidos na Figura 18.8, com o adequado modelo de fluxo de caixa descontado indicado para cada combinação de fatores.

Status quo versus gestão ótima

No Capítulo 13, que trata da avaliação de controle, observamos que o valor de uma empresa pode ser substancialmente maior se assumirmos que será otimamente administrada em vez de gerida pela administração atual. Uma questão com a qual sempre nos defrontamos em avaliações é se devemos avaliar a empresa com administração atual ou ótima. A resposta é simples em alguns casos e complicada em outros.

- Se estivermos interessados em adquirir a empresa e pretendermos mudar a administração, devemos avaliar a empresa com as políticas de gerenciamento ótimo. Se pagaremos esse montante na aquisição dependerá do poder de barganha e de quanto tempo estimamos que levará para mudarmos a forma de gerir a empresa.
- No caso de um investidor pequeno analisando a compra de ações da empresa, ele não poderá mudar a administração vigente por si mesmo, mas poderá pagar um prêmio se acreditar que há possibilidade de mudança. Se houver fortes mecanismos para governança corporativa — aquisições hostis são comuns e gerentes ineficientes são rapidamente substituídos —, pode-se pressupor que o valor convergirá depressa para o valor ótimo. Se, no entanto, for difícil desalojar a administração vigente, deve-se avaliar a empresa com base na continuidade da direção da empresa.
- No caso de um investidor institucional, recai-se entre esses dois extremos. Embora possa não haver intenção de se assumir a empresa e mudar a sua forma de administração, pode-se desempenhar um papel para que essa mudança aconteça.

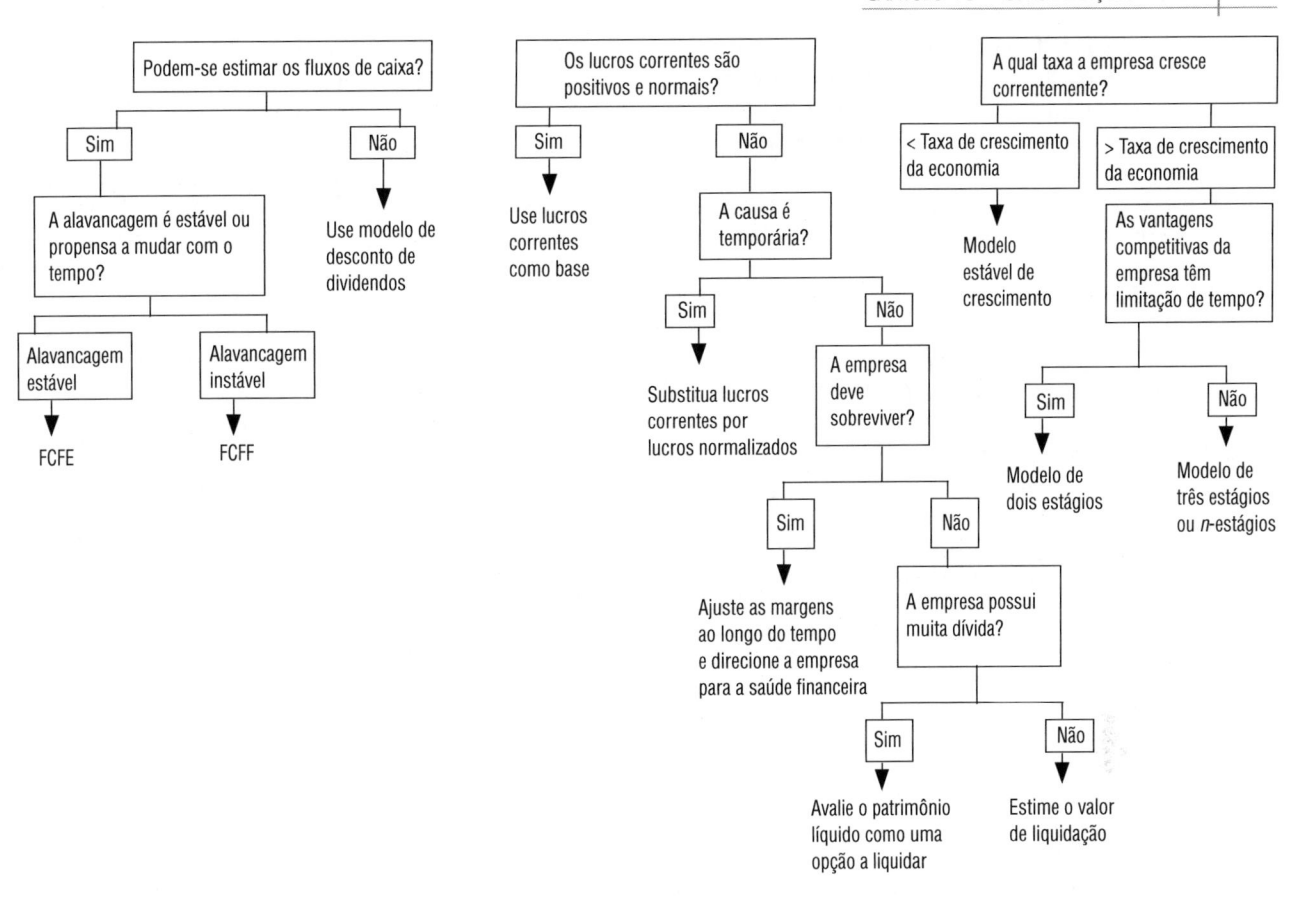

■ **FIGURA 18.8** – Modelos de fluxo de caixa descontado

ESCOLHA DO MODELO CERTO DE AVALIAÇÃO RELATIVA

Muitos analistas optam por estimar o valor dos ativos por meio dos modelos de avaliação relativa. Ao fazerem essa escolha, devem responder a duas questões básicas: qual múltiplo usar na avaliação? Esse múltiplo será extraído do setor ou de todo o mercado?

Qual múltiplo usar?

Nos capítulos sobre avaliação relativa, apresentamos uma variedade de múltiplos. Alguns baseados em lucros, outros em valor contábil e ainda outros em receitas. Para alguns múltiplos, usamos os valores correntes e, para outros, os valores futuros ou previstos. Como os valores obtidos provavelmente serão diferentes dependendo do múltiplo, a decisão sobre qual múltiplo usar pode fazer uma grande diferença na estimativa do valor. Pode-se responder a essa pergunta de três maneiras. A primeira é adotar a visão cínica de que devemos usar os múltiplos para refletir o nosso viés, a segunda é avaliar a empresa com diferentes múltiplos e tentar usar todos os valores obtidos, e a terceira é selecionar o 'melhor' múltiplo e basear a avaliação nele.

A visão cínica Sempre podemos usar o múltiplo que melhor servir à nossa história. Assim, se estamos tentando vender uma empresa, usaremos o múltiplo que resulte no maior valor. Embora isso seja claramente transpor a linha entre análise e manipulação, é uma prática mais comum do que se imagina. Mesmo que pretendamos jamais empregar essa prática, devemos considerar como nos proteger de sermos vítimas dela. Primeiro, temos de reconhecer que a concessão da escolha do múltiplo e das comparáveis a um analista equivale a deixá-lo ditar as regras do jogo. Devemos desempenhar papel ativo na decisão de qual múltiplo aplicar na avaliação de uma empresa e quais empresas serão consideradas comparáveis. Segundo, quando nos deparamos com um valor baseado em um múltiplo e um conjunto de empresas comparáveis, devemos sempre perguntar qual teria sido o valor se um múltiplo alternativo e outras comparáveis tivessem sido utilizados.

A visão da coerção Podemos avaliar uma empresa por uma dúzia ou mais de múltiplos e depois usar todos os valores, por mais diferentes que sejam, na nossa recomendação final. Há três formas de apresentar a estimativa final de valor. A primeira é em termos de uma faixa de valores, com o valor menor obtido a partir de um múltiplo sendo o da ponta inferior da gama e o maior valor, o limite superior. O problema dessa abordagem é que a faixa é em geral tão abrangente que se torna inútil para qualquer tomada de decisão. A segunda abordagem é uma média simples dos valores obtidos dos vários múltiplos. Ainda que essa abordagem tenha a virtude da simplicidade, atribui igual peso aos valores de cada múltiplo, muito embora alguns possam gerar respostas mais precisas que outros. A terceira abordagem é uma média ponderada, com o peso sobre cada valor refletindo a precisão da estimativa. Esse peso pode ser subjetivo ou um indicador estatístico — pode-se, por exemplo, usar o erro-padrão sobre uma previsão a partir de uma regressão como medida de precisão.

O melhor múltiplo Embora seja compreensível a relutância em descartar qualquer informação, as melhores estimativas de valor são normalmente obtidas por meio de um múltiplo que é o mais adequado para a empresa. Há três maneiras de se identificar esse múltiplo:

1. *A abordagem dos fundamentos.* Devemos considerar o uso da variável que seja a mais correlacionada ao valor da empresa. Por exemplo, os lucros correntes e o valor são muito mais correlacionados a empresas de produtos de consumo que às cíclicas. Usar razões preço/lucro faz mais sentido no primeiro do que no segundo caso.
2. *A abordagem estatística.* Podemos executar regressões de cada múltiplo contra os fundamentos que determinamos que afetavam o valor do múltiplo e usar o R-quadrado da regressão como indicador do nível de aplicabilidade desse múltiplo no setor. O múltiplo com o maior R-quadrado é o que podemos explicar melhor usando os fundamentos e deve ser o múltiplo que utilizamos para avaliar as empresas nesse setor.
3. *A abordagem convencional de múltiplos.* Com o tempo, geralmente observa-se um múltiplo específico tornar-se o mais usado para determinado setor. Por exemplo, a razão preço/vendas é o múltiplo mais comum para se analisarem empresas de varejo. A Tabela 18.1 resume os múltiplos mais aplicados por setor.

Em um mundo ideal, devemos ver as três abordagens convergirem — o fundamento que melhor explica o valor deve também ter o maior R-quadrado e ser o múltiplo convencional usado no setor. De fato, quando o múltiplo em uso convencionalmente não refletir os fundamentos, o que pode acontecer se o setor estiver em transição ou em evolução, obteremos estimativas distorcidas de valor.

Devemos usar avaliação de mercado ou setorial?

Na maioria das avaliações relativas, avaliamos uma empresa em relação a outras no segmento em que ela opera e tentamos responder a uma simples questão: considerando-se como outras empresas no setor são precificadas pelo

TABELA 18.1: Os múltiplos mais usados por setor

Setor	Múltiplo usado	Argumento/comentários
Indústria cíclica	P/L, P/L relativo	Geralmente com lucros normalizados.
Alta tecnologia, alto crescimento	P/L para crescimento (P/L/C)	Grandes diferenças em crescimento entre as empresas dificultam a comparação das razões P/L.
Alto crescimento/lucros negativos	Preço/vendas, valor das operações da empresa/vendas	Pressupõe que as margens futuras serão positivas.
Infra-estrutura	EV/Ebitda	As empresas do setor têm perdas nos primeiros anos, e os lucros declarados podem variar dependendo do método de depreciação.
Imóveis	Preço/fluxo de caixa	Restrições na política de investimentos e grandes encargos de depreciação tornam os fluxos de caixa um indicador melhor que os lucros de patrimônio líquido.
Serviços financeiros	Preço/valor contábil	Valor contábil geralmente marcado a mercado.
Varejo	Preço/vendas Valor das operações da empresa/vendas	Se a alavancagem for semelhante entre as empresas. Se a alavancagem for diferente.

mercado, essa empresa está subavaliada ou superavaliada? No âmbito dessa abordagem, podemos definir empresas comparáveis de forma estrita, como empresas que não só atuam no mesmo ramo de negócio da empresa-alvo, mas também se assemelham a ela, em termos de porte ou mercado atendido, ou de forma mais ampla e, nesse caso, teremos muito mais empresas comparáveis. Se estamos tentando controlar as diferenças entre as empresas de forma subjetiva, devemos adotar o grupo mais restrito. Se, contudo, planejamos controlar as diferenças estatisticamente — com uma regressão, por exemplo —, devemos ficar com a definição mais abrangente.

Nos capítulos sobre avaliação relativa, na Parte 2, apresentamos uma abordagem alternativa, em que avaliamos as empresas em relação a todo o mercado. Ao fazer isso, estamos não só recorrendo a um universo muito maior de questões, mas fazendo uma pergunta diferente: considerando-se como as outras empresas no mercado são precificadas, essa empresa está subavaliada ou superavaliada? Uma empresa pode estar subavaliada em relação ao seu setor, mas superavaliada em relação ao mercado (ou vice-versa), se todo o setor estiver mal precificado.

A abordagem usada para a avaliação relativa dependerá, novamente, de qual será a tarefa. Se queremos manter o foco restrito no setor e fazer avaliações de quais ações estão subavaliadas ou o contrário, devemos adotar a avaliação relativa com base no setor. Se temos mais margem e estamos tentando identificar ações avaliadas a menor ou a maior no mercado, devemos analisar a segunda abordagem — talvez em complemento à primeira.

Uma empresa pode ser subavaliada e superavaliada, ao mesmo tempo?

Se avaliamos uma empresa por ambos os modelos, de fluxo de caixa descontado e de avaliação relativa, podemos muito bem obter diferentes respostas — a empresa pode estar subavaliada com o modelo de avaliação relativa, mas superavaliada com o de fluxo de caixa descontado. O que extraímos dessas diferenças e por que ocorrem? Se uma empresa estiver superavaliada pelo modelo de fluxo de caixa descontado e o contrário por meio do de avaliação relativa, pode ser um indício de que o setor está superestimado em relação aos seus fundamentos. Por exemplo, em março de 2000, avaliamos a Amazon a $ 30 por ação, usando o modelo de fluxo de caixa descontado, quando era negociada a $ 70 por ação — estava evidentemente superavaliada. Ao mesmo tempo, uma comparação da Amazon com outras ponto. com sugeria que estava subavaliada em relação a elas.

Se uma empresa está subavaliada pelo modelo de fluxo de caixa descontado e superavaliada pela avaliação relativa, isso pode indicar que o setor está subavaliado. Até março de 2001, o preço da ação da Amazon havia caído para $ 15, mas os valores de outras ações de Internet caíram quase 90%. Em março de 2001, uma avaliação pelo fluxo de caixa descontado sugeria que a Amazon estava subavaliada, mas uma avaliação relativa indicava que estava superavaliada em relação ao setor.

Como investidores, podemos usar tanto a avaliação pelo fluxo de caixa descontado quanto a avaliação relativa para estimar o valor de uma empresa. Em condições ótimas, gostaríamos de comprar empresas que resultassem subavaliadas de ambas as abordagens. Dessa forma, beneficiamo-nos das correções de mercado, tanto no decorrer do tempo (que é como se ganha dinheiro em uma avaliação pelo fluxo de caixa descontado) quanto entre as empresas (que é o caminho para o sucesso na avaliação relativa).

QUANDO USAR OS MODELOS DE PRECIFICAÇÃO DE OPÇÕES?

No Capítulo 12, apresentamos uma série de cenários em que a precificação de opções pode produzir um prêmio sobre a avaliação tradicional pelo fluxo de caixa descontado. Não pretendemos rever esses cenários, mas oferecemos as seguintes proposições gerais que se deve ter em mente ao aplicar modelos de precificação de opções.

- *Use as opções com parcimônia.* Restrinja o uso de opções a situações em que façam a maior diferença nas avaliações. Em geral, elas afetam mais o valor em empresas menores, que extraem a maior parte do seu valor de ativos que se assemelham às opções. Portanto, avaliar patentes como opções para estimar o valor da empresa faz mais sentido em uma pequena empresa de biotecnologia do que em uma gigante farmacêutica como a Merck. Embora a Merck tenha dezenas de patentes, ela obtém muito do seu valor de uma carteira de medicamentos desenvolvidos e dos fluxos de caixa que eles geram.
- *Oportunidades nem sempre são opções.* Devemos atentar para não confundir oportunidades com opções. Os analistas em geral vêem uma empresa com potencial de crescimento e pressupõem que deve haver opções valiosas incorporadas a ela. Para que as oportunidades convertam-se em opções valiosas, necessitamos de algum grau de exclusividade para a empresa em questão — isso pode advir de restrições legais sobre a concorrência ou de uma vantagem competitiva significativa.
- *Não duplique a contagem das opções.* Freqüentemente, os analistas incorporam o efeito das opções sobre os fundamentos ao valor da empresa e depois acrescentam os prêmios, a fim de refletir as mesmas opções. Consideremos, por exemplo, as reservas não desenvolvidas de uma companhia petrolífera. Embora seja legítimo avaliá-las como opções, não devemos somar esse valor a uma avaliação pelo fluxo de caixa descontado, se a taxa de crescimento esperado na avaliação DCF for estabelecida a maior em virtude das reservas não desenvolvidas.

DEZ PASSOS PARA MELHORES AVALIAÇÕES

Sob pena de repetir muito do que já apresentamos nos capítulos anteriores, podemos agora resumir algumas proposições gerais sobre como melhorar a qualidade das avaliações.

1. *Minimize o viés no processo de avaliação.* No Capítulo 1, argumentamos que o problema da maioria das avaliações é o viés que permeia o processo. Os analistas que trazem fortes visões preconcebidas sobre a situação de uma empresa como subavaliada ou superavaliada ou têm a sua compensação atrelada aos resultados da avaliação provavelmente gerarão avaliações que reflitam essas distorções. Melhorar os modelos de avaliação contribuirá pouco para melhorar o processo, sob essas circunstâncias.
2. *Use modelos parcimoniosos.* Embora a tecnologia e a disponibilidade de dados tornem mais viáveis os modelos mais complexos de avaliação, há muito a favorecer os modelos mais simples que exigem menos inputs.
3. *Respeite as leis básicas da economia.* Os erros mais grosseiros em avaliação surgem quando os analistas ignoram as leis básicas da economia. Por exemplo, ainda que não haja absolutamente nada que justifique a premissa de que a empresa possa crescer a uma taxa superior à da economia para sempre, muitos analistas continuam a adotá-la.
4. *Case fluxos de caixa com taxas de desconto.* A chave para boas avaliações é garantir que não se desincompatibilizem fluxos de caixa e taxas de desconto. Usar o custo do patrimônio líquido para descontar fluxos de caixa para a empresa, uma taxa nominal para descontar fluxos de caixa reais ou uma taxa de desconto em dólar sobre fluxos de caixa em pesos sempre gerarão estimativas incorretas de valor.
5. *Preserve a consistência interna.* Ao avaliar empresas, adotamos premissas sobre crescimento, risco e fluxos de caixa, e é imperativo que preservemos a consistência interna ao fazer isso. Pressupor que uma empresa crescerá no longo prazo sem nenhum reinvestimento e baixo risco pode gerar alto valor, mas é viável? Altas taxas de crescimento geralmente requerem substancial reinvestimento e uma disposição em expor-se ao risco, e adotar essas premissas pode resultar em uma estimativa inferior, porém mais defensável de valor.
6. *Mantenha as visões macroeconômicas fora das avaliações.* Embora todos nós tenhamos percepções sobre economia, taxas de juros e taxas de câmbio que estamos ansiosos para compartilhar com o restante do mundo, a avaliação de uma empresa não é o foro certo para expressá-las. Incorporar a uma avaliação a crença de que as taxas de juros aumentarão nos próximos dez anos gerará um valor inferior a toda empresa a ser avaliada, mas será impossível separar quanto do resultado pode ser atribuído às percepções sobre a empresa e quanto a julgamentos macroeconômicos.
7. *Evite enfeitar as avaliações.* Como observamos por todo este livro, os analistas são liberais quanto a atrelar prêmios e descontos ao valor estimado, por fatores que variam de controle a baixa liquidez. A Parte 3 é dedicada à proposição de que, na medida em que controle, baixa liquidez e intangíveis afetam o valor, é nossa função ao avaliar empresas incorporar esses elementos ao valor, em vez de acrescentar 20% (por controle ou intangíveis) ou deduzir 20% (por baixa liquidez).
8. *Lembre-se de que não há duas empresas idênticas.* Muito da avaliação relativa é desenvolvido a partir da premissa de que podemos identificar empresas que se pareçam muito com aquela sob avaliação. Na realidade, não há duas empresas exatamente iguais, e o conceito de empresa comparável é subjetivo. Em outras palavras, por mais que nos esforcemos em tentar fazer julgamentos de valor relativo, as diferenças entre as empresas darão o tom das nossas análises.
9. *Conte uma história, mas analise os dados.* Embora seja da natureza humana contar uma história para justificar por que uma empresa está negociando ou deveria ser negociada a determinado valor, a narrativa em si pode tornar-se um exercício perigoso de justificativa do nosso viés preconcebido sobre as empresas. Temos a obrigação de analisar os dados, não só para verificar se a história contada faz sentido, mas também para prover os detalhes.
10. *Cuidado com os puristas.* Para cada abordagem de avaliação, há puristas demandando completa e total aceitação dos seus métodos preferidos. A avaliação não se presta facilmente a regras absolutas nem é preciso dizer que seguir um modelo ou equação cegamente quase sempre levará ao desastre. Uma combinação de pragmatismo, bom senso e uma disposição em adaptar as regras de avaliação caracterizam a melhor análise.

CONCLUSÃO

O analista que enfrenta a tarefa de avaliar uma empresa/ativo ou o seu patrimônio líquido deve escolher entre três abordagens — a avaliação pelo fluxo de caixa descontado, a avaliação relativa e os modelos de precificação de opções; e, no âmbito de cada abordagem, o analista deve também optar por um entre diversos modelos. Essas escolhas serão em grande parte direcionadas pelas características da empresa/ativo sob avaliação — o nível dos seus lucros, o seu potencial de crescimento, as fontes de aumento de lucros, a estabilidade da sua alavancagem e a sua política de dividendos. Compatibilizar o modelo de avaliação ao ativo ou empresa em avaliação é uma parte tão importante da avaliação quanto a compreensão dos modelos e a obtenção dos inputs corretos.

Ao decidirmos adotar uma ou outra dessas abordagens, temos outras escolhas a fazer — usar avaliação de patrimônio líquido ou de empresa no contexto da avaliação pelo fluxo de caixa descontado, qual múltiplo aplicar para avaliar empresas ou patrimônio líquido e que tipo de opção está incorporado a uma empresa.

Índice

A

Abordagem convencional de múltiplos, 450
Abordagem de patrimônio líquido, 249
Abordagem estatística, 450
Ação sem direito a voto, 336-338, 340
Aceleração da depreciação, 62, 67, 384
Acionista como adiministrador, 330
Acionistas
    alinhamento administrativo dos, 259
    controle e, 363
    fluxo de caixa para o patrimônio líquido e, 119
    governança corporativa e, 334-335
    mudança administrativa e, 328, 329
    reuniões anuais dos, 327
    valor e, 259
Acionistas, 179, 259, 327, 336, 337
Ações
    aquisição de, 75-76
    comparáveis, 10-11
    concessão de opções e, 260
    investimentos em, características dos, 77, 246
    métodos de avaliação de, 107
    movimento de preço e, 13, 28, 354
    recompras de, 30, 75, 77, 116-118, 119, 154, 244, 278, 404
    subavaliadas/subestimadas, 22, 122, 163, 176, 180, 196, 204, 246
    valor presente e, 113
Ações baratas, 10
Ações da Nasdaq, 265, 305, 306, 307, 349, 351
Ações de classe A/classe B, 356
Ações de empresa de tecnologia, 164, 182
Ações de Internet, 451
Ações de pequenas empresas, 37
Ações domésticas, 32
Ações negociadas publicamente, baixa liquidez e, 360
Ações ordinárias, 137, 178, 259, 260, 278, 355, 358
Ações preferenciais, 399
Ações restritas, 260, 278-280, 354, 357, 358, 359, 362
Acordos de suspensão, 329
Administração
    aquisição e, 367
    avaliação da sinergia e, 391, 393
    competência e, 448
    decisões da, 330
    estimativas de fluxo de caixa e, 84
    estrutura da, 403
    incompetência e, 317
    ineficiências da, 406
    modelos de desconto de dividendos e, 116
    qualidade da, 241-242
    remuneração da, 259-260, 368, 396, 411
    status quo e, 448
    suspeitas acerca da, 241-242
    valor da empresa e, 317
    vieses e, 105
Administração atual, 327-331
Administração do risco, 4-5, 319

Adobe Systems, 193, 194, 398
Agências de ratings, 28, 74, 399, 423-424
AIG, 401
Airbus, 305-306
Alavancagem
    avaliação de empresas e, 145
    empresas em dificuldades financeiras e, 422
    implicações da, 232, 446, 447, 45
    múltiplos de valor e, 226
    opções de ações para funcionários e, 278
    previsão de fluxos de caixa e, 87, 99
    transparência e, 398
Alavancagem financeira, 33, 34, 35, 145, 154-158, 218, 232, 447
Alíquota de imposto(s)
    ativos intangíveis e, 289
    importância da, 240-241, 254
    mensuração do fluxo de caixa e, 62-65, 78
    modelos de avaliação da empresa e, 146-147, 152, 156, 158
    múltiplos de valor e, 214-216, 220, 222, 225, 226
    opções de ações para funcionários e, 262, 263, 265, 270, 274, 278
    sinergia e, 378, 382, 386, 389
    transparência e, 400, 404, 408, 414
Alíquotas efetivas, 62-63
Alíquotas mistas, 64-65
Alloy Mills, 101-102
Alocação de preço de compra, 399, 401
Amazon, 58, 95, 278, 451
AmBev, 301-302, 303-304
Ambiente competitivo, 232
America Online (AOL), 58, 61
American Express, 246, 292
American Stock Exchange (Amex), 346, 349
Amortização, 55-56, 62, 66-67, 69, 140, 286, 838, 401, 431
Amplitude, definição de, 4
Análise de cenários, 104-105
Análise fatorial, 23, 32
Análise linear discriminante, 423
Analistas
    características e crenças dos, 445-446
    céticos, 411
    estimativa(s) de consenso e, 173, 226
    funções dos, 5, 32, 37, 46, 58, 60, 75, 84-85, 98, 104, 108, 113, 127, 131, 167-168, 177, 193, 234, 235, 238, 243, 252, 260, 264, 266, 273, 276-277, 280, 365, 401, 405, 418-419, 431, 436, 445-446, 451
    julgamentos subjetivos e, 172-173
    recomendações para os, 2-3, 411
    simulações e, 105
    técnicos, 13
    tendência à alta e, 2, 167
    tendência à baixa e, 2, 167
    vieses e, 105
Analistas fundamentalistas, 13
Andres Wines Ltd., 173, 174
Anheuser-Busch, 173, 174

Anualização
    P/L e, 180-182
    receitas e, 55, 213
    receitas/lucros mensais e, 55
Anuidades, 138
Aparagem dos fluxos de caixa, 408
APB 25, 279
Aplainamento, 68
Aquisição Time Warner/AOL, 390
Aquisições
    ativos intangíveis e, 293
    avaliação relativa e, 164
    características das, 14-15
    controle e, 321, 327, 327-328, 331-333
    fluxo de caixas e, 61-62, 70-71, 78, 95
    liquidez e, 364
    modelos de avaliação de empresa e, 149
    modelos de fluxo de caixa descontado para o patrimônio líquido e, 109, 116
    múltiplos de patrimônio líquido e, 179
    sinergia e, 373, 374, 381, 382, 383-384, 385, 387-388
    transparência e, 396-397, 399, 401
Aquisições domésticas, 388
Aquisições expansionistas, 385
Aquisições financiada por ações, 70
Aquisições hostis, 14, 128, 327, 327-328, 331-333, 336, 337, 389, 400
Aquisições internacionais, 388
Arbitragem, 312
Arquivos de relatório anual, 55, 397, 401, 410
Árvore binomial, 302, 311
Árvore de decisão, 306-307
AT&T, 283
Ativo esgotável, definição de, 71
Ativo(s)
    beta do, definição de, 34
    de longo prazo, 320
    giro do, 84
    liquidez e, 368
    livre de risco, 22, 312
    não negociáveis, 350
    negociável, 444
    reorganização de, 318
    valor contábil dos, 182
Ativos comparáveis/similares, 6, 10, 163, 445
Ativos correntes, 74, 404
    ativos e, 444, 450
    corretor/vendedor de, 350
    investimentos em, 254, 350
    mercado de, baixa liquidez do, 357
    residenciais, 350
Ativos intangíveis
    avaliação relativa e, 286
    definição de, 283, 307
    fluxo de caixa descontado e, 286, 307
    geração de fluxo de caixa e, 284-285
    geração de fluxo de caixa para toda a empresa e, 285-293
    importância dos, 283-284
    independentes, 284-285
    padrões contábeis e, 396
    potencial para fluxo de caixa futuro e, 293-304

Ativos não negociáveis, 363
Ativos não operacionais, 137, 254-255, 318, 320-321
Ativos não utilizados, 254
Ativos ocultos, 397
Ativos operacionais
  características dos, 236, 237, 239-240, 247, 250-252
  modelos de avaliação de empresas e, 135-136, 140, 142, 144, 148
  modelos de fluxo de caixa descontado para o patrimônio líquido e, 122, 124, 126
  múltiplos de patrimônio líquido e, 177
  múltiplos de valor e, 210
Ativos reais, 346, 350, 357, 362, 365
Ativos similares, 10
Ativos subjacentes
  ativos intangíveis e, 307, 308, 309, 312, 313, 314
  liquidez e, 356, 361
Auditoria, 410-411
Avaliação
  abordagens à, 6-12, 443-444
  amplitude da, 4
  bases filosóficas da, 1
  complexidade da, 5-6, 404
  incerteza na, 3-5
  princípio da parcimônia e, 6
  vieses na, 1-3
Avaliação agregada, 131, 177-179
Avaliação baseada em ativo, 7, 443, 446
Avaliação contingente/direitos contingentes, 11-12, 443, 444, 445
Avaliação da dívida bruta, 238-240
Avaliação de propósito legal, 15
Avaliação de sinergia
  erros comuns na, 392-393
  financeira, 381-385
  opções reais e, 381
  sinergias dúbias e, 385-386
  sinergias operacionais e, 373-375, 381
Avaliação detalhada, 4-5
Avaliação do nome da marca
  abordagem do custo histórico e, 286
  abordagem do fluxo de caixa descontado e, 287-291
  avaliação relativa e, 291-292
  características da, 283
  medidas diretas e, 291
  padrões de crescimento e, 448
  simples versus múltiplas marcas/linhas de produto, 292
  vantagens competitivas e, 292
Avaliação empresarial, importância da, 7-8
Avaliação pelo fluxo de caixa descontado
  aplicações da, 4, 6-10, 12, 236-238, 249-253, 452
  avaliação da empresa e, 149-150
  avaliação relativa e, 163-165
  empresas em dificuldades financeiras e, 418-431, 441
  liquidez e, 357-362, 368
  múltiplos de valor e, 208
  opções de ações para funcionários e, 267-273, 276, 280
  sinergia e, 374-375
  transparência e, 395, 410
Avaliação pelo fluxo de caixa modificado, 421-422
Avaliação pseudo-americana, 314

Avaliação reestruturada, 331
Avaliação relativa
  ações restritas e, 280
  armadilhas e, 164-165
  ativos comparáveis/similares e, 163
  ativos de baixa liquidez e, 364-365
  ativos intangíveis e, 284
  avaliação da marca e, 291-292
  avaliação pelo fluxo de caixa descontado comparada com, 163-165, 176
  bases para a, 10
  cálculo da baixa liquidez e, exemplo de, 365-366
  capital humano e, 293
  características da, 10-11, 97, 163, 364, 443-444, 445, 452
  complexidade e, 410
  desconto por baixa liquidez e, 365, 368
  empresas comparáveis e, 172
  investimentos em participações societárias e, 253-254
  limitações da, 11
  múltiplos de patrimônio líquido e, 165
  múltiplos de receita e, 165
  múltiplos de valor das operações da empresa e, 244
  múltiplos de valor de reposição e, 165
  múltiplos setoriais e, 165-166, 176
  opções de ações para funcionários e, 273, 274, 276
  popularidade da, 164-165
  risco e, 12
  saldos de caixa e, 243-244
  uso de múltiplos na, 11, 164-165, 166-176
  valor contábil e, 165
  variações da, 10-11
Avaliação separada, saldos de caixa e, 236-238, 242
Avaliação/valor de *status quo*, 317, 325, 331, 333, 335, 336, 339, 340, 374
Avaliadores, funções dos, 357
Avonex, 294-295

B

Baixa liquidez
  conseqüências da, 366-368
  custo da, teoria, 350-352
  efeito da, 409
  impacto da, sobre a avaliação, 357-366, 368
  mensuração da, 344-350
  opções e, 269
  prêmios pela, 362
  razões e, 351-352
  risco e, 350
  significância da, 2, 337
  taxas de desconto ajustadas e, 362-364
Baixas, 61
Balanço patrimonial, 7, 208, 246, 249, 253, 283, 397, 398, 399
Banco/setor bancário, 47, 196-197, 231, 388, 399
Bank of America, aquisição da Security Pacific pelo, 388
Barclays Bank, 113
Barnes & Noble, 95
Barra, como fonte de informações, 33
Barreiras à entrada, 80, 320, 377, 448
Bear Stearns, 265

Benefícios de plano de saúde, 397
Berkshire Hathaway, 246
Beta(s)
  alavancagem e, 147, 154, 239, 409, 422, 427
  avaliação da sinergia e, 375, 378, 379, 380, 382, 386
  avaliação do caixa e, 237
  bottom-up, 34-36, 134, 238, 427
  cálculo do, 35
  caracterizado, 32, 107, 122, 395
  contábeis, 36
  crescimento estável e, 99, 102, 103, 104, 134
  custo de capital e, 136, 139, 141, 143
  custo do patrimônio líquido e, 351
  definição de, 22
  desalavancado (não alavancado), 147, 154, 155, 236, 239, 242, 380, 422, 427, 430
  desconto para falta de liquidez e, 361
  determinantes dos, 33
  e patrimônio líquido, 154
  estrutura de capital e, 155
  fundamentais, 33
  histórico de mercado, 32-33
  liquidez e, 351, 362
  mensuração do risco de mercado e, 22-24, 40
  modelo de descontos de dividendos e, 109, 110
  modelo de fluxo de caixa descontado para o patrimônio líquido e, 113, 114, 121
  múltiplos de patrimônio líquido e, 187, 189, 198, 199, 200
  regressão de mercado e, 175
  regressão e, 421-422
  taxa de crescimento e, 99
  total, 37
  transparência e, 409
Betas fundamentais
  alavancagem financeira e, 33, 34
  alavancagem operacional e, 33
  bottom-up e, 34-36
  determinantes dos, 33
  tipo de negócio e, 33
Betas alavancados, 34, 35
Betas não alavancados, 34, 36, 49-50
Biogen, 294-295, 296
Bizcomps, 365
Black, Fischer, 309, 312
Blockbuster, 93, 324, 325, 335-336, 837
Bloomberg, como fonte de informações, 33
Boom econômico, 232
Boom tecnológico, 261
Borders, 95
Boston Beer, 173, 174
Bovespa, 338
Brown-Forman, 173, 174
Browning-Ferris Industries, 382
Buffett, Warren, 9, 246, 263
Bulow-Shoven, modelo de precificação de opções, 271
Bureau of Labor Statistics, 261
Burger King, 285

C

Caixa
  ajustes para, 34

ativos e, 135, 137, 140
empresas em dificuldades e, 431, 434
folga de, 373, 382, 391
influxo/entrada de, 134, 249, 267
investido, taxas abaixo do mercado e, 241
razão de queima de, 423
restrições e, 382
saídas de, 145, 244, 249
saldos de, 116, 212, 213, 423
títulos e, 6
tratamento de, 238
Caixa esgotável, 207, 235-236
Caixa não esgotável, 207, 235-236
Caixa/valor contábil da empresa, 234
Cálculo da média, 34
California Public Employee Retirement System (Calpers), 327
California State Teacher Retirement System (Calsters), 327
Canara Bank, 80, 114-115
Capital
despesas e, 275
exigências e, 448
ganhos de, 54, 62, 247
gastos de, 54, 67, 75-76, 77, 83, 87, 90, 91, 92, 116, 121, 123, 125, 134, 135, 139, 143, 148, 151, 152, 154, 215, 222, 319, 404, 411, 414, 426, 427, 440, 447
investimentos de, 232, 243, 244, 250-252, 286
leasing de, 58
manutenção de, 319
mercados de, 232, 418
orçamento e, 408
restrições de racionamento e, 128, 382
restrições de, 328, 391
Capital de giro
importância do, 5, 235
mensuração do fluxo de caixa e, 54, 71-74
modelos de avaliação de empresas e, 134, 141, 152, 154
modelos de fluxo de caixa descontado para o patrimônio líquido e, 116, 125, 127
previsões de fluxo de caixa e, 87, 90, 91
transparência e, 404, 411
Capital humano, 293, 351
Capital integralizado, 397
Cargill Industries, 358
Carteira beta-zero, 22, 23
Carteira réplica, 310, 311, 315
Cenários de melhor caso, 104
Cenários pessimistas (de pior caso), 79, 104
CEO(s)
papel dos, nas aquisições, 391
remuneração dos, 391
rotatividade dos, 327, 331, 334, 335
Ceridian Corp., 194
Chaebols, 330, 335
Chalone Wine Group Ltd., 173, 174
Ciclo de vida do negócio, 33, 94-95, 262, 279, 356
Cisco Systems, 57-58, 66-67, 69-71, 262, 267, 268, 270, 272-273, 274, 275-276, 296, 339, 388-389
Citigroup, 401, 402
Cláusulas antiaquisição, 329
Clear Channel, 94

Coca-Cola, 58, 98, 173, 174, 175, 246, 283, 288, 288-291, 292, 388, 389, 398-399
Coca-Cola Bottling, 173, 174
Coca-Cola Enterprises, 173, 174
Coleção de dados, 286
Coleção de objetos de arte, 350, 365, 444
College Retirement Equities Fund (Cref), 327
Colocações privadas, 354-355, 359-360
Comissões, 347, 350
Comitês de auditoria, 411
Commercial paper, 71, 231, 235, 245, 246, 277
Commodity/commodities, 23, 99, 122, 346, 350
Companhias de petróleo, 104, 334
Companhias/empresas de baixo crescimento, 163, 187, 200
Companhias/empresas de software, 172, 193-194, 231
Companhias/empresas grandes, 79, 80
Comparação direta, avaliação relativa e, 10
Compensação baseada em caixa, 259
Compensação com base em opções, conseqüências da
política de dividendos e, 278
política de investimento e, 277
política financeira e, 278
ponto principal e, 278
Complexidade
ajustando o valor à, 408-410
avaliações detalhadas, 5
conseqüências da, 405-407
curas da complexidade, 410-411
custo de, 5
definição de, 396
desconto por, 409-410
fontes de, 5, 396-400
mensuração da, 401-405, 414
motivos da, 400-401
tratando a, 407-410
Compras alavancadas, 384
Compromisso prévio, 2-3
Compromissos de leasing, 46-47
Concessão de opções
ações restritas e, 260, 278-280
ações sobreavaliadas/supervalorizadas e, 269
avaliações pelo fluxo de caixa descontado, 267-273, 276
baixa liquidez e, 269, 271
características da, 262, 268-270, 281
conseqüências da, 277-278
contabilização de opções como despesa e, 263-265, 270, 277, 279
efeitos das, sobre valor, 265-267, 274-276
expansão a novos mercados e, 300
maturidade da, 262, 268-269, 271
no futuro e efeito sobre o valor, 268, 274-276
opções com carência e, 262, 263, 265, 267, 268
opções de carência não expirada e, 262, 263, 268-269, 271
opções em aberto e, 260, 276
perspectivas históricas e, 260
por setor, 261-262
precificação/modelos de precificação e, 264, 268-273, 307-315
tratamento contábil, 263-265, 270, 281
tributação e, 263, 270, 274
valor por ação e, 267, 281

Condições econômicas, 21, 33, 104, 108, 119, 170, 408, 420, 447
Conflitos de interesse, 410
Conglomerado, 321, 399, 405-407
Congoleum Inc., 384
Consciência, importância da, 3
Conselho de administração, 328, 329, 331, 411, 413
Conservador(as)
estimativas, 104
investidores, 75
Consolidação
avaliação e, 236, 242
das empresas, 250, 411
dos custos, 405-406
Consolidated Edison, 98
Contabilidade
escândalos em, 403
integridade e, 410-411
práticas ruins em, 395
regras em, 55, 410-411, 412
retornos em, 242
revisões em, 408
sistemas em, 165
tratamento em, 249, 263-265, 265
Contabilidade dupla, 403
Contabilização como despesa, 167
Contadores, função dos, 58, 74
Contas a pagar, 47, 72, 397
Contas a receber, 5, 71, 72, 78, 236
ativos intangíveis e, 289, 290, 306
controle e, 318, 320, 322, 323, 324, 325, 326
liquidez e, 363, 366
modelos de avaliação de empresas e, 133-146, 147, 149, 151, 152, 153, 154-155, 157, 159
modelos de fluxo de caixa descontado e, 127
múltiplos de valor e, 214-216, 218, 219
sinergia e, 373, 376, 377, 378, 379, 380, 382, 383, 385, 386, 392
taxas de desconto e, 41-50
transparência e, 404, 405, 407, 409, 414
Conversíveis, 178, 399
Convoy Inc., 63-65
Coors (Adolph), 173, 174
Co-proprietário, 339
Corby Distilleries Ltd., 173, 174
Corporate Information Committee of the Financial Analysts Federation, 346
Corporativo(s)/a(s)
diversificação, 333
escândalos, 327
estrutura, em holding, 330
finanças, 367-368
finanças,15
governança, 120, 233, 235, 327, 330, 334-335, 337, 400, 403, 407, 408, 411, 448
impostos/alíquotas, 55, 62
Correlações, 37, 83
Corretagem, comissões de, 347
Corrupção, 401, 402
Cotações, uso do sistema decimal e, 347
Cott Corporation, 288-291, 292
Covariância, 22, 32, 351
Crédito do fornecedor, 5, 47, 74
Crescimento
avaliação do caixa e, 244-245
de longo prazo, 119
efeito do, 187-189, 217, 319

expectativas acerca do, 9, 171
extraordinário, 79-81
fontes de, 448
fundamental, 85-96
fusões e, 386
histórico, 9, 70, 81-83
investidores e, 13
oscilante, 82
período de transição e, 124-125
premissas e, 250
saldos de caixa e, 235
Crescimento agressivo, 326
Crescimento das empresas, avaliação de sinergias e, 388-389
Crescimento estável
ativos intangíveis e, 289, 290
modelos de avaliação de empresas e, 141, 142, 144
modelos de fluxo de caixa descontado para o patrimônio líquido e, 112, 114, 122, 124-125
múltiplos de patrimônio líquido e, 184, 187
previsões de fluxo de caixa e, 90, 98-104
Crescimento fundamental
lucro operacional e, 89-96
lucros de patrimônio líquido e, 85-87
retorno sobre o patrimônio líquido e, 87-89
retornos marginais e, 88
retornos médios e, 88
Crescimento gerado pela eficiência, 89
Crescimento/taxa de crescimento esperado
avaliação relativa e, 170, 174-175
controle e, 317
fluxos de caixa previstos e, 81, 88-89, 90-91
implicações do, 11, 448
modelos de avaliação de empresas, 139, 141, 146
modelos de fluxo de caixa descontado para o patrimônio líquido, 109, 110, 120, 121, 123, 124, 126
múltiplos de patrimônio líquido e, 193, 194, 195, 198, 199, 200, 201
múltiplos de valor e, 214, 217-218, 226, 227
sinergia e, 373, 376, 377, 378, 379, 380, 382, 386
taxas de desconto e, 30, 40
transparência e, 404, 409
Cupom zero
obrigação livre de inadimplência e, 5
obrigações e, 24
Cupons, 6, 47, 384, 438
Custo da dívida
características do, 8
controle e, 322, 326
fluxos de caixa previstos e, 99-100
modelos de avaliação da empresas e, 136, 137, 144, 147, 152, 156
sinergia e, 392
taxas de desconto e, 44, 50
transparência e, 407
Custo de capital
características do, 5, 7, 236, 238, 239, 240, 250, 446-447
fluxo de caixa e, 96, 101, 103
Custo de flutuação, 77
Custo de opacidade, 405

Custo de oportunidade, 309, 344, 349
Custo de processamento, 345
Custo de reposição, 335
Custo do patrimônio líquido
avaliação relativa e, 171
características do, 7, 9, 236
controle e, 318
fluxos de caixa previstos e, 79, 98
liquidez e, 361, 363, 367
modelos de avaliação da empresas e, 134, 136, 136, 141, 144, 153, 154, 155, 157
modelos de fluxo de caixa descontado e, 107, 109, 110, 112, 114, 115, 118-119, 120-121, 123, 124, 126, 129
múltiplos de patrimônio líquido e, 185, 186, 187, 190
sinergia e, 376, 377, 378, 379, 380, 385, 386
taxas de desconto e, 20-40, 49-50
transparência e, 407, 409
Custo dos produtos vendidos, 440
Custo médio ponderado de capital, 41-44, 154, 159
Custos de agência, 259
Custos de transação, 344-350, 354
Custos fixos, 320, 345, 351
Custos implícitos, 20
Custos indiretos de falência, 147
Custos variáveis, 351
CyberTech Inc., 235

D

Dados *cross-sectional*, 105
Daewoo, 285
Dalton Motors, 381, 385
Débitos duvidosos, 61
Dell, 74
Delta Air Lines, 418
Demonstração de fluxo de caixa, 76, 249
Demonstração do resultado, 249
Demonstrações financeiras
ativos intangíveis e, 283
características das, 244, 249
mensuração de fluxo de caixa e, 55, 62
múltiplos de valor e, 208
opções de ações para funcionários e, 264
transparência e, 397, 403, 407, 408, 409, 411
Depreciação
avaliação relativa e, 165, 167
fluxos de caixa previstos e, 83, 90, 91, 92
modelos de avaliação da empresas e, 135, 137, 139, 140, 141, 148, 160, 152, 154
modelos de fluxo de caixa descontado e, 121, 127, 129
múltiplos de valor e, 215, 216, 222
sinergia e, 373, 383, 384
taxas de desconto e, 46, 54, 56, 58, 59, 67, 68, 69
transparência e, 411
Depreciação linha-reta, 59, 67, 140
Derivativos, 320, 356
Desconto fixo, 357, 363
Desinvestimentos, 62, 333, 407
Despesa atribuída a juros, 59

Despesas de vendas, gerais e administrativas (SG&A), 58
Despesas ocasionais/não recorrentes, 61, 397
Desvio padrão, aplicações de, 20, 28-29, 168, 174, 181, 301, 302, 359, 361, 362
Diageo, 388
Dificuldades financeiras
avaliação pelo fluxo de caixa descontado e, 418-431
avaliação relativa e, 417, 431-434
conseqüências das, 418
possibilidade de, 417
Diluição, 265, 266, 267, 268, 270, 276, 314, 315
Dinamismo, 80
Direitos autorais, 283, 284
Disney, 32-33, 35-36, 45, 48, 49-50
Distribuição cumulativa, 312, 313
Distribuição normal, 168, 312, 313
Diversificação, 21-22, 373, 398, 401
Diversificação de carteiras, 21-22
Dívida
ativos intangíveis e, 292
características da, 238, 250-252, 447
controle da, 320, 322, 323
empresas em dificuldades financeiras e, 422, 434, 440
fluxos de caixa previstos e, 91, 99-100
modelos de avaliação de empresas e, 133, 139, 141, 144, 148, 152
modelos de fluxo de caixa descontado para o patrimônio líquido e, 127
múltiplos de valor e, 207, 209, 213
múltiplos de patrimônio líquido e, 179
opções de patrimônio líquido e, 278
sinergia e, 382, 384-385, 386, 389, 392
taxas de desconto e, 46-47
transparência e, 395, 397, 404, 409
Dividendo(s), 313, 447
ativos intangíveis e, 313
avaliação relativa e, 170-171
características dos, 6, 244, 249, 253, 447
fluxos de caixa previstos e, 100
mensuração de fluxo de caixa e, 54, 75-77
modelos de desconto de fluxo de caixa e, 114-115, 118, 119, 131
múltiplos de patrimônio líquido e, 186, 203-204
taxas de desconto e, 40
Dividendos esperados por ação, 107
Dividendos preferenciais, 9
Divórcio, 15
Dow Jones Industrial Average, 32, 353
Dummy de mercado emergente, 204

E

Economia de custos em fusões, 391
Economia de custos em sinergias, 388
Economia de escala, 372, 374
Economias maduras, 232
Efeito final de semana, 354
Efeito janeiro, 354
Ellison, Larry, 330
Embraer, 39, 49-50, 81, 98, 338
Emissão de nova dívida, 87
Employee stock option reference (Esor), títulos, 272
Empresa de infra-esturutra, 447

Empresa pobre em caixa, 382, 389
Empresa rica em caixa, 389
Empresa totalmente financiada por patrimônio líquido, 237-238
Empresa-mãe, 249, 250, 253, 321
Empresas alavancadas, 148, 158, 239-240
Empresas aquisitivas, 401
Empresas com excesso de alavancagem (superalavancadas), 128, 218
Empresas combinadas, avaliação de sinergia em, 375-376, 381
Empresas comparáveis
　ajuste subjetivo e, 172-173, 174
　avaliações relativas e, 364-366
　características das, 34, 172, 410, 445, 452
　dificuldades financeiras das, 431, 432
　múltiplos de patrimônio líquido e, 198-201, 206
　múltiplos de valor e, 227
　múltiplos modificados e, 173
　técnicas estatísticas e, 174-176
Empresas coreanas, 330, 335
Empresas de capital aberto
　ativos intangíveis e, 283, 294
　avaliação relativa e, 172
　características das, 232-233, 247, 252, 254
　controle e, 331, 333-336
　modelos de fluxo de caixa descontado para o patrimônio líquido e, 107, 120
　múltiplos de valor e, 177
　opções de ações para funcionários e, 259
　sinergia e, 373, 382, 391
　taxas de desconto e, 32
　transparência e, 404
Empresas de capital fechado, 37-38
Empresas de crescimento estável
　avaliação relativa e, 171
　características das, 448
　controle e, 318, 326
　modelos de fluxo de caixa descontado para o patrimônio líquido e, 108, 121
　modelos de avaliação da empresa e, 133-135
　múltiplos de valor e, 214-216
　previsões de fluxo de caixa e, 99-104
Empresas de crescimento moderado, 104, 448
Empresas de semicondutores, comparação de razão P/L/C e, 195-196
Empresas de serviços financeiros, 116, 246
Empresas de serviços não financeiros, 401
Empresas de tecnologia, 3, 5, 259
Empresas de TV/transmissão a cabo, 166, 211, 221
Empresas de varejo, 396
Empresas diversificadas, 395, 405
Empresas domésticas/locais, 98
Empresas em dificuldades financeiras, 227, 359, 434-441
Empresas especializadas, 405
Empresas familiares, 77, 400
Empresas genéricas, 287
Empresas jovens, 48, 55, 104, 184, 189, 226-227, 261, 262, 264, 277, 444, 447
Empresas maduras, 49, 95, 96, 99, 218, 263, 389
Empresas não alavancadas, 146-148, 157, 158
Empresas não cíclicas, 33
Empresas não pagadoras de dividendos, 116
Empresas orientadas para a exportação, 39

Empresas privadas
　baixa liquidez e, 350, 356, 361-362, 363-364
　características das, 252
　controle e, 331, 338-340
　modelos de fluxo de caixa descontado para o patrimônio líquido e, 120
　opções de ações para funcionários e, 262, 269
　sinergia e, 382
　taxas de desconto e, 37-38
　transparência e, 404, 405
Empresas privadas de e-commerce, 358
Empresas que estão perdendo dinheiro, 169-170
Empresas que investiram em excesso, 90
Empresas químicas, múltiplos EV/vendas em, 224-225
Empresas rebaixadas, 411
Empresas transparentes, características de, 396
Empresas não alavandacadas, 332
Empresas/mercados superestimado, 119, 167
Empréstimos, 250, 400
Enron, 327, 399, 403, 408, 410, 411
Entidades privadas, 265
Equívocos, tipos de, 56-59
Erro-padrão, múltiplos de patrimônio líquido e, 180, 181, 182
Escalonamento de variáveis, 178-179
Escolhas financeiras, 399
Especialistas, 348
Estados Unidos
　bolsas de valores dos, 248
　bolsas dos, 349
　dólar dos, 61, 98, 148, 245, 351
　e razão de *payout* de dividendos, 75
　mercado de ações dos, 31, 340, 346
　obrigações de curto prazo do governo dos, 26-27, 71, 202, 235, 245, 246, 277, 353
　obrigações de longo prazo do governo dos, 24, 26-27, 29, 30, 119, 201-202, 245, 246, 294, 304, 353, 405
　obrigações governamentais dos, 346
Estatística t, 174, 193, 197, 366
Estimativa, 32-33, 104-105
Estimativas consensuais de lucros, 60
Estimativas de melhor caso, 3, 104
Estoque, 37, 71, 72, 78, 95, 231, 236, 319, 344, 345, 346, 411
Estratégia comprar na baixa e vender na alta, 347
Estratégias de crescimento, 399
Estrutura a termo, 23
Estrutura de capital, 153-159, 400
Estrutura de propriedade/posse, 331, 403, 412
Estrutura de recompensa/punição, 2
Estrutura de regulamentação, 396
Estrutura em holding, 400, 411, 412
Estrutura piramidal, 330, 399
Estruturação do negócio, 398-399
Estudos de pós-fusão, sinergia e, 387-388
Euros, 140, 141, 142, 148, 158, 159
Eurotúnel, 440-441
Excesso de caixa, 77, 120, 128, 207, 245, 373, 382
Excesso de pagamento sobre aquisições, 293, 333-334, 391
Exclusividade, direitos autorais e, 284
Ex-dividendo, 309, 313, 314
ExxonMobil, 80, 87, 88, 118, 121-122, 402

F

Falência, 46, 133
　custos da, 146, 147-148, 153, 157, 158, 400, 418, 429-430
　empresas em dificuldades financeiras e, 423
　possibilidade de, 447
　previsão de, 423
　probabilidade de, 423, 429, 441
　risco de, 153
Fase de alto crescimento, 113, 115, 122, 124-125, 137
Fase de transição, 126
Fator qualitativo, 2
Fatores institucionais, 2
FCFE/lucro líquido, 186
Federal Reserve Bank of Philadelphia, 283
Fidelity, 248
Financial Accounting Standards Board (Fasb)
　ações restritas e, 279
　FAS 123/123R e, 264, 265, 267, 271, 273, 276, 277, 278, 415
　FAS 148 e, 264
　funções do, 60, 261, 270
　modelo de precificação de opções Black-Scholes e, 271
Financiamento
　estratégias de redução de custo e, 320
　fontes de, 48-49
　mix de, 320, 323
　política de, 374
First Call, 2
Fitch, como recurso de informação, 28
Fluxo de caixa
　ativos intangíveis e, 284, 293-307
　avaliação relativa e, 170, 175
　empresas em dificuldades e, 419, 422, 429
　implicações do, 250, 443, 444-445, 446-447, 452
　importância do, 6-7
　liquidez e, 350, 358, 363, 364, 368
　mensuração de, 54-78
　modelos de fluxo de caixa descontado e, 131
　múltiplos de patrimônio líquido e, 178-179
　previsões de, 79-105
　sinergia e, 373, 375, 378, 379, 380, 384
　transparência e, 395, 408-410, 412
　valor do controle e, 317, 318, 319, 320
Fluxo de caixa descontado, 104, 149, 153, 287-291, 304, 374-375, 452
Fluxo de caixa descontado para patrimônio líquido
　comparação do modelo de desconto de dividendos com o modelo FCFE e o, 128-131
　modelo de desconto de dividendo e, 107-119, 129
　modelo de fluxo de caixa descontado para o patrimônio líquido (FCFE), 119-127
　por ação versus valor agregado, 131
Fluxo de caixa esperado/previsto, 79, 104
　características do, 7, 8, 12
　empresas em dificuldades financeiras e, 419, 421, 447
　taxas de desconto e, 31
Fluxo de caixa futuro, 6, 68

Fluxo de caixa livre, 7, 54, 100, 116, 146, 153, 380
Fluxo de caixa livre para o patrimônio líquido, 178, 446-447
Fluxo de caixa nominal, 54
Fluxos de caixa estáveis, 232
Fluxos de caixa reais, 54
Food and Drug Administration (FDA), 444
Fora-do-balanço, 404, 409
Ford Capital, 398, 411
Franquias
    avaliação de, 284-285
    avaliação relativa e, 365
    custos das, 285
    fluxo de caixa descontado e, 285
    retornos em excesso e, 285
Fraude, 401
Funcionário(s)
    ações restritas e, 278-280
    compensação baseada em patrimônio líquido e, 259-260, 277-278, 281
    opções de ações e, 260-278, 356, 396-397, 404, 410
    retenção de, 259
    treinamento de pessoal e, 69
Fundamentos, importância dos, 4, 171
Fundo(s) de pensão, 21, 254, 321, 327, 397
Fundos de pensão como lucro, 397
Fundos mútuos, 21, 248, 444
Fusão Chase/Chemical Bank, 388
Fusão First Chicago/NBD, 388
Fusão Viacom/Paramount, 390
Fusão Wells Fargo/First Interstate, 388
Fusões horizontais, 372

G

Ganhos de sinergia, 388
Gastos líquidos de capital, 62, 68-71, 75, 78
GE Capital, 398, 401, 411
General Electric (GE), 395, 398, 401, 402, 405, 408, 411
General Magic, 246
General Motors, 283, 418
Gestão de carteiras, 13-14, 15, 367, 445
Gestão ótima, 448
Gillette, 58, 246, 378-381, 444
Glass-Steagall Act, 410
Global Crossing, 425-428, 430-431, 433-434
GMAC, 398
Goldman Sachs, 80, 88, 100, 102-103, 110-112
Goodwill, 62, 179, 293, 374, 383, 415, 399, 401, 403, 404
Google, 55, 166, 267, 268, 272-273, 274, 275-276
Governança/índice de governança, 396, 403
Gráfico de dispersão, 195, 196, 199, 223, 224
Grafistas, 13
Graham, Benjamin, 115
Grande Depressão, 410
Guaraná, 301-302, 303
Gulf Oil, 299-300

H

Hansen Natural Corp., 173, 174
Hedging, 279
Histórico(s)
    abordagem de custo, 249, 293
    beta, 37
    dados, 5, 30, 70, 72, 81-83, 105, 271, 362, 430, 447, 452
    prêmio pelo risco, 26-27
    prêmios, 37
    retornos, 26
Horizonte de tempo, 20, 445-446

I

Ibbotson Associates, 26, 362
IBES, 2, 84, 85
IBM, 61, 292, 339, 401, 402, 405
Icahn, Carl, 13, 324, 328, 336
Idade do setor, 283
Imóveis comerciais, 350, 357, 365
Impacto sobre o preço, custos de transação e, 344, 347-349
    implicações do, 7, 9, 54, 64, 75, 78, 222, 242
    necessidade de, 95-96, 120, 210
Implícito(s)
    custo, 40, 50
    prêmios de ações, 30-31
    taxa de crescimento, 111
Imposto diferido, 65, 265
Imposto sobre propriedades, 15
Imprecisão, 3
Inadimplência
    prêmio por, 23
    probabilidade neutra ao risco de, 437
    probabilidade(s) e, 147, 158
    risco de, 8, 24, 25, 29, 41, 50, 74, 100, 147, 154, 240, 241, 246, 320, 326, 395, 405
    spread por, 19, 25, 28-29, 46, 141, 154, 404, 405, 437, 438
    título livre de, 24
Incerteza, 3-5, 24, 108, 232, 245, 284, 383
Inclinação, 32
Incrementação do valor, 318-321
Índice de opacidade da Price Waterhouse, 401, 402, 405, 408
Índice de transparência da Standard & Poor's, 412-414
Inferências probabilísticas, 4
Inflação
    contabilidade e, 403
    impacto da, 23, 24, 39, 54, 70, 90, 97, 98, 108
    obrigações indexadas e, 24-25
Informação privada, efeito da, sobre o custo de espera, 349
Informação
    ambiente de, 250
    assimetria de, 232
    coleta de, 1-2
    negociadores da, 13-14
    serviços de estimativas de beta e fontes de, 33
    sobrecarga de, 5
Infosys, 400
Inputs, tipos de, 2, 8-10, 102, 103, 120, 297, 298-299
Insider(s)
    negociação e, 51
    participação de, 330, 331
Institute of Business Appraisers (IBA), 365
Institutions Brokers Estimate System (IBES), 2, 84, 85
Intel, 60, 195, 196, 283, 401, 402
Interesses gerenciais, 77
International Financial Reporting Standards Board (IFRS), 265
Investidor global, 32
Investidor(es)
    ativismo e, 327
    de longo prazo, 368
    direitos do, 403, 412
    psicologia dos, 13
Investidores ativistas, 13, 327, 330
Investidores ativos, 22
Investidores avessos ao risco, 269, 350
Investidores de momento, 13, 14
Investidores diversificados, 381
Investidores domésticos, 356
Investidores em private equity, 14, 350, 356, 366, 367
Investidores estrangeiros, 356
Investidores individuais, 446
Investidores institucionais, 21, 327, 329, 330, 346, 405, 411, 448
Investidores marginais, 9, 19, 21, 22, 32
Investidores não diversificados, 22
Investidores passivos, 13
Investidores proativos, 411
Investimento contrário, estratégia de, 9, 349
Investimento de alto retorno, 40
Investimento(s)
    análise do, 149
    bancos de, 111, 116
    classe de obrigações e, 353
    decisões de, 444
    estratégia de, de longo prazo, 13
    estratégias de, em duas trilhas e, 96
    lucro de, 61
    política de, 13, 374
    saldos em caixa e necessidade de, 235
Investimentos ativos, 249
Investimentos de risco médio, 25
Investimentos de risco zero, 278
Investimentos discricionários, 246
Investimentos financeiros
    ativos não operacionais e, 254-255
    avaliação de títulos negóciáveis e, 246-248
    médias setoriais e, 255-257
    participações societárias e, 248-254
    posição em títulos de risco, razões para, 245-246
Investimentos livres de risco, 9, 71
Investimentos marginais, 79
Investimentos quase-caixa, 231-245, 246, 247-248
Investor Responsibility Research Center (IRRC), 26

J

Japão/mercado japonês, 123, 330, 340, 357
Johnson & Johnson, 401, 402
Joint-ventures, 254-255, 305
JPMorgan Chase, 80, 89, 109
Julgamentos subjetivos, 221
Junk bonds, 328
Juros
    despesas com, 50, 146, 156
    razão de cobertura de, 155, 156
    receita de, 235, 238, 242

K

Keiretsus, 330
Kerkorian, Kirk, 13
Keynes, John Maynard, 231
Kiggen, Jamie, 78
Kimberly-Clark, 397
Kmart, 418
Koch Industries, 358
KPMG, 58
Kraft Foods, 292
Kristin Kandy, 38, 47, 49-50, 340, 361-362, 363-364, 365-366
Kurtzman Group, 403

L

L. L. Bean, 95
L.A. Gear, 368
Lambda, exposição ao risco-país e, 39
Lançamento público/privado, 366-357
LatinWorks, 209, 250-252
Lear Aircraft, 305-306
Legislação, 410, 412
Lei Sarbanes-Oxley, 398
Leis da economia, 452
Lev, Baruch, 283
Licenciamentos, 283, 284
Lillian Vernon, 95
Liquidação
    ativos intangíveis e, 305
    característica da, 444, 447
    previsões de fluxo de caixa e, 97
Liquidez, 338, 344-368
    ações e, 354
    obrigações e, 353
Locais isentos de impostos, 400
Loeb, Thomas, 345, 348
Lube & Auto, 381, 385
Lucent Technologies, 418
Lucratividade, 404
Lucro, tipos de, 67, 408
Lucro líquido
    implicações do, 236, 237
    mensuração do fluxo de caixa e, 54, 57, 87, 88, 100
    modelos de avaliação da empresa e, 145-146, 167, 170
    modelos de fluxo de caixa descontado e, 118, 123, 124, 125, 126, 127, 129
    múltiplos de patrimônio líquido e, 178, 186, 205
    opções de ações para funcionários e, 266, 273, 274
Lucro operacional
    avaliação relativa e, 165, 167, 171
    características do, 236, 239-240, 250-252, 253
    controle e, 317, 319, 324
    modelos de avaliação de empresas e, 134, 140-141, 142, 149, 150, 151, 153, 155
    múltiplos de valor e, 211-212, 216, 217, 225-226
    opções de ações para funcionários e, 270, 275, 276
    previsões de fluxo de caixa e, 82, 85, 90, 93, 100, 102
    sinergia e, 376, 377, 378, 379, 380, 382, 383, 386
    taxas de desconto e, 46, 54, 56-57, 66, 67, 78
    transparência e, 404
Lucros
    avaliação relativa e, 165
    empresas em dificuldades financeiras e, 423
    fluxos de caixa previstos e, 82, 85
    implicações dos, 9, 243-244, 443, 447
    mensuração do fluxo de caixa e, 56-62, 66
    opções de ações para funcionários e, 263, 265-266, 273
    sinergia e, 382
    transparência e, 395, 397, 405, 408, 411
Lucros administrados, 60-61
Lucros antes de coisa ruim (EBBS), 415
Lucros antes de juros e impostos (Ebit)
    avaliação relativa e, 165, 171
    características do, 251
    controle e, 317
    empresas em dificuldades financeiras e, 423, 427
    fluxos de caixa previstos e, 82, 91, 92, 101
    mensuração do fluxo de caixa e, 55, 64
    modelos de avaliação da empresas e, 134, 139, 144, 145, 151, 152, 154, 156
    múltiplos de valor e, 210, 214-216
    sinergia e, 375, 378, 379, 380, 386
Lucros antes de juros, impostos, depreciação e amortização (Ebitda), 82, 165, 167, 171, 212, 244, 253, 292, 427, 431, 433
Lucros correntes, 263, 447
Lucros de boato, 60
Lucros esperados, 118, 237, 239-240
Lucros futuros, 263, 266-267
Lucros mal classificados, estratégias de correção de
    características dos, 56
    conversão de leasings operacionais em dívida e, 58-59
    despesas financeiras, ajustes para, 58
    despesas operacionais e, 58
Lucros por ação
    avaliação relativa e, 167, 169, 172, 175
    fluxos de caixa previstos e, 85, 89, 100
    modelos de fluxo de caixa descontado para o patrimônio líquido e, 109, 110-111, 113, 115, 131
    múltiplos de patrimônio líquido e, 178, 185
    sinergia e, 385
Lucros retidos, 397, 423

M

Macroeconomia, 3-5, 23, 452
Marca registrada, 283, 284
Marcação a mercado, 249
Margem de lucro, 84, 171
Margem de lucro líquido, 192, 198
Margem líquida, múltiplos de patrimônio líquido e, 171, 185, 186, 191, 200, 201
Margem operacional
    ativos intangíveis e, 283, 291
    implicações da, 447
    liquidez e, 366
    modelos de avaliação de empresas e, 143
    múltiplos de valor e, 216, 219, 220, 224, 225
    previsões de fluxo de caixa e, 94-95, 104
    sinergia e, 375, 379
    transparência e, 408
Mars Inc., 288
Matriz de abordagens, múltiplos de valor e, 221-222
McDonald's, 284, 285, 292
Média, 85, 180, 181, 182, 365
Média aritmética de crescimento, 81-82
Média do setor, 10-11
Média geométrica de crescimento, 81-82
Média ponderada de valor de face da maturidade da dívida, 47
Mediana, 168, 169, 170, 180, 181, 182, 212, 365
Médias setoriais, 10-11, 235, 255-257, 408
Mercado asiático, razão de *payout* de dividendos no, 75
Mercado chinês, 125-126, 355-356
Mercado de ações
    bolha e, 262
    quebra do, 357, 407
Mercado de balcão, 355
Mercado de obrigações, 232, 350, 353
Mercado de representação, 345
Mercado(s)
    avaliação do, 262, 387, 451
    capitalização de, 118, 177, 243, 264, 280, 345, 348, 349, 351-352, 354
    condições de, influência das, 25
    de ações, 356
    de capital, 400
    entidade, 265
    humor do, 10
    imperativos de, 164
    índices de, 32
    liquidez e, 351
    neutro, 446
    patrimônio líquido e, 9
    preço de, 14, 128, 335, 354, 374, 406
    regressão de, 175
    taxa de juros e, 241
    timing de, 352
Mercados da América Latina, 75
Mercados desenvolvidos, 204, 218, 232, 319
Mercados emergentes, 25, 27, 39, 141, 204, 232, 319, 330, 335, 372, 381, 400, 404, 407
Mercados europeus, 75, 222-224
Mercer, Chris, 363
Merck, 451
Merrill Lynch, 26
Microsoft, 60, 116, 134, 177, 178, 235, 246, 247-248, 283, 397, 401, 402
MicroStrategy, 60-61, 78
Milken, Michael, 328
Miller, Merton, 153-154
Minoritários(as)
    descontos, 2
    investimentos ativos, 253
    investimentos passivos, 249, 250, 253
    participações, 136, 137, 142, 207-210, 252
Mix de negócios, 398, 404
Modelo binomial, precificação de opções no, 11, 264, 271, 316, 309, 310-321, 314

Modelo Black-Scholes de precificação de opções, 11, 264, 270-271, 295, 299, 306, 312-315, 362, 435, 436, 437
Modelo de fluxo de caixa descontado
    ativos intangíveis e, 287-291, 293, 296, 299, 306
    características do, 6-10, 107-131, 446-449, 451
    transparência e, 412
Modelo de fluxo de caixa livre para a empresa (FCFF), 9, 133-142, 151, 152, 171, 214, 382, 385, 386, 429, 430
Modelo de fluxo de caixa livre para o patrimônio líquido (FCFE), 133, 186, 236
    aplicabilidade do, 127
    avaliação do, 127
    caracterizado, 75-76, 77, 119
    crescimento constante e, 120-122
    crescimento estável e, 121-122
    de dois estágios, 122-124
    equivalência do, 129-131
    inputs ao, 120
    limitações do, 127
    modelo de fluxo de caixa descontado comparado com, 128-131
    modelo E e, 124-126
    pontos fortes do, 127
Modelo de precificação de ativo de capital (CAPM), 22-24, 26, 32-33, 40, 50, 107, 121, 351, 362, 422
Modelo de precificação por arbitragem (APM), 22-24, 26, 32, 33, 37, 50, 351
Modelo de risco e retorno, 20-25
Modelo E (modelo FCFE), 124-126
Modelo Gordon de crescimento, 108, 121
Modelo H, 112-113
Modelo quantitativo de desconto pelas condições de mercado (QMDM), 363
Modelo(s) de desconto de dividendos (DDM), 9, 102, 107-119, 129-131, 131, 184, 447
Modelos de avaliação de empresas
    custo de capital e, 133-146
    estrutura de capital e, 153-159
    retorno em excesso e, 149-153
    valor presente ajustado e, 146-149
Modelos de parcimoniosos, 452
Modelos de precificação de ativos, 351, 430
Modelos de precificação de opções, 12, 307-315, 352, 360, 384, 451
Modelos de séries de tempo, 85
Modelos multifatoriais, 23, 25, 32, 33, 351
Moderna teoria do investimento, 20
Modigliani, Franco, 153-154
Moeda(s), 25, 54, 61, 98
Molson Inc. Ltd., 173, 174
Mondavi (Robert), 173, 174
Monopólios, 285
Moody's Investors Service, 28
Morningstar, como fonte de informações, 26, 33, 169
Mudança administrativa
    causas da, 13, 330
    criação de valor e, 321-322
    determinantes da, 328-330
    exemplos de, 323-326
    gestão ótima e, 448
    probabilidade de, 327-331, 333, 334, 338
    rotatividade de CEO e, 327, 331, 334, 335
    valor do controle e, 340

Multicolinearidade, 206
Multinacionais, 63, 98, 319
Múltiplo de saída, 228
Múltiplo de valor das operações da empresa/Ebitda (EV/Ebitda), 164, 167, 168, 174, 176, 213, 217, 220, 222, 223, 253-254, 395, 433
Múltiplo EV/Ebit, 213, 214, 217, 218, 219, 220, 225
Múltiplo preço/Ebitda, 167
Múltiplos
    avaliação relativa e, 449-451
    caracterizados, 10, 176, 410, 443
    modificados, 173
    patrimônio líquido e, 177-206
    teste analítico e, 170-172
    teste de aplicação e, 172-176
    teste de definição e, 166-167
    teste descritivo e, 167-170
    tipos de, 165-166
    valor dos, 207-228
    variação no tempo e, 170
Múltiplos de patrimônio líquido, 177-206, 243-244
Múltiplos de valor
    aplicações de, 220-228
    características distributivas e, 211-213
    características dos, 213, 228
    comparação de mercado e, 225-228
    definição de, 207
    determinantes dos, 213-217, 228
    estimativa de, 216-217
    investimentos em participações societárias e, 253
    mensuração do valor e, 207-210
    receitas futuras e, 226-228
    relações entre, e fundamentos, 217-220
    variáveis de escalonamento e, 210-211
Múltiplos de valor de reposição, 165
Múltiplos futuros, 226-228, 433-434
Múltiplos valor/vendas, 215

N

Nakamura, Leonard, 283
Não crescimento, empresa perpétua, 145
Não monetário(s)
    ativos, 238, 242
    capital de giro, 54, 71-74, 78, 92, 122, 123, 125, 127 135, 139, 143, 317
    lucro líquido, 121
    lucros, 236, 237
    retorno sobre o patrimônio líquido, 120
National Center for Employee Ownership, 261, 262
NCR, 78
Negócio existente, 244
Negócios orientados para caixa, 231
Negócios orientados para crédito, 231
Negócios voláteis, 99
Negócios/empresas cíclicos, 3, 21, 33, 108, 232, 381, 447
Negócios/empresas de alto crescimento, 93, 94, 99, 103-104, 105, 143-144, 163, 170, 172, 182, 196, 227-228, 233, 245, 279, 381, 418, 444, 448
Netflix, 324
New York City Employees Retirement System (Nycers), 327
New York Stock Exchange (Nyse), 40, 77, 338, 345, 346, 347, 348, 351, 360
Nintendo, 81, 134-135, 324-325

O

Obrigação especulativa, 353
Obrigação/investimentos em obrigação
    avaliações de sinergia e, 384
    características da, 77
    cupons e, 24
    estrutura a termo e, 202
    livre de inadimplência e, 24
    maturidade, 353, 439
    prêmios de risco e, 27, 28
    ratings e, 50, 147, 155, 156, 158, 399, 423-424, 433
Obrigações corporativas, 353, 397, 399
Obrigações soberanas, 405
Obrigações subordinadas, 353
Ofertas públicas iniciais (IPOs), 355, 356
Olivetti, 328, 330
Opção(ões)
    baixa liquidez como, 352
    de curto prazo, 313
    de longo prazo, 313
    delta da, 312
    desconto pela baixa liquidez das, 360-362
    dupla contagem e, 451
    exercícios antecipados e, 313-314
    maturidade das, 262, 268-269
    prazo de expiração das, 297, 309
    reservas não exploradas como, 296
    uso de, 451
Opção de abandono, 294, 305-306
Opção de compra, 11, 294, 307-308, 310, 311, 312, 313, 315, 435, 436
Opções americanas, 309
Opções de conversão, 47
Opções de recursos naturais
    exemplo de, 298
    função de resultados sobre, 296-297
    inputs à avaliação de, 297
    prazo de expiração das, 297
    reservas não desenvolvidas, 296, 298-300
Opções de venda, 11, 307-308, 312, 313, 315, 360
Opções dentro-do-dinheiro, 131, 178, 266, 267, 268, 297, 308, 309
Opções européias, 309
Opções fora-do-dinheiro, 12, 178, 262, 266, 267
Opções no-dinheiro, 178, 262, 360
Opções para expansão, 300-305, 444
Opções reais, 306, 381
Operacional(is)
    alavancagem, 33, 99, 320
    caixa, 207, 231, 235
    despesas, 56-58, 61, 83, 275, 280
    eficiência, 319
    fatores de complexidade, 414
    fluxo de caixa, 238
    leasings, 59, 78, 90, 95, 138, 139, 149, 179, 405
    risco, 320
    sinergia, 372, 374-375, 381, 393
Operações diárias, 71
Ordens de limite, 347

P

P/L corrente, 167, 168, 180-182, 184
P/L futuro, 167, 180-182, 184

Países, comparação de múltiplos entre, 203-205
Parâmetros
    dos descontos por baixa liquidez e, 358-359, 361
    taxas de crescimento e, 108
Parcerias, 246
Paridade *put-call*, 315
Paridade, 315
Participações majoritárias, 207-210, 210, 228, 253
Participações societárias, 207-208, 210, 228, 248-254, 318, 321, 322, 330, 399, 400, 405, 411
Participantes de mercado eficientes, 14
Passivos, 397
Passivos correntes, 71, 74, 404
Patente(s), 12, 110, 283, 294-296, 303, 396, 444, 448, 451
Patrimônio líquido
    avaliação relativa e, 164, 167
    fluxos de caixa previstos e, 91, 98, 100-101, 103
    implicações dos, 443
    modelos de avaliação da empresas e, 135-136, 140
    modelos de fluxo de caixa descontado e, 131
    múltiplos de valor e, 207
    opções de ações para os funcionários e, 259, 273
    prêmio pelo risco e, 19, 38, 50, 353
    taxas de desconto e, 47, 50
    transparência e, 397, 404
Pedido de venda, 344
Pedidos de compra, 344
PepsiCo, 173, 174, 388
Pequenas empresas, 37, 80, 241, 382, 391, 418
Período de alto crescimento extraordinário, 109, 112, 122, 317-318
Período de crescimento
    ativos intangíveis e, 289, 290
    avaliação de empresas e, 153
    controle e, 319-320, 322
    empresas em dificuldades financeiras e, 426
    múltiplos de valor e, 216
    mútiplos de patrimônio líquido e, 184, 185, 187-189, 192
    previsão de fluxo de caixa e, 79-81
    sinergia e, 375, 386
    transparência e, 409
Período de manutenção, 107, 350, 363
Pesquisa e desenvolvimento (P&D), 56-58, 66, 69-70, 78, 90, 140, 141, 149, 153, 232, 283, 286, 296, 405
Pfizer, 283, 296, 402
Pickens, T. Boone, 328
Pierce Regan Asia, 248
Ponderação, 45-47
Popular Inc., 197
Por ação
    avaliação, 131
    valor do patrimônio líquido, 177
Poupanças e empréstimos, colapso das, 410
Práticas médicas, avaliação relativa das, 365
Práticas/padrões contábeis, 62, 167, 259, 263-265, 278-280, 283-284, 365, 396-398, 400, 407
Pratt's Stats, 365
Prazo de expiração, 309, 312
Preço das transações, 364

Preço de exercício, 307, 308, 309, 312
Preço de transferência, 400
Preço/fluxo de caixa, 450
Preço/precificação
    movimento do, 13, 28, 354
    padronizado, 10
    reversão do, 354
    terminal, 115
Preços do ouro, 296, 350
Preços do petróleo, 12
Prejuízos não realizados, 249
Prejuízos operacionais líquidos, 65, 220, 383
Prêmio de controle, 331
Prêmio pelo risco
    estimativas de taxa de desconto e, 25-31
    importância do, 239-240
    modelos de avaliação da empresa e, 139, 141, 154
    modelos de fluxo de caixa descontado para o patrimônio líquido e, 109, 118
    múltiplos de valor e, 186, 201
    sinergia e, 375
    transparência e, 409
Prêmios, importância dos, 2
Prêmios de pesquisa, 26
Prêmios de risco, anualização dos, 351
Premissas, tipos de, 5, 14, 23, 47, 63-65, 93, 129
Pressão institucional, 2
Previsão/projeção, 4-5, 67, 68, 84-85, 408
Price, Michael, 13
Princípio da consistência, 24-25
Princípio da parcimônia, 6
Princípios contábeis amplamente aceitos, 407
Private equity, 339, 356
Probabilidade acumulada de inadimplência, 424, 425
Probit, 423
Processo de preço contínuo, 312
Processo de salto de preço, 312
Processo de tomada de posição, 13
Processo judicial, 136, 347
Procter & Gamble, 246, 287, 292, 378-381, 397, 398
Produção automobilística, 304
Produção industrial, 23
Produto interno bruto, 202
Produtos de nicho, 33
Produtos e serviços de livre escolha, 99
Proxy/proxies, 198, 245, 291, 327, 351, 352
Publicidade/propaganda, 169, 286-287, 293
Puristas, 452

Q

Q de Tobin, 165, 335, 405
Qualidade dos investimentos, múltiplos e, 189-191, 218-220
Quase-patrimônio líquido, 399
QVC, 390
Qwest Communications, 246

R

Razão caixa/receita, 234
Razão caixa/valor contábil dos ativos, 234
Razão de giro, 351, 366
Razão de *payout*
    avaliação relativa e, 171

múltiplos de patrimônio líquido e, 184-186, 187, 192, 198, 199, 200, 201, 205-206
    previsões de fluxo de caixa e, 103, 107, 109-110, 113, 114, 115, 117, 118, 130
    transparência e, 410
Razão de retenção, 9, 89, 100-101, 110, 114, 118, 120, 186, 189, 190
Razão de vendas/valor contábil do patrimônio líquido, 191
Razão dívida/capital, 47, 132, 147, 155, 238, 239, 375, 378, 379, 382, 386, 422, 423, 427
Razão dívida/patrimônio líquido, 34, 49, 128, 154, 380, 409, 422
Razão lucro/preço (L/P), 201-202
Razão mercado/valor contábil, 351
Razão patrimônio líquido/capital, 427
Razão preço/lucro (P/L)
    avaliação relativa e, 164, 165-166
    influência da, 11, 243-244, 253, 450
    liquidez e, 349, 355
    múltiplos de patrimônio líquido e, 180, 185, 187, 188, 189, 190, 192, 198-199, 203-205
    opções de ações para funcionários e, 273, 274
    previsões de fluxo de caixa e, 97
    sinergia da, 385
    taxas de desconto e, 40
    transparência e, 395, 410
Razão preço/lucro ajustado pelo crescimento (P/L/C), 180-182, 185, 186, 187, 188, 189, 190, 192, 195, 196, 197, 199-200, 450
Razão preço/valor contábil (P/B)
    avaliação relativa e, 168, 175
    controle e, 330
    empresas em dificuldades financeiras e, 422
    influência da, 243-244, 253
    múltiplos de patrimônio líquido e, 179, 182-183
    múltiplos de valor e, 210, 219, 226
    transparência e, 409, 422
Razão preço/vendas
    avaliação relativa e, 164, 165, 171, 175
    influência da, 450
    múltiplos de patrimônio líquido e, 179, 183-184, 185, 187, 191, 192, 197-198, 200, 201
    múltiplos de valor e, 213
Razão valor das operações da empresa/capital investido, 212, 220
Razão valor das operações da empresa/vendas, 165, 179, 213-214, 219, 226, 291, 292, 366
Razão valor de mercado/valor contábil, 212, 215, 221, 226
Razão vendas/capital, 95-96, 143, 219, 290
Razões caixa/vendas, 245
Razões de valor das operações da empresa/capital, 216, 218, 219, 220, 221, 223, 224, 226, 244
Razões de valor das operações da empresa/valor contábil líquido do capital, 213
Razões financeiras, aplicações das, 50
Razões valor contábil/preço, 40
Real brasileiro, 39, 98
Recapitalização, 155
Receita contábil, 60-61
Receita Federal, 60, 357

Receita(s)
    avaliação relativa e, 165
    fluxos de caixa descontado para patrimônio líquido e, 129
    influência da, 233, 234, 253, 448
    liquidez e, 358, 359
    mensuração do fluxo de caixa e, 60-61
    múltiplos de patrimônio líquido e, 179, 183
    múltiplos de valor e, 210, 216, 217, 226-228
    previsões de fluxo de caixa e, 83, 95
    sinergia e, 375, 386
Recessão, 351, 408, 420
Recibos de depósito americano (ADRs), 407
Redes de varejo, comparações de razões P/L e, 197-198
Rediff.com, 304-305
Refinanciamento, 156
Regra de oferta obrigatória, 337
Regra SEC 144 e, 354
Regressão de múltiplos, 11, 175-176, 198-201
Regressão não linear, 174, 175
Regressão(ões)
    avaliação relativa e, 174-175, 198-201
    empresas em dificuldades financeiras e, 421, 422
    estimativas da taxa de desconto e, 32-33
    implicações da, 450
    liquidez e, 359, 360
    múltiplos de valor e, 222, 225, 226, 227
Reinvestimento
Relatórios anuais, 55, 401, 403
Relatórios financeiros, 55
Relatórios trimestrais, 55
Remendo pós-avaliação, 2
Remuneração, 391, 396-397, 403, 411
Renda comum, 87
Reservas, 61
Reservas não desenvolvidas, 296, 298-300, 444, 451
Reservas petrolíferas, 297, 298, 299-300
Responsabilidade limitada, 417, 429
Restrição estatal, 328
Restricted Institutional Shares (RIS), 355
Reestruturação, 14, 61, 324, 325, 404
Resultado
    avaliação de sinergia e, 375
    diagrama de, 307, 308
Resultado líquido, 307
Retorno de fluxo de caixa sobre investimento (CFROI), 14
Retorno de média aritmética, 26, 27
Retorno de média geométrica, 26, 27
Retorno em excesso
    ativos intangíveis e, 288, 293, 294-295
    características dos, 8, 248
    controle e, 318, 320, 322
    fluxos de caixa previstos e, 79, 91, 99, 101-102
    liquidez e, 354, 362
    modelos de avaliação de empresas e, 149-153, 159
    múltiplos de patrimônio líquido e, 190, 192
    múltiplos de valor e, 221, 222
    sinergia e, 375, 380, 386, 389, 390
    transparência e, 407, 409
Retorno real, 8-9
Retorno sobre capital
    ativos intangíveis e, 288
    características do, 236, 239-240, 250-252
    controle e, 317, 318, 319, 322, 325, 326, 330
    modelos de avaliação da empresa e, 136, 139, 141, 149-153
    múltiplos de valor e, 215, 216, 218, 219, 221, 222, 223, 226
    previsões de fluxo de caixa, 80, 81, 87, 89-96, 99, 101
    sinergia e, 374, 376, 377, 378, 379, 380, 382, 385, 386
    transparência e, 404, 405
Retorno sobre investimentos, 245, 246
Retorno sobre patrimônio líquido (ROE)
    avaliação relativa e, 171, 172
    fluxo de caixa descontado para o patrimônio líquido, 114, 117, 118, 120, 123, 130
    múltiplos de valor e, 184, 186, 187, 189, 190, 226
    previsões de fluxo de caixa e, 87-89, 102, 103
Retorno(s)
    intervalo de, 32
    marginal, 88, 322
Retornos anualizados/anuais, 32, 348, 351
Retornos diários, 32
Retornos esperados, 20, 37, 246, 351, 362
Retornos mensais, 32
Retornos semanais, 32
Reunião anual, 327
Reversão de fusões, 388
Riqueza, transferência de, 384
Risco
    avaliação pelo fluxo de caixa descontado e, 19-22,
    avaliação relativa e, 175-176
    influência do, 245, 250
    liquidez e, 350
    modelos de patrimônio líquido e, 186, 189, 192
    múltiplos de valor e, 217-218
    opções de ações para funcionários e, 269, 277
    transparência e, 395, 404, 409
Risco concorrencial, 21
Risco de liquidez, 351
Risco de mercado
    impacto do, 237
    liquidez e, 351, 361, 382
    mensuração do fluxo de caixa e, 99
    modelos de fluxo de caixa descontado para o patrimônio líquido e, 113, 114, 118, 121
    múltiplos de patrimônio líquido e, 186
    transparência e, 395
Risco diversificável, 19, 20-21
Risco do projeto, 21
Risco não diversificável, 19, 20-21
Risco-país, 27-30, 38-39, 114, 125, 137
RoadRunner, 246
R-quadrado, 37, 174, 176, 199, 200, 204, 225, 226, 360, 450
RSA Security, 194
Rúpia indiana, 114
Ryanair, 82

S

Salários semanais, pagamento, 231
Saldos em caixa
    avaliação pelo fluxo de caixa descontado e, 236-238
    avaliação relativa e, 243-244
    classificação de, 234-236
    estratégicos, 232
    extensão de, 233-234
    implicações de, 177-178, 318, 321
    interesses administrativos e, 232-233
    investimentos futuros de capital e, 232
    motivos preventivos e, 232
    múltiplos de valor e, 207, 209-210
    razões para, 231-233
    valor de mercado de, 244, 245
Samsung, 416
SAP, 91, 140-142, 323-324
Scholes, Myron, 309, 312
Securities and Exchange Commission (SEC)
    arquivos financeiros na, 403
    funções da, 55, 272, 347, 397, 401, 410
    Reg FD e, 84
Segovia Entertainment, 209, 250-252
Seguradoras, 116
Seleção adversa, 345
Service Corporation International, 382
Serviços de divulgação de dados, 169
Serviços públicos, 116, 304
Setor aeroespacial/defesa, 169
Setor de alto crescimento/alta tecnologia, 450
Setor de bebidas, 173, 176
Setor de biotecnologia, 304
Setor de infra-estrutura, 450
Setor de lucros negativos/alto crescimento, 450
Setor de serviços financeiros, 450
Setor de software para informática, 169
Setor de tecnologia, 179, 262, 444
Setor de telecomunicações, 172, 221, 262
Setor de varejo, 179, 439, 450
Setor(es)
    avaliação de, 45-451
    comparações de, 225
    múltiplos específicos de, 165-166
    regressão de, 174-175
    risco do, 21
Setores de alto crescimento, 167, 243
Setores industriais, 10-11, 179, 192-198, 221
Seville Television, 209, 250-252
ShareWave, 246
Siemens, 416
Simulação de Monte Carlo, 264, 271, 306
Simulações, 105, 420-421
Síndrome da caixa preta, 5
Sinergia, 14, 331, 372, 374, 388, 392, 393
Sinergia de custo, 375-376, 378-381
Sinergia reversa, 382
Sinergias de crescimento, 374-375, 376-381, 388-389
Sinergias dúbias
    aquisições expansionistas e, 385
    rápido crescimento e, 386
Sinergias financeiras
    benefícios fiscais das, 383
    capacidade de endividamento e, 384-385
    diversificação e, 381-382
    folga de caixa e, 382
    implicações das, 373, 393
Sirius Satellite Radio, 65-66, 81, 94, 96, 99, 143-144, 226-227
Sony, 134
Spin-offs, 407

Split-offs, 407
Spread, caracterização de, 344
Spread de compra e venda, 344-347
Standard & Poor's 500 (S&P 500), 28, 30, 32, 119, 169, 201, 202, 260, 261, 264, 266, 403, 409
Standard & Poor's como fonte de informações, 33, 85, 169
Standard Oil, 283
State of Wisconsin Investment Board (Swib), 327
State Street Corp., 197
Stewart, Stern, 149
Subavaliação/subvalorização
    avaliação relativa e, 163, 167, 173, 176
    características da, 14, 246, 248, 445, 451
    controle e, 321
    estimativas de taxa de desconto e, 22
    liquidez e, 349
    mensuração do fluxo de caixa e, 70
    modelos de fluxo de caixa descontado para o patrimônio líquido e, 122
    múltiplos de patrimônio líquido e, 180, 194, 196, 197, 201, 203-205
    múltiplos de valor e, 221-222, 223, 224, 225
    sinergia e, 388
    transparência e, 400
Subsidiárias, 136, 208, 209, 210, 249, 250, 253, 321, 398, 400
Subsídios, 392
Swaps, 320

T

T. Rowe Price, 248
Taiwan Semiconductor, 195, 196
Tamanho das empresas, importância do, 80, 83-84, 358
Target, 59, 72, 73, 81, 137-140
Taxa de câmbio, 61
Taxa de confisco, 265, 269
Taxa de corte, 19
Taxa de crescimento
    ativos intangíveis e, 289, 290
    empresas em dificuldades financeiras e, 417, 418, 419, 426
    impacto da, 11, 153, 171, 236, 242, 250, 448
    modelos de fluxo de caixa descontado para o patrimônio líquido e, 108-110, 112-113, 118, 121
    múltiplos de patrimônio líquido e, 184, 189, 190, 200
    múltiplos de valor e, 228
    previsão de fluxo de caixa e, 79, 81-82, 98, 105
    sinergia e, 373, 386
    transparência e, 409, 410, 412
Taxa de crescimento nominal, 98, 108, 121
Taxa de desconto
    aplicações da, 236, 452
    empresas em dificuldades financeiras e, 418, 419, 421-422, 441
    estimativa de, 20-50
    liquidez e, 351-352, 362-363
    mensuração do fluxo de caixa e, 68
    modelos de fluxo de caixa para o patrimônio líquido e, 107
    sinergia e, 383, 393

    transparência e, 395, 409, 412
Taxa de reinvestimento (TR)
    ativos intangíveis e, 289, 290
    avaliação pelo fluxo de caixa descontado e, 24
    características da, 9, 250, 250-252
    controle e, 319, 322, 325, 326
    modelos de avaliação de empresas e, 134, 136, 137, 139, 141, 142, 144
    modelos de fluxo de caixa descontado para o patrimônio líquido e, 126, 129
    múltiplos de valor e, 214-216, 218, 225, 226, 228
    previsões de fluxo de caixa, 90, 91, 100-101, 103
    sinergia e, 376, 377, 378, 379, 380, 382, 385, 386
    transparência e, 405
Taxa de retorno, 71, 108, 128, 235, 321, 350, 383
Taxa interna de retorno, 40
Taxa livre de risco
    ativos intangíveis e, 295, 298, 299
    estimativas de taxa de desconto e, 24-25, 30, 37, 38, 41
    importância da, 237, 239-240, 242
    modelos de avaliação de empresas, 136, 141, 154
    modelos de fluxo de caixa descontado para o patrimônio líquido e, 110, 113, 114, 118, 121, 123, 125
    múltiplos de patrimônio líquido e, 187
    múltiplos de valor e, 186
    previsões de fluxo de caixa e, 99
    sinergia e, 378, 379, 386
Taxa(s) de juros
    ativos intangíveis e, 309
    avaliação relativa e, 170
    empresas em dificuldades financeiras e, 421, 436, 437, 438
    importância da, 235, 241
    múltiplos de patrimônio líquido e, 187, 201, 203-205
Taxas, franquias e, 284
Telecom Italia, 328, 330
Tempo, comparação de múltiplos de valor e, 201-203
Tempo de vida da opção até a expiração, 312
Titan Cement, 68-69, 91, 92, 102-103, 136-137, 147-148, 152, 155-158
Títulos governamentais/do governo, 24-25, 71, 231, 236, 353
Títulos híbridos, 399
Títulos negociados publicamente, 248
Títulos negociáveis
    avaliação de empresas e, 140, 144
    características dos, 236, 242, 246, 246-248
    controle e, 320-321
    modelos de fluxo de caixa descontado para o patrimônio líquido e, 122, 129
    múltiplos de patrimônio líquido e, 177
Todhunter Int'l, 173, 174
Toyota Motor Corporation, 80, 87, 88, 101, 102-103, 123-124
Transações das partes relacionadas, 403
Transações de grande volume, 231
Transações em bloco, 347-348
Transações em perpetuidade, 67, 99, 103, 105, 116, 125, 148, 150, 152, 157, 158, 186, 216, 248, 363, 375, 380, 445
Transações não recorrentes, 408

Transações pequenas, 231
Transparência
    avaliação relativa e, 410
    benefícios fiscais e, 400
    complexidade e, 396-400
    conseqüências da complexidade e, 405-407
    controle e, 400
    da informação, 412-413
    demonstrações financeiras e, 401
    desconto de conglomerado e, 405-407
    escolhas financeiras e, 399
    estratégias de crescimento e, 399
    estrutura de regulamentação e, 396
    estruturação de negócios e, 398-399
    falta de, 409
    fraude e, 401
    índice baseado em informações e, 404-405
    índice de opacidade da Price Waterhouse e, 401, 402, 405
    índices de governança e, 403
    mensuração da complexidade e, 401-405
    mix de negócios e, 398, 404
    padrões contábeis e, 396-398
    ranking de, 403
    tratando a complexidade e, 407-410
Treynor, Jack, 344
Tributação, 8, 50, 62-68, 145, 254, 319, 373, 400
Tsingtao Breweries, 80, 125-126
Tyco, 403, 405, 408

U

Uniformidade, múltiplos de avaliação relativa e, 167

V

Valor contábil
    ativos intangíveis e, 288, 293
    avaliação relativa e, 165
    características do, 6-8, 233, 234, 249, 252, 450
    controle e, 330, 334
    empresas em dificuldades e, 425
    fluxo de caixa e, 56, 87, 90-91, 97
    liquidez e, 364
    modelos de avaliação da empresa e, 136, 149
    modelos de fluxo de caixa descontado para o patrimônio líquido e, 120, 121, 125
    múltiplos de patrimônio líquido e, 179, 183, 186
    múltiplos de valor e, 210, 211
    sinergia e, 374, 383
    taxas de desconto e, 46, 47
    transparência e, 395, 404, 405
Valor contábil do capital, 215, 383, 432
Valor contábil do patrimônio líquido, 9, 116, 383
Valor corrente, 11
Valor da empresa, 64-65, 209, 244, 254, 317-321
Valor da razão preço/valor contábil (P/BV)
    avaliação relativa e, 165, 168, 171
    empresas em dificuldades financeiras e, 431

implicações do, 450
múltiplos de patrimônio líquido e, 186, 189, 190, 191, 192, 196, 197, 199, 200, 202-203
Valor das operações da empresa, 165, 167, 244
Valor das operações da empresa/lucro operacional, 225-226, 244
Valor das operações da empresa/receitas, 213, 218, 219, 220, 224
Valor de mercado
  agregado (MVA), 151
  avaliação do caixa e, 238, 244-245
  do patrimônio líquido, 177-178
  estimado, 252
  implicações do, 9, 34, 145, 146, 149, 333-334, 340, 404
  múltiplos e, 244
  pesos e, estimativas de, 45-46, 47, 49-50
Valor discrepante, 73, 169
Valor do controle
  avaliação do, 317-331
  caso que ilustra o, 335-336
  manifestações do, 331-340
Valor econômico agregado (EVA), 14, 149-152
Valor intrínseco, 6, 163, 241, 263, 265, 446
Valor justo
  aquisição e, 374
  contabilidade de, 398
Valor justo de mercado, 275, 276, 419
Valor máximo, múltiplos de valor e, 181, 182
Valor médio, estatísticas sobre múltiplos e, 168, 169
Valor mínimo, múltiplos de patrimônio líquido e, 181, 182
Valor ótimo, 317
Valor presente
  ativos intangíveis e, 284, 294-295, 304, 306, 312
  características do, 7, 242
  da sinergia, 375, 381
  e avaliação pelo fluxo de caixa descontado do, 17
  liquidez e, 350, 363
  mensuração do fluxo de caixa do, 58-59, 64, 65
  modelos de avaliação da empresa e, 135, 139, 140, 142, 144, 150, 152, 157, 158
  modelos de fluxo de caixa descontado para o patrimônio líquido e, 107, 110-111, 115, 119, 126, 130
  transparência e, 400
Valor presente ajustado (APV), 8, 146-149, 157-159, 429-431
Valor presente líquido positivo, 149
Valor presente líquido, 128, 149-152, 242, 246, 277, 295, 306
Valor terminal/final
  controle e, 318
  empresas em dificuldades financeiras e, 418
  liquidez e, 363
  mensuração do fluxo de caixa e, 64
  modelos de avaliação da empresa e, 137, 140, 142, 144, 151
  modelos de fluxo de caixa descontado para o patrimônio líquido, 111, 113, 119, 124, 126, 130
  opções de ações para funcionários e, 274
  previsões de fluxo de caixa e, 79, 97-104, 105
  sinergia e, 376, 377, 378, 379, 380, 382, 385, 386
Valor(es) esperado(s), 104, 227
Valor/avaliação da continuidade, 7, 97, 421, 445
Valor/múltiplos de lucros operacionais, 211-212
Value Line, como fonte de informações, 33, 169
Vantagem competitiva, 80, 91, 96, 103, 192, 292, 322, 448
Varejo on-line, 95, 304-305
Varejo tradicional, 95
Variância, 20, 23, 308, 309, 312, 314, 382
Variáveis de atividade, 211
Variáveis dependentes, 198
Variáveis *dummy*, 360
Variáveis independentes, 174, 175-176, 198, 226, 360, 423
Variável companheira, 172
Vendas/empréstimos intra-empresas, 250
Venture capital, 37, 339, 350, 356, 362, 363, 366, 367
Viés
  avaliação relativa e, 165, 169, 173
  múltiplos de patrimônio líquido e, 181, 184, 191-192
  opções de ações para funcionários e, 273, 279
  origens do, 1-2, 253, 449, 452
  previsão do fluxo de caixa e, 84, 105
Volatilidade, 29, 73, 90, 108, 226, 232, 280, 346
Volume de negócios/transação, 13, 346, 349, 360
Voto
  direito a, 324, 328, 329-330, 355, 400
  poder de, 336
  prêmio por ações e, 336-338, 340

W

Wal-Mart, 74, 324, 395, 402
Warrants, 47, 177, 178, 314, 315, 399
Whitman Corp., 173, 174
Williamette Associates, 355
Williams Energy, 408
Wilshire 5000, 32
WorldCom, 327, 403

Y

Yahoo!, 95
Yahoo! Finance, 169
Yield
  curva de, 204
  dividend, 74, 75, 119
  maturidade e, 421, 422
  múltiplos de patrimônio líquido e, 201
  obrigações corporativas e, 353

Z

Zacks, 2, 84
Zarowin, Paul, 283
Z-score, 359, 423